YEAR BOOK OF LABOUR STATISTICS
ANNUAIRE DES STATISTIQUES DU TRAVAIL
ANUARIO DE ESTADISTICAS DEL TRABAJO

1981

YEAR BOOK OF LABOUR STATISTICS

ANNUAIRE DES STATISTIQUES DU TRAVAIL

ANUARIO DE ESTADÍSTICAS DEL TRABAJO

41st ISSUE
41e ÉDITION
41.a EDICION

INTERNATIONAL LABOUR OFFICE GENEVA
BUREAU INTERNATIONAL DU TRAVAIL GENÈVE
OFICINA INTERNACIONAL DEL TRABAJO GINEBRA

ISBN 92-2-002850-6 (hard cover; relié; empastado)
ISBN 92-2-002851-4 (limp cover; broché; en rústica)

ISSN 0084-3857

Price:
Hard cover: 110 Swiss frs.

Prix:
Relié: 110 fr. suisses

Precio:
Empastado: 110 frs. suizos

ILO publications can be obtained through major booksellers or ILO local offices in many countries, or direct from ILO Publications, International Labour Office, CH-1211 Geneva 22, Switzerland. A catalogue or list of new publications will be sent free of charge from the above address.

Les publications du BIT peuvent être obtenues dans les principales librairies ou les bureaux locaux du BIT dans de nombreux pays, ou sur demande adressée directement à Publications du BIT, Bureau international du Travail, CH-1211 Genève 22, Suisse, lequel enverra également sur demande un catalogue ou une liste des nouvelles publications.

Las publicaciones de la OIT pueden obtenerse en las principales librerías o en oficinas locales de la OIT en muchos países o pidiéndolas a: Publicaciones de la OIT, Oficina Internacional del Trabajo, CH-1211 Ginebra 22, Suiza, que también puede enviar a quienes lo soliciten un catálogo o una lista de nuevas publicaciones.

Printed in Switzerland Imprimé en Suisse Impreso en Suiza

139462

Contents

Table des matières

Indice general

Preface

The *Year Book of Labour Statistics, 1981* (first edition: 1935-36), presents a summary of the principal labour statistics for some 180 countries or territories. Whenever possible, the data cover the last ten years (1971-80).

The data published are drawn mainly from information sent to the Office by national statistical services, or taken from official publications. They have not been adjusted by the ILO to achieve full conformity with International Recommendations on Labour Statistics. However, reporting agencies have been requested to supply information conforming as closely as possible to international standards.

Several changes have been introduced in the present issue of the *Year Book.* Its presentation has been modified and improved as a result of the use of modern data processing and printing techniques. New tables on unemployment, occupational injuries and industrial disputes have been introduced. Separate data by sex are shown for a greater number of employment, unemployment, hours of work and wage series.

Those general series on employment, unemployment, hours of work, wages and consumer price indices which also appear in the *Bulletin of Labour Statistics* with monthly, quarterly or half-yearly frequency are now identified in the corresponding tables of the present *Year Book* by the symbol "B" (see page 185).

Arrangement of material

The various subjects are grouped in eight chapters, each with an introductory note briefly indicating the main characteristics of the different types of series published in the tables.

The countries appear by continent in accordance with the table "Order of arrangement of countries and territories" given in the *Annex* (see page 690).

Base period of indices

For the series presented in the form of index numbers, a uniform base (1970 = 100) has been adopted in the *Year Book* in accordance with the practice followed by the statistical services of the United Nations and of the specialised agencies. When data are available only for periods after 1970, indices are shown in *italics,* usually with the first calendar year for which the figures are available as the base period. Whenever a series is interrupted and replaced by a new series the latter is linked to the former if the two series are sufficiently comparable or otherwise it is published on a new base; this break in continuity is indicated by a horizontal or vertical line separating the two series and by an explanatory footnote.

Classifications used in the "Year Book"

Data by division of economic activity, by industry or by occupational groups are arranged, as far as possible, according to international classifications, i.e. the *International Standard Industrial Classification of All Economic Activities* (ISIC) or the *International Standard Classification of Occupations* (ISCO).

In the tables where the industrial or occupational groups are shown under a digit system, the data relate to ISIC 1968 or ISCO 1968, as the case may be. Where there are no digits in the column headings, the data relate to national classifications unless identified as ISIC or ISCO 1958.

Whereas the differences between ISCO 1958 and ISCO 1968 at the level of detail shown in the *Year Book* (one-digit) are relatively minor, those between ISIC 1958 and ISIC 1968 are important, particularly as concerns service-type activities.

In ISIC 1968, for example, repair and installation of manufactured goods (previously in Manufacturing) and sanitary services (formerly with Electricity, Gas and Water) are included under "*Community, Social and Personal Services*"; real estate, insurance, banks and other financial institutions (previously under Commerce) now form a new major division "*Financing, Insurance, Real Estate and Business Services*"; restaurants and hotels (previously under Services) are under "*Wholesale and Retail Trade, Restaurants and Hotels*".[1]

A third international classification used in the *Year Book* is that of *Status* (adopted in 1966), i.e. as employer, own-account worker, employee, unpaid family worker or member of producers' co-operative (for definitions, see introductory note, Chapter I).

Index

An Index at the end of the *Year Book* shows the countries and territories for which data are given in each table, with appropriate page references.

Sources

A list of the main national publications in which current labour statistics are issued is shown in the Appendix (see *References and Sources,* Part B).

Methodology

Basic information on the scope of the statistics, their definition and the methods of calculation used by the national statistical services in establishing these general series published both in the *Year Book of Labour Statistics* and in the *Bulletin of Labour Statistics* is given in the *Technical Guide* (Volume I: Consumer prices; Volume II: Employment - Unemployment - Hours of work - Wages).

This information complements the brief indications given in the footnotes to the tables and facilitates international comparison of the series.

A list of documents of the International Labour Office dealing with the statistical methodology recommended for the compilation of labour statistics is given in the Appendix (see *References and Sources,* Part A).

Acknowledgement

The International Labour Office wishes to express its gratitude to the statistical services of the different countries for their valuable collaboration.

Other regular statistical publications

Bulletin of Labour Statistics

Monthly, quarterly or half-yearly general series on employment, unemployment, hours of work, wages and consumer prices for the last four years are published in the *Bulletin of Labour Statistics.*

The second quarterly issue of the *Bulletin* also contains the results of an inquiry carried out annually by the ILO on the wages of adult wage earners in 41 occupations, monthly salaries and normal hours of work per week of employees in selected occupations, and retail prices of selected consumer goods, in October each year.

The *Bulletin* also features articles of professional interest to labour statisticians.

Labour Force Estimates and Projections

This publication provides, for the period 1950–2000, internationally comparable estimates and projections of total population, labour force and labour force participation rates by sex and age group for all countries and territories, major geographical areas, as well as for the world as a whole (for details see *References and Sources,* Part A).

[1] For details, see United Nations: *International Standard Industrial Classification of All Economic Activities,* Series M., No. 4, Rev. 2, Part IV (New York, 1968).

Préface

L'*Annuaire des statistiques du travail, 1981* (première édition: 1935-36), présente, pour quelque 180 pays ou territoires, un résumé des principales statistiques du travail. Dans la mesure du possible, les données couvrent les dix dernières années (1971-1980).

Les données présentées proviennent principalement d'informations communiquées au Bureau par les services statistiques nationaux ou de publications officielles. Ces données n'ont pas été ajustées par le Bureau pour leur assurer une parfaite conformité avec les recommandations internationales en matière de statistiques du travail. Il faut noter cependant que les services statistiques nationaux ont été invités à fournir des renseignements aussi conformes que possible aux normes internationales existantes.

Plusieurs modifications ont été introduites dans la présente édition de l'*Annuaire*: sa présentation a été améliorée et rendue plus attrayante grâce à l'utilisation de techniques modernes de traitement des données et d'impression; de nouveaux tableaux ont été introduits sur le chômage, les lésions professionnelles et les conflits du travail; des données séparées par sexe sont diffusées pour un plus grand nombre de séries tant pour l'emploi que pour le chômage, la durée du travail et les salaires.

Les séries générales sur l'emploi, le chômage, la durée du travail, les salaires et les indices des prix à la consommation qui sont également diffusées - avec des données mensuelles, trimestrielles ou semestrielles - dans le *Bulletin des statistiques du travail* sont dès maintenant identifiées dans les tableaux correspondants de l'*Annuaire* par le symbole «B» (voir p. 185).

Disposition des sujets traités

Les différents sujets traités dans cet *Annuaire* sont groupés en huit chapitres dont chacun comprend une note introductive où sont indiquées brièvement les principales caractéristiques des divers types de séries publiées dans les tableaux.

Les pays sont présentés par continent, selon la liste figurant au tableau «Ordre de présentation des pays et territoires» (voir annexe, p. 690).

Période de base des indices

Pour les séries présentées sous forme de nombres-indices, une base uniforme (100 en 1970) a été adoptée dans l'*Annuaire*, conformément à la pratique suivie par les services statistiques des Nations Unies et des institutions spécialisées. Lorsque des données ne sont disponibles que pour des périodes postérieures à 1970, les indices, imprimés en *italique*, sont généralement présentés avec, pour période de base, la première année civile pour laquelle des chiffres sont disponibles. Lorsqu'une série est interrompue et remplacée par une nouvelle série, cette dernière est raccordée à la précédente dans la mesure où ces deux séries sont suffisamment comparables, ou publiée sur une nouvelle base dans le cas contraire; cette discontinuité dans l'homogénéité des séries est indiquée par un trait horizontal ou vertical séparant les deux séries et par une note explicative de bas de page.

Classifications utilisées dans l'«Annuaire»

Les données par branche d'activité économique, par classe d'industrie ou par groupe de professions sont, dans la mesure du possible, présentées selon les classifications internationales, soit, respectivement, la *Classification internationale type, par industrie, de toutes les branches d'activité économique* (CITI) ou la *Classification internationale type des professions* (CITP).

Dans les tableaux où les groupes d'industries ou de professions sont présentés selon un système décimal, les données se rapportent à la CITI 1968 ou à la CITP 1968, selon les cas. Si aucun chiffre décimal n'est indiqué dans les têtières des colonnes, les données se rapportent à des classifications nationales à moins qu'elles ne soient identifiées comme étant des CITI ou CITP 1958.

Les différences entre la CITP 1958 et la CITP 1968, au niveau de détail (numéros de code à un chiffre) présenté dans l'*Annuaire*, sont relativement peu importantes; il n'en va pas de même, par contre, entre la CITI 1958 et la CITI 1968, notamment en ce qui concerne des activités liées à la prestation de services.

Dans la CITI 1968, par exemple, la réparation et l'installation de biens manufacturés (précédemment sous Industries manufacturières) ainsi que les services sanitaires (précédemment avec Electricité, gaz et eau) sont inclus dans «*Services fournis à la collectivité, services sociaux et services personnels*»; les affaires immobilières, les assurances, les banques et autres institutions financières (précédemment sous Commerce) forment maintenant une nouvelle branche d'activité économique: «*Banques, assurances, affaires immobilières et services fournis aux entreprises*»; les restaurants et les hôtels (précédemment sous Services) sont inclus dans «*Commerce de gros et de détail, restaurants et hôtels*»[1].

Une troisième classification internationale utilisée dans l'*Annuaire* porte sur la «*Situation dans la profession*» (adoptée en 1966), p. ex. personne travaillant à son propre compte, salarié, travailleur familial non rémunéré ou membre d'une coopérative de producteurs (pour définitions, voir Notes introductives, chapitre I).

Index

Un index présenté à la fin de l'*Annuaire* permet aux lecteurs de connaître les pays et territoires pour lesquels des données sont présentées dans chaque tableau, ainsi que la page où elles apparaissent.

Sources

Une liste des principales publications nationales dans lesquelles sont diffusées les statistiques courantes du travail est fournie dans l'annexe (voir *Références et sources*, partie B).

Méthodologie

Des renseignements de base sur la portée des statistiques, leur définition et les méthodes de calcul utilisées par les services statistiques nationaux lors de l'établissement des séries générales publiées tant dans l'*Annuaire des statistiques du travail* que dans le *Bulletin des statistiques du travail* sont présentés dans le *Guide technique* (volume I: Prix à la consommation; volume II: Emploi – Chômage – Durée du travail – Salaires).

Ces informations complètent les renseignements succincts qui figurent dans les notes de bas de page des tableaux et permettent une meilleure comparaison des séries sur le plan international.

Une liste des documents du Bureau international du Travail traitant des méthodes statistiques recommandées pour l'établissement des statistiques du travail est fournie dans l'annexe (voir *Références et sources*, partie A).

Remerciements

Le Bureau international du Travail tient à exprimer sa gratitude aux services statistiques des différents pays pour leur précieuse collaboration.

Autres publications statistiques régulières

Bulletin des statistiques du travail

Des données mensuelles, trimestrielles ou semestrielles sur les séries générales relatives à l'emploi, au chômage, à la durée du travail, aux salaires et aux prix à la consommation sont publiées dans le *Bulletin des statistiques du travail* pour les quatre dernières années.

Le deuxième fascicule trimestriel du *Bulletin* contient aussi les résultats d'une enquête menée annuellement par le BIT sur les salaires des ouvriers adultes dans 41 professions, les traitements mensuels et la durée du travail par semaine des employés dans certaines professions et les prix de détail de certains biens de consommation au mois d'octobre de chaque année.

Le *Bulletin* comprend également des articles d'intérêt professionnel pour les statisticiens du travail.

Evaluations et projections de la main-d'œuvre

Cette publication fournit, pour la période 1950–2000, des estimations et des projections, comparables sur le plan international, de la population totale, de la main-d'œuvre et des taux d'activité de la main-d'œuvre par sexe et par groupe d'âge pour tous les pays et territoires, les grandes divisions géographiques et pour l'ensemble du monde (pour détails, voir *Références et sources*, partie A).

[1] Pour détails, voir Nations Unies: *Classification internationale type, par industrie, de toutes les branches d'activité économique*, série M, n° 4, rév. 2, partie IV (New York, 1968).

Prefacio

El *Anuario de Estadísticas del Trabajo, 1981* (primera edición: 1935-36) presenta, para unos 180 países y territorios, un resumen de las principales estadísticas del trabajo. En lo posible, los datos cubren los diez últimos años (1971-1980).

Los datos presentados provienen, en su mayor parte, de las informaciones comunicadas a la Oficina por los servicios estadísticos o de publicaciones oficiales de cada país. Estos datos no han sido ajustados por la Oficina para asegurar una perfecta conformidad con las recomendaciones internacionales en materia de estadísticas del trabajo; sin embargo, conviene observar que se pidió a los servicios estadísticos suministrar datos conformes, en lo posible, con las normas internacionales existentes.

En la presente edición del *Anuario* se han introducido varias modificaciones: una mejor presentación que lo hace más atractivo para el lector, utilizando técnicas modernas de tratamiento e impresión de los datos; nuevos cuadros sobre el desempleo, lesiones profesionales y conflictos del trabajo; datos separados por sexo para un mayor número de series de empleo, desempleo, horas de trabajo y salarios.

Las series generales sobre empleo, desempleo, horas de trabajo, salarios e índices de precios al consumidor, que se publican con datos mensuales, trimestrales o semestrales en el *Boletín de Estadísticas del Trabajo,* se identifican ahora en los cuadros correspondientes del *Anuario* con el símbolo «B» (véase pág. 185).

Disposición de los temas tratados

Los diferentes temas tratados en este *Anuario* se hallan agrupados en ocho capítulos, cada uno de los cuales comprende una nota de introducción que indica brevemente las principales características de las diversas clases de series publicadas en los cuadros.

Los países se presentan por continentes, según la lista que figura en el cuadro «Orden de presentación de los países y territorios» (véase *Anexo,* pág. 690).

Período de base de los índices

Para las series presentadas en forma de números índices se ha adoptado en el *Anuario* una base uniforme (1970 = 100), de conformidad con la práctica seguida por los servicios estadísticos de las Naciones Unidas y de las instituciones especializadas. Cuando sólo se dispone de datos para períodos posteriores a 1970, los índices, impresos en *itálicas,* se presentan generalmente tomando como período de base el primer año civil para el cual se dispone de cifras. Cuando una serie queda interrumpida y se substituye por otra nueva, esta última serie se enlaza con la anterior en la medida en que esas dos series sean suficientemente comparables o, en caso contrario, se publica sobre una nueva base; esta discontinuidad de la homogeneidad de las series se indica por una raya horizontal o vertical entre las dos series y por una nota explicativa al pie de la página.

Clasificaciones utilizadas en el «Anuario»

Los datos por división de actividad económica, por industria o por grupo de ocupaciones se presentan, en la medida de lo posible, con arreglo a las clasificaciones internacionales, es decir, según la *Clasificación industrial internacional uniforme de todas las actividades económicas* (CIIU) y la *Clasificación internacional uniforme de ocupaciones* (CIUO), respectivamente.

En los cuadros en donde se presentan las industrias o las ocupaciones clasificadas mediante un sistema decimal, los datos se hallan relacionados con la CIIU de 1968 o con la CIUO del mismo año. Cuando no figuran cifras decimales en los encabezamientos de las columnas es porque se trata de clasificaciones nacionales, a no ser que se las identifique como de la CIIU de 1958 o de la CIUO de igual año.

Las diferencias entre la CIUO de 1958 y la CIUO de 1968, en lo que se refiere a detalles (cifras de un dígito) presentados en el *Anuario,* son relativamente de poca importancia. Por el contrario, las diferencias entre la CIIU de 1958 y la de 1968 son importantes, especialmente en lo que se refiere a las actividades vinculadas a la prestación de servicios.

En la CIIU de 1968, por ejemplo, la reparación e instalación de artículos manufacturados (antes en Industrias manufactureras) y los servicios sanitarios (antes con Electricidad, gas y agua) están incluidos en *«Servicios comunales, sociales y personales»;* los bienes inmuebles, seguros, bancos y otros establecimientos financieros (antes en Comercio) forman ahora una nueva gran división: *Establecimientos financieros, seguros, bienes inmuebles y servicios prestados a las empresas;* los restaurantes y hoteles (antes en Servicios) se encuentran ahora en *«Comercio al por mayor y al por menor y restaurantes y hoteles»*[1].

Una tercera clasificación internacional utilizada en el *Anuario* es según la *categoría de ocupación* (adoptada en 1966), es decir, empleador, trabajador por cuenta propia, trabajador familiar no remunerado o miembro de una cooperativa de productores (para definiciones, véase nota introductoria al capítulo I).

Indice

El índice, situado al fin del *Anuario,* señala los países y territorios que figuran en los datos presentados en cada cuadro y la página que contiene dichos datos.

Fuentes

En el apéndice figura una lista de las principales publicaciones nacionales en que aparecen las estadísticas ordinarias del trabajo (véase *Referencias y fuentes,* parte B).

Metodología

En la *Guía Técnica* (Volumen I: Precios del consumo; Volumen II: Empleo - Desempleo - Horas de trabajo - Salarios) se presentan los datos básicos sobre el alcance de las estadísticas, su definición y los métodos de cálculo utilizados por los servicios estadísticos nacionales al establecer las series generales que se publican tanto en el *Anuario de Estadísticas del Trabajo* como en el *Boletín de Estadísticas del Trabajo.*

Estas informaciones completan las informaciones sucintas que figuran en las notas de pie de página de los cuadros y permiten una mejor comparación de las series en el plano internacional.

En el apéndice figura una lista de los documentos de la Oficina Internacional del Trabajo sobre los métodos estadísticos recomendados para la compilación de las estadísticas del trabajo (véase *Referencias y fuentes*, parte A).

Agradecimiento

La Oficina Internacional del Trabajo expresa su gratitud a los servicios estadísticos de los diferentes países por su preciosa colaboración.

Otras publicaciones estadísticas regulares

Boletín de Estadísticas del Trabajo

En el *Boletín de Estadísticas del Trabajo* se presentan los datos mensuales, trimestrales y semestrales sobre las series generales del empleo, del desempleo, de las horas de trabajo, de los salarios y de los precios del consumo de los cuatro últimos años.

El fascículo del segundo trimestre del *Boletín* contiene también los resultados de una encuesta que efectúa cada año la OIT sobre los salarios de los obreros adultos en 41 profesiones, los sueldos mensuales y las horas normales de trabajo por semana de los empleados en ciertas profesiones y los precios al por menor de determinados bienes de consumo durante el mes de octubre de cada año.

En el *Boletín* se publican igualmente artículos de interés profesional para los estadígrafos del trabajo.

Evaluaciones y proyecciones de la mano de obra

Esta publicación proporciona, para el período 1950–2000, estimaciones y proyecciones, comparables internacionalmente, de la población total, de la mano de obra y tasas de actividad de la mano de obra, por sexo y grupo de edad, para todos los países y territorios, las grandes divisiones geográficas y también el mundo en su totalidad (para más detalles, véase *Referencias y fuentes*, parte A).

1 Para detalles, véase Naciones Unidas: *Clasificación industrial internacional uniforme de todas las actividades económicas*, Serie M, núm. 4, Rev. 2 (Nueva York, 1969).

Signs and symbols used in the tables

. Not applicable.

... Not available.

* Provisional.

– nil or less than half of unit employed.

— or | A line placed between two figures in a column indicates that the figures above and below it are not strictly comparable or that a new series begins immediately after the line (see footnotes).

Ø Mean of the observations (exceptions are given in footnotes).

B Series published in the ILO *Bulletin of Labour Statistics.*

Indices in *italics*: indices based on a year other than 1970.

In the tables, decimal figures are separated by a period.

Signes et symboles utilisés dans les tableaux

. Ne s'applique pas.

... Pas disponible.

* Provisoire.

– nul ou inférieur à la moitié de l'unité retenue.

— ou | Un filet entre deux chiffres d'une même colonne indique que les chiffres placés au-dessus et au-dessous ne sont pas strictement comparables ou qu'une nouvelle série commence immédiatement après le filet (voir les notes de bas de page).

Ø Moyenne des observations (les exceptions sont indiquées en notes de bas de page).

B Séries publiées dans le *Bulletin des statistiques du travail* du BIT.

Indices en *italique*: indices ayant comme base une année autre que 1970.

Dans les tableaux, un point sépare les unités des décimales.

Signos y símbolos que figuran en los cuadros

. No se aplica.

... No disponible.

* Provisional.

– nula o inferior a la mitad de la unidad empleada.

— o | Una raya entre dos cifras de una misma columna indica que no son comparables una con otra, o que una nueva serie comienza inmediatamente después de la raya (véanse notas al pie de la página correspondiente).

Ø Promedio de observaciones (las excepciones se indican en notas al pie de la página).

B Series publicadas en el *Boletín de Estadísticas del Trabajo* de la OIT.

Indices en *itálicas*: índices que no tienen por base el año 1970.

En los cuadros, un punto separa las unidades de los decimales.

CHAPTER
CHAPITRE
CAPITULO

Total and economically active population

Population totale et population active

Población total y población económicamente activa

Total and economically active population

The data presented in tables 1, 2 A, 2 B and 2 C on the *economically active* population, i. e. the total of *employed* persons and of *unemployed* persons have been drawn from the latest census or survey of the country concerned.[1]

National practices vary between countries as regards the treatment of such groups as armed forces, inmates of institutions, persons living on reservations, persons seeking their first job, seasonal workers and persons engaged in part-time economic activities. In some countries, all or part of these groups are included among the economically active while in other countries they are treated as inactive. However, in general, the data on economically active population do not include students, women occupied solely in domestic duties, retired persons, persons living entirely on their own means, and persons wholly dependent upon others.

The comparability of the data is hampered by the differences between countries – and even within a country – not only as regards details of the definitions used and groups covered, but also by differences in the methods of collection, classification and tabulation of the data. In particular, the extent to which family workers who assist in family enterprises are included among the enumerated economically active population, particularly females, varies considerably from one country to another. The reference period is also an important factor of difference: in some countries census data on the economically active population according to *industry, occupation* or *status* (as employer, employee, etc.), refer to the actual position of each individual on the day of the census or survey or during a brief specific period such as the week immediately prior to the census or survey date, while in others the data recorded refer to the usual position of each person, generally without reference to any given period of time. Also, in some countries the statistics of the economically active population relate only to employed and unemployed persons above a specified age, in others there is no such age provision in the definition of economic activity.[2]

Table 1

Total and economically active population by sex and age group

This table shows the economically active population and its relation to the total population, by sex and age group.

In interpreting the crude activity rates, i.e. the ratios of the total economically active population to the total population of all ages, it should be recalled that the sex-age structure of population, that is the proportions of population in each sex-age group (particularly those under 15 years of age), will affect the crude activity rate shown. The effects of differences in the definitions of the economically active population used in the various countries should also be taken into account. In particular, the activity rates for females are frequently not comparable internationally, since in many countries relatively large numbers of women assist on farms or in other family enterprises without pay, and there are differences from one country to another in the criteria adopted for determining the extent to which such workers are to be counted among the economically active. Activity rates for young people also should be compared with caution owing to variations among countries in the treatment of unpaid family workers, of persons seeking their first job, and of students engaged in part-time economic activities.

Tables 2 A, 2 B and 2 C

Structure of the economically active population

Tables 2 A and 2 B show the distribution of the economically active population, total and by sex, according to *status* (as employers, own-account workers, employees, etc.) cross-classified by *industry* (major division of economic activity) (table 2 A) and by *occupation* (major group) (table 2 B). Table 2 C shows the distribution of the total economically active population by *industry* cross-classified by *occupation.*

The international classification by *status* refers to "the status of an economically active individual with respect to his or her employment, that is, whether the person is (or was, if unemployed) an employer, own-account worker, employee, unpaid family worker, or a member of a producers' co-operative, as defined below:

(a) *Employer:* a person who operates his or her own economic enterprise or engages independently in a profession or trade, and hires one or more employees.

(b) *Own-account worker:* a person who operates his or her own economic enterprise or engages independently in a profession or trade, and hires no employees.

(c) *Employee:* a person who works for a public or private employer and receives remuneration in wages, salary, commission, tips, piece-rates or pay in kind.

(d) *Unpaid family worker:* a person who works a specified minimum amount of time (at least one-third of normal working hours), without pay, in an economic enterprise operated by a related person living in the same household.

(e) *Member of producers' co-operative:* a person who is an active member of a producers' co-operatives, regardless of the industry in which it is established.

(f) *Persons not classifiable by status:* experienced workers with status unknown or inadequately described and unemployed persons not previously employed."[3]

Many points of difference arise from country to country with regard to classification by *status.* In most countries managers and directors are classified as *employees,* but in a few cases they are grouped with *employers. Unpaid family workers* are nearly always counted among the economically active, but the figures are based on a number of different definitions or criteria. *Employers* and *own-account workers* are shown as one group since separate data for these categories are generally not available. In most countries, family workers who receive remuneration in wages, salary, commission, piece-rates or pay in kind are correctly classified as *employees* but in some countries they may still be included among family workers. Differences between countries with respect to classification by *status* are particularly pronounced with regard to the treatment of unemployed persons: in general unemployed persons with previous job experience are included with *employees,* but in some cases they and unemployed persons seeking their first job form the most important part of the group *Persons not classifiable by status.*

The classification according to *industry* (where work is performed) is fundamentally different from that according to *occupation* (type of work performed). In the first, all persons working in a given industry (major division of economic activity) are classed under the same industry, irrespective of their particular occupations. The classification according to *occupation,* on the other hand, brings together individuals working in similar occupations, irrespective of the industry in which the work is performed. As indicated in the tables, most countries have supplied data on the basis of the international standard classifications of industry (ISIC) and occupations (ISCO).[4] Where the data are given according to national classifications, it should be borne in mind that the industrial and occupational classifications used by the different countries present many points of divergence. The actual content of industrial or occupational groups may differ from one country to another owing to variations in definitions and methods of tabulation. Classification into broad groups may also obscure fundamental differences in the industrial or occupational patterns of the various countries. Even when using international classification schemes, national practices may diverge concerning the classification of the unemployed with previous job experience. According to the international recommendations, such persons should be classified on the basis of their last activity. When this is not feasible, they are then included in the residual category of the international classification scheme, i.e. under *persons not classifiable by status, activities not adequately defined* (ISIC) or *workers not classifiable by occupation* (ISCO).

It should be recalled that the purpose of international classification schemes is not to supersede national classifications but to provide a framework for the international comparison of national statistics. Many countries, particularly those developing classifications for the first time, or revising existing schemes, use international schemes as a central framework. As the data in Tables 2 A, 2 B and 2 C of this and previous issues of the *Year Book* attest, a large and ever increasing number of countries can and do rearrange national classifications to the international standard classification schemes.

[1] For further information on the source and coverage of the data, see page 11.

[2] For a review of the problems concerning definitions, methods of collection and classifications of data on total and economically active population, see United Nations: *Handbook of Population Census Methods,* Vol. II: *Economic Characteristics of the Population* (ST/STAT/SER.F/5/Rev.1) (New York, 1958).

[3] Definition of status adopted by the Statistical Commission of the United Nations (Fourteenth Session, October 1966). See ILO: *International Recommendations on Labour Statistics* (Geneva, 1976).

[4] Abridged versions of the *International Standard Industrial Classification of All Economic Activities (ISIC-1968)* and the *International Standard Classification of Occupations (ISCO-1968)* are shown in the Appendix. For more complete versions, see ILO, op. cit. (Geneva, 1976).

In order to give prominence to fresh information, Tables 1, 2 A, 2 B and 2 C no longer show data identical to that published in two or more previous issues. A Synoptic Table (see page 9) identifies the most recent issue of the *Year Book* containing information not repeated in the present edition.

Population totale et population active

Les données présentées dans les tableaux 1, 2 A, 2 B et 2 C sur la *population active,* c'est-à-dire le total des personnes *occupées* et des personnes en chômage, proviennent du dernier recensement ou de la dernière enquête effectuée par le pays concerné[1]. En ce qui concerne les membres des forces armées, les pensionnaires d'institutions, les personnes établies dans des réserves, les personnes en quête de leur premier emploi, les travailleurs saisonniers et les personnes qui ont une activité à temps partiel, leur classement varie selon les pays: dans certains, ces groupes sont compris en totalité ou en partie dans la population active; dans d'autres, ils sont considérés comme inactifs. D'une façon générale cependant, les données sur la population active ne comprennent pas les étudiants, les femmes occupées exclusivement aux travaux de leur ménage, les retraités, les rentiers et les personnes entièrement à la charge d'autrui.

La comparabilité des données est affectée par les différences que présentent, selon les pays – et souvent pour un même pays –, non seulement les définitions utilisées et les groupes couverts, mais aussi les méthodes de rassemblement, de classification et de tabulation des données. Ainsi, la mesure dans laquelle les travailleurs familiaux aidant le chef de famille dans l'entreprise familiale sont compris dans la population active (féminine notamment) diffère très sensiblement d'un pays à un autre. Quant à la période de référence, elle est aussi un important élément de différence: dans certains pays, les données du recensement ou de l'enquête relatives à la population active selon l'*industrie,* la profession ou d'après la situation dans la profession se rapportent à la situation effective de chaque individu le jour du recensement ou de l'enquête, ou pendant une brève période déterminée, telle que la semaine précédant immédiatement la date du recensement ou de l'enquête, tandis que, dans d'autres pays, les données recueillies ont trait à la situation habituelle de chaque personne, sans se rapporter à une période déterminée. De même, dans certains pays, les statistiques de la population active n'englobent que les personnes occupées et les chômeurs ayant dépassé un âge déterminé; alors que, dans d'autres pays, une telle limite d'âge n'est pas prévue dans la définition de la population active[2]

Tableau 1

Population totale et population active par sexe et groupe d'âge

Ce tableau fournit des données sur la population active et son rapport à la population totale, par sexe et par groupe d'âge.

En analysant les taux d'activité brute, c'est-à-dire les rapports de la population active totale à la population totale pour tous les groupes d'âge, il faut rappeler que la structure de la population par sexe et groupe d'âge, c'est-à-dire les proportions de la population dans chaque groupe d'âge, selon le sexe (en particulier le groupe de moins de 15 ans) influencera le taux d'activité. Il convient aussi de tenir compte des différences que présente la définition de la population active selon les pays. Les taux d'activité des femmes, notamment, ne se prêtent souvent pas à des comparaisons internationales, car, dans beaucoup de pays, un nombre relativement élevé de femmes aident, sans rémunération, aux travaux de l'exploitation familiale, agricole ou autre, et il existe, entre les pays, des différences dans les critères utilisés pour déterminer dans quelle mesure cette catégorie de travailleuses doit être comptée dans la population active. Il convient aussi de se montrer prudent dans la comparaison des taux d'activité des jeunes gens, étant donné que les travailleurs familiaux non rémunérés, les personnes en quête de leur premier emploi et les étudiants qui ont une activité à temps partiel ne sont pas comptés de la même manière dans les différents pays.

Tableaux 2 A, 2 B et 2 C

Structure de la population active

Les tableaux 2 A et 2 B montrent la répartition de la population active totale, par sexe, distribuée simultanément d'après la *situation dans la profession* (employeurs, personnes travaillant à leur propre compte, salariés, etc.), par *industrie* (branche d'activité économique) (tableau 2 A) et par *profession* (grand groupe) (tableau 2 B). Le tableau 2 C présente une répartition croisée des données de population active totale par *industrie* et par *profession.*

Selon la classification internationale, la *situation dans la profession* est «la situation d'une personne qui fait partie de la population active par rapport à son emploi actuel (ou antérieur, s'il est chômeur), c'est-à-dire: employeur, travailleur à son propre compte, salarié, travailleur familial non rémunéré ou membre d'une coopérative de producteurs. Chacun de ces groupes a été défini de la manière suivante:

a) Employeur: Personne qui exploite sa propre entreprise économique ou qui exerce pour son propre compte une profession ou un métier et qui emploie un ou plusieurs salariés;

b) Personne travaillant à son propre compte: Personne qui exploite sa propre entreprise économique ou qui exerce pour son propre compte une profession ou un métier, mais qui n'emploie aucun salarié;

c) Salarié: Personne qui travaille pour un employeur public ou privé et qui reçoit une rémumération sous forme de traitement, salaire, commission, pourboire, salaire aux pièces ou paiement en nature;

d) Travailleur familial non rémunéré: Personne qui accomplit sans rémunération un minimum donné de travail (un tiers au moins du nombre normal d'heures de travail) dans une entreprise exploitée par un parent vivant dans le même ménage;

e) Membre d'une coopérative de producteurs: Personne qui est membre actif d'une coopérative de producteurs, sans considération de la branche d'activité économique;

f) Personnes inclassables selon la situation dans la profession: Travailleurs expérimentés dont la situation exacte n'est pas connue, ou est mal définie, et chômeurs qui n'ont jamais travaillé.»[3]

La classification d'après la *situation dans la profession* présente de nombreuses différences d'un pays à un autre. Dans la plupart des pays, les directeurs et les administrateurs sont classés parmi les *salariés* alors que, dans quelques cas, ils sont rangés parmi les *employeurs*. Les *travailleurs familiaux non rémunérés* sont presque toujours compris dans la population active, mais les données se fondent sur des définitions et des critères différents. Les *employeurs* et les *personnes travaillant à leur propre compte* ont été groupés, car on ne dispose généralement pas de données distinctes sur ces deux groupes. Dans la plupart des pays, les travailleurs familiaux qui reçoivent une rémunération sous forme de salaire, traitement, commission, ou paiement aux pièces ou en nature sont correctement classés comme *salariés* mais, dans certains pays, ils peuvent encore être compris parmi les travailleurs familiaux. Les différences existant, entre les pays, dans les classifications par *situation dans la profession* sont particulièrement accusées en ce qui concerne les chômeurs: en général, les chômeurs ayant déjà occupé un emploi sont comptés avec les salariés; mais, dans certains cas, ils constituent, avec les chômeurs en quête de leur premier emploi, la majeure partie de la rubrique *Personnes inclassables d'après la situation dans la profession.*

La classification d'après l'*industrie* (où le travail est effectué) est essentiellement différente de la classification par *profession* (genre de travail effectué). Dans la première, toutes les personnes travaillant dans une industrie (branche d'activité économique) donnée sont classées dans la même industrie quelle que soit leur profession individuelle. Par contre, dans la classification par *profession,* toutes les personnes travaillant dans des professions semblables sont réunies sans tenir compte de l'industrie à laquelle elles sont rattachées. Comme le montrent les tableaux, les données fournies par la plupart des pays reposent sur les classifications internationales types par industrie (CITI) et par professions (CITP)[4]. Il convient de ne pas oublier que, lorsque les données fournies ont été rassemblées selon les classifications nationales des industries ou des groupes de professions, celles-ci présentent de nombreuses différences d'un pays à un autre. Le contenu réel des groupes dans lesquels sont rangées les industries et les professions peut varier selon les pays, en raison des différences dans les définitions et les méthodes de tabulation. De même, les classifications en larges divisions peuvent dissimuler des différences fondamentales dans la structure des industries ou des professions des divers pays. Même lorsque le cadre des classifications internationales est utilisé, les pratiques nationales peuvent diverger en ce qui concerne la classification des chômeurs ayant déjà occupé un emploi. Selon les recommandations internationales, de telles personnes devraient être classées sur la base de leur dernier emploi; cependant, lorsque cela n'est pas possible, elles sont alors incluses dans la catégorie résiduelle de la classification internationale, à savoir sous *personnes inclassables d'après la situation dans la profession, activités mal désignées* (CITI) ou *travailleurs ne pouvant être classés selon la profession* (CITP).

Il est bon de rappeler que les classifications internationales n'ont pas pour but de remplacer les classifications nationales mais de fournir un moyen de comparer les statistiques nationales sur le plan international. Beaucoup de pays et particulièrement ceux qui mettent sur pied des classifications pour la première fois ou qui révisent des classifications existantes se fondent sur les classifications internationales. Comme le montrent les données des tableaux 2 A, 2 B et 2 C de la présente édition et des éditions précédentes de l'*Annuaire,* un grand nombre de pays, sans cesse croissant, peuvent adapter – et adaptent d'ailleurs – leurs classifications nationales aux classifications internationales types.

[1] Pour de plus amples informations concernant la source et la portée des données, voir page 11.

[2] Pour l'étude des problèmes relatifs aux définitions, aux méthodes de rassemblement et à la classification des données sur la population active et la population totale, voir Nations Unies: *Manuel des méthodes de recensement de la population,* vol. II: *Caractéristiques économiques de la population* (ST/STAT/SER.F/5/Rév. 1) (New York, 1958).

[3] Définition de la situation dans la profession adoptée par la Commission statistique des Nations Unies (quatorzième session, octobre 1966). Voir BIT: *Recommandations internationales sur les statistiques du travail* (Genève, 1975).

[4] Des versions abrégées de la *Classification internationale type, par industrie, de toutes les branches d'activité économique (CITI-1968)* et la *Classification internationale type des professions (CITP-1968)* sont présentées dans l'annexe. Pour des versions plus complètes, voir BIT, *op. cit.* (Genève, 1975).

Afin de mettre en évidence les informations les plus récentes, les tableaux 1, 2 A, 2 B et 2 C ne présentent plus de données ayant déjà été publiées, sans modification, dans au moins deux précédentes éditions. Un tableau synoptique (voir p. 9) permet d'identifier la dernière édition de l'*Annuaire* contenant des informations non répétées dans la présente édition.

Población total y población económicamente activa

En los cuadros 1, 2 A, 2 B y 2 C figuran los datos sobre la población *económicamente activa,* es decir, el total de personas *ocupadas* y de las que se encontraban *desempleadas,* provenientes del último censo de población o de la última encuesta efectuados por el país concerniente[1]. La práctica varía según los países en cuanto a la consideración que debe darse a grupos tales como las fuerzas armadas, las personas internadas en distintos establecimientos, los indígenas que viven en reservas, las personas en busca de su primer empleo, los trabajadores estacionales y las personas ocupadas en actividades económicas a tiempo parcial. En algunos países, estos grupos son incluidos, totalmente o en parte, en la población económicamente activa, en tanto que en otros se los considera como población inactiva. En general, los datos sobre población económicamente activa no incluyen a los estudiantes, a las mujeres que se ocupan solamente de labores domésticas, a los pensionados, a los rentistas ni a las personas que dependen por completo de otras.

La comparabilidad de los datos se encuentra obstaculizada no sólo por las diferencias que existen de un país a otro – y a menudo para un mismo país – en lo que respecta a los detalles de las definiciones empleadas y de los grupos abarcados, sino igualmente por las diferencias en los métodos de recolección, clasificación y tabulación de los datos. En especial, el grado en que los trabajadores familiares, y particularmente las mujeres, que cooperan en la empresa familiar se encuentran incluidos en la población económicamente activa varía considerablemente de un país a otro. El período de referencia es también un importante factor de disparidad: en algunos países, los datos suministrados por el censo, relativos a la población económicamente activa según la *industria,* la *ocupación* o la *situación en la ocupación* (como empleador, empleado, etc.), se refieren a la situación efectiva (o de hecho) de cada individuo en el día del censo o encuesta o durante un período breve y específico anterior a la fecha del censo o encuesta, por ejemplo, la semana precedente, en tanto que en otros países los datos obtenidos se refieren a la situación habitual de cada persona, en general sin referencia a un determinado período de tiempo. Asimismo, mientras que en ciertos países las estadísticas de población económicamente activa comprenden solamente a las personas empleadas y desempleadas que han sobrepasado cierta edad mínima, en otros no existen estipulaciones de edad en la definición de la actividad económica[2].

Cuadro 1

Población total y población económicamente activa por sexo y grupo de edad

Este cuadro muestra la población económicamente activa y su relación con la población total, por sexo y por grupo de edad.

Al interpretar las tasas brutas de actividad, es decir, la población económicamente activa total en porcentaje de la población total en todas las edades, convendría recordar que la estructura de la población por sexo y grupo de edad, o, lo que es lo mismo, las proporciones de la población en cada grupo de edad, según el sexo (en particular el grupo de menos de 15 años), influye en las tasas brutas de actividad. Debe tenerse igualmente en cuenta el efecto de las diferencias en las definiciones de la población económicamente activa utilizadas en los distintos países. La proporción de mujeres activas, en especial, no es, a menudo, comparable, ya que en muchos países un número relativamente grande de mujeres ayudan en el trabajo agrícola o en otras empresas de tipo familiar sin recibir remuneración, y porque el criterio adoptado para determinar la medida en que estas trabajadoras deben ser incluidas en la población económicamente activa varía de un país a otro. También las tasas de actividad correspondientes a los jóvenes deben compararse con precaución a causa de las diferencias que existen de país a país en la consideración del grupo de los trabajadores familiares no remunerados, de las personas en busca de su primer empleo y de los estudiantes ocupados en actividades económicas a tiempo parcial.

Cuadros 2 A, 2 B y 2 C

Estructura de la población económicamente activa

Los cuadros 2 A y 2 B muestran la distribución de la población económicamente activa, total y por sexo, según la *situación en la ocupación* (es decir, según sean empleadores, trabajadores por cuenta propia, asalariados – obreros y empleados –, etc.), clasificada según la *industria* (rama de actividad económica) (cuadro 2 A) y por *ocupación* (gran grupo) (cuadro 2 B). El cuadro 2 C presenta una distribución cruzada de los datos de la población económicamente activa por industria y por ocupación.

Según la clasificación internacional, «la *categoría de ocupación*[3] denota la relación entre una persona económicamente activa y su empleo, es decir, que indica si la persona es (o ha sido, si está desempleada) empleador, trabajador por cuenta propia, empleado a sueldo o salario, trabajador familiar no remunerado o miembro de una cooperativa de producción, con arreglo a las definiciones siguientes:

a) Empleador es la persona que dirige su propia empresa económica o que ejerce por cuenta propia una profesión u oficio, y que tiene uno o más empleados a sueldo o salario.

b) Trabajador por cuenta propia es la persona que explota su propia empresa económica o que ejerce por cuenta propia una profesión u oficio, pero no tiene ningún empleado a sueldo o salario.

c) Empleado a sueldo o salario[4] es la persona que trabaja para un empleador público o privado y percibe una remuneración en forma de salario, sueldo, comisiones, propinas, pagos a destajo o pagos en especie.

d) Trabajador familiar no remunerado es la persona que realiza, sin remuneración, un mínimo dado de trabajo (por lo menos un tercio de la jornada normal de trabajo) en una empresa económica explotada por una persona emparentada con él que resida en el mismo hogar.

e) Miembro de una cooperativa de producción es la persona que es miembro activo de una cooperativa de producción, cualquiera sea la rama de actividad económica a que ésta se dedica.

f) Personas no clasificadas según la categoría: trabajadores cuya categoría no se conoce o se halla mal definida y personas desocupadas que nunca han trabajado»[5].

La clasificación según la *situación en la ocupación* presenta numerosas diferencias de un país a otro. En la mayoría de los países se clasifica a los directores y gerentes como *empleados,* mientras que en otros se los agrega al grupo de los empleadores. Los *trabajadores familiares no remunerados* han sido casi siempre comprendidos en la población económicamente activa, pero las cifras se basan en definiciones y criterios diferentes. Los *empleadores* y los *trabajadores por cuenta propia* han sido incluidos en un mismo grupo, porque en general no existen datos separados disponibles para estas categorías de trabajadores. Los trabajadores familiares que reciben una remuneración en forma de sueldo, salario, comisión, o retribución en especie, o por tarea cumplida, se clasifican como *asalariados* en la mayor parte de los países, lo cual es correcto; algunos otros países, sin embargo, continúan incluyéndolos entre los trabajadores familiares. Las diferencias que ofrecen, de un país a otro, las clasificaciones según la *situación en la ocupación* se acentúan particularmente en lo que respecta al criterio observado en cuanto a las personas desempleadas. En general, los desempleados que habían tenido algún empleo se incluyen con los asalariados; pero en algunos casos constituyen, junto con los desempleados en busca de su primer empleo, la mayor parte del grupo *Personas inclasificables según la situación en la ocupación.*

La clasificación según la *industria* en que se realiza el trabajo es fundamentalmente diferente de la clasificación según la *ocupación* (clase de trabajo realizado). En la primera, todas las personas ocupadas en una determinada industria (rama de la actividad económica) se clasifican dentro de ésta, sean cuales fueren sus ocupaciones individuales. Por el contrario, en la clasificación por *ocupaciones,* todas las personas que trabajan en ocupaciones similares se reúnen en un mismo grupo, independientemente de las industrias a las que se hallen vinculadas. Tal como se indica en los cuadros, la mayoría de los países han suministrado los datos basándose en las clasificaciones internacionales uniformes por industria (CIIU) y por ocupaciones (CIUO)[6]. Cuando los datos dados están basados en las clasificaciones nacionales, debe tenerse en cuenta que las clasificaciones por industrias y por ocupaciones utilizadas por los diferentes países presentan múltiples divergencias. La significación real de los grupos industriales o de ocupaciones puede variar de un país a otro en razón de las diferencias que existen en los sistemas de definiciones y en los métodos de tabulación. Asimismo, la clasificación en grandes grupos puede encubrir diferencias fundamentales en la estructura industrial o de las ocupaciones de los diversos países. Aunque se utilicen las normas de las clasificaciones internacionales, las costumbres nacionales pueden estar en desacuerdo en lo que concierne a la clasificación de los desempleados que han ocupado anteriormente un empleo. Según las recomendaciones internacionales, dichas personas deberían clasificarse basándose según el último empleo; sin embargo, cuando ello no es posible, se incluirán en la categoría residual de la clasificación internacional, a saber: *personas inclasificables según la situación en la ocupación, actividades no bien especificadas* (CIIU) o *trabajadores que no pueden ser clasificados según la ocupación* (CIUO).

Sería conveniente recordar que al establecer las clasificaciones internacionales no se ha tenido el propósito de reemplazar las nacionales, sino el de ofrecer un sistema que permita la comparación internacional de las estadísticas de diferentes países. Son numerosos los países que fundan sus clasificaciones en los sistemas de las clasificaciones internacionales, en particular cuando revisan aquellas de que disponen o preparan una por la primera vez. La cantidad de países que pueden adaptar, y que ya han adaptado, sus clasificaciones nacionales a los sistemas de clasificación internacional aumenta considerablemente, como lo prueban los datos de los cuadros 2 A, 2 B y 2 C de la edición actual y de las precedentes del *Anuario.*

[1] Para más amplias informaciones sobre la fuente y el alcance de los datos, véase pág. 11.

[2] Para proceder a un estudio de los problemas relativos a las definiciones y a los métodos de obtención y clasificación de los datos sobre la población económicamente activa y la población total, véase Naciones Unidas: *Manual de métodos de censos de población,* vol. II: *Características económicas de la población* (ST/STAT/SER.F/5/Rev. 1) (Nueva York, 1958).

[3] La terminología de las Naciones Unidas y la de la OIT a veces difieren, y en este caso se ha denominado «categoría» a la situación en la ocupación.

[4] Obrero o empleado.

[5] Definiciones de los grupos adoptadas por la Comisión de Estadística de las Naciones Unidas (14.° período de sesiones, octubre de 1966). Véase OIT: *Recomendaciones internacionales sobre estadísticas del trabajo* (Ginebra, 1975).

[6] Versiones abreviadas de la *Clasificación industrial internacional uniforme de todas las actividades económicas (CIIU-1968)* y la *Clasificación internacional uniforme de ocupaciones (CIUO-1968)* figuran en el apéndice. Para versiones más completas, véase OIT, *op. cit.* (Ginebra, 1975).

Con objeto de dar preeminencia a las informaciones más recientes, los cuadros 1, 2 A, 2 B y 2 C ya no suministran datos aparecidos, sin modificación, en dos o más ediciones anteriores. Un cuadro sinóptico (ver página 9) permite identificar la edición más reciente del *Anuario* conteniendo informaciones no repetidas en la presente edición.

Synoptic table Recent issues of the *Year Book* containing data not repeated in the present edition

Tableau synoptique Récentes éditions de l'*Annuaire* contenant des données non répétées dans la présente édition

Cuadro sinóptico Ediciones recientes del *Anuario* que contienen datos no repetidos en la presente edición

Country – Pays – País	Tables – Tableaux – Cuadros 1	2A	2B	2C
AFRICA–AFRIQUE–AFRICA				
Angola	1977	.	.	.
Botswana	1977	.	.	.
Cap-Vert	1977	.	.	.
Rép. centrafricaine	1977	.	.	.
Gabon	1977	.	.	.
Ghana	1977	.	1977	.
Lesotho	1977	.	.	.
Liberia	1979	1980	.	.
Libyan Arab Jamahiriya	1980	1979	1979	1980
Maroc	1977	1977	1977	.
Mauritius:				
Mauritius	1977	1977	1977	.
Rodrigues	1977	.	.	.
Mozambique	1977	1977	.	.
Namibia	1977	.	.	.
Nigeria	1977	.	.	.
Sénégal	1977	.	.	.
Seychelles	(a)	1979	(a)	.
Sierra Leone	1977	.	.	.
South Africa, Rep. of	1977	1977	1977	.
St. Helena	1977	.	.	.
Sudan	1977	1977	1977	.
Tanzania (Tanganyika)	1977	1977	.	.
Tanzania (Zanzibar)	1977	1977	.	.
Tchad	1977	.	.	.
Togo	1977	.	.	.
Zambia	1979	1977	1977	.
AMERICA–AMÉRIQUE–AMERICA				
Antigua	1978	1977	1977	.
Bahamas	1978	1977	1977	.
Barbados	(a)	1979	1979	.
Belize	1977	.	1977	.
Brasil	1979	1979	1977	1980
Cayman Islands	1977	.	.	.
Colombia	1977	1977	1977	(a)
Cuba	1977	1977	1977	.
Chile	(a)	(a)	1979	(a)
Dominica	1977	.	.	.
República Dominicana	(a)	1977	1977	(a)
Ecuador	(a)	(a)	1978	.
Grenada	1977	.	.	.
Guadeloupe	1979	1979	.	.
Honduras	(a)	(a)	1978	.
Jamaica	(a)	(a)	1979	.
Martinique	(a)	1977	1977	.
México	(a)	1980	1979	.
Netherlands Antilles	(a)	(a)	1977	.
Nicaragua	(a)	(a)	1977	.
Panamá[1]	1977	.	.	.
Paraguay	(a)	(a)	1978	.
Perú	(a)	(a)	1977	.
St. Kitts-Nevis-Anguilla	1977	.	.	.
St. Lucia	1977	.	.	.
Saint-Pierre-et-Miquelon	1979	(a)	(a)	.
St. Vincent and the Grenadines	1977	.	.	.
Suriname	1977	.	.	.
Turks and Caicos Islands	1977	.	.	.
Virgin Islands (British)	1977	1977	1977	.
Virgin Islands (US)	1977	.	.	.
ASIA–ASIE–ASIA				
Brunei	1980	1977	1977	.
Cyprus	1979	1978	(a)	(a)
India	1977	1979	1979	.
Iran	1980	(a)	(a)	(a)
Kampuchea démocratique	1977	.	.	.
Kuwait	1977	1977	1977	.
Liban	(a)	(a)	1977	.
Malaysia:				
Peninsular Malaysia	(a)	1977	1977	.
Malaysia: Sabah	1977	1977	1977	.
Malaysia: Sarawak	1977	1977	1977	.
Nepal	1977	(a)	(a)	(a)
Qatar	1977	.	.	.
Sri Lanka	1977	1977	1977	1980
Viet Nam	1977	.	.	.
Democratic Yemen	1977	(a)	.	.

(a) Data shown in the present edition.–Données publiées dans la présente édition.–Datos publicados en la presente edición.

[1] Canal Zone only.–Zone du Canal seulement.–Zona del Canal solamente.

Country – Pays – País	Tables – Tableaux – Cuadros 1	2A	2B	2C
EUROPE–EUROPE–EUROPA				
Albanie	1977	.	.	.
Austria	1977	(a)	(a)	.
Belgique	(a)	(a)	1977	.
Bulgarie	1978	(a)	(a)	.
Czechoslovakia	1977	1977	1977	(a)
Denmark	(a)	(a)	1977	.
Faeroe Islands	(a)	(a)	1977	.
Finland	(a)	(a)	1978	1980
France	(a)	(a)	1980	.
German Democratic Rep.	1977	1977	.	.
Gibraltar	1977	1977	1977	.
Grèce	1977	1977	1977	.
Hongrie	(a)	(a)	.	.
Italie	(a)	(a)	1978	.
Luxembourg	(a)	1977	1977	.
Malta	(a)	(a)	1977	.
Monaco	1977	1977	1977	.
Roumanie	1977	1977	1977	.
Suisse	(a)	(a)	1977	.
Turquie	1978	1979	(a)	(a)
United Kingdom	(a)	(a)	1977	.
Yugoslavia	(a)	1977	1977	.

Country – Pays – País	Tables – Tableaux – Cuadros 1	2A	2B	2C
OCEANIA–OCÉANIE–OCEANIA				
Cook Islands	1980	(a)	(a)	.
Fiji	1979	1979	(a)	(a)
Guam	1977	(a)	.	.
Kiribati[1]	1977	.	.	.
Nauru	1977	.	.	.
New Zealand	(a)	(a)	1980	1980
Norfolk Island	1977	.	.	.
Nouvelle-Calédonie	1978	1978	1978	.
Pacific Islands	1977	.	.	.
Samoa	1979	(a)	(a)	1980
Tokelau	1977	.	.	.
Tonga	1979	1979	1980	.
Vanuatu[2]	1977	.	.	.
URSS	(a)	1977		
RSS de Biélorussie	(a)	1977	.	
RSS d'Ukraine	1977	1977	.	

(a) Data shown in the present edition.–Données publiées dans la présente édition.–Datos publicados en la presente edición.

[1] Former Gilbert Is.–Précédemment Iles Gilbert.–Anteriormente Islas Gilbert.

[2] Former New Hebrides.–Précédemment Nouvelles-Hébrides.–Anteriormente Nuevas Hébridas.

Sources and coverage of the data on total and economically active population

Census

C	Complete count, final data
Cs	Sample tabulation, size not specified
C...%	Sample tabulation, size specified

Survey

LFSS	Labour force sample survey
HS	Household survey

Others

OE	Official estimates
*	Provisional figures
ǂ	See notes at the end of the Chapter

Remark: When the data refer to a *specific day,* the source is a census. If no day is cited, the source is either a survey or an official estimate.

Sources et portée des données de population totale et de population active

Recensement

C	Tabulation complète, chiffres définitifs
Cs	Tabulation d'un échantillon, taille non spécifiée
C...%	Tabulation d'un échantillon, taille spécifiée

Enquête

LFSS	Enquête par sondage sur la main-d'œuvre
HS	Enquête auprès des ménages

Autres

OE	Evaluations officielles
*	Chiffres provisoires
ǂ	Voir notes à la fin du chapitre

Remarque: Lorsque les données se réfèrent à *un jour déterminé,* la source est un recensement. Si le jour n'est pas indiqué, il s'agit soit d'une enquête soit d'évaluations officielles.

Fuentes y alcance de los datos de población total y de población económicamente activa

Censo

C	Tabulación completa, cifras definitivas
Cs	Tabulación de una muestra, tamaño no especificado
C...%	Tabulación de una muestra, tamaño especificado

Encuesta

LFSS	Encuesta por muestra sobre la fuerza trabajadora
HS	Encuesta de hogares

Otros

OE	Estimaciones oficiales
*	Cifras provisionales
ǂ	Véanse notas al final del capítulo

Observación: Cuando los datos se refieren a *un día especificado,* la fuente es un censo. Si el día no está indicado, se trata de una encuesta o de estimaciones oficiales.

1 Total and economically active population by sex and age group
Population totale et population active par sexe et groupe d'âge
Población total y población económicamente activa por sexo y grupo de edad

Country, source and scope Pays, source et portée País, fuente y alcance	Total			Males – Hommes – Hombres			Females – Femmes – Mujeres		
	Total population Population totale Población total	Active population Population active Población activa	Activity rate Taux d'activité Tasa de actividad %	Total population Population totale Población total	Active population Population active Población activa	Activity rate Taux d'activité Tasa de actividad %	Total population Population totale Población total	Active population Population active Población activa	Activity rate Taux d'activité Tasa de actividad %
AFRICA – AFRIQUE – AFRICA									
Algérie (II.77) C * †									
Total	**15 645 491**	**3 371 023**	*21.5*	**7 773 060**	**3 070 706**	*39.5*	**7 872 431**	**300 317**	*3.8*
Bénin (20–31.III.79) C *									
Total	**3 338 240**	**1 704 405**	*51.1*	**1 600 512**	**...**	.	**1 737 728**	**...**	.
Burundi (1980) OE									
Total	**4 170 804**	**1 923 404**	*46.1*	**1 985 746**	**1 028 132**	*51.8*	**2 185 058**	**895 272**	*41.0*
Rép.-Unie du Cameroun (9–24.IV.76) C * †									
-15	3 625 832	174 504	*4.8*	1 994 478	96 678	*4.8*	1 631 354	77 826	*4.8*
15–19	687 891	278 352	*40.5*	335 324	153 476	*45.8*	352 567	124 876	*35.4*
20–24	550 541	337 012	*61.2*	252 827	204 817	*81.0*	297 714	132 195	*44.4*
25–29	495 316	335 589	*67.8*	222 434	206 235	*92.7*	272 882	129 354	*47.4*
30–44	1 180 445	863 614	*73.2*	543 839	520 915	*95.8*	636 606	342 699	*53.8*
45–49	294 715	233 307	*79.2*	145 654	138 838	*95.3*	149 061	94 469	*63.4*
50–54	236 132	178 946	*75.8*	116 995	109 272	*93.4*	119 137	69 674	*58.5*
55–59	177 997	135 616	*76.2*	90 785	81 861	*90.2*	87 212	53 755	*61.6*
60–64	150 795	99 291	*65.8*	75 546	63 415	*83.9*	75 249	35 876	*47.7*
65+	259 826	121 668	*46.8*	128 412	80 660	*62.8*	131 414	41 008	*31.2*
?	3 756	.	.	1 961	.	.	1 795		
Total	**7 663 246**	**2 757 899**	*36.0*	**3 908 255**	**1 656 167**	*42.4*	**3 754 991**	**1 101 732**	*29.3*
" " " " (1980) OE †									
-15	3 610 300	181 291	*5.0*	1 810 700	101 847	*5.6*	1 799 600	79 444	*4.4*
15–19	857 900	404 115	*47.1*	430 600	211 476	*49.1*	427 300	192 639	*45.1*
20–24	740 300	449 017	*60.7*	371 900	247 315	*66.5*	368 400	201 702	*54.8*
25–29	633 300	438 546	*69.2*	317 900	253 013	*79.6*	315 400	185 533	*58.8*
30–49	1 706 200	1 328 233	*77.8*	853 000	786 189	*92.2*	853 200	542 044	*63.5*
50–54	265 600	191 854	*72.2*	130 500	118 381	*90.7*	135 100	73 473	*54.4*
55–59	215 600	147 544	*68.4*	104 700	89 570	*85.5*	110 900	57 974	*52.3*
60–64	167 400	101 893	*60.9*	79 800	64 107	*80.3*	87 600	37 786	*43.1*
65+	261 000	132 107	*50.6*	118 500	88 992	*75.1*	142 500	43 115	*30.3*
Total	**8 457 600**	**3 374 600**	*39.9*	**4 217 600**	**1 960 890**	*46.5*	**4 240 000**	**1 413 710**	*33.3*
Côte-d'Ivoire (30.IV.75) C †									
-15	2 983 227	262 938	*8.8*	1 537 716	144 338	*9.4*	1 445 511	118 600	*8.2*
15–59	3 452 748	2 423 234	*70.2*	1 790 353	1 655 727	*92.5*	1 662 395	767 507	*46.2*
60+	233 745	136 855	*58.5*	124 918	101 385	*81.2*	108 827	35 470	*32.6*
?	39 880	8 678	*21.8*	21 763	7 673	*35.3*	18 117	1 005	*5.5*
Total	**6 709 600**	**2 831 705**	*42.2*	**3 474 750**	**1 909 123**	*54.9*	**3 234 850**	**922 582**	*28.5*
Egypt (22–23.XI.76) C †									
-15	14 599 095	1 423 324	*9.7*	7 536 103	1 138 018	*15.1*	7 062 992	285 306	*4.0*
15–19	3 981 508	1 159 438	*29.1*	2 135 971	1 064 849	*49.9*	1 845 537	94 589	*5.1*
20–24	3 065 641	1 275 460	*41.6*	1 509 410	1 082 106	*71.7*	1 556 231	193 354	*12.4*
25–29	2 675 063	1 367 903	*51.1*	1 315 311	1 221 149	*92.8*	1 359 752	146 754	*10.8*
30–44	6 044 511	3 098 066	*51.3*	2 984 281	2 915 419	*97.7*	3 060 230	182 647	*6.0*
45–49	1 523 443	799 046	*52.5*	786 948	773 033	*98.2*	736 495	26 013	*3.5*
50–54	1 456 394	716 573	*49.2*	716 531	693 343	*96.8*	739 863	23 230	*3.1*
55–59	890 633	467 449	*52.5*	480 058	456 169	*95.0*	410 575	11 280	*2.7*
60–64	967 176	377 591	*39.0*	478 259	366 849	*76.7*	488 917	10 742	*2.2*
65+	1 301 903	266 526	*20.5*	634 402	259 627	*40.9*	667 501	6 899	*1.0*
?	5 482	2 286	*41.7*	2 377	1 882	*79.2*	3 105	404	*13.0*
Total	**36 510 849**	**11 037 093**	*30.2*	**18 579 651**	**10 053 547**	*54.1*	**17 931 198**	**983 546**	*5.5*

1 Total and economically active population by sex and age group
Population totale et population active par sexe et groupe d'âge
Población total y población económicamente activa por sexo y grupo de edad

Country, source and scope Pays, source et portée País, fuente y alcance	Total			Males – Hommes – Hombres			Females – Femmes – Mujeres		
	Total population Population totale Población total	Active population Population active Población activa	Activity rate Taux d'activité Tasa de actividad %	Total population Population totale Población total	Active population Population active Población activa	Activity rate Taux d'activité Tasa de actividad %	Total population Population totale Población total	Active population Population active Población activa	Activity rate Taux d'activité Tasa de actividad %
Egypt (V.79) LFSS †									
-15	16 368 000	894 900	*5.5*	8 450 000	765 800	*9.1*	7 918 000	129 100	*1.6*
15-19	4 469 000	1 225 600	*27.4*	2 396 000	1 150 100	*48.0*	2 073 000	75 500	*3.6*
20-24	3 454 000	1 215 000	*35.2*	1 702 000	994 200	*58.4*	1 752 000	220 800	*12.6*
25-29	3 005 000	1 277 300	*42.5*	1 478 000	1 117 200	*75.6*	1 527 000	160 100	*10.5*
30-49	8 496 000	3 967 600	*46.7*	4 234 000	3 721 900	*87.9*	4 262 000	245 700	*5.8*
50-64	3 718 000	1 822 100	*49.0*	1 880 000	1 775 500	*94.4*	1 838 000	46 600	*2.5*
65+	1 473 000	568 600	*38.6*	719 000	369 000	*51.3*	754 000	199 600	*26.5*
Total	**40 983 000**	**10 971 100**	*26.8*	**20 859 000**	**9 893 700**	*47.4*	**20 124 000**	**1 077 400**	*5.4*
Ethiopia (1978) OE									
-15	12 690 500	1 529 800	*12.1*	6 459 500	941 500	*14.6*	6 231 000	588 300	*9.4*
15-19	3 044 300	2 097 800	*68.9*	1 562 800	1 209 100	*77.4*	1 481 500	888 700	*60.0*
20-24	2 573 700	1 968 800	*76.5*	1 324 600	1 176 500	*88.8*	1 249 100	792 300	*63.4*
25-29	2 250 300	1 760 500	*78.2*	1 160 900	1 070 400	*92.2*	1 089 400	690 100	*63.3*
30-44	4 940 800	3 981 700	*80.6*	2 500 500	2 430 300	*97.2*	2 440 300	1 551 400	*63.6*
45-49	1 087 700	827 100	*76.0*	535 800	525 200	*98.0*	551 900	301 900	*54.7*
50-54	867 300	645 900	*74.5*	431 600	417 700	*96.8*	435 700	228 200	*52.4*
55-59	661 100	449 100	*67.9*	312 500	297 900	*95.3*	348 600	151 200	*43.4*
60-64	499 600	309 100	*61.9*	238 100	215 100	*90.3*	261 500	94 000	*35.9*
65+	792 900	319 400	*40.3*	357 200	256 900	*71.9*	435 700	62 500	*14.3*
Total	**29 408 200**	**13 889 200**	*47.2*	**14 883 500**	**8 540 600**	*57.4*	**14 524 700**	**5 348 600**	*36.8*
Haute-Volta (1-7.XII.75) C * †									
-15	2 699 593	32 497	*1.2*	1 407 081	27 988	*2.0*	1 292 512	4 509	*0.3*
15-19	613 745	221 376	*36.1*	324 797	207 178	*63.8*	288 948	14 198	*4.9*
20-29	1 000 224	347 189	*34.7*	486 881	335 450	*68.9*	513 343	11 739	*2.3*
30-39	702 001	282 064	*40.2*	347 645	274 837	*79.1*	354 356	7 227	*2.0*
40-49	468 899	209 333	*44.6*	236 129	204 745	*86.7*	232 770	4 588	*2.0*
50-59	315 655	154 335	*48.9*	167 800	151 281	*90.2*	147 855	3 054	*2.1*
60+	337 656	159 272	*47.2*	182 114	156 244	*85.8*	155 542	3 028	*1.9*
?	9 735	2 089	*21.5*	5 036	1 995	*39.6*	4 699	94	*2.0*
Total	**6 147 508**	**1 408 155**	*22.9*	**3 157 483**	**1 359 718**	*43.1*	**2 990 025**	**48 437**	*1.6*
Madagascar (1975) OE									
Total	**8 161 000**	**4 177 000**	*51.2*	**4 010 000**	**2 249 000**	*56.1*	**4 151 000**	**1 928 000**	*46.4*
Malawi (1.X.77) C									
-15	2 476 077	100 365	*4.1*	1 231 042	54 686	*4.4*	1 245 035	45 679	*3.7*
15-19	540 834	222 546	*41.1*	260 816	99 858	*38.3*	280 018	122 688	*43.8*
20-24	448 952	307 394	*68.5*	194 803	153 093	*78.6*	254 149	154 301	*60.7*
25-44	1 223 483	984 018	*80.4*	575 174	547 569	*95.2*	648 309	436 449	*67.3*
45-54	365 507	305 234	*83.5*	171 090	164 287	*96.0*	194 417	140 947	*72.5*
55-64	235 103	192 002	*81.7*	113 524	107 076	*94.3*	121 579	84 926	*69.9*
65+	248 389	171 694	*69.1*	122 239	102 069	*83.5*	126 150	69 625	*55.2*
?	9 115	5 098	*55.9*	4 901	3 174	*64.8*	4 214	1 924	*45.7*
Total	**5 547 460**	**2 288 351**	*41.3*	**2 673 589**	**1 231 812**	*46.1*	**2 873 871**	**1 056 539**	*36.8*
Mali (XII.76) C †									
-15	2 729 710	382 336	*14.0*	1 429 903	314 489	*22.0*	1 299 807	67 847	*5.2*
15-19	642 115	312 230	*48.6*	308 607	249 881	*81.0*	333 508	62 349	*18.7*
20-24	484 233	243 376	*50.3*	218 391	197 190	*90.3*	265 842	46 186	*17.4*
25-29	467 113	241 664	*51.7*	200 095	193 745	*96.8*	267 018	47 919	*17.9*
30-44	1 026 266	566 647	*55.2*	486 538	473 739	*97.4*	539 728	92 908	*17.2*
45-49	209 783	124 754	*59.5*	111 330	107 699	*96.7*	98 453	17 055	*17.3*
50-54	208 226	115 895	*55.7*	104 619	99 726	*95.3*	103 607	16 169	*15.6*
55-59	140 495	81 646	*58.1*	77 578	72 398	*93.3*	62 917	9 248	*14.7*
60+	399 608	166 586	*41.7*	157 417	147 551	*93.7*	242 191	19 035	*7.9*
?	771	23	*3.0*	397	13	*3.3*	374	10	*2.7*
Total	**6 308 320**	**2 235 157**	*35.4*	**3 094 875**	**1 856 431**	*60.0*	**3 213 445**	**378 726**	*11.8*

1 Total and economically active population by sex and age group
Population totale et population active par sexe et groupe d'âge
Población total y población económicamente activa por sexo y grupo de edad

Country, source and scope / Pays, source et portée / País, fuente y alcance	Total			Males – Hommes – Hombres			Females – Femmes – Mujeres		
	Total population / Population totale / Población total	Active population / Population active / Población activa	Activity rate / Taux d'activité / Tasa de actividad %	Total population / Population totale / Población total	Active population / Population active / Población activa	Activity rate / Taux d'activité / Tasa de actividad %	Total population / Population totale / Población total	Active population / Population active / Población activa	Activity rate / Taux d'activité / Tasa de actividad %
Mauritanie (1975) OE *									
-15	538 000	36 000	*6.7*	269 000	34 000	*12.6*	269 000	2 000	*0.7*
15-19	129 000	59 000	*45.7*	65 000	57 000	*87.7*	64 000	2 000	*3.1*
20-24	112 000	56 000	*50.0*	56 000	54 000	*96.4*	56 000	2 000	*3.6*
25-44	312 000	158 000	*50.6*	155 000	152 000	*98.1*	157 000	6 000	*3.8*
45-54	93 000	47 000	*50.5*	45 000	44 000	*97.8*	48 000	3 000	*6.3*
55-64	60 000	28 000	*46.7*	28 000	26 000	*92.9*	32 000	2 000	*6.3*
65+	40 000	14 000	*35.0*	18 000	14 000	*77.8*	22 000	–	.
Total	**1 284 000**	**398 000**	*31.0*	**636 000**	**381 000**	*59.9*	**648 000**	**17 000**	*2.6*
Rwanda (15.VIII.78) C *									
-15	2 207 060	226 030	*10.2*	1 096 530	112 440	*10.3*	1 110 530	113 590	*10.2*
15-19	581 440	507 910	*87.4*	291 850	253 260	*86.8*	289 590	254 650	*87.9*
20-24	469 170	452 300	*96.4*	236 530	228 770	*96.7*	232 640	223 530	*96.1*
25-29	336 510	328 090	*97.5*	165 000	161 680	*98.0*	171 510	166 410	*97.0*
30-44	607 250	594 200	*97.9*	273 050	268 820	*98.5*	334 200	325 380	*97.4*
45-49	152 740	148 300	*97.1*	70 380	68 650	*97.5*	82 360	79 650	*96.7*
50-54	136 800	130 750	*95.6*	61 960	59 700	*96.4*	74 840	71 050	*94.9*
55-59	111 150	102 610	*92.3*	49 880	47 120	*94.5*	61 270	55 490	*90.6*
60-64	94 810	80 090	*84.5*	44 000	38 990	*88.6*	50 810	41 100	*80.9*
65+	148 360	92 130	*62.1*	75 250	50 870	*67.6*	73 110	41 260	*56.4*
Total	**4 845 290**	**2 662 410**	*54.9*	**2 364 430**	**1 290 300**	*54.6*	**2 480 860**	**1 372 110**	*55.3*
Seychelles (X-XII.80) OE *									
-15	24 440	4 986	*20.4*	12 297	2 544	*20.7*	12 143	2 442	*20.1*
15-19	7 751	5 600	*72.2*	3 986	3 345	*83.9*	3 765	2 255	*59.9*
20-24	5 884	2 814	*47.8*	3 226	2 644	*82.0*	2 658	170	*6.4*
25-29	3 803	3 064	*80.6*	2 120	2 000	*94.3*	1 683	1 064	*63.2*
30-49	10 941	8 556	*78.2*	5 597	5 418	*96.8*	5 344	3 138	*58.7*
50-54	2 234	1 530	*68.5*	1 107	975	*88.1*	1 127	555	*49.2*
55-59	2 019	1 127	*55.8*	962	752	*78.2*	1 057	375	*35.5*
60-64	1 615	782	*48.4*	749	542	*72.4*	866	240	*27.7*
65+	3 999	791	*19.8*	1 650	569	*34.5*	2 349	222	*9.5*
Total	**62 686**	**29 250**	*46.7*	**31 694**	**18 789**	*59.3*	**30 992**	**10 461**	*33.8*
Somalia (1975) OE *									
-15	1 427 000	114 000	*8.0*	712 000	82 000	*11.5*	715 000	32 000	*4.5*
15-19	357 000	201 000	*56.3*	177 000	145 000	*81.9*	180 000	56 000	*31.1*
20-24	296 000	190 000	*64.2*	147 000	137 000	*93.2*	149 000	53 000	*35.6*
25-44	734 000	504 000	*68.7*	363 000	356 000	*98.1*	371 000	148 000	*39.9*
45-54	186 000	132 000	*71.0*	90 000	88 000	*97.8*	96 000	44 000	*45.8*
55-64	107 000	72 000	*67.3*	50 000	47 000	*94.0*	57 000	25 000	*43.9*
65+	63 000	27 000	*42.9*	28 000	20 000	*71.4*	35 000	7 000	*20.0*
Total	**3 170 000**	**1 240 000**	*39.1*	**1 567 000**	**875 000**	*55.8*	**1 603 000**	**365 000**	*22.8*
Swaziland (25.VIII.76) C *									
Total	**494 534**	**258 511**	*52.3*	**231 861**	**115 361**	*49.8*	**262 673**	**143 150**	*54.5*
Tunisie (V.80) OE * †									
-15	2 676 600	.	.	1 378 000	.	.	1 298 600	.	.
15-19	728 100	300 500	*41.3*	366 200	215 500	*58.8*	361 900	85 000	*23.5*
20-24	577 600	313 600	*54.3*	281 800	238 600	*84.7*	295 800	75 000	*25.4*
25-29	430 600	242 800	*56.4*	199 700	189 500	*94.9*	230 900	53 300	*23.1*
30-44	857 100	491 400	*57.3*	405 000	397 800	*98.2*	452 100	93 600	*20.7*
45-49	264 100	143 940	*54.5*	127 500	124 380	*97.6*	136 600	19 560	*14.3*
50-54	229 800	122 070	*53.1*	116 100	107 030	*92.2*	113 700	15 040	*13.2*
55-59	179 400	88 550	*49.4*	92 700	76 650	*82.7*	86 700	11 900	*13.7*
60-64	148 600	51 480	*34.6*	80 900	46 280	*57.2*	67 700	5 200	*7.7*
Total	**6 369 000**	**1 864 220**	*29.3*	**3 204 100**	**1 500 680**	*46.8*	**3 164 900**	**363 540**	*11.5*

1 Total and economically active population by sex and age group
Population totale et population active par sexe et groupe d'âge
Población total y población económicamente activa por sexo y grupo de edad

Country, source and scope Pays, source et portée País, fuente y alcance	Total			Males - Hommes - Hombres			Females - Femmes - Mujeres		
	Total population Population totale Población total	Active population Population active Población activa	Activity rate Taux d'activité Tasa de actividad %	Total population Population totale Población total	Active population Population active Población activa	Activity rate Taux d'activité Tasa de actividad %	Total population Population totale Población total	Active population Population active Población activa	Activity rate Taux d'activité Tasa de actividad %
AMERICA - AMÉRIQUE - AMERICA									
Argentina (VI.80) OE									
-15	7 638 000	139 000	*1.8*	3 886 000	78 000	*2.0*	3 752 000	61 000	*1.6*
15-19	2 293 000	881 000	*38.4*	1 167 000	554 000	*47.5*	1 126 000	327 000	*29.0*
20-24	2 214 000	1 417 000	*64.0*	1 128 000	892 000	*79.1*	1 086 000	525 000	*48.3*
25-29	2 112 000	1 446 000	*68.5*	1 074 000	1 027 000	*95.6*	1 038 000	419 000	*40.4*
30-44	5 122 000	3 451 000	*67.4*	2 585 000	2 540 000	*98.3*	2 537 000	911 000	*35.9*
45-49	1 518 000	973 000	*64.1*	759 000	732 000	*96.4*	759 000	241 000	*31.8*
50-54	1 476 000	877 000	*59.4*	731 000	671 000	*91.8*	745 000	206 000	*27.7*
55-59	1 299 000	649 000	*50.0*	634 000	502 000	*79.2*	665 000	147 000	*22.1*
60-64	1 070 000	329 000	*30.7*	508 000	211 000	*17.1*	562 000	88 000	*15.7*
65+	2 322 000	262 000	*11.3*	1 032 000	208 000	*20.2*	1 290 000	54 000	*4.2*
Total	**27 064 000**	**10 424 000**	*38.5*	**13 504 000**	**7 445 000**	*55.1*	**13 560 000**	**2 979 000**	*22.0*
Barbados (12.V.80) C * †									
-15	76 700	.	.	38 700	.	.	38 000	.	.
15-19	29 500	13 700	*46.4*	14 900	7 700	*51.7*	14 600	6 000	*41.1*
20-24	27 500	23 500	*85.5*	13 700	12 500	*91.2*	13 800	11 000	*79.7*
25-29	23 400	18 500	*79.1*	11 700	9 200	*78.6*	11 700	9 300	*79.5*
30-44	36 700	31 300	*85.3*	18 000	16 400	*91.1*	18 700	14 900	*79.7*
45-64	36 500	25 200	*69.0*	15 200	14 500	*95.4*	21 300	10 700	*50.2*
65+	23 700	3 300	*13.9*	8 900	2 100	*23.6*	14 800	1 200	*8.1*
Total	**254 000**	**115 500**	*45.5*	**121 100**	**62 400**	*51.5*	**132 900**	**53 100**	*40.0*
Bermuda (12.V.80) C *									
-15	12 247	.	.	6 224	.	.	6 023	.	.
15-29	14 886	10 986	*73.8*	7 299	5 769	*79.0*	7 587	5 217	*68.8*
30-44	12 014	10 618	*88.4*	6 001	5 896	*98.3*	6 013	4 722	*78.5*
45-64	10 432	8 262	*79.2*	5 003	4 650	*92.9*	5 429	3 612	*66.5*
65+	4 471	1 570	*35.1*	1 823	917	*50.3*	2 648	653	*24.7*
Total	**54 050**	**31 436**	*58.2*	**26 350**	**17 232**	*65.4*	**27 700**	**14 204**	*51.3*
Bolivia (1980) OE *									
-15	2 411 880	86 948	*3.6*	1 208 378	54 488	*4.5*	1 203 502	32 460	*2.7*
15-19	576 390	232 535	*40.3*	286 254	165 731	*57.9*	290 136	66 804	*23.0*
20-24	492 992	265 995	*54.0*	243 458	202 098	*83.0*	249 534	63 897	*25.6*
25-29	414 649	246 526	*59.5*	203 302	192 125	*94.5*	211 347	54 401	*25.7*
30-39	638 701	372 462	*58.3*	312 906	297 631	*95.1*	325 795	74 831	*23.0*
40+	1 064 980	617 839	*58.0*	508 023	501 432	*98.7*	556 957	116 407	*20.9*
Total	**5 599 592**	**1 822 305**	*32.5*	**2 762 321**	**1 413 505**	*51.2*	**2 837 271**	**408 800**	*14.4*
Canada (1979) LFSS †									
Total	**23 671 000**	**11 287 000**	*47.7*	**11 759 000**	**6 874 000**	*58.5*	**11 912 000**	**4 413 000**	*37.0*
Costa Rica (VII.80) HS									
-15	828 499	22 909	*2.8*	422 948	17 994	*4.3*	405 551	4 915	*1.2*
15-19	284 928	122 141	*42.9*	142 565	87 870	*61.6*	142 363	34 271	*24.1*
20-29	407 563	251 811	*61.8*	200 231	181 768	*90.8*	207 332	70 043	*33.8*
30-49	416 338	263 077	*63.2*	203 769	196 438	*96.4*	212 569	66 639	*31.3*
50-59	130 638	68 325	*52.3*	64 273	58 816	*91.5*	66 365	9 509	*14.3*
60-69	81 039	28 247	*34.9*	39 129	24 666	*63.0*	41 910	3 581	*8.5*
70+	60 158	8 585	*14.3*	28 694	7 777	*27.1*	31 464	808	*2.6*
?	8 598	5 177	*60.2*	4 292	3 643	*84.9*	4 306	1 534	*35.6*
Total	**2 217 761**	**770 272**	*34.7*	**1 105 901**	**578 972**	*52.4*	**1 111 860**	**191 300**	*17.2*

1 Total and economically active population by sex and age group
Population totale et population active par sexe et groupe d'âge
Población total y población económicamente activa por sexo y grupo de edad

Country, source and scope / Pays, source et portée / País, fuente y alcance	Total			Males - Hommes - Hombres			Females - Femmes - Mujeres		
	Total population / Population totale / Población total	Active population / Population active / Población activa	Activity rate / Taux d'activité / Tasa de actividad %	Total population / Population totale / Población total	Active population / Population active / Población activa	Activity rate / Taux d'activité / Tasa de actividad %	Total population / Population totale / Población total	Active population / Population active / Población activa	Activity rate / Taux d'activité / Tasa de actividad %
Chile (III.80) LFSS									
Total	**11 057 300**	**3 697 800**	*33.4*	**5 375 300**	**...**	.	**5 682 000**	**...**	.
Ecuador (VI.80) OE									
-15	3 810 000	105 700	*2.8*	1 939 000	66 700	*3.4*	1 871 000	39 000	*2.1*
15-19	888 000	397 100	*44.7*	449 000	268 700	*59.8*	439 000	128 400	*29.2*
20-24	729 000	426 200	*58.5*	368 000	296 900	*80.7*	361 000	129 300	*35.8*
25-29	590 000	377 700	*64.0*	297 000	277 600	*93.5*	293 000	100 100	*34.2*
30-44	1 213 000	772 900	*63.7*	608 000	590 100	*97.1*	605 000	182 800	*30.2*
45-49	279 000	176 300	*63.2*	139 000	134 500	*96.8*	140 000	41 800	*29.9*
50-54	233 000	144 000	*61.8*	116 000	110 700	*95.4*	117 000	33 300	*28.5*
55-59	190 000	113 400	*59.7*	94 000	87 800	*93.4*	96 000	25 600	*26.7*
60-64	151 000	85 100	*56.4*	74 000	66 600	*90.0*	77 000	18 500	*24.0*
65+	269 000	125 400	*46.6*	126 000	97 900	*77.7*	143 000	27 500	*19.2*
Total	**8 352 000**	**2 723 800**	*32.6*	**4 210 000**	**1 997 500**	*47.4*	**4 142 000**	**726 300**	*17.5*
El Salvador (X.78-IV.79) HS									
-15	1 964 972	98 877	*5.0*	1 001 204	72 599	*7.3*	963 768	26 278	*2.7*
15-19	476 923	218 104	*45.7*	238 649	149 765	*62.8*	238 274	68 339	*28.7*
20-24	332 227	211 391	*63.6*	153 852	135 901	*88.3*	178 375	75 490	*42.3*
25-29	263 300	175 965	*66.8*	119 275	113 671	*95.3*	144 025	62 294	*43.3*
30-44	612 417	422 778	*69.0*	282 570	271 520	*96.1*	329 847	151 258	*45.9*
45-49	158 161	106 066	*67.1*	72 960	68 782	*94.3*	85 201	37 284	*43.8*
50-54	144 716	92 794	*64.1*	64 379	60 031	*93.2*	80 337	32 763	*40.8*
55-59	113 841	66 284	*58.2*	51 992	46 679	*89.8*	61 849	19 605	*31.7*
60-64	89 289	53 689	*60.1*	45 995	40 166	*87.3*	43 294	13 523	*31.2*
65+	200 281	73 506	*36.7*	86 756	53 298	*61.4*	113 525	20 208	*17.8*
Total	**4 356 127**	**1 519 454**	*34.9*	**2 117 632**	**1 012 412**	*47.8*	**2 238 495**	**507 042**	*22.7*
Greenland (26.X.76) C									
-14	15 973	.	.	8 250	.	.	7 723	.	.
14-19	6 846	2 315	*33.8*	3 498	1 499	*42.9*	3 348	816	*24.4*
20-24	4 381	3 120	*71.2*	2 323	1 862	*80.2*	2 058	1 258	*61.1*
25-29	4 208	3 283	*78.0*	2 452	2 181	*88.9*	1 756	1 102	*62.8*
30-44	10 725	8 641	*80.6*	6 521	5 969	*91.5*	4 204	2 672	*63.6*
45-49	2 251	1 719	*76.4*	1 230	1 127	*91.6*	1 021	592	*58.0*
50-54	1 547	1 127	*72.9*	844	779	*92.3*	703	348	*49.5*
55-59	1 171	677	*57.8*	608	470	*77.3*	563	207	*36.8*
60+	2 528	496	*19.6*	1 130	347	*30.7*	1 398	149	*10.7*
Total	**49 630**	**21 378**	*43.1*	**26 856**	**14 234**	*53.0*	**22 774**	**7 144**	*31.4*
Guatemala (1980) OE †									
-15	3 223 283	140 867	*4.4*	1 641 795	122 310	*7.4*	1 581 488	18 557	*1.2*
15-19	793 344	353 136	*44.5*	402 937	294 049	*73.0*	390 407	59 087	*15.1*
20-24	685 142	375 785	*54.8*	347 627	316 349	*91.0*	337 515	59 436	*17.6*
25-29	583 941	329 214	*56.4*	296 286	285 678	*96.4*	287 655	43 536	*15.1*
30-44	1 168 615	654 445	*56.0*	592 049	572 771	*96.7*	576 566	81 674	*14.2*
45-49	280 372	155 323	*55.4*	141 233	135 915	*96.2*	139 139	19 408	*13.9*
50-54	240 361	129 843	*54.0*	120 470	114 446	*95.0*	119 891	15 397	*12.8*
55-59	183 523	97 428	*53.1*	91 295	86 313	*94.5*	92 228	11 115	*12.1*
60-64	133 569	65 801	*49.3*	66 106	58 677	*88.8*	67 463	7 124	*10.6*
65+	236 051	88 567	*37.5*	115 219	80 084	*69.5*	120 832	8 483	*7.0*
Total	**7 528 201**	**2 390 409**	*31.8*	**3 815 017**	**2 066 592**	*54.2*	**3 713 184**	**323 817**	*8.7*

1 Total and economically active population by sex and age group
Population totale et population active par sexe et groupe d'âge
Población total y población económicamente activa por sexo y grupo de edad

Country, source and scope / Pays, source et portée / País, fuente y alcance	Total			Males – Hommes – Hombres			Females – Femmes – Mujeres		
	Total population / Population totale / Población total	Active population / Population active / Población activa	Activity rate / Taux d'activité / Tasa de actividad %	Total population / Population totale / Población total	Active population / Population active / Población activa	Activity rate / Taux d'activité / Tasa de actividad %	Total population / Population totale / Población total	Active population / Population active / Población activa	Activity rate / Taux d'activité / Tasa de actividad %
Guyana (7.IV.70) C									
-20	410 225	28 398	6.9	205 839	21 942	10.7	204 386	6 456	3.2
20-24	56 087	31 301	55.8	27 380	24 151	88.2	28 707	7 150	24.9
25-29	39 636	21 914	55.3	19 277	17 926	93.0	20 359	3 988	19.6
30-44	93 257	52 262	56.0	45 633	42 897	94.0	47 624	9 365	19.7
45-49	24 557	14 234	58.0	12 498	11 582	92.7	12 059	2 652	22.0
50-54	19 991	10 998	55.0	10 105	9 003	89.1	9 886	1 995	20.2
55-59	18 241	9 334	51.2	9 483	7 774	82.0	8 758	1 560	17.8
60-64	12 786	4 651	36.4	6 479	3 895	60.1	6 307	756	12.0
65+	25 043	4 072	16.3	11 133	3 365	30.2	13 910	707	5.1
Total	**699 823**	**177 164**	25.3	**347 827**	**142 535**	41.0	**351 996**	**34 629**	9.8
Guyane française (I.77) OE									
-15	21 910	.	.	11 520	.	.	10 390	.	.
15-19	4 980	1 330	26.7	2 680	690	25.7	2 300	640	27.8
20-24	3 530	2 960	83.9	1 630	1 460	89.6	1 900	1 500	78.9
25-44	12 490	10 690	85.6	6 110	6 050	99.0	6 380	4 640	72.7
45-49	2 920	2 540	87.0	1 630	1 540	94.5	1 290	1 000	77.5
50-54	2 350	1 860	79.1	1 260	1 150	91.3	1 090	710	65.1
55-59	1 630	1 040	63.8	800	640	80.0	830	400	48.2
60-64	1 770	770	43.5	800	470	58.8	970	300	30.9
65+	3 410	550	16.1	1 600	400	25.0	1 810	150	8.3
Total	**54 990**	**21 740**	39.5	**28 030**	**12 400**	44.2	**26 960**	**9 340**	34.6
Haïti (III.80) OE *									
-15	1 818 000	223 600	12.3	910 000	110 700	12.2	908 000	112 900	12.4
15-19	546 900	336 600	61.5	276 500	171 700	62.1	270 400	164 900	61.0
20-24	488 000	390 100	79.9	242 100	213 200	88.1	245 900	176 900	71.9
25-44	1 112 200	933 800	84.0	488 700	480 100	98.2	623 500	453 700	72.8
45-54	401 000	343 300	85.6	186 900	183 200	98.0	214 100	160 100	74.8
55-64	243 500	202 100	83.0	121 300	115 400	95.1	122 200	86 700	70.9
65+	187 100	111 900	59.8	88 100	69 000	78.3	99 000	42 900	43.3
Total	**4 796 700**	**2 541 400**	53.0	**2 313 600**	**1 343 300**	58.1	**2 483 100**	**1 198 100**	48.3
Honduras (1980) OE									
-15	1 765 179	72 597	4.1	886 584	66 221	7.5	878 595	6 376	0.7
15-19	391 827	173 071	44.2	197 287	143 270	72.6	194 540	29 801	15.3
20-24	314 511	176 116	56.0	158 344	141 162	89.1	156 167	34 954	22.4
25-29	253 556	147 315	58.1	127 718	120 265	94.2	125 838	27 050	21.5
30-44	504 492	288 587	57.2	252 949	241 547	95.5	251 543	47 040	18.7
45-49	119 112	65 834	55.3	59 600	56 725	95.2	59 512	9 109	15.3
50-54	99 384	53 361	53.7	49 682	46 448	93.5	49 702	6 913	13.9
55-59	80 250	41 674	51.9	39 980	36 485	91.3	40 270	5 189	12.9
60-64	61 735	29 528	47.8	30 459	26 196	86.0	31 276	3 332	10.7
65+	100 981	35 437	35.1	47 992	31 984	66.6	52 989	3 453	6.5
Total	**3 691 027**	**1 083 520**	29.4	**1 850 595**	**910 303**	49.2	**1 840 432**	**173 217**	9.4
Jamaica (XI.80) LFSS †									
-14	797 900	.	.	412 300	.	.	385 600	.	.
14-19	314 200	49 900	15.9	156 200	39 700	25.4	158 000	10 200	6.5
20-24	199 100	101 200	50.8	93 600	64 900	69.3	105 500	36 300	34.4
25-34	242 200	171 900	71.0	122 600	104 400	85.2	119 600	67 500	56.4
35-44	173 800	131 200	75.5	81 500	73 200	89.8	92 300	58 000	62.8
45-54	148 800	113 700	76.4	70 200	63 400	90.3	78 600	50 300	64.0
55-64	137 500	98 000	71.3	63 000	54 000	85.7	74 500	44 000	59.1
65+	163 200	71 400	43.8	76 600	48 600	63.4	86 600	22 800	26.3
Total	**2 176 700**	**737 300**	33.9	**1 076 000**	**448 200**	41.7	**1 100 700**	**289 100**	26.3

1 Total and economically active population by sex and age group
Population totale et population active par sexe et groupe d'âge
Población total y población económicamente activa por sexo y grupo de edad

Country, source and scope Pays, source et portée País, fuente y alcance	Total			Males – Hommes – Hombres			Females – Femmes – Mujeres		
	Total population Population totale Población total	Active population Population active Población activa	Activity rate Taux d'activité Tasa de actividad %	Total population Population totale Población total	Active population Population active Población activa	Activity rate Taux d'activité Tasa de actividad %	Total population Population totale Población total	Active population Population active Población activa	Activity rate Taux d'activité Tasa de actividad %
Martinique (V.80) LFSS									
-15	103 840	.	.	50 480	.	.	53 360	.	.
15-24	67 960	28 480	*41.9*	34 880	14 840	*42.5*	33 080	13 640	*41.2*
25-39	44 320	37 640	*84.9*	18 800	17 720	*94.3*	25 520	19 920	*78.1*
40-59	56 760	41 320	*72.8*	25 160	22 400	*89.0*	31 600	18 920	*59.9*
60+	37 360	5 000	*13.4*	15 400	2 720	*17.7*	21 960	2 280	*10.4*
Total	**310 240**	**112 440**	*36.2*	**144 720**	**57 680**	*39.9*	**165 520**	**54 760**	*33.1*
México (4.VI.80) C *									
-15	28 718 863	690 717	*2.4*	14 460 631	.	.	14 258 232	.	.
15-19	7 534 606	2 342 171	*31.1*	3 702 554	.	.	3 832 052	.	.
20-24	6 071 514	2 988 086	*49.2*	2 941 132	.	.	3 130 382	.	.
25-29	4 635 388	2 505 531	*54.1*	2 269 849	.	.	2 365 539	.	.
30-44	9 883 770	5 407 313	*54.7*	4 872 446	.	.	5 011 324	.	.
45-49	2 271 307	1 209 316	*53.2*	1 111 126	.	.	1 160 181	.	.
50-54	1 830 282	948 008	*51.8*	892 607	.	.	937 675	.	.
55-59	1 467 437	730 659	*49.8*	742 827	.	.	724 610	.	.
60-64	1 088 553	491 711	*45.2*	539 082	.	.	549 471	.	.
65+	2 608 171	936 136	*35.9*	1 294 573	.	.	1 313 598	.	.
Total	**67 395 826**	**18 249 648**	*27.1*	**33 451 320**	.	.	**33 944 506**	.	.
Montserrat (12.V.80) C									
Total	**11 606**	**4 872**	*42.0*	**5 582**	**2 881**	*51.6*	**6 024**	**1 991**	*33.1*
Netherlands Antilles (XII.80) OE									
-15	70 362	.	.	35 853	.	.	34 509	.	.
15-19	28 462	10 009	*35.2*	14 381	5 455	*37.9*	14 081	4 554	*32.3*
20-24	26 148	20 184	*77.2*	12 935	11 404	*88.2*	13 213	8 780	*66.4*
25-29	23 613	17 061	*72.3*	11 276	10 595	*94.0*	12 337	6 466	*52.4*
30-44	52 117	33 539	*64.4*	24 841	23 433	*94.3*	27 276	10 106	*37.1*
45-49	11 962	7 143	*59.7*	5 777	5 375	*93.0*	6 185	1 768	*28.6*
50-54	9 866	5 471	*55.5*	4 801	4 219	*87.9*	5 065	1 252	*24.7*
55-59	7 529	3 812	*50.6*	3 690	2 927	*79.3*	3 839	885	*23.1*
60+	23 167	2 149	*9.3*	10 047	1 644	*16.4*	13 120	505	*3.8*
Total	**253 226**	**99 368**	*39.2*	**123 601**	**65 052**	*52.6*	**129 625**	**34 316**	*26.5*
Nicaragua (1980) OE †									
Total	**2 703 147**	**863 925**	*32.0*	**1 324 516**	**681 089**	*51.4*	**1 378 631**	**182 836**	*13.3*
Panamá (VIII.79) LFSS									
-20	182 565	58 420	*32.0*	90 542	40 032	*44.2*	92 023	18 388	*20.0*
15-19	146 045	100 549	*68.8*	72 891	64 344	*88.3*	73 154	36 205	*49.5*
20-24	121 078	88 219	*72.9*	58 574	56 694	*96.8*	62 504	31 525	*50.4*
30-39	198 860	143 567	*72.2*	98 310	97 136	*98.8*	100 550	46 431	*46.2*
40-49	136 888	92 565	*67.6*	67 587	65 858	*97.4*	69 301	26 707	*38.5*
50-59	101 782	58 854	*57.8*	51 403	46 558	*90.6*	50 379	12 296	*24.4*
60-69	71 968	26 302	*36.5*	36 694	22 088	*60.2*	35 274	4 214	*11.9*
70+	43 790	9 282	*21.2*	20 256	8 285	*40.9*	23 534	997	*4.2*
Total	**1 002 976**	**577 758**	*57.6*	**496 257**	**400 995**	*80.8*	**506 719**	**176 763**	*34.9*

1 Total and economically active population by sex and age group
Population totale et population active par sexe et groupe d'âge
Población total y población económicamente activa por sexo y grupo de edad

Country, source and scope Pays, source et portée País, fuente y alcance	Total			Males – Hommes – Hombres			Females – Femmes – Mujeres		
	Total population Population totale Población total	Active population Population active Población activa	Activity rate Taux d'activité Tasa de actividad %	Total population Population totale Población total	Active population Population active Población activa	Activity rate Taux d'activité Tasa de actividad %	Total population Population totale Población total	Active population Population active Población activa	Activity rate Taux d'activité Tasa de actividad %
Paraguay (1980) OE †									
-15	1 352 800	37 880	*2.8*	685 564	28 628	*4.2*	667 236	9 252	*1.4*
15-19	351 800	170 310	*48.4*	176 629	128 327	*72.7*	175 171	41 983	*24.0*
20-24	306 408	177 669	*58.0*	153 225	132 350	*86.4*	153 183	45 319	*29.6*
25-29	260 456	149 261	*57.3*	130 316	114 173	*87.6*	130 140	35 088	*27.0*
30-44	454 581	257 053	*56.5*	223 799	202 625	*90.5*	230 782	54 428	*23.6*
45-49	102 054	57 126	*56.0*	50 043	46 331	*92.6*	52 011	10 795	*20.8*
50-54	93 702	50 996	*54.4*	45 922	42 154	*91.8*	47 780	8 842	*18.5*
55-59	74 937	38 360	*51.2*	36 135	32 091	*88.8*	38 802	6 269	*16.2*
60-64	62 199	29 459	*47.4*	29 456	24 973	*84.8*	32 743	4 486	*13.7*
65+	109 048	36 389	*33.4*	48 834	31 855	*65.2*	60 214	4 534	*7.5*
Total	**3 167 985**	**1 111 117**	*35.1*	**1 579 923**	**874 472**	*55.3*	**1 588 062**	**236 645**	*14.9*
Perú (VI.81) OE									
-15	7 782 800	.	.	3 920 900	.	.	3 861 900	.	.
15-19	1 985 700	579 000	*29.2*	1 002 100	365 200	*36.4*	983 600	213 800	*21.7*
20-24	1 681 500	960 900	*57.1*	845 400	657 000	*77.7*	836 100	303 900	*36.3*
25-29	1 384 500	912 900	*65.9*	694 300	650 400	*93.7*	690 200	262 500	*38.0*
30-44	2 824 700	1 902 700	*67.4*	1 412 400	1 383 500	*98.0*	1 412 300	519 200	*36.8*
45-49	658 000	437 200	*66.4*	327 900	319 400	*97.4*	330 100	117 800	*35.7*
50-54	549 300	348 200	*63.4*	273 000	261 100	*95.6*	276 300	87 100	*31.5*
55-59	443 200	262 700	*59.3*	218 900	199 800	*91.3*	224 300	62 900	*28.0*
60-64	340 000	170 600	*50.2*	166 700	135 500	*81.3*	173 300	35 100	*20.3*
65+	628 800	218 300	*34.7*	298 700	171 000	*57.2*	330 100	47 300	*14.3*
Total	**18 278 500**	**5 792 500**	*31.7*	**9 160 300**	**4 142 900**	*45.2*	**9 118 200**	**1 649 600**	*18.1*
Puerto Rico (II.81) LFSS									
-20	317 444	48 732	*15.4*	160 102	35 110	*21.9*	157 342	13 622	*8.7*
20-24	290 358	150 591	*51.9*	135 421	93 274	*68.9*	154 937	57 317	*37.0*
25-34	462 449	300 014	*64.9*	210 311	180 329	*85.7*	252 138	119 685	*47.5*
35-44	407 892	246 714	*60.5*	190 334	160 438	*84.3*	217 558	86 276	*39.7*
45-54	320 344	167 295	*52.2*	148 751	111 846	*75.2*	171 593	55 449	*32.3*
55-64	262 499	84 154	*32.1*	125 697	65 205	*51.9*	136 802	18 949	*13.9*
65+	294 777	23 521	*8.0*	139 699	20 179	*14.4*	155 078	3 342	*2.2*
Total	**2 355 763**	**1 021 021**	*43.3*	**1 110 315**	**666 381**	*60.0*	**1 245 448**	**354 640**	*28.5*
Trinidad and Tobago (I–VI.79) LFSS †									
-15	407 500	.	.	209 300	.	.	198 200	.	.
15-19	146 800	56 200	*38.3*	77 200	43 200	*56.0*	69 700	13 000	*18.7*
20-24	118 400	84 900	*71.7*	59 500	54 700	*91.9*	58 900	30 200	*51.3*
25-34	164 000	119 000	*72.6*	82 200	79 300	*96.5*	81 800	39 700	*48.5*
35-44	110 300	80 200	*72.7*	55 200	54 600	*98.9*	55 000	25 600	*46.5*
45-54	86 300	59 300	*68.7*	42 800	40 600	*94.9*	43 500	18 700	*43.0*
55-59	33 600	22 900	*68.2*	18 800	17 400	*92.6*	14 800	5 400	*36.5*
60-64	26 200	13 600	*51.9*	14 000	10 700	*76.4*	12 200	2 900	*23.8*
65+	63 100	11 200	*17.7*	28 900	8 600	*29.8*	34 200	2 600	*7.6*
Total	**1 156 100**	**447 300**	*38.7*	**587 800**	**309 100**	*52.6*	**568 300**	**138 100**	*24.3*
United States (1979) LFSS †									
-16	50 212 000	.	.	25 639 000	.	.	24 574 000	.	.
16-19	20 862 000	9 813 000	*47.0*	10 580 000	5 309 000	*50.2*	10 281 000	4 504 000	*43.8*
20-24	20 527 000	16 083 000	*78.4*	10 254 000	8 983 000	*87.6*	10 273 000	7 100 000	*69.1*
25-29	18 342 000	14 666 000	*80.0*	9 091 000	8 600 000	*94.6*	9 251 000	6 066 000	*65.6*
30-44	41 596 000	32 693 000	*78.6*	20 374 000	19 417 000	*95.3*	21 222 000	13 276 000	*62.6*
45-49	11 217 000	8 511 000	*75.9*	5 471 000	5 061 000	*92.5*	5 746 000	3 450 000	*60.0*
50-54	11 734 000	8 438 000	*71.9*	5 666 000	5 027 000	*88.7*	6 068 000	3 411 000	*56.2*
55-59	11 367 000	7 272 000	*64.0*	5 428 000	4 404 000	*81.1*	5 939 000	2 868 000	*48.3*
60-64	9 585 000	4 448 000	*46.4*	4 487 000	2 737 000	*61.0*	5 098 000	1 711 000	*33.6*
65+	24 658 000	3 073 000	*12.5*	10 017 000	1 928 000	*19.2*	14 641 000	1 145 000	*7.8*
Total	**220 099 000**	**104 996 000**	*47.7*	**107 006 000**	**61 466 000**	*57.4*	**113 093 000**	**43 531 000**	*38.5*

1 Total and economically active population by sex and age group
Population totale et population active par sexe et groupe d'âge
Población total y población económicamente activa por sexo y grupo de edad

Country, source and scope / Pays, source et portée / País, fuente y alcance	Total			Males - Hommes - Hombres			Females - Femmes - Mujeres		
	Total population / Population totale / Población total	Active population / Population active / Población activa	Activity rate / Taux d'activité / Tasa de actividad %	Total population / Population totale / Población total	Active population / Population active / Población activa	Activity rate / Taux d'activité / Tasa de actividad %	Total population / Population totale / Población total	Active population / Population active / Población activa	Activity rate / Taux d'activité / Tasa de actividad %
Uruguay (21.V.75) C									
-15	752 588	13 505	*1.8*	382 224	9 889	*2.6*	370 364	3 616	*1.0*
15-19	236 137	104 865	*44.4*	118 085	72 750	*61.6*	118 052	32 115	*27.2*
20-24	203 780	133 346	*65.4*	100 121	89 673	*89.6*	103 659	43 673	*42.1*
25-29	188 858	128 291	*67.9*	92 746	88 070	*95.0*	96 112	40 221	*41.8*
30-44	536 965	363 560	*67.7*	263 922	255 567	*96.8*	273 043	107 993	*39.6*
45-49	178 607	115 379	*64.6*	88 227	83 646	*94.8*	90 380	31 733	*35.1*
50-54	159 200	94 763	*59.5*	78 888	71 137	*90.2*	80 312	23 626	*29.4*
55-59	132 662	67 179	*50.6*	65 074	52 598	*80.8*	67 588	14 581	*21.6*
60-64	126 816	43 375	*34.2*	60 261	35 329	*58.6*	66 555	8 046	*12.1*
65+	272 816	30 336	*11.1*	119 864	24 925	*20.8*	152 952	5 411	*3.5*
Total	**2 788 429**	**1 094 599**	*39.3*	**1 369 412**	**783 584**	*57.2*	**1 419 017**	**311 015**	*21.9*
Venezuela (VII-XII.79) HS									
-15	5 723 749	.	.	2 906 601	.	.	2 817 148	.	.
15-19	1 636 870	534 921	*32.7*	839 713	402 464	*47.9*	797 157	132 457	*16.6*
20-24	1 261 020	742 995	*58.9*	615 774	506 559	*82.3*	645 246	236 436	*36.6*
25-44	3 102 791	2 093 580	*67.5*	1 518 289	1 469 156	*96.8*	1 584 502	624 424	*39.4*
45-54	907 900	567 508	*62.5*	457 662	437 579	*95.6*	450 238	129 929	*28.9*
55-64	559 639	292 505	*52.3*	284 834	242 605	*85.2*	274 805	49 900	*18.2*
65+	424 226	119 376	*28.1*	196 141	104 217	*53.1*	228 085	15 159	*6.6*
Total	**13 616 195**	**4 350 885**	*32.0*	**6 819 014**	**3 162 580**	*46.4*	**6 797 181**	**1 188 305**	*17.5*
ASIA - ASIE - ASIA									
Afghanistan (24.VI.79) C *									
-15	5 815 969	428 041	*7.4*	2 965 285	365 527	*12.3*	2 850 684	62 514	*2.2*
15-19	1 372 660	521 730	*38.0*	702 438	458 159	*65.2*	670 222	63 571	*9.5*
20-24	1 163 493	580 533	*49.9*	597 061	528 932	*88.6*	566 432	51 601	*9.1*
25-29	978 068	519 674	*53.1*	499 901	478 648	*95.7*	478 167	41 026	*8.6*
30-44	2 059 972	1 093 753	*53.1*	1 060 924	1 027 841	*96.9*	999 048	65 912	*6.6*
45-49	458 431	239 755	*52.3*	237 404	228 313	*96.2*	221 027	11 442	*5.2*
50-54	369 583	188 210	*50.9*	191 865	181 029	*94.4*	177 718	7 181	*4.0*
55-59	291 211	145 287	*49.9*	152 693	139 644	*91.5*	138 518	5 643	*4.1*
60-64	218 080	103 065	*47.3*	115 571	100 729	*87.2*	102 509	2 336	*2.3*
65+	323 891	125 543	*38.8*	186 676	123 333	*66.1*	137 215	2 210	*1.6*
Total	**13 051 358**	**3 945 591**	*30.2*	**6 709 818**	**3 632 155**	*54.1*	**6 341 540**	**313 436**	*4.9*
Bahrain (IV.79) OE									
-20	147 700	5 600	*3.8*	76 200	3 800	*5.0*	71 500	1 800	*2.5*
20-29	88 400	64 500	*73.0*	59 400	56 000	*94.3*	29 000	8 500	*29.3*
30-39	54 600	33 200	*60.8*	37 200	31 500	*84.7*	17 400	1 700	*9.8*
40-49	32 600	15 400	*47.2*	20 100	15 000	*74.6*	12 500	400	*3.2*
50+	41 700	16 200	*38.8*	26 000	16 000	*61.5*	15 700	200	*1.3*
Total	**365 000**	**134 900**	*37.0*	**218 900**	**122 300**	*55.9*	**146 100**	**12 600**	*8.6*
Bangladesh (1.III.74) C									
-15	34 371 848	2 353 360	*6.8*	17 600 956	2 087 078	*11.9*	16 770 892	266 282	*1.6*
15-19	5 918 335	2 264 457	*38.3*	3 153 753	2 138 842	*67.8*	2 764 582	125 615	*4.5*
20-24	4 911 709	2 109 029	*42.9*	2 416 187	2 030 476	*84.0*	2 495 522	78 553	*3.1*
25-34	8 928 755	4 380 984	*49.1*	4 389 254	4 253 670	*96.9*	4 539 501	127 314	*2.8*
35-44	7 072 999	3 846 712	*54.4*	3 779 329	3 739 451	*98.9*	3 293 670	107 261	*3.3*
45-54	4 865 442	2 699 766	*55.5*	2 662 990	2 619 313	*98.4*	2 202 452	80 453	*3.7*
55-64	3 034 514	1 678 484	*55.3*	1 695 309	1 625 108	*95.9*	1 339 205	53 376	*4.0*
65+	2 374 311	1 189 800	*50.1*	1 372 967	1 156 659	*84.2*	1 001 344	33 141	*3.3*
Total	**71 477 913**	**20 522 592**	*28.7*	**37 070 745**	**19 650 597**	*53.0*	**34 407 168**	**871 995**	*2.5*

1 Total and economically active population by sex and age group
Population totale et population active par sexe et groupe d'âge
Población total y población económicamente activa por sexo y grupo de edad

Country, source and scope Pays, source et portée País, fuente y alcance	Total			Males – Hommes – Hombres			Females – Femmes – Mujeres		
	Total population Population totale Población total	Active population Population active Población activa	Activity rate Taux d'activité Tasa de actividad %	Total population Population totale Población total	Active population Population active Población activa	Activity rate Taux d'activité Tasa de actividad %	Total population Population totale Población total	Active population Population active Población activa	Activity rate Taux d'activité Tasa de actividad %
Hong Kong (IX.80) LFSS †									
-15	1 241 900	.	.	647 300	.	.	594 600	.	.
15-19	573 100	236 500	*41.3*	297 400	124 200	*41.8*	275 700	112 300	*40.7*
20-24	577 800	492 000	*85.2*	297 600	267 200	*89.8*	280 300	224 800	*80.2*
25-29	464 900	374 000	*80.4*	249 300	243 700	*97.8*	215 600	130 300	*60.4*
30-44	850 600	636 100	*74.8*	462 800	457 200	*98.8*	387 800	178 800	*46.1*
45-49	261 600	187 700	*71.8*	137 800	134 100	*97.3*	123 900	53 600	*43.3*
50-54	264 400	172 700	*65.3*	135 500	127 000	*93.7*	128 900	45 700	*35.5*
55-59	205 000	119 800	*58.4*	106 100	89 500	*84.4*	98 900	30 300	*30.6*
60-64	190 100	86 000	*45.2*	95 600	60 700	*63.5*	94 500	25 300	*26.8*
65+	328 200	65 900	*20.1*	129 800	42 400	*32.7*	198 400	23 500	*11.8*
Total	**4 957 700**	**2 370 700**	*47.8*	**2 559 100**	**1 546 100**	*60.4*	**2 398 600**	**824 600**	*34.4*
Indonesia (1977) HS †									
-15	54 256 742	1 893 164	*3.5*	27 773 054	1 243 379	*4.5*	26 483 688	649 785	*2.5*
15-19	13 333 145	5 891 729	*44.2*	6 894 131	3 792 940	*55.0*	6 439 014	2 098 789	*32.6*
20-24	9 329 177	5 161 513	*55.3*	4 216 829	3 390 113	*80.4*	5 112 348	1 771 400	*34.6*
25-29	8 864 001	5 585 792	*63.0*	3 960 085	3 714 479	*93.8*	4 903 916	1 871 313	*38.2*
30-44	23 902 156	17 034 306	*71.3*	11 296 541	11 103 364	*98.3*	12 605 615	5 930 942	*47.1*
45-49	6 189 145	4 602 556	*74.4*	3 228 615	3 125 098	*96.8*	2 960 530	1 477 458	*49.9*
50-54	4 707 148	3 329 684	*70.7*	2 430 419	2 262 900	*93.1*	2 276 729	1 066 784	*46.9*
55-59	3 039 666	1 985 490	*65.3*	1 570 977	1 376 949	*87.6*	1 468 689	608 541	*41.4*
60-64	2 612 292	1 458 367	*55.8*	1 254 174	993 398	*79.2*	1 358 118	464 969	*34.2*
65+	3 534 724	1 372 043	*38.8*	1 661 885	989 067	*59.5*	1 872 839	382 976	*20.4*
Total	**129 768 196**	**48 946 915**	*37.7*	**64 286 710**	**32 434 942**	*50.5*	**65 481 486**	**16 511 973**	*25.2*
Iraq (17.X.77) C									
-15	5 867 646	165 318	*2.8*	3 051 834	93 161	*3.1*	2 815 812	72 157	*2.6*
15-19	1 010 261	251 409	*24.9*	488 306	194 703	*39.9*	521 955	56 706	*10.9*
20-24	1 116 376	591 035	*52.9*	602 362	511 615	*84.9*	514 014	79 420	*15.5*
25-29	810 939	482 348	*59.5*	422 793	408 637	*96.7*	388 146	73 711	*19.0*
30-44	1 478 271	878 663	*59.4*	762 197	736 454	*96.6*	716 074	142 209	*19.9*
45-49	418 225	235 278	*56.3*	214 064	197 308	*92.2*	204 161	37 970	*18.6*
50-54	321 123	165 317	*51.5*	153 403	134 606	*87.7*	167 720	30 711	*18.3*
55-59	244 378	121 019	*49.5*	121 602	100 786	*82.9*	122 776	20 233	*16.5*
60-64	221 427	98 507	*44.5*	113 053	84 463	*74.7*	108 374	14 044	*13.0*
65+	477 055	141 192	*29.6*	230 847	124 670	*54.0*	246 208	16 522	*6.7*
?	34 796	3 853	*11.1*	22 437	3 158	*14.1*	12 359	695	*5.6*
Total	**12 000 497**	**3 133 939**	*26.1*	**6 182 898**	**2 589 561**	*41.9*	**5 817 599**	**544 378**	*9.4*
Israel (1980) LFSS †									
-14	1 217 800	.	.	625 100	.	.	592 700	.	.
14-17	275 200	34 800	*12.6*	141 700	20 200	*14.3*	133 500	14 600	*10.9*
18-24	465 700	189 300	*40.6*	237 300	98 100	*41.3*	228 300	91 200	*39.9*
25-34	620 900	426 500	*68.7*	311 300	263 700	*84.7*	309 600	162 800	*52.6*
35-44	360 100	253 200	*70.3*	177 800	161 900	*91.1*	182 300	91 300	*50.1*
45-54	326 300	211 500	*64.8*	154 800	139 900	*90.4*	171 600	71 600	*41.7*
55-64	277 700	146 700	*52.8*	131 800	108 700	*82.5*	146 000	38 000	*26.0*
65+	334 000	55 800	*16.7*	157 800	44 100	*27.9*	176 100	11 700	*6.6*
Total	**3 877 700**	**1 317 700**	*34.0*	**1 937 600**	**836 600**	*43.2*	**1 940 100**	**481 200**	*24.8*

1 Total and economically active population by sex and age group
Population totale et population active par sexe et groupe d'âge
Población total y población económicamente activa por sexo y grupo de edad

Country, source and scope / Pays, source et portée / País, fuente y alcance	Total			Males - Hommes - Hombres			Females - Femmes - Mujeres		
	Total population / Population totale / Población total	Active population / Population active / Población activa	Activity rate / Taux d'activité / Tasa de actividad %	Total population / Population totale / Población total	Active population / Population active / Población activa	Activity rate / Taux d'activité / Tasa de actividad %	Total population / Population totale / Población total	Active population / Population active / Población activa	Activity rate / Taux d'activité / Tasa de actividad %
Japan (1.X.80) C1% †									
-15	27 533 400	.	.	14 088 200	.	.	13 445 200	.	.
15-19	8 227 700	1 595 400	*19.4*	4 223 100	853 300	*20.2*	4 004 600	742 000	*18.5*
20-24	7 808 100	5 717 200	*73.2*	3 927 400	2 947 100	*75.0*	3 880 700	2 770 100	*71.4*
25-29	9 068 700	6 670 500	*73.6*	4 562 800	4 450 200	*97.5*	4 505 900	2 220 200	*49.3*
30-44	28 309 500	21 573 300	*76.2*	14 161 700	13 957 400	*98.6*	14 147 600	7 615 800	*53.8*
45-49	8 089 100	6 473 800	*80.0*	4 050 700	3 972 700	*98.1*	4 038 400	2 501 200	*61.9*
50-54	7 154 800	5 540 700	*77.4*	3 508 600	3 414 800	*97.3*	3 646 200	2 125 900	*58.3*
55-59	5 630 200	3 948 800	*70.1*	2 515 800	2 366 300	*94.1*	3 114 400	1 532 500	*49.2*
60-64	4 467 300	2 570 000	*57.5*	1 951 600	1 592 300	*81.6*	2 515 700	977 700	*38.9*
65+	10 627 800	2 986 600	*28.1*	4 500 400	2 028 200	*45.1*	6 127 400	958 400	*15.6*
Total	**116 916 400**	**57 076 100**	*48.8*	**57 490 400**	**35 582 300**	*61.9*	**59 426 100**	**21 493 800**	*36.2*
" " " " (1980) LFSS †									
-15	27 510 000	.	.	14 120 000	.	.	13 390 000	.	.
15-19	8 210 000	1 470 000	*17.9*	4 200 000	730 000	*17.4*	4 010 000	740 000	*18.5*
20-24	7 910 000	5 520 000	*69.8*	4 010 000	2 790 000	*69.6*	3 900 000	2 730 000	*70.0*
25-29	9 100 000	6 620 000	*72.7*	4 570 000	4 400 000	*96.3*	4 530 000	2 230 000	*49.2*
30-44	28 200 000	21 690 000	*76.9*	14 120 000	13 780 000	*97.6*	14 090 000	7 910 000	*56.1*
45-49	8 100 000	6 520 000	*80.5*	4 050 000	3 910 000	*96.5*	4 050 000	2 610 000	*64.4*
50-54	7 180 000	5 560 000	*77.4*	3 540 000	3 400 000	*96.0*	3 640 000	2 160 000	*59.3*
55-59	5 590 000	3 850 000	*68.9*	2 500 000	2 280 000	*91.2*	3 090 000	1 560 000	*50.5*
60-64	4 440 000	2 480 000	*55.9*	1 940 000	1 510 000	*77.8*	2 500 000	970 000	*38.8*
65+	10 600 000	2 790 000	*26.3*	4 490 000	1 840 000	*41.0*	6 110 000	950 000	*15.5*
Total	**116 830 000**	**56 500 000**	*48.4*	**57 530 000**	**34 650 000**	*60.2*	**59 300 000**	**21 850 000**	*36.8*
Jordan (11.XI.79) CS *									
-15	1 057 600	.	.	539 400	.	.	518 200	.	.
15-19	224 600	35 262	*15.7*	118 500	...	.	106 100	...	.
20-24	148 400	66 038	*44.5*	72 200	...	.	76 200	...	.
25-29	103 600	53 147	*51.3*	48 600	...	.	55 000	...	.
30-44	274 400	137 200	*50.0*	136 900	...	.	137 500	...	.
45-49	64 700	31 444	*48.6*	33 400	...	.	31 300	...	.
50-54	48 700	23 132	*47.5*	26 400	...	.	22 300	...	.
55-59	36 200	13 575	*37.5*	18 000	...	.	18 200	...	.
60-64	29 100	9 836	*33.8*	15 400	...	.	13 700	...	.
65+	57 300	8 251	*14.4*	27 800	...	.	29 500	...	.
Total	**2 044 600**	**377 885**	*18.5*	**1 036 600**	**...**	.	**1 008 000**	**...**	.
Korea, Republic of (1979) LFSS †									
Total	**37 604 806**	**14 206 000**	*37.8*	**18 961 815**	**8 820 000**	*46.5*	**18 642 991**	**5 386 000**	*28.9*
Liban (1975) OE *									
-15	1 241 000	22 000	*1.8*	632 000	10 000	*1.6*	609 000	12 000	*2.0*
15-19	313 000	81 000	*25.9*	159 000	57 000	*35.8*	154 000	24 000	*15.6*
20-24	239 000	118 000	*49.4*	122 000	88 000	*72.1*	117 000	30 000	*25.6*
25-44	592 000	333 000	*56.3*	296 000	282 000	*95.3*	296 000	51 000	*17.2*
45+	485 000	194 000	*40.0*	236 000	173 000	*73.3*	249 000	21 000	*8.4*
Total	**2 870 000**	**748 000**	*26.1*	**1 445 000**	**610 000**	*42.2*	**1 425 000**	**138 000**	*9.7*

1 Total and economically active population by sex and age group
Population totale et population active par sexe et groupe d'âge
Población total y población económicamente activa por sexo y grupo de edad

Country, source and scope Pays, source et portée País, fuente y alcance	Total			Males - Hommes - Hombres			Females - Femmes - Mujeres		
	Total population Population totale Población total	Active population Population active Población activa	Activity rate Taux d'activité Tasa de actividad %	Total population Population totale Población total	Active population Population active Población activa	Activity rate Taux d'activité Tasa de actividad %	Total population Population totale Población total	Active population Population active Población activa	Activity rate Taux d'activité Tasa de actividad %
Peninsular Malaysia (1977) LFSS †									
-15	4 309 700	.	.	2 198 700	.	.	2 111 000	.	.
15-19	1 310 100	571 300	*43.6*	666 700	341 600	*51.2*	643 400	229 700	*35.7*
20-24	1 107 300	819 600	*74.0*	555 800	514 600	*92.6*	551 500	305 000	*55.3*
25-29	873 000	626 700	*71.8*	434 500	423 600	*97.5*	438 500	203 100	*46.3*
30-44	1 655 500	1 216 400	*73.5*	826 800	815 500	*98.6*	828 700	400 900	*48.4*
45-49	385 600	281 600	*73.0*	190 900	186 700	*97.8*	194 700	94 900	*48.7*
50-54	325 500	224 500	*69.0*	160 200	152 800	*95.4*	165 300	71 700	*43.4*
55-59	274 000	151 100	*55.1*	134 300	104 000	*77.4*	139 700	47 100	*33.7*
60+	641 400	97 000	*15.1*	319 800	70 500	*22.0*	321 600	26 500	*8.2*
Total	**10 882 100**	**3 988 200**	*36.6*	**5 487 700**	**2 609 300**	*47.5*	**5 394 400**	**1 378 900**	*25.6*
Pakistan (I.81) LFSS †									
-15	37 203 000	1 990 000	*5.3*	19 655 000	1 842 000	*9.4*	17 548 000	148 000	*0.8*
15-19	7 086 000	2 667 000	*37.6*	3 849 000	2 486 000	*64.6*	3 237 000	181 000	*5.6*
20-24	5 682 000	2 758 000	*48.5*	2 915 000	2 577 000	*88.4*	2 767 000	181 000	*6.5*
25-29	5 252 000	2 692 000	*51.3*	2 593 000	2 494 000	*96.2*	2 659 000	198 000	*7.4*
30-44	13 271 000	7 110 000	*53.6*	6 681 000	6 549 000	*98.0*	6 590 000	561 000	*8.5*
45-49	3 700 000	2 032 000	*54.9*	1 941 000	1 891 000	*97.4*	1 759 000	141 000	*8.0*
50-54	3 113 000	1 767 000	*56.8*	1 742 000	1 668 000	*95.8*	1 371 000	99 000	*7.2*
55-59	1 941 000	1 008 000	*51.9*	1 032 000	950 000	*92.1*	909 000	58 000	*6.4*
60-64	2 188 000	1 181 000	*54.0*	1 305 000	1 131 000	*86.7*	883 000	50 000	*5.7*
65+	3 146 000	1 156 000	*36.7*	1 866 000	1 115 000	*59.8*	1 280 000	41 000	*3.2*
Total	**82 582 000**	**24 361 000**	*29.5*	**43 579 000**	**22 703 000**	*52.1*	**39 003 000**	**1 658 000**	*4.3*
Philippines (VIII.76) LFSS †									
Total	**43 869 000**	**16 244 000**	*37.0*	**21 894 500**	**10 509 000**	*48.0*	**21 974 500**	**5 736 000**	*26.1*
Singapore (VI.80) LFSS †									
-15	632 243	4 119	*0.7*	326 007	1 977	*0.6*	306 236	2 142	*0.7*
15-19	300 016	140 730	*46.9*	154 117	70 581	*45.8*	145 899	70 149	*48.1*
20-24	300 531	258 331	*86.0*	154 838	143 284	*92.5*	145 693	115 047	*79.0*
25-29	239 259	188 615	*78.8*	122 194	118 940	*97.3*	117 065	69 675	*59.5*
30-44	454 649	314 186	*69.1*	226 634	222 680	*98.3*	228 015	91 506	*40.1*
45-49	113 976	69 016	*60.6*	55 176	53 116	*96.3*	58 800	15 900	*27.0*
50-54	99 868	57 132	*57.2*	51 468	46 505	*90.4*	48 400	10 627	*22.0*
55-59	73 629	33 035	*44.9*	37 319	27 310	*73.2*	36 310	5 726	*15.8*
60-64	63 373	21 708	*34.3*	32 026	17 856	*55.8*	31 347	3 851	*12.3*
65+	113 255	19 711	*17.4*	51 200	15 242	*29.8*	62 055	4 470	*7.2*
Total	**2 390 799**	**1 106 581**	*46.3*	**1 210 980**	**717 489**	*59.2*	**1 179 819**	**389 092**	*33.0*
République arabe syrienne (IX.79) LFSS †									
-15	4 118 720	89 354	*2.2*	2 110 278	49 401	*2.3*	2 008 442	39 953	*2.0*
15-19	992 985	287 566	*29.0*	507 871	221 330	*43.6*	485 114	66 236	*13.7*
20-24	706 302	295 560	*41.8*	345 642	231 877	*67.1*	360 660	63 683	*17.7*
25-29	539 665	298 646	*55.3*	274 397	257 850	*94.0*	265 268	40 796	*15.4*
30-44	1 157 876	634 644	*54.8*	567 111	557 676	*98.3*	590 765	76 968	*13.0*
45-49	307 027	169 951	*55.4*	157 756	150 388	*95.3*	149 271	19 563	*13.1*
50-54	270 940	151 146	*55.8*	138 880	130 725	*94.1*	132 060	20 421	*15.5*
55-59	180 141	93 576	*51.9*	99 776	87 078	*87.3*	80 365	6 498	*8.1*
60-64	141 414	64 855	*45.9*	79 157	61 228	*77.4*	62 257	3 627	*5.8*
65+	308 359	88 930	*28.8*	166 009	83 821	*50.5*	142 350	5 109	*3.6*
Total	**8 723 429**	**2 174 228**	*24.9*	**4 446 877**	**1 831 374**	*41.2*	**4 276 552**	**342 854**	*8.0*

1 Total and economically active population by sex and age group
Population totale et population active par sexe et groupe d'âge
Población total y población económicamente activa por sexo y grupo de edad

Country, source and scope Pays, source et portée País, fuente y alcance	Total			Males - Hommes - Hombres			Females - Femmes - Mujeres		
	Total population Population totale Población total	Active population Population active Población activa	Activity rate Taux d'activité Tasa de actividad %	Total population Population totale Población total	Active population Population active Población activa	Activity rate Taux d'activité Tasa de actividad %	Total population Population totale Población total	Active population Population active Población activa	Activity rate Taux d'activité Tasa de actividad %
Thailand (VII–IX.78) LFSS †									
-15	20 054 800	1 358 400	*6.8*	10 247 200	638 800	*6.2*	9 807 600	719 600	*7.3*
15-19	4 846 400	3 403 500	*70.2*	2 412 900	1 703 500	*70.6*	2 433 500	1 700 000	*69.9*
20-24	3 621 100	3 077 600	*85.0*	1 800 700	1 598 800	*88.8*	1 820 400	1 478 800	*81.2*
25-29	3 178 500	2 875 200	*90.5*	1 578 600	1 539 400	*97.5*	1 599 900	1 335 800	*83.5*
30-39	5 381 500	4 971 300	*92.4*	2 696 500	2 662 400	*98.7*	2 685 000	2 308 900	*86.0*
40-49	3 588 700	3 299 800	*91.9*	1 811 500	1 783 400	*98.4*	1 777 200	1 516 400	*85.3*
50-59	2 290 700	1 938 600	*84.6*	1 133 700	1 073 500	*94.7*	1 157 000	865 100	*74.8*
60+	2 256 500	968 900	*42.9*	1 037 900	614 500	*59.2*	1 218 600	354 400	*29.1*
Total	**45 218 200**	**21 893 300**	*48.4*	**22 719 000**	**11 614 300**	*51.1*	**22 499 200**	**10 279 000**	*45.7*
Yemen (1.II.75) C *									
Total	**4 705 336**	**1 135 700**	*24.1*	**2 242 802**	**998 000**	*44.5*	**2 462 534**	**137 700**	*5.6*
EUROPE - EUROPE - EUROPA									
Belgique (VI.80) OE *									
Total	**9 855 110**	**4 152 183**	*42.1*	**4 818 944**	**2 606 094**	*54.1*	**5 036 166**	**1 546 089**	*30.7*
Denmark (X.79) LFSS †									
-15	1 081 431	.	.	553 432	.	.	527 999	.	.
15-19	387 713	154 379	*39.8*	197 531	89 719	*45.4*	190 182	64 660	*34.0*
20-24	371 017	308 209	*83.1*	190 819	162 375	*85.1*	180 198	145 834	*80.9*
25-29	375 692	337 942	*90.0*	191 372	179 499	*93.8*	184 320	158 443	*86.0*
30-44	1 072 482	972 698	*90.7*	547 431	534 158	*97.6*	525 051	438 540	*83.5*
45-49	273 670	235 475	*86.0*	135 866	130 593	*96.1*	137 804	104 882	*76.1*
50-54	272 989	218 263	*80.0*	134 996	125 936	*93.3*	137 993	92 327	*66.9*
55-59	293 047	211 781	*72.3*	142 093	129 030	*90.8*	150 954	82 751	*54.8*
60-64	255 146	119 035	*46.7*	122 792	76 074	*62.0*	132 354	42 961	*32.5*
65+	734 990	69 119	*9.4*	310 734	50 673	*16.3*	424 256	18 446	*4.3*
Total	**5 118 177**	**2 626 901**	*51.3*	**2 527 066**	**1 478 057**	*58.5*	**2 591 111**	**1 148 844**	*44.3*
España (X–XII.79) LFSS									
-15	9 692 600	65 300	*0.7*	4 966 200	36 300	*0.7*	4 726 400	29 000	*0.6*
15-19	3 170 300	1 440 000	*45.4*	1 620 900	826 600	*51.0*	1 549 400	613 400	*39.6*
20-24	2 957 500	1 580 100	*53.4*	1 496 300	879 400	*58.8*	1 461 200	700 700	*48.0*
25-29	2 538 400	1 342 600	*52.9*	1 285 200	926 500	*72.1*	1 253 200	416 100	*33.2*
30-44	6 759 200	3 906 000	*57.8*	3 369 400	2 962 000	*87.9*	3 389 800	944 000	*27.8*
45-49	2 371 200	1 450 100	*61.2*	1 167 000	1 102 000	*94.4*	1 204 200	348 100	*28.9*
50-54	2 205 900	1 339 700	*60.7*	1 078 300	1 022 400	*94.8*	1 127 600	317 300	*28.1*
55-59	1 963 900	1 163 500	*59.2*	941 600	896 700	*95.2*	1 022 300	266 800	*26.1*
60-64	1 553 900	640 400	*41.2*	706 200	481 200	*68.1*	847 700	159 200	*18.8*
65+	4 029 000	373 800	*9.3*	1 642 000	246 400	*15.0*	2 387 000	127 400	*5.3*
Total	**37 241 900**	**13 301 500**	*35.7*	**18 273 100**	**9 379 500**	*51.3*	**18 968 800**	**3 922 000**	*20.7*
Faeroe Islands (22.IX.77) C									
-14	11 588	.	.	5 964	.	.	5 624	.	.
14-19	4 576	2 109	*46.1*	2 397	1 261	*52.6*	2 179	848	*38.9*
20-24	3 094	2 364	*76.4*	1 671	1 481	*88.6*	1 423	883	*62.1*
25-29	3 207	2 256	*70.3*	1 739	1 631	*93.8*	1 468	625	*42.6*
30-44	7 272	5 138	*70.7*	4 055	3 964	*97.8*	3 217	1 174	*36.5*
45-49	2 122	1 442	*68.0*	1 120	1 090	*97.3*	1 002	352	*35.1*
50-54	2 114	1 314	*62.2*	1 042	992	*95.2*	1 072	322	*30.0*
55-59	2 105	1 281	*60.9*	1 093	986	*90.2*	1 012	295	*29.2*
60-64	1 835	931	*50.7*	936	758	*81.0*	899	173	*19.2*
65+	4 056	750	*18.5*	1 980	645	*32.6*	2 076	105	*5.1*
Total	**41 969**	**17 585**	*41.9*	**21 997**	**12 808**	*58.2*	**19 972**	**4 777**	*23.9*

1 Total and economically active population by sex and age group
Population totale et population active par sexe et groupe d'âge
Población total y población económicamente activa por sexo y grupo de edad

Country, source and scope Pays, source et portée País, fuente y alcance	Total			Males - Hommes - Hombres			Females - Femmes - Mujeres		
	Total population Population totale Población total	Active population Population active Población activa	Activity rate Taux d'activité Tasa de actividad %	Total population Population totale Población total	Active population Population active Población activa	Activity rate Taux d'activité Tasa de actividad %	Total population Population totale Población total	Active population Population active Población activa	Activity rate Taux d'activité Tasa de actividad %
Finland (1980) LFSS †									
-20	1 347 489	126 000	*9.4*	688 626	74 000	*10.7*	658 863	52 000	*7.9*
20-24	381 968	284 000	*74.4*	195 624	156 000	*79.7*	186 344	128 000	*68.7*
25-29	405 834	348 000	*85.7*	208 341	191 000	*91.7*	197 493	157 000	*79.5*
30-44	1 055 227	932 000	*88.3*	539 799	504 000	*93.4*	515 428	428 000	*83.0*
45-49	271 531	232 000	*85.4*	135 665	120 000	*88.5*	135 866	112 000	*82.4*
50-54	277 686	208 000	*74.9*	134 721	105 000	*77.9*	142 965	103 000	*72.0*
55-59	256 091	143 000	*55.8*	114 836	69 000	*60.1*	141 255	74 000	*52.4*
60-64	214 855	62 000	*28.9*	89 797	31 000	*34.5*	125 058	31 000	*24.8*
65+	576 193	13 000	*2.3*	207 502	7 000	*3.4*	368 691	6 000	*1.6*
Total	**4 786 874**	**2 348 000**	*49.1*	**2 314 911**	**1 257 000**	*54.3*	**2 471 963**	**1 091 000**	*44.1*
France (III.80) LFSS									
-15	11 275 095	.	.	5 761 330	.	.	5 513 765	.	.
15-19	4 292 256	877 318	*20.4*	2 191 054	536 786	*24.5*	2 101 202	340 532	*16.2*
20-24	4 220 143	3 127 628	*74.1*	2 143 997	1 729 753	*80.7*	2 076 146	1 397 875	*67.3*
25-29	4 216 291	3 454 275	*81.9*	2 141 461	2 023 680	*94.5*	2 074 830	1 430 595	*68.9*
30-44	10 413 217	8 186 470	*78.6*	5 373 668	5 207 912	*96.9*	5 039 549	2 978 558	*59.1*
45-49	3 209 879	2 399 980	*74.8*	1 617 395	1 547 523	*95.7*	1 592 484	852 457	*53.5*
50-54	3 219 230	2 293 225	*71.2*	1 597 044	1 466 884	*91.8*	1 622 186	826 341	*50.9*
55-59	3 076 530	1 906 807	*62.0*	1 480 026	1 181 356	*79.8*	1 596 504	725 451	*45.4*
60-64	1 899 558	673 909	*35.5*	894 551	417 934	*46.7*	1 005 007	255 975	*25.5*
65+	7 791 385	321 003	*4.1*	3 062 851	183 948	*6.0*	4 728 534	137 055	*2.9*
Total	**53 613 584**	**23 240 615**	*43.3*	**26 263 377**	**14 295 776**	*54.4*	**27 350 207**	**8 944 839**	*32.7*
Germany, Fed. Rep. of (IV.80) LFSS †									
-15	11 219 000	.	.	5 759 000	.	.	5 460 000	.	.
15-19	5 254 000	2 367 000	*45.1*	2 706 000	1 312 000	*48.5*	2 548 000	1 055 000	*41.4*
20-24	4 344 000	3 333 000	*76.7*	2 239 000	1 836 000	*82.0*	2 106 000	1 497 000	*71.1*
25-29	3 989 000	3 048 000	*76.4*	2 002 000	1 805 000	*90.2*	1 987 000	1 243 000	*62.6*
30-44	13 068 000	10 085 000	*77.2*	6 688 000	6 549 000	*97.9*	6 381 000	3 536 000	*55.4*
45-49	3 905 000	2 927 000	*75.0*	1 992 000	1 928 000	*96.8*	1 913 000	999 000	*52.2*
50-54	3 925 000	2 730 000	*69.6*	1 904 000	1 777 000	*93.3*	2 021 000	953 000	*47.2*
55-59	3 685 000	2 097 000	*56.9*	1 538 000	1 266 000	*82.3*	2 147 000	830 000	*38.7*
60-64	2 359 000	604 000	*25.6*	950 000	420 000	*44.2*	1 409 000	183 000	*13.0*
65+	9 768 000	450 000	*4.6*	3 606 000	268 000	*7.4*	6 162 000	182 000	*3.0*
Total	**61 516 000**	**27 640 000**	*44.9*	**29 383 000**	**17 161 000**	*58.4*	**32 133 000**	**10 478 000**	*32.6*
Hongrie (I.81) OE									
Total	**10 713 000**	**5 050 000**	*47.1*	**5 188 000**	**2 780 000**	*53.6*	**5 525 000**	**2 270 000**	*41.1*
Iceland (XII.80) OE									
-15	62 016	.	.	31 755	.	.	30 261	.	.
15-19	22 477	13 486	*60.0*	11 469	6 881	*60.0*	11 008	6 605	*60.0*
20-24	21 619	18 318	*84.7*	11 174	10 026	*89.7*	10 445	8 292	*79.4*
25-29	18 892	16 390	*86.8*	9 692	9 401	*97.0*	9 200	6 989	*76.0*
30-44	40 696	34 126	*83.9*	20 881	20 255	*97.0*	19 815	13 871	*70.0*
45-49	10 930	9 135	*83.6*	5 496	5 331	*97.0*	5 434	3 804	*70.0*
50-54	11 037	8 835	*80.0*	5 538	5 261	*95.0*	5 499	3 574	*65.0*
55-59	9 884	7 301	*73.9*	4 949	4 702	*95.0*	4 935	2 599	*52.7*
60-64	8 429	6 077	*72.1*	4 139	3 932	*95.0*	4 290	2 145	*50.0*
65+	22 805	4 757	*20.9*	10 217	3 372	*33.0*	12 588	1 385	*11.0*
Total	**228 785**	**118 425**	*51.8*	**115 310**	**69 161**	*60.0*	**113 475**	**49 264**	*43.4*

1 Total and economically active population by sex and age group
Population totale et population active par sexe et groupe d'âge
Población total y población económicamente activa por sexo y grupo de edad

Country, source and scope / Pays, source et portée / País, fuente y alcance	Total			Males – Hommes – Hombres			Females – Femmes – Mujeres		
	Total population / Population totale / Población total	Active population / Population active / Población activa	Activity rate / Taux d'activité / Tasa de actividad %	Total population / Population totale / Población total	Active population / Population active / Población activa	Activity rate / Taux d'activité / Tasa de actividad %	Total population / Population totale / Población total	Active population / Population active / Población activa	Activity rate / Taux d'activité / Tasa de actividad %
Ireland (IV.77) LFSS †									
-15	1 005 500	.	.	514 700	.	.	490 800	.	.
15-19	304 600	138 200	*45.4*	155 600	76 600	*49.2*	149 000	61 600	*41.3*
20-24	253 400	197 400	*77.9*	129 100	114 800	*88.9*	124 200	82 500	*66.4*
25-29	222 200	150 900	*67.9*	112 800	109 000	*96.6*	109 500	41 800	*38.2*
30-44	531 400	319 700	*60.2*	271 500	261 800	*96.4*	259 900	57 900	*22.3*
45-49	155 000	92 200	*59.5*	78 700	73 500	*93.4*	76 300	18 700	*24.5*
50-54	154 300	88 400	*57.3*	77 000	70 600	*91.7*	77 400	17 700	*22.9*
55-59	154 700	84 300	*54.5*	77 000	66 700	*86.6*	77 800	17 600	*22.6*
60-64	137 100	63 900	*46.6*	68 100	52 000	*76.4*	69 000	11 900	*17.2*
65+	354 000	52 800	*14.9*	159 800	42 000	*26.3*	194 200	10 900	*5.6*
Total	**3 272 300**	**1 187 800**	*36.3*	**1 644 300**	**867 000**	*52.7*	**1 628 000**	**320 700**	*19.7*
Italie (1980) LFSS †									
-14	11 479 000	.	.	5 828 000	.	.	5 652 000	.	.
14-19	5 403 000	1 683 000	*31.1*	2 742 000	913 000	*33.3*	2 661 000	770 000	*28.9*
20-24	3 860 000	2 513 000	*65.1*	1 903 000	1 380 000	*72.5*	1 956 000	1 132 000	*57.9*
25-29	3 642 000	2 676 000	*73.5*	1 789 000	1 663 000	*93.0*	1 854 000	1 013 000	*54.6*
30-39	7 606 000	5 477 000	*72.0*	3 718 000	3 667 000	*98.6*	3 888 000	1 810 000	*46.6*
40-49	7 560 000	5 085 000	*67.3*	3 700 000	3 591 000	*97.1*	3 860 000	1 494 000	*38.7*
50-59	7 131 000	3 851 000	*54.0*	3 452 000	2 868 000	*83.1*	3 679 000	983 000	*26.7*
60-64	2 229 000	545 000	*24.5*	1 048 000	415 000	*39.6*	1 180 000	130 000	*11.0*
65+	7 211 000	542 000	*7.5*	3 186 000	402 000	*12.6*	4 025 000	140 000	*3.5*
Total	**56 707 000**	**22 804 000**	*40.2*	**27 555 000**	**15 215 000**	*55.2*	**29 152 000**	**7 588 000**	*26.0*
Luxembourg (X.79) OE †									
-15	69 200	.	.	35 400	.	.	33 800	.	.
15-19	28 200	13 700	*48.6*	14 300	6 900	*48.3*	13 900	6 800	*48.9*
20-24	29 100	22 100	*75.9*	14 500	11 900	*82.1*	14 600	10 200	*69.9*
25-29	28 800	21 600	*75.0*	14 600	13 800	*94.5*	14 200	7 800	*54.9*
30-44	76 200	51 900	*68.1*	39 700	38 800	*97.7*	36 500	13 100	*35.9*
45-49	24 700	15 000	*60.7*	12 700	12 200	*96.1*	12 000	2 800	*23.3*
50-54	23 800	13 000	*54.6*	11 800	10 400	*88.1*	12 000	2 600	*21.7*
55-59	19 900	6 800	*34.2*	8 700	4 900	*56.3*	11 200	1 900	*17.0*
60-64	14 800	3 000	*20.3*	6 800	2 200	*32.4*	8 000	800	*10.0*
65+	49 000	2 500	*5.1*	19 600	1 700	*8.7*	29 400	800	*2.7*
Total	**363 700**	**149 600**	*41.1*	**178 100**	**102 800**	*57.7*	**185 600**	**46 800**	*25.2*
Malta (XII.79) OE									
Total	**315 262**	**118 601**	*37.6*	**153 052**	**87 278**	*57.0*	**162 210**	**31 323**	*19.3*
Netherlands (I.80) OE †									
-15	3 184 100	.	.	1 628 900	.	.	1 555 200	.	.
15-19	1 247 700	330 600	*26.5*	638 000	156 900	*24.6*	609 700	173 700	*28.5*
20-24	1 191 200	871 500	*73.2*	606 500	466 900	*77.0*	584 800	404 600	*69.2*
25-29	1 146 900	788 200	*68.7*	587 300	543 600	*92.6*	559 600	244 600	*43.7*
30-44	2 908 400	1 928 600	*66.3*	1 503 800	1 438 400	*95.7*	1 404 600	490 200	*34.9*
45-49	767 400	454 700	*59.3*	387 600	344 500	*88.9*	379 800	110 200	*29.0*
50-54	727 800	395 200	*54.3*	357 600	301 000	*84.2*	370 200	94 200	*25.4*
55-59	719 800	328 100	*45.6*	345 200	266 500	*77.2*	374 600	61 600	*16.4*
60-64	582 400	188 200	*32.3*	273 100	157 000	*57.5*	309 300	31 200	*10.1*
65+	1 615 300	28 200	*1.7*	666 400	23 400	*3.5*	948 900	4 800	*0.5*
Total	**14 091 000**	**5 314 200**	*37.7*	**6 994 300**	**3 698 600**	*52.9*	**7 096 700**	**1 615 500**	*22.8*

1 Total and economically active population by sex and age group
Population totale et population active par sexe et groupe d'âge
Población total y población económicamente activa por sexo y grupo de edad

Country, source and scope Pays, source et portée País, fuente y alcance	Total			Males - Hommes - Hombres			Females - Femmes - Mujeres		
	Total population Population totale Población total	Active population Population active Población activa	Activity rate Taux d'activité Tasa de actividad %	Total population Population totale Población total	Active population Population active Población activa	Activity rate Taux d'activité Tasa de actividad %	Total population Population totale Población total	Active population Population active Población activa	Activity rate Taux d'activité Tasa de actividad %
Norway (1979) LFSS †									
-20	1 228 770	107 000	*8.7*	629 790	57 000	*9.1*	598 980	50 000	*8.3*
20-24	309 379	195 000	*63.0*	158 051	102 000	*64.5*	151 328	94 000	*62.1*
25-29	302 589	228 000	*75.3*	155 686	138 000	*88.6*	146 903	90 000	*61.3*
30-49	950 889	798 000	*83.9*	485 829	476 000	*98.0*	465 060	322 000	*69.2*
50-59	466 127	355 000	*76.2*	230 990	211 000	*91.3*	235 137	144 000	*61.2*
60+	814 763	226 000	*27.7*	358 765	144 000	*40.1*	455 998	81 000	*17.8*
Total	**4 072 517**	**1 909 000**	*46.9*	**2 019 111**	**1 128 000**	*55.9*	**2 053 406**	**781 000**	*38.0*
Pologne (7.XII.78) C									
-15	8 367 332	.	.	4 279 387	.	.	4 087 945	.	.
15-19	2 943 605	748 979	*25.4*	1 516 894	443 744	*29.3*	1 426 711	305 235	*21.4*
20-24	3 418 932	2 587 613	*75.7*	1 743 452	1 441 351	*82.7*	1 675 480	1 146 262	*68.4*
25-29	3 256 631	2 794 765	*85.8*	1 650 994	1 588 483	*96.2*	1 605 637	1 206 282	*75.1*
30-44	6 476 909	5 742 103	*88.7*	3 229 519	3 102 831	*96.1*	3 247 390	2 639 272	*81.3*
45-49	2 227 128	1 897 246	*85.2*	1 095 452	1 008 987	*92.1*	1 131 676	888 259	*78.5*
50-54	2 054 412	1 618 493	*78.8*	953 240	830 123	*87.1*	1 101 172	788 370	*71.6*
55-59	1 651 464	1 132 473	*68.6*	743 806	606 495	*81.5*	907 658	525 978	*57.9*
60-64	1 082 849	521 713	*48.2*	467 744	291 832	*62.4*	615 105	229 881	*37.4*
65+	3 563 586	906 377	*25.4*	1 389 880	485 668	*34.9*	2 173 706	420 709	*19.4*
?	18 602	12 364	*66.5*	9 219	6 731	*73.0*	9 383	5 633	*60.0*
Total	**35 061 450**	**17 962 126**	*51.2*	**17 079 587**	**9 806 245**	*57.4*	**17 981 863**	**8 155 881**	*45.4*
Portugal (VII-XII.80) LFSS †									
-15	2 454 000	85 000	*3.5*	1 257 000	49 000	*3.9*	1 197 000	36 000	*3.0*
15-19	858 000	536 000	*62.5*	437 000	307 000	*70.3*	421 000	229 000	*54.4*
20-24	901 000	718 000	*79.7*	467 000	417 000	*89.3*	434 000	301 000	*69.4*
25-29	603 000	480 000	*79.6*	280 000	262 000	*93.6*	323 000	218 000	*67.5*
30-44	1 650 000	1 237 000	*75.0*	727 000	703 000	*96.7*	923 000	534 000	*57.9*
45-49	572 000	384 000	*67.1*	271 000	251 000	*92.6*	301 000	133 000	*44.2*
50-54	515 000	321 000	*62.3*	227 000	199 000	*87.7*	288 000	122 000	*42.4*
55-59	491 000	276 000	*56.2*	224 000	184 000	*82.1*	267 000	92 000	*34.5*
60-64	393 000	179 000	*45.5*	176 000	116 000	*65.9*	217 000	63 000	*29.0*
65+	980 000	159 000	*16.2*	389 000	108 000	*27.8*	600 000	51 000	*8.5*
Total	**9 423 000**	**4 391 000**	*46.6*	**4 462 000**	**2 611 000**	*58.5*	**4 961 000**	**1 780 000**	*35.9*
Suisse (1980) OE †									
Total	**6 314 200**	**3 018 500**	*47.8*	**3 073 400**	**1 963 900**	*63.9*	**3 240 800**	**1 054 600**	*32.5*
Sweden (1979) LFSS †									
Total	**8 294 000**	**4 268 000**	*51.5*	**4 113 000**	**2 359 000**	*57.4*	**4 181 000**	**1 909 000**	*45.7*
United Kingdom (VI.79) OE †									
Total	**55 946 000**	**26 369 000**	*47.1*	**27 265 000**	**16 067 000**	*58.9*	**28 681 000**	**10 302 000**	*35.9*
Yugoslavia (1978) OE									
-15	5 470 619	41 270	*0.8*	2 811 547	14 977	*0.5*	2 659 072	26 293	*1.0*
15-24	3 820 805	1 913 099	*50.1*	1 950 986	1 088 247	*55.8*	1 869 819	824 852	*44.1*
25-49	7 810 182	5 636 534	*72.2*	3 924 551	3 701 590	*94.3*	3 885 631	1 934 944	*49.8*
50-64	2 833 005	1 219 339	*43.0*	1 264 489	814 005	*64.4*	1 568 516	405 334	*25.8*
65+	2 039 197	514 100	*25.2*	869 256	355 489	*40.9*	1 169 941	158 611	*13.6*
Total	**21 973 808**	**9 324 342**	*42.4*	**10 820 829**	**5 974 308**	*55.2*	**11 152 979**	**3 350 034**	*30.0*

Total and economically active population by sex and age group
Population totale et population active par sexe et groupe d'âge
Población total y población económicamente activa por sexo y grupo de edad

Country, source and scope Pays, source et portée País, fuente y alcance	Total			Males – Hommes – Hombres			Females – Femmes – Mujeres		
	Total population Population totale Población total	Active population Population active Población activa	Activity rate Taux d'activité Tasa de actividad %	Total population Population totale Población total	Active population Population active Población activa	Activity rate Taux d'activité Tasa de actividad %	Total population Population totale Población total	Active population Population active Población activa	Activity rate Taux d'activité Tasa de actividad %
OCEANIA – OCÉANIE – OCEANIA									
American Samoa (1974) OE									
-15	13 096	.	.	6 808	.	.	6 288	.	.
15-19	3 146	379	*12.0*	1 505	143	*9.5*	1 641	236	*14.4*
20-24	2 287	1 137	*49.7*	951	559	*58.8*	1 336	578	*43.3*
25-29	2 071	1 293	*62.4*	1 006	774	*76.9*	1 065	519	*48.7*
30-44	4 531	3 218	*71.0*	2 409	2 152	*89.3*	2 122	1 066	*50.2*
45-49	1 160	795	*68.5*	568	522	*91.9*	592	273	*46.1*
50-54	857	572	*66.7*	431	414	*96.1*	426	158	*37.1*
55-59	754	469	*62.2*	418	371	*88.8*	336	98	*29.2*
60+	1 201	648	*54.0*	596	467	*78.4*	605	181	*29.9*
?	87	37	*42.5*	55	26	*47.3*	32	11	*34.4*
Total	**29 190**	**8 548**	*29.3*	**14 747**	**5 428**	*36.8*	**14 443**	**3 120**	*21.6*
Australia (30.VI.76) CS †									
-15	3 690 343	.	.	1 890 480	.	.	1 799 863	.	.
15-19	1 216 568	647 035	*53.2*	620 935	347 536	*56.0*	595 633	299 499	*50.3*
20-24	1 111 590	858 797	*77.3*	559 077	499 898	*89.4*	552 513	358 899	*65.0*
25-29	1 134 734	826 889	*72.9*	572 006	545 715	*95.4*	562 728	281 174	*50.0*
30-44	2 484 732	1 886 567	*75.9*	1 271 063	1 221 236	*96.1*	1 213 669	665 331	*54.8*
45-49	768 125	580 070	*75.5*	396 608	374 859	*94.5*	371 517	205 211	*55.2*
50-54	743 776	515 509	*69.3*	376 500	345 929	*91.9*	367 276	169 580	*46.2*
55-59	623 857	379 330	*60.8*	308 999	268 621	*86.9*	314 858	110 709	*35.2*
60-64	565 743	239 523	*42.3*	272 255	186 210	*68.4*	293 488	53 313	*18.2*
65+	1 208 980	121 264	*10.0*	507 025	85 315	*16.8*	701 955	35 949	*5.1*
Total	**13 548 449**	**6 054 985**	*44.7*	**6 774 948**	**3 875 318**	*57.2*	**6 773 501**	**2 179 667**	*32.2*
" " " (VIII.79) LFSS †									
Total	**14 422 000**	**6 485 000**	*45.0*	**7 224 000**	**4 167 000**	*57.7*	**7 198 000**	**2 319 000**	*32.2*
New Zealand (III.78) OE †									
-15	892 910	.	.	456 900	.	.	436 010	.	.
15-19	316 150	165 300	*52.3*	161 840	89 160	*55.1*	154 310	76 140	*49.3*
20-24	260 240	197 010	*75.7*	132 910	120 330	*90.5*	127 330	76 680	*60.2*
25-29	242 430	163 990	*67.6*	121 320	118 190	*97.4*	121 110	45 800	*37.8*
30-44	561 620	403 440	*71.8*	284 440	279 850	*98.4*	277 180	123 590	*44.6*
45-49	155 670	114 980	*73.9*	79 630	77 800	*97.7*	76 040	37 180	*48.9*
50-54	158 190	110 190	*69.7*	80 890	77 480	*95.8*	77 300	32 710	*42.3*
55-59	141 120	84 080	*59.6*	69 000	62 460	*90.5*	72 120	21 620	*30.0*
60-64	125 350	42 610	*34.0*	59 810	33 660	*56.3*	65 540	8 950	*13.7*
65+	292 170	23 260	*8.0*	125 100	18 840	*15.1*	167 070	4 420	*2.6*
Total	**3 145 850**	**1 304 860**	*41.5*	**1 571 840**	**877 770**	*55.8*	**1 574 010**	**427 090**	*27.1*
" " " (III.80) OE †									
Total	**3 148 500**	**1 309 400**	*41.6*	**1 570 000**	**863 100**	*55.0*	**1 578 500**	**446 300**	*28.3*
Niue (29.IX.76) C * †									
-15	1 773	.	.	940	.	.	833	.	.
15-19	456	215	*47.1*	239	163	*68.2*	217	52	*24.0*
20-29	460	259	*56.3*	231	182	*78.8*	229	77	*33.6*
30-49	637	349	*54.8*	296	242	*81.8*	341	107	*31.4*
50-54	100	49	*49.0*	48	39	*81.3*	52	10	*19.2*
55-64	165	70	*42.4*	73	59	*80.8*	92	11	*12.0*
65+	247	35	*14.2*	99	31	*31.3*	148	4	*2.7*
?	5	1	*20.0*	2	1	*50.0*	3	.	.
Total	**3 843**	**978**	*25.4*	**1 928**	**717**	*37.2*	**1 915**	**261**	*13.6*

ACTIVE POPULATION

1 Total and economically active population by sex and age group
Population totale et population active par sexe et groupe d'âge
Población total y población económicamente activa por sexo y grupo de edad

Country, source and scope Pays, source et portée País, fuente y alcance	Total			Males - Hommes - Hombres			Females - Femmes - Mujeres		
	Total population Population totale Población total	Active population Population active Población activa	Activity rate Taux d'activité Tasa de actividad %	Total population Population totale Población total	Active population Population active Población activa	Activity rate Taux d'activité Tasa de actividad %	Total population Population totale Población total	Active population Population active Población activa	Activity rate Taux d'activité Tasa de actividad %
Polynésie française (29.IV.77) C †									
-20	72 606	4 219	*5.8*	37 324	3 114	*8.3*	35 282	1 105	*3.1*
20-24	13 065	7 516	*57.5*	7 156	4 899	*68.5*	5 909	2 617	*44.3*
25-29	9 453	6 440	*68.1*	4 977	4 396	*88.3*	4 476	2 044	*45.7*
30-44	23 309	15 969	*68.5*	12 606	11 485	*91.1*	10 703	4 484	*41.9*
45-49	5 334	3 414	*64.0*	2 914	2 551	*87.5*	2 420	863	*35.7*
50-54	4 082	2 395	*58.7*	2 133	1 784	*83.6*	1 949	611	*31.3*
55-59	2 867	1 451	*50.6*	1 555	1 156	*74.3*	1 312	295	*22.5*
60+	6 666	1 654	*24.8*	3 503	1 363	*38.9*	3 163	291	*9.2*
Total	**137 382**	**43 058**	*31.3*	**72 168**	**30 748**	*42.6*	**65 214**	**12 310**	*18.9*
USSR - URSS - URSS									
URSS (17.I.79) C †									
Total	**262 436 227**	**134 860 000**	*51.4*	**122 328 833**	...	.	**140 107 394**	...	.

2 Structure of the economically active population
Structure de la population active
Estructura de la población económicamente activa

Industry (Major divisions of economic activity)	Total				Employers and own-account workers / Employeurs et personnes travaillant à leur propre compte / Empleadores y trabajadores por cuenta propia			Employees / Salariés / Empleados a sueldo o salario		
	Total	%	Males Hommes Hombres	Females Femmes Mujeres	Total	Males Hommes Hombres	Females Femmes Mujeres	Total	Males Hommes Hombres	Females Femmes Mujeres
AFRICA										
Algérie (II.77) C * †										
1. Agriculture, hunting, forestry & fishing	682 700	*20.3*	676 186	6 514	330 003	327 973	2 030	302 067	298 135	3 932
2. Mining & quarrying	69 172	*2.0*	67 130	2 042	448	448	.	68 495	66 473	2 022
3. Manufacturing	261 705	*7.8*	243 508	18 197	32 727	31 425	1 302	220 566	204 087	16 479
4. Electr., gas & water	30 276	*0.9*	28 531	1 745	232	232	.	29 922	28 193	1 729
5. Construction	345 318	*10.2*	342 480	2 838	23 141	23 112	29	319 414	316 615	2 799
6. Wholesale/retail trade, restaurants & hotels	214 028	*6.4*	208 290	5 738	122 553	121 764	789	85 791	80 979	4 812
7. Transport, storage & communication	132 351	*3.9*	127 843	4 508	26 428	26 423	5	105 399	100 906	4 493
8. Financing, insur., real estate & business serv.	17 767	*0.5*	14 858	2 909	810	803	7	16 846	13 944	2 902
9. Community, social & personal services	431 480	*12.8*	347 947	83 533	3 531	3 405	126	422 314	339 233	83 081
0. Not adequately defined	1 186 226	*35.2*	1 013 933	172 293	21 131	20 176	955	25 878	21 741	4 137
Total	**3 371 023**	*100.0*	**3 070 706**	**300 317**	**561 004**	**555 761**	**5 243**	**1 596 692**	**1 470 306**	**126 386**
Rép.-Unie du Cameroun (9–24.IV.76) C †										
1. Agriculture, hunting, forestry & fishing	2 034 974	*73.8*	1 073 264	961 710	1 472 898	866 093	606 805	63 922	61 176	2 746
2. Mining & quarrying	1 258	–	1 188	70	545	508	37	676	662	14
3. Manufacturing	122 411	*4.5*	96 577	25 834	67 640	51 684	15 956	36 447	34 260	2 187
4. Electr., gas & water	2 471	*0.1*	2 366	105	256	256	...	2 054	1 954	100
5. Construction	46 779	*1.7*	46 065	714	17 763	17 497	266	25 536	25 244	292
6. Wholesale/retail trade, restaurants & hotels	108 042	*3.9*	80 862	27 180	72 219	50 335	21 884	29 992	26 999	2 993
7. Transport, storage & communication	36 259	*1.3*	35 541	718	7 126	7 050	76	26 815	26 230	585
8. Financing, insur., real estate & business serv.	6 039	*0.2*	5 224	815	309	283	26	5 602	4 846	756
9. Community, social & personal services	205 487	*7.5*	178 937	26 550	21 027	19 729	1 298	169 831	148 238	21 593
0. Not adequately defined	71 134	*2.5*	48 093	23 041	...	...	...	31 648	24 166	7 482
– Persons seeking their first job	123 045	*4.5*	88 050	34 995	.	.	.	.	.	.
Total	**2 757 899**	*100.0*	**1 656 167**	**1 101 732**	**1 659 783**	**1 013 435**	**646 348**	**392 523**	**353 775**	**38 748**
Egypt (22–23.XI.76) C †										
1. Agriculture, hunting, forestry & fishing	4 878 623	*44.2*	4 723 059	155 564	1 872 873	1 850 469	22 404	2 433 576	2 351 057	82 519
2. Mining & quarrying	33 402	*0.3*	31 949	1 453	755	699	56	30 940	29 718	1 222
3. Manufacturing	1 366 642	*12.4*	1 277 033	89 609	204 772	192 269	12 503	1 142 064	1 066 653	75 411
4. Electr., gas & water	61 681	*0.5*	57 086	4 595	.	.	.	61 681	57 086	4 595
5. Construction	423 757	*3.9*	416 777	6 980	81 594	81 320	274	284 620	278 300	6 320
6. Wholesale/retail trade, restaurants & hotels	856 531	*7.7*	807 795	48 736	516 285	494 078	22 207	316 486	291 553	24 933
7. Transport, storage & communication	479 373	*4.4*	463 536	15 837	77 895	77 654	241	397 281	381 802	15 479
8. Financing, insur., real estate & business serv.	87 807	*0.8*	71 304	16 503	3 381	3 252	129	83 574	67 413	16 161
9. Community, social & personal services	1 859 954	*16.8*	1 532 660	327 294	107 668	105 792	1 876	1 744 612	1 420 356	324 256
0. Not adequately defined	182 179	*1.7*	151 292	30 887	19 849	14 725	5 124	106 520	88 896	17 624
– Persons seeking their first job	807 144	*7.3*	521 056	286 088	.	.	.	.	.	.
Total	**11 037 093**	*100.0*	**10 053 547**	**983 546**	**2 885 072**	**2 820 258**	**64 814**	**6 601 354**	**6 032 834**	**568 520**

A By industry, by status and by sex
Par industrie, d'après la situation dans la profession et par sexe
Por industria, según la situación en la ocupación y por sexo

AFRIQUE – AFRICA

Unpaid family workers / Travailleurs familiaux non rémunérés / Trabajadores familiares no remunerados: Total	Males / Hommes / Hombres	Females / Femmes / Mujeres	Not classifiable by status / Inclassables d'après la situation / Inclasificables según la situación: Total	Males / Hommes / Hombres	Females / Femmes / Mujeres	Industrie (Branches d'activité économique)	Industria (Grandes divisiones de actividad económica)
49 205	48 660	545	1 425	1 418	7	1. Agriculture, chasse, sylviculture et pêche	1. Agricultura, caza, silvicultura y pesca
61	61	.	168	148	20	2. Industries extractives	2. Minas y canteras
7 910	7 521	389	502	475	27	3. Industries manufacturières	3. Industrias manufactureras
100	100	.	22	6	16	4. Électricité, gaz et eau	4. Electricidad, gas y agua
2 187	2 187	.	576	566	10	5. Construction	5. Construcción
5 402	5 273	129	282	274	8	6. Commerce (gros et détail); restaurants, hôtels	6. Comercio (por mayor y por menor); restaurantes, hoteles
377	367	10	147	147	.	7. Transports, entrepôts et communications	7. Transportes, almacenamiento y comunicaciones
84	84	.	27	27	.	8. Banques, assur., affaires imm., services aux entreprises	8. Bancos, seguros, bienes inmuebles, serv. para empresas
4 216	3 969	247	1 419	1 340	79	9. Services à la collectivité, services sociaux et personnels	9. Servicios comunales, sociales y personales
760	713	47	1 138 457	971 303	167 154	0. Activités mal désignées	0. Actividades no bien especif.
70 302	**68 935**	**1 367**	**1 143 025**	**975 704**	**167 321**	**Total**	**Total**
489 000	140 951	348 049	9 154	5 044	4 110	1. Agriculture, chasse, sylviculture et pêche	1. Agricultura, caza, silvicultura y pesca
31	12	19	6	6	...	2. Industries extractives	2. Minas y canteras
2 726	1 433	1 293	15 598	9 200	6 398	3. Industries manufacturières	3. Industrias manufactureras
11	10	1	150	146	4	4. Électricité, gaz et eau	4. Electricidad, gas y agua
683	571	112	2 797	2 753	44	5. Construction	5. Construcción
4 293	2 247	2 046	1 538	1 281	257	6. Commerce (gros et détail); restaurants, hôtels	6. Comercio (por mayor y por menor); restaurantes, hoteles
209	198	11	2 109	2 063	46	7. Transports, entrepôts et communications	7. Transportes, almacenamiento y comunicaciones
12	9	3	116	86	30	8. Banques, assur., affaires imm., services aux entreprises	8. Bancos, seguros, bienes inmuebles, serv. para empresas
5 321	2 373	2 948	9 308	8 597	711	9. Services à la collectivité, services sociaux et personnels	9. Servicios comunales, sociales y personales
10 660	4 977	5 683	28 826	18 950	9 876	0. Activités mal désignées	0. Actividades no bien especif.
.	.	.	123 045	88 050	34 995	– Personnes en quête de leur premier emploi	– Personas en busca de su primer empleo
512 946	**152 781**	**360 165**	**192 647**	**136 176**	**56 471**	**Total**	**Total**
560 082	509 954	50 128	12 092	11 579	513	1. Agriculture, chasse, sylviculture et pêche	1. Agricultura, caza, silvicultura y pesca
266	234	32	1 441	1 298	143	2. Industries extractives	2. Minas y canteras
11 804	10 881	923	8 002	7 230	772	3. Industries manufacturières	3. Industrias manufactureras
.	.	.	.	.	.	4. Électricité, gaz et eau	4. Electricidad, gas y agua
2 470	2 367	103	55 073	54 790	283	5. Construction	5. Construcción
20 363	18 981	1 382	3 397	3 183	214	6. Commerce (gros et détail); restaurants, hôtels	6. Comercio (por mayor y por menor); restaurantes, hoteles
3 071	2 971	100	1 126	1 109	17	7. Transports, entrepôts et communications	7. Transportes, almacenamiento y comunicaciones
47	45	2	805	594	211	8. Banques, assur., affaires imm., services aux entreprises	8. Bancos, seguros, bienes inmuebles, serv. para empresas
4 370	4 116	254	3 304	2 396	908	9. Services à la collectivité, services sociaux et personnels	9. Servicios comunales, sociales y personales
14 138	11 663	2 475	41 672	36 008	5 664	0. Activités mal désignées	0. Actividades no bien especif.
.	.	.	807 144	521 056	286 088	– Personnes en quête de leur premier emploi	– Personas en busca de su primer empleo
616 611	**561 212**	**55 399**	**934 056**	**639 243**	**294 813**	**Total**	**Total**

2 Structure of the economically active population
Structure de la population active
Estructura de la población económicamente activa

Industry (Major divisions of economic activity)	Total: Total	Total: %	Total: Males / Hommes / Hombres	Total: Females / Femmes / Mujeres	Employers and own-account workers / Employeurs et personnes travaillant à leur propre compte / Empleadores y trabajadores por cuenta propia: Total	Males / Hommes / Hombres	Females / Femmes / Mujeres	Employees / Salariés / Empleados a sueldo o salario: Total	Males / Hommes / Hombres	Females / Femmes / Mujeres
Egypt (V.79) LFSS †										
1. Agriculture, hunting, forestry & fishing	4 002 000	*39.9*	3 957 800	44 200	...	...	...	...	...	...
2. Mining & quarrying	22 800	*0.3*	21 600	1 200	...	...	...	...	...	...
3. Manufacturing	1 532 100	*15.2*	1 445 200	86 900	...	...	...	...	...	...
4. Electr., gas & water	65 700	*0.7*	61 600	4 100	...	...	...	...	...	...
5. Construction	448 500	*4.5*	442 400	6 100	...	...	...	...	...	...
6. Wholesale/retail trade, restaurants & hotels	918 400	*9.1*	861 800	56 600	...	...	...	...	...	...
7. Transport, storage & communication	488 400	*4.9*	469 600	18 800	...	...	...	...	...	...
8. Financing, insur., real estate & business serv.	116 800	*1.2*	94 900	21 900	...	...	...	...	...	...
9. Community, social & personal services	1 820 500	*18.1*	1 473 800	346 700	...	...	...	...	...	...
0. Not adequately defined	183 800	*1.9*	130 800	53 000	...	...	...	...	...	...
_. Persons seeking their first job	424 500	*4.2*	285 300	139 200	.	.	.	.	.	.
Total	**10 023 500**	*100.0*	**9 244 800**	**778 700**	**2 921 100**	**2 812 700**	**108 400**	**5 208 100**	**4 705 300**	**502 800**
Malawi (1.X.77) C †										
1. Agriculture, hunting, forestry & fishing	1 932 122	*84.4*	936 099	996 023	...	...	...	...	...	...
2. Mining & quarrying	2 174	*0.1*	2 140	34	...	...	...	...	...	...
3. Manufacturing	82 391	*3.6*	67 723	14 668	...	...	...	...	...	...
4. Electr., gas & water	4 213	*0.2*	4 003	210	...	...	...	...	...	...
5. Construction	47 452	*2.1*	44 985	2 467	...	...	...	...	...	...
6. Wholesale/retail trade, restaurants & hotels	62 608	*2.7*	50 150	12 458	...	...	...	...	...	...
7. Transport, storage & communication	23 400	*1.0*	22 776	624	...	...	...	...	...	...
8. Financing, insur., real estate & business serv.	4 494	*0.2*	3 824	670	...	...	...	...	...	...
9. Community, social & personal services	82 523	*3.6*	67 170	15 353	...	...	...	...	...	...
0. Not adequately defined	46 974	*2.1*	32 942	14 032	...	...	...	...	...	...
Total	**2 288 351**	*100.0*	**1 231 812**	**1 056 539**	**1 827 969**	**825 455**	**1 002 514**	**406 520**	**368 356**	**38 164**
Mali (XII.76) C * †										
1. Agriculture, hunting, forestry & fishing	1 934 533	*86.6*	1 620 023	314 510	963 465	924 344	39 121	10 952	10 590	362
2. Mining & quarrying	7 721	*0.3*	7 598	123	2 895	2 860	35	2 253	2 237	16
3. Manufacturing	18 121	*0.8*	6 975	11 146	5 306	2 291	3 015	4 139	3 669	470
4. Electr., gas & water	1 238	*0.1*	1 232	6	353	352	1	692	687	5
5. Construction	7 646	*0.3*	7 632	14	4 606	4 602	4	1 830	1 827	3
6. Wholesale/retail trade, restaurants & hotels	45 084	*2.0*	33 964	11 120	31 820	26 728	5 092	2 954	2 670	284
7. Transport, storage & communication	12 275	*0.6*	12 201	74	3 429	3 423	6	6 635	6 580	55
8. Financing, insur., real estate & business serv.	230	–	193	37	16	15	1	188	165	23
9. Community, social & personal services	52 125	*2.3*	43 579	8 546	2 159	1 867	292	46 609	39 095	7 514
0. Not adequately defined	114 193	*5.1*	91 313	22 880	24 871	20 944	3 927	16 711	14 951	1 760
_. Unemployed	41 991	*1.9*	31 721	10 270	...	...	...	...	...	...
Total	**2 235 157**	*100.0*	**1 856 431**	**378 726**	**1 038 920**	**987 426**	**51 494**	**92 963**	**82 471**	**10 492**

By industry, by status and by sex
Par industrie, d'après la situation dans la profession et par sexe
Por industria, según la situación en la ocupación y por sexo

Unpaid family workers / Travailleurs familiaux non rémunérés / Trabajadores familiares no remunerados			Not classifiable by status / Inclassables d'après la situation / Inclasificables según la situación			Industrie (Branches d'activité économique)	Industria (Grandes divisiones de actividad económica)
Total	Males Hommes Hombres	Females Femmes Mujeres	Total	Males Hommes Hombres	Females Femmes Mujeres		
...	...	...	...	...	...	1. Agriculture, chasse, sylviculture et pêche	1. Agricultura, caza, silvicultura y pesca
...	...	...	...	...	...	2. Industries extractives	2. Minas y canteras
...	...	...	...	...	...	3. Industries manufacturières	3. Industrias manufactureras
...	...	...	...	...	...	4. Électricité, gaz et eau	4. Electricidad, gas y agua
...	...	...	...	...	...	5. Construction	5. Construcción
...	...	...	...	...	...	6. Commerce (gros et détail); restaurants, hôtels	6. Comercio (por mayor y por menor); restaurantes, hoteles
...	...	...	...	...	...	7. Transports, entrepôts et communications	7. Transportes, almacenamiento y comunicaciones
...	...	...	...	...	...	8. Banques, assur., affaires imm., services aux entreprises	8. Bancos, seguros, bienes inmuebles, serv. para empresas
...	...	...	...	...	...	9. Services à la collectivité, services sociaux et personnels	9. Servicios comunales, sociales y personales
...	...	...	...	...	...	0. Activités mal désignées	0. Actividades no bien especif.
.	.	.	...	...	...	_ Personnes en quête de leur premier emploi	_ Personas en busca de su primer empleo
1 436 100	**1 410 200**	**25 900**	**458 200**	**316 600**	**141 600**	**Total**	**Total**
...	...	...	...	...	...	1. Agriculture, chasse, sylviculture et pêche	1. Agricultura, caza, silvicultura y pesca
...	...	...	...	...	...	2. Industries extractives	2. Minas y canteras
...	...	...	...	...	...	3. Industries manufacturières	3. Industrias manufactureras
...	...	...	...	...	...	4. Électricité, gaz et eau	4. Electricidad, gas y agua
...	...	...	...	...	...	5. Construction	5. Construcción
...	...	...	...	...	...	6. Commerce (gros et détail); restaurants, hôtels	6. Comercio (por mayor y por menor); restaurantes, hoteles
...	...	...	...	...	...	7. Transports, entrepôts et communications	7. Transportes, almacenamiento y comunicaciones
...	...	...	...	...	...	8. Banques, assur., affaires imm., services aux entreprises	8. Bancos, seguros, bienes inmuebles, serv. para empresas
...	...	...	...	...	...	9. Services à la collectivité, services sociaux et personnels	9. Servicios comunales, sociales y personales
...	...	...	...	...	...	0. Activités mal désignées	0. Actividades no bien especif.
7 233	**3 638**	**3 595**	**46 629**	**34 363**	**12 266**	**Total**	**Total**
934 598	664 476	270 122	25 518	20 613	4 905	1. Agriculture, chasse, sylviculture et pêche	1. Agricultura, caza, silvicultura y pesca
622	571	51	1 951	1 930	21	2. Industries extractives	2. Minas y canteras
7 402	564	6 838	1 274	451	823	3. Industries manufacturières	3. Industrias manufactureras
41	41	.	152	152	.	4. Électricité, gaz et eau	4. Electricidad, gas y agua
493	489	4	717	714	3	5. Construction	5. Construcción
8 390	3 340	5 050	1 920	1 226	694	6. Commerce (gros et détail); restaurants, hôtels	6. Comercio (por mayor y por menor); restaurantes, hoteles
528	519	9	1 683	1 679	4	7. Transports, entrepôts et communications	7. Transportes, almacenamiento y comunicaciones
20	10	10	6	3	3	8. Banques, assur., affaires imm., services aux entreprises	8. Bancos, seguros, bienes inmuebles, serv. para empresas
618	421	197	2 739	2 196	543	9. Services à la collectivité, services sociaux et personnels	9. Servicios comunales, sociales y personales
10 643	6 353	4 290	61 968	49 065	12 903	0. Activités mal désignées	0. Actividades no bien especif.
...	...	...	41 991	31 721	10 270	_ Chômeurs	_ Desempleados
963 355	**676 784**	**286 571**	**139 919**	**109 750**	**30 169**	**Total**	**Total**

2 Structure of the economically active population
Structure de la population active
Estructura de la población económicamente activa

Industry (Major divisions of economic activity)	Total				Employers and own-account workers / Employeurs et personnes travaillant à leur propre compte / Empleadores y trabajadores por cuenta propia			Employees / Salariés / Empleados a sueldo o salario		
	Total	%	Males Hommes Hombres	Females Femmes Mujeres	Total	Males Hommes Hombres	Females Femmes Mujeres	Total	Males Hommes Hombres	Females Femmes Mujeres
Tunisie (8.V.75) C										
1. Agriculture, hunting, forestry & fishing	526 030	*32.4*	456 620	69 410	230 950	219 960	10 990	200 600	188 330	12 270
2. Mining & quarrying	27 210	*1.7*	26 780	430	1 660	1 620	40	25 320	24 990	330
3. Manufacturing	240 640	*14.8*	115 820	124 820	86 590	18 910	67 680	133 370	94 610	38 760
4. Electr., gas & water	11 680	*0.8*	11 160	520	200	170	30	11 410	10 920	490
5. Construction	140 740	*8.6*	139 560	1 180	14 030	13 910	120	124 110	123 130	980
6. Wholesale/retail trade, restaurants & hotels	119 570	*7.4*	112 350	7 220	47 810	47 000	810	68 340	62 270	6 070
7. Transport, storage & communication	57 380	*3.6*	54 530	2 850	7 030	6 850	180	49 700	47 100	2 600
8. Financing, insur., real estate & business serv.	7 770	*0.4*	5 800	1 910	380	340	40	7 340	5 480	1 860
9. Community, social & personal services	217 730	*13.5*	169 930	47 800	12 410	11 450	960	202 200	156 620	45 580
0. Not adequately defined	153 950	*9.5*	133 940	20 010	5 440	4 950	490	47 840	44 400	3 440
_ Persons seeking their first job	119 120	*7.3*	91 760	27 360	...	...	...	...	...	...
Total	**1 621 820**	*100.0*	**1 318 310**	**303 510**	**406 500**	**325 160**	**81 340**	**870 230**	**757 850**	**112 380**
" " " " (V.80) OE *										
1. Agriculture, hunting, forestry & fishing	568 730	*30.5*	451 379	117 351	...	...	...	...	...	...
2. Mining & quarrying	27 210	*1.5*	26 610	600	...	...	...	...	...	...
3. Manufacturing	358 358	*19.2*	202 988	155 370	...	...	...	...	...	...
4. Electr., gas & water	20 090	*1.1*	18 890	1 200	...	...	...	...	...	...
5. Construction	180 980	*9.7*	179 480	1 500	...	...	...	...	...	...
6. Wholesale/retail trade, restaurants & hotels	131 853	*7.0*	122 913	8 940	...	...	...	...	...	...
7. Transport, storage & communication	61 896	*3.4*	59 047	2 849	...	...	...	...	...	...
8. Financing, insur., real estate & business serv.	10 050	*0.5*	6 963	3 087	...	...	...	...	...	...
9. Community, social & personal services	240 153	*12.9*	180 960	59 193	...	...	...	...	...	...
0. Not adequately defined	143 900	*7.7*	140 500	3 400	...	...	...	...	...	...
_ Persons seeking their first job	121 000	*6.5*	110 950	10 050	.	.	.	.	.	.
Total	**1 864 220**	*100.0*	**1 500 680**	**363 540**	...	...	...	...	...	...
AMERICA										
Bermuda (12.V.80) C										
1/2. Agriculture, hunting, forestry & fishing; mining & quarrying	402	*1.3*	369	33	...	...	...	...	...	...
3. Manufacturing	930	*2.9*	604	326	...	...	...	...	...	...
4. Electr., gas & water	385	*1.3*	320	65	...	...	...	...	...	...
5. Construction	2 746	*8.7*	2 630	116	...	...	...	...	...	...
6. Wholesale/retail trade, restaurants & hotels	10 058	*32.0*	5 073	4 985	...	...	...	...	...	...
7. Transport, storage & communication	2 565	*8.2*	1 782	783	...	...	...	...	...	...
8. Financing, insur., real estate & business serv.	3 236	*10.2*	1 334	1 902	...	...	...	...	...	...
9. Community, social & personal services	9 807	*31.2*	4 439	5 368	...	...	...	...	...	...
0. Not adequately defined	680	*2.2*	340	340	...	...	...	...	...	...
_ Unemployed	627	*2.0*	341	286	...	...	...	...	...	...
Total	**31 436**	*100.0*	**17 232**	**14 204**	**2 421**	**1 937**	**484**	**27 856**	**14 762**	**13 094**

By industry, by status and by sex
Par industrie, d'après la situation dans la profession et par sexe
Por industria, según la situación en la ocupación y por sexo

Unpaid family workers / Travailleurs familiaux non rémunérés / Trabajadores familiares no remunerados			Not classifiable by status / Inclassables d'après la situation / Inclasificables según la situación			Industrie (Branches d'activité économique)	Industria (Grandes divisiones de actividad económica)
Total	Males / Hommes / Hombres	Females / Femmes / Mujeres	Total	Males / Hommes / Hombres	Females / Femmes / Mujeres		
89 320	44 320	45 000	5 160	4 010	1 150	1. Agriculture, chasse, sylviculture et pêche	1. Agricultura, caza, silvicultura y pesca
160	100	60	70	70	...	2. Industries extractives	2. Minas y canteras
15 990	980	15 010	4 690	1 320	3 370	3. Industries manufacturières	3. Industrias manufactureras
10	10	...	60	60	...	4. Électricité, gaz et eau	4. Electricidad, gas y agua
640	570	70	1 960	1 950	10	5. Construction	5. Construcción
2 520	2 280	240	900	810	90	6. Commerce (gros et détail); restaurants, hôtels	6. Comercio (por mayor y por menor); restaurantes, hoteles
330	270	60	320	310	10	7. Transports, entrepôts et communications	7. Transportes, almacenamiento y comunicaciones
10	...	10	40	30	10	8. Banques, assur., affaires imm., services aux entreprises	8. Bancos, seguros, bienes inmuebles, serv. para empresas
1 100	470	630	2 040	1 410	630	9. Services à la collectivité, services sociaux et personnels	9. Servicios comunales, sociales y personales
1 820	980	840	98 830	83 590	15 240	0. Activités mal désignées	0. Actividades no bien especif.
...	...	...	119 120	91 760	27 360	_ Personnes en quête de leur premier emploi	_ Personas en busca de su primer empleo
111 900	**49 980**	**61 920**	**233 190**	**185 320**	**47 870**	**Total**	**Total**
...	...	...	...	...	...	1. Agriculture, chasse, sylviculture et pêche	1. Agricultura, caza, silvicultura y pesca
...	...	...	...	...	...	2. Industries extractives	2. Minas y canteras
...	...	...	...	...	...	3. Industries manufacturières	3. Industrias manufactureras
...	...	...	...	...	...	4. Électricité, gaz et eau	4. Electricidad, gas y agua
...	...	...	...	...	...	5. Construction	5. Construcción
...	...	...	...	...	...	6. Commerce (gros et détail); restaurants, hôtels	6. Comercio (por mayor y por menor); restaurantes, hoteles
...	...	...	...	...	...	7. Transports, entrepôts et communications	7. Transportes, almacenamiento y comunicaciones
...	...	...	...	...	...	8. Banques, assur., affaires imm., services aux entreprises	8. Bancos, seguros, bienes inmuebles, serv. para empresas
...	...	...	...	...	...	9. Services à la collectivité, services sociaux et personnels	9. Servicios comunales, sociales y personales
...	...	...	...	...	...	0. Activités mal désignées	0. Actividades no bien especif.
...	...	...	...	...	...	_ Personnes en quête de leur premier emploi	_ Personas en busca de su primer empleo
...	**...**	**...**	**...**	**...**	**...**	**Total**	**Total**

AMÉRIQUE – AMERICA

Total	Males	Females	Total	Males	Females	Industrie	Industria
...	...	...	...	...	...	1/2. Agriculture, chasse, sylviculture et pêche; industries extractives	1/2. Agricultura, caza, silvicultura y pesca; minas y canteras
...	...	...	...	...	...	3. Industries manufacturières	3. Industrias manufactureras
...	...	...	...	...	...	4. Électricité, gaz et eau	4. Electricidad, gas y agua
...	...	...	...	...	...	5. Construction	5. Construcción
...	...	...	...	...	...	6. Commerce (gros et détail); restaurants, hôtels	6. Comercio (por mayor y por menor); restaurantes, hoteles
...	...	...	...	...	...	7. Transports, entrepôts et communications	7. Transportes, almacenamiento y comunicaciones
...	...	...	...	...	...	8. Banques, assur., affaires imm., services aux entreprises	8. Bancos, seguros, bienes inmuebles, serv. para empresas
...	...	...	...	...	...	9. Services à la collectivité, services sociaux et personnels	9. Servicios comunales, sociales y personales
...	...	...	...	...	...	0. Activités mal désignées	0. Actividades no bien especif.
...	...	...	...	...	...	_ Chômeurs	_ Desempleados
153	**22**	**131**	**1 006**	**511**	**495**	**Total**	**Total**

2 Structure of the economically active population
Structure de la population active
Estructura de la población económicamente activa

Industry (Major divisions of economic activity)	Total				Employers and own-account workers / Employeurs et personnes travaillant à leur propre compte / Empleadores y trabajadores por cuenta propia			Employees / Salariés / Empleados a sueldo o salario		
	Total	%	Males Hommes Hombres	Females Femmes Mujeres	Total	Males Hommes Hombres	Females Femmes Mujeres	Total	Males Hommes Hombres	Females Femmes Mujeres
Bolivia (29.IX.76) C										
1. Agriculture, hunting, forestry & fishing	693 049	*46.2*	604 078	88 971	481 176	440 206	40 970	85 451	82 310	3 141
2. Mining & quarrying	60 599	*4.0*	57 194	3 405	5 541	5 186	355	54 782	51 749	3 033
3. Manufacturing	145 404	*9.7*	88 978	56 426	77 592	35 019	42 573	60 393	52 244	8 149
4. Electr., gas & water	2 143	*0.1*	1 987	156	44	42	2	2 090	1 937	153
5. Construction	82 447	*5.5*	81 918	529	23 099	23 033	66	58 533	58 084	449
6. Wholesale/retail trade, restaurants & hotels	106 862	*7.1*	49 650	57 212	87 644	37 385	50 259	17 414	11 668	5 746
7. Transport, storage & communication	55 972	*3.8*	54 250	1 722	18 718	18 626	92	36 206	34 586	1 620
8. Financing, insur., real estate & business serv.	12 941	*0.8*	10 627	2 314	3 163	2 063	200	0 676	7 574	2 102
9. Community, social & personal services	281 911	*18.8*	165 688	116 223	33 049	27 284	5 765	242 711	133 273	109 438
0. Not adequately defined	53 600	*3.6*	44 963	8 637	3 569	2 781	788	5 769	4 787	982
_ Persons seeking their first job	6 463	*0.4*	5 286	1 177	.	.	.	.	.	.
Total	**1 501 391**	*100.0*	**1 164 619**	**336 772**	**733 595**	**592 525**	**141 070**	**573 025**	**438 212**	**134 813**
Canada (IV.81) LFSS †										
1. Agriculture, hunting, forestry & fishing	567 000	*4.9*	433 000	133 000	278 000	255 000	23 000	202 000	154 000	49 000
2. Mining & quarrying	192 000	*1.7*	169 000	22 000	–	–	–	190 000	168 000	22 000
3. Manufacturing	2 087 000	*18.0*	1 551 000	536 000	25 000	22 000	–	2 060 000	1 529 000	531 000
4. Electr., gas & water	124 000	*1.0*	102 000	23 000	–	–	–	123 000	101 000	23 000
5. Construction	576 000	*5.0*	518 000	58 000	89 000	86 000	–	480 000	432 000	49 000
6. Wholesale/retail trade, restaurants & hotels	1 825 000	*15.8*	1 042 000	783 000	166 000	106 000	60 000	1 638 000	932 000	706 000
7. Transport, storage & communication	762 000	*6.5*	582 000	180 000	42 000	40 000	–	718 000	542 000	176 000
8. Financing, insur., real estate & business serv.	577 000	*5.0*	228 000	349 000	15 000	12 000	–	561 000	216 000	345 000
9. Community, social & personal services	3 991 000	*34.5*	1 743 000	2 248 000	296 000	134 000	162 000	3 684 000	1 608 000	2 076 000
_ Persons seeking their first job	69 000	*0.6*	27 000	42 000	.	.	.	.	.	.
_ Other unemployed	817 000	*7.0*	484 000	332 000	30 000	16 000	13 000	787 000	468 000	319 000
Total	**11 585 000**	*100.0*	**6 879 000**	**4 706 000**	**942 000**	**673 000**	**268 000**	**10 444 000**	**6 149 000**	**4 294 000**
Costa Rica (VII.80) HS * †										
_ Agriculture, forestry, hunting & fishing	206 913	*26.9*	...	...	56 923	...	...	131 149	...	...
_ Mining & quarrying & manufacturing	124 819	*16.2*	...	...	20 313	...	...	102 535	...	...
_ Construction	60 722	*7.9*	...	...	10 123	...	...	50 476	...	...
_ Commerce	139 098	*18.0*	...	...	41 468	...	...	90 968	...	...
_ Transport, storage & communication	49 645	*6.5*	...	...	7 464	...	...	41 880	...	...
_ Services	176 690	*22.9*	...	...	13 995	...	...	160 972	...	...
_ Not adeq. described	2 171	*0.3*	...	...	341	...	...	1 719	...	...
_ Persons seeking their first job	10 214	*1.3*	...	...	.	.	.	.	.	.
Total	**770 272**	*100.0*	**578 972**	**191 300**	**150 627**	**...**	**...**	**579 699**	**...**	**...**

By industry, by status and by sex
Par industrie, d'après la situation dans la profession et par sexe
Por industria, según la situación en la ocupación y por sexo

Unpaid family workers / Travailleurs familiaux non rémunérés / Trabajadores familiares no remunerados			Not classifiable by status / Inclassables d'après la situation / Inclasificables según la situación			Industrie (Branches d'activité économique)	Industria (Grandes divisiones de actividad económica)
Total	Males / Hommes / Hombres	Females / Femmes / Mujeres	Total	Males / Hommes / Hombres	Females / Femmes / Mujeres		
123 869	79 331	44 538	2 553	2 231	322	1. Agriculture, chasse, sylviculture et pêche	1. Agricultura, caza, silvicultura y pesca
67	60	7	209	199	10	2. Industries extractives	2. Minas y canteras
6 412	1 047	5 365	1 007	668	339	3. Industries manufacturières	3. Industrias manufactureras
3	2	1	6	6	.	4. Électricité, gaz et eau	4. Electricidad, gas y agua
370	359	11	445	442	3	5. Construction	5. Construcción
1 537	475	1 062	267	122	145	6. Commerce (gros et détail); restaurants, hôtels	6. Comercio (por mayor y por menor); restaurantes, hoteles
339	336	3	709	702	7	7. Transports, entrepôts et communications	7. Transportes, almacenamiento y comunicaciones
17	13	4	85	77	8	8. Banques, assur., affaires imm., services aux entreprises	8. Bancos, seguros, bienes inmuebles, serv. para empresas
3 797	3 264	533	2 354	1 867	487	9. Services à la collectivité, services sociaux et personnels	9. Servicios comunales, sociales y personales
853	624	229	43 409	36 771	6 638	0. Activités mal désignées	0. Actividades no bien especif.
.	.	.	6 463	5 286	1 177	_ Personnes en quête de leur premier emploi	_ Personas en busca de su primer empleo
137 264	**85 511**	**51 753**	**57 507**	**48 371**	**9 136**	**Total**	**Total**
86 000	25 000	62 000	.	.	.	1. Agriculture, chasse, sylviculture et pêche	1. Agricultura, caza, silvicultura y pesca
–	–	–	.	.	.	2. Industries extractives	2. Minas y canteras
–	–	–	.	.	.	3. Industries manufacturières	3. Industrias manufactureras
–	–	–	.	.	.	4. Électricité, gaz et eau	4. Electricidad, gas y agua
7 000	–	6 000	.	.	.	5. Construction	5. Construcción
21 000	4 000	17 000	.	.	.	6. Commerce (gros et détail); restaurants, hôtels	6. Comercio (por mayor y por menor); restaurantes, hoteles
–	–	–	.	.	.	7. Transports, entrepôts et communications	7. Transportes, almacenamiento y comunicaciones
–	–	–	.	.	.	8. Banques, assur., affaires imm., services aux entreprises	8. Bancos, seguros, bienes inmuebles, serv. para empresas
11 000	–	10 000	.	.	.	9. Services à la collectivité, services sociaux et personnels	9. Servicios comunales, sociales y personales
.	.	.	69 000	27 000	42 000	_ Personnes en quête de leur premier emploi	_ Personas en busca de su primer empleo
–	–	–	.	.	.	_ Autres chômeurs	_ Otros desempleados
131 000	**30 000**	**101 000**	**69 000**	**27 000**	**42 000**	**Total**	**Total**
18 841	...	...	.	.	.	_ Agriculture, sylviculture, chasse et pêche	_ Agricultura, silvicultura, caza y pesca
1 971	...	...	.	.	.	_ Industries extractives et industries manufacturières	_ Minas y canteras; industrias manufactureras
123	...	...	.	.	.	_ Construction	_ Construcción
6 662	...	...	.	.	.	_ Comm., banq., assur., aff. imm.	_ Comercio
301	...	...	.	.	.	_ Transports, entrepôts et communications	_ Transportes, almacenamiento y comunicaciones
1 723	...	...	.	.	.	_ Services	_ Servicios
111	...	...	.	.	.	_ Activités mal désignées	_ Actividades no bien especif.
.	.	.	10 214	...	...	_ Personnes en quête de leur premier emploi	_ Personas en busca de su primer empleo
29 732	**...**	**...**	**10 214**	**...**	**...**	**Total**	**Total**

ACTIVE POPULATION

2 Structure of the economically active population
Structure de la population active
Estructura de la población económicamente activa

Industry (Major divisions of economic activity)	Total				Employers and own-account workers Employeurs et personnes travaillant à leur propre compte Empleadores y trabajadores por cuenta propia			Employees Salariés Empleados a sueldo o salario		
	Total	%	Males Hommes Hombres	Females Femmes Mujeres	Total	Males Hommes Hombres	Females Femmes Mujeres	Total	Males Hommes Hombres	Females Femmes Mujeres
Chile (III.80) LFSS †										
_ Agriculture, forestry, hunting & fishing	587 600	*15.9*	...	...	...	...	...	...	...	...
_ Mining & quarrying	78 300	*2.1*	...	...	...	...	...	...	...	...
_ Manufacturing	598 700	*16.2*	...	...	...	...	...	...	...	...
_ Construction	192 700	*5.2*	...	...	...	...	...	...	...	...
_ Electr., gas, water & sanitary serv.;transp., storage & communication	232 700	*6.3*	...	...	...	...	...	...	...	...
_ Commerce	516 500	*14.0*	...	...	...	...	...	...	...	...
_ Services	1 040 300	*28.1*	...	...	...	...	...	...	...	...
_ Not adeq. described	6 800	*0.2*	...	...	...	...	...	...	...	...
_ Persons seeking their first job	143 300	*3.9*	.	.	.	.	.	.	.	.
_ Other unemployed	300 900	*8.1*	...	...	...	...	...	...	...	...
Total	**3 697 800**	***100.0***	**...**	**...**	**...**	**...**	**...**	**...**	**...**	**...**
Ecuador (VI.80) OE *										
1. Agriculture, hunting, forestry & fishing	1 316 406	*48.3*	...	...	...	...	...	...	...	...
2. Mining & quarrying	8 857	*0.4*	...	...	...	...	...	...	...	...
3. Manufacturing	287 620	*10.5*	...	...	...	...	...	...	...	...
4. Electr., gas & water	13 629	*0.5*	...	...	...	...	...	...	...	...
5. Construction	126 302	*4.7*	...	...	...	...	...	...	...	...
6. Wholesale/retail trade, restaurants & hotels	280 073	*10.2*	...	...	...	...	...	...	...	...
7. Transport, storage & communication	66 779	*2.5*	...	...	...	...	...	...	...	...
8. Financing, insur., real estate & business serv.	29 825	*1.1*	...	...	...	...	...	...	...	...
9. Community, social & personal services	423 206	*15.5*	...	...	...	...	...	...	...	...
0. Not adequately defined	122 530	*4.5*	...	...	...	...	...	...	...	...
_ Persons seeking their first job	48 573	*1.8*	.	.	.	.	.	.	.	.
Total	**2 723 800**	***100.0***	**...**	**...**	**...**	**...**	**...**	**...**	**...**	**...**
El Salvador (X.78–IV.79) HS										
1. Agriculture, hunting, forestry & fishing	662 323	*43.6*	546 406	115 917	149 854	145 772	4 082	384 650	289 724	94 926
2. Mining & quarrying	5 694	*0.4*	5 694	.	1 041	1 041	.	3 725	3 725	.
3. Manufacturing	220 773	*14.5*	117 841	102 932	73 848	23 812	50 036	132 913	88 163	44 750
4. Electr., gas & water	6 780	*0.4*	6 334	446	769	769	.	6 011	5 565	446
5. Construction	81 898	*5.4*	81 668	230	2 465	2 465	.	73 185	73 040	145
6. Wholesale/retail trade, restaurants & hotels	223 558	*14.7*	71 918	151 640	150 560	39 578	110 982	54 506	28 602	25 904
7. Transport, storage & communication	59 383	*4.0*	57 653	1 730	8 900	8 730	170	48 907	47 347	1 560
8. Financing, insur., real estate & business serv.	12 435	*0.8*	8 867	3 568	425	425	.	11 906	8 338	3 568
9. Community, social & personal services	239 472	*15.7*	112 106	127 366	23 137	13 879	9 258	213 210	96 101	117 109
_ Persons seeking their first job	7 138	*0.5*	3 925	3 213	.	.	.	.	.	.
Total	**1 519 454**	***100.0***	**1 012 412**	**507 042**	**410 999**	**236 471**	**174 528**	**929 013**	**640 605**	**288 408**

By industry, by status and by sex
Par industrie, d'après la situation dans la profession et par sexe
Por industria, según la situación en la ocupación y por sexo

Unpaid family workers / Travailleurs familiaux non rémunérés / Trabajadores familiares no remunerados: Total	Males / Hommes / Hombres	Females / Femmes / Mujeres	Not classifiable by status / Inclassables d'après la situation / Inclasificables según la situación: Total	Males / Hommes / Hombres	Females / Femmes / Mujeres	Industrie (Branches d'activité économique)	Industria (Grandes divisiones de actividad económica)
...	...	...	...	...	...	Agriculture, sylviculture, chasse et pêche	Agricultura, silvicultura, caza y pesca
...	...	...	...	...	...	Industries extractives	Minas y canteras
...	...	...	...	...	...	Industries manufacturières	Industrias manufactureras
...	...	...	...	...	...	Construction	Construcción
...	...	...	...	...	...	Electr., gaz, eau et serv. sanitaires; transports, entrepôts et communications	Electr., gas, agua y serv. sanitarios; transp., almacenaje y comunicaciones
...	...	...	...	...	...	Comm., banq., assur., aff. imm.	Comercio
...	...	...	...	...	...	Services	Servicios
...	...	...	...	...	...	Activités mal désignées	Actividades no bien especif.
.	.	.	.	.	.	Personnes en quête de leur premier emploi	Personas en busca de su primer empleo
...	...	...	...	...	...	Autres chômeurs	Otros desempleados
...	**...**	**...**	**...**	**...**	**...**	**Total**	**Total**
...	...	...	...	...	...	1. Agriculture, chasse, sylviculture et pêche	1. Agricultura, caza, silvicultura y pesca
...	...	...	...	...	...	2. Industries extractives	2. Minas y canteras
...	...	...	...	...	...	3. Industries manufacturières	3. Industrias manufactureras
...	...	...	...	...	...	4. Électricité, gaz et eau	4. Electricidad, gas y agua
...	...	...	...	...	...	5. Construction	5. Construcción
...	...	...	...	...	...	6. Commerce (gros et détail); restaurants, hôtels	6. Comercio (por mayor y por menor); restaurantes, hoteles
...	...	...	...	...	...	7. Transports, entrepôts et communications	7. Transportes, almacenamiento y comunicaciones
...	...	...	...	...	...	8. Banques, assur., affaires imm., services aux entreprises	8. Bancos, seguros, bienes inmuebles, serv. para empresas
...	...	...	...	...	...	9. Services à la collectivité, services sociaux et personnels	9. Servicios comunales, sociales y personales
...	...	...	...	...	...	0. Activités mal désignées	0. Actividades no bien especif.
.	.	.	.	.	.	Personnes en quête de leur premier emploi	Personas en busca de su primer empleo
...	**...**	**...**	**...**	**...**	**...**	**Total**	**Total**
127 819	110 910	16 909	.	.	.	1. Agriculture, chasse, sylviculture et pêche	1. Agricultura, caza, silvicultura y pesca
928	928	.	.	.	.	2. Industries extractives	2. Minas y canteras
14 012	5 866	8 146	.	.	.	3. Industries manufacturières	3. Industrias manufactureras
.	.	.	.	.	.	4. Électricité, gaz et eau	4. Electricidad, gas y agua
6 248	6 163	85	.	.	.	5. Construction	5. Construcción
18 492	3 738	14 754	.	.	.	6. Commerce (gros et détail); restaurants, hôtels	6. Comercio (por mayor y por menor); restaurantes, hoteles
1 576	1 576	.	.	.	.	7. Transports, entrepôts et communications	7. Transportes, almacenamiento y comunicaciones
104	104	.	.	.	.	8. Banques, assur., affaires imm., services aux entreprises	8. Bancos, seguros, bienes inmuebles, serv. para empresas
3 125	2 126	999	.	.	.	9. Services à la collectivité, services sociaux et personnels	9. Servicios comunales, sociales y personales
.	.	.	7 138	3 925	3 213	Personnes en quête de leur premier emploi	Personas en busca de su primer empleo
172 304	**131 411**	**40 893**	**7 138**	**3 925**	**3 213**	**Total**	**Total**

2 Structure of the economically active population
Structure de la population active
Estructura de la población económicamente activa

Industry (Major divisions of economic activity)	Total				Employers and own-account workers / Employeurs et personnes travaillant à leur propre compte / Empleadores y trabajadores por cuenta propia			Employees / Salariés / Empleados a sueldo o salario		
	Total	%	Males Hommes Hombres	Females Femmes Mujeres	Total	Males Hommes Hombres	Females Femmes Mujeres	Total	Males Hommes Hombres	Females Femmes Mujeres
Greenland (26.X.76) C										
1. Agriculture, hunting, forestry & fishing	3 221	*15.1*	3 206	15	2 016	2 012	4	239	238	1
2. Mining & quarrying	318	*1.5*	310	8	2	2	.	316	308	8
3. Manufacturing	2 705	*12.6*	1 576	1 129	36	34	2	2 666	1 542	1 124
4. Electr., gas & water	246	*1.2*	242	4	.	.	.	246	242	4
5. Construction	3 124	*14.6*	3 017	107	285	285	.	2 826	2 732	94
6. Wholesale/retail trade, restaurants & hotels	2 686	*12.5*	1 392	1 294	130	107	23	2 514	1 283	1 231
7. Transport, storage & communication	1 842	*8.7*	1 633	209	123	121	2	1 715	1 512	203
8. Financing, insur., real estate & business serv.	343	*1.6*	209	134	18	17	1	324	192	132
9. Community, social & personal services	6 305	*29.4*	2 277	4 028	84	59	25	6 216	2 218	3 998
0. Not adequately defined	588	*2.8*	372	216	6	6	.	582	366	216
Total	**21 378**	*100.0*	**14 234**	**7 144**	**2 700**	**2 643**	**57**	**17 644**	**10 633**	**7 011**
Guatemala (1979) OE * †										
_ Agriculture, forestry, hunting & fishing	1 222 709	*57.2*	1 205 121	17 588	570 773	569 185	1 588	440 108	427 943	12 165
_ Mining & quarrying	2 612	*0.1*	2 580	32	414	408	6	2 123	2 097	26
_ Manufacturing	292 685	*13.7*	228 898	63 787	122 241	85 097	37 144	152 554	132 006	20 548
_ Construction	88 324	*4.1*	88 067	257	19 373	19 373	.	66 701	66 450	251
_ Electricity, gas, water & sanitary services	5 731	*0.3*	5 572	159	568	568	.	5 126	4 969	157
_ Commerce	158 522	*7.4*	107 908	50 614	98 175	65 732	32 443	53 795	37 598	16 197
_ Transport, storage & communication	54 452	*2.6*	53 195	1 257	10 910	10 781	129	42 833	41 721	1 112
_ Services	267 304	*12.5*	116 179	151 125	23 205	13 966	9 239	241 868	101 364	140 504
_ Not adequately defined & persons seeking their first job	45 303	*2.1*	35 138	10 165	3 672	3 104	568	20 792	15 478	5 314
Total	**2 137 642**	*100.0*	**1 842 658**	**294 984**	**849 331**	**768 214**	**81 117**	**1 025 900**	**829 626**	**196 274**
Guyana (1977) LFSS * †										
_ Agriculture, forestry, hunting & fishing	48 003	*29.1*	42 166	5 837	...	...	...	...	...	...
_ Mining & quarrying	4 621	*2.8*	4 145	476	...	...	...	...	...	...
_ Manufacturing	30 697	*18.6*	24 612	6 085	...	...	...	...	...	...
_ Construction	10 332	*6.2*	9 918	414	...	...	...	...	...	...
_ Electricity, gas, water & sanitary services	4 096	*2.5*	3 883	213	...	...	...	...	...	...
_ Commerce	17 750	*10.8*	8 816	8 934	...	...	...	...	...	...
_ Transport, storage & communication	7 822	*4.7*	7 272	550	...	...	...	...	...	...
_ Services	41 645	*25.3*	21 812	19 833	...	...	...	...	...	...
_ Not adeq. described	65	*-*	64	1	...	...	...	...	...	...
Total	**165 031**	*100.0*	**122 688**	**42 343**	...	...	...	...	...	...

By industry, by status and by sex
Par industrie, d'après la situation dans la profession et par sexe
Por industria, según la situación en la ocupación y por sexo

Unpaid family workers / Travailleurs familiaux non rémunérés / Trabajadores familiares no remunerados			Not classifiable by status / Inclassables d'après la situation / Inclasificables según la situación			Industrie (Branches d'activité économique)	Industria (Grandes divisiones de actividad económica)
Total	Males / Hommes / Hombres	Females / Femmes / Mujeres	Total	Males / Hommes / Hombres	Females / Femmes / Mujeres		
9	.	9	957	956	1	1. Agriculture, chasse, sylviculture et pêche	1. Agricultura, caza, silvicultura y pesca
.	.	.	.	.	.	2. Industries extractives	2. Minas y canteras
3	.	3	.	.	.	3. Industries manufacturières	3. Industrias manufactureras
.	.	.	.	.	.	4. Électricité, gaz et eau	4. Electricidad, gas y agua
13	.	13	.	.	.	5. Construction	5. Construcción
42	2	40	.	.	.	6. Commerce (gros et détail); restaurants, hôtels	6. Comercio (por mayor y por menor); restaurantes, hoteles
4	.	4	.	.	.	7. Transports, entrepôts et communications	7. Transportes, almacenamiento y comunicaciones
1	.	1	.	.	.	8. Banques, assur., affaires imm., services aux entreprises	8. Bancos, seguros, bienes inmuebles, serv. para empresas
5	.	5	.	.	.	9. Services à la collectivité, services sociaux et personnels	9. Servicios comunales, sociales y personales
.	.	.	.	.	.	0. Activités mal désignées	0. Actividades no bien especif.
77	**2**	**75**	**957**	**956**	**1**	**Total**	**Total**
210 859	207 042	3 817	969	951	18	_ Agriculture, sylviculture, chasse et pêche	_ Agricultura, silvicultura, caza y pesca
71	71	.	4	4	.	_ Industries extractives	_ Minas y canteras
16 939	10 992	5 947	951	803	148	_ Industries manufacturières	_ Industrias manufactureras
1 914	1 908	6	336	336	.	_ Construction	_ Construcción
34	33	1	3	2	1	_ Électricité, gaz, eau et services sanitaires	_ Electricidad, gas, agua y servicios sanitarios
6 332	4 422	1 910	220	156	64	_ Comm., banq., assur., aff. imm.	_ Comercio
570	556	14	139	137	2	_ Transports, entrepôts et communications	_ Transportes, almacenamiento y comunicaciones
1 617	476	1 141	614	373	241	_ Services	_ Servicios
783	630	153	20 056	15 926	4 130	_ Activités mal désignées et personnes en quête de leur premier emploi	_ Actividades no bien especificadas; personas en busca de su primer empleo
239 119	**226 130**	**12 989**	**23 292**	**18 688**	**4 604**	**Total**	**Total**
...	...	...	...	...	...	_ Agriculture, sylviculture, chasse et pêche	_ Agricultura, silvicultura, caza y pesca
...	...	...	...	...	...	_ Industries extractives	_ Minas y canteras
...	...	...	...	...	...	_ Industries manufacturières	_ Industrias manufactureras
...	...	...	...	...	...	_ Construction	_ Construcción
...	...	...	...	...	...	_ Électricité, gaz, eau et services sanitaires	_ Electricidad, gas, agua y servicios sanitarios
...	...	...	...	...	...	_ Comm., banq., assur., aff. imm.	_ Comercio
...	...	...	...	...	...	_ Transports, entrepôts et communications	_ Transportes, almacenamiento y comunicaciones
...	...	...	...	...	...	_ Services	_ Servicios
...	...	...	...	...	...	_ Activités mal désignées	_ Actividades no bien especif.
...	**...**	**...**	**...**	**...**	**...**	**Total**	**Total**

2 Structure of the economically active population
Structure de la population active
Estructura de la población económicamente activa

Industry (Major divisions of economic activity)	Total				Employers and own-account workers / Employeurs et personnes travaillant à leur propre compte / Empleadores y trabajadores por cuenta propia			Employees / Salariés / Empleados a sueldo o salario		
	Total	%	Males Hommes Hombres	Females Femmes Mujeres	Total	Males Hommes Hombres	Females Femmes Mujeres	Total	Males Hommes Hombres	Females Femmes Mujeres
Guyane française (I.77) OE										
1. Agriculture, hunting, forestry & fishing	3 610	*16.6*	2 110	1 500	...	...	...	...	...	...
2. Mining & quarrying	130	*0.6*	130	.	...	...	...	...	...	...
3. Manufacturing	1 160	*5.3*	960	200	...	...	...	...	...	...
4. Electr., gas & water	390	*1.8*	360	30	...	...	...	...	...	...
5. Construction	2 280	*10.5*	2 130	150	...	...	...	...	...	...
6. Wholesale/retail trade, restaurants & hotels	2 450	*11.3*	1 290	1 160	...	...	...	...	...	...
7. Transport, storage & communication	480	*2.2*	420	60	...	...	...	...	...	...
8. Financing, insur., real estate & business serv.	290	*1.3*	90	200	...	...	...	...	...	...
9. Community, social & personal services	8 350	*38.4*	4 130	4 220	...	...	...	...	...	...
0. Not adequately defined	1 520	*7.0*	290	1 230	...	...	...	...	...	...
— Persons seeking their first job	1 080	*5.0*	490	590	.	.	.	.	.	.
Total	**21 740**	*100.0*	**12 400**	**9 340**	...	...	...	...	...	...
Haïti (VIII.80) OE										
1. Agriculture, hunting, forestry & fishing	1 319 600	*56.9*	812 400	507 200	...	...	...	...	...	...
2. Mining & quarrying	1 200	*0.1*	1 000	200	...	...	...	...	...	...
3. Manufacturing	132 100	*5.7*	87 600	74 500	...	...	...	...	...	...
4. Electr., gas & water	1 600	*0.1*	1 500	100	...	...	...	...	...	...
5. Construction	22 200	*0.9*	21 900	300	...	...	...	...	...	...
6. Wholesale/retail trade, restaurants & hotels	321 200	*13.9*	28 000	293 200	...	...	...	...	...	...
7. Transport, storage & communication	15 400	*0.6*	14 000	1 400	...	...	...	...	...	...
8. Financing, insur., real estate & business serv.	3 700	*0.2*	3 200	500	...	...	...	...	...	...
9. Community, social & personal services	136 600	*5.9*	59 600	77 000	...	...	...	...	...	...
— Unemployed	358 800	*15.5*	228 000	130 800	...	...	...	...	...	...
— Armed forces	5 400	*0.2*	5 400	.	.	.	.	.	.	.
Total	**2 317 800**	*100.0*	**1 232 600**	**1 085 200**	...	...	...	...	...	...
Honduras (1979) OE †										
1. Agriculture, hunting, forestry & fishing	562 126	*59.8*	...	...	...	...	...	...	...	...
2. Mining & quarrying	2 914	*0.3*	...	...	...	...	...	...	...	...
3. Manufacturing	115 621	*12.3*	...	...	...	...	...	...	...	...
4. Electr., gas & water	3 384	*0.4*	...	...	...	...	...	...	...	...
5. Construction	31 490	*3.3*	...	...	...	...	...	...	...	...
6. Wholesale/retail trade, restaurants & hotels	77 269	*8.2*	...	...	...	...	...	...	...	...
7. Transport, storage & communication	27 072	*2.9*	...	...	...	...	...	...	...	...
8. Financing, insur., real estate & business serv.	8 272	*0.9*	...	...	...	...	...	...	...	...
9. Community, social & personal services	111 862	*11.9*	...	...	...	...	...	...	...	...
Total	**940 010**	*100.0*	...	...	...	...	...	...	...	...

By industry, by status and by sex
Par industrie, d'après la situation dans la profession et par sexe
Por industria, según la situación en la ocupación y por sexo

Unpaid family workers / Travailleurs familiaux non rémunérés / Trabajadores familiares no remunerados			Not classifiable by status / Inclassables d'après la situation / Inclasificables según la situación			Industrie (Branches d'activité économique)	Industria (Grandes divisiones de actividad económica)
Total	Males Hommes Hombres	Females Femmes Mujeres	Total	Males Hommes Hombres	Females Femmes Mujeres		
...	...	...	...	...	...	1. Agriculture, chasse, sylviculture et pêche	1. Agricultura, caza, silvicultura y pesca
...	...	...	...	...	...	2. Industries extractives	2. Minas y canteras
...	...	...	...	...	...	3. Industries manufacturières	3. Industrias manufactureras
...	...	...	...	...	...	4. Électricité, gaz et eau	4. Electricidad, gas y agua
...	...	...	...	...	...	5. Construction	5. Construcción
...	...	...	...	...	...	6. Commerce (gros et détail); restaurants, hôtels	6. Comercio (por mayor y por menor); restaurantes, hoteles
...	...	...	...	...	...	7. Transports, entrepôts et communications	7. Transportes, almacenamiento y comunicaciones
...	...	...	...	...	...	8. Banques, assur., affaires imm., services aux entreprises	8. Bancos, seguros, bienes inmuebles, serv. para empresas
...	...	...	...	...	...	9. Services à la collectivité, services sociaux et personnels	9. Servicios comunales, sociales y personales
...	...	...	...	...	...	0. Activités mal désignées	0. Actividades no bien especif.
.	.	.	.	.	.	_ Personnes en quête de leur premier emploi	_ Personas en busca de su primer empleo
...	...	...	...	...	...	**Total**	**Total**
...	...	...	...	...	...	1. Agriculture, chasse, sylviculture et pêche	1. Agricultura, caza, silvicultura y pesca
...	...	...	...	...	...	2. Industries extractives	2. Minas y canteras
...	...	...	...	...	...	3. Industries manufacturières	3. Industrias manufactureras
...	...	...	...	...	...	4. Électricité, gaz et eau	4. Electricidad, gas y agua
...	...	...	...	...	...	5. Construction	5. Construcción
...	...	...	...	...	...	6. Commerce (gros et détail); restaurants, hôtels	6. Comercio (por mayor y por menor); restaurantes, hoteles
...	...	...	...	...	...	7. Transports, entrepôts et communications	7. Transportes, almacenamiento y comunicaciones
...	...	...	...	...	...	8. Banques, assur., affaires imm., services aux entreprises	8. Bancos, seguros, bienes inmuebles, serv. para empresas
...	...	...	...	...	...	9. Services à la collectivité, services sociaux et personnels	9. Servicios comunales, sociales y personales
...	...	...	...	...	...	_ Chômeurs	_ Desempleados
.	.	.	.	.	.	_ Forces armées	_ Fuerzas armadas
...	...	...	...	...	...	**Total**	**Total**
...	...	...	...	...	...	1. Agriculture, chasse, sylviculture et pêche	1. Agricultura, caza, silvicultura y pesca
...	...	...	...	...	...	2. Industries extractives	2. Minas y canteras
...	...	...	...	...	...	3. Industries manufacturières	3. Industrias manufactureras
...	...	...	...	...	...	4. Électricité, gaz et eau	4. Electricidad, gas y agua
...	...	...	...	...	...	5. Construction	5. Construcción
...	...	...	...	...	...	6. Commerce (gros et détail); restaurants, hôtels	6. Comercio (por mayor y por menor); restaurantes, hoteles
...	...	...	...	...	...	7. Transports, entrepôts et communications	7. Transportes, almacenamiento y comunicaciones
...	...	...	...	...	...	8. Banques, assur., affaires imm., services aux entreprises	8. Bancos, seguros, bienes inmuebles, serv. para empresas
...	...	...	...	...	...	9. Services à la collectivité, services sociaux et personnels	9. Servicios comunales, sociales y personales
...	...	...	...	...	...	**Total**	**Total**

2 Structure of the economically active population
Structure de la population active
Estructura de la población económicamente activa

Industry (Major divisions of economic activity)	Total				Employers and own-account workers / Employeurs et personnes travaillant à leur propre compte / Empleadores y trabajadores por cuenta propia			Employees / Salariés / Empleados a sueldo o salario		
	Total	%	Males Hommes Hombres	Females Femmes Mujeres	Total	Males Hommes Hombres	Females Femmes Mujeres	Total	Males Hommes Hombres	Females Femmes Mujeres
Jamaica (XI.80) LFSS †										
_ Agriculture, forestry, hunting & fishing	271 400	*36.8*	205 100	66 300	...	...	...	...	...	...
_ Mining & quarrying	8 700	*1.2*	7 400	1 300	...	...	...	...	...	...
_ Manufacturing	80 000	*10.8*	57 700	22 300	...	...	...	...	...	...
_ Construction; electr., gas, water & san. serv.	26 400	*3.6*	25 800	600	...	...	...	...	...	...
_ Commerce	92 700	*12.6*	33 000	59 700	...	...	...	...	...	...
_ Transport, storage & communication	34 800	*4.7*	27 600	7 200	...	...	...	...	...	...
_ Services	220 600	*29.9*	90 000	130 600	...	...	...	...	...	...
_ Not adeq. described	2 700	*0.4*	1 600	1 100	...	...	...	...	...	...
Total	**737 300**	*100.0*	**448 200**	**289 100**	...	...	...	...	...	...
Montserrat (12.V.80) C										
1. Agriculture, hunting, forestry & fishing	476	*9.8*	346	130	...	...	...	...	...	...
2. Mining & quarrying	9	*0.2*	9	.	...	...	...	...	...	...
3. Manufacturing	464	*9.5*	226	238	...	...	...	...	...	...
4. Electr., gas & water	89	*1.8*	71	18	...	...	...	...	...	...
5. Construction	713	*14.6*	698	15	...	...	...	...	...	...
6. Wholesale/retail trade, restaurants & hotels	605	*12.5*	255	350	...	...	...	...	...	...
7. Transport, storage & communication	237	*4.8*	186	51	...	...	...	...	...	...
8. Financing, insur., real estate & business serv.	286	*5.9*	171	115	...	...	...	...	...	...
9. Community, social & personal services	1 692	*34.7*	793	899	...	...	...	...	...	...
0. Not adequately defined	3	*0.1*	1	2	...	...	...	...	...	...
_ Persons seeking their first job	131	*2.7*	62	69	.	.	.	.	.	.
_ Other unemployed	167	*3.4*	63	104	...	...	...	...	...	...
Total	**4 872**	*100.0*	**2 881**	**1 991**	...	...	...	...	...	...
Netherlands Antilles (XII.80) OE										
1. Agriculture, hunting, forestry & fishing	329	*0.3*	...	...	...	...	...	...	...	...
2. Mining & quarrying	432	*0.5*	...	...	...	...	...	...	...	...
3. Manufacturing	10 114	*10.1*	...	...	...	...	...	...	...	...
4. Electr., gas & water	1 174	*1.2*	...	...	...	...	...	...	...	...
5. Construction	6 127	*6.2*	...	...	...	...	...	...	...	...
6. Wholesale/retail trade, restaurants & hotels	23 831	*24.0*	...	...	...	...	...	...	...	...
7. Transport, storage & communication	3 923	*3.9*	...	...	...	...	...	...	...	...
8. Financing, insur., real estate & business serv.	4 129	*4.2*	...	...	...	...	...	...	...	...
9. Community, social & personal services	25 669	*25.8*	...	...	...	...	...	...	...	...
0. Not adequately defined	5 886	*5.9*	...	...	...	...	...	...	...	...
_ Unemployed	17 754	*17.9*	...	...	...	...	...	...	...	...
Total	**99 368**	*100.0*	**65 052**	**34 316**	...	...	...	...	...	...

By industry, by status and by sex
Par industrie, d'après la situation dans la profession et par sexe
Por industria, según la situación en la ocupación y por sexo

Unpaid family workers / Travailleurs familiaux non rémunérés / Trabajadores familiares no remunerados			Not classifiable by status / Inclassables d'après la situation / Inclasificables según la situación			Industrie (Branches d'activité économique)	Industria (Grandes divisiones de actividad económica)
Total	Males / Hommes / Hombres	Females / Femmes / Mujeres	Total	Males / Hommes / Hombres	Females / Femmes / Mujeres		
...	...	...	...	...	...	_ Agriculture, sylviculture, chasse et pêche	_ Agricultura, silvicultura, caza y pesca
...	...	...	...	...	...	_ Industries extractives	_ Minas y canteras
...	...	...	...	...	...	_ Industries manufacturières	_ Industrias manufactureras
...	...	...	...	...	...	_ Construction; électricité, gaz, eau et services sanitaires	_ Construcción; electr., gas, agua y serv. sanitarios
...	...	...	...	...	...	_ Comm., banq., assur., aff. imm.	_ Comercio
...	...	...	...	...	...	_ Transports, entrepôts et communications	_ Transportes, almacenamiento y comunicaciones
...	...	...	...	...	...	_ Services	_ Servicios
...	...	...	...	...	...	_ Activités mal désignées	_ Actividades no bien especif.
...	**...**	**...**	**...**	**...**	**...**	**Total**	**Total**
...	...	...	...	...	...	1. Agriculture, chasse, sylviculture et pêche	1. Agricultura, caza, silvicultura y pesca
...	...	...	...	...	...	2. Industries extractives	2. Minas y canteras
...	...	...	...	...	...	3. Industries manufacturières	3. Industrias manufactureras
...	...	...	...	...	...	4. Électricité, gaz et eau	4. Electricidad, gas y agua
...	...	...	...	...	...	5. Construction	5. Construcción
...	...	...	...	...	...	6. Commerce (gros et détail); restaurants, hôtels	6. Comercio (por mayor y por menor); restaurantes, hoteles
...	...	...	...	...	...	7. Transports, entrepôts et communications	7. Transportes, almacenamiento y comunicaciones
...	...	...	...	...	...	8. Banques, assur., affaires imm., services aux entreprises	8. Bancos, seguros, bienes inmuebles, serv. para empresas
...	...	...	...	...	...	9. Services à la collectivité, services sociaux et personnels	9. Servicios comunales, sociales y personales
...	...	...	...	...	...	0. Activités mal désignées	0. Actividades no bien especif.
.	.	.	.	.	.	_ Personnes en quête de leur premier emploi	_ Personas en busca de su primer empleo
...	...	...	...	...	...	_ Autres chômeurs	_ Otros desempleados
...	**...**	**...**	**...**	**...**	**...**	**Total**	**Total**
...	...	...	...	...	...	1. Agriculture, chasse, sylviculture et pêche	1. Agricultura, caza, silvicultura y pesca
...	...	...	...	...	...	2. Industries extractives	2. Minas y canteras
...	...	...	...	...	...	3. Industries manufacturières	3. Industrias manufactureras
...	...	...	...	...	...	4. Électricité, gaz et eau	4. Electricidad, gas y agua
...	...	...	...	...	...	5. Construction	5. Construcción
...	...	...	...	...	...	6. Commerce (gros et détail); restaurants, hôtels	6. Comercio (por mayor y por menor); restaurantes, hoteles
...	...	...	...	...	...	7. Transports, entrepôts et communications	7. Transportes, almacenamiento y comunicaciones
...	...	...	...	...	...	8. Banques, assur., affaires imm., services aux entreprises	8. Bancos, seguros, bienes inmuebles, serv. para empresas
...	...	...	...	...	...	9. Services à la collectivité, services sociaux et personnels	9. Servicios comunales, sociales y personales
...	...	...	...	...	...	0. Activités mal désignées	0. Actividades no bien especif.
...	...	...	...	...	...	_ Chômeurs	_ Desempleados
...	**...**	**...**	**...**	**...**	**...**	**Total**	**Total**

2 Structure of the economically active population
Structure de la population active
Estructura de la población económicamente activa

Industry (Major divisions of economic activity)	Total				Employers and own-account workers / Employeurs et personnes travaillant à leur propre compte / Empleadores y trabajadores por cuenta propia			Employees / Salariés / Empleados a sueldo o salario		
	Total	%	Males Hommes Hombres	Females Femmes Mujeres	Total	Males Hommes Hombres	Females Femmes Mujeres	Total	Males Hommes Hombres	Females Femmes Mujeres
Nicaragua (1980) OE †										
1. Agriculture, hunting, forestry & fishing	391 963	*45.4*	...	...	...	...	...	...	...	...
2. Mining & quarrying	6 566	*0.7*	...	...	...	...	...	...	...	...
3. Manufacturing	91 403	*10.6*	...	...	...	...	...	...	...	...
4. Electr., gas & water	6 652	*0.8*	...	...	...	...	...	...	...	...
5. Construction	37 322	*4.3*	...	...	...	...	...	...	...	...
6. Wholesale/retail trade, restaurants & hotels	105 053	*12.2*	...	...	...	...	...	...	...	...
7. Transport, storage & communication	30 064	*3.4*	...	...	...	...	...	...	...	...
8. Financing, insur., real estate & business serv.	16 761	*2.0*	...	...	...	...	...	...	...	...
9. Community, social & personal services	158 789	*18.4*	...	...	...	...	...	...	...	...
0. Not adequately defined	19 352	*2.2*	...	...	...	...	...	...	...	...
Total	**863 925**	*100.0*	**681 089**	**182 836**	**...**	**...**	**...**	**...**	**...**	**...**
Panamá (VIII.79) LFSS †										
1. Agriculture, hunting, forestry & fishing	156 584	*27.1*	149 112	7 472	86 733	85 249	1 484	43 254	39 567	3 687
2. Mining & quarrying	727	*0.1*	691	36	232	232	.	403	367	36
3. Manufacturing	57 409	*10.0*	39 164	18 245	10 601	5 476	5 125	46 373	33 358	13 015
4. Electr., gas & water	6 367	*1.1*	5 449	918	.	.	.	6 367	5 449	918
5. Construction	35 210	*6.1*	34 166	1 044	11 644	11 608	36	23 289	22 281	1 008
6. Wholesale/retail trade, restaurants & hotels	77 531	*13.4*	47 429	30 102	22 557	15 583	6 974	52 995	31 228	21 767
7. Transport, storage & communication	29 937	*5.2*	25 419	4 518	12 817	12 732	85	16 740	12 307	4 433
8. Financing, insur., real estate & business serv.	20 898	*3.6*	12 720	8 178	1 096	965	131	19 802	11 755	8 047
9. Community, social & personal services	153 776	*26.6*	62 253	91 523	14 418	8 256	6 162	139 162	53 801	85 361
0. Not adequately defined	18 704	*3.2*	15 032	3 672	274	262	12	18 430	14 770	3 660
— Persons seeking their first job	20 615	*3.6*	9 560	11 055	.	.	.	.	.	.
Total	**577 758**	*100.0*	**400 995**	**176 763**	**160 372**	**140 363**	**20 009**	**366 815**	**224 883**	**141 932**
Paraguay (1981) OE *										
1. Agriculture, hunting, forestry & fishing	571 456	*44.3*	...	...	...	...	...	...	...	...
2. Mining & quarrying	9 435	*0.7*	...	...	...	...	...	...	...	...
3. Manufacturing	191 901	*14.9*	...	...	...	...	...	...	...	...
4. Electr., gas & water	3 944	*0.3*	...	...	...	...	...	...	...	...
5. Construction	57 984	*4.5*	...	...	...	...	...	...	...	...
6. Wholesale/retail trade, restaurants & hotels	114 538	*8.8*	...	...	...	...	...	...	...	...
7. Transport, storage & communication	31 305	*2.5*	...	...	...	...	...	...	...	...
8/9. Major divisions 8 & 9	232 993	*18.0*	...	...	...	...	...	...	...	...
0. Not adequately defined	50 758	*3.9*	...	...	...	...	...	...	...	...
— Persons seeking their first job	26 633	*2.1*	.	.	.	.	.	.	.	.
Total	**1 290 947**	*100.0*	**...**	**...**	**...**	**...**	**...**	**...**	**...**	**...**

By industry, by status and by sex
Par industrie, d'après la situation dans la profession et par sexe
Por industria, según la situación en la ocupación y por sexo

Unpaid family workers / Travailleurs familiaux non rémunérés / Trabajadores familiares no remunerados			Not classifiable by status / Inclassables d'après la situation / Inclasificables según la situación			Industrie (Branches d'activité économique)	Industria (Grandes divisiones de actividad económica)
Total	Males / Hommes / Hombres	Females / Femmes / Mujeres	Total	Males / Hommes / Hombres	Females / Femmes / Mujeres		
...	...	...	...	...	...	1. Agriculture, chasse, sylviculture et pêche	1. Agricultura, caza, silvicultura y pesca
...	...	...	...	...	...	2. Industries extractives	2. Minas y canteras
...	...	...	...	...	...	3. Industries manufacturières	3. Industrias manufactureras
...	...	...	...	...	...	4. Électricité, gaz et eau	4. Electricidad, gas y agua
...	...	...	...	...	...	5. Construction	5. Construcción
...	...	...	...	...	...	6. Commerce (gros et détail); restaurants, hôtels	6. Comercio (por mayor y por menor); restaurantes, hoteles
...	...	...	...	...	...	7. Transports, entrepôts et communications	7. Transportes, almacenamiento y comunicaciones
...	...	...	...	...	...	8. Banques, assur., affaires imm., services aux entreprises	8. Bancos, seguros, bienes inmuebles, serv. para empresas
...	...	...	...	...	...	9. Services à la collectivité, services sociaux et personnels	9. Servicios comunales, sociales y personales
...	...	...	...	...	...	0. Activités mal désignées	0. Actividades no bien especif.
...	...	...	...	...	...	**Total**	**Total**
25 538	23 380	2 158	.	.	.	1. Agriculture, chasse, sylviculture et pêche	1. Agricultura, caza, silvicultura y pesca
92	92	.	.	.	.	2. Industries extractives	2. Minas y canteras
370	265	105	.	.	.	3. Industries manufacturières	3. Industrias manufactureras
.	.	.	.	.	.	4. Électricité, gaz et eau	4. Electricidad, gas y agua
277	277	.	.	.	.	5. Construction	5. Construcción
1 914	618	1 296	.	.	.	6. Commerce (gros et détail); restaurants, hôtels	6. Comercio (por mayor y por menor); restaurantes, hoteles
248	248	.	.	.	.	7. Transports, entrepôts et communications	7. Transportes, almacenamiento y comunicaciones
.	.	.	.	.	.	8. Banques, assur., affaires imm., services aux entreprises	8. Bancos, seguros, bienes inmuebles, serv. para empresas
131	131	.	.	.	.	9. Services à la collectivité, services sociaux et personnels	9. Servicios comunales, sociales y personales
.	.	.	.	.	.	0. Activités mal désignées	0. Actividades no bien especif.
.	.	.	20 615	9 560	11 055	— Personnes en quête de leur premier emploi	— Personas en busca de su primer empleo
28 570	**25 011**	**3 559**	**28 570**	**9 560**	**11 055**	**Total**	**Total**
...	...	...	...	...	...	1. Agriculture, chasse, sylviculture et pêche	1. Agricultura, caza, silvicultura y pesca
...	...	...	...	...	...	2. Industries extractives	2. Minas y canteras
...	...	...	...	...	...	3. Industries manufacturières	3. Industrias manufactureras
...	...	...	...	...	...	4. Électricité, gaz et eau	4. Electricidad, gas y agua
...	...	...	...	...	...	5. Construction	5. Construcción
...	...	...	...	...	...	6. Commerce (gros et détail); restaurants, hôtels	6. Comercio (por mayor y por menor); restaurantes, hoteles
...	...	...	...	...	...	7. Transports, entrepôts et communications	7. Transportes, almacenamiento y comunicaciones
...	...	...	...	...	...	8/9. Branches 8 et 9	8/9. Grandes divisiones 8 y 9
...	...	...	...	...	...	0. Activités mal désignées	0. Actividades no bien especif.
.	.	.	.	.	.	— Personnes en quête de leur premier emploi	— Personas en busca de su primer empleo
...	...	...	...	...	...	**Total**	**Total**

2 Structure of the economically active population
Structure de la population active
Estructura de la población económicamente activa

Industry (Major divisions of economic activity)	Total				Employers and own-account workers / Employeurs et personnes travaillant à leur propre compte / Empleadores y trabajadores por cuenta propia			Employees / Salariés / Empleados a sueldo o salario		
	Total	%	Males / Hommes / Hombres	Females / Femmes / Mujeres	Total	Males / Hommes / Hombres	Females / Femmes / Mujeres	Total	Males / Hommes / Hombres	Females / Femmes / Mujeres
Perú (VI.81) OE										
1. Agriculture, hunting, forestry & fishing	2 272 300	*39.2*	...	...	1 615 700	...	...	405 200	...	...
2. Mining & quarrying	67 700	*1.2*	...	...	1 900	...	...	65 400	...	...
3. Manufacturing	727 400	*12.6*	...	...	229 200	...	...	477 200	...	...
4. Electr., gas & water	12 500	*0.2*	...	...	.	.	.	12 500	...	...
5. Construction	243 500	*4.2*	...	...	51 400	...	...	191 600	...	...
6. Wholesale/retail trade, restaurants & hotels	909 000	*15.7*	...	...	607 400	...	...	241 200	...	...
7. Transport, storage & communication	271 300	*4.7*	...	...	96 400	...	...	169 500	...	...
8. Financing, insur., real estate & business serv.	99 600	*1.7*	...	...	14 000	...	...	85 300	...	...
9. Community, social & personal services	1 189 200	*20.5*	...	...	211 600	...	...	966 200	...	...
Total	**5 792 500**	*100.0*	**...**	**...**	**2 827 600**	**...**	**...**	**2 614 100**	**...**	**...**
Puerto Rico (II.81) LFSS †										
1/2. Agriculture, hunting, forestry & fishing; mining & quarrying	56 000	*5.5*	55 000	2 000	15 000	15 000	–	40 000	38 000	1 000
3. Manufacturing	187 000	*18.3*	104 000	84 000	5 000	4 000	–	183 000	100 000	84 000
4. Electr., gas & water	20 000	*2.0*	19 000	1 000	–	–	–	20 000	19 000	1 000
5. Construction	77 000	*7.5*	76 000	1 000	9 000	9 000	–	68 000	67 000	1 000
6. Wholesale/retail trade, restaurants & hotels	181 000	*17.7*	136 000	44 000	51 000	43 000	8 000	123 000	92 000	31 000
7. Transport, storage & communication	38 000	*3.8*	32 000	6 000	12 000	12 000	–	26 000	20 000	6 000
8. Financing, insur., real estate & business serv.	29 000	*2.8*	17 000	11 000	1 000	1 000	–	27 000	16 000	11 000
9. Community, social & personal services	415 000	*40.6*	218 000	197 000	35 000	27 000	8 000	378 000	191 000	188 000
— Persons seeking their first job	17 000	*1.7*	9 000	8 000	.	.	.	.	.	.
Total	**1 021 000**	*100.0*	**666 000**	**355 000**	**129 000**	**112 000**	**17 000**	**865 000**	**543 000**	**323 000**
Saint-Pierre-et-Miquelon (18.II.74) C										
1. Agriculture, hunting, forestry & fishing	126	*5.9*	126	.	53	53	.	73	73	.
3. Manufacturing	193	*8.9*	154	39	.	.	.	191	152	39
4. Electr., gas & water	17	*0.8*	16	1	.	.	.	17	16	1
5. Construction	341	*15.8*	335	6	41	41	.	296	290	6
6. Wholesale/retail trade, restaurants & hotels	403	*18.8*	236	167	136	78	58	262	154	108
7. Transport, storage & communication	240	*11.1*	237	3	29	29	.	210	208	2
8. Financing, insur., real estate & business serv.	26	*1.2*	16	10	1	1	.	24	14	10
9. Community, social & personal services	739	*34.3*	422	317	19	10	9	720	412	308
0. Not adequately defined	61	*2.9*	56	5	2	2	.	58	54	4
— Persons seeking their first job	7	*0.3*	6	1	.	.	.	.	.	.
Total	**2 153**	*100.0*	**1 604**	**549**	**281**	**214**	**67**	**1 851**	**1 373**	**478**

By industry, by status and by sex
Par industrie, d'après la situation dans la profession et par sexe
Por industria, según la situación en la ocupación y por sexo

Unpaid family workers / Travailleurs familiaux non rémunérés / Trabajadores familiares no remunerados			Not classifiable by status / Inclassables d'après la situation / Inclasificables según la situación			Industrie (Branches d'activité économique)	Industria (Grandes divisiones de actividad económica)
Total	Males / Hommes / Hombres	Females / Femmes / Mujeres	Total	Males / Hommes / Hombres	Females / Femmes / Mujeres		
251 400	...	...	.	.	.	1. Agriculture, chasse, sylviculture et pêche	1. Agricultura, caza, silvicultura y pesca
400	...	...	.	.	.	2. Industries extractives	2. Minas y canteras
21 000	...	...	.	.	.	3. Industries manufacturières	3. Industrias manufactureras
.	.	.	.	.	.	4. Électricité, gaz et eau	4. Electricidad, gas y agua
500	...	...	.	.	.	5. Construction	5. Construcción
60 400	...	...	.	.	.	6. Commerce (gros et détail); restaurants, hôtels	6. Comercio (por mayor y por menor); restaurantes, hoteles
5 400	...	...	.	.	.	7. Transports, entrepôts et communications	7. Transportes, almacenamiento y comunicaciones
300	...	...	.	.	.	8. Banques, assur., affaires imm., services aux entreprises	8. Bancos, seguros, bienes inmuebles, serv. para empresas
11 400	...	...	.	.	.	9. Services à la collectivité, services sociaux et personnels	9. Servicios comunales, sociales y personales
350 800	**...**	**...**	**.**	**.**	**.**	**Total**	**Total**
1 000	1 000	–	.	.	.	1/2. Agriculture, chasse, sylviculture et pêche; industries extractives	1/2. Agricultura, caza, silvicultura y pesca; minas y canteras
–	–	–	.	.	.	3. Industries manufacturières	3. Industrias manufactureras
–	–	–	.	.	.	4. Électricité, gaz et eau	4. Electricidad, gas y agua
–	–	–	.	.	.	5. Construction	5. Construcción
7 000	1 000	5 000	.	.	.	6. Commerce (gros et détail); restaurants, hôtels	6. Comercio (por mayor y por menor); restaurantes, hoteles
–	–	–	.	.	.	7. Transports, entrepôts et communications	7. Transportes, almacenamiento y comunicaciones
–	–	–	.	.	.	8. Banques, assur., affaires imm., services aux entreprises	8. Bancos, seguros, bienes inmuebles, serv. para empresas
1 000	–	1 000	.	.	.	9. Services à la collectivité, services sociaux et personnels	9. Servicios comunales, sociales y personales
.	.	.	17 000	9 000	8 000	– Personnes en quête de leur premier emploi	– Personas en busca de su primer empleo
9 000	**3 000**	**7 000**	**17 000**	**9 000**	**8 000**	**Total**	**Total**
.	.	.	.	.	.	1. Agriculture, chasse, sylviculture et pêche	1. Agricultura, caza, silvicultura y pesca
2	2	.	.	.	.	3. Industries manufacturières	3. Industrias manufactureras
.	.	.	.	.	.	4. Électricité, gaz et eau	4. Electricidad, gas y agua
4	4	.	.	.	.	5. Construction	5. Construcción
5	4	1	.	.	.	6. Commerce (gros et détail); restaurants, hôtels	6. Comercio (por mayor y por menor); restaurantes, hoteles
1	.	1	.	.	.	7. Transports, entrepôts et communications	7. Transportes, almacenamiento y comunicaciones
1	1	.	.	.	.	8. Banques, assur., affaires imm., services aux entreprises	8. Bancos, seguros, bienes inmuebles, serv. para empresas
.	.	.	.	.	.	9. Services à la collectivité, services sociaux et personnels	9. Servicios comunales, sociales y personales
1	.	1	.	.	.	0. Activités mal désignées	0. Actividades no bien especif.
.	.	.	7	6	1	– Personnes en quête de leur premier emploi	– Personas en busca de su primer empleo
14	**11**	**3**	**7**	**6**	**1**	**Total**	**Total**

2 Structure of the economically active population
Structure de la population active
Estructura de la población económicamente activa

Industry (Major divisions of economic activity)	Total				Employers and own-account workers / Employeurs et personnes travaillant à leur propre compte / Empleadores y trabajadores por cuenta propia			Employees / Salariés / Empleados a sueldo o salario		
	Total	%	Males Hommes Hombres	Females Femmes Mujeres	Total	Males Hommes Hombres	Females Femmes Mujeres	Total	Males Hommes Hombres	Females Femmes Mujeres
Trinidad and Tobago (VII–XII.79) LFSS †										
_ Agriculture, forestry, hunting & fishing	42 100	*9.5*	32 200	10 000	...	...	...	...	...	...
_ Mining & quarrying & manufacturing	78 200	*17.5*	57 900	20 300	...	...	...	...	...	...
_ Construction; electr., gas, water & san. serv.	104 200	*23.4*	89 600	14 600	...	...	...	...	...	...
_ Commerce	82 100	*18.5*	44 500	37 700	...	...	...	...	...	...
_ Transport, storage & communication	30 700	*6.9*	28 200	2 500	...	...	...	...	...	...
_ Services	100 400	*22.5*	55 500	44 900	...	...	...	...	...	...
_ Not adeq. described	800	*0.2*	600	300	...	...	...	...	...	...
_ Persons seeking their first job	6 500	*1.5*	1 500	5 100	.	.	.	.	.	.
Total	**445 200**	*100.0*	**310 000**	**135 200**	**59 800**	**45 800**	**14 100**	**360 800**	**254 400**	**106 500**
United States (1980) LFSS †										
1. Agriculture, hunting, forestry & fishing	3 665 000	*3.4*	2 936 000	729 000	1 680 000	1 492 000	188 000	1 685 000	1 340 000	343 000
2. Mining & quarrying	1 003 000	*1.0*	870 000	133 000	27 000	26 000	1 000	974 000	844 000	130 000
3. Manufacturing	23 556 000	*22.0*	15 964 000	7 592 000	357 000	288 000	69 000	23 170 000	15 671 000	7 498 000
4. Electr., gas & water	1 418 000	*1.3*	1 166 000	251 000	9 000	7 000	2 000	1 408 000	1 160 000	250 000
5. Construction	6 853 000	*6.5*	6 326 000	527 000	1 186 000	1 150 000	37 000	5 628 000	5 171 000	458 000
6. Wholesale/retail trade, restaurants & hotels	21 171 000	*19.8*	11 246 000	9 924 000	1 890 000	1 185 000	705 000	19 086 000	10 035 000	9 051 000
7. Transport, storage & communication	5 288 000	*4.9*	3 863 000	1 427 000	274 000	250 000	22 000	5 002 000	3 609 000	1 391 000
8. Financing, insur., real estate & business serv.	8 554 000	*8.0*	3 889 000	4 665 000	744 000	492 000	251 000	7 782 000	3 395 000	4 388 000
9. Community, social & personal services	32 359 000	*30.3*	13 491 000	18 868 000	2 439 000	1 447 000	993 000	29 824 000	12 033 000	17 794 000
_ Persons seeking their first job	852 000	*0.8*	395 000	457 000	.	.	.	.	.	.
_ Armed forces	2 102 000	*2.0*	1 943 000	159 000	.	.	.	2 102 000	1 943 000	159 000
Total	**106 821 000**	*100.0*	**62 088 000**	**44 733 000**	**8 605 000**	**6 337 000**	**2 268 000**	**96 662 000**	**55 200 000**	**41 462 000**
Uruguay (21.V.75) C †										
1. Agriculture, hunting, forestry & fishing	174 871	*16.0*	164 811	10 060	70 762	67 624	3 138	88 862	85 054	3 808
2. Mining & quarrying	2 159	*0.2*	2 112	47	358	352	6	1 781	1 742	39
3. Manufacturing	205 943	*18.8*	141 602	64 341	45 872	22 637	23 235	158 095	117 856	40 239
4. Electr., gas & water	16 206	*1.5*	14 594	1 612	.	.	.	16 206	14 594	1 612
5. Construction	59 428	*5.4*	58 744	684	15 437	15 379	58	43 479	42 863	616
6. Wholesale/retail trade, restaurants & hotels	134 509	*12.3*	98 635	35 874	58 575	45 128	13 447	72 349	51 963	20 386
7. Transport, storage & communication	53 728	*4.9*	48 969	4 759	10 889	10 718	171	42 456	37 904	4 552
8. Financing, insur., real estate & business serv.	29 461	*2.7*	22 636	6 825	6 655	5 237	1 418	22 625	17 302	5 323
9. Community, social & personal services	316 078	*28.9*	161 595	154 483	36 696	22 312	14 384	276 208	137 814	138 394
0. Not adequately defined	85 085	*7.7*	60 666	24 419	15 539	12 089	3 450	37 136	26 795	10 341
_ Persons seeking their first job	17 131	*1.6*	9 220	7 911	.	.	.	.	.	.
Total	**1 094 599**	*100.0*	**783 584**	**311 015**	**260 783**	**201 476**	**59 307**	**759 197**	**533 887**	**225 310**

By industry, by status and by sex
Par industrie, d'après la situation dans la profession et par sexe
Por industria, según la situación en la ocupación y por sexo

Unpaid family workers / Travailleurs familiaux non rémunérés / Trabajadores familiares no remunerados			Not classifiable by status / Inclassables d'après la situation / Inclasificables según la situación			Industrie (Branches d'activité économique)	Industria (Grandes divisiones de actividad económica)
Total	Males / Hommes / Hombres	Females / Femmes / Mujeres	Total	Males / Hommes / Hombres	Females / Femmes / Mujeres		
...	...	...	...	...	...	_ Agriculture, sylviculture, chasse et pêche	_ Agricultura, silvicultura, caza y pesca
...	...	...	...	...	...	_ Industries extractives et industries manufacturières	_ Minas y canteras; industrias manufactureras
...	...	...	...	...	...	_ Construction; electricité, gaz, eau et services sanitaires	_ Construcción; electr., gas, agua y serv. sanitarios
...	...	...	...	...	...	_ Comm., banq., assur., aff. imm.	_ Comercio
...	...	...	...	...	...	_ Transports, entrepôts et communications	_ Transportes, almacenamiento y comunicaciones
...	...	...	...	...	...	_ Services	_ Servicios
...	...	...	...	...	...	_ Activités mal désignées	Actividades no bien especif.
.	.	.	...	...	...	_ Personnes en quête de leur premier emploi	_ Personas en busca de su primer empleo
17 800	**8 200**	**9 600**	**6 700**	**1 600**	**5 200**	**Total**	**Total**
299 000	102 000	198 000	.	.	.	1. Agriculture, chasse, sylviculture et pêche	1. Agricultura, caza, silvicultura y pesca
2 000	–	2 000	.	.	.	2. Industries extractives	2. Minas y canteras
30 000	5 000	25 000	.	.	.	3. Industries manufacturières	3. Industrias manufactureras
–	–	–	.	.	.	4. Électricité, gaz et eau	4. Electricidad, gas y agua
39 000	6 000	32 000	.	.	.	5. Construction	5. Construcción
195 000	26 000	169 000	.	.	.	6. Commerce (gros et détail); restaurants, hôtels	6. Comercio (por mayor y por menor); restaurantes, hoteles
14 000	2 000	12 000	.	.	.	7. Transports, entrepôts et communications	7. Transportes, almacenamiento y comunicaciones
27 000	2 000	26 000	.	.	.	8. Banques, assur., affaires imm., services aux entreprises	8. Bancos, seguros, bienes inmuebles, serv. para empresas
95 000	13 000	83 000	.	.	.	9. Services à la collectivité, services sociaux et personnels	9. Servicios comunales, sociales y personales
.	.	.	852 000	395 000	457 000	_ Personnes en quête de leur premier emploi	_ Personas en busca de su primer empleo
.	.	.	.	.	.	_ Forces armées	_ Fuerzas armadas
702 000	**156 000**	**546 000**	**852 000**	**395 000**	**457 000**	**Total**	**Total**
14 858	11 776	3 082	389	357	32	1. Agriculture, chasse, sylviculture et pêche	1. Agricultura, caza, silvicultura y pesca
10	8	2	10	10	.	2. Industries extractives	2. Minas y canteras
1 136	583	553	840	526	314	3. Industries manufacturières	3. Industrias manufactureras
.	.	.	.	.	.	4. Électricité, gaz et eau	4. Electricidad, gas y agua
179	172	7	333	330	3	5. Construction	5. Construcción
3 085	1 189	1 896	500	355	145	6. Commerce (gros et détail); restaurants, hôtels	6. Comercio (por mayor y por menor); restaurantes, hoteles
187	164	23	196	183	13	7. Transports, entrepôts et communications	7. Transportes, almacenamiento y comunicaciones
64	17	47	117	80	37	8. Banques, assur., affaires imm., services aux entreprises	8. Bancos, seguros, bienes inmuebles, serv. para empresas
489	280	209	2 685	1 189	1 496	9. Services à la collectivité, services sociaux et personnels	9. Servicios comunales, sociales y personales
2 055	1 202	853	30 355	20 580	9 775	0. Activités mal désignées	0. Actividades no bien especif.
.	.	.	17 131	9 220	7 911	_ Personnes en quête de leur premier emploi	_ Personas en busca de su primer empleo
22 063	**15 391**	**6 672**	**52 556**	**32 830**	**19 726**	**Total**	**Total**

2 Structure of the economically active population
Structure de la population active
Estructura de la población económicamente activa

Industry (Major divisions of economic activity)	Total				Employers and own-account workers / Employeurs et personnes travaillant à leur propre compte / Empleadores y trabajadores por cuenta propia			Employees / Salariés / Empleados a sueldo o salario		
	Total	%	Males Hommes Hombres	Females Femmes Mujeres	Total	Males Hommes Hombres	Females Femmes Mujeres	Total	Males Hommes Hombres	Females Femmes Mujeres
Venezuela (I–VI.80) HS *										
1. Agriculture, hunting, forestry & fishing	637 551	*14.4*	599 396	38 155	...	...	...	...	...	...
2. Mining & quarrying	63 733	*1.5*	58 633	5 100	...	...	...	...	...	...
3. Manufacturing	717 764	*16.2*	515 607	202 157	...	...	...	...	...	...
4. Electr., gas & water	52 287	*1.2*	44 637	7 650	...	...	...	...	...	...
5. Construction	424 906	*9.6*	402 846	22 060	...	...	...	...	...	...
6. Wholesale/retail trade, restaurants & hotels	806 371	*18.2*	552 140	254 231	...	...	...	...	...	...
7. Transport, storage & communication	306 673	*7.0*	280 136	26 537	...	...	...	...	...	...
8. Financing, insur., real estate & business serv.	195 262	*4.4*	122 208	73 054	...	...	...	...	...	...
9. Community, social & personal services	1 167 995	*26.4*	571 833	596 162	...	...	...	...	...	...
0. Not adequately defined	15 595	*0.4*	8 233	7 362	...	...	...	...	...	...
— Persons seeking their first job	32 804	*0.7*	16 412	16 392	.	.	.	.	.	.
Total	**4 420 941**	*100.0*	**3 172 081**	**1 248 860**	...	...	...	...	...	...
ASIA										
Afghanistan (24.VI.79) C *										
1. Agriculture, hunting, forestry & fishing	2 369 481	*60.1*	2 358 821	10 660	...	...	...	...	...	...
2. Mining & quarrying	59 339	*1.5*	57 492	1 847	...	...	...	...	...	...
3. Manufacturing	423 373	*10.7*	170 908	252 465	...	...	...	...	...	...
4. Electr., gas & water	11 354	*0.3*	11 078	276	...	...	...	...	...	...
5. Construction	51 086	*1.3*	50 670	416	...	...	...	...	...	...
6. Wholesale/retail trade, restaurants & hotels	137 860	*3.5*	135 242	2 618	...	...	...	...	...	...
7. Transport, storage & communication	66 243	*1.6*	65 376	867	...	...	...	...	...	...
8/9. Major divisions 8 & 9	749 345	*19.0*	716 511	32 834	...	...	...	...	...	...
— Persons seeking their first job	77 510	*2.0*	66 057	11 453	.	.	.	.	.	.
Total	**3 945 591**	*100.0*	**3 632 155**	**313 436**	...	...	...	...	...	...
Bahrain (IV.79) OE †										
1. Agriculture, hunting, forestry & fishing	4 600	*3.4*	4 400	200	...	...	...	...	...	...
2. Mining & quarrying	4 200	*3.1*	3 900	300	...	...	...	...	...	...
3. Manufacturing	12 200	*9.1*	11 700	500	...	...	...	...	...	...
4. Electr., gas & water	2 000	*1.4*	1 800	200	...	...	...	...	...	...
5. Construction	33 600	*25.0*	33 000	600	...	...	...	...	...	...
6. Wholesale/retail trade, restaurants & hotels	16 500	*12.2*	15 500	1 000	...	...	...	...	...	...
7. Transport, storage & communication	14 600	*10.8*	13 700	900	...	...	...	...	...	...
8. Financing, insur., real estate & business serv.	4 600	*3.4*	3 900	700	...	...	...	...	...	...
9. Community, social & personal services	39 000	*28.9*	31 000	8 000	...	...	...	...	...	...
0. Not adequately defined	3 600	*2.7*	3 400	200	...	...	...	...	...	...
Total	**134 900**	*100.0*	**122 300**	**12 600**	...	...	...	...	...	...

POPULATION ACTIVE
POBLACION ACTIVA

By industry, by status and by sex
Par industrie, d'après la situation dans la profession et par sexe
Por industria, según la situación en la ocupación y por sexo

Unpaid family workers / Travailleurs familiaux non rémunérés / Trabajadores familiares no remunerados			Not classifiable by status / Inclassables d'après la situation / Inclasificables según la situación			Industrie (Branches d'activité économique)	Industria (Grandes divisiones de actividad económica)
Total	Males / Hommes / Hombres	Females / Femmes / Mujeres	Total	Males / Hommes / Hombres	Females / Femmes / Mujeres		
...	...	...	...	...	...	1. Agriculture, chasse, sylviculture et pêche	1. Agricultura, caza, silvicultura y pesca
...	...	...	...	...	...	2. Industries extractives	2. Minas y canteras
...	...	...	...	...	...	3. Industries manufacturières	3. Industrias manufactureras
...	...	...	...	...	...	4. Électricité, gaz et eau	4. Electricidad, gas y agua
...	...	...	...	...	...	5. Construction	5. Construcción
...	...	...	...	...	...	6. Commerce (gros et détail); restaurants, hôtels	6. Comercio (por mayor y por menor); restaurantes, hoteles
...	...	...	...	...	...	7. Transports, entrepôts et communications	7. Transportes, almacenamiento y comunicaciones
...	...	...	...	...	...	8. Banques, assur., affaires imm., services aux entreprises	8. Bancos, seguros, bienes inmuebles, serv. para empresas
...	...	...	...	...	...	9. Services à la collectivité, services sociaux et personnels	9. Servicios comunales, sociales y personales
...	...	...	...	...	...	0. Activités mal désignées	0. Actividades no bien especif.
.	.	.	.	.	.	— Personnes en quête de leur premier emploi	— Personas en busca de su primer empleo
...	...	...	...	...	...	**Total**	**Total**

ASIE – ASIA

Total	Males	Females	Total	Males	Females	Industrie	Industria
...	...	...	...	...	...	1. Agriculture, chasse, sylviculture et pêche	1. Agricultura, caza, silvicultura y pesca
...	...	...	...	...	...	2. Industries extractives	2. Minas y canteras
...	...	...	...	...	...	3. Industries manufacturières	3. Industrias manufactureras
...	...	...	...	...	...	4. Électricité, gaz et eau	4. Electricidad, gas y agua
...	...	...	...	...	...	5. Construction	5. Construcción
...	...	...	...	...	...	6. Commerce (gros et détail); restaurants, hôtels	6. Comercio (por mayor y por menor); restaurantes, hoteles
...	...	...	...	...	...	7. Transports, entrepôts et communications	7. Transportes, almacenamiento y comunicaciones
...	...	...	...	...	...	8/9. Branches 8 et 9	8/9. Grandes divisiones 8 y 9
.	.	.	.	.	.	— Personnes en quête de leur premier emploi	— Personas en busca de su primer empleo
...	...	...	...	...	...	**Total**	**Total**

Total	Males	Females	Total	Males	Females	Industrie	Industria
...	...	...	...	...	...	1. Agriculture, chasse, sylviculture et pêche	1. Agricultura, caza, silvicultura y pesca
...	...	...	...	...	...	2. Industries extractives	2. Minas y canteras
...	...	...	...	...	...	3. Industries manufacturières	3. Industrias manufactureras
...	...	...	...	...	...	4. Électricité, gaz et eau	4. Electricidad, gas y agua
...	...	...	...	...	...	5. Construction	5. Construcción
...	...	...	...	...	...	6. Commerce (gros et détail); restaurants, hôtels	6. Comercio (por mayor y por menor); restaurantes, hoteles
...	...	...	...	...	...	7. Transports, entrepôts et communications	7. Transportes, almacenamiento y comunicaciones
...	...	...	...	...	...	8. Banques, assur., affaires imm., services aux entreprises	8. Bancos, seguros, bienes inmuebles, serv. para empresas
...	...	...	...	...	...	9. Services à la collectivité, services sociaux et personnels	9. Servicios comunales, sociales y personales
...	...	...	...	...	...	0. Activités mal désignées	0. Actividades no bien especif.
...	...	...	...	...	...	**Total**	**Total**

2 Structure of the economically active population
Structure de la population active
Estructura de la población económicamente activa

Industry (Major divisions of economic activity)	Total				Employers and own-account workers / Employeurs et personnes travaillant à leur propre compte / Empleadores y trabajadores por cuenta propia			Employees / Salariés / Empleados a sueldo o salario		
	Total	%	Males Hommes Hombres	Females Femmes Mujeres	Total	Males Hommes Hombres	Females Femmes Mujeres	Total	Males Hommes Hombres	Females Femmes Mujeres
Bangladesh (1.III.74) C †										
1. Agriculture, hunting, forestry & fishing	15 822 878	*77.1*	15 212 622	610 256	7 551 744	7 422 831	128 913	3 933 695	3 885 893	47 802
2. Mining & quarrying	1 922	–	1 900	22	439	439	.	999	999	.
3. Manufacturing	946 126	*4.6*	909 829	36 297	379 867	362 325	17 542	484 381	479 418	4 963
4. Electr., gas & water	7 543	*0.1*	7 401	142	378	357	21	6 212	6 203	9
5. Construction	32 886	*0.1*	32 417	469	22 491	22 121	370	9 009	8 969	40
6. Wholesale/retail trade, restaurants & hotels	770 907	*3.8*	762 168	8 739	547 826	541 732	6 094	144 313	143 231	1 082
7. Transport, storage & communication	320 015	*1.5*	318 448	1 567	170 820	170 273	547	138 933	137 999	934
8. Financing, insur., real estate & business serv.	55 567	*0.3*	55 000	567	13 219	13 133	86	41 573	41 114	459
9. Community, social & personal services	2 060 018	*10.0*	1 877 663	182 355	662 441	640 756	21 685	1 169 024	1 063 052	105 972
0. Not adequately defined	504 730	*2.5*	473 149	31 581	...	...	...	...	...	...
Total	**20 522 592**	*100.0*	**19 650 597**	**871 995**	**9 349 225**	**9 173 967**	**175 258**	**5 928 139**	**5 766 878**	**161 261**
Burma (1979– .80) OE										
1. Agriculture, hunting, forestry & fishing	8 864 000	*64.6*	...	...	...	...	...	...	...	...
2. Mining & quarrying	68 000	*0.5*	...	...	...	...	...	...	...	...
3. Manufacturing	1 009 000	*7.4*	...	...	...	...	...	...	...	...
4. Electr., gas & water	16 000	*0.1*	...	...	...	...	...	...	...	...
5. Construction	195 000	*1.4*	...	...	...	...	...	...	...	...
6. Wholesale/retail trade, restaurants & hotels	1 262 000	*9.2*	...	...	...	...	...	...	...	...
7. Transport, storage & communication	443 000	*3.2*	...	...	...	...	...	...	...	...
8/9. Major divisions 8 & 9	772 000	*5.6*	...	...	...	...	...	...	...	...
0. Not adequately defined	579 000	*4.3*	...	...	...	...	...	...	...	...
– Unemployed	512 000	*3.7*	...	...	...	...	...	...	...	...
Total	**13 720 000**	*100.0*	...	...	...	...	...	...	...	...
Hong Kong (IX.80) LFSS †										
1. Agriculture, hunting, forestry & fishing	30 700	*1.3*	22 000	8 800	18 800	...	...	6 500	...	...
2. Mining & quarrying	900	–	900	–	–	...	...	800	...	...
3. Manufacturing	983 400	*41.5*	537 100	446 300	50 900	...	...	888 300	...	...
4. Electr., gas & water	12 500	*0.5*	11 500	1 000	200	...	...	12 200	...	...
5. Construction	184 100	*7.8*	173 900	10 300	8 000	...	...	164 100	...	...
6. Wholesale/retail trade, restaurants & hotels	473 500	*20.0*	337 400	136 100	108 000	...	...	333 600	...	...
7. Transport, storage & communication	177 400	*7.5*	160 000	17 300	19 300	...	...	151 600	...	...
8. Financing, insur., real estate & business serv.	112 100	*4.7*	69 500	42 600	6 000	...	...	103 900	...	...
9. Community, social & personal services	372 700	*15.7*	220 100	152 600	19 100	...	...	343 200	...	...
0. Not adequately defined	200	–	–	200	–	...	...	200	...	...
– Persons seeking their first job	23 000	*1.0*	13 800	9 200	.	.	.	.	.	.
Total	**2 370 700**	*100.0*	**1 546 100**	**824 600**	**230 300**	**195 800**	**34 400**	**2 004 400**	**1 272 000**	**732 400**

By industry, by status and by sex
Par industrie, d'après la situation dans la profession et par sexe
Por industria, según la situación en la ocupación y por sexo

Unpaid family workers / Travailleurs familiaux non rémunérés / Trabajadores familiares no remunerados			Not classifiable by status / Inclassables d'après la situation / Inclasificables según la situación			Industrie (Branches d'activité économique)	Industria (Grandes divisiones de actividad económica)
Total	Males / Hommes / Hombres	Females / Femmes / Mujeres	Total	Males / Hommes / Hombres	Females / Femmes / Mujeres		
4 337 439	3 903 898	433 541	...	...	...	1. Agriculture, chasse, sylviculture et pêche	1. Agricultura, caza, silvicultura y pesca
362	340	22	122	122	.	2. Industries extractives	2. Minas y canteras
80 608	66 884	13 724	1 270	1 202	68	3. Industries manufacturières	3. Industrias manufactureras
260	149	111	693	692	1	4. Électricité, gaz et eau	4. Electricidad, gas y agua
1 197	1 139	58	189	188	1	5. Construction	5. Construcción
47 925	46 632	1 293	30 843	30 573	270	6. Commerce (gros et détail); restaurants, hôtels	6. Comercio (por mayor y por menor); restaurantes, hoteles
9 595	9 516	79	667	660	7	7. Transports, entrepôts et communications	7. Transportes, almacenamiento y comunicaciones
721	700	21	54	53	1	8. Banques, assur., affaires imm., services aux entreprises	8. Bancos, seguros, bienes inmuebles, serv. para empresas
218 466	163 974	54 492	10 087	9 881	206	9. Services à la collectivité, services sociaux et personnels	9. Servicios comunales, sociales y personales
...	...	...	504 730	473 149	31 581	0. Activités mal désignées	0. Actividades no bien especif.
4 696 573	**4 193 232**	**503 341**	**548 655**	**516 520**	**32 135**	**Total**	**Total**
...	...	...	...	...	...	1. Agriculture, chasse, sylviculture et pêche	1. Agricultura, caza, silvicultura y pesca
...	...	...	...	...	...	2. Industries extractives	2. Minas y canteras
...	...	...	...	...	...	3. Industries manufacturières	3. Industrias manufactureras
...	...	...	...	...	...	4. Électricité, gaz et eau	4. Electricidad, gas y agua
...	...	...	...	...	...	5. Construction	5. Construcción
...	...	...	...	...	...	6. Commerce (gros et détail); restaurants, hôtels	6. Comercio (por mayor y por menor); restaurantes, hoteles
...	...	...	...	...	...	7. Transports, entrepôts et communications	7. Transportes, almacenamiento y comunicaciones
...	...	...	...	...	...	8/9. Branches 8 et 9	8/9. Grandes divisiones 8 y 9
...	...	...	...	...	...	0. Activités mal désignées	0. Actividades no bien especif.
...	...	...	...	...	...	_ Chômeurs	_ Desempleados
...	**...**	**...**	**...**	**...**	**...**	**Total**	**Total**
4 600	...	...	800	...	...	1. Agriculture, chasse, sylviculture et pêche	1. Agricultura, caza, silvicultura y pesca
–	...	...	100	...	...	2. Industries extractives	2. Minas y canteras
7 800	...	...	36 500	...	...	3. Industries manufacturières	3. Industrias manufactureras
–	...	...	200	...	...	4. Électricité, gaz et eau	4. Electricidad, gas y agua
300	...	...	11 800	...	...	5. Construction	5. Construcción
18 900	...	...	12 900	...	...	6. Commerce (gros et détail); restaurants, hôtels	6. Comercio (por mayor y por menor); restaurantes, hoteles
100	...	...	6 400	...	...	7. Transports, entrepôts et communications	7. Transportes, almacenamiento y comunicaciones
200	...	...	2 000	...	...	8. Banques, assur., affaires imm., services aux entreprises	8. Bancos, seguros, bienes inmuebles, serv. para empresas
2 100	...	...	8 300	...	...	9. Services à la collectivité, services sociaux et personnels	9. Servicios comunales, sociales y personales
–	...	...	100	...	...	0. Activités mal désignées	0. Actividades no bien especif.
.	.	.	23 000	13 800	9 200	_ Personnes en quête de leur premier emploi	_ Personas en busca de su primer empleo
34 000	**9 400**	**24 600**	**101 900**	**68 900**	**33 100**	**Total**	**Total**

2 Structure of the economically active population
Structure de la population active
Estructura de la población económicamente activa

Industry (Major divisions of economic activity)	Total				Employers and own-account workers / Employeurs et personnes travaillant à leur propre compte / Empleadores y trabajadores por cuenta propia			Employees / Salariés / Empleados a sueldo o salario		
	Total	%	Males Hommes Hombres	Females Femmes Mujeres	Total	Males Hommes Hombres	Females Femmes Mujeres	Total	Males Hommes Hombres	Females Femmes Mujeres
Indonesia (1977) HS										
1. Agriculture, hunting, forestry & fishing	29 694 493	*60.7*	20 024 199	9 670 294	11 833 918	10 534 190	1 299 728	7 629 974	4 876 381	2 753 593
2. Mining & quarrying	170 864	*0.3*	148 073	22 791	30 553	24 380	6 173	136 654	121 229	15 425
3. Manufacturing	4 171 330	*8.5*	2 196 642	1 974 688	1 202 496	555 307	647 189	2 390 284	1 491 683	898 601
4. Electr., gas & water	32 060	*0.1*	30 833	1 227	1 808	1 624	184	30 252	29 209	1 043
5. Construction	838 185	*1.7*	822 309	15 876	54 041	52 848	1 193	778 806	764 969	13 837
6. Wholesale/retail trade, restaurants & hotels	6 776 023	*13.9*	3 656 316	3 119 707	4 937 008	2 717 181	2 219 827	861 580	612 083	249 497
7. Transport, storage & communication	1 420 588	*2.9*	1 385 291	35 297	462 320	457 512	4 808	938 969	909 156	29 813
8. Financing, insur., real estate & business serv.	84 952	*0.1*	67 905	17 047	4 593	2 962	1 631	80 359	64 943	15 416
9. Community, social & personal services	5 093 869	*10.4*	3 638 022	1 455 847	657 781	467 942	189 839	4 291 681	3 100 264	1 191 417
0. Not adequately defined	32 280	*0.1*	22 097	10 183	12 102	12 102	-	12 747	8 763	3 984
— Persons seeking their first job	632 271	*1.3*	443 255	189 016	.	.	.	.	.	.
Total	**48 946 915**	*100.0*	**32 434 942**	**16 511 973**	**19 196 620**	**14 826 048**	**4 370 572**	**17 151 306**	**11 978 680**	**5 172 626**
Iran (IX.76) C5% †										
1. Agriculture, hunting, forestry & fishing	3 613 944	*37.1*	3 186 222	427 722	1 736 838	1 718 938	17 900	671 269	593 768	77 501
2. Mining & quarrying	94 311	*1.0*	90 256	4 055	1 380	1 360	20	92 290	88 295	3 995
3. Manufacturing	1 672 393	*17.2*	1 036 822	635 571	375 185	258 497	116 688	893 534	718 416	175 118
4. Electr., gas & water	61 641	*0.6*	59 878	1 763	600	600	.	60 857	59 094	1 763
5. Construction	1 192 441	*12.3*	1 184 291	8 150	148 986	148 566	420	1 020 524	1 013 136	7 388
6. Wholesale/retail trade, restaurants & hotels	669 590	*6.9*	655 527	14 063	477 657	472 995	4 662	175 560	167 639	7 921
7. Transport, storage & communication	435 288	*4.4*	426 662	8 626	158 130	157 830	300	272 553	264 408	8 145
8. Financing, insur., real estate & business serv.	100 849	*1.1*	91 078	9 771	15 770	15 590	180	84 596	75 045	9 551
9. Community, social & personal services	1 544 686	*15.8*	1 256 838	287 848	109 071	101 029	8 042	1 425 177	1 148 536	276 641
0. Not adequately defined	109 108	*1.2*	89 477	19 631	6 263	5 663	600	38 498	34 813	3 685
— Persons seeking their first job	238 257	*2.4*	203 189	35 068	.	.	.	.	.	.
Total	**9 732 508**	*100.0*	**8 280 240**	**1 452 268**	**3 029 880**	**2 881 068**	**148 812**	**4 734 858**	**4 163 150**	**571 708**
Iraq (17.X.77) C *										
1. Agriculture, hunting, forestry & fishing	943 890	*30.1*	591 066	352 824	...	...	...	...	...	...
2. Mining & quarrying	36 835	*1.2*	34 716	2 119	...	...	...	...	...	...
3. Manufacturing	284 395	*9.1*	235 777	48 618	...	...	...	...	...	...
4. Electr., gas & water	23 190	*0.7*	22 241	949	...	...	...	...	...	...
5. Construction	321 696	*10.3*	316 560	5 136	...	...	...	...	...	...
6. Wholesale/retail trade, restaurants & hotels	224 104	*7.1*	207 949	16 155	...	...	...	...	...	...
7. Transport, storage & communication	177 799	*5.7*	172 814	4 985	...	...	...	...	...	...
8. Financing, insur., real estate & business serv.	31 089	*1.0*	26 023	5 066	...	...	...	...	...	...
9. Community, social & personal services	957 979	*30.6*	871 879	86 100	...	...	...	...	...	...
0. Not adequately defined	58 237	*1.8*	46 258	11 979	...	...	...	...	...	...
— Unemployed	74 725	*2.4*	64 278	10 447	...	...	...	...	...	...
Total	**3 133 939**	*100.0*	**2 589 561**	**544 378**	...	...	...	...	...	...

By industry, by status and by sex
Par industrie, d'après la situation dans la profession et par sexe
Por industria, según la situación en la ocupación y por sexo

Unpaid family workers / Travailleurs familiaux non rémunérés / Trabajadores familiares no remunerados			Not classifiable by status / Inclassables d'après la situation / Inclasificables según la situación			Industrie (Branches d'activité économique)	Industria (Grandes divisiones de actividad económica)
Total	Males / Hommes / Hombres	Females / Femmes / Mujeres	Total	Males / Hommes / Hombres	Females / Femmes / Mujeres		
10 226 600	4 610 305	5 616 295	4 001	3 323	678	1. Agriculture, chasse, sylviculture et pêche	1. Agricultura, caza, silvicultura y pesca
3 657	2 464	1 193	.	.	.	2. Industries extractives	2. Minas y canteras
578 033	149 652	428 381	517	.	517	3. Industries manufacturières	3. Industrias manufactureras
.	.	.	.	.	.	4. Électricité, gaz et eau	4. Electricidad, gas y agua
5 068	4 222	846	270	270	.	5. Construction	5. Construcción
977 211	326 828	650 383	224	224	.	6. Commerce (gros et détail); restaurants, hôtels	6. Comercio (por mayor y por menor); restaurantes, hoteles
19 299	18 623	676	.	.	.	7. Transports, entrepôts et communications	7. Transportes, almacenamiento y comunicaciones
.	.	.	.	.	.	8. Banques, assur., affaires imm., services aux entreprises	8. Bancos, seguros, bienes inmuebles, serv. para empresas
127 086	58 418	68 668	17 321	11 398	5 923	9. Services à la collectivité, services sociaux et personnels	9. Servicios comunales, sociales y personales
7 431	1 232	6 199	.	.	.	0. Activités mal désignées	0. Actividades no bien especif.
.	.	.	632 271	443 255	189 016	– Personnes en quête de leur premier emploi	– Personas en busca de su primer empleo
11 944 385	**5 171 744**	**6 772 641**	**654 604**	**458 470**	**196 134**	**Total**	**Total**
569 292	441 952	127 340	636 545	431 564	204 981	1. Agriculture, chasse, sylviculture et pêche	1. Agricultura, caza, silvicultura y pesca
160	140	20	481	461	20	2. Industries extractives	2. Minas y canteras
390 148	49 107	341 041	13 526	10 802	2 724	3. Industries manufacturières	3. Industrias manufactureras
.	.	.	184	184	.	4. Électricité, gaz et eau	4. Electricidad, gas y agua
6 121	5 981	140	16 810	16 608	202	5. Construction	5. Construcción
12 163	11 003	1 160	4 210	3 890	320	6. Commerce (gros et détail); restaurants, hôtels	6. Comercio (por mayor y por menor); restaurantes, hoteles
2 340	2 200	140	2 265	2 224	41	7. Transports, entrepôts et communications	7. Transportes, almacenamiento y comunicaciones
41	41	.	442	402	40	8. Banques, assur., affaires imm., services aux entreprises	8. Bancos, seguros, bienes inmuebles, serv. para empresas
3 268	2 123	1 145	7 170	5 150	2 020	9. Services à la collectivité, services sociaux et personnels	9. Servicios comunales, sociales y personales
1 101	441	660	63 246	48 560	14 686	0. Activités mal désignées	0. Actividades no bien especif.
.	.	.	238 257	203 189	35 068	– Personnes en quête de leur premier emploi	– Personas en busca de su primer empleo
984 634	**512 988**	**471 646**	**983 136**	**723 034**	**260 102**	**Total**	**Total**
...	...	...	...	...	...	1. Agriculture, chasse, sylviculture et pêche	1. Agricultura, caza, silvicultura y pesca
...	...	...	...	...	...	2. Industries extractives	2. Minas y canteras
...	...	...	...	...	...	3. Industries manufacturières	3. Industrias manufactureras
...	...	...	...	...	...	4. Électricité, gaz et eau	4. Electricidad, gas y agua
...	...	...	...	...	...	5. Construction	5. Construcción
...	...	...	...	...	...	6. Commerce (gros et détail); restaurants, hôtels	6. Comercio (por mayor y por menor); restaurantes, hoteles
...	...	...	...	...	...	7. Transports, entrepôts et communications	7. Transportes, almacenamiento y comunicaciones
...	...	...	...	...	...	8. Banques, assur., affaires imm., services aux entreprises	8. Bancos, seguros, bienes inmuebles, serv. para empresas
...	...	...	...	...	...	9. Services à la collectivité, services sociaux et personnels	9. Servicios comunales, sociales y personales
...	...	...	...	...	...	0. Activités mal désignées	0. Actividades no bien especif.
...	...	...	...	...	...	– Chômeurs	– Desempleados
...	...	...	...	...	...	**Total**	**Total**

ACTIVE POPULATION

2 Structure of the economically active population
Structure de la population active
Estructura de la población económicamente activa

Industry (Major divisions of economic activity)	Total				Employers and own-account workers / Employeurs et personnes travaillant à leur propre compte / Empleadores y trabajadores por cuenta propia			Employees / Salariés / Empleados a sueldo o salario		
	Total	%	Males Hommes Hombres	Females Femmes Mujeres	Total	Males Hommes Hombres	Females Femmes Mujeres	Total	Males Hommes Hombres	Females Femmes Mujeres
Israel (1980) LFSS †										
1. Agriculture, hunting, forestry & fishing	79 900	*6.1*	61 300	18 700	46 800	39 700	7 200	20 400	16 800	3 600
2/3. Mining & quarrying, manufacturing	302 400	*22.9*	235 800	66 500	42 400	36 200	6 100	249 600	192 900	56 700
4. Electr., gas & water	13 200	*1.0*	11 500	1 800	300	300	–	12 500	10 900	1 700
5. Construction	82 900	*6.3*	77 800	5 100	18 300	18 300	–	60 200	55 300	4 900
6. Wholesale/retail trade, restaurants & hotels	149 500	*11.4*	97 500	52 200	55 700	45 100	10 800	79 300	48 100	31 200
7. Transport, storage & communication	88 500	*6.7*	72 300	16 200	25 600	21 600	4 100	60 000	48 800	11 200
8. Financing, insur., real estate & business serv.	105 100	*7.9*	52 900	52 300	15 500	12 700	2 800	86 100	39 400	46 800
9. Community, social & personal services	453 100	*34.4*	205 700	247 700	48 300	23 400	24 700	394 900	178 400	216 700
0. Not adequately defined	10 600	*0.8*	7 000	3 600	1 100	800	200	9 000	5 900	3 200
– Persons seeking their first job	32 800	*2.5*	15 400	17 400	.	.	.	.	.	.
Total	**1 317 700**	*100.0*	**837 200**	**481 200**	**254 000**	**198 100**	**55 900**	**972 500**	**596 500**	**376 000**
Japan (1.X.80) C1% †										
1. Agriculture, hunting, forestry & fishing	6 062 100	*10.6*	3 182 000	2 880 100	2 710 600	2 278 700	431 800	455 200	359 100	96 000
2. Mining & quarrying	110 700	*0.2*	98 600	12 100	3 900	3 900	–	105 000	94 000	11 000
3. Manufacturing	13 145 400	*23.0*	8 403 700	4 741 700	1 289 500	752 900	536 600	11 181 500	7 515 300	3 666 200
4. Electr., gas & water	348 300	*0.7*	299 100	49 200	–	–	–	348 300	299 100	49 200
5. Construction	5 364 400	*9.4*	4 667 900	696 600	949 100	944 200	4 900	4 129 500	3 605 800	523 800
6. Wholesale/retail trade, restaurants & hotels	13 181 000	*23.0*	7 116 500	6 064 500	2 560 700	1 809 000	751 700	8 753 500	4 984 500	3 768 900
7. Transport, storage & communication	3 475 800	*6.1*	3 072 000	403 800	152 600	149 700	2 900	3 294 000	2 915 000	378 900
8. Financing, insur., real estate & business serv.	3 873 300	*6.8*	2 268 300	1 604 900	591 900	370 800	221 100	3 173 500	1 883 000	1 290 400
9. Community, social & personal services	9 984 400	*17.5*	5 416 300	4 568 300	1 099 300	618 200	481 100	8 466 100	4 728 400	3 737 900
0. Not adequately defined	119 300	*0.2*	67 000	52 300	32 400	24 600	7 800	58 000	37 000	21 000
– Unemployed	1 411 200	*2.5*	990 900	420 300	...	...	...	...	...	...
Total	**57 076 100**	*100.0*	**35 582 300**	**21 493 800**	**9 390 000**	**6 952 000**	**2 437 900**	**39 964 800**	**26 421 400**	**13 543 400**
" " " " (1980) LFSS †										
1. Agriculture, hunting, forestry & fishing	5 770 000	*10.2*	2 940 000	2 830 000	2 700 000	2 130 000	570 000	450 000	340 000	110 000
2. Mining & quarrying	110 000	*0.2*	100 000	10 000	–	–	–	100 000	90 000	10 000
3. Manufacturing	13 670 000	*24.2*	8 400 000	5 270 000	1 610 000	770 000	840 000	11 350 000	7 490 000	3 860 000
4. Electr., gas & water	300 000	*0.5*	260 000	40 000	–	–	–	300 000	260 000	40 000
5. Construction	5 480 000	*9.7*	4 720 000	770 000	920 000	920 000	–	4 270 000	3 690 000	580 000
6. Wholesale/retail trade, restaurants & hotels	12 480 000	*22.1*	6 720 000	5 760 000	2 410 000	1 680 000	740 000	8 250 000	4 740 000	3 510 000
7. Transport, storage & communication	3 500 000	*6.2*	3 090 000	410 000	160 000	150 000	–	3 310 000	2 930 000	390 000
8. Financing, insur., real estate & business serv.	3 170 000	*5.6*	1 830 000	1 350 000	220 000	120 000	100 000	2 900 000	1 690 000	1 210 000
9. Community, social & personal services	10 740 000	*19.0*	5 810 000	4 940 000	1 480 000	810 000	670 000	8 740 000	4 920 000	3 820 000
0. Not adequately defined	130 000	*0.3*	90 000	40 000	–	–	–	30 000	20 000	10 000
– Unemployed	1 140 000	*2.0*	710 000	430 000	...	...	...	...	...	...
Total	**56 500 000**	*100.0*	**34 650 000**	**21 850 000**	**9 510 000**	**6 580 000**	**2 930 000**	**39 710 000**	**26 170 000**	**13 540 000**

A By industry, by status and by sex
Par industrie, d'après la situation dans la profession et par sexe
Por industria, según la situación en la ocupación y por sexo

Unpaid family workers / Travailleurs familiaux non rémunérés / Trabajadores familiares no remunerados			Not classifiable by status / Inclassables d'après la situation / Inclasificables según la situación			Industrie (Branches d'activité économique)	Industria (Grandes divisiones de actividad económica)
Total	Males / Hommes / Hombres	Females / Femmes / Mujeres	Total	Males / Hommes / Hombres	Females / Femmes / Mujeres		
12 000	4 200	7 800	700	600	100	1. Agriculture, chasse, sylviculture et pêche	1. Agricultura, caza, silvicultura y pesca
2 300	800	1 500	8 100	5 900	2 200	2/3. Industries extractives et industries manufacturières	2/3. Minas y canteras, industrias manufactureras
–	–	–	400	300	100	4. Électricité, gaz et eau	4. Electricidad, gas y agua
700	500	200	3 700	3 700	–	5. Construction	5. Construcción
10 500	1 700	8 800	4 000	2 600	1 400	6. Commerce (gros et détail); restaurants, hôtels	6. Comercio (por mayor y por menor); restaurantes, hoteles
400	100	200	2 500	1 800	700	7. Transports, entrepôts et communications	7. Transportes, almacenamiento y comunicaciones
900	100	800	2 600	700	1 900	8. Banques, assur., affaires imm., services aux entreprises	8. Bancos, seguros, bienes inmuebles, serv. para empresas
1 500	400	1 100	8 400	3 500	4 900	9. Services à la collectivité, services sociaux et personnels	9. Servicios comunales, sociales y personales
100	–	100	400	300	100	0. Activités mal désignées	0. Actividades no bien especif.
.	.	.	32 800	15 400	17 400	_ Personnes en quête de leur premier emploi	_ Personas en busca de su primer empleo
28 400	**7 800**	**20 500**	**63 600**	**34 800**	**28 800**	**Total**	**Total**
2 896 400	544 200	2 352 200	...	...	...	1. Agriculture, chasse, sylviculture et pêche	1. Agricultura, caza, silvicultura y pesca
1 800	700	1 100	...	...	...	2. Industries extractives	2. Minas y canteras
674 400	135 500	538 900	...	...	...	3. Industries manufacturières	3. Industrias manufactureras
–	–	–	...	...	...	4. Électricité, gaz et eau	4. Electricidad, gas y agua
285 800	117 900	167 900	...	...	...	5. Construction	5. Construcción
1 866 700	322 900	1 543 800	...	...	...	6. Commerce (gros et détail); restaurants, hôtels	6. Comercio (por mayor y por menor); restaurantes, hoteles
29 200	7 200	22 000	...	...	...	7. Transports, entrepôts et communications	7. Transportes, almacenamiento y comunicaciones
107 800	14 400	93 400	...	...	...	8. Banques, assur., affaires imm., services aux entreprises	8. Bancos, seguros, bienes inmuebles, serv. para empresas
419 000	69 700	349 300	...	...	...	9. Services à la collectivité, services sociaux et personnels	9. Servicios comunales, sociales y personales
7 700	1 100	6 600	21 200	4 300	16 900	0. Activités mal désignées	0. Actividades no bien especif.
...	...	...	1 411 200	990 900	420 300	_ Chômeurs	_ Desempleados
6 288 800	**1 213 600**	**5 075 200**	**1 432 400**	**995 200**	**437 200**	**Total**	**Total**
2 620 000	470 000	2 130 000	...	...	...	1. Agriculture, chasse, sylviculture et pêche	1. Agricultura, caza, silvicultura y pesca
–	–	–	...	...	...	2. Industries extractives	2. Minas y canteras
710 000	140 000	570 000	...	...	...	3. Industries manufacturières	3. Industrias manufactureras
–	–	–	...	...	...	4. Électricité, gaz et eau	4. Electricidad, gas y agua
290 000	110 000	180 000	...	...	...	5. Construction	5. Construcción
1 810 000	300 000	1 500 000	...	...	...	6. Commerce (gros et détail); restaurants, hôtels	6. Comercio (por mayor y por menor); restaurantes, hoteles
30 000	10 000	30 000	...	...	...	7. Transports, entrepôts et communications	7. Transportes, almacenamiento y comunicaciones
50 000	–	50 000	...	...	...	8. Banques, assur., affaires imm., services aux entreprises	8. Bancos, seguros, bienes inmuebles, serv. para empresas
520 000	90 000	440 000	...	...	...	9. Services à la collectivité, services sociaux et personnels	9. Servicios comunales, sociales y personales
–	–	–	90 000	60 000	30 000	0. Activités mal désignées	0. Actividades no bien especif.
...	...	...	1 140 000	710 000	430 000	_ Chômeurs	_ Desempleados
6 030 000	**1 120 000**	**4 910 000**	**1 250 000**	**780 000**	**470 000**	**Total**	**Total**

2 Structure of the economically active population
Structure de la population active
Estructura de la población económicamente activa

Industry (Major divisions of economic activity)	Total				Employers and own-account workers / Employeurs et personnes travaillant à leur propre compte / Empleadores y trabajadores por cuenta propia			Employees / Salariés / Empleados a sueldo o salario		
	Total	%	Males Hommes Hombres	Females Femmes Mujeres	Total	Males Hommes Hombres	Females Femmes Mujeres	Total	Males Hommes Hombres	Females Femmes Mujeres
Jordan (11.XI.79) CS *										
1. Agriculture, hunting, forestry & fishing	38 922	*10.3*	...	...	...	...	...	...	...	...
2. Mining & quarrying	3 781	*1.0*	...	...	...	...	...	...	...	...
3. Manufacturing	31 742	*8.4*	...	...	...	...	...	...	...	...
4. Electr., gas & water	4 912	*1.3*	...	...	...	...	...	...	...	...
5. Construction	51 392	*13.6*	...	...	...	...	...	...	...	...
6. Wholesale/retail trade, restaurants & hotels	36 655	*9.7*	...	...	...	...	...	...	...	...
7. Transport, storage & communication	31 364	*8.3*	...	...	...	...	...	...	...	...
8. Financing, insur., real estate & business serv.	9 069	*2.4*	...	...	...	...	...	...	...	...
9. Community, social & personal services	170 048	*45.0*	...	...	...	...	...	...	...	...
Total	**377 885**	*100.0*	...	...	**84 646**	...	...	**268 298**	...	...
Korea, Republic of (1.X.75) C †										
1. Agriculture, hunting, forestry & fishing	6 208 478	*46.5*	3 281 076	2 927 402	2 399 527	1 981 543	417 984	562 581	391 372	171 209
2. Mining & quarrying	93 059	*0.7*	89 434	3 625	3 552	3 477	75	88 856	85 530	3 326
3. Manufacturing	2 211 181	*16.6*	1 376 625	834 556	260 149	194 278	65 871	1 871 252	1 153 062	718 190
4. Electr., gas & water	34 952	*0.2*	31 658	3 294	1 873	1 776	97	32 980	29 842	3 138
5. Construction	484 351	*3.7*	459 057	25 294	40 982	40 130	852	438 286	415 403	22 883
6. Wholesale/retail trade, restaurants & hotels	1 694 231	*12.6*	979 280	714 951	986 823	652 021	334 802	468 879	277 622	191 257
7. Transport, storage & communication	431 816	*3.3*	386 463	45 353	43 156	42 467	689	386 295	341 924	44 371
8. Financing, insur., real estate & business serv.	150 772	*1.1*	117 673	33 099	36 408	34 629	1 779	112 836	81 992	30 844
9. Community, social & personal services	1 372 873	*10.3*	980 273	392 600	133 768	103 934	29 834	1 202 505	856 730	345 775
0. Not adequately defined	328	–	172	156	.	.	.	128	96	32
_ Unemployed	668 563	*5.0*	474 133	194 430	...	...	...	...	...	...
Total	**13 350 604**	*100.0*	**8 175 844**	**5 174 760**	**3 906 238**	**3 054 255**	**851 983**	**5 164 598**	**3 633 573**	**1 531 025**
" " " " (1980) LFSS †										
1. Agriculture, hunting, forestry & fishing	4 658 000	*32.2*	2 619 000	2 039 000	2 196 000	1 809 000	387 000	551 000	311 000	240 000
2. Mining & quarrying	124 000	*0.9*	113 000	11 000	6 000	6 000	–	118 000	107 000	11 000
3. Manufacturing	2 972 000	*20.5*	1 804 000	1 167 000	495 000	310 000	185 000	2 357 000	1 458 000	899 000
4. Electr., gas & water	43 000	*0.3*	38 000	5 000	3 000	3 000	–	40 000	36 000	5 000
5. Construction	841 000	*5.9*	769 000	72 000	48 000	48 000	–	791 000	719 000	72 000
6. Wholesale/retail trade, restaurants & hotels	2 625 000	*18.1*	1 349 000	1 276 000	1 491 000	930 000	562 000	627 000	351 000	276 000
7. Transport, storage & communication	618 000	*4.3*	563 000	56 000	95 000	93 000	2 000	520 000	467 000	53 000
8. Financing, insur., real estate & business serv.	332 000	*2.3*	229 000	103 000	81 000	79 000	2 000	249 000	149 000	100 000
9. Community, social & personal services	1 493 000	*10.3*	978 000	515 000	230 000	149 000	81 000	1 232 000	821 000	411 000
_ Unemployed	749 000	*5.2*	558 000	191 000	...	...	...	...	...	...
Total	**14 454 000**	*100.0*	**9 020 000**	**5 434 000**	**4 645 000**	**3 426 000**	**1 218 000**	**6 485 000**	**4 419 000**	**2 065 000**

A By industry, by status and by sex
Par industrie, d'après la situation dans la profession et par sexe
Por industria, según la situación en la ocupación y por sexo

Unpaid family workers / Travailleurs familiaux non rémunérés / Trabajadores familiares no remunerados			Not classifiable by status / Inclassables d'après la situation / Inclasificables según la situación			Industrie (Branches d'activité économique)	Industria (Grandes divisiones de actividad económica)
Total	Males / Hommes / Hombres	Females / Femmes / Mujeres	Total	Males / Hommes / Hombres	Females / Femmes / Mujeres		
...	...	...	...	...	...	1. Agriculture, chasse, sylviculture et pêche	1. Agricultura, caza, silvicultura y pesca
...	...	...	...	...	...	2. Industries extractives	2. Minas y canteras
...	...	...	...	...	...	3. Industries manufacturières	3. Industrias manufactureras
...	...	...	...	...	...	4. Électricité, gaz et eau	4. Electricidad, gas y agua
...	...	...	...	...	...	5. Construction	5. Construcción
...	...	...	...	...	...	6. Commerce (gros et détail); restaurants, hôtels	6. Comercio (por mayor y por menor); restaurantes, hoteles
...	...	...	...	...	...	7. Transports, entrepôts et communications	7. Transportes, almacenamiento y comunicaciones
...	...	...	...	...	...	8. Banques, assur., affaires imm., services aux entreprises	8. Bancos, seguros, bienes inmuebles, serv. para empresas
...	...	...	...	...	...	9. Services à la collectivité, services sociaux et personnels	9. Servicios comunales, sociales y personales
...	**...**	**...**	**24 941**	**...**	**...**	**Total**	**Total**
3 246 298	908 161	2 338 137	72	.	72	1. Agriculture, chasse, sylviculture et pêche	1. Agricultura, caza, silvicultura y pesca
651	427	224	.	.	.	2. Industries extractives	2. Minas y canteras
79 682	29 284	50 398	98	1	97	3. Industries manufacturières	3. Industrias manufactureras
99	40	59	.	.	.	4. Électricité, gaz et eau	4. Electricidad, gas y agua
5 035	3 524	1 511	48	.	48	5. Construction	5. Construcción
238 454	49 589	188 865	75	48	27	6. Commerce (gros et détail); restaurants, hôtels	6. Comercio (por mayor y por menor); restaurantes, hoteles
2 365	2 072	293	.	.	.	7. Transports, entrepôts et communications	7. Transportes, almacenamiento y comunicaciones
1 480	1 052	428	48	.	48	8. Banques, assur., affaires imm., services aux entreprises	8. Bancos, seguros, bienes inmuebles, serv. para empresas
36 241	19 499	16 742	359	110	249	9. Services à la collectivité, services sociaux et personnels	9. Servicios comunales, sociales y personales
27	27	.	173	49	124	0. Activités mal désignées	0. Actividades no bien especif.
...	...	...	668 563	474 133	194 430	– Chômeurs	– Desempleados
3 610 332	**1 013 675**	**2 596 657**	**669 436**	**474 341**	**195 095**	**Total**	**Total**
1 911 000	498 000	1 413 000	...	...	...	1. Agriculture, chasse, sylviculture et pêche	1. Agricultura, caza, silvicultura y pesca
–	–	–	...	...	...	2. Industries extractives	2. Minas y canteras
119 000	36 000	83 000	...	...	...	3. Industries manufacturières	3. Industrias manufactureras
–	–	–	...	...	...	4. Électricité, gaz et eau	4. Electricidad, gas y agua
3 000	2 000	–	...	...	...	5. Construction	5. Construcción
507 000	69 000	438 000	...	...	...	6. Commerce (gros et détail); restaurants, hôtels	6. Comercio (por mayor y por menor); restaurantes, hoteles
4 000	3 000	1 000	...	...	...	7. Transports, entrepôts et communications	7. Transportes, almacenamiento y comunicaciones
2 000	1 000	1 000	...	...	...	8. Banques, assur., affaires imm., services aux entreprises	8. Bancos, seguros, bienes inmuebles, serv. para empresas
30 000	8 000	23 000	...	...	...	9. Services à la collectivité, services sociaux et personnels	9. Servicios comunales, sociales y personales
...	...	...	749 000	558 000	191 000	– Chômeurs	– Desempleados
2 577 000	**617 000**	**1 960 000**	**749 000**	**558 000**	**191 000**	**Total**	**Total**

ACTIVE POPULATION

2 Structure of the economically active population
Structure de la population active
Estructura de la población económicamente activa

Industry (Major divisions of economic activity)	Total				Employers and own-account workers / Employeurs et personnes travaillant à leur propre compte / Empleadores y trabajadores por cuenta propia			Employees / Salariés / Empleados a sueldo o salario		
	Total	%	Males / Hommes / Hombres	Females / Femmes / Mujeres	Total	Males / Hommes / Hombres	Females / Femmes / Mujeres	Total	Males / Hommes / Hombres	Females / Femmes / Mujeres
Liban (1975) OE *										
1. Agriculture, hunting, forestry & fishing	127 000	*17.0*	...	...	...	...	...	...	...	...
2. Mining & quarrying	1 000	*0.1*	...	...	...	...	...	...	...	...
3. Manufacturing	135 000	*18.1*	...	...	...	...	...	...	...	...
4. Electr., gas & water	8 000	*1.0*	...	...	...	...	...	...	...	...
5. Construction	50 000	*6.7*	...	...	...	...	...	...	...	...
6. Wholesale/retail trade, restaurants & hotels	130 000	*17.4*	...	...	...	...	...	...	...	...
7. Transport, storage & communication	54 000	*7.2*	...	...	...	...	...	...	...	...
8. Financing, insur., real estate & business serv.	20 000	*3.5*	...	...	...	...	...	...	...	...
9. Community, social & personal services	213 000	*28.5*	...	...	...	...	...	...	...	...
0. Not adequately defined	3 000	*0.4*	...	...	...	...	...	...	...	...
Total	**748 000**	*100.0*	**...**	**...**	**...**	**...**	**...**	**...**	**...**	**...**
Nepal (1976) HS										
1. Agriculture, hunting, forestry & fishing	5 571 787	*89.9*	3 409 761	2 162 026	4 047 233	2 622 261	1 424 972	496 068	361 883	134 185
2. Mining & quarrying	20	–	20	.	.	.	.	20	20	.
3. Manufacturing	42 136	*0.7*	33 022	9 114	16 961	12 555	4 406	21 035	18 291	2 744
4. Electr., gas & water	1 881	–	1 821	60	26	26	.	1 855	1 795	60
5. Construction	4 952	*0.1*	4 887	65	695	694	1	4 012	3 969	43
6. Wholesale/retail trade, restaurants & hotels	282 632	*4.5*	169 248	113 384	236 737	147 594	89 143	9 240	7 619	1 621
7. Transport, storage & communication	5 724	*0.1*	5 694	30	562	562	.	5 128	5 098	30
8. Financing, insur., real estate & business serv.	8 248	*0.2*	7 562	686	2 016	1 764	252	6 046	5 683	363
9. Community, social & personal services	280 463	*4.5*	237 814	42 649	47 266	41 128	6 138	219 451	189 088	30 363
Total	**6 197 843**	*100.0*	**3 869 829**	**2 328 014**	**4 351 496**	**2 826 584**	**1 524 912**	**762 855**	**593 446**	**169 409**
Pakistan (I.81) LFSS †										
1. Agriculture, hunting, forestry & fishing	13 124 000	*53.9*	...	...	6 727 000	...	...	1 047 000	...	...
2. Mining & quarrying	36 000	*0.1*	...	...	7 000	...	...	27 000	...	...
3. Manufacturing	3 264 000	*13.4*	...	...	1 436 000	...	...	1 255 000	...	...
4. Electr., gas & water	117 000	*0.5*	...	...	5 000	...	...	112 000	...	...
5. Construction	1 005 000	*4.1*	...	...	568 000	...	...	388 000	...	...
6. Wholesale/retail trade, restaurants & hotels	2 656 000	*10.9*	...	...	1 928 000	...	...	316 000	...	...
7. Transport, storage & communication	1 166 000	*4.8*	...	...	501 000	...	...	584 000	...	...
8. Financing, insur., real estate & business serv.	160 000	*0.7*	...	...	38 000	...	...	117 000	...	...
9. Community, social & personal services	2 342 000	*9.6*	...	...	675 000	...	...	1 507 000	...	...
0. Not adequately defined	79 000	*0.3*	...	...	41 000	...	...	24 000	...	...
– Unemployed	413 000	*1.7*	...	...	...	...	...	...	...	...
Total	**24 362 000**	*100.0*	**...**	**...**	**11 926 000**	**...**	**...**	**5 377 000**	**...**	**...**

A

By industry, by status and by sex
Par industrie, d'après la situation dans la profession et par sexe
Por industria, según la situación en la ocupación y por sexo

Unpaid family workers / Travailleurs familiaux non rémunérés / Trabajadores familiares no remunerados			Not classifiable by status / Inclassables d'après la situation / Inclasificables según la situación			Industrie (Branches d'activité économique)	Industria (Grandes divisiones de actividad económica)
Total	Males / Hommes / Hombres	Females / Femmes / Mujeres	Total	Males / Hommes / Hombres	Females / Femmes / Mujeres		
...	...	...	...	...	...	1. Agriculture, chasse, sylviculture et pêche	1. Agricultura, caza, silvicultura y pesca
...	...	...	...	...	...	2. Industries extractives	2. Minas y canteras
...	...	...	...	...	...	3. Industries manufacturières	3. Industrias manufactureras
...	...	...	...	...	...	4. Électricité, gaz et eau	4. Electricidad, gas y agua
...	...	...	...	...	...	5. Construction	5. Construcción
...	...	...	...	...	...	6. Commerce (gros et détail); restaurants, hôtels	6. Comercio (por mayor y por menor); restaurantes, hoteles
...	...	...	...	...	...	7. Transports, entrepôts et communications	7. Transportes, almacenamiento y comunicaciones
...	...	...	...	...	...	8. Banques, assur., affaires imm., services aux entreprises	8. Bancos, seguros, bienes inmuebles, serv. para empresas
...	...	...	...	...	...	9. Services à la collectivité, services sociaux et personnels	9. Servicios comunales, sociales y personales
...	...	...	...	...	...	0. Activités mal désignées	0. Actividades no bien especif.
...	...	...	...	...	...	**Total**	**Total**

Total	Males	Females	Total	Males	Females	Industrie	Industria
1 028 486	425 617	602 869	.	.	.	1. Agriculture, chasse, sylviculture et pêche	1. Agricultura, caza, silvicultura y pesca
.			.	.	.	2. Industries extractives	2. Minas y canteras
4 140	2 176	1 964	.	.	.	3. Industries manufacturières	3. Industrias manufactureras
.			.	.	.	4. Électricité, gaz et eau	4. Electricidad, gas y agua
245	224	21	.	.	.	5. Construction	5. Construcción
36 655	14 035	22 620	.	.	.	6. Commerce (gros et détail); restaurants, hôtels	6. Comercio (por mayor y por menor); restaurantes, hoteles
34	34	.	.	.	.	7. Transports, entrepôts et communications	7. Transportes, almacenamiento y comunicaciones
186	115	71	.	.	.	8. Banques, assur., affaires imm., services aux entreprises	8. Bancos, seguros, bienes inmuebles, serv. para empresas
13 746	7 598	6 148	.	.	.	9. Services à la collectivité, services sociaux et personnels	9. Servicios comunales, sociales y personales
1 083 492	**449 799**	**633 693**	.	.	.	**Total**	**Total**

Total	Males	Females	Total	Males	Females	Industrie	Industria
5 350 000	...	...	...	...	...	1. Agriculture, chasse, sylviculture et pêche	1. Agricultura, caza, silvicultura y pesca
2 000	...	...	...	...	...	2. Industries extractives	2. Minas y canteras
573 000	...	...	...	...	...	3. Industries manufacturières	3. Industrias manufactureras
-	-	-	...	...	...	4. Électricité, gaz et eau	4. Electricidad, gas y agua
49 000	...	...	...	...	...	5. Construction	5. Construcción
412 000	...	...	...	...	...	6. Commerce (gros et détail); restaurants, hôtels	6. Comercio (por mayor y por menor); restaurantes, hoteles
81 000	...	...	...	...	...	7. Transports, entrepôts et communications	7. Transportes, almacenamiento y comunicaciones
5 000	...	...	...	...	...	8. Banques, assur., affaires imm., services aux entreprises	8. Bancos, seguros, bienes inmuebles, serv. para empresas
160 000	...	...	...	...	...	9. Services à la collectivité, services sociaux et personnels	9. Servicios comunales, sociales y personales
14 000	...	...	...	...	...	0. Activités mal désignées	0. Actividades no bien especif.
...	...	...	413 000	...	...	_ Chômeurs	_ Desempleados
6 646 000	...	...	**413 000**	...	...	**Total**	**Total**

2 Structure of the economically active population
Structure de la population active
Estructura de la población económicamente activa

Industry (Major divisions of economic activity)	Total				Employers and own-account workers / Employeurs et personnes travaillant à leur propre compte / Empleadores y trabajadores por cuenta propia			Employees / Salariés / Empleados a sueldo o salario		
	Total	%	Males Hommes Hombres	Females Femmes Mujeres	Total	Males Hommes Hombres	Females Femmes Mujeres	Total	Males Hommes Hombres	Females Femmes Mujeres
Philippines (1.V.75) C †										
1. Agriculture, hunting, forestry & fishing	6 742 376	*50.2*	5 962 707	779 669	3 776 199	3 607 037	169 162	1 151 703	991 189	160 514
2. Mining & quarrying	58 544	*0.5*	55 192	3 352	3 300	2 712	588	52 531	50 228	2 303
3. Manufacturing	1 326 445	*9.8*	792 224	534 221	389 923	154 400	235 523	871 968	618 641	253 327
4. Electr., gas & water	35 844	*0.3*	33 199	2 645	237	206	31	35 223	32 655	2 568
5. Construction	416 212	*3.1*	408 335	7 877	75 843	74 763	1 080	336 023	329 470	6 553
6. Wholesale/retail trade, restaurants & hotels	929 149	*6.9*	455 405	473 744	613 860	289 033	324 827	256 091	148 499	107 592
7. Transport, storage & communication	524 400	*3.9*	504 405	19 995	90 523	88 883	1 640	427 149	409 082	18 067
8. Financing, insur., real estate & business serv.	306 439	*2.3*	224 168	82 271	23 663	18 887	4 776	280 278	203 731	76 547
9. Community, social & personal services	1 902 624	*14.2*	815 945	1 086 679	108 280	55 279	53 001	1 765 851	752 515	1 013 336
0. Not adequately defined	176 963	*1.3*	122 761	54 202	25 137	17 528	7 609	102 896	78 991	23 905
— Unemployed	1 007 167	*7.5*	505 406	501 761	...	...	...	...	...	...
Total	**13 426 163**	*100.0*	**9 879 747**	**3 546 416**	**5 106 965**	**4 308 728**	**798 237**	**5 279 713**	**3 615 001**	**1 664 712**
" " " " (X–XII.77) LFSS †										
— Agriculture, forestry, hunting & fishing	7 308 000	*48.7*	5 954 000	1 357 000	4 006 000	3 725 000	280 000	1 434 000	1 122 000	312 000
— Mining & quarrying	72 000	*0.5*	69 000	4 000	3 000	3 000	–	66 000	63 000	3 000
— Manufacturing	1 561 000	*10.4*	876 000	685 000	451 000	164 000	287 000	1 043 000	699 000	344 000
— Construction	492 000	*3.3*	482 000	9 000	30 000	30 000	–	461 000	451 000	9 000
— Electricity, gas, water & sanitary services	56 000	*0.4*	47 000	9 000	5 000	3 000	2 000	51 000	44 000	7 000
— Commerce	1 384 000	*9.2*	532 000	852 000	938 000	353 000	586 000	314 000	153 000	161 000
— Transport, storage & communication	654 000	*4.4*	622 000	32 000	95 000	93 000	2 000	552 000	523 000	29 000
— Services	2 672 000	*17.8*	1 333 000	1 337 000	229 000	142 000	88 000	2 407 000	1 183 000	1 224 000
— Not adeq. described	125 000	*0.8*	94 000	31 000	18 000	13 000	5 000	88 000	68 000	19 000
— Persons seeking their first job	275 000	*1.9*	111 000	163 000	.	.	.	.	.	.
— Other unemployed	396 000	*2.6*	156 000	240 000	43 000	17 000	26 000	245 000	103 000	142 000
Total	**14 994 000**	*100.0*	**10 277 000**	**4 716 000**	**5 817 000**	**4 543 000**	**1 275 000**	**6 660 000**	**4 410 000**	**2 250 000**
Singapore (VI.80) LFSS †										
1. Agriculture, hunting, forestry & fishing	14 232	*1.3*	10 669	3 563	6 817	6 261	556	3 192	2 533	659
2. Mining & quarrying	1 606	*0.1*	1 298	309	82	82	.	1 503	1 195	309
3. Manufacturing	313 980	*28.4*	169 234	144 746	17 836	13 182	4 654	293 281	154 673	138 608
4. Electr., gas & water	9 639	*0.9*	8 568	1 071	.	.	.	9 639	8 568	1 071
5. Construction	58 224	*5.2*	52 951	5 272	6 900	6 797	103	51 036	45 887	5 149
6. Wholesale/retail trade, restaurants & hotels	246 138	*22.3*	159 410	86 728	68 295	57 379	10 916	160 316	95 069	65 247
7. Transport, storage & communication	122 441	*11.0*	101 680	20 760	18 268	18 042	227	103 740	83 412	20 328
8. Financing, insur., real estate & business serv.	79 067	*7.2*	41 933	37 134	4 181	3 687	494	74 268	37 793	36 475
9. Community, social & personal services	223 174	*20.2*	147 362	75 812	10 915	7 909	3 007	210 714	138 588	72 126
0. Not adequately defined	3 831	*0.3*	3 645	185	494	494	.	3 336	3 151	185
— Persons seeking their first job	9 412	*0.9*	4 387	5 025	.	.	.	.	.	.
— Other unemployed	24 838	*2.2*	16 353	8 485	...	...	...	...	...	...
Total	**1 106 581**	*100.0*	**717 489**	**389 090**	**133 789**	**113 833**	**19 957**	**911 026**	**570 869**	**340 157**

By industry, by status and by sex
Par industrie, d'après la situation dans la profession et par sexe
Por industria, según la situación en la ocupación y por sexo

Unpaid family workers / Travailleurs familiaux non rémunérés / Trabajadores familiares no remunerados			Not classifiable by status / Inclassables d'après la situation / Inclasificables según la situación			Industrie (Branches d'activité économique)	Industria (Grandes divisiones de actividad económica)
Total	Males / Hommes / Hombres	Females / Femmes / Mujeres	Total	Males / Hommes / Hombres	Females / Femmes / Mujeres		
1 799 369	1 352 585	446 784	15 105	11 896	3 209	1. Agriculture, chasse, sylviculture et pêche	1. Agricultura, caza, silvicultura y pesca
938	691	247	1 775	1 561	214	2. Industries extractives	2. Minas y canteras
52 960	14 605	38 355	11 594	4 578	7 016	3. Industries manufacturières	3. Industrias manufactureras
106	83	23	278	255	23	4. Électricité, gaz et eau	4. Electricidad, gas y agua
2 054	1 950	104	2 292	2 152	140	5. Construction	5. Construcción
53 220	16 102	37 118	5 978	1 771	4 207	6. Commerce (gros et détail); restaurants, hôtels	6. Comercio (por mayor y por menor); restaurantes, hoteles
3 520	3 370	150	3 208	3 070	138	7. Transports, entrepôts et communications	7. Transportes, almacenamiento y comunicaciones
793	486	307	1 705	1 064	641	8. Banques, assur., affaires imm., services aux entreprises	8. Bancos, seguros, bienes inmuebles, serv. para empresas
6 434	2 299	4 135	22 059	5 852	16 207	9. Services à la collectivité, services sociaux et personnels	9. Servicios comunales, sociales y personales
13 782	9 935	3 847	35 148	16 307	18 841	0. Activités mal désignées	0. Actividades no bien especif.
...	...	...	1 007 167	505 406	501 761	— Chômeurs	— Desempleados
1 933 176	**1 402 106**	**531 070**	**1 106 309**	**553 912**	**552 397**	**Total**	**Total**
1 848 000	1 090 000	759 000	20 000	17 000	3 000	— Agriculture, sylviculture, chasse et pêche	— Agricultura, silvicultura, caza y pesca
3 000	2 000	1 000	–	–	–	— Industries extractives	— Minas y canteras
64 000	12 000	52 000	3 000	1 000	2 000	— Industries manufacturières	— Industrias manufactureras
–	–	–	1 000	1 000	–	— Construction	— Construcción
–	–	–	...	...	...	— Électricité, gaz, eau et services sanitaires	— Electricidad, gas, agua y servicios sanitarios
131 000	25 000	105 000	1 000	1 000	–	— Comm., banq., assur., aff. imm.	— Comercio
5 000	4 000	1 000	2 000	2 000	–	— Transports, entrepôts et communications	— Transportes, almacenamiento y comunicaciones
24 000	4 000	20 000	11 000	4 000	7 000	— Services	— Servicios
6 000	6 000	–	13 000	7 000	7 000	— Activités mal désignées	— Actividades no bien especif.
.	.	.	275 000	111 000	163 000	— Personnes en quête de leur premier emploi	— Personas en busca de su primer empleo
89 000	28 000	61 000	20 000	8 000	11 000	— Autres chômeurs	— Otros desempleados
2 170 000	**1 172 000**	**998 000**	**348 000**	**152 000**	**193 000**	**Total**	**Total**
4 222	1 874	2 348	...	...	...	1. Agriculture, chasse, sylviculture et pêche	1. Agricultura, caza, silvicultura y pesca
21	21	.	...	...	...	2. Industries extractives	2. Minas y canteras
2 863	1 380	1 483	...	...	...	3. Industries manufacturières	3. Industrias manufactureras
.	.	.	...	...	...	4. Électricité, gaz et eau	4. Electricidad, gas y agua
288	268	21	...	...	...	5. Construction	5. Construcción
17 527	6 961	10 566	...	...	...	6. Commerce (gros et détail); restaurants, hôtels	6. Comercio (por mayor y por menor); restaurantes, hoteles
433	227	206	...	...	...	7. Transports, entrepôts et communications	7. Transportes, almacenamiento y comunicaciones
618	453	165	...	...	...	8. Banques, assur., affaires imm., services aux entreprises	8. Bancos, seguros, bienes inmuebles, serv. para empresas
1 545	865	680	...	...	...	9. Services à la collectivité, services sociaux et personnels	9. Servicios comunales, sociales y personales
.	.	.	...	...	...	0. Activités mal désignées	0. Actividades no bien especif.
.	.	.	9 412	4 387	5 025	— Personnes en quête de leur premier emploi	— Personas en busca de su primer empleo
...	...	...	24 838	16 353	8 485	— Autres chômeurs	— Otros desempleados
27 516	**12 049**	**15 469**	**34 250**	**20 740**	**13 510**	**Total**	**Total**

2 Structure of the economically active population
Structure de la population active
Estructura de la población económicamente activa

Industry (Major divisions of economic activity)	Total				Employers and own-account workers / Employeurs et personnes travaillant à leur propre compte / Empleadores y trabajadores por cuenta propia			Employees / Salariés / Empleados a sueldo o salario		
	Total	%	Males Hommes Hombres	Females Femmes Mujeres	Total	Males Hommes Hombres	Females Femmes Mujeres	Total	Males Hommes Hombres	Females Femmes Mujeres
République arabe syrienne (IX.79) LFSS										
1. Agriculture, hunting, forestry & fishing	692 545	*31.9*	492 736	199 809	...	...	...	...	...	...
2/3. Mining & quarrying, manufacturing	339 287	*15.6*	298 212	41 075	...	...	...	...	...	...
4. Electr., gas & water	31 948	*1.4*	30 151	1 797	...	...	...	...	...	...
5. Construction	297 853	*13.7*	293 695	4 158	...	...	...	...	...	...
6. Wholesale/retail trade, restaurants & hotels	221 087	*10.2*	215 902	5 185	...	...	...	...	...	...
7. Transport, storage & communication	97 836	*4.5*	95 937	1 899	...	...	...	...	...	...
8. Financing, insur., real estate & business serv.	21 749	*1.0*	18 871	2 878	...	...	...	...	...	...
9. Community, social & personal services	422 189	*19.4*	347 424	74 765	...	...	...	...	...	...
– Persons seeking their first job	49 731	*2.3*	38 442	11 289	.	.	.	.	.	.
Total	**2 174 225**	*100.0*	**1 831 370**	**342 855**	...	...	...	...	...	...
Thailand (VII–IX.78) LFSS †										
– Agriculture, forestry, hunting & fishing	16 017 000	*73.2*	8 183 900	7 833 100	5 247 900	4 311 000	936 900	1 042 900	536 300	506 600
– Mining & quarrying	29 600	*0.1*	23 300	6 300	3 700	3 700	.	12 700	12 500	200
– Manufacturing	1 476 500	*6.7*	858 400	618 100	337 400	207 500	129 900	931 900	580 700	351 200
– Construction	312 500	*1.5*	270 800	41 700	43 100	42 600	500	263 900	224 100	39 800
– Electricity, gas, water & sanitary services	58 000	*0.2*	50 100	7 900	100	100	.	57 900	50 000	7 900
– Commerce	1 638 600	*7.5*	772 000	866 600	765 900	380 800	385 100	397 300	281 500	115 800
– Transport, storage & communication	386 900	*1.8*	363 200	23 700	164 000	161 900	2 100	210 800	193 400	17 400
– Services	1 811 700	*8.3*	985 200	826 500	262 800	112 100	150 700	1 391 700	838 100	553 600
– Not adeq. described	5 700		2 700	3 000	...	...	...	...	...	...
– Persons seeking their first job	100 900	*0.4*	61 800	39 100	.	.	.	.	.	.
– Other unemployed	55 900	*0.3*	42 900	13 000	...	...	...	...	...	...
Total	**21 893 300**	*100.0*	**11 614 300**	**10 279 000**	**6 824 900**	**5 219 700**	**1 605 200**	**4 309 100**	**2 716 600**	**1 592 500**
United Arab Emirates (1975) OE										
1. Agriculture, hunting, forestry & fishing	13 569	*4.6*	13 528	41	...	...	...	...	...	...
2. Mining & quarrying	6 868	*2.3*	6 679	189	...	...	...	...	...	...
3. Manufacturing	17 265	*5.8*	17 163	102	...	...	...	...	...	...
4. Electr., gas & water	6 264	*2.1*	6 242	22	...	...	...	...	...	...
5. Construction	93 870	*31.7*	93 635	235	...	...	...	...	...	...
6. Wholesale/retail trade, restaurants & hotels	37 716	*12.7*	37 280	436	...	...	...	...	...	...
7. Transport, storage & communication	23 601	*8.0*	23 283	318	...	...	...	...	...	...
8. Financing, insur., real estate & business serv.	5 997	*2.0*	5 459	538	...	...	...	...	...	...
9. Community, social & personal services	86 788	*29.3*	79 142	7 646	...	...	...	...	...	...
0. Not adequately defined	588	*0.2*	576	12	...	...	...	...	...	...
– Persons seeking their first job	3 990	*1.3*	3 568	422	...	...	...	...	...	...
Total	**296 516**	*100.0*	**286 555**	**9 961**	**26 824**	**26 580**	**244**	**264 642**	**255 413**	**9 229**

By industry, by status and by sex
Par industrie, d'après la situation dans la profession et par sexe
Por industria, según la situación en la ocupación y por sexo

Unpaid family workers / Travailleurs familiaux non rémunérés / Trabajadores familiares no remunerados			Not classifiable by status / Inclassables d'après la situation / Inclasificables según la situación			Industrie (Branches d'activité économique)	Industria (Grandes divisiones de actividad económica)
Total	Males / Hommes / Hombres	Females / Femmes / Mujeres	Total	Males / Hommes / Hombres	Females / Femmes / Mujeres		
...	...	...	...	...	...	1. Agriculture, chasse, sylviculture et pêche	1. Agricultura, caza, silvicultura y pesca
...	...	...	...	...	...	2/3. Industries extractives et industries manufacturières	2/3. Minas y canteras, industrias manufactureras
...	...	...	...	...	...	4. Électricité, gaz et eau	4. Electricidad, gas y agua
...	...	...	...	...	...	5. Construction	5. Construcción
...	...	...	...	...	...	6. Commerce (gros et détail); restaurants, hôtels	6. Comercio (por mayor y por menor); restaurantes, hoteles
...	...	...	...	...	...	7. Transports, entrepôts et communications	7. Transportes, almacenamiento y comunicaciones
...	...	...	...	...	...	8. Banques, assur., affaires imm., services aux entreprises	8. Bancos, seguros, bienes inmuebles, serv. para empresas
...	...	...	...	...	...	9. Services à la collectivité, services sociaux et personnels	9. Servicios comunales, sociales y personales
.	.	.	.	.	.	_ Personnes en quête de leur premier emploi	_ Personas en busca de su primer empleo
...	...	...	...	...	...	**Total**	**Total**
9 726 200	3 336 600	6 389 600	...	...	...	_ Agriculture, sylviculture, chasse et pêche	_ Agricultura, silvicultura, caza y pesca
13 200	7 100	6 100	...	...	...	_ Industries extractives	_ Minas y canteras
207 200	70 200	137 000	...	...	...	_ Industries manufacturières	_ Industrias manufactureras
5 500	4 100	1 400	...	...	...	_ Construction	_ Construcción
.	.	.	...	...	...	_ Électricité, gaz, eau et services sanitaires	_ Electricidad, gas, agua y servicios sanitarios
475 400	109 700	365 700	...	...	...	_ Comm., banq., assur., aff. imm.	_ Comercio
12 100	7 900	4 200	...	...	...	_ Transports, entrepôts et communications	_ Transportes, almacenamiento y comunicaciones
157 200	35 000	122 200	...	...	...	_ Services	_ Servicios
...	...	...	5 700	2 700	3 000	_ Activités mal désignées	_ Actividades no bien especif.
.	.	.	100 900	61 800	39 100	_ Personnes en quête de leur premier emploi	_ Personas en busca de su primer empleo
...	...	...	55 900	42 900	13 000	_ Autres chômeurs	_ Otros desempleados
10 596 800	**3 570 600**	**7 026 200**	**162 500**	**107 400**	**55 100**	**Total**	**Total**
...	...	...	...	...	...	1. Agriculture, chasse, sylviculture et pêche	1. Agricultura, caza, silvicultura y pesca
...	...	...	...	...	...	2. Industries extractives	2. Minas y canteras
...	...	...	...	...	...	3. Industries manufacturières	3. Industrias manufactureras
...	...	...	...	...	...	4. Électricité, gaz et eau	4. Electricidad, gas y agua
...	...	...	...	...	...	5. Construction	5. Construcción
...	...	...	...	...	...	6. Commerce (gros et détail); restaurants, hôtels	6. Comercio (por mayor y por menor); restaurantes, hoteles
...	...	...	...	...	...	7. Transports, entrepôts et communications	7. Transportes, almacenamiento y comunicaciones
...	...	...	...	...	...	8. Banques, assur., affaires imm., services aux entreprises	8. Bancos, seguros, bienes inmuebles, serv. para empresas
...	...	...	...	...	...	9. Services à la collectivité, services sociaux et personnels	9. Servicios comunales, sociales y personales
...	...	...	...	...	...	0. Activités mal désignées	0. Actividades no bien especif.
...	...	...	...	...	...	_ Personnes en quête de leur premier emploi	_ Personas en busca de su primer empleo
617	**563**	**54**	**4 433**	**3 999**	**434**	**Total**	**Total**

2 Structure of the economically active population
Structure de la population active
Estructura de la población económicamente activa

Industry (Major divisions of economic activity)	Total				Employers and own-account workers / Employeurs et personnes travaillant à leur propre compte / Empleadores y trabajadores por cuenta propia			Employees / Salariés / Empleados a sueldo o salario		
	Total	%	Males / Hommes / Hombres	Females / Femmes / Mujeres	Total	Males / Hommes / Hombres	Females / Femmes / Mujeres	Total	Males / Hommes / Hombres	Females / Femmes / Mujeres
Yemen (1.II.75) OE *										
1. Agriculture, hunting, forestry & fishing	877 000	*77.2*	...	...	...	...	...	...	...	...
2. Mining & quarrying	–		...	...	...	...	...	...	...	...
3. Manufacturing	24 000	*2.1*	...	...	...	...	...	...	...	...
4. Electr., gas & water	3 000	*0.2*	...	...	...	...	...	...	...	...
5. Construction	23 000	*2.0*	...	...	...	...	...	...	...	...
6. Wholesale/retail trade, restaurants & hotels	79 000	*6.9*	...	...	...	...	...	...	...	...
7. Transport, storage & communication	3 000	*0.2*	...	...	...	...	...	...	...	...
8. Financing, insur., real estate & business serv.	3 000	*0.2*	...	...	...	...	...	...	...	...
9. Community, social & personal services	123 000	*10.8*	...	...	...	...	...	...	...	...
0. Not adequately defined	1 000		...	...	...	...	...	...	...	...
Total	**1 136 000**	*100.0*	**...**	**...**	**...**	**...**	**...**	**...**	**...**	**...**
Democratic Yemen (14.V.73) C										
1. Agriculture, hunting, forestry & fishing	166 132	*40.5*	118 546	47 586	...	...	...	...	...	...
2. Mining & quarrying	2 037	*0.5*	2 037	.	...	...	...	...	...	...
3. Manufacturing	14 439	*3.6*	12 487	1 952	...	...	...	...	...	...
4. Electr., gas & water	2 870	*0.7*	2 839	31	...	...	...	...	...	...
5. Construction	15 327	*3.7*	15 327	.	...	...	...	...	...	...
6. Wholesale/retail trade, restaurants & hotels	25 509	*6.2*	25 293	216	...	...	...	...	...	...
7. Transport, storage & communication	13 299	*3.3*	13 238	61	...	...	...	...	...	...
8. Financing, insur., real estate & business serv.	485	*0.1*	443	42	...	...	...	...	...	...
9. Community, social & personal services	79 588	*19.4*	74 928	4 660	...	...	...	...	...	...
0. Not adequately defined	18 534	*4.5*	13 223	5 311	...	...	...	...	...	...
— Unemployed	71 522	*17.5*	55 593	15 929	...	...	...	...	...	...
Total	**409 742**	*100.0*	**333 954**	**75 788**	**122 189**	**103 025**	**19 164**	**140 123**	**134 668**	**5 455**

EUROPE

Industry (Major divisions of economic activity)	Total	%	Males	Females	Employers Total	Employers Males	Employers Females	Employees Total	Employees Males	Employees Females
Austria (1980) LFSS †										
1. Agriculture, hunting, forestry & fishing	323 000	*10.4*	166 000	157 000	283 000	138 000	145 000	40 000	28 000	12 000
2. Mining & quarrying	18 000	*0.6*	17 000	1 000	1 000	1 000	–	17 000	16 000	1 000
3. Manufacturing	923 000	*29.7*	658 000	265 000	52 000	41 000	11 000	871 000	617 000	254 000
4. Electr., gas & water	40 000	*1.3*	33 000	7 000	–	–	–	40 000	33 000	7 000
5. Construction	278 000	*9.0*	258 000	20 000	16 000	14 000	2 000	262 000	244 000	18 000
6. Wholesale/retail trade, restaurants & hotels	539 000	*17.3*	226 000	313 000	114 000	59 000	55 000	425 000	167 000	258 000
7. Transport, storage & communication	193 000	*6.2*	162 000	31 000	12 000	10 000	2 000	181 000	152 000	29 000
8. Financing, insur., real estate & business serv.	157 000	*5.1*	86 000	71 000	16 000	13 000	3 000	141 000	73 000	68 000
9. Community, social & personal services	628 000	*20.2*	300 000	328 000	32 000	22 000	10 000	596 000	278 000	318 000
0. Not adequately defined	6 000	*0.2*	3 000	3 000	–	–	–	6 000	3 000	3 000
Total	**3 105 000**	*100.0*	**1 909 000**	**1 196 000**	**526 000**	**298 000**	**228 000**	**2 579 000**	**1 611 000**	**968 000**

A By industry, by status and by sex
Par industrie, d'après la situation dans la profession et par sexe
Por industria, según la situación en la ocupación y por sexo

Unpaid family workers / Travailleurs familiaux non rémunérés / Trabajadores familiares no remunerados: Total	Males / Hommes / Hombres	Females / Femmes / Mujeres	Not classifiable by status / Inclassables d'après la situation / Inclasificables según la situación: Total	Males / Hommes / Hombres	Females / Femmes / Mujeres	Industrie (Branches d'activité économique)	Industria (Grandes divisiones de actividad económica)
...	...	...	...	...	...	1. Agriculture, chasse, sylviculture et pêche	1. Agricultura, caza, silvicultura y pesca
...	...	...	...	...	...	2. Industries extractives	2. Minas y canteras
...	...	...	...	...	...	3. Industries manufacturières	3. Industrias manufactureras
...	...	...	...	...	...	4. Électricité, gaz et eau	4. Electricidad, gas y agua
...	...	...	...	...	...	5. Construction	5. Construcción
...	...	...	...	...	...	6. Commerce (gros et détail); restaurants, hôtels	6. Comercio (por mayor y por menor); restaurantes, hoteles
...	...	...	...	...	...	7. Transports, entrepôts et communications	7. Transportes, almacenamiento y comunicaciones
...	...	...	...	...	...	8. Banques, assur., affaires imm., services aux entreprises	8. Bancos, seguros, bienes inmuebles, serv. para empresas
...	...	...	...	...	...	9. Services à la collectivité, services sociaux et personnels	9. Servicios comunales, sociales y personales
...	...	...	...	...	...	0. Activités mal désignées	0. Actividades no bien especif.
...	...	...	...	...	...	**Total**	**Total**
...	...	...	...	...	...	1. Agriculture, chasse, sylviculture et pêche	1. Agricultura, caza, silvicultura y pesca
...	...	...	...	...	...	2. Industries extractives	2. Minas y canteras
...	...	...	...	...	...	3. Industries manufacturières	3. Industrias manufactureras
...	...	...	...	...	...	4. Électricité, gaz et eau	4. Electricidad, gas y agua
...	...	...	...	...	...	5. Construction	5. Construcción
...	...	...	...	...	...	6. Commerce (gros et détail); restaurants, hôtels	6. Comercio (por mayor y por menor); restaurantes, hoteles
...	...	...	...	...	...	7. Transports, entrepôts et communications	7. Transportes, almacenamiento y comunicaciones
...	...	...	...	...	...	8. Banques, assur., affaires imm., services aux entreprises	8. Bancos, seguros, bienes inmuebles, serv. para empresas
...	...	...	...	...	...	9. Services à la collectivité, services sociaux et personnels	9. Servicios comunales, sociales y personales
...	...	...	...	...	...	0. Activités mal désignées	0. Actividades no bien especif.
...	...	...	...	...	...	— Chômeurs	— Desempleados
61 734	**31 284**	**30 450**	**85 696**	**64 977**	**20 719**	**Total**	**Total**

EUROPE – EUROPA

Unpaid family workers: Total	Males	Females	Not classifiable by status: Total	Males	Females	Industrie	Industria
...	...	...	.	.	.	1. Agriculture, chasse, sylviculture et pêche	1. Agricultura, caza, silvicultura y pesca
...	...	...	.	.	.	2. Industries extractives	2. Minas y canteras
...	...	...	.	.	.	3. Industries manufacturières	3. Industrias manufactureras
...	...	...	.	.	.	4. Électricité, gaz et eau	4. Electricidad, gas y agua
...	...	...	.	.	.	5. Construction	5. Construcción
...	...	...	.	.	.	6. Commerce (gros et détail); restaurants, hôtels	6. Comercio (por mayor y por menor); restaurantes, hoteles
...	...	...	.	.	.	7. Transports, entrepôts et communications	7. Transportes, almacenamiento y comunicaciones
...	...	...	.	.	.	8. Banques, assur., affaires imm., services aux entreprises	8. Bancos, seguros, bienes inmuebles, serv. para empresas
...	...	...	.	.	.	9. Services à la collectivité, services sociaux et personnels	9. Servicios comunales, sociales y personales
...	...	...	.	.	.	0. Activités mal désignées	0. Actividades no bien especif.
...	...	...	.	.	.	**Total**	**Total**

2 Structure of the economically active population
Structure de la population active
Estructura de la población económicamente activa

Industry (Major divisions of economic activity)	Total				Employers and own-account workers / Employeurs et personnes travaillant à leur propre compte / Empleadores y trabajadores por cuenta propia			Employees / Salariés / Empleados a sueldo o salario		
	Total	%	Males Hommes Hombres	Females Femmes Mujeres	Total	Males Hommes Hombres	Females Femmes Mujeres	Total	Males Hommes Hombres	Females Femmes Mujeres
Belgique (VI.80) OE										
1. Agriculture, hunting, forestry & fishing	112 174	*2.7*	88 113	24 061	80 713	70 092	10 621	11 628	10 149	1 479
2. Mining & quarrying	28 400	*0.7*	27 919	481	248	235	13	28 130	27 671	459
3. Manufacturing	953 179	*22.9*	726 313	226 866	46 839	43 244	3 595	895 494	679 351	216 143
4. Electr., gas & water	33 195	*0.8*	30 723	2 472	123	119	4	33 072	30 604	2 468
5. Construction	289 451	*7.0*	278 803	10 648	42 843	42 029	814	241 758	233 647	8 111
6. Wholesale/retail trade, restaurants & hotels	704 930	*17.0*	387 043	317 887	206 432	128 223	78 209	427 392	248 016	179 376
7. Transport, storage & communication	278 241	*6.7*	241 710	36 531	12 185	11 503	682	261 339	228 940	32 399
8. Financing, insur., real estate & business serv.	253 678	*6.1*	154 789	98 889	35 663	29 140	6 523	212 455	125 043	87 412
9. Community, social & personal services	1 154 725	*27.8*	526 655	628 070	64 782	41 811	22 971	1 073 221	482 920	590 301
0. Not adequately defined	4 777	*0.1*	2 662	2 115	...	...	...	...	...	...
— Unemployed	310 726	*7.5*	112 657	198 069	...	...	...	...	...	...
— Armed forces	28 707	*0.7*	28 707	.	.	.	.	.	.	.
Total	**4 152 183**	***100.0***	**2 606 094**	**1 546 089**	**489 828**	**366 396**	**123 432**	**3 184 489**	**2 066 341**	**1 118 148**
Bulgarie (2.XII.75) C †										
1. Agriculture, hunting, forestry & fishing	1 049 139	*23.6*	498 545	550 594	8 162	5 297	2 865	756 459	370 729	385 730
2. Mining & quarrying	84 844	*1.9*	62 534	22 310	.	.	.	84 844	62 534	22 310
3. Manufacturing	1 438 244	*32.3*	761 321	676 921	6 565	4 439	2 126	1 364 408	728 719	635 689
4. Electr., gas & water	28 253	*0.7*	21 638	6 615	.	.	.	28 253	21 638	6 615
5. Construction	350 356	*7.8*	288 429	61 927	722	697	25	344 493	282 804	61 689
6. Wholesale/retail trade, restaurants & hotels	355 752	*8.0*	127 031	228 721	562	398	164	354 716	126 493	228 223
7. Transport, storage & communication	298 582	*6.8*	231 007	67 575	224	219	5	298 358	230 788	67 570
8. Financing, insur., real estate & business serv.	31 801	*0.7*	8 273	23 528	.	.	.	31 801	8 273	23 528
9. Community, social & personal services	809 929	*18.2*	366 604	443 325	4 250	3 409	841	800 962	360 136	440 826
0. Not adequately defined	886	–	326	560	5	4	1	874	319	555
Total	**4 447 784**	***100.0***	**2 365 708**	**2 082 076**	**20 490**	**14 463**	**6 027**	**4 065 168**	**2 192 433**	**1 872 735**
Denmark (X.79) LFSS †										
1. Agriculture, hunting, forestry & fishing	208 371	*7.9*	148 969	59 042	108 587	104 137	4 450	51 730	44 832	6 897
2. Mining & quarrying	1 228	*0.1*	823	405	245	245	.	983	578	405
3. Manufacturing	560 874	*21.3*	394 245	166 629	30 870	28 328	2 542	521 363	365 917	155 446
4. Electr., gas & water	17 210	*0.7*	15 383	1 827	128	128	.	17 082	15 255	1 827
5. Construction	206 639	*7.9*	186 412	20 227	33 262	32 873	389	165 780	153 539	12 241
6. Wholesale/retail trade, restaurants & hotels	352 350	*13.4*	181 014	171 336	62 904	51 353	11 551	269 205	129 661	139 544
7. Transport, storage & communication	174 399	*6.6*	131 832	42 567	15 589	14 711	878	154 781	117 121	37 660
8. Financing, insur., real estate & business serv.	182 603	*7.0*	94 876	87 727	19 672	17 221	2 451	160 300	77 655	82 645
9. Community, social & personal services	874 462	*33.2*	303 549	570 913	33 939	22 804	11 135	834 191	280 745	553 446
0. Not adequately defined	48 763	*1.9*	20 953	27 810	.	.	.	48 763	20 953	27 810
Total	**2 626 901**	***100.0***	**1 478 057**	**1 148 844**	**305 197**	**271 801**	**33 396**	**2 224 177**	**1 206 256**	**1 017 921**

By industry, by status and by sex
Par industrie, d'après la situation dans la profession et par sexe
Por industria, según la situación en la ocupación y por sexo

Unpaid family workers / Travailleurs familiaux non rémunérés / Trabajadores familiares no remunerados			Not classifiable by status / Inclassables d'après la situation / Inclasificables según la situación			Industrie (Branches d'activité économique)	Industria (Grandes divisiones de actividad económica)
Total	Males / Hommes / Hombres	Females / Femmes / Mujeres	Total	Males / Hommes / Hombres	Females / Femmes / Mujeres		
19 833	7 872	11 961	...	...	...	1. Agriculture, chasse, sylviculture et pêche	1. Agricultura, caza, silvicultura y pesca
22	13	9	...	...	...	2. Industries extractives	2. Minas y canteras
10 846	3 718	7 128	...	...	...	3. Industries manufacturières	3. Industrias manufactureras
.	.	.	...	...	...	4. Électricité, gaz et eau	4. Electricidad, gas y agua
4 850	3 127	1 723	...	...	...	5. Construction	5. Construcción
71 106	10 804	60 302	...	...	...	6. Commerce (gros et détail); restaurants, hôtels	6. Comercio (por mayor y por menor); restaurantes, hoteles
4 717	1 267	3 450	...	...	...	7. Transports, entrepôts et communications	7. Transportes, almacenamiento y comunicaciones
5 560	606	4 954	...	...	...	8. Banques, assur., affaires imm., services aux entreprises	8. Bancos, seguros, bienes inmuebles, serv. para empresas
16 722	1 924	14 798	...	...	...	9. Services à la collectivité, services sociaux et personnels	9. Servicios comunales, sociales y personales
...	...	...	4 777	2 662	2 115	0. Activités mal désignées	0. Actividades no bien especif.
...	...	...	310 726	112 657	198 069	_ Chômeurs	_ Desempleados
.	.	.	28 707	28 707	.	_ Forces armées	_ Fuerzas armadas
133 656	**29 331**	**104 325**	**344 210**	**144 026**	**200 184**	**Total**	**Total**
.	.	.	284 391	122 448	161 943	1. Agriculture, chasse, sylviculture et pêche	1. Agricultura, caza, silvicultura y pesca
.	.	.	.	.	.	2. Industries extractives	2. Minas y canteras
.	.	.	67 255	28 157	39 098	3. Industries manufacturières	3. Industrias manufactureras
.	.	.	.	.	.	4. Électricité, gaz et eau	4. Electricidad, gas y agua
.	.	.	5 134	4 921	213	5. Construction	5. Construcción
.	.	.	428	116	312	6. Commerce (gros et détail); restaurants, hôtels	6. Comercio (por mayor y por menor); restaurantes, hoteles
.	.	.	.	.	.	7. Transports, entrepôts et communications	7. Transportes, almacenamiento y comunicaciones
.	.	.	.	.	.	8. Banques, assur., affaires imm., services aux entreprises	8. Bancos, seguros, bienes inmuebles, serv. para empresas
.	.	.	2 634	1 150	1 484	9. Services à la collectivité, services sociaux et personnels	9. Servicios comunales, sociales y personales
.	.	.	2	1	1	0. Activités mal désignées	0. Actividades no bien especif.
.	.	.	**359 844**	**156 793**	**203 051**	**Total**	**Total**
48 055	.	48 055	.	.	.	1. Agriculture, chasse, sylviculture et pêche	1. Agricultura, caza, silvicultura y pesca
.	.	.	.	.	.	2. Industries extractives	2. Minas y canteras
8 641	.	8 641	.	.	.	3. Industries manufacturières	3. Industrias manufactureras
.	.	.	.	.	.	4. Électricité, gaz et eau	4. Electricidad, gas y agua
7 597	.	7 597	.	.	.	5. Construction	5. Construcción
20 241	.	20 241	.	.	.	6. Commerce (gros et détail); restaurants, hôtels	6. Comercio (por mayor y por menor); restaurantes, hoteles
4 029	.	4 029	.	.	.	7. Transports, entrepôts et communications	7. Transportes, almacenamiento y comunicaciones
2 631	.	2 631	.	.	.	8. Banques, assur., affaires imm., services aux entreprises	8. Bancos, seguros, bienes inmuebles, serv. para empresas
6 332	.	6 332	.	.	.	9. Services à la collectivité, services sociaux et personnels	9. Servicios comunales, sociales y personales
.	.	.	.	.	.	0. Activités mal désignées	0. Actividades no bien especif.
97 527	.	**97 527**	.	.	.	**Total**	**Total**

2 Structure of the economically active population
Structure de la population active
Estructura de la población económicamente activa

Industry (Major divisions of economic activity)	Total				Employers and own-account workers / Employeurs et personnes travaillant à leur propre compte / Empleadores y trabajadores por cuenta propia			Employees / Salariés / Empleados a sueldo o salario		
	Total	%	Males Hommes Hombres	Females Femmes Mujeres	Total	Males Hommes Hombres	Females Femmes Mujeres	Total	Males Hommes Hombres	Females Femmes Mujeres
España (X–XII.79) LFSS †										
1. Agriculture, hunting, forestry & fishing	2 314 300	*17.4*	1 667 200	647 100	1 056 700	884 800	171 900	650 200	573 900	76 300
2. Mining & quarrying	340 000	*2.6*	306 900	33 100	9 900	9 200	700	329 000	296 900	32 100
3. Manufacturing	2 801 600	*21.0*	2 090 300	711 300	267 800	204 000	63 800	2 472 400	1 859 600	612 800
4. Electr., gas & water	74 300	*0.6*	70 100	4 200	700	500	200	73 300	69 500	3 800
5. Construction	1 087 200	*8.1*	1 066 700	20 500	175 100	174 600	500	897 000	878 600	18 400
6. Wholesale/retail trade, restaurants & hotels	2 320 300	*17.5*	1 448 700	871 600	749 500	515 100	234 400	1 265 500	865 500	400 000
7. Transport, storage & communication	684 500	*5.1*	631 300	53 200	149 700	149 600	100	522 900	471 700	51 200
8. Financing, insur., real estate & business serv.	407 600	*3.1*	320 300	87 300	40 400	39 300	1 100	360 700	278 600	82 100
9. Community, social & personal services	1 923 200	*14.5*	886 100	1 037 100	114 100	64 200	49 900	1 789 600	817 200	972 400
— Unemployed	1 348 500	*10.1*	891 900	456 600	...	...	...	...	...	...
Total	**13 301 500**	*100.0*	**9 379 500**	**3 922 000**	**2 563 900**	**2 041 300**	**522 600**	**8 360 600**	**6 111 500**	**2 249 100**
Faeroe Islands (22.IX.77) C †										
1. Agriculture, hunting, forestry & fishing	3 314	*18.8*	3 275	39	508	475	33	2 806	2 800	6
2. Mining & quarrying	98	*0.6*	98	.	3	3	.	95	95	.
3. Manufacturing	3 621	*20.6*	2 795	826	301	267	34	3 319	2 527	792
4. Electr., gas & water	135	*0.8*	128	7	.	.	.	135	128	7
5. Construction	1 952	*11.1*	1 913	39	358	341	17	1 593	1 571	22
6. Wholesale/retail trade, restaurants & hotels	2 091	*11.9*	1 018	1 073	607	390	217	1 484	628	856
7. Transport, storage & communication	1 944	*11.0*	1 697	247	123	118	5	1 820	1 579	241
8. Financing, insur., real estate & business serv.	339	*1.9*	170	169	3	3	.	336	167	169
9. Community, social & personal services	3 530	*20.1*	1 376	2 154	190	119	71	3 339	1 256	2 083
0. Not adequately defined	561	*3.2*	338	223	2	2	.	220	152	68
Total	**17 585**	*100.0*	**12 808**	**4 777**	**2 095**	**1 718**	**377**	**15 147**	**10 903**	**4 244**
Finland (1980) LFSS †										
1. Agriculture, hunting, forestry & fishing	253 000	*10.8*	150 000	103 000	156 000	87 000	69 000	57 000	45 000	12 000
2–4. Min./quarrying; manuf.; electr., gas & water	605 000	*25.7*	392 000	213 000	10 000	8 000	2 000	594 000	384 000	210 000
5. Construction	149 000	*6.4*	134 000	15 000	8 000	8 000	.	140 000	126 000	14 000
6. Wholesale/retail trade, restaurants & hotels	315 000	*13.4*	129 000	186 000	25 000	12 000	12 000	286 000	116 000	171 000
7. Transport, storage & communication	169 000	*7.2*	125 000	44 000	13 000	13 000	1 000	155 000	111 000	43 000
8. Financing, insur., real estate & business serv.	128 000	*5.5*	48 000	79 000	4 000	3 000	1 000	124 000	45 000	78 000
9. Community, social & personal services	564 000	*24.0*	177 000	387 000	18 000	7 000	11 000	544 000	170 000	375 000
0. Not adequately defined	20 000	*0.8*	10 000	11 000	1 000	1 000	1 000	5 000	2 000	2 000
— Unemployed	112 000	*4.8*	59 000	53 000	3 000	2 000	1 000	77 000	40 000	37 000
— Armed forces	33 000	*1.4*	33 000	.	.	.	.	33 000	33 000	.
Total	**2 348 000**	*100.0*	**1 257 000**	**1 091 000**	**238 000**	**141 000**	**98 000**	**2 015 000**	**1 072 000**	**942 000**

By industry, by status and by sex
Par industrie, d'après la situation dans la profession et par sexe
Por industria, según la situación en la ocupación y por sexo

Unpaid family workers / Travailleurs familiaux non rémunérés / Trabajadores familiares no remunerados			Not classifiable by status / Inclassables d'après la situation / Inclasificables según la situación			Industrie (Branches d'activité économique)	Industria (Grandes divisiones de actividad económica)
Total	Males / Hommes / Hombres	Females / Femmes / Mujeres	Total	Males / Hommes / Hombres	Females / Femmes / Mujeres		
593 600	199 200	394 400	13 800	9 300	4 500	1. Agriculture, chasse, sylviculture et pêche	1. Agricultura, caza, silvicultura y pesca
900	600	300	200	200	.	2. Industries extractives	2. Minas y canteras
56 500	23 200	33 300	4 900	3 500	1 400	3. Industries manufacturières	3. Industrias manufactureras
200	.	200	100	100	.	4. Électricité, gaz et eau	4. Electricidad, gas y agua
13 600	12 100	1 500	1 500	1 400	100	5. Construction	5. Construcción
303 300	67 600	235 700	2 000	500	1 500	6. Commerce (gros et détail); restaurants, hôtels	6. Comercio (por mayor y por menor); restaurantes, hoteles
9 000	7 200	1 800	2 900	2 800	100	7. Transports, entrepôts et communications	7. Transportes, almacenamiento y comunicaciones
5 500	1 400	4 100	1 000	1 000	.	8. Banques, assur., affaires imm., services aux entreprises	8. Bancos, seguros, bienes inmuebles, serv. para empresas
14 500	3 400	11 100	5 000	1 300	3 700	9. Services à la collectivité, services sociaux et personnels	9. Servicios comunales, sociales y personales
...	...	...	1 348 500	891 900	456 600	— Chômeurs	— Desempleados
997 100	**314 700**	**682 400**	**1 379 900**	**912 000**	**467 900**	**Total**	**Total**
...	...	...	...	...	...	1. Agriculture, chasse, sylviculture et pêche	1. Agricultura, caza, silvicultura y pesca
...	...	...	...	...	...	2. Industries extractives	2. Minas y canteras
...	...	...	1	1	.	3. Industries manufacturières	3. Industrias manufactureras
...	...	...	...	...	...	4. Électricité, gaz et eau	4. Electricidad, gas y agua
...	...	...	1	1	.	5. Construction	5. Construcción
...	...	...	...	...	...	6. Commerce (gros et détail); restaurants, hôtels	6. Comercio (por mayor y por menor); restaurantes, hoteles
...	...	...	1	...	1	7. Transports, entrepôts et communications	7. Transportes, almacenamiento y comunicaciones
...	...	...	...	...	...	8. Banques, assur., affaires imm., services aux entreprises	8. Bancos, seguros, bienes inmuebles, serv. para empresas
...	...	...	1	1	...	9. Services à la collectivité, services sociaux et personnels	9. Servicios comunales, sociales y personales
...	...	...	339	184	155	0. Activités mal désignées	0. Actividades no bien especif.
...	...	...	**343**	**187**	**156**	**Total**	**Total**
37 000	17 000	21 000	3 000	1 000	1 000	1. Agriculture, chasse, sylviculture et pêche	1. Agricultura, caza, silvicultura y pesca
1 000	.	1 000	...	...	...	2–4. Industries extract.; industries manuf.; électricité, gaz et eau	2–4. Minas y canteras; industrias manufact.; electr., gas y agua
1 000	.	1 000	...	...	...	5. Construction	5. Construcción
3 000	1 000	2 000	...	...	...	6. Commerce (gros et détail); restaurants, hôtels	6. Comercio (por mayor y por menor); restaurantes, hoteles
1 000	1 000	.	...	...	...	7. Transports, entrepôts et communications	7. Transportes, almacenamiento y comunicaciones
.	.	.	...	...	...	8. Banques, assur., affaires imm., services aux entreprises	8. Bancos, seguros, bienes inmuebles, serv. para empresas
1 000	–	1 000	...	...	...	9. Services à la collectivité, services sociaux et personnels	9. Servicios comunales, sociales y personales
.	.	.	14 000	7 000	8 000	0. Activités mal désignées	0. Actividades no bien especif.
1 000	1 000	.	31 000	16 000	15 000	— Chômeurs	— Desempleados
.	.	.	.	.	.	— Forces armées	— Fuerzas armadas
45 000	**20 000**	**26 000**	**50 000**	**24 000**	**25 000**	**Total**	**Total**

2 Structure of the economically active population
Structure de la population active
Estructura de la población económicamente activa

Industry (Major divisions of economic activity)	Total				Employers and own-account workers / Employeurs et personnes travaillant à leur propre compte / Empleadores y trabajadores por cuenta propia			Employees / Salariés / Empleados a sueldo o salario		
	Total	%	Males Hommes Hombres	Females Femmes Mujeres	Total	Males Hommes Hombres	Females Femmes Mujeres	Total	Males Hommes Hombres	Females Femmes Mujeres
France (1980) OE * †										
1. Agriculture, hunting, forestry & fishing	1 870 400	*8.2*	...	...	1 510 500	...	...	359 900	...	...
2. Mining & quarrying	144 400	*0.6*	...	...	4 400	...	...	140 000	...	...
3. Manufacturing	5 441 000	*23.7*	...	...	255 600	...	...	5 185 400	...	...
4. Electr., gas & water	185 400	*0.8*	...	...	800	...	...	184 600	...	...
5. Construction	1 833 300	*8.0*	...	...	321 500	...	...	1 511 800	...	...
6. Wholesale/retail trade, restaurants & hotels	3 379 400	*14.7*	...	...	826 500	...	...	2 552 900	...	...
7. Transport, storage & communication	1 335 800	*5.8*	...	...	62 700	...	...	1 273 100	...	...
8. Financing, insur., real estate & business serv.	1 543 100	*6.8*	...	...	144 400	...	...	1 398 700	...	...
9. Community, social & personal services	5 457 200	*23.7*	...	...	495 900	...	...	4 961 300	...	...
– Unemployed	1 455 300	*6.4*	586 300	869 000	...	...		...	...	...
– Armed forces	303 500	*1.3*	290 500	13 000				303 500	290 500	13 000
Total	**22 948 800**	*100.0*	**14 014 800**	**8 934 000**	**3 622 300**	**...**	**...**	**17 871 200**	**...**	**...**
Germany, Fed. Rep. of (1980) OE * †										
1. Agriculture, hunting, forestry & fishing	1 528 000	*5.7*	748 000	780 000	537 000	472 000	65 000	270 000	190 000	80 000
2. Mining & quarrying	339 000	*1.3*	318 000	21 000	6 000	6 000	–	332 000	312 000	20 000
3. Manufacturing	9 106 000	*34.1*	6 255 000	2 851 000	396 000	338 000	58 000	8 644 000	5 913 000	2 731 000
4. Electr., gas & water	231 000	*0.9*	201 000	30 000	–	–	–	231 000	201 000	30 000
5. Construction	1 964 000	*7.3*	1 805 000	159 000	176 000	169 000	7 000	1 768 000	1 635 000	133 000
6. Wholesale/retail trade, restaurants & hotels	3 788 000	*14.2*	1 677 000	2 111 000	668 000	459 000	209 000	2 934 000	1 203 000	1 731 000
7. Transport, storage & communication	1 520 000	*5.7*	1 225 000	295 000	89 000	80 000	9 000	1 422 000	1 144 000	278 000
8. Financing, insur., real estate & business serv.	1 445 000	*5.5*	783 000	662 000	203 000	175 000	28 000	1 221 000	608 000	613 000
9. Community, social & personal services	6 027 000	*22.5*	2 902 000	3 125 000	345 000	226 000	119 000	5 627 000	2 673 000	2 954 000
0. Not adequately defined	147 000	*0.6*	72 000	75 000	–	–	–	147 000	72 000	75 000
– Persons seeking their first job	59 000	*0.2*	27 000	32 000	.	.	.	.	.	.
– Armed forces	530 000	*2.0*	530 000	.	.	.	.	530 000	530 000	.
Total	**26 684 000**	*100.0*	**16 543 000**	**10 141 000**	**2 420 000**	**1 925 000**	**495 000**	**23 126 000**	**14 481 000**	**8 645 000**
Hongrie (I.80) OE †										
1. Agriculture, hunting, forestry & fishing	1 115 600	*22.0*	679 600	436 000	33 000	25 100	7 900	442 200	303 900	138 300
2–4. Min./quarrying; manuf.; electr., gas & water	1 697 300	*33.4*	937 600	759 700	30 200	21 000	9 200	1 469 300	849 700	619 600
5. Construction	403 600	*8.0*	331 600	72 000	19 200	18 700	500	339 600	275 900	63 700
6. Wholesale/retail trade, restaurants & hotels	488 100	*9.6*	174 700	313 400	11 700	4 000	7 700	474 100	170 100	304 000
7. Transport, storage & communication	407 300	*8.0*	306 900	100 400	6 000	5 700	300	400 400	300 300	100 100
8–0. Major div. 8, 9 & 0	961 700	*19.0*	372 500	589 200	13 500	6 300	7 200	925 200	360 200	565 000
Total	**5 073 600**	*100.0*	**2 802 900**	**2 270 700**	**113 600**	**80 800**	**32 800**	**4 050 800**	**2 260 100**	**1 790 700**

By industry, by status and by sex
Par industrie, d'après la situation dans la profession et par sexe
Por industria, según la situación en la ocupación y por sexo

Unpaid family workers / Travailleurs familiaux non rémunérés / Trabajadores familiares no remunerados			Not classifiable by status / Inclassables d'après la situation / Inclasificables según la situación			Industrie (Branches d'activité économique)	Industria (Grandes divisiones de actividad económica)
Total	Males / Hommes / Hombres	Females / Femmes / Mujeres	Total	Males / Hommes / Hombres	Females / Femmes / Mujeres		
...	...	...	...	...	...	1. Agriculture, chasse, sylviculture et pêche	1. Agricultura, caza, silvicultura y pesca
...	...	...	...	...	...	2. Industries extractives	2. Minas y canteras
...	...	...	...	...	...	3. Industries manufacturières	3. Industrias manufactureras
...	...	...	...	...	...	4. Électricité, gaz et eau	4. Electricidad, gas y agua
...	...	...	...	...	...	5. Construction	5. Construcción
...	...	...	...	...	...	6. Commerce (gros et détail); restaurants, hôtels	6. Comercio (por mayor y por menor); restaurantes, hoteles
...	...	...	...	...	...	7. Transports, entrepôts et communications	7. Transportes, almacenamiento y comunicaciones
...	...	...	...	...	...	8. Banques, assur., affaires imm., services aux entreprises	8. Bancos, seguros, bienes inmuebles, serv. para empresas
...	...	...	...	...	...	9. Services à la collectivité, services sociaux et personnels	9. Servicios comunales, sociales y personales
...	...	...	1 455 300	586 300	869 000	— Chômeurs	— Desempleados
.	.	.	.	.	.	— Forces armées	— Fuerzas armadas
...	...	...	**1 455 300**	**586 300**	**869 000**	**Total**	**Total**
721 000	86 000	635 000	.	.	.	1. Agriculture, chasse, sylviculture et pêche	1. Agricultura, caza, silvicultura y pesca
1 000	–	1 000	.	.	.	2. Industries extractives	2. Minas y canteras
66 000	4 000	62 000	.	.	.	3. Industries manufacturières	3. Industrias manufactureras
–	–	–	.	.	.	4. Électricité, gaz et eau	4. Electricidad, gas y agua
20 000	1 000	19 000	.	.	.	5. Construction	5. Construcción
186 000	15 000	171 000	.	.	.	6. Commerce (gros et détail); restaurants, hôtels	6. Comercio (por mayor y por menor); restaurantes, hoteles
9 000	1 000	8 000	.	.	.	7. Transports, entrepôts et communications	7. Transportes, almacenamiento y comunicaciones
21 000	–	21 000	.	.	.	8. Banques, assur., affaires imm., services aux entreprises	8. Bancos, seguros, bienes inmuebles, serv. para empresas
55 000	3 000	52 000	.	.	.	9. Services à la collectivité, services sociaux et personnels	9. Servicios comunales, sociales y personales
–	–	–	.	.	.	0. Activités mal désignées	0. Actividades no bien especif.
.	.	.	59 000	27 000	32 000	— Personnes en quête de leur premier emploi	— Personas en busca de su primer empleo
.	.	.	.	.	.	— Forces armées	— Fuerzas armadas
1 079 000	**110 000**	**969 000**	**59 000**	**27 000**	**32 000**	**Total**	**Total**
130 700	5 500	125 200	509 700	345 100	164 600	1. Agriculture, chasse, sylviculture et pêche	1. Agricultura, caza, silvicultura y pesca
2 900	800	2 100	194 900	66 100	128 800	2–4. Industries extract.; industries manuf.; électricité, gaz et eau	2–4. Minas y canteras; industrias manufact.; electr., gas y agua
700	400	300	44 100	36 600	7 500	5. Construction	5. Construcción
1 800	500	1 300	500	100	400	6. Commerce (gros et détail); restaurants, hôtels	6. Comercio (por mayor y por menor); restaurantes, hoteles
500	500	.	400	400	.	7. Transports, entrepôts et communications	7. Transportes, almacenamiento y comunicaciones
2 500	1 000	1 500	20 500	5 000	15 500	8–0. Branches 8, 9 et 0	8–0. Grandes divisiones 8, 9 y 0
139 100	**8 700**	**130 400**	**770 100**	**453 300**	**316 800**	**Total**	**Total**

2 Structure of the economically active population
Structure de la population active
Estructura de la población económicamente activa

Industry (Major divisions of economic activity)	Total				Employers and own-account workers / Employeurs et personnes travaillant à leur propre compte / Empleadores y trabajadores por cuenta propia			Employees / Salariés / Empleados a sueldo o salario		
	Total	%	Males / Hommes / Hombres	Females / Femmes / Mujeres	Total	Males / Hommes / Hombres	Females / Femmes / Mujeres	Total	Males / Hommes / Hombres	Females / Femmes / Mujeres
Ireland (VI.79) LFSS †										
1. Agriculture, hunting, forestry & fishing	221 800	*18.0*	201 600	20 300	160 800	152 600	8 200	27 600	26 400	1 200
2. Mining & quarrying	12 200	*0.9*	11 800	500	–	–	–	12 200	11 800	500
3. Manufacturing	242 300	*19.7*	175 800	66 500	10 700	9 600	1 000	231 500	166 100	65 300
4. Electr., gas & water	14 000	*1.1*	12 200	1 800	.	.	.	14 000	12 200	1 800
5. Construction	101 100	*8.2*	97 900	3 200	17 800	17 700	100	83 100	80 000	3 000
6. Wholesale/retail trade, restaurants & hotels	186 900	*15.1*	119 400	67 600	42 000	32 100	10 000	140 000	85 300	54 700
7. Transport, storage & communication	68 500	*5.6*	56 300	12 100	5 700	5 600	200	62 600	50 600	11 900
8. Financing, insur., real estate & business serv.	30 000	*2.0*	10 600	17 000	3 000	2 000	1 000	33 600	17 600	16 000
9. Community, social & personal services	246 000	*19.9*	115 400	130 600	15 700	11 800	3 900	229 700	103 700	126 100
0. Not adequately defined	7 100	*0.6*	4 400	2 700	–	–	–	7 100	4 400	2 700
_ Persons seeking their first job	14 400	*1.2*	8 600	5 800				.	.	.
_ Other unemployed	70 400	*5.7*	55 600	14 900	...	...	...	...	...	...
_ Armed forces	13 800	*1.1*	13 500	300	.	.	.	13 800	13 500	300
Total	**1 235 100**	***100.0***	**892 000**	**343 200**	**255 700**	**231 400**	**24 300**	**855 200**	**571 600**	**283 600**
Italie (1980) LFSS †										
1/2. Agriculture, hunting, forestry & fishing; mining & quarrying	2 925 000	*12.8*	1 870 000	1 055 000	1 393 000	1 060 000	334 000	1 097 000	681 000	417 000
3. Manufacturing	5 489 000	*24.1*	3 754 000	1 735 000	605 000	458 000	147 000	4 787 000	3 256 000	1 532 000
4. Electr., gas & water	222 000	*1.0*	203 000	19 000	20 000	19 000	1 000	201 000	184 000	17 000
5. Construction	2 061 000	*9.0*	1 992 000	69 000	426 000	419 000	6 000	1 609 000	1 552 000	57 000
6. Wholesale/retail trade, restaurants & hotels	3 832 000	*16.8*	2 559 000	1 273 000	1 652 000	1 225 000	426 000	1 694 000	1 180 000	515 000
7. Transport, storage & communication	1 145 000	*5.0*	1 015 000	130 000	158 000	154 000	4 000	976 000	854 000	122 000
8. Financing, insur., real estate & business serv.	526 000	*2.3*	373 000	154 000	44 000	38 000	5 000	479 000	333 000	146 000
9. Community, social & personal services	4 185 000	*18.4*	2 129 000	2 056 000	472 000	341 000	131 000	3 675 000	1 776 000	1 899 000
0. Not adequately defined	187 000	*0.8*	71 000	116 000	.	.	.	187 000	71 000	116 000
_ Persons seeking their first job	890 000	*3.9*	421 000	468 000	.	.	.	.	.	.
_ Other unemployed	808 000	*3.6*	294 000	514 000	...	...	...	...	...	...
_ Armed forces	535 000	*2.3*	535 000	.	.	.	.	535 000	535 000	.
Total	**22 804 000**	***100.0***	**15 215 000**	**7 588 000**	**4 770 000**	**3 714 000**	**1 054 000**	**15 242 000**	**10 421 000**	**4 821 000**

By industry, by status and by sex
Par industrie, d'après la situation dans la profession et par sexe
Por industria, según la situación en la ocupación y por sexo

Unpaid family workers / Travailleurs familiaux non rémunérés / Trabajadores familiares no remunerados			Not classifiable by status / Inclassables d'après la situation / Inclasificables según la situación			Industrie (Branches d'activité économique)	Industria (Grandes divisiones de actividad económica)
Total	Males / Hommes / Hombres	Females / Femmes / Mujeres	Total	Males / Hommes / Hombres	Females / Femmes / Mujeres		
33 500	22 600	10 800	...	...	...	1. Agriculture, chasse, sylviculture et pêche	1. Agricultura, caza, silvicultura y pesca
–	–	–	...	...	...	2. Industries extractives	2. Minas y canteras
200	100	100	...	...	...	3. Industries manufacturières	3. Industrias manufactureras
.	.	.	...	...	...	4. Électricité, gaz et eau	4. Electricidad, gas y agua
200	100	–	...	...	...	5. Construction	5. Construcción
5 000	2 000	3 000	...	...	...	6. Commerce (gros et détail); restaurants, hôtels	6. Comercio (por mayor y por menor); restaurantes, hoteles
200	200	100	...	...	...	7. Transports, entrepôts et communications	7. Transportes, almacenamiento y comunicaciones
–	–	–	...	...	...	8. Banques, assur., affaires imm., services aux entreprises	8. Bancos, seguros, bienes inmuebles, serv. para empresas
500	–	500	...	...	...	9. Services à la collectivité, services sociaux et personnels	9. Servicios comunales, sociales y personales
–	–	–	...	...	...	0. Activités mal désignées	0. Actividades no bien especif.
.	.	.	14 400	8 600	5 800	– Personnes en quête de leur premier emploi	– Personas en busca de su primer empleo
...	...	...	70 400	55 600	14 900	– Autres chômeurs	– Otros desempleados
.	.	.	.	.	.	– Forces armées	– Fuerzas armadas
39 500	**24 800**	**14 600**	**84 800**	**64 200**	**20 700**	**Total**	**Total**
434 000	129 000	305 000	...	...	...	1/2. Agriculture, chasse, sylviculture et pêche; industries extractives	1/2. Agricultura, caza, silvicultura y pesca; minas y canteras
97 000	40 000	57 000	...	...	...	3. Industries manufacturières	3. Industrias manufactureras
1 000	–	–	...	...	...	4. Électricité, gaz et eau	4. Electricidad, gas y agua
27 000	21 000	6 000	...	...	...	5. Construction	5. Construcción
486 000	153 000	333 000	...	...	...	6. Commerce (gros et détail); restaurants, hôtels	6. Comercio (por mayor y por menor); restaurantes, hoteles
12 000	8 000	4 000	...	...	...	7. Transports, entrepôts et communications	7. Transportes, almacenamiento y comunicaciones
4 000	1 000	3 000	...	...	...	8. Banques, assur., affaires imm., services aux entreprises	8. Bancos, seguros, bienes inmuebles, serv. para empresas
37 000	12 000	25 000	...	...	...	9. Services à la collectivité, services sociaux et personnels	9. Servicios comunales, sociales y personales
.	.	.	.	.	.	0. Activités mal désignées	0. Actividades no bien especif.
.	.	.	890 000	421 000	468 000	– Personnes en quête de leur premier emploi	– Personas en busca de su primer empleo
...	...	...	808 000	294 000	514 000	– Autres chômeurs	– Otros desempleados
.	.	.	.	.	.	– Forces armées	– Fuerzas armadas
1 098 000	**364 000**	**733 000**	**1 698 000**	**715 000**	**982 000**	**Total**	**Total**

2 Structure of the economically active population
Structure de la population active
Estructura de la población económicamente activa

Industry (Major divisions of economic activity)	Total				Employers and own-account workers / Employeurs et personnes travaillant à leur propre compte / Empleadores y trabajadores por cuenta propia			Employees / Salariés / Empleados a sueldo o salario		
	Total	%	Males Hommes Hombres	Females Femmes Mujeres	Total	Males Hommes Hombres	Females Femmes Mujeres	Total	Males Hommes Hombres	Females Femmes Mujeres
Malta (XII.79) OE †										
1. Agriculture, hunting, forestry & fishing	7 271	*5.9*	6 483	788	6 397	5 764	633	874	719	155
2. Mining & quarrying	868	*0.7*	829	39	87	87	.	781	742	39
3. Manufacturing	39 454	*32.2*	24 276	15 178	2 384	2 204	180	37 070	22 072	14 998
4. Electr., gas & water	1 106	*0.9*	1 075	31	.	.	.	1 106	1 075	31
5. Construction	4 867	*4.0*	4 823	44	1 876	1 873	3	2 991	2 950	41
6. Wholesale/retail trade, restaurants & hotels	19 745	*16.1*	14 011	5 734	6 468	4 541	1 927	13 277	9 470	3 807
7. Transport, storage & communication	7 739	*6.3*	6 884	855	1 406	1 400	6	6 333	5 484	849
8. Financing, insur., real estate & business serv.	2 439	*2.0*	1 567	872	56	50	6	2 383	1 517	866
9. Community, social & personal services	7 847	*6.4*	4 015	3 832	1 378	863	515	6 469	3 152	3 317
0. Not adequately defined	27 926	*22.8*	23 504	4 422	.	.	.	27 926	23 504	4 422
— Unemployed	3 294	*2.7*	2 994	300	...	...	...	...	...	...
Total	**122 556**	*100.0*	**90 461**	**32 095**	**20 052**	**16 782**	**3 270**	**99 210**	**70 685**	**28 525**
Netherlands (III–V.77) LFSS †										
1. Agriculture, hunting, forestry & fishing	281 000	*5.6*	234 000	46 000	150 000	142 000	8 000	93 000	83 000	9 000
2. Mining & quarrying	9 000	*0.1*	8 000	1 000	–	–	–	9 000	8 000	1 000
3. Manufacturing	1 114 000	*22.1*	954 000	159 000	31 000	28 000	3 000	1 077 000	926 000	152 000
4. Electr., gas & water	45 000	*0.8*	43 000	3 000	–	–	–	45 000	43 000	3 000
5. Construction	500 000	*9.9*	477 000	23 000	40 000	39 000	1 000	455 000	437 000	18 000
6. Wholesale/retail trade, restaurants & hotels	767 000	*15.2*	473 000	294 000	148 000	119 000	29 000	575 000	352 000	222 000
7. Transport, storage & communication	310 000	*6.1*	275 000	36 000	12 000	12 000	–	296 000	262 000	33 000
8. Financing, insur., real estate & business serv.	345 000	*6.8*	231 000	114 000	26 000	23 000	3 000	316 000	208 000	108 000
9. Community, social & personal services	1 423 000	*28.2*	781 000	642 000	63 000	47 000	16 000	1 349 000	733 000	616 000
0. Not adequately defined	11 000	*0.2*	7 000	3 000	1 000	1 000	–	10 000	7 000	3 000
— Unemployed	252 000	*5.0*	...	...	...	...	...	...	...	...
Total	**5 058 000**	*100.0*	**3 484 000**	**1 322 000**	**471 000**	**411 000**	**60 000**	**4 224 000**	**3 059 000**	**1 166 000**
Norway (1980) LFSS †										
1. Agriculture, hunting, forestry & fishing	161 000	*8.3*	114 000	48 000	81 000	73 000	8 000	37 000	30 000	7 000
2–4. Min./quarrying; manuf.; electr., gas & water	421 000	*21.6*	325 000	98 000	11 000	9 000	2 000	408 000	313 000	95 000
5. Construction	146 000	*7.5*	138 000	9 000	27 000	27 000	–	118 000	110 000	8 000
6. Wholesale/retail trade, restaurants & hotels	327 000	*16.8*	149 000	177 000	27 000	19 000	8 000	290 000	128 000	162 000
7. Transport, storage & communication	171 000	*8.8*	133 000	38 000	14 000	14 000	–	154 000	118 000	36 000
8. Financing, insur., real estate & business serv.	110 000	*5.7*	60 000	50 000	9 000	8 000	1 000	99 000	51 000	48 000
9. Community, social & personal services	574 000	*29.5*	208 000	366 000	27 000	14 000	13 000	544 000	195 000	349 000
0. Not adequately defined	3 000	*0.1*	2 000	1 000	1 000	–	1 000	2 000	1 000	–
— Unemployed	33 000	*1.7*	14 000	19 000	...	...	...	...	...	...
Total	**1 946 000**	*100.0*	**1 141 000**	**805 000**	**197 000**	**163 000**	**34 000**	**1 652 000**	**947 000**	**705 000**

By industry, by status and by sex
Par industrie, d'après la situation dans la profession et par sexe
Por industria, según la situación en la ocupación y por sexo

Unpaid family workers / Travailleurs familiaux non rémunérés / Trabajadores familiares no remunerados			Not classifiable by status / Inclassables d'après la situation / Inclasificables según la situación			Industrie (Branches d'activité économique)	Industria (Grandes divisiones de actividad económica)
Total	Males / Hommes / Hombres	Females / Femmes / Mujeres	Total	Males / Hommes / Hombres	Females / Femmes / Mujeres		
...	...	...	...	...	...	1. Agriculture, chasse, sylviculture et pêche	1. Agricultura, caza, silvicultura y pesca
...	...	...	...	...	...	2. Industries extractives	2. Minas y canteras
...	...	...	...	...	...	3. Industries manufacturières	3. Industrias manufactureras
...	...	...	...	...	...	4. Électricité, gaz et eau	4. Electricidad, gas y agua
...	...	...	...	...	...	5. Construction	5. Construcción
...	...	...	...	...	...	6. Commerce (gros et détail); restaurants, hôtels	6. Comercio (por mayor y por menor); restaurantes, hoteles
...	...	...	...	...	...	7. Transports, entrepôts et communications	7. Transportes, almacenamiento y comunicaciones
...	...	...	...	...	...	8. Banques, assur., affaires imm., services aux entreprises	8. Bancos, seguros, bienes inmuebles, serv. para empresas
...	...	...	...	...	...	9. Services à la collectivité, services sociaux et personnels	9. Servicios comunales, sociales y personales
...	...	...	...	...	...	0. Activités mal désignées	0. Actividades no bien especif.
...	...	...	3 294	2 994	300	— Chômeurs	— Desempleados
...	**...**	**...**	**3 294**	**2 994**	**300**	**Total**	**Total**
38 000	9 000	29 000	...	...	...	1. Agriculture, chasse, sylviculture et pêche	1. Agricultura, caza, silvicultura y pesca
–	–	–	...	...	...	2. Industries extractives	2. Minas y canteras
7 000	1 000	6 000	...	...	...	3. Industries manufacturières	3. Industrias manufactureras
–	–	–	...	...	...	4. Électricité, gaz et eau	4. Electricidad, gas y agua
5 000	1 000	4 000	...	...	...	5. Construction	5. Construcción
45 000	3 000	42 000	...	...	...	6. Commerce (gros et détail); restaurants, hôtels	6. Comercio (por mayor y por menor); restaurantes, hoteles
2 000	–	2 000	...	...	...	7. Transports, entrepôts et communications	7. Transportes, almacenamiento y comunicaciones
3 000	–	3 000	...	...	...	8. Banques, assur., affaires imm., services aux entreprises	8. Bancos, seguros, bienes inmuebles, serv. para empresas
11 000	–	10 000	...	...	...	9. Services à la collectivité, services sociaux et personnels	9. Servicios comunales, sociales y personales
–	–	–	...	...	...	0. Activités mal désignées	0. Actividades no bien especif.
...	...	...	...	...	...	— Chômeurs	— Desempleados
111 000	**14 000**	**97 000**	**252 000**	**...**	**...**	**Total**	**Total**
43 000	10 000	33 000	...	...	...	1. Agriculture, chasse, sylviculture et pêche	1. Agricultura, caza, silvicultura y pesca
1 000	–	1 000	...	...	...	2–4. Industries extract.; industries manuf.; électricité, gaz et eau	2–4. Minas y canteras; industrias manufact.; electr., gas y agua
–	–	–	...	...	...	5. Construction	5. Construcción
9 000	2 000	7 000	...	...	...	6. Commerce (gros et détail); restaurants, hôtels	6. Comercio (por mayor y por menor); restaurantes, hoteles
2 000	1 000	1 000	...	...	...	7. Transports, entrepôts et communications	7. Transportes, almacenamiento y comunicaciones
–	–	–	...	...	...	8. Banques, assur., affaires imm., services aux entreprises	8. Bancos, seguros, bienes inmuebles, serv. para empresas
2 000	–	2 000	...	...	...	9. Services à la collectivité, services sociaux et personnels	9. Servicios comunales, sociales y personales
1 000	1 000	–	...	...	...	0. Activités mal désignées	0. Actividades no bien especif.
...	...	...	33 000	14 000	19 000	— Chômeurs	— Desempleados
58 000	**14 000**	**44 000**	**33 000**	**14 000**	**19 000**	**Total**	**Total**

2 Structure of the economically active population
Structure de la population active
Estructura de la población económicamente activa

Industry (Major divisions of economic activity)	Total				Employers and own-account workers / Employeurs et personnes travaillant à leur propre compte / Empleadores y trabajadores por cuenta propia			Employees / Salariés / Empleados a sueldo o salario		
	Total	%	Males Hommes Hombres	Females Femmes Mujeres	Total	Males Hommes Hombres	Females Femmes Mujeres	Total	Males Hommes Hombres	Females Femmes Mujeres
Pologne (7 XII.78) C †										
– Agriculture, hunting, forestry & fishing (excl. sea fishing)	5 419 194	*30.2*	2 758 802	2 660 392	2 098 726	1 377 550	721 176	1 044 843	770 509	274 334
– Coal mining	413 257	*2.3*	365 806	47 451	.	.	.	413 257	365 806	47 451
– Other mining & quarrying, manufacturing, gas product. & sea fishing	4 826 707	*26.8*	2 813 794	2 012 913	115 158	94 373	20 785	4 695 990	2 713 059	1 982 931
– Electricity & water	130 274	*0.8*	101 021	29 253	.	.	.	130 274	101 021	29 253
– Construction	1 481 525	*8.2*	1 228 826	252 699	47 515	47 014	501	1 431 458	1 180 021	251 437
– Wholesale/retail trade, restaurants	1 374 021	*7.7*	384 077	989 944	19 903	8 872	11 031	1 348 693	373 382	975 311
– Transport, storage & communication	1 220 443	*6.8*	928 491	291 952	58 926	58 316	610	1 161 071	869 855	291 216
– Financing, insur., real estate & services (incl. hotels)	3 096 705	*17.2*	1 225 428	1 871 277	23 894	14 011	9 883	3 070 672	1 210 842	1 859 830
Total	**17 962 126**	*100.0*	**9 806 245**	**8 155 881**	**2 364 122**	**1 600 136**	**763 986**	**13 296 258**	**7 584 495**	**5 711 763**
Portugal (VII–XII.80) LFSS †										
1. Agriculture, hunting, forestry & fishing	1 097 000	*25.0*	541 000	556 000	368 000	296 000	64 000	238 000	145 000	93 000
2. Mining & quarrying	23 000	*0.5*	23 000	1 000	1 000	1 000	–	21 000	21 000	–
3. Manufacturing	1 090 000	*24.8*	666 000	423 000	80 000	52 000	28 000	980 000	602 000	378 000
4. Electr., gas & water	19 000	*0.5*	17 000	2 000	–	–	–	19 000	17 000	2 000
5. Construction	385 000	*8.7*	376 000	9 000	32 000	32 000	–	346 000	338 000	8 000
6. Wholesale/retail trade, restaurants & hotels	494 000	*11.3*	290 000	204 000	138 000	101 000	37 000	291 000	176 000	115 000
7. Transport, storage & communication	164 000	*3.7*	138 000	26 000	13 000	13 000	–	146 000	123 000	23 000
8. Financing, insur., real estate & business serv.	83 000	*1.9*	60 000	23 000	9 000	8 000	1 000	72 000	49 000	23 000
9. Community, social & personal services	756 000	*17.2*	345 000	412 000	46 000	38 000	8 000	698 000	298 000	400 000
– Persons seeking their first job	177 000	*4.1*	50 000	127 000	.	.	.	.	.	.
– Armed forces	88 000	*2.0*	88 000	.	.	.	.	88 000	88 000	.
Total	**4 391 000**	*100.0*	**2 611 000**	**1 780 000**	**699 000**	**547 000**	**152 000**	**2 913 000**	**1 872 000**	**1 041 000**
Suisse (1980) OE										
1. Agriculture, hunting, forestry & fishing	218 400	*7.2*	...	...	...	...	...	...	...	...
2. Mining & quarrying	5 500	*0.2*	...	...	...	...	...	...	...	...
3. Manufacturing	970 400	*32.2*	...	...	...	...	...	...	...	...
4. Electr., gas & water	29 300	*0.9*	...	...	...	...	...	...	...	...
5. Construction	191 600	*6.4*	...	...	...	...	...	...	...	...
6. Wholesale/retail trade, restaurants & hotels	586 400	*19.4*	...	...	...	...	...	...	...	...
7. Transport, storage & communication	180 400	*6.0*	...	...	...	...	...	...	...	...
8. Financing, insur., real estate & business serv.	246 100	*8.1*	...	...	...	...	...	...	...	...
9. Community, social & personal services	584 100	*19.4*	...	...	...	...	...	...	...	...
– Unemployed	6 300	*0.2*	3 700	2 600	...	...	...	...	...	...
Total	**3 018 500**	*100.0*	**1 963 900**	**1 054 600**	...	...	...	...	...	...

By industry, by status and by sex
Par industrie, d'après la situation dans la profession et par sexe
Por industria, según la situación en la ocupación y por sexo

Unpaid family workers / Travailleurs familiaux non rémunérés / Trabajadores familiares no remunerados			Not classifiable by status / Inclassables d'après la situation / Inclasificables según la situación			Industrie (Branches d'activité économique)	Industria (Grandes divisiones de actividad económica)
Total	Males / Hommes / Hombres	Females / Femmes / Mujeres	Total	Males / Hommes / Hombres	Females / Femmes / Mujeres		
2 154 316	516 854	1 637 462	121 309	93 889	27 420	Agriculture, chasse, sylviculture et pêche (non compris la pêche maritime)	Agricultura, caza, silvicultura y pesca (excl. la pesca marítima)
.	.	.	.	.	.	Mines de charbon	Minas de carbón
15 559	6 362	9 197	.	.	.	Autres industries extract., ind. manufacturières, production de gaz et pêche maritime	Otras minas y canteras, ind. manufactureras, prod. del gas y pesca marítima
.	.	.	.	.	.	Électricité et eau	Electricidad y agua
2 552	1 791	761	.	.	.	Construction	Construcción
5 425	1 823	3 602	.	.	.	Commerce (gros et détail), restaurants	Comercio (por mayor y por menor), restaurantes
446	320	126	.	.	.	Transports, entrepôts et communications	Transportes, almacenamiento y comunicaciones
2 139	575	1 564	.	.	.	Banques, assurances, affaires immobilières, services (y compris hôtels)	Bancos, seguros, bienes inmuebles y servicios (incl. hoteles)
2 180 437	**527 725**	**1 652 712**	**121 309**	**93 889**	**27 420**	**Total**	**Total**
481 000	92 000	389 000	.	.	.	1. Agriculture, chasse, sylviculture et pêche	1. Agricultura, caza, silvicultura y pesca
–	–	–	.	.	.	2. Industries extractives	2. Minas y canteras
17 000	7 000	10 000	.	.	.	3. Industries manufacturières	3. Industrias manufactureras
–	–	–	.	.	.	4. Électricité, gaz et eau	4. Electricidad, gas y agua
4 000	4 000	–	.	.	.	5. Construction	5. Construcción
65 000	9 000	56 000	.	.	.	6. Commerce (gros et détail); restaurants, hôtels	6. Comercio (por mayor y por menor); restaurantes, hoteles
2 000	1 000	1 000	.	.	.	7. Transports, entrepôts et communications	7. Transportes, almacenamiento y comunicaciones
–	–	–	.	.	.	8. Banques, assur., affaires imm., services aux entreprises	8. Bancos, seguros, bienes inmuebles, serv. para empresas
4 000	3 000	1 000	.	.	.	9. Services à la collectivité, services sociaux et personnels	9. Servicios comunales, sociales y personales
.	.	.	177 000	50 000	127 000	Personnes en quête de leur premier emploi	Personas en busca de su primer empleo
.	.	.	.	.	.	Forces armées	Fuerzas armadas
570 000	**121 000**	**449 000**	**177 000**	**50 000**	**127 000**	**Total**	**Total**
...	...	...	...	...	...	1. Agriculture, chasse, sylviculture et pêche	1. Agricultura, caza, silvicultura y pesca
...	...	...	...	...	...	2. Industries extractives	2. Minas y canteras
...	...	...	...	...	...	3. Industries manufacturières	3. Industrias manufactureras
...	...	...	...	...	...	4. Électricité, gaz et eau	4. Electricidad, gas y agua
...	...	...	...	...	...	5. Construction	5. Construcción
...	...	...	...	...	...	6. Commerce (gros et détail); restaurants, hôtels	6. Comercio (por mayor y por menor); restaurantes, hoteles
...	...	...	...	...	...	7. Transports, entrepôts et communications	7. Transportes, almacenamiento y comunicaciones
...	...	...	...	...	...	8. Banques, assur., affaires imm., services aux entreprises	8. Bancos, seguros, bienes inmuebles, serv. para empresas
...	...	...	...	...	...	9. Services à la collectivité, services sociaux et personnels	9. Servicios comunales, sociales y personales
...	...	...	6 300	3 700	2 600	Chômeurs	Desempleados
...	...	...	**6 300**	**3 700**	**2 600**	**Total**	**Total**

2 Structure of the economically active population
Structure de la population active
Estructura de la población económicamente activa

Industry (Major divisions of economic activity)	Total				Employers and own-account workers / Employeurs et personnes travaillant à leur propre compte / Empleadores y trabajadores por cuenta propia			Employees / Salariés / Empleados a sueldo o salario		
	Total	%	Males Hommes Hombres	Females Femmes Mujeres	Total	Males Hommes Hombres	Females Femmes Mujeres	Total	Males Hommes Hombres	Females Femmes Mujeres
Sweden (1980) LFSS †										
1. Agriculture, hunting, forestry & fishing	237 000	*5.5*	177 600	59 400	135 200	104 900	30 300	82 900	68 400	14 600
2. Mining & quarrying	14 900	*0.3*	13 600	1 300	300	300	–	14 500	13 300	1 300
3. Manufacturing	1 025 300	*23.8*	749 800	275 500	22 000	17 000	5 000	1 002 500	732 500	270 000
4. Electr., gas & water	36 500	*0.8*	31 100	5 500	–	–	–	36 500	31 100	5 500
5. Construction	286 600	*6.7*	260 300	26 300	29 300	27 800	1 500	256 900	232 500	24 400
6. Wholesale/retail trade, restaurants & hotels	581 600	*13.4*	281 400	300 100	50 700	30 600	20 100	529 200	250 300	278 900
7. Transport, storage & communication	295 300	*6.9*	214 200	81 100	24 800	22 900	1 900	270 000	191 100	78 900
8. Financing, insur., real estate & business serv.	282 800	*6.5*	154 600	128 300	13 600	11 000	2 500	269 100	143 500	125 600
9. Community, social & personal services	1 471 600	*34.1*	443 800	1 027 800	38 600	24 200	14 500	1 432 700	419 600	1 013 100
— Unemployed	85 500	*2.0*	40 200	45 300	...	...	...	...	...	...
Total	**4 317 700**	*100.0*	**2 366 900**	**1 950 600**	**314 500**	**238 600**	**75 900**	**3 894 500**	**2 082 700**	**1 812 500**
United Kingdom (VI.79) OE †										
1. Agriculture, hunting, forestry & fishing	632 000	*2.4*	511 000	121 000	...	...	...	...	...	...
2. Mining & quarrying	338 000	*1.3*	322 000	16 000	...	...	...	...	...	...
3. Manufacturing	7 276 000	*27.6*	5 143 000	2 133 000	...	...	...	...	...	...
4. Electr., gas & water	354 000	*1.3*	284 000	70 000	...	...	...	...	...	...
5. Construction	1 679 000	*6.4*	1 572 000	107 000	...	...	...	...	...	...
6. Wholesale/retail trade, restaurants & hotels	4 293 000	*16.3*	1 922 000	2 371 000	...	...	...	...	...	...
7. Transport, storage & communication	1 560 000	*5.9*	1 279 000	281 000	...	...	...	...	...	...
8. Financing, insur., real estate & business serv.	1 504 000	*5.7*	732 000	772 000	...	...	...	...	...	...
9. Community, social & personal services	7 076 000	*26.8*	3 073 000	4 003 000	...	...	...	...	...	...
— Unemployed	1 344 000	*5.1*	930 000	414 000	...	...	...	...	...	...
— Armed forces	314 000	*1.2*	299 000	15 000	...	...	...	...	...	...
Total	**26 369 000**	*100.0*	**16 067 000**	**10 302 000**	**1 886 000**	**1 514 000**	**372 000**	**22 825 000**	**13 324 000**	**9 501 000**

OCEANIA

Industry (Major divisions of economic activity)	Total	%	Males	Females	Employers Total	Employers Males	Employers Females	Employees Total	Employees Males	Employees Females
Australia (30.VI.76) CS * †										
1. Agriculture, hunting, forestry & fishing	404 577	*6.7*	274 668	129 909	258 552	...	...	111 913	...	...
2. Mining & quarrying	72 687	*1.2*	67 373	5 314	1 568	...	...	71 069	...	...
3. Manufacturing	1 138 528	*18.8*	847 762	290 766	44 703	...	...	1 092 242	...	...
4. Electr., gas & water	103 008	*1.7*	95 101	7 907	.	...	...	103 008	...	...
5. Construction	429 680	*7.1*	391 243	38 437	108 076	...	...	319 760	...	...
6. Wholesale/retail trade, restaurants & hotels	1 114 248	*18.4*	692 342	421 906	206 045	...	...	902 123	...	...
7. Transport, storage & communication	399 747	*6.6*	331 349	68 398	44 358	...	...	354 492	...	...
8. Financing, insur., real estate & business serv.	417 861	*6.9*	230 936	186 925	52 686	...	...	364 265	...	...
9. Community, social & personal services	1 316 301	*21.7*	581 918	734 383	58 923	...	...	1 254 189	...	...
0. Not adequately defined	391 511	*6.5*	204 912	186 599	27 044	...	...	328 348	...	...
— Unemployed	266 839	*4.4*	157 715	109 124	...	...	...	...	...	...
Total	**6 054 985**	*100.0*	**3 875 318**	**2 179 667**	**801 954**	**561 276**	**240 678**	**4 901 408**	**3 139 218**	**1 762 190**

By industry, by status and by sex
Par industrie, d'après la situation dans la profession et par sexe
Por industria, según la situación en la ocupación y por sexo

Unpaid family workers / Travailleurs familiaux non rémunérés / Trabajadores familiares no remunerados			Not classifiable by status / Inclassables d'après la situation / Inclasificables según la situación			Industrie (Branches d'activité économique)	Industria (Grandes divisiones de actividad económica)
Total	Males / Hommes / Hombres	Females / Femmes / Mujeres	Total	Males / Hommes / Hombres	Females / Femmes / Mujeres		
18 900	4 300	14 500	...	...	...	1. Agriculture, chasse, sylviculture et pêche	1. Agricultura, caza, silvicultura y pesca
–	–	–	...	...	...	2. Industries extractives	2. Minas y canteras
700	200	500	...	...	...	3. Industries manufacturières	3. Industrias manufactureras
–	–	–	...	...	...	4. Électricité, gaz et eau	4. Electricidad, gas y agua
400	–	400	...	...	...	5. Construction	5. Construcción
1 700	600	1 100	...	...	...	6. Commerce (gros et détail); restaurants, hôtels	6. Comercio (por mayor y por menor); restaurantes, hoteles
400	200	300	...	...	...	7. Transports, entrepôts et communications	7. Transportes, almacenamiento y comunicaciones
200	–	200	...	...	...	8. Banques, assur., affaires imm., services aux entreprises	8. Bancos, seguros, bienes inmuebles, serv. para empresas
300	100	200	...	...	...	9. Services à la collectivité, services sociaux et personnels	9. Servicios comunales, sociales y personales
...	...	...	85 500	40 200	45 300	– Chômeurs	– Desempleados
22 500	**5 400**	**17 100**	**85 500**	**40 200**	**45 300**	**Total**	**Total**
...	...	...	...	...	...	1. Agriculture, chasse, sylviculture et pêche	1. Agricultura, caza, silvicultura y pesca
...	...	...	...	...	...	2. Industries extractives	2. Minas y canteras
...	...	...	...	...	...	3. Industries manufacturières	3. Industrias manufactureras
...	...	...	...	...	...	4. Électricité, gaz et eau	4. Electricidad, gas y agua
...	...	...	...	...	...	5. Construction	5. Construcción
...	...	...	...	...	...	6. Commerce (gros et détail); restaurants, hôtels	6. Comercio (por mayor y por menor); restaurantes, hoteles
...	...	...	...	...	...	7. Transports, entrepôts et communications	7. Transportes, almacenamiento y comunicaciones
...	...	...	...	...	...	8. Banques, assur., affaires imm., services aux entreprises	8. Bancos, seguros, bienes inmuebles, serv. para empresas
...	...	...	...	...	...	9. Services à la collectivité, services sociaux et personnels	9. Servicios comunales, sociales y personales
...	...	...	1 344 000	930 000	414 000	– Chômeurs	– Desempleados
...	...	...	314 000	299 000	15 000	– Forces armées	– Fuerzas armadas
...	**...**	**...**	**1 658 000**	**1 229 000**	**429 000**	**Total**	**Total**
							OCÉANIE – OCEANIA
34 113	...	...	...	...	...	1. Agriculture, chasse, sylviculture et pêche	1. Agricultura, caza, silvicultura y pesca
51	...	...	...	...	...	2. Industries extractives	2. Minas y canteras
1 581	...	...	...	...	...	3. Industries manufacturières	3. Industrias manufactureras
.	...	...	...	...	...	4. Électricité, gaz et eau	4. Electricidad, gas y agua
1 845	...	...	...	...	...	5. Construction	5. Construcción
6 081	...	...	...	...	...	6. Commerce (gros et détail); restaurants, hôtels	6. Comercio (por mayor y por menor); restaurantes, hoteles
897	...	...	...	...	...	7. Transports, entrepôts et communications	7. Transportes, almacenamiento y comunicaciones
911	...	...	...	...	...	8. Banques, assur., affaires imm., services aux entreprises	8. Bancos, seguros, bienes inmuebles, serv. para empresas
3 186	...	...	...	...	...	9. Services à la collectivité, services sociaux et personnels	9. Servicios comunales, sociales y personales
36 119	...	...	...	...	...	0. Activités mal désignées	0. Actividades no bien especif.
...	...	...	266 839	...	...	– Chômeurs	– Desempleados
84 783	**17 109**	**67 674**	**266 839**	**157 715**	**109 124**	**Total**	**Total**

2 Structure of the economically active population
Structure de la population active
Estructura de la población económicamente activa

Industry (Major divisions of economic activity)	Total				Employers and own-account workers / Employeurs et personnes travaillant à leur propre compte / Empleadores y trabajadores por cuenta propia			Employees / Salariés / Empleados a sueldo o salario		
	Total	%	Males Hommes Hombres	Females Femmes Mujeres	Total	Males Hommes Hombres	Females Femmes Mujeres	Total	Males Hommes Hombres	Females Femmes Mujeres
Australia (VIII.79) LFSS †										
1. Agriculture, hunting, forestry & fishing	399 000	*6.2*	317 000	82 000	...	...	...	...	...	...
2. Mining & quarrying	82 000	*1.2*	78 000	5 000	...	...	...	...	...	...
3/4. Manufacturing; electric i ty, gas & water	1 339 000	*20.7*	1 023 000	316 000	...	...	...	...	...	...
5. Construction	466 000	*7.2*	422 000	44 000	...	...	...	...	...	...
6. Wholesale/retail trade, restaurants & hotels	1 224 000	*18.8*	707 000	518 000	...	...	...	...	...	...
7. Transport, storage & communication	471 000	*7.3*	393 000	78 000	...	...	...	...	...	...
8. Financing, insur., real estate & business serv.	483 000	*7.4*	268 000	215 000	...	...	...	...	...	...
9. Community, social & personal services	1 578 000	*24.4*	697 000	878 000	...	...	...	...	...	...
— Unemployed	374 000	*5.7*	196 000	178 000	...	...	...	...	...	...
— Armed forces	70 000	*1.1*	66 000	4 000	.	.	.	.	.	.
Total	**6 485 000**	***100.0***	**4 167 000**	**2 319 000**	**955 000**	**693 000**	**262 000**	**5 062 000**	**3 202 000**	**1 860 000**
Cook Islands (1.XII.76) C										
1. Agriculture, hunting, forestry & fishing	1 175	*21.8*	1 153	22	727	721	6	289	284	5
2. Mining & quarrying	11	*0.2*	11	.	.	.	.	11	11	.
3. Manufacturing	520	*9.7*	206	314	52	10	42	465	193	272
4. Electr., gas & water	81	*1.5*	76	5	2	2	.	79	74	5
5. Construction	275	*5.1*	266	9	21	21	.	250	241	9
6. Wholesale/retail trade, restaurants & hotels	495	*9.2*	230	265	80	49	31	409	179	230
7. Transport, storage & communication	437	*8.1*	393	44	12	9	3	425	384	41
8. Financing, insur., real estate & business serv.	39	*0.7*	21	18	3	3	.	36	18	18
9. Community, social & personal services	1 765	*32.8*	1 165	600	23	18	5	1 739	1 144	595
0. Not adequately defined	586	*10.9*	329	257	12	9	3	13	12	1
Total	**5 384**	***100.0***	**3 850**	**1 534**	**932**	**842**	**90**	**3 716**	**2 540**	**1 176**
Guam (XII.79) LFSS †										
1. Agriculture, hunting, forestry & fishing	100	*0.3*	...	...	...	...	...	...	...	...
2/3. Mining & quarrying, manufacturing	1 200	*3.4*		...	...	...	...	...	...	...
4,7. Electr., gas & water; transport, storage & communication	2 700	*7.5*		...	...	...	...	...	...	...
5. Construction	2 900	*8.2*		...	...	...	...	...	...	...
6. Wholesale/retail trade, restaurants & hotels	7 000	*19.7*		...	...	...	...	...	...	...
8. Financing, insur., real estate & business serv.	1 200	*3.4*		...	...	...	...	...	...	...
9. Community, social & personal services	18 200	*51.1*		...	...	...	...	...	...	...
— Unemployed	2 260	*6.4*	930	1 330	...	...	...	...	...	...
Total	**35 560**	***100.0***	**...**	**...**	**...**	**...**	**...**	**...**	**...**	**...**

By industry, by status and by sex
Par industrie, d'après la situation dans la profession et par sexe
Por industria, según la situación en la ocupación y por sexo

Unpaid family workers / Travailleurs familiaux non rémunérés / Trabajadores familiares no remunerados			Not classifiable by status / Inclassables d'après la situation / Inclasificables según la situación			Industrie (Branches d'activité économique)	Industria (Grandes divisiones de actividad económica)
Total	Males / Hommes / Hombres	Females / Femmes / Mujeres	Total	Males / Hommes / Hombres	Females / Femmes / Mujeres		
...	...	...	...	...	...	1. Agriculture, chasse, sylviculture et pêche	1. Agricultura, caza, silvicultura y pesca
...	...	...	...	...	...	2. Industries extractives	2. Minas y canteras
...	...	...	...	...	...	3/4. Industries manufacturières; électricité, gaz et eau	3/4. Industrias manufactureras; electricidad, gas y agua
...	...	...	...	...	...	5. Construction	5. Construcción
...	...	...	...	...	...	6. Commerce (gros et détail); restaurants, hôtels	6. Comercio (por mayor y por menor); restaurantes, hoteles
...	...	...	...	...	...	7. Transports, entrepôts et communications	7. Transportes, almacenamiento y comunicaciones
...	...	...	...	...	...	8. Banques, assur., affaires imm., services aux entreprises	8. Bancos, seguros, bienes inmuebles, serv. para empresas
...	...	...	...	...	...	9. Services à la collectivité, services sociaux et personnels	9. Servicios comunales, sociales y personales
...	...	...	374 000	196 000	178 000	— Chômeurs	— Desempleados
.	.	.	70 000	66 000	4 000	— Forces armées	— Fuerzas armadas
24 000	**9 000**	**15 000**	**444 000**	**262 000**	**182 000**	**Total**	**Total**
159	148	11	...	...	...	1. Agriculture, chasse, sylviculture et pêche	1. Agricultura, caza, silvicultura y pesca
.	.	.	...	...	...	2. Industries extractives	2. Minas y canteras
3	3	.	...	...	...	3. Industries manufacturières	3. Industrias manufactureras
.	.	.	...	...	...	4. Électricité, gaz et eau	4. Electricidad, gas y agua
4	4	.	...	...	...	5. Construction	5. Construcción
6	2	4	...	...	...	6. Commerce (gros et détail); restaurants, hôtels	6. Comercio (por mayor y por menor); restaurantes, hoteles
.	.	.	...	...	...	7. Transports, entrepôts et communications	7. Transportes, almacenamiento y comunicaciones
.	.	.	...	...	...	8. Banques, assur., affaires imm., services aux entreprises	8. Bancos, seguros, bienes inmuebles, serv. para empresas
3	3	.	...	...	...	9. Services à la collectivité, services sociaux et personnels	9. Servicios comunales, sociales y personales
300	156	144	261	152	109	0. Activités mal désignées	0. Actividades no bien especif.
475	**316**	**159**	**261**	**152**	**109**	**Total**	**Total**
...	...	...	...	...	...	1. Agriculture, chasse, sylviculture et pêche	1. Agricultura, caza, silvicultura y pesca
...	...	...	...	...	...	2/3. Industries extractives et industries manufacturières	2/3. Minas y canteras, industrias manufactureras
...	...	...	...	...	...	4,7. Électricité, gaz et eau; transports, entrepôts et communications	4,7. Electricidad, gas y agua; transportes, almacenamiento y comunicaciones
...	...	...	...	...	...	5. Construction	5. Construcción
...	...	...	...	...	...	6. Commerce (gros et détail); restaurants, hôtels	6. Comercio (por mayor y por menor); restaurantes, hoteles
...	...	...	...	...	...	8. Banques, assur., affaires imm., services aux entreprises	8. Bancos, seguros, bienes inmuebles, serv. para empresas
...	...	...	...	...	...	9. Services à la collectivité, services sociaux et personnels	9. Servicios comunales, sociales y personales
...	...	...	2 260	930	1 330	— Chômeurs	— Desempleados
...	**...**	**...**	**2 260**	**930**	**1 330**	**Total**	**Total**

2 Structure of the economically active population
Structure de la population active
Estructura de la población económicamente activa

Industry (Major divisions of economic activity)	Total				Employers and own-account workers / Employeurs et personnes travaillant à leur propre compte / Empleadores y trabajadores por cuenta propia			Employees / Salariés / Empleados a sueldo o salario		
	Total	%	Males Hommes Hombres	Females Femmes Mujeres	Total	Males Hommes Hombres	Females Femmes Mujeres	Total	Males Hommes Hombres	Females Femmes Mujeres
New Zealand (II.80) OE †										
1. Agriculture, hunting, forestry & fishing	140 300	*10.7*	113 400	26 900	...	...	...	...	...	...
2. Mining & quarrying	4 800	*0.4*	4 500	300	...	...	...	...	...	...
3. Manufacturing	314 300	*24.0*	227 600	86 700	...	...	...	...	...	...
4. Electr., gas & water	15 400	*1.2*	13 600	1 800	...	...	...	...	...	...
5. Construction	92 000	*7.0*	86 300	5 700	...	...	...	...	...	...
6. Wholesale/retail trade, restaurants & hotels	228 400	*17.4*	128 200	100 200	...	...	...	...	...	...
7. Transport, storage & communication	110 400	*8.5*	85 100	25 300	...	...	...	...	...	...
8. Financing, insur., real estate & business serv.	87 000	*6.6*	47 600	39 400	...	...	...	...	...	...
9. Community, social & personal services	288 200	*22.0*	140 000	148 200	...	...	...	...	...	...
— Unemployed	28 600	*2.2*	16 800	11 800	...	...	...	...	...	...
Total	**1 309 400**	*100.0*	**863 100**	**446 300**	...	...	...	...	...	...
Polynésie française (27.IV.77) C †										
1. Agriculture, hunting, forestry & fishing	7 462	*17.3*	6 671	791	5 118	4 737	381	1 074	1 002	72
2. Mining & quarrying	142	*0.4*	141	1	7	7	.	134	133	1
3. Manufacturing	3 298	*7.6*	2 475	823	1 055	668	387	2 222	1 792	430
4. Electr., gas & water	325	*0.8*	298	27	.	.	.	324	297	27
5. Construction	4 326	*10.0*	4 222	104	308	302	6	4 000	3 905	95
6. Wholesale/retail trade, restaurants & hotels	6 796	*15.8*	3 483	3 313	1 445	848	597	5 176	2 569	2 607
7. Transport, storage & communication	2 932	*6.8*	2 476	456	350	340	10	2 580	2 134	446
8. Financing, insur., real estate & business serv.	1 087	*2.5*	506	581	75	63	12	1 001	436	565
9. Community, social & personal services	16 622	*38.6*	10 422	6 200	236	174	62	16 178	10 068	6 110
0. Not adequately defined	68	*0.2*	54	14	21	16	5	39	32	7
Total	**43 058**	*100.0*	**30 748**	**12 310**	**8 615**	**7 155**	**1 460**	**32 728**	**22 368**	**10 360**
Samoa (3.XI.76) C										
1. Agriculture, hunting, forestry & fishing	23 373	*61.1*	21 782	1 591	729	653	76	2 082	1 630	452
2. Mining & quarrying	7	–	6	1	.	.	.	7	6	1
3. Manufacturing	712	*1.9*	514	198	23	16	7	689	498	191
4. Electr., gas & water	468	*1.2*	453	15	10	10	.	458	443	15
5. Construction	1 813	*4.8*	1 791	22	46	46	.	1 765	1 743	22
6. Wholesale/retail trade, restaurants & hotels	2 407	*6.2*	1 294	1 113	403	204	199	1 999	1 085	914
7. Transport, storage & communication	2 058	*5.4*	1 864	194	164	161	3	1 891	1 700	191
8. Financing, insur., real estate & business serv.	322	*0.9*	168	154	3	3	.	319	165	154
9. Community, social & personal services	6 893	*18.0*	3 835	3 058	73	63	10	6 812	3 766	3 046
0. Not adequately defined	151	*0.4*	131	20	.	.	.	13	10	3
— Unemployed	45	*0.1*	29	16	1	1	.	34	23	11
Total	**38 249**	*100.0*	**31 867**	**6 382**	**1 452**	**1 157**	**295**	**16 069**	**11 069**	**5 000**

By industry, by status and by sex
Par industrie, d'après la situation dans la profession et par sexe
Por industria, según la situación en la ocupación y por sexo

Unpaid family workers / Travailleurs familiaux non rémunérés / Trabajadores familiares no remunerados			Not classifiable by status / Inclassables d'après la situation / Inclasificables según la situación			Industrie (Branches d'activité économique)	Industria (Grandes divisiones de actividad económica)
Total	Males / Hommes / Hombres	Females / Femmes / Mujeres	Total	Males / Hommes / Hombres	Females / Femmes / Mujeres		
...	...	...	...	...	...	1. Agriculture, chasse, sylviculture et pêche	1. Agricultura, caza, silvicultura y pesca
...	...	...	...	...	...	2. Industries extractives	2. Minas y canteras
...	...	...	...	...	...	3. Industries manufacturières	3. Industrias manufactureras
...	...	...	...	...	...	4. Électricité, gaz et eau	4. Electricidad, gas y agua
...	...	...	...	...	...	5. Construction	5. Construcción
...	...	...	...	...	...	6. Commerce (gros et détail); restaurants, hôtels	6. Comercio (por mayor y por menor); restaurantes, hoteles
...	...	...	...	...	...	7. Transports, entrepôts et communications	7. Transportes, almacenamiento y comunicaciones
...	...	...	...	...	...	8. Banques, assur., affaires imm., services aux entreprises	8. Bancos, seguros, bienes inmuebles, serv. para empresas
...	...	...	...	...	...	9. Services à la collectivité, services sociaux et personnels	9. Servicios comunales, sociales y personales
...	...	...	...	...	...	_ Chômeurs	_ Desempleados
...	**...**	**...**	**...**	**...**	**...**	**Total**	**Total**
1 270	932	338	.	.	.	1. Agriculture, chasse, sylviculture et pêche	1. Agricultura, caza, silvicultura y pesca
1	1	.	.	.	.	2. Industries extractives	2. Minas y canteras
20	14	6	1	1	.	3. Industries manufacturières	3. Industrias manufactureras
1	1	.	.	.	.	4. Électricité, gaz et eau	4. Electricidad, gas y agua
18	15	3	.	.	.	5. Construction	5. Construcción
143	40	103	32	26	6	6. Commerce (gros et détail); restaurants, hôtels	6. Comercio (por mayor y por menor); restaurantes, hoteles
2	2	.	.	.	.	7. Transports, entrepôts et communications	7. Transportes, almacenamiento y comunicaciones
4	1	3	7	6	1	8. Banques, assur., affaires imm., services aux entreprises	8. Bancos, seguros, bienes inmuebles, serv. para empresas
16	2	14	192	178	14	9. Services à la collectivité, services sociaux et personnels	9. Servicios comunales, sociales y personales
2	2	.	6	4	2	0. Activités mal désignées	0. Actividades no bien especif.
1 477	**1 010**	**467**	**238**	**215**	**23**	**Total**	**Total**
20 559	19 497	1 062	3	2	1	1. Agriculture, chasse, sylviculture et pêche	1. Agricultura, caza, silvicultura y pesca
.	.	.	...	...	...	2. Industries extractives	2. Minas y canteras
.	.	.	...	...	...	3. Industries manufacturières	3. Industrias manufactureras
.	.	.	...	...	...	4. Électricité, gaz et eau	4. Electricidad, gas y agua
2	2	.	...	...	...	5. Construction	5. Construcción
5	5	.	...	...	...	6. Commerce (gros et détail); restaurants, hôtels	6. Comercio (por mayor y por menor); restaurantes, hoteles
3	3	.	...	...	...	7. Transports, entrepôts et communications	7. Transportes, almacenamiento y comunicaciones
.	.	.	...	...	...	8. Banques, assur., affaires imm., services aux entreprises	8. Bancos, seguros, bienes inmuebles, serv. para empresas
8	6	2	...	...	...	9. Services à la collectivité, services sociaux et personnels	9. Servicios comunales, sociales y personales
121	115	6	17	6	11	0. Activités mal désignées	0. Actividades no bien especif.
5	4	1	5	1	4	_ Chômeurs	_ Desempleados
20 703	**19 632**	**1 071**	**25**	**9**	**16**	**Total**	**Total**

2 Structure of the economically active population
Structure de la population active
Estructura de la población económicamente activa

Occupation (Major groups)	Total				Employers and own-account workers / Employeurs et personnes travaillant à leur propre compte / Empleadores y trabajadores por cuenta propia			Employees / Salariés / Empleados a sueldo o salario		
	Total	%	Males / Hommes / Hombres	Females / Femmes / Mujeres	Total	Males / Hommes / Hombres	Females / Femmes / Mujeres	Total	Males / Hommes / Hombres	Females / Femmes / Mujeres
AFRICA										
Algérie (II.77) C * †										
0/1. Professional, technical & related workers	217 391	*6.4*	...	...	5 049	...	...	212 101	...	...
2. Administrative & managerial workers	18 319	*0.6*	...	...	1 138	...	...	17 119	...	...
3. Clerical & related workers	324 617	*9.6*	...	...	1 290	...	...	323 234	...	...
4. Sales workers	190 494	*5.7*	...	...	149 362	...	...	36 658	...	...
5. Service workers	249 143	*7.4*	...	...	12 407	...	...	235 450	...	...
6. Agric., animal husbandry & forestry workers, fishermen & hunters	654 558	*19.4*	...	...	331 243	...	...	269 671	...	...
7-9. Prod./related workers, transport equipment operators & labourers	1 046 942	*31.0*	...	...	115 005	...	...	923 350	...	...
X. Workers not classifiable by occupation	324 492	*9.7*	...	...	2 435	...	...	14 548	...	...
_ Persons seeking their first job	345 067	*10.2*	...	...	.	.	.	.	.	.
Total	**3 371 023**	*100.0*	**3 070 706**	**300 317**	**617 929**	**...**	**...**	**2 032 131**	**...**	**...**
Rép.-Unie du Cameroun (9-24.IV.76) C †										
0/1. Professional, technical & related workers	66 973	*2.4*	55 070	11 903	.	.	.	.	.	.
2. Administrative & managerial workers	2 699	*0.1*	2 535	164	.	.	.	.	.	.
3. Clerical & related workers	52 060	*1.9*	43 356	8 704	.	.	.	.	.	.
4. Sales workers	88 649	*3.2*	62 016	26 633	.	.	.	.	.	.
5. Service workers	54 755	*2.0*	44 313	10 442	.	.	.	.	.	.
6. Agric., animal husbandry & forestry workers, fishermen & hunters	2 032 136	*73.7*	1 070 183	961 953	.	.	.	.	.	.
7-9. Prod./related workers, transport equipment operators & labourers	311 035	*11.3*	275 255	35 780	.	.	.	.	.	.
X. Workers not classifiable by occupation	26 547	*0.9*	15 389	11 158	.	.	.	.	.	.
_ Persons seeking their first job	123 045	*4.5*	88 050	34 995	.	.	.	.	.	.
Total	**2 757 899**	*100.0*	**1 656 167**	**1 101 732**	**1 659 783**	**1 013 435**	**646 348**	**392 523**	**353 775**	**38 748**
Egypt (22-23.XI.76) C †										
0/1. Professional, technical & related workers	719 307	*7.5*	538 901	180 406	16 160	15 439	721	699 130	519 949	179 181
2. Administrative & managerial workers	107 541	*1.1*	95 563	11 978	7 832	7 748	84	99 066	87 216	11 850
3. Clerical & related workers	700 950	*7.3*	565 886	135 064	.	.	.	698 701	564 071	134 630
4. Sales workers	628 368	*6.5*	595 392	32 976	452 668	431 700	20 968	173 192	161 302	11 890
5. Service workers	814 545	*8.5*	751 232	63 313	95 826	94 104	1 722	716 280	654 931	61 349
6. Agric., animal husbandry & forestry workers, fishermen & hunters	4 033 281	*42.0*	3 952 451	80 830	1 844 867	1 823 568	21 299	2 179 253	2 119 874	59 379
7-9. Prod./related workers, transport equipment operators & labourers	2 052 506	*21.3*	1 994 505	58 001	407 918	395 955	11 963	1 583 075	1 537 557	45 518
_ Not classif. by occup. & persons seeking their first job	557 271	*5.8*	421 599	135 672	23 384	17 969	5 415	123 257	101 719	21 538
Total	**9 613 769**	*100.0*	**8 915 529**	**698 240**	**2 848 655**	**2 786 483**	**62 172**	**6 271 954**	**5 746 619**	**525 335**

B By occupational group, by status and by sex
Par groupe de professions, d'après la situation dans la profession et par sexe
Por grupo de ocupación, según la situación en la ocupación y por sexo

AFRIQUE – AFRICA

Unpaid family workers / Travailleurs familiaux non rémunérés / Trabajadores familiares no remunerados			Not classifiable by status / Inclassables d'après la situation / Inclasificables según la situación			Profession (Grands groupes)	Ocupación (Grandes grupos)
Total	Males / Hommes / Hombres	Females / Femmes / Mujeres	Total	Males / Hommes / Hombres	Females / Femmes / Mujeres		
77	...	...	164	...	...	0/1. Personnel des prof. scientif., techn., libérales et assimilées	0/1. Profesionales, técnicos y trabajadores asimilados
62	...	...	...	...	...	2. Directeurs et cadres administratifs supérieurs	2. Directores y funcionarios públicos superiores
57	...	...	36	...	...	3. Personnel administratif et travailleurs assimilés	3. Personal administrativo y trabajadores asimilados
4 185	...	...	289	...	...	4. Pers. commercial et vendeurs	4. Comerciantes y vendedores
1 022	...	...	264	...	...	5. Travailleurs des services	5. Trabajadores de los servicios
52 767	...	...	877	...	...	6. Agriculteurs, éleveurs, forestiers, pêcheurs et chasseurs	6. Trabajadores agrícolas y forestales, pescadores y cazadores
6 939	...	...	1 648	...	...	7–9. Ouvriers et manœuvres non agricoles et conducteurs d'engins de transport	7–9. Obreros no agrícolas, conductores de máquinas y vehíc. de transporte y trab. asimilados
53	...	...	307 456	...	...	X. Travailleurs ne pouvant être classés selon la profession	X. Trab. que no pueden ser clasificados según la ocupación
.	.	.	345 067	...	...	— Personnes en quête de leur premier emploi	— Personas en busca de su primer empleo
65 162	**...**	**...**	**655 801**	**...**	**...**	**Total**	**Total**
.	.	.	.	.	.	0/1. Personnel des prof. scientif., techn., libérales et assimilées	0/1. Profesionales, técnicos y trabajadores asimilados
.	.	.	.	.	.	2. Directeurs et cadres administratifs supérieurs	2. Directores y funcionarios públicos superiores
.	.	.	.	.	.	3. Personnel administratif et travailleurs assimilés	3. Personal administrativo y trabajadores asimilados
.	.	.	.	.	.	4. Pers. commercial et vendeurs	4. Comerciantes y vendedores
.	.	.	.	.	.	5. Travailleurs des services	5. Trabajadores de los servicios
.	.	.	.	.	.	6. Agriculteurs, éleveurs, forestiers, pêcheurs et chasseurs	6. Trabajadores agrícolas y forestales, pescadores y cazadores
.	.	.	.	.	.	7–9. Ouvriers et manœuvres non agricoles et conducteurs d'engins de transport	7–9. Obreros no agrícolas, conductores de máquinas y vehíc. de transporte y trab. asimilados
.	.	.	.	.	.	X. Travailleurs ne pouvant être classés selon la profession	X. Trab. que no pueden ser clasificados según la ocupación
.	.	.	.	.	.	— Personnes en quête de leur premier emploi	— Personas en busca de su primer empleo
512 946	**152 781**	**360 165**	**192 647**	**136 176**	**56 471**	**Total**	**Total**
...	...	...	4 017	3 513	504	0/1. Personnel des prof. scientif., techn., libérales et assimilées	0/1. Profesionales, técnicos y trabajadores asimilados
...	...	...	643	599	44	2. Directeurs et cadres administratifs supérieurs	2. Directores y funcionarios públicos superiores
...	...	...	2 249	1 815	434	3. Personnel administratif et travailleurs assimilés	3. Personal administrativo y trabajadores asimilados
...	...	...	2 508	2 390	118	4. Pers. commercial et vendeurs	4. Comerciantes y vendedores
...	...	...	2 439	2 197	242	5. Travailleurs des services	5. Trabajadores de los servicios
...	...	...	9 161	9 009	152	6. Agriculteurs, éleveurs, forestiers, pêcheurs et chasseurs	6. Trabajadores agrícolas y forestales, pescadores y cazadores
...	...	...	61 513	60 993	520	7–9. Ouvriers et manœuvres non agricoles et conducteurs d'engins de transport	7–9. Obreros no agrícolas, conductores de máquinas y vehíc. de transporte y trab. asimilados
...	...	...	410 630	301 911	108 719	— Inclassables selon la professio et personnes en quête de leur premier emploi	— Inclasificables según la ocupación y personas en busca de su primer empleo
...	**...**	**...**	**493 160**	**382 427**	**110 733**	**Total**	**Total**

2 Structure of the economically active population
Structure de la population active
Estructura de la población económicamente activa

Occupation (Major groups)	Total				Employers and own-account workers / Employeurs et personnes travaillant à leur propre compte / Empleadores y trabajadores por cuenta propia			Employees / Salariés / Empleados a sueldo o salario		
	Total	%	Males Hommes Hombres	Females Femmes Mujeres	Total	Males Hommes Hombres	Females Femmes Mujeres	Total	Males Hommes Hombres	Females Femmes Mujeres
Egypt (V.79) LFSS †										
0/1. Professional, technical & related workers	943 300	*9.4*	684 100	259 200	...	...	...	...	...	...
2. Administrative & managerial workers	135 000	*1.4*	119 100	15 900	...	...	...	...	...	...
3. Clerical & related workers	706 900	*7.0*	542 300	164 600	...	...	...	...	...	...
4. Sales workers	679 200	*6.8*	639 800	39 400	...	...	...	...	...	...
5. Service workers	796 500	*7.9*	741 700	54 800	...	...	...	...	...	...
6. Agric., animal husbandry & forestry workers, fishermen & hunters	3 903 400	*39.0*	3 863 300	40 100	...	...	...	...	...	...
7-9. Prod./related workers, transport equipment operators & labourers	2 417 300	*24.1*	2 353 700	63 600	...	...	...	...	...	...
X. Workers not classifiable by occupation	17 400	*0.2*	15 500	1 900	...	...	...	...	...	...
— Persons seeking their first job	424 500	*4.2*	285 300	139 200	.	.	.	.	.	.
Total	**10 023 500**	*100.0*	**9 244 800**	**778 700**	**2 921 100**	**2 812 700**	**108 400**	**5 208 100**	**4 705 300**	**502 800**
Malawi (1.X.77) C †										
0/1. Professional, technical & related workers	30 454	*1.3*	22 630	7 824	2 296	1 606	690	27 684	20 695	6 989
2. Administrative & managerial workers	2 207	*0.1*	2 074	133	127	117	10	2 056	1 935	121
3. Clerical & related workers	30 134	*1.3*	26 116	4 018	263	221	42	29 171	25 357	3 814
4. Sales workers	53 792	*2.4*	43 133	10 659	37 058	29 849	7 209	13 662	11 704	1 958
5. Service workers	46 955	*2.0*	38 087	8 868	1 380	1 005	375	44 343	36 148	8 195
6. Agric., animal husbandry & forestry workers, fishermen & hunters	1 901 994	*83.2*	907 885	994 109	1 742 069	759 866	982 203	156 208	145 056	11 152
7-9. Prod./related workers, transport equipment operators & labourers	178 401	*7.8*	161 133	17 268	43 332	31 902	11 430	131 223	125 822	5 401
X. Workers not classifiable by occupation	44 414	*1.9*	30 754	13 660	1 444	889	555	2 173	1 639	534
Total	**2 288 351**	*100.0*	**1 231 812**	**1 056 539**	**1 827 969**	**825 455**	**1 002 514**	**406 520**	**368 356**	**38 164**
Mali (XII.76) C * †										
0/1. Professional, technical & related workers	32 923	*1.5*	26 353	6 570	6 220	4 807	1 413	21 494	17 087	4 407
2. Administrative & managerial workers	768	–	717	51	45	41	4	705	661	44
3. Clerical & related workers	13 563	*0.6*	10 393	3 170	564	485	79	12 268	9 423	2 845
4. Sales workers	43 330	*2.0*	32 435	10 895	30 792	25 786	5 006	2 597	2 335	262
5. Service workers	22 932	*1.0*	16 801	6 131	5 545	4 293	1 252	10 923	9 245	1 678
6. Agric., animal husbandry & forestry workers, fishermen & hunters	1 859 065	*83.2*	1 577 493	281 572	926 158	896 824	29 334	10 071	9 820	251
7-9. Prod./related workers, transport equipment operators & labourers	154 893	*6.9*	110 436	44 457	63 723	51 685	12 038	31 923	31 109	814
X. Workers not classifiable by occupation	65 692	*2.9*	50 082	15 610	5 873	3 505	2 368	2 982	2 791	191
— Unemployed	41 991	*1.9*	31 721	10 270	...	...	...	...	...	...
Total	**2 235 157**	*100.0*	**1 856 431**	**378 726**	**1 038 920**	**987 426**	**51 494**	**92 963**	**82 471**	**10 492**

B By occupational group, by status and by sex
Par groupe de professions, d'après la situation dans la profession et par sexe
Por grupo de ocupación, según la situación en la ocupación y por sexo

Unpaid family workers / Travailleurs familiaux non rémunérés / Trabajadores familiares no remunerados			Not classifiable by status / Inclassables d'après la situation / Inclasificables según la situación			Profession (Grands groupes)	Ocupación (Grandes grupos)
Total	Males Hommes Hombres	Females Femmes Mujeres	Total	Males Hommes Hombres	Females Femmes Mujeres		
...	...	...	...	...	...	0/1. Personnel des prof. scientif., techn., libérales et assimilées	0/1. Profesionales, técnicos y trabajadores asimilados
...	...	...	...	...	...	2. Directeurs et cadres administratifs supérieurs	2. Directores y funcionarios públicos superiores
...	...	...	...	...	...	3. Personnel administratif et travailleurs assimilés	3. Personal administrativo y trabajadores asimilados
...	...	...	...	...	...	4. Pers. commercial et vendeurs	4. Comerciantes y vendedores
...	...	...	...	...	...	5. Travailleurs des services	5. Trabajadores de los servicios
...	...	...	...	...	...	6. Agriculteurs, éleveurs, forestiers, pêcheurs et chasseurs	6. Trabajadores agrícolas y forestales, pescadores y cazadores
...	...	...	...	...	...	7-9. Ouvriers et manœuvres non agricoles et conducteurs d'engins de transport	7-9. Obreros no agrícolas, conductores de máquinas y vehíc. de transporte y trab. asimilados
...	...	...	...	...	...	X. Travailleurs ne pouvant être classés selon la profession	X. Trab. que no pueden ser clasificados según la ocupación
.	.	.	424 500	285 300	139 200	— Personnes en quête de leur premier emploi	— Personas en busca de su primer empleo
1 436 100	**1 410 200**	**25 900**	**458 200**	**316 600**	**141 600**	**Total**	**Total**
39	24	15	435	305	130	0/1. Personnel des prof. scientif., techn., libérales et assimilées	0/1. Profesionales, técnicos y trabajadores asimilados
6	6	.	18	16	2	2. Directeurs et cadres administratifs supérieurs	2. Directores y funcionarios públicos superiores
43	22	21	657	516	141	3. Personnel administratif et travailleurs assimilés	3. Personal administrativo y trabajadores asimilados
2 651	1 237	1 414	421	343	78	4. Pers. commercial et vendeurs	4. Comerciantes y vendedores
282	93	189	950	841	109	5. Travailleurs des services	5. Trabajadores de los servicios
1 120	916	204	2 597	2 047	550	6. Agriculteurs, éleveurs, forestiers, pêcheurs et chasseurs	6. Trabajadores agrícolas y forestales, pescadores y cazadores
810	469	341	3 036	2 940	96	7-9. Ouvriers et manœuvres non agricoles et conducteurs d'engins de transport	7-9. Obreros no agrícolas, conductores de máquinas y vehíc. de transporte y trab. asimilados
2 282	871	1 411	38 515	27 355	11 160	X. Travailleurs ne pouvant être classés selon la profession	X. Trab. que no pueden ser clasificados según la ocupación
7 233	**3 638**	**3 595**	**46 629**	**34 363**	**12 266**	**Total**	**Total**
1 936	1 577	359	3 273	2 882	391	0/1. Personnel des prof. scientif., techn., libérales et assimilées	0/1. Profesionales, técnicos y trabajadores asimilados
4	2	2	14	13	1	2. Directeurs et cadres administratifs supérieurs	2. Directores y funcionarios públicos superiores
161	105	56	570	380	190	3. Personnel administratif et travailleurs assimilés	3. Personal administrativo y trabajadores asimilados
8 146	3 203	4 943	1 795	1 111	684	4. Pers. commercial et vendeurs	4. Comerciantes y vendedores
3 722	1 136	2 586	2 742	2 127	615	5. Travailleurs des services	5. Trabajadores de los servicios
901 581	653 730	247 851	21 255	17 119	4 136	6. Agriculteurs, éleveurs, forestiers, pêcheurs et chasseurs	6. Trabajadores agrícolas y forestales, pescadores y cazadores
45 312	15 579	29 733	13 935	12 063	1 872	7-9. Ouvriers et manœuvres non agricoles et conducteurs d'engins de transport	7-9. Obreros no agrícolas, conductores de máquinas y vehíc. de transporte y trab. asimilados
2 493	1 452	1 041	54 344	42 334	12 010	X. Travailleurs ne pouvant être classés selon la profession	X. Trab. que no pueden ser clasificados según la ocupación
...	...	...	41 991	31 721	10 270	— Chômeurs	— Desempleados
963 355	**676 784**	**286 571**	**139 919**	**109 750**	**30 169**	**Total**	**Total**

2 Structure of the economically active population
Structure de la population active
Estructura de la población económicamente activa

Occupation (Major groups)	Total: Total	Total: %	Total: Males / Hommes / Hombres	Total: Females / Femmes / Mujeres	Employers and own-account workers / Employeurs et personnes travaillant à leur propre compte / Empleadores y trabajadores por cuenta propia: Total	Males / Hommes / Hombres	Females / Femmes / Mujeres	Employees / Salariés / Empleados a sueldo o salario: Total	Males / Hommes / Hombres	Females / Femmes / Mujeres
Seychelles (VIII.77) C †										
0/1. Professional, technical & related workers	1 790	*6.9*	745	1 045	138	...	...	1 616	...	...
2. Administrative & managerial workers	552	*2.1*	436	116	201	...	...	338	...	...
3. Clerical & related workers	1 062	*4.1*	381	681	18	...	...	997	...	...
4. Sales workers	1 227	*4.7*	753	474	459	...	...	700	...	...
5. Service workers	7 155	*27.6*	2 392	4 763	120	...	...	6 150	...	...
6. Agric., animal husbandry & forestry workers, fishermen & hunters	4 691	*18.1*	3 463	1 228	980	...	...	3 535	...	...
7-9. Prod./related workers, transport equipment operators & labourers	8 616	*33.2*	7 743	873	1 150	...	...	6 885	...	...
X. Workers not classifiable by occupation	90	*0.4*	53	37	11	...	...	41	...	...
_ Persons seeking their first job	764	*2.9*	396	368	.	.	.	.	.	.
Total	**25 947**	*100.0*	**16 362**	**9 585**	**3 077**	**2 378**	**699**	**20 262**	**12 717**	**7 545**
Tunisie (8.V.75) C										
0/1. Professional, technical & related workers	72 090	*4.4*	56 090	16 000	3 720	3 400	320	67 560	52 090	15 470
2. Administrative & managerial workers	4 700	*0.3*	4 470	230	400	380	20	4 240	4 040	200
3. Clerical & related workers	85 790	*5.3*	68 630	17 160	960	810	150	820	670	150
4. Sales workers	74 620	*4.6*	72 040	2 580	44 830	44 190	640	26 590	24 940	1 650
5. Service workers	93 940	*5.8*	67 230	26 710	6 190	5 340	850	85 230	60 730	24 500
6. Agric., animal husbandry & forestry workers, fishermen & hunters	525 700	*32.4*	456 420	69 280	230 550	219 610	10 940	197 240	185 170	12 070
7-9. Prod./related workers, transport equipment operators & labourers	545 980	*33.7*	415 650	130 330	118 180	50 030	68 150	381 260	341 160	40 100
X. Workers not classifiable by occupation	99 880	*6.2*	86 020	13 860	1 670	1 400	270	25 030	23 100	1 930
_ Persons seeking their first job	119 120	*7.3*	91 760	27 360	.	.	.	.	.	.
Total	**1 621 820**	*100.0*	**1 318 310**	**303 510**	**406 500**	**325 160**	**81 340**	**870 230**	**757 850**	**112 380**
" " " " (V.80) OE *										
0/1. Professional, technical & related workers	72 090	*3.9*	52 928	19 162	...	...	...	...	...	...
2. Administrative & managerial workers	9 544	*0.5*	9 144	400	...	...	...	...	...	...
3. Clerical & related workers	100 220	*5.4*	79 669	20 551	...	...	...	...	...	...
4. Sales workers	48 629	*2.6*	45 540	3 089	...	...	...	...	...	...
5. Service workers	103 402	*5.5*	71 413	31 989	...	...	...	...	...	...
6. Agric., animal husbandry & forestry workers, fishermen & hunters	561 552	*30.1*	478 580	82 972	...	...	...	...	...	...
7-9. Prod./related workers, transport equipment operators & labourers	620 412	*33.3*	464 322	156 090	...	...	...	...	...	...
X. Workers not classifiable by occupation	227 371	*12.2*	188 134	39 237	...	...	...	...	...	...
_ Persons seeking their first job	121 000	*6.5*	110 950	10 050	.	.	.	.	.	.
Total	**1 864 220**	*100.0*	**1 500 680**	**363 540**	...	...	...	...	...	...

By occupational group, by status and by sex
Par groupe de professions, d'après la situation dans la profession et par sexe
Por grupo de ocupación, según la situación en la ocupación y por sexo

Unpaid family workers / Travailleurs familiaux non rémunérés / Trabajadores familiares no remunerados			Not classifiable by status / Inclassables d'après la situation / Inclasificables según la situación			Profession (Grands groupes)	Ocupación (Grandes grupos)
Total	Males / Hommes / Hombres	Females / Femmes / Mujeres	Total	Males / Hommes / Hombres	Females / Femmes / Mujeres		
.	.	.	36	4	32	0/1. Personnel des prof. scientif., techn., libérales et assimilées	0/1. Profesionales, técnicos y trabajadores asimilados
.	.	.	13	8	5	2. Directeurs et cadres administratifs supérieurs	2. Directores y funcionarios públicos superiores
.	.	.	47	20	27	3. Personnel administratif et travailleurs assimilés	3. Personal administrativo y trabajadores asimilados
.	.	.	68	33	35	4. Pers. commercial et vendeurs	4. Comerciantes y vendedores
.	.	.	885	150	735	5. Travailleurs des services	5. Trabajadores de los servicios
.	.	.	176	120	56	6. Agriculteurs, éleveurs, forestiers, pêcheurs et chasseurs	6. Trabajadores agrícolas y forestales, pescadores y cazadores
.	.	.	581	517	64	7-9. Ouvriers et manœuvres non agricoles et conducteurs d'engins de transport	7-9. Obreros no agrícolas, conductores de máquinas y vehíc. de transporte y trab. asimilados
.	.	.	38	19	19	X. Travailleurs ne pouvant être classés selon la profession	X. Trab. que no pueden ser clasificados según la ocupación
.	.	.	764	396	368	— Personnes en quête de leur premier emploi	— Personas en busca de su primer empleo
.	**.**	**.**	**2 608**	**1 267**	**1 341**	**Total**	**Total**
540	390	150	270	210	60	0/1. Personnel des prof. scientif., techn., libérales et assimilées	0/1. Profesionales, técnicos y trabajadores asimilados
30	20	10	30	30	.	2. Directeurs et cadres administratifs supérieurs	2. Directores y funcionarios públicos superiores
740	500	240	1 010	700	310	3. Personnel administratif et travailleurs assimilés	3. Personal administrativo y trabajadores asimilados
2 760	2 510	250	440	400	40	4. Pers. commercial et vendeurs	4. Comerciantes y vendedores
1 880	770	1 110	640	390	250	5. Travailleurs des services	5. Trabajadores de los servicios
72 740	31 660	41 080	25 170	19 980	5 190	6. Agriculteurs, éleveurs, forestiers, pêcheurs et chasseurs	6. Trabajadores agrícolas y forestales, pescadores y cazadores
31 390	13 150	18 240	15 150	11 310	3 840	7-9. Ouvriers et manœuvres non agricoles et conducteurs d'engins de transport	7-9. Obreros no agrícolas, conductores de máquinas y vehíc. de transporte y trab. asimilados
1 820	980	840	71 360	60 540	10 820	X. Travailleurs ne pouvant être classés selon la profession	X. Trab. que no pueden ser clasificados según la ocupación
.	.	.	119 120	91 760	27 360	— Personnes en quête de leur premier emploi	— Personas en busca de su primer empleo
111 900	**49 980**	**61 920**	**233 190**	**185 320**	**47 870**	**Total**	**Total**
...	...	...	...	...	...	0/1. Personnel des prof. scientif., techn., libérales et assimilées	0/1. Profesionales, técnicos y trabajadores asimilados
...	...	...	...	...	...	2. Directeurs et cadres administratifs supérieurs	2. Directores y funcionarios públicos superiores
...	...	...	...	...	...	3. Personnel administratif et travailleurs assimilés	3. Personal administrativo y trabajadores asimilados
...	...	...	...	...	...	4. Pers. commercial et vendeurs	4. Comerciantes y vendedores
...	...	...	...	...	...	5. Travailleurs des services	5. Trabajadores de los servicios
...	...	...	...	...	...	6. Agriculteurs, éleveurs, forestiers, pêcheurs et chasseurs	6. Trabajadores agrícolas y forestales, pescadores y cazadores
...	...	...	...	...	...	7-9. Ouvriers et manœuvres non agricoles et conducteurs d'engins de transport	7-9. Obreros no agrícolas, conductores de máquinas y vehíc. de transporte y trab. asimilados
...	...	...	...	...	...	X. Travailleurs ne pouvant être classés selon la profession	X. Trab. que no pueden ser clasificados según la ocupación
.	.	.	.	.	.	— Personnes en quête de leur premier emploi	— Personas en busca de su primer empleo
...	**...**	**...**	**...**	**...**	**...**	**Total**	**Total**

2 Structure of the economically active population
Structure de la population active
Estructura de la población económicamente activa

Occupation (Major groups)	Total				Employers and own-account workers / Employeurs et personnes travaillant à leur propre compte / Empleadores y trabajadores por cuenta propia			Employees / Salariés / Empleados a sueldo o salario		
	Total	%	Males / Hommes / Hombres	Females / Femmes / Mujeres	Total	Males / Hommes / Hombres	Females / Femmes / Mujeres	Total	Males / Hommes / Hombres	Females / Femmes / Mujeres
AMERICA										
Bermuda (12.V.80) C										
0/1. Professional, technical & related workers	4 643	*14.8*	2 480	2 163	...	...	...	...	...	...
2. Administrative & managerial workers	2 587	*8.2*	1 851	736	...	...	...	...	...	...
3. Clerical & related workers	6 219	*19.8*	1 116	5 103	...	...	...	...	...	...
4. Sales workers	1 999	*6.3*	788	1 211	...	...	...	...	...	...
5. Service workers	7 030	*22.4*	3 331	3 699	...	...	...	...	...	...
6. Agric., animal husbandry & forestry workers, fishermen & hunters	660	*2.1*	643	17	...	...	...	...	...	...
7-9. Prod./related workers, transport equipment operators & labourers	6 111	*19.4*	5 609	502	...	...	...	...	...	...
X. Workers not classifiable by occupation	1 560	*5.0*	1 073	487	...	...	...	...	...	...
_ Unemployed	627	*2.0*	341	286	...	...	...	...	...	...
Total	**31 436**	*100.0*	**17 232**	**14 204**	**2 421**	**1 937**	**484**	**27 856**	**14 762**	**13 094**
Bolivia (29.IX.76) C †										
_ Professional, technical & related workers	85 500	*5.7*	50 183	35 317	10 876	9 607	1 269	73 941	40 081	33 860
_ Administrative, executive & managerial workers	9 092	*0.6*	7 488	1 604	4 533	3 405	1 128	4 416	4 009	407
_ Clerical workers	59 609	*4.0*	41 020	18 589	1 153	928	225	58 143	39 902	18 241
_ Sales workers	91 385	*6.1*	41 248	50 137	79 722	33 885	45 837	10 090	6 831	3 259
_ Farmers, fishermen, hunters, loggers & related workers	697 140	*46.4*	607 950	89 190	481 414	440 334	41 080	87 905	84 791	3 114
_ Miners, quarrymen & related workers	370 535	*24.7*	310 073	60 462	142 262	97 783	44 479	217 424	207 355	10 069
_ Service, sport & recreation workers	128 595	*8.5*	57 153	71 442	9 831	3 671	6 160	114 707	50 061	64 646
_ Workers not classifiable by occupation	53 072	*3.6*	44 218	8 854	3 804	2 912	892	6 399	5 182	1 217
_ Persons seeking their first job	6 463	*0.4*	5 286	1 177	.	.	.	.	.	.
Total	**1 501 391**	*100.0*	**1 164 619**	**336 772**	**733 595**	**592 525**	**141 070**	**573 025**	**438 212**	**134 813**
Canada (IV.81) LFSS †										
0/1. Professional, technical & related workers	1 702 000	*14.7*	850 000	852 000	108 000	80 000	29 000	1 594 000	771 000	823 000
2. Administrative & managerial workers	893 000	*7.7*	657 000	236 000	8 000	6 000	–	885 000	652 000	233 000
3. Clerical & related workers	1 899 000	*16.4*	411 000	1 488 000	38 000	–	35 000	1 862 000	408 000	1 453 000
4. Sales workers	1 086 000	*9.4*	662 000	424 000	156 000	93 000	63 000	930 000	569 000	361 000
5. Service workers	1 442 000	*12.4*	649 000	794 000	171 000	46 000	126 000	1 271 000	603 000	668 000
6. Agric., animal husbandry & forestry workers, fishermen & hunters	619 000	*5.4*	501 000	118 000	365 000	282 000	82 000	254 000	219 000	35 000
7-9. Prod./related workers, transport equipment operators & labourers	3 058 000	*26.4*	2 638 000	420 000	196 000	178 000	18 000	2 861 000	2 460 000	402 000
_ Persons seeking their first job	69 000	*0.5*	27 000	42 000	.	.	.	.	.	.
_ Other unemployed	817 000	*7.1*	484 000	332 000	30 000	16 000	14 000	787 000	468 000	319 000
Total	**11 585 000**	*100.0*	**6 879 000**	**4 706 000**	**1 072 000**	**703 000**	**369 000**	**10 444 000**	**6 149 000**	**4 294 000**

B By occupational group, by status and by sex
Par groupe de professions, d'après la situation dans la profession et par sexe
Por grupo de ocupación, según la situación en la ocupación y por sexo

Unpaid family workers / Travailleurs familiaux non rémunérés / Trabajadores familiares no remunerados			Not classifiable by status / Inclassables d'après la situation / Inclasificables según la situación			Profession (Grands groupes)	Ocupación (Grandes grupos)
Total	Males / Hommes / Hombres	Females / Femmes / Mujeres	Total	Males / Hommes / Hombres	Females / Femmes / Mujeres		
							AMÉRIQUE – AMERICA
...	...	...	...	...	...	0/1. Personnel des prof. scientif., techn., libérales et assimilées	0/1. Profesionales, técnicos y trabajadores asimilados
...	...	...	...	...	...	2. Directeurs et cadres administratifs supérieurs	2. Directores y funcionarios públicos superiores
...	...	...	...	...	...	3. Personnel administratif et travailleurs assimilés	3. Personal administrativo y trabajadores asimilados
...	...	...	...	...	...	4. Pers. commercial et vendeurs	4. Comerciantes y vendedores
...	...	...	...	...	...	5. Travailleurs des services	5. Trabajadores de los servicios
...	...	...	...	...	...	6. Agriculteurs, éleveurs, forestiers, pêcheurs et chasseurs	6. Trabajadores agrícolas y forestales, pescadores y cazadores
...	...	...	...	...	...	7-9. Ouvriers et manœuvres non agricoles et conducteurs d'engins de transport	7-9. Obreros no agrícolas, conductores de máquinas y vehíc. de transporte y trab. asimilados
...	...	...	...	...	...	X. Travailleurs ne pouvant être classés selon la profession	X. Trab. que no pueden ser clasificados según la ocupación
...	...	...	...	...	...	_ Chômeurs	_ Desempleados
153	**22**	**131**	**1 006**	**511**	**495**	**Total**	**Total**
204	107	97	479	388	91	_ Personnes exerçant une prof. libérale, techn. et assimilés	_ Trabajadores profesionales, técnicos y trab. asimilados
72	24	48	71	50	21	_ Directeurs et cadres administratifs supérieurs	_ Administradores, gerentes y directores
80	31	49	233	159	74	_ Employés de bureau	_ Empleados de oficina
1 290	377	913	283	155	128	_ Vendeurs	_ Vendedores
124 008	79 387	44 621	3 813	3 438	375	_ Agriculteurs, pêcheurs, chasseurs, forestiers et travailleurs assimilés	_ Agricultores, pescadores, cazadores, trab. forestales y asimilados
7 626	2 122	5 504	3 223	2 813	410	_ Mineurs, carriers, et travailleurs assimilés	_ Mineros, canteros y trabajadores asimilados
3 108	2 812	296	949	609	340	_ Trav. des services, sports et activités récréatives	_ Trab. de los servicios, los deportes y las diversiones
876	651	225	41 993	35 473	6 520	_ Travailleurs ne pouvant être classés selon la profession	_ Trab. que no pueden ser clasificados según la ocupación
.	.	.	6 463	5 286	1 177	_ Personnes en quête de leur premier emploi	_ Personas en busca de su primer empleo
137 264	**85 511**	**51 753**	**57 507**	**48 371**	**9 136**	**Total**	**Total**
...	...	...	.	.	.	0/1. Personnel des prof. scientif., techn., libérales et assimilées	0/1. Profesionales, técnicos y trabajadores asimilados
...	...	...	.	.	.	2. Directeurs et cadres administratifs supérieurs	2. Directores y funcionarios públicos superiores
...	...	...	.	.	.	3. Personnel administratif et travailleurs assimilés	3. Personal administrativo y trabajadores asimilados
...	...	...	.	.	.	4. Pers. commercial et vendeurs	4. Comerciantes y vendedores
...	...	...	.	.	.	5. Travailleurs des services	5. Trabajadores de los servicios
...	...	...	.	.	.	6. Agriculteurs, éleveurs, forestiers, pêcheurs et chasseurs	6. Trabajadores agrícolas y forestales, pescadores y cazadores
...	...	...	.	.	.	7-9. Ouvriers et manœuvres non agricoles et conducteurs d'engins de transport	7-9. Obreros no agrícolas, conductores de máquinas y vehíc. de transporte y trab. asimilados
.	.	.	69 000	27 000	42 000	_ Personnes en quête de leur premier emploi	_ Personas en busca de su primer empleo
...	...	...	.	.	.	_ Autres chômeurs	_ Otros desempleados
...	**...**	**...**	**69 000**	**27 000**	**42 000**	**Total**	**Total**

2 Structure of the economically active population
Structure de la population active
Estructura de la población económicamente activa

Occupation (Major groups)	Total				Employers and own-account workers / Employeurs et personnes travaillant à leur propre compte / Empleadores y trabajadores por cuenta propia			Employees / Salariés / Empleados a sueldo o salario		
	Total	%	Males Hommes Hombres	Females Femmes Mujeres	Total	Males Hommes Hombres	Females Femmes Mujeres	Total	Males Hommes Hombres	Females Femmes Mujeres
Costa Rica (VII.80) HS *										
0/1. Professional, technical & related workers	65 032	*8.4*	...	...	3 569	...	...	61 463	...	...
2/3. Admin. & managerial workers / clerical & related workers	105 165	*13.7*	...	...	91 147	...	...	13 944	...	...
4. Sales workers	107 061	*13.9*	...	...	1 267	...	...	100 770	...	...
5. Service workers	113 320	*14.7*	...	...	11 039	...	...	99 518	...	...
6-9. Major groups 6 & 7/8/9	367 532	*47.7*	...	...	42 640	...	...	303 092	...	...
X. Workers not classifiable by occupation	1 948	*0.3*	...	...	965	...	...	912	...	...
— Persons seeking their first job	10 214	*1.3*	...	...	.	.	.	.	.	.
Total	**770 272**	*100.0*	**578 972**	**191 300**	**150 627**	...	...	**579 699**	...	...
El Salvador (X.78–IV.79) HS										
0/1. Professional, technical & related workers	66 583	*4.4*	38 182	28 401	6 940	5 962	978	59 231	32 151	27 080
2. Administrative & managerial workers	8 770	*0.6*	7 374	1 396	1 930	1 675	255	6 840	5 699	1 141
3. Clerical & related workers	79 567	*5.2*	47 270	32 297	1 091	902	189	78 202	46 264	31 938
4. Sales workers	197 508	*13.0*	61 236	136 272	146 233	39 089	107 144	34 147	18 358	15 789
5. Service workers	118 205	*7.8*	31 958	86 247	10 245	1 505	8 740	106 399	29 772	76 627
6. Agric., animal husbandry & forestry workers, fishermen & hunters	661 710	*43.5*	545 366	116 344	149 431	145 421	4 010	385 006	289 581	95 425
7-9. Prod./related workers, transport equipment operators & labourers	379 888	*25.0*	277 016	102 872	95 129	41 917	53 212	259 103	218 695	40 408
X. Workers not classifiable by occupation	85	*–*	85	.	.	.	.	85	85	.
— Persons seeking their first job	7 138	*0.5*	3 925	3 213	.	.	.	.	.	.
Total	**1 519 454**	*100.0*	**1 012 412**	**507 042**	**410 999**	**236 471**	**174 528**	**929 013**	**640 605**	**288 408**
Guatemala (1979) OE * †										
0/1. Professional, technical & related workers	77 966	*3.6*	46 500	31 466	9 200	7 519	1 681	68 131	38 558	29 573
2. Administrative & managerial workers	23 044	*1.1*	18 771	4 273	10 173	7 042	3 131	12 695	11 610	1 085
3. Clerical & related workers	57 111	*2.7*	37 762	19 349	1 120	882	238	55 548	36 643	18 905
4. Sales workers	132 488	*6.2*	86 350	46 138	94 367	61 964	32 403	31 924	20 174	11 750
5. Service workers	194 586	*9.1*	77 891	116 695	11 011	5 892	5 119	161 753	55 457	106 296
6. Agric., animal husbandry & forestry workers, fishermen & hunters	1 211 383	*56.7*	1 196 013	15 370	572 104	570 595	1 509	427 037	416 989	10 048
7-9. Prod./related workers, transport equipment operators & labourers	390 639	*18.2*	332 456	58 183	148 582	111 722	36 860	222 473	207 176	15 297
X. Workers not classifiable by occupation	50 425	*2.4*	46 915	3 510	2 774	2 598	176	46 339	43 019	3 320
Total	**2 137 642**	*100.0*	**1 842 658**	**294 984**	**849 331**	**768 214**	**81 117**	**1 025 900**	**829 626**	**196 274**

B

By occupational group, by status and by sex
Par groupe de professions, d'après la situation dans la profession et par sexe
Por grupo de ocupación, según la situación en la ocupación y por sexo

Unpaid family workers / Travailleurs familiaux non rémunérés / Trabajadores familiares no remunerados			Not classifiable by status / Inclassables d'après la situation / Inclasificables según la situación			Profession (Grands groupes)	Ocupación (Grandes grupos)
Total	Males / Hommes / Hombres	Females / Femmes / Mujeres	Total	Males / Hommes / Hombres	Females / Femmes / Mujeres		
.	.	.	.	.	.	0/1. Personnel des prof. scientif., techn., libérales et assimilées	0/1. Profesionales, técnicos y trabajadores asimilados
74	...	...	.	.	.	2/3. Directeurs et cadres admin. supér. / personnel admin. et travailleurs assimilés	2/3. Directores y funcionarios públicos super. / pers. admin. y trabajadores asimilados
5 024	...	...	.	.	.	4. Pers. commercial et vendeurs	4. Comerciantes y vendedores
2 763	...	...	.	.	.	5. Travailleurs des services	5. Trabajadores de los servicios
21 800	...	...	.	.	.	6-9. Grands groupes 6 et 7/8/9	6-9. Grandes grupos 6 y 7/8/9
71	...	...	.	.	.	X. Travailleurs ne pouvant être classés selon la profession	X. Trab. que no pueden ser clasificados según la ocupación
.	.	.	10 214	...	...	_ Personnes en quête de leur premier emploi	_ Personas en busca de su primer empleo
29 732	**...**	**...**	**10 214**	**...**	**...**	**Total**	**Total**
412	69	343	.	.	.	0/1. Personnel des prof. scientif., techn., libérales et assimilées	0/1. Profesionales, técnicos y trabajadores asimilados
.	.	.	.	.	.	2. Directeurs et cadres administratifs supérieurs	2. Directores y funcionarios públicos superiores
274	104	170	.	.	.	3. Personnel administratif et travailleurs assimilés	3. Personal administrativo y trabajadores asimilados
17 128	3 789	13 339	.	.	.	4. Pers. commercial et vendeurs	4. Comerciantes y vendedores
1 561	681	880	.	.	.	5. Travailleurs des services	5. Trabajadores de los servicios
127 273	110 364	16 909	.	.	.	6. Agriculteurs, éleveurs, forestiers, pêcheurs et chasseurs	6. Trabajadores agrícolas y forestales, pescadores y cazadores
25 656	16 404	9 252	.	.	.	7-9. Ouvriers et manœuvres non agricoles et conducteurs d'engins de transport	7-9. Obreros no agrícolas, conductores de máquinas y vehíc. de transporte y trab. asimilados
.	.	.	.	.	.	X. Travailleurs ne pouvant être classés selon la profession	X. Trab. que no pueden ser clasificados según la ocupación
.	.	.	7 138	3 925	3 213	_ Personnes en quête de leur premier emploi	_ Personas en busca de su primer empleo
172 304	**131 411**	**40 893**	**7 138**	**3 925**	**3 213**	**Total**	**Total**
286	146	140	349	277	72	0/1. Personnel des prof. scientif., techn., libérales et assimilées	0/1. Profesionales, técnicos y trabajadores asimilados
119	65	54	57	54	3	2. Directeurs et cadres administratifs supérieurs	2. Directores y funcionarios públicos superiores
295	133	162	148	104	44	3. Personnel administratif et travailleurs assimilés	3. Personal administrativo y trabajadores asimilados
5 987	4 066	1 921	210	146	64	4. Pers. commercial et vendeurs	4. Comerciantes y vendedores
1 852	822	1 030	19 970	15 720	4 250	5. Travailleurs des services	5. Trabajadores de los servicios
211 267	207 472	3 795	975	957	18	6. Agriculteurs, éleveurs, forestiers, pêcheurs et chasseurs	6. Trabajadores agrícolas y forestales, pescadores y cazadores
18 139	12 261	5 878	1 445	1 297	148	7-9. Ouvriers et manœuvres non agricoles et conducteurs d'engins de transport	7-9. Obreros no agrícolas, conductores de máquinas y vehíc. de transporte y trab. asimilados
1 174	1 165	9	138	133	5	X. Travailleurs ne pouvant être classés selon la profession	X. Trab. que no pueden ser clasificados según la ocupación
239 119	**226 130**	**12 989**	**23 292**	**18 688**	**4 604**	**Total**	**Total**

2 Structure of the economically active population
Structure de la population active
Estructura de la población económicamente activa

Occupation (Major groups)	Total				Employers and own-account workers / Employeurs et personnes travaillant à leur propre compte / Empleadores y trabajadores por cuenta propia			Employees / Salariés / Empleados a sueldo o salario		
	Total	%	Males Hommes Hombres	Females Femmes Mujeres	Total	Males Hommes Hombres	Females Femmes Mujeres	Total	Males Hommes Hombres	Females Femmes Mujeres
Guyana (1977) LFSS *										
0/1. Professional, technical & related workers	6 438	*3.9*	4 616	1 822	...	...	...	...	...	...
2. Administrative & managerial workers	2 170	*1.3*	1 749	421	...	...	...	...	...	...
3. Clerical & related workers	13 785	*8.4*	6 925	6 860	...	...	...	...	...	...
4. Sales workers	8 690	*5.2*	5 078	3 612	...	...	...	...	...	...
5. Service workers	35 190	*21.4*	18 960	16 230	...	...	...	...	...	...
6. Agric., animal husbandry & forestry workers, fishermen & hunters	46 522	*28.1*	40 397	6 125	...	...	...	...	...	...
7-9. Prod./related workers, transport equipment operators & labourers	41 108	*25.0*	34 799	6 309	...	...	...	...	...	...
X. Workers not classifiable by occupation	11 128	*6.7*	10 164	964	...	...	...	...	...	...
Total	**165 031**	***100.0***	**122 688**	**42 343**	**...**	**...**	**...**	**...**	**...**	**...**
Haïti (31.VIII.71) C †										
0/1. Professional, technical & related workers	22 733	*1.0*	14 358	8 375	...	...	...	...	...	...
2. Administrative & managerial workers	253	–	235	18	...	...	...	...	...	...
3. Clerical & related workers	11 788	*0.5*	8 670	3 118	...	...	...	...	...	...
4. Sales workers	194 138	*8.6*	18 986	175 152	...	...	...	...	...	...
5. Service workers	119 264	*5.2*	35 754	83 510	...	...	...	...	...	...
6. Agric., animal husbandry & forestry workers, fishermen & hunters	1 430 984	*63.0*	881 681	549 303	...	...	...	...	...	...
7-9. Prod./related workers, transport equipment operators & labourers	163 421	*7.2*	93 443	69 978	...	...	...	...	...	...
X. Workers not classifiable by occupation	1 850	*0.1*	1 091	759	...	...	...	...	...	...
– Unemployed	323 082	*14.2*	137 624	185 458	...	...	...	...	...	...
– Armed forces	4 569	*0.2*	4 536	33	...	...	...	...	...	...
Total	**2 272 082**	***100.0***	**1 196 378**	**1 075 704**	**...**	**...**	**...**	**...**	**...**	**...**
Montserrat (12.V.80) C										
0/1. Professional, technical & related workers	493	*10.1*	221	272	...	...	...	...	...	...
2. Administrative & managerial workers	131	*2.7*	96	35	...	...	...	...	...	...
3. Clerical & related workers	576	*11.8*	168	408	...	...	...	...	...	...
4. Sales workers	298	*6.1*	126	172	...	...	...	...	...	...
5. Service workers	871	*17.9*	303	568	...	...	...	...	...	...
6. Agric., animal husbandry & forestry workers, fishermen & hunters	622	*12.8*	485	137	...	...	...	...	...	...
7-9. Prod./related workers, transport equipment operators & labourers	1 583	*32.5*	1 357	226	...	...	...	...	...	...
– Persons seeking their first job	131	*2.7*	62	69	.	.	.	.	.	.
– Other unemployed	167	*3.4*	63	104	...	...	...	...	...	...
Total	**4 872**	***100.0***	**2 881**	**1 991**	**...**	**...**	**...**	**...**	**...**	**...**

B

By occupational group, by status and by sex
Par groupe de professions, d'après la situation dans la profession et par sexe
Por grupo de ocupación, según la situación en la ocupación y por sexo

Unpaid family workers / Travailleurs familiaux non rémunérés / Trabajadores familiares no remunerados			Not classifiable by status / Inclassables d'après la situation / Inclasificables según la situación			Profession (Grands groupes)	Ocupación (Grandes grupos)
Total	Males / Hommes / Hombres	Females / Femmes / Mujeres	Total	Males / Hommes / Hombres	Females / Femmes / Mujeres		
...	...	...	...	...	...	0/1. Personnel des prof. scientif., techn., libérales et assimilées	0/1. Profesionales, técnicos y trabajadores asimilados
...	...	...	...	...	...	2. Directeurs et cadres administratifs supérieurs	2. Directores y funcionarios públicos superiores
...	...	...	...	...	...	3. Personnel administratif et travailleurs assimilés	3. Personal administrativo y trabajadores asimilados
...	...	...	...	...	...	4. Pers. commercial et vendeurs	4. Comerciantes y vendedores
...	...	...	...	...	...	5. Travailleurs des services	5. Trabajadores de los servicios
...	...	...	...	...	...	6. Agriculteurs, éleveurs, forestiers, pêcheurs et chasseurs	6. Trabajadores agrícolas y forestales, pescadores y cazadores
...	...	...	...	...	...	7-9. Ouvriers et manœuvres non agricoles et conducteurs d'engins de transport	7-9. Obreros no agrícolas, conductores de máquinas y vehíc. de transporte y trab. asimilados
...	...	...	...	...	...	X. Travailleurs ne pouvant être classés selon la profession	X. Trab. que no pueden ser clasificados según la ocupación
...	**...**	**...**	**...**	**...**	**...**	**Total**	**Total**
...	...	...	...	...	...	0/1. Personnel des prof. scientif., techn., libérales et assimilées	0/1. Profesionales, técnicos y trabajadores asimilados
...	...	...	...	...	...	2. Directeurs et cadres administratifs supérieurs	2. Directores y funcionarios públicos superiores
...	...	...	...	...	...	3. Personnel administratif et travailleurs assimilés	3. Personal administrativo y trabajadores asimilados
...	...	...	...	...	...	4. Pers. commercial et vendeurs	4. Comerciantes y vendedores
...	...	...	...	...	...	5. Travailleurs des services	5. Trabajadores de los servicios
...	...	...	...	...	...	6. Agriculteurs, éleveurs, forestiers, pêcheurs et chasseurs	6. Trabajadores agrícolas y forestales, pescadores y cazadores
...	...	...	...	...	...	7-9. Ouvriers et manœuvres non agricoles et conducteurs d'engins de transport	7-9. Obreros no agrícolas, conductores de máquinas y vehíc. de transporte y trab. asimilados
...	...	...	...	...	...	X. Travailleurs ne pouvant être classés selon la profession	X. Trab. que no pueden ser clasificados según la ocupación
...	...	...	...	...	...	_ Chômeurs	_ Desempleados
.	.	.	...	...	...	_ Forces armées	_ Fuerzas armadas
...	**...**	**...**	**...**	**...**	**...**	**Total**	**Total**
...	...	...	...	...	...	0/1. Personnel des prof. scientif., techn., libérales et assimilées	0/1. Profesionales, técnicos y trabajadores asimilados
...	...	...	...	...	...	2. Directeurs et cadres administratifs supérieurs	2. Directores y funcionarios públicos superiores
...	...	...	...	...	...	3. Personnel administratif et travailleurs assimilés	3. Personal administrativo y trabajadores asimilados
...	...	...	...	...	...	4. Pers. commercial et vendeurs	4. Comerciantes y vendedores
...	...	...	...	...	...	5. Travailleurs des services	5. Trabajadores de los servicios
...	...	...	...	...	...	6. Agriculteurs, éleveurs, forestiers, pêcheurs et chasseurs	6. Trabajadores agrícolas y forestales, pescadores y cazadores
...	...	...	...	...	...	7-9. Ouvriers et manœuvres non agricoles et conducteurs d'engins de transport	7-9. Obreros no agrícolas, conductores de máquinas y vehíc. de transporte y trab. asimilados
.	.	.	.	.	.	_ Personnes en quête de leur premier emploi	_ Personas en busca de su primer empleo
...	...	...	...	...	...	_ Autres chômeurs	_ Otros desempleados
...	**...**	**...**	**...**	**...**	**...**	**Total**	**Total**

2 Structure of the economically active population
Structure de la population active
Estructura de la población económicamente activa

Occupation (Major groups)	Total				Employers and own-account workers / Employeurs et personnes travaillant à leur propre compte / Empleadores y trabajadores por cuenta propia			Employees / Salariés / Empleados a sueldo o salario		
	Total	%	Males / Hommes / Hombres	Females / Femmes / Mujeres	Total	Males / Hommes / Hombres	Females / Femmes / Mujeres	Total	Males / Hommes / Hombres	Females / Femmes / Mujeres
Panamá (VIII.79) LFSS †										
0/1. Professional, technical & related workers	48 349	*8.4*	...	...	...	...	...	...	...	...
2. Administrative & managerial workers	23 563	*4.0*	...	...	...	...	...	...	...	...
3. Clerical & related workers	66 544	*11.6*	...	...	...	...	...	...	...	...
4. Sales workers	40 144	*6.9*	...	...	...	...	...	...	...	...
5. Service workers	90 142	*15.6*	...	...	...	...	...	...	...	...
6. Agric., animal husbandry & forestry workers, fishermen & hunters	146 766	*25.4*	...	...	...	...	...	...	...	...
7-9. Prod./related workers, transport equipment operators & labourers	141 635	*24.5*	...	...	...	...	...	...	...	...
– Persons seeking their first job	20 615	*3.6*	9 560	11 055	.	.	.	.	.	.
Total	**577 758**	*100.0*	**400 995**	**176 763**	**160 372**	**140 363**	**20 009**	**366 815**	**224 883**	**141 932**
Puerto Rico (II.81) LFSS †										
0/1. Professional, technical & related workers	137 000	*13.4*	66 000	71 000	12 000	10 000	2 000	125 000	56 000	69 000
2. Administrative & managerial workers	103 000	*10.1*	82 000	21 000	47 000	40 000	7 000	55 000	42 000	13 000
3. Clerical & related workers	138 000	*13.5*	48 000	90 000	–	–	–	136 000	47 000	88 000
4. Sales workers	57 000	*5.6*	42 000	15 000	10 000	8 000	2 000	44 000	32 000	11 000
5. Service workers	133 000	*13.0*	64 000	70 000	6 000	2 000	4 000	125 000	62 000	64 000
6. Agric., animal husbandry & forestry workers, fishermen & hunters	52 000	*5.1*	51 000	1 000	14 000	14 000	–	37 000	36 000	–
7-9. Prod./related workers, transport equipment operators & labourers	384 000	*37.6*	305 000	79 000	38 000	37 000	2 000	344 000	268 000	77 000
– Persons seeking their first job	17 000	*1.7*	9 000	8 000	.	.	.	.	.	.
Total	**1 021 000**	*100.0*	**666 000**	**355 000**	**129 000**	**112 000**	**17 000**	**865 000**	**542 000**	**323 000**
Saint-Pierre-et-Miquelon (II.74) C *										
0/1. Professional, technical & related workers	411	*19.1*	175	236	...	...	...	...	...	...
2/3. Admin. & managerial workers / clerical & related workers	282	*13.1*	172	110	...	...	...	...	...	...
4. Sales workers	327	*15.2*	184	143	...	...	...	...	...	...
5. Service workers	43	*2.0*	42	1	...	...	...	...	...	...
6. Agric., animal husbandry & forestry workers, fishermen & hunters	166	*7.7*	166	.	...	...	...	...	...	...
7-9. Prod./related workers, transport equipment operators & labourers	838	*38.9*	781	57	...	...	...	...	...	...
X. Workers not classifiable by occupation	45	*2.1*	44	1	...	...	...	...	...	...
– Persons seeking their first job	7	*0.3*	6	1	.	.	.	.	.	.
– Armed forces	34	*1.6*	34	.	.	.	.	.	.	.
Total	**2 153**	*100.0*	**1 604**	**549**	**281**	**214**	**67**	**1 851**	**1 373**	**478**

B

By occupational group, by status and by sex
Par groupe de professions, d'après la situation dans la profession et par sexe
Por grupo de ocupación, según la situación en la ocupación y por sexo

Unpaid family workers / Travailleurs familiaux non rémunérés / Trabajadores familiares no remunerados			Not classifiable by status / Inclassables d'après la situation / Inclasificables según la situación			Profession (Grands groupes)	Ocupación (Grandes grupos)
Total	Males / Hommes / Hombres	Females / Femmes / Mujeres	Total	Males / Hommes / Hombres	Females / Femmes / Mujeres		
...	...	...	...	...	...	0/1. Personnel des prof. scientif., techn., libérales et assimilées	0/1. Profesionales, técnicos y trabajadores asimilados
...	...	...	...	...	...	2. Directeurs et cadres administratifs supérieurs	2. Directores y funcionarios públicos superiores
...	...	...	...	...	...	3. Personnel administratif et travailleurs assimilés	3. Personal administrativo y trabajadores asimilados
...	...	...	...	...	...	4. Pers. commercial et vendeurs	4. Comerciantes y vendedores
...	...	...	...	...	...	5. Travailleurs des services	5. Trabajadores de los servicios
...	...	...	...	...	...	6. Agriculteurs, éleveurs, forestiers, pêcheurs et chasseurs	6. Trabajadores agrícolas y forestales, pescadores y cazadores
...	...	...	...	...	...	7-9. Ouvriers et manœuvres non agricoles et conducteurs d'engins de transport	7-9. Obreros no agrícolas, conductores de máquinas y vehíc. de transporte y trab. asimilados
.	.	.	20 615	9 560	11 055	_ Personnes en quête de leur premier emploi	_ Personas en busca de su primer empleo
28 570	**25 011**	**3 559**	**20 615**	**9 560**	**11 055**	**Total**	**Total**
–	–	–	.	.	.	0/1. Personnel des prof. scientif., techn., libérales et assimilées	0/1. Profesionales, técnicos y trabajadores asimilados
–	–	–	.	.	.	2. Directeurs et cadres administratifs supérieurs	2. Directores y funcionarios públicos superiores
2 000	–	2 000	.	.	.	3. Personnel administratif et travailleurs assimilés	3. Personal administrativo y trabajadores asimilados
3 000	1 000	2 000	.	.	.	4. Pers. commercial et vendeurs	4. Comerciantes y vendedores
2 000	–	2 000	.	.	.	5. Travailleurs des services	5. Trabajadores de los servicios
1 000	1 000	–	.	.	.	6. Agriculteurs, éleveurs, forestiers, pêcheurs et chasseurs	6. Trabajadores agrícolas y forestales, pescadores y cazadores
–	–	–	.	.	.	7-9. Ouvriers et manœuvres non agricoles et conducteurs d'engins de transport	7-9. Obreros no agrícolas, conductores de máquinas y vehíc. de transporte y trab. asimilados
.	.	.	17 000	9 000	8 000	_ Personnes en quête de leur premier emploi	_ Personas en busca de su primer empleo
9 000	**3 000**	**7 000**	**17 000**	**9 000**	**8 000**	**Total**	**Total**
...	...	...	...	...	...	0/1. Personnel des prof. scientif., techn., libérales et assimilées	0/1. Profesionales, técnicos y trabajadores asimilados
...	...	...	...	...	...	2/3. Directeurs et cadres admin. supér. / personnel admin. et travailleurs assimilés	2/3. Directores y funcionarios públicos super. / pers. admin. y trabajadores asimilados
...	...	...	...	...	...	4. Pers. commercial et vendeurs	4. Comerciantes y vendedores
...	...	...	...	...	...	5. Travailleurs des services	5. Trabajadores de los servicios
...	...	...	...	...	...	6. Agriculteurs, éleveurs, forestiers, pêcheurs et chasseurs	6. Trabajadores agrícolas y forestales, pescadores y cazadores
...	...	...	...	...	...	7-9. Ouvriers et manœuvres non agricoles et conducteurs d'engins de transport	7-9. Obreros no agrícolas, conductores de máquinas y vehíc. de transporte y trab. asimilados
...	...	...	...	...	...	X. Travailleurs ne pouvant être classés selon la profession	X. Trab. que no pueden ser clasificados según la ocupación
.	.	.	.	.	.	_ Personnes en quête de leur premier emploi	_ Personas en busca de su primer empleo
.	.	.	.	.	.	_ Forces armées	_ Fuerzas armadas
14	**11**	**3**	**7**	**6**	**1**	**Total**	**Total**

2 Structure of the economically active population
Structure de la population active
Estructura de la población económicamente activa

Occupation (Major groups)	Total				Employers and own-account workers / Employeurs et personnes travaillant à leur propre compte / Empleadores y trabajadores por cuenta propia			Employees / Salariés / Empleados a sueldo o salario		
	Total	%	Males / Hommes / Hombres	Females / Femmes / Mujeres	Total	Males / Hommes / Hombres	Females / Femmes / Mujeres	Total	Males / Hommes / Hombres	Females / Femmes / Mujeres
Trinidad and Tobago (VII–XII.79) LFSS †										
0/1. Professional, technical & related workers	36 900	*8.3*	20 600	16 000	...	...	...	...	...	...
2/3. Admin. & managerial workers / clerical & related workers	57 200	*12.8*	26 800	30 400	...	...	...	...	...	...
4. Sales workers	42 900	*9.7*	22 600	20 400	...	...	...	...	...	...
5. Service workers	52 300	*11.7*	25 300	26 900	...	...	...	...	...	...
6. Agric., animal husbandry & forestry workers, fishermen & hunters	38 600	*8.7*	29 500	9 200	...	...	...	...	...	...
7–9. Prod./related workers, transport equipment operators & labourers	210 300	*47.2*	183 100	27 200	...	...	...	...	...	...
X. Workers not classifiable by occupation	500	*0.1*	400	100	...	...	...	...	...	...
– Persons seeking their first job	6 500	*1.5*	1 500	5 100	.	.	.	.	.	.
Total	**445 200**	*100.0*	**310 000**	**135 200**	**59 800**	**45 800**	**14 100**	**360 800**	**254 400**	**106 500**
United States (1980) LFSS †										
0/1. Professional, technical & related workers	16 007 000	*15.0*	8 870 000	7 138 000	1 201 000	884 000	318 000	14 402 000	7 808 000	6 594 000
2. Administrative & managerial workers	11 189 000	*10.5*	8 232 000	2 956 000	1 883 000	1 437 000	446 000	9 011 000	6 627 000	2 385 000
3. Clerical & related workers	19 109 000	*17.8*	3 787 000	15 322 000	260 000	54 000	207 000	17 611 000	3 546 000	14 065 000
4. Sales workers	6 455 000	*6.1*	3 500 000	2 955 000	823 000	494 000	329 000	5 306 000	2 877 000	2 429 000
5. Service workers	14 064 000	*13.2*	5 355 000	8 709 000	783 000	189 000	594 000	12 137 000	4 724 000	7 414 000
6. Agric., animal husbandry & forestry workers, fishermen & hunters	2 829 000	*2.6*	2 304 000	525 000	1 455 000	1 300 000	155 000	965 000	819 000	146 000
7–9. Prod./related workers, transport equipment operators & labourers	34 214 000	*32.0*	27 702 000	6 511 000	2 074 000	1 889 000	185 000	28 657 000	23 185 000	5 473 000
– Persons seeking their first job	852 000	*0.8*	395 000	457 000	.	.	.	.	.	.
– Armed forces	2 102 000	*2.0*	1 943 000	159 000	.	.	.	2 102 000	1 943 000	159 000
Total	**106 821 000**	*100.0*	**62 088 000**	**44 733 000**	**8 479 000**	**6 247 000**	**2 232 000**	**90 192 000**	**51 528 000**	**38 664 000**
Uruguay (21.V.75) C †										
0/1. Professional, technical & related workers	79 699	*7.3*	33 725	45 974	15 686	9 417	6 269	61 202	22 945	38 257
2. Administrative & managerial workers	14 237	*1.3*	12 294	1 943	7 642	6 622	1 020	6 494	5 611	883
3. Clerical & related workers	118 270	*10.8*	78 154	40 116	1 996	1 607	389	115 580	76 236	39 344
4. Sales workers	105 270	*9.6*	76 264	29 006	59 779	46 465	13 314	42 257	28 542	13 715
5. Service workers	156 016	*14.3*	58 043	97 973	13 883	4 535	9 348	141 361	53 206	88 155
6. Agric., animal husbandry & forestry workers, fishermen & hunters	172 214	*15.7*	164 783	7 431	70 790	67 724	3 066	86 499	85 108	1 391
7–9. Prod./related workers, transport equipment operators & labourers	316 023	*28.9*	260 776	55 247	77 319	54 560	22 759	235 489	203 710	31 779
X. Workers not classifiable by occupation	85 913	*7.8*	61 823	24 090	13 688	10 546	3 142	40 489	30 027	10 462
– Persons seeking their first job	17 131	*1.6*	9 220	7 911	.	.	.	.	.	.
– Armed forces	29 826	*2.7*	28 502	1 324	.	.	.	29 826	28 502	1 324
Total	**1 094 599**	*100.0*	**783 584**	**311 015**	**260 783**	**201 476**	**59 307**	**759 197**	**533 887**	**225 310**

B

By occupational group, by status and by sex
Par groupe de professions, d'après la situation dans la profession et par sexe
Por grupo de ocupación, según la situación en la ocupación y por sexo

Unpaid family workers / Travailleurs familiaux non rémunérés / Trabajadores familiares no remunerados			Not classifiable by status / Inclassables d'après la situation / Inclasificables según la situación			Profession (Grands groupes)	Ocupación (Grandes grupos)
Total	Males / Hommes / Hombres	Females / Femmes / Mujeres	Total	Males / Hommes / Hombres	Females / Femmes / Mujeres		
...	...	...	...	...	...	0/1. Personnel des prof. scientif., techn., libérales et assimilées	0/1. Profesionales, técnicos y trabajadores asimilados
...	...	...	...	...	...	2/3. Directeurs et cadres admin. supér. / personnel admin. et travailleurs assimilés	2/3. Directores y funcionarios públicos super. / pers. admin. y trabajadores asimilados
...	...	...	...	...	...	4. Pers. commercial et vendeurs	4. Comerciantes y vendedores
...	...	...	...	...	...	5. Travailleurs des services	5. Trabajadores de los servicios
...	...	...	...	...	...	6. Agriculteurs, éleveurs, forestiers, pêcheurs et chasseurs	6. Trabajadores agrícolas y forestales, pescadores y cazadores
...	...	...	...	...	...	7-9. Ouvriers et manœuvres non agricoles et conducteurs d'engins de transport	7-9. Obreros no agrícolas, conductores de máquinas y vehíc. de transporte y trab. asimilados
...	...	...	...	...	...	X. Travailleurs ne pouvant être classés selon la profession	X. Trab. que no pueden ser clasificados según la ocupación
.	.	.	.	.	.	_ Personnes en quête de leur premier emploi	_ Personas en busca de su primer empleo
17 800	**8 200**	**9 600**	**6 700**	**1 600**	**5 200**	**Total**	**Total**
10 000	1 000	9 000	395 000	177 000	217 000	0/1. Personnel des prof. scientif., techn., libérales et assimilées	0/1. Profesionales, técnicos y trabajadores asimilados
24 000	3 000	21 000	270 000	165 000	105 000	2. Directeurs et cadres administratifs supérieurs	2. Directores y funcionarios públicos superiores
234 000	5 000	229 000	1 004 000	182 000	822 000	3. Personnel administratif et travailleurs assimilés	3. Personal administrativo y trabajadores asimilados
44 000	6 000	37 000	283 000	123 000	160 000	4. Pers. commercial et vendeurs	4. Comerciantes y vendedores
38 000	6 000	32 000	1 107 000	436 000	671 000	5. Travailleurs des services	5. Trabajadores de los servicios
284 000	99 000	186 000	125 000	86 000	39 000	6. Agriculteurs, éleveurs, forestiers, pêcheurs et chasseurs	6. Trabajadores agrícolas y forestales, pescadores y cazadores
68 000	36 000	33 000	3 414 000	2 593 000	821 000	7-9. Ouvriers et manœuvres non agricoles et conducteurs d'engins de transport	7-9. Obreros no agrícolas, conductores de máquinas y vehíc. de transporte y trab. asimilados
.	.	.	852 000	395 000	457 000	_ Personnes en quête de leur premier emploi	_ Personas en busca de su primer empleo
.	.	.	.	.	.	_ Forces armées	_ Fuerzas armadas
702 000	**156 000**	**546 000**	**7 448 000**	**4 157 000**	**3 291 000**	**Total**	**Total**
108	51	57	2 703	1 312	1 391	0/1. Personnel des prof. scientif., techn., libérales et assimilées	0/1. Profesionales, técnicos y trabajadores asimilados
38	14	24	63	47	16	2. Directeurs et cadres administratifs supérieurs	2. Directores y funcionarios públicos superiores
310	91	219	384	220	164	3. Personnel administratif et travailleurs assimilés	3. Personal administrativo y trabajadores asimilados
2 923	1 041	1 882	311	216	95	4. Pers. commercial et vendeurs	4. Comerciantes y vendedores
409	154	255	363	148	215	5. Travailleurs des services	5. Trabajadores de los servicios
14 581	11 629	2 952	344	322	22	6. Agriculteurs, éleveurs, forestiers, pêcheurs et chasseurs	6. Trabajadores agrícolas y forestales, pescadores y cazadores
1 631	1 232	399	1 584	1 274	310	7-9. Ouvriers et manœuvres non agricoles et conducteurs d'engins de transport	7-9. Obreros no agrícolas, conductores de máquinas y vehíc. de transporte y trab. asimilados
2 063	1 179	884	29 673	20 071	9 602	X. Travailleurs ne pouvant être classés selon la profession	X. Trab. que no pueden ser clasificados según la ocupación
.	.	.	17 131	9 220	7 911	_ Personnes en quête de leur premier emploi	_ Personas en busca de su primer empleo
.	.	.	.	.	.	_ Forces armées	_ Fuerzas armadas
22 063	**15 391**	**6 672**	**52 556**	**32 830**	**19 726**	**Total**	**Total**

2 Structure of the economically active population
Structure de la population active
Estructura de la población económicamente activa

Occupation (Major groups)	Total				Employers and own-account workers / Employeurs et personnes travaillant à leur propre compte / Empleadores y trabajadores por cuenta propia			Employees / Salariés / Empleados a sueldo o salario		
	Total	%	Males Hommes Hombres	Females Femmes Mujeres	Total	Males Hommes Hombres	Females Femmes Mujeres	Total	Males Hommes Hombres	Females Femmes Mujeres
Venezuela (VII–XII.79) HS *										
0/1. Professional, technical & related workers	403 494	*9.3*	...	...	29 907	...	...	352 234	...	...
2. Administrative & managerial workers	164 360	*3.8*	...	...	73 620	...	...	87 656	...	...
3. Clerical & related workers	478 040	*10.9*	...	...	4 913	...	...	443 879	...	...
4. Sales workers	532 513	*12.3*	...	...	303 294	...	...	176 542	...	...
5. Service workers	584 045	*13.4*	...	...	70 304	...	...	485 159	...	...
6. Agric., animal husbandry & forestry workers, fishermen & hunters	641 868	*14.8*	...	...	320 235	...	...	229 723	...	...
7–9. Prod./related workers, transport equipment operators & labourers	1 487 051	*34.1*	...	...	350 170	...	...	1 019 779	...	...
X. Workers not classifiable by occupation	22 720	*0.6*	...	...	...	...	...	...	...	...
_ Persons seeking their first job	36 794	*0.8*	20 416	16 378	.	.	.	.	.	.
Total	**4 350 885**	*100.0*	**3 162 580**	**1 188 305**	**1 152 443**	...	...	**2 794 972**	...	...
ASIA										
Afghanistan (24.VI.79) C *										
0/1. Professional, technical & related workers	98 674	*2.5*	85 340	13 334	...	...	...	...	...	...
2. Administrative & managerial workers	8 027	*0.2*	7 971	56	...	...	...	...	...	...
3. Clerical & related workers	86 394	*2.2*	79 018	7 376	...	...	...	...	...	...
4. Sales workers	146 075	*3.7*	143 891	2 184	...	...	...	...	...	...
5. Service workers	77 626	*2.0*	74 582	3 044	...	...	...	...	...	...
6. Agric., animal husbandry & forestry workers, fishermen & hunters	2 348 696	*59.5*	2 338 503	10 193	...	...	...	...	...	...
7–9. Prod./related workers, transport equipment operators & labourers	1 102 589	*27.9*	836 793	265 796	...	...	...	...	...	...
_ Persons seeking their first job	77 510	*2.0*	66 057	11 453	.	.	.	.	.	.
Total	**3 945 591**	*100.0*	**3 632 155**	**313 436**	...	...	...	...	...	...
Bahrain (IV.79) OE †										
0/1. Professional, technical & related workers	14 700	*10.9*	10 500	4 200	...	...	...	...	...	...
2. Administrative & managerial workers	4 900	*3.6*	4 800	100	...	...	...	...	...	...
3. Clerical & related workers	16 200	*12.0*	12 800	3 400	...	...	...	...	...	...
4. Sales workers	10 800	*8.0*	10 200	600	...	...	...	...	...	...
5. Service workers	14 700	*10.9*	11 200	3 500	...	...	...	...	...	...
6. Agric., animal husbandry & forestry workers, fishermen & hunters	4 600	*3.5*	4 400	200	...	...	...	...	...	...
7–9. Prod./related workers, transport equipment operators & labourers	65 400	*48.4*	65 000	400	...	...	...	...	...	...
X. Workers not classifiable by occupation	3 600	*2.7*	3 400	200	...	...	...	...	...	...
Total	**134 900**	*100.0*	**122 300**	**12 600**	...	...	...	...	...	...

B

By occupational group, by status and by sex
Par groupe de professions, d'après la situation dans la profession et par sexe
Por grupo de ocupación, según la situación en la ocupación y por sexo

Unpaid family workers / Travailleurs familiaux non rémunérés / Trabajadores familiares no remunerados			Not classifiable by status / Inclassables d'après la situation / Inclasificables según la situación			Profession (Grands groupes)	Ocupación (Grandes grupos)
Total	Males / Hommes / Hombres	Females / Femmes / Mujeres	Total	Males / Hommes / Hombres	Females / Femmes / Mujeres		
83	...	...	21 270	...	...	0/1. Personnel des prof. scientif., techn., libérales et assimilées	0/1. Profesionales, técnicos y trabajadores asimilados
274	...	...	2 810	...	...	2. Directeurs et cadres administratifs supérieurs	2. Directores y funcionarios públicos superiores
2 647	...	...	26 601	...	...	3. Personnel administratif et travailleurs assimilés	3. Personal administrativo y trabajadores asimilados
36 988	...	...	15 689	...	...	4. Pers. commercial et vendeurs	4. Comerciantes y vendedores
8 207	...	...	20 375	...	...	5. Travailleurs des services	5. Trabajadores de los servicios
79 634	...	...	12 276	...	...	6. Agriculteurs, éleveurs, forestiers, pêcheurs et chasseurs	6. Trabajadores agrícolas y forestales, pescadores y cazadores
12 140	...	...	104 962	...	...	7-9. Ouvriers et manœuvres non agricoles et conducteurs d'engins de transport	7-9. Obreros no agrícolas, conductores de máquinas y vehíc. de transporte y trab. asimilados
...	...	...	22 720	...	...	X. Travailleurs ne pouvant être classés selon la profession	X. Trab. que no pueden ser clasificados según la ocupación
.	.	.	36 794	20 416	16 378	_ Personnes en quête de leur premier emploi	_ Personas en busca de su primer empleo
139 973	**...**	**...**	**263 497**	**...**	**...**	**Total**	**Total**

ASIE - ASIA

Total	Males	Females	Total	Males	Females	Profession	Ocupación
...	...	...	...	...	...	0/1. Personnel des prof. scientif., techn., libérales et assimilées	0/1. Profesionales, técnicos y trabajadores asimilados
...	...	...	...	...	...	2. Directeurs et cadres administratifs supérieurs	2. Directores y funcionarios públicos superiores
...	...	...	...	...	...	3. Personnel administratif et travailleurs assimilés	3. Personal administrativo y trabajadores asimilados
...	...	...	...	...	...	4. Pers. commercial et vendeurs	4. Comerciantes y vendedores
...	...	...	...	...	...	5. Travailleurs des services	5. Trabajadores de los servicios
...	...	...	...	...	...	6. Agriculteurs, éleveurs, forestiers, pêcheurs et chasseurs	6. Trabajadores agrícolas y forestales, pescadores y cazadores
...	...	...	...	...	...	7-9. Ouvriers et manœuvres non agricoles et conducteurs d'engins de transport	7-9. Obreros no agrícolas, conductores de máquinas y vehíc. de transporte y trab. asimilados
.	.	.	.	.	.	_ Personnes en quête de leur premier emploi	_ Personas en busca de su primer empleo
...	**...**	**...**	**...**	**...**	**...**	**Total**	**Total**
...	...	...	...	...	...	0/1. Personnel des prof. scientif., techn., libérales et assimilées	0/1. Profesionales, técnicos y trabajadores asimilados
...	...	...	...	...	...	2. Directeurs et cadres administratifs supérieurs	2. Directores y funcionarios públicos superiores
...	...	...	...	...	...	3. Personnel administratif et travailleurs assimilés	3. Personal administrativo y trabajadores asimilados
...	...	...	...	...	...	4. Pers. commercial et vendeurs	4. Comerciantes y vendedores
...	...	...	...	...	...	5. Travailleurs des services	5. Trabajadores de los servicios
...	...	...	...	...	...	6. Agriculteurs, éleveurs, forestiers, pêcheurs et chasseurs	6. Trabajadores agrícolas y forestales, pescadores y cazadores
...	...	...	...	...	...	7-9. Ouvriers et manœuvres non agricoles et conducteurs d'engins de transport	7-9. Obreros no agrícolas, conductores de máquinas y vehíc. de transporte y trab. asimilados
...	...	...	...	...	...	X. Travailleurs ne pouvant être classés selon la profession	X. Trab. que no pueden ser clasificados según la ocupación
...	**...**	**...**	**...**	**...**	**...**	**Total**	**Total**

2 Structure of the economically active population
Structure de la population active
Estructura de la población económicamente activa

Occupation (Major groups)	Total				Employers and own-account workers / Employeurs et personnes travaillant à leur propre compte / Empleadores y trabajadores por cuenta propia			Employees / Salariés / Empleados a sueldo o salario		
	Total	%	Males Hommes Hombres	Females Femmes Mujeres	Total	Males Hommes Hombres	Females Femmes Mujeres	Total	Males Hommes Hombres	Females Femmes Mujeres
Bangladesh (1.III.74) C †										
0/1. Professional, technical & related workers	375 092	*1.8*	352 926	22 166	72 561	70 181	2 380	291 223	271 966	19 257
2. Administrative & managerial workers	30 841	*0.2*	30 389	452	2 934	2 875	59	27 155	26 823	332
3. Clerical & related workers	208 495	*1.0*	206 245	2 250	3 332	3 286	46	201 382	199 280	2 102
4. Sales workers	934 307	*4.5*	923 033	11 274	761 939	753 234	8 705	104 925	104 211	714
5. Service workers	386 151	*1.9*	296 783	89 368	54 169	47 333	6 836	310 322	234 715	75 607
6. Agric., animal husbandry & forestry workers, fishermen & hunters	15 837 883	*77.2*	15 229 075	608 808	7 566 749	7 439 284	127 465	3 933 695	3 885 893	47 802
7-9. Prod./related workers, transport equipment operators & labourers	2 247 173	*11.0*	2 140 984	106 189	911 148	882 483	28 665	1 073 232	1 057 570	15 662
X. Workers not classifiable by occupation	502 650	*2.4*	471 162	31 488	...	...	...	...	...	...
Total	**20 522 592**	*100.0*	**19 650 597**	**871 995**	**9 372 832**	**9 198 676**	**174 156**	**5 941 934**	**5 780 458**	**161 476**
Cyprus (1980) OE * †										
0/1. Professional, technical & related workers	13 640	*6.6*	...	...	...	...	...	...	...	...
2. Administrative & managerial workers	2 799	*1.3*	...	...	...	...	...	...	...	...
3. Clerical & related workers	19 362	*9.3*	...	...	...	...	...	...	...	...
4. Sales workers	13 904	*6.7*	...	...	...	...	...	...	...	...
5. Service workers	19 813	*9.6*	...	...	...	...	...	...	...	...
6. Agric., animal husbandry & forestry workers, fishermen & hunters	47 409	*22.8*	...	...	...	...	...	...	...	...
7-9. Prod./related workers, transport equipment operators & labourers	57 930	*27.9*	...	...	...	...	...	...	...	...
X. Workers not classifiable by occupation	30 915	*14.9*	...	...	...	...	...	...	...	...
_ Persons seeking their first job	1 928	*0.9*	863	1 065	.	.	.	.	.	.
Total	**207 700**	*100.0*	**136 000**	**71 700**	...	...	...	...	...	...
Hong Kong (IX.80) LFSS †										
0/1. Professional, technical & related workers	139 900	*5.9*	79 000	60 900	9 600	...	...	126 700	...	...
2. Administrative & managerial workers	56 000	*2.4*	50 600	5 400	23 700	...	...	31 400	...	...
3. Clerical & related workers	300 400	*12.6*	146 700	153 700	1 200	...	...	290 100	...	...
4. Sales workers	247 000	*10.5*	184 100	62 900	111 500	...	...	112 500	...	...
5. Service workers	403 400	*17.0*	271 400	132 000	11 100	...	...	376 900	...	...
6. Agric., animal husbandry & forestry workers, fishermen & hunters	31 800	*1.3*	23 500	8 400	19 600	...	...	7 500	...	...
7-9. Prod./related workers, transport equipment operators & labourers	1 166 900	*49.2*	775 600	391 300	53 200	...	...	1 058 000	...	...
X. Workers not classifiable by occupation	2 100	*0.1*	1 400	700	500	...	...	1 500	...	...
_ Persons seeking their first job	23 000	*1.0*	13 800	9 200	.	.	.	.	.	.
Total	**2 370 700**	*100.0*	**1 546 100**	**824 600**	**230 700**	**195 800**	**34 400**	**2 004 400**	**1 272 000**	**732 400**

B By occupational group, by status and by sex
Par groupe de professions, d'après la situation dans la profession et par sexe
Por grupo de ocupación, según la situación en la ocupación y por sexo

Unpaid family workers / Travailleurs familiaux non rémunérés / Trabajadores familiares no remunerados			Not classifiable by status / Inclassables d'après la situation / Inclasificables según la situación			Profession (Grands groupes)	Ocupación (Grandes grupos)
Total	Males / Hommes / Hombres	Females / Femmes / Mujeres	Total	Males / Hommes / Hombres	Females / Femmes / Mujeres		
11 308	10 779	529	...	...	...	0/1. Personnel des prof. scientif., techn., libérales et assimilées	0/1. Profesionales, técnicos y trabajadores asimilados
752	691	61	...	...	...	2. Directeurs et cadres administratifs supérieurs	2. Directores y funcionarios públicos superiores
3 781	3 679	102	...	...	...	3. Personnel administratif et travailleurs assimilés	3. Personal administrativo y trabajadores asimilados
67 443	65 588	1 855	...	...	...	4. Pers. commercial et vendeurs	4. Comerciantes y vendedores
21 660	14 735	6 925	...	...	...	5. Travailleurs des services	5. Trabajadores de los servicios
4 337 439	3 903 898	433 541	...	...	...	6. Agriculteurs, éleveurs, forestiers, pêcheurs et chasseurs	6. Trabajadores agrícolas y forestales, pescadores y cazadores
262 793	200 931	61 862	...	...	...	7-9. Ouvriers et manœuvres non agricoles et conducteurs d'engins de transport	7-9. Obreros no agrícolas, conductores de máquinas y vehíc. de transporte y trab. asimilados
...	...	...	502 650	471 162	31 488	X. Travailleurs ne pouvant être classés selon la profession	X. Trab. que no pueden ser clasificados según la ocupación
4 705 176	**4 200 301**	**504 875**	**502 650**	**471 162**	**31 488**	**Total**	**Total**
...	...	...	...	...	...	0/1. Personnel des prof. scientif., techn., libérales et assimilées	0/1. Profesionales, técnicos y trabajadores asimilados
...	...	...	...	...	...	2. Directeurs et cadres administratifs supérieurs	2. Directores y funcionarios públicos superiores
...	...	...	...	...	...	3. Personnel administratif et travailleurs assimilés	3. Personal administrativo y trabajadores asimilados
...	...	...	...	...	...	4. Pers. commercial et vendeurs	4. Comerciantes y vendedores
...	...	...	...	...	...	5. Travailleurs des services	5. Trabajadores de los servicios
...	...	...	...	...	...	6. Agriculteurs, éleveurs, forestiers, pêcheurs et chasseurs	6. Trabajadores agrícolas y forestales, pescadores y cazadores
...	...	...	...	...	...	7-9. Ouvriers et manœuvres non agricoles et conducteurs d'engins de transport	7-9. Obreros no agrícolas, conductores de máquinas y vehíc. de transporte y trab. asimilados
...	...	...	...	...	...	X. Travailleurs ne pouvant être classés selon la profession	X. Trab. que no pueden ser clasificados según la ocupación
.	.	.	.	.	.	— Personnes en quête de leur premier emploi	— Personas en busca de su primer empleo
...	**...**	**...**	**...**	**...**	**...**	**Total**	**Total**
700	...	...	3 000	...	...	0/1. Personnel des prof. scientif., techn., libérales et assimilées	0/1. Profesionales, técnicos y trabajadores asimilados
300	...	...	600	...	...	2. Directeurs et cadres administratifs supérieurs	2. Directores y funcionarios públicos superiores
1 000	...	...	8 000	...	...	3. Personnel administratif et travailleurs assimilés	3. Personal administrativo y trabajadores asimilados
18 100	...	...	4 900	...	...	4. Pers. commercial et vendeurs	4. Comerciantes y vendedores
2 900	...	...	12 600	...	...	5. Travailleurs des services	5. Trabajadores de los servicios
4 100	...	...	700	...	...	6. Agriculteurs, éleveurs, forestiers, pêcheurs et chasseurs	6. Trabajadores agrícolas y forestales, pescadores y cazadores
6 900	...	...	48 800	...	...	7-9. Ouvriers et manœuvres non agricoles et conducteurs d'engins de transport	7-9. Obreros no agrícolas, conductores de máquinas y vehíc. de transporte y trab. asimilados
–	...	...	200	...	...	X. Travailleurs ne pouvant être classés selon la profession	X. Trab. que no pueden ser clasificados según la ocupación
.	.	.	23 000	13 800	9 200	— Personnes en quête de leur premier emploi	— Personas en busca de su primer empleo
34 000	**9 400**	**24 600**	**101 900**	**68 900**	**33 100**	**Total**	**Total**

2 Structure of the economically active population
Structure de la population active
Estructura de la población económicamente activa

Occupation (Major groups)	Total: Total	Total: %	Total: Males / Hommes / Hombres	Total: Females / Femmes / Mujeres	Employers and own-account workers / Employeurs et personnes travaillant à leur propre compte / Empleadores y trabajadores por cuenta propia: Total	Employers and own-account workers: Males / Hommes / Hombres	Employers and own-account workers: Females / Femmes / Mujeres	Employees / Salariés / Empleados a sueldo o salario: Total	Employees: Males / Hommes / Hombres	Employees: Females / Femmes / Mujeres
Indonesia (24.IX.71) C										
0/1. Professional, technical & related workers	883 537	*2.1*	599 432	284 105	85 807	59 841	25 966	772 553	522 708	249 845
2. Administrative & managerial workers	189 467	*0.5*	178 008	11 459	60 560	55 795	4 765	125 112	119 190	5 922
3. Clerical & related workers	1 270 553	*3.1*	1 141 886	128 667	68 673	63 688	4 985	1 181 661	1 060 737	120 924
4. Sales workers	4 187 815	*10.1*	2 347 349	1 840 466	3 048 531	1 712 535	1 335 996	591 135	412 107	179 028
5. Service workers	1 572 969	*3.8*	892 071	680 898	162 513	114 226	48 287	1 294 225	737 780	556 445
6. Agric., animal husbandry & forestry workers, fishermen & hunters	25 143 457	*61.0*	17 195 818	7 947 639	11 179 159	9 185 632	1 993 527	5 925 799	3 987 599	1 938 200
7–9. Prod./related workers, transport equipment operators & labourers	4 645 006	*11.2*	3 386 529	1 258 477	1 325 920	919 000	406 920	2 862 738	2 302 335	560 403
— Not classif. by occup. & persons seeking their first job	3 368 412	*8.2*	1 834 004	1 534 408	434 544	266 170	168 374	854 603	610 170	244 433
Total	**41 261 216**	***100.0***	**27 575 097**	**13 686 119**	**16 365 707**	**12 376 887**	**3 988 820**	**13 607 826**	**9 752 626**	**3 855 200**
" " " " (1977) HS										
0/1. Professional, technical & related workers	1 111 037	*2.3*	758 297	352 740	31 115	23 469	7 646	1 062 702	722 756	339 946
2. Administrative & managerial workers	75 689	*0.1*	69 408	6 281	38 545	35 199	3 346	37 144	34 209	2 935
3. Clerical & related workers	1 421 033	*2.9*	1 269 934	151 099	25 132	24 032	1 100	1 388 677	1 239 919	148 758
4. Sales workers	6 691 973	*13.7*	3 604 026	3 087 947	5 026 662	2 786 168	2 240 494	698 795	493 423	205 372
5. Service workers	2 456 149	*5.0*	1 582 665	873 484	289 035	220 824	68 211	2 032 171	1 301 864	730 307
6. Agric., animal husbandry & forestry workers, fishermen & hunters	29 586 134	*60.5*	19 948 361	9 637 773	11 829 791	10 527 552	1 302 239	7 561 948	4 810 530	2 751 418
7–9. Prod./related workers, transport equipment operators & labourers	6 938 430	*14.1*	4 734 349	2 204 081	1 946 038	1 198 502	747 536	4 351 004	3 362 931	988 073
X. Workers not classifiable by occupation	34 199	*0.1*	24 647	9 552	10 302	10 302	.	18 865	13 048	5 817
— Persons seeking their first job	632 271	*1.3*	443 255	189 016	.	.	.	.	.	.
Total	**48 946 915**	***100.0***	**32 434 942**	**16 511 973**	**19 196 620**	**14 826 048**	**4 370 572**	**17 151 306**	**11 978 680**	**5 172 626**
Iran (XI.76) C5% †										
0/1. Professional, technical & related workers	537 877	*5.5*	349 626	188 251	42 123	40 298	1 825	492 667	307 174	185 493
2. Administrative & managerial workers	48 112	*0.5*	46 426	1 686	12 866	12 786	80	34 906	33 360	1 546
3. Clerical & related workers	450 446	*4.6*	384 660	65 786	7 846	7 646	200	439 656	374 446	65 210
4. Sales workers	598 284	*6.2*	590 125	8 159	462 099	457 799	4 300	121 719	119 060	2 659
5. Service workers	427 255	*4.4*	362 351	64 904	57 460	50 957	6 503	363 398	306 985	56 413
6. Agric., animal husbandry & forestry workers, fishermen & hunters	3 605 238	*37.0*	3 178 717	426 521	1 735 977	1 718 137	17 840	664 279	587 478	76 801
7–9. Prod./related workers, transport equipment operators & labourers	3 326 859	*34.2*	2 688 541	638 318	705 506	588 042	117 464	2 189 194	2 013 016	176 178
X. Workers not classifiable by occupation	500 180	*5.2*	476 605	23 575	6 003	5 403	600	429 039	421 631	7 408
— Persons seeking their first job	238 257	*2.4*	203 189	35 068	.	.	.	.	.	.
Total	**9 732 508**	***100.0***	**8 280 240**	**1 452 268**	**3 029 880**	**2 881 068**	**148 812**	**4 734 858**	**4 163 150**	**571 708**

B

By occupational group, by status and by sex
Par groupe de professions, d'après la situation dans la profession et par sexe
Por grupo de ocupación, según la situación en la ocupación y por sexo

Unpaid family workers / Travailleurs familiaux non rémunérés / Trabajadores familiares no remunerados			Not classifiable by status / Inclassables d'après la situation / Inclasificables según la situación			Profession (Grands groupes)	Ocupación (Grandes grupos)
Total	Males / Hommes / Hombres	Females / Femmes / Mujeres	Total	Males / Hommes / Hombres	Females / Femmes / Mujeres		
25 177	16 883	8 294	...	...	...	0/1. Personnel des prof. scientif., techn., libérales et assimilées	0/1. Profesionales, técnicos y trabajadores asimilados
3 795	3 023	772	...	...	...	2. Directeurs et cadres administratifs supérieurs	2. Directores y funcionarios públicos superiores
20 219	17 461	2 758	...	...	...	3. Personnel administratif et travailleurs assimilés	3. Personal administrativo y trabajadores asimilados
548 149	222 707	325 442	...	...	...	4. Pers. commercial et vendeurs	4. Comerciantes y vendedores
116 231	40 065	76 166	...	...	...	5. Travailleurs des services	5. Trabajadores de los servicios
8 038 499	4 022 587	4 015 912	...	...	...	6. Agriculteurs, éleveurs, forestiers, pêcheurs et chasseurs	6. Trabajadores agrícolas y forestales, pescadores y cazadores
456 348	165 194	291 154	...	...	...	7-9. Ouvriers et manœuvres non agricoles et conducteurs d'engins de transport	7-9. Obreros no agrícolas, conductores de máquinas y vehíc. de transporte y trab. asimilados
1 239 492	514 779	724 713	839 773	442 885	396 888	_ Inclassables selon la professio et personnes en quête de leur premier emploi	_ Inclasificables según la ocupación y personas en busca de su primer empleo
10 447 910	**5 002 699**	**5 445 211**	**839 773**	**442 885**	**396 888**	**Total**	**Total**
4 949	2 030	2 919	12 271	10 042	2 229	0/1. Personnel des prof. scientif., techn., libérales et assimilées	0/1. Profesionales, técnicos y trabajadores asimilados
.	.	.	.	.	.	2. Directeurs et cadres administratifs supérieurs	2. Directores y funcionarios públicos superiores
7 224	5 983	1 241	.	.	.	3. Personnel administratif et travailleurs assimilés	3. Personal administrativo y trabajadores asimilados
966 516	324 435	642 081	.	.	.	4. Pers. commercial et vendeurs	4. Comerciantes y vendedores
129 669	58 397	71 272	5 274	1 580	3 694	5. Travailleurs des services	5. Trabajadores de los servicios
10 190 394	4 606 956	5 583 438	4 001	3 323	678	6. Agriculteurs, éleveurs, forestiers, pêcheurs et chasseurs	6. Trabajadores agrícolas y forestales, pescadores y cazadores
640 601	172 646	467 955	787	270	517	7-9. Ouvriers et manœuvres non agricoles et conducteurs d'engins de transport	7-9. Obreros no agrícolas, conductores de máquinas y vehíc. de transporte y trab. asimilados
5 032	1 297	3 735	.	.	.	X. Travailleurs ne pouvant être classés selon la profession	X. Trab. que no pueden ser clasificados según la ocupación
.	.	.	632 271	443 255	189 016	_ Personnes en quête de leur premier emploi	_ Personas en busca de su primer empleo
11 944 385	**5 171 744**	**6 772 641**	**654 604**	**458 470**	**196 134**	**Total**	**Total**
358	278	80	2 729	1 876	853	0/1. Personnel des prof. scientif., techn., libérales et assimilées	0/1. Profesionales, técnicos y trabajadores asimilados
.	.	.	340	280	60	2. Directeurs et cadres administratifs supérieurs	2. Directores y funcionarios públicos superiores
1 080	1 000	80	1 864	1 568	296	3. Personnel administratif et travailleurs assimilés	3. Personal administrativo y trabajadores asimilados
10 862	9 942	920	3 604	3 324	280	4. Pers. commercial et vendeurs	4. Comerciantes y vendedores
3 671	2 366	1 305	2 726	2 043	683	5. Travailleurs des services	5. Trabajadores de los servicios
568 392	441 592	126 800	636 590	431 510	205 080	6. Agriculteurs, éleveurs, forestiers, pêcheurs et chasseurs	6. Trabajadores agrícolas y forestales, pescadores y cazadores
399 090	57 369	341 721	33 069	30 114	2 955	7-9. Ouvriers et manœuvres non agricoles et conducteurs d'engins de transport	7-9. Obreros no agrícolas, conductores de máquinas y vehíc. de transporte y trab. asimilados
1 181	441	740	63 957	49 130	14 827	X. Travailleurs ne pouvant être classés selon la profession	X. Trab. que no pueden ser clasificados según la ocupación
.	.	.	238 257	203 189	35 068	_ Personnes en quête de leur premier emploi	_ Personas en busca de su primer empleo
984 634	**512 988**	**471 646**	**983 136**	**723 034**	**260 102**	**Total**	**Total**

2 Structure of the economically active population
Structure de la population active
Estructura de la población económicamente activa

Occupation (Major groups)	Total				Employers and own-account workers / Employeurs et personnes travaillant à leur propre compte / Empleadores y trabajadores por cuenta propia			Employees / Salariés / Empleados a sueldo o salario		
	Total	%	Males / Hommes / Hombres	Females / Femmes / Mujeres	Total	Males / Hommes / Hombres	Females / Femmes / Mujeres	Total	Males / Hommes / Hombres	Females / Femmes / Mujeres
Israel (1980) LFSS †										
0/1. Professional, technical & related workers	281 200	*21.3*	134 800	146 300	37 000	18 700	18 100	241 000	114 900	126 200
2. Administrative & managerial workers	47 200	*3.6*	43 500	3 700	15 400	14 600	800	31 200	28 300	2 900
3. Clerical & related workers	234 200	*17.8*	95 000	139 100	14 300	6 000	8 100	214 300	87 800	126 600
4. Sales workers	95 500	*7.2*	66 000	29 400	57 300	42 200	15 000	36 600	22 800	13 800
5. Service workers	140 100	*10.7*	59 200	80 900	25 300	10 400	14 700	110 600	47 200	63 600
6. Agric., animal husbandry & forestry workers, fishermen & hunters	73 300	*5.5*	58 400	14 900	52 600	40 400	12 200	20 000	17 400	2 600
7–9. Prod./related workers, transport equipment operators & labourers	390 400	*29.7*	346 400	43 600	78 600	71 200	6 800	298 000	262 900	35 300
X. Workers not classifiable by occupation	23 000	*1.7*	17 400	5 600	1 700	1 100	600	20 300	15 500	4 800
– Persons seeking their first job	32 800	*2.5*	15 400	17 400	.	.	.	.	.	.
Total	**1 317 700**	*100.0*	**836 100**	**480 900**	**282 200**	**204 600**	**76 300**	**972 500**	**596 800**	**375 800**
Japan (1.X.80) C1% †										
0/1. Professional, technical & related workers	5 113 900	*9.0*	2 959 700	2 154 200	721 100	503 500	217 600	4 313 700	2 434 000	1 879 700
2. Administrative & managerial workers	2 701 200	*4.7*	2 518 900	182 300	103 200	96 000	7 200	2 597 900	2 422 900	175 000
3. Clerical & related workers	9 831 800	*17.2*	4 685 900	5 145 900	70 300	28 500	41 800	9 252 500	4 633 200	4 619 200
4. Sales workers	7 853 500	*13.8*	4 733 000	3 120 500	2 032 400	1 471 700	560 700	4 597 000	3 050 300	1 546 600
5. Service workers	4 661 300	*8.1*	2 124 800	2 536 500	890 100	464 100	426 100	3 171 900	1 569 600	1 602 300
6. Agric., animal husbandry & forestry workers, fishermen & hunters	5 996 100	*10.6*	3 140 900	2 855 200	2 705 000	2 273 600	431 300	404 400	324 100	80 300
7–9. Prod./related workers, transport equipment operators & labourers	19 388 800	*33.9*	14 362 000	5 026 900	2 835 300	2 090 100	745 300	15 570 400	11 951 000	3 619 500
X. Workers not classifiable by occupation	118 200	*0.2*	66 200	52 000	32 500	24 600	7 900	56 800	36 200	20 600
– Unemployed	1 411 200	*2.5*	990 900	420 300	...	...	...	...	...	...
Total	**57 076 100**	*100.0*	**35 582 300**	**21 493 800**	**9 390 000**	**6 952 000**	**2 437 900**	**39 964 800**	**26 421 400**	**13 543 400**
" " " " (1980) LFSS †										
0/1. Professional, technical & related workers	4 380 000	*7.8*	2 330 000	2 050 000	670 000	440 000	230 000	3 640 000	1 880 000	1 760 000
2. Administrative & managerial workers	2 200 000	*3.8*	2 090 000	110 000	30 000	20 000	–	2 170 000	2 060 000	110 000
3. Clerical & related workers	9 240 000	*16.4*	4 290 000	4 950 000	70 000	30 000	40 000	8 670 000	4 240 000	4 430 000
4. Sales workers	7 970 000	*14.1*	4 900 000	3 070 000	1 840 000	1 310 000	530 000	4 970 000	3 400 000	1 570 000
5. Service workers	5 010 000	*8.9*	2 280 000	2 730 000	970 000	510 000	460 000	3 420 000	1 680 000	1 740 000
6. Agric., animal husbandry & forestry workers, fishermen & hunters	5 700 000	*10.1*	2 900 000	2 800 000	2 700 000	2 120 000	580 000	400 000	300 000	100 000
7–9. Prod./related workers, transport equipment operators & labourers	20 740 000	*36.7*	15 070 000	5 670 000	3 220 000	2 130 000	1 090 000	16 400 000	12 590 000	3 820 000
X. Workers not classifiable by occupation	130 000	*0.2*	90 000	40 000	...	...	...	30 000	20 000	–
– Unemployed	1 140 000	*2.0*	710 000	430 000	...	...	...	...	...	...
Total	**56 500 000**	*100.0*	**34 650 000**	**21 850 000**	**9 510 000**	**6 580 000**	**2 930 000**	**39 710 000**	**26 170 000**	**13 540 000**

B

By occupational group, by status and by sex
Par groupe de professions, d'après la situation dans la profession et par sexe
Por grupo de ocupación, según la situación en la ocupación y por sexo

Unpaid family workers / Travailleurs familiaux non rémunérés / Trabajadores familiares no remunerados			Not classifiable by status / Inclassables d'après la situation / Inclasificables según la situación			Profession (Grands groupes)	Ocupación (Grandes grupos)
Total	Males / Hommes / Hombres	Females / Femmes / Mujeres	Total	Males / Hommes / Hombres	Females / Femmes / Mujeres		
...	...	...	3 200	1 200	2 000	0/1. Personnel des prof. scientif., techn., libérales et assimilées	0/1. Profesionales, técnicos y trabajadores asimilados
...	...	...	600	600	-	2. Directeurs et cadres administratifs supérieurs	2. Directores y funcionarios públicos superiores
...	...	...	5 600	1 200	4 400	3. Personnel administratif et travailleurs assimilés	3. Personal administrativo y trabajadores asimilados
...	...	...	1 600	1 000	600	4. Pers. commercial et vendeurs	4. Comerciantes y vendedores
...	...	...	4 200	1 600	2 600	5. Travailleurs des services	5. Trabajadores de los servicios
...	...	...	700	600	100	6. Agriculteurs, éleveurs, forestiers, pêcheurs et chasseurs	6. Trabajadores agrícolas y forestales, pescadores y cazadores
...	...	...	13 800	12 300	1 500	7–9. Ouvriers et manœuvres non agricoles et conducteurs d'engins de transport	7–9. Obreros no agrícolas, conductores de máquinas y vehíc. de transporte y trab. asimilados
...	...	...	1 000	800	200	X. Travailleurs ne pouvant être classés selon la profession	X. Trab. que no pueden ser clasificados según la ocupación
.	.	.	32 800	15 400	17 400	— Personnes en quête de leur premier emploi	— Personas en busca de su primer empleo
...	**...**	**...**	**63 500**	**34 700**	**28 800**	**Total**	**Total**
79 000	22 100	56 900	...	...	...	0/1. Personnel des prof. scientif., techn., libérales et assimilées	0/1. Profesionales, técnicos y trabajadores asimilados
100	-	100	...	...	...	2. Directeurs et cadres administratifs supérieurs	2. Directores y funcionarios públicos superiores
509 000	24 200	484 800	...	...	...	3. Personnel administratif et travailleurs assimilés	3. Personal administrativo y trabajadores asimilados
1 224 100	211 000	1 013 100	...	...	...	4. Pers. commercial et vendeurs	4. Comerciantes y vendedores
599 200	91 100	508 100	...	...	...	5. Travailleurs des services	5. Trabajadores de los servicios
2 886 700	543 200	2 343 500	...	...	...	6. Agriculteurs, éleveurs, forestiers, pêcheurs et chasseurs	6. Trabajadores agrícolas y forestales, pescadores y cazadores
983 000	320 900	662 100	...	...	...	7–9. Ouvriers et manœuvres non agricoles et conducteurs d'engins de transport	7–9. Obreros no agrícolas, conductores de máquinas y vehíc. de transporte y trab. asimilados
7 700	1 100	6 600	21 200	4 300	16 900	X. Travailleurs ne pouvant être classés selon la profession	X. Trab. que no pueden ser clasificados según la ocupación
...	...	...	1 411 200	990 900	420 300	— Chômeurs	— Desempleados
6 288 800	**1 213 600**	**5 075 200**	**1 432 400**	**995 200**	**437 200**	**Total**	**Total**
70 000	20 000	50 000	...	...	...	0/1. Personnel des prof. scientif., techn., libérales et assimilées	0/1. Profesionales, técnicos y trabajadores asimilados
-	-	-	...	...	...	2. Directeurs et cadres administratifs supérieurs	2. Directores y funcionarios públicos superiores
490 000	20 000	480 000	...	...	...	3. Personnel administratif et travailleurs assimilés	3. Personal administrativo y trabajadores asimilados
1 160 000	190 000	970 000	...	...	...	4. Pers. commercial et vendeurs	4. Comerciantes y vendedores
610 000	90 000	520 000	...	...	...	5. Travailleurs des services	5. Trabajadores de los servicios
2 600 000	470 000	2 130 000	...	...	...	6. Agriculteurs, éleveurs, forestiers, pêcheurs et chasseurs	6. Trabajadores agrícolas y forestales, pescadores y cazadores
1 080 000	340 000	760 000	...	...	...	7–9. Ouvriers et manœuvres non agricoles et conducteurs d'engins de transport	7–9. Obreros no agrícolas, conductores de máquinas y vehíc. de transporte y trab. asimilados
...	...	...	90 000	60 000	30 000	X. Travailleurs ne pouvant être classés selon la profession	X. Trab. que no pueden ser clasificados según la ocupación
...	...	...	1 140 000	710 000	430 000	— Chômeurs	— Desempleados
6 030 000	**1 120 000**	**4 910 000**	**1 250 000**	**780 000**	**470 000**	**Total**	**Total**

2 Structure of the economically active population
Structure de la population active
Estructura de la población económicamente activa

Occupation (Major groups)	Total				Employers and own-account workers / Employeurs et personnes travaillant à leur propre compte / Empleadores y trabajadores por cuenta propia			Employees / Salariés / Empleados a sueldo o salario		
	Total	%	Males Hommes Hombres	Females Femmes Mujeres	Total	Males Hommes Hombres	Females Femmes Mujeres	Total	Males Hommes Hombres	Females Femmes Mujeres
Jordan (11.XI.79) CS *										
0/1. Professional, technical & related workers	49 125	*13.0*	...	...	...	...	...	...	...	...
2. Administrative & managerial workers	5 290	*1.4*	...	...	...	...	...	...	...	...
3. Clerical & related workers	26 074	*6.9*	...	...	...	...	...	...	...	...
4. Sales workers	29 853	*7.9*	...	...	...	...	...	...	...	...
5. Service workers	26 074	*6.9*	...	...	...	...	...	...	...	...
6. Agric., animal husbandry & forestry workers, fishermen & hunters	40 055	*10.6*	...	...	...	...	...	...	...	...
7-9. Prod./related workers, transport equipment operators & labourers	201 414	*53.3*	...	...	...	...	...	...	...	...
Total	**377 885**	*100.0*	...	...	**84 646**	...	...	**268 298**	...	...
Korea, Republic of (1.X.75) C †										
0/1. Professional, technical & related workers	417 423	*3.1*	312 027	105 396	54 916	46 996	7 920	353 178	261 592	91 586
2. Administrative & managerial workers	102 327	*0.8*	98 531	3 796	62 665	60 054	2 611	39 662	38 477	1 185
3. Clerical & related workers	844 210	*6.3*	647 455	196 755	15 330	13 441	1 889	823 311	631 018	192 293
4. Sales workers	1 317 122	*9.9*	842 263	474 859	853 291	604 944	248 347	272 240	194 143	78 097
5. Service workers	815 791	*6.1*	350 452	465 339	211 050	101 947	109 103	544 913	239 306	305 607
6. Agric., animal husbandry & forestry workers, fishermen & hunters	6 190 008	*46.4*	3 264 069	2 925 939	2 398 049	1 980 202	417 847	545 307	375 443	169 864
7-9. Prod./related workers, transport equipment operators & labourers	2 890 668	*21.6*	2 083 206	807 462	310 708	246 442	64 266	2 492 587	1 800 841	691 746
X. Workers not classifiable by occupation	104 492	*0.8*	103 708	784	229	229	.	93 400	92 753	647
— Unemployed	668 563	*5.0*	474 133	194 430	...	...	...	...	...	...
Total	**13 350 604**	*100.0*	**8 175 844**	**5 174 760**	**3 906 238**	**3 054 255**	**851 983**	**5 164 598**	**3 633 573**	**1 531 025**
" " " " (1980) LFSS †										
0/1. Professional, technical & related workers	548 000	*3.8*	372 000	176 000	97 000	58 000	40 000	445 000	313 000	133 000
2. Administrative & managerial workers	182 000	*1.3*	173 000	9 000	149 000	141 000	8 000	32 000	31 000	1 000
3. Clerical & related workers	1 266 000	*8.7*	852 000	415 000	19 000	17 000	2 000	1 229 000	829 000	399 000
4. Sales workers	1 983 000	*13.7*	1 116 000	867 000	1 291 000	871 000	420 000	302 000	188 000	114 000
5. Service workers	1 085 000	*7.5*	454 000	630 000	327 000	155 000	172 000	633 000	287 000	346 000
6. Agric., animal husbandry & forestry workers, fishermen & hunters	4 652 000	*32.2*	2 612 000	2 040 000	2 195 000	1 808 000	387 000	546 000	306 000	240 000
7-9. Prod./related workers, transport equipment operators & labourers	3 990 000	*27.6*	2 883 000	1 106 000	566 000	376 000	190 000	3 296 000	2 464 000	833 000
— Unemployed	749 000	*5.2*	558 000	191 000	...	...	...	...	...	...
Total	**14 454 000**	*100.0*	**9 020 000**	**5 434 000**	**4 645 000**	**3 426 000**	**1 218 000**	**6 485 000**	**4 419 000**	**2 065 000**

B By occupational group, by status and by sex
Par groupe de professions, d'après la situation dans la profession et par sexe
Por grupo de ocupación, según la situación en la ocupación y por sexo

Unpaid family workers / Travailleurs familiaux non rémunérés / Trabajadores familiares no remunerados			Not classifiable by status / Inclassables d'après la situation / Inclasificables según la situación			Profession (Grands groupes)	Ocupación (Grandes grupos)
Total	Males / Hommes / Hombres	Females / Femmes / Mujeres	Total	Males / Hommes / Hombres	Females / Femmes / Mujeres		
...	...	...	...	...	...	0/1. Personnel des prof. scientif., techn., libérales et assimilées	0/1. Profesionales, técnicos y trabajadores asimilados
...	...	...	...	...	...	2. Directeurs et cadres administratifs supérieurs	2. Directores y funcionarios públicos superiores
...	...	...	...	...	...	3. Personnel administratif et travailleurs assimilés	3. Personal administrativo y trabajadores asimilados
...	...	...	...	...	...	4. Pers. commercial et vendeurs	4. Comerciantes y vendedores
...	...	...	...	...	...	5. Travailleurs des services	5. Trabajadores de los servicios
...	...	...	...	...	...	6. Agriculteurs, éleveurs, forestiers, pêcheurs et chasseurs	6. Trabajadores agrícolas y forestales, pescadores y cazadores
...	...	...	...	...	...	7-9. Ouvriers et manœuvres non agricoles et conducteurs d'engins de transport	7-9. Obreros no agrícolas, conductores de máquinas y vehíc. de transporte y trab. asimilados
...	**...**	**...**	**24 941**	**...**	**...**	**Total**	**Total**
9 229	3 342	5 887	100	97	3	0/1. Personnel des prof. scientif., techn., libérales et assimilées	0/1. Profesionales, técnicos y trabajadores asimilados
.	.	.	.	.	.	2. Directeurs et cadres administratifs supérieurs	2. Directores y funcionarios públicos superiores
5 569	2 996	2 573	.	.	.	3. Personnel administratif et travailleurs assimilés	3. Personal administrativo y trabajadores asimilados
191 468	43 128	148 340	123	48	75	4. Pers. commercial et vendeurs	4. Comerciantes y vendedores
59 626	9 195	50 431	202	4	198	5. Travailleurs des services	5. Trabajadores de los servicios
3 246 580	908 424	2 338 156	72	.	72	6. Agriculteurs, éleveurs, forestiers, pêcheurs et chasseurs	6. Trabajadores agrícolas y forestales, pescadores y cazadores
87 179	35 922	51 257	194	1	193	7-9. Ouvriers et manœuvres non agricoles et conducteurs d'engins de transport	7-9. Obreros no agrícolas, conductores de máquinas y vehíc. de transporte y trab. asimilados
10 681	10 668	13	182	58	124	X. Travailleurs ne pouvant être classés selon la profession	X. Trab. que no pueden ser clasificados según la ocupación
...	...	...	668 563	474 133	194 430	— Chômeurs	— Desempleados
3 610 332	**1 013 675**	**2 596 657**	**669 436**	**474 341**	**195 095**	**Total**	**Total**
6 000	2 000	4 000	...	...	...	0/1. Personnel des prof. scientif., techn., libérales et assimilées	0/1. Profesionales, técnicos y trabajadores asimilados
1 000	-	1 000	...	...	...	2. Directeurs et cadres administratifs supérieurs	2. Directores y funcionarios públicos superiores
19 000	5 000	13 000	...	...	...	3. Personnel administratif et travailleurs assimilés	3. Personal administrativo y trabajadores asimilados
390 000	57 000	333 000	...	...	...	4. Pers. commercial et vendeurs	4. Comerciantes y vendedores
124 000	11 000	113 000	...	...	...	5. Travailleurs des services	5. Trabajadores de los servicios
1 911 000	498 000	1 413 000	...	...	...	6. Agriculteurs, éleveurs, forestiers, pêcheurs et chasseurs	6. Trabajadores agrícolas y forestales, pescadores y cazadores
127 000	44 000	83 000	...	...	...	7-9. Ouvriers et manœuvres non agricoles et conducteurs d'engins de transport	7-9. Obreros no agrícolas, conductores de máquinas y vehíc. de transporte y trab. asimilados
...	...	...	749 000	558 000	191 000	— Chômeurs	— Desempleados
2 577 000	**617 000**	**1 960 000**	**749 000**	**558 000**	**191 000**	**Total**	**Total**

2 Structure of the economically active population
Structure de la population active
Estructura de la población económicamente activa

Occupation (Major groups)	Total				Employers and own-account workers / Employeurs et personnes travaillant à leur propre compte / Empleadores y trabajadores por cuenta propia			Employees / Salariés / Empleados a sueldo o salario		
	Total	%	Males / Hommes / Hombres	Females / Femmes / Mujeres	Total	Males / Hommes / Hombres	Females / Femmes / Mujeres	Total	Males / Hommes / Hombres	Females / Femmes / Mujeres
Nepal (1976) HS										
0/1. Professional, technical & related workers	229 041	*3.7*	146 047	82 994	158 269	97 012	61 257	34 086	30 444	3 642
2. Administrative & managerial workers	3 669	*0.1*	2 831	838	1 300	784	516	2 016	1 921	95
3. Clerical & related workers	54 728	*0.8*	52 186	2 542	2 188	2 039	149	51 626	49 267	2 359
4. Sales workers	70 007	*1.2*	56 978	13 029	59 654	49 542	10 112	3 709	3 223	486
5. Service workers	21 130	*0.3*	17 202	3 928	4 479	2 937	1 542	15 698	13 753	1 945
6. Agric., animal husbandry & forestry workers, fishermen & hunters	5 490 176	*88.6*	3 335 510	2 154 666	4 070 556	2 631 365	1 439 191	393 521	286 261	107 260
7-9. Prod./related workers, transport equipment operators & labourers	329 092	*5.3*	259 075	70 017	55 050	42 905	12 145	262 199	208 577	53 622
Total	**6 197 843**	*100.0*	**3 869 829**	**2 328 014**	**4 351 496**	**2 826 584**	**1 524 912**	**762 855**	**593 446**	**169 409**
Pakistan (I.81) LFSS †										
0/1. Professional, technical & related workers	720 000	*3.0*	...	...	165 000	...	...	536 000	...	...
2. Administrative & managerial workers	170 000	*0.7*	...	...	77 000	...	...	81 000	...	...
3. Clerical & related workers	644 000	*2.6*	...	...	14 000	...	...	625 000	...	...
4. Sales workers	2 390 000	*9.8*	...	...	1 803 000	...	...	216 000	...	...
5. Service workers	1 073 000	*4.4*	...	...	352 000	...	...	592 000	...	...
6. Agric., animal husbandry & forestry workers, fishermen & hunters	13 100 000	*53.8*	...	...	6 723 000	...	...	1 027 000	...	...
7-9. Prod./related workers, transport equipment operators & labourers	5 824 000	*23.9*	...	...	2 778 000	...	...	2 290 000	...	...
X. Workers not classifiable by occupation	28 000	*0.1*	...	...	12 000	...	...	14 000	...	...
— Unemployed	413 000	*1.7*	...	...	...	...	...	...	...	...
Total	**24 362 000**	*100.0*	...	...	**11 924 000**	...	...	**5 381 000**	...	...
Philippines (1.V.75) C †										
0/1. Professional, technical & related workers	639 418	*4.8*	260 532	378 886	38 734	23 158	15 576	590 488	233 128	357 360
2. Administrative & managerial workers	132 399	*0.9*	104 798	27 601	52 363	37 872	14 491	77 939	66 050	11 889
3. Clerical & related workers	486 877	*3.7*	283 873	203 004	.	.	.	479 648	280 715	198 933
4. Sales workers	927 997	*6.9*	449 060	478 937	627 284	294 389	332 895	239 493	136 379	103 114
5. Service workers	1 011 442	*7.5*	380 015	631 427	56 321	27 218	29 103	919 958	341 838	578 120
6. Agric., animal husbandry & forestry workers, fishermen & hunters	6 694 910	*49.9*	5 918 514	776 396	3 773 639	3 605 464	168 175	1 096 492	940 721	155 771
7-9. Prod./related workers, transport equipment operators & labourers	2 381 907	*17.7*	1 854 198	527 709	542 206	308 815	233 391	1 758 461	1 511 228	247 233
X. Workers not classifiable by occupation	144 046	*1.1*	123 351	20 695	16 418	11 812	4 606	117 234	104 942	12 292
— Unemployed	1 007 167	*7.5*	505 406	501 761	...	...	...	...	...	...
Total	**13 426 163**	*100.0*	**9 879 747**	**3 546 416**	**5 106 965**	**4 308 728**	**798 237**	**5 279 713**	**3 615 001**	**1 664 712**

B By occupational group, by status and by sex
Par groupe de professions, d'après la situation dans la profession et par sexe
Por grupo de ocupación, según la situación en la ocupación y por sexo

Unpaid family workers / Travailleurs familiaux non rémunérés / Trabajadores familiares no remunerados			Not classifiable by status / Inclassables d'après la situation / Inclasificables según la situación			Profession (Grands groupes)	Ocupación (Grandes grupos)
Total	Males / Hommes / Hombres	Females / Femmes / Mujeres	Total	Males / Hommes / Hombres	Females / Femmes / Mujeres		
36 686	18 591	18 095	.	.	.	0/1. Personnel des prof. scientif., techn., libérales et assimilées	0/1. Profesionales, técnicos y trabajadores asimilados
353	126	227	.	.	.	2. Directeurs et cadres administratifs supérieurs	2. Directores y funcionarios públicos superiores
914	880	34	.	.	.	3. Personnel administratif et travailleurs assimilés	3. Personal administrativo y trabajadores asimilados
6 644	4 213	2 431	.	.	.	4. Pers. commercial et vendeurs	4. Comerciantes y vendedores
953	512	441	.	.	.	5. Travailleurs des services	5. Trabajadores de los servicios
1 026 099	417 884	608 215	.	.	.	6. Agriculteurs, éleveurs, forestiers, pêcheurs et chasseurs	6. Trabajadores agrícolas y forestales, pescadores y cazadores
11 843	7 593	4 250	.	.	.	7–9. Ouvriers et manœuvres non agricoles et conducteurs d'engins de transport	7–9. Obreros no agrícolas, conductores de máquinas y vehíc. de transporte y trab. asimilados
1 083 492	**449 799**	**633 693**	.	.	.	**Total**	**Total**
19 000	...	...	...	...	...	0/1. Personnel des prof. scientif., techn., libérales et assimilées	0/1. Profesionales, técnicos y trabajadores asimilados
12 000	...	...	...	...	...	2. Directeurs et cadres administratifs supérieurs	2. Directores y funcionarios públicos superiores
5 000	...	...	...	...	...	3. Personnel administratif et travailleurs assimilés	3. Personal administrativo y trabajadores asimilados
371 000	...	...	...	...	...	4. Pers. commercial et vendeurs	4. Comerciantes y vendedores
129 000	...	...	...	...	...	5. Travailleurs des services	5. Trabajadores de los servicios
5 350 000	...	...	...	...	...	6. Agriculteurs, éleveurs, forestiers, pêcheurs et chasseurs	6. Trabajadores agrícolas y forestales, pescadores y cazadores
756 000	...	...	...	...	...	7–9. Ouvriers et manœuvres non agricoles et conducteurs d'engins de transport	7–9. Obreros no agrícolas, conductores de máquinas y vehíc. de transporte y trab. asimilados
2 000	...	...	...	...	...	X. Travailleurs ne pouvant être classés selon la profession	X. Trab. que no pueden ser clasificados según la ocupación
...	...	...	413 000	...	...	— Chômeurs	— Desempleados
6 644 000	...	...	**413 000**	...	...	**Total**	**Total**
1 058	500	558	9 138	3 746	5 392	0/1. Personnel des prof. scientif., techn., libérales et assimilées	0/1. Profesionales, técnicos y trabajadores asimilados
1 658	602	1 056	439	274	165	2. Directeurs et cadres administratifs supérieurs	2. Directores y funcionarios públicos superiores
1 918	626	1 292	5 311	2 532	2 779	3. Personnel administratif et travailleurs assimilés	3. Personal administrativo y trabajadores asimilados
54 073	16 206	37 867	7 147	2 086	5 061	4. Pers. commercial et vendeurs	4. Comerciantes y vendedores
4 400	1 739	2 661	30 763	9 220	21 543	5. Travailleurs des services	5. Trabajadores de los servicios
1 806 120	1 357 953	448 167	18 659	14 376	4 283	6. Agriculteurs, éleveurs, forestiers, pêcheurs et chasseurs	6. Trabajadores agrícolas y forestales, pescadores y cazadores
59 611	21 459	38 152	21 629	12 696	8 933	7–9. Ouvriers et manœuvres non agricoles et conducteurs d'engins de transport	7–9. Obreros no agrícolas, conductores de máquinas y vehíc. de transporte y trab. asimilados
4 338	3 021	1 317	6 056	3 576	2 480	X. Travailleurs ne pouvant être classés selon la profession	X. Trab. que no pueden ser clasificados según la ocupación
...	...	...	1 007 167	505 406	501 761	— Chômeurs	— Desempleados
1 933 176	**1 402 106**	**531 070**	**1 106 309**	**553 912**	**552 397**	**Total**	**Total**

2 Structure of the economically active population
Structure de la population active
Estructura de la población económicamente activa

Occupation (Major groups)	Total				Employers and own-account workers / Employeurs et personnes travaillant à leur propre compte / Empleadores y trabajadores por cuenta propia			Employees / Salariés / Empleados a sueldo o salario		
	Total	%	Males Hommes Hombres	Females Femmes Mujeres	Total	Males Hommes Hombres	Females Femmes Mujeres	Total	Males Hommes Hombres	Females Femmes Mujeres
Philippines (X–XII.77) LFSS †										
0/1. Professional, technical & related workers	930 000	*6.2*	408 000	522 000	54 000	42 000	12 000	867 000	361 000	505 000
2. Administrative & managerial workers	105 000	*0.7*	89 000	16 000	36 000	31 000	6 000	68 000	58 000	10 000
3. Clerical & related workers	661 000	*4.4*	389 000	272 000	3 000	2 000	1 000	657 000	385 000	271 000
4. Sales workers	1 421 000	*9.5*	558 000	863 000	958 000	353 000	604 000	329 000	174 000	154 000
5. Service workers	1 086 000	*7.2*	473 000	613 000	99 000	39 000	60 000	959 000	430 000	529 000
6. Agric., animal husbandry & forestry workers, fishermen & hunters	7 234 000	*48.3*	5 903 000	1 331 000	4 006 000	3 727 000	279 000	1 371 000	1 072 000	299 000
7–9. Prod./related workers, transport equipment operators & labourers	2 810 000	*18.7*	2 145 000	664 000	611 000	329 000	283 000	2 116 000	1 789 000	327 000
X. Workers not classifiable by occupation	77 000	*0.5*	45 000	32 000	6 000	2 000	4 000	50 000	37 000	13 000
_ Persons seeking their first job	275 000	*1.9*	111 000	163 000	.	.	.	.	.	.
_ Other unemployed	396 000	*2.6*	156 000	240 000	43 000	17 000	26 000	245 000	103 000	142 000
Total	**14 994 000**	*100.0*	**10 277 000**	**4 716 000**	**5 817 000**	**4 543 000**	**1 275 000**	**6 660 000**	**4 410 000**	**2 250 000**
Singapore (VI.80) LFSS †										
0/1. Professional, technical & related workers	93 380	*8.4*	57 009	36 372	4 366	3 337	1 030	88 417	53 198	35 218
2. Administrative & managerial workers	51 633	*4.7*	44 322	7 311	17 300	16 188	1 112	34 292	28 134	6 158
3. Clerical & related workers	158 339	*14.3*	59 068	99 271	515	268	247	157 412	58 677	98 735
4. Sales workers	156 382	*14.1*	110 784	45 599	63 887	53 816	10 071	76 389	50 480	25 909
5. Service workers	115 562	*10.5*	65 062	50 500	7 229	4 695	2 534	105 944	59 501	46 443
6. Agric., animal husbandry & forestry workers, fishermen & hunters	18 866	*1.7*	14 540	4 325	6 858	6 302	556	7 785	6 364	1 421
7–9. Prod./related workers, transport equipment operators & labourers	416 773	*37.7*	285 537	131 235	33 632	29 225	4 407	379 392	254 088	125 304
X. Workers not classifiable by occupation	61 395	*5.5*	60 427	968	.	.	.	61 395	60 427	968
_ Persons seeking their first job	9 412	*0.9*	4 387	5 025	.	.	.	.	.	.
_ Other unemployed	24 838	*2.2*	16 353	8 485	...	...	...	...	...	...
Total	**1 106 581**	*100.0*	**717 489**	**389 092**	**133 789**	**113 832**	**19 958**	**911 026**	**570 869**	**340 157**
République arabe syrienne (IX.79) LFSS										
0/1. Professional, technical & related workers	199 807	*9.2*	147 090	52 717	...	...	...	...	...	...
2. Administrative & managerial workers	12 459	*0.6*	11 760	699	...	...	...	...	...	...
3. Clerical & related workers	160 801	*7.4*	137 196	23 605	...	...	...	...	...	...
4. Sales workers	195 357	*8.9*	192 891	2 466	...	...	...	...	...	...
5. Service workers	57 774	*2.7*	51 373	6 401	...	...	...	...	...	...
6. Agric., animal husbandry & forestry workers, fishermen & hunters	683 152	*31.4*	482 700	200 452	...	...	...	...	...	...
7–9. Prod./related workers, transport equipment operators & labourers	815 146	*37.5*	769 922	45 224	...	...	...	...	...	...
_ Persons seeking their first job	49 731	*2.3*	38 442	11 289	.	.	.	.	.	.
Total	**2 174 227**	*100.0*	**1 831 374**	**342 853**	...	...	...	...	...	...

B

By occupational group, by status and by sex
Par groupe de professions, d'après la situation dans la profession et par sexe
Por grupo de ocupación, según la situación en la ocupación y por sexo

Unpaid family workers / Travailleurs familiaux non rémunérés / Trabajadores familiares no remunerados			Not classifiable by status / Inclassables d'après la situation / Inclasificables según la situación			Profession (Grands groupes)	Ocupación (Grandes grupos)
Total	Males / Hommes / Hombres	Females / Femmes / Mujeres	Total	Males / Hommes / Hombres	Females / Femmes / Mujeres		
2 000	1 000	1 000	6 000	3 000	3 000	0/1. Personnel des prof. scientif., techn., libérales et assimilées	0/1. Profesionales, técnicos y trabajadores asimilados
–	–	–	–	–	–	2. Directeurs et cadres administratifs supérieurs	2. Directores y funcionarios públicos superiores
–	–	–	1 000	1 000	–	3. Personnel administratif et travailleurs assimilés	3. Personal administrativo y trabajadores asimilados
133 000	29 000	103 000	2 000	1 000	1 000	4. Pers. commercial et vendeurs	4. Comerciantes y vendedores
23 000	4 000	19 000	6 000	2 000	4 000	5. Travailleurs des services	5. Trabajadores de los servicios
1 832 000	1 084 000	748 000	25 000	20 000	5 000	6. Agriculteurs, éleveurs, forestiers, pêcheurs et chasseurs	6. Trabajadores agrícolas y forestales, pescadores y cazadores
76 000	23 000	53 000	7 000	4 000	2 000	7-9. Ouvriers et manœuvres non agricoles et conducteurs d'engins de transport	7-9. Obreros no agrícolas, conductores de máquinas y vehíc. de transporte y trab. asimilados
15 000	3 000	12 000	6 000	2 000	4 000	X. Travailleurs ne pouvant être classés selon la profession	X. Trab. que no pueden ser clasificados según la ocupación
.	.	.	275 000	111 000	163 000	_ Personnes en quête de leur premier emploi	_ Personas en busca de su primer empleo
89 000	28 000	61 000	20 000	8 000	11 000	_ Autres chômeurs	_ Otros desempleados
2 170 000	**1 172 000**	**998 000**	**348 000**	**152 000**	**193 000**	**Total**	**Total**
597	474	124	...	...	...	0/1. Personnel des prof. scientif., techn., libérales et assimilées	0/1. Profesionales, técnicos y trabajadores asimilados
41	.	41	...	...	...	2. Directeurs et cadres administratifs supérieurs	2. Directores y funcionarios públicos superiores
412	124	288	...	...	...	3. Personnel administratif et travailleurs assimilés	3. Personal administrativo y trabajadores asimilados
16 106	6 488	9 618	...	...	...	4. Pers. commercial et vendeurs	4. Comerciantes y vendedores
2 389	865	1 524	...	...	...	5. Travailleurs des services	5. Trabajadores de los servicios
4 222	1 874	2 348	...	...	...	6. Agriculteurs, éleveurs, forestiers, pêcheurs et chasseurs	6. Trabajadores agrícolas y forestales, pescadores y cazadores
3 748	2 224	1 524	...	...	...	7-9. Ouvriers et manœuvres non agricoles et conducteurs d'engins de transport	7-9. Obreros no agrícolas, conductores de máquinas y vehíc. de transporte y trab. asimilados
.	.	.	.	.	.	X. Travailleurs ne pouvant être classés selon la profession	X. Trab. que no pueden ser clasificados según la ocupación
.	.	.	9 412	4 387	5 025	_ Personnes en quête de leur premier emploi	_ Personas en busca de su primer empleo
...	...	...	24 838	16 353	8 485	_ Autres chômeurs	_ Otros desempleados
27 516	**12 048**	**15 467**	**34 250**	**20 740**	**13 510**	**Total**	**Total**
...	...	...	...	...	...	0/1. Personnel des prof. scientif., techn., libérales et assimilées	0/1. Profesionales, técnicos y trabajadores asimilados
...	...	...	...	...	...	2. Directeurs et cadres administratifs supérieurs	2. Directores y funcionarios públicos superiores
...	...	...	...	...	...	3. Personnel administratif et travailleurs assimilés	3. Personal administrativo y trabajadores asimilados
...	...	...	...	...	...	4. Pers. commercial et vendeurs	4. Comerciantes y vendedores
...	...	...	...	...	...	5. Travailleurs des services	5. Trabajadores de los servicios
...	...	...	...	...	...	6. Agriculteurs, éleveurs, forestiers, pêcheurs et chasseurs	6. Trabajadores agrícolas y forestales, pescadores y cazadores
...	...	...	...	...	...	7-9. Ouvriers et manœuvres non agricoles et conducteurs d'engins de transport	7-9. Obreros no agrícolas, conductores de máquinas y vehíc. de transporte y trab. asimilados
.	.	.	.	.	.	_ Personnes en quête de leur premier emploi	_ Personas en busca de su primer empleo
...	...	...	...	...	...	**Total**	**Total**

2 Structure of the economically active population
Structure de la population active
Estructura de la población económicamente activa

Occupation (Major groups)	Total				Employers and own-account workers / Employeurs et personnes travaillant à leur propre compte / Empleadores y trabajadores por cuenta propia			Employees / Salariés / Empleados a sueldo o salario		
	Total	%	Males / Hommes / Hombres	Females / Femmes / Mujeres	Total	Males / Hommes / Hombres	Females / Femmes / Mujeres	Total	Males / Hommes / Hombres	Females / Femmes / Mujeres
Thailand (VII–IX.78) LFSS †										
0/1. Professional, technical & related workers	488 200	*2.2*	263 900	224 300	18 100	13 100	5 000	467 100	249 700	217 400
2. Administrative & managerial workers	211 100	*1.0*	176 200	34 900	85 400	75 600	9 800	125 700	100 600	25 100
3. Clerical & related workers	334 000	*1.5*	188 300	145 700	1 100	900	200	317 500	185 000	132 500
4. Sales workers	1 660 900	*7.6*	666 100	994 800	892 200	414 000	478 200	163 000	116 000	47 000
5. Service workers	603 800	*2.8*	340 500	263 300	72 000	28 300	43 700	516 600	308 200	208 400
6. Agric., animal husbandry & forestry workers, fishermen & hunters	16 026 700	*73.2*	8 195 100	7 831 600	5 249 600	4 313 200	936 400	1 043 400	541 900	501 500
7-9. Prod./related workers transport equipment operators & labourers	2 405 400	*11.0*	1 676 100	729 300	506 500	374 600	131 900	1 675 200	1 214 600	460 600
X. Workers not classifiable by occupation	6 400	–	3 400	3 000	.	.	.	600	600	.
– Persons seeking their first job	100 900	*0.4*	61 800	39 100	.	.	.	.	.	.
– Other unemployed	55 900	*0.3*	42 900	13 000	...	...	...	...	...	...
Total	**21 893 300**	*100.0*	**11 614 300**	**10 279 000**	**6 824 900**	**5 219 700**	**1 605 200**	**4 309 100**	**2 716 600**	**1 592 500**
United Arab Emirates (1975) OE										
0/1. Professional, technical & related workers	22 026	*7.4*	17 703	4 323	...	...	...	...	...	...
2. Administrative & managerial workers	5 840	*2.0*	5 800	40	...	...	...	...	...	...
3. Clerical & related workers	31 373	*10.6*	29 398	1 975	...	...	...	...	...	...
4. Sales workers	18 080	*6.1*	17 942	138	...	...	...	...	...	...
5. Service workers	46 688	*15.7*	43 788	2 900	...	...	...	...	...	...
6. Agric., animal husbandry & forestry workers, fishermen & hunters	13 732	*4.7*	13 694	38	...	...	...	...	...	...
7-9. Prod./related workers, transport equipment operators & labourers	154 213	*52.0*	154 098	115	...	...	...	...	...	...
X. Workers not classifiable by occupation	574	*0.2*	564	10	...	...	...	...	...	...
– Persons seeking their first job	3 990	*1.3*	3 568	422	...	...	...	...	...	...
Total	**296 516**	*100.0*	**286 555**	**9 961**	...	...	...	...	...	...
Yemen (1.II.75) C										
0/1. Professional, technical & related workers	16 658	*1.5*	...	...	...	...	...	...	...	...
2. Administrative & managerial workers	5 873	*0.5*	...	...	...	...	...	...	...	...
3. Clerical & related workers	13 714	*1.2*	...	...	...	...	...	...	...	...
4. Sales workers	53 288	*4.7*	...	...	...	...	...	...	...	...
5. Service workers	60 273	*5.3*	...	...	...	...	...	...	...	...
6. Agric., animal husbandry & forestry workers, fishermen & hunters	781 530	*68.8*	...	...	...	...	...	...	...	...
7-9. Prod./related workers, transport equipment operators & labourers	140 833	*12.4*	...	...	...	...	...	...	...	...
– Unemployed	63 531	*5.6*	...	...	...	...	...	...	...	...
Total	**1 135 700**	*100.0*	...	...	...	...	...	...	...	...

B By occupational group, by status and by sex
Par groupe de professions, d'après la situation dans la profession et par sexe
Por grupo de ocupación, según la situación en la ocupación y por sexo

Unpaid family workers / Travailleurs familiaux non rémunérés / Trabajadores familiares no remunerados			Not classifiable by status / Inclassables d'après la situation / Inclasificables según la situación			Profession (Grands groupes)	Ocupación (Grandes grupos)
Total	Males / Hommes / Hombres	Females / Femmes / Mujeres	Total	Males / Hommes / Hombres	Females / Femmes / Mujeres		
3 000	1 100	1 900	...	...	...	0/1. Personnel des prof. scientif., techn., libérales et assimilées	0/1. Profesionales, técnicos y trabajadores asimilados
.	.	.	...	...	...	2. Directeurs et cadres administratifs supérieurs	2. Directores y funcionarios públicos superiores
15 400	2 400	13 000	...	...	...	3. Personnel administratif et travailleurs assimilés	3. Personal administrativo y trabajadores asimilados
605 700	136 100	469 600	...	...	...	4. Pers. commercial et vendeurs	4. Comerciantes y vendedores
15 200	4 000	11 200	...	...	...	5. Travailleurs des services	5. Trabajadores de los servicios
9 733 700	3 340 000	6 393 700	...	...	...	6. Agriculteurs, éleveurs, forestiers, pêcheurs et chasseurs	6. Trabajadores agrícolas y forestales, pescadores y cazadores
223 700	86 900	136 800	...	...	...	7-9. Ouvriers et manœuvres non agricoles et conducteurs d'engins de transport	7-9. Obreros no agrícolas, conductores de máquinas y vehíc. de transporte y trab. asimilados
100	100	.	5 700	2 700	3 000	X. Travailleurs ne pouvant être classés selon la profession	X. Trab. que no pueden ser clasificados según la ocupación
.	.	.	100 900	61 800	39 100	_ Personnes en quête de leur premier emploi	_ Personas en busca de su primer empleo
...	...	...	55 900	42 900	13 000	_ Autres chômeurs	_ Otros desempleados
10 596 800	**3 570 600**	**7 026 200**	**162 500**	**107 400**	**55 100**	**Total**	**Total**

Total	Males	Females	Total	Males	Females	Profession	Ocupación
...	...	...	...	...	...	0/1. Personnel des prof. scientif., techn., libérales et assimilées	0/1. Profesionales, técnicos y trabajadores asimilados
...	...	...	...	...	...	2. Directeurs et cadres administratifs supérieurs	2. Directores y funcionarios públicos superiores
...	...	...	...	...	...	3. Personnel administratif et travailleurs assimilés	3. Personal administrativo y trabajadores asimilados
...	...	...	...	...	...	4. Pers. commercial et vendeurs	4. Comerciantes y vendedores
...	...	...	...	...	...	5. Travailleurs des services	5. Trabajadores de los servicios
...	...	...	...	...	...	6. Agriculteurs, éleveurs, forestiers, pêcheurs et chasseurs	6. Trabajadores agrícolas y forestales, pescadores y cazadores
...	...	...	...	...	...	7-9. Ouvriers et manœuvres non agricoles et conducteurs d'engins de transport	7-9. Obreros no agrícolas, conductores de máquinas y vehíc. de transporte y trab. asimilados
...	...	...	...	...	...	X. Travailleurs ne pouvant être classés selon la profession	X. Trab. que no pueden ser clasificados según la ocupación
...	...	...	...	...	...	_ Personnes en quête de leur premier emploi	_ Personas en busca de su primer empleo
...	**...**	**...**	**...**	**...**	**...**	**Total**	**Total**

Total	Males	Females	Total	Males	Females	Profession	Ocupación
...	...	...	...	...	...	0/1. Personnel des prof. scientif., techn., libérales et assimilées	0/1. Profesionales, técnicos y trabajadores asimilados
...	...	...	...	...	...	2. Directeurs et cadres administratifs supérieurs	2. Directores y funcionarios públicos superiores
...	...	...	...	...	...	3. Personnel administratif et travailleurs assimilés	3. Personal administrativo y trabajadores asimilados
...	...	...	...	...	...	4. Pers. commercial et vendeurs	4. Comerciantes y vendedores
...	...	...	...	...	...	5. Travailleurs des services	5. Trabajadores de los servicios
...	...	...	...	...	...	6. Agriculteurs, éleveurs, forestiers, pêcheurs et chasseurs	6. Trabajadores agrícolas y forestales, pescadores y cazadores
...	...	...	...	...	...	7-9. Ouvriers et manœuvres non agricoles et conducteurs d'engins de transport	7-9. Obreros no agrícolas, conductores de máquinas y vehíc. de transporte y trab. asimilados
...	...	...	...	...	...	_ Chômeurs	_ Desempleados
...	**...**	**...**	**...**	**...**	**...**	**Total**	**Total**

2 Structure of the economically active population
Structure de la population active
Estructura de la población económicamente activa

Occupation (Major groups)	Total				Employers and own-account workers / Employeurs et personnes travaillant à leur propre compte / Empleadores y trabajadores por cuenta propia			Employees / Salariés / Empleados a sueldo o salario		
	Total	%	Males / Hommes / Hombres	Females / Femmes / Mujeres	Total	Males / Hommes / Hombres	Females / Femmes / Mujeres	Total	Males / Hommes / Hombres	Females / Femmes / Mujeres
EUROPE										
Austria (1980) LFSS †										
0/1. Professional, technical & related workers	113 000	*3.6*	105 000	8 000	9 000	8 000	1 000	104 000	97 000	7 000
2/3. Admin. & managerial workers / clerical & related workers	623 000	*20.1*	315 000	308 000	34 000	19 000	15 000	589 000	296 000	293 000
4. Sales workers	280 000	*9.0*	118 000	162 000	61 000	36 000	25 000	219 000	82 000	137 000
5. Service workers	525 000	*16.9*	166 000	359 000	72 000	37 000	35 000	453 000	129 000	324 000
6. Agric., animal husbandry & forestry workers, fishermen & hunters	321 000	*10.4*	163 000	158 000	283 000	138 000	145 000	38 000	25 000	13 000
7-9. Prod./related workers, transport equipment operators & labourers	1 226 000	*39.5*	1 028 000	198 000	67 000	60 000	7 000	1 159 000	968 000	191 000
X. Workers not classifiable by occupation	5 000	*0.1*	2 000	3 000	–	–	–	5 000	2 000	3 000
— Armed forces	12 000	*0.4*	12 000	.	.	.	.	12 000	12 000	.
Total	**3 105 000**	*100.0*	**1 909 000**	**1 196 000**	**526 000**	**298 000**	**228 000**	**2 579 000**	**1 611 000**	**968 000**
Bulgarie (2.XII.75) C †										
0/1. Professional, technical & related workers	768 554	*17.3*	325 470	443 084	3 868	3 087	781	754 412	316 746	437 666
2. Administrative & managerial workers	97 027	*2.2*	80 060	16 967	.	.	.	95 179	78 453	16 726
3. Clerical & related workers	356 944	*8.0*	167 471	189 473	50	14	36	350 866	164 219	186 647
4. Sales workers	138 832	*3.1*	50 029	88 803	562	398	164	137 895	49 488	88 407
5. Service workers	354 501	*8.0*	95 356	259 145	382	331	51	346 792	90 824	255 968
6. Agric., animal husbandry & forestry workers, fishermen & hunters	875 920	*19.7*	368 842	507 078	8 162	5 297	2 865	607 538	260 986	346 552
7-9. Prod./related workers, transport equipment operators & labourers	1 854 948	*41.7*	1 278 020	576 928	7 466	5 336	2 130	1 771 467	1 231 267	540 200
X. Workers not classifiable by occupation	1 058	–	460	598	.	.	.	1 019	450	569
Total	**4 447 784**	*100.0*	**2 365 708**	**2 082 076**	**20 490**	**14 463**	**6 027**	**4 065 168**	**2 192 433**	**1 872 735**
España (X-XII.79) LFSS †										
0/1. Professional, technical & related workers	778 300	*5.9*	498 100	280 200	97 000	77 700	19 300	674 100	415 900	258 200
2. Administrative & managerial workers	182 400	*1.3*	176 700	5 700	103 300	100 500	2 800	78 900	76 000	2 900
3. Clerical & related workers	1 224 100	*9.2*	763 500	460 600	.	.	.	1 191 000	753 100	437 900
4. Sales workers	1 217 700	*9.2*	693 400	524 300	489 400	311 000	178 400	541 800	347 800	194 000
5. Service workers	1 445 600	*10.8*	582 300	863 300	195 100	122 900	72 200	1 155 200	439 100	716 100
6. Agric., animal husbandry & forestry workers, fishermen & hunters	2 326 900	*17.5*	1 678 600	648 300	1 072 100	897 000	175 100	643 400	571 300	72 100
7-9. Prod./related workers, transport equipment operators & labourers	4 671 400	*35.2*	3 989 300	682 100	606 500	532 200	74 300	3 970 100	3 402 600	567 500
X. Workers not classifiable by occupation	1 200	–	300	900	500	.	500	700	300	400
— Unemployed	1 348 500	*10.1*	891 900	456 600	...	...	...	...	...	...
— Armed forces	105 400	*0.8*	105 400	.	.	.	.	105 400	105 400	.
Total	**13 301 500**	*100.0*	**9 379 500**	**3 922 000**	**2 563 900**	**2 041 300**	**522 600**	**8 360 600**	**6 111 500**	**2 249 100**

B

By occupational group, by status and by sex
Par groupe de professions, d'après la situation dans la profession et par sexe
Por grupo de ocupación, según la situación en la ocupación y por sexo

EUROPE – EUROPA

Unpaid family workers / Travailleurs familiaux non rémunérés / Trabajadores familiares no remunerados			Not classifiable by status / Inclassables d'après la situation / Inclasificables según la situación			Profession (Grands groupes)	Ocupación (Grandes grupos)
Total	Males / Hommes / Hombres	Females / Femmes / Mujeres	Total	Males / Hommes / Hombres	Females / Femmes / Mujeres		
...	...	...	.	.	.	0/1. Personnel des prof. scientif., techn., libérales et assimilées	0/1. Profesionales, técnicos y trabajadores asimilados
...	...	...	.	.	.	2/3. Directeurs et cadres admin. supér. / personnel admin. et travailleurs assimilés	2/3. Directores y funcionarios públicos super. / pers. admin. y trabajadores asimilados
...	...	...	.	.	.	4. Pers. commercial et vendeurs	4. Comerciantes y vendedores
...	...	...	.	.	.	5. Travailleurs des services	5. Trabajadores de los servicios
...	...	...	.	.	.	6. Agriculteurs, éleveurs, forestiers, pêcheurs et chasseurs	6. Trabajadores agrícolas y forestales, pescadores y cazadores
...	...	...	.	.	.	7-9. Ouvriers et manœuvres non agricoles et conducteurs d'engins de transport	7-9. Obreros no agrícolas, conductores de máquinas y vehíc. de transporte y trab. asimilados
...	...	...	.	.	.	X. Travailleurs ne pouvant être classés selon la profession	X. Trab. que no pueden ser clasificados según la ocupación
.	.	.	.	.	.	— Forces armées	— Fuerzas armadas
...	...	...	.	.	.	**Total**	**Total**
.	.	.	8 213	3 727	4 486	0/1. Personnel des prof. scientif., techn., libérales et assimilées	0/1. Profesionales, técnicos y trabajadores asimilados
.	.	.	1 846	1 605	241	2. Directeurs et cadres administratifs supérieurs	2. Directores y funcionarios públicos superiores
.	.	.	6 006	3 233	2 773	3. Personnel administratif et travailleurs assimilés	3. Personal administrativo y trabajadores asimilados
.	.	.	335	121	214	4. Pers. commercial et vendeurs	4. Comerciantes y vendedores
.	.	.	7 315	4 200	3 115	5. Travailleurs des services	5. Trabajadores de los servicios
.	.	.	260 098	102 490	157 608	6. Agriculteurs, éleveurs, forestiers, pêcheurs et chasseurs	6. Trabajadores agrícolas y forestales, pescadores y cazadores
.	.	.	75 992	41 407	34 585	7-9. Ouvriers et manœuvres non agricoles et conducteurs d'engins de transport	7-9. Obreros no agrícolas, conductores de máquinas y vehíc. de transporte y trab. asimilados
.	.	.	39	10	29	X. Travailleurs ne pouvant être classés selon la profession	X. Trab. que no pueden ser clasificados según la ocupación
.	.	.	**359 844**	**156 793**	**203 051**	**Total**	**Total**
5 400	3 200	2 200	1 800	1 300	500	0/1. Personnel des prof. scientif., techn., libérales et assimilées	0/1. Profesionales, técnicos y trabajadores asimilados
.	.	.	200	200	.	2. Directeurs et cadres administratifs supérieurs	2. Directores y funcionarios públicos superiores
31 400	9 500	21 900	1 700	900	800	3. Personnel administratif et travailleurs assimilés	3. Personal administrativo y trabajadores asimilados
184 000	33 700	150 300	2 500	900	1 600	4. Pers. commercial et vendeurs	4. Comerciantes y vendedores
91 400	19 100	72 300	3 900	1 200	2 700	5. Travailleurs des services	5. Trabajadores de los servicios
597 500	201 000	396 500	13 900	9 300	4 600	6. Agriculteurs, éleveurs, forestiers, pêcheurs et chasseurs	6. Trabajadores agrícolas y forestales, pescadores y cazadores
87 400	48 200	39 200	7 400	6 300	1 100	7-9. Ouvriers et manœuvres non agricoles et conducteurs d'engins de transport	7-9. Obreros no agrícolas, conductores de máquinas y vehíc. de transporte y trab. asimilados
.	.	.	.	.	.	X. Travailleurs ne pouvant être classés selon la profession	X. Trab. que no pueden ser clasificados según la ocupación
...	...	...	1 348 500	891 900	456 600	— Chômeurs	— Desempleados
.	.	.	.	.	.	— Forces armées	— Fuerzas armadas
997 100	**314 700**	**682 400**	**1 379 900**	**912 000**	**467 900**	**Total**	**Total**

2 Structure of the economically active population
Structure de la population active
Estructura de la población económicamente activa

Occupation (Major groups)	Total				Employers and own-account workers / Employeurs et personnes travaillant à leur propre compte / Empleadores y trabajadores por cuenta propia			Employees / Salariés / Empleados a sueldo o salario		
	Total	%	Males Hommes Hombres	Females Femmes Mujeres	Total	Males Hommes Hombres	Females Femmes Mujeres	Total	Males Hommes Hombres	Females Femmes Mujeres
Germany, Fed. Rep. of (IV.80) LFSS †										
0/1. Professional, technical & related workers	3 712 000	*13.4*	2 286 000	1 426 000	345 000	277 000	67 000	3 360 000	2 008 000	1 352 000
2. Administrative & managerial workers	792 000	*2.9*	662 000	131 000	140 000	112 000	28 000	650 000	549 000	101 000
3. Clerical & related workers	5 352 000	*19.4*	2 252 000	3 100 000	47 000	28 000	19 000	5 241 000	2 222 000	3 019 000
4. Sales workers	2 326 000	*8.4*	1 023 000	1 303 000	534 000	381 000	153 000	1 725 000	637 000	1 089 000
5. Service workers	2 957 000	*10.7*	1 314 000	1 643 000	238 000	126 000	111 000	2 672 000	1 183 000	1 489 000
6. Agric., animal husbandry & forestry workers, fishermen & hunters	1 455 000	*5.2*	762 000	693 000	502 000	439 000	64 000	299 000	223 000	76 000
7-9. Prod./related workers, transport equipment operators & labourers	9 876 000	*35.8*	8 271 000	1 605 000	468 000	439 000	29 000	9 393 000	7 826 000	1 567 000
X. Workers not classifiable by occupation	405 000	*1.4*	213 000	192 000	43 000	32 000	11 000	295 000	175 000	120 000
_ Unemployed	765 000	*2.8*	379 000	386 000	...	...	...	...	...	...
Total	**27 640 000**	*100.0*	**17 161 000**	**10 478 000**	**2 316 000**	**1 834 000**	**482 000**	**23 635 000**	**14 822 000**	**8 813 000**
Ireland (VI.79) LFSS †										
0/1. Professional, technical & related workers	142 600	*11.5*	76 200	66 500	11 800	9 600	2 200	130 700	66 600	64 200
2. Administrative & managerial workers	32 100	*2.6*	28 200	3 900	3 900	3 500	400	28 100	24 700	3 500
3. Clerical & related workers	128 200	*10.4*	37 200	91 000	500	100	300	127 400	37 100	90 300
4. Sales workers	120 500	*9.8*	79 100	41 400	37 200	27 900	9 200	79 100	49 700	29 400
5. Service workers	85 300	*6.9*	37 500	47 800	8 000	4 900	3 100	76 800	32 500	44 300
6. Agric., animal husbandry & forestry workers, fishermen & hunters	223 000	*18.0*	203 100	19 900	160 800	152 600	8 200	28 700	27 900	800
7-9. Prod./related workers, transport equipment operators & labourers	404 800	*32.8*	352 700	52 000	33 400	32 700	700	370 600	319 400	51 100
_ Persons seeking their first job	14 400	*1.2*	8 600	5 800	.	.	.	.	.	.
_ Other unemployed	70 400	*5.7*	55 600	14 900	...	...	...	...	...	...
_ Armed forces	13 800	*1.1*	13 500	300	.	.	.	13 800	13 500	300
Total	**1 235 100**	*100.0*	**892 000**	**343 200**	**255 700**	**231 400**	**24 300**	**855 200**	**571 600**	**283 600**
Netherlands (III-V.77) LFSS †										
0/1. Professional, technical & related workers	820 000	*16.2*	537 000	283 000	49 000	37 000	12 000	771 000	500 000	271 000
2. Administrative & managerial workers	118 000	*2.3*	111 000	8 000	26 000	24 000	2 000	93 000	87 000	6 000
3. Clerical & related workers	891 000	*17.7*	506 000	386 000	23 000	3 000	20 000	868 000	503 000	366 000
4. Sales workers	493 000	*9.7*	313 000	180 000	159 000	104 000	55 000	334 000	209 000	125 000
5. Service workers	501 000	*9.9*	177 000	324 000	56 000	31 000	25 000	445 000	146 000	299 000
6. Agric., animal husbandry & forestry workers, fishermen & hunters	289 000	*5.7*	246 000	43 000	186 000	151 000	35 000	103 000	95 000	8 000
7-9. Prod./related workers, transport equipment operators & labourers	1 573 000	*31.1*	1 482 000	91 000	81 000	75 000	6 000	1 492 000	1 407 000	85 000
X. Workers not classifiable by occupation	28 000	*0.6*	22 000	6 000	.	.	.	28 000	22 000	6 000
_ Unemployed	252 000	*5.0*	...	...	...	...	...	...	...	...
_ Armed forces	91 000	*1.8*	91 000	.	.	.	.	91 000	91 000	.
Total	**5 058 000**	*100.0*	**3 484 000**	**1 322 000**	**580 000**	**425 000**	**155 000**	**4 224 000**	**3 059 000**	**1 166 000**

B By occupational group, by status and by sex
Par groupe de professions, d'après la situation dans la profession et par sexe
Por grupo de ocupación, según la situación en la ocupación y por sexo

Unpaid family workers / Travailleurs familiaux non rémunérés / Trabajadores familiares no remunerados			Not classifiable by status / Inclassables d'après la situation / Inclasificables según la situación			Profession (Grands groupes)	Ocupación (Grandes grupos)
Total	Males / Hommes / Hombres	Females / Femmes / Mujeres	Total	Males / Hommes / Hombres	Females / Femmes / Mujeres		
8 000	-	7 000	...	...	...	0/1. Personnel des prof. scientif., techn., libérales et assimilées	0/1. Profesionales, técnicos y trabajadores asimilados
-	-	-	...	...	...	2. Directeurs et cadres administratifs supérieurs	2. Directores y funcionarios públicos superiores
64 000	-	62 000	...	...	...	3. Personnel administratif et travailleurs assimilés	3. Personal administrativo y trabajadores asimilados
67 000	-	62 000	...	...	...	4. Pers. commercial et vendeurs	4. Comerciantes y vendedores
47 000	-	43 000	...	...	...	5. Travailleurs des services	5. Trabajadores de los servicios
654 000	101 000	553 000	...	...	...	6. Agriculteurs, éleveurs, forestiers, pêcheurs et chasseurs	6. Trabajadores agrícolas y forestales, pescadores y cazadores
15 000	6 000	9 000	...	...	...	7-9. Ouvriers et manœuvres non agricoles et conducteurs d'engins de transport	7-9. Obreros no agrícolas, conductores de máquinas y vehíc. de transporte y trab. asimilados
67 000	6 000	61 000	...	...	...	X. Travailleurs ne pouvant être classés selon la profession	X. Trab. que no pueden ser clasificados según la ocupación
...	...	...	765 000	379 000	386 000	_ Chômeurs	_ Desempleados
924 000	**126 000**	**798 000**	**765 000**	**379 000**	**386 000**	**Total**	**Total**
100	-	100	...	...	...	0/1. Personnel des prof. scientif., techn., libérales et assimilées	0/1. Profesionales, técnicos y trabajadores asimilados
-	-	-	...	...	...	2. Directeurs et cadres administratifs supérieurs	2. Directores y funcionarios públicos superiores
400	-	400	...	...	...	3. Personnel administratif et travailleurs assimilés	3. Personal administrativo y trabajadores asimilados
4 200	1 400	2 800	...	...	...	4. Pers. commercial et vendeurs	4. Comerciantes y vendedores
500	100	400	...	...	...	5. Travailleurs des services	5. Trabajadores de los servicios
33 500	22 700	10 800	...	...	...	6. Agriculteurs, éleveurs, forestiers, pêcheurs et chasseurs	6. Trabajadores agrícolas y forestales, pescadores y cazadores
800	600	200	...	...	...	7-9. Ouvriers et manœuvres non agricoles et conducteurs d'engins de transport	7-9. Obreros no agrícolas, conductores de máquinas y vehíc. de transporte y trab. asimilados
.	.	.	14 400	8 600	5 800	_ Personnes en quête de leur premier emploi	_ Personas en busca de su primer empleo
...	...	...	70 400	55 600	14 900	_ Autres chômeurs	_ Otros desempleados
.	.	.	.	.	.	_ Forces armées	_ Fuerzas armadas
39 500	**24 800**	**14 600**	**84 800**	**64 200**	**20 700**	**Total**	**Total**
...	...	...	...	...	...	0/1. Personnel des prof. scientif., techn., libérales et assimilées	0/1. Profesionales, técnicos y trabajadores asimilados
...	...	...	...	...	...	2. Directeurs et cadres administratifs supérieurs	2. Directores y funcionarios públicos superiores
...	...	...	...	...	...	3. Personnel administratif et travailleurs assimilés	3. Personal administrativo y trabajadores asimilados
...	...	...	...	...	...	4. Pers. commercial et vendeurs	4. Comerciantes y vendedores
...	...	...	...	...	...	5. Travailleurs des services	5. Trabajadores de los servicios
...	...	...	...	...	...	6. Agriculteurs, éleveurs, forestiers, pêcheurs et chasseurs	6. Trabajadores agrícolas y forestales, pescadores y cazadores
...	...	...	...	...	...	7-9. Ouvriers et manœuvres non agricoles et conducteurs d'engins de transport	7-9. Obreros no agrícolas, conductores de máquinas y vehíc. de transporte y trab. asimilados
...	...	...	...	...	...	X. Travailleurs ne pouvant être classés selon la profession	X. Trab. que no pueden ser clasificados según la ocupación
...	...	...	252 000	...	...	_ Chômeurs	_ Desempleados
.	.	.	.	.	.	_ Forces armées	_ Fuerzas armadas
...	**...**	**...**	**252 000**	**...**	**...**	**Total**	**Total**

2 Structure of the economically active population
Structure de la population active
Estructura de la población económicamente activa

Occupation (Major groups)	Total				Employers and own-account workers / Employeurs et personnes travaillant à leur propre compte / Empleadores y trabajadores por cuenta propia			Employees / Salariés / Empleados a sueldo o salario		
	Total	%	Males / Hommes / Hombres	Females / Femmes / Mujeres	Total	Males / Hommes / Hombres	Females / Femmes / Mujeres	Total	Males / Hommes / Hombres	Females / Femmes / Mujeres
Norway (1980) LFSS †										
0/1. Professional, technical & related workers	362 000	*18.6*	177 000	185 000	19 000	15 000	5 000	341 000	162 000	179 000
2. Administrative & managerial workers	96 000	*4.9*	80 000	17 000	10 000	8 000	1 000	86 000	71 000	15 000
3. Clerical & related workers	207 000	*10.7*	54 000	153 000	2 000	1 000	2 000	201 000	53 000	148 000
4. Sales workers	183 000	*9.4*	82 000	102 000	20 000	14 000	6 000	157 000	67 000	90 000
5. Service workers	249 000	*12.8*	54 000	195 000	13 000	2 000	11 000	233 000	51 000	182 000
6. Agric., animal husbandry & forestry workers, fishermen & hunters	156 000	*8.0*	110 000	46 000	81 000	73 000	8 000	33 000	27 000	6 000
7-9. Prod./related workers, transport equipment operators & labourers	646 000	*33.2*	558 000	88 000	51 000	50 000	2 000	590 000	505 000	85 000
X. Workers not classifiable by occupation	14 000	*0.7*	12 000	1 000	–	–	–	12 000	11 000	1 000
_ Unemployed	33 000	*1.7*	14 000	19 000	...	...	...	...	...	...
Total	**1 946 000**	*100.0*	**1 141 000**	**805 000**	**197 000**	**163 000**	**34 000**	**1 652 000**	**947 000**	**705 000**
Pologne (7.XII.78) C										
0/1. Professional, technical & related workers	1 971 183	*11.0*	...	...	...	...	...	...	...	...
2. Administrative & managerial workers	278 062	*1.5*	...	...	...	...	...	...	...	...
3. Clerical & related workers	2 485 906	*13.9*	...	...	...	...	...	...	...	...
4. Sales workers	511 618	*2.8*	...	...	...	...	...	...	...	...
5. Service workers	575 188	*3.2*	...	...	...	...	...	...	...	...
6. Agric., animal husbandry & forestry workers, fishermen & hunters	4 792 238	*26.7*	...	...	...	...	...	...	...	...
7-9. Prod./related workers, transport equipment operators & labourers	6 728 165	*37.4*	...	...	...	...	...	...	...	...
X. Workers not classifiable by occupation	619 766	*3.5*	...	...	...	...	...	...	...	...
Total	**17 962 126**	*100.0*	**9 806 245**	**8 155 881**	**2 364 122**	**1 600 136**	**763 986**	**13 296 258**	**7 584 495**	**5 711 763**
Portugal (VII-XII.80) LFSS †										
0/1. Professional, technical & related workers	224 000	*5.1*	100 000	124 000	...	...	...	...	...	...
2. Administrative & managerial workers	48 000	*1.1*	43 000	5 000	...	...	...	...	...	...
3. Clerical & related workers	460 000	*10.5*	260 000	200 000	...	...	...	...	...	...
4. Sales workers	301 000	*6.8*	174 000	127 000	...	...	...	...	...	...
5. Service workers	411 000	*9.4*	151 000	260 000	...	...	...	...	...	...
6. Agric., animal husbandry & forestry workers, fishermen & hunters	1 093 000	*24.9*	540 000	553 000	...	...	...	...	...	...
7-9. Prod./related workers, transport equipment operators & labourers	1 579 000	*35.9*	1 199 000	380 000	...	...	...	...	...	...
_ Persons seeking their first job	177 000	*4.1*	50 000	127 000	.	.	.	.	.	.
_ Armed forces	88 000	*2.0*	88 000	.	.	.	.	88 000	88 000	.
Total	**4 391 000**	*100.0*	**2 611 000**	**1 780 000**	**699 000**	**547 000**	**152 000**	**2 913 000**	**1 872 000**	**1 041 000**

B

By occupational group, by status and by sex
Par groupe de professions, d'après la situation dans la profession et par sexe
Por grupo de ocupación, según la situación en la ocupación y por sexo

Unpaid family workers / Travailleurs familiaux non rémunérés / Trabajadores familiares no remunerados			Not classifiable by status / Inclassables d'après la situation / Inclasificables según la situación			Profession (Grands groupes)	Ocupación (Grandes grupos)
Total	Males / Hommes / Hombres	Females / Femmes / Mujeres	Total	Males / Hommes / Hombres	Females / Femmes / Mujeres		
1 000	-	1 000	...	...	...	0/1. Personnel des prof. scientif., techn., libérales et assimilées	0/1. Profesionales, técnicos y trabajadores asimilados
-	-	-	...	...	...	2. Directeurs et cadres administratifs supérieurs	2. Directores y funcionarios públicos superiores
3 000	-	3 000	...	...	...	3. Personnel administratif et travailleurs assimilés	3. Personal administrativo y trabajadores asimilados
6 000	1 000	5 000	...	...	...	4. Pers. commercial et vendeurs	4. Comerciantes y vendedores
2 000	1 000	2 000	...	...	...	5. Travailleurs des services	5. Trabajadores de los servicios
42 000	10 000	32 000	...	...	...	6. Agriculteurs, éleveurs, forestiers, pêcheurs et chasseurs	6. Trabajadores agrícolas y forestales, pescadores y cazadores
3 000	2 000	2 000	...	...	...	7-9. Ouvriers et manœuvres non agricoles et conducteurs d'engins de transport	7-9. Obreros no agrícolas, conductores de máquinas y vehíc. de transporte y trab. asimilados
-	-	-	...	...	...	X. Travailleurs ne pouvant être classés selon la profession	X. Trab. que no pueden ser clasificados según la ocupación
...	...	...	33 000	14 000	19 000	_ Chômeurs	_ Desempleados
58 000	**14 000**	**44 000**	**33 000**	**14 000**	**19 000**	**Total**	**Total**
...	...	...	...	...	...	0/1. Personnel des prof. scientif., techn., libérales et assimilées	0/1. Profesionales, técnicos y trabajadores asimilados
...	...	...	...	...	...	2. Directeurs et cadres administratifs supérieurs	2. Directores y funcionarios públicos superiores
...	...	...	...	...	...	3. Personnel administratif et travailleurs assimilés	3. Personal administrativo y trabajadores asimilados
...	...	...	...	...	...	4. Pers. commercial et vendeurs	4. Comerciantes y vendedores
...	...	...	...	...	...	5. Travailleurs des services	5. Trabajadores de los servicios
...	...	...	...	...	...	6. Agriculteurs, éleveurs, forestiers, pêcheurs et chasseurs	6. Trabajadores agrícolas y forestales, pescadores y cazadores
...	...	...	...	...	...	7-9. Ouvriers et manœuvres non agricoles et conducteurs d'engins de transport	7-9. Obreros no agrícolas, conductores de máquinas y vehíc. de transporte y trab. asimilados
...	...	...	...	...	...	X. Travailleurs ne pouvant être classés selon la profession	X. Trab. que no pueden ser clasificados según la ocupación
2 180 437	**527 725**	**1 652 712**	**121 309**	**93 889**	**27 420**	**Total**	**Total**
...	...	...	.	.	.	0/1. Personnel des prof. scientif., techn., libérales et assimilées	0/1. Profesionales, técnicos y trabajadores asimilados
...	...	...	.	.	.	2. Directeurs et cadres administratifs supérieurs	2. Directores y funcionarios públicos superiores
...	...	...	.	.	.	3. Personnel administratif et travailleurs assimilés	3. Personal administrativo y trabajadores asimilados
...	...	...	.	.	.	4. Pers. commercial et vendeurs	4. Comerciantes y vendedores
...	...	...	.	.	.	5. Travailleurs des services	5. Trabajadores de los servicios
...	...	...	.	.	.	6. Agriculteurs, éleveurs, forestiers, pêcheurs et chasseurs	6. Trabajadores agrícolas y forestales, pescadores y cazadores
...	...	...	.	.	.	7-9. Ouvriers et manœuvres non agricoles et conducteurs d'engins de transport	7-9. Obreros no agrícolas, conductores de máquinas y vehíc. de transporte y trab. asimilados
.	.	.	177 000	50 000	127 000	_ Personnes en quête de leur premier emploi	_ Personas en busca de su primer empleo
.	.	.	.	.	.	_ Forces armées	_ Fuerzas armadas
570 000	**121 000**	**449 000**	**177 000**	**50 000**	**127 000**	**Total**	**Total**

2 Structure of the economically active population
Structure de la population active
Estructura de la población económicamente activa

Occupation (Major groups)	Total				Employers and own-account workers / Employeurs et personnes travaillant à leur propre compte / Empleadores y trabajadores por cuenta propia			Employees / Salariés / Empleados a sueldo o salario		
	Total	%	Males / Hommes / Hombres	Females / Femmes / Mujeres	Total	Males / Hommes / Hombres	Females / Femmes / Mujeres	Total	Males / Hommes / Hombres	Females / Femmes / Mujeres
Sweden (1980) LFSS †										
– Professional, technical & related workers	1 112 500	*25.8*	528 000	584 500	23 700	17 400	6 300	1 088 800	510 600	578 200
– Administrative, executive & managerial workers	97 700	*2.2*	81 700	16 000	2 600	2 100	500	95 100	79 600	15 600
– Clerical workers	517 000	*12.0*	104 900	412 100	6 400	1 800	4 600	509 700	103 000	406 600
– Sales workers	343 400	*8.0*	178 100	165 300	45 200	27 600	17 500	297 200	150 400	146 800
– Farmers, fishermen, hunters, loggers & related workers	234 900	*5.4*	178 300	56 600	131 100	101 200	29 900	85 300	72 800	12 400
– Major groups 5, 6 & 7/8 of the 1958 ISCO	1 356 100	*31.4*	1 119 700	236 500	84 100	78 800	5 400	1 270 300	1 039 800	230 500
– Service, sport & recreation workers	570 500	*13.2*	136 100	434 400	21 400	9 600	11 800	548 700	126 500	422 300
– Unemployed	85 500	*2.0*	40 200	45 300	...	...	...	...	...	...
Total	**4 317 700**	*100.0*	**2 366 900**	**1 950 600**	**314 500**	**238 600**	**75 900**	**3 894 500**	**2 082 700**	**1 812 500**
Turquie (26.X.75) C1%										
0/1. Professional, technical & related workers	760 741	*4.7*	556 630	204 111	...	...	...	...	...	...
2/3. Admin. & managerial workers / clerical & related workers	586 532	*3.5*	465 025	121 507	...	...	...	...	...	...
4. Sales workers	516 628	*3.2*	499 427	17 201	...	...	...	...	...	...
5. Service workers	563 330	*3.4*	522 528	40 802	...	...	...	...	...	...
6. Agric., animal husbandry & forestry workers, fishermen & hunters	10 475 966	*64.1*	5 214 282	5 261 684	...	...	...	...	...	...
7-9. Prod./related workers, transport equipment operators & labourers	3 446 183	*21.1*	3 178 569	267 614	...	...	...	...	...	...
Total	**16 349 380**	*100.0*	**10 436 461**	**5 912 919**	**4 317 933**	**4 102 322**	**215 611**	**4 529 545**	**3 973 915**	**555 630**
OCEANIA										
Australia (30.VI.76) CS †										
0/1. Professional, technical & related workers	700 311	*11.6*	387 541	312 770	54 812	...	...	643 740	...	...
2. Administrative & managerial workers	207 056	*3.4*	179 926	27 130	47 670	...	...	159 117	...	...
3. Clerical & related workers	1 034 532	*17.1*	360 403	674 129	50 998	...	...	976 949	...	...
4. Sales workers	597 802	*9.8*	346 562	251 240	145 877	...	...	447 596	...	...
5. Service workers	464 416	*7.7*	179 211	285 205	38 492	...	...	423 462	...	...
6. Agric., animal husbandry & forestry workers, fishermen & hunters	434 525	*7.2*	307 549	126 976	264 039	...	...	135 092	...	...
7-9. Prod./related workers, transport equipment operators & labourers	1 972 199	*32.6*	1 741 448	230 751	191 371	...	...	1 777 718	...	...
X. Workers not classifiable by occupation	316 087	*5.2*	157 050	159 037	8 691	...	...	276 520	...	...
– Unemployed	266 839	*4.4*	157 715	109 124	...	...	...	...	...	...
– Armed forces	61 214	*1.0*	57 912	3 302	.	...	...	61 214	...	...
Total	**6 054 985**	*100.0*	**3 875 318**	**2 179 667**	**801 954**	**561 276**	**240 678**	**4 901 408**	**3 139 218**	**1 762 190**

B

By occupational group, by status and by sex
Par groupe de professions, d'après la situation dans la profession et par sexe
Por grupo de ocupación, según la situación en la ocupación y por sexo

Unpaid family workers / Travailleurs familiaux non rémunérés / Trabajadores familiares no remunerados			Not classifiable by status / Inclassables d'après la situation / Inclasificables según la situación			Profession (Grands groupes)	Ocupación (Grandes grupos)
Total	Males Hommes Hombres	Females Femmes Mujeres	Total	Males Hommes Hombres	Females Femmes Mujeres		
–	–	–	...	...	...	— Personnes exerçant une prof. libérale, techn. et assimilés	— Trabajadores profesionales, técnicos y trab. asimilados
–	–	–	...	...	...	— Directeurs et cadres administratifs supérieurs	— Administradores, gerentes y directores
900	–	900	...	...	...	— Employés de bureau	— Empleados de oficina
1 100	100	1 000	...	...	...	— Vendeurs	— Vendedores
18 500	4 200	14 300	...	...	...	— Agriculteurs, pêcheurs, chasseurs, forestiers et travailleurs assimilés	— Agricultores, pescadores, cazadores, trab. forestales y asimilados
1 600	1 000	600	...	...	...	— Grands groupes 5, 6 et 7/8 de la CITP de 1958	— Grandes grupos 5, 6 y 7/8 de la CIUO de 1958
400	–	400	...	...	...	— Trav. des services, sports et activités récréatives	— Trab. de los servicios, los deportes y las diversiones
...	...	...	85 500	40 200	45 300	— Chômeurs	— Desempleados
22 500	**5 400**	**17 100**	**85 500**	**40 200**	**45 300**	**Total**	**Total**
...	...	...	...	...	...	0/1. Personnel des prof. scientif., techn., libérales et assimilées	0/1. Profesionales, técnicos y trabajadores asimilados
...	...	...	...	...	...	2/3. Directeurs et cadres admin. supér. / personnel admin. et travailleurs assimilés	2/3. Directores y funcionarios públicos super. / pers. admin. y trabajadores asimilados
...	...	...	...	...	...	4. Pers. commercial et vendeurs	4. Comerciantes y vendedores
...	...	...	...	...	...	5. Travailleurs des services	5. Trabajadores de los servicios
...	...	...	...	...	...	6. Agriculteurs, éleveurs, forestiers, pêcheurs et chasseurs	6. Trabajadores agrícolas y forestales, pescadores y cazadores
...	...	...	...	...	...	7–9. Ouvriers et manœuvres non agricoles et conducteurs d'engins de transport	7–9. Obreros no agrícolas, conductores de máquinas y vehíc. de transporte y trab. asimilados
7 388 799	**2 268 622**	**5 120 177**	**113 103**	**91 602**	**21 501**	**Total**	**Total**
							OCÉANIE – OCEANIA
1 759	...	...	...	...	...	0/1. Personnel des prof. scientif., techn., libérales et assimilées	0/1. Profesionales, técnicos y trabajadores asimilados
268	...	...	...	...	...	2. Directeurs et cadres administratifs supérieurs	2. Directores y funcionarios públicos superiores
6 585	...	...	...	...	...	3. Personnel administratif et travailleurs assimilés	3. Personal administrativo y trabajadores asimilados
4 332	...	...	...	...	...	4. Pers. commercial et vendeurs	4. Comerciantes y vendedores
2 463	...	...	...	...	...	5. Travailleurs des services	5. Trabajadores de los servicios
35 393	...	...	...	...	...	6. Agriculteurs, éleveurs, forestiers, pêcheurs et chasseurs	6. Trabajadores agrícolas y forestales, pescadores y cazadores
3 108	...	...	...	...	...	7–9. Ouvriers et manœuvres non agricoles et conducteurs d'engins de transport	7–9. Obreros no agrícolas, conductores de máquinas y vehíc. de transporte y trab. asimilados
30 876	...	...	...	...	...	X. Travailleurs ne pouvant être classés selon la profession	X. Trab. que no pueden ser clasificados según la ocupación
...	...	...	266 839	...	...	— Chômeurs	— Desempleados
.	...	...	...	...	...	— Forces armées	— Fuerzas armadas
84 783	**17 109**	**67 674**	**266 839**	**157 715**	**109 124**	**Total**	**Total**

2 Structure of the economically active population
Structure de la population active
Estructura de la población económicamente activa

Occupation (Major groups)	Total				Employers and own-account workers / Employeurs et personnes travaillant à leur propre compte / Empleadores y trabajadores por cuenta propia			Employees / Salariés / Empleados a sueldo o salario		
	Total	%	Males / Hommes / Hombres	Females / Femmes / Mujeres	Total	Males / Hommes / Hombres	Females / Femmes / Mujeres	Total	Males / Hommes / Hombres	Females / Femmes / Mujeres
Australia (V.80) LFSS										
0/1. Professional, technical & related workers	870 500	*13.1*	473 800	396 700	...	...	...	...	...	...
2. Administrative & managerial workers	410 200	*6.2*	350 200	60 000	...	...	...	...	...	...
3. Clerical & related workers	1 056 500	*15.8*	316 400	740 100	...	...	...	...	...	...
4. Sales workers	572 500	*8.6*	266 600	305 900	...	...	...	...	...	...
5. Service workers	609 100	*9.2*	228 200	380 900	...	...	...	...	...	...
6. Agric., animal husbandry & forestry workers, fishermen & hunters	445 100	*6.7*	356 100	89 000	...	...	...	...	...	...
7-9. Prod./related workers, transport equipment operators & labourers	2 273 900	*34.2*	1 989 900	284 000	...	...	...	...	...	...
– Unemployed	413 600	*6.2*	219 900	193 700	...	...	...	...	...	...
Total	**6 651 400**	*100.0*	**4 201 100**	**2 450 300**	...	...	...	...	...	...
Cook Islands (1.XII.76) C										
0/1. Professional, technical & related workers	882	*16.4*	510	372	20	15	5	862	495	367
2. Administrative & managerial workers	187	*3.5*	165	22	18	13	5	169	152	17
3. Clerical & related workers	511	*9.4*	281	230	10	5	5	500	275	225
4. Sales workers	279	*5.2*	126	153	77	51	26	196	72	124
5. Service workers	410	*7.6*	237	173	6	3	3	400	232	168
6. Agric., animal husbandry & forestry workers, fishermen & hunters	1 117	*20.8*	1 101	16	726	718	8	232	232	.
7-9. Prod./related workers, transport equipment operators & labourers	1 425	*26.5*	1 116	309	67	30	37	1 354	1 082	272
X. Workers not classifiable by occupation	573	*10.6*	314	259	8	7	1	3	.	3
Total	**5 384**	*100.0*	**3 850**	**1 534**	**932**	**842**	**90**	**3 716**	**2 540**	**1 176**
Fiji (13.IX.76) C †										
0/1. Professional, technical & related workers	12 649	*7.2*	7 817	4 772	413	355	58	12 017	7 583	4 634
2. Administrative & managerial workers	1 656	*0.9*	1 529	127	363	333	30	1 277	1 183	94
3. Clerical & related workers	11 462	*6.6*	6 896	4 566	106	78	28	11 245	6 755	4 490
4. Sales workers	9 222	*5.2*	7 124	2 098	3 612	2 862	750	4 956	3 835	1 121
5. Service workers	11 429	*6.5*	6 303	5 126	349	283	66	10 913	5 966	4 947
6. Agric., animal husbandry & forestry workers, fishermen & hunters	76 444	*43.5*	69 849	6 595	49 114	45 275	3 839	14 808	14 406	402
7-9. Prod./related workers, transport equipment operators & labourers	38 680	*22.0*	36 979	1 701	4 313	3 891	422	33 556	32 397	1 159
– Workers not classifiable by occupation & unemployed	14 243	*8.1*	9 758	4 485	411	355	56	1 741	1 440	301
Total	**175 785**	*100.0*	**146 315**	**29 470**	**58 681**	**53 432**	**5 249**	**90 513**	**73 365**	**17 148**

B

By occupational group, by status and by sex
Par groupe de professions, d'après la situation dans la profession et par sexe
Por grupo de ocupación, según la situación en la ocupación y por sexo

Unpaid family workers / Travailleurs familiaux non rémunérés / Trabajadores familiares no remunerados			Not classifiable by status / Inclassables d'après la situation / Inclasificables según la situación			Profession (Grands groupes)	Ocupación (Grandes grupos)
Total	Males / Hommes / Hombres	Females / Femmes / Mujeres	Total	Males / Hommes / Hombres	Females / Femmes / Mujeres		
...	...	...	...	...	...	0/1. Personnel des prof. scientif., techn., libérales et assimilées	0/1. Profesionales, técnicos y trabajadores asimilados
...	...	...	...	...	...	2. Directeurs et cadres administratifs supérieurs	2. Directores y funcionarios públicos superiores
...	...	...	...	...	...	3. Personnel administratif et travailleurs assimilés	3. Personal administrativo y trabajadores asimilados
...	...	...	...	...	...	4. Pers. commercial et vendeurs	4. Comerciantes y vendedores
...	...	...	...	...	...	5. Travailleurs des services	5. Trabajadores de los servicios
...	...	...	...	...	...	6. Agriculteurs, éleveurs, forestiers, pêcheurs et chasseurs	6. Trabajadores agrícolas y forestales, pescadores y cazadores
...	...	...	...	...	...	7-9. Ouvriers et manœuvres non agricoles et conducteurs d'engins de transport	7-9. Obreros no agrícolas, conductores de máquinas y vehíc. de transporte y trab. asimilados
...	...	...	...	...	...	— Chômeurs	— Desempleados
...	...	...	...	...	...	**Total**	**Total**
.	.	.	...	...	...	0/1. Personnel des prof. scientif., techn., libérales et assimilées	0/1. Profesionales, técnicos y trabajadores asimilados
.	.	.	...	...	...	2. Directeurs et cadres administratifs supérieurs	2. Directores y funcionarios públicos superiores
1	1	.	...	...	...	3. Personnel administratif et travailleurs assimilés	3. Personal administrativo y trabajadores asimilados
6	3	3	...	...	...	4. Pers. commercial et vendeurs	4. Comerciantes y vendedores
4	2	2	...	...	...	5. Travailleurs des services	5. Trabajadores de los servicios
159	151	8	...	...	...	6. Agriculteurs, éleveurs, forestiers, pêcheurs et chasseurs	6. Trabajadores agrícolas y forestales, pescadores y cazadores
4	4	.	...	...	...	7-9. Ouvriers et manœuvres non agricoles et conducteurs d'engins de transport	7-9. Obreros no agrícolas, conductores de máquinas y vehíc. de transporte y trab. asimilados
301	155	146	261	152	109	X. Travailleurs ne pouvant être classés selon la profession	X. Trab. que no pueden ser clasificados según la ocupación
475	**316**	**159**	**261**	**152**	**109**	**Total**	**Total**
102	63	39	117	76	41	0/1. Personnel des prof. scientif., techn., libérales et assimilées	0/1. Profesionales, técnicos y trabajadores asimilados
9	9	.	7	4	3	2. Directeurs et cadres administratifs supérieurs	2. Directores y funcionarios públicos superiores
38	20	18	73	43	30	3. Personnel administratif et travailleurs assimilés	3. Personal administrativo y trabajadores asimilados
611	402	209	43	25	18	4. Pers. commercial et vendeurs	4. Comerciantes y vendedores
83	27	56	84	27	57	5. Travailleurs des services	5. Trabajadores de los servicios
12 161	9 837	2 324	361	331	30	6. Agriculteurs, éleveurs, forestiers, pêcheurs et chasseurs	6. Trabajadores agrícolas y forestales, pescadores y cazadores
566	452	114	245	239	6	7-9. Ouvriers et manœuvres non agricoles et conducteurs d'engins de transport	7-9. Obreros no agrícolas, conductores de máquinas y vehíc. de transporte y trab. asimilados
106	54	52	11 985	7 909	4 076	— Travailleurs ne pouvant être classés selon la profession et chômeurs	— Trab. que no pueden ser clasificados según la ocupación y desempleados
13 676	**10 864**	**2 812**	**12 915**	**8 654**	**4 261**	**Total**	**Total**

2 Structure of the economically active population
Structure de la population active
Estructura de la población económicamente activa

Occupation (Major groups)	Total				Employers and own-account workers / Employeurs et personnes travaillant à leur propre compte / Empleadores y trabajadores por cuenta propia			Employees / Salariés / Empleados a sueldo o salario		
	Total	%	Males / Hommes / Hombres	Females / Femmes / Mujeres	Total	Males / Hommes / Hombres	Females / Femmes / Mujeres	Total	Males / Hommes / Hombres	Females / Femmes / Mujeres
Niue (29.IX.76) C * †										
0/1. Professional, technical & related workers	180	*18.4*	94	86	4	2	2	176	92	84
2. Administrative & managerial workers	28	*2.9*	27	1	3	3	.	25	24	1
3. Clerical & related workers	99	*10.1*	63	36	.	.	.	99	63	36
4. Sales workers	57	*5.8*	33	24	11	7	4	45	26	19
5. Service workers	101	*10.3*	54	47	.	.	.	100	53	47
6. Agric., animal husbandry & forestry workers, fishermen & hunters	48	*5.0*	37	11	21	13	8	26	24	2
7-9. Prod./related workers, transport equipment operators & labourers	400	*40.9*	347	53	16	4	12	383	342	41
X. Workers not classifiable by occupation	65	*6.6*	62	3	...	...	...	...	...	...
Total	**978**	*100.0*	**717**	**261**	**55**	**29**	**26**	**854**	**624**	**230**
Polynésie française (29.IV.77) C †										
0/1. Professional, technical & related workers	5 193	*12.1*	2 824	2 369	302	214	88	4 889	2 609	2 280
2. Administrative & managerial workers	754	*1.7*	699	55	324	307	17	386	356	30
3. Clerical & related workers	4 889	*11.4*	2 195	2 694	22	11	11	4 861	2 183	2 678
4. Sales workers	2 812	*6.5*	1 448	1 364	1 362	845	517	1 368	583	785
5. Service workers	5 955	*13.8*	1 941	4 014	172	72	100	5 758	1 863	3 895
6. Agric., animal husbandry & forestry workers, fishermen & hunters	7 276	*16.9*	6 516	760	4 943	4 612	331	1 037	977	60
7-9. Prod./related workers, transport equipment operators & labourers	12 541	*29.2*	11 583	958	1 476	1 085	391	11 005	10 446	559
X. Workers not classifiable by occupation	318	*0.7*	281	37	14	9	5	104	90	14
— Armed forces	3 320	*7.7*	3 261	59	.	.	.	3 320	3 261	59
Total	**43 058**	*100.0*	**30 748**	**12 310**	**8 615**	**7 155**	**1 460**	**32 728**	**22 368**	**10 360**
Samoa (3.XI.76) C										
0/1. Professional, technical & related workers	4 312	*11.3*	2 241	2 071	34	30	4	4 268	2 203	2 065
2. Administrative & managerial workers	225	*0.6*	201	24	5	5	.	220	196	24
3. Clerical & related workers	2 175	*5.6*	1 308	867	11	8	3	2 163	1 299	864
4. Sales workers	1 444	*3.8*	678	766	397	201	196	1 044	474	570
5. Service workers	1 470	*3.9*	715	755	13	9	4	1 454	703	751
6. Agric., animal husbandry & forestry workers, fishermen & hunters	23 082	*60.3*	21 545	1 537	726	651	75	1 800	1 401	399
7-9. Prod./related workers, transport equipment operators & labourers	5 475	*14.3*	5 141	334	265	252	13	5 082	4 767	315
X. Workers not classifiable by occupation	21	*0.1*	9	12	.	.	.	5	3	2
— Unemployed	45	*0.1*	29	16	1	1	.	33	23	10
Total	**38 249**	*100.0*	**31 867**	**6 382**	**1 452**	**1 157**	**295**	**16 069**	**11 069**	**5 000**

B

By occupational group, by status and by sex
Par groupe de professions, d'après la situation dans la profession et par sexe
Por grupo de ocupación, según la situación en la ocupación y por sexo

Unpaid family workers / Travailleurs familiaux non rémunérés / Trabajadores familiares no remunerados			Not classifiable by status / Inclassables d'après la situation / Inclasificables según la situación			Profession (Grands groupes)	Ocupación (Grandes grupos)
Total	Males / Hommes / Hombres	Females / Femmes / Mujeres	Total	Males / Hommes / Hombres	Females / Femmes / Mujeres		
.	.	.	...	...	...	0/1. Personnel des prof. scientif., techn., libérales et assimilées	0/1. Profesionales, técnicos y trabajadores asimilados
.	.	.	...	...	...	2. Directeurs et cadres administratifs supérieurs	2. Directores y funcionarios públicos superiores
.	.	.	...	...	...	3. Personnel administratif et travailleurs assimilés	3. Personal administrativo y trabajadores asimilados
1	.	1	...	...	...	4. Pers. commercial et vendeurs	4. Comerciantes y vendedores
1	1	.	...	...	...	5. Travailleurs des services	5. Trabajadores de los servicios
1	.	1	...	...	...	6. Agriculteurs, éleveurs, forestiers, pêcheurs et chasseurs	6. Trabajadores agrícolas y forestales, pescadores y cazadores
1	1	.	...	...	...	7-9. Ouvriers et manœuvres non agricoles et conducteurs d'engins de transport	7-9. Obreros no agrícolas, conductores de máquinas y vehíc. de transporte y trab. asimilados
...	...	...	65	62	3	X. Travailleurs ne pouvant être classés selon la profession	X. Trab. que no pueden ser clasificados según la ocupación
4	**2**	**2**	**65**	**62**	**3**	**Total**	**Total**
1	.	1	1	1	.	0/1. Personnel des prof. scientif., techn., libérales et assimilées	0/1. Profesionales, técnicos y trabajadores asimilados
4	1	3	40	35	5	2. Directeurs et cadres administratifs supérieurs	2. Directores y funcionarios públicos superiores
6	1	5	.	.	.	3. Personnel administratif et travailleurs assimilés	3. Personal administrativo y trabajadores asimilados
82	20	62	.	.	.	4. Pers. commercial et vendeurs	4. Comerciantes y vendedores
25	6	19	.	.	.	5. Travailleurs des services	5. Trabajadores de los servicios
1 296	927	369	.	.	.	6. Agriculteurs, éleveurs, forestiers, pêcheurs et chasseurs	6. Trabajadores agrícolas y forestales, pescadores y cazadores
60	52	8	.	.	.	7-9. Ouvriers et manœuvres non agricoles et conducteurs d'engins de transport	7-9. Obreros no agrícolas, conductores de máquinas y vehíc. de transporte y trab. asimilados
3	3	.	197	179	18	X. Travailleurs ne pouvant être classés selon la profession	X. Trab. que no pueden ser clasificados según la ocupación
.	.	.	.	.	.	— Forces armées	— Fuerzas armadas
1 477	**1 010**	**467**	**238**	**215**	**23**	**Total**	**Total**
9	7	2	1	1	0	0/1. Personnel des prof. scientif., techn., libérales et assimilées	0/1. Profesionales, técnicos y trabajadores asimilados
.	.	.	...	...	...	2. Directeurs et cadres administratifs supérieurs	2. Directores y funcionarios públicos superiores
1	1	.	...	...	...	3. Personnel administratif et travailleurs assimilés	3. Personal administrativo y trabajadores asimilados
3	3	.	...	...	...	4. Pers. commercial et vendeurs	4. Comerciantes y vendedores
3	3	.	...	...	...	5. Travailleurs des services	5. Trabajadores de los servicios
20 554	19 492	1 062	2	1	1	6. Agriculteurs, éleveurs, forestiers, pêcheurs et chasseurs	6. Trabajadores agrícolas y forestales, pescadores y cazadores
128	122	6	...	...	...	7-9. Ouvriers et manœuvres non agricoles et conducteurs d'engins de transport	7-9. Obreros no agrícolas, conductores de máquinas y vehíc. de transporte y trab. asimilados
.	.	.	16	6	10	X. Travailleurs ne pouvant être classés selon la profession	X. Trab. que no pueden ser clasificados según la ocupación
5	4	1	6	1	5	— Chômeurs	— Desempleados
20 703	**19 632**	**1 071**	**25**	**9**	**16**	**Total**	**Total**

ACTIVE POPULATION

2 Structure of the economically active population
Structure de la population active
Estructura de la población económicamente activa

Industry (Major divisions of economic activity)	Total	Occupation (Major groups) [a] 1 Professional, technical & related workers	2 Administrative & managerial workers	3 Clerical & related workers	4 Sales workers	5 Service workers	6 Agriculture, animal husbandry & forestry workers, fishermen & hunters	7/8/9 Production & related workers, transport equipment operators & labourers
AFRICA								
Rép.-Unie du Cameroun (9–24.IV.76) C †								
1. Agriculture, hunting, forestry & fishing	2 034 974	1 223	126	1 070	1 275	1 112	2 002 420	26 958
2. Mining & quarrying	1 258	33	5	57	130	37	123	864
3. Manufacturing	122 411	1 648	216	2 638	2 559	1 052	3 990	109 176
4. Electr., gas & water	2 471	123	42	275	84	90	13	1 833
5. Construction	46 779	801	73	958	115	871	314	43 510
6. Wholesale/retail trade, restaurants & hotels	108 042	1 076	155	3 660	79 497	6 430	2 944	14 061
7. Transport, storage & communication	36 259	570	132	3 755	576	906	98	30 068
8. Financing, insur., real estate & business serv.	6 039	1 051	131	2 894	272	467	60	1 141
9. Community, social & personal services	205 487	58 371	1 744	34 454	1 060	38 074	7 723	63 175
0. Not adequately defined	71 134	2 077	75	2 299	3 081	5 716	14 451	20 249
_ Persons seeking their first job	123 045	.	.	.	.	.	.	.
Total	**2 757 899**	**66 973**	**2 699**	**52 060**	**88 649**	**54 755**	**2 032 136**	**311 035**
Egypt (22–23.XI.76) C †								
1. Agriculture, hunting, forestry & fishing	4 089 252	18 546	3 356	20 623	1 185	17 921	3 981 931	23 032
2. Mining & quarrying	32 474	3 919	380	2 852	226	2 257	1 433	20 798
3. Manufacturing	1 297 342	75 117	10 449	94 847	6 804	51 245	4 389	1 045 054
4. Electr., gas & water	61 487	12 695	388	11 029	165	7 644	581	28 367
5. Construction	408 878	15 642	12 381	18 072	555	18 202	8 050	332 944
6. Wholesale/retail trade, restaurants & hotels	821 678	15 983	3 798	33 227	613 602	100 742	1 631	49 350
7. Transport, storage & communication	472 794	23 014	3 094	90 431	793	25 193	698	326 409
8. Financing, insur., real estate & business serv.	87 117	25 142	3 728	40 033	2 105	10 902	931	3 328
9. Community, social & personal services	1 816 151	525 119	68 549	383 788	2 301	576 169	31 059	217 042
0. Not adequately defined	151 210	4 130	1 418	6 048	632	4 270	2 578	6 182
_ Persons seeking their first job	375 386	.	.	.	.	.	.	.
Total	**9 613 769**	**719 307**	**107 541**	**700 950**	**628 368**	**814 545**	**4 033 281**	**2 052 506**
" " " " (V.79) LFSS †								
1. Agriculture, hunting, forestry & fishing	4 002 000	42 100	3 800	34 000	3 000	25 400	3 858 800	34 900
2. Mining & quarrying	22 800	4 800	200	4 200	400	1 200	200	11 800
3. Manufacturing	1 532 100	70 300	13 700	106 900	13 500	63 000	5 100	1 259 600
4. Electr., gas & water	65 700	18 000	1 100	12 700	200	4 300	200	29 200
5. Construction	448 500	18 100	15 800	18 100	400	16 600	2 300	377 200
6. Wholesale/retail trade, restaurants & hotels	918 400	22 200	5 200	41 900	651 000	106 700	2 700	88 700
7. Transport, storage & communication	488 400	24 000	5 700	95 900	1 400	30 500	1 300	329 600
8. Financing, insur., real estate & business serv.	116 800	35 100	6 900	54 000	2 400	12 900	1 900	3 600
9. Community, social & personal services	1 820 500	582 800	81 500	335 000	3 400	528 500	26 000	263 300
0. Not adequately defined	183 800	125 900	1 100	4 200	3 500	7 400	4 900	19 400
_ Persons seeking their first job	424 500	.	.	.	.	.	.	.
Total	**10 023 500**	**943 300**	**135 000**	**706 900**	**679 200**	**796 500**	**3 903 400**	**2 417 300**

C By industry and by occupational group
Par industrie et par groupe de professions
Por industria y por grupo de ocupación

X Workers not classifiable by occupation	Unemployed	Persons seeking their first job	Members of the armed forces	Industrie (Branches d'activité économique)	Industria (Grandes divisiones de actividad económica)
				AFRIQUE – AFRICA	
790	.	.	.	1. Agriculture, chasse, sylviculture et pêche	1. Agricultura, caza, silvicultura y pesca
9	.	.	.	2. Industries extractives	2. Minas y canteras
1 132	.	.	.	3. Industries manufacturières	3. Industrias manufactureras
11	.	.	.	4. Électricité, gaz et eau	4. Electricidad, gas y agua
137	.	.	.	5. Construction	5. Construcción
219	.	.	.	6. Commerce (gros et détail); restaurants, hôtels	6. Comercio (por mayor y por menor); restaurantes, hoteles
154	.	.	.	7. Transports, entrepôts et communications	7. Transportes, almacenamiento y comunicaciones
23	.	.	.	8. Banques, assur., affaires imm., services aux entreprises	8. Bancos, seguros, bienes inmuebles, serv. para empresas
886	.	.	.	9. Services à la collectivité, services sociaux et personnels	9. Servicios comunales, sociales y personales
23 186	.	.	.	0. Activités mal désignées	0. Actividades no bien especif.
.	123 045	.	.	_ Personnes en quête de leur premier emploi	_ Personas en busca de su primer empleo
26 547	**123 045**	.	.	**Total**	**Total**
22 658	.	.	.	1. Agriculture, chasse, sylviculture et pêche	1. Agricultura, caza, silvicultura y pesca
609	.	.	.	2. Industries extractives	2. Minas y canteras
9 437	.	.	.	3. Industries manufacturières	3. Industrias manufactureras
618	.	.	.	4. Électricité, gaz et eau	4. Electricidad, gas y agua
3 032	.	.	.	5. Construction	5. Construcción
3 345	.	.	.	6. Commerce (gros et détail); restaurants, hôtels	6. Comercio (por mayor y por menor); restaurantes, hoteles
3 162	.	.	.	7. Transports, entrepôts et communications	7. Transportes, almacenamiento y comunicaciones
948	.	.	.	8. Banques, assur., affaires imm., services aux entreprises	8. Bancos, seguros, bienes inmuebles, serv. para empresas
12 124	.	.	.	9. Services à la collectivité, services sociaux et personnels	9. Servicios comunales, sociales y personales
125 952	.	.	.	0. Activités mal désignées	0. Actividades no bien especif.
.	.	375 386	.	_ Personnes en quête de leur premier emploi	_ Personas en busca de su primer empleo
181 885	.	**375 386**	.	**Total**	**Total**
...	.	.	.	1. Agriculture, chasse, sylviculture et pêche	1. Agricultura, caza, silvicultura y pesca
...	.	.	.	2. Industries extractives	2. Minas y canteras
...	.	.	.	3. Industries manufacturières	3. Industrias manufactureras
...	.	.	.	4. Électricité, gaz et eau	4. Electricidad, gas y agua
...	.	.	.	5. Construction	5. Construcción
...	.	.	.	6. Commerce (gros et détail); restaurants, hôtels	6. Comercio (por mayor y por menor); restaurantes, hoteles
...	.	.	.	7. Transports, entrepôts et communications	7. Transportes, almacenamiento y comunicaciones
...	.	.	.	8. Banques, assur., affaires imm., services aux entreprises	8. Bancos, seguros, bienes inmuebles, serv. para empresas
...	.	.	.	9. Services à la collectivité, services sociaux et personnels	9. Servicios comunales, sociales y personales
17 400	.	.	.	0. Activités mal désignées	0. Actividades no bien especif.
.	.	424 500	.	_ Personnes en quête de leur premier emploi	_ Personas en busca de su primer empleo
17 400	.	**424 500**	.	**Total**	**Total**

(a) Les libellés des grands groupes de professions, en français, sont indiqués à la page suivante.

2 Structure of the economically active population
Structure de la population active
Estructura de la población económicamente activa

Industry (Major divisions of economic activity)	Total	Profession (Grands groupes) [a] 1 Personnel des prof. scientif., techniques, libérales et assimilées	2 Directeurs et cadres administratifs supérieurs	3 Personnel administratif et travailleurs assimilés	4 Personnel commercial et vendeurs	5 Travailleurs des services	6 Agriculteurs, éleveurs, forestiers, pêcheurs et chasseurs	7/8/9 Ouvriers et manœuvres non agricoles et conducteurs d'engins de transport
Malawi (1.X.77) C								
1. Agriculture, hunting, forestry & fishing	1 932 122	2 930	176	5 888	3 308	5 494	1 893 640	20 511
2. Mining & quarrying	2 174	36	2	84	8	100	17	1 920
3. Manufacturing	82 391	952	377	3 367	2 994	3 560	3 468	67 478
4. Electr., gas & water	4 213	357	31	484	152	270	36	2 836
5. Construction	47 452	650	111	1 382	168	1 140	187	43 742
6. Wholesale/retail trade, restaurants & hotels	62 608	392	228	2 041	44 762	6 355	804	7 838
7. Transport, storage & communication	23 400	979	154	5 221	271	1 106	89	15 461
8. Financing, insur., real estate & business serv.	4 494	570	192	2 127	217	219	123	1 019
9. Community, social & personal services	82 523	23 412	894	8 906	1 510	28 196	3 323	15 970
0. Not adequately defined	46 974	176	42	634	402	515	307	1 626
Total	**2 288 351**	**30 454**	**2 207**	**30 134**	**53 792**	**46 955**	**1 901 994**	**178 401**
Tunisie (8.V.75) C*								
1. Agriculture, hunting, forestry & fishing	526 030	830	110	2 000	410	2 400	510 560	8 820
2. Mining & quarrying	27 210	590	50	1 190	30	660	150	24 370
3. Manufacturing	240 640	2 250	740	6 030	1 640	2 260	410	224 720
4. Electr., gas & water	11 680	790	70	2 740	60	530	90	7 050
5. Construction	140 740	960	190	1 230	120	650	660	136 410
6. Wholesale/retail trade, restaurants & hotels	119 570	2 560	920	12 180	67 700	25 620	2 550	4 040
7. Transport, storage & communication	57 380	1 580	320	14 540	420	1 520	260	37 760
8. Financing, insur., real estate & business serv.	7 770	120	20	1 050	340	450	970	3 950
9. Community, social & personal services	217 730	60 890	1 960	39 290	670	58 100	6 540	41 590
0. Not adequately defined	153 950	1 520	320	5 540	3 230	1 750	3 510	57 270
– Persons seeking their first job	119 120	.	.	.	.	.	.	.
Total	**1 621 820**	**72 090**	**4 700**	**85 790**	**74 620**	**93 940**	**525 700**	**545 980**
AMERICA								
Bolivia (29.IX.76) C								
1. Agriculture, hunting, forestry & fishing	693 049	570	153	206	178	196	689 608	1 431
2. Mining & quarrying	60 599	2 087	1 015	4 403	82	1 836	194	50 605
3. Manufacturing	145 404	1 330	1 293	2 777	1 229	803	892	135 817
4. Electr., gas & water	2 143	185	33	522	5	84	13	1 275
5. Construction	82 447	1 797	386	1 360	11	572	1 018	76 901
6. Wholesale/retail trade, restaurants & hotels	106 862	819	2 786	2 770	86 945	7 147	277	5 713
7. Transport, storage & communication	55 972	749	288	6 540	169	706	56	46 988
8. Financing, insur., real estate & business serv.	12 941	4 888	234	6 967	225	141	3	370
9. Community, social & personal services	281 911	72 519	2 811	33 619	2 130	116 486	2 827	49 282
0. Not adequately defined	53 600	556	93	445	411	624	2 252	2 153
– Persons seeking their first job	6 463	.	.	.	.	.	.	.
Total	**1 501 391**	**85 500**	**9 092**	**59 609**	**91 385**	**128 595**	**697 140**	**370 535**

[a] The English designation of major occupational groups is shown on the preceding page.

C By industry and by occupational group
Par industrie et par groupe de professions
Por industria y por grupo de ocupación

X Travailleurs ne pouvant être classés selon la profession	Chômeurs	Chômeurs Personnes en quête de leur premier emploi	Membres des forces armées	Industrie (Branches d'activité économique)	Industria (Grandes divisiones de actividad económica)
175	.	.	.	1. Agriculture, chasse, sylviculture et pêche	1. Agricultura, caza, silvicultura y pesca
7	.	.	.	2. Industries extractives	2. Minas y canteras
195	.	.	.	3. Industries manufacturières	3. Industrias manufactureras
47	.	.	.	4. Électricité, gaz et eau	4. Electricidad, gas y agua
72	.	.	.	5. Construction	5. Construcción
188	.	.	.	6. Commerce (gros et détail); restaurants, hôtels	6. Comercio (por mayor y por menor); restaurantes, hoteles
119	.	.	.	7. Transports, entrepôts et communications	7. Transportes, almacenamiento y comunicaciones
27	.	.	.	8. Banques, assur., affaires imm., services aux entreprises	8. Bancos, seguros, bienes inmuebles, serv. para empresas
312	.	.	.	9. Services à la collectivité, services sociaux et personnels	9. Servicios comunales, sociales y personales
43 272	.	.	.	0. Activités mal désignées	0. Actividades no bien especif.
44 414	.	.	.	**Total**	**Total**

X Travailleurs ne pouvant être classés selon la profession	Chômeurs	Chômeurs Personnes en quête de leur premier emploi	Membres des forces armées	Industrie (Branches d'activité économique)	Industria (Grandes divisiones de actividad económica)
900	.	.	.	1. Agriculture, chasse, sylviculture et pêche	1. Agricultura, caza, silvicultura y pesca
170	.	.	.	2. Industries extractives	2. Minas y canteras
2 590	.	.	.	3. Industries manufacturières	3. Industrias manufactureras
350	.	.	.	4. Électricité, gaz et eau	4. Electricidad, gas y agua
520	.	.	.	5. Construction	5. Construcción
4 000	.	.	.	6. Commerce (gros et détail); restaurants, hôtels	6. Comercio (por mayor y por menor); restaurantes, hoteles
980	.	.	.	7. Transports, entrepôts et communications	7. Transportes, almacenamiento y comunicaciones
870	.	.	.	8. Banques, assur., affaires imm., services aux entreprises	8. Bancos, seguros, bienes inmuebles, serv. para empresas
8 690	.	.	.	9. Services à la collectivité, services sociaux et personnels	9. Servicios comunales, sociales y personales
80 810	.	.	.	0. Activités mal désignées	0. Actividades no bien especif.
.	.	119 120	.	— Personnes en quête de leur premier emploi	— Personas en busca de su primer empleo
99 880	.	**119 120**	.	**Total**	**Total**

AMÉRIQUE – AMERICA

X Travailleurs ne pouvant être classés selon la profession	Chômeurs	Chômeurs Personnes en quête de leur premier emploi	Membres des forces armées	Industrie (Branches d'activité économique)	Industria (Grandes divisiones de actividad económica)
707	.	.	.	1. Agriculture, chasse, sylviculture et pêche	1. Agricultura, caza, silvicultura y pesca
377	.	.	.	2. Industries extractives	2. Minas y canteras
1 263	.	.	.	3. Industries manufacturières	3. Industrias manufactureras
26	.	.	.	4. Électricité, gaz et eau	4. Electricidad, gas y agua
402	.	.	.	5. Construction	5. Construcción
405	.	.	.	6. Commerce (gros et détail); restaurants, hôtels	6. Comercio (por mayor y por menor); restaurantes, hoteles
476	.	.	.	7. Transports, entrepôts et communications	7. Transportes, almacenamiento y comunicaciones
113	.	.	.	8. Banques, assur., affaires imm., services aux entreprises	8. Bancos, seguros, bienes inmuebles, serv. para empresas
2 237	.	.	.	9. Services à la collectivité, services sociaux et personnels	9. Servicios comunales, sociales y personales
47 066	.	.	.	0. Activités mal désignées	0. Actividades no bien especif.
.	.	6 463	.	— Personnes en quête de leur premier emploi	— Personas en busca de su primer empleo
53 072	.	**6 463**	.	**Total**	**Total**

[a] La designación en español de los grandes grupos de ocupación figura en la página siguiente.

2 Structure of the economically active population
Structure de la population active
Estructura de la población económicamente activa

Industry (Major divisions of economic activity)	Total	Ocupación (Grandes grupos) [a] 1 Profesionales técnicos y trabajadores asimilados	2 Directores y funcionarios públicos superiores	3 Personal administrativo y trabajadores	4 Comerciantes y vendedores	5 Trabajadores de los servicios	6 Trabajadores agrícolas, forestales, pescadores y cazadores	7/8/9 Obreros no agr. y conductores de máquinas y vehículos de transp. y trab. asimilados
Canada (IV.80) LFSS †								
1/2. Agriculture, hunting, forestry & fishing; mining & quarrying	805 000	47 000	.	34 000	–	9 000	558 000	92 000
3. Manufacturing	2 259 000	273 000	.	266 000	84 000	53 000	17 000	1 369 000
4,7. Electr., gas & water; transport, storage & communication	929 000	125 000	.	228 000	15 000	33 000	6 000	465 000
5. Construction	687 000	48 000	.	41 000	7 000	6 000	15 000	445 000
6. Wholesale/retail trade, restaurants & hotels	1 924 000	110 000	.	394 000	793 000	55 000	14 000	418 000
8. Financing, insur., real estate & business serv.	618 000	141 000	.	251 000	146 000	44 000	5 000	13 000
9. Community, social & personal services	4 005 000	1 614 000	.	624 000	55 000	1 178 000	34 000	224 000
– Persons seeking their first job	65 000	.	.	.	.	.	.	.
– Other unemployed	872 000	84 000	.	121 000	68 000	153 000	68 000	380 000
Total	**11 291 000**	**2 443 000**	.	**1 960 000**	**1 170 000**	**1 530 000**	**717 000**	**3 406 000**
Colombia (24.X.73) C								
1. Agriculture, hunting, forestry & fishing	2 095 520	9 708	2 212	26 960	3 098	23 475	1 839 270	59 262
2. Mining & quarrying	44 818	1 369	441	1 739	187	951	214	37 546
3. Manufacturing	749 521	15 691	19 778	53 019	21 255	14 455	14 189	582 964
4. Electr., gas & water	25 392	1 512	367	4 851	173	1 433	247	15 145
5. Construction	248 363	7 105	954	5 698	654	4 710	268	219 303
6. Wholesale/retail trade, restaurants & hotels	660 678	6 060	3 112	59 177	418 406	108 525	3 155	42 441
7. Transport, storage & communication	217 074	4 092	2 455	33 439	1 218	6 261	311	160 412
8. Financing, insur., real estate & business serv.	106 316	18 885	5 398	54 573	8 237	11 508	168	3 792
9. Community, social & personal services	1 086 409	195 517	6 828	102 156	3 623	566 597	6 677	162 297
0. Not adequately defined	1 084 515	9 474	1 299	26 396	11 767	11 605	4 043	33 800
– Unemployed	*181 487*	.	.	.	.	.	.	.
Total	**6 318 606**	**269 413**	**42 844**	**368 008**	**468 618**	**749 520**	**1 868 542**	**1 316 962**
Chile (1979) LFSS								
1. Agriculture, hunting, forestry & fishing	543 700	600	600	3 300	300	2 800	524 600	11 500
2. Mining & quarrying	83 100	2 700	1 600	11 200	200	3 500	500	63 400
3. Manufacturing	567 200	11 600	19 000	68 800	8 900	19 200	6 300	433 400
4. Electr., gas & water	28 400	1 500	800	10 200	100	1 400	200	14 200
5. Construction	177 800	6 000	5 000	11 000	.	3 000	500	152 300
6. Wholesale/retail trade, restaurants & hotels	578 200	3 400	28 900	57 700	409 500	44 600	700	33 400
7. Transport, storage & communication	223 600	3 200	7 400	45 600	2 300	5 100	400	159 600
8. Financing, insur., real estate & business serv.	94 500	12 700	4 000	66 500	3 500	4 000	100	3 700
9. Community, social & personal services	1 032 800	188 500	16 600	143 700	2 300	328 800	20 900	288 900
0. Not adequately defined	9 500		300	2 200	.	600	.	2 600
– Persons seeking their first job	138 600	.	.	.	.	.	.	.
Total	**3 477 400**	**230 200**	**84 200**	**420 200**	**427 100**	**413 000**	**554 200**	**1 163 000**

[a] Les libellés des grands groupes de professions sont indiqués à la page précédente.

By industry and by occupational group
Par industrie et par groupe de professions
Por industria y por grupo de ocupación

X Trab. que no pueden ser clasificados según la ocupación	Desempleados	Personas en busca de su primer empleo	Miembros de las fuerzas armadas	Industrie (Branches d'activité économique)	Industria (Grandes divisiones de actividad económica)
.	62 000	.	.	1/2. Agriculture, chasse, sylviculture et pêche; industries extractives	1/2. Agricultura, caza, silvicultura y pesca; minas y canteras
.	196 000	.	.	3. Industries manufacturières	3. Industrias manufactureras
.	56 000	.	.	4,7. Électricité, gaz et eau; transports, entrepôts et communications	4,7. Electricidad, gas y agua; transportes, almacenamiento y comunicaciones
.	124 000	.	.	5. Construction	5. Construcción
.	140 000	.	.	6. Commerce (gros et détail); restaurants, hôtels	6. Comercio (por mayor y por menor); restaurantes, hoteles
.	19 000	.	.	8. Banques, assur., affaires imm., services aux entreprises	8. Bancos, seguros, bienes inmuebles, serv. para empresas
.	275 000	.	.	9. Services à la collectivité, services sociaux et personnels	9. Servicios comunales, sociales y personales
.		65 000	.	– Personnes en quête de leur premier emploi	– Personas en busca de su primer empleo
.		.	.	– Autres chômeurs	– Otros desempleados
.	**872 000**	**65 000**	.	**Total**	**Total**
107 011	24 524	.	.	1. Agriculture, chasse, sylviculture et pêche	1. Agricultura, caza, silvicultura y pesca
1 021	1 350	.	.	2. Industries extractives	2. Minas y canteras
18 781	9 389	.	.	3. Industries manufacturières	3. Industrias manufactureras
1 240	424	.	.	4. Électricité, gaz et eau	4. Electricidad, gas y agua
2 429	7 242	.	.	5. Construction	5. Construcción
11 552	8 250	.	.	6. Commerce (gros et détail); restaurants, hôtels	6. Comercio (por mayor y por menor); restaurantes, hoteles
4 916	3 970	.	.	7. Transports, entrepôts et communications	7. Transportes, almacenamiento y comunicaciones
2 571	1 184	.	.	8. Banques, assur., affaires imm., services aux entreprises	8. Bancos, seguros, bienes inmuebles, serv. para empresas
32 283	10 431	.	.	9. Services à la collectivité, services sociaux et personnels	9. Servicios comunales, sociales y personales
871 408	114 723	.	.	0. Activités mal désignées	0. Actividades no bien especif.
.	*181 487*	.	.	– Chômeurs	– Desempleados
1 053 212	**181 487**	.	.	**Total**	**Total**
...	.	.	.	1. Agriculture, chasse, sylviculture et pêche	1. Agricultura, caza, silvicultura y pesca
...	.	.	.	2. Industries extractives	2. Minas y canteras
...	.	.	.	3. Industries manufacturières	3. Industrias manufactureras
...	.	.	.	4. Électricité, gaz et eau	4. Electricidad, gas y agua
...	.	.	.	5. Construction	5. Construcción
...	.	.	.	6. Commerce (gros et détail); restaurants, hôtels	6. Comercio (por mayor y por menor); restaurantes, hoteles
...	.	.	.	7. Transports, entrepôts et communications	7. Transportes, almacenamiento y comunicaciones
...	.	.	.	8. Banques, assur., affaires imm., services aux entreprises	8. Bancos, seguros, bienes inmuebles, serv. para empresas
43 100	.	.	.	9. Services à la collectivité, services sociaux et personnels	9. Servicios comunales, sociales y personales
3 800	.	.	.	0. Activités mal désignées	0. Actividades no bien especif.
.	.	138 600	.	– Personnes en quête de leur premier emploi	– Personas en busca de su primer empleo
46 900	.	**138 600**	.	**Total**	**Total**

(a) The English designation of major occupational groups is shown on the following page.

2 Structure of the economically active population
Structure de la population active
Estructura de la población económicamente activa

Industry (Major divisions of economic activity)	Total	Occupation (Major groups) [a] 1 Professional, technical & related workers	2 Administrative & managerial workers	3 Clerical & related workers	4 Sales workers	5 Service workers	6 Agriculture, animal husbandry & forestry workers, fishermen & hunters	7/8/9 Production & related workers, transport equipment operators & labourers
República Dominicana (9.I.70) C								
1. Agriculture, hunting, forestry & fishing	502 029	848	184	504	184	533	497 599	1 165
2. Mining & quarrying	840	35	12	120	9	28	252	291
3. Manufacturing	97 456	1 172	555	5 803	914	1 702	2 278	83 121
4. Electr., gas & water	1 711	94	11	695	.	82	.	789
5. Construction	27 822	2 991	280	904	51	217	70	22 543
6. Wholesale/retail trade, restaurants & hotels	74 765	160	428	9 601	56 409	2 068	246	4 245
7. Transport, storage & communication	42 598	95	117	3 398	906	217	78	37 208
8. Financing, insur., real estate & business serv.	19 904	1 770	401	15 339	307	639	43	1 142
9. Community, social & personal services	147 227	25 495	1 361	28 873	236	49 960	368	27 135
0. Not adequately defined	193 116	987	476	14 505	665	2 775	3 196	52 634
Total	**1 107 468**	**33 647**	**3 825**	**79 742**	**59 681**	**58 221**	**504 130**	**230 273**
El Salvador (X.78-IV.79) HS								
1. Agriculture, hunting, forestry & fishing	662 323	504	.	1 606	.	721	653 975	5 517
2. Mining & quarrying	5 694	.	.	72	.	144	.	5 478
3. Manufacturing	220 773	2 158	2 002	10 393	2 212	3 480	4 569	195 959
4. Electr., gas & water	6 780	422	.	1 365	.	188	.	4 805
5. Construction	81 898	1 233	255	1 735	84	255	188	78 148
6. Wholesale/retail trade, restaurants & hotels	223 558	3 004	1 738	11 689	193 158	8 228	.	5 741
7. Transport, storage & communication	59 383	.	85	12 960	85	598	240	45 415
8. Financing, insur., real estate & business serv.	12 435	2 751	1 356	5 890	1 047	970	.	421
9. Community, social & personal services	239 472	56 511	3 334	33 857	922	103 621	2 738	38 404
_ Persons seeking their first job	7 138	.	.	.	.	.	.	.
Total	**1 519 454**	**66 583**	**8 770**	**79 567**	**197 508**	**118 205**	**661 710**	**379 888**
Guatemala (1979) OE * †								
_ Agriculture, forestry, hunting & fishing	1 222 709	2 105	397	3 034	520	2 969	1 194 364	14 439
_ Mining & quarrying	2 612	53	61	58	5	71	48	2 232
_ Manufacturing	292 685	4 348	3 972	5 388	4 914	2 886	9 516	255 917
_ Construction	88 324	1 821	1 408	1 530	44	1 303	144	60 130
_ Electricity, gas, water & sanitary services	5 731	434	141	689	33	358	55	3 477
_ Commerce	158 522	3 357	4 381	9 989	124 213	2 294	2 166	8 554
_ Transport, storage & communication	54 452	661	2 713	8 272	98	1 070	108	32 181
_ Services	267 304	62 799	9 220	20 705	2 062	154 376	4 415	10 415
_ Not adequately defined & persons seeking their first job	45 303	2 388	751	7 446	599	29 259	567	3 294
Total	**2 137 642**	**77 966**	**23 044**	**57 111**	**132 488**	**194 586**	**1 211 383**	**390 639**

[a] La designación en español de los grandes grupos de ocupación figura en la página precedente.

C By industry and by occupational group
Par industrie et par groupe de professions
Por industria y por grupo de ocupación

X Workers not classifiable by occupation	Unemployed	 Persons seeking their first job	Members of the armed forces	Industrie (Branches d'activité économique)	Industria (Grandes divisiones de actividad económica)
1 012	.	.	.	1. Agriculture, chasse, sylviculture et pêche	1. Agricultura, caza, silvicultura y pesca
93	.	.	.	2. Industries extractives	2. Minas y canteras
1 888	.	.	23	3. Industries manufacturières	3. Industrias manufactureras
40	.	.	.	4. Électricité, gaz et eau	4. Electricidad, gas y agua
766	.	.	.	5. Construction	5. Construcción
1 585	.	.	23	6. Commerce (gros et détail); restaurants, hôtels	6. Comercio (por mayor y por menor); restaurantes, hoteles
530	.	.	49	7. Transports, entrepôts et communications	7. Transportes, almacenamiento y comunicaciones
242	.	.	21	8. Banques, assur., affaires imm., services aux entreprises	8. Bancos, seguros, bienes inmuebles, serv. para empresas
1 883	.	.	11 916	9. Services à la collectivité, services sociaux et personnels	9. Servicios comunales, sociales y personales
117 728	.	.	150	0. Activités mal désignées	0. Actividades no bien especif.
125 767	.	.	**12 182**	**Total**	**Total**
.	.	.	.	1. Agriculture, chasse, sylviculture et pêche	1. Agricultura, caza, silvicultura y pesca
.	.	.	.	2. Industries extractives	2. Minas y canteras
.	.	.	.	3. Industries manufacturières	3. Industrias manufactureras
.	.	.	.	4. Électricité, gaz et eau	4. Electricidad, gas y agua
.	.	.	.	5. Construction	5. Construcción
.	.	.	.	6. Commerce (gros et détail); restaurants, hôtels	6. Comercio (por mayor y por menor); restaurantes, hoteles
.	.	.	.	7. Transports, entrepôts et communications	7. Transportes, almacenamiento y comunicaciones
.	.	.	.	8. Banques, assur., affaires imm., services aux entreprises	8. Bancos, seguros, bienes inmuebles, serv. para empresas
85	.	.	.	9. Services à la collectivité, services sociaux et personnels	9. Servicios comunales, sociales y personales
.	.	7 138	.	— Personnes en quête de leur premier emploi	— Personas en busca de su primer empleo
85	.	**7 138**	.	**Total**	**Total**
4 881	.	.	.	— Agriculture, sylviculture, chasse et pêche	— Agricultura, silvicultura, caza y pesca
84	.	.	.	— Industries extractives	— Minas y canteras
5 744	.	.	.	— Industries manufacturières	— Industrias manufactureras
21 944	.	.	.	— Construction	— Construcción
544	.	.	.	— Électricité, gaz, eau et services sanitaires	— Electricidad, gas, agua y servicios sanitarios
3 568	.	.	.	— Comm., banq., assur., aff. imm.	— Comercio
9 349	.	.	.	— Transports, entrepôts et communications	— Transportes, almacenamiento y comunicaciones
3 312	.	.	.	— Services	— Servicios
999	.	.	.	— Activités mal désignées et personnes en quête de leur premier emploi	— Actividades no bien especificadas; personas en busca de su primer empleo
50 425	.	.	.	**Total**	**Total**

[a] Les libellés des grands groupes de professions, en français, sont indiqués à la page suivante.

2 Structure of the economically active population
Structure de la population active
Estructura de la población económicamente activa

Industry (Major divisions of economic activity)	Total	Profession (Grands groupes) [a] 1 Personnel des prof. scientif., techniques, libérales et assimilées	2 Directeurs et cadres administratifs supérieurs	3 Personnel administratif et travailleurs assimilés	4 Personnel commercial et vendeurs	5 Travailleurs des services	6 Agriculteurs, éleveurs, forestiers, pêcheurs et chasseurs	7/8/9 Ouvriers et manœuvres non agricoles et conducteurs d'engins de transport
Panamá (VIII.79) LFSS †								
1. Agriculture, hunting, forestry & fishing	156 584	661	253	847	104	980	143 585	10 154
2. Mining & quarrying	727	.	.	.	.	.	.	727
3. Manufacturing	57 409	986	2 728	5 113	1 555	1 610	1 992	43 425
4. Electr., gas & water	6 367	590	421	1 683	.	465	.	3 208
5. Construction	35 210	929	2 050	1 743	.	1 525	.	28 963
6. Wholesale/retail trade, restaurants & hotels	77 531	546	4 732	13 285	36 516	15 615	28	6 809
7. Transport, storage & communication	29 937	783	1 784	6 130	979	464	.	19 797
8. Financing, insur., real estate & business serv.	20 898	1 700	2 290	11 089	393	3 523	.	1 903
9. Community, social & personal services	153 776	40 652	8 255	23 007	262	63 366	833	17 401
0. Not adequately defined	18 704	1 502	1 050	3 647	335	2 594	328	9 248
– Persons seeking their first job	20 615	.	.	.	.	.	.	.
Total	**577 758**	**48 349**	**23 563**	**66 544**	**40 144**	**90 142**	**146 766**	**141 635**
United States (1980) LFSS †								
1. Agriculture, hunting, forestry & fishing	3 665 000	131 000	44 000	96 000	9 000	15 000	2 703 000	472 000
2. Mining & quarrying	1 003 000	127 000	81 000	118 000	5 000	10 000	–	597 000
3. Manufacturing	23 556 000	2 454 000	1 682 000	2 691 000	547 000	412 000	–	13 807 000
4. Electr., gas & water	1 418 000	189 000	100 000	323 000	4 000	26 000	–	734 000
5. Construction	6 853 000	189 000	780 000	453 000	28 000	33 000	–	4 583 000
6. Wholesale/retail trade, restaurants & hotels	21 171 000	403 000	3 812 000	3 517 000	4 063 000	3 612 000	–	4 321 000
7. Transport, storage & communication	5 288 000	421 000	559 000	1 164 000	64 000	139 000	–	2 671 000
8. Financing, insur., real estate & business serv.	8 554 000	828 000	1 415 000	3 337 000	1 352 000	702 000	–	535 000
9. Community, social & personal services	32 359 000	10 871 000	2 447 000	6 407 000	100 000	8 009 000	–	3 080 000
– Persons seeking their first job	852 000	.	.	.	.	.	.	.
– Other unemployed	*6 596 000*	395 000	270 000	1 004 000	283 000	1 107 000	125 000	3 414 000
– Armed forces	2 102 000	.	.	.	.	.	.	.
Total	**106 821 000**	**16 007 000**	**11 189 000**	**19 109 000**	**6 455 000**	**14 064 000**	**2 829 000**	**34 214 000**
Uruguay (21.V.75) C								
1. Agriculture, hunting, forestry & fishing	174 871	837	60	479	220	2 907	166 766	2 957
2. Mining & quarrying	2 159	5	91	69	36	39	6	1 889
3. Manufacturing	205 943	3 921	6 499	17 065	10 615	4 702	826	158 940
4. Electr., gas & water	16 206	767	161	5 297	34	676	43	8 822
5. Construction	59 428	1 665	322	1 102	69	546	56	55 098
6. Wholesale/retail trade, restaurants & hotels	134 509	838	2 392	11 664	88 535	14 765	642	13 474
7. Transport, storage & communication	53 728	825	753	18 110	528	1 831	76	30 035
8. Financing, insur., real estate & business serv.	29 461	5 445	1 593	17 499	2 268	1 615	44	720
9. Community, social & personal services	286 252	64 644	1 973	43 113	1 551	127 187	3 429	40 346
0. Not adequately defined	85 085	752	393	3 872	1 414	1 748	326	3 742
– Persons seeking their first job	17 131	.	.	.	.	.	.	.
– Other unemployed	*51 658*	.	.	.	.	.	.	.
– Armed forces	29 826	.	.	.	.	.	.	.
Total	**1 094 599**	**79 699**	**14 237**	**118 270**	**105 270**	**156 016**	**172 214**	**316 023**

[a] The English designation of major occupational groups is shown on the preceding page.

By industry and by occupational group
Par industrie et par groupe de professions
Por industria y por grupo de ocupación

X Travailleurs ne pouvant être classés selon la profession	Chômeurs	Personnes en quête de leur premier emploi	Membres des forces armées	Industrie (Branches d'activité économique)	Industria (Grandes divisiones de actividad económica)
.	.	.	.	1. Agriculture, chasse, sylviculture et pêche	1. Agricultura, caza, silvicultura y pesca
.	.	.	.	2. Industries extractives	2. Minas y canteras
.	.	.	.	3. Industries manufacturières	3. Industrias manufactureras
.	.	.	.	4. Électricité, gaz et eau	4. Electricidad, gas y agua
.	.	.	.	5. Construction	5. Construcción
.	.	.	.	6. Commerce (gros et détail); restaurants, hôtels	6. Comercio (por mayor y por menor); restaurantes, hoteles
.	.	.	.	7. Transports, entrepôts et communications	7. Transportes, almacenamiento y comunicaciones
.	.	.	.	8. Banques, assur., affaires imm., services aux entreprises	8. Bancos, seguros, bienes inmuebles, serv. para empresas
.	.	.	.	9. Services à la collectivité, services sociaux et personnels	9. Servicios comunales, sociales y personales
.	.	.	.	0. Activités mal désignées	0. Actividades no bien especif.
.	.	20 615	.	— Personnes en quête de leur premier emploi	— Personas en busca de su primer empleo
.	**.**	**20 615**	**.**	**Total**	**Total**
.	195 000	.	.	1. Agriculture, chasse, sylviculture et pêche	1. Agricultura, caza, silvicultura y pesca
.	63 000	.	.	2. Industries extractives	2. Minas y canteras
.	1 963 000	.	.	3. Industries manufacturières	3. Industrias manufactureras
.	41 000	.	.	4. Électricité, gaz et eau	4. Electricidad, gas y agua
.	788 000	.	.	5. Construction	5. Construcción
.	1 444 000	.	.	6. Commerce (gros et détail); restaurants, hôtels	6. Comercio (por mayor y por menor); restaurantes, hoteles
.	272 000	.	.	7. Transports, entrepôts et communications	7. Transportes, almacenamiento y comunicaciones
.	386 000	.	.	8. Banques, assur., affaires imm., services aux entreprises	8. Bancos, seguros, bienes inmuebles, serv. para empresas
.	1 444 000	.	.	9. Services à la collectivité, services sociaux et personnels	9. Servicios comunales, sociales y personales
.	.	852 000	.	— Personnes en quête de leur premier emploi	— Personas en busca de su primer empleo
.	*6 596 000*	.	.	— Autres chômeurs	— Otros desempleados
.	.	.	2 102 000	— Forces armées	— Fuerzas armadas
.	***6 596 000***	**852 000**	**2 102 000**	**Total**	**Total**
358	287	.	.	1. Agriculture, chasse, sylviculture et pêche	1. Agricultura, caza, silvicultura y pesca
9	15	.	.	2. Industries extractives	2. Minas y canteras
2 321	1 054	.	.	3. Industries manufacturières	3. Industrias manufactureras
320	86	.	.	4. Électricité, gaz et eau	4. Electricidad, gas y agua
367	203	.	.	5. Construction	5. Construcción
1 950	249	.	.	6. Commerce (gros et détail); restaurants, hôtels	6. Comercio (por mayor y por menor); restaurantes, hoteles
1 373	197	.	.	7. Transports, entrepôts et communications	7. Transportes, almacenamiento y comunicaciones
214	63	.	.	8. Banques, assur., affaires imm., services aux entreprises	8. Bancos, seguros, bienes inmuebles, serv. para empresas
3 509	500	.	.	9. Services à la collectivité, services sociaux et personnels	9. Servicios comunales, sociales y personales
23 834	49 004	.	.	0. Activités mal désignées	0. Actividades no bien especif.
.	.	17 131	.	— Personnes en quête de leur premier emploi	— Personas en busca de su primer empleo
.	*51 658*	.	.	— Autres chômeurs	— Otros desempleados
.	.	.	29 826	— Forces armées	— Fuerzas armadas
34 255	**51 658**	**17 131**	**29 826**	**Total**	**Total**

[a] La designación en español de los grandes grupos de ocupación figura en la página siguiente.

2 Structure of the economically active population
Structure de la population active
Estructura de la población económicamente activa

Industry (Major divisions of economic activity)	Total	Ocupación (Grandes grupos) [a] 1 Profesionales técnicos y trabajadores asimilados	2 Directores y funcionarios públicos superiores	3 Personal administrativo y trabajadores	4 Comerciantes y vendedores	5 Trabajadores de los servicios	6 Trabajadores agrícolas, forestales, pescadores y cazadores	7/8/9 Obreros no agr. y conductores de máquinas y vehículos de transp. y trab. asimilados
Venezuela (VII–XII.79) HS *								
1. Agriculture, hunting, forestry & fishing	644 886	1 370	171	1 930	659	5 080	611 541	11 795
2. Mining & quarrying	57 624	5 761	5 624	5 920	214	3 138	316	34 744
3. Manufacturing	715 229	17 949	41 646	57 217	19 729	23 348	1 518	511 034
4. Electr., gas & water	52 588	2 862	2 373	12 323	719	2 981	5	28 306
5. Construction	436 029	14 514	18 758	42 121	524	7 547	617	307 924
6. Wholesale/retail trade, restaurants & hotels	718 869	8 345	42 121	9 665	475 717	91 936	328	62 545
7. Transport, storage & communication	303 143	2 362	5 603	38 416	32	8 927	360	231 877
8. Financing, insur., real estate & business serv.	181 801	24 972	12 549	90 402	11 603	24 727	457	7 102
9. Community, social & personal services	1 158 750	304 089	29 643	170 003	5 237	395 784	14 389	185 699
0. Not adequately defined	45 172	...	...	1 443	130	202	61	1 063
– Persons seeking their first job	36 794	.	.	.	.	.	.	.
– Other unemployed	*207 852*	.	.	.	.	.	.	.
Total	**4 350 885**	**382 224**	**158 488**	**429 440**	**514 564**	**563 670**	**629 592**	**1 382 089**
ASIA								
Bahrain (VI.79) OE †								
1. Agriculture, hunting, forestry & fishing	4 600	100		.	.	.	4 500	.
2. Mining & quarrying	4 200	800	100	500	100	100	.	2 600
3. Manufacturing	12 200	400	300	1 500	200	100	.	9 700
4. Electr., gas & water	2 000	100	100	300	.	.	.	1 500
5. Construction	33 600	1 200	1 200	2 700	200	300	.	28 000
6. Wholesale/retail trade, restaurants & hotels	16 500	500	1 100	1 000	9 900	1 800	.	2 200
7. Transport, storage & communication	14 600	1 800	500	1 500	300	2 400	.	8 100
8. Financing, insur., real estate & business serv.	4 600	1 800	1 000	1 200	.	200	.	400
9. Community, social & personal services	39 000	8 000	600	7 500	100	9 800	100	12 900
0. Not adequately defined	3 600	...	...	...	...	...	...	...
Total	**134 900**	**14 700**	**4 900**	**16 200**	**10 800**	**14 700**	**4 600**	**65 400**
Bangladesh (1.III.74) C *								
1. Agriculture, hunting, forestry & fishing	15 867 387	1 169	958	3 471	5 062	1 581	15 837 876	17 270
2. Mining & quarrying	1 800	155	59	39	136	39		1 372
3. Manufacturing	944 856	6 885	5 740	20 840	32 129	10 175	24	869 063
4. Electr., gas & water	6 850	345	77	798	78	345	.	5 207
5. Construction	32 697	721	100	1 571	281	560	.	29 464
6. Wholesale/retail trade, restaurants & hotels	740 064	5 751	2 510	5 914	650 785	28 692	4	46 408
7. Transport, storage & communication	319 348	2 250	1 010	33 798	3 174	7 260	.	271 856
8. Financing, insur., real estate & business serv.	55 513	13 873	4 072	15 518	5 325	3 076	.	13 649
9. Community, social & personal services	2 049 931	343 386	16 302	126 524	237 074	334 309	3	992 333
0. Not adequately defined	1 440	...	...	...	...	...	...	...
– Persons seeking their first job	502 706	.	.	.	.	.	.	.
Total	**20 522 592**	**374 535**	**30 828**	**208 473**	**934 044**	**386 037**	**15 837 907**	**2 246 622**

[a] Les libellés des grands groupes de professions sont indiqués à la page précédente.

C By industry and by occupational group
Par industrie et par groupe de professions
Por industria y por grupo de ocupación

X Trab. que no pueden ser clasificados según la ocupación	Desempleados	Desempleados Personas en busca de su primer empleo	Miembros de las fuerzas armadas	Industrie (Branches d'activité économique)	Industria (Grandes divisiones de actividad económica)
.	12 340	.	.	1. Agriculture, chasse, sylviculture et pêche	1. Agricultura, caza, silvicultura y pesca
.	1 907	.	.	2. Industries extractives	2. Minas y canteras
102	42 686	.	.	3. Industries manufacturières	3. Industrias manufactureras
.	3 019	.	.	4. Électricité, gaz et eau	4. Electricidad, gas y agua
.	44 024	.	.	5. Construction	5. Construcción
.	28 212	.	.	6. Commerce (gros et détail); restaurants, hôtels	6. Comercio (por mayor y por menor); restaurantes, hoteles
.	15 566	.	.	7. Transports, entrepôts et communications	7. Transportes, almacenamiento y comunicaciones
67	9 922	.	.	8. Banques, assur., affaires imm., services aux entreprises	8. Bancos, seguros, bienes inmuebles, serv. para empresas
18 145	35 761	.	.	9. Services à la collectivité, services sociaux et personnels	9. Servicios comunales, sociales y personales
27 858	14 415	.	.	0. Activités mal désignées	0. Actividades no bien especif.
.	.	36 794	.	— Personnes en quête de leur premier emploi	— Personas en busca de su primer empleo
.	*207 852*	.	.	— Autres chômeurs	— Otros desempleados
46 172	**207 852**	**36 794**	.	**Total**	**Total**

ASIE – ASIA

X	Desempleados	Personas en busca de su primer empleo	Miembros de las fuerzas armadas	Industrie	Industria
...	.	.	.	1. Agriculture, chasse, sylviculture et pêche	1. Agricultura, caza, silvicultura y pesca
...	.	.	.	2. Industries extractives	2. Minas y canteras
...	.	.	.	3. Industries manufacturières	3. Industrias manufactureras
...	.	.	.	4. Électricité, gaz et eau	4. Electricidad, gas y agua
...	.	.	.	5. Construction	5. Construcción
...	.	.	.	6. Commerce (gros et détail); restaurants, hôtels	6. Comercio (por mayor y por menor); restaurantes, hoteles
...	.	.	.	7. Transports, entrepôts et communications	7. Transportes, almacenamiento y comunicaciones
...	.	.	.	8. Banques, assur., affaires imm., services aux entreprises	8. Bancos, seguros, bienes inmuebles, serv. para empresas
...	.	.	.	9. Services à la collectivité, services sociaux et personnels	9. Servicios comunales, sociales y personales
3 600	.	.	.	0. Activités mal désignées	0. Actividades no bien especif.
3 600	.	.	.	**Total**	**Total**

X	Desempleados	Personas en busca de su primer empleo	Miembros de las fuerzas armadas	Industrie	Industria
...	.	.	.	1. Agriculture, chasse, sylviculture et pêche	1. Agricultura, caza, silvicultura y pesca
...	.	.	.	2. Industries extractives	2. Minas y canteras
...	.	.	.	3. Industries manufacturières	3. Industrias manufactureras
...	.	.	.	4. Électricité, gaz et eau	4. Electricidad, gas y agua
...	.	.	.	5. Construction	5. Construcción
...	.	.	.	6. Commerce (gros et détail); restaurants, hôtels	6. Comercio (por mayor y por menor); restaurantes, hoteles
...	.	.	.	7. Transports, entrepôts et communications	7. Transportes, almacenamiento y comunicaciones
...	.	.	.	8. Banques, assur., affaires imm., services aux entreprises	8. Bancos, seguros, bienes inmuebles, serv. para empresas
...	.	.	.	9. Services à la collectivité, services sociaux et personnels	9. Servicios comunales, sociales y personales
1 440	.	.	.	0. Activités mal désignées	0. Actividades no bien especif.
.	.	502 706	.	— Personnes en quête de leur premier emploi	— Personas en busca de su primer empleo
1 440	.	**502 706**	.	**Total**	**Total**

[a] The English designation of major occupational groups is shown on the following page.

2 Structure of the economically active population
Structure de la population active
Estructura de la población económicamente activa

Industry (Major divisions of economic activity)	Total	Occupation (Major groups) [a] 1 Professional, technical & related workers	2 Administrative & managerial workers	3 Clerical & related workers	4 Sales workers	5 Service workers	6 Agriculture, animal husbandry & forestry workers, fishermen & hunters	7/8/9 Production & related workers, transport equipment operators & labourers
Cyprus (1980) OE * †								
1. Agriculture, hunting, forestry & fishing	47 851	307	16	148	10	61	47 105	204
2. Mining & quarrying	2 357	78	38	149	.	45	1	2 046
3. Manufacturing	30 935	374	1 019	1 385	759	647	30	26 721
4. Electr., gas & water	1 383	177	13	431	3	64	.	695
5. Construction	15 360	672	125	794	37	72	.	13 660
6. Wholesale/retail trade, restaurants & hotels	24 648	313	174	2 739	12 507	6 417	23	2 475
7. Transport, storage & communication	8 362	180	382	2 972	25	351	.	4 452
8. Financing, insur., real estate & business serv.	5 648	965	603	3 543	310	147	.	80
9. Community, social & personal services	38 313	10 574	429	7 201	253	12 009	250	7 597
0. Not adequately defined	30 915	...	...	...	...	...	...	...
_ Persons seeking their first job	1 928	.	.	.	.	.	.	.
Total	**207 700**	**13 640**	**2 799**	**19 362**	**13 904**	**19 813**	**47 409**	**57 930**
Hong Kong (IX.80) LFSS †								
1. Agriculture, hunting, forestry & fishing	30 700	–	–	200	500	400	28 400	1 200
2. Mining & quarrying	900	–	–	200	–	–	–	700
3. Manufacturing	983 400	11 500	23 700	60 000	28 200	63 800	100	795 900
4. Electr., gas & water	12 500	2 000	200	2 100	100	1 200	–	7 000
5. Construction	184 100	9 600	2 400	8 200	1 400	12 500	–	149 900
6. Wholesale/retail trade, restaurants & hotels	473 500	4 900	8 300	77 000	200 900	143 400	900	38 200
7. Transport, storage & communication	177 400	4 200	4 500	31 200	2 800	10 800	100	123 600
8. Financing, insur., real estate & business serv.	112 100	10 100	11 400	70 000	10 100	6 700	–	3 700
9. Community, social & personal services	372 700	97 700	5 500	51 300	3 100	164 700	2 400	46 600
0. Not adequately defined	200	100	–	100	–	–	–	100
_ Persons seeking their first job	23 000	.	.	.	.	.	.	.
Total	**2 370 700**	**139 900**	**56 000**	**300 400**	**247 000**	**403 400**	**31 800**	**1 166 900**
Indonesia (1977) HS								
1. Agriculture, hunting, forestry & fishing	29 694 493	4 618	394	14 632	8 667	41 355	29 519 699	104 276
2. Mining & quarrying	170 864	7 373	1 488	20 437	2 444	17 244	.	121 878
3. Manufacturing	4 171 330	30 117	25 096	95 187	124 562	195 721	13 651	3 680 619
4. Electr., gas & water	32 060	2 891	84	8 872	2 000	1 897	.	16 075
5. Construction	838 185	6 520	3 453	11 330	1 688	35 456	1 147	778 591
6. Wholesale/retail trade, restaurants & hotels	6 776 023	7 344	7 516	58 811	6 497 796	136 661	11 448	55 677
7. Transport, storage & communication	1 420 588	7 317	8 378	228 563	6 070	78 551	7 849	1 082 831
8. Financing, insur., real estate & business serv.	84 952	1 344	2 189	64 529	2 533	7 389	.	6 968
9. Community, social & personal services	5 093 869	1 043 513	27 091	917 827	46 213	1 939 296	26 180	1 088 553
0. Not adequately defined	32 280	.	.	845	.	2 579	6 160	2 962
_ Persons seeking their first job	632 271	.	.	.	.	.	.	.
Total	**48 946 915**	**1 111 037**	**75 689**	**1 421 033**	**6 691 973**	**2 456 149**	**29 586 134**	**6 938 430**

[a] La designación en español de los grandes grupos de ocupación figura en la página precedente.

C

By industry and by occupational group
Par industrie et par groupe de professions
Por industria y por grupo de ocupación

X Workers not classifiable by occupation	Unemployed	Unemployed Persons seeking their first job	Members of the armed forces	Industrie (Branches d'activité économique)	Industria (Grandes divisiones de actividad económica)
...	*153*	.	.	1. Agriculture, chasse, sylviculture et pêche	1. Agricultura, caza, silvicultura y pesca
...	*70*	.	.	2. Industries extractives	2. Minas y canteras
...	*277*	.	.	3. Industries manufacturières	3. Industrias manufactureras
...	*22*	.	.	4. Électricité, gaz et eau	4. Electricidad, gas y agua
...	*287*	.	.	5. Construction	5. Construcción
...	*419*	.	.	6. Commerce (gros et détail); restaurants, hôtels	6. Comercio (por mayor y por menor); restaurantes, hoteles
...	*122*	.	.	7. Transports, entrepôts et communications	7. Transportes, almacenamiento y comunicaciones
...	*73*	.	.	8. Banques, assur., affaires imm., services aux entreprises	8. Bancos, seguros, bienes inmuebles, serv. para empresas
...	*504*	.	.	9. Services à la collectivité, services sociaux et personnels	9. Servicios comunales, sociales y personales
30 915	.	.	.	0. Activités mal désignées	0. Actividades no bien especif.
.	.	1 928	.	— Personnes en quête de leur premier emploi	— Personas en busca de su primer empleo
30 915	*1 947*	**1 928**	.	**Total**	**Total**
100	.	.	.	1. Agriculture, chasse, sylviculture et pêche	1. Agricultura, caza, silvicultura y pesca
–	.	.	.	2. Industries extractives	2. Minas y canteras
200	.	.	.	3. Industries manufacturières	3. Industrias manufactureras
–	.	.	.	4. Électricité, gaz et eau	4. Electricidad, gas y agua
100	.	.	.	5. Construction	5. Construcción
–	.	.	.	6. Commerce (gros et détail); restaurants, hôtels	6. Comercio (por mayor y por menor); restaurantes, hoteles
200	.	.	.	7. Transports, entrepôts et communications	7. Transportes, almacenamiento y comunicaciones
100	.	.	.	8. Banques, assur., affaires imm., services aux entreprises	8. Bancos, seguros, bienes inmuebles, serv. para empresas
1 500	.	.	.	9. Services à la collectivité, services sociaux et personnels	9. Servicios comunales, sociales y personales
–	.	.	.	0. Activités mal désignées	0. Actividades no bien especif.
.	.	23 000	.	— Personnes en quête de leur premier emploi	— Personas en busca de su primer empleo
2 100	.	**23 000**	.	**Total**	**Total**
852	.	.	.	1. Agriculture, chasse, sylviculture et pêche	1. Agricultura, caza, silvicultura y pesca
.	.	.	.	2. Industries extractives	2. Minas y canteras
6 377	.	.	.	3. Industries manufacturières	3. Industrias manufactureras
241	.	.	.	4. Électricité, gaz et eau	4. Electricidad, gas y agua
.	.	.	.	5. Construction	5. Construcción
770	.	.	.	6. Commerce (gros et détail); restaurants, hôtels	6. Comercio (por mayor y por menor); restaurantes, hoteles
1 029	.	.	.	7. Transports, entrepôts et communications	7. Transportes, almacenamiento y comunicaciones
.	.	.	.	8. Banques, assur., affaires imm., services aux entreprises	8. Bancos, seguros, bienes inmuebles, serv. para empresas
5 196	.	.	.	9. Services à la collectivité, services sociaux et personnels	9. Servicios comunales, sociales y personales
19 734	.	.	.	0. Activités mal désignées	0. Actividades no bien especif.
.	.	632 271	.	— Personnes en quête de leur premier emploi	— Personas en busca de su primer empleo
34 199	.	**632 271**	.	**Total**	**Total**

[a] Les libellés des grands groupes de professions, en français, sont indiqués à la page suivante.

2 Structure of the economically active population
Structure de la population active
Estructura de la población económicamente activa

Industry (Major divisions of economic activity)	Total	Profession (Grands groupes) [a]						
		1	2	3	4	5	6	7/8/9
		Personnel des prof. scientif., techniques, libérales et assimilées	Directeurs et cadres administratifs supérieurs	Personnel administratif et travailleurs assimilés	Personnel commercial et vendeurs	Travailleurs des services	Agriculteurs, éleveurs, forestiers, pêcheurs et chasseurs	Ouvriers et manœuvres non agricoles et conducteurs d'engins de transport
Iran (XI.76) C5% †								
1. Agriculture, hunting, forestry & fishing	3 613 944	3 400	841	5 343	882	7 151	2 938 303	20 037
2. Mining & quarrying	94 311	8 025	1 160	15 271	940	8 121	442	59 001
3. Manufacturing	1 672 393	25 003	9 783	48 466	9 602	28 495	6 321	1 529 591
4. Electr., gas & water	61 641	5 950	1 220	16 046	440	6 902	1 360	29 058
5. Construction	1 192 441	31 634	8 979	15 430	1 753	12 150	1 110	1 104 689
6. Wholesale/retail trade, restaurants & hotels	669 590	5 345	2 441	17 610	560 051	65 738	1 761	11 094
7. Transport, storage & communication	435 288	12 041	4 305	91 508	1 502	17 291	1 020	303 832
8. Financing, insur., real estate & business serv.	100 849	14 088	2 323	58 742	14 569	6 687	220	3 138
9. Community, social & personal services	1 544 750	426 091	15 160	173 126	4 042	268 124	17 650	224 113
0. Not adequately defined	109 044	4 856	1 820	7 786	1 280	4 714	1 661	14 101
— Persons seeking their first job	238 257	.	.	.	.	.	.	.
— Other unemployed	*705 357*	1 444	80	1 118	3 223	1 882	635 390	28 205
Total	**9 732 508**	**537 877**	**48 112**	**450 446**	**598 284**	**427 255**	**3 605 238**	**3 326 859**
Israel (1980) LFSS †								
1. Agriculture, hunting, forestry & fishing	79 900	1 200	900	6 200	400	1 000	65 500	2 700
2/3. Mining & quarrying, manufacturing	302 400	30 000	18 800	33 000	5 200	7 100	300	194 500
4. Electr., gas & water	13 200	2 800	200	3 200	–	400	–	6 000
5. Construction	82 900	4 000	3 000	6 700	400	800	–	63 900
6. Wholesale/retail trade, restaurants & hotels	149 500	4 100	3 700	23 100	79 600	22 500	400	11 400
7. Transport, storage & communication	88 500	4 600	3 200	24 100	1 600	5 800	200	45 500
8. Financing, insur., real estate & business serv.	105 100	23 700	8 400	58 200	4 900	4 800	–	2 500
9. Community, social & personal services	453 100	206 800	8 200	72 600	1 400	93 100	5 600	48 300
0. Not adequately defined	10 600	500	200	1 300	100	300	500	1 700
— Persons seeking their first job	32 800	.	.	.	.	.	.	.
— Other unemployed	*30 800*	3 200	600	5 600	1 600	4 200	700	13 800
Total	**1 317 700**	**281 200**	**47 200**	**234 200**	**95 500**	**140 100**	**73 300**	**390 400**
Japan (1.X.80) C1% †								
1. Agriculture, hunting, forestry & fishing	6 062 100	16 700	17 200	56 100	7 100	4 700	5 917 000	43 300
2. Mining & quarrying	110 700	4 000	7 600	14 000	1 100	600	200	83 200
3. Manufacturing	13 145 400	441 900	787 800	1 787 200	486 600	94 900	7 900	9 538 900
4. Electr., gas & water	348 300	31 800	17 500	154 800	3 300	3 200	–	137 600
5. Construction	5 364 400	183 600	333 300	615 700	76 700	31 100	10 600	4 113 400
6. Wholesale/retail trade, restaurants & hotels	12 633 100	121 100	691 000	1 993 300	6 358 800	1 903 700	5 800	1 559 200
7. Transport, storage & communication	3 475 800	110 200	180 600	1 092 900	60 500	55 300	1 100	1 975 200
8. Financing, insur., real estate & business serv.	2 036 700	33 400	189 300	1 056 200	666 600	53 800	400	36 900
9. Community, social & personal services	12 368 900	4 171 100	476 700	3 060 300	192 700	2 513 700	53 000	1 901 100
0. Not adequately defined	119 300	–	100	1 100	–	100	–	–
— Unemployed	1 411 200	...	...	...	...	...	...	...
Total	**57 076 100**	**5 113 900**	**2 701 200**	**9 831 800**	**7 853 500**	**4 661 300**	**5 996 100**	**19 388 800**

[a] The English designation of major occupational groups is shown on the preceding page.

C By industry and by occupational group
Par industrie et par groupe de professions
Por industria y por grupo de ocupación

X Travailleurs ne pouvant être classés selon la profession	Chômeurs	Chômeurs Personnes en quête de leur premier emploi	Membres des forces armées	Industrie (Branches d'activité économique)	Industria (Grandes divisiones de actividad económica)
2 584	635 403	.	.	1. Agriculture, chasse, sylviculture et pêche	1. Agricultura, caza, silvicultura y pesca
950	401	.	.	2. Industries extractives	2. Minas y canteras
4 335	10 797	.	.	3. Industries manufacturières	3. Industrias manufactureras
505	160	.	.	4. Électricité, gaz et eau	4. Electricidad, gas y agua
1 321	15 375	.	.	5. Construction	5. Construcción
1 643	3 907	.	.	6. Commerce (gros et détail); restaurants, hôtels	6. Comercio (por mayor y por menor); restaurantes, hoteles
2 045	1 744	.	.	7. Transports, entrepôts et communications	7. Transportes, almacenamiento y comunicaciones
821	261	.	.	8. Banques, assur., affaires imm., services aux entreprises	8. Bancos, seguros, bienes inmuebles, serv. para empresas
412 635	3 819	.	.	9. Services à la collectivité, services sociaux et personnels	9. Servicios comunales, sociales y personales
39 336	33 490	.	.	0. Activités mal désignées	0. Actividades no bien especif.
.	.	238 257	.	— Personnes en quête de leur premier emploi	— Personas en busca de su primer empleo
34 015	*705 357*	.	.	— Autres chômeurs	— Otros desempleados
500 180	**705 357**	**238 257**	.	**Total**	**Total**
1 300	700	.	.	1. Agriculture, chasse, sylviculture et pêche	1. Agricultura, caza, silvicultura y pesca
5 300	8 100	.	.	2/3. Industries extractives et industries manufacturières	2/3. Minas y canteras, industrias manufactureras
–	400	.	.	4. Électricité, gaz et eau	4. Electricidad, gas y agua
200	3 700	.	.	5. Construction	5. Construcción
500	4 000	.	.	6. Commerce (gros et détail); restaurants, hôtels	6. Comercio (por mayor y por menor); restaurantes, hoteles
600	2 500	.	.	7. Transports, entrepôts et communications	7. Transportes, almacenamiento y comunicaciones
200	2 600	.	.	8. Banques, assur., affaires imm., services aux entreprises	8. Bancos, seguros, bienes inmuebles, serv. para empresas
8 700	8 400	.	.	9. Services à la collectivité, services sociaux et personnels	9. Servicios comunales, sociales y personales
5 700	400	.	.	0. Activités mal désignées	0. Actividades no bien especif.
.	.	32 800	.	— Personnes en quête de leur premier emploi	— Personas en busca de su primer empleo
1 000	*30 800*	.	.	— Autres chômeurs	— Otros desempleados
23 000	**30 800**	**32 800**	.	**Total**	**Total**
...	.	...	.	1. Agriculture, chasse, sylviculture et pêche	1. Agricultura, caza, silvicultura y pesca
...	.	...	.	2. Industries extractives	2. Minas y canteras
...	.	...	.	3. Industries manufacturières	3. Industrias manufactureras
...	.	...	.	4. Électricité, gaz et eau	4. Electricidad, gas y agua
...	.	...	.	5. Construction	5. Construcción
...	.	...	.	6. Commerce (gros et détail); restaurants, hôtels	6. Comercio (por mayor y por menor); restaurantes, hoteles
...	.	...	.	7. Transports, entrepôts et communications	7. Transportes, almacenamiento y comunicaciones
...	.	...	.	8. Banques, assur., affaires imm., services aux entreprises	8. Bancos, seguros, bienes inmuebles, serv. para empresas
...	.	...	.	9. Services à la collectivité, services sociaux et personnels	9. Servicios comunales, sociales y personales
118 000	.	...	.	0. Activités mal désignées	0. Actividades no bien especif.
...	1 411 200	...	.	— Chômeurs	— Desempleados
118 200	**1 411 200**	**...**	.	**Total**	**Total**

[a] La designación en español de los grandes grupos de ocupación figura en la página siguiente.

2 Structure of the economically active population
Structure de la population active
Estructura de la población económicamente activa

Industry (Major divisions of economic activity)	Total	Ocupación (Grandes grupos) [a] 1 Profesionales técnicos y trabajadores asimilados	2 Directores y funcionarios públicos superiores	3 Personal administrativo y trabajadores	4 Comerciantes y vendedores	5 Trabajadores de los servicios	6 Trabajadores agrícolas, forestales, pescadores y cazadores	7/8/9 Obreros no agr. y conductores de máquinas y vehículos de transp. y trab. asimilados
Japan (1980) LFSS †								
1. Agriculture, hunting, forestry & fishing	5 770 000	10 000	10 000	60 000	10 000	10 000	5 630 000	50 000
2. Mining & quarrying	110 000	-	10 000	10 000	-	-	-	80 000
3. Manufacturing	13 670 000	270 000	600 000	1 670 000	640 000	110 000	-	10 370 000
4. Electr., gas & water	300 000	10 000	20 000	140 000	10 000	-	-	120 000
5. Construction	5 480 000	70 000	270 000	640 000	110 000	30 000	-	4 350 000
6. Wholesale/retail trade, restaurants & hotels	12 480 000	110 000	550 000	1 850 000	6 290 000	1 980 000	-	1 680 000
7. Transport, storage & communication	3 500 000	30 000	170 000	900 000	60 000	50 000	-	229 000
8. Financing, insur., real estate & business serv.	3 170 000	130 000	240 000	1 500 000	700 000	280 000	20 000	290 000
9. Community, social & personal services	10 740 000	3 730 000	320 000	2 480 000	140 000	2 550 000	40 000	1 500 000
0. Not adequately defined	130 000	...	...	...	...	...	...	...
_ Unemployed	1 140 000	...	...	...	...	...	...	...
Total	**56 500 000**	**4 380 000**	**2 200 000**	**9 240 000**	**7 970 000**	**5 010 000**	**5 700 000**	**20 740 000**
Korea, Republic of (1980) LFSS †								
1. Agriculture, hunting, forestry & fishing	4 658 000	2 000	1 000	4 000	1 000	1 000	4 634 000	15 000
2. Mining & quarrying	124 000	-	2 000	8 000	-	2 000	3 000	108 000
3. Manufacturing	2 972 000	20 000	95 000	366 000	37 000	65 000	2 000	2 386 000
4. Electr., gas & water	43 000	1 000	1 000	16 000	3 000	2 000	.	21 000
5. Construction	841 000	11 000	11 000	53 000	1 000	8 000	1 000	756 000
6. Wholesale/retail trade, restaurants & hotels	2 625 000	20 000	15 000	127 000	1 832 000	549 000	1 000	82 000
7. Transport, storage & communication	618 000	14 000	18 000	146 000	3 000	16 000	1 000	420 000
8. Financing, insur., real estate & business serv.	332 000	19 000	9 000	174 000	91 000	23 000	-	16 000
9. Community, social & personal services	1 493 000	460 000	31 000	371 000	14 000	418 000	11 000	186 000
_ Persons seeking their first job	208 000		.	.	.	.	.	.
_ Other unemployed	541 000	.	.	.	.	.	.	.
Total	**14 454 000**	**548 000**	**182 000**	**1 266 000**	**1 983 000**	**1 085 000**	**4 652 000**	**3 990 000**
Nepal (1976) HS								
1. Agriculture, hunting, forestry & fishing	5 571 787	53 091	33	1 386	6 445	1 610	5 393 799	115 423
2. Mining & quarrying	20	7	.	13	.	.	.	.
3. Manufacturing	42 136	110	1 208	963	2 158	1 174	981	35 542
4. Electr., gas & water	1 881	71	.	1 087	79	63	81	500
5. Construction	4 952	75	5	124	.	.	26	4 722
6. Wholesale/retail trade, restaurants & hotels	282 632	140 137	189	1 898	52 271	4 110	82 649	1 378
7. Transport, storage & communication	5 724	469	35	1 665	20	455	60	3 020
8. Financing, insur., real estate & business serv.	8 248	1 136	195	3 322	2 141	462	645	347
9. Community, social & personal services	280 463	33 945	2 004	44 270	6 893	13 256	11 935	168 160
Total	**6 197 843**	**229 041**	**3 669**	**54 728**	**70 007**	**21 130**	**5 490 176**	**329 092**

[a] Les libellés des grands groupes de professions sont indiqués à la page précédente.

By industry and by occupational group
Par industrie et par groupe de professions
Por industria y por grupo de ocupación

X Trab. que no pueden ser clasificados según la ocupación	Desempleados	Desempleados Personas en busca de su primer empleo	Miembros de las fuerzas armadas	Industrie (Branches d'activité économique)	Industria (Grandes divisiones de actividad económica)
...	.	...	.	1. Agriculture, chasse, sylviculture et pêche	1. Agricultura, caza, silvicultura y pesca
...	.	...	.	2. Industries extractives	2. Minas y canteras
...	.	...	.	3. Industries manufacturières	3. Industrias manufactureras
...	.	...	.	4. Électricité, gaz et eau	4. Electricidad, gas y agua
...	.	...	.	5. Construction	5. Construcción
...	.	...	.	6. Commerce (gros et détail); restaurants, hôtels	6. Comercio (por mayor y por menor); restaurantes, hoteles
...	.	...	.	7. Transports, entrepôts et communications	7. Transportes, almacenamiento y comunicaciones
...	.	...	.	8. Banques, assur., affaires imm., services aux entreprises	8. Bancos, seguros, bienes inmuebles, serv. para empresas
...	.	...	.	9. Services à la collectivité, services sociaux et personnels	9. Servicios comunales, sociales y personales
120 000	.	...	.	0. Activités mal désignées	0. Actividades no bien especif.
...	1 140 000	...	.	— Chômeurs	— Desempleados
130 000	**1 140 000**	**...**	.	**Total**	**Total**
.	19 000	.	.	1. Agriculture, chasse, sylviculture et pêche	1. Agricultura, caza, silvicultura y pesca
.	4 000	.	.	2. Industries extractives	2. Minas y canteras
.	188 000	.	.	3. Industries manufacturières	3. Industrias manufactureras
.	3 000	.	.	4. Électricité, gaz et eau	4. Electricidad, gas y agua
.	125 000	.	.	5. Construction	5. Construcción
.	107 000	.	.	6. Commerce (gros et détail); restaurants, hôtels	6. Comercio (por mayor y por menor); restaurantes, hoteles
.	35 000	.	.	7. Transports, entrepôts et communications	7. Transportes, almacenamiento y comunicaciones
.	15 000	.	.	8. Banques, assur., affaires imm., services aux entreprises	8. Bancos, seguros, bienes inmuebles, serv. para empresas
.	44 000	.	.	9. Services à la collectivité, services sociaux et personnels	9. Servicios comunales, sociales y personales
.	.	208 000	.	— Personnes en quête de leur premier emploi	— Personas en busca de su primer empleo
.	*541 000*	.	.	— Autres chômeurs	— Otros desempleados
.	**541 000**	**208 000**	.	**Total**	**Total**
.	.	.	.	1. Agriculture, chasse, sylviculture et pêche	1. Agricultura, caza, silvicultura y pesca
.	.	.	.	2. Industries extractives	2. Minas y canteras
.	.	.	.	3. Industries manufacturières	3. Industrias manufactureras
.	.	.	.	4. Électricité, gaz et eau	4. Electricidad, gas y agua
.	.	.	.	5. Construction	5. Construcción
.	.	.	.	6. Commerce (gros et détail); restaurants, hôtels	6. Comercio (por mayor y por menor); restaurantes, hoteles
.	.	.	.	7. Transports, entrepôts et communications	7. Transportes, almacenamiento y comunicaciones
.	.	.	.	8. Banques, assur., affaires imm., services aux entreprises	8. Bancos, seguros, bienes inmuebles, serv. para empresas
.	.	.	.	9. Services à la collectivité, services sociaux et personnels	9. Servicios comunales, sociales y personales
.	.	.	.	**Total**	**Total**

[a] The English designation of major occupational groups is shown on the following page.

2 Structure of the economically active population
Structure de la population active
Estructura de la población económicamente activa

Industry (Major divisions of economic activity)	Total	Occupation (Major groups) [a] 1 Professional, technical & related workers	2 Administrative & managerial workers	3 Clerical & related workers	4 Sales workers	5 Service workers	6 Agriculture, animal husbandry & forestry workers, fishermen & hunters	7/8/9 Production & related workers, transport equipment operators & labourers
Pakistan (I.81) LFSS †								
1. Agriculture, hunting, forestry & fishing	13 124 000	7 000	...	13 000	...	12 000	13 061 000	31 000
2. Mining & quarrying	36 000	...	...	3 000	...	...	2 000	31 000
3. Manufacturing	3 264 000	21 000	43 000	69 000	7 000	34 000	5 000	3 083 000
4. Electr., gas & water	117 000	10 000	3 000	22 000	...	7 000	2 000	73 000
5. Construction	1 005 000	13 000	36 000	14 000	...	14 000	...	928 000
6. Wholesale/retail trade, restaurants & hotels	2 656 000	2 000	14 000	33 000	2 355 000	148 000	5 000	99 000
7. Transport, storage & communication	1 166 000	12 000	17 000	156 000	2 000	43 000	...	934 000
8. Financing, insur., real estate & business serv.	160 000	26 000	26 000	63 000	17 000	20 000	...	8 000
9. Community, social & personal services	2 342 000	617 000	31 000	269 000	9 000	795 000	20 000	594 000
0. Not adequately defined	79 000	12 000	...	2 000	...	...	5 000	43 000
– Unemployed	413 000	...	...	...	...	...	...	...
Total	**24 362 000**	**720 000**	**170 000**	**644 000**	**2 390 000**	**1 037 000**	**13 100 000**	**5 824 000**
Philippines (X–XII.77) LFSS †								
– Agriculture, forestry, hunting & fishing	7 308 000	18 000	1 000	9 000	19 000	13 000	7 152 000	77 000
– Mining & quarrying	72 000	5 000	1 000	4 000	–	1 000	–	61 000
– Manufacturing	1 561 000	53 000	29 000	81 000	63 000	22 000	12 000	1 291 000
– Construction	492 000	10 000	2 000	11 000	4 000	5 000	–	456 000
– Electricity, gas, water & sanitary services	56 000	4 000	1 000	15 000	7 000	–	–	28 000
– Commerce	1 384 000	6 000	6 000	35 000	1 256 000	15 000	26 000	35 000
– Transport, storage & communication	654 000	12 000	11 000	107 000	1 000	16 000	4 000	499 000
– Services	2 672 000	816 000	49 000	378 000	60 000	1 001 000	13 000	327 000
– Not adeq. described	125 000	5 000	3 000	20 000	11 000	13 000	26 000	35 000
– Persons seeking their first job	275 000	.	.	.	.	.	.	.
– Other unemployed	396 000	16 600	400	20 700	55 500	42 500	149 300	102 100
Total	**14 994 000**	**946 600**	**105 400**	**681 700**	**1 476 500**	**1 128 500**	**7 383 300**	**2 912 100**
Singapore (VI.80) LFSS †								
1. Agriculture, hunting, forestry & fishing	14 232	62	144	165	.	41	13 675	144
2. Mining & quarrying	1 606	165	268	247	.	21	.	906
3. Manufacturing	313 980	14 314	11 698	21 749	3 584	5 890	144	256 601
4. Electr., gas & water	9 639	1 709	227	1 565	.	412	82	5 643
5. Construction	58 224	3 254	6 776	3 089	82	556	82	44 384
6. Wholesale/retail trade, restaurants & hotels	246 138	3 007	8 918	37 422	148 371	32 994	185	15 241
7. Transport, storage & communication	122 441	10 112	5 169	33 859	371	6 838	247	65 844
8. Financing, insur., real estate & business serv.	79 067	11 122	11 142	40 470	3 748	8 382	638	3 542
9. Community, social & personal services	223 174	49 635	7 250	19 731	227	60 427	3 810	20 802
0. Not adequately defined	3 831	.	41	41	.	.	.	3 666
– Persons seeking their first job	9 412	.	.	.	.	.	.	.
– Other unemployed	24 838	...	...	...	...	...	...	...
Total	**1 106 581**	**93 380**	**51 633**	**158 339**	**156 382**	**115 562**	**18 866**	**416 773**

[a] La designación en español de los grandes grupos de ocupación figura en la página precedente.

By industry and by occupational group
Par industrie et par groupe de professions
Por industria y por grupo de ocupación

X Workers not classifiable by occupation	Unemployed	Persons seeking their first job	Members of the armed forces	Industrie (Branches d'activité économique)	Industria (Grandes divisiones de actividad económica)
...	.	...	.	1. Agriculture, chasse, sylviculture et pêche	1. Agricultura, caza, silvicultura y pesca
...	.	...	.	2. Industries extractives	2. Minas y canteras
2 000	.	...	.	3. Industries manufacturières	3. Industrias manufactureras
...	.	...	.	4. Électricité, gaz et eau	4. Electricidad, gas y agua
...	.	...	.	5. Construction	5. Construcción
...	.	...	.	6. Commerce (gros et détail); restaurants, hôtels	6. Comercio (por mayor y por menor); restaurantes, hoteles
2 000	.	...	.	7. Transports, entrepôts et communications	7. Transportes, almacenamiento y comunicaciones
...	.	...	.	8. Banques, assur., affaires imm., services aux entreprises	8. Bancos, seguros, bienes inmuebles, serv. para empresas
7 000	.	...	.	9. Services à la collectivité, services sociaux et personnels	9. Servicios comunales, sociales y personales
17 000	.	...	.	0. Activités mal désignées	0. Actividades no bien especif.
...	413 000	.	.	– Chômeurs	– Desempleados
28 000	**413 000**	**.**	**.**	**Total**	**Total**
18 000	...	.	.	– Agriculture, sylviculture, chasse et pêche	– Agricultura, silvicultura, caza y pesca
–	...	.	.	– Industries extractives	– Minas y canteras
9 000	...	.	.	– Industries manufacturières	– Industrias manufactureras
3 000	...	.	.	– Construction	– Construcción
–	...	.	.	– Électricité, gaz, eau et services sanitaires	– Electricidad, gas, agua y servicios sanitarios
4 000	...	.	.	– Comm., banq., assur., aff. imm.	– Comercio
4 000	...	.	.	– Transports, entrepôts et communications	– Transportes, almacenamiento y comunicaciones
26 000	...	.	.	– Services	– Servicios
12 000	...	.	.	– Activités mal désignées	– Actividades no bien especif.
.	.	275 000	.	– Personnes en quête de leur premier emploi	– Personas en busca de su primer empleo
9 200	*396 000*	.	.	– Autres chômeurs	– Otros desempleados
85 200	***396 000***	**275 000**	**.**	**Total**	**Total**
.	*124*	.	.	1. Agriculture, chasse, sylviculture et pêche	1. Agricultura, caza, silvicultura y pesca
.	*21*	.	.	2. Industries extractives	2. Minas y canteras
.	*8 691*	.	.	3. Industries manufacturières	3. Industrias manufactureras
.	*62*	.	.	4. Électricité, gaz et eau	4. Electricidad, gas y agua
.	*1 957*	.	.	5. Construction	5. Construcción
.	*5 478*	.	.	6. Commerce (gros et détail); restaurants, hôtels	6. Comercio (por mayor y por menor); restaurantes, hoteles
.	*3 151*	.	.	7. Transports, entrepôts et communications	7. Transportes, almacenamiento y comunicaciones
21	*1 112*	.	.	8. Banques, assur., affaires imm., services aux entreprises	8. Bancos, seguros, bienes inmuebles, serv. para empresas
61 293	*4 016*	.	.	9. Services à la collectivité, services sociaux et personnels	9. Servicios comunales, sociales y personales
82	*227*	.	.	0. Activités mal désignées	0. Actividades no bien especif.
.	.	9 412	.	– Personnes en quête de leur premier emploi	– Personas en busca de su primer empleo
...	*24 838*	.	.	– Autres chômeurs	– Otros desempleados
61 395	**24 838**	**9 412**	**.**	**Total**	**Total**

[a] Les libellés des grands groupes de professions, en français, sont indiqués à la page suivante.

2 Structure of the economically active population
Structure de la population active
Estructura de la población económicamente activa

Industry (Major divisions of economic activity)	Total	Profession (Grands groupes) [a] 1 Personnel des prof. scientif., techniques, libérales et assimilées	2 Directeurs et cadres administratifs supérieurs	3 Personnel administratif et travailleurs assimilés	4 Personnel commercial et vendeurs	5 Travailleurs des services	6 Agriculteurs, éleveurs, forestiers, pêcheurs et chasseurs	7/8/9 Ouvriers et manœuvres non agricoles et conducteurs d'engins de transport
Thailand (VII–IX.78) LFSS †								
_ Agriculture, forestry, hunting & fishing	16 017 000	200	400	2 000	.	2 900	15 997 300	14 200
_ Mining & quarrying	29 600	100	1 200	1 000	.	1 100	16 400	9 800
_ Manufacturing	1 476 500	13 500	27 000	57 400	500	27 400	300	1 350 400
_ Construction	312 500	2 800	16 500	9 600	.	500	100	283 000
_ Electricity, gas, water & sanitary services	58 000	1 300	3 400	12 300	100	3 100	.	37 800
_ Commerce	1 638 600	30 200	43 800	89 800	1 364 500	11 200	200	98 900
_ Transport, storage & communication	386 900	3 900	10 900	21 900	.	9 200	.	341 000
_ Services	1 811 700	436 200	107 900	140 000	295 800	548 400	13 000	270 400
_ Not adeq. described	5 700	...	...	...	...	...	...	...
_ Persons seeking their first job	100 900	.		.	.	.	.	.
_ Other unemployed	55 900	...	...	...	...	...	...	...
Total	**21 893 300**	**488 200**	**211 100**	**334 000**	**1 660 900**	**603 800**	**16 026 700**	**2 405 400**
EUROPE								
Czechoslovakia (1.XII.70) C								
1. Agriculture, hunting, forestry & fishing	1 143 597	58 552	229	11 933	3 440	20 025	912 233	136 001
2–4. Min./quarrying; manuf.; electr., gas & water	2 754 666	460 638	11 224	106 047	39 580	107 859	488	2 024 926
5. Construction	598 000	136 233	2 933	22 376	7 241	20 573	184	407 788
6. Wholesale/retail trade, restaurants & hotels	632 011	69 116	474	33 207	250 148	150 438	167	127 553
7. Transport, storage & communication	491 686	72 057	1 534	110 142	8 679	21 518	15	277 258
8. Financing, insur., real estate & business serv.	66 492	38 773	2 974	15 902	1 427	3 919	9	3 312
9. Community, social & personal services	1 243 811	615 797	133 185	99 923	13 744	221 243	647	156 229
0. Not adequately defined	52 239	3 887	117	1 103	391	2 214	84	12 623
Total	**6 982 502**	**1 455 053**	**152 670**	**400 633**	**324 650**	**547 789**	**913 827**	**3 145 690**
Germany, Fed. Rep. of (IV.80) LFSS †								
1. Agriculture, hunting, forestry & fishing	1 437 000	10 000	–	15 000	11 000	10 000	1 355 000	25 000
2. Mining & quarrying	360 000	31 000	6 000	42 000	–	7 000	–	263 000
3. Manufacturing	9 133 000	825 000	233 000	1 517 000	410 000	200 000	15 000	5 789 000
4. Electr., gas & water	254 000	39 000	6 000	54 000	7 000	14 000	–	131 000
5. Construction	2 160 000	122 000	35 000	191 000	31 000	16 000	–	1 731 000
6. Wholesale/retail trade, restaurants & hotels	3 778 000	124 000	163 000	813 000	1 503 000	571 000	17 000	491 000
7. Transport, storage & communication	1 527 000	101 000	72 000	597 000	66 000	77 000	–	597 000
8. Financing, insur., real estate & business serv.	1 550 000	282 000	57 000	839 000	210 000	88 000	–	54 000
9. Community, social & personal services	6 675 000	2 180 000	218 000	1 284 000	86 000	1 974 000	59 000	795 000
_ Unemployed	765 000	...	...	...	...	...	...	...
Total	**27 640 000**	**3 712 000**	**792 000**	**5 352 000**	**2 326 000**	**2 957 000**	**1 455 000**	**9 876 000**

[a] The English designation of major occupational groups is shown on the preceding page.

C By industry and by occupational group
Par industrie et par groupe de professions
Por industria y por grupo de ocupación

X	Chômeurs		Membres des forces armées	Industrie (Branches d'activité économique)	Industria (Grandes divisiones de actividad económica)
Travailleurs ne pouvant être classés selon la profession		Personnes en quête de leur premier emploi			
...	...	.	.	— Agriculture, sylviculture, chasse et pêche	— Agricultura, silvicultura, caza y pesca
...	...	.	.	— Industries extractives	— Minas y canteras
...	...	.	.	— Industries manufacturières	— Industrias manufactureras
...	...	.	.	— Construction	— Construcción
...	...	.	.	— Électricité, gaz, eau et services sanitaires	— Electricidad, gas, agua y servicios sanitarios
...	...	.	.	— Comm., banq., assur., aff. imm.	— Comercio
...	...	.	.	— Transports, entrepôts et communications	— Transportes, almacenamiento y comunicaciones
...	...	.	.	— Services	— Servicios
5 700	...	.	.	— Activités mal désignées	— Actividades no bien especif.
.	.	100 900	.	— Personnes en quête de leur premier emploi	— Personas en busca de su primer empleo
...	55 900	...	.	— Autres chômeurs	— Otros desempleados
6 400	**55 900**	**100 900**	.	**Total**	**Total**

EUROPE – EUROPA

X	Chômeurs	Personnes en quête de leur premier emploi	Membres des forces armées	Industrie	Industria
1 184	.	.	.	1. Agriculture, chasse, sylviculture et pêche	1. Agricultura, caza, silvicultura y pesca
3 904	.	.	.	2–4. Industries extract.; industries manuf.; électricité, gaz et eau	2–4. Minas y canteras; industrias manufact.; electr., gas y agua
672	.	.	.	5. Construction	5. Construcción
908	.	.	.	6. Commerce (gros et détail); restaurants, hôtels	6. Comercio (por mayor y por menor); restaurantes, hoteles
483	.	.	.	7. Transports, entrepôts et communications	7. Transportes, almacenamiento y comunicaciones
176	.	.	.	8. Banques, assur., affaires imm., services aux entreprises	8. Bancos, seguros, bienes inmuebles, serv. para empresas
3 043	.	.	.	9. Services à la collectivité, services sociaux et personnels	9. Servicios comunales, sociales y personales
31 820	.	.	.	0. Activités mal désignées	0. Actividades no bien especif.
42 190	.	.	.	**Total**	**Total**

X	Chômeurs	Personnes en quête de leur premier emploi	Membres des forces armées	Industrie	Industria
10 000	.	...	.	1. Agriculture, chasse, sylviculture et pêche	1. Agricultura, caza, silvicultura y pesca
6 000	.	...	.	2. Industries extractives	2. Minas y canteras
144 000	.	...	.	3. Industries manufacturières	3. Industrias manufactureras
–	.	...	.	4. Électricité, gaz et eau	4. Electricidad, gas y agua
32 000	.	...	.	5. Construction	5. Construcción
96 000	.	...	.	6. Commerce (gros et détail); restaurants, hôtels	6. Comercio (por mayor y por menor); restaurantes, hoteles
15 000	.	...	.	7. Transports, entrepôts et communications	7. Transportes, almacenamiento y comunicaciones
20 000	.	...	.	8. Banques, assur., affaires imm., services aux entreprises	8. Bancos, seguros, bienes inmuebles, serv. para empresas
80 000	.	...	.	9. Services à la collectivité, services sociaux et personnels	9. Servicios comunales, sociales y personales
...	765 000	.	.	— Chômeurs	— Desempleados
405 000	**765 000**	.	.	**Total**	**Total**

(a) La designación en español de los grandes grupos de ocupación figura en la página siguiente.

2 Structure of the economically active population
Structure de la population active
Estructura de la población económicamente activa

Industry (Major divisions of economic activity)	Total	Ocupación (Grandes grupos) [a] 1 Profesionales técnicos y trabajadores asimilados	2 Directores y funcionarios públicos superiores	3 Personal administrativo y trabajadores	4 Comerciantes y vendedores	5 Trabajadores de los servicios	6 Trabajadores agrícolas, forestales, pescadores y cazadores	7/8/9 Obreros no agr. y conductores de máquinas y vehículos de transp. y trab. asimilados
Ireland (VI.79) LFSS †								
1. Agriculture, hunting, forestry & fishing	227 900	1 100	–	400	300	200	217 700	.
2–4. Min./quarrying; manuf.; electr., gas & water	287 600	15 400	13 900	24 900	11 200	4 200	400	198 600
5. Construction	118 500	2 900	1 500	3 300	500	1 000	300	91 600
6–8. Major div. 6, 7 & 8	307 300	6 700	10 700	49 500	103 700	31 500	600	89 300
9/0. Major div. 9 & 0	265 700	116 500	5 900	50 200	4 900	48 300	4 000	23 300
— Persons seeking their first job	14 400	.	.	.	.	.	.	.
— Other unemployed	*70 400*	.	.	.	.	.	.	.
— Armed forces	13 800	.	.	.	.	.	.	.
Total	**1 235 100**	**142 600**	**32 100**	**128 200**	**120 500**	**85 300**	**223 000**	**404 800**
Netherlands (III–V.77) LFSS †								
1. Agriculture, hunting, forestry & fishing	281 000	2 000	1 000	4 000	1 000	1 000	265 000	7 000
2. Mining & quarrying	9 000	2 000	–	2 000	–	–	–	5 000
3. Manufacturing	1 114 000	97 000	44 000	149 000	48 000	26 000	7 000	727 000
4. Electr., gas & water	45 000	8 000	1 000	12 000	1 000	2 000	–	23 000
5. Construction	500 000	28 000	18 000	32 000	5 000	5 000	3 000	407 000
6. Wholesale/retail trade, restaurants & hotels	767 000	24 000	9 000	120 000	395 000	95 000	4 000	120 000
7. Transport, storage & communication	310 000	27 000	9 000	117 000	2 000	9 000	–	145 000
8. Financing, insur., real estate & business serv.	345 000	72 000	12 000	198 000	29 000	15 000	1 000	19 000
9. Community, social & personal services	1 332 000	560 000	24 000	255 000	12 000	348 000	9 000	118 000
0. Not adequately defined	11 000	...	...	...	...	...	...	...
— Unemployed	252 000	...	...	...	...	...	...	...
— Armed forces	91 000	.	.	.	.	.	.	.
Total	**5 058 000**	**820 000**	**118 000**	**891 000**	**493 000**	**501 000**	**289 000**	**1 573 000**
Norway (1980) LFSS †								
1. Agriculture, hunting, forestry & fishing	161 000	1 000	1 000	1 000	1 000	1 000	152 000	4 000
2–4. Min./quarrying; manuf.; electr., gas & water	421 000	36 000	18 000	35 000	15 000	16 000	1 000	299 000
5. Construction	146 000	8 000	5 000	7 000	–	3 000	–	123 000
6. Wholesale/retail trade, restaurants & hotels	327 000	13 000	22 000	43 000	159 000	45 000	–	45 000
7. Transport, storage & communication	171 000	7 000	5 000	17 000	1 000	11 000	–	129 000
8. Financing, insur., real estate & business serv.	110 000	26 000	12 000	52 000	5 000	9 000	–	4 000
9. Community, social & personal services	574 000	270 000	33 000	51 000	2 000	164 000	2 000	41 000
0. Not adequately defined	3 000	–	–	1 000	–	–	–	1 000
— Unemployed	*33 000*	...	...	...	...	...	...	...
Total	**1 946 000**	**362 000**	**96 000**	**207 000**	**183 000**	**249 000**	**156 000**	**646 000**

[a] Les libellés des grands groupes de professions sont indiqués à la page précédente.

C By industry and by occupational group
Par industrie et par groupe de professions
Por industria y por grupo de ocupación

X Trab. que no pueden ser clasificados según la ocupación	Desempleados	Personas en busca de su primer empleo	Miembros de las fuerzas armadas	Industrie (Branches d'activité économique)	Industria (Grandes divisiones de actividad económica)
.	6 100	.	.	1. Agriculture, chasse, sylviculture et pêche	1. Agricultura, caza, silvicultura y pesca
.	19 100	.	.	2–4. Industries extract.; industries manuf.; électricité, gaz et eau	2–4. Minas y canteras; industrias manufact.; electr., gas y agua
.	17 400	.	.	5. Construction	5. Construcción
.	15 300	.	.	6–8. Branches 6, 7 et 8	6–8. Grandes divisiones 6, 7 y 8
.	12 600	.	.	9/0. Branches 9 et 0	9/0. Grandes divisiones 9 y 0
.	.	14 400	.	— Personnes en quête de leur premier emploi	— Personas en busca de su primer empleo
.	*70 400*	.	.	— Autres chômeurs	— Otros desempleados
.	.	.	13 800	— Forces armées	— Fuerzas armadas
.	**70 400**	**14 400**	**13 800**	**Total**	**Total**
...	...	.	.	1. Agriculture, chasse, sylviculture et pêche	1. Agricultura, caza, silvicultura y pesca
...	...	.	.	2. Industries extractives	2. Minas y canteras
...	...	.	.	3. Industries manufacturières	3. Industrias manufactureras
...	...	.	.	4. Électricité, gaz et eau	4. Electricidad, gas y agua
...	...	.	.	5. Construction	5. Construcción
...	...	.	.	6. Commerce (gros et détail); restaurants, hôtels	6. Comercio (por mayor y por menor); restaurantes, hoteles
...	...	.	.	7. Transports, entrepôts et communications	7. Transportes, almacenamiento y comunicaciones
...	...	.	.	8. Banques, assur., affaires imm., services aux entreprises	8. Bancos, seguros, bienes inmuebles, serv. para empresas
...	...	.	.	9. Services à la collectivité, services sociaux et personnels	9. Servicios comunales, sociales y personales
11 000	...	.	.	0. Activités mal désignées	0. Actividades no bien especif.
...	252 000	...	.	— Chômeurs	— Desempleados
.	.	.	91 000	— Forces armées	— Fuerzas armadas
28 000	**252 000**	**...**	**91 000**	**Total**	**Total**
–	2 000	...	.	1. Agriculture, chasse, sylviculture et pêche	1. Agricultura, caza, silvicultura y pesca
1 000	7 000	...	.	2–4. Industries extract.; industries manuf.; électricité, gaz et eau	2–4. Minas y canteras; industrias manufact.; electr., gas y agua
–	2 000	...	.	5. Construction	5. Construcción
–	5 000	...	.	6. Commerce (gros et détail); restaurants, hôtels	6. Comercio (por mayor y por menor); restaurantes, hoteles
1 000	2 000	...	.	7. Transports, entrepôts et communications	7. Transportes, almacenamiento y comunicaciones
–	1 000	...	.	8. Banques, assur., affaires imm., services aux entreprises	8. Bancos, seguros, bienes inmuebles, serv. para empresas
10 000	7 000	...	.	9. Services à la collectivité, services sociaux et personnels	9. Servicios comunales, sociales y personales
1 000	8 000	...	.	0. Activités mal désignées	0. Actividades no bien especif.
...	*33 000*	...	.	— Chômeurs	— Desempleados
14 000	**33 000**	**...**	**.**	**Total**	**Total**

[a] The English designation of major occupational groups is shown on the following page.

2 Structure of the economically active population
Structure de la population active
Estructura de la población económicamente activa

Industry (Major divisions of economic activity)	Total	Occupation (Major groups) [a] 1 Professional, technical & related workers	2 Administrative & managerial workers	3 Clerical & related workers	4 Sales workers	5 Service workers	6 Agriculture, animal husbandry & forestry workers, fishermen & hunters	7/8/9 Production & related workers, transport equipment operators & labourers
Pologne (7.XII.78) C								
— Agriculture, hunting, forestry & fishing (excl. sea fishing)	5 419 194	54 555	18 616	156 047	1 817	6 110	4 740 222	402 026
— Major div. 2 to 4 (incl sea fishing; excl. water works & sewage).	5 340 139	451 079	67 580	703 292	12 952	93 799	19 373	3 841 684
— Construction	1 481 525	196 298	57 166	196 475	3 889	13 863	2 066	978 185
— Wholesale/retail trade, restaurants	1 374 021	50 618	25 379	355 994	480 025	173 567	4 294	204 669
— Transport, storage & communication	1 080 590	136 488	23 227	170 679	2 503	12 720	2 676	686 488
— Major div. 8 to 0 (incl hotels, urban transp., water works & sewage).	3 266 657	1 082 145	86 094	903 410	10 132	275 129	23 607	615 113
Total	**17 962 126**	**1 971 183**	**278 062**	**2 485 906**	**511 618**	**575 188**	**4 792 238**	**6 728 165**
Portugal (VII–XII.80) LFSS †								
1/2. Agriculture, hunting, forestry & fishing; mining & quarrying	1 112 000	1 000	–	5 000	1 000	3 000	1 074 000	28 000
3–5. Major div. 3, 4 & 5	1 490 000	26 000	30 000	109 000	21 000	31 000	5 000	1 249 000
6–9. Major div. 6, 7, 8 & 9	1 496 000	188 000	13 000	335 000	275 000	365 000	6 000	289 000
— Persons seeking their first job	177 000	.	.	.	.	.	.	.
— Other unemployed	*163 000*	...	...	...	...	...	...	...
— Armed forces	*88 000*	.	.	.	.	.	.	.
Total	**4 391 000**	**224 000**	**48 000**	**460 000**	**301 000**	**411 000**	**1 093 000**	**1 579 000**
Sweden (1980) LFSS †								
1. Agriculture, hunting, forestry & fishing	237 000	3 600	900	3 700	1 600	1 600	214 400	11 200
2–4. Min./quarrying; manuf.; electr., gas & water	1 076 700	179 700	21 200	95 900	41 700	29 200	4 200	704 800
5. Construction	286 600	36 600	4 700	21 900	4 000	6 600	2 800	210 000
6. Wholesale/retail trade, restaurants & hotels	581 600	31 300	14 400	95 100	267 200	70 300	1 500	101 900
7. Transport, storage & communication	295 300	16 500	8 300	38 200	5 100	11 600	300	215 300
8. Financing, insur., real estate & business serv.	282 800	71 600	15 000	116 300	15 000	39 000	1 800	24 100
9. Community, social & personal services	1 471 600	773 100	33 200	145 700	8 900	412 100	9 800	88 800
0. Not adequately defined	*8 500*	...	...	...	...	...	...	...
— Unemployed	85 500	...	...	...	...	...	...	...
Total	**4 317 700**	**1 112 500**	**97 700**	**517 000**	**343 400**	**570 500**	**234 900**	**1 356 100**
Turquie (26.X.75) C1%								
1. Agriculture, hunting, forestry & fishing	10 482 966	16 402	600	4 901	2 800	8 600	10 418 862	30 801
2. Mining & quarrying	108 506	4 300	900	4 700	1 400	3 600	800	92 806
3. Manufacturing	1 243 567	39 302	15 101	20 502	16 701	16 401	9 000	1 126 560
4. Electr., gas & water	16 401	3 300	100	1 200	801	900	100	10 000
5. Construction	447 324	11 601	14 401	6 600	1 500	6 401	1 600	405 221
6. Wholesale/retail trade, restaurants & hotels	818 644	22 801	2 400	7 900	442 824	193 010	22 103	127 606
7. Transport, storage & communication	512 327	8 600	14 301	47 103	3 000	9 500	900	428 923
8. Financing, insur., real estate & business serv.	176 207	40 401	6 100	94 405	9 500	11 901	800	13 100
9. Community, social & personal services	1 866 002	501 828	15 701	292 516	6 100	285 816	11 801	752 240
0. Not adequately defined	677 436	112 206	7 800	29 301	32 002	27 201	10 000	458 926
Total	**16 349 380**	**760 741**	**77 404**	**509 128**	**516 628**	**563 330**	**10 475 966**	**3 446 183**

[a] La designación en español de los grandes grupos de ocupación figura en la página precedente.

C

By industry and by occupational group
Par industrie et par groupe de professions
Por industria y por grupo de ocupación

X	Unemployed		Members of the armed forces	Industrie (Branches d'activité économique)	Industria (Grandes divisiones de actividad económica)
Workers not classifiable by occupation		Persons seeking their first job			
39 801	.	.	.	— Agriculture, chasse, sylviculture et pêche (non compris la pêche maritime)	— Agricultura, caza, silvicultura y pesca (excl. la pesca marítima)
150 380	.	.	.	— Branches 2 à 4 (y compris pêche marit.; non compris trav. dADDUCTION Deau).	— Grandes div. 2 a 4 (incl. pesca marítima; excl. obras de derivación de aguas).
33 583	.	.	.	— Construction	— Construcción
79 475	.	.	.	— Commerce (gros et détail), restaurants	— Comercio (por mayor y por menor), restaurantes
45 809	.	.	.	— Transports, entrepôts et communications	— Transportes, almacenamiento y comunicaciones
270 718	.	.	.	— Branches 8 à 0 (y compris hôtels, transp. urbains et travaux dADDUCTION Deau).	— Grandes div. 8 a 0 (incl. hoteles, transp. urbanos y obras de derivación de aquas).
619 766	.	.	.	**Total**	**Total**
.	16 000	.	.	1/2. Agriculture, chasse, sylviculture et pêche; industries extractives	1/2. Agricultura, caza, silvicultura y pesca; minas y canteras
.	74 000	.	.	3–5. Branches 3, 4 et 5	2–5. Grandes divisiones 3, 4 y 5
.	68 000	.	.	6–9. Branches 6, 7, 8 et 9	6–9. Grandes div. 6, 7, 8 y 9
.	.	177 000	.	— Personnes en quête de leur premier emploi	— Personas en busca de su primer empleo
...	*163 000*	.	.	— Autres chômeurs	— Otros desempleados
.	.	.	*88 000*	— Forces armées	— Fuerzas armadas
.	*163 000*	**177 000**	*88 000*	**Total**	**Total**
.	4 500	.	.	1. Agriculture, chasse, sylviculture et pêche	1. Agricultura, caza, silvicultura y pesca
.	19 300	.	.	2–4. Industries extract.; industries manuf.; électricité, gaz et eau	2–4. Minas y canteras; industrias manufact.; electr., gas y agua
.	7 000	.	.	5. Construction	5. Construcción
.	13 100	.	.	6. Commerce (gros et détail); restaurants, hôtels	6. Comercio (por mayor y por menor); restaurantes, hoteles
.	4 100	.	.	7. Transports, entrepôts et communications	7. Transportes, almacenamiento y comunicaciones
.	3 200	.	.	8. Banques, assur., affaires imm., services aux entreprises	8. Bancos, seguros, bienes inmuebles, serv. para empresas
.	25 800	.	.	9. Services à la collectivité, services sociaux et personnels	9. Servicios comunales, sociales y personales
...	8 500	.	.	0. Activités mal désignées	0. Actividades no bien especif.
...	*85 500*	.	.	— Chômeurs	— Desempleados
.	**85 500**	.	.	**Total**	**Total**
.	.	.	.	1. Agriculture, chasse, sylviculture et pêche	1. Agricultura, caza, silvicultura y pesca
.	.	.	.	2. Industries extractives	2. Minas y canteras
.	.	.	.	3. Industries manufacturières	3. Industrias manufactureras
.	.	.	.	4. Électricité, gaz et eau	4. Electricidad, gas y agua
.	.	.	.	5. Construction	5. Construcción
.	.	.	.	6. Commerce (gros et détail); restaurants, hôtels	6. Comercio (por mayor y por menor); restaurantes, hoteles
.	.	.	.	7. Transports, entrepôts et communications	7. Transportes, almacenamiento y comunicaciones
.	.	.	.	8. Banques, assur., affaires imm., services aux entreprises	8. Bancos, seguros, bienes inmuebles, serv. para empresas
.	.	.	.	9. Services à la collectivité, services sociaux et personnels	9. Servicios comunales, sociales y personales
.	.	.	.	0. Activités mal désignées	0. Actividades no bien especif.
.	.	.	.	**Total**	**Total**

[a] Les libellés des grands groupes de professions, en français, sont indiqués à la page suivante.

2 Structure of the economically active population
Structure de la population active
Estructura de la población económicamente activa

Industry (Major divisions of economic activity)	Total	Profession (Grands groupes) [a] 1 Personnel des prof. scientif., techniques, libérales et assimilées	2 Directeurs et cadres administratifs supérieurs	3 Personnel administratif et travailleurs assimilés	4 Personnel commercial et vendeurs	5 Travailleurs des services	6 Agriculteurs, éleveurs, forestiers, pêcheurs et chasseurs	7/8/9 Ouvriers et manœuvres non agricoles et conducteurs d'engins de transport
OCEANIA								
Fiji (13.IX.76) C								
1. Agriculture, hunting, forestry & fishing	76 886	95	49	107	201	63	74 660	1 472
2. Mining & quarrying	1 662	92	5	85	11	50	19	1 352
3. Manufacturing	13 039	446	245	929	478	274	595	9 806
4. Electr., gas & water	1 628	83	15	172	23	50	40	1 189
5. Construction	11 186	189	70	343	36	196	58	10 186
6. Wholesale/retail trade, restaurants & hotels	17 372	373	360	2 276	8 089	3 317	227	2 420
7. Transport, storage & communication	9 039	490	261	1 526	74	527	45	5 896
8. Financing, insur., real estate & business serv.	3 518	661	180	1 913	152	106	12	349
9. Community, social & personal services	29 134	10 188	464	4 042	154	6 818	768	5 861
— Not adequately defined & persons seeking their first job	12 321	32	7	69	4	28	20	149
Total	**175 785**	**12 649**	**1 656**	**11 462**	**9 222**	**11 429**	**76 444**	**38 680**
Polynésie française (29.IV.77) C †								
1. Agriculture, hunting, forestry & fishing	7 462	17	5	16	8	17	7 276	120
2. Mining & quarrying	142	12	.	6	1	1	.	122
3. Manufacturing	3 298	194	48	266	17	86	.	2 677
4. Electr., gas & water	325	30	5	55	.	12	.	221
5. Construction	4 326	171	208	166	1	32	.	3 739
6. Wholesale/retail trade, restaurants & hotels	7 883	222	226	1 676	2 774	1 875	.	1 100
7. Transport, storage & communication	2 932	176	72	486	3	184	.	1 997
9. Community, social & personal services	13 302	4 365	182	2 212	8	3 747	.	2 539
0. Not adequately defined	68	6	8	6	.	1	.	26
— Armed forces	3 320	.	.	.	.	.	.	.
Total	**43 058**	**5 193**	**754**	**4 889**	**2 812**	**5 955**	**7 276**	**12 541**

[a] The English designation of major occupational groups is shown on the preceding page.

By industry and by occupational group
Par industrie et par groupe de professions
Por industria y por grupo de ocupación

OCÉANIE – OCEANIA

X Travailleurs ne pouvant être classés selon la profession	Chômeurs	Personnes en quête de leur premier emploi	Membres des forces armées	Industrie (Branches d'activité économique)	Industria (Grandes divisiones de actividad económica)
222	.	17	.	1. Agriculture, chasse, sylviculture et pêche	1. Agricultura, caza, silvicultura y pesca
46	.	2	.	2. Industries extractives	2. Minas y canteras
263	.	3	.	3. Industries manufacturières	3. Industrias manufactureras
54	.	2	.	4. Électricité, gaz et eau	4. Electricidad, gas y agua
104	.	4	.	5. Construction	5. Construcción
302	.	8	.	6. Commerce (gros et détail); restaurants, hôtels	6. Comercio (por mayor y por menor); restaurantes, hoteles
216	.	4	.	7. Transports, entrepôts et communications	7. Transportes, almacenamiento y comunicaciones
142	.	3	.	8. Banques, assur., affaires imm., services aux entreprises	8. Bancos, seguros, bienes inmuebles, serv. para empresas
822	.	17	.	9. Services à la collectivité, services sociaux et personnels	9. Servicios comunales, sociales y personales
4 383	.	7 629	.	– Activités mal désignées et personnes en quête de leur premier emploi	– Actividades no bien especificadas; personas en busca de su primer empleo
6 554	.	**7 689**	.	**Total**	**Total**

X	Chômeurs	Personnes en quête de leur premier emploi	Membres des forces armées	Industrie	Industria
3	.	.	.	1. Agriculture, chasse, sylviculture et pêche	1. Agricultura, caza, silvicultura y pesca
.	.	.	.	2. Industries extractives	2. Minas y canteras
10	.	.	.	3. Industries manufacturières	3. Industrias manufactureras
2	.	.	.	4. Électricité, gaz et eau	4. Electricidad, gas y agua
9	.	.	.	5. Construction	5. Construcción
10	.	.	.	6. Commerce (gros et détail); restaurants, hôtels	6. Comercio (por mayor y por menor); restaurantes, hoteles
14	.	.	.	7. Transports, entrepôts et communications	7. Transportes, almacenamiento y comunicaciones
249	.	.	.	9. Services à la collectivité, services sociaux et personnels	9. Servicios comunales, sociales y personales
21	.	.	.	0. Activités mal désignées	0. Actividades no bien especif.
.	.	.	3 320	– Forces armées	– Fuerzas armadas
318	.	.	**3 320**	**Total**	**Total**

ACTIVE POPULATION

Notes to tables 1 to 2C (indicated by the symbol †)
Notes relatives aux tableaux 1 à 2C (indiquées par le symbole †)
Notas relativas a los cuadros 1 a 2C (indicadas por medio del símbolo †)

AFRICA – AFRIQUE – AFRICA

Algérie

Tables 1, 2A, 2B

Excl. Algerians working abroad.

Table 2A

The major division "0" also includes 345,067 persons seeking their first job and 325,760 unemployed with previous job experience for whom a distribution by sex, industry and status is not available.

Tableaux 1, 2A, 2B

Non compris les Algériens travaillant à l'étranger.

Tableau 2A

La branche d'activité économique «0» comprend aussi 345 067 personnes en quête de leur premier emploi et 325 760 chômeurs ayant précédemment travaillé, dont la répartition par sexe, industrie et situation dans la profession n'est pas disponible.

Cuadros 1, 2A, 2B

Excl. los argelinos que trabajan en el extranjero.

Cuadro 2A

La gran división «0» incluye 345 067 personas en busca de su primer empleo y 325 760 desempleados que han trabajado anteriormente cuya distribución por sexo, industria y situación en la ocupación no está disponible.

Rép.- Unie du Cameroun

Tables 1, 2A, 2B, 2C

African population.

1976: economically active population figures also include 30,461 apprentices (22,993 males and 7,468 females). In tables 2A and 2B, these persons are included in the group "Not classifiable by status".

Tableaux 1, 2A, 2B, 2C

Population africaine.

1976: les chiffres de la population active comprennent aussi 30 461 apprentis (22 993 hommes et 7 468 femmes). Dans les tableaux 2A et 2B, ces personnes sont comprises dans la rubrique «Inclassables d'après la situation».

Cuadros 1, 2A, 2B, 2C

Población africana.

1976: las cifras de la población económicamente activa incluyen también a 30 461 aprendices (22 993 hombres y 7 468 mujeres). En los cuadros 2A y 2B, estas personas están incluidas en el grupo «Inclasificables según la situación».

Côte-d'Ivoire

Table 1

"De jure" population.

Economically active population figures do not include unpaid family workers.

Tableau 1

Population «de jure».

Les chiffres de la population active ne comprennent pas les travailleurs familiaux non rémunérés.

Cuadro 1

Población «de jure».

Las cifras de la población económicamente activa no incluyen a los trabajadores familiares no remunerados.

Egypt

Tables 1, 2A, 2B, 2C

Egyptian population.

1976: economically active population figures relate to persons 6 years of age and over (tables 1, 2A) and 15 years of age and over (tables 2B, 2C). Economically active population totals shown in table 1 also include 83,431 persons (81,103 males and 2,328 females) whose distribution by age group is not available.

1979: economically active population figures relate to persons 6 years of age and over (table 1) and 12 to 64 years of age (tables 2A, 2B, 2C).

Table 2A

1976: the group "Not classifiable by status" also includes 850,625 unemployed (558,140 males and 292,485 females) and 83,431 persons whose status is unknown (81,103 males and 2,328 females).

Table 2B

1976: the occupational group "Not classifiable by occupation, etc." also includes 375,386 persons seeking their first job (238,516 males and 136,870 females).

Tableaux 1, 2A, 2B, 2C

Population égyptienne.

1976: les chiffres de la population active se réfèrent aux personnes âgées de 6 ans et plus (tableaux 1, 2A) et de 15 ans et plus (tableaux 2B, 2C). Les totaux de population active figurant au tableau 1 comprennent aussi 83 431 personnes (81 103 hommes et 2 328 femmes) dont la répartition par groupe d'âge n'est pas disponible.

1979: les chiffres de la population active se réfèrent aux personnes âgées de 6 ans et plus (tableau 1) et de 12 à 64 ans (tableaux 2A, 2B, 2C).

Tableau 2A

1976: la rubrique «Inclassables d'après la situation» comprend aussi 850 625 chômeurs (558 140 hommes et 292 485 femmes) ainsi que 83 431 personnes dont la situation n'est pas définie (81 103 hommes et 2 328 femmes).

Tableau 2B

1976: le groupe de professions «Inclassables d'après la profession, etc.» comprend aussi 375 386 personnes en quête de leur premier emploi (238 516 hommes et 136 870 femmes).

Cuadros 1, 2A, 2B, 2C

Población egipcia.

1976: las cifras de la población económicamente activa se refieren a las personas de 6 años y más de edad (cuadros 1, 2A) y de 15 años y más de edad (cuadros 2B, 2C). Los totales de población económicamente activa que figuran en el cuadro 1 incluyen también a 83 431 personas (81 103 hombres y 2 328 mujeres) cuya distribución por grupo de edad no está disponible.

1979: las cifras de la población económicamente activa se refieren a las personas de 6 años y más de edad (cuadro 1) y de 12 a 64 años de edad (cuadros 2A, 2B, 2C).

Cuadro 2A

1976: el grupo «Inclasificables según la situación» incluye también a 850 625 desempleados (558 140 hombres y 292 485 mujeres) así como a 83 431 personas cuya situación no está definida (81 103 hombres y 2 328 mujeres).

Cuadro 2B

1976: el grupo de ocupación «Inclasificables según la ocupación, etc.» incluye también a 375 386 personas en busca de su primer empleo (238 516 hombres y 136 870 mujeres).

Notes to tables 1 to 2C (indicated by the symbol †)
Notes relatives aux tableaux 1 à 2C (indiquées par le symbole †)
Notas relativas a los cuadros 1 a 2C (indicadas por medio del símbolo †)

Haute-Volta

Table 1

Economically active population figures do not include unemployed.

Tableau 1

Les chiffres de la population active ne comprennent pas les chômeurs.

Cuadro 1

Las cifras de la población económicamente activa no incluyen a los desempleados.

Malawi

Tables 2A, 2B

The group "Not classifiable by status" relates to unemployed.

Tableaux 2A, 2B

La rubrique «Inclassables d'après la situation» se réfère aux chômeurs.

Cuadros 2A, 2B

El grupo «Inclasificables según la situación» se refiere a los desempleados.

Mali

Table 1

"De jure" population.

Tables 2A, 2B

The group "Not classifiable by status" also includes 8,913 apprentices (8,611 males and 302 females).

Tableau 1

Population «de jure».

Tableaux 2A, 2B

La rubrique «Inclassables d'après la situation» comprend aussi 8 913 apprentis (8 611 hommes et 302 femmes).

Cuadro 1

Población «de jure».

Cuadros 2A, 2B

El grupo «Inclasificables según la situación» incluye 8 913 aprendices (8 611 hombres y 302 mujeres).

Seychelles

Table 2B

The group "Employers and own-account workers" also includes unpaid family workers.

The group "Not classifiable by status" relates to unemployed.

Tableau 2B

La rubrique «Employeurs et personnes travaillant à leur propre compte» comprend aussi les travailleurs familiaux non rémunérés.

La rubrique «Inclassables d'après la situation» se réfère aux chômeurs.

Cuadro 2B

El grupo «Empleadores y trabajadores por cuenta propia» incluye también a los trabajadores familiares no remunerados.

El grupo «Inclasificables según la situación» se refiere a los desempleados.

Tunisie

Table 1

Economically active population totals also include 54,360 persons (54,320 males and 40 females) for whom a distribution by age group is not available.

Tableau 1

Les totaux de population active comprennent aussi 54 360 personnes (54 320 hommes et 40 femmes) dont la répartition par groupe d'âge n'est pas disponible.

Cuadro 1

Los totales de población económicamente activa incluyen también a 54 360 personas (54 320 hombres y 40 mujeres) cuya distribución por grupo de edad no está disponible.

AMERICA – AMÉRIQUE – AMERICA

Barbados

Table 1

Excl. institutional households.

Tableau 1

Non compris les ménages collectifs.

Cuadro 1

Excl. los hogares colectivos.

Bolivia

Table 2B

1958 ISCO.

Tableau 2B

CITP de 1958.

Cuadro 2B

CIUO de l958.

Notes to tables 1 to 2C (indicated by the symbol †)
Notes relatives aux tableaux 1 à 2C (indiquées par le symbole †)
Notas relativas a los cuadros 1 a 2C (indicadas por medio del símbolo †)

Canada

Tables 1, 2A, 2B, 2C

Excl. Yukon, Northwest Territories, armed forces and Indians living on reserves.

Table 1

Total population figures are based on mid-year estimates.

Tables 2A, 2B, 2C

Figures of less than 4,000 are indicated by a dash. All figures are rounded to the nearest 1,000; consequently, the totals shown may differ from the sum of the component parts.

Table 2A

The major division "9" also includes business services as well as restaurants and hotels.

Table 2B

The group "Employers and own-account workers" also includes unpaid family workers.

Table 2C

The occupational group "0/1" also includes data relating to the occupational group "2".

Figures in italics show totals for persons already included in the component occupational and/or industrial group.

Tableaux 1, 2A, 2B, 2C

Non compris le Yukon, les territoires du Nord-Ouest, les forces armées et les Indiens vivant dans les réserves.

Tableau 1

Les chiffres de la population totale sont fondés sur des estimations au milieu de l'année.

Tableaux 2A, 2B, 2C

Les chiffres représentant moins de 4 000 personnes sont désignés par un tiret. Tous les nombres étant arrondis au multiple de 1 000 le plus proche, les totaux indiqués peuvent différer de la somme de leurs parties composantes.

Tableau 2A

La branche d'activité «9» comprend aussiles services aux entreprises ainsi que les restaurants et hôtels.

Tableau 2B

La rubrique «Employeurs et personnes travaillant à leur propre compte» comprend aussi les travailleurs familiaux non rémunérés.

Tableau 2C

Le groupe de professions «0/1» comprend aussi les données relatives au groupe de professions «2».

Les chiffres en italique indiquent les totaux de personnes déjà incluses dans les composantes des groupes de professions et/ou industriels.

Cuadros 1, 2A, 2B, 2C

Excl. el Yukón, los Territorios del Noroeste, las fuerzas armadas y los indios que viven en las reservas.

Cuadro 1

Las cifras de la población total están basadas en estimaciones a mediados del año.

Cuadros 2A, 2B, 2C

Las cifras inferiores a 4 000 personas están indicadas por un guión. Todas las cifras han sido redondeadas al múltiplo de 1 000 más próximo; en consecuencia, los totales indicados pueden diferir de la suma de las partes que la componen.

Cuadro 2A

La gran división «9» incluye también los servicios para las empresas así como los restaurantes y hoteles.

Cuadro 2B

El grupo «Empleadores y trabajadores por cuenta propia» incluye también a los trabajadores familiares no remunerados.

Cuadro 2C

El grupo de ocupación «0/1» incluye los datos relativos al grupo de ocupación «2».

Las cifras en itálica indican los totales de personas ya incluidas dentro de las partes que componen los grupos de ocupaciones y/o industriales.

Colombia

Table 2C

Figures in italics show totals for persons already included in the component occupational and/or industrial group.

Tableau 2C

Les chiffres en italique indiquent les totaux de personnes déjà incluses dans les composantes des groupes de professions et/ou industriels.

Cuadro 2C

Las cifras en itálica indican los totales de personas ya incluidas dentro de las partes que componen los grupos de ocupaciones y/o industriales.

Costa Rica

Table 2A

1958 ISIC.

The major division "Services" also includes electricity, gas and water.

Tableau 2A

CITI de 1958.

La branche d'activité «Services» comprend aussi l'électricité, le gaz et l'eau.

Cuadro 2A

CIIU de 1958.

La gran división «Servicios» incluye la electricidad, el gas y el agua.

Chile

Table 2A

1958 ISIC.

Tableau 2A

CITI de 1958.

Cuadro 2A

CIIU de 1958.

Guatemala

Tables 1, 2A, 2B, 2C

Excl. institutional households.

Tables 2A, 2C

1958 ISIC.

Tableaux 1, 2A, 2B, 2C

Non compris les ménages collectifs.

Tableaux 2A, 2C

CITI de 1958.

Cuadros 1, 2A, 2B, 2C

Excl. los hogares colectivos.

Cuadros 2A, 2C

CIIU de 1958.

Notes to tables 1 to 2C (indicated by the symbol †)
Notes relatives aux tableaux 1 à 2C (indiquées par le symbole †)
Notas relativas a los cuadros 1 a 2C (indicadas por medio del símbolo †)

Guyana

Table 2A

1958 ISIC.

Tableau 2A

CITI de 1958.

Cuadro 2A

CIIU de 1958.

Haïti

Table 2B

Data relate to persons 10 years of age and over (data previously published in tables 1 and 2A related to economically active persons 5 years of age and over).

Tableau 2B

Les données se réfèrent aux personnes âgées de 10 ans et plus (les données précédemment publiées dans les tableaux 1 et 2A se référaient à la population active âgée de 5 ans et plus).

Cuadro 2B

Los datos se refieren a las personas de 10 años y más de edad (los datos anteriormente publicados en los cuadros 1 y 2A se referían a la población económicamente activa de 5 años y más de edad).

Jamaica

Tables 1, 2A

Economically active population figures do not include unemployed.

Table 2A

1958 ISIC.

Tableaux 1, 2A

Les chiffres de la population active ne comprennent pas les chômeurs.

Tableau 2A

CITI de 1958.

Cuadros 1, 2A

Las cifras de la población económicamente activa no incluyen a los desempleados.

Cuadro 2A

CIIU de 1958.

Nicaragua

Tables 1, 2A

Economically active population figures do not include unemployed.

Tableaux 1, 2A

Les chiffres de la population active ne comprennent pas les chômeurs.

Cuadros 1, 2A

Las cifras de la población económicamente activa no incluyen a los desempleados.

Panamá

Tables 1, 2A, 2B, 2C

Incl. 18,704 persons working in the Canal Zone (15,032 males and 3,672 females). In tables 2A and 2C, these persons are shown under the major division "0".

Tableaux 1, 2A, 2B, 2C

Y compris 18 704 personnes travaillant dans la zone du Canal (15 032 hommes et 3 672 femmes). Dans les tableaux 2A et 2C, ces personnes sont présentées dans la branche d'activité «0».

Cuadros 1, 2A, 2B, 2C

Incl. 18 704 personas que trabajan en la Zona del Canal (15 032 hombres y 3 672 mujeres). En los cuadros 2A y 2C, estas personas figuran en la gran división «0».

Paraguay

Tables 1, 2A

Economically active population figures relate to persons 12 to 65 years of age.

Table 1

Economically active population totals also include 106,614 persons (90,965 males and 15,649 females) for whom a distribution by age group is not available.

Tableaux 1, 2A

Les chiffres de la population active se réfèrent aux personnes âgées de 12 à 65 ans.

Tableau 1

Les totaux de population active comprennent aussi 106 614 personnes (90 965 hommes et 15 649 femmes) dont la répartition par groupe d'âge n'est pas disponible.

Cuadros 1, 2A

Las cifras de la población económicamente activa se refieren a las personas de 12 a 65 años de edad.

Cuadro 1

Los totales de población económicamente activa incluyen también a 106 614 personas (90 965 hombres y 15 649 mujeres) cuya distribución por grupo de edad no está disponible.

Puerto Rico

Tables 2A, 2B

Figures of less than 1,000 are indicated by a dash; consequently, the totals shown may differ from the sum of the component parts.

Tableaux 2A, 2B

Les nombres représentant moins de 1 000 personnes sont désignés par un tiret; en conséquence, les totaux indiqués peuvent différer de la somme de leurs parties composantes.

Cuadros 2A, 2B

Las cifras inferiores a 1 000 personas están indicadas por un guión; en consecuencia, los totales indicados pueden diferir de la suma de las partes que la componen.

ACTIVE POPULATION

Notes to tables 1 to 2C (indicated by the symbol †)
Notes relatives aux tableaux 1 à 2C (indiquées par le symbole †)
Notas relativas a los cuadros 1 a 2C (indicadas por medio del símbolo †)

Trinidad and Tobago

Tables 2A, 2B

All figures are rounded to the nearest 100; consequently, the totals shown may differ from the sum of the component parts.

Table 2A

1958 ISIC.

Tableaux 2A, 2B

Tous les nombres étant arrondis au multiple de 100 le plus proche, les totaux indiqués peuvent différer de la somme de leurs parties composantes.

Tableau 2A

CITI de 1958.

Cuadros 2A, 2B

Todas las cifras han sido redondeadas al múltiplo de 100 más próximo; en consecuencia, los totales indicados pueden diferir de la suma de las partes que la componen.

Cuadro 2A

CIIU de 1958.

United States

Tables 1, 2A, 2B, 2C

Economically active population figures relate to persons 16 years of age and over.

All figures are rounded to the nearest 1,000; consequently, the totals shown may differ from the sum of the component parts.

Table 1

Total population figures are based on mid-year estimates.

Table 2B

The group "Not classifiable by status" relates to unemployed.

Table 2C

Figures in italics show totals for persons already included in the component occupational and/or industrial group.

Tableaux 1, 2A, 2B, 2C

Les chiffres de la population active se réfèrent aux personnes âgées de 16 ans et plus.

Tous les nombres étant arrondis au multiple de 1 000 le plus proche, les totaux indiqués peuvent différer de la somme de leurs parties composantes.

Tableau 1

Les chiffres de la population totale sont fondés sur des estimations au milieu de l'année.

Tableau 2B

La rubrique «Inclassables d'après la situation» se réfère aux chômeurs.

Tableau 2C

Les chiffres en italique indiquent les totaux de personnes déjà incluses dans les composantes des groupes de professions et/ou industriels.

Cuadros 1, 2A, 2B, 2C

Las cifras de la población económicamente activa se refieren a las personas de 16 años y más de edad.

Todas las cifras han sido redondeadas al múltiplo de 1 000 más próximo; en consecuencia, los totales indicados pueden diferir de la suma de las partes que la componen.

Cuadro 1

Las cifras de la población total están basadas en estimaciones a mediados del año.

Cuadro 2B

El grupo «Inclasificables según la situación» se refiere a los desempleados.

Cuadro 2C

Las cifras en itálica indican los totales de personas ya incluidas dentro de las partes que componen los grupos de ocupaciones y/o industriales.

Uruguay

Tables 2A, 2B

The group "Employers and own-account workers" also includes 3,742 members of producers' co-operatives (3,295 males and 447 females).

Table 2C

Figures in italics show totals for persons already included in the component occupational and/or industrial group.

Tableaux 2A, 2B

La rubrique «Employeurs et personnes travaillant à leur propre compte» comprend aussi 3 742 membres de coopératives de producteurs (3 295 hommes et 447 femmes).

Tableau 2C

Les chiffres en italique indiquent les totaux de personnes déjà incluses dans les composantes des groupes de professions et/ou industriels.

Cuadros 2A, 2B

El grupo «Empleadores y trabajadores por cuenta propia» incluye también a 3 742 miembros de cooperativas de producción (3 295 hombres y 447 mujeres).

Cuadro 2C

Las cifras en itálica indican los totales de personas ya incluidas dentro de las partes que componen los grupos de ocupaciones y/o industriales.

Venezuela

Table 2C

Figures in italics show totals for persons already included in the component occupational and/or industrial group.

Tableau 2C

Les chiffres en italique indiquent les totaux de personnes déjà incluses dans les composantes des groupes de professions et/ou industriels.

Cuadro 2C

Las cifras en itálica indican los totales de personas ya incluidas dentro de las partes que componen los grupos de ocupaciones y/o industriales.

Notes to tables 1 to 2C (indicated by the symbol †)
Notes relatives aux tableaux 1 à 2C (indiquées par le symbole †)
Notas relativas a los cuadros 1 a 2C (indicadas por medio del símbolo †)

ASIA – ASIE – ASIA

Bahrain

Tables 2A, 2B, 2C

The major division "Not adequately defined" and the occupational group "Workers not classifiable by occupation" also include unemployed.

Tableaux 2A, 2B, 2C

La branche d'activité «Activités mal désignées» et le groupe de professions «Travailleurs ne pouvant être classés d'après la profession» comprennent aussi les chômeurs.

Cuadros 2A, 2B, 2C

La gran división «Actividades no bien especificadas» y el grupo de ocupación «Trabajadores que no pueden ser clasificados según la ocupación» incluyen también a los desempleados.

Bangladesh

Tables 2A, 2B

The major division "Not adequately defined" and the occupational group "Workers not classifiable by occupation" also include 502,706 unemployed (471,254 males and 31,452 females).

Tableaux 2A, 2B

La branche d'activité «Activités mal désignées» et le groupe de professions «Travailleurs ne pouvant être classés d'après la profession» comprennent aussi 502 706 chômeurs (471 254 hommes et 31 452 femmes).

Cuadros 2A, 2B

La gran división «Actividades no bien especificadas» y el grupo de ocupación «Trabajadores que no pueden ser clasificados según la ocupación» incluyen también a 502 706 desempleados (471 254 hombres y 31 452 mujeres).

Cyprus

Tables 2B, 2C

Incl. Cypriots working temporarily abroad.

Tableaux 2B, 2C

Y compris les Chypriotes travaillant temporairement à l'étranger.

Cuadros 2B, 2C

Incl. los chipriotas que trabajan temporalmente en el extranjero.

Hong Kong

Tables 1, 2A, 2B, 2C

All figures are rounded to the nearest 100; consequently, the totals shown may differ from the sum of the component parts.

Tableaux 1, 2A, 2B, 2C

Tous les nombres étant arrondis au multiple de 100 le plus proche, les totaux indiqués peuvent différer de la somme de leurs parties composantes.

Cuadros 1, 2A, 2B, 2C

Todas las cifras han sido redondeadas al múltiplo de 100 más próximo; en consecuencia, los totales indicados pueden diferir de la suma de las partes que la componen.

Indonesia

Table 1

Economically active population totals also include 632,271 persons seeking their first job (443,255 males and 189,016 females) for whom a distribution by age group is not available.

Tableau 1

Les totaux de population active comprennent aussi 632 271 personnes en quête de leur premier emploi (443 255 hommes et 189 016 femmes) dont la répartition par groupe d'âge n'est pas disponible.

Cuadro 1

Los totales de población económicamente activa incluyen también a 632 271 personas en busca de su primer empleo (443 255 hombres y 189 016 mujeres) cuya distribución por grupo de edad no está disponible.

Iran

Tables 2A, 2B

The group "Not classifiable by status" also includes 705,357 unemployed with previous job experience (492,734 males and 212,623 females). For the distribution of these unemployed according to their previous job experience by industry and occupational group, see table 2C.

Tableaux 2A, 2B

La rubrique «Inclassables d'après la situation» comprend aussi 705 357 chômeurs ayant déjà occupé un emploi (492 734 hommes et 212 623 femmes). Pour la répartition de ces chômeurs d'après l'industrie et le groupe de professions où ils ont précédemment travaillé, voir tableau 2C.

Cuadros 2A, 2B

El grupo «Inclasificables según la situación» incluye también a 705 357 desempleados que han trabajado anteriormente (492 734 hombres y 212 623 mujeres). Para la distribución de estos desempleados según la industria y el grupo de ocupación en los cuales trabajaron anteriormente, véase cuadro 2C.

Table 2C

Figures in italics show totals for persons already included in the component occupational and/or industrial group.

Tableau 2C

Les chiffres en italique indiquent les totaux de personnes déjà incluses dans les composantes des groupes de professions et/ou industriels.

Cuadro 2C

Las cifras en itálica indican los totales de personas ya incluidas dentro de las partes que componen los grupos de ocupaciones y/o industriales.

Notes to tables 1 to 2C (indicated by the symbol †)
Notes relatives aux tableaux 1 à 2C (indiquées par le symbole †)
Notas relativas a los cuadros 1 a 2C (indicadas por medio del símbolo †)

Israel

Tables 1, 2A, 2B, 2C

Incl. data relating to certain territories under occupation by Israeli military forces since June 1967.

Economically active population figures do not include armed forces.

All figures are rounded to the nearest 100; consequently, the totals shown may differ from the sum of the component parts.

Tables 2A, 2B

The group "Employers and own-account workers" also includes members of producers' co-operatives and members of communal farms (kibbutzim).

The group "Not classifiable by status" relates to unemployed.

Table 2B

The group "Employers and own-account workers" also includes 28,400 unpaid family workers (7,800 males and 20,500 females).

Table 2C

Figures in italics show totals for persons already included in the component occupational and/or industrial group.

Tableaux 1, 2A, 2B, 2C

Y compris les données relatives à certains territoires occupés par les forces armées israéliennes depuis juin 1967.

Les chiffres de la population active ne comprennent pas les forces armées.

Tous les nombres étant arrondis au multiple de 100 le plus proche, les totaux indiqués peuvent différer de la somme de leurs parties composantes.

Tableaux 2A, 2B

La rubrique «Employeurs et personnes travaillant à leur propre compte» comprend aussi les membres de coopératives de producteurs et de fermes communautaires (kibboutzim).

La rubrique «Inclassables d'après la situation» se réfère aux chômeurs.

Tableau 2B

La rubrique «Employeurs et personnes travaillant à leur propre compte» comprend aussi 28 400 travailleurs familiaux non rémunérés (7 800 hommes et 20 500 femmes).

Tableau 2C

Les chiffres en italique indiquent les totaux de personnes déjà incluses dans les composantes des groupes de professions et/ou industriels.

Cuadros 1, 2A, 2B, 2C

Incl. los datos relativos a ciertos territorios ocupados por las fuerzas armadas israelíes desde junio de 1967.

Las cifras de la población económicamente activa no incluyen las fuerzas armadas.

Todas las cifras han sido redondeadas al múltiplo de 100 más próximo; en consecuencia, los totales indicados pueden diferir de la suma de las partes que la componen.

Cuadros 2A, 2B

El grupo «Empleadores y trabajadores por cuenta propia» incluye también a los miembros de cooperativas de producción y de granjas comunales (qibbuzim).

El grupo «Inclasificables según la situación» se refiere a los desempleados.

Cuadro 2B

El grupo «Empleadores y trabajadores por cuenta propia» incluye también a 28 400 trabajadores familiares no remunerados (7 800 hombres y 20 500 mujeres).

Cuadro 2C

Las cifras en itálica indican los totales de personas ya incluidas dentro de las partes que componen los grupos de ocupaciones y/o industriales.

Japan

Tables 1, 2A, 2B, 2C

All figures are rounded (to the nearest 100 for the census data and to the nearest 10,000 for the sample survey data). Consequently, the totals shown may differ from the sum of the component parts.

Tables 2A, 2B

The group "Employees" also includes members of producers' co-operatives.

The group "Unpaid family workers" also includes paid and unpaid family workers.

Tables 2A, 2C

The major division "Community, social and personal services" also includes hotels and business services.

Tableaux 1, 2A, 2B, 2C

Tous les nombres étant arrondis (au multiple de 100 le plus proche pour les données du recensement et de 10 000 le plus proche pour les données de l'enquête par sondage), les totaux indiqués peuvent différer de la somme de leurs parties composantes.

Tableaux 2A, 2B

La rubrique «Salariés» comprend aussi les membres de coopératives de producteurs.

La rubrique «Travailleurs familiaux non rémunérés» comprend aussi les travailleurs familiaux rémunérés et non rémunérés.

Tableaux 2A, 2C

La branche d'activité «Services à la collectivité, services sociaux et personnels» comprend aussi les hôtels et les services aux entreprises.

Cuadros 1, 2A, 2B, 2C

Todas las cifras han sido redondeadas (al múltiplo de 100 más próximo para los datos del censo y de 10 000 más próximo para los datos de la encuesta por muestra); en consecuencia, los totales indicados pueden diferir de la suma de las partes que la componen.

Cuadros 2A, 2B

El grupo «Empleados a sueldo o salario» incluye también a los miembros de cooperativas de producción.

El grupo «Trabajadores familiares no remunerados» incluye también a los trabajadores familiares remunerados y no remunerados.

Cuadros 2A, 2C

La gran división «Servicios comunales, sociales y personales» incluye los hoteles y los servicios para las empresas.

Notes to tables 1 to 2C (indicated by the symbol †)
Notes relatives aux tableaux 1 à 2C (indiquées par le symbole †)
Notas relativas a los cuadros 1 a 2C (indicadas por medio del símbolo †)

Korea, Republic of

Tables 1, 2A, 2B, 2C

Excl. armed forces.

Tables 2A, 2B, 2C

1980: figures of less than 1,000 are indicated by a dash.

Table 2C

Figures in italics show totals for persons already included in the component occupational and/or industrial group.

Tableaux 1, 2A, 2B, 2C

Non compris les forces armées.

Tableaux 2A, 2B, 2C

1980: les chiffres représentant moins de 1 000 personnes sont désignés par un tiret.

Tableau 2C

Les chiffres en italique indiquent les totaux de personnes déjà incluses dans les composantes des groupes de professions et/ou industriels.

Cuadros 1, 2A, 2B, 2C

Excl. las fuerzas armadas.

Cuadros 2A, 2B, 2C

1980: las cifras inferiores a 1 000 personas están indicadas por un guión.

Cuadro 2C

Las cifras en itálica indican los totales de personas ya incluidas dentro de las partes que componen los grupos de ocupaciones y/o industriales.

Peninsular Malaysia

Table 1

Total population figures are based on mid-year estimates.

Tableau 1

Les chiffres de la population totale sont fondés sur des estimations au milieu de l'année.

Cuadro 1

Las cifras de la población total están basadas en estimaciones a mediados del año.

Pakistan

Tables 1, 2A, 2B, 2C

Excl. Jammu and Kashmir (the final status of which has not yet been determined), Gilgit and Baltistan, Junagardh and Manavadar.

Tableaux 1, 2A, 2B, 2C

Non compris le Jammu et le Cachemire (dont le statut définitif n'a pas encore été déterminé), le Gilgit et Baltistan, le Junagardh et le Manavadar.

Cuadros 1, 2A, 2B, 2C

Excl. Jammu y Cachemira (para los cuales el estatuto definitivo no ha sido por ahora determinado), Gilgit y Baltistan, Junagardh y Manavadar.

Philippines

Tables 2A, 2B, 2C

Economically active population figures do not include armed forces and institutional households.

All figures are rounded to the nearest 1,000; consequently, the totals shown may differ from the sum of the component parts.

Tables 2A, 2C

1958 ISIC.

Table 2C

Figures in italics show totals for persons already included in the component occupational and/or industrial group.

Tableaux 2A, 2B, 2C

Les chiffres de la population active ne comprennent ni les forces armées ni les ménages collectifs.

Tous les nombres étant arrondis au multiple de 1 000 le plus proche, les totaux indiqués peuvent différer de la somme de leurs parties composantes.

Tableaux 2A, 2C

CITI de 1958.

Tableau 2C

Les chiffres en italique indiquent les totaux de personnes déjà incluses dans les composantes des groupes de professions et/ou industriels.

Cuadros 2A, 2B, 2C

Las cifras de la población económicamente activa no incluyen las fuerzas armadas ni los hogares colectivos.

Todas las cifras han sido redondeadas al múltiplo de 1 000 más próximo; en consecuencia, los totales indicados pueden diferir de la suma de las partes que la componen.

Cuadros 2A, 2C

CIIU de 1958.

Cuadro 2C

Las cifras en itálica indican los totales de personas ya incluidas dentro de las partes que componen los grupos de ocupaciones y/o industriales.

Singapore

Tables 1, 2A, 2B, 2C

Due to independent estimation, the totals shown may differ from the sum of the component parts.

Table 2C

Figures in italics show totals for persons already included in the component occupational and/or industrial group.

Tableaux 1, 2A, 2B, 2C

En raison d'une estimation indépendante, les totaux indiqués peuvent différer de la somme de leurs parties composantes.

Tableau 2C

Les chiffres en italique indiquent les totaux de personnes déjà incluses dans les composantes des groupes de professions et/ou industriels.

Cuadros 1, 2A, 2B, 2C

En razón de una estimación independiente, los totales indicados pueden diferir de la suma de las partes que la componen.

Cuadro 2C

Las cifras en itálica indican los totales de personas ya incluidas dentro de las partes que componen los grupos de ocupaciones y/o industriales.

Notes to tables 1 to 2C (indicated by the symbol †)
Notes relatives aux tableaux 1 à 2C (indiquées par le symbole †)
Notas relativas a los cuadros 1 a 2C (indicadas por medio del símbolo †)

Thailand

Tables 1, 2A, 2B, 2C

Economically active population figures do not include unpaid family workers who, during the survey week, worked less than 20 hours.

Tables 2A, 2C

1958 ISIC.

Tableaux 1, 2A, 2B, 2C

Les chiffres de la population active ne comprennent pas les travailleurs familiaux non rémunérés qui, au cours de la semaine de l'enquête, ont travaillé moins de 20 heures.

Tableaux 2A, 2C

CITI de 1958.

Cuadros 1, 2A, 2B, 2C

Las cifras de la población económicamente activa no incluyen a los trabajadores familiares no remunerados que durante la semana de la encuesta trabajaron menos de 20 horas.

Cuadros 2A, 2C

CIIU de 1958.

EUROPE – EUROPE – EUROPA

Austria

Tables 2A, 2B

Excl. institutional households.

Figures of less than 1,000 are indicated by a dash.

The group "Employers and own-account workers" also includes unpaid family workers.

Tableaux 2A, 2B

Non compris les ménages collectifs.

Les chiffres représentant moins de 1 000 personnes sont désignés par un tiret.

La rubrique «Employeurs et personnes travaillant à leur propre compte» comprend aussi les travailleurs familiaux non rémunérés.

Cuadros 2A, 2B

Excl. los hogares colectivos.

Las cifras inferiores a 1 000 personas están indicadas por un guión.

El grupo «Empleadores y trabajadores por cuenta propia» incluye también a los trabajadores familiares no remunerados.

Belgique

Table 2A

The major division "Wholesale and retail trade, restaurants and hotels" also includes repair services.

The major division "Not adequately defined" relates to workers in vocational training.

The group "Armed forces" relates to persons on compulsory military service.

Tableau 2A

La branche d'activité «Commerce de gros et de détail, restaurants et hôtels» comprend aussi les services de réparation.

La branche d'activité «Activités mal désignées» se réfère aux travailleurs en formation professionnelle.

Le groupe «Forces armées» se réfère aux personnes effectuant leur service militaire obligatoire.

Cuadro 2A

La gran división «Comercio al por mayor y al por menor, restaurantes y hoteles» incluye los servicios de reparación.

La gran división «Actividades no bien especificadas» se refiere a los trabajadores en formación profesional.

El grupo «Fuerzas armadas» se refiere a las personas en servicio militar obligatorio.

Bulgarie

Tables 2A, 2B

The group "Employers and own-account workers" also includes unpaid family workers.

Totals by industry and occupation also include 2,282 members of producers' co-operatives (2,019 males and 263 females) for whom separate data are not shown in the tables.

Tableaux 2A, 2B

La rubrique «Employeurs et personnes travaillant à leur propre compte» comprend aussi les travailleurs familiaux non rémunérés.

Les totaux par industrie et profession comprennent aussi 2 282 membres de coopératives de producteurs (2 019 hommes et 263 femmes) pour lesquels des données séparées ne figurent pas dans les tableaux.

Cuadros 2A, 2B

El grupo «Empleadores y trabajadores por cuenta propia» incluye también a los trabajadores familiares no remunerados.

Los totales por industria y ocupación incluyen también a 2 282 miembros de cooperativas de producción (2 019 hombres y 263 mujeres) para los cuales no figuran en los cuadros datos separados.

Denmark

Tables 1, 2A

Economically active population figures relate to persons 15 to 74 years of age.

Table 2A

The group "Unpaid family workers" also includes paid and unpaid family workers.

Tableaux 1, 2A

Les chiffres de la population active se réfèrent aux personnes âgées de 15 à 74 ans.

Tableau 2A

La rubrique «Travailleurs familiaux non rémunérés» comprend aussi les travailleurs familiaux rémunérés et non rémunérés.

Cuadros 1, 2A

Las cifras de la población económicamente activa se refieren a las personas de 15 a 74 años de edad.

Cuadro 2A

El grupo «Trabajadores familiares no remunerados» incluye también a los trabajadores familiares remunerados y no remunerados.

Notes to tables 1 to 2C (indicated by the symbol †)
Notes relatives aux tableaux 1 à 2C (indiquées par le symbole †)
Notas relativas a los cuadros 1 a 2C (indicadas por medio del símbolo †)

España

Table 2A

The major division "Mining and quarrying" also includes the transformation of minerals.

The major division "Manufacturing" also includes the extraction of fuels.

Tableau 2A

La branche d'activité «Industries extractives» comprend aussi la transformation des minéraux.

La branche d'activité «Industries manufacturières» comprend aussi l'extraction des combustibles.

Cuadro 2A

La gran división «Minas y canteras» incluye la transformación de minerales.

La gran división «Industrias manufactureras» incluye la extracción de combustible.

Faeroe Islands

Table 2A

The group "Employers and own-account workers" also includes unpaid family workers.

Tableau 2A

La rubrique «Employeurs et personnes travaillant à leur propre compte» comprend aussi les travailleurs familiaux non rémunérés.

Cuadro 2A

El grupo «Empleadores y trabajadores por cuenta propia» incluye también a los trabajadores familiares no remunerados.

Finland

Tables 1, 2A

Economically active population figures relate to persons 15 to 74 years of age.

Tableaux 1, 2A

Les chiffres de la population active se réfèrent aux personnes âgées de 15 à 74 ans.

Cuadros 1, 2A

Las cifras de la población económicamente activa se refieren a las personas de 15 a 74 años de edad.

France

Table 2A

The group "Employers and own-account workers" also includes unpaid family workers.

Excl. persons on compulsory military service.

Tableau 2A

La rubrique «Employeurs et personnes travaillant à leur propre compte» comprend aussi les travailleurs familiaux non rémunérés.

Non compris les personnes effectuant leur service militaire obligatoire (militaires du contingent).

Cuadro 2A

El grupo «Empleadores y trabajadores por cuenta propia» incluye también a los trabajadores familiares no remunerados.

Excl. las personas en servicio militar obligatorio.

Germany, Fed. Rep. of

Tables 1, 2A, 2B, 2C

All figures are rounded to the nearest 1,000; consequently, the totals shown may differ from the sum of the component parts.

Tables 2A, 2C

Figures of less than 5,000 are indicated by a dash.

Tableaux 1, 2A, 2B, 2C

Tous les nombres étant arrondis au multiple de 1 000 le plus proche, les totaux indiqués peuvent différer de la somme de leurs parties composantes.

Tableaux 2A, 2C

Les chiffres représentant moins de 5 000 personnes sont désignés par un tiret.

Cuadros 1, 2A, 2B, 2C

Todas las cifras han sido redondeadas al múltiplo de 1 000 más próximo; en consecuencia, los totales indicados pueden diferir de la suma de las partes que la componen.

Cuadros 2A, 2C

Las cifras inferiores a 5 000 personas están indicadas por un guión.

Hungary

Table 2A

The group "Not classifiable by status" relates to members of producers' co-operatives.

Tableau 2A

La rubrique «Inclassables d'après la situation» se réfère aux membres de coopératives de producteurs.

Cuadro 2A

El grupo «Inclasificables según la situación» se refiere a los miembros de cooperativas de producción.

Ireland

Tables 1, 2A, 2B, 2C

All figures are rounded to the nearest 100; consequently, the totals shown may differ from the sum of the component parts.

Tables 2A, 2C

The major division "Community, social and personal services" also includes restaurants and hotels.

Tableaux 1, 2A, 2B, 2C

Tous les nombres étant arrondis au multiple de 100 le plus proche, les totaux indiqués peuvent différer de la somme de leurs parties composantes.

Tableaux 2A, 2C

La branche d'activité «Services à la collectivité, services sociaux et personnels» comprend aussi les restaurants et hôtels.

Cuadros 1, 2A, 2B, 2C

Todas las cifras han sido redondeadas al múltiplo de 100 más próximo; en consecuencia, los totales indicados pueden diferir de la suma de las partes que la componen.

Cuadros 2A, 2C

La gran división «Servicios comunales, sociales y personales» incluye los restaurantes y hoteles.

Notes to tables 1 to 2C (indicated by the symbol †)
Notes relatives aux tableaux 1 à 2C (indiquées par le symbole †)
Notas relativas a los cuadros 1 a 2C (indicadas por medio del símbolo †)

Italie

Tables 1, 2A

Economically active population figures do not include persons on compulsory military service.

All figures are rounded to the nearest 1,000; consequently, the totals shown may differ from the sum of the component parts.

Table 1

Totals also include permanent members of institutional households for whom a distribution by age group is not available.

Tableaux 1, 2A

Les chiffres de la population active ne comprennent pas les personnes effectuant leur service militaire obligatoire (militaires du contingent).

Tous les nombres étant arrondis au multiple de 1 000 le plus proche, les totaux indiqués peuvent différer de la somme de leurs parties composantes.

Tableau 1

Les totaux comprennent aussi les membres permanents des ménages collectifs, dont la répartition par groupe d'âge n'est pas disponible.

Cuadros 1, 2A

Las cifras de la población económicamente activa no incluyen a las personas en servicio militar obligatorio.

Todas las cifras han sido redondeadas al múltiplo de 1 000 más próximo; en consecuencia, los totales indicados pueden diferir de la suma de las partes que la componen.

Cuadro 1

Los totales incluyen también a los miembros permanentes de los hogares colectivos, para los cuales una distribución por grupo de edad no está disponible.

Malta

Table 2A

The group "Employers and own-account workers" also includes unpaid family workers.

Tableau 2A

La rubrique «Employeurs et personnes travaillant à leur propre compte» comprend aussi les travailleurs familiaux non rémunérés.

Cuadro 2A

El grupo «Empleadores y trabajadores por cuenta propia» incluye también a los trabajadores familiares no remunerados.

Netherlands

Table 1

All figures are rounded to the nearest 100; consequently, the totals shown may differ from the sum of the component parts.

Tables 2A, 2B, 2C

All figures are rounded to the nearest 1,000; consequently, the totals shown may differ from the sum of the component parts.

Tables 2A, 2B

Column "Total" also includes 252,000 unemployed whose distribution by sex is not available.

Table 2B

The group "Employers and own-account workers" also includes 111,000 unpaid family workers (14,000 males and 97,000 females).

Tableau 1

Tous les nombres étant arrondis au multiple de 100 le plus proche, les totaux indiqués peuvent différer de la somme de leurs parties composantes.

Tableaux 2A, 2B, 2C

Tous les nombres étant arrondis au multiple de 1 000 le plus proche, les totaux indiqués peuvent différer de la somme de leurs parties composantes.

Tableaux 2A, 2B

La colonne «Total» comprend aussi 252 000 chômeurs dont la répartition par sexe n'est pas disponible.

Tableau 2B

La rubrique «Employeurs et personnes travaillant à leur propre compte» comprend aussi 111 000 travailleurs familiaux non rémunérés (14 000 hommes et 97 000 femmes).

Cuadro 1

Todas las cifras han sido redondeadas al múltiplo de 100 más próximo; en consecuencia, los totales indicados pueden diferir de la suma de las partes que la componen.

Cuadros 2A, 2B, 2C

Todas las cifras han sido redondeadas al múltiplo de 1 000 más próximo; en consecuencia, los totales indicados pueden diferir de la suma de las partes que la componen.

Cuadros 2A, 2B

La columna «Total» incluye también a 252 000 desempleados cuya distribución por sexo no está disponible.

Cuadro 2B

El grupo «Empleadores y trabajadores por cuenta propia» incluye también a 111 000 trabajadores familiares no remunerados (14 000 hombres y 97 000 mujeres).

Norway

Tables 1, 2A, 2B, 2C

Economically active population figures do not include persons on compulsory military service.

Tables 2A, 2B, 2C

Figures of less than 1,000 are indicated by a dash.

Table 2C

Figures in italics show totals for persons already included in the component occupational and/or industrial group.

Tableaux 1, 2A, 2B, 2C

Les chiffres de la population active ne comprennent pas les personnes effectuant leur service militaire obligatoire (militaires du contingent).

Tableaux 2A, 2B, 2C

Les chiffres représentant moins de 1 000 personnes sont désignés par un tiret.

Tableau 2C

Les chiffres en italique indiquent les totaux de personnes déjà incluses dans les composantes des groupes de professions et/ou industriels.

Cuadros 1, 2A, 2B, 2C

Las cifras de la población económicamente activa no incluyen a las personas en servicio militar obligatorio.

Cuadros 2A, 2B, 2C

Las cifras inferiores a 1 000 personas están indicadas por un guión.

Cuadro 2C

Las cifras en itálica indican los totales de personas ya incluidas dentro de las partes que componen los grupos de ocupaciones y/o industriales.

Notes to tables 1 to 2C (indicated by the symbol †)
Notes relatives aux tableaux 1 à 2C (indiquées par le symbole †)
Notas relativas a los cuadros 1 a 2C (indicadas por medio del símbolo †)

Poland

Tables 2A, 2C

National classification.

Tableaux 2A, 2C

Classification nationale.

Cuadros 2A, 2C

Clasificación nacional.

Portugal

Tables 1, 2A, 2B, 2C

Due to independent estimation, the totals shown may differ from the sum of the component parts.

Table 2C

Figures in italics show totals for persons already included in the component occupational and/or industrial group.

Tableaux 1, 2A, 2B, 2C

En raison d'une estimation indépendante, les totaux indiqués peuvent différer de la somme de leurs parties composantes.

Tableau 2C

Les chiffres en italique indiquent les totaux de personnes déjà incluses dans les composantes des groupes de professions et/ou industriels.

Cuadros 1, 2A, 2B, 2C

En razón de una estimación independiente, los totales indicados pueden diferir de la suma de las partes que la componen.

Cuadro 2C

Las cifras en itálica indican los totales de personas ya incluidas dentro de las partes que componen los grupos de ocupaciones y/o industriales.

Suisse

Table 1

Total population figures are based on estimates at the beginning of the year.

Tableau 1

Les chiffres de la population totale sont fondés sur des estimations au début de l'année.

Cuadro 1

Las cifras de la población total están basadas en estimaciones al principio del año.

Sweden

Tables 1, 2A, 2B, 2C

Economically active population figures do not include persons on compulsory military service and persons seeking their first job.

Economically active population figures relate to persons 16 to 74 years of age who have worked at least one hour per week.

Tables 2A, 2B, 2C

All figures are rounded to the nearest 100; consequently, the totals shown may differ from the sum of the component parts.

Table 2B

1958 ISCO.

Miners, quarrymen and related workers; workers in transport and communication occupations; craftsmen, prod.-process workers and labourers not elsewhere classified. Separate data for these occupational groups are not available for this table.

Table 2C

Figures in italics show totals for persons already included in the component occupational and/or industrial group.

Tableaux 1, 2A, 2B, 2C

Les chiffres de la population active ne comprennent ni les personnes effectuant leur service militaire obligatoire (militaires du contingent) ni les personnes en quête de leur premier emploi.

Les chiffres de la population active se réfèrent aux personnes âgées de 16 à 74 ans ayant travaillé au moins une heure par semaine.

Tableaux 2A, 2B, 2C

Tous les nombres étant arrondis au multiple de 100 le plus proche, les totaux indiqués peuvent différer de la somme de leurs parties composantes.

Tableau 2B

CITP de 1958.

Mineurs, carriers et travailleurs assimilés; travailleurs des transports et des communications; artisans, ouvriers de métier, ouvriers à la production et manœuvres non classés ailleurs. Des données séparées pour ces groupes de professions ne sont pas disponibles pour ce tableau.

Tableau 2C

Les chiffres en italique indiquent les totaux de personnes déjà incluses dans les composantes des groupes de professions et/ou industriels.

Cuadros 1, 2A, 2B, 2C

Las cifras de la población económicamente activa no incluyen a las personas en servicio militar obligatorio ni a las personas en busca de su primer empleo.

Las cifras de la población económicamente activa se refieren a las personas de 16 a 74 años de edad que han trabajado por lo menos una hora por semana.

Cuadros 2A, 2B, 2C

Todas las cifras han sido redondeadas al múltiplo de 100 más próximo; en consecuencia, los totales indicados pueden diferir de la suma de las partes que la componen.

Cuadro 2B

CIUO de 1958.

Mineros, canteros y trabajadores asimilados; trabajadores de los transportes y comunicaciones; artesanos y trabajadores ocupados en los diversos procesos de producción y peones no clasificados bajo otros epígrafes. Datos separados relativos a estos grupos de ocupaciones no están disponibles para este cuadro.

Cuadro 2C

Las cifras en itálica indican los totales de personas ya incluidas dentro de las partes que componen los grupos de ocupaciones y/o industriales.

United Kingdom

Tables 1, 2A

"De jure" population.

Tableaux 1, 2A

Population «de jure».

Cuadros 1, 2A

Población «de jure».

Notes to tables 1 to 2C (indicated by the symbol †)
Notes relatives aux tableaux 1 à 2C (indiquées par le symbole †)
Notas relativas a los cuadros 1 a 2C (indicadas por medio del símbolo †)

OCEANIA – OCÉANIE – OCEANIA

Australia

Tables 1, 2A, 2B

1976: due to independent estimation, the totals shown may differ from the sum of the component parts.

Table 2A

1979: all figures are rounded to the nearest 1,000; consequently, the totals shown may differ from the sum of the component parts.

Tableaux 1, 2A, 2B

1976: en raison d'une estimation indépendante, les totaux indiqués peuvent différer de la somme de leurs parties composantes.

Tableau 2A

1979: tous les nombres étant arrondis au multiple de 1 000 le plus proche, les totaux indiqués peuvent différer de la somme de leurs parties composantes.

Cuadros 1, 2A, 2B

1976: en razón de una estimación independiente, los totales indicados pueden diferir de la suma de las partes que la componen.

Cuadro 2A

1979: todas las cifras han sido redondeadas al múltiplo de 1 000 más próximo; en consecuencia, los totales indicados pueden diferir de la suma de las partes que la componen.

Fiji

Table 2B

The group "Employers and own-account workers" also includes 28,214 agricultural members of producers' co-operatives (25,206 males and 3,008 females).

The group "Not classifiable by status" also includes unemployed.

Tableau 2B

La rubrique «Employeurs et personnes travaillant à leur propre compte» comprend aussi 28 214 membres de coopératives de producteurs agricoles (25 206 hommes et 3 008 femmes).

La rubrique «Inclassables d'après la situation» comprend aussi les chômeurs.

Cuadro 2B

El grupo «Empleadores y trabajadores por cuenta propia» incluye también a 28 214 miembros de cooperativas de producción agrícola (25 206 hombres y 3 008 mujeres).

El grupo «Inclasificables según la situación» incluye también a los desempleados.

Guam

Table 2A

"De jure" population; excl. armed forces.

Tableau 2A

Population «de jure»; non compris les forces armées.

Cuadro 2A

Población «de jure»; excl. las fuerzas armadas.

New Zealand

Tables 1, 2A

Incl. Maoris; excl. armed forces overseas.

Economically active population figures relate to persons who have worked at least 20 hours per week.

Tableaux 1, 2A

Y compris les Maoris; non compris les forces armées stationnées outre-mer.

Les chiffres de la population active se réfèrent aux personnes ayant travaillé au moins 20 heures par semaine.

Cuadros 1, 2A

Incl. los maoríes; excl. las fuerzas armadas en ultramar.

Las cifras de la población económicamente activa se refieren a las personas que han trabajado por lo menos 20 horas a la semana.

Niue

Tables 1, 2B

Economically active population figures do not include unemployed.

Tableaux 1, 2B

Les chiffres de la population active ne comprennent pas les chômeurs.

Cuadros 1, 2B

Las cifras de la población económicamente activa no incluyen a los desempleados.

Polynésie française

Tables 1, 2A, 2B, 2C

Economically active population figures do not include unemployed.

Table 2C

Major division "6" also includes data relating to major division "8". Separate data for these divisions are not available for this table.

Tableaux 1, 2A, 2B, 2C

Les chiffres de la population active ne comprennent pas les chômeurs.

Tableau 2C

La branche d'activité «6» comprend aussi les données relatives à la branche d'activité «8». Des données séparées pour ces branches d'activité ne sont pas disponibles pour ce tableau.

Cuadros 1, 2A, 2B, 2C

Las cifras de la población económicamente activa no incluyen a los desempleados.

Cuadro 2C

La gran división «6» incluye los datos de la gran división «8». Datos separados relativos a estas divisiones no están disponibles por este cuadro.

Notes to tables 1 to 2C (indicated by the symbol †)
Notes relatives aux tableaux 1 à 2C (indiquées par le symbole †)
Notas relativas a los cuadros 1 a 2C (indicadas por medio del símbolo †)

USSR – URSS – URSS

URSS

Table 1

Economically active population figure is provisional.

Tableau 1

Le chiffre de la population active est provisoire.

Cuadro 1

La cifra de la población económicamente activa es provisional.

CHAPTER
CHAPITRE
CAPITULO

II

Employment
Emploi
Empleo

Employment

Employment is defined as follows in the Resolution concerning statistics of the labour force, employment and unemployment, adopted by the Eighth International Conference of Labour Statisticians (Geneva, 1954):[1]

(1) Persons in employment consist of all persons above a specified age in the following categories:

(a) at work: persons who performed some work for pay or profit during a specified brief period, either one week or one day;

(b) with a job but not at work: persons who, having already worked in their present job, were temporarily absent during the specified period because of illness or injury, industrial dispute, vacation or other leave of absence, absence without leave, or temporary disorganisation of work due to such reasons as bad weather or mechanical breakdown.

(2) Employers and own-account workers should be included among the employed and may be classified as "at work" or "not at work" on the same basis as other employed persons.

(3) Unpaid family workers currently assisting in the operation of a business or farm are considered as employed if they worked for at least one-third of the normal working time during the specified period.

(4) The following categories of persons are *not* considered as employed:

(a) workers who during the specified period were on temporary or indefinite lay-off without pay;

(b) persons without jobs or businesses or farms who had arranged to start a new job or business or farm at a date subsequent to the period of reference;

(c) unpaid members of the family who worked for less than one-third of the normal working time during the specified period in a family business or farm.

For various reasons, national definitions of employment often differ from the recommended international standard definition. The differences reflect in large measure the variety of national practices in measuring employment.[2]

In general, employment data are obtained from four main sources, namely, household sample surveys, establishment surveys, administrative records of social insurance schemes, or official national estimates.

The four main sources of employment statistics described below are identified in the tables by the codes I, II, III and IV:

Source I. *Labour force sample surveys* and *General household sample surveys.* These surveys are a source of regular information on both the total civilian labour force (employed plus unemployed) and total inactive population.

For the employed population, Source I covers all *status* groups, that is, not only wage and salaried employees but also employers, own-account workers, unpaid family workers and members of producers' co-operatives. The data generally relate to employment during a specified brief period, either one week or one day. Usually, no distinction is made between persons employed full time and those working less than full time.

Source II. *Social insurance statistics.* This source covers the working population protected by sickness, accident or unemployment insurance schemes, or the like. The number of contributors or of contributions paid provides a measure of the number of insured persons in employment (unemployed persons being exempt from the obligation to pay contributions). Persons working a very short time or receiving a very low pay are sometimes excluded from these statistics. In addition to changes in the actual number of persons employed, employment statistics based on social insurance records may also reflect changes in coverage of particular industrial, occupational or status groups.

Source III. *Establishment surveys.* This source provides data on the number of workers on establishment payrolls for a specified payroll period or working day in this period. In general, there are two types of establishment statistics.

The first type covers *all establishments of a given importance,* e.g. those fulfilling certain conditions, such as having more than a certain number of employees, having an annual output of more than a certain value, etc. The data thus obtained may be subject to some bias owing to the exclusion of establishments which are below the minimum size fixed for the series; moreover, a shift of employment from small to large establishments will be reflected in a rising trend in the series; provided, however, that this minimum is small, the scope of such series is usually very wide and they furnish a close approximation of the fluctuations in employment.

The second type of statistics relate to a *sample of establishments.* The chief difficulty with such statistics is to ensure that the sample of establishments remains representative of the whole. For example, changes in industrial structure, the growth and decline of individual establishments, general population movements and pronounced changes in the levels of activity in some sectors of the economy tend to introduce a cumulative bias in this sample which may become appreciable after several years.

In certain countries where statistics of the first type *(all establishments of a given importance)* are available only at annual or longer intervals, they may be combined either by chaining or by interpolation with statistics of the second type *(samples of establishments)* which are available more frequently.

Source IV. *Official estimates.* These statistics are official estimates provided by national authorities. Such estimates are usually based on combined information drawn from one or more of the above sources (I, II and III).

When comparing data on employment shown in the various tables in this chapter, due regard should be given not only to differences in sources of data but also to the differences in scope and coverage of the statistics shown. Details on status groups and divisions of economic activity covered or omitted, or on geographic coverage and alternate dates of reference are given in each table and its footnotes.

Table 3 A

General Level of Employment

The employment series shown in this table cover all major divisions of economic activity *(Industry).* In addition, for certain series some component major divisions of economic activity such as "Major division 1. Agriculture, hunting, forestry and fishing" and "Major division 9. Community, social and personal services" may not be fully represented.

Table 3 B

Structure of Employment

This table presents absolute figures on the distribution of the employed by major divisions of economic activity *(Industry)*. Data are arranged, so far as possible, according to the major divisions of economic activity of the *International Standard Industrial Classification of All Economic Activities (ISIC-1968)*, shown in the Appendix.

Table 4

Employment in Non-Agricultural Activities

The data on employment shown in this table cover all major divisions of economic activity other than "Major division 1. Agriculture, hunting, forestry and fishing."

Table 5

Employment in Manufacturing

Part A of this table presents data on employment in manufacturing as a whole, that is, for all components of this major division of economic activity *(Industry)*.

Part B shows employment in manufacturing by major groups of industry.

Table 6

Employment in Mining and Quarrying

Table 7

Employment in Construction

Table 8

Employment in Transport, Storage and Communication

The number of persons employed (wage earners and salaried employees) in the major divisions of economic activity *(Industry)* given in tables 4, 5, 6, 7 and 8 are obtained, in so far as possible, from identical sources as the data given in the corresponding tables on hours of work (chapter IV) and salaries (chapter V).

[1] See ILO: *International Recommendations on Labour Statistics* (Geneva, 1976).

[2] For descriptions of the various national series, sources, scopes, definitions and methods of compilation used, etc., see ILO: *Technical Guide 1980* (description of general series published in the *Bulletin* and the *Year Book of Labour Statistics*), Vol. II, "Employment–Unemployment–Hours of Work–Wages" (Geneva, 1980).

Emploi

L'emploi est défini de la manière suivante dans la résolution concernant les statistiques de la main-d'œuvre, de l'emploi et du chômage, adoptée par la huitième Conférence internationale des statisticiens du travail (Genève, 1954)[1]:

(1) Les personnes pourvues d'un emploi sont toutes les personnes qui, ayant dépassé un âge spécifié, rentrent dans une des catégories suivantes:

a) personnes au travail: personnes qui ont effectué un travail rémunéré durant une courte période spécifiée, qui peut être soit une semaine, soit un jour;

b) personnes qui ont un emploi mais ne sont pas au travail: personnes qui, ayant déjà travaillé dans leur emploi actuel, en sont temporairement absentes durant la période spécifiée pour cause de maladie ou d'accident, conflit du travail, vacances ou autre forme de congés, absence volontaire ou empêchement temporaire de travailler dû à des causes telles que conditions climatiques défavorables ou incidents techniques.

(2) Les employeurs et les personnes travaillant à leur propre compte doivent rentrer dans la catégorie des personnes pourvues d'un emploi et peuvent être classées comme «étant au travail» ou «n'étant pas au travail», sur la même base que les autres personnes pourvues d'un emploi.

(3) Les travailleurs familiaux non rémunérés qui collaborent de façon habituelle au fonctionnement d'une exploitation agricole ou d'une entreprise sont considérés comme pourvus d'un emploi s'ils ont travaillé pendant une durée au moins égale au tiers de la durée normale du travail pendant la période spécifiée.

(4) Ne sont *pas* considérés comme personnes pourvues d'un emploi:

a) les travailleurs qui, durant la période spécifiée, sont mis à pied temporairement ou pour une durée indéfinie, sans rémunération;

b) les personnes qui n'ont ni emploi, ni exploitation agricole, ni entreprise, et qui ont pris leurs dispositions en vue de commencer à travailler dans un nouvel emploi ou d'ouvrir une exploitation agricole ou une entreprise à une date postérieure à la période de référence;

c) les membres de la famille non rémunérés qui ont travaillé dans l'entreprise ou l'exploitation familiale pendant une durée inférieure au tiers de la durée normale du travail pendant la période spécifiée.

Pour des raisons diverses, les définitions nationales de l'emploi diffèrent souvent de la définition internationale type recommandée. Les différences sont dues, pour une grande part, aux diverses méthodes nationales utilisées dans la mesure de l'emploi[2].

Les données sur l'emploi sont, en général, obtenues à partir de quatre sources principales, à savoir: les enquêtes par sondage auprès des ménages, les enquêtes auprès des établissements, les registres administratifs provenant des régimes d'assurances sociales, ou d'évaluations officielles nationales.

Les quatre sources principales des statistiques de l'emploi décrites ci-après sont identifiées dans les tableaux par les codes I, II, III et IV:

Source I. *Enquêtes par sondage sur la main-d'œuvre* et *Enquêtes générales par sondage auprès des ménages.* Ces enquêtes constituent une source d'informations régulière tant sur la main-d'œuvre civile totale (personnes occupées plus chômeurs) que sur la population inactive totale. En ce qui concerne la population occupée, la source I couvre les personnes occupées appartenant à toutes les catégories de *situation dans la profession,* c'est-à-dire non seulement les ouvriers et les employés mais également les employeurs, les personnes travaillant à leur propre compte, les travailleurs familiaux non rémunérés et les membres des coopératives de producteurs. Les données concernent en général les personnes pourvues d'un emploi durant une courte période spécifiée, qui peut être soit une semaine, soit un jour. Aucune distinction n'est faite entre les personnes travaillant à plein temps et celles qui travaillent à temps partiel.

Source II. *Statistiques d'assurances sociales.* Cette source couvre les personnes occupées, protégées par l'assurance-maladie, accidents ou chômage, ou par un régime analogue. Le nombre des cotisants ou des cotisations versées fournit une mesure des effectifs assurés et occupés (les chômeurs étant dispensés du paiement de leur cotisation). Les personnes travaillant durant une très courte période ou qui sont très peu rémunérées sont quelquefois omises de ces statistiques. Outre les changements intervenant dans le nombre effectif des personnes occupées, les statistiques de l'emploi fondées sur les archives des assurances sociales peuvent également refléter des modifications de portée pour certains groupes classés selon la branche d'activité économique, la profession ou la situation dans la profession.

Source III. *Enquête auprès des établissements.* Cette source couvre les travailleurs inscrits sur les bordereaux de salaires au cours d'une période de paie déterminée ou d'un jour de travail de cette période. En général, on distingue deux types d'enquêtes auprès des établissements:

Le premier type de statistiques englobe *tous les établissements d'une importance déterminée,* c'est-à-dire ceux qui répondent à certains critères (par exemple les entreprises qui occupent plus d'un certain nombre d'ouvriers; celles dont la production annuelle est supérieure à une certaine valeur, etc.). Les données ainsi rassemblées peuvent être sujettes à des écarts systématiques provenant de l'élimination d'établissements qui n'atteignent pas la limite minimum fixée pour ces séries; de plus, un déplacement de l'emploi des petits établissements vers les grands établissements se traduira par une tendance à l'augmentation des séries. Toutefois, lorsque la limite minimum est fixée assez bas, la portée de telle séries est généralement très étendue et ces statistiques reflètent assez fidèlement les fluctuations de l'emploi.

Les statistiques du second type reposent sur un *échantillon d'établissements.* Dans de telles séries, la difficulté principale consiste à conserver aux établissements sélectionnés un caractère représentatif. Par exemple, des variations de la structure industrielle, le développement ou le déclin d'établissements particuliers, le mouvement général de la population ou des changements marqués dans l'activité de certains secteurs économiques ont tendance à introduire un écart systématique cumulatif dans l'échantillon qui, au bout de quelques années, peut devenir sensible.

Dans certains pays où les statistiques du premier type (tous les établissements d'une importance déterminée) ne sont disponibles que tous les ans ou à des intervalles plus longs, celles-ci sont combinées soit par enchaînement, soit par interpolation, avec les statistiques du second type *(échantillon d'établissements)* plus fréquemment disponibles.

Source IV. *Evaluations officielles.* Ces statistiques sont des évaluations officielles fournies par les autorités nationales. De telles estimations sont généralement basées sur une combinaison d'informations tirées d'une ou plusieurs sources mentionnées ci-dessus (I, II et III).

Lorsque l'on compare les données de l'emploi présentées dans les divers tableaux de ce chapitre, il convient de prêter une attention particulière non seulement aux différences existant entre les sources des données, mais également entre les portées des statistiques publiées. Des indications détaillées sont fournies dans chaque tableau ainsi que dans les notes de bas de page sur les groupes de professions et les branches d'activité économique couverts ou omis, de même que sur la portée géographique et les dates de référence respectives des séries.

Tableau 3 A

Niveau général de l'emploi

Les séries de l'emploi présentées dans ce tableau couvrent toutes les branches d'activité économique *(industrie)*. En outre, il arrive que, pour certaines séries, les branches d'activité économique composantes (telles que: «Branche 1. Agriculture, chasse, sylviculture et pêche» et «Branche 9. Services fournis à la collectivité, services sociaux et services personnels») ne soient pas toutes représentées.

Tableau 3 B

Structure de l'emploi

Ce tableau présente des chiffres absolus relatifs à la distribution par *industrie* (branche d'activité économique) de la main-d'œuvre. Les données sont disposées, dans toute la mesure possible, selon les branches d'activité économique de la *Classification internationale type, par industrie, de toutes les branches d'activité économique (CITI-1968)*, présentée dans l'annexe.

Tableau 4

Emploi dans les activités non agricoles

Les données de l'emploi présentées dans ce tableau couvrent l'ensemble des branches d'activité économique à l'exception de la «Branche 1. Agriculture, chasse, sylviculture et pêche».

Tableau 5

Emploi dans les industries manufacturières

La *partie A* de ce tableau présente les données de l'emploi dans l'ensemble des industries manufacturières, c'est-à-dire pour l'ensemble des composantes de cette branche d'activité économique *(industrie)*.

La *partie B* de ce tableau fournit les données de l'emploi dans les industries manufacturières par classe d'industrie.

Tableau 6

Emploi dans les industries extractives

Tableau 7

Emploi dans la construction

Tableau 8

Emploi dans les transports, les entrepôts et les communications

Le nombre de personnes occupées (ouvriers et employés) dans les branches d'activité économique *(industrie)* fourni dans les tableaux 4, 5, 6, 7 et 8 est obtenu, dans la mesure du possible, à partir de sources identiques à celles fournissant les données des tableaux correspondants de la durée du travail (chapitre IV) et des salaires (chapitre V).

[1] Voir BIT: *Recommandations internationales sur les statistiques du travail* (Genève, 1975).

[2] Pour les descriptions des diverses séries nationales, sources, portées, définitions et méthodes de calcul utilisées, etc., voir BIT: *Guide technique 1980* (description des séries générales publiées dans le *Bulletin* et l'*Annuaire des statistiques du travail*), vol. II: «Emploi – Chômage – Durée du travail – Salaires» (Genève, 1980).

Empleo

El empleo se halla definido de la manera siguiente en la resolución sobre estadísticas de la fuerza del trabajo, del empleo y del desempleo adoptada por la octava Conferencia Internacional de Estadígrafos del Trabajo (Ginebra, 1954)[1]:

1) Las personas comprendidas en el empleo son todas aquellas que tengan más de cierta edad especificada y que estén dentro de las categorías siguientes:

a) que estén trabajando; es decir, las personas que realizan algún trabajo remunerado durante un breve período especificado, ya sea durante una semana o un día;

b) que tengan un empleo, pero que no estén trabajando, o sea, las personas que hayan trabajado ya en su empleo actual, pero que se hallen temporalmente ausentes del trabajo en el curso del período especificado debido a enfermedad o accidente, conflicto de trabajo, vacaciones u otra clase de permiso, ausencia sin permiso, interrupción del trabajo a causa de determinados motivos, como, por ejemplo, el mal tiempo o averías producidas en las máquinas.

2) Los empleadores y los trabajadores por cuenta propia deberían ser incluidos en la categoría de las personas con empleo y se podrían clasificar como «trabajando» o «sin trabajar» sobre la misma base que las demás personas empleadas.

3) Se considerará que los trabajadores familiares no remunerados que ordinariamente exploten o ayuden a explotar un negocio cualquiera o una explotación agrícola tienen un empleo si han trabajado por lo menos un tercio del tiempo normal de trabajo durante el período especificado.

4) *No* se considerarán como empleadas las personas comprendidas en las categorías siguientes:

a) los trabajadores que durante el período especificado hayan sido suspendidos temporal o indefinidamente, sin goce de remuneración;

b) las personas que no tengan ningún empleo o que no exploten un negocio cualquiera o una explotación agrícola, pero que hayan obtenido un nuevo empleo, negocio o explotación agrícola que haya de comenzar en una fecha subsiguiente al período de referencia;

c) los trabajadores familiares no remunerados que trabajen menos de un tercio del tiempo normal de trabajo durante el período especificado en un negocio o explotación agrícola familiar.

Por diversas razones, las definiciones nacionales de empleo difieren a menudo de la definición internacional tipo recomendada. Las diferencias reflejan en gran medida la variedad de prácticas nacionales en lo que hace a la medición del empleo[2].

Para obtener los datos de empleo se recurre por lo regular a una de las cuatro fuentes principales, que son la encuesta por muestra de los hogares, la encuesta de establecimientos, los registros administrativos de los regímenes de seguridad social y las estimaciones nacionales oficiales.

A continuación se describe cada una de las cuatro fuentes principales de estadísticas de empleo (identificadas en los cuadros por las claves I, II, III y IV):

Fuente I. *Encuestas por muestra sobre la fuerza trabajadora* y *Encuestas generales por muestra de hogares.* Estas encuestas permiten reunir regularmente datos tanto sobre el total de la fuerza de trabajo civil (empleados más desempleados) como sobre la población inactiva total.

En lo que concierne a la población ocupada, la fuente I abarca las personas empleadas en todas las *categorías ocupacionales,* es decir, no sólo los obreros y los empleados pero igualmente los empleadores, los trabajadores por cuenta propia, los trabajadores familiares no remunerados y los miembros de cooperativas de producción. Los datos se refieren generalmente a los trabajadores ocupados por un breve período determinado, sea de una semana o de un día. Por lo general, no se hace distinción entre las personas ocupadas a horario completo y las que trabajan a horario reducido.

Fuente II. *Estadísticas del seguro social.* Esta fuente abarca las personas ocupadas que tienen un seguro de enfermedad, accidente o desempleo. El número de contribuyentes o de contribuciones pagadas sirve para determinar el número de personas ocupadas aseguradas (ya que los desempleados están exentos de pagar contribuciones). A veces se excluye de estas estadísticas a las personas que trabajan durante períodos muy breves o que reciben una remuneración muy baja. Además de los cambios en el número actual de personas ocupadas, las estadísticas del empleo basadas en los registros del seguro social pueden también reflejar cambios en el alcance de determinados grupos de actividades económicas, de ocupación o profesionales.

Fuente III. *Encuestas de establecimientos.* Esta fuente abarca los trabajadores que figuran en las nóminas de salarios de los establecimientos, correspondientes a un período de pago o a un día laboral específico dentro de dicho período, y también pueden proporcionar el total de horas trabajadas durante un período de pago determinado. En general, existen dos tipos de estadísticas de establecimientos.

El primer tipo se refiere a *todos los establecimientos de una importancia determinada,* es decir, a aquellos que responden a ciertos criterios, por ejemplo, establecimientos que ocupan más de cierto número de obreros, establecimientos cuya producción anual es superior a cierto valor, etc. Los datos obtenidos pueden estar sujetos a errores sistemáticos debidos a la eliminación de los establecimientos que no alcanzan los límites fijados como criterio mínimo de inclusión en la serie; además, el desplazamiento del empleo de los establecimientos pequeños hacia los grandes se reflejará en las series como una tendencia de crecimiento. Sin embargo, y a condición de que esos mínimos sean bajos, el alcance de estas series es generalmente muy amplio y refleja con bastante exactitud las fluctuaciones del empleo.

El segundo tipo de estadísticas se refiere a *muestras de establecimientos.* La principal dificultad en dichas estadísticas consiste en mantener el carácter representativo de la muestra de establecimientos. Por ejemplo, los cambios en la estructura industrial, el crecimiento o la declinación de determinados establecimientos, el movimiento general de la población y otras modificaciones importantes del nivel de actividad de ciertos sectores de la economía tienden a introducir un error en la muestra que, al acumularse, puede llegar a ser apreciable al cabo de algunos años.

En ciertos países en que se dispone de estadísticas del primer tipo (establecimientos de determinada importancia) solamente a intervalos anuales o aun mayores, los datos pueden combinarse con estadísticas del segundo tipo *(muestras de establecimientos)* de las que se dispone con mayor frecuencia, utilizando el método de enlace o por interpolación.

Fuente IV. *Estimaciones oficiales.* Estas estadísticas son estimaciones oficiales provenientes de autoridades nacionales. Por lo general estas estimaciones se basan en informaciones combinadas extraídas de una o más de las fuentes ya mencionadas (I, II y III).

Al comparar los datos sobre el empleo presentados en los diversos cuadros de este capítulo, es conveniente conceder una atención particular no sólo a las diferencias entre las fuentes de los datos, sino también a las diferencias de alcance de las estadísticas publicadas. A tal efecto, en cada cuadro y en las notas de pie de página se dan indicaciones detalladas sobre los grupos de ocupación y las grandes divisiones de actividad económica, abarcados u omisos, como también sobre el alcance geográfico y las fechas de referencia de las series.

Cuadro 3 A

Nivel general del empleo

Las series del empleo que figuran en este cuadro abarcan todas las ramas de la actividad económica *(industria)*. Además, en ciertas series, algunas ramas de actividad económica, tales como «Agricultura, caza, silvicultura y pesca» y «Gran División 9. Servicios comunales, sociales y personales», no se hallan todas representadas.

Cuadro 3 B

Estructura del empleo

Este cuadro presenta las cifras absolutas de la distribución por *industrias* (ramas de actividad económica) de la fuerza de trabajo. Los datos se clasifican, en la medida de lo posible, por ramas de actividad económica de la *Clasificación industrial internacional uniforme de todas las actividades económicas (CIIU-1968)*, presentada en el apéndice.

Cuadro 4

Empleo en las actividades no agrícolas

Los datos sobre el empleo que figuran en este cuadro abarcan todas las ramas de la actividad económica, excepto la «Gran División 1. Agricultura, caza, silvicultura y pesca».

Cuadro 5

Empleo en las industrias manufactureras

En la *parte A* de este cuadro figuran los datos sobre el empleo del conjunto de las industrias manufactureras, es decir, del conjunto de los componentes de esta rama de actividad económica *(industria)*.

En la *parte B* figuran los datos sobre el empleo en las industrias manufactureras por agrupaciones de industria.

Cuadro 6

Empleo en minas y canteras

Cuadro 7

Empleo en la construcción

Cuadro 8

Empleo en los transportes, almacenaje y comunicaciones

El número de personas ocupadas (obreros y empleados) en las ramas de la actividad económica *(industria)* presentado en los cuadros 4, 5, 6, 7 y 8 se obtiene, en lo posible, de las mismas fuentes de las que provienen los datos de los cuadros correspondientes de las horas de trabajo (capítulo IV) y de los salarios (capítulo V).

[1] Véase OIT: *Recomendaciones internacionales sobre estadísticas del trabajo* (Ginebra, 1975).

[2] Para las descripciones de las diversas series nacionales, fuentes, alcance, definiciones y métodos de compilación utilizados, etc., véase OIT: *Guía Técnica 1980* (descripciones de las series generales publicadas en el *Boletín* y el *Anuario de Estadísticas del Trabajo*), vol. II, «Empleo – Desempleo – Horas de trabajo – Salarios» (Ginebra, 1980).

3 Employment / Emploi / Empleo

A General level of employment / Niveau général de l'emploi / Nivel general del empleo

(Thousands - Milliers - Millares)

Country - Source Pays - Source País - Fuente	1971	1972	1973	1974	1975	1976	1977	1978	1979	1980
AFRICA - AFRIQUE - AFRICA										
Botswana (III)										
Total [1]	.	41.3	46.9	51.6	57.3	59.4	62.7	69.4	75.6	...
Males - Hom. [1]	.	.	.	.	.	48.3	49.0	54.4	59.0	...
Fem. - Muj. [1]	.	.	.	.	.	11.1	13.7	15.0	16.6	...
Burundi [2] (IV)										
Total [3]		28.891	25.731	25.805	28.508	27.265	34.199	38.132	40.117	38.156
Rép.-Unie du Cameroun (III)										
Total	124.17	122.19	180.48	187.83	191.48	203.82	212.81	224.67	267.48	308.17
Egypt [4] (I) [5]										
Total [6]	8 252.5	8 682.0	8 567.3	8 867.3	9 030.7	...	9 198.2	9 448.0	9 565.3	...
Males - Hom. [6]	7 714.5	8 106.5	8 100.8	8 362.2	8 482.7	...	8 572.3	8 704.7	8 928.2	...
Fem. - Muj. [6]	538.0	575.5	466.5	505.1	548.0	...	625.9	743.3	637.1	...
Gabon (II) [7]										
Total	65.04	68.51	...	...	113.20	128.90	138.60	...	...	
Gambia (III)										
Total [8]	.	.	17.004	18.114	18.801	19.148	I 27.342 [9]	.	29.617	...
Males - Hom. [8]	.	.	.	16.137	16.871	17.336	I 24.578 [9]	.	26.244	...
Fem. - Muj. [8]	.	.	.	1.977	1.930	1.812	I 2.764 [9]	.	3.373	...
Kenya (III) [10]										
Total [11]	.	719.8	761.7	826.3	819.1	857.5	902.9	911.6	972.3	...
Males - Hom. [11]	.	.	.	.	.	.	748.2	752.8	807.1	...
Fem. - Muj. [11]	.	.	.	.	.	.	154.7	158.7	165.2	...
Liberia (III)										
Total	46.116	46.503	43.464	38.205	46.882	46.182	40.304	93.101	126.46	...
Males - Hom.	40.378	40.728	38.063	33.464	39.136	40.447	34.149	79.370	86.922	...
Fem. - Muj.	5.738	5.775	5.401	4.741	7.746	5.735	6.155	13.731	39.542	...
Libyan Arab Jamahiriya (IV) [5]										
Total	459.0	488.0	538.1	607.2	677.1	732.7	765.0	773.2	...	...
Malawi [12] (III) [13]										
B Total [7]	172.6	189.6	215.3	226.9	244.7	264.1	I 308.9 [14]	353.7*	357.8*	...
Males - Hom. [7]	158.7	173.8	193.5	203.1	221.3	239.4	I 276.4 [14]	312.7*	318.6*	...
Fem. - Muj. [7]	14.3	15.3	21.6	23.4	24.8	27.0	I 32.5 [14]	41.0*	39.2*	...

Explanatory notes and source: see p. 179 - Notes explicatives et source: voir p. 181 - Notas explicativas y fuente: véase p. 183

[1] ∅: Aug. of each year. [2] Bujumbura. [3] ∅: Dec. of each year. [4] Persons aged 12 to 64 years. [5] Civilian labour force employed. [6] ∅: May of each year. [7] Excl. domestic services. [8] ∅: Sep. of each year. [9] Beginning 1977: March. [10] Excl. small establishments in rural areas. [11] ∅: June of each year. [12] Establishments with 20 or more persons employed. [13] Incl. working proprietors and unpaid family workers. [14] Beginning 1977: sample of establishments and revised allocation of establishments in the industrial classification.

[1] ∅: août de chaque année. [2] Bujumbura. [3] ∅: déc. de chaque année. [4] Personnes âgées de 12 à 64 ans. [5] Main-d'œuvre civile occupée. [6] ∅: mai de chaque année. [7] Non compris les services domestiques. [8] ∅: sept. de chaque année. [9] A partir de 1977: mars. [10] Non compris les petites entreprises des zones rurales. [11] ∅: juin de chaque année. [12] Etablissements occupant 20 personnes et plus. [13] Y compris les propriétaires-exploitants et les travailleurs familiaux non rémunérés. [14] A partir de 1977: échantillon d'établissements et changements dans leur répartition industrielle.

[1] ∅: agosto de cada año. [2] Bujumbura. [3] ∅: dic. de cada año. [4] Personas de 12 a 64 años. [5] Fuerza trabajadora civil ocupada. [6] ∅: mayo de cada año. [7] Excl. los servicios domésticos. [8] ∅: sept. de cada año. [9] A partir de 1977: marzo. [10] Excl. las pequeñas empresas de las zonas rurales. [11] ∅: junio de cada año. [12] Establecimientos con 20 y más trabajadores. [13] Incl. los empresarios propietarios y los trabajadores familiares no remunerados. [14] A partir de 1977: muestra de establecimientos y cambios en la distribución industrial de los establecimientos.

3 Employment / Emploi / Empleo

A General level of employment / Niveau général de l'emploi / Nivel general del empleo

(Thousands – Milliers – Millares)

Country – Source Pays – Source País – Fuente	1971	1972	1973	1974	1975	1976	1977	1978	1979	1980
Mauritius [1] (III) [2]										
B Total [3]	137.03	144.69	154.01	161.79	168.64	180.64	194.40	196.80	198.36	196.48*
B Males – Hom. [3]	110.33	116.89	123.04	126.86	131.54	138.18	147.04	148.60	148.27	144.81*
B Fem. – Muj. [3]	26.70	27.80	30.97	34.93	37.10	42.46	47.36	48.20	51.10	51.66*
Seychelles [4] (II)										
Total [5]	.	.	13.709	12.973	13.758	14.920	16.014	15.356	16.530	...
Sierra Leone [6] (III) [7]										
B Total [8]	.	.	.	63.96	61.30	61.89	61.33	60.05	67.93	69.90
Swaziland (III)										
Total [9]	47.051	53.856	57.032	62.061	64.405	66.215[10]	66.225	71.256	65.247	...
Males – Hom. [9]	35.953	42.609	44.769	48.476	50.011	47.559[10]	48.653	54.017	48.707	...
Fem. – Muj. [9]	11.098	11.247	12.263	13.585	14.394	18.656[10]	17.572	17.239	16.540	...
Tunisie (IV)										
Total	1 312.0	1 386.7	1 417.3	1 455.8	1 366.5	1 440.1	1 480.0	1 524.0	1 567.9	1 609.3
Males – Hom.	.	.	.	.	1 105.9	1 163.5	...	...	...	1 249.7
Fem. – Muj.	.	.	.	.	260.6	276.6	...	...	...	359.6
Zimbabwe [4] (III) [11]										
B Total	891.0	953.0	997.0	1 040.0	1 050.0	1 033.0	1 012.0	986.0	984.0	1 006.0
AMERICA – AMÉRIQUE – AMERICA										
Bahamas (II) [12]										
Total [13]	.	.	.	.	.	60.410	70.771	69.876	72.713	...
Bolivia (IV) [14]										
Total	1 236.1	1 275.8	1 316.7	1 358.8	1 402.3	1 447.2	1 485.3	1 525.6	1 565.7	...
Males – Hom.	855.2	884.1	915.5	947.1	975.7	1 006.9	948.7	976.4	1 006.2	...
Fem. – Muj.	380.9	391.7	401.2	411.7	426.6	440.3	536.6	549.2	559.5	...
Brasil (III) [15]										
Total [8]	6 069	6 876	7 614	8 803	9 477	▮ 11 289[16]	...	...	...	...
Males – Hom. [8]	4 945	5 520	6 033	6 879	7 326	▮ 8 568[16]	...	...	...	...
Fem. – Muj. [8]	1 124	1 356	1 581	1 924	2 151	▮ 2 721[16]	...	...	...	...
Canada (I) [17]										
B Total	7 958	8 191	8 598	8 951	9 284	9 479	9 648	9 972	10 369	10 655
B Males – Hom.	5 302	5 431	5 647	5 836	5 903	5 965	6 031	6 148	6 347	6 430
B Fem. – Muj.	2 656	2 760	2 951	3 115	3 381	3 515	3 617	3 824	4 022	4 225
Colombia [18] (I)										
Total [19]	.	.	.	.	2 146.9	2 317.6	2 529.9	2 751.3	2 996.6	3 202.2
Males – Hom. [19]	.	.	.	.	1 361.2	1 449.2	1 574.8	1 716.1	1 854.8	1 977.6
Fem. – Muj. [19]	.	.	.	.	785.7	868.4	955.1	1 035.2	1 141.9	1 224.6

Explanatory notes and source: see p. 179 – Notes explicatives et source: voir p. 181 – Notas explicativas y fuente: véase p. 183

[1] Incl. development workers. [2] Employees. [3] ∅: March and Sep. of each year. [4] Excl. small establishments in rural areas. [5] ∅: Nov. of each year. [6] Employees and working proprietors. [7] Establishments with 6 or more persons employed. [8] ∅: Dec. of each year. [9] ∅: June of each year. [10] Prior to 1976, ∅: Sep. of each year. [11] All persons engaged. [12] Insured persons. [13] ∅: Jan. of each year. [14] Civilian labour force employed. [15] Registered establishments on 31st Dec. of each year. [16] Beginning 1978: revised questionnaire. [17] Persons aged 15 years and over. Prior to 1975: 14 years and over. [18] Seven main cities of the country. [19] ∅: Sep. of each year.

[1] Y compris les personnes occupées à des travaux publics de développement. [2] Salariés. [3] ∅: mars et sept. de chaque année. [4] Non compris les petites entreprises des zones rurales. [5] ∅: nov. de chaque année. [6] Salariés et propriétaires-exploitants. [7] Etablissements occupant 6 personnes et plus. [8] ∅: déc. de chaque année. [9] ∅: juin de chaque année. [10] Avant 1976, ∅: sept. de chaque année. [11] Ensemble de l'effectif occupé. [12] Personnes assurées. [13] ∅: janv. de chaque année. [14] Main-d'œuvre civile occupée. [15] Etablissements enregistrés le 31 déc. de chaque année. [16] A partir de 1978: questionnaire révisé. [17] Personnes âgées de 15 ans et plus. Avant 1975: 14 ans et plus. [18] Sept villes principales du pays. [19] ∅: sept. de chaque année.

[1] Incl. las personas ocupadas en planes de desarrollo. [2] Asalariados. [3] ∅: marzo y sept. de cada año. [4] Excl. las pequeñas empresas de las zonas rurales. [5] ∅: nov. de cada año. [6] Asalariados y empresarios propietarios. [7] Establecimientos con 6 y más trabajadores. [8] ∅: dic. de cada año. [9] ∅: junio de cada año. [10] Antes de 1976, ∅: sept. de cada año. [11] Todo el efectivo ocupado. [12] Personas aseguradas. [13] ∅: enero de cada año. [14] Fuerza trabajadora civil ocupada. [15] Establecimientos registrados en 31 dic. de cada año. [16] A partir de 1978: cuestionario revisado. [17] Personas de 15 años y más. Antes de 1975: 14 años y más. [18] Siete ciudades principales del país. [19] ∅: sept. de cada año.

3 Employment / Emploi / Empleo

A General level of employment / Niveau général de l'emploi / Nivel general del empleo

(Thousands – Milliers – Millares)

Country – Source Pays – Source País – Fuente	1971	1972	1973	1974	1975	1976	1977	1978	1979	1980
Costa Rica (I) [1]										
B Total [2]	.	.	542.33	...	...	616.79	653.26	687.04	707.13	724.71
B Males – Hom. [2]	.		.	.	.	484.06	503.17	519.42	530.11	548.30
B Fem. – Muj. [2]	.		.	.	.	132.72	150.09	167.62	177.02	176.40 [3]
Cuba (IV) [4]										
Total	2 081.9	2 125.9	2 245.7	2 313.3	2 393.8	2 469.2	2 607.8	...	...	...
Chile [5] (I) [6]										
B Total	917.9	912.7	941.3	929.8	916.6	936.9	983.4	1 063.2	1 097.1	1 149.3
B Males – Hom.	...	...	...	...	...	613.1	647.6	683.2	700.9	736.6
B Fem. – Muj.	...	...	...	...	...	323.8	335.8	380.0	396.2	412.7
Guyane française (IV)										
Total	9.738	9.986	9.784	10.795	11.012	12.580	12.791	13.475	13.879	...
Haïti (IV) [1]										
Total [7]	1 940.2	1 951.9	1 963.6	1 975.4	1 987.3	1 883.5	1 894.4	1 904.2	1 913.7	...
Males – Hom. [7]	1 063.2	1 072.7	1 082.2	1 091.8	1 101.5	995.5	1 004.2	1 009.4	1 014.5	...
Fem. – Muj. [7]	877.0	879.3	881.4	883.6	885.9	888.1	890.3	894.7	899.2	...
Jamaica [8] (I) [1]										
B Total	.	611.3	629.5	646.3	682.3	685.8	689.8	708.4	669.9	720.4
B Males – Hom. [9]	.	384.6	385.2	397.3	413.6	417.4	422.4	425.0	406.5	448.2
B Fem. – Muj. [9]	.	239.8	237.2	253.3	270.7	261.7	276.8	277.1	256.9	289.1
México (IV) [1]										
Total [10]	.	.	.	15 946	16 597	17 301	18 043	18 826	19 651	...
Males – Hom. [10]	.	.	.	.	13 016	13 449	13 897	14 489	14 843	...
Fem. – Muj. [10]	.	.	.	.	3 581	3 852	4 145	4 337	4 808	...
Nicaragua [11] (II) [12]										
B Total	81.91	89.86	86.65	98.58	111.56	120.94	134.37	132.29	112.18	133.40
Panamá (I) [1]										
Total [13]	441.3	455.4	464.1	487.4 [14]	461.2 [15]	471.5	470.4 [15]	499.3	527.0*	...*
Males – Hom. [13]	.	.	.	358.5 [14]	336.3 [15]	344.8	344.3 [15]	354.9	374.1*	...*
Fem. – Muj. [13]	.	.	.	128.9 [14]	124.9 [15]	126.7	126.1 [15]	144.4	152.9*	...*
Perú (IV) [1]										
Total	4 086.9	4 214.8	4 338.9	4 482.5	4 582.2	4 708.9	4 826.5	4 910.1	5 054.3	5 210.7
Puerto Rico (I) [16]										
B Total	715	743	764	760	712	731	750	796	819	834
B Males – Hom.	490	505	519	514	477	479	489	520	531	534
B Fem. – Muj.	225	238	245	247	235	252	261	276	288	299
St. Kitts-Nevis-Anguilla (III)										
Total	.	.	19.67	19.89	19.98	21.10	22.17	22.89	22.90	...

Explanatory notes and source: see p. 179 – Notes explicatives et source: voir p. 181 – Notas explicativas y fuente: véase p. 183

[1] Civilian labour force employed. [2] ∅: July of each year. [3] [4] State sector. [5] Gran Santiago. [6] Persons aged 12 years and over. [7] Year beginning in July of year indicated. [8] Persons aged 14 years and over. [9] ∅: Oct. of each year. [10] ∅: June of each year. [11] Eight main cities of the country. [12] Insured persons. [13] ∅: Aug. of each year. [14] November. [15] October. [16] Persons aged 16 years and over.

[1] Main-d'œuvre civile occupée. [2] ∅: juillet de chaque année. [3] [4] Secteur d'Etat. [5] Gran Santiago. [6] Personnes âgées de 12 ans et plus. [7] Année commençant en juillet de l'année indiquée. [8] Personnes âgées de 14 ans et plus. [9] ∅: oct. de chaque année. [10] ∅: juin de chaque année. [11] Huit villes principales du pays. [12] Personnes assurées. [13] ∅: août de chaque année. [14] Novembre. [15] Octobre. [16] Personnes âgées de 16 ans et plus.

[1] Fuerza trabajadora civil ocupada. [2] ∅: julio de cada año. [3] [4] Sector de Estado. [5] Gran Santiago. [6] Personas de 12 años y más. [7] Año que comienza en julio del año indicado. [8] Personas de 14 años y más. [9] ∅: oct. de cada año. [10] ∅: junio de cada año. [11] Ocho ciudades principales del país. [12] Personas aseguradas. [13] ∅: agosto de cada año. [14] Noviembre. [15] Octubre. [16] Personas de 16 años y más.

EMPLOYMENT

3 Employment / Emploi / Empleo

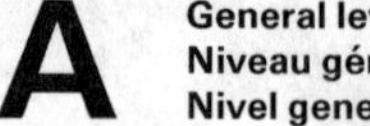

A General level of employment / Niveau général de l'emploi / Nivel general del empleo

(Thousands – Milliers – Millares)

Country – Source Pays – Source País – Fuente	1971	1972	1973	1974	1975	1976	1977	1978	1979	1980
Trinidad and Tobago [1] (I) [2]										
B Total	321.4 [3]	.	323.6	333.9	332.3	.	370.8	387.8 [3]	397.0*	...
B Males – Hom.	234.5 [3]	.	235.2	241.4	241.8	.	265.9	276.9 [3]	283.8	.
B Fem. – Muj.	86.8 [3]	.	88.4	92.4	90.6	.	104.8	110.8 [3]	113.2	.
United States [4] (I) [2]										
B Total	79 120	81 702	84 409	85 936	84 783	87 485	90 546	94 373	96 945	97 270
B Males – Hom.	49 245	50 630	51 963	52 519	51 230	52 391	53 861	55 491	56 499	55 988
B Fem. – Muj.	29 875	31 072	32 446	33 417	33 553	35 095	36 685	38 882	40 446	41 283
Venezuela (I) [2]										
Total [5]	.	.	.	.	3 504.3	3 703.2	3 870.4	3 994.5	4 106.2	4 148.6 [3]
Males – Hom. [5]	.	.	.	.	2 546.7	2 668.0	2 806.7	2 903.4	2 971.8	2 992.2 [3]
Fem. – Muj. [5]	.	.	.	.	957.8	1 035.2	1 063.7	1 091.1	1 134.4	1 156.5 [3]
ASIA – ASIE – ASIA										
Brunei (III) [6]										
Total [7]	.	17.613	17.576	17.037	18.066	19.660	21.891	23.193	24.763	...
Cyprus (III) [2]										
Total	.	.	.	.	.	159.3	168.0	174.0	178.9*	181.2
Males – Hom.	.	.	.	.	.	100.6	105.3	111.0	112.6*	113.2
Fem. – Muj.	.	.	.	.	.	58.7	62.7	63.0	66.3*	68.0
India [8] (III) [9]										
B Total [10]	17 491	17 978	18 824	19 279	19 671	20 207	20 744	21 484	22 253	22 934
B Males – Hom. [10]	15 561	15 962	16 689	17 091	17 440	17 810	18 250	18 828	19 492	20 060
B Fem. – Muj. [10]	1 930	2 016	2 135	2 188	2 231	2 397	2 494	2 656	2 761	2 784
Israel [11] (I) [12]										
B Total [2]	997.1	1 047.0	1 094.4	1 096.5	1 112.5	1 126.8	1 159.2	1 212.6	1 241.0	1 254.5*
B Males – Hom. [2]	...	...	746.8	744.1	748.2	753.1	769.7	789.6	799.7	801.9*
B Fem. – Muj. [2]	...	...	347.5	352.7	364.1	374.1	389.8	423.3	441.3	452.2*
Israel [11] (II) [13]										
B Total	875.3	911.8	930.1	940.1	976.9	1 004.3	1 034.0	1 065.6	▌1 153.4 [14]	1 151.9
Japan [1] (I) [2]										
B Total	51 210	51 260	▌52 590 [15]	52 370	52 230	52 710	53 420	54 080	54 790	55 360
B Males – Hom.	31 410	31 680	▌32 350 [15]	32 650	32 700	32 940	33 090	33 250	33 630	33 940
B Fem. – Muj.	19 820	19 570	▌20 230 [15]	19 730	19 530	19 760	20 330	20 830	21 170	21 420

Explanatory notes and source: see p. 179 – Notes explicatives et source: voir p. 181 – Notas explicativas y fuente: véase p. 183

[1] Persons aged 15 years and over. [2] Civilian labour force employed. [3] First semester. [4] Persons aged 16 years and over. [5] ∅: second semester of each year. [6] Excl. government and personal services. [7] ∅: June of each year. [8] Public sector and establishments of non-agricultural private sector with 10 or more persons employed. [9] Employees and working proprietors. [10] ∅: March of each year. [11] Incl. territories under occupation by Israeli military forces since June 1967. [12] Persons aged 14 years and over. [13] Insured persons. [14] Beginning 1979: sample design revised. [15] Prior to 1973: excl. Okinawa Prefecure.

[1] Personnes âgées de 15 ans et plus. [2] Main-d'œuvre civile occupée. [3] Premier semestre. [4] Personnes âgées de 16 ans et plus. [5] ∅: second semestre de chaque année. [6] Non compris les services gouvernementaux et personnels. [7] ∅: juin de chaque année. [8] Secteur public et établissements du secteur privé non agricole occupant 10 personnes et plus. [9] Salariés et propriétaires-exploitants. [10] ∅: mars de chaque année. [11] Y compris les territoires occupés par les forces armées israéliennes depuis juin 1967. [12] Personnes âgées de 14 ans et plus. [13] Personnes assurées. [14] A partir de 1979: plan d'échantillonnage révisé. [15] Avant 1973: non compris la préfecture d'Okinawa.

[1] Personas de 15 años y más. [2] Fuerza trabajadora civil ocupada. [3] Primer semestre. [4] Personas de 16 años y más. [5] ∅: segundo semestre de cada año. [6] Excl. los servicios gubernamentales y personales. [7] ∅: junio de cada año. [8] Sector público y establecimientos del sector no agrícola con 10 y más trabajadores. [9] Asalariados y empresarios propietarios. [10] ∅: marzo de cada año. [11] Incl. territorios ocupados por las fuerzas armadas israelíes desde junio de 1967. [12] Personas de 14 años y más. [13] Personas aseguradas. [14] A partir de 1979: diseño de la muestra revisado. [15] Antes de 1973: excl. la Prefectura de Okinawa.

3 Employment / Emploi / Empleo

General level of employment / Niveau général de l'emploi / Nivel general del empleo

(Thousands – Milliers – Millares)

Country – Source Pays – Source País – Fuente	1971	1972	1973	1974	1975	1976	1977	1978	1979	1980
Korea, Republic of [1] (I) [2]										
B Total	10 066	10 559	11 139	11 586	11 830	12 556	12 929	13 490	13 664	13 706
B Males – Hom.	6 371	6 665	6 923	7 275	7 489	7 736	8 126	8 347	8 409	8 462
B Fem. – Muj.	3 695	3 894	4 216	4 311	4 341	4 820	4 803	5 143	5 255	5 243
Malaysia: Sabah (III) [3]										
Total	40.76	43.03	45.45	51.21	53.67	56.46	59.96	68.52	75.37	...
Pakistan (IV) [2]										
Total	18 026	18 107	19 507	20 093	20 424	20 679	21 295	21 930	22 596	23 274
Philippines (I) [2]										
Total [4]	12 246	12 834	13 450	13 885	14 143	I 14 238 [5]	14 547	15 768	16 451	...
Males – Hom. [6]	8 316	8 725	9 067	9 437	9 489	I 9 630 [7]	9 946	10 397	...	...
Fem. – Muj. [6]	3 929	4 109	4 383	4 448	4 654	I 4 608 [7]	4 601	5 371	...	...
Singapore (I) [8]										
Total [9]	.	.	799.6	824.3	833.5	870.4	903.9	958.9	1 021.0	1 072.0
Males – Hom. [9]	.	.	.	562.2	586.5	600.4	616.3	640.9	677.1	696.7
Fem. – Muj. [9]	.	.	.	262.3	247.0	270.0	287.6	318.0	343.9	375.6
Sri Lanka (III) [10]										
Total	978.9	1 026.8	1 058.5	1 003.6	999.0	1 055.6	1 039.7	1 130.3	1 098.1	...
Males – Hom.	617.9	649.9	681.9	649.9	651.7	696.3	680.1	750.0	739.2	...
Fem. – Muj.	361.1	376.9	376.6	353.7	347.3	359.4	359.6	324.4	358.9	...
République arabe syrienne (I) [2]										
Total [11]	1 522.3	1 634.2	1 612.1	1 631.4	1 750.5	1 760.4	1 894.4	1 934.1	2 092.1	...
Males – Hom. [11]	1 230.5	1 296.1	1 275.3	1 351.7	1 371.2	1 598.5	1 562.9	1 668.6	1 762.2	...
Fem. – Muj. [11]	291.8	338.0	336.8	279.6	379.3	161.9	331.6	265.5	329.9	...
Thailand (I) [2]										
Total [12]	16 619	16 129	17 043	17 159	18 182	18 411	20 308	21 738	...	...
Males – Hom. [12]	8 933.2	8 925.9	9 440.2	9 492.3	9 863.9	10 103	10 999	11 510	...	...
Fem. – Muj. [12]	7 685.3	7 206.5	7 602.3	7 666.8	8 317.6	8 307.8	9 309.1	10 228	...	...
EUROPE – EUROPE – EUROPA										
Austria (I) [2]										
Total	2 974	2 984	3 015	3 023	2 969	2 977	3 015	3 055	3 094	3 105
Austria (II) [13]										
B Total	2 454.9	2 512.7	2 608.3	2 656.9	2 656.4	2 685.9	2 737.1	2 757.7	2 773.7	2 788.7
B Males – Hom.	...	...	...	...	...	1 632.5	1 658.2	1 663.9	1 670.4	1 672.1
B Fem. – Muj.	...	...	...	...	...	1 053.4	1 078.9	1 093.8	1 103.5	1 116.6
Belgique [14] (II) [2]										
Total [9]	3 701.5	3 695.5	3 744.5	3 798.7	3 743.6	3 714.6	3 707.2	3 707.4	3 749.2	3 746.4
Males – Hom. [9]	2 476.9	2 455.2	2 471.2	2 495.4	2 457.0	2 436.5	2 422.0	2 406.6	2 420.3	2 403.8
Fem. – Muj. [9]	1 224.6	1 240.3	1 273.3	1 303.3	1 286.6	1 278.1	1 285.2	1 300.7	1 328.9	1 342.5

Explanatory notes and source: see p. 179 – Notes explicatives et source: voir p. 181 – Notas explicativas y fuente: véase p. 183

[1] Persons aged 14 years and over. [2] Civilian labour force employed. [3] Establishments with 20 or more persons employed. [4] ∅: Aug. of each year. [5] Beginning 1979: sample design revised. [6] ∅: third quarter of each year. [7] Prior to 1976: annual averages. [8] Persons aged 10 years and over. [9] ∅: June of each year. [10] Employees. [11] ∅: Sep. of each year. [12] ∅: second semester of each year. [13] Insured persons. [14] Incl. persons working abroad.

[1] Personnes âgées de 14 ans et plus. [2] Main-d'œuvre civile occupée. [3] Etablissements occupant 20 personnes et plus. [4] ∅: août de chaque année. [5] A partir de 1979: plan d'échantillonage révisé. [6] ∅: troisième trimestre de chaque année. [7] Avant 1976: moyennes annuelles. [8] Personnes âgées de 10 ans et plus. [9] ∅: juin de chaque année. [10] Salariés. [11] ∅: sept. de chaque année. [12] ∅: second semestre de chaque année. [13] Personnes assurées. [14] Y compris les travailleurs à l'étranger.

[1] Personas de 14 años y más. [2] Fuerza trabajadora civil ocupada. [3] Establecimientos con 20 y más trabajadores. [4] ∅: agosto de cada año. [5] A partir de 1979: diseño de la muestra revisado. [6] ∅: tercer trimestre de cada año. [7] Antes de 1976: promedios anuales. [8] Personas de 10 años y más. [9] ∅: junio de cada año. [10] Asalariados. [11] ∅: sept. de cada año. [12] ∅: segundo semestre de cada año. [13] Personas aseguradas. [14] Incl. las personas que trabajan en el extranjero.

3 Employment / Emploi / Empleo

A General level of employment / Niveau général de l'emploi / Nivel general del empleo

(Thousands – Milliers – Millares)

Country – Source / Pays – Source / País – Fuente		1971	1972	1973	1974	1975	1976	1977	1978	1979	1980
Bulgarie (III) [1]											
	Total	2 864.7	2 993.4	3 273.1	3 424.8	3 676.6	3 886.8	3 870.1	3 895.6	3 946.9	4 000.3*
Czechoslovakia [2] (III) [3]											
B	Total	5 950	6 029	6 106	6 182	6 253	6 310	6 393	6 474	6 546	6 601
B	Males – Hom. [4]	3 295	3 335	3 376	3 407	3 535	3 472	3 512	3 553	3 588	3 603
B	Fem. – Muj. [4]	2 665	2 706	2 745	2 787	2 815	2 845	2 890	2 929	2 971	3 009
Denmark (I) [5]											
	Total	.	2 355.4	2 385.2	2 354.6	2 332.2	2 391.6	2 413.9	2 473.0	2 501.2	...
	Males – Hom.	.	1 390.5	1 404.3	1 377.7	1 361.7	1 391.3	1 392.3	1 408.6	1 410.0	...
	Fem. – Muj.	.	964.9	980.9	976.9	970.5	1 000.3	1 021.6	1 064.4	1 091.2	...
España [6] (I) [5]											
B	Total [7]	12 499	12 535	12 851	12 924	12 692	12 543	12 425	12 091	11 837	...
	Males – Hom. [7]	9 308	9 229	9 251	9 254	9 196	8 871	8 795	8 565	8 372	...
	Fem. – Muj. [7]	3 191	3 307	[illegible]	[illegible]	[illegible]	3 672	3 640	3 526	3 466	...
Finland [8] (I) [5]											
B	Total	2 123	2 118	2 164	2 229	2 221	2 163	2 111	2 084	2 134	2 203
B	Males – Hom.	1 166	1 153	1 171	1 199	1 187	1 155	1 116	1 102	1 128	1 165
B	Fem. – Muj.	957	965	993	1 030	1 034	1 008	995	982	1 006	1 038
France [9] (IV) [10]											
	Total	20 438	20 552	20 815	20 958	20 714	20 855	21 036	21 112	21 127	21 190*
German Democratic Rep. (III) [1]											
	Total	6 963.1	7 136.6	7 238.7	7 336.0	7 407.1	1 213.5	1 237.6	1 261.9	1 269.9	1 273.1
Germany, Fed. Rep. of (IV) [5]											
B	Total	26 225	26 125	26 201	25 688	24 798	24 556	24 511	24 700	25 041	25 265*
	Males – Hom.	16 632	16 512	16 467	16 061	15 432	15 280	15 217	15 323	15 459	15 586*
	Fem. – Muj.	9 593	9 613	9 734	9 627	9 366	9 276	9 294	9 377	9 524	9 679*
Hongrie [11] (III) [2]											
B	Total [2]	3 926.0	3 876.0	3 867.0	3 881.0	3 879.0	3 839.9	3 838.5	3 852.6	3 832.9	3 754.2
Ireland (IV) [5]											
	Total [12]	1 047	1 040	1 047	1 058	1 041	1 023	1 024	1 036	1 137	...
Italie [13] (I) [5]											
B	Total	19 541	19 241	19 429	19 844	19 958	20 100	20 302	20 398	20 615	20 912
B	Males – Hom.	14 086	13 926	13 965	14 165	14 212	14 198	14 113	14 166	14 203	14 305
B	Fem. – Muj.	5 455	5 315	5 464	5 679	5 746	5 902	6 189	6 232	6 412	6 606
Luxembourg (IV) [5]											
	Total	144	148	151	155	157	156	156	157	158	160
Malta (IV) [1]											
	Total	101.30	98.90	101.60	102.31	107.81	110.52	114.41	116.17	118.50	...

Explanatory notes and source: see p. 179 – Notes explicatives et source: voir p. 181 – Notas explicativas y fuente: véase p. 183

[1] Employees. [2] Socialised sector. [3] Employees; excl. women on maternity leave. [4] ∅: 31st Dec. of each year. [5] Civilian labour force employed. [6] Persons aged 16 years and over. [7] ∅: fourth quarter of each year. [8] Persons aged 15 to 74 years. [9] Incl. professional army; excl. compulsory military service. [10] All persons engaged. [11] Excl. major divisions 8 and 9. [12] ∅: April of each year. [13] Persons aged 14 years and over.

[1] Salariés. [2] Secteur socialisé. [3] Salariés; non compris les femmes en congé de maternité. [4] ∅: 31 déc. de chaque année. [5] Main-d'œuvre civile occupée. [6] Personnes âgées de 16 ans et plus. [7] ∅: quatrième trimestre de chaque année. [8] Personnes âgées de 15 à 74 ans. [9] Y compris les militaires de carrière; non compris les militaires du contingent. [10] Ensemble de l'effectif occupé. [11] Non compris les branches 8 et 9. [12] ∅: avril de chaque année. [13] Personnes âgées de 14 ans et plus.

[1] Asalariados. [2] Sector socializado. [3] Asalariados; excl. las mujeres con permiso por maternidad. [4] ∅: 31 dic. de cada año. [5] Fuerza trabajadora civil ocupada. [6] Personas de 16 años y más. [7] ∅: cuarto trimestre de cada año. [8] Personas de 15 a 74 años. [9] Incl. los militares profesionales; excl. los militares en servicio obligatorio. [10] Todo el efectivo ocupado. [11] Excl. las grandes divisiones 8 y 9. [12] ∅: abril de cada año. [13] Personas de 14 años y más.

3 Employment / Emploi / Empleo

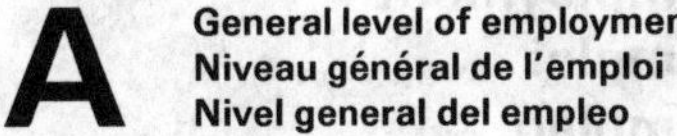

A General level of employment / Niveau général de l'emploi / Nivel general del empleo

(Thousands - Milliers - Millares)

Country - Source Pays - Source País - Fuente	1971	1972	1973	1974	1975	1976	1977	1978	1979	1980
Netherlands (IV) [1]										
Total	4 581	4 538	4 546	4 549	4 523	4 518	4 528	4 548*	4 588*	...*
Norway [2] (I) [3]										
B Total	.	1 649	1 654	1 659	1 707	1 789	1 824	1 854	1 872	1 913
B Males - Hom.	.	1 048	1 049	1 056	1 066	1 092	1 108	1 114	1 110	1 127
B Fem. - Muj.	.	601	605	603	641	697	716	740	762	786
Pologne [4] (III) [5]										
B Total	10 124	10 568	10 979	11 368	11 632	11 744	11 910	11 981	11 995	12 000
Portugal [6] (I) [3]										
B Total	.	.	.	3 694	3 724	3 789	3 784	3 772	3 852	3 924
B Males - Hom.	.	.	.	2 227	2 279	2 332	2 330	2 339	2 356	2 400
B Fem. - Muj.	.	.	.	1 467	1 445	1 457	1 454	1 434	1 496	1 524
Roumanie [4] (III) [7]										
Total	5 374.5	5 629.6	5 829.6	6 024.6	6 300.8	6 558.8	6 740.2	6 956.3	7 183.0	7 340.0
Suisse (IV) [3]										
Total	3 166.9	3 189.2	3 202.9	3 187.1	3 017.0	2 918.2	2 922.7	2 939.9	2 961.8	3 012.2
Males - Hom.	2 093.1	2 111.2	2 112.6	2 099.3	1 985.5	1 919.0	1 915.8	1 922.5	1 931.7	...
Fem. - Muj.	1 073.8	1 078.0	1 090.3	1 087.8	1 031.5	999.2	1 006.9	1 017.4	1 030.1	...
Sweden [2] (I) [3]										
B Total	3 860	3 862	3 879	3 962	4 062	4 088	4 099	4 115	4 179	4 232
B Males - Hom.	2 314	2 295	2 295	2 316	2 342	2 338	2 314	2 297	2 314	2 327
B Fem. - Muj.	1 546	1 567	1 584	1 647	1 720	1 751	1 785	1 818	1 865	1 906
Turquie (II) [8]										
Total	1 404.8	1 525.0	1 649.1	1 800.0	1 823.3	2 017.9	2 191.3	2 206.1	2 152.4	2 204.8
United Kingdom [9] (IV) [3]										
B Total [10]	24 031	24 020	24 610	24 714	24 596	24 429	24 505	24 643	24 806*	24 397*
Males - Hom. [10]	15 249	15 133	15 345	15 211	15 050	14 906	14 877	14 899	14 894*	14 624*
Fem. - Muj. [10]	8 782	8 887	9 266	9 503	9 546	9 524	9 627	9 744	9 912*	9 773*
Yugoslavia (IV) [5]										
B Total [11]	4 034	4 210	4 306	4 514	4 758	4 925	5 148	5 383	5 615	5 798*
Males - Hom. [11]	2 751	2 839	2 860	2 982	3 133	3 223	3 358	3 503	3 639	3 735*
B Fem. - Muj. [11]	1 283	1 371	1 446	1 532	1 625	1 702	1 790	1 880	1 976	2 063
OCEANIA - OCÉANIE - OCEANIA										
American Samoa (IV) [3]										
Total	7.400	7.800	8.200	7.994	7.878	7.297	7.815	9.302	8.812	...
Australia (I) [3]										
B Total [12]	5 515.7	5 609.9	5 783.0	5 855.2	5 841.3	5 897.8	5 995.4	5 969.6	6 041.5	6 246.7
B Males - Hom. [12]	3 712.7	3 757.7	3 839.6	3 847.1	3 820.6	3 836.3	3 866.8	3 832.3	3 904.5	3 970.9
B Fem. - Muj. [12]	1 803.0	1 852.1	1 943.3	2 008.1	2 020.8	2 061.5	2 128.6	2 137.2	2 136.9	2 275.8

Explanatory notes and source: see p. 179 - Notes explicatives et source: voir p. 181 - Notas explicativas y fuente: véase p. 183

[1] Civilian employment (man-years). [2] Persons aged 16 to 74 years. [3] Civilian labour force employed. [4] Socialised sector. [5] All persons engaged. [6] Persons aged 10 years and over. [7] Employees. [8] Insured persons. [9] Persons aged 16 years and over. [10] ∅: June of each year. [11] ∅: March and Sep. of each year. [12] ∅: Aug. of each year.

[1] Emploi civil (années-homme). [2] Personnes âgées de 16 à 74 ans. [3] Main-d'œuvre civile occupée. [4] Secteur socialisé. [5] Ensemble de l'effectif occupé. [6] Personnes âgées de 10 ans et plus. [7] Salariés. [8] Personnes assurées. [9] Personnes âgées de 16 ans et plus. [10] ∅: juin de chaque année. [11] ∅: mars et sept. de chaque année. [12] ∅: août de chaque année.

[1] Empleo civil (años-hombre). [2] Personas de 16 a 74 años. [3] Fuerza trabajadora civil ocupada. [4] Sector socializado. [5] Todo el efectivo ocupado. [6] Personas de 10 años y más. [7] Asalariados. [8] Personas aseguradas. [9] Personas de 16 años y más. [10] ∅: junio de cada año. [11] ∅: marzo y sept. de cada año. [12] ∅: agosto de cada año.

3 Employment / Emploi / Empleo

A General level of employment / Niveau général de l'emploi / Nivel general del empleo

(Thousands - Milliers - Millares)

Country - Source Pays - Source País - Fuente	1971	1972	1973	1974	1975	1976	1977	1978	1979	1980
Fiji (III) [1]										
B Total [2]	56.210	58.399	61.476	66.998	69.976	69.994	72.383	73.819	...	...
USSR - URSS - URSS										
URSS [3] (III) [4]										
Total	108 874	111 092	113 152	115 254	117 132	118 898	120 588	122 546	124 150	125 648*
RSS de Biélorussie [3] (III) [4]										
Total	3 190	3 293	3 391	3 490	3 577	3 658	3 756	3 859	3 950	4 046
RSS d'Ukraine [3] (III) [4]										
Total	21 944	22 362	22 650	22 988	23 304	23 546	23 773	...	...	...

Explanatory notes and source: see p. 179 – Notes explicatives et source: voir p. 181 – Notas explicativas y fuente: véase p. 183

[1] All persons engaged. [2] ∅: June of each year. [3] Socialised sector. [4] Employees.

[1] Ensemble de l'effectif occupé. [2] ∅: juin de chaque année. [3] Secteur socialisé. [4] Salariés.

[1] Todo el efectivo ocupado. [2] ∅: junio de cada año. [3] Sector socializado. [4] Asalariados.

3 Employment / Emploi / Empleo

B Structure of employment / Structure de l'emploi / Estructura del empleo

(Thousands – Milliers – Millares)

Country Scope	Total	Major divisions of economic activity [a] 1 Agriculture, hunting, forestry and fishing	2 Mining, quarrying	3 Manu-facturing	4 Electricity, gas, water	5 Construction	6 Trade, restaurants and hotels	7 Transport, storage, communi-cation	8 Financing, insurance, real estate, business services	9 Community, social and personal services	0 Activities not adequately defined
AFRICA – AFRIQUE – AFRICA											
Botswana	*Employees – Salariés – Asalariados (Source – Fuente: III)*										
Total [1]											
1972	41.300	4.825	1.675	2.650	.	6.475	7.850	1.125	3.150	13.550	.
1973	46.950	4.625	3.525	2.850	0.325	7.225	8.600	1.350	3.275	15.175	.
1974	51.600	4.450	4.100	3.300	0.525	8.075	9.400	1.650	3.425	16.675	.
1975	57.325	4.250	4.525	3.850	0.650	9.000	10.250	1.975	2.000	20.825	.
1976	59.375	4.025	5.450	4.275	0.750	6.125	10.500	2.025	2.675	23.550	.
1977	62.700	4.250	5.500	4.150	0.950	6.900	10.000	1.850	2.425	26.675	.
1978	69.400	5.200	4.700	4.400	1.200	9.200	11.000	2.000	2.700	29.000	.
1979	75.605	4.267	6.324	5.474	1.289	11.376	9.796	2.331	3.400	31.348	.
Males – Hommes – Hombres [1]											
1976	48.246	3.654	5.149	3.534	0.729	5.929	8.065	1.959	2.112	17.145	.
1977	49.030	3.910	5.280	3.500	0.930	6.750	6.310	1.780	1.740	18.830	.
1978	54.405	4.655	4.470	3.800	1.180	8.970	7.000	1.910	2.020	20.400	.
1979	58.980	3.856	6.091	4.478	1.257	11.169	6.056	2.156	2.536	21.381	.
Females – Femmes – Mujeres [1]											
1976	11.099	0.371	0.301	0.741	0.021	0.196	2.435	0.066	0.563	6.405	.
1977	13.680	0.340	0.230	0.660	0.020	0.140	3.700	0.060	0.700	7.840	.
1978	14.995	0.545	0.230	0.600	0.020	0.230	4.000	0.090	0.680	8.600	.
1979	16.625	0.411	0.233	0.996	0.032	0.207	3.740	0.175	0.864	9.967	.
Burundi [2]	*Employees – Salariés – Asalariados (Source – Fuente: IV)*										
Total [3]											
1972	28.891	12.889	0.260	2.245	0.300	1.945	1.863	0.924	0.755	7.488	0.222
1973	25.731	13.793	0.502	2.453	0.290	2.211	1.980	0.880	0.757	2.865	.
1974	25.805	13.495	0.697	2.543	0.270	2.087	2.076	0.906	0.744	2.987	.
1975	28.508	17.233	0.746	2.673	0.254	2.286	1.879	0.821	0.734	1.882	.
1976	27.265	17.176	0.511	2.539	0.254	1.920	1.811	0.731	0.816	1.507	.
1977	34.199	20.578	0.785	2.783	0.448	3.875	1.471	0.669	2.729	.	.
1978	33.381	19.951	1.270	2.771	0.510	4.207	1.553	0.973	1.027	.	.
1979	34.060	20.240	1.480	2.830	0.680	4.052	1.615	1.058	1.021	.	.
Rép.-Unie du Cameroun	*Employees – Salariés – Asalariados (Source – Fuente: III)*										
Total											
1973	180.482	35.064	0.178	30.887	2.285	16.925	16.527	13.225	3.181	18.621	43.589
1974	187.831	37.102	0.182	33.489	2.845	18.182	19.001	16.342	3.216	19.849	37.623
1975	191.478	50.460	0.233	41.332	3.054	22.651	23.711	18.683	4.559	26.795	.
1976	203.821	56.832	0.153	47.371	3.125	21.263	25.837	18.839	3.466	26.935	.
1977	212.812	57.116	0.187	49.854	3.025	23.193	28.913	19.347	3.713	27.459	.
1978	224.670	61.215	0.191	50.116	3.663	25.740	29.386	20.815	4.003	29.541	.
1979	267.483	66.811	8.554	70.223	14.395	31.212	38.753	8.833	18.169	10.533	.
1980	308.167	68.391	9.702	88.620	16.748	31.548	40.306	16.281	19.429	16.281	18.709

[a] Les libellés en français des branches d'activité économique sont indiqués à la page suivante.

[1] ∅: Aug. of each year. [2] Bujumbura. [3] ∅: Dec. of each year.

[1] ∅: août de chaque année. [2] Bujumbura. [3] ∅: déc. de chaque année.

[1] ∅: agosto de cada año. [2] Bujumbura. [3] ∅: dic. de cada año.

3 Employment
Emploi
Empleo

B Structure of employment
Structure de l'emploi
Estructura del empleo

(Thousands - Milliers - Millares)

Pays Portée	Total	Branches d'activité économique [(a)] 1 Agriculture, chasse, sylviculture et pêche	2 Industries extractives	3 Industries manu-facturières	4 Electricité, gaz, eau	5 Construction	6 Commerce, restaurants et hôtels	7 Transports, entrepôts, communi-cations	8 Banques, assurances, aff. imm., serv. aux entreprises	9 Services à collectivité, services soc. et pers.	0 Activités mal désignées
Côte-d'Ivoire	*Employees - Salariés - Asalariados (Source - Fuente: III)*										
Total											
1972	302.74	125.15	1.45	39.23	9.10	22.35	16.70	25.60	3.11	53.20	6.85
1973	296.82	67.30	1.60	63.29	11.00	27.40	24.30	35.20	4.93	50.60	11.20
1974	321.54	70.10	1.66	70.33	12.00	29.20	26.00	38.00	6.05	55.00	13.20
1975	330.59	71.60	1.69	70.95	13.00	29.60	27.40	39.40	6.55	56.20	14.20
Egypt [1]	*Total employment - Emploi total - Total del empleo (Source - Fuente: I)*										
Total [2]											
1971	8 252.5	4 469.5	7.2	1 030.2	25.8	193.2	797.4	323.1	83.2	1 268.7	54.2
1972	8 682.0	4 653.4	19.8	1 108.6	39.2	205.8	846.3	339.1	79.6	1 327.1	63.1
1973	8 567.3	4 399.3	15.4	1 208.4	43.8	242.3	833.3	353.1	87.5	1 357.9	26.3
1974	8 867.3	4 197.9	20.2	1 354.5	40.4	232.8	1 031.3	396.4	85.6	1 461.4	46.8
1975	9 030.7	4 423.6	13.1	1 295.8	46.0	247.3	841.3	419.5	83.3	1 557.5	103.3
1976	...	...	...	...	...	...	...	...	...	...	...
1977	9 198.2	4 189.9	19.9	1 353.4	52.4	334.3	914.8	428.0	107.5	1 798.0	.
1978	9 448.0	3 975.8	35.7	1 427.8	68.7	384.9	912.8	467.3	107.0	1 785.5	282.5
1979	9 565.3	4 002.0	22.8	1 531.9	65.7	448.5	918.4	488.4	116.8	1 820.4	150.4
Males - Hommes - Hombres [2]											
1971	7 714.5	4 322.2	7.1	963.2	24.9	190.0	742.6	314.2	73.7	1 040.4	36.2
1972	8 106.5	4 479.2	19.6	1 048.1	36.1	201.4	795.4	331.5	67.1	1 087.0	41.1
1973	8 100.8	4 289.1	15.2	1 146.5	40.9	239.2	791.0	341.2	77.9	1 141.8	18.0
1974	8 362.2	4 096.7	19.8	1 285.3	38.0	229.4	982.0	384.9	71.1	1 215.6	39.4
1975	8 482.7	4 321.9	12.1	1 229.9	42.5	243.3	794.3	405.6	71.3	1 299.3	62.5
1976	...	...	...	...	...	...	...	...	...	...	...
1977	8 572.3	4 062.6	19.7	1 284.2	46.7	329.0	868.7	412.5	87.5	1 461.4	.
1978	8 704.7	3 884.4	32.6	1 348.1	63.5	379.9	865.0	448.6	90.5	1 452.8	139.3
1979	8 928.2	3 957.8	21.6	1 445.0	61.6	442.4	861.8	469.6	94.9	1 473.8	99.7
Females - Femmes - Mujeres [2]											
1971	538.0	147.3	0.1	67.0	0.9	3.2	54.8	8.9	9.5	228.3	18.0
1972	575.5	174.2	0.2	60.5	3.1	4.4	50.9	7.6	12.5	240.1	22.0
1973	466.5	110.2	0.2	61.9	2.9	3.1	42.3	11.9	9.6	216.1	8.3
1974	505.1	101.2	0.4	69.2	2.4	3.4	49.3	11.5	14.5	245.8	7.4
1975	548.0	101.7	1.0	65.9	3.5	4.0	47.0	13.9	12.0	258.2	40.8
1976	...	...	...	...	...	...	...	...	...	...	...
1977	625.9	127.3	0.2	69.2	5.7	5.3	46.1	15.5	20.0	335.6	.
1978	743.3	91.4	3.1	79.7	5.2	5.0	47.8	18.7	16.5	332.7	143.2
1979	637.1	44.2	1.2	86.9	4.1	6.1	56.6	18.8	21.9	346.6	50.7
Gabon [3]	*Insured persons - Personnes assurées - Personas aseguradas (Source - Fuente: II)*										
ISIC - CITI - CIIU 1958											
Total				[4]	[5]		[6]			[7]	
1971	65.0	11.2	6.1	9.2	1.1	6.1	11.5	5.1	.	14.7	–
1972	68.5	12.5	7.0	9.1	1.7	10.0	7.3	6.2	.	14.7	–
1973	...	...	...	...	...	...	...	...	...	...	...
1974	...	...	...	...	...	...	...	...	...	...	...
1975	113.2	15.9	7.1	11.9	2.3	37.8	11.2	8.5	.	18.0	0.5
1976	128.9	17.1	7.9	15.6	3.1	43.9	12.3	10.1	.	18.2	0.7
1977	138.6	18.8	6.7	17.1	4.7	40.7	12.6	15.8	.	21.0	1.2

[(a)] La designación en español de las grandes divisiones de actividad económica figura en la página siguiente.
The English designation of major divisions of economic activity is shown on the preceding page.

[1] Persons aged 12 to 64 years. [2] ∅: May of each year. [3] Excl. domestic services. [4] Incl. repair and installation services. [5] Incl. sanitary services. [6] Incl. financing, insurance and real estate; excl. restaurants and hotels. [7] Incl. restaurants and hotels; excl. repair and installation services and sanitary services.

[1] Personnes âgées de 12 à 64 ans. [2] ∅: mai de chaque année. [3] Non compris les services domestiques. [4] Y compris les services de réparation et d'installation. [5] Y compris les services sanitaires. [6] Y compris les banques, les assurances et affaires immobilières; non compris les restaurants et hôtels. [7] Y compris les restaurants et hôtels; non compris les services de réparation et d'installation, et les services sanitaires.

[1] Personas de 12 a 64 años. [2] ∅: mayo de cada año. [3] Excl. los servicios domésticos. [4] Incl. los servicios de reparación y de instalación. [5] Incl. los servicios de saneamiento. [6] Incl. establecimientos financieros, seguros y bienes inmuebles; excl. restaurantes y hoteles. [7] Incl. restaurantes y hoteles; excl. los servicios de reparación y de instalación y los servicios de saneamiento.

3 Employment Emploi Empleo

B Structure of employment Structure de l'emploi Estructura del empleo

(Thousands – Milliers – Millares)

País Alcance	Total	Grandes divisiones de actividad económica [a] 1 Agricultura, caza, silvicultura y pesca	2 Minas, canteras	3 Industrias manufactureras	4 Electricidad, gas, agua	5 Construcción	6 Comercio, restaurantes y hoteles	7 Transportes, almacenaje, comunicaciones	8 Bancos, seguros, bienes inm., serv. para empresas	9 Servicios comunales, sociales y personales	0 Actividades no bien especificadas
Gambia	*Employees – Salariés – Asalariados (Source – Fuente: III)*										
Total [1]											
1973	17.004	1.266	–	2.741	0.699	3.529	1.498	2.398	0.265	4.608	.
1974	18.114	0.966	–	2.594	0.693	4.182	1.816	2.800	0.307	4.756	.
1975	18.802	1.173	–	2.302	0.779	5.180	1.439	2.909	0.360	4.660	.
1976	19.148	1.047	–	1.694	0.562	3.873	2.117	3.381	0.371	6.103	.
Males – Hommes – Hombres [1]											
1974	16.137	0.854	–	2.035	0.679	4.035	1.668	2.732	0.259	3.875	.
1975	16.871	1.043	–	1.846	0.767	5.040	1.272	2.844	0.296	3.764	.
1976	17.336	0.940	–	1.625	0.548	3.855	1.917	3.272	0.300	4.879	.
Females – Femmes – Mujeres [1]											
1974	1.977	0.112	–	0.559	0.014	0.147	0.148	0.068	0.048	0.881	.
1975	1.930	0.130	–	0.456	0.012	0.140	0.167	0.065	0.064	0.896	.
1976	1.812	0.107	–	0.069	0.014	0.018	0.200	0.109	0.071	1.224	.
Kenya [2]	*Employees – Salariés – Asalariados (Source – Fuente: III)*										
Total [3]											
1972	719.8	246.9	3.2	84.8	5.1	37.6	47.6	45.3	17.5	231.8	–
1973	761.7	265.4	3.1	94.5	5.4	41.2	46.6	44.4	20.3	240.9	–
1974	826.3	261.1	3.9	101.3	5.6	44.5	57.0	46.3	21.9	284.5	–
1975	819.1	240.6	3.5	100.7	7.7	40.5	53.7	45.5	24.1	302.7	–
1976	857.5	243.0	3.9	108.8	8.6	47.1	60.2	47.7	25.4	312.8	–
1977	902.9	260.3	3.4	117.9	9.7	48.9	62.6	48.1	29.7	322.4	–
1978	911.6	243.0	2.5	130.1	9.3	55.3	62.5	50.9	32.0	325.9	–
1979	972.3	254.5	2.6	138.4	9.9	61.3	68.7	54.8	35.7	346.4	–
Males – Hommes – Hombres [3]											
1977	748.2	207.7	3.3	106.1	9.3	46.7	55.7	45.0	24.8	249.5	–
1978	752.8	194.1	2.5	116.2	8.8	53.8	53.4	47.4	27.0	249.6	–
1979	807.1	208.9	2.6	126.9	9.4	59.1	59.4	51.0	30.2	259.5	–
Females – Femmes – Mujeres [3]											
1977	154.7	52.6	–	11.8	0.3	2.2	6.9	3.1	4.8	72.9	–
1978	158.7	48.9	0.1	13.8	0.5	1.5	9.1	3.6	5.0	76.2	–
1979	165.2	45.6	0.1	11.6	0.6	2.2	9.3	3.7	5.4	86.9	–
Liberia	*Employees – Salariés – Asalariados (Source – Fuente: III)*										
Total											
1971	46.116	8.673	7.566	2.955	4.107	4.522	7.013	2.723	1.128	4.200	3.229
1972	46.503	8.744	7.628	2.976	4.138	4.557	7.068	2.743	1.163	4.231	3.255
1973	43.464	8.173	7.128	2.782	3.868	4.259	6.607	2.564	1.086	3.955	3.042
1974	38.205	7.183	6.265	2.445	3.400	3.744	5.807	2.254	0.955	3.477	2.675
1975	46.882	10.563	7.928	2.030	1.470	4.128	8.039	6.380	1.773	4.230	0.341
1976	46.182	8.695	7.573	2.955	4.110	4.525	7.019	2.724	1.146	4.203	3.232
1977	40.304	18.138	6.611	1.471	1.367	1.694	7.628	1.013	2.318	0.064	–
1978	93.101	38.437	10.491	6.101	0.253	4.205	20.931	4.038	6.334	2.231	–
1979	126.464	33.440	10.376	13.214	1.012	2.188	28.620	5.529	1.738	13.625	16.722

[a] The English designation of major divisions of economic activity is shown on the following page.
Les libellés en français des branches d'activité économique sont indiqués à la page précédente.

[1] ∅: first quarter of each year. [2] Excl. small establishments in rural areas. [3] ∅: June of each year.

[1] ∅: premier trimestre de chaque année. [2] Non compris les petites entreprises des zones rurales. [3] ∅: juin de chaque année.

[1] ∅: primer trimestre de cada año. [2] Excl. las pequeñas empresas de las zonas rurales. [3] ∅: junio de cada año.

3 Employment / Emploi / Empleo

B Structure of employment / Structure de l'emploi / Estructura del empleo

(Thousands - Milliers - Millares)

Country Scope	Total	Major divisions of economic activity [(a)] 1 Agriculture, hunting, forestry and fishing	2 Mining, quarrying	3 Manu- facturing	4 Electricity, gas, water	5 Construction	6 Trade, restaurants and hotels	7 Transport, storage, communi- cation	8 Financing, insurance, real estate, business services	9 Community, social and personal services	0 Activities not adequately defined
Liberia	*Employees - Salariés - Asalariados (Source - Fuente: III)*										
Males - Hommes - Hombres											
1971	40.378	7.043	6.316	2.766	3.742	4.079	5.948	2.563	1.100	3.818	3.003
1972	40.728	7.101	6.378	2.786	3.770	4.110	5.994	2.581	1.134	3.846	3.028
1973	38.063	6.637	5.960	2.609	3.564	3.842	5.693	2.413	1.059	3.596	2.830
1974	33.464	5.833	5.238	2.289	3.098	3.378	4.925	2.122	0.932	3.161	2.488
1975	39.136	9.354	6.328	1.998	1.143	3.263	5.098	6.066	1.585	3.985	0.316
1976	40.447	7.061	6.332	2.766	3.745	4.082	5.953	2.564	1.117	3.821	3.006
1977	34.149	14.729	5.527	1.377	1.246	1.528	6.469	0.954	2.260	0.059	-
1978	79.370	31.211	8.771	5.711	0.131	3.793	17.749	3.800	6.176	2.028	-
1979	86.922	26.752	9.116	11.434	0.632	1.602	18.508	4.561	1.198	3.975	9.144
Females - Femmes - Mujeres											
1971	5.738	1.630	1.240	0.189	0.365	0.443	1.065	0.160	0.038	0.382	0.226
1972	5.775	1.643	1.250	0.190	0.368	0.447	1.074	0.162	0.029	0.385	0.227
1973	5.401	1.536	1.168	0.183	0.344	0.417	1.004	0.151	0.027	0.359	0.212
1974	4.741	1.350	1.027	0.156	0.302	0.366	0.882	0.132	0.023	0.316	0.187
1975	7.746	1.209	1.600	0.032	0.327	0.865	2.941	0.314	0.188	0.245	0.025
1976	5.735	1.634	1.241	0.189	0.365	0.443	1.066	0.160	0.029	0.382	0.226
1977	6.155	3.409	1.084	0.094	0.121	0.166	1.159	0.059	0.058	0.005	-
1978	13.731	7.226	1.720	0.390	0.022	0.412	3.182	0.238	0.338	0.203	-
1979	39.542	6.688	1.260	1.780	0.380	0.586	10.112	0.968	0.540	9.650	7.578
Libyan Arab Jamahiriya	*Total employment - Emploi total - Total del empleo (Source - Fuente: IV)*										
Total											
1971	459.0	127.0	14.2	21.4	8.7	56.7	32.5	38.4	6.0	118.2	35.9
1972	488.0	127.7	14.4	22.9	9.1	66.6	35.7	41.7	6.1	124.2	39.6
1973	538.1	129.5	15.3	25.9	10.2	87.4	39.3	45.0	6.5	136.1	42.9
1974	607.2	131.4	16.3	29.3	11.5	118.1	44.0	48.8	7.0	149.6	51.2
1975	677.1	133.1	17.6	32.9	13.0	148.5	48.5	53.5	7.7	163.7	58.6
1976	732.7	141.2	18.5	37.4	13.9	167.8	52.0	57.9	8.1	175.8	60.1
1977	765.0	144.9	19.2	41.7	14.7	171.4	52.3	63.1	8.5	185.9	63.3
1978	773.2	147.9	20.4	47.4	15.8	164.3	47.5	67.5	9.1	191.2	62.1
Malawi [1]	*All persons engaged [2] - Effectif occupé [2] - Efectivo ocupado [2] (Source - Fuente: III)*										
Total											
1971	173.0	57.3	0.6	21.8	2.1	17.5	13.8	9.0	1.4	49.5	.
1972	189.1	63.8	0.7	23.1	2.4	18.0	15.8	9.7	1.4	54.2	.
1973	215.1	76.4	0.7	25.6	2.8	21.1	18.4	10.4	1.8	57.9	.
1974	226.5	80.5	0.8	26.7	2.4	22.7	20.8	11.3	2.2	59.1	.
1975	246.1	94.8	0.8	31.3	2.6	21.0	19.8	11.9	2.6	61.3	.
1976	266.4	106.5	1.0	36.0	3.0	21.1	20.6	12.8	3.3	62.1	.
1977 [3]	308.9	154.7	0.6	33.5	2.8	23.2	25.2	16.6	6.7	45.6	.
1978	353.7	170.8	0.6	36.2	2.9	31.6	39.0	17.9	6.9	47.8	.
1979	357.7	182.3	0.6	37.0	3.5	33.4	26.1	18.4	8.4	48.1	.

[(a)] Les libellés en français des branches d'activité économique sont indiqués à la page suivante.
La designación en español de las grandes divisiones de actividad económica figura en la página precedente.

[1] Establishments with 20 or more persons employed. [2] Incl. working proprietors and unpaid family workers. [3] Beginning 1977: sample of establishments and revised allocation of establishments in the industrial classification.

[1] Etablissements occupant 20 personnes et plus. [2] Y compris les propriétaires-exploitants et les travailleurs familiaux non rémunérés. [3] A partir de 1977: échantillon d'établissements et changements dans leur répartition industrielle.

[1] Establecimientos con 20 y más trabajadores. [2] Incl. los empresarios propietarios y los trabajadores familiares no remunerados. [3] A partir de 1977: muestra de establecimientos y cambios en la distribución industrial de los establecimientos.

3 Employment / Emploi / Empleo

B Structure of employment / Structure de l'emploi / Estructura del empleo

(Thousands – Milliers – Millares)

Pays Portée	Total	Branches d'activité économique [a] 1 Agriculture, chasse, sylviculture et pêche	2 Industries extractives	3 Industries manu-facturières	4 Electricité, gaz, eau	5 Construction	6 Commerce, restaurants et hôtels	7 Transports, entrepôts, communi-cations	8 Banques, assurances, aff. imm., serv. aux entreprises	9 Services à collectivité, services soc. et pers.	0 Activités mal désignées
Malawi	*All persons engaged – Effectif occupé – Efectivo ocupado (Source – Fuente: III)*										
Males – Hommes – Hombres											
1971	158.7	50.6	0.6	21.3	2.1	17.5	13.1	8.9	1.1	43.5	.
1972	173.8	56.2	0.7	22.3	2.4	18.0	14.9	9.5	1.2	48.6	.
1973	193.5	63.7	0.7	24.5	2.7	21.1	17.2	10.2	1.5	51.9	.
1974	203.1	66.5	0.8	25.8	2.3	22.7	19.3	11.1	1.9	52.7	.
1975	221.3	80.2	0.8	29.8	2.4	21.0	18.5	11.5	2.3	54.8	.
1976	239.4	90.9	1.0	34.4	2.8	21.0	18.2	12.5	2.9	55.7	.
1977 [1]	276.4	134.4	0.6	31.7	2.6	23.1	23.3	16.0	6.1	38.6	.
1978	312.7	147.6	0.6	34.4	2.7	31.4	33.3	16.9	6.1	39.7	.
1979	318.6	157.7	0.6	35.1	3.3	33.2	23.3	17.6	7.6	40.3	.
Females – Femmes – Mujeres											
1971	14.3	6.7	.	0.5	.	–	0.7	0.1	0.3	6.0	.
1972	15.3	7.6	.	0.8	.	–	0.9	0.2	0.2	5.6	.
1973	21.6	12.7	.	1.1	0.1	–	1.2	0.2	0.2	5.6	.
1974	23.4	14.0	.	0.9	0.1	–	1.2	0.2	0.3	6.4	.
1975	24.8	14.6	.	1.5	0.2	–	1.3	0.4	0.3	6.5	.
1976	27.0	15.6	.	1.6	0.2	0.1	2.4	0.3	0.4	6.4	.
1977 [1]	32.5	20.3	.	1.8	0.2	0.1	1.9	0.6	0.6	7.0	.
1978	41.0	23.2	.	1.8	0.2	0.2	5.7	1.0	0.8	8.1	.
1979	39.2	24.6	.	1.9	0.2	0.2	2.8	0.9	0.8	7.8	.
Mauritius	*Employees – Salariés – Asalariados (Source – Fuente: III)*										
Total [2]		[3]		[4]							
1971	142.485	59.842	0.165	9.775	1.293	2.525	4.693	6.568	1.755	52.625	3.244
1972	148.179	61.924	0.146	11.576	1.338	3.311	5.353	6.886	1.955	49.287	6.403
1973	157.787	62.063	0.144	15.722	2.739	4.864	6.154	7.911	2.295	50.038	5.857
1974	167.218	63.049	0.152	20.813	2.918	5.430	6.275	9.074	2.582	49.734	7.191
1975	172.814	64.469	0.163	22.517	2.989	6.034	6.455	9.412	2.812	51.083	6.880
1976	184.539	64.182	0.153	29.348	3.093	7.253	7.817	9.932	3.220	52.888	6.653
1977	194.762	65.297	0.121	33.241	3.152	7.749	8.480	11.151	3.747	54.689	7.135
1978	198.435	60.767	0.198	33.077	3.601	9.765	9.280	10.487	4.368	58.821	8.071
1979	199.114	59.368	0.148	35.589	4.713	9.202	9.506	8.333	4.372	61.216	6.667
1980	196.641	58.022	0.145	35.817	4.487	7.642	9.097	7.762	4.344	62.848	6.477
Males – Hommes – Hombres [2]											
1971	114.459	43.151	0.117	7.183	1.240	2.491	3.980	6.453	1.403	45.202	3.239
1972	119.117	45.405	0.101	8.017	1.289	3.282	4.470	6.747	1.542	41.876	6.388
1973	125.533	45.752	0.097	9.367	2.662	4.829	5.103	7.705	1.792	42.391	5.835
1974	130.452	46.468	0.100	10.714	2.839	5.393	5.198	8.860	1.996	41.722	7.162
1975	134.003	47.590	0.107	11.551	2.905	5.993	5.353	9.147	2.144	42.373	6.840
1976	140.275	47.554	0.091	13.547	2.996	7.193	6.274	9.627	2.462	43.903	6.628
1977	145.508	47.617	0.063	14.753	3.030	7.661	6.739	10.821	2.865	44.857	7.102
1978	148.966	44.318	0.123	14.886	3.490	9.628	7.367	10.104	3.349	47.666	8.035
1979	147.026	43.516	0.067	15.567	4.588	9.070	7.453	7.914	3.272	48.948	6.631
1980	144.461	42.034	0.072	15.899	4.346	7.516	7.111	7.313	3.211	50.515	6.444

[a] La designación en español de las grandes divisiones de actividad económica figura en la página siguiente.
The English designation of major divisions of economic activity is shown on the preceding page.

[1] Beginning 1977: sample of establishments and revised allocation of establishments in the industrial classification. [2] ∅: Sep. of each year. [3] Incl. sugar and tea factories. [4] Excl. sugar and tea factories.

[1] A partir de 1977: échantillon d'établissements et changements dans leur répartition industrielle. [2] ∅: sept. de chaque année. [3] Y compris les fabriques de sucre et de thé. [4] Non compris les fabriques de sucre et de thé.

[1] A partir de 1977: muestra de establecimientos y cambios en la distribución industrial de los establecimientos. [2] ∅: sept. de cada año. [3] Incl. las fábricas de azúcar y té. [4] Excl. las fábricas de azúcar y té.

3 Employment / Emploi / Empleo

B Structure of employment / Structure de l'emploi / Estructura del empleo

(Thousands – Milliers – Millares)

País Alcance	Total	Grandes divisiones de actividad económica [a] 1 Agricultura, caza, silvicultura y pesca	2 Minas, canteras	3 Industrias manufactureras	4 Electricidad, gas, agua	5 Construcción	6 Comercio, restaurantes y hoteles	7 Transportes, almacenaje, comunicaciones	8 Bancos, seguros, bienes inm., serv. para empresas	9 Servicios comunales, sociales y personales	0 Actividades no bien especificadas
Mauritius				Employees – Salariés – Asalariados (Source – Fuente: III)							
Females – Femmes – Mujeres [1]											
		[2]		[3]							
1971	28.026	16.691	0.048	2.592	0.053	0.034	0.713	0.115	0.352	7.423	0.005
1972	29.062	16.519	0.045	3.559	0.049	0.029	0.883	0.139	0.413	7.411	0.015
1973	32.254	16.311	0.047	6.355	0.077	0.035	1.051	0.206	0.503	7.647	0.022
1974	36.766	16.581	0.052	10.099	0.079	0.037	1.077	0.214	0.586	8.012	0.029
1975	38.811	16.879	0.056	10.966	0.084	0.041	1.102	0.265	0.668	8.710	0.040
1976	44.264	16.628	0.062	15.801	0.097	0.060	1.543	0.305	0.758	8.985	0.025
1977	49.254	17.680	0.058	18.488	0.122	0.088	1.741	0.330	0.882	9.832	0.033
1978	49.469	16.449	0.075	18.191	0.111	0.137	1.913	0.383	1.019	11.155	0.036
1979	52.088	15.852	0.081	20.022	0.125	0.132	2.053	0.419	1.100	12.268	0.036
1980	52.180	15.988	0.073	19.918	0.141	0.126	1.986	0.449	1.133	12.333	0.033
Sierra Leone				Employees – Salariés – Asalariados (Source – Fuente: III)							
Total [4]											
1974	63.959	4.915	9.603	5.885	1.944	6.959	4.693	8.027	0.833	21.100	.
1975	61.297	4.931	4.686	5.840	1.978	7.549	4.592	8.823	0.927	21.971	.
1976	61.889	4.874	5.349	6.288	2.048	7.850	5.292	6.359	1.294	22.535	.
1977	61.328	5.145	5.258	6.018	1.999	7.803	5.211	5.854	1.247	22.793	.
1978	60.052	5.127	5.258	6.033	1.993	7.807	5.164	5.919	1.335	21.416	.
1979	67.932	5.695	5.248	7.680	1.807	8.470	5.384	7.397	1.798	24.453	.
1980	69.900	6.357	6.882	7.430	1.787	7.841	5.574	7.915	1.911	24.203	.
Swaziland				Employees – Salariés – Asalariados (Source – Fuente: III)							
Total [1]											
1971	47.051	20.840	2.926	5.837	0.518	2.537	3.842	2.050	0.427	8.074	.
1972	53.856	24.332	2.950	6.512	0.541	3.629	3.842	2.280	0.580	9.190	.
1973	57.032	23.655	2.924	7.360	0.592	3.950	4.002	2.688	0.581	11.280	.
1974	62.061	28.029	3.020	7.547	0.546	4.421	4.414	2.483	0.773	10.828	.
1975	64.405	28.407	3.079	8.998	0.405	3.341	4.519	2.540	1.187	11.929	.
1976 [5]	66.215	28.520	3.076	8.216	0.799	3.075	5.093	2.566	1.147	13.723	.
1977	66.225	26.377	3.086	8.411	1.226	4.081	5.516	2.768	1.477	13.283	.
1978	71.256	27.152	2.607	8.743	1.208	7.909	5.589	2.934	1.456	13.658	.
1979	65.247	23.235	2.544	8.849	1.062	5.895	5.739	3.634	1.251	13.038	.
Males – Hommes – Hombres [1]											
1971	35.953	14.570	2.855	5.427	0.501	2.522	2.677	1.915	0.290	5.196	.
1972	42.609	18.660	2.877	5.788	0.517	3.614	2.701	2.128	0.403	5.921	.
1973	44.769	18.103	2.854	6.035	0.569	3.922	2.727	2.527	0.387	7.645	.
1974	48.476	21.168	2.953	6.348	0.516	4.388	2.934	2.318	0.540	7.311	.
1975	50.011	21.815	3.008	7.560	0.382	3.302	2.986	2.321	0.838	7.799	.
1976 [5]	47.559	18.686	3.013	6.831	0.767	3.027	3.248	2.376	0.774	8.837	.
1977	48.653	19.014	3.007	6.553	1.172	3.978	3.400	2.508	1.003	8.018	.
1978	54.017	20.993	2.567	6.543	1.138	7.762	3.382	2.631	0.924	8.077	.
1979	48.707	17.372	2.507	6.741	0.999	5.559	3.462	3.375	0.752	7.940	.

[a] The English designation of major divisions of economic activity is shown on the following page.
Les libellés en français des branches d'activité économique sont indiqués à la page précédente.

[1] ∅: Sep. of each year. [2] Incl. sugar and tea factories. [3] Excl. sugar and tea factories. [4] ∅: Dec. of each year. [5] Beginning 1976, ∅: June of each year.

[1] ∅: sept. de chaque année. [2] Y compris les fabriques de sucre et de thé. [3] Non compris les fabriques de sucre et de thé. [4] ∅: déc. de chaque année. [5] A partir de 1976, ∅: juin de chaque année.

[1] ∅: sept. de cada año. [2] Incl. las fábricas de azúcar y té. [3] Excl. las fábricas de azúcar y té. [4] ∅: dic. de cada año. [5] A partir de 1976, ∅: junio de cada año.

3 Employment / Emploi / Empleo

B Structure of employment / Structure de l'emploi / Estructura del empleo

(Thousands - Milliers - Millares)

Country Scope	Total	Major divisions of economic activity [(a)] 1 Agriculture, hunting, forestry and fishing	2 Mining, quarrying	3 Manu-facturing	4 Electricity, gas, water	5 Construction	6 Trade, restaurants and hotels	7 Transport, storage, communi-cation	8 Financing, insurance, real estate, business services	9 Community, social and personal services	0 Activities not adequately defined
Swaziland	*Employees - Salariés - Asalariados (Source - Fuente: III)*										
Females - Femmes - Mujeres [1]											
1971	11.098	6.270	0.071	0.410	0.017	0.015	1.165	0.135	0.137	2.878	.
1972	11.247	5.672	0.073	0.724	0.024	0.015	1.141	0.152	0.177	3.269	.
1973	12.263	5.552	0.070	1.325	0.023	0.028	1.275	0.161	0.194	3.635	.
1974	13.585	6.861	0.067	1.199	0.030	0.033	1.480	0.165	0.233	3.517	.
1975	14.394	6.592	0.071	1.438	0.023	0.039	1.533	0.219	0.349	4.130	.
1976 [2]	18.656	9.834	0.063	1.385	0.032	0.048	1.845	0.190	0.373	4.886	.
1977	17.572	7.363	0.079	1.858	0.054	0.103	2.116	0.260	0.474	5.265	.
1978	17.239	6.159	0.040	2.200	0.070	0.147	2.207	0.303	0.532	5.581	.
1979	16.540	5.863	0.037	2.108	0.063	0.336	2.277	0.259	0.499	5.098	.
Tunisie	*Total employment - Emploi total - Total del empleo (Source - Fuente: IV)*										
Total											
1975	1 366.5	508.9	26.6	235.2	11.5	128.4	116.6	56.0	7.7	213.3	62.3
1976	1 440.1	531.0	15.7	270.2	7.8	139.6	121.5	53.3	8.3	230.3	62.3
1977	1 480.0	533.0	16.0	289.0	8.0	147.0	126.0	55.0	8.5	235.5	62.0
1978	1 524.0	534.0	16.0	309.0	8.0	155.0	132.0	57.0	8.7	242.3	62.0
1979	1 567.9	534.2	15.8	329.0	8.7	162.0	136.1	58.8	9.4	249.0	64.8
1980	1 609.3	536.9	15.9	339.7	9.0	172.8	140.6	60.7	10.0	257.1	66.6
Males - Hommes - Hombres											
1975	1 105.9	439.9	26.2	112.0	11.0	127.3	109.5	53.2	5.8	165.9	55.1
1976	1 163.5	461.0	15.7	135.5	7.2	138.5	111.9	51.7	6.3	180.5	55.1
1977	...	...	...	...	...	...	...	...	...	...	...
1978	...	...	...	...	...	...	...	...	...	...	...
1979	...	...	...	...	...	...	...	...	...	...	...
1980	1 249.7	430.9	15.2	171.3	7.9	171.3	125.6	57.2	7.8	205.7	56.9
Females - Femmes - Mujeres											
1975	260.6	69.0	0.4	123.2	0.5	1.1	7.1	2.8	1.9	47.4	7.2
1976	276.6	70.0	–	134.7	0.6	1.1	9.6	1.6	2.0	49.7	7.2
1977	...	...	...	...	...	...	...	...	...	...	...
1978	...	...	...	...	...	...	...	...	...	...	...
1979	...	...	...	...	...	...	...	...	...	...	...
1980	359.6	106.0	0.8	168.4	1.1	1.5	15.0	3.5	2.3	51.4	9.7
Zambia	*Employees - Salariés - Asalariados (Source - Fuente: III)*									[4]	
Total [3]											
1971	365.55	39.32	58.16	42.02	4.04	65.88	37.93	22.58	10.56	85.06	.
1972	367.93	31.14	60.65	43.30	4.53	72.32	33.69	25.04	14.31	82.95	.
1973	373.44	31.73	61.74	43.60	4.68	70.49	34.86	24.21	15.01	87.12	.
1974	384.89	33.61	65.11	44.07	4.75	70.58	35.58	22.15	16.45	92.59	.
1975	393.49	36.10	64.75	44.33	5.13	71.75	32.96	22.05	18.70	97.72	.
1976	368.79	32.50	64.38	43.08	6.97	50.27	34.20	21.08	18.90	97.97	.
1977	370.45	30.80	64.80	45.77	7.42	49.77	33.28	20.77	17.97	99.87	.
1978	367.01	31.61	61.06	45.98	7.51	44.94	31.71	22.33	21.27	101.60	.
1979 [5]	371.98	34.59	52.22	50.78	7.81	40.13	33.37	21.90	20.52	103.74	.
1980 [5]	384.09	39.59	60.69	48.99	7.86	43.63	32.67	25.39	21.15	104.14	.

(a) Les libellés en français des branches d'activité économique sont indiqués à la page suivante.
La designación en español de las grandes divisiones de actividad económica figura en la página precedente.

[1] ∅: Sep. of each year. [2] Beginning 1976, ∅: June of each year. [3] ∅: June of each year. [4] Excl. domestic services. [5] December.

[1] ∅: sept. de chaque année. [2] A partir de 1976, ∅: juin de chaque année. [3] ∅: juin de chaque année. [4] Non compris les services domestiques. [5] Décembre.

[1] ∅: sept. de cada año. [2] A partir de 1976, ∅: junio de cada año. [3] ∅: junio de cada año. [4] Excl. los servicios domésticos. [5] Diciembre.

3 Employment / Emploi / Empleo

B Structure of employment / Structure de l'emploi / Estructura del empleo

(Thousands - Milliers - Millares)

Pays Portée	Total	Branches d'activité économique[a] 1 Agriculture, chasse, sylviculture et pêche	2 Industries extractives	3 Industries manu-facturières	4 Electricité, gaz, eau	5 Construction	6 Commerce, restaurants et hôtels	7 Transports, entrepôts, communi-cations	8 Banques, assurances, aff. imm., serv. aux entreprises	9 Services à collectivité, services soc. et pers.	0 Activités mal désignées
Zimbabwe [1]	*Employees - Salariés - Asalariados (Source - Fuente: III)*										
Total											
1971	891.0	310.9	58.0	121.6	5.8	46.8	67.5	38.9	9.4	232.1	.
1972	953.0	342.3	58.4	130.7	6.1	49.5	72.1	41.0	10.4	242.4	.
1973	997.0	356.6	58.1	139.4	6.6	56.8	76.7	42.3	11.1	249.9	.
1974	1 040.0	365.6	62.0	151.3	6.9	64.3	76.2	43.8	11.6	258.2	.
1975	1 052.0	363.8	63.6	156.0	6.9	60.8	77.3	45.3	12.1	267.6	.
1976	1 037.0	356.1	63.8	153.6	6.7	51.6	74.7	45.7	12.1	272.4	.
1977	1 015.0	348.2	61.6	145.1	6.6	46.5	72.5	45.5	12.2	277.0	.
1978	990.0	341.4	58.1	139.3	6.5	40.9	69.1	44.0	12.0	278.4	.
1979	989.6	335.2	59.5	144.7	6.6	40.6	67.6	43.4	12.1	278.9	.
1980	1 005.8	327.0	66.0	159.2	6.7	42.1	70.3	45.5	12.5	272.6	.
Males - Hommes - Hombres											
1979	819.1	249.5	58.4	133.6	6.4	40.1	55.7	40.3	7.1	228.0	.
1980	835.0	241.9	65.0	147.6	6.5	41.0	50.2	42.6	7.5	225.4	.
Females - Femmes - Mujeres											
1979	169.5	85.7	1.1	11.1	0.2	0.5	11.9	3.1	5.0	50.9	.
1980	170.8	85.1	1.0	11.6	0.2	0.5	12.1	2.9	5.0	47.2	.
AMERICA - AMÉRIQUE - AMERICA											
Bahamas	*Insured persons - Personnes assurées - Personas aseguradas (Source - Fuente: II)*										
Total [2]											
1976	60.410	1.916	0.642	3.376	1.116	3.271	19.024	3.843	6.224	20.757	0.236
1977	70.771	2.368	0.717	3.866	1.198	3.825	22.308	4.007	7.031	21.895	3.556
1978	69.876	2.350	0.713	3.792	1.176	3.884	22.094	3.952	7.069	21.279	3.567
1979	72.713	2.377	0.721	3.934	1.190	4.034	22.030	4.027	7.335	21.685	4.380
Barbados	*Total employment - Emploi total - Total del empleo (Source - Fuente: I)*										
Total [3]											
1976	91.0	8.9	-	13.8	0.7	7.9	17.3	5.5	3.5	33.4	.
1977	90.2	8.7	-	14.8	0.3	7.7	17.4	5.5	4.0	31.8	.
1978 [4]	91.6	8.7	-	12.7	1.0	5.7	21.0	6.2	4.6	31.7	.
1979	94.0	10.3	...	12.4	0.7	6.3	24.2	6.4	4.5	29.2	.
1980	102.1	9.0	...	15.0	1.5	7.4	19.6	6.5	2.9	40.1	.
Males - Hommes - Hombres [3]											
1976	53.4	5.4	-	6.6	0.6	7.7	8.2	4.8	1.6	18.5	.
1977	54.3	4.8	-	7.3	0.3	7.6	9.3	4.8	2.2	18.0	.
1978 [4]	51.9	4.4	-	6.6	0.5	5.5	11.2	5.0	2.6	16.1	.
1979	53.2	5.1	...	5.7	0.9	7.6	11.5	5.3	2.4	14.7	.
1980	56.6	6.1	...	6.2	0.7	7.6	10.8	4.9	1.3	19.0	.

[a] La designación en español de las grandes divisiones de actividad económica figura en la página siguiente. The English designation of major divisions of economic activity is shown on the preceding page.

[1] Excl. small establishments in rural areas. [2] ∅: Jan. of each year. [3] ∅: fourth quarter of each year. [4] First quarter.

[1] Non compris les petites entreprises des zones rurales. [2] ∅: janv. de chaque année. [3] ∅: quatrième trimestre de chaque année. [4] Premier trimestre.

[1] Excl. las pequeñas empresas de las zonas rurales. [2] ∅: enero de cada año. [3] ∅: cuarto trimestre de cada año. [4] Primer trimestre.

3 Employment / Emploi / Empleo

B Structure of employment / Structure de l'emploi / Estructura del empleo

(Thousands - Milliers - Millares)

País Alcance	Total	Grandes divisiones de actividad económica [(a)] 1 Agricultura, caza, silvicultura y pesca	2 Minas, canteras	3 Industrias manu-factureras	4 Electricidad, gas, agua	5 Construcción	6 Comercio, restaurantes y hoteles	7 Transportes, almacenaje, comuni-caciones	8 Bancos, seguros, bienes inm., serv. para empresas	9 Servicios comunales, sociales y personales	0 Actividades no bien especifi-cadas
Barbados	*Total employment - Emploi total - Total del empleo (Source - Fuente: I)*										
Females - Femmes - Mujeres [1]											
1976	37.6	3.5	–	7.2	0.1	0.2	9.1	0.7	1.9	14.9	.
1977	35.9	3.9	–	7.5	.	0.1	8.1	0.7	1.8	13.8	.
1978 [2]	39.7	4.3	–	6.1	0.5	0.2	9.8	1.2	2.0	15.6	.
1979	40.6	3.6	...	6.6	0.1	0.4	12.4	1.4	1.9	14.2	.
1980	44.0	3.2	...	8.9	0.2	0.6	10.2	1.0	1.9	18.0	.
Bermuda	*Total employment - Emploi total - Total del empleo (Source - Fuente: I)*										
Total [3]											
1978	28.28	0.26	0.11	1.10	0.34	1.64	11.40	2.23	2.89	8.09	0.21
1979	28.83	0.25	0.09	1.07	0.38	1.65	11.34	2.17	3.23	8.38	0.26
1980	27.67	0.24	0.09	1.06	0.38	1.79	11.36	2.23	3.42	8.84	0.25
Males - Hommes - Hombres [3]											
1978	16.42	0.25	0.10	0.76	0.29	1.57	6.20	1.63	1.21	4.26	0.14
1979	16.58	0.24	0.08	0.70	0.32	1.58	6.11	1.54	1.40	4.40	0.19
1980	16.91	0.23	0.08	0.69	0.31	1.71	6.09	1.60	1.44	4.58	0.18
Females - Femmes - Mujeres [3]											
1978	11.86	0.01	0.01	0.34	0.05	0.08	5.20	0.60	1.67	3.83	0.06
1979	12.25	0.01	0.01	0.37	0.06	0.07	5.23	0.63	1.83	3.97	0.07
1980	12.76	0.02	0.01	0.37	0.06	0.09	5.28	0.64	1.97	4.26	0.06
Bolivia	*Total employment - Emploi total - Total del empleo (Source - Fuente: IV)*										
Total											
1971	1 236.1	592.9	71.1	108.2	5.1	48.2	91.9	72.3	2.8	243.6	.
1972	1 275.8	604.7	73.0	112.5	5.3	54.1	95.4	74.3	2.9	253.4	.
1973	1 316.7	616.9	75.4	117.1	5.4	60.8	98.9	78.2	3.1	260.9	.
1974	1 358.8	629.1	80.6	121.8	5.7	68.4	102.5	79.2	3.5	268.0	.
1975	1 402.3	641.7	82.4	126.6	5.7	76.9	106.3	82.1	3.9	276.7	.
1976	1 447.2	654.6	82.7	131.7	5.8	86.5	110.1	86.0	4.7	285.2	.
1977	1 485.3	667.7	82.7	137.2	6.1	88.6	113.1	90.8	4.9	299.2	.
1978	1 525.6	679.7	85.5	141.5	6.5	92.4	117.7	96.4	6.1	299.7	.
1979	1 565.7	687.6	86.3	146.9	7.6	93.7	121.4	111.5	6.2	304.5	.
Males - Hommes - Hombres											
1971	855.2	343.8	63.1	77.8	4.8	44.8	68.4	69.4	2.1	181.0	.
1972	884.1	350.7	64.7	81.0	5.0	50.3	71.0	70.6	2.2	188.6	.
1973	915.5	357.8	66.8	84.3	5.1	56.6	73.6	74.3	2.3	194.7	.
1974	947.1	364.9	71.3	87.7	5.3	63.6	76.3	74.5	2.6	200.9	.
1975	975.7	372.2	72.9	91.3	5.3	71.5	79.1	77.1	2.9	203.4	.
1976	1 006.9	379.7	73.7	94.8	4.7	80.4	81.9	80.8	3.6	207.4	.
1977	948.7	387.3	73.7	98.8	4.9	82.4	50.8	85.3	3.7	161.8	.
1978	976.4	394.2	76.2	101.9	5.3	86.0	52.8	90.6	4.6	164.9	.
1979	1 006.2	398.8	76.9	105.7	6.2	87.2	54.5	104.8	4.6	167.4	.

[(a)] The English designation of major divisions of economic activity is shown on the following page.
Les libellés en français des branches d'activité économique sont indiqués à la page précédente.

[1] ∅: fourth quarter of each year. [2] First quarter. [3] ∅: Aug. of each year.

[1] ∅: quatrième trimestre de chaque année. [2] Premier trimestre. [3] ∅: août de chaque année.

[1] ∅: cuarto trimestre de cada año. [2] Primer trimestre. [3] ∅: agosto de cada año.

3 Employment / Emploi / Empleo

B Structure of employment / Structure de l'emploi / Estructura del empleo

(Thousands - Milliers - Millares)

Country Scope	Total	Major divisions of economic activity [a] 1 Agriculture, hunting, forestry and fishing	2 Mining, quarrying	3 Manu-facturing	4 Electricity, gas, water	5 Construction	6 Trade, restaurants and hotels	7 Transport, storage, communi-cation	8 Financing, insurance, real estate, business services	9 Community, social and personal services	0 Activities not adequately defined
Bolivia		*Total employment - Emploi total - Total del empleo (Source - Fuente: IV)*									
Females - Femmes - Mujeres											
1971	380.9	249.1	8.0	30.4	0.3	3.4	23.5	2.9	0.7	62.6	.
1972	391.7	254.0	8.3	31.5	0.3	3.8	24.4	3.7	0.7	64.8	.
1973	401.2	259.1	8.6	32.8	0.3	4.2	25.3	3.9	0.8	66.2	.
1974	411.7	264.2	9.3	34.1	0.4	4.8	26.2	4.7	0.9	67.1	.
1975	426.6	269.5	9.5	35.3	0.4	5.4	27.2	5.0	1.0	73.3	.
1976	440.3	274.9	9.0	36.9	1.1	6.1	28.2	5.2	1.2	77.8	.
1977	536.6	280.4	9.0	38.4	1.2	6.2	62.3	5.4	1.2	132.4	.
1978	549.2	285.5	9.3	39.6	1.2	6.5	64.9	5.8	1.5	134.9	.
1979	559.5	288.8	9.4	41.1	1.5	6.6	66.9	6.7	1.5	137.0	.
Brasil		*Employees - Salariés - Asalariados (Source - Fuente: III)*									
Total [1]		[2]	[3]		[4]		[5]				
1971	6 069	29	82	2 599	28	653	908	438	283	948	101
1972	6 876	24	80	2 830	17	819	1 029	499	331	1 121	126
1973	7 614	41	83	3 230	50	889	1 037	582	343	1 205	154
1974	8 803	40	97	3 720	71	1 059	1 260	638	377	1 353	188
1975	9 477	41	93	3 953	71	1 121	1 334	717	404	1 535	208
Males - Hommes - Hombres [1]											
1971	4 945	27	80	2 106	27	645	713	415	234	631	67
1972	5 520	22	78	2 260	16	805	803	468	266	718	84
1973	6 033	37	81	2 555	47	872	779	525	270	764	103
1974	6 879	33	94	2 911	65	1 035	932	569	288	828	124
1975	7 326	35	89	3 093	65	1 085	974	629	301	921	134
Females - Femmes - Mujeres [1]											
1971	1 124	2	2	493	1	8	195	23	49	317	34
1972	1 356	2	2	570	1	14	226	31	65	403	42
1973	1 581	4	2	675	3	17	258	57	73	441	51
1974	1 924	7	3	809	6	24	328	69	89	525	64
1975	2 151	6	4	860	6	36	360	88	103	614	74
Canada		*Total employment - Emploi total - Total del empleo (Source - Fuente: I)*									
ISIC - CITI - CIIU 1958											
Total				[6]	[7]		[8]		[9]	[10]	
1971	7 958	584	128	1 766	86	489	1 310	609	383	2 602	–
1972	8 191	553	123	1 823	92	494	1 390	630	382	2 705	–
1973	8 598	550	122	1 927	98	539	1 472	664	406	2 818	–
1974	8 951	556	125	1 978	95	586	1 545	682	440	2 943	–
1975	9 284	564	139	1 871	107	603	1 637	705	474	3 184	–
1976	9 479	562	145	1 921	111	635	1 644	714	496	3 252	–
1977	9 648	553	152	1 888	108	633	1 679	712	531	3 393	–
1978	9 972	573	158	1 956	119	632	1 738	738	546	3 512	–
1979	10 369	589	167	2 070	118	640	1 806	782	553	3 645	–
1980	10 655	581	192	2 105	123	619	1 830	777	608	3 818	–

[a] Les libellés en français des branches d'activité économique sont indiqués à la page suivante.
La designación en español de las grandes divisiones de actividad económica figura en la página precedente.

[1] ∅: Dec. of each year. [2] Growing and processing of agricultural products for basic industrial chemicals. [3] Mineral mining and quarrying. [4] Electricity only. [5] Excl. hotels. [6] Incl. repair and installation services. [7] Incl. sanitary services. [8] Excl. restaurants and hotels. [9] Excl. business services. [10] Incl. restaurants and hotels; excl. repair and installation services and sanitary services.

[1] ∅: déc. de chaque année. [2] Culture et traitement de plantes pour fabriquer des produits chimiques de base. [3] Industries extractives minérales. [4] Electricité seulement. [5] Non compris les hôtels. [6] Y compris les services de réparation et d'installation. [7] Y compris les services sanitaires. [8] Non compris les restaurants et les hôtels. [9] Non compris les services aux entreprises. [10] Y compris les restaurants et hôtels; non compris les services de réparation et d'installation, et les services sanitaires.

[1] ∅: dic. de cada año. [2] Cultivos y elaboración de plantas para fabricar substancias químicas básicas. [3] Minas y canteras minerales. [4] Electricidad solamente. [5] Excl. hoteles. [6] Incl. los servicios de reparación y de instalación. [7] Incl. los servicios de saneamiento. [8] Excl. restaurantes y hoteles. [9] Excl. servicios para las empresas. [10] Incl. restaurantes y hoteles; excl. los servicios de reparación y de instalación y los servicios de saneamiento.

3 Employment / Emploi / Empleo

B Structure of employment / Structure de l'emploi / Estructura del empleo

(Thousands – Milliers – Millares)

Pays Portée	Total	Branches d'activité économique [(a)] 1 Agriculture, chasse, sylviculture et pêche	2 Industries extractives	3 Industries manu-facturières	4 Electricité, gaz, eau	5 Construction	6 Commerce, restaurants et hôtels	7 Transports, entrepôts, communi-cations	8 Banques, assurances, aff. imm., serv. aux entreprises	9 Services à collectivité, services soc. et pers.	0 Activités mal désignées
Canada	*Total employment – Emploi total – Total del empleo (Source – Fuente: I)*										
ISIC – CITI – CIIU 1958											
Males – Hommes – Hombres				[1]	[2]		[3]		[4]	[5]	
1971	5 302	514	121	1 354	75	465	845	514	183	1 230	–
1972	5 431	479	116	1 389	82	470	883	529	183	1 301	–
1973	5 647	480	115	1 463	87	514	919	548	184	1 337	–
1974	5 836	480	118	1 493	82	554	962	562	199	1 387	–
1975	5 903	452	127	1 411	94	564	992	569	203	1 491	–
1976	5 965	443	133	1 426	97	592	986	567	210	1 511	–
1977	6 031	432	138	1 416	92	587	1 006	570	227	1 563	–
1978	6 148	448	143	1 456	103	584	1 037	585	225	1 567	–
1979	6 347	462	150	1 521	98	589	1 045	615	225	1 642	–
1980	6 430	448	169	1 540	104	565	1 041	609	250	1 704	–
Females – Femmes – Mujeres											
1971	2 656	71	7	412	11	24	466	96	199	1 372	–
1972	2 760	74	7	434	10	24	506	101	199	1 404	–
1973	2 951	70	7	463	11	26	554	117	222	1 481	–
1974	3 115	76	8	485	13	32	584	121	241	1 555	–
1975	3 381	112	11	460	13	40	644	136	271	1 693	–
1976	3 515	119	12	495	14	43	659	146	286	1 741	–
1977	3 617	120	14	472	16	47	672	142	304	1 830	–
1978	3 824	125	15	500	16	48	700	154	321	1 945	–
1979	4 022	128	17	549	19	51	761	166	328	2 002	–
1980	4 225	133	23	565	19	54	790	168	357	2 115	–

[(a)] La designación en español de las grandes divisiones de actividad económica figura en la página siguiente.
The English designation of major divisions of economic activity is shown on the preceding page.

[1] Incl. repair and installation services. [2] Incl. sanitary services. [3] Excl. restaurants and hotels. [4] Excl. business services. [5] Incl. restaurants and hotels; excl. repair and installation services and sanitary services.

[1] Y compris les services de réparation et d'installation. [2] Y compris les services sanitaires. [3] Non compris les restaurants et les hôtels. [4] Non compris les services aux entreprises. [5] Y compris les restaurants et hôtels; non compris les services de réparation et d'installation, et les services sanitaires.

[1] Incl. los servicios de reparación y de instalación. [2] Incl. los servicios de saneamiento. [3] Excl. restaurantes y hoteles. [4] Excl. servicios para las empresas. [5] Incl. restaurantes y hoteles; excl. los servicios de reparación y de instalación y los servicios de saneamiento.

3 Employment / Emploi / Empleo

B Structure of employment / Structure de l'emploi / Estructura del empleo

(Thousands – Milliers – Millares)

País Alcance	Total	1 Agricultura, caza, silvicultura y pesca	2 Minas, canteras	3 Industrias manu-factureras	4 Electricidad, gas, agua	5 Construcción	6 Comercio, restaurantes y hoteles	7 Transportes, almacenaje, comuni-caciones	8 Bancos, seguros, bienes inm., serv. para empresas	9 Servicios comunales, sociales y personales	0 Actividades no bien especifi-cadas
		Grandes divisiones de actividad económica [(a)]									
Colombia [1]	*Total employment – Emploi total – Total del empleo (Source – Fuente: I)*										
Total [2]											
1975	2 146.9	34.9	6.6	514.3	17.6	139.6	458.6	140.1	121.9	709.4	4.0
1976	2 317.6	36.1	8.6	599.2	18.1	136.9	480.6	151.5	130.3	755.9	0.5
1977	2 529.9	33.8	6.6	647.1	18.3	150.6	564.3	157.5	165.8	783.3	2.5
1978	2 751.3	38.7	8.3	713.6	18.7	184.3	616.2	168.3	178.6	824.1	0.6
1979	2 996.6	41.0	13.7	768.6	21.0	182.3	696.0	197.5	188.8	886.0	1.7
1980	3 202.2	43.3	12.9	821.0	23.9	230.1	760.9	192.4	217.6	897.8	2.3
Males – Hommes – Hombres [2]											
1975	1 361.2	33.5	5.5	355.3	15.3	133.5	305.1	127.3	88.0	294.4	3.2
1976	1 449.2	31.7	7.9	401.2	15.7	131.0	318.4	136.5	93.2	313.4	0.4
1977	1 574.8	30.0	5.8	430.9	16.6	145.7	361.1	143.6	113.8	325.3	2.0
1978	1 716.1	35.1	7.2	465.6	16.3	175.8	390.1	150.1	120.9	354.8	0.2
1979	1 854.8	35.2	11.5	495.6	17.7	175.6	433.5	173.8	131.6	378.7	1.7
1980	1 977.0	37.1	11.0	620.1	20.3	218.2	475.0	176.2	136.0	380.9	1.8
Females – Femmes – Mujeres [2]											
1975	785.7	1.4	1.1	158.9	2.2	6.1	153.5	12.8	34.0	414.9	0.8
1976	868.4	4.4	0.7	198.0	2.4	5.9	162.2	15.1	37.0	442.5	0.2
1977	955.1	3.8	0.8	216.2	1.7	4.9	203.3	13.8	52.0	458.0	0.6
1978	1 035.2	3.6	1.2	247.9	2.4	8.5	226.1	18.2	57.7	469.3	0.4
1979	1 141.9	5.9	2.2	273.0	3.4	6.7	262.5	23.7	57.2	507.3	–
1980	1 224.6	6.2	1.0	300.9	3.7	11.8	285.9	16.2	81.5	516.9	0.5
Costa Rica	*Total employment – Emploi total – Total del empleo (Source – Fuente: I)*										
Total [3]											
1973	542.33	207.17	1.52	68.30	5.44	37.41	66.24	24.32	13.49	117.25	1.18
1974	...	...	...	...	...	...	...	...	...	...	...
1975	...	...	...	...	...	...	...	...	...	...	...
1976	616.79	214.54	1.48	88.82	9.93	40.24	87.09	24.43	13.71	133.31	3.24
1977	653.26	215.55	0.66	102.52	9.62	41.85	97.16	26.03	16.93	141.55	1.39
1978	687.04	208.90	0.66	103.60	7.81	50.86	104.36	33.93	17.78	157.00	1.95
1979	707.13	202.65	1.44	113.94	9.02	54.76	105.69	31.24	19.18	167.47	1.73
1980	724.71	198.86	.	117.86 [4]	.	56.18	131.25 [5]	47.49 [6]	.	171.00	2.06
Cuba	*Employees [7] – Salariés [7] – Asalariados [7] (Source – Fuente: IV)*										
Total				[8]						[5]	
1971	2 081.9	603.6	.	440.5	.	132.7	167.7	175.5	.	561.9	.
1972	2 125.9	636.9	.	438.5	.	153.7	165.9	177.3	.	553.6	.
1973	2 245.7	670.3	.	453.2	.	176.5	176.7	181.9	.	587.1	.
1974	2 313.3	674.5	.	466.7	.	183.5	184.2	186.3	.	618.1	.
1975	2 393.8	685.1	.	472.2	.	208.0	179.3	187.8	.	661.4	.
1976	2 469.2	684.9	.	477.4	.	243.2	179.1	198.6	.	686.0	.
1977	2 607.8	628.1	.	563.7	.	295.8	281.2	176.4	.	662.6	.

[(a)] The English designation of major divisions of economic activity is shown on the following page.
Les libellés en français des branches d'activité économique sont indiqués à la page précédente.

[1] Seven main cities of the country. [2] ∅: Sep. of each year. [3] ∅: July of each year. [4] Incl. mining and quarrying. [5] Incl. financing, insurance, real estate and business services. [6] Incl. electricity, gas and water. [7] Socialised sector. [8] Incl. mining and quarrying, electricity, gas and water.

[1] Sept villes principales du pays. [2] ∅: sept. de chaque année. [3] ∅: juillet de chaque année. [4] Y compris les industries extractives. [5] Y compris les banques, les assurances, les affaires immobilières et les services aux entreprises. [6] Y compris l'électricité, le gaz et l'eau. [7] Secteur socialisé. [8] Y compris les industries extractives, l'électricité, le gaz et l'eau.

[1] Siete ciudades principales del país. [2] ∅: sept. de cada año. [3] ∅: julio de cada año. [4] Incl. las minas y canteras. [5] Incl. bancos, seguros, bienes inmuebles y servicios para empresas. [6] Incl. electricidad, gas y agua. [7] Sector socializado. [8] Incl. minas y canteras, electricidad, gas y agua.

3 Employment Emploi Empleo

B Structure of employment Structure de l'emploi Estructura del empleo

(Thousands - Milliers - Millares)

Country Scope	Total	Major divisions of economic activity [a] 1 Agriculture, hunting, forestry and fishing	2 Mining, quarrying	3 Manu-facturing	4 Electricity, gas, water	5 Construction	6 Trade, restaurants and hotels	7 Transport, storage, communi-cation	8 Financing, insurance, real estate, business services	9 Community, social and personal services	0 Activities not adequately defined
Chile	*Total employment - Emploi total - Total del empleo (Source - Fuente: I)*										
Total											
1975	2 715.9	585.9	83.3	456.7	21.2	121.4	397.4	175.4	71.2	784.1	19.3
1976	2 779.5	500.3	73.3	467.3	28.6	103.9	440.3	172.3	63.2	921.6	8.7
1977	2 821.2	520.3	75.0	472.2	32.2	99.3	452.7	173.7	76.9	911.8	7.1
1978	2 980.5	528.8	74.2	486.1	28.7	115.5	510.0	205.7	87.8	939.8	3.9
1979	3 003.2	504.1	75.9	496.1	26.0	126.0	527.1	201.5	87.9	953.0	5.6
Guatemala	*Total employment - Emploi total - Total del empleo (Source - Fuente: I)*										
Total											
1976	545.6	398.1	2.0	70.7	1.5	8.0	28.0	9.0	15.6	12.8	-
1977	592.7	408.2	3.6	80.9	1.5	12.9	38.8	10.7	16.2	19.9	-
Guyane française	*Employees - Salariés - Asalariados (Source - Fuente: IV)*										
Total [1]											
1971	9.738	0.335	0.090	0.967	0.353	1.395	0.798	0.245	0.778	4.777	-
1972	9.986	0.349	0.100	0.879	0.349	1.298	1.018	0.252	0.866	4.875	-
1973	9.784	0.351	0.068	0.886	0.336	0.961	1.009	0.260	0.781	5.132	-
1974	10.795	0.383	0.066	0.753	0.317	0.948	0.920	0.294	0.750	6.364	-
1975	11.012	0.421	0.085	0.790	0.326	0.965	0.951	0.278	0.681	6.515	-
1976	12.580	0.348	0.118	0.681	0.350	1.220	0.981	0.269	0.726	7.887	-
1977	12.791	0.337	0.079	1.040	0.304	1.203	1.235	0.522	0.555	7.516	-
1978	13.475	0.503	0.089	0.427	0.334	1.345	1.073	0.564	0.995	8.145	-
1979	13.879	0.621	0.123	0.576	0.317	1.440	1.164	0.640	0.897	8.101	-
Males - Hommes - Hombres [1]											
1977	7.976	0.323	0.070	0.850	0.251	1.161	0.704	0.443	0.350	3.824	-
1978	8.274	0.485	0.073	0.303	0.276	1.291	0.513	0.475	0.658	4.200	-
1979	8.507	0.578	0.118	0.457	0.261	1.360	0.557	0.541	0.555	4.080	-
Females - Femmes - Mujeres [1]											
1977	4.815	0.014	0.009	0.190	0.053	0.042	0.531	0.079	0.205	3.692	-
1978	5.201	0.018	0.016	0.124	0.058	0.054	0.560	0.089	0.337	3.945	-
1979	5.372	0.043	0.005	0.119	0.056	0.080	0.607	0.099	0.342	4.021	-
Haïti	*Total employment - Emploi total - Total del empleo (Source - Fuente: IV)*										
Total [2]											
1971	1 940.22	1 437.19	0.97	119.41	1.36	17.70	186.43	11.86	0.63	157.47	7.20
1972	1 951.89	1 445.82	0.98	120.13	1.37	17.80	187.68	11.93	0.66	158.28	7.24
1973	1 963.63	1 454.49	0.98	120.85	1.38	17.91	188.89	12.01	0.66	159.18	7.28
1974	1 975.44	1 463.22	0.99	121.57	1.38	18.02	190.11	12.08	0.70	160.04	7.33
1975	1 987.32	1 472.00	1.00	122.30	1.39	18.13	191.44	12.15	0.72	160.82	7.37
1976	1 883.52	1 395.28	0.94	115.93	1.32	17.18	181.49	11.52	0.84	152.03	6.99
1977	1 894.45	1 403.36	0.95	116.60	1.33	17.28	182.58	11.58	0.83	152.91	7.03
1978	1 904.16	1 410.37	0.95	117.18	1.34	17.37	183.50	11.64	1.07	153.68	7.06
1979	1 913.68	1 417.42	0.96	117.77	1.34	17.45	184.41	11.70	1.08	154.45	7.10

[a] Les libellés en français des branches d'activité économique sont indiqués à la page suivante.
La designación en español de las grandes divisiones de actividad económica figura en la página precedente.

[1] ∅: Dec. of each year. [2] Year beginning in July of year indicated.

[1] ∅: déc. de chaque année. [2] Année commençant en juillet de l'année indiquée.

[1] ∅: dic. de cada año. [2] Año que comienza en julio del año indicado.

3 Employment / Emploi / Empleo

B Structure of employment / Structure de l'emploi / Estructura del empleo

(Thousands - Milliers - Millares)

Pays Portée	Total	Branches d'activité économique [(a)] 1 Agriculture, chasse, sylviculture et pêche	2 Industries extractives	3 Industries manu-facturières	4 Electricité, gaz, eau	5 Construction	6 Commerce, restaurants et hôtels	7 Transports, entrepôts, communi-cations	8 Banques, assurances, aff. imm., serv. aux entreprises	9 Services à collectivité, services soc. et pers.	0 Activités mal désignées
Haïti	*Total employment - Emploi total - Total del empleo (Source - Fuente: IV)*										
Males - Hommes - Hombres [1]											
1971	1 063.18	887.09	0.88	52.57	1.26	17.51	11.98	11.33	0.47	65.08	4.99
1972	1 072.65	904.37	0.88	53.12	1.27	17.62	12.75	11.40	0.50	65.71	5.03
1973	1 082.19	911.69	0.89	53.67	1.28	17.73	13.49	11.47	0.50	66.41	5.07
1974	1 091.80	919.06	0.89	54.23	1.29	17.83	14.25	11.54	0.52	67.08	5.11
1975	1 101.47	926.48	0.90	54.79	1.30	17.94	15.07	11.61	0.54	67.69	5.15
1976	995.46	848.40	0.85	48.25	1.22	16.99	4.68	10.97	0.63	58.71	4.76
1977	1 004.16	855.10	0.85	48.75	1.23	17.09	5.31	11.04	0.62	59.37	4.79
1978	1 009.43	859.38	0.86	48.99	1.24	17.18	5.34	11.10	0.87	59.66	4.81
1979	1 014.47	863.68	0.86	49.24	1.24	17.26	5.37	11.15	0.87	59.96	4.84
Females - Femmes - Mujeres [1]											
1971	877.05	540.10	0.10	66.84	0.10	0.18	174.45	0.53	0.16	92.38	2.20
1972	879.24	541.45	0.10	67.01	0.10	0.18	174.93	0.54	0.17	92.56	2.21
1973	881.44	542.80	0.10	67.17	0.10	0.18	175.39	0.54	0.17	92.77	2.21
1974	883.64	544.16	0.10	67.34	0.10	0.19	175.87	0.54	0.17	92.96	2.22
1975	885.85	545.52	0.10	67.51	0.10	0.19	176.37	0.54	0.18	93.13	2.22
1976	888.06	546.88	0.10	67.68	0.10	0.19	176.81	0.54	0.21	93.32	2.23
1977	890.29	548.25	0.10	67.85	0.10	0.19	177.27	0.54	0.21	93.55	2.23
1978	894.74	550.99	0.10	68.19	0.10	0.19	178.16	0.55	0.21	94.02	2.25
1979	899.21	553.75	0.10	68.53	0.10	0.19	179.05	0.55	0.21	94.49	2.26
Honduras	*Total employment - Emploi total - Total del empleo (Source - Fuente: IV)*										
Total											
1971	800.1	502.5	2.4	87.2	2.4	25.6	61.6	20.0	6.4	92.0	
1972	822.7	513.6	2.4	90.5	2.4	27.1	63.3	21.4	6.6	95.4	.
1973	847.5	526.6	2.5	94.1	2.5	27.9	66.1	22.8	6.7	98.3	.
1974	874.8	539.7	2.6	97.9	2.6	28.8	69.1	24.4	6.9	102.8	.
1975	904.7	554.9	2.7	102.2	2.7	29.8	72.3	26.2	7.2	106.7	.
1976	936.5	570.7	2.8	106.7	2.8	31.8	78.8	28.0	7.4	107.5	.
1977	970.5	587.1	2.9	111.6	2.9	32.9	79.5	30.5	7.7	115.4	.
1978	1 006.7	605.0	3.0	116.7	3.0	35.2	83.5	32.6	8.0	119.7	.
1979	1 005.9	604.2	3.0	116.7	3.0	35.2	83.5	32.6	8.0	119.7	.
1980 [2]	996.3	583.8	3.0	127.8	3.0	34.2	83.5	29.2	9.0	122.8	.
Jamaica	*Total employment - Emploi total - Total del empleo (Source - Fuente: I)*										
ISIC - CITI - CIIU 1958											
Total [3]				[4]		[5]	[6]			[7]	
1973	621.6	193.7	7.5	80.3	.	43.5	86.0	25.4	.	182.6	2.6
1974	648.0	225.1	8.3	79.0	.	40.1	75.5	24.7	.	193.0	2.3
1975	685.1	231.5	7.2	73.6	.	43.6	81.3	31.8	.	213.5	2.6
1976	679.1	237.9	8.4	75.0	.	36.3	84.6	32.4	.	200.6	3.9
1977	699.2	248.3	7.5	74.9	.	32.2	90.1	31.4	.	210.3	4.5
1978	702.1	253.2	5.7	78.2	.	35.1	91.5	30.8	.	205.6	2.0
1979	663.4	213.3	8.5	71.9	.	26.5	90.8	29.7	.	214.4	8.3
1980	737.3	271.4	8.7	80.0	.	26.4	92.7	34.8	.	220.6	2.7

[(a)] La designación en español de las grandes divisiones de actividad económica figura en la página siguiente.
The English designation of major divisions of economic activity is shown on the preceding page.

[1] Year beginning in July of year indicated. [2] Second semester. [3] ∅: Oct. of each year. [4] Incl. repair and installation services. [5] Incl. electricity. [6] Incl. financing, insurance and real estate; excl. restaurants and hotels. [7] Incl. restaurants and hotels; excl. repair and installation services and sanitary services.

[1] Année commençant en juillet de l'année indiquée. [2] Second semestre. [3] ∅: oct. de chaque année. [4] Y compris les services de réparation et d'installation. [5] Y compris l'électricité. [6] Y compris les banques, les assurances et affaires immobilières; non compris les restaurants et hôtels. [7] Y compris les restaurants et hôtels; non compris les services de réparation et d'installation, et les services sanitaires.

[1] Año que comienza en julio del año indicado. [2] Segundo semestre. [3] ∅: oct. de cada año. [4] Incl. los servicios de reparación y de instalación. [5] Incl. electricidad. [6] Incl. establecimientos financieros, seguros y bienes inmuebles; excl. restaurantes y hoteles. [7] Incl. restaurantes y hoteles; excl. los servicios de reparación y de instalación y los servicios de saneamiento.

3 Employment / Emploi / Empleo

B Structure of employment / Structure de l'emploi / Estructura del empleo

(Thousands - Milliers - Millares)

		Grandes divisiones de actividad económica [a]									
		1	2	3	4	5	6	7	8	9	0
País Alcance	Total	Agricultura, caza, silvicultura y pesca	Minas, canteras	Industrias manufactureras	Electricidad, gas, agua	Construcción	Comercio, restaurantes y hoteles	Transportes, almacenaje, comunicaciones	Bancos, seguros, bienes inm., serv. para empresas	Servicios comunales, sociales y personales	Actividades no bien especificadas
Jamaica		*Total employment - Emploi total - Total del empleo (Source - Fuente: I)*									
ISIC - CITI - CIIU 1958											
Males - Hommes - Hombres [1]											
				[2]		[3]	[4]			[5]	
1973	386.9	157.4	7.0	60.6	.	42.2	30.1	19.1	.	68.7	1.8
1974	393.2	176.8	7.5	55.4	.	39.5	24.3	18.8	.	69.7	1.2
1975	412.7	170.6	6.8	52.7	.	42.5	30.7	23.9	.	83.8	1.7
1976	417.4	179.5	7.2	56.1	.	35.5	27.6	24.2	.	84.2	3.1
1977	422.4	182.0	6.5	56.1	.	31.7	30.5	26.1	.	87.0	2.5
1978	425.0	186.0	5.1	58.8	.	34.0	32.4	22.9	.	85.0	0.8
1979	406.5	166.0	7.9	54.2	.	25.3	32.0	22.1	.	93.0	6.0
1980	448.2	205.1	7.4	57.7	.	25.8	33.0	27.6	.	90.0	1.6
Females - Femmes - Mujeres [1]											
1973	234.7	36.3	0.5	19.7	.	1.3	55.9	6.3	.	113.9	0.8
1974	254.8	48.3	0.8	23.6	.	0.6	51.2	5.9	.	123.3	1.1
1975	272.4	60.9	0.4	20.9	.	1.1	50.6	7.9	.	129.7	0.9
1976	261.7	58.4	1.2	18.9	.	0.8	57.0	8.2	.	116.4	0.8
1977	276.8	66.3	1.0	18.8	.	0.5	59.6	5.3	.	123.3	2.0
1978	277.1	67.2	0.6	19.4	.	1.1	59.1	7.9	.	120.6	1.2
1979	256.9	47.3	0.6	17.7	.	1.2	58.8	7.6	.	121.4	2.3
1980	289.1	66.3	1.3	22.3	.	0.6	59.7	7.2	.	130.6	1.1

[a] The English designation of major divisions of economic activity is shown on the following page.
Les libellés en français des branches d'activité économique sont indiqués à la page précédente.

[1] ∅: Oct. of each year. [2] Incl. repair and installation services. [3] Incl. electricity. [4] Incl. financing, insurance and real estate; excl. restaurants and hotels. [5] Incl. restaurants and hotels; excl. repair and installation services and sanitary services.

[1] ∅: oct. de chaque année. [2] Y compris les services de réparation et d'installation. [3] Y compris l'électricité. [4] Y compris les banques, les assurances et affaires immobilières; non compris les restaurants et hôtels. [5] Y compris les restaurants et hôtels; non compris les services de réparation et d'installation, et les services sanitaires.

[1] ∅: oct. de cada año. [2] Incl. los servicios de reparación y de instalación. [3] Incl. electricidad. [4] Incl. establecimientos financieros, seguros y bienes inmuebles; excl. restaurantes y hoteles. [5] Incl. restaurantes y hoteles; excl. los servicios de reparación y de instalación y los servicios de saneamiento.

3 Employment Emploi Empleo

B Structure of employment Structure de l'emploi Estructura del empleo

(Thousands – Milliers – Millares)

Country Scope	Total	Major divisions of economic activity [(a)] 1 Agriculture, hunting, forestry and fishing	2 Mining, quarrying	3 Manu-facturing	4 Electricity, gas, water	5 Construction	6 Trade, restaurants and hotels	7 Transport, storage, communi-cation	8 Financing, insurance, real estate, business services	9 Community, social and personal services	0 Activities not adequately defined
México		*Total employment – Emploi total – Total del empleo (Source – Fuente: IV)*									
ISIC – CITI – CIIU 1958											
Total [1]				[2]	[3]		[4]			[5]	
1974	15 946	6 666	236	2 834	70	746	1 563	482	.	3 350	–
1975	16 597	6 783	241	2 961	71	756	1 654	490	.	3 641	–
1976	17 301	7 000	253	3 138	76	801	1 725	511	.	3 797	–
1977	18 043	7 271	265	3 277	79	835	1 806	534	.	3 975	–
1978	18 826	7 555	277	3 424	79	872	1 892	557	.	4 170	–
1979	19 651	7 886	289	3 574	83	910	1 975	582	.	4 353	–
Males – Hommes – Hombres [1]											
1975	13 016	6 355	219	2 242	64	728	1 117	462	.	1 830	–
1976	13 449	6 539	231	2 364	68	771	1 147	481	.	1 849	–
1977	13 897	6 752	235	2 399	68	788	1 198	495	.	1 962	–
1978	14 489	7 016	245	2 507	68	822	1 255	516	.	2 059	–
1979	14 843	7 189	251	2 568	70	843	1 285	528	.	2 109	–
Females – Femmes – Mujeres [1]											
1975	3 581	429	22	719	8	29	537	28	.	1 811	–
1976	3 852	461	23	773	8	30	578	30	.	1 948	–
1977	4 145	519	30	878	11	47	608	39	.	2 012	–
1978	4 337	539	32	917	11	49	637	41	.	2 111	–
1979	4 808	697	38	1 007	13	67	689	53	.	2 243	–

[(a)] Les libellés en français des branches d'activité économique sont indiqués à la page suivante.
La designación en español de las grandes divisiones de actividad económica figura en la página precedente.

[1] ∅: June of each year. [2] Incl. repair and installation services. [3] Incl. sanitary services. [4] Incl. financing, insurance and real estate; excl. restaurants and hotels. [5] Incl. restaurants and hotels; excl. repair and installation services and sanitary services.

[1] ∅: juin de chaque année. [2] Y compris les services de réparation et d'installation. [3] Y compris les services sanitaires. [4] Y compris les banques, les assurances et affaires immobilières; non compris les restaurants et hôtels. [5] Y compris les restaurants et hôtels; non compris les services de réparation et d'installation, et les services sanitaires.

[1] ∅: junio de cada año. [2] Incl. los servicios de reparación y de instalación. [3] Incl. los servicios de saneamiento. [4] Incl. establecimientos financieros, seguros y bienes inmuebles; excl. restaurantes y hoteles. [5] Incl. restaurantes y hoteles; excl. los servicios de reparación y de instalación y los servicios de saneamiento.

3 Employment / Emploi / Empleo

B Structure of employment / Structure de l'emploi / Estructura del empleo

(Thousands - Milliers - Millares)

Pays Portée	Total	Branches d'activité économique [a] 1 Agriculture, chasse, sylviculture et pêche	2 Industries extractives	3 Industries manu-facturières	4 Electricité, gaz, eau	5 Construction	6 Commerce, restaurants et hôtels	7 Transports, entrepôts, communi-cations	8 Banques, assurances, aff. imm., serv. aux entreprises	9 Services à collectivité, services soc. et pers.	0 Activités mal désignées
Netherlands Antilles	*Total employment - Emploi total - Total del empleo (Source - Fuente: I)*										
Total											
1977	78.354	0.833	0.407	11.071	1.296	6.015	22.796	5.012	3.692	24.561	2.671
1978	76.805	0.680	0.389	11.455	1.370	6.430	22.420	5.995	4.610	23.456	.
1979	...	...	...	...	...	...	...	...	...	...	...
1980	76.006	0.329	0.432	10.114	1.174	3.923	23.831	3.923	4.129	25.669	2.482
Males - Hommes - Hombres											
1977	51.343	0.779	0.391	8.746	1.208	5.790	12.629	4.424	2.088	14.186	1.102
1978	50.036	0.637	0.376	9.096	1.279	6.047	11.591	4.697	2.708	13.605	
Females - Femmes - Mujeres											
1977	27.011	0.054	0.016	2.325	0.088	0.225	10.167	0.588	1.604	10.375	1.569
1978	26.769	0.043	0.013	2.359	0.091	0.383	10.829	1.298	1.902	9.851	.
Nicaragua [1]	*Employees - Salariés - Asalariados (Source - Fuente: II)*										
Total											
1971	81.801	3.937	1.788	18.773	1.263	3.803	15.200	3.946	.	33.082 [2]	0.009
1972	81.913	1.388	1.309	23.324	1.554	3.276	14.802	4.533	3.533	28.005	0.189
1973	86.646	1.464	1.185	22.274	1.723	8.208	11.873	4.282	3.720	31.800	0.117
1974	98.582	1.547	1.397	25.489	1.932	10.491	14.334	4.910	4.736	33.564	0.182
1975	111.559	1.605	1.640	26.569	1.979	9.178	17.006	5.168	6.176	41.935	0.303
1976	120.940	2.104	1.508	28.170	2.058	9.548	18.672	5.334	6.119	46.747	0.680
1977	134.373	2.556	1.593	30.507	2.184	10.773	20.959	5.870	6.818	53.046	0.067
1978	132.294	2.928	1.543	29.166	2.349	7.313	20.866	6.076	7.040	54.221	0.792
1979	112.178	2.859	1.560	24.827	1.942	3.000	15.876	5.338	6.329	48.291	2.156
1980	133.405	3.627	2.105	27.945	2.571	5.470	15.842	6.143	6.919	60.033	2.750
Panamá	*Total employment - Emploi total - Total del empleo (Source - Fuente: I)*										
Total											
1971	441.3	151.8	0.6	42.7	4.7	26.4	60.2	18.3	9.8	102.7	24.1
1972	455.4	152.9	0.4	43.8	5.3	31.1	64.6	18.1	10.9	105.2	23.1
1973	464.1	...	...	...	...	...	...	...	...	...	...
1974 [3]	487.4	150.0	0.3	51.2	4.7	30.8	66.0	25.3	15.9	122.4	20.8
1975 [4]	461.2	147.3	0.4	42.9	4.6	30.5	60.1	22.7	13.8	119.6	19.3
1976	471.5	148.7	0.2	47.9	5.6	29.2	64.7	24.1	15.5	118.0	17.6
1977 [4]	470.5	147.7	0.4	48.5	5.7	24.4	64.2	25.1	15.6	120.5	18.4
1978	499.3	144.2	0.4	49.2	7.0	25.7	66.2	27.4	19.4	141.4	18.3
1979	527.0	154.9	0.7	53.4	6.4	30.8	70.8	28.6	19.6	144.2	17.6
Males - Hommes - Hombres											
1974 [3]	358.5	146.5	0.3	35.5	3.9	30.1	41.7	20.3	9.9	53.2	17.1
1975 [4]	336.3	142.8	0.4	29.3	4.1	29.4	36.6	19.0	8.7	49.3	16.7
1976	344.8	144.8	0.2	32.9	4.9	28.4	39.7	19.9	9.4	50.4	14.2
1977 [4]	344.3	142.6	0.4	34.2	4.8	23.9	40.2	20.9	9.8	52.4	15.1
1978	354.9	139.9	0.4	35.6	5.8	24.9	40.6	22.6	12.2	58.5	14.4
1979	374.1	147.5	0.7	36.5	5.5	29.8	44.2	24.3	11.9	59.3	14.4

[a] La designación en español de las grandes divisiones de actividad económica figura en la página siguiente.
The English designation of major divisions of economic activity is shown on the preceding page.

[1] Eight main cities of the country. [2] Prior to 1972: incl. major division 8. [3] November. [4] October.

[1] Huit villes principales du pays. [2] Avant 1972: y compris la branche 8. [3] Novembre. [4] Octobre.

[1] Ocho ciudades principales del país. [2] Antes de 1972: incl. la gran división 8. [3] Noviembre. [4] Octubre.

3 Employment / Emploi / Empleo

B Structure of employment / Structure de l'emploi / Estructura del empleo

(Thousands – Milliers – Millares)

País / Alcance	Total	1 Agricultura, caza, silvicultura y pesca	2 Minas, canteras	3 Industrias manufactureras	4 Electricidad, gas, agua	5 Construcción	6 Comercio, restaurantes y hoteles	7 Transportes, almacenaje, comunicaciones	8 Bancos, seguros, bienes inm., serv. para empresas	9 Servicios comunales, sociales y personales	0 Actividades no bien especificadas
		Grandes divisiones de actividad económica [a]									
Panamá	*Total employment – Emploi total – Total del empleo (Source – Fuente: I)*										
Females – Femmes – Mujeres											
1974 [1]	128.9	3.5	–	15.7	0.8	0.7	24.3	5.0	6.0	69.2	3.7
1975 [2]	124.9	4.5	–	13.6	0.5	1.1	23.5	3.7	5.1	70.3	2.6
1976	126.7	3.9	–	15.0	0.7	0.8	25.0	4.2	6.1	67.6	3.4
1977 [2]	126.2	5.1	–	14.3	0.9	0.5	24.0	4.2	5.8	68.1	3.3
1978	144.4	4.3	–	13.6	1.2	0.8	25.6	4.8	7.2	82.9	4.0
1979	152.9	7.4	–	16.9	0.9	1.0	26.6	4.3	7.7	84.9	3.2
Perú	*Total employment – Emploi total – Total del empleo (Source – Fuente: IV)*										
ISIC – CITI – CIIU 1958											
Total				[3]			[4]			[5]	
1971	4 086.9	1 893.7	79.8	601.3	.	134.2	465.5	.	.	901.5	10.9
1972	4 214.8	1 912.1	82.2	627.4	.	145.7	488.4	.	.	944.3	14.7
1973	4 338.9	1 928.8	83.4	658.4	.	159.7	508.2	.	.	985.4	15.0
1974	4 482.5	1 940.0	85.1	694.7	.	178.5	531.9	.	.	1 043.0	9.3
1975	4 582.2	1 950.7	85.1	727.9	.	190.7	551.4	.	.	1 076.4	–
1976	4 708.9	1 971.0	90.0	744.0	.	194.9	576.3	.	.	1 130.7	2.0
1977	4 826.5	1 995.4	95.5	741.2	.	158.8	614.2	.	.	1 211.9	9.5
1978	4 910.1	2 007.8	99.8	772.3	.	160.4	629.9	.	.	1 231.6	8.3
1979	5 054.3	2 035.9	103.9	803.9	.	161.6	660.5	.	.	1 279.6	8.9
1980	5 210.7	2 046.0	105.1	812.5	.	165.3	731.7	.	.	1 336.0	14.1
Puerto Rico	*Total employment [6] – Emploi total [6] – Total del empleo [6] (Source – Fuente: I)*										
Total											
1971	719	59	1	137	12	83	135	35	17	240	.
1972	747	53	2	140	13	77	139	36	16	269	.
1973	768	50	1	146	14	81	148	37	20	271	.
1974	764	52	1	147	15	76	144	38	19	272	.
1975	711	47	1	132	14	60	143	33	19	270	.
1976	732	47	1	137	13	46	140	35	19	294	.
1977 [7]	750	42	1	149	13	43	147	37	20	299	.
1978	796	39	1	160	13	48	152	37	22	324	.
1979	819	41	1	158	15	47	154	36	22	345	.
1980	834	45	1	155	18	50	154	35	24	352	.

[a] The English designation of major divisions of economic activity is shown on the following page.
Les libellés en français des branches d'activité économique sont indiqués à la page précédente.

[1] November. [2] October. [3] Incl. sanitary services. [4] Incl. financing, insurance and real estate; excl. restaurants and hotels. [5] Incl. restaurants and hotels and major divisions 4 and 7. [6] Persons aged 14 years and over. [7] Beginning 1977: persons aged 16 years and over.

[1] Novembre. [2] Octobre. [3] Y compris les services sanitaires. [4] Y compris les banques, les assurances et affaires immobilières; non compris les restaurants et hôtels. [5] Y compris les restaurants et hôtels et les branches 4 et 7. [6] Personnes âgées de 14 ans et plus. [7] A partir de 1977: personnes âgées de 16 ans et plus.

[1] Noviembre. [2] Octubre. [3] Incl. los servicios de saneamiento. [4] Incl. establecimientos financieros, seguros y bienes inmuebles; excl. restaurantes y hoteles. [5] Incl. restaurantes y hoteles y grandes divisiones 4 y 7. [6] Personas de 14 años y más. [7] A partir de 1977: personas de 16 años y mas.

3 Employment / Emploi / Empleo

B Structure of employment / Structure de l'emploi / Estructura del empleo

(Thousands - Milliers - Millares)

Country Scope	Total	1 Agriculture, hunting, forestry and fishing	2 Mining, quarrying	3 Manu-facturing	4 Electricity, gas, water	5 Construction	6 Trade, restaurants and hotels	7 Transport, storage, communi-cation	8 Financing, insurance, real estate, business services	9 Community, social and personal services	0 Activities not adequately defined
		Major divisions of economic activity [a]									
Puerto Rico	*Total employment - Emploi total - Total del empleo (Source - Fuente: I)*										
Males - Hommes - Hombres											
1971	493	56	1	74	11	81	98	31	11	130	.
1972	508	51	2	76	12	76	100	32	9	148	.
1973	522	48	1	79	13	80	108	33	11	149	.
1974	516	50	1	79	13	75	105	34	11	148	.
1975	476	46	1	72	13	59	105	29	11	148	.
1976	480	46	1	72	12	46	102	31	11	159	.
1977 [1]	489	40	1	80	12	42	108	33	12	162	.
1978	520	38	1	87	12	48	112	33	13	176	.
1979	531	40	1	85	14	46	112	32	13	188	.
1980	534	43	–	84	13	49	111	33	14	186	.
Females - Femmes - Mujeres											
1971	226	2	–	63	1	1	37	4	6	110	.
1972	239	2	–	64	1	1	39	4	7	121	.
1973	246	2	–	67	1	1	40	4	9	122	.
1974	248	2	–	68	2	1	39	4	8	124	.
1975	235	1	–	60	1	1	38	4	8	122	.
1976	252	1	–	65	1	–	38	4	8	135	.
1977 [1]	261	1	–	69	–	–	39	4	8	137	.
1978	271	1	–	73	1	–	40	4	9	148	.
1979	288	1	–	73	1	1	42	4	9	157	.
1980	299	1	–	72	1	–	43	2	10	166	.
Trinidad and Tobago [2]	*Total employment - Emploi total - Total del empleo (Source - Fuente: I)*										
ISIC - CITI - CIIU 1958											
Total				[4]		[5]	[6]			[7]	
1971 [3]	321.4	71.8	.	64.0	.	47.8	44.3	21.1	.	72.5	–
1972	...	...	...	...	...	...	...	...	...	...	...
1973	323.6	53.0	.	61.8	.	46.4	58.1	27.2	.	75.6	1.5
1974	333.9	54.6	.	65.0	.	45.8	61.1	29.3	.	77.5	0.6
1975	332.4	48.0	.	67.1	.	45.5	63.0	27.4	.	80.8	0.6
1976	...	...	...	...	...	...	...	...	...	...	...
1977	370.8	49.0	.	72.4	.	61.4	69.9	30.5	.	87.0	0.8
1978 [3]	387.8	47.5	.	73.6	.	72.0	69.1	30.0	.	95.4	0.5
1979	397.1	42.9	.	72.9	.	80.3	74.2	29.9	.	96.7	0.4

[a] Les libellés en français des branches d'activité économique sont indiqués à la page suivante.
La designación en español de las grandes divisiones de actividad económica figura en la página precedente.

[1] Beginning 1977: persons aged 16 years and over. [2] Persons aged 15 years and over. [3] First semester. [4] Incl. mining, quarrying, repair and installation services. [5] Incl. electricity, gas, water and sanitary services. [6] Incl. financing, insurance and real estate; excl. restaurants and hotels. [7] Incl. restaurants and hotels; excl. repair and installation services and sanitary services.

[1] A partir de 1977: personnes âgées de 16 ans et plus. [2] Personnes âgées de 15 ans et plus. [3] Premier semestre. [4] Y compris les industries extractives, les services de réparation et d'installation. [5] Y compris l'électricité, le gaz, l'eau et les services sanitaires. [6] Y compris les banques, les assurances et affaires immobilières; non compris les restaurants et hôtels. [7] Y compris les restaurants et hôtels; non compris les services de réparation et d'installation, et les services sanitaires.

[1] A partir de 1977: personas de 16 años y mas. [2] Personas de 15 años y más. [3] Primer semestre. [4] Incl. minas, canteras y los servicios de reparación y de instalación. [5] Incl. electricidad, gas, agua y los servicios de saneamiento. [6] Incl. establecimientos financieros, seguros y bienes inmuebles; excl. restaurantes y hoteles. [7] Incl. restaurantes y hoteles; excl. los servicios de reparación y de instalación y los servicios de saneamiento.

3 Employment / Emploi / Empleo

B Structure of employment / Structure de l'emploi / Estructura del empleo

(Thousands – Milliers – Millares)

Pays Portée	Total	Branches d'activité économique [(a)] 1 Agriculture, chasse, sylviculture et pêche	2 Industries extractives	3 Industries manu-facturières	4 Electricité, gaz, eau	5 Construction	6 Commerce, restaurants et hôtels	7 Transports, entrepôts, communi-cations	8 Banques, assurances, aff. imm., serv. aux entreprises	9 Services à collectivité, services soc. et pers.	0 Activités mal désignées
Trinidad and Tobago	*Total employment – Emploi total – Total del empleo (Source – Fuente: I)*										
ISIC – CITI – CIIU 1958											
Males – Hommes – Hombres											
				[2]		[3]	[4]			[5]	
1971 [1]	234.5	52.8	.	52.5	.	45.1	27.6	19.7	.	38.6	–
1972	...	...	...	...	...	...	...	...	...	...	...
1973	235.2	40.2	.	49.2	.	43.6	33.5	24.8	.	42.8	–
1974	241.4	40.6	.	50.7	.	43.5	35.5	27.1	.	43.6	0.6
1975	241.8	36.4	.	53.2	.	42.6	37.1	24.9	.	47.5	0.3
1976	...	...	...	...	...	...	...	...	...	...	...
1977	266.0	37.6	.	55.6	.	57.0	37.8	27.3	.	50.2	0.6
1978 [1]	277.0	36.1	.	57.2	.	65.9	36.8	27.0	.	53.8	0.3
1979	283.9	33.2	.	55.3	.	73.4	38.4	27.6	.	54.2	0.3
Females – Femmes – Mujeres											
1971 [1]	86.8	18.9	.	11.5	.	2.6	16.7	1.4	.	35.7	–
1972	...	...	...	...	...	...	...	...	...	...	...
1973	88.4	12.8	.	12.5	.	2.7	24.6	2.5	.	32.8	–
1974	92.4	14.1	.	14.4	.	2.4	25.5	2.2	.	34.0	0.1
1975	90.6	11.7	.	12.9	.	3.0	26.0	2.5	.	33.3	0.3
1976	...	...	...	...	...	...	...	...	...	...	...
1977	104.8	11.4	.	16.8	.	4.3	32.0	3.2	.	36.9	0.2
1978 [1]	110.8	11.5	.	16.4	.	6.1	32.3	3.0	.	41.5	–
1979	113.2	9.7	.	17.6	.	6.9	33.3	2.4	.	44.4	0.1

(a) La designación en español de las grandes divisiones de actividad económica figura en la página siguiente.
The English designation of major divisions of economic activity is shown on the preceding page.

[1] First semester. [2] Incl. mining, quarrying, repair and installation services. [3] Incl. electricity, gas, water and sanitary services. [4] Incl. financing, insurance and real estate; excl. restaurants and hotels. [5] Incl. restaurants and hotels; excl. repair and installation services and sanitary services.

[1] Premier semestre. [2] Y compris les industries extractives, les services de réparation et d'installation. [3] Y compris l'électricité, le gaz, l'eau et les services sanitaires. [4] Y compris les banques, les assurances et affaires immobilières; non compris les restaurants et hôtels. [5] Y compris les restaurants et hôtels; non compris les services de réparation et d'installation, et les services sanitaires.

[1] Primer semestre. [2] Incl. minas, canteras y los servicios de reparación y de instalación. [3] Incl. electricidad, gas, agua y los servicios de saneamiento. [4] Incl. establecimientos financieros, seguros y bienes inmuebles; excl. restaurantes y hoteles. [5] Incl. restaurantes y hoteles; excl. los servicios de reparación y de instalación y los servicios de saneamiento.

3 Employment Emploi Empleo

B Structure of employment Structure de l'emploi Estructura del empleo

(Thousands – Milliers – Millares)

País Alcance	Total	Grandes divisiones de actividad económica [a] 1 Agricultura, caza, silvicultura y pesca	2 Minas, canteras	3 Industrias manu-factureras	4 Electricidad, gas, agua	5 Construcción	6 Comercio, restaurantes y hoteles	7 Transportes, almacenaje, comuni-caciones	8 Bancos, seguros, bienes inm., serv. para empresas	9 Servicios comunales, sociales y personales	0 Actividades no bien especifi-cadas
United States	*Total employment [1] – Emploi total [1] – Total del empleo [1](Source – Fuente: I)*										
Total					[2]		[3]			[4]	
1971	79 120	3 504	568	19 564	1 129	4 985	15 905	4 180	5 473	23 812	...
1972	81 702	3 585	597	19 866	1 174	5 246	16 470	4 288	5 783	24 694	...
1973	84 409	3 554	630	20 942	1 218	5 514	16 850	4 297	6 131	25 274	...
1974	85 936	3 588	655	20 879	1 211	5 454	17 253	4 505	6 353	26 038	...
1975	84 783	3 476	732	19 275	1 198	5 015	17 470	4 425	6 331	26 862	...
1976	87 485	3 417	770	20 044	1 253	5 162	18 025	4 399	6 557	27 857	...
1977	90 546	3 383	814	20 637	1 266	5 504	18 706	4 567	6 962	28 705	...
1978	94 373	3 501	828	21 497	1 303	6 043	19 253	4 859	7 532	29 554	...
1979	96 945	3 455	865	22 136	1 328	6 299	19 672	5 078	7 979	30 132	...
1980	.	.	.	.	.	.	.	.	.	.	.
Males – Hommes – Hombres											
1971	49 245	2 897	525	14 184	995	4 711	9 332	3 202	2 911	10 489	...
1972	50 630	2 941	556	14 296	1 033	4 955	9 558	3 303	3 034	10 953	...
1973	51 963	2 923	573	14 912	1 079	5 203	9 709	3 272	3 189	11 105	...
1974	52 519	2 982	594	14 854	1 067	5 131	9 774	3 445	3 252	11 421	...
1975	51 230	2 882	662	13 764	1 032	4 704	9 866	3 360	3 250	11 710	...
1976	52 390	2 818	696	14 166	1 073	4 823	10 147	3 317	3 310	12 044	...
1977	53 861	2 758	745	14 481	1 089	5 154	10 419	3 442	3 410	12 363	...
1978	55 491	2 815	731	14 943	1 112	5 630	10 489	3 610	3 622	12 536	...
1979	56 499	2 771	763	15 303	1 126	5 836	10 632	3 718	3 663	12 687	...
1980	55 988	2 793	813	14 807	1 131	5 580	10 566	3 654	3 716	12 929	...
Females – Femmes – Mujeres											
1971	29 875	607	43	5 380	134	274	6 573	978	2 562	13 323	...
1972	31 072	644	41	5 570	141	291	6 912	985	2 749	13 739	...
1973	32 446	631	57	6 030	139	311	7 141	1 025	2 945	14 169	...
1974	33 417	606	61	6 025	143	323	7 479	1 060	3 101	14 619	...
1975	33 553	594	70	5 511	166	311	7 604	1 065	3 081	15 151	...
1976	35 095	599	74	5 878	180	339	7 878	1 082	3 247	15 813	...
1977	36 685	625	69	6 156	177	350	8 287	1 125	3 552	16 642	...
1978	38 882	686	97	6 554	191	413	8 764	1 249	3 910	17 018	...
1979	40 446	684	102	6 833	202	463	9 041	1 359	4 316	17 446	...
1980	41 283	677	127	6 786	246	483	9 161	1 362	4 451	17 988	...
Uruguay	*Total employment – Emploi total – Total del empleo (Source – Fuente: I)*										
Total [5]											
1976	460.4	6.1	.	130.2	8.3	17.7	75.1	36.2	26.7	159.0	1.1
1977	478.3	7.6	.	139.6	7.9	15.8	77.7	36.0	20.4	173.3	–
1978	471.2	6.8	.	139.9	8.5	15.8	73.2	36.4	22.8	167.4	0.4
1979	467.1	6.2	.	140.7	7.5	15.7	75.0	33.8	24.2	163.6	0.4
1980	476.4	7.2	.	130.7	7.0	18.2	86.4	35.1	25.5	165.3	1.0

[a] The English designation of major divisions of economic activity is shown on the following page.
Les libellés en français des branches d'activité économique sont indiqués à la page précédente.

[1] Persons aged 16 years and over. [2] Incl. sanitary services. [3] Excl. restaurants and hotels. [4] Incl. restaurants and hotels; excl. sanitary services. [5] ∅: first semester of each year.

[1] Personnes âgées de 16 ans et plus. [2] Y compris les services sanitaires. [3] Non compris les restaurants et les hôtels. [4] Y compris les restaurants et hôtels; non compris les services sanitaires. [5] ∅: premier semestre de chaque année.

[1] Personas de 16 años y más. [2] Incl. los servicios de saneamiento. [3] Excl. restaurantes y hoteles. [4] Incl. restaurantes y hoteles; excl. los servicios de saneamiento. [5] ∅: primer semestre de cada año.

3 Employment / Emploi / Empleo

B Structure of employment / Structure de l'emploi / Estructura del empleo

(Thousands - Milliers - Millares)

Country Scope	Total	1 Agriculture, hunting, forestry and fishing	2 Mining, quarrying	3 Manu-facturing	4 Electricity, gas, water	5 Construction	6 Trade, restaurants and hotels	7 Transport, storage, communi-cation	8 Financing, insurance, real estate, business services	9 Community, social and personal services	0 Activities not adequately defined
		Major divisions of economic activity [(a)]									
Venezuela	*Total employment - Emploi total - Total del empleo (Source - Fuente: I)*										
Total [1]											
1975	3 504.31	698.57	46.91	538.46	43.27	249.09	655.65	199.03	123.19	945.48	4.66
1976	3 703.21	696.39	43.62	587.58	39.76	295.48	687.30	219.75	139.27	991.66	2.40
1977	3 870.39	679.48	54.53	628.64	43.10	325.47	678.49	262.54	159.33	1 036.20	2.61
1978	3 994.52	640.04	48.69	677.86	46.71	369.20	696.68	281.86	170.54	1 059.90	3.02
1979	4 106.24	632.55	55.72	672.54	49.57	365.99	745.78	285.85	171.81	1 122.99	3.44
1980 [2]	4 148.58	624.88	61.68	661.33	48.54	375.32	770.07	292.83	185.28	1 127.04	1.61
Males - Hommes - Hombres [1]											
1975	2 546.73	650.02	44.16	370.29	38.46	243.50	460.17	183.57	85.60	467.80	3.16
1976	2 668.03	647.79	40.69	411.09	35.07	287.13	470.10	201.31	92.94	480.14	1.77
1977	2 806.73	636.01	51.15	444.49	37.57	317.56	465.25	242.55	103.08	507.32	1.75
1978	2 903.37	609.53	44.79	489.95	40.51	360.42	473.41	259.43	110.23	512.81	2.27
1979	2 971.82	597.76	52.23	482.84	42.74	353.46	509.91	261.51	107.11	561.58	2.67
1980 [2]	2 992.18	594.88	57.13	475.28	41.37	363.27	527.18	268.28	115.10	548.34	1.33
Females - Femmes - Mujeres [1]											
1975	957.79	48.55	2.76	168.17	4.82	5.59	195.48	15.46	37.59	477.67	1.50
1976	1 035.18	48.60	2.93	176.49	4.69	8.35	217.20	18.44	46.33	511.52	0.63
1977	1 063.66	43.48	3.38	184.14	5.53	7.92	213.24	19.99	56.24	528.88	0.86
1978	1 091.15	30.51	3.90	187.91	6.20	8.78	223.27	22.43	60.31	547.09	0.75
1979	1 134.42	34.79	3.49	189.71	6.83	12.53	235.87	24.34	64.70	561.41	0.76
1980 [2]	1 156.47	30.00	4.54	186.04	7.17	12.04	242.89	24.55	70.18	578.70	0.28
ASIA - ASIE - ASIA											
Bangladesh [3]	*Employees - Salariés - Asalariados (Source - Fuente: III)*										
ISIC - CITI - CIIU 1958											
Total				[4]	[5]		[6]			[7]	
1975	885.8	114.5	0.1	298.8	20.9	44.9	26.4	31.3	.	348.9	.
1976	.	.	.	.	.	.	.	.	.	.	.
1977	1 096.6	146.9	–	368.4	20.6	41.7	51.7	58.7	.	408.6	.
1978	.	.	.	.	.	.	.	.	.	.	.
1979	1 172.9	136.0	0.5	398.1	22.4	33.7	65.4	68.8	.	447.7	.

[(a)] Les libellés en français des branches d'activité économique sont indiqués à la page suivante.
La designación en español de las grandes divisiones de actividad económica figura en la página precedente.

[1] ∅: second semester of each year. [2] First semester. [3] Biennial survey. [4] Incl. repair and installation services. [5] Incl. sanitary services. [6] Incl. financing, insurance and real estate; excl. restaurants and hotels. [7] Incl. restaurants and hotels; excl. repair and installation services and sanitary services.

[1] ∅: second semestre de chaque année. [2] Premier semestre. [3] Enquête biennale. [4] Y compris les services de réparation et d'installation. [5] Y compris les services sanitaires. [6] Y compris les banques, les assurances et affaires immobilières; non compris les restaurants et hôtels. [7] Y compris les restaurants et hôtels; non compris les services de réparation et d'installation, et les services sanitaires.

[1] ∅: segundo semestre de cada año. [2] Primer semestre. [3] Encuesta bienal. [4] Incl. los servicios de reparación y de instalación. [5] Incl. los servicios de saneamiento. [6] Incl. establecimientos financieros, seguros y bienes inmuebles; excl. restaurantes y hoteles. [7] Incl. restaurantes y hoteles; excl. los servicios de reparación y de instalación y los servicios de saneamiento.

3 Employment / Emploi / Empleo

B Structure of employment / Structure de l'emploi / Estructura del empleo

(Thousands – Milliers – Millares)

Pays Portée	Total	Branches d'activité économique [(a)] 1 Agriculture, chasse, sylviculture et pêche	2 Industries extractives	3 Industries manufacturières	4 Electricité, gaz, eau	5 Construction	6 Commerce, restaurants et hôtels	7 Transports, entrepôts, communications	8 Banques, assurances, aff. imm., serv. aux entreprises	9 Services à collectivité, services soc. et pers.	0 Activités mal désignées
Burma	*Total employment – Emploi total – Total del empleo (Source – Fuente: IV)*										
Total										[1]	
1978	12 640	8 531	67	929	15	184	1 206	420	729	559	.
1979	12 935	8 697	68	968	15	189	1 239	430	760	569	.
1980	13 208	8 864	68	1 009	16	195	1 262	443	772	579	.
Cyprus	*Total employment – Emploi total – Total del empleo (Source – Fuente: IV)*										
Total											
1976	159.3	45.2	2.3	27.8	1.3	10.8	24.3	7.7	4.7	35.2	–
1977	168.0	45.4	2.1	30.7	1.2	15.6	25.2	7.7	4.8	35.3	–
1978	174.0	44.4	2.1	34.5	1.3	16.9	25.6	8.0	5.0	36.2	–
1979	178.9	44.7	1.9	35.6	1.4	17.4	27.1	8.1	5.1	37.6	–
1980	181.2	44.0	1.9	36.1	1.4	17.7	27.1	8.5	6.1	38.5	–
Males – Hommes – Hombres											
1976	100.6	20.5	2.2	16.3	1.2	10.1	16.0	6.7	3.1	24.5	–
1977	105.3	20.1	2.0	16.1	1.1	14.6	16.8	6.7	3.1	24.8	–
1978	111.0	22.0	2.0	17.9	1.2	15.7	16.8	6.9	3.2	25.3	–
1979	112.6	21.8	1.8	18.4	1.3	15.9	17.5	6.9	3.3	25.7	–
1980	113.2	20.9	1.8	18.7	1.3	16.1	17.6	7.2	3.8	25.8	–
Females – Femmes – Mujeres											
1976	58.7	24.7	0.1	11.5	0.1	0.7	8.3	1.0	1.6	10.7	–
1977	62.7	25.3	0.1	14.6	0.1	1.0	8.4	1.0	1.7	10.5	–
1978	63.0	22.4	0.1	16.6	0.1	1.2	8.8	1.1	1.8	10.9	–
1979	66.3	23.2	0.1	17.2	0.1	1.5	9.6	1.2	1.8	11.6	–
1980	68.0	23.0	0.1	17.4	0.1	1.6	9.5	1.3	2.3	12.7	–
Hong Kong	*All persons engaged – Effectif occupé – Efectivo ocupado (Source – Fuente: III)*										
Total [2]						[3]		[3]		[3]	[4]
1971	.	.	1.3	564.4	6.4	.	.	39.8	21.8	70.6	.
1972	.	.	1.1	578.9	6.0	.	.	41.2	23.8	74.4	.
1973	.	.	1.1	582.7	6.6	.	.	43.9	34.2	76.6	.
1974	.	.	0.8	600.1	6.3	.	.	45.3	37.1	79.0	.
1975	.	.	0.6	678.9	6.4	.	353.8	44.0	66.0	85.7	105.5
1976	1 555.7	.	0.5	773.7	6.5	48.8	371.1	51.5	72.5	124.0	107.2
1977	1 606.3	.	0.7	755.1	6.7	63.0	386.3	57.6	83.1	140.7	113.1
1978	1 742.6	.	0.6	816.7	7.2	73.7	411.4	61.5	98.2	152.5	120.8
1979	1 847.7	.	0.8	870.9	7.9	81.9	418.6	68.0	113.4	158.8	127.3
1980	1 974.7	.	0.8	907.5	9.3	87.3	455.1	77.3	132.0	168.0	137.4
India [5]	*Employees – Salariés – Asalariados (Source – Fuente: III)*										
Total [6]											
1975	19 671	1 158	816	5 127	547	1 083	362	2 442	660	7 477	–
1976	20 207	1 228	851	5 271	571	1 086	343	2 491	673	7 694	–
1977	20 744	1 314	887	5 391	598	1 092	350	2 538	720	7 855	–
1978	21 484	1 482	885	5 677	633	1 080	357	2 581	761	8 028	–
1979	22 253	1 618	895	5 849	668	1 115	379	2 668	848	8 211	–
1980	22 934*	1 958*	914*	5 857*	696*	1 141*	380*	2 719*	896*	8 374*	–*

[(a)] La designación en español de las grandes divisiones de actividad económica figura en la página siguiente.
The English designation of major divisions of economic activity is shown on the preceding page.

[1] Incl. activities not adequately defined. [2] ∅: fourth quarter of each year. [3] Major industry division not fully covered. [4] Public administration. [5] Public sector and establishments of non-agricultural private sector with 10 or more persons employed. [6] ∅: March of each year.

[1] Y compris les activités mal désignées. [2] ∅: quatrième trimestre de chaque année. [3] Branche d'activité économique non complètement couverte. [4] Administration publique. [5] Secteur public et établissements du secteur privé non agricole occupant 10 personnes et plus. [6] ∅: mars de chaque année.

[1] Incl. actividades no bien especificadas. [2] ∅: cuarto trimestre de cada año. [3] Gran división de actividad económica no completamente cubierta. [4] Administración pública. [5] Sector público y establecimientos del sector no agrícola con 10 y más trabajadores. [6] ∅: marzo de cada año.

3 Employment / Emploi / Empleo

B Structure of employment / Structure de l'emploi / Estructura del empleo

(Thousands – Milliers – Millares)

País Alcance	Total	Grandes divisiones de actividad económica [a] 1 Agricultura, caza, silvicultura y pesca	2 Minas, canteras	3 Industrias manu-factureras	4 Electricidad, gas, agua	5 Construcción	6 Comercio, restaurantes y hoteles	7 Transportes, almacenaje, comuni-caciones	8 Bancos, seguros, bienes inm., serv. para empresas	9 Servicios comunales, sociales y personales	0 Actividades no bien especifi-cadas
India	*Employees – Salariés – Asalariados (Source – Fuente: III)*										
Males – Hommes – Hombres [1]											
1975	17 440	752	733	4 674	537	1 016	343	2 390	617	6 379	–
1976	17 810	779	761	4 757	560	1 026	328	2 434	631	6 534	–
1977	18 250	830	795	4 864	587	1 034	333	2 478	672	6 657	–
1978	18 828	947	793	5 105	621	1 022	338	2 517	707	6 777	–
1979	19 492	1 036	809	5 277	656	1 056	358	2 600	782	6 917	–
1980	20 060*	1 320*	828*	5 296*	680*	1 077*	360*	2 644*	824*	7 033*	–*
Females – Femmes – Mujeres [1]											
1975	2 231	406	83	453	10	67	19	52	43	1 098	–
1976	2 397	449	90	514	11	60	15	57	42	1 160	–
1977	2 494	484	92	526	11	58	17	60	48	1 198	–
1978	2 656	535	92	572	12	58	18	64	54	1 251	–
1979	2 761	582	86	572	13	59	21	68	66	1 294	–
1980	2 874*	638*	86*	561*	16*	61*	20*	75*	72*	1 341*	.*
Indonesia	*Total employment – Emploi total – Total del empleo (Source – Fuente: I)*										
Total											
1976	53 444	35 258	44	3 560	34	1 098	6 253	1 112	74	5 157	854
1977	48 315	29 694	171	4 171	32	838	6 776	1 421	85	5 094	32
Males – Hommes – Hombres											
1976	32 794	21 356	40	1 883	33	1 067	3 244	1 094	64	3 534	480
1977	31 992	20 024	148	2 197	31	822	3 656	1 385	68	3 638	22
Females – Femmes – Mujeres											
1977	16 323	9 670	23	1 975	1	16	3 120	35	17	1 456	10
Israel [2]	*Total employment – Emploi total – Total del empleo (Source – Fuente: I)*										
Total				[3]							
1971	997.1	84.5	.	239.6	11.0	88.3	126.4	74.0	56.7	314.1	2.5
1972	1 047.0	83.4	.	248.3	8.8	99.3	137.0	76.9	60.2	328.7	4.4
1973	1 094.4	82.1	.	273.2	10.3	95.9	138.4	79.0	66.7	344.8	4.0
1974	1 096.5	71.5	.	278.4	10.3	88.6	131.2	83.2	68.4	358.1	6.8
1975	1 112.5	71.6	.	274.5	11.1	90.1	136.0	80.4	73.7	369.5	5.6
1976	1 126.8	72.2	.	274.1	11.7	86.3	139.6	78.7	76.2	381.4	7.0
1977	1 159.2	72.6	.	277.6	13.5	85.0	140.9	80.1	82.9	397.9	8.8
1978	1 212.6	73.9	.	285.0	13.3	80.3	143.4	82.7	91.4	429.4	13.2
1979	1 241.0	72.1	.	298.3	11.4	82.2	144.7	84.5	96.5	438.6	12.7
1980	1 254.0	79.2	.	294.3	12.8	79.2	145.5	86.0	102.5	447.7	10.2
Males – Hommes – Hombres											
1973	746.8	62.4	.	207.4	9.6	92.7	91.9	68.0	36.5	176.7	2.1
1974	744.1	56.0	.	217.0	9.0	85.1	86.2	70.9	36.6	178.6	4.6
1975	748.2	54.5	.	215.4	9.6	86.7	88.5	69.3	39.8	180.7	3.8
1976	753.1	55.5	.	215.2	9.9	82.6	91.5	65.7	41.1	187.2	4.4
1977	769.7	56.2	.	217.1	11.8	81.2	93.3	67.1	44.1	193.2	6.0
1978	789.6	56.8	.	221.4	12.0	76.2	94.9	68.7	48.2	203.0	8.4
1979	799.7	55.1	.	227.6	9.7	77.4	95.9	70.1	50.9	205.0	8.0
1980	801.9	60.7	.	229.9	11.2	77.2	94.9	70.5	52.5	202.2	6.7

[a] The English designation of major divisions of economic activity is shown on the following page.
Les libellés en français des branches d'activité économique sont indiqués à la page précédente.

[1] ∅: March of each year. [2] Incl. territories under occupation by Israeli military forces since June 1967. [3] Incl. mining and quarrying.

[1] ∅: mars de chaque année. [2] Y compris les territoires occupés par les forces armées israéliennes depuis juin 1967. [3] Y compris les industries extractives.

[1] ∅: marzo de cada año. [2] Incl. territorios ocupados por las fuerzas armadas israelíes desde junio de 1967. [3] Incl. las minas y canteras.

3 Employment Emploi Empleo

B Structure of employment / Structure de l'emploi / Estructura del empleo

(Thousands – Milliers – Millares)

Country Scope	Total	Major divisions of economic activity [(a)] 1 Agriculture, hunting, forestry and fishing	2 Mining, quarrying	3 Manu-facturing	4 Electricity, gas, water	5 Construction	6 Trade, restaurants and hotels	7 Transport, storage, communi-cation	8 Financing, insurance, real estate, business services	9 Community, social and personal services	0 Activities not adequately defined
Israel	*Total employment – Emploi total – Total del empleo (Source – Fuente: I)*										
Females – Femmes – Mujeres											
				[1]							
1973	347.5	19.9	.	66.0	0.7	3.2	46.5	11.2	30.4	168.2	1.1
1974	352.7	15.5	.	61.5	1.2	3.2	45.0	12.4	31.9	179.2	2.5
1975	364.1	16.5	.	59.1	1.6	3.4	47.9	11.0	34.0	188.6	2.2
1976	374.1	16.7	.	59.0	1.6	3.8	47.9	12.9	35.1	194.3	2.8
1977	389.8	16.3	.	60.4	1.9	3.8	47.5	12.9	38.9	205.1	3.0
1978	423.2	17.1	.	63.5	1.4	4.1	48.6	14.1	43.1	226.6	4.7
1979	441.3	17.1	.	70.7	1.7	4.7	48.9	14.3	45.6	233.7	4.6
1980	452.2	18.6	.	64.3	1.7	5.1	50.8	15.5	50.4	242.5	3.5
Japan	*Total employment [2] – Emploi total [2] – Total del empleo [2] (Source – Fuente: I)*										
Total							[3]		[4]	[5]	
1971	51 210	8 150	190	13 830	290	4 140	10 350	3 330	1 450	9 420	70
1972	51 260	7 550	160	13 830	290	4 330	10 500	3 270	1 490	9 750	80
							[3]		[4]	[5]	
1973 [6]	52 590	7 050	130	14 430	340	4 670	10 850	3 370	1 570	10 060	100
1974	52 370	6 750	140	14 270	330	4 640	10 970	3 310	1 630	10 220	100
1975	52 230	6 610	160	13 460	320	4 790	11 270	3 320	1 700	10 510	100
1976	52 710	6 430	180	13 450	330	4 920	11 510	3 410	2 760	9 630	100
1977	53 420	6 340	190	13 400	310	4 990	11 930	3 410	2 860	9 880	120
1978	54 080	6 330	150	13 260	320	5 200	12 100	3 420	2 960	10 240	100
1979	54 790	6 130	120	13 330	330	5 360	12 280	3 490	3 100	10 560	110
1980	55 360	5 570	110	13 670	300	5 480	12 480	3 500	3 170	10 740	130
Males – Hommes – Hombres											
1971	31 410	4 020	170	8 690	260	3 600	5 690	2 910	800	5 230	50
1972	31 680	3 780	140	8 780	250	3 770	5 730	2 870	810	5 500	50
							[3]		[4]	[5]	
1973 [6]	32 350	3 490	120	9 020	300	4 040	5 870	2 960	880	5 600	70
1974	32 650	3 400	120	9 100	290	4 020	6 030	2 920	920	5 770	70
1975	32 700	3 300	150	8 710	280	4 200	6 190	2 910	940	5 950	70
1976	32 940	3 270	170	8 550	280	4 270	6 360	2 990	1 600	5 390	60
1977	33 090	3 240	170	8 400	270	4 330	6 520	3 000	1 640	5 430	80
1978	33 250	3 230	140	8 180	280	4 510	6 540	3 040	1 720	5 550	70
1979	33 630	3 110	110	8 240	280	4 620	6 630	3 080	1 790	5 700	70
1980	33 940	2 940	100	8 400	260	4 720	6 720	3 090	1 830	5 810	90

[(a)] Les libellés en français des branches d'activité économique sont indiqués à la page suivante.
La designación en español de las grandes divisiones de actividad económica figura en la página precedente.

[1] Incl. mining and quarrying. [2] Persons aged 15 years and over. [3] Excl. hotels. [4] Excl. business services. [5] Incl. business services and hotels. [6] Prior to 1973: excl. Okinawa Prefecure.

[1] Y compris les industries extractives. [2] Personnes âgées de 15 ans et plus. [3] Non compris les hôtels. [4] Non compris les services aux entreprises. [5] Y compris les services aux entreprises et l [6] Avant 1973: non compris la préfecture d'Okinawa.

[1] Incl. las minas y canteras. [2] Personas de 15 años y más. [3] Excl. hoteles. [4] Excl. servicios para las empresas. [5] Incl. servicios para empresas y hoteles. [6] Antes de 1973: excl. la Prefectura de Okinawa.

3 Employment / Emploi / Empleo

B Structure of employment / Structure de l'emploi / Estructura del empleo

(Thousands - Milliers - Millares)

Pays Portée	Total	Branches d'activité économique [a] 1 Agriculture, chasse, sylviculture et pêche	2 Industries extractives	3 Industries manu-facturières	4 Electricité, gaz, eau	5 Construction	6 Commerce, restaurants et hôtels	7 Transports, entrepôts, communi-cations	8 Banques, assurances, aff. imm., serv. aux entreprises	9 Services à collectivité, services soc. et pers.	0 Activités mal désignées
Japan	*Total employment - Emploi total - Total del empleo (Source - Fuente: I)*										
Females - Femmes - Mujeres											
							[1]		[2]	[3]	
1971	19 820	4 120	30	5 140	30	550	4 650	420	650	4 190	30
1972	19 570	3 770	20	5 040	40	560	4 780	400	680	4 250	30
							[1]		[2]	[3]	
1973 [4]	20 230	3 560	10	5 430	40	630	4 990	410	690	4 450	40
1974	19 730	3 370	10	5 180	40	600	4 950	390	700	4 450	30
1975	19 530	3 310	10	4 750	40	590	5 080	400	760	4 560	30
1976	19 760	3 160	20	4 910	40	650	5 150	420	1 160	4 230	40
1977	20 330	3 090	10	5 000	40	660	5 410	400	1 230	4 440	40
1978	20 830	3 100	20	5 070	40	690	5 560	390	1 230	4 700	30
1979	21 170	3 020	20	5 080	50	740	5 650	400	1 310	4 860	40
1980	21 420	2 830	10	5 270	40	770	5 760	410	1 350	4 940	40
Jordan	*Employees - Salariés - Asalariados (Source - Fuente: III)*										
Total [5]											
1972	61.67	–	1.13	8.89	1.13	0.28	3.45	2.79	3.04	40.94	–
1973	71.73	–	1.52	9.22	1.34	0.74	4.43	2.85	1.88	49.75	–
1974	84.22	–	3.00	11.84	1.41	3.16	5.02	2.96	2.46	54.37	–
1975	87.42	–	3.16	11.81	1.53	3.61	4.54	3.93	2.70	56.13	–
1976	92.88	–	3.82	11.97	1.72	4.82	4.91	4.37	3.17	58.10	–
1977	110.63	–	7.42	12.48	1.93	2.67	7.74	5.30	4.07	69.01	–
1978	105.00	–	5.73	11.63	1.85	4.93	6.33	5.79	3.99	64.76	–
Males - Hommes - Hombres [5]											
1973	54.03	–	1.50	5.38	1.29	0.56	1.74	2.21	1.41	39.93	–
1974	70.42	–	2.79	9.91	1.40	3.07	4.33	2.67	2.04	44.21	–
1975	75.07	–	3.15	10.43	1.52	3.58	4.28	3.63	2.19	46.28	–
1976	78.03	–	3.80	10.63	1.71	4.78	4.60	4.05	2.57	45.88	–
1977	78.03	–	3.58	11.15	1.48	4.37	4.76	4.05	2.79	42.50	–
1978	85.20	–	5.69	10.36	1.83	4.83	5.96	5.11	3.03	48.39	–
1979	92.23	–	7.36	11.19	1.91	2.61	7.27	4.61	3.11	54.16	–
Korea, Republic of	*Total employment [6] - Emploi total [6] - Total del empleo [6] (Source - Fuente: I)*										
Total											
1971	10 066	4 876	92	1 336	25	348	1 575	369	132	1 313	–
1972	10 559	5 346	54	1 445	45	392	1 588	355	103	1 231	–
1973	11 139	5 569	47	1 774	35	371	1 633	360	128	1 222	–
1974	11 586	5 584	50	2 012	35	450	1 760	359	147	1 189	–
1975	11 830	5 425	60	2 205	35	511	1 876	361	151	1 206	–
1976	12 556	5 601	65	2 678	38	529	1 878	390	156	1 221	–
1977	12 929	5 405	103	2 798	33	625	1 967	479	203	1 316	–
1978	13 490	5 181	107	3 016	30	821	2 130	531	246	1 428	–
1979	13 664	4 887	111	3 126	46	836	2 304	610	259	1 485	–
1980	13 706	4 658	124	2 972	43	841	2 625	618	332	1 493	–

[a] La designación en español de las grandes divisiones de actividad económica figura en la página siguiente.
The English designation of major divisions of economic activity is shown on the preceding page.

[1] Excl. hotels. [2] Excl. business services. [3] Incl. business services and hotels. [4] Prior to 1973: excl. Okinawa Prefecture. [5] ∅: Aug. of each year. [6] Persons aged 14 years and over.

[1] Non compris les hôtels. [2] Non compris les services aux entreprises. [3] Y compris les services aux entreprises et l [4] Avant 1973: non compris la préfecture d'Okinawa. [5] ∅: août de chaque année. [6] Personnes âgées de 14 ans et plus.

[1] Excl. hoteles. [2] Excl. servicios para las empresas. [3] Incl. servicios para empresas y hoteles. [4] Antes de 1973: excl. la Prefectura de Okinawa. [5] ∅: agosto de cada año. [6] Personas de 14 años y más.

3 Employment / Emploi / Empleo

B Structure of employment / Structure de l'emploi / Estructura del empleo

(Thousands – Milliers – Millares)

País Alcance	Total	Grandes divisiones de actividad económica [a] 1 Agricultura, caza, silvicultura y pesca	2 Minas, canteras	3 Industrias manu-factureras	4 Electricidad, gas, agua	5 Construcción	6 Comercio, restaurantes y hoteles	7 Transportes, almacenaje, comuni-caciones	8 Bancos, seguros, bienes inm., serv. para empresas	9 Servicios comunales, sociales y personales	0 Actividades no bien especifi-cadas
Korea, Republic of		*Total employment – Emploi total – Total del empleo (Source – Fuente: I)*									
Males – Hommes – Hombres											
1971	6 371	2 837	81	870	24	339	881	344	108	887	–
1972	6 665	3 050	48	955	44	383	905	329	89	862	–
1973	6 923	3 223	43	1 090	33	360	895	330	105	844	–
1974	7 275	3 266	45	1 289	34	427	961	327	115	811	–
1975	7 489	3 172	55	1 450	34	486	1 038	327	112	815	–
1976	7 736	3 213	55	1 657	37	503	974	351	119	827	–
1977	8 126	3 157	97	1 702	30	576	1 053	439	151	921	–
1978	8 347	2 896	100	1 824	28	758	1 107	485	179	970	–
1979	8 409	2 709	102	1 888	40	772	1 176	554	182	986	–
1980	8 462	2 619	113	1 804	38	769	1 349	563	229	978	–
Females – Femmes – Mujeres											
1971	3 695	2 039	11	466	1	9	694	25	24	426	–
1972	3 894	2 296	6	490	1	9	683	26	14	369	–
1973	4 216	2 346	4	684	2	11	738	30	23	378	–
1974	4 311	2 318	5	723	1	23	799	32	32	378	–
1975	4 341	2 253	5	755	1	25	838	34	39	391	–
1976	4 820	2 388	10	1 021	1	26	904	39	37	394	–
1977	4 803	2 248	6	1 096	3	49	914	40	52	395	–
1978	5 143	2 285	7	1 192	2	63	1 023	46	65	458	–
1979	5 255	2 178	9	1 238	6	64	1 128	56	77	499	–
1980	5 243	2 039	11	1 167	5	72	1 276	56	103	515	–
Pakistan		*Total employment – Emploi total – Total del empleo (Source – Fuente: IV)*									
Total											
1974	20 093	11 517	90	2 506	74	685	1 987	973	173	1 461	627
1975	20 424	11 192	31	2 783	100	858	2 265	994	137	1 997	67
1976	20 679	11 332	31	2 819	102	866	2 293	1 007	138	2 023	68
1977	21 295	11 670	32	2 903	105	891	2 362	1 037	142	2 083	70
1978	21 930	12 018	33	2 989	107	919	2 432	1 068	147	2 145	72
1979	22 596	12 383	34	3 080	111	946	2 506	1 100	151	2 210	75
1980	23 274	12 754	35	3 172	114	976	2 581	1 133	156	2 276	77
1981	23 949	13 124	36	3 264	117	1 005	2 656	1 166	160	2 342	79
Philippines		*Total employment [1] – Emploi total [1] – Total del empleo [1] (Source – Fuente: I)*									
ISIC – CITI – CIIU 1958											
Total				[2]	[3]		[4]			[5]	
1971	12 246	6 091	58	1 443	55	438	1 517	521	.	2 095	28
1972	12 834	6 907	52	1 396	42	429	1 558	486	.	1 954	10
1973	13 450	7 352	62	1 406	38	395	1 566	509	.	2 095	27
1974	13 885	7 727	47	1 442	38	394	1 559	510	.	2 143	25
1975	14 143	7 633	49	1 546	44	437	1 599	510	.	2 290	35
1976 [6]	14 238	7 659	81	1 598	51	428	1 398	600	.	2 374	49
1977	14 547	7 276	72	1 638	56	522	1 530	680	.	2 658	115

[a] The English designation of major divisions of economic activity is shown on the following page.
Les libellés en français des branches d'activité économique sont indiqués à la page précédente.

[1] Persons aged 10 years and over. [2] Incl. repair and installation services. [3] Incl. sanitary services. [4] Incl. financing, insurance and real estate; excl. restaurants and hotels. [5] Incl. restaurants and hotels; excl. repair and installation services and sanitary services. [6] Beginning 1976: 14 years and over.

[1] Personnes âgées de 10 ans et plus. [2] Y compris les services de réparation et d'installation. [3] Y compris les services sanitaires. [4] Y compris les banques, les assurances et affaires immobilières; non compris les restaurants et hôtels. [5] Y compris les restaurants et hôtels; non compris les services de réparation et d'installation, et les services sanitaires. [6] A partir de 1976: 14 ans et plus.

[1] Personas de 10 años y más. [2] Incl. los servicios de reparación y de instalación. [3] Incl. los servicios de saneamiento. [4] Incl. establecimientos financieros, seguros y bienes inmuebles; excl. restaurantes y hoteles. [5] Incl. restaurantes y hoteles; excl. los servicios de reparación y de instalación y los servicios de saneamiento. [6] A partir de 1976: 14 años y más.

3 Employment / Emploi / Empleo

B Structure of employment / Structure de l'emploi / Estructura del empleo

(Thousands – Milliers – Millares)

Country Scope	Total	Major divisions of economic activity [a] 1 Agriculture, hunting, forestry and fishing	2 Mining, quarrying	3 Manu-facturing	4 Electricity, gas, water	5 Construction	6 Trade, restaurants and hotels	7 Transport, storage, communi-cation	8 Financing, insurance, real estate, business services	9 Community, social and personal services	0 Activities not adequately defined
Philippines	*Total employment – Emploi total – Total del empleo (Source – Fuente: I)*										
ISIC – CITI – CIIU 1958											
Males – Hommes – Hombres											
				[1]	[2]		[3]			[4]	
1971	8 317	4 905	54	785	53	434	662	504	.	903	17
1972	8 725	5 492	44	765	39	425	652	468	.	835	5
1973	9 067	5 796	57	791	34	388	661	490	.	834	16
1974	9 437	6 088	42	806	35	388	706	494	.	863	15
1975	9 489	6 038	47	839	40	431	695	488	.	892	19
1976 [5]	9 630	5 949	78	919	47	424	583	570	.	1 024	36
1977	9 946	5 846	68	885	50	516	601	648	.	1 252	80
Females – Femmes – Mujeres											
1971	3 929	1 186	4	658	2	4	855	17	.	1 192	11
1972	4 109	1 415	8	631	3	4	906	18	.	1 119	5
1973	4 383	1 556	5	615	4	7	905	19	.	1 201	11
1974	4 448	1 639	5	636	3	6	853	16	.	1 280	10
1975	4 654	1 595	2	707	4	6	904	22	.	1 398	16
1976 [5]	4 608	1 710	3	679	4	4	815	30	.	1 350	13
1977	4 601	1 430	4	752	6	6	929	32	.	1 406	36

[a] Les libellés en français des branches d'activité économique sont indiqués à la page suivante.
La designación en español de las grandes divisiones de actividad económica figura en la página precedente.

[1] Incl. repair and installation services. [2] Incl. sanitary services. [3] Incl. financing, insurance and real estate; excl. restaurants and hotels. [4] Incl. restaurants and hotels; excl. repair and installation services and sanitary services. [5] Beginning 1976: 14 years and over.

[1] Y compris les services de réparation et d'installation. [2] Y compris les services sanitaires. [3] Y compris les banques, les assurances et affaires immobilières; non compris les restaurants et hôtels. [4] Y compris les restaurants et hôtels; non compris les services de réparation et d'installation, et les services sanitaires. [5] A partir de 1976: 14 ans et plus.

[1] Incl. los servicios de reparación y de instalación. [2] Incl. los servicios de saneamiento. [3] Incl. establecimientos financieros, seguros y bienes inmuebles; excl. restaurantes y hoteles. [4] Incl. restaurantes y hoteles; excl. los servicios de reparación y de instalación y los servicios de saneamiento. [5] A partir de 1976: 14 años y más.

3 Employment / Emploi / Empleo

B Structure of employment / Structure de l'emploi / Estructura del empleo

(Thousands – Milliers – Millares)

Pays Portée	Total	Branches d'activité économique [(a)] 1 Agriculture, chasse, sylviculture et pêche	2 Industries extractives	3 Industries manu-facturières	4 Electricité, gaz, eau	5 Construction	6 Commerce, restaurants et hôtels	7 Transports, entrepôts, communi-cations	8 Banques, assurances, aff. imm., serv. aux entreprises	9 Services à collectivité, services soc. et pers.	0 Activités mal désignées
Singapore	*Total employment [1] – Emploi total [1] – Total del empleo [1] (Source – Fuente: I)*										
Total [2]											
1973	799.6	21.4	1.1	189.9	11.2	51.5	196.1	93.7	28.7	205.8	0.2
1974	824.4	21.7	1.8	234.2	10.3	42.5	172.7	97.5	46.6	195.1	1.9
1975	833.5	17.4	3.1	218.1	8.9	39.2	191.7	97.9	50.7	204.0	2.5
1976	870.4	19.7	1.9	234.0	11.3	42.0	201.0	101.6	56.5	200.6	1.9
1977	903.9	19.8	1.6	245.5	11.4	42.0	212.7	105.6	59.7	204.3	1.3
1978	958.9	17.8	1.1	270.6	9.7	51.5	225.0	109.2	64.3	207.8	1.8
1979	1 021.0	15.2	1.5	294.7	9.8	54.3	237.3	118.9	72.0	216.4	1.0
1980	1 072.0	14.2	1.6	314.0	9.6	58.2	246.1	122.4	79.1	223.2	3.8
Males – Hommes – Hombres [2]											
1974	562.2	15.4	1.5	129.3	9.2	38.5	122.5	86.3	30.6	127.6	1.3
1975 [3]	586.5	12.3	2.9	131.9	8.2	36.1	135.7	86.6	33.2	137.5	2.2
1976	600.4	15.0	1.4	139.3	10.5	38.2	140.0	86.5	36.0	132.0	1.5
1977	616.3	14.8	1.5	136.9	10.5	38.9	142.7	90.9	39.0	140.0	1.2
1978	640.9	13.0	1.0	146.7	8.5	46.3	150.3	93.1	39.0	141.1	1.6
1979	677.1	10.8	1.2	162.3	8.7	49.7	153.9	101.7	42.7	145.2	1.0
1980	696.7	10.7	1.3	169.2	8.6	53.0	159.4	101.7	41.9	147.4	3.6
Females – Femmes – Mujeres [2]											
1974	262.2	6.3	0.3	105.0	1.1	4.0	50.2	11.2	16.0	67.5	0.7
1975	247.0	5.0	0.3	86.2	0.8	3.1	56.0	11.3	17.5	66.5	0.4
1976	270.0	4.7	0.5	94.6	0.7	3.9	61.0	15.1	20.6	68.6	0.3
1977	287.6	5.0	0.1	108.6	0.9	3.1	70.0	14.7	20.7	64.4	0.1
1978	318.0	4.7	0.1	123.8	1.2	5.1	74.6	16.1	25.4	66.6	0.1
1979	343.9	4.3	0.3	132.4	1.0	4.7	83.4	17.2	29.3	71.2	–
1980	375.6	3.6	0.3	144.7	1.1	5.3	86.7	20.8	37.1	75.8	0.2
Sri Lanka	*Employees – Salariés – Asalariados (Source – Fuente: III)*										
Total											
1971	978.9	551.5	2.8	202.0	5.8	27.8	72.3	72.8	14.6	29.3	–
1972	1 026.8	574.2	1.1	211.5	8.8	35.7	72.1	77.6	18.9	26.8	–
1973	1 058.5	568.5	4.3	206.5	7.1	86.5	74.4	75.8	21.2	14.2	–
1974	1 003.6	515.9	3.0	208.8	7.2	72.8	87.1	67.6	23.3	17.9	–
1975	999.0	508.6	4.6	189.0	6.9	94.4	97.9	61.3	18.8	17.5	–
1976	1 055.6	517.1	4.4	191.4	7.0	126.8	100.1	68.5	23.0	17.2	–
1977	1 039.7	516.3	4.0	194.7	7.8	113.0	97.6	61.3	26.7	18.2	–
1978	1 130.3	566.4	4.7	202.7	9.0	89.4	116.6	84.0	33.9	23.6	.
1979	1 098.1	520.5	5.0	202.5	8.9	114.9	109.9	82.6	32.3	21.7	.
Males – Hommes – Hombres											
1971	617.9	269.8	2.5	136.4	5.8	27.7	63.7	71.2	13.5	27.5	–
1972	649.9	285.9	0.9	136.2	8.7	35.3	64.6	76.4	16.8	25.0	–
1973	681.9	275.3	3.9	139.7	6.9	83.4	66.3	75.0	18.8	12.6	–
1974	649.9	249.8	2.5	141.2	6.9	70.5	76.5	66.6	20.2	15.7	–
1975	651.7	249.2	3.8	127.8	6.7	89.8	83.5	60.4	15.4	15.0	–
1976	696.3	249.7	3.7	131.2	6.8	120.1	83.6	67.3	19.1	14.7	–
1977	680.1	253.2	3.7	132.1	7.5	106.7	79.9	60.0	21.9	15.1	–
1978	750.0	290.1	4.4	140.4	8.7	84.0	93.6	81.6	27.7	19.5	–
1979	739.2	262.9	4.5	144.0	8.5	107.3	88.8	79.9	25.4	17.8	–

[(a)] La designación en español de las grandes divisiones de actividad económica figura en la página siguiente.
The English designation of major divisions of economic activity is shown on the preceding page.

[1] Persons aged 10 years and over. [2] ∅: June of each year. [3] Beginning 1976: 14 years and over.

[1] Personnes âgées de 10 ans et plus. [2] ∅: juin de chaque année. [3] A partir de 1976: 14 ans et plus.

[1] Personas de 10 años y más. [2] ∅: junio de cada año. [3] A partir de 1976: 14 años y más.

3 Employment Emploi Empleo

B Structure of employment Structure de l'emploi Estructura del empleo

(Thousands - Milliers - Millares)

País Alcance	Total	Grandes divisiones de actividad económica [a] 1 Agricultura, caza, silvicultura y pesca	2 Minas, canteras	3 Industrias manu-factureras	4 Electricidad, gas, agua	5 Construcción	6 Comercio, restaurantes y hoteles	7 Transportes, almacenaje, comuni-caciones	8 Bancos, seguros, bienes inm., serv. para empresas	9 Servicios comunales, sociales y personales	0 Actividades no bien especifi-cadas
Sri Lanka		*Employees - Salariés - Asalariados (Source - Fuente: III)*									
Females - Femmes - Mujeres											
1971	361.1	281.7	0.3	65.7	0.1	0.1	8.5	1.6	1.2	1.8	–
1972	376.9	288.4	0.1	75.3	0.1	0.3	7.5	1.2	2.1	1.8	–
1973	376.6	293.3	0.3	66.8	0.2	3.0	8.1	0.8	2.5	1.6	–
1974	353.7	266.1	0.5	67.6	0.3	2.3	10.7	0.9	3.0	2.3	–
1975	347.3	259.4	0.8	61.1	0.2	4.6	14.3	1.0	3.4	2.4	–
1976	359.4	267.4	0.7	60.2	0.2	6.7	16.5	1.2	3.9	2.5	–
1977	359.6	263.0	0.4	62.6	0.3	6.3	17.7	1.4	4.9	3.1	–
1978	324.4	276.4	0.3	62.3	0.3	5.4	23.0	2.4	6.2	4.1	–
1979	358.9	257.6	0.4	58.5	0.3	7.5	21.0	2.7	6.8	3.9	–
République arabe syrienne [1]		*Total employment - Emploi total - Total del empleo (Source - Fuente: I)*									
Total [2]											
1971	1 522.3	891.8	1.6	172.3	7.0	70.6	140.8	45.9	9.9	182.0	0.5
1972	1 634.2	907.7	3.2	181.1	19.1	99.7	136.9	63.4	8.7	214.3	–
1973	1 612.1	850.2	14.4	161.2	7.3	88.3	153.6	64.5	10.1	262.5	–
1974	1 631.4	863.6	14.1	183.9	7.2	103.5	160.4	65.5	11.1	222.0	–
1975	1 750.5	894.9	11.4	205.8	9.5	121.9	185.7	75.9	9.9	235.4	–
1976	1 760.4	577.6	13.0	275.8	17.1	203.7	186.6	113.9	14.8	355.0	3.0
1977	1 894.4	740.2	7.9	256.3	16.6	170.1	196.5	117.2	12.9	375.6	1.1
1978	1 934.1	671.0	13.7	264.1	13.9	233.2	205.7	101.9	26.7	403.8	0.1
1979	2 092.1	686.8	–	334.1	31.9	287.4	216.6	95.4	21.4	418.5	.
Males - Hommes - Hombres [2]											
1971	1 230.5	650.1	1.6	150.8	6.7	70.5	139.0	45.6	8.2	157.7	0.5
1972	1 296.1	628.3	3.2	157.8	18.9	99.5	135.1	62.8	8.2	182.4	–
1973	1 275.3	571.1	14.4	140.8	7.1	88.1	152.0	63.6	9.6	228.8	–
1974	1 351.7	644.3	14.0	161.5	6.9	103.1	157.9	64.6	10.0	189.3	–
1975	1 371.2	585.9	11.3	181.8	8.8	120.6	181.8	74.5	8.6	197.8	–
1976	1 598.5	515.0	12.9	241.1	16.4	203.0	183.2	111.9	12.6	299.6	2.8
1977	1 562.9	523.6	7.6	214.2	16.1	169.7	190.5	114.7	11.3	314.1	0.9
1978	1 668.6	531.2	13.7	221.9	13.2	231.6	202.2	99.2	23.3	332.4	–
1979	1 762.2	487.3	–	293.6	30.2	283.2	211.4	93.5	18.6	344.4	–
Females - Femmes - Mujeres [2]											
1971	291.8	241.7	–	21.5	0.3	0.1	1.8	0.3	1.7	24.3	–
1972	338.0	279.4	–	23.3	0.2	0.3	1.8	0.6	0.6	31.9	–
1973	336.8	279.2	–	20.4	0.2	0.2	1.6	0.9	0.6	33.7	–
1974	279.6	219.4	0.1	22.4	0.3	0.4	2.4	0.8	1.0	32.8	–
1975	379.3	309.0	0.2	23.9	0.7	1.3	3.9	1.4	1.3	37.6	–
1976	161.9	62.6	0.1	34.7	0.7	0.6	3.4	2.0	2.1	55.5	0.2
1977	331.6	216.5	0.3	42.1	0.5	0.4	6.0	2.5	1.6	61.5	0.2
1978	265.5	139.8	–	42.2	0.8	1.6	3.5	2.7	3.4	71.4	0.1
1979	329.9	199.5	–	40.5	1.8	4.2	5.2	1.9	2.8	74.1	–

[a] The English designation of major divisions of economic activity is shown on the following page.
Les libellés en français des branches d'activité économique sont indiqués à la page précédente.

[1] Incl. some unemployed. [2] ∅: Sep. of each year. [3] Incl. financing, insurance and real estate; excl. restaurants and hotels.

[1] Y compris un certain nombre de chômeurs. [2] ∅: sept. de chaque année. [3] Y compris les banques, les assurances et affaires immobilières; non compris les restaurants et hôtels.

[1] Incl. cierto número de desempleados. [2] ∅: sept. de cada año. [3] Incl. establecimientos financieros, seguros y bienes inmuebles; excl. restaurantes y hoteles.

3 Employment Emploi Empleo

B Structure of employment Structure de l'emploi Estructura del empleo

(Thousands - Milliers - Millares)

Country Scope	Total	Major divisions of economic activity [(a)] 1 Agriculture, hunting, forestry and fishing	2 Mining, quarrying	3 Manu-facturing	4 Electricity, gas, water	5 Construction	6 Trade, restaurants and hotels	7 Transport, storage, communi-cation	8 Financing, insurance, real estate, business services	9 Community, social and personal services	0 Activities not adequately defined
Thailand	*Total employment - Emploi total - Total del empleo (Source - Fuente: I)*										
ISIC - CITI - CIIU 1958											
Total [1]				[2]	[3]		[4]			[5]	
1971	16 618.6	13 157.6	19.0	659.0	18.5	188.9	1 180.8	213.3	.	1 171.9	9.2
1972	16 129.5	11 642.1	118.4	1 239.5	24.0	256.7	1 230.4	313.6	.	1 302.7	2.1
1973	17 042.7	12 270.5	110.9	1 201.1	48.4	258.0	1 392.3	383.9	.	1 375.6	2.0
1974	17 159.1	11 226.3	49.6	1 693.6	61.5	276.8	1 628.6	465.1	.	1 756.7	0.9
1975	18 181.6	13 269.9	28.4	1 355.7	41.4	205.7	1 377.2	381.3	.	1 521.6	–
1976	18 410.7	13 948.5	28.5	1 145.3	44.6	235.9	1 298.2	326.6	.	1 381.9	1.2
1977	20 307.8	14 921.5	50.2	1 329.2	48.3	331.7	1 674.5	382.8	.	1 567.1	0.7
1978	21 738.1	16 018.1	30.2	1 477.5	58.2	313.4	1 639.5	387.9	.	1 812.9	–
Males - Hommes - Hombres [1]											
1971	8 933.2	6 854.9	15.8	354.1	16.3	169.5	581.8	205.8	.	729.7	4.9
1972	8 925.9	6 307.2	98.8	692.2	21.2	221.6	542.1	298.0	.	742.6	2.0
1973	9 440.2	6 569.3	96.9	735.0	44.9	231.2	648.9	370.5	.	743.0	0.2
1974	9 492.3	6 015.3	41.5	940.4	49.1	243.5	748.2	437.7	.	1 016.5	–
1975	9 863.9	6 977.5	15.6	775.6	35.5	188.7	655.7	365.8	.	849.2	–
1976	10 103.3	7 489.2	25.2	603.0	40.8	211.7	629.4	311.9	.	791.7	–
1977	10 998.7	7 879.3	40.4	759.7	43.0	282.1	764.0	358.2	.	870.5	0.7
1978	11 510.5	8 184.4	23.5	858.8	50.2	271.2	772.5	363.5	.	985.7	–

[(a)] Les libellés en français des branches d'activité économique sont indiqués à la page suivante.
La designación en español de las grandes divisiones de actividad económica figura en la página precedente.

[1] ∅: third quarter of each year. [2] Incl. repair and installation services. [3] Incl. sanitary services. [4] Incl. financing, insurance and real estate; excl. restaurants and hotels. [5] Incl. restaurants and hotels; excl. repair and installation services and sanitary services.

[1] ∅: troisième trimestre de chaque année. [2] Y compris les services de réparation et d'installation. [3] Y compris les services sanitaires. [4] Y compris les banques, les assurances et affaires immobilières; non compris les restaurants et hôtels. [5] Y compris les restaurants et hôtels; non compris les services de réparation et d'installation, et les services sanitaires.

[1] ∅: tercer trimestre de cada año. [2] Incl. los servicios de reparación y de instalación. [3] Incl. los servicios de saneamiento. [4] Incl. establecimientos financieros, seguros y bienes inmuebles; excl. restaurantes y hoteles. [5] Incl. restaurantes y hoteles; excl. los servicios de reparación y de instalación y los servicios de saneamiento.

3 Employment / Emploi / Empleo

B Structure of employment / Structure de l'emploi / Estructura del empleo

(Thousands - Milliers - Millares)

Pays Portée	Total	1 Agriculture, chasse, sylviculture et pêche	2 Industries extractives	3 Industries manufacturières	4 Electricité, gaz, eau	5 Construction	6 Commerce, restaurants et hôtels	7 Transports, entrepôts, communications	8 Banques, assurances, aff. imm., serv. aux entreprises	9 Services à collectivité, services soc. et pers.	0 Activités mal désignées
		Branches d'activité économique [(a)]									
Thailand		*Total employment - Emploi total - Total del empleo (Source - Fuente: I)*									
ISIC - CITI - CIIU 1958											
Females - Femmes - Mujeres [1]											
				[2]	[3]		[4]			[5]	
1971	7 685.3	6 302.7	3.1	304.9	2.2	19.3	599.0	7.5	.	442.2	4.2
1972	7 209.2	5 334.8	19.5	547.2	2.7	35.1	688.2	15.6	.	560.0	–
1973	7 602.3	5 699.1	13.9	466.0	3.5	26.7	743.3	13.3	.	632.5	1.7
1974	7 666.8	5 210.9	7.9	754.2	12.3	33.2	880.3	27.4	.	740.2	0.1
1975	8 317.6	6 292.5	12.8	580.1	5.9	16.9	721.5	15.4	.	672.4	–
1976	8 307.5	6 459.2	3.2	542.3	3.7	24.1	668.7	14.6	.	590.1	1.2
1977	9 309.1	7 042.6	9.8	569.5	5.3	49.6	910.5	24.6	.	696.6	–
1978	10 227.5	7 833.6	6.5	618.7	7.9	42.1	867.0	24.1	.	827.0	–
EUROPE - EUROPE - EUROPA											
Austria		*Insured persons - Personnes assurées - Personas aseguradas (Source - Fuente: II)*									
Total [6]											
1972	2 537.5	56.5	31.9	914.5	30.3	269.8	388.4	148.2	106.5	591.4	.
1973	2 650.7	53.6	30.6	946.7	30.6	284.4	421.5	151.9	119.6	611.8	.
1974	2 687.4	50.1	30.4	944.5	31.4	278.0	433.9	158.5	127.6	633.0	.
1975	2 685.8	47.6	29.7	910.8	31.8	268.8	446.4	158.3	129.3	663.1	.
1976	2 704.4	46.7	28.4	905.5	31.9	266.2	459.1	156.6	132.8	677.2	.
1977	2 763.3	46.6	27.9	922.3	32.2	274.0	473.2	157.8	138.4	690.9	.
1978	2 784.3	45.2	27.2	913.1	31.5	274.1	478.5	159.5	144.7	710.5	.
1979	2 804.2	42.5	26.7	912.1	31.8	271.1	488.1	159.4	151.5	717.9	3.1
1980	2 840.7	41.3	26.7	920.7	32.2	267.7	499.9	206.9	162.9	682.4	.
Males - Hommes - Hombres [6]											
1975	1 645.2	31.6	26.9	594.0	27.0	243.6	192.4	130.7	63.7	335.3	.
1976	1 650.8	31.3	25.7	592.5	27.1	240.9	198.2	129.0	65.6	340.5	.
1977	1 681.9	31.5	25.3	604.2	27.3	247.8	203.1	129.2	66.8	344.7	.
1978	1 687.0	30.7	24.6	601.5	26.6	247.2	203.9	129.9	71.9	350.7	.
1979	1 687.6	29.2	24.1	600.9	26.8	243.2	207.3	130.5	75.2	347.5	2.9
1980	1 703.9	28.5	24.1	607.5	27.3	240.1	212.6	171.6	81.6	310.6	.

[(a)] La designación en español de las grandes divisiones de actividad económica figura en la página siguiente.
The English designation of major divisions of economic activity is shown on the preceding page.

[1] ∅: third quarter of each year. [2] Incl. repair and installation services. [3] Incl. sanitary services. [4] Incl. financing, insurance and real estate; excl. restaurants and hotels. [5] Incl. restaurants and hotels; excl. repair and installation services and sanitary services. [6] ∅: July of each year.

[1] ∅: troisième trimestre de chaque année. [2] Y compris les services de réparation et d'installation. [3] Y compris les services sanitaires. [4] Y compris les banques, les assurances et affaires immobilières; non compris les restaurants et hôtels. [5] Y compris les restaurants et hôtels; non compris les services de réparation et d'installation, et les services sanitaires. [6] ∅: juillet de chaque année.

[1] ∅: tercer trimestre de cada año. [2] Incl. los servicios de reparación y de instalación. [3] Incl. los servicios de saneamiento. [4] Incl. establecimientos financieros, seguros y bienes inmuebles; excl. restaurantes y hoteles. [5] Incl. restaurantes y hoteles; excl. los servicios de reparación y de instalación y los servicios de saneamiento. [6] ∅: julio de cada año.

3 Employment Emploi Empleo

B Structure of employment Structure de l'emploi Estructura del empleo

(Thousands – Milliers – Millares)

País Alcance	Total	Grandes divisiones de actividad económica [(a)] 1 Agricultura, caza, silvicultura y pesca	2 Minas, canteras	3 Industrias manufactureras	4 Electricidad, gas, agua	5 Construcción	6 Comercio, restaurantes y hoteles	7 Transportes, almacenaje, comunicaciones	8 Bancos, seguros, bienes inm., serv. para empresas	9 Servicios comunales, sociales y personales	0 Actividades no bien especificadas
Austria	*Insured persons – Personnes assurées – Personas aseguradas (Source – Fuente: II)*										
Females – Femmes – Mujeres [1]											
1975	1 040.6	16.0	2.8	316.8	4.8	25.2	254.0	27.6	65.6	327.8	.
1976	1 053.6	15.4	2.7	313.0	4.8	25.3	260.9	27.6	67.2	336.7	.
1977	1 081.4	15.1	2.6	318.1	4.9	26.2	270.1	28.6	71.6	346.2	.
1978	1 097.3	14.5	2.6	311.6	4.9	26.9	274.6	29.6	72.8	359.8	.
1979	1 116.6	13.3	2.6	311.3	4.9	28.0	280.8	28.9	76.3	370.4	0.1
1980	1 136.8	12.8	2.6	313.2	4.9	27.6	287.3	35.3	81.3	371.8	.
Belgique [2]	*Total employment – Emploi total – Total del empleo (Source – Fuente: II)*										
Total [3]											
1971	3 701.5	161.7	49.0	1 197.4	32.7	302.3	683.8	246.1	198.9	829.6	–
1972	3 695.5	151.0	46.8	1 179.8	32.7	290.4	685.6	252.3	202.6	854.3	–
1973	3 744.5	144.2	42.1	1 190.3	32.9	288.3	693.8	260.8	209.6	882.5	–
1974	3 798.7	139.6	38.3	1 199.3	32.9	295.0	698.2	266.3	221.6	907.5	–
1975	3 743.6	135.9	37.2	1 128.3	33.2	295.2	697.0	268.9	222.0	925.9	–
1976	3 714.6	127.9	34.6	1 082.6	33.3	298.6	697.9	265.0	226.9	947.8	–
1977	3 707.2	122.6	32.2	1 041.7	33.4	300.2	704.3	264.2	230.0	977.0	–
1978	3 707.4	118.5	30.3	1 001.0	33.4	296.3	700.0	268.7	237.9	1 021.3	–
1979	3 749.2	118.5	29.2	973.2	33.2	298.7	702.5	273.0	247.8	1 073.1	.
1980	3 746.4	112.2	28.4	953.1	33.2	289.5	704.9	278.2	253.7	1 093.1	.
Males – Hommes – Hombres [3]											
1971	2 476.9	129.2	48.2	883.5	30.8	293.9	382.5	220.0	125.3	363.5	.
1972	2 455.2	120.1	45.9	867.3	30.8	281.8	382.8	225.7	127.7	373.1	.
1973	2 471.2	114.2	41.3	873.8	31.0	279.3	387.7	230.6	130.6	382.7	.
1974	2 495.4	110.2	37.6	878.8	31.0	285.3	389.7	234.4	138.0	390.4	.
1975	2 457.0	106.2	36.6	834.8	31.2	285.4	388.0	236.7	137.8	400.3	.
1976	2 436.5	100.8	34.0	807.7	31.2	288.6	388.2	233.0	141.3	411.7	.
1977	2 422.0	97.8	31.6	784.4	31.2	289.8	391.2	232.9	141.5	421.6	.
1978	2 406.6	93.1	29.8	756.6	31.2	285.6	386.8	234.7	145.3	443.5	.
1979	2 420.3	90.7	28.7	739.3	30.8	288.1	388.1	238.0	150.8	465.8	.
1980	2 403.8	88.1	27.9	726.4	30.7	278.8	387.0	241.7	154.8	468.4	.
Females – Femmes – Mujeres [3]											
1971	1 224.6	32.5	0.8	313.9	1.9	8.4	301.3	26.1	73.6	466.1	.
1972	1 240.3	30.9	0.9	312.5	1.9	8.6	302.8	26.6	74.9	481.2	.
1973	1 273.3	30.0	0.8	316.5	1.9	9.0	306.1	30.2	79.0	499.8	.
1974	1 303.3	29.4	0.7	320.5	1.9	9.7	308.5	31.9	83.6	517.1	.
1975	1 286.6	29.7	0.6	293.5	2.0	9.8	309.0	32.2	84.2	525.6	.
1976	1 278.1	27.1	0.6	274.9	2.1	10.0	309.7	32.0	85.6	536.1	.
1977	1 195.6	24.8	0.6	257.3	2.2	10.4	313.1	32.9	88.5	555.4	.
1978	1 300.8	25.4	0.5	244.4	2.2	10.7	313.2	34.0	92.6	577.8	.
1979	1 328.9	27.8	0.5	233.9	2.4	10.6	314.4	35.0	97.0	607.3	.
1980	1 342.5	24.1	0.5	226.7	2.5	10.7	317.9	36.5	98.9	624.7	.

[(a)] The English designation of major divisions of economic activity is shown on the following page.
Les libellés en français des branches d'activité économique sont indiqués à la page précédente.

[1] ∅: July of each year. [2] Incl. persons working abroad. [3] ∅: June of each year.

[1] ∅: juillet de chaque année. [2] Y compris les personnes travaillant à l'étranger. [3] ∅: juin de chaque année.

[1] ∅: julio de cada año. [2] Incl. las personas que trabajan en el extranjero. [3] ∅: junio de cada año.

3 Employment / Emploi / Empleo

B Structure of employment / Structure de l'emploi / Estructura del empleo

(Thousands - Milliers - Millares)

Country Scope	Total	Major divisions of economic activity [(a)] 1 Agriculture, hunting, forestry and fishing	2 Mining, quarrying	3 Manu-facturing	4 Electricity, gas, water	5 Construction	6 Trade, restaurants and hotels	7 Transport, storage, communi-cation	8 Financing, insurance, real estate, business services	9 Community, social and personal services	0 Activities not adequately defined
Bulgarie [1]	*Employees - Salariés - Asalariados (Source - Fuente: III)*										
Total		[2]		[3]			[4]			[5]	
1971	2 864.7	311.1	.	1 183.6	.	311.1	267.9	234.7	.	529.9	26.4
1972	2 993.4	358.2	.	1 210.3	.	315.3	283.1	240.3	.	558.2	28.0
1973	3 273.1	569.6	.	1 242.8	.	315.1	285.7	248.9	.	580.8	30.2
1974	3 424.8	642.9	.	1 277.1	.	315.5	290.2	259.1	.	608.6	31.4
1975	3 676.6	809.2	.	1 297.4	.	316.8	308.5	270.9	.	636.5	37.3
1976	3 886.8	964.8	.	1 310.1	.	312.7	319.9	281.6	.	660.7	37.0
1977	3 870.1	925.3	.	1 319.1	.	330.1	325.3	289.5	.	641.2	39.6
1978	3 895.6	917.3	.	1 336.4	.	338.8	329.8	293.6	.	639.1	40.6
1979	3 946.9	934.0	.	1 354.2	.	342.3	330.1	297.3	.	646.8	42.2
1980	4 000.3*	953.6*	.	1 365.6*	.	339.1*	332.6*	298.3*	.	668.4*	42.7*
Czechoslovakia [1]	*Total employment [6] - Emploi total [6] - Total del empleo [6](Source - Fuente: III)*										
Total				[7]	[8]						
1971	6 893	1 261	176	2 407	53	634	637	469	31	1 177	46
1972	6 901	1 187	177	2 424	56	648	658	467	30	1 205	49
1973	6 938	1 154	177	2 448	56	664	672	469	31	1 219	48
1974	7 008	1 145	177	2 460	57	680	688	468	31	1 247	55
1975	7 060	1 119	174	2 480	58	692	707	469	31	1 271	59
1976	7 093	1 098	173	2 480	60	701	716	478	32	1 293	62
1977	7 149	1 076	175	2 492	61	710	733	481	32	1 324	65
1978	7 213	1 058	175	2 512	63	718	749	483	32	1 355	67
1979	7 284	1 050	177	2 526	64	727	760	487	32	1 392	69
1980	7 340	1 047	179	2 535	66	730	769	489	32	1 423	70
Males - Hommes - Hombres [9]											
1971	3 756	656	151	1 322	40	529	199	326	10	502	21
1972	3 755	608	151	1 361	42	549	209	328	10	475	22
1973	3 802	622	151	1 381	42	559	213	328	9	476	21
1974	3 832	614	151	1 390	43	574	218	325	10	484	23
1975	3 850	602	148	1 406	44	582	218	323	10	492	25
1976	3 879	601	147	1 407	45	592	225	331	11	494	26
1977	3 909	592	148	1 424	46	593	229	334	9	506	28
1978	3 950	593	148	1 437	47	599	233	332	9	522	30
1979	3 991	598	150	1 450	48	603	234	334	9	535	30
1980	4 009	599	151	1 454	50	603	236	337	9	539	31
Females - Femmes - Mujeres [9]											
1971	3 122	580	25	1 075	13	95	430	137	21	720	26
1972	3 123	532	26	1 076	14	97	452	137	21	742	26
1973	3 152	521	26	1 080	14	102	462	141	22	757	27
1974	3 181	506	26	1 082	14	105	476	142	22	776	32
1975	3 196	488	26	1 082	14	106	489	144	22	791	34
1976	3 209	471	26	1 077	15	109	495	145	22	813	36
1977	3 234	449	27	1 077	15	114	506	146	24	839	37
1978	3 270	441	27	1 081	16	117	521	149	24	856	38
1979	3 306	433	27	1 088	16	120	530	151	24	879	38
1980	3 343	431	28	1 094	16	122	536	152	24	901	39

[(a)] Les libellés en français des branches d'activité économique sont indiqués à la page suivante.
La designación en español de las grandes divisiones de actividad económica figura en la página precedente.

[1] Socialised sector. [2] State agricultural undertakings. [3] Incl. mining and quarrying, electricity, gas and water. [4] Incl. financing, insurance and real estate; excl. restaurants and hotels. [5] Incl. restaurants and hotels; excl. repair and installation services and sanitary services. [6] Excl. unpaid family workers and apprentices. [7] Incl. water. [8] Gas and electricity. [9] ∅: 31st Dec. of each year.

[1] Secteur socialisé. [2] Entreprises agricoles d'Etat. [3] Y compris les industries extractives, l'électricité, le gaz et l'eau. [4] Y compris les banques, les assurances et affaires immobilières; non compris les restaurants et hôtels. [5] Y compris les restaurants et hôtels; non compris les services de réparation et d'installation, et les services sanitaires. [6] Non compris les travailleurs familiaux non rémunérés et les apprentis. [7] Y compris l'eau. [8] Gaz et électricité. [9] ∅: 31 déc. de chaque année.

[1] Sector socializado. [2] Empresas agrícolas de Estado. [3] Incl. minas y canteras, electricidad, gas y agua. [4] Incl. establecimientos financieros, seguros y bienes inmuebles; excl. restaurantes y hoteles. [5] Incl. restaurantes y hoteles; excl. los servicios de reparación y de instalación y los servicios de saneamiento. [6] Excl. los trabajadores familiares no remunerados y los aprendices. [7] Incl. el agua. [8] Gas y electricidad. [9] ∅: 31 dic. de cada año.

3 Employment / Emploi / Empleo

B Structure of employment / Structure de l'emploi / Estructura del empleo

(Thousands – Milliers – Millares)

Pays Portée	Total	Branches d'activité économique [a] 1 Agriculture, chasse, sylviculture et pêche	2 Industries extractives	3 Industries manu-facturières	4 Electricité, gaz, eau	5 Construction	6 Commerce, restaurants et hôtels	7 Transports, entrepôts, communi-cations	8 Banques, assurances, aff. imm., serv. aux entreprises	9 Services à collectivité, services soc. et pers.	0 Activités mal désignées
Denmark	*Total employment [1] – Emploi total [1] – Total del empleo [1](Source – Fuente: I)*										
Total [2]											
1972	2 355.4	229.7	2.6	586.9	14.3	202.6	352.2	159.0	138.7	658.1	11.3
1973	2 385.2	227.3	2.4	588.7	13.4	201.3	360.8	165.7	140.4	673.2	12.0
1974	2 354.6	226.8	2.5	555.7	14.2	188.0	344.4	166.9	144.3	698.1	13.7
1975	2 332.2	227.6	2.1	528.6	13.6	189.6	343.6	157.7	145.7	711.4	12.3
1976	2 391.6	223.0	1.9	537.1	14.7	195.4	353.5	165.8	148.9	734.8	16.5
1977	2 413.9	218.5	2.1	521.6	14.3	196.5	351.0	166.7	154.9	768.7	19.6
1978	2 473.0	214.8	2.3	531.2	15.1	201.7	345.4	165.4	165.2	810.8	21.1
1979	2 501.2	208.3	1.7	534.1	17.5	201.7	333.7	175.4	177.0	826.1	25.7
Males – Hommes – Hombres [2]											
1972	1 390.5	167.2	2.3	406.1	13.1	187.8	182.5	124.6	72.8	228.8	5.3
1973	1 404.3	162.8	2.2	413.1	12.1	185.3	186.0	129.4	73.9	232.8	6.7
1974	1 377.7	165.0	2.3	396.1	12.7	172.8	178.9	130.5	74.9	238.3	6.2
1975	1 361.7	164.3	1.8	379.3	12.4	174.6	181.2	123.6	77.8	241.5	5.2
1976	1 391.3	162.4	1.7	383.8	13.3	180.5	187.3	130.1	78.6	247.7	5.9
1977	1 392.3	159.1	2.0	376.0	12.9	180.0	186.5	130.1	83.2	255.6	6.9
1978	1 408.6	152.3	2.1	381.0	13.3	183.8	179.5	128.2	88.2	273.0	7.2
1979	1 410.0	148.4	1.4	380.6	16.0	180.9	173.2	132.7	94.2	274.7	7.9
Females – Femmes – Mujeres [2]											
1972	964.9	62.5	0.3	180.8	1.2	14.8	169.7	34.4	65.9	429.3	6.0
1973	980.9	64.5	0.2	175.6	1.3	16.0	174.8	36.3	66.5	440.4	5.3
1974	976.9	61.8	0.2	159.6	1.5	15.2	165.5	36.4	69.4	459.8	7.5
1975	970.5	63.3	0.3	149.3	1.2	15.0	162.4	34.1	67.9	469.9	7.1
1976	1 000.3	60.6	0.2	153.3	1.4	14.9	166.2	35.7	70.3	487.1	10.6
1977	1 021.6	59.4	0.1	145.6	1.4	16.5	164.5	36.6	71.7	513.1	12.7
1978	1 064.4	62.5	0.2	150.2	1.8	17.9	165.9	37.2	77.0	537.8	13.9
1979	1 091.2	59.9	0.3	153.5	1.5	20.8	160.5	42.7	82.8	551.4	17.8
España	*Total employment [3] – Emploi total [3] – Total del empleo [3](Source – Fuente: I)*										
Total [4]											
1971	12 499.2	3 552.9	112.9	3 433.8	91.6	1 026.1	1 252.8	658.2	187.9	2 183.0	.
1972	12 535.4	3 216.2	102.6	3 146.9	93.9	1 207.8	1 988.4	687.2	317.9	1 774.5	.
1973	12 850.7	3 128.0	101.4	3 285.4	83.3	1 244.7	2 119.3	673.1	338.2	1 877.3	.
1974	12 924.1	2 994.2	99.2	3 336.9	80.3	1 279.6	2 188.9	688.1	377.4	1 879.5	.
1975	12 691.9	2 798.6	102.9	3 393.7	86.6	1 274.2	2 130.1	668.0	400.2	1 837.6	.
1976	12 543.3	2 710.3	353.4	3 015.9	79.5	1 218.7	2 343.2	679.2	400.8	1 742.3	.
1977	12 434.8	2 568.1	358.2	2 993.2	87.1	1 240.7	2 341.5	652.5	411.4	1 782.1	.
1978	12 091.0	2 438.8	356.1	2 912.7	81.4	1 159.5	2 317.1	638.1	396.2	1 791.1	.
1979	11 837.3	2 314.3	339.8	2 801.9	74.2	1 087.2	2 316.0	680.5	406.1	1 817.3	.
Males – Hommes – Hombres [4]											
1971	9 308.1	2 726.5	110.2	2 638.8	86.6	1 010.5	784.8	602.2	162.0	1 186.5	.
1972	9 228.5	2 464.6	100.8	2 306.8	88.6	1 187.2	1 228.4	632.6	257.7	961.8	.
1973	9 250.5	2 338.5	99.3	2 357.6	79.0	1 218.2	1 273.4	617.5	269.6	997.4	.
1974	9 254.1	2 230.4	97.6	2 401.8	75.4	1 254.7	1 285.5	635.9	298.6	974.2	.
1975	9 196.1	2 083.3	100.6	2 492.6	79.6	1 247.3	1 289.7	616.4	320.9	965.7	.
1976	8 871.3	1 953.1	324.0	2 173.4	74.8	1 191.6	1 453.9	618.1	315.3	767.1	.
1977	8 794.6	1 855.7	326.5	2 191.7	82.1	1 209.3	1 438.7	598.9	332.5	759.1	.
1978	8 564.6	1 767.7	326.8	2 140.3	77.8	1 133.2	1 446.5	582.2	308.2	781.9	.
1979	8 371.7	1 667.2	306.9	2 090.4	70.0	1 066.7	1 444.5	629.4	319.4	777.2	.

[a] La designación en español de las grandes divisiones de actividad económica figura en la página siguiente.
The English designation of major divisions of economic activity is shown on the preceding page.

[1] Persons aged 15 to 74 years. [2] ∅: Oct. of each year; prior to 1974: Nov. [3] Persons aged 14 years and over. [4] ∅: fourth quarter of each year.

[1] Personnes âgées de 15 à 74 ans. [2] ∅: oct. de chaque année; avant 1974: nov. [3] Personnes âgées de 14 ans et plus. [4] ∅: quatrième trimestre de chaque année.

[1] Personas de 15 a 74 años. [2] ∅: oct. de cada año; antes de 1974: nov. [3] Personas de 14 años y más. [4] ∅: cuarto trimestre de cada año.

3 Employment / Emploi / Empleo

B Structure of employment / Structure de l'emploi / Estructura del empleo

(Thousands - Milliers - Millares)

País Alcance	Total	Grandes divisiones de actividad económica [a] 1 Agricultura, caza, silvicultura y pesca	2 Minas, canteras	3 Industrias manu-factureras	4 Electricidad, gas, agua	5 Construcción	6 Comercio, restaurantes y hoteles	7 Transportes, almacenaje, comuni-caciones	8 Bancos, seguros, bienes inm., serv. para empresas	9 Servicios comunales, sociales y personales	0 Actividades no bien especifi-cadas
España	*Total employment - Emploi total - Total del empleo (Source - Fuente: I)*										
Females - Femmes - Mujeres [1]											
1971	3 191.1	826.4	2.7	795.0	5.0	15.6	468.0	56.0	25.9	996.5	.
1972	3 306.9	751.6	1.8	840.1	5.3	20.6	760.0	54.6	60.2	812.7	.
1973	3 600.2	789.5	2.1	927.8	4.3	26.5	845.9	55.6	68.6	879.9	.
1974	3 670.0	763.8	1.6	935.1	4.9	24.9	903.4	52.2	78.8	905.3	.
1975	3 495.8	715.3	2.3	901.1	7.0	26.9	840.4	51.6	79.3	871.9	.
1976	3 672.0	757.2	29.4	842.5	4.7	27.1	889.3	61.1	85.5	975.2	.
1977	3 640.3	712.4	31.7	801.5	5.0	31.4	902.8	53.6	78.9	1 023.0	.
1978	3 526.4	671.1	29.3	772.4	3.6	26.3	870.6	55.9	88.0	1 009.2	.
1979	3 465.6	647.1	32.9	711.5	4.2	20.5	871.5	51.1	86.7	1 040.1	.
Finland	*Total employment [2] - Emploi total [2] - Total del empleo [2] (Source - Fuente: I)*										
Total				[3]							
1971	2 123	448	...	560	...	184	314	144	74	399	-
1972	2 118	399	...	570	...	180	320	150	79	419	-
1973	2 164	369	...	584	...	185	341	151	88	446	-
1974	2 229	362	...	613	...	187	350	154	99	464	-
1975	2 221	329	...	609	...	189	345	161	108	480	-
1976 [4]	2 163	298	9	550	28	161	321	161	116	492	27
1977	2 111	272	9	542	27	154	308	158	116	509	16
1978	2 084	256	9	527	25	151	301	162	118	518	17
1979	2 134	250	9	547	25	150	305	166	120	544	18
1980	2 203	253	9	570	25	149	315	169	128	564	21
Males - Hommes - Hombres											
1971	1 166	251	...	358	...	175	119	106	26	131	-
1972	1 153	221	...	367	...	168	115	111	28	142	-
1973	1 171	209	...	376	...	170	123	110	30	153	-
1974	1 199	204	...	395	...	170	126	111	35	158	-
1975	1 187	181	...	391	...	174	127	121	38	155	-
1976 [4]	1 155	174	8	340	22	143	130	118	44	162	14
1977	1 116	160	8	340	22	135	119	117	42	165	8
1978	1 102	152	7	332	21	136	116	116	45	169	8
1979	1 128	148	8	347	21	136	123	118	46	172	9
1980	1 165	150	8	363	20	134	129	125	49	177	10
Females - Femmes - Mujeres											
1971	957	197	...	202	...	9	195	38	48	268	-
1972	965	178	...	203	...	12	205	39	51	277	-
1973	993	160	...	208	...	15	218	41	58	293	-
1974	1 030	158	...	218	...	17	224	43	64	306	-
1975	1 034	148	...	218	...	15	218	40	70	325	-
1976 [4]	1 008	124	1	210	6	18	191	43	72	330	13
1977	995	112	1	202	5	19	189	41	74	344	8
1978	982	104	2	195	4	15	185	46	73	349	9
1979	1 006	102	1	200	4	14	182	48	74	372	9
1980	1 038	103	1	207	5	15	186	44	79	387	11

(a) The English designation of major divisions of economic activity is shown on the following page.
Les libellés en français des branches d'activité économique sont indiqués à la page précédente.

[1] ∅: fourth quarter of each year. [2] Persons aged 15 to 74 years. [3] Incl. mining and quarrying, electricity, gas and water. [4] Sampling design revised; incl. 10,000 professional soldiers.

[1] ∅: quatrième trimestre de chaque année. [2] Personnes âgées de 15 à 74 ans. [3] Y compris les industries extractives, l'électricité, le gaz et l'eau. [4] Plan d'échantillonnage révisé; y compris 10 000 militaires professionnels.

[1] ∅: cuarto trimestre de cada año. [2] Personas de 15 a 74 años. [3] Incl. minas y canteras, electricidad, gas y agua. [4] Diseño de la muestra revisado; incl. 10 000 militares profesionales.

3 Employment / Emploi / Empleo

B Structure of employment / Structure de l'emploi / Estructura del empleo

(Thousands – Milliers – Millares)

Country Scope	Total	Major divisions of economic activity [(a)] 1 Agriculture, hunting, forestry and fishing	2 Mining, quarrying	3 Manu-facturing	4 Electricity, gas, water	5 Construction	6 Trade, restaurants and hotels	7 Transport, storage, communi-cation	8 Financing, insurance, real estate, business services	9 Community, social and personal services	0 Activities not adequately defined
France	*Total employment – Emploi total – Total del empleo (Source – Fuente: IV)*										
Total [1]											
1971	20 438	2 683	216	5 742	162	1 981	3 251	1 204	1 025	4 174	–
1972	20 552	2 529	205	5 794	164	1 974	3 301	1 205	1 087	4 293	–
1973	20 815	2 379	192	5 907	166	1 989	3 398	1 221	1 154	4 410	–
1974	20 958	2 236	181	5 957	172	1 977	3 422	1 260	1 208	4 545	–
1975	20 714	2 104	177	5 780	172	1 896	3 215	1 259	1 299	4 812	–
1976	20 855	2 037	172	5 721	173	1 882	3 269	1 269	1 333	4 999	–
1977	21 036	1 977	165	5 697	175	1 877	3 309	1 296	1 385	5 155	–
1978	21 112	1 927	157	5 612	179	1 842	3 342	1 319	1 441	5 294	–
1979	21 127	1 897	150	5 515	182	1 823	3 363	1 329	1 487	5 381	.
1980	21 190	1 870	144	5 441	185	1 833	3 379	1 336	1 543	5 457	.
German Democratic Rep. [2]	*Employees – Salariés – Asalariados (Source – Fuente: III)*										
Total				[3]			[4]			[5]	
1971	6 963.1	277.0	.	3 212.2	.	513.5	806.0	599.7	.	1 554.5	.
1972	7 136.6	266.9	.	3 343.1	.	524.1	812.1	602.2	.	1 588.3	.
1973	7 238.7	276.1	.	3 373.5	.	528.9	813.7	606.6	.	1 640.0	.
1974	7 336.0	293.5	.	3 378.5	.	536.9	829.3	615.3	.	1 682.5	.
1975	7 407.1	299.0	.	3 386.7	.	549.7	839.2	618.1	.	1 714.5	.
1976	7 496.7	305.9	.	3 417.1	.	560.9	845.9	626.3	.	1 740.4	.
1977	7 576.9	318.8	.	3 448.1	.	570.3	844.5	632.8	.	1 762.4	.
1978	7 651.9	333.1	.	3 468.4	.	574.6	843.3	633.2	.	1 799.2	.
1979	7 722.0	334.1	.	3 492.5	.	576.9	848.7	633.5	.	1 836.5	.
1980	7 760.6	337.4	.	3 499.2	.	577.0	852.0	638.6	.	1 856.4	.
Germany, Fed. Rep. of	*Total employment – Emploi total – Total del empleo (Source – Fuente: IV)*										
Total											
1972	26 125	2 038	434	9 550	219	2 230	3 799	1 530	1 298	5 027	–
1973	26 201	1 954	417	9 541	223	2 267	3 846	1 547	1 312	5 094	–
1974	25 688	1 882	387	9 410	226	2 135	3 708	1 508	1 326	5 106	–
1975	24 798	1 823	358	8 890	239	1 921	3 593	1 484	1 314	5 176	–
1976	24 556	1 743	355	8 784	215	1 836	3 525	1 521	1 272	5 305	–
1977	24 511	1 655	328	8 757	226	1 792	3 532	1 493	1 266	5 462	–
1978	24 700	1 608	337	8 744	216	1 815	3 566	1 488	1 309	5 617	–
1979	25 041	1 558	329	8 793	220	1 891	3 617	1 493	1 369	5 771	–
1980	25 265*	1 518*	330*	8 858*	230*	1 909*	3 627*	1 498*	1 418*	5 877*	–
Males – Hommes – Hombres											
1972	16 512	961	411	6 640	190	2 074	1 720	1 247	708	2 561	–
1973	16 467	912	394	6 608	193	2 101	1 720	1 253	707	2 579	–
1974	16 061	879	365	6 563	193	1 969	1 653	1 222	702	2 515	–
1975	15 432	854	338	6 243	206	1 761	1 601	1 193	698	2 538	–
1976	15 280	828	336	6 099	187	1 688	1 571	1 253	709	2 609	–
1977	15 217	787	309	6 082	199	1 650	1 570	1 222	696	2 702	–
1978	15 323	773	318	6 060	189	1 668	1 612	1 225	715	2 763	–
1979	15 459	744	309	6 092	190	1 733	1 605	1 219	749	2 818	–
1980	15 586*	741*	309*	6 132*	200*	1 754*	1 620*	1 209*	773*	2 848*	–

[(a)] Les libellés en français des branches d'activité économique sont indiqués à la page suivante.
La designación en español de las grandes divisiones de actividad económica figura en la página precedente.

[1] ∅: 31st Dec. of each year. [2] Socialised sector. [3] Incl. mining and quarrying, electricity, gas and water. [4] Incl. financing, insurance and real estate; excl. restaurants and hotels. [5] Incl. restaurants and hotels; excl. repair and installation services and sanitary services.

[1] ∅: 31 déc. de chaque année. [2] Secteur socialisé. [3] Y compris les industries extractives, l'électricité, le gaz et l'eau. [4] Y compris les banques, les assurances et affaires immobilières; non compris les restaurants et hôtels. [5] Y compris les restaurants et hôtels; non compris les services de réparation et d'installation, et les services sanitaires.

[1] ∅: 31 dic. de cada año. [2] Sector socializado. [3] Incl. minas y canteras, electricidad, gas y agua. [4] Incl. establecimientos financieros, seguros y bienes inmuebles; excl. restaurantes y hoteles. [5] Incl. restaurantes y hoteles; excl. los servicios de reparación y de instalación y los servicios de saneamiento.

EMPLOYMENT

3 Employment / Emploi / Empleo

B Structure of employment / Structure de l'emploi / Estructura del empleo

(Thousands – Milliers – Millares)

Pays Portée	Total	Branches d'activité économique [(a)] 1 Agriculture, chasse, sylviculture et pêche	2 Industries extractives	3 Industries manu-facturières	4 Electricité, gaz, eau	5 Construction	6 Commerce, restaurants et hôtels	7 Transports, entrepôts, communi-cations	8 Banques, assurances, aff. imm., serv. aux entreprises	9 Services à collectivité, services soc. et pers.	0 Activités mal désignées
Germany, Fed. Rep. of	*Total employment – Emploi total – Total del empleo (Source – Fuente: IV)*										
Females – Femmes – Mujeres											
1972	9 613	1 077	23	2 910	29	156	2 079	283	590	2 466	–
1973	9 734	1 042	23	2 933	30	166	2 126	294	605	2 515	–
1974	9 627	1 003	22	2 847	33	166	2 055	286	624	2 591	–
1975	9 366	969	20	2 647	33	160	1 992	291	616	2 638	–
1976	9 276	915	19	2 685	28	148	1 954	268	563	2 696	–
1977	9 294	868	19	2 675	27	142	1 962	271	570	2 760	–
1978	9 377	835	19	2 684	27	147	1 954	263	594	2 854	–
1979	9 582	814	20	2 701	30	158	2 012	274	620	2 953	–
1980	9 679*	777*	21*	2 726*	30*	155*	2 007*	289*	645*	3 029*	–
Gibraltar	*Employees – Salariés – Asalariados (Source – Fuente: III)*										
Total											
1972	10.76	–	–	0.20	0.20	2.28	2.28	0.70	0.22	1.41	0.48
1973	11.34	–	–	3.18	0.21	2.75	2.43	0.63	0.24	1.42	0.48
1974	11.68	–	–	3.33	0.20	2.85	2.34	0.56	0.30	1.62	0.49
1975	11.95	–	–	3.31	0.19	2.85	2.38	0.69	0.32	1.71	0.50
1976	11.91	–	–	3.17	0.19	3.05	2.08	0.79	0.30	1.87	0.47
1977	11.23	–	–	3.22	0.19	2.56	1.93	0.66	0.27	1.96	0.44
1978	11.38	–	–	3.11	0.19	2.43	2.16	0.62	0.34	2.04	0.48
1979	11.42	–	–	3.00	0.18	2.60	1.98	0.69	0.39	2.10	0.50
1980	11.84	–	–	3.07	0.17	2.39	2.25	0.68	0.45	2.29	0.53
Hongrie [1]	*Total employment – Emploi total – Total del empleo (Source – Fuente: IV)*										
Total				[2]			[3]			[4]	
1971	5 024.4	1 275.0	.	1 776.1	.	394.7	423.9	372.8	.	781.9	.
1972	5 049.9	1 247.4	.	1 786.8	.	406.2	429.1	379.5	.	800.9	.
1973	5 067.4	1 207.8	.	1 806.5	.	411.1	436.5	382.9	.	822.6	.
1974	5 079.6	1 166.4	.	1 813.4	.	415.0	450.9	386.3	.	847.6	.
1975	5 089.4	1 139.8	.	1 799.8	.	418.0	463.6	395.8	.	872.4	.
1976	5 087.2	1 120.3	.	1 776.7	.	418.5	472.0	402.8	.	896.9	.
1977	5 075.0	1 105.5	.	1 758.4	.	415.3	478.0	405.0	.	912.8	.
1978	5 074.9	1 102.4	.	1 743.0	.	413.7	482.5	407.6	.	925.7	.
1979	5 077.3	1 110.2	.	1 715.6	.	408.4	486.6	408.0	.	948.5	.
1980	5 061.8*	1 116.8*	.	1 676.6*	487.0	398.3*	977.9*	405.2*	.	.*	.
Males – Hommes – Hombres											
1971	2 912.7	791.2	.	997.7	.	335.9	162.4	288.7	.	336.8	.
1972	2 902.2	769.7	.	998.8	.	342.2	162.1	291.9	.	337.5	.
1973	2 876.5	738.3	.	1 002.3	.	344.5	161.8	295.1	.	334.5	.
1974	2 856.1	709.7	.	1 000.1	.	345.8	164.3	296.6	.	339.6	.
1975	2 858.4	694.0	.	993.1	.	346.6	167.5	301.8	.	355.4	.
1976	2 855.5	682.6	.	983.6	.	346.3	171.5	306.2	.	365.3	.
1977	2 836.7	673.7	.	974.9	.	343.5	173.8	307.6	.	363.2	.
1978	2 824.5	670.4	.	964.5	.	341.8	174.5	309.3	.	364.0	.
1979	2 811.4	674.7	.	947.8	.	336.2	174.9	308.3	.	369.5	.
1980	2 791.4*	675.0*	.	926.7*	.	327.3*	173.3*	306.0*	.	383.1*	.

[(a)] La designación en español de las grandes divisiones de actividad económica figura en la página siguiente.
The English designation of major divisions of economic activity is shown on the preceding page.

[1] Socialised sector. [2] Incl. mining and quarrying, electricity, gas and water. [3] Incl. financing, insurance and real estate; excl. restaurants and hotels. [4] Non-material activities.

[1] Secteur socialisé. [2] Y compris les industries extractives, l'électricité, le gaz et l'eau. [3] Y compris les banques, les assurances et affaires immobilières; non compris les restaurants et hôtels. [4] Activités non matérielles.

[1] Sector socializado. [2] Incl. minas y canteras, electricidad, gas y agua. [3] Incl. establecimientos financieros, seguros y bienes inmuebles; excl. restaurantes y hoteles. [4] Actividades no materiales.

3 Employment / Emploi / Empleo

B Structure of employment / Structure de l'emploi / Estructura del empleo

(Thousands – Milliers – Millares)

País Alcance	Total	Grandes divisiones de actividad económica [a] 1 Agricultura, caza, silvicultura y pesca	2 Minas, canteras	3 Industrias manufactureras	4 Electricidad, gas, agua	5 Construcción	6 Comercio, restaurantes y hoteles	7 Transportes, almacenaje, comunicaciones	8 Bancos, seguros, bienes inm., serv. para empresas	9 Servicios comunales, sociales y personales	0 Actividades no bien especificadas
Hongrie		*Total employment – Emploi total – Total del empleo (Source – Fuente: IV)*									
Females – Femmes – Mujeres				[1]			[2]			[3]	
1971	2 111.7	483.8	.	778.4	.	58.8	261.5	84.1	.	445.1	.
1972	2 147.7	477.7	.	788.0	.	64.0	267.0	87.6	.	463.4	.
1973	2 190.9	469.5	.	804.2	.	66.6	274.7	87.8	.	488.1	.
1974	2 223.5	456.7	.	813.3	.	69.2	286.6	89.7	.	508.0	.
1975	2 231.0	445.8	.	806.7	.	71.4	296.1	94.0	.	517.0	.
1976	2 231.7	437.7	.	793.1	.	72.2	300.5	96.6	.	531.6	.
1977	2 238.3	431.8	.	783.5	.	71.8	304.2	97.4	.	549.6	.
1978	2 250.4	432.0	.	778.5	.	71.9	308.0	98.3	.	561.7	.
1979	2 265.9	435.5	.	767.8	.	72.2	311.7	99.7	.	579.0	.
1980	2 270.4*	441.8*	.	749.9*	.	71.0*	313.7*	99.2*	.	594.8*	.
Iceland		*Insured persons [4] – Personnes assurées [4] – Personas aseguradas [4] (Source – Fuente: II)*									
Total				[5]							
1971	87.9	17.4	.	22.0	0.5	9.6	11.8	7.3	2.5	16.1	0.7
1972	90.2	17.0	.	22.6	0.5	9.7	12.2	7.7	2.7	17.1	0.7
1973	92.6	16.9	.	22.6	0.7	10.8	12.7	7.7	2.8	17.7	0.7
1974	95.6	17.3	.	22.9	0.7	11.1	11.4	7.7	3.0	20.8	0.7
1975	97.1	16.7	.	23.6	0.7	11.5	13.1	7.7	3.2	19.8	0.8
1976	99.6	16.7	.	24.3	0.8	11.3	13.3	7.8	3.3	21.2	0.9
1977	103.6	16.2	.	26.1	1.1	11.0	13.6	8.0	3.5	23.0	1.0
Ireland		*Total employment – Emploi total – Total del empleo (Source – Fuente: IV)*									
Total [6]											
1971	1 047	273	10	214	14	85	171	60	24	193	3
1972	1 040	267	10	212	14	81	171	61	25	196	3
1973	1 047	260	10	217	14	83	172	61	26	201	3
1974	1 058	254	10	224	14	85	172	63	27	206	3
1975	1 050	233	10	222	15	89	174	69	28	209	2
1976	1 023	242	10	207	14	76	170	63	28	210	3
1977	1 065	227	8	229	13	88	181	67	30	219	3
1978	1 036	230	10	219	13	82	173	63	30	214	3
1979	1 137	222	12	242	14	101	187	68	37	246	7
Italie		*Total employment [7] – Emploi total [7] – Total del empleo [7] (Source – Fuente: I)*									
Total			[8]	[9]							
1977	19 948	3 149	208	5 477	.	1 982	3 605	1 127	427	3 975	–
1978	20 044	3 090	197	5 425	.	2 011	3 640	1 129	467	4 086	–
1979	20 287	3 012	212	5 413	.	2 021	3 767	1 128	493	4 242	.
1980	20 572	2 925	222	5 489	.	2 061	3 832	1 145	526	4 372	.

[a] The English designation of major divisions of economic activity is shown on the following page.
Les libellés en français des branches d'activité économique sont indiqués à la page précédente.

[1] Incl. mining and quarrying, electricity, gas and water. [2] Incl. financing, insurance and real estate; excl. restaurants and hotels. [3] Non-material activities. [4] Number of man-years. [5] Incl. mining and quarrying. [6] ∅: April of each year. [7] Incl. professional army; excl. compulsory military service. [8] Energy and water. [9] Industrial transformations.

[1] Y compris les industries extractives, l'électricité, le gaz et l'eau. [2] Y compris les banques, les assurances et affaires immobilières; non compris les restaurants et hôtels. [3] Activités non matérielles. [4] Nombre d'années-homme. [5] Y compris les industries extractives. [6] ∅: avril de chaque année. [7] Y compris les militaires de carrière; non compris les militaires du contingent. [8] Energie et eau. [9] Transformations industrielles.

[1] Incl. minas y canteras, electricidad, gas y agua. [2] Incl. establecimientos financieros, seguros y bienes inmuebles; excl. restaurantes y hoteles. [3] Actividades no materiales. [4] Número de años-hombre. [5] Incl. las minas y canteras. [6] ∅: abril de cada año. [7] Incl. los militares profesionales; excl. los militares en servicio obligatorio. [8] Energía y agua. [9] Transformaciones industriales.

3 Employment / Emploi / Empleo

B Structure of employment / Structure de l'emploi / Estructura del empleo

(Thousands – Milliers – Millares)

Country Scope	Total	Major divisions of economic activity [(a)] 1 Agriculture, hunting, forestry and fishing	2 Mining, quarrying	3 Manu-facturing	4 Electricity, gas, water	5 Construction	6 Trade, restaurants and hotels	7 Transport, storage, communi-cation	8 Financing, insurance, real estate, business services	9 Community, social and personal services	0 Activities not adequately defined
Italie						Total employment – Emploi total – Total del empleo (Source – Fuente: I)					
Males – Hommes – Hombres			[1]	[2]							
1977	13 759	2 030	191	3 780	.	1 933	2 441	1 018	322	2 044	–
1978	13 812	1 992	183	3 757	.	1 956	2 472	1 015	348	2 090	–
1979	13 875	1 909	196	3 729	.	1 966	2 552	1 012	354	2 157	–
1980	13 965	1 870	203	3 754	.	1 992	2 559	1 015	373	2 200	.
Females – Femmes – Mujeres											
1977	6 189	1 119	17	1 697	.	49	1 163	109	105	1 931	–
1978	6 232	1 098	14	1 668	.	55	1 168	114	119	1 996	–
1979	6 412	1 101	16	1 684	.	54	1 214	116	139	2 085	.
1980	6 606	1 055	19	1 735	.	69	1 273	130	154	2 171	.
Luxembourg						Total employment – Emploi total – Total del empleo (Source – Fuente: IV)					
Total											
1971	144.1	12.9	1.6	45.9	1.4	15.1	38.8	9.2	4.6	14.6	.
1972	147.9	12.3	1.6	46.6	1.4	15.4	41.0	9.4	5.1	15.1	.
1973	150.7	11.8	1.4	48.0	1.4	15.8	41.4	9.7	5.6	15.6	.
1974	154.5	10.8	1.3	49.5	1.4	17.5	42.1	9.8	6.0	16.1	.
1975	157.1	10.4	1.2	48.6	1.4	17.4	45.3	10.0	6.3	16.5	.
1976	156.1	10.0	1.1	47.4	1.4	16.0	46.7	10.1	6.5	16.9	.
1977	156.3	9.7	1.0	46.0	1.4	15.5	48.5	10.2	6.8	17.2	.
1978	156.6	9.5	0.9	43.8	1.4	15.4	50.7	10.3	7.1	17.5	.
1979	158.2	9.3	0.9	42.8	1.4	16.4	51.4	10.6	7.6	17.8	.
1980	159.9	9.1	0.9	41.7	1.4	16.9	53.0	10.7	8.0	18.2	.
Malta						Employees – Salariés – Asalariados (Source – Fuente: IV)					
ISIC – CITI – CIIU 1958											
Total [3]				[4]	[5]		[6]			[7]	
1971	101.3	6.2	0.5	25.5	1.0	10.5	14.2	4.6	.	38.8	–
1972 [8]	98.9	6.4	0.5	27.0	0.9	6.6	13.7	4.5	.	39.3	–
1973	101.6	6.8	0.5	30.8	1.1	3.9	13.3	4.4	.	40.8	–
1974	102.3	6.9	0.5	31.8	0.8	4.6	13.4	4.6	.	39.7	–
1975	107.8	7.1	0.5	32.5	0.8	4.5	13.5	5.9	.	43.0	–
1976	110.5	7.3	0.6	33.2	0.8	4.1	13.8	5.7	.	45.0	–
1977	114.4	7.3	0.6	36.5	0.8	2.7	13.2	7.0	.	46.3	–
1978	116.2	7.4	0.6	32.9	0.9	4.5	13.9	7.2	.	48.8	–
1979	118.5	7.3	0.9	39.4	1.1	4.9	19.7	7.7	.	37.5	.

[(a)] Les libellés en français des branches d'activité économique sont indiqués à la page suivante.
La designación en español de las grandes divisiones de actividad económica figura en la página precedente.

[1] Energy and water. [2] Industrial transformations. [3] ∅: Dec. of each year. [4] Incl. repair and installation services. [5] Incl. sanitary services. [6] Incl. financing, insurance and real estate; excl. restaurants and hotels. [7] Incl. restaurants and hotels; excl. repair and installation services and sanitary services. [8] Beginning 1972, ∅: Nov. of each year.

[1] Energie et eau. [2] Transformations industrielles. [3] ∅: déc. de chaque année. [4] Y compris les services de réparation et d'installation. [5] Y compris les services sanitaires. [6] Y compris les banques, les assurances et affaires immobilières; non compris les restaurants et hôtels. [7] Y compris les restaurants et hôtels; non compris les services de réparation et d'installation, et les services sanitaires. [8] A partir de 1972, ∅: nov. de chaque année.

[1] Energía y agua. [2] Transformaciones industriales. [3] ∅: dic. de cada año. [4] Incl. los servicios de reparación y de instalación. [5] Incl. los servicios de saneamiento. [6] Incl. establecimientos financieros, seguros y bienes inmuebles; excl. restaurantes y hoteles. [7] Incl. restaurantes y hoteles; excl. los servicios de reparación y de instalación y los servicios de saneamiento. [8] A partir de 1972, ∅: nov. de cada año.

3 Employment Emploi Empleo

B Structure of employment Structure de l'emploi Estructura del empleo

(Thousands – Milliers – Millares)

Pays Portée	Total	Branches d'activité économique [(a)] 1 Agriculture, chasse, sylviculture et pêche	2 Industries extractives	3 Industries manufacturières	4 Electricité, gaz, eau	5 Construction	6 Commerce, restaurants et hôtels	7 Transports, entrepôts, communications	8 Banques, assurances, aff. imm., serv. aux entreprises	9 Services à collectivité, services soc. et pers.	0 Activités mal désignées
Malta				*Employees – Salariés – Asalariados (Source – Fuente: IV)*							
ISIC – CITI – CIIU 1958											
Males – Hommes – Hombres [1]											
				[2]	[3]		[4]			[5]	
1971	80.2	5.5	0.5	18.7	0.9	10.5	8.7	4.3	.	31.1	–
1972 [6]	76.2	5.6	0.5	18.7	0.8	6.6	8.4	4.1	.	31.5	–
1973	76.2	5.8	0.5	19.7	0.9	3.9	8.5	4.1	.	32.8	–
1974	75.7	5.9	0.5	20.0	0.7	4.6	8.1	4.3	.	31.6	–
1975	80.7	6.0	0.5	20.1	0.7	4.5	8.3	5.3	.	35.3	–
1976	81.7	6.0	0.6	20.4	0.7	4.1	8.3	5.2	.	36.4	–
1977	84.6	6.3	0.6	22.7	0.7	2.7	9.1	6.3	.	36.2	–
1978	85.6	6.6	0.6	18.5	0.8	4.5	9.5	6.5	.	38.6	–
1979	86.7	6.5	0.8	24.3	1.1	4.8	14.0	6.9	.	28.3	.
Females – Femmes – Mujeres [1]											
1971	21.1	0.7	–	6.8	0.1	–	5.5	0.3	.	7.7	–
1972 [6]	22.7	0.8	–	8.3	0.1	–	5.3	0.4	.	7.8	–
1973	25.4	1.0	–	11.1	0.2	–	4.8	0.3	.	8.0	–
1974	26.6	1.0	–	11.8	0.1	–	5.3	0.3	.	8.1	–
1975	27.1	1.1	–	12.4	0.1	–	5.2	0.6	.	7.7	–
1976	28.8	1.3	–	12.8	0.1	–	5.5	0.5	.	8.6	–
1977	29.8	1.0	–	13.8	0.1	–	4.1	0.7	.	10.1	–
1978	30.6	0.8	–	14.4	0.1	–	4.4	0.7	.	10.2	–
1979	31.8	0.8	–	15.2	0.1	–	5.7	0.9	.	9.1	

[(a)] La designación en español de las grandes divisiones de actividad económica figura en la página siguiente.
The English designation of major divisions of economic activity is shown on the preceding page.

[1] ∅: Dec. of each year. [2] Incl. repair and installation services. [3] Incl. sanitary services. [4] Incl. financing, insurance and real estate; excl. restaurants and hotels. [5] Incl. restaurants and hotels; excl. repair and installation services and sanitary services. [6] Beginning 1972, ∅: Nov. of each year.

[1] ∅: déc. de chaque année. [2] Y compris les services de réparation et d'installation. [3] Y compris les services sanitaires. [4] Y compris les banques, les assurances et affaires immobilières; non compris les restaurants et hôtels. [5] Y compris les restaurants et hôtels; non compris les services de réparation et d'installation, et les services sanitaires. [6] A partir de 1972, ∅: nov. de chaque année.

[1] ∅: dic. de cada año. [2] Incl. los servicios de reparación y de instalación. [3] Incl. los servicios de saneamiento. [4] Incl. establecimientos financieros, seguros y bienes inmuebles; excl. restaurantes y hoteles. [5] Incl. restaurantes y hoteles; excl. los servicios de reparación y de instalación y los servicios de saneamiento. [6] A partir de 1972, ∅: nov. de cada año.

3 Employment / Emploi / Empleo

B Structure of employment / Structure de l'emploi / Estructura del empleo

(Thousands – Milliers – Millares)

País Alcance	Total	Grandes divisiones de actividad económica [a] 1 Agricultura, caza, silvicultura y pesca	2 Minas, canteras	3 Industrias manu-factureras	4 Electricidad, gas, agua	5 Construcción	6 Comercio, restaurantes y hoteles	7 Transportes, almacenaje, comuni-caciones	8 Bancos, seguros, bienes inm., serv. para empresas	9 Servicios comunales, sociales y personales	0 Actividades no bien especifi-cadas
Netherlands	*Total employment [1] – Emploi total [1] – Total del empleo [1](Source – Fuente: IV)*										
Total											
1971	4 581	320	19	1 186	43	495	834	309	270	1 105	–
1972	4 538	315	16	1 146	44	473	827	305	276	1 136	–
1973	4 546	309	10 [2]	1 131 [3]	45	472	826	305	283	1 165	–
1974	4 549	304	4	1 128	45	452	824	309	291	1 192	–
1975	4 523	299	4	1 088	45	436	819	310	296	1 226	–
1976	4 518	295	4	1 043	45	438	817	309	303	1 264	–
1977	4 528	289	4	1 015	45	442	821	308	312	1 292	–
1978	4 548*	284*	4*	988*	45*	450*	830*	310*	323*	1 314*	.
1979	4 588*	279*	4*	973*	45*	459*	841*	315*	333*	1 339*	.
Norway	*Total employment [4] – Emploi total [4] – Total del empleo [4](Source – Fuente: I)*										
Total											
1972	1 649	201	10	392	17	145	264	162	65	392	1
1973	1 654	189	12	389	17	142	270	163	66	405	1
1974	1 659	175	10	392	18	147	275	163	72	406	1
1975	1 707	159	12	411	17	147	271	158	79	452	1
1976	1 789	168	11	415	19	148	296	161	82	487	2
1977	1 824	165	10	409	15	156	309	171	85	501	3
1978	1 854	161	13	395	15	163	317	170	97	519	4
1979	1 872	161	13	384	16	151	316	172	109	548	4
1980	1 913	161	13	388	20	146	327	171	110	574	3
Males – Hommes – Hombres											
1972	1 048	134	.	328	.	138	123	130	38	157	–
1973	1 049	131	.	326	.	137	124	134	38	158	1
1974	1 056	124	.	334	.	143	130	134	40	150	1
1975	1 066	117	.	343	.	138	127	124	44	172	1
1976	1 092	114	.	347	.	141	141	124	43	182	–
1977	1 108	115	.	332	.	149	146	135	44	186	1
1978	1 114	113	.	326	.	154	147	133	55	185	1
1979	1 110	111	.	314	.	142	147	135	60	197	3
1980	1 127	114	.	325	.	138	149	133	60	208	–
Females – Femmes – Mujeres											
1972	601	67	.	91	.	7	141	32	27	235	1
1973	605	58	.	92	.	5	146	29	28	247	–
1974	603	51	.	86	.	4	145	29	32	256	–
1975	641	42	.	97	.	9	144	34	35	280	–
1976	697	54	.	98	.	7	144	37	39	305	–
1977	716	50	.	102	.	7	163	36	41	315	2
1978	740	48	.	98	.	8	169	37	43	335	2
1979	762	49	.	98	.	9	169	36	48	350	1
1980	786	48	.	98	.	9	177	38	50	366	–

[a] The English designation of major divisions of economic activity is shown on the following page.
Les libellés en français des branches d'activité économique sont indiqués à la page précédente.

[1] Number of man-years. [2] Prior to 1974: excl. major group 210. [3] Beginning 1974: incl. major group 210. [4] Persons aged 16 to 74 years. [5] Incl. mining and quarrying, electricity, gas and water.

[1] Nombre d'années-homme. [2] Avant 1974: non compris la classe 210. [3] A partir de 1974: y compris la classe 210. [4] Personnes âgées de 16 à 74 ans. [5] Y compris les industries extractives, l'électricité, le gaz et l'eau.

[1] Número de años-hombre. [2] Antes de 1974: excl. agrupación 210. [3] A partir de 1974: incl. agrupación 210. [4] Personas de 16 a 74 años. [5] Incl. minas y canteras, electricidad, gas y agua.

3 Employment / Emploi / Empleo

B Structure of employment / Structure de l'emploi / Estructura del empleo

(Thousands – Milliers – Millares)

Country Scope	Total	1 Agriculture, hunting, forestry and fishing	2 Mining, quarrying	3 Manu-facturing	4 Electricity, gas, water	5 Construction	6 Trade, restaurants and hotels	7 Transport, storage, communi-cation	8 Financing, insurance, real estate, business services	9 Community, social and personal services	0 Activities not adequately defined
		Major divisions of economic activity [a]									
Pologne [1]	*Total employment [2] – Emploi total [2] – Total del empleo [2] (Source – Fuente: IV)*										
Total											
1971	15 926	5 390	487	3 983	137	1 193	1 063	1 067	141	2 370	96
1972	16 340	5 310	492	4 379	146	1 271	1 151	1 104	149	2 242	97
1973	16 711	5 214	492	4 464	154	1 401	1 210	1 122	159	2 397	98
1974	17 036	5 131	496	4 584	157	1 506	1 266	1 159	165	2 476	97
1975	17 176	5 043	488	4 679	161	1 521	1 307	1 183	160	2 553	81
1976	17 147	4 948	489	4 708	161	1 504	1 309	1 207	148	2 591	83
1977	17 235	4 872	502	4 752	160	1 498	1 348	1 223	152	2 643	84
1978	17 205	4 760	511	4 739	160	1 503	1 363	1 239	155	2 690	88
1979	17 109	4 609	530	4 702	163	1 479	1 374	1 245	156	2 762	90
Portugal	*Total employment – Emploi total – Total del empleo (Source – Fuente: I)*										
Total [3]											
1974	3 767	1 312	16	962	16	306	409	153	56	527	3
1975	3 734	1 265	16	939	16	297	429	158	61	547	–
1976	3 820	1 286	17	961	18	284	436	150	72	591	–
1977	3 781	1 228	16	905	19	313	454	163	70	607	–
1978	3 808	1 170	21	982	20	321	445	157	73	613	1
1979	3 906	1 179	22	1 000	13	329	461	161	76	660	–
1980	3 961	1 082	23	1 029	19	372	466	160	80	724	.
Males – Hommes – Hombres [3]											
1974	2 260	690	15	567	16	301	254	127	37	245	1
1975	2 285	675	16	570	16	291	272	133	40	268	–
1976	2 339	681	16	597	17	279	281	125	45	293	–
1977	2 325	648	15	572	18	304	284	138	47	294	–
1978	2 349	601	20	632	18	316	279	130	51	295	1
1979	2 371	587	21	631	13	323	286	134	51	320	–
1980	2 419	540	22	651	17	363	282	135	59	345	–
Females – Femmes – Mujeres [3]											
1974	1 507	622	1	395	–	5	155	26	19	282	2
1975	1 449	590	–	369	–	6	157	25	21	279	–
1976	1 481	605	1	364	1	5	155	25	27	298	–
1977	1 456	580	1	333	1	9	170	25	23	313	–
1978	1 459	569	1	350	2	5	166	27	22	318	–
1979	1 535	592	1	369	–	6	175	27	25	340	–
1980	1 542	542	1	378	2	9	184	25	21	379	–
Roumanie	*Total employment – Emploi total – Total del empleo (Source – Fuente: IV)*										
Total				[4]			[5]			[6]	
1971	9 939	4 623	.	2 457	.	801	469	429	.	1 046	114
1972	9 971	4 403	.	2 601	.	840	509	440	.	1 066	112
1973	10 021	4 229	.	2 798	.	826	516	455	.	1 080	117
1974	10 070	4 036	.	2 983	.	813	542	459	.	1 107	130
1975	10 151	3 864	.	3 110	.	825	559	500	.	1 170	123
1976	10 227	3 670	.	3 268	.	848	592	506	.	1 211	132
1977	10 264	3 559	.	3 362	.	896	604	512	.	1 201	130
1978	10 290	3 375	.	3 447	.	922	618	538	.	1 254	136
1979	10 320	3 208	.	3 582	.	936	624	564	.	1 271	135

[a] Les libellés en français des branches d'activité économique sont indiqués à la page suivante.
La designación en español de las grandes divisiones de actividad económica figura en la página precedente.

[1] Socialised sector. [2] Incl. apprentices; incl. part-time workers after conversion on full-time basis. [3] ∅: second semester of each year. [4] Incl. mining and quarrying, electricity, gas and water. [5] Incl. financing, insurance and real estate; excl. restaurants and hotels. [6] Incl. restaurants and hotels; excl. repair and installation services and sanitary services.

[1] Secteur socialisé. [2] Y compris les apprentis; y compris les travailleurs à temps partiel convertis en unités à plein temps. [3] ∅: second semestre de chaque année. [4] Y compris les industries extractives, l'électricité, le gaz et l'eau. [5] Y compris les banques, les assurances et affaires immobilières; non compris les restaurants et hôtels. [6] Y compris les restaurants et hôtels; non compris les services de réparation et d'installation, et les services sanitaires.

[1] Sector socializado. [2] Incl. los aprendices; incl. los trabajadores a tiempo parcial calculados en unidades de tiempo completo. [3] ∅: segundo semestre de cada año. [4] Incl. minas y canteras, electricidad, gas y agua. [5] Incl. establecimientos financieros, seguros y bienes inmuebles; excl. restaurantes y hoteles. [6] Incl. restaurantes y hoteles; excl. los servicios de reparación y de instalación y los servicios de saneamiento.

3 Employment Emploi Empleo

B Structure of employment Structure de l'emploi Estructura del empleo

(Thousands – Milliers – Millares)

Pays Portée	Total	Branches d'activité économique[(a)] 1 Agriculture, chasse, sylviculture et pêche	2 Industries extractives	3 Industries manu-facturières	4 Electricité, gaz, eau	5 Construction	6 Commerce, restaurants et hôtels	7 Transports, entrepôts, communi-cations	8 Banques, assurances, aff. imm., serv. aux entreprises	9 Services à collectivité, services soc. et pers.	0 Activités mal désignées
Suisse	*Total employment – Emploi total – Total del empleo (Source – Fuente: IV)*										
Total											
1971	3 166.9	262.3	8.0	1 153.1	21.8	260.9	569.5	175.5	205.7	510.3	.
1972	3 189.2	254.6	8.1	1 133.1	22.1	269.5	579.8	180.0	218.3	523.8	.
1973	3 202.9	247.3	7.8	1 119.8	21.8	264.1	594.2	182.7	227.8	537.3	.
1974	3 187.1	243.5	7.1	1 109.9	22.2	246.9	594.7	184.2	232.3	546.3	.
1975	3 017.0	237.4	5.8	1 018.0	22.4	200.0	572.6	182.8	226.7	551.4	.
1976	2 918.2	235.1	5.3	958.2	22.0	184.0	555.6	178.6	223.5	555.9	.
1977	2 922.7	229.3	5.2	954.9	21.4	183.5	560.5	177.4	224.9	565.6	.
1978	2 939.9	223.1	5.3	958.7	21.2	181.1	569.8	177.9	230.4	572.5	.
1979	2 961.8	220.4	5.3	955.7	21.3	182.9	578.0	179.1	236.0	583.3	.
1980	3 012.2	218.4	5.5	970.4	21.6	191.6	586.4	180.4	246.1	591.8	.
Sweden [1]	*Total employment [2] – Emploi total [2] – Total del empleo [2] (Source – Fuente: I)*										
Total											
1971	3 860	300	18	1 054	27	352	558	268	201	1 082	–
1972	3 862	287	19	1 046	26	331	546	268	206	1 134	–
1973	3 879	276	18	1 066	27	316	545	269	207	1 153	–
1974	3 962	264	20	1 121	31	294	560	271	212	1 191	–
1975	4 062	261	21	1 138	32	290	585	272	214	1 249	–
1976	4 088	254	21	1 100	33	294	592	275	241	1 276	–
1977	4 099	248	18	1 060	32	297	592	279	244	1 327	–
1978	4 115	250	15	1 023	32	290	594	277	253	1 382	–
1979	4 180	242	15	1 026	34	284	576	290	267	1 444	–
1980	4 232	237	15	1 025	36	287	582	295	283	1 472	–
Males – Hommes – Hombres											
1971	2 314	232	16	786	22	334	248	205	107	364	–
1972	2 295	220	17	787	22	316	245	203	107	378	–
1973	2 295	212	17	804	23	299	252	202	109	377	–
1974	2 316	200	18	830	27	275	268	203	113	380	–
1975	2 342	193	18	836	27	272	283	202	112	397	–
1976	2 338	190	18	812	29	274	286	203	128	397	–
1977	2 314	183	16	785	27	276	282	204	131	410	–
1978	2 297	186	13	753	27	266	287	201	137	426	–
1979	2 315	181	14	750	30	258	280	211	149	442	–
1980	2 327	178	14	750	31	260	281	214	155	444	–
Females – Femmes – Mujeres											
1971	1 546	69	2	267	5	18	310	63	94	718	–
1972	1 567	66	2	260	4	15	301	65	99	755	–
1973	1 584	64	1	262	4	17	293	67	99	776	–
1974	1 647	64	2	290	4	19	291	68	99	810	–
1975	1 720	68	2	302	4	18	302	70	102	852	–
1976	1 751	64	3	288	5	21	306	72	113	879	–
1977	1 785	65	2	275	5	21	310	75	114	917	–
1978	1 818	64	2	270	5	23	307	76	116	956	–
1979	1 865	61	2	276	5	26	296	79	118	1 002	–
1980	1 906	59	1	276	6	26	300	81	128	1 028	–

[(a)] La designación en español de las grandes divisiones de actividad económica figura en la página siguiente.
The English designation of major divisions of economic activity is shown on the preceding page.

[1] Persons aged 16 to 74 years. [2] Incl. certain categories of military personnel.

[1] Personnes âgées de 16 à 74 ans. [2] Y compris certaines catégories de personnel militaire.

[1] Personas de 16 a 74 años. [2] Incl. ciertas categorías de personal militar.

3 Employment
Emploi
Empleo

B Structure of employment
Structure de l'emploi
Estructura del empleo

(Thousands - Milliers - Millares)

País Alcance	Total	Grandes divisiones de actividad económica [a] 1 Agricultura, caza, silvicultura y pesca	2 Minas, canteras	3 Industrias manu-factureras	4 Electricidad, gas, agua	5 Construcción	6 Comercio, restaurantes y hoteles	7 Transportes, almacenaje, comuni-caciones	8 Bancos, seguros, bienes inm., serv. para empresas	9 Servicios comunales, sociales y personales	0 Actividades no bien especifi-cadas
Turquie	*Insured persons - Personnes assurées - Personas aseguradas (Source - Fuente: II)*										
Total											
1971	1 404.8	0.1	84.9	671.1	51.2	275.9	80.9	59.5	10.5	149.9	20.7
1972	1 525.0	0.1	70.6	746.5	53.3	305.3	91.3	68.3	10.7	157.8	21.2
1973	1 649.1	0.1	72.8	815.2	60.5	329.1	98.1	68.0	11.4	173.0	20.8
1974	1 800.0	0.2	82.7	776.5	80.2	367.4	188.5	78.8	12.0	190.1	23.6
1975	1 823.3	0.2	78.9	850.4	75.8	397.8	107.8	79.1	12.5	197.7	23.1
1976	2 017.9	0.1	83.9	959.7	77.0	447.8	111.1	87.1	14.8	210.8	25.5
1977	2 191.3	0.1	124.2	1 010.0	82.0	487.1	116.1	94.8	15.4	235.8	25.7
1978	2 206.1	32.5	88.8	998.1	92.1	499.5	117.3	98.3	17.3	235.5	26.7
1979	2 152.4	38.5	84.3	1 004.3	87.2	453.6	121.1	97.6	17.8	223.0	24.9
1980	2 204.8	38.3	86.7	1 023.6	90.7	479.9	122.7	98.7	19.2	219.3	25.6
United Kingdom	*Total employment [1] - Emploi total [1] - Total del empleo [1](Source - Fuente: IV)*										
Total [2]											
1971	24 031	734	397	8 181	377	1 594	3 916	1 639	1 245	5 949	–
1972	24 020	709	380	7 907	356	1 674	3 958	1 614	1 270	6 149	1
1973	24 611	713	364	7 955	344	1 823	4 115	1 596	1 340	6 362	1
1974	24 714	681	350	7 995	347	1 767	4 130	1 583	1 401	6 461	1
1975	24 596	664	353	7 611	353	1 700	4 153	1 596	1 397	6 766	3
1976	24 429	660	349	7 367	353	1 695	4 137	1 553	1 405	6 903	9
1977	24 505	655	351	7 413	347	1 656	4 180	1 546	1 444	6 912	–
1978	24 643	650	354	7 378	340	1 650	4 228	1 561	1 503	6 982	–
1979	24 806*	634*	347*	7 297*	346*	1 678*	4 303*	1 572*	1 537*	7 094*	–
1980	24 397*	637*	345*	6 929*	347*	1 651*	4 275*	1 578*	1 561*	7 077*	–
Males - Hommes - Hombres [2]											
1971	15 249	598	382	5 755	316	1 508	1 846	1 375	628	2 840	–
1972	15 133	575	366	5 572	295	1 584	1 855	1 354	635	2 897	1
1973	15 345	564	350	5 571	283	1 726	1 895	1 332	665	2 958	–
1974	15 211	541	336	5 560	282	1 669	1 877	1 318	693	2 935	–
1975	15 050	531	339	5 366	285	1 599	1 884	1 325	699	3 021	2
1976	14 906	528	334	5 233	285	1 589	1 878	1 293	706	3 056	5
1977	14 877	531	336	5 244	282	1 549	1 895	1 283	715	3 044	–
1978	14 899	525	338	5 226	273	1 539	1 915	1 288	733	3 065	–
1979	14 894*	512*	330*	5 159*	276*	1 566*	1 934*	1 289*	743*	3 084*	–
1980	14 624*	512*	328*	4 929*	277*	1 540*	1 926*	1 287*	747*	3 080*	–
Females - Femmes - Mujeres [2]											
1971	8 782	138	15	2 426	61	85	2 068	264	615	3 111	–
1972	8 887	135	15	2 336	60	89	2 105	260	635	3 251	–
1973	9 266	149	14	2 383	61	98	2 219	263	675	3 404	–
1974	9 503	140	14	2 435	64	98	2 256	265	707	3 524	–
1975	9 546	133	14	2 245	69	101	2 268	271	696	3 748	1
1976	9 524	132	15	2 134	68	106	2 259	260	697	3 850	4
1977	9 627	125	15	2 169	66	107	2 285	263	728	3 869	–
1978	9 744	124	17	2 153	67	111	2 313	273	769	3 918	–
1979	9 912*	123*	17*	2 138*	69*	111*	2 369*	283*	793*	4 011*	–
1980	9 773*	125*	17*	2 000*	69*	111*	2 349*	291*	814*	3 998*	–

[a] The English designation of major divisions of economic activity is shown on the following page.
Les libellés en français des branches d'activité économique sont indiqués à la page précédente.

[1] Excl. unpaid family workers and employees in private domestic services. [2] ∅: June of each year.

[1] Non compris les travailleurs familiaux non rémunérés et les personnes occupées à des services domestiques privés. [2] ∅: juin de chaque année.

[1] Excl. los trabajadores familiares no remunerados y las personas ocupadas en los servicios domésticos privados. [2] ∅: junio de cada año.

3 Employment / Emploi / Empleo

B Structure of employment / Structure de l'emploi / Estructura del empleo

(Thousands - Milliers - Millares)

Country Scope	Total	Major divisions of economic activity [a] 1 Agriculture, hunting, forestry and fishing	2 Mining, quarrying	3 Manu-facturing	4 Electricity, gas, water	5 Construction	6 Trade, restaurants and hotels	7 Transport, storage, communi-cation	8 Financing, insurance, real estate, business services	9 Community, social and personal services	0 Activities not adequately defined
Yugoslavia [1]	*All persons engaged - Effectif occupé - Efectivo ocupado (Source - Fuente: IV)*										
Total [2]											
1971	3 944	242	105	1 429	71	431	509	328	85	745	–
1972	4 115	244	107	1 505	73	438	543	341	89	775	–
1973	4 213	245	105	1 553	75	428	568	347	94	798	–
1974	4 423	253	111	1 636	78	452	602	357	101	834	–
1975	4 667	264	117	1 722	83	487	633	376	108	876	–
1976	4 833	264	121	1 773	86	509	660	388	117	916	–
1977	5 052	266	123	1 855	92	541	686	406	125	958	–
1978	5 280	271	123	1 927	98	578	716	416	140	1 012	–
1979	5 506	276	125	2 007	102	613	753	425	160	1 045	–
1980	5 682	278	126	2 068	108	632	784	440	170	1 077	–
OCEANIA - OCÉANIE - OCEANIA											
Australia	*Total employment - Emploi total - Total del empleo (Source - Fuente: I)*										
Total											
1971	5 515.7	412.5	89.1	1 467.3	.	471.0	1 112.5	412.2	395.1	1 155.9	–
1972	5 609.9	442.3	81.1	1 428.4	.	466.0	1 162.8	408.9	398.9	1 221.3	–
1973	5 783.0	426.2	69.5	1 481.3	.	503.2	1 187.1	438.6	401.3	1 275.9	–
1974	5 855.2	404.8	73.8	1 478.4	.	506.3	1 165.7	444.1	429.4	1 352.6	–
1975	5 841.3	397.7	79.1	1 368.5	.	511.1	1 156.9	455.4	430.5	1 442.2	–
1976	5 897.8	384.6	79.7	1 384.3	.	493.8	1 156.9	442.3	456.3	1 500.0	–
1977	5 995.4	400.3	79.8	1 382.9	.	481.8	1 184.9	452.1	467.2	1 546.5	–
1978	5 969.6	377.4	79.5	1 299.9	.	485.0	1 238.5	455.6	465.8	1 567.7	–
1979	6 041.5	399.3	82.3	1 338.9	.	465.9	1 224.2	470.7	483.1	1 577.1	.
1980	6 246.7	407.3	84.3	1 362.1	.	483.3	1 265.4	457.3	510.5	1 676.5	.
Males - Hommes - Hombres											
1971	3 712.7	339.8	80.6	1 093.4	.	445.9	669.5	342.8	225.1	515.6	–
1972	3 757.7	366.5	75.5	1 080.9	.	443.8	690.1	343.0	217.7	540.4	–
1973	3 839.6	344.5	65.2	1 110.5	.	477.7	703.4	364.8	212.9	560.6	–
1974	3 847.1	332.9	69.8	1 100.5	.	479.3	670.5	367.2	232.9	594.0	–
1975	3 820.6	320.9	73.0	1 028.0	.	482.5	673.5	378.3	234.3	630.2	–
1976	3 836.3	301.4	74.4	1 046.3	.	458.9	687.2	372.7	247.6	648.0	–
1977	3 866.8	310.0	73.6	1 051.2	.	446.7	697.2	372.7	252.1	663.3	–
1978	3 832.3	296.1	74.2	980.1	.	440.9	729.1	379.0	247.0	686.0	–
1979	3 904.5	317.0	77.5	1 023.0	.	421.5	706.5	393.1	267.8	698.3	.
1980	3 970.9	312.4	77.4	1 052.9	.	435.3	722.2	375.0	284.6	711.0	.
Females - Femmes - Mujeres											
1971	1 803.0	70.8	8.5	373.9	.	25.0	443.0	69.5	170.0	640.3	–
1972	1 852.1	75.0	5.7	347.6	.	22.2	472.7	65.9	181.2	681.0	–
1973	1 943.3	80.7	–	370.8	.	25.4	483.6	73.8	188.3	715.3	–
1974	2 008.1	70.9	–	377.9	.	27.1	495.2	77.0	196.5	758.7	–
1975	2 020.7	76.5	6.1	340.5	.	28.7	483.4	77.0	196.2	812.0	–
1976	2 061.5	82.9	5.3	338.0	.	34.9	469.7	69.6	208.7	852.0	–
1977	2 128.6	89.1	6.2	331.7	.	35.1	487.7	79.4	215.1	883.2	–
1978	2 137.2	78.1	5.4	319.8	.	44.0	509.5	76.7	218.8	881.7	–
1979	2 136.9	82.4	4.8	315.9	.	44.4	517.7	77.6	215.3	878.8	.
1980	2 275.8	94.8	6.9	309.2	.	48.0	543.2	82.3	225.9	965.5	.

[a] Les libellés en français des branches d'activité économique sont indiqués à la page suivante.
La designación en español de las grandes divisiones de actividad económica figura en la página precedente.

[1] Socialised sector. [2] ∅: March and Sep. of each year.
[1] Secteur socialisé. [2] ∅: mars et sept. de chaque année.
[1] Sector socializado. [2] ∅: marzo y sept. de cada año.

3 Employment / Emploi / Empleo

B Structure of employment / Structure de l'emploi / Estructura del empleo

(Thousands - Milliers - Millares)

Pays Portée	Total	Branches d'activité économique [(a)] 1 Agriculture, chasse, sylviculture et pêche	2 Industries extractives	3 Industries manu-facturières	4 Electricité, gaz, eau	5 Construction	6 Commerce, restaurants et hôtels	7 Transports, entrepôts, communi-cations	8 Banques, assurances, aff. imm., serv. aux entreprises	9 Services à collectivité, services soc. et pers.	0 Activités mal désignées
Fiji	*All persons engaged - Effectif occupé - Efectivo ocupado (Source - Fuente: III)*										
Total											
1971	56.21	3.82	1.85	10.04	1.23	8.22	9.15	4.63	1.69	15.57	.
1972	58.40	2.78	1.74	9.83	1.44	8.24	9.89	5.22	2.03	17.23	.
1973	61.48	3.44	1.75	10.12	1.73	9.45	9.67	4.91	2.60	17.81	.
1974	67.00	3.90	2.00	11.80	1.70	8.30	10.00	6.20	3.30	19.80	.
1975	70.00	4.30	1.90	12.80	1.50	8.50	10.30	6.40	3.50	20.80	.
1976	70.00	3.80	1.50	11.40	1.80	7.70	11.70	6.80	3.70	21.60	.
1977	73.50	3.90	1.70	13.10	2.00	8.10	12.00	7.40	3.90	21.30	.
1978	74.90	4.20	0.40	13.50	2.20	8.20	12.40	7.90	4.30	21.80	.
1979	79.06	2.59	0.73	14.10	2.30	9.83	13.18	7.92	4.34	24.07	.
New Zealand	*Total employment [1] - Emploi total [1] - Total del empleo [1](Source - Fuente: IV)*										
Total											
1971	1 094	138	5	269	14	86	187	103	66	226	-
1972	1 103	139	4	269	14	87	187	103	67	233	-
1973	1 141	141	4	283	14	90	191	104	72	242	-
1974	1 178	142	4	295	15	93	195	107	75	252	-
1975	1 189	143	4	288	15	94	193	111	76	263	-
1976	1 198	143	4	294	15	92	191	111	78	269	-
1977	1 215	141	5	308	16	91	193	111	79	271	-
Males - Hommes - Hombres											
1977	830	117	4	225	14	88	110	89	44	138	-
Females - Femmes - Mujeres											
1977	385	24	-	84	2	4	83	22	35	133	-
USSR - URSS - URSS											
URSS	*Employees [2] - Salariés [2] - Asalariados [2](Source - Fuente: III)*										
Total		[3]		[4]	[5]						[6]
1971	108 874	26 256	2 119	29 263	648	9 549	7 816	9 597	411	22 193	1 022
1972	111 092	26 196	2 076	29 728	657	9 986	8 100	9 881	439	22 968	1 061
1973	113 152	26 282	2 051	30 163	661	10 091	8 392	10 170	465	23 746	1 131
1974	115 254	26 286	2 017	30 742	674	10 339	8 640	10 421	493	24 455	1 187
1975	117 132	25 944	2 027	31 338	689	10 574	8 857	10 743	519	25 445	1 250
				[7]							[6]
1976	118 898	25 879	...	34 815	...	10 716	9 010	10 933	546	25 926	1 290
1977	120 588	25 646	...	35 417	...	10 880	9 204	11 184	574	26 642	1 345
1978	122 546	25 646	...	36 014	...	11 034	9 361	11 462	604	27 642	1 391
1979	124 150	25 397	...	36 496	...	11 156	...	11 723	...	...	...
1980	125 648*	25 258*	...	36 891*	...	11 240*	...	11 958*	...	...	...

[(a)] The English designation of major divisions of economic activity is shown on the preceding page.

[1] [2] Socialised sector. [3] Excl. logging and fishing. [4] Excl. printing and publishing; incl. gas and water, logging and fishing. [5] Excl. gas and water. [6] Printing and publishing. [7] Beginning 1976: incl. mining, quarrying and electricity.

[1] [2] Secteur socialisé. [3] Non compris l'exploitation forestière et la pêche. [4] Non compris l'imprimerie et l'édition; y compris le gaz et l'eau, l'exploitation forestière et la pêche. [5] Non compris le gaz et l'eau. [6] Imprimerie et édition. [7] A partir de 1976: y compris les industries extractives et l'électricité.

[1] [2] Sector socializado. [3] Excl. la explotación de madera y la pesca. [4] Excl. imprentas y editoriales; incl. gas y agua, la explotación de madera y la pesca. [5] Excl. gas y agua. [6] Imprentas y editoriales. [7] A partir de 1976: incl. minas, canteras y electricidad.

4 Employment in non-agricultural activities
Emploi dans les activités non agricoles
Empleo en las actividades no agrícolas

(Thousands – Milliers – Millares)

Country – Source Pays – Source País – Fuente	1971	1972	1973	1974	1975	1976	1977	1978	1979	1980
AFRICA – AFRIQUE – AFRICA										
Botswana (III)										
Total [1]	.	36.5	42.3	47.1	53.1	55.3	58.4	64.2	71.3	...
Males – Hom. [1]	.	.	.	.	.	44.6	45.1	49.7	55.0	...
Fem. – Muj. [1]	.	.	.	.	.	10.7	13.3	14.4	16.2	...
Rép.-Unie du Cameroun (III)										
Total	100.98	89.32	145.42	150.73	141.02	146.99	155.70	163.45	200.67	239.78
Egypt [2] (I) [3]										
Total [4]	3 783.0	4 028.6	4 168.0	4 669.4	4 607.1	...	5 008.3	5 472.2	5 563.3	...
Males – Hom. [4]	3 392.3	3 627.3	3 811.7	4 265.5	4 160.8	...	4 509.7	4 820.3	4 970.4	...
Fem. – Muj. [4]	390.7	401.3	356.3	403.9	446.3	...	498.6	651.9	592.9	...
Gabon (II) [5]										
Total	53.88	56.03	...	...	97.30	111.80	119.80	...	...	...
Gambia (III)										
Total [6]	.	.	15.738	17.148	17.629	18.101	▮26.229 [7]	.	27.608	...
Males – Hom. [6]	.	.	.	15.283	15.828	16.396	...	...	...	...
Fem. – Muj. [6]	.	.	.	1.865	1.800	1.705	...	...	...	...
Kenya (III)										
Total [8]	.	472.9	496.3	565.2	578.5	614.5	642.6	668.6	717.8	...
Males – Hom. [8]	.	.	.	.	.	.	540.5	558.7	598.2	...
Fem. – Muj. [8]	.	.	.	.	.	.	102.1	109.8	119.6	...
Liberia (III)										
Total	37.443	37.759	35.291	31.022	36.319	37.487	22.166	54.664	93.024	...
Males – Hom.	33.335	33.627	31.426	27.631	29.782	33.386	19.420	48.159	60.170	...
Fem. – Muj.	4.108	4.132	3.865	3.391	6.537	4.101	2.746	6.505	32.854	...
Libyan Arab Jamahiriya (IV) [3]										
Total	332.0	360.3	408.6	475.8	544.0	591.5	620.1	625.3	...	...
Malawi [9] (III) [10]										
B Total [5]	115.1	126.0	139.1	146.5	151.7	160.2	▮ 154.2 [11]	169.9	175.5*	...
Males – Hom. [5]	108.1	117.6	129.8	136.6	141.1	148.5	▮ 142.0 [11]	152.1	160.9*	...
Fem. – Muj. [5]	7.6	7.7	8.9	9.4	10.2	11.4	▮ 12.2 [11]	17.8	14.6*	...
Mauritius [12] (III) [13]										
B Total [14]	79.42	84.64	93.52	101.85	107.33	118.82	131.05	137.21	141.88	140.46*
B Males – Hom. [14]	68.68	72.63	78.55	82.43	86.04	92.46	100.31	104.77	105.96	103.90*
B Fem. – Muj. [14]	10.74	12.01	14.97	19.42	21.29	26.36	30.74	32.44	35.92	36.56*

Explanatory notes and source: see p. 179 – Notes explicatives et source: voir p. 181 – Notas explicativas y fuente: véase p. 183

[1] ∅: Aug. of each year. [2] Persons aged 12 to 64 years. [3] Civilian labour force employed. [4] ∅: May of each year. [5] Excl. domestic services. [6] ∅: Sep. of each year. [7] Beginning 1977: March. [8] ∅: June of each year. [9] Establishments with 20 or more persons employed. [10] Incl. working proprietors and unpaid family workers. [11] Beginning 1977: sample of establishments and revised allocation of establishments in the industrial classification. [12] Incl. development workers. [13] Employees. [14] ∅: March and Sep. of each year.

[1] ∅: août de chaque année. [2] Personnes âgées de 12 à 64 ans. [3] Main-d'œuvre civile occupée. [4] ∅: mai de chaque année. [5] Non compris les services domestiques. [6] ∅: sept. de chaque année. [7] A partir de 1977: mars. [8] ∅: juin de chaque année. [9] Etablissements occupant 20 personnes et plus. [10] Y compris les propriétaires-exploitants et les travailleurs familiaux non rémunérés. [11] A partir de 1977: échantillon d'établissements et changements dans leur répartition industrielle. [12] Y compris les personnes occupées à des travaux publics de développement. [13] Salariés. [14] ∅: mars et sept. de chaque année.

[1] ∅: agosto de cada año. [2] Personas de 12 a 64 años. [3] Fuerza trabajadora civil ocupada. [4] ∅: mayo de cada año. [5] Excl. los servicios domésticos. [6] ∅: sept. de cada año. [7] A partir de 1977: marzo. [8] ∅: junio de cada año. [9] Establecimientos con 20 y más trabajadores. [10] Incl. los empresarios propietarios y los trabajadores familiares no remunerados. [11] A partir de 1977: muestra de establecimientos y cambios en la distribución industrial de los establecimientos. [12] Incl. las personas ocupadas en planes de desarrollo. [13] Asalariados. [14] ∅: marzo y sept. de cada año.

4 Employment in non-agricultural activities
Emploi dans les activités non agricoles
Empleo en las actividades no agrícolas

(Thousands – Milliers – Millares)

Country – Source Pays – Source País – Fuente	1971	1972	1973	1974	1975	1976	1977	1978	1979	1980
Seychelles (II)										
Total [1]	.	.	12.012	10.975	11.666	11.864	12.878	12.823	14.477	...
Sierra Leone [2] (III) [3]										
B Total [4]	.	.	.	59.04	56.37	57.01	56.18	62.24	62.24	63.54
South Africa (III) [5]										
B Total [6]	3 890.1	3 938.8	4 162.3	4 324.4	4 430.9	4 534.2	4 574.8	4 544.7	4 608.5*	4 753.2*
Swaziland (III)										
Total [7]	26.211	29.524	33.377	34.032	35.998	37.695 [8]	39.848	44.104	47.012	...
Males – Hom. [7]	21.383	23.949	26.666	27.308	28.196	28.873 [8]	29.639	33.024	31.335	...
Fem. – Muj. [7]	4.828	5.575	6.711	6.724	7.802	8.822 [8]	10.209	11.080	10.677	...
Tunisie (IV)										
Total	542.0	586.7	627.3	655.8	857.6	909.1	947.1	990.7	1 033.7	1 076.2
Males – Hom.	.	.	.	.	666.0	702.5	...	...	...	847.5
Fem. – Muj.	.	.	.	.	191.6	206.6	...	...	...	228.7
Zimbabwe (III) [5]										
B Total	580.1	610.6	640.9	674.3	688.6	680.6	664.1	644.8	648.3	678.8
B Males – Hom.	.	.	.	.	.	.	...	560.6	565.5	592.9
B Fem. – Muj.	.	.	.	.	.	.	...	84.2	82.8	85.9
AMERICA – AMÉRIQUE – AMERICA										
Bahamas (II) [9]										
Total [10]	.	.	.	.	.	58.494	68.403	67.526	70.336	...
Bolivia (IV) [11]										
Total	643.2	671.1	699.8	729.7	760.6	792.6	817.6	845.9	878.1	...
Males – Hom.	511.4	533.4	557.7	582.2	603.5	627.3	561.4	582.2	607.4	...
Fem. – Muj.	131.8	137.7	142.1	147.5	157.1	165.3	256.2	263.7	270.7	...
Brasil (III) [12]										
Total [4]	6 040	6 852	7 573	8 763	9 436	▌11 190 [13]	...	...	...	...
Males – Hom. [4]	4 918	5 498	5 996	6 846	7 291	▌8 485 [13]	...	...	...	...
Fem. – Muj. [4]	1 122	1 354	1 577	1 917	2 145	▌2 705 [13]	...	...	...	...
Canada (I) [11]										
B Total	7 373	7 638	8 047	8 395	8 720	8 918	9 095	9 398	9 780	10 074
B Males – Hom.	4 788	4 953	5 167	5 356	5 451	5 522	5 598	5 699	5 885	5 982
B Fem. – Muj.	2 586	2 686	2 880	3 039	3 269	3 396	3 497	3 699	3 894	4 092
Colombia [14] (I)										
Total [15]	.	.	.	.	2 112.0	2 281.5	2 496.1	2 712.7	2 955.6	3 158.9
Males – Hom. [15]	.	.	.	.	1 327.7	1 417.5	1 544.7	1 681.1	1 819.6	1 940.5
Fem. – Muj. [15]	.	.	.	.	784.3	864.0	951.3	1 031.6	1 136.0	1 218.4

Explanatory notes and source: see p. 179 – Notes explicatives et source: voir p. 181 – Notas explicativas y fuente: véase p. 183

[1] ∅: Nov. of each year. [2] Employees and working proprietors. [3] Establishments with 6 or more persons employed. [4] ∅: Dec. of each year. [5] All persons engaged. [6] ∅: second quarter of each year. [7] ∅: June of each year. [8] Prior to 1976, ∅: Sep. of each year. [9] Insured persons. [10] ∅: Jan. of each year. [11] Civilian labour force employed. [12] Registered establishments on 31st Dec. of each year. [13] Beginning 1978: revised questionnaire. [14] Seven main cities of the country. [15] ∅: Sep. of each year.

[1] ∅: nov. de chaque année. [2] Salariés et propriétaires-exploitants. [3] Etablissements occupant 6 personnes et plus. [4] ∅: déc. de chaque année. [5] Ensemble de l'effectif occupé. [6] ∅: deuxième trimestre de chaque année. [7] ∅: juin de chaque année. [8] Avant 1976, ∅: sept. de chaque année. [9] Personnes assurées. [10] ∅: janv. de chaque année. [11] Main-d'œuvre civile occupée. [12] Etablissements enregistrés le 31 déc. de chaque année. [13] A partir de 1978: questionnaire révisé. [14] Sept villes principales du pays. [15] ∅: sept. de chaque année.

[1] ∅: nov. de cada año. [2] Asalariados y empresarios propietarios. [3] Establecimientos con 6 y más trabajadores. [4] ∅: dic. de cada año. [5] Todo el efectivo ocupado. [6] ∅: segundo trimestre de cada año. [7] ∅: junio de cada año. [8] Antes de 1976, ∅: sept. de cada año. [9] Personas aseguradas. [10] ∅: enero de cada año. [11] Fuerza trabajadora civil ocupada. [12] Establecimientos registrados en 31 dic. de cada año. [13] A partir de 1978: cuestionario revisado. [14] Siete ciudades principales del país. [15] ∅: sept. de cada año.

4 Employment in non-agricultural activities
Emploi dans les activités non agricoles
Empleo en las actividades no agrícolas

(Thousands – Milliers – Millares)

Country – Source Pays – Source País – Fuente		1971	1972	1973	1974	1975	1976	1977	1978	1979	1980
Costa Rica [1] (I) [2]											
B	Total [3]	.	.	335.16	.	.	399.00	436.32	477.14	502.76	523.79
Cuba (IV) [4]											
	Total	1 478.3	1 489.0	1 575.4	1 638.8	1 708.7	1 784.3	1 979.7*	...	...	...
El Salvador [5] (III)											
B	Total	.	.	.	.	121.32	145.50	143.71	147.13	162.79	149.42
Guadeloupe (IV) [2]											
	Total	.	.	.	61.3	61.9	59.2	65.3	65.3	...	...
Guyane française (IV)											
	Total	9.403	9.637	9.433	10.412	10.591	12.232	12.454	12.972	13.258	13.207
Haïti (IV) [2]											
	Total [6]	503.0	506.1	509.1	512.2	515.3	488.2	491.1	493.8	496.3	...
	Males – Hom. [6]	174.1	168.3	170.5	172.7	175.0	147.1	149.1	150.0	150.8	...
	Fem. – Muj. [6]	336.9	337.9	338.6	339.5	340.3	341.2	342.0	343.7	351.5	...
Jamaica [7] (I) [2]											
B	Total	.	406.9	420.8	❚ 423.0 [8]	455.5	441.9	445.8	451.5	456.8	456.9
B	Males – Hom. [9]	.	218.3	229.5	216.4	242.1	237.9	240.4	239.0	240.5	243.1
B	Fem. – Muj. [9]	.	202.6	198.4	206.5	211.5	203.3	210.5	210.8	209.6	222.8
México (IV) [2]											
	Total [10]	.	.	.	9 281	9 814	10 301	10 772	11 271	11 765	...
	Males – Hom. [10]	.	.	.	.	6 661	6 910	7 145	7 472	7 655	...
	Fem. – Muj. [10]	.	.	.	.	3 153	3 391	3 627	3 799	4 110	...
Nicaragua [11] (II) [12]											
B	Total	80.52	88.47	85.18	97.03	109.95	118.93	131.82	129.37	109.32	129.78
Panamá (I) [2]											
	Total [13]	289.5	302.5	.	337.4[14]	313.9[15]	322.8	322.4[15]	354.9	372.1	...
	Males – Hom. [13]	.	.	.	212.0[14]	193.5[15]	200.0	201.3[15]	214.9	226.6	...
	Fem. – Muj. [13]	.	.	.	125.4[14]	120.4[15]	122.8	121.1[15]	140.0	145.5	...
Perú (IV) [2]											
	Total	2 193.2	2 302.7	2 410.1	2 542.5	2 631.5	2 735.9	2 821.6	2 894.0	3 018.4	3 164.7
Puerto Rico (I) [16]											
B	Total	657	690	715	709	665	685	708	757	778	789
B	Males – Hom.	435	454	472	464	432	435	449	482	491	491
B	Fem. – Muj.	222	236	243	245	234	251	259	275	287	298
St. Kitts-Nevis-Anguilla (III)											
	Total	.	.	9.22	9.29	9.28	9.84	10.62	11.24	11.30	...

Explanatory notes and source: see p. 179 – Notes explicatives et source: voir p. 181 – Notas explicativas y fuente: véase p. 183

[1] Excl. activities not adequately defined. [2] Civilian labour force employed. [3] ∅: July of each year. [4] State sector. [5] Excl. the public administration. [6] Year beginning in July of year indicated. [7] Persons aged 14 years and over. [8] Prior to 1974: 45 industrial groups. [9] ∅: Oct. of each year. [10] ∅: June of each year. [11] Eight main cities of the country. [12] Insured persons. [13] ∅: Aug. of each year. [14] November. [15] October. [16] Persons aged 16 years and over.

[1] Non compris les activités mal désignées. [2] Main-d'œuvre civile occupée. [3] ∅: juillet de chaque année. [4] Secteur d'Etat. [5] Non compris l'administration publique. [6] Année commençant en juillet de l'année indiquée. [7] Personnes âgées de 14 ans et plus. [8] Avant 1974: 45 classes industrielles. [9] ∅: oct. de chaque année. [10] ∅: juin de chaque année. [11] Huit villes principales du pays. [12] Personnes assurées. [13] ∅: août de chaque année. [14] Novembre. [15] Octobre. [16] Personnes âgées de 16 ans et plus.

[1] Excl. las actividades no bien especificadas. [2] Fuerza trabajadora civil ocupada. [3] ∅: julio de cada año. [4] Sector de Estado. [5] Excl. la administración pública. [6] Año que comienza en julio del año indicado. [7] Personas de 14 años y más. [8] Antes de 1974: 45 clases industriales. [9] ∅: oct. de cada año. [10] ∅: junio de cada año. [11] Ocho ciudades principales del país. [12] Personas aseguradas. [13] ∅: agosto de cada año. [14] Noviembre. [15] Octubre. [16] Personas de 16 años y más.

4 Employment in non-agricultural activities
Emploi dans les activités non agricoles
Empleo en las actividades no agrícolas

(Thousands – Milliers – Millares)

	Country – Source Pays – Source País – Fuente	1971	1972	1973	1974	1975	1976	1977	1978	1979	1980
	Trinidad and Tobago [1] (I) [2]										
B	Total	249.6 [3]	.	270.6	279.3	284.3	.	321.8	340.3 [3]	352.7	...*
	Males – Hom.	181.7 [3]	.	195.0	200.8	205.5	.	228.4	240.9 [3]	250.7	.
	Fem. – Muj.	67.9 [3]	.	.	78.4	78.9	.	93.5	99.3 [3]	103.6	.
	United States [4] (I) [2]										
B	Total	75 733	78 230	80 957	82 444	81 403	84 188	87 302	91 031	93 648	93 960
B	Males – Hom.	46 456	47 791	49 130	49 619	48 429	49 675	51 222	52 810	53 854	53 324
B	Fem. – Muj.	29 277	30 439	31 827	32 825	32 974	34 513	36 080	38 221	39 794	40 637
	United States (III) [5]										
B	Total	71 214	73 675	76 790	78 265	76 945	79 382	82 471	86 697	89 886	90 657
B	Males – Hom.	44 748	46 134	47 802	48 141	46 767	47 812	49 219	51 348	52 773	52 416
B	Fem. – Muj.	26 466	27 541	28 988	30 124	30 178	31 570	33 252	35 349	37 113	38 241
	Uruguay [6] (I)										
B	Total [7]	.	.	496.1 [3]	427.8	...	459.6	471.2	464.8	477.6	...
	Venezuela (I) [2]										
	Total [7]	.	.	.	.	2 805.7	3 006.8	3 190.9	3 354.5	3 473.7	3 523.7 [3]
	Males – Hom. [7]	.	.	.	.	1 896.7	2 020.3	2 170.7	2 293.8	2 374.1	2 397.2 [3]
	Fem. – Muj. [7]	.	.	.	.	909.2	986.6	1 020.2	1 060.6	1 099.6	1 126.5 [3]
	Virgin Islands (US) (III)										
	Total	.	.	.	.	33.070	31.340	32.220	34.290	...	...
	ASIA – ASIE – ASIA										
	Bangladesh (III) [8]										
	Total [9]	.	.	.	.	771.3	.	949.7	.	1 036.9	.
	Brunei (III) [10]										
	Total [11]	.	16.700	17.274	16.717	17.763	19.978	21.517	22.785	24.241	26.644
	Cyprus (III)										
	Total	.	.	.	.	.	114.1	122.6	129.6	133.8*	...
	Males – Hom.	.	.	.	.	.	80.1	85.2	89.0	90.8*	...
	Fem. – Muj.	.	.	.	.	.	34.0	37.4	40.6	43.0*	...
	Hong Kong [12] (III) [13]										
B	Total [14]	704.2	724.9	745.1	768.7	▮1 340.8 [15]	▮1 555.7 [16]	1 606.3	1 742.6	1 847.7	1 974.7
B	Males – Hom. [14]	.	.	.	.	.	941.4 [16]	982.3	1 062.0	1 118.2	1 203.9
B	Fem. – Muj. [14]	.	.	.	.	.	614.3 [16]	624.0	680.6	729.6	770.7
	India [17] (III) [18]										
B	Total [19]	16 418	16 886	17 713	18 137	18 513	18 979	19 430	20 002	20 635	20 976*
	Males – Hom. [19]	14 885	15 275	15 989	16 358	16 734	17 031	17 420	17 881	18 455	18 741*
B	Fem. – Muj. [19]	1 533	1 611	1 724	1 779	1 779	1 948	2 010	2 121	2 180	2 235*

Explanatory notes and source: see p. 179 – Notes explicatives et source: voir p. 181 – Notas explicativas y fuente: véase p. 183

[1] Persons aged 15 years and over. [2] Civilian labour force employed. [3] First semester. [4] Persons aged 16 years and over. [5] Employees. [6] Montevideo. [7] ∅: second semester of each year. [8] Establishments with 20 or more persons employed. [9] Biennial survey. [10] Excl. government and personal services. [11] ∅: June of each year. [12] Major divisions 5, 7 and 9 are not fully covered. [13] All persons engaged. [14] ∅: fourth quarter of each year. [15] Incl. development workers. [16] Metal mining. [17] Public sector and establishments of non-agricultural private sector with 10 or more persons employed. [18] Employees and working proprietors. [19] ∅: March of each year.

[1] Personnes âgées de 15 ans et plus. [2] Main-d'œuvre civile occupée. [3] Premier semestre. [4] Personnes âgées de 16 ans et plus. [5] Salariés. [6] Montevideo. [7] ∅: second semestre de chaque année. [8] Etablissements occupant 20 personnes et plus. [9] Enquête biennale. [10] Non compris les services gouvernementaux et personnels. [11] ∅: juin de chaque année. [12] Les branches 5, 7 et 9 ne sont pas complètement couvertes. [13] Ensemble de l'effectif occupé. [14] ∅: quatrième trimestre de chaque année. [15] Y compris les personnes occupées à des travaux publics de développement. [16] Extraction de minerais métalliques. [17] Secteur public et établissements du secteur privé non agricole occupant 10 personnes et plus. [18] Salariés et propriétaires-exploitants. [19] ∅: mars de chaque année.

[1] Personas de 15 años y más. [2] Fuerza trabajadora civil ocupada. [3] Primer semestre. [4] Personas de 16 años y más. [5] Asalariados. [6] Montevideo. [7] ∅: segundo semestre de cada año. [8] Establecimientos con 20 y más trabajadores. [9] Encuesta bienal. [10] Excl. los servicios gubernamentales y personales. [11] ∅: junio de cada año. [12] Las grandes divisiones 5, 7 y 9 no están completamente cubiertas. [13] Todo el efectivo ocupado. [14] ∅: cuarto trimestre de cada año. [15] Incl. las personas ocupadas en planes de desarrollo. [16] Extracción de minerales metálicos. [17] Sector público y establecimientos del sector no agrícola con 10 y más trabajadores. [18] Asalariados y empresarios propietarios. [19] ∅: marzo de cada año.

4 Employment in non-agricultural activities
Emploi dans les activités non agricoles
Empleo en las actividades no agrícolas

(Thousands – Milliers – Millares)

Country – Source Pays – Source País – Fuente	1971	1972	1973	1974	1975	1976	1977	1978	1979	1980
Israel [1] (I) [2]										
B Total [2]	912.6	963.6	1 012.3	1 025.0	1 040.9	1 055.0	1 086.8	1 138.6	1 168.9	1 174.8
B Males – Hom. [2]	...	...	684.4	688.1	693.7	697.6	713.5	732.8	744.6	741.2
B Fem. – Muj. [2]	...	...	327.9	336.9	347.2	357.4	373.3	405.8	424.2	433.6
Israel [1] (II) [3]										
B Total	834.4	873.7	898.7	910.6	948.9	974.4	1 003.1	1 033.0	▮1 111.1 [4]	1 110.2
Japan [5] (I) [2]										
B Total	43 080	43 710	▮ 45 540 [6]	45 610	45 620	46 280	47 070	47 750	48 670	49 590
B Males – Hom.	27 380	27 910	▮ 28 860 [6]	29 250	29 400	29 680	29 850	30 030	30 520	31 000
B Fem. – Muj.	15 680	15 800	▮ 16 680 [6]	16 360	16 220	16 600	17 220	17 720	18 150	18 590
Jordan (III) [7]										
Fem. – Muj. [8]	...	...	9.21	11.92	12.35	14.85	16.80	19.80	18.40	...
Korea, Republic of [8] (I) [9]										
B Total	5 190	5 213	5 570	6 002	6 405	6 955	7 524	8 309	8 777	9 048
B Males – Hom.	3 534	3 615	3 700	4 009	4 317	4 523	4 969	5 451	5 700	5 844
B Fem. – Muj.	1 656	1 598	1 870	1 993	2 088	2 432	2 555	2 858	3 077	3 204
Malaysia: Sabah (III) [10]										
Total	25.38	27.70	30.55	32.35	34.73	37.87	40.02	45.38	46.34	...
Pakistan (IV) [2]										
Total	7 384	7 582	8 326	8 576	9 232	9 347	9 625	9 911	10 213	10 520
Philippines (I) [2]										
Total [11]	6 155	5 927	6 098	6 158	6 510	▮ 6 579 [12]	7 271	7 645	...	...
Males – Hom. [11]	3 412	3 233	3 271	3 349	3 451	▮ 3 681 [12]	4 100	4 215	...	...
Fem. – Muj. [11]	2 743	2 694	2 827	2 809	3 059	▮ 2 898 [12]	3 171	3 431	...	...
Singapore (I) [13]										
Total [14]	.	.	778.3	802.6	816.2	850.8	884.2	941.2	1 005.8	1 058.1
Males – Hom. [14]	.	.	.	546.8	574.2	585.4	601.5	627.9	666.3	686.1
Fem. – Muj. [14]	.	.	.	255.9	242.0	265.3	282.6	313.3	339.5	372.0
Sri Lanka (III) [15]										
Total	427.5	452.5	490.0	487.7	490.4	538.5	523.4	564.4	577.6	...
Males – Hom.	348.1	364.0	406.6	400.1	402.6	446.5	426.8	459.9	48.0	...
Fem. – Muj.	79.3	88.5	83.4	87.6	87.8	92.0	96.6	103.9	101.3	...
République arabe syrienne (I) [2]										
Total [16]	630.5	726.5	761.8	767.7	855.5	1 182.7	1 154.2	1 263.1	1 405.4	...
Males – Hom. [16]	...	...	...	...	...	...	1 039.2	1 137.4	1 274.9	...
Fem. – Muj. [16]	...	...	...	...	...	...	115.0	125.7	130.4	...

Explanatory notes and source: see p. 179 – Notes explicatives et source: voir p. 181 – Notas explicativas y fuente: véase p. 183

[1] Incl. territories under occupation by Israeli military forces since June 1967. [2] Civilian labour force employed. [3] Insured persons. [4] Beginning 1979: sample design revised. [5] Persons aged 15 years and over. [6] Prior to 1973: excl. Okinawa Prefecure. [7] Establishments with 5 or more persons employed. [8] ∅: Aug. of each year. [9] Persons aged 14 years and over. [10] Establishments with 20 or more persons employed. [11] ∅: third quarter of each year. [12] Prior to 1976: annual averages. [13] Persons aged 10 years and over. [14] ∅: June of each year. [15] Employees. [16] ∅: Sep. of each year.

[1] Y compris les territoires occupés par les forces armées israéliennes depuis juin 1967. [2] Main-d'œuvre civile occupée. [3] Personnes assurées. [4] A partir de 1979: plan d'échantillonage révisé. [5] Personnes âgées de 15 ans et plus. [6] Avant 1973: non compris la préfecture d'Okinawa. [7] Etablissements occupant 5 personnes et plus. [8] ∅: août de chaque année. [9] Personnes âgées de 14 ans et plus. [10] Etablissements occupant 20 personnes et plus. [11] ∅: troisième trimestre de chaque année. [12] Avant 1976: moyennes annuelles. [13] Personnes âgées de 10 ans et plus. [14] ∅: juin de chaque année. [15] Salariés. [16] ∅: sept. de chaque année.

[1] Incl. territorios ocupados por las fuerzas armadas israelíes desde junio de 1967. [2] Fuerza trabajadora civil ocupada. [3] Personas aseguradas. [4] A partir de 1979: diseño de la muestra revisado. [5] Personas de 15 años y más. [6] Antes de 1973: excl. la Prefectura de Okinawa. [7] Establecimientos con 5 y más trabajadores. [8] ∅: agosto de cada año. [9] Personas de 14 años y más. [10] Establecimientos con 20 y más trabajadores. [11] ∅: tercer trimestre de cada año. [12] Antes de 1976: promedios anuales. [13] Personas de 10 años y más. [14] ∅: junio de cada año. [15] Asalariados. [16] ∅: sept. de cada año.

4 Employment in non-agricultural activities
Emploi dans les activités non agricoles
Empleo en las actividades no agrícolas

(Thousands - Milliers - Millares)

Country - Source Pays - Source País - Fuente	1971	1972	1973	1974	1975	1976	1977	1978	1979	1980
Thailand (I) [1]										
Total [2]	3 460.9	4 487.4	4 772.1	5 932.9	4 911.5	4 462.4	5 385.9	5 720.0	...	...
Males - Hom. [2]	2 078.3	2 618.7	2 870.9	3 477.0	2 886.4	2 614.1	3 119.4	3 326.1	...	...
Fem. - Muj. [2]	1 382.6	1 871.7	1 903.2	2 455.9	2 025.1	1 848.3	2 266.5	2 393.9	...	...
EUROPE - EUROPE - EUROPA										
Austria (I) [1]										
Total [1]	2 452	2 490	2 527	2 632	2 598	2 612	2 661	2 724	2 767	2 781
Males - Hom.	1 564	1 586	1 616	1 654	1 638	1 643	1 673	1 701	1 729	1 742
Fem. - Muj.	888	904	911	978	960	969	988	1 023	1 038	1 039
Belgique [3] (II) [1]										
Total [4]	3 539.8	3 544.5	3 600.3	3 659.1	3 607.7	3 586.7	3 584.6	3 588.9	3 630.8	3 634.1
Males - Hom. [4]	2 347.7	2 335.1	2 357.0	2 385.2	2 350.8	2 335.7	2 324.2	2 313.5	2 329.6	2 315.7
Fem. - Muj. [4]	1 192.1	1 209.4	1 243.3	1 273.9	1 256.9	1 251.0	1 260.4	1 275.3	1 301.2	1 318.4
Bulgarie (III) [5]										
Total	2 553.6	2 635.2	2 703.5	2 781.9	2 867.5	2 922.1	2 944.9	2 978.3	3 017.9	3 046.7*
Czechoslovakia [6] (III) [7]										
B Total	5 532	5 635	5 711	5 788	5 864	5 919	5 996	6 076	6 284	6 339
B Males - Hom. [8]	3 043	3 099	3 135	3 171	3 200	3 232	3 269	3 309	3 343	3 358
B Fem. - Muj. [8]	2 514	2 561	2 602	2 645	2 678	2 707	2 754	2 796	2 838	2 877
Denmark (I) [1]										
Total	.	2 125.7	2 157.9	2 127.8	2 104.6	2 168.6	2 195.4	2 258.2	2 292.9	...
Males - Hom.	.	1 223.3	1 241.5	1 212.7	1 197.4	1 228.9	1 233.2	1 256.3	1 261.6	...
Fem. - Muj.	.	902.4	916.4	915.1	907.2	939.7	962.2	1 001.9	1 031.3	...
España [9] (I) [1]										
B Total [10]	8 946	9 319	9 723	9 930	9 893	9 833	9 867	9 652	9 523	I 9 132[11]
B Males - Hom. [10]	6 582	6 764	6 912	7 024	7 113	6 918	6 939	6 797	6 705	I 6 456[11]
B Fem. - Muj. [10]	2 365	2 555	2 811	2 906	2 781	2 915	2 928	2 855	2 819	I 2 676[11]
Finland [12] (I) [1]										
B Total	1 675	1 719	1 795	1 867	1 892	1 865	1 839	1 828	1 884	1 593
B Males - Hom.	915	932	962	995	1 006	981	956	950	980	1 950
B Fem. - Muj.	760	787	833	872	886	884	883	878	904	935
France [13] (III) [5]										
B Total [13]	15 924	16 214	16 622	16 913	16 808	17 031	17 267	178 387	17 427	17 511
German Democratic Rep. (III) [5]										
Total	6 686.1	6 869.1	6 962.6	7 042.5	7 108.1	7 190.8	7 258.1	7 318.8	7 387.9	7 423.2
Germany, Fed. Rep. of (IV) [1]										
B Total	24 081	24 087	24 247	23 806	22 975	22 813	22 856	23 092	23 483	23 747
Males - Hom.	15 607	15 551	15 555	15 182	14 578	14 452	14 430	14 550	14 715	14 845
Fem. - Muj.	8 474	8 536	8 692	8 624	8 397	8 361	8 426	8 542	8 768	8 902

Explanatory notes and source: see p. 179 - Notes explicatives et source: voir p. 181 - Notas explicativas y fuente: véase p. 183

[1] Civilian labour force employed. [2] ∅: second semester of each year. [3] Incl. persons working abroad. [4] ∅: June of each year. [5] Employees. [6] Socialised sector. [7] Employees; excl. women on maternity leave. [8] ∅: 31st Dec. of each year. [9] Persons aged 14 years and over. [10] ∅: fourth quarter of each year. [11] Beginning 2nd quarter 1980: persons aged 16 years and over. [12] Persons aged 15 to 74 years. [13]

[1] Main-d'œuvre civile occupée. [2] ∅: second semestre de chaque année. [3] Y compris les travailleurs à l'étranger. [4] ∅: juin de chaque année. [5] Salariés. [6] Secteur socialisé. [7] Salariés; non compris les femmes en congé de maternité. [8] ∅: 31 déc. de chaque année. [9] Personnes âgées de 14 ans et plus. [10] ∅: quatrième trimestre de chaque année. [11] A partir du 2e trimestre 1980: personnes âgées de 16 ans et plus. [12] Personnes âgées de 15 à 74 ans. [13]

[1] Fuerza trabajadora civil ocupada. [2] ∅: segundo semestre de cada año. [3] Incl. las personas que trabajan en el extranjero. [4] ∅: junio de cada año. [5] Asalariados. [6] Sector socializado. [7] Asalariados; excl. las mujeres con permiso por maternidad. [8] ∅: 31 dic. de cada año. [9] Personas de 14 años y más. [10] ∅: cuarto trimestre de cada año. [11] A partir del 2.° trimestre de 1980: personas de 16 años y más. [12] Personas de 15 a 74 años. [13]

4 Employment in non-agricultural activities
Emploi dans les activités non agricoles
Empleo en las actividades no agrícolas

(Thousands – Milliers – Millares)

Country – Source Pays – Source País – Fuente		1971	1972	1973	1974	1975	1976	1977	1978	1979	1980
Hongrie [1] (III) [2]											
B	Total [2]	2 894.0	2 885.0	2 923.0	2 970.0	2 996.3	2 996.3	3 004.0	3 016.2	2 990.3	2 919.2
Ireland (IV) [3]											
	Total [4]	774	773	787	804	791	781	789	806	829	...
Italie [5] (I) [3]											
B	Total	15 666	15 648	15 940	16 432	16 684	16 856	17 153	17 308	17 603	17 987*
B	Males – Hom.	11 479	11 493	11 631	11 899	12 047	12 073	12 083	12 174	12 295	12 435
B	Fem. – Muj.	4 187	4 155	4 309	4 533	4 637	4 783	5 070	5 134	5 309	5 551
Luxembourg (IV) [3]											
	Total	131.2	135.6	138.9	143.7	146.7	146.1	146.6	147.1	148.9	150.8
Malta (IV) [6]											
	Total	95.14	92.50	94.80	95.44	100.78	103.20	107.06	108.83	118.50	...
Netherlands (IV) [7]											
	Total	4 261	4 223	4 237	4 245	4 224	4 223	4 239	4 264	4 309*	...
Netherlands [7] (IV) [6]											
	Total	3 756	3 725	3 747	3 763	3 753	3 764	3 795	3 825	3 870*	...
Norway [8] (I) [3]											
B	Total	.	1 448	1 465	1 484	1 548	1 621	1 659	1 693	1 711	1 752
B	Males – Hom.	.	914	918	932	949	978	993	1 001	999	1 013
B	Fem. – Muj.	.	534	547	552	599	643	666	692	713	739
Pologne [2] (III) [9]											
B	Total	9 211	9 646	10 042	10 400	10 620	10 696	10 816	10 888	10 905	10 917*
Portugal [10] (I) [3]											
B	Total	.	.	.	2 406	2 461	2 505	2 538	2 593	2 676	2 804
B	Males – Hom.	.	.	.	1 545	1 602	1 641	1 671	1 719	1 761	1 853
B	Fem. – Muj.	.	.	.	861	860	864	867	875	915	967
Roumanie [2] (III) [6]											
	Total	4 878.1	5 112.6	5 292.5	5 509.7	5 765.4	5 990.0	6 165.9	6 368.2	6 580.8	6 736.3
Suisse [11] (III) [9]											
B	Total [12]	*109.3*	*109.5*	*109.6*	*108.8*	*100.0*	*96.8*	*97.1*	*98.1*	*98.9*	*101.0*
Suisse (IV) [3]											
	Total	2 904.6	2 934.6	2 955.6	2 943.6	2 779.6	2 683.1	2 693.4	2 716.8	2 741.4	...
Sweden [8] (I) [3]											
B	Total	3 560	3 576	3 603	3 698	3 801	3 834	3 851	3 866	3 937	3 995
B	Males – Hom.	2 082	2 075	2 083	2 116	2 149	2 148	2 131	2 111	2 134	2 149
B	Fem. – Muj.	1 477	1 501	1 520	1 583	1 652	1 687	1 720	1 754	1 804	1 847
Turquie (II) [13]											
	Total	1 404.7	1 524.9	1 648.9	1 799.8	1 823.2	2 017.7	2 191.1	2 173.5	2 113.9	...

Explanatory notes and source: see p. 179 – Notes explicatives et source: voir p. 181 – Notas explicativas y fuente: véase p. 183

[1] Excl. major divisions 8 and 9. [2] Socialised sector. [3] Civilian labour force employed. [4] ∅: April of each year. [5] Persons aged 14 years and over. [6] Employees. [7] Civilian employment (man-years). [8] Persons aged 16 to 74 years. [9] All persons engaged. [10] Persons aged 10 years and over. [11] ∅: third quarter of each year. [12] Index base: 1975 = 100. [13] Insured persons.

[1] Non compris les branches 8 et 9. [2] Secteur socialisé. [3] Main-d'œuvre civile occupée. [4] ∅: avril de chaque année. [5] Personnes âgées de 14 ans et plus. [6] Salariés. [7] Emploi civil (années-homme). [8] Personnes âgées de 16 à 74 ans. [9] Ensemble de l'effectif occupé. [10] Personnes âgées de 10 ans et plus. [11] ∅: troisième trimestre de chaque année. [12] Indices base: 1975 = 100. [13] Personnes assurées.

[1] Excl. las grandes divisiones 8 y 9. [2] Sector socializado. [3] Fuerza trabajadora civil ocupada. [4] ∅: abril de cada año. [5] Personas de 14 años y más. [6] Asalariados. [7] Empleo civil (años-hombre). [8] Personas de 16 a 74 años. [9] Todo el efectivo ocupado. [10] Personas de 10 años y más. [11] ∅: tercer trimestre de cada año. [12] Indices base: 1975 = 100. [13] Personas aseguradas.

4 Employment in non-agricultural activities
Emploi dans les activités non agricoles
Empleo en las actividades no agrícolas

(Thousands – Milliers – Millares)

Country – Source / Pays – Source / País – Fuente	1971	1972	1973	1974	1975	1976	1977	1978	1979	1980
United Kingdom (III) [1]										
B Total [2]	21 690	21 694	22 232	22 374	22 312	22 151	22 231	22 374	22 553*	22 141*
Males – Hom. [2]	13 387	13 284	13 457	13 353	13 240	13 099	13 068	13 095	13 103*	12 833
Fem. – Muj. [2]	8 302	8 410	8 775	9 021	9 073	9 052	9 163	9 280	9 499*	9 309
United Kingdom [3] (IV) [4]										
B Total [2]	23 297	23 311	23 898	24 033	23 932	23 769	23 850	23 994*	24 172*	23 760*
B Males – Hom. [2]	14 651	14 558	14 781	14 670	14 519	14 378	14 346	14 374*	14 387*	14 112*
B Fem. – Muj. [2]	8 644	8 752	9 117	9 363	9 413	9 392	9 502	9 620*	9 790*	9 648*
Yugoslavia (III) [1]										
B Total [5]	3 703	3 871	3 968	4 170	4 403	4 570	4 786	5 009	5 230	5 403
Males – Hom.	.	.	.	.	.	.	3 083	3 219	3 348	3 439
Fem. – Muj.	.	.	.	.	.	.	1 703	1 709	1 882	1 964
OCEANIA – OCÉANIE – OCEANIA										
Australia (I) [4]										
B Total [6]	5 103.2	5 167.6	5 356.8	5 450.4	5 443.6	5 513.2	5 595.1	5 592.2	5 642.2	5 839.4
B Males – Hom. [6]	3 372.9	3 391.2	3 495.1	3 514.2	3 499.7	3 534.9	3 556.8	3 536.3	3 587.5	3 658.5
B Fem. – Muj. [6]	1 730.3	1 776.3	1 861.7	1 936.2	1 943.9	1 978.2	2 038.3	2 055.9	2 054.6	2 181.0
Australia [7] (III) [1]										
B Total [2]	4 587.8	4 642.8	4 789.7	4 938.7	4 907.3	4 927.8	4 932.4	4 927.8	4 984.3	...
B Males – Hom. [2]	3 021.4	3 042.1	3 091.5	3 154.5	3 132.2	3 121.2	3 110.8	3 090.8	3 104.8	...
B Fem. – Muj. [2]	1 566.5	1 600.7	1 692.2	1 784.3	1 775.1	1 806.5	1 821.6	1 837.0	1 879.5	...
Fiji (III) [8]										
B Total [2]	52.390	55.617	58.033	63.097	65.656	66.208	68.431	70.062	...	...
Guam (III) [1]										
Total	26.800	30.400	37.700	38.400	34.827	30.400	32.300	34.500	...	...
New Zealand [9] (III) [1]										
B Total	779.04	788.07	810.80	839.72	851.73	860.73	864.92	859.62	...	...
B Males – Hom.	...	...	...	...	...	581.27	580.46	576.43	...	...
B Fem. – Muj.	...	...	...	...	...	279.46	284.46	283.19	...	...
Papua New Guinea (IV) [1]										
Total [2]	.	.	96.44	112.07	63.14	67.15	66.15	83.34	...	...
USSR – URSS – URSS										
URSS [10] (III) [1]										
Total	82 618	84 896	86 870	88 968	91 188	93 019	94 942	96 900	98 753	100 390*

Explanatory notes and source: see p. 179 – Notes explicatives et source: voir p. 181 – Notas explicativas y fuente: véase p. 183

[1] Employees. [2] ∅: June of each year. [3] Persons aged 16 years and over. [4] Civilian labour force employed. [5] ∅: March and Sep. of each year. [6] ∅: Aug. of each year. [7] Excl. domestic services. [8] All persons engaged. [9] Establishments with 2 or more persons employed. [10] Socialised sector.

[1] Salariés. [2] ∅: juin de chaque année. [3] Personnes âgées de 16 ans et plus. [4] Main-d'œuvre civile occupée. [5] ∅: mars et sept. de chaque année. [6] ∅: août de chaque année. [7] Non compris les services domestiques. [8] Ensemble de l'effectif occupé. [9] Etablissements occupant 2 personnes et plus. [10] Secteur socialisé.

[1] Asalariados. [2] ∅: junio de cada año. [3] Personas de 16 años y más. [4] Fuerza trabajadora civil ocupada. [5] ∅: marzo y sept. de cada año. [6] ∅: agosto de cada año. [7] Excl. los servicios domésticos. [8] Todo el efectivo ocupado. [9] Establecimientos con 2 y más trabajadores. [10] Sector socializado.

5 Employment in manufacturing
Emploi dans les industries manufacturières
Empleo en las industrias manufactureras

All industries
Ensemble des industries
Todas las industrias

(Thousands - Milliers - Millares)

Country - Source Pays - Source País - Fuente	1971	1972	1973	1974	1975	1976	1977	1978	1979	1980
AFRICA - AFRIQUE - AFRICA										
Algérie (III)										
Total [1]	132.9	140.4	158.1	191.4	208.6	221.1	221.0	231.8	...	...
Botswana (III)										
Total [2]	.	2.6	2.8	3.3	3.8	4.3	4.1	4.4	5.5	...
Males - Hom. [2]	.	.	.	.	.	3.5	3.5	3.8	4.5	...
Fem. - Muj. [2]	.	.	.	.	.	0.7	0.7	0.6	1.0	...
Burundi [3] (IV)										
Total [4]	.	2.245	2.453	2.543	2.673	2.539	2.783	2.771	2.830	3.929
Rép.-Unie du Cameroun (III)										
Total	20.43	20.85	30.89	33.49	41.33	47.37	49.85	50.12	70.22	88.62
Egypt [5] (I) [6]										
Total [7]	1 030.2	1 108.6	1 208.4	1 354.5	1 295.8	...	1 353.4	1 427.8	1 531.9	...
Males - Hom. [7]	963.2	1 048.1	1 146.5	1 285.3	1 229.9	...	1 284.2	1 348.1	1 445.0	...
Fem. - Muj. [7]	67.0	60.5	61.9	69.2	65.9	...	69.2	79.7	86.9	...
Ethiopia (III)										
Total [8]	51.500	53.462	54.965	57.456	60.131	59.222	62.472	65.858	...	...
Gabon (II)										
Total	9.16	9.10	...	...	11.90	15.60	17.10	...	...	...
Gambia (III)										
Total [9]	.	.	2.741	2.594	2.302	1.694	...	...	...	...
Males - Hom. [9]	.	.	.	2.035	1.846	1.625	...	...	...	...
Fem. - Muj. [9]	.	.	.	0.559	0.456	0.069	...	...	...	...
Kenya (III)										
Total [10]	.	84.8	94.5	101.3	100.7	108.8	117.9	130.1	138.4	...
Males - Hom. [10]	.	.	.	.	.	.	106.1	116.2	126.9	...
Fem. - Muj. [10]	.	.	.	.	.	.	11.8	13.8	11.6	...
Liberia (III)										
Total	2.955	2.976	2.782	2.445	2.030	2.955	1.471	6.101	13.214	...
Males - Hom.	2.766	2.786	2.609	2.289	1.998	2.766	1.377	5.711	11.434	...
Fem. - Muj.	0.189	0.190	0.183	0.156	0.032	0.189	0.094	0.390	1.780	...
Libyan Arab Jamahiriya (IV) [6]										
Total	21.4	22.9	25.9	29.3	32.9	37.4	41.7	47.4	...	...
Malawi [11] (III) [12]										
B Total	21.8	23.2	25.6	26.8	31.4	36.0	I 33.5[13]	36.2*	37.0*	...
Males - Hom.	21.3	22.3	24.5	25.8	29.8	34.4	I 31.7[13]	34.4*	35.1*	...
Fem. - Muj.	0.5	0.8	1.1	0.9	1.5	1.6	I 1.8[13]	1.8*	1.9*	...
Mauritius (III) [14]										
B Total [15]	9.26	10.94	14.60	19.65	21.82	27.88	32.09	32.52	35.36	35.98*
Males - Hom. [15]	6.92	7.72	9.08	10.27	11.25	13.21	14.40	14.58	15.46	15.64*
Fem. - Muj. [15]	2.34	3.22	5.52	9.38	10.57	14.67	17.69	17.94	19.90	20.34*

Explanatory notes and source: see p. 179 - Notes explicatives et source: voir p. 181 - Notas explicativas y fuente: véase p. 183

[1] ∅: April of each year. [2] ∅: Aug. of each year. [3] Bujumbura. [4] ∅: Dec. of each year. [5] Persons aged 12 to 64 years. [6] Civilian labour force employed. [7] ∅: May of each year. [8] Year ending in Sep. of the year indicated. [9] ∅: Sep. of each year. [10] ∅: June of each year. [11] Establishments with 20 or more persons employed. [12] Incl. working proprietors and unpaid family workers. [13] Beginning 1977: sample of establishments and revised allocation of establishments in the industrial classification. [14] Employees. [15] ∅: March and Sep. of each year.

[1] ∅: avril de chaque année. [2] ∅: août de chaque année. [3] Bujumbura. [4] ∅: déc. de chaque année. [5] Personnes âgées de 12 à 64 ans. [6] Main-d'œuvre civile occupée. [7] ∅: mai de chaque année. [8] Année se terminant en sept. de l'année indiquée. [9] ∅: sept. de chaque année. [10] ∅: juin de chaque année. [11] Etablissements occupant 20 personnes et plus. [12] Y compris les propriétaires-exploitants et les travailleurs familiaux non rémunérés. [13] A partir de 1977: échantillon d'établissements et changements dans leur répartition industrielle. [14] Salariés. [15] ∅: mars et sept. de chaque année.

[1] ∅: abril de cada año. [2] ∅: agosto de cada año. [3] Bujumbura. [4] ∅: dic. de cada año. [5] Personas de 12 a 64 años. [6] Fuerza trabajadora civil ocupada. [7] ∅: mayo de cada año. [8] Año que termina en sept. del año indicado. [9] ∅: sept. de cada año. [10] ∅: junio de cada año. [11] Establecimientos con 20 y más trabajadores. [12] Incl. los empresarios propietarios y los trabajadores familiares no remunerados. [13] A partir de 1977: muestra de establecimientos y cambios en la distribución industrial de los establecimientos. [14] Asalariados. [15] ∅: marzo y sept. de cada año.

5 Employment in manufacturing
Emploi dans les industries manufacturières
Empleo en las industrias manufactureras

A All industries
Ensemble des industries
Todas las industrias

(Thousands – Milliers – Millares)

Country – Source Pays – Source País – Fuente	1971	1972	1973	1974	1975	1976	1977	1978	1979	1980
Nigeria (III) [1]										
Total	145.44	167.48	166.82	175.29	...	...	...	...	...	...
Sénégal (IV)										
Total	15.027	17.413	20.253	40.450	22.762	25.402	30.479	...	...	...
Seychelles (II)										
Total [2]	.	.	0.432	0.490	0.581	0.650	0.657	0.674	0.923	1.137
Sierra Leone [3] (III) [4]										
B Total [5]	.	.	.	5.88	5.84	6.29	6.02	6.03	7.69	7.43
South Africa [6] (III) [7]										
B Total [8]	1 107.0	1 127.3	1 171.3	1 223.9	1 254.1	1 273.4	1 242.4	1 244.0	I 1 352.2 [9]	1 411.4*
Swaziland (III)										
Total [8]	5.837	6.512	7.360	7.547	8.998	8.216 [10]	8.411	8.743	8.849	...
Males – Hom. [8]	5.427	5.788	6.035	6.348	7.560	6.831 [10]	6.553	6.543	6.741	...
Fem. – Muj. [8]	0.410	0.724	1.325	1.199	1.438	1.385 [10]	1.858	2.200	2.108	...
Tunisie (III) [11]										
Total	75.51	82.91	94.77	108.48	121.42	140.89	...	...	...	...
Males – Hom.	68.52	74.65	84.50	96.35	106.09	...	...	...	...	...
Fem. – Muj.	6.99	8.26	10.27	12.13	15.33	...	...	...	...	...
Zimbabwe (III) [7]										
B Total	121.6	130.7	139.4	151.3	156.0	153.6	145.1	139.3	144.7	159.2
AMERICA – AMÉRIQUE – AMERICA										
Bahamas (II) [12]										
Total [13]	.	.	.	.	.	3.376	3.866	3.792	3.934	...
Bolivia (IV) [14]										
Total	108.2	112.6	117.1	121.8	126.6	131.7	137.2	141.5	146.9	...
Males – Hom.	77.9	81.0	84.3	87.7	91.2	94.8	98.8	101.9	105.7	...
Fem. – Muj.	30.3	31.5	32.8	34.1	35.5	36.9	38.4	39.6	41.1	...
Brasil (III) [15]										
Total [5]	2 599	2 830	3 230	3 720	3 953	I 4 053 [16]	...	...	...	...
Males – Hom. [5]	2 106	2 260	2 555	2 911	3 093	I 3 094 [16]	...	...	...	...
Fem. – Muj. [5]	493	570	675	809	860	I 959 [16]	...	...	...	...
Canada [17] (I) [18]										
B Total	1 728	1 782	1 888	1 941	1 848	1 896	1 865	1 933	2 046	2 080
B Males – Hom.	1 322	1 355	1 430	1 461	1 392	1 407	1 398	1 438	1 503	1 521
B Fem. – Muj.	406	428	458	480	456	489	495	...	543	559

Explanatory notes and source: see p. 179 – Notes explicatives et source: voir p. 181 – Notas explicativas y fuente: véase p. 183

[1] Establishments with 10 or more persons employed. [2] ∅: Nov. of each year. [3] Employees and working proprietors. [4] Establishments with 6 or more persons employed. [5] ∅: Dec. of each year. [6] Excl. government manufacturing. [7] All persons engaged. [8] ∅: June of each year. [9] Beginning 1979: incl. government manufacturing. [10] Prior to 1976, ∅: Sep. of each year. [11] Persons aged 16 years and over. [12] Insured persons. [13] ∅: Jan. of each year. [14] Civilian labour force employed. [15] Registered establishments on 31st Dec. of each year. [16] Beginning 1978: revised questionnaire. [17] Persons aged 15 years and over. [18] Wage earners and salaried employees.

[1] Etablissements occupant 10 personnes et plus. [2] ∅: nov. de chaque année. [3] Salariés et propriétaires-exploitants. [4] Etablissements occupant 6 personnes et plus. [5] ∅: déc. de chaque année. [6] Non compris les industries manufacturières du gouvernement. [7] Ensemble de l'effectif occupé. [8] ∅: juin de chaque année. [9] A partir de 1979: y compris les industries manufacturières du gouvernement. [10] Avant 1976, ∅: sept. de chaque année. [11] Personnes âgées de 16 ans et plus. [12] Personnes assurées. [13] ∅: janv. de chaque année. [14] Main-d'œuvre civile occupée. [15] Etablissements enregistrés le 31 déc. de chaque année. [16] A partir de 1978: questionnaire révisé. [17] Personnes âgées de 15 ans et plus. [18] Population salariée ayant un emploi.

[1] Establecimientos con 10 y más trabajadores. [2] ∅: nov. de cada año. [3] Asalariados y empresarios propietarios. [4] Establecimientos con 6 y más trabajadores. [5] ∅: dic. de cada año. [6] Excl. las industrias manufactureras del Gobierno. [7] Todo el efectivo ocupado. [8] ∅: junio de cada año. [9] A partir de 1979: incl. las industrias manufactureras del Gobierno. [10] Antes de 1976, ∅: sept. de cada año. [11] Personas de 16 años y más. [12] Personas aseguradas. [13] ∅: enero de cada año. [14] Fuerza trabajadora civil ocupada. [15] Establecimientos registrados en 31 dic. de cada año. [16] A partir de 1978: cuestionario revisado. [17] Personas de 15 años y más. [18] Población ocupada asalariada.

5 Employment in manufacturing
Emploi dans les industries manufacturières
Empleo en las industrias manufactureras

All industries
Ensemble des industries
Todas las industrias

(Thousands – Milliers – Millares)

Country – Source Pays – Source País – Fuente	1971	1972	1973	1974	1975	1976	1977	1978	1979	1980
Canada [1] (III) [2]										
B Total	1 495.6	1 519.4	1 594.3	1 642.9	1 549.1	1 567.3	1 544.8	1 594.2	1 642.7	1 613.7
Colombia (III)										
B Total [3]	*102.3*	*106.2*	*111.7*	*116.4*	*117.9*	*120.6*	*122.3*	*124.3*	*127.2*	*126.1*
Costa Rica (I) [4]										
Total [5]	.	.	.	.	.	72.940	83.238	82.547	89.466	95.863*
Cuba [6] (IV) [7]										
Total	440.5	438.5	453.2	466.7	472.2	477.4	563.7*	...	...	...
República Dominicana (III)										
Total	113.98	124.21	137.74	139.43	122.31	110.78	112.56	113.33	...	...
Ecuador (III)										
B Total [8]	*123.4*	*125.4*	*132.1*	*139.2*	*147.6*	*158.7*	*154.1*	*165.3*	*173.2*	...
El Salvador (III)										
B Total	.	.	.	.	49.49	54.16	56.37	57.70	58.84	60.28*
Guatemala (III)										
B Total	37.68	40.93	41.56	37.35	32.83	32.38	36.81	38.55	...	...
Guyane française (IV)										
Total	0.967	0.879	0.886	0.753	0.790	0.681	1.040	0.427	0.576	0.652
Haïti (IV) [9]										
Total [10]	119.41	121.57	120.85	121.51	122.30	115.93	116.60	117.18	117.77	...
Males – Hom. [10]	52.57	53.12	53.67	54.23	54.79	48.25	48.75	48.99	49.24	...
Fem. – Muj. [10]	66.84	67.01	67.17	67.34	67.51	67.68	67.85	68.19	68.53	...
Jamaica [11] (I) [9]										
B Total	.	.	.	81.3	73.9	75.5	76.2	78.9	73.8	76.7
Males – Hom. [12]	.	53.9	60.6	58.4	53.8	56.1	56.1	58.8	54.2	57.7
Fem. – Muj. [12]	.	21.5	19.7	23.6	20.9	18.9	18.8	19.4	17.7	22.3
México [13] (III)										
B Total	276.25	346.70	361.86	403.21[14]	413.51	468.73[15]	464.88	487.49	524.45	560.84
México (IV) [9]										
Total [16]	.	.	.	2 833.7	2 961.2	3 137.6	3 276.6	3 424.5	3 574.5	...
Males – Hom. [16]	.	.	.	.	2 241.9	2 364.1	2 398.7	2 507.1	2 567.9	...
Fem. – Muj. [16]	.	.	.	.	719.3	773.5	877.9	917.4	1 006.6	...
Nicaragua [17] (II) [18]										
B Total	18.773	23.324	22.274	25.489	26.569	28.170	30.507	29.166	24.827	27.945
Panamá (I) [4]										
Total [19]	29.30	29.10	...	37.40[20]	33.71[21]	34.16	37.89[20]	39.97*	42.69	...
Males – Hom. [19]	23.70	22.80	.	29.80[20]	25.25[21]	27.01	29.42[20]	30.68*	30.88	...
Fem. – Muj. [19]	5.60	6.30	.	7.60[20]	8.46[21]	7.15	8.47[20]	9.29*	11.81	...

Explanatory notes and source: see p. 179 – Notes explicatives et source: voir p. 181 – Notas explicativas y fuente: véase p. 183

[1] Establishments with 20 or more persons employed. [2] Employees. [3] Index base: July 1970–June 1971 = 100. [4] Wage earners and salaried employees. [5] ∅: July of each year. [6] Incl. mining and quarrying, electricity, gas and water. [7] State sector. [8] Index base: 1965 = 100. [9] Civilian labour force employed. [10] Year beginning in July of year indicated. [11] Persons aged 14 years and over. [12] ∅: Oct. of each year. [13] Figures include 57 industrial groups of the national classification. [14] Prior to 1974: 45 industrial groups. [15] Prior to 1976: 54 industrial groups. [16] ∅: June of each year. [17] Eight main cities of the country. [18] Insured persons. [19] ∅: Aug. of each year. [20] October. [21] November.

[1] Etablissements occupant 20 personnes et plus. [2] Salariés. [3] Indices base 100 en juillet 1970–juin 1971. [4] Population salariée ayant un emploi. [5] ∅: juillet de chaque année. [6] Y compris les industries extractives, l'électricité, le gaz et l'eau. [7] Secteur d'Etat. [8] Indices base: 1965 = 100. [9] Main-d'œuvre civile occupée. [10] Année commençant en juillet de l'année indiquée. [11] Personnes âgées de 14 ans et plus. [12] ∅: oct. de chaque année. [13] Les chiffres comprennent 57 classes industrielles de la classification nationale. [14] Avant 1974: 45 classes industrielles. [15] Avant 1976: 54 classes industrielles. [16] ∅: juin de chaque année. [17] Huit villes principales du pays. [18] Personnes assurées. [19] ∅: août de chaque année. [20] Octobre. [21] Novembre.

[1] Establecimientos con 20 y más trabajadores. [2] Asalariados. [3] Indices base: julio 1970–junio 1971 = 100. [4] Población ocupada asalariada. [5] ∅: julio de cada año. [6] Incl. minas y canteras, electricidad, gas y agua. [7] Sector de Estado. [8] Indices base: 1965 = 100. [9] Fuerza trabajadora civil ocupada. [10] Año que comienza en julio del año indicado. [11] Personas de 14 años y más. [12] ∅: oct. de cada año. [13] Las cifras comprenden 57 clases industriales de la clasificación nacional. [14] Antes de 1974: 45 clases industriales. [15] Antes de 1976: 54 clases industriales. [16] ∅: junio de cada año. [17] Ocho ciudades principales del país. [18] Personas aseguradas. [19] ∅: agosto de cada año. [20] Octubre. [21] Noviembre.

5 Employment in manufacturing
Emploi dans les industries manufacturières
Empleo en las industrias manufactureras

All industries
Ensemble des industries
Todas las industrias

(Thousands - Milliers - Millares)

Country - Source Pays - Source País - Fuente	1971	1972	1973	1974	1975	1976	1977	1978	1979	1980
Perú [1] (III) [2]										
Total	.	.	.	66.445	70.702	74.134	74.675	74.145	74.308	...
Perú (IV) [3]										
Total	601.3	627.4	658.4	694.7	727.9	744.0	741.2	772.3	803.9	812.5
St. Kitts-Nevis-Anguilla (III)										
Total	.	.	1.01	1.07	1.25	1.25	1.50	1.90	2.00	...
Trinidad and Tobago [4] (III) [5]										
Total	28.1	25.4	29.3	27.2	28.5	32.1*	...	...	...	...
United States (III) [6]										
B Total	18 263	19 151	20 154	20 077	18 323	18 997	19 682	20 505	21 062*	20 361*
B Males - Hom.	13 034	13 681	14 289	14 228	13 066	13 390	13 802	14 268	14 584*	13 993
B Fem. - Muj.	5 229	5 470	5 865	5 849	5 257	5 607	5 880	6 237	6 478*	6 368
Venezuela (III) [6]										
B Total [7]	62.104	62.905	65.447	70.099	75.003	82.230	85.854	89.914*	...	... [8]
Virgin Islands (US) (III)										
Total	.	.	.	.	3.060	3.160	3.140	2.950	...	...
ASIA - ASIE - ASIA										
Afghanistan (III) [6]										
Total [9]	.	.	22.7	28.2	33.5	34.5	39.9	43.0	...	...
Males - Hom. [9]	.	.	21.8	27.3	32.3	33.7	37.1	40.7	...	...
Fem. - Muj. [9]	.	.	0.9	0.9	1.2	0.8	2.8	2.3	...	...
Bangladesh (III) [10]										
Total [11]	.	.	.	.	298.75	.	368.42	.	398.11	.
Brunei (III)										
Total [12]	.	1.592	1.970	1.893	2.168	2.193	2.456	2.189	2.312	2.424
Cyprus (III) [13]										
Total	.	.	.	.	.	22.353	23.626	27.232	28.100*	...
Males - Hom.	.	.	.	.	.	11.419	11.767	13.349	13.706*	...
Fem. - Muj.	.	.	.	.	.	10.934	11.859	13.883	14.394*	...
Hong Kong (III) [14]										
B Total [15]	564.4	578.9	582.7	600.1	678.9	773.7	755.1	816.7	870.9	907.5
B Males - Hom. [15]	275.7	282.9	280.8	294.4	328.2	374.8	368.9	402.7	428.7	451.8
B Fem. - Muj. [15]	288.7	295.9	301.9	305.8	350.6	399.0	386.3	413.9	442.2	455.7
India [16] (III) [17]										
B Total [18]	4 777	4 862	5 066	5 125	5 127	5 271	5 391	5 677	5 849	5 857*
B Males - Hom. [18]	4 360	4 411	4 599	4 662	4 674	4 757	4 865	5 105	5 277	5 296*
B Fem. - Muj. [18]	417	451	467	464	453	514	526	572	572	561*

Explanatory notes and source: see p. 179 - Notes explicatives et source: voir p. 181 - Notas explicativas y fuente: véase p. 183

[1] Lima. [2] Establishments with 50 or more persons employed. [3] Civilian labour force employed. [4] Excl. sugar distilleries and petroleum refineries. [5] Establishments with 10 or more persons employed. [6] Employees. [7] ∅: second semester of each year. [8] First semester. [9] Year beginning in July of year indicated. [10] Establishments with 20 or more persons employed. [11] Biennial survey. [12] ∅: June of each year. [13] Employees and unpaid family workers. [14] All persons engaged. [15] ∅: Dec. of each year. [16] Public sector and establishments of non-agricultural private sector with 10 or more persons employed. [17] Employees and working proprietors. [18] ∅: March of each year.

[1] Lima. [2] Etablissements occupant 50 personnes et plus. [3] Main-d'œuvre civile occupée. [4] Non compris les raffineries de sucre et de pétrole. [5] Etablissements occupant 10 personnes et plus. [6] Salariés. [7] ∅: second semestre de chaque année. [8] Premier semestre. [9] Année commençant en juillet de l'année indiquée. [10] Etablissements occupant 20 personnes et plus. [11] Enquête biennale. [12] ∅: juin de chaque année. [13] Salariés et travailleurs familiaux non rémunérés. [14] Ensemble de l'effectif occupé. [15] ∅: déc. de chaque année. [16] Secteur public et établissements du secteur privé non agricole occupant 10 personnes et plus. [17] Salariés et propriétaires-exploitants. [18] ∅: mars de chaque année.

[1] Lima. [2] Establecimientos con 50 y más trabajadores. [3] Fuerza trabajadora civil ocupada. [4] Excl. las refinerías de azúcar y de petróleo. [5] Establecimientos con 10 y más trabajadores. [6] Asalariados. [7] ∅: segundo semestre de cada año. [8] Primer semestre. [9] Año que comienza en julio del año indicado. [10] Establecimientos con 20 y más trabajadores. [11] Encuesta bienal. [12] ∅: junio de cada año. [13] Asalariados y trabajadores familiares no remunerados. [14] Todo el efectivo ocupado. [15] ∅: dic. de cada año. [16] Sector público y establecimientos del sector no agrícola con 10 y más trabajadores. [17] Asalariados y empresarios propietarios. [18] ∅: marzo de cada año.

5 Employment in manufacturing
Emploi dans les industries manufacturières
Empleo en las industrias manufactureras

All industries
Ensemble des industries
Todas las industrias

(Thousands – Milliers – Millares)

Country – Source Pays – Source País – Fuente		1971	1972	1973	1974	1975	1976	1977	1978	1979	1980
Israel [1] (I) [2]											
B	Total [3]	200.8	208.4	226.0	231.8	231.0	228.7	232.3	238.3	252.0	249.6
B	Males – Hom. [3]	155.0	157.8	170.8	179.5	180.8	178.8	180.0	184.1	190.2	192.9
B	Fem. – Muj. [3]	45.8	50.6	55.2	52.3	50.2	49.9	52.3	54.2	61.8	56.7
Israel [1] (II) [2]											
B	Total [4]	...	...	...	...	254.4	259.5	265.4	273.3	I 287.5 [5]	280.4*
Japan [6] (I) [7]											
B	Total	11 560	11 550	I 12 030 [8]	12 010	11 380	11 330	11 260	11 090	11 070	11 350
B	Males – Hom.	7 680	7 790	I 7 990 [8]	8 110	7 760	7 620	7 470	7 270	7 340	7 490
B	Fem. – Muj.	3 880	3 770	I 4 040 [8]	3 900	3 610	3 700	3 790	3 820	3 730	3 860
Jordan (III) [9]											
	Total [10]	...	...	8.77	11.12	11.61	11.98	12.53	11.63	12.48	...
	Males – Hom. [10]	...	...	...	9.91	10.23	10.73	11.15	10.36	11.19	...
	Fem. – Muj. [10]	...	...	...	1.21	1.38	1.34	1.38	1.27	1.28	...
Korea, Republic of [11] (I) [7]											
B	Total	855	1 027	1 289	1 535	1 722	2 071	2 197	2 409	2 524	2 357
B	Males – Hom.	615	733	865	1 059	1 216	1 389	1 420	1 519	1 556	1 458
B	Fem. – Muj.	240	294	424	476	506	682	777	889	968	899
Peninsular Malaysia (III) [12]											
	Total	...	...	...	...	...	232.43	253.95	277.42	297.37	312.2
Malaysia: Sabah (III) [13]											
	Total [14]	.	.	1.66	3.41	2.52	2.28	2.14	2.32	3.02	...
Pakistan (III) [12]											
	Total	.	494.92	343.40	535.13	551.31	558.16	572.45	550.47	...	...
Philippines (III) [12]											
B	Total [15]	*135.9*	*100.0*	*110.6*	*119.0*	*122.3*	*130.0*	*136.4*	*142.1*	*149.5*	*143.7*
Singapore (I) [7]											
	Total [16]	.	.	.	213.8	194.0	213.7	224.7	251.2	273.6	293.3
	Males – Hom. [16]	.	.	.	116.8	115.0	124.4	122.6	134.2	148.5	154.7
	Fem. – Muj. [16]	.	.	.	97.0	79.0	89.3	102.1	116.9	125.1	138.6
Singapore [17] (III) [18]											
	Total	140.55	170.35	198.57	206.07	191.53	207.23	219.11	243.72	267.45*	...
Sri Lanka (III) [12]											
	Total	202.01	211.52	206.47	208.77	188.95	191.42	194.71	202.74	202.47	...
	Males – Hom.	136.36	136.19	139.70	141.20	127.84	131.25	132.13	140.42	144.01	...
	Fem. – Muj.	65.66	75.34	66.77	67.57	61.11	60.18	62.58	62.32	58.46	...

Explanatory notes and source: see p. 179 – Notes explicatives et source: voir p. 181 – Notas explicativas y fuente: véase p. 183

[1] Incl. territories under occupation by Israeli military forces since June 1967. [2] Incl. mining and quarrying. [3] Civilian labour force employed. [4] Persons aged 16 years and over. [5] Beginning 1979: sample design revised. [6] Persons aged 15 years and over. [7] Wage earners and salaried employees. [8] Prior to 1973: excl. Okinawa Prefecture. [9] Establishments with 5 or more persons employed. [10] ∅: Aug. of each year. [11] Persons aged 14 years and over. [12] Employees. [13] Establishments with 20 or more persons employed. [14] ∅: Dec. of each year. [15] Index base: 1972 = 100. [16] ∅: June of each year. [17] Excl. rubber processing. [18] Establishments with 10 or more persons employed.

[1] Y compris les territoires occupés par les forces armées israéliennes depuis juin 1967. [2] Y compris les industries extractives. [3] Main-d'œuvre civile occupée. [4] Personnes âgées de 16 ans et plus. [5] A partir de 1979: plan d'échantillonage révisé. [6] Personnes âgées de 15 ans et plus. [7] Population salariée ayant un emploi. [8] Avant 1973: non compris la préfecture d'Okinawa. [9] Etablissements occupant 5 personnes et plus. [10] ∅: août de chaque année. [11] Personnes âgées de 14 ans et plus. [12] Salariés. [13] Etablissements occupant 20 personnes et plus. [14] ∅: déc. de chaque année. [15] Indices base: 1972 = 100. [16] ∅: juin de chaque année. [17] Non compris le travail du caoutchouc naturel. [18] Etablissements occupant 10 personnes et plus.

[1] Incl. territorios ocupados por las fuerzas armadas israelíes desde junio de 1967. [2] Incl. las minas y canteras. [3] Fuerza trabajadora civil ocupada. [4] Personas de 16 años y más. [5] A partir de 1979: diseño de la muestra revisado. [6] Personas de 15 años y más. [7] Población ocupada asalariada. [8] Antes de 1973: excl. la Prefectura de Okinawa. [9] Establecimientos con 5 y más trabajadores. [10] ∅: agosto de cada año. [11] Personas de 14 años y más. [12] Asalariados. [13] Establecimientos con 20 y más trabajadores. [14] ∅: dic. de cada año. [15] Indices base: 1972 = 100. [16] ∅: junio de cada año. [17] Excl. la elaboración de caucho natural. [18] Establecimientos con 10 y más trabajadores.

5 Employment in manufacturing
Emploi dans les industries manufacturières
Empleo en las industrias manufactureras

A All industries
Ensemble des industries
Todas las industrias

(Thousands - Milliers - Millares)

Country - Source Pays - Source País - Fuente	1971	1972	1973	1974	1975	1976	1977	1978	1979	1980
Thailand (I) [1]										
Total [2]	659.0	1 239.5	1 201.1	1 693.6	1 355.7	1 145.3	1 329.3	1 477.5	...	...
Males - Hom. [2]	354.1	692.2	735.0	931.4	775.6	603.0	759.7	858.8	...	...
Fem. - Muj. [2]	304.9	547.2	466.0	754.2	580.1	542.9	569.5	625.1	...	...
EUROPE - EUROPE - EUROPA										
Austria (II) [3]										
Total [4]	.	914.5	946.7	944.5	910.8	905.5	922.3	913.1	912.1	920.7
Males - Hom. [4]	.	...	...	...	594.0	592.5	604.3	601.5	600.9	607.5
Fem. - Muj. [4]	.	...	...	...	316.8	313.0	318.1	311.6	311.3	313.2
Austria [5] (III) [6]										
B Total	647.99	662.32	676.25	673.86	640.07	629.28	634.43	623.23	622.71	627.32
Belgique (II) [7]										
Total [8]	1 088.5	1 074.4	1 088.3	1 102.1	1 033.1	990.9	952.1	912.6	887.9	869.7
Males - Hom. [8]	801.3	788.2	797.1	804.2	762.4	737.4	715.0	688.1	673.1	661.6
Fem. - Muj. [8]	287.2	286.2	291.2	298.0	270.7	253.6	237.1	224.5	214.8	208.1
Bulgarie [9] (III) [7]										
B Total	1 173.0	1 198.2	1 227.4	1 265.0	1 285.0	1 296.6	1 304.4	1 317.7	1 333.5	1 307.5*
Czechoslovakia (III) [7]										
B Total	2 220	2 236	2 256	2 271	2 290	2 302	2 323	2 342	2 358	2 370
B Males - Hom.	1 264	1 273	1 284	1 293	1 304	1 311	1 328	1 342	1 353	1 358
B Fem. - Muj.	956	963	972	978	986	991	995	1 000	1 005	1 012
Denmark (I) [1]										
Total	.	586.9	588.7	555.7	528.6	537.1	521.6	531.2	534.1	...
Males - Hom.	.	406.1	413.1	396.1	379.3	383.8	376.0	381.0	380.6	...
Fem. - Muj.	.	180.8	175.6	159.6	149.3	153.3	145.6	150.2	153.5	...
Denmark (III) [7]										
B Total	405.6	412.8	425.0	412.5	374.7	375.5	377.1	375.9	381.0	371.0*
España [10] (I) [11]										
B Total [12]	2 883.2	2 786.7	2 911.3	2 957.6	3 018.4	2 676.6	2 660.1	2 600.1	2 496.9	▮2 356.6[13]
B Males - Hom. [12]	2 241.7	2 072.2	2 129.3	2 178.1	2 248.2	1 963.7	1 973.2	1 935.5	1 879.1	▮1 826.9[13]
B Fem. - Muj. [12]	641.5	714.5	782.0	779.5	770.2	712.9	686.9	664.6	617.9	▮ 529.7[13]
Finland [14] (I) [11]										
B Total	540	550	563	598	593	572	563	554	571	594
B Males - Hom.	346	354	366	385	381	362	364	355	384	384
B Fem. - Muj.	194	196	197	213	212	213	204	199	202	210
France [15] (III) [7]										
B Total [15]	5 411.0	5 477.0	5 601.0	5 660.0	▮5 502.0[16]	5 449.0	5 428.5	5 345.7	5 254.4*	5 185.4*

Explanatory notes and source: see p. 179 - Notes explicatives et source: voir p. 181 - Notas explicativas y fuente: véase p. 183

[1] Civilian labour force employed. [2] ∅: second semester of each year. [3] Insured persons. [4] ∅: July of each year. [5] Incl. mining and quarrying. [6] Establishments with 6 or more persons employed. [7] Employees. [8] ∅: June of each year. [9] Socialised sector; incl. mining, quarrying and electricity. [10] Persons aged 14 years and over. [11] Wage earners and salaried employees. [12] ∅: fourth quarter of each year. [13] Beginning 2nd quarter 1980: persons aged 16 years and over. [14] Persons aged 15 to 74 years. [15] [16] Change of industrial classification.

[1] Main-d'œuvre civile occupée. [2] ∅: second semestre de chaque année. [3] Personnes assurées. [4] ∅: juillet de chaque année. [5] Y compris les industries extractives. [6] Etablissements occupant 6 personnes et plus. [7] Salariés. [8] ∅: juin de chaque année. [9] Secteur socialisé; y compris les industries extractives et l'électricité. [10] Personnes âgées de 14 ans et plus. [11] Population salariée ayant un emploi. [12] ∅: quatrième trimestre de chaque année. [13] A partir du 2e trimestre 1980: personnes âgées de 16 ans et plus. [14] Personnes âgées de 15 à 74 ans. [15] [16] Changement de classification industrielle.

[1] Fuerza trabajadora civil ocupada. [2] ∅: segundo semestre de cada año. [3] Personas aseguradas. [4] ∅: julio de cada año. [5] Incl. las minas y canteras. [6] Establecimientos con 6 y más trabajadores. [7] Asalariados. [8] ∅: junio de cada año. [9] Sector socializado; incl. minas, canteras y electricidad. [10] Personas de 14 años y más. [11] Población ocupada asalariada. [12] ∅: cuarto trimestre de cada año. [13] A partir del 2.° trimestre de 1980: personas de 16 años y más. [14] Personas de 15 a 74 años. [15] [16] Cambio de clasificación industrial.

5 Employment in manufacturing
Emploi dans les industries manufacturières
Empleo en las industrias manufactureras

All industries
Ensemble des industries
Todas las industrias

(Thousands – Milliers – Millares)

Country – Source Pays – Source País – Fuente	1971	1972	1973	1974	1975	1976	1977	1978	1979	1980
German Democratic Rep. [1] (III) [2]										
Total	3 212.2	3 343.1	3 373.5	3 378.5	3 386.7	3 417.1	3 448.1	3 468.4	3 492.5	3 499.2
Germany, Fed. Rep. of (IV) [3]										
B Total	.	8 995	8 995	8 858	8 347	8 313	8 274	8 282	8 331	8 396*
B Males – Hom.	.	6 260	6 228	6 183	5 865	5 749	5 733	5 721	5 750	5 790*
B Fem. – Muj.	.	2 735	2 767	2 675	2 482	2 564	2 541	2 561	2 581	2 606*
Grèce (III) [2]										
B Total [4]	*119.2*	*124.1*	*131.4*	*132.8*	*133.9*	*142.1*	*148.6*	*153.3*	*157.5*	*159.3*
Hongrie [5] (III) [5]										
B Total	1 453.8	1 451.3	1 479.5	1 495.8	1 455.7	1 446.6	1 444.3	1 445.8	1 422.1*	1 383.4
Ireland (III) [6]										
B Total [7]	.	.	207.6	210.2	194.8	197.7	203.9	210.3	218.7	213.9
Italie [8] (I) [3]										
B Total	4 947	4 903	4 989	5 189	5 201	5 215	4 800 [9]	4 732	4 754	4 787
B Males – Hom.	...	...	...	...	...	...	3 297	3 254	3 251	3 256
B Fem. – Muj.	...	...	...	...	...	...	1 503	1 477	1 503	1 532
Malta (IV) [2]										
Total	22.520	23.630	27.430	28.011	28.981	30.284	33.804	32.827	39.454	...
Males – Hom.	15.910	16.090	17.280	17.668	18.028	17.672	20.196	18.459	24.276	...
Fem. – Muj.	6.610	7.540	10.150	10.343	10.953	12.612	13.608	14.368	15.178	...
Netherlands [10] (III) [2]										
B Total [10]	...	...	*105*	*104*	*100*	*96*	*94*	*91*	*90**	*88**
Netherlands (IV) [11]										
Total	1 189	1 149	1 131	1 128	1 088	1 043	1 015	988	973*	...
Norway [12] (I) [3]										
B Total	.	367	389	392	395	398	393	380	370	375
B Males – Hom.	.	.	.	.	.	.	299	290	278	284
B Fem. – Muj.	.	.	.	.	.	.	94	90	91	91
Pologne [13] (III) [5]										
Total	4 200.1	4 366.4	4 490.2	4 599.9	4 729.9	4 745.3	4 792.3	4 783.8	4 774.2	4 760.5*
Pologne [5] (III) [2]										
B Total	3 607.9	3 757.8	3 880.2	3 986.3	4 271.4	4 084.9	4 128.6	4 110.6	4 071.0	4 055.1*
Portugal [14] (I) [2]										
Total	.	.	.	856	829	861	792	860	878	921
Males – Hom.	.	.	.	514	514	543	507	563	565	587
Fem. – Muj.	.	.	.	342	315	318	285	297	313	334
Roumanie [5] (III) [2]										
Total [1]	2 201.7	2 324.2	2 484.6	2 660.4	2 802.1	2 909.2	3 027.4	3 107.5	3 227.4	3 329.2

Explanatory notes and source: see p. 179 – Notes explicatives et source: voir p. 181 – Notas explicativas y fuente: véase p. 183

[1] Incl. mining and quarrying, electricity, gas and water. [2] Employees. [3] Wage earners and salaried employees. [4] Index base: 1964 = 100. [5] Socialised sector. [6] All persons engaged. [7] ∅: Sep. of each year. [8] Persons aged 14 years and over. [9] Change of industrial classification. [10] Index base: 1975 = 100. [11] Civilian employment (man-years). [12] Persons aged 16 to 74 years. [13] Incl. mining and quarrying. [14] Persons aged 10 years and over.

[1] Y compris les industries extractives, l'électricité, le gaz et l'eau. [2] Salariés. [3] Population salariée ayant un emploi. [4] Indices base: 1964 = 100. [5] Secteur socialisé. [6] Ensemble de l'effectif occupé. [7] ∅: sept. de chaque année. [8] Personnes âgées de 14 ans et plus. [9] Changement de classification industrielle. [10] Indices base: 1975 = 100. [11] Emploi civil (années-homme). [12] Personnes âgées de 16 à 74 ans. [13] Y compris les industries extractives. [14] Personnes âgées de 10 ans et plus.

[1] Incl. minas y canteras, electricidad, gas y agua. [2] Asalariados. [3] Población ocupada asalariada. [4] Indices base: 1964 = 100. [5] Sector socializado. [6] Todo el efectivo ocupado. [7] ∅: sept. de cada año. [8] Personas de 14 años y más. [9] Cambio de clasificación industrial. [10] Indices base: 1975 = 100. [11] Empleo civil (años-hombre). [12] Personas de 16 a 74 años. [13] Incl. las minas y canteras. [14] Personas de 10 años y más.

5 Employment in manufacturing
Emploi dans les industries manufacturières
Empleo en las industrias manufactureras

All industries
Ensemble des industries
Todas las industrias

(Thousands – Milliers – Millares)

Country – Source Pays – Source País – Fuente	1971	1972	1973	1974	1975	1976	1977	1978	1979	1980
Suisse (III) [1]										
Total [2]	873.18	848.42	814.27	805.24	714.90	683.20	681.82	683.69	678.18	691.76
Suisse (III) [3]										
B Total [4]	*113.4*	*111.5*	*110.5*	*110.2*	*100.0*	*95.3*	*95.0*	*95.4*	*95.3*	*96.9*
Sweden (III) [3]										
B Total	646.4	635.3	650.0	667.4	669.2	658.2	636.7	607.7	612.3	607.1
B Males – Hom.	510.1	503.0	513.3	521.2	519.6	515.0	491.8	469.0	468.8	462.8
B Fem. – Muj.	136.3	132.3	136.7	146.2	149.5	149.1	142.4	138.7	141.4	144.3
Turquie (III) [5]										
Total	521.1	576.9	637.7	659.6	706.8	737.9	756.6	809.3	791.8	543.7
United Kingdom (III) [5]										
B Total [6]	8 058	7 780	7 829	7 873	7 490	7 246	7 292	7 257	7 176*	6 807*
B Males – Hom. [6]	5 653	5 465	5 467	5 458	5 264	5 131	5 142	5 123	5 057*	4 826*
B Fem. – Muj. [6]	2 405	2 315	2 362	2 415	2 226	2 115	2 150	2 134	2 119*	1 981*
Yugoslavia (III) [5]										
B Total [7]	1 429	1 505	1 553	1 636	1 722	1 773	1 855	1 927	2 007	2 068*
B Males – Hom. [7]	.	.	.	.	.	.	1 191	1 238	1 288	1 322*
B Fem. – Muj. [7]	.	.	.	.	.	.	664	689	719	746*
OCEANIA – OCÉANIE – OCEANIA										
Australia (III) [5]										
B Total [6]	1 316.1	1 294.9	1 315.0	1 321.1	1 224.9	1 216.0	1 183.8	1 156.8	1 165.1	...
B Males – Hom. [6]	963.2	950.5	958.4	958.4	907.6	902.0	886.2	866.8	870.6	...
B Fem. – Muj. [6]	290.0	294.5	338.3	350.3	352.8	344.4	356.7	362.7	317.3	...
Fiji (III) [1]										
B Total [6]	10.040	9.828	10.116	11.840	12.760	11.444	11.253	13.096	...	...
Guam (III) [5]										
Total	1.100	1.000	1.100	1.700	1.200	0.933	0.992	1.233	...	...
New Zealand [8] (III) [5]										
B Total	246.77	246.54	257.25	266.47	261.37	266.74	268.78	257.80	...	...
B Males – Hom.	.	.	.	196.78	194.35	197.39	197.28	192.55	...	...
B Fem. – Muj.	.	.	.	70.41	66.93	71.51	65.25	69.36	...	...
Papua New Guinea (IV) [5]										
Total [6]	9.568	10.121	10.302	11.450	10.281	12.188	12.582	14.380	...	...
USSR – URSS – URSS										
URSS [9] (III) [5]										
Total [10]	32 030	32 461	32 875	33 433	34 054	34 815	35 417	36 014	36 496	36 391*

Explanatory notes and source: see p. 179 – Notes explicatives et source: voir p. 181 – Notas explicativas y fuente: véase p. 183

[1] All persons engaged. [2] ∅: Sep. of each year. [3] Wage earners only. [4] Index base: 1949 = 100. [5] Employees. [6] ∅: June of each year. [7] ∅: March and Sep. of each year. [8] Establishments with 2 or more persons employed. [9] Socialised sector. [10] Incl. mining and quarrying, electricity, gas and water.

[1] Ensemble de l'effectif occupé. [2] ∅: sept. de chaque année. [3] Ouvriers seulement. [4] Indices base: 1949 = 100. [5] Salariés. [6] ∅: juin de chaque année. [7] ∅: mars et sept. de chaque année. [8] Etablissements occupant 2 personnes et plus. [9] Secteur socialisé. [10] Y compris les industries extractives, l'électricité, le gaz et l'eau.

[1] Todo el efectivo ocupado. [2] ∅: sept. de cada año. [3] Obreros solamente. [4] Indices base: 1949 = 100. [5] Asalariados. [6] ∅: junio de cada año. [7] ∅: marzo y sept. de cada año. [8] Establecimientos con 2 y más trabajadores. [9] Sector socializado. [10] Incl. minas y canteras, electricidad, gas y agua.

5 Employment in manufacturing / Emploi dans les industries manufacturières / Empleo en las industrias manufactureras

B By major groups of industry / Par classe d'industrie / Por agrupaciones de industria

(Thousands – Milliers – Millares)

Country – ISIC code [a] Pays – Code CITI [a] País – Clave CIIU [a]	1971	1972	1973	1974	1975	1976	1977	1978	1979	1980
AFRICA – AFRIQUE – AFRICA										
Algérie (III)										
[1]										
31	28.1	31.3	30.6	36.9	37.7	41.4	43.8	46.0	...	...
321	29.0	28.1	29.6	30.3	32.5	33.2	33.7	35.5	...	...
322–323	6.8	7.2	5.7	7.0	6.9	7.1	7.4	8.3	...	...
33	8.4	7.7	7.2	9.9	10.2	11.2	...	...	...	...
34	5.8	5.7	5.3	8.3	9.4	10.0	...	...	...	...
34–35	.	.	.	.	.	.	23.63	26.47	...	...
35	8.3	8.5	10.8	11.7	13.2	13.9	...	...	...	...
36	12.6	12.2	15.4	18.2	21.2	21.7	22.8	24.1	...	...
37	9.4	12.3	13.2	20.7	24.3	26.4	...	...	...	...
37–38	.	.	.	.	.	.	82.71	85.45	...	...
38	22.4	24.0	35.5	42.3	47.2	49.9	...	...	...	...
390	2.0	3.5	4.8	5.9	6.0	6.3	7.0	6.1	...	...
Total	**132.9**	**140.4**	**158.1**	**191.4**	**208.6**	**221.1**	**221.0**	**231.8**	...	...
Burundi (III)										
[2]										
311–312	0.198	0.192	0.215	0.222	0.218	0.232	0.458	0.401	0.370	0.515
313	0.339	0.457	0.563	0.548	0.593	0.554	0.572	0.636	0.676	0.706
321	0.144	0.144	0.142	0.153	0.158	0.152	0.152	0.153	0.171	0.987
322	0.220	0.218	0.222	0.251	0.265	0.228	0.233	0.234	0.231	...
323	0.070	0.019	0.089	0.046	0.046	0.058	0.060	0.049	0.058	0.093
324	0.092	0.075	0.066	0.066	0.030	0.030	0.033	0.033	0.041	0.047
33	0.134	0.135	0.152	0.164	0.131	0.143	0.141	0.161	0.169	0.190
34	0.104	0.101	0.119	0.127	0.133	0.131	0.130	0.124	0.124	0.155
35	0.164	0.116	0.135	0.147	0.152	0.191	0.280	0.296	0.222	0.306
36	0.125	0.105	0.157	0.150	0.365	0.253	0.154	0.172	0.178	0.260
381	0.556	0.514	0.520	0.529	0.449	0.469	0.485	0.495	0.573	0.670
383	0.008	0.007	0.029	0.029	0.030	0.020	0.018	0.017	0.017	...
390	0.192	0.162	0.144	0.104	0.203	0.078	0.069	–	–	...
Total	**2.346**	**2.245**	**2.553**	**2.536**	**2.773**	**2.539**	**2.785**	**2.771**	**2.830**	**3.929**
Rép.-Unie du Cameroun (III)										
311–312	.	.	3.72	4.97	5.34	5.43	4.84	5.38	6.85	...
313	.	.	3.98	5.33	6.19	6.32	7.43	7.84	8.01	...
314	.	.	0.40	0.54	0.74	0.81	0.92	1.18	1.35	...
321	.	.	3.35	4.48	4.84	4.99	5.14	4.95	5.22	...
322	.	.	5.40	7.23	6.96	7.01	6.84	7.08	7.39	...
323–324	.	.	0.31	0.41	0.50	0.51	0.94	1.32	1.61	...
331	.	.	3.05	4.07	4.84	4.94	5.39	5.84	6.77	...
332	.	.	1.00	1.33	1.70	1.83	1.74	1.69	2.39	...
341	.	.	–	–	–	–	0.45	2.19	2.92	...
342	.	.	0.67	0.90	0.75	0.84	0.87	1.16	1.75	...
351	.	.	–	–	–	0.02	0.06	0.06	0.10	...
353	.	.	–	–	–	–	–	0.90	1.13	...
356	.	.	–	–	–	–	–	0.38	0.44	...
361	.	.	–	–	–	–	–	0.18	0.30	...
362	.	.	–	–	–	–	–	0.27	0.30	...
381	.	.	–	–	–	–	–	0.84	1.01	...
Total	.	.	**21.89**	**29.26**	**31.87**	**32.71**	**34.62**	**41.26**	**47.55**	...

[a] ISIC – CITI – CIIU 1968: See Annex – Voir annexe – Véase anexo.

Explanatory notes and source: see p. 179 – Notes explicatives et source: voir p. 181 – Notas explicativas y fuente: véase p. 183

[1] ∅: April of each year. [2] ∅: Dec. of each year. [1] ∅: avril de chaque année. [2] ∅: déc. de chaque année. [1] ∅: abril de cada año. [2] ∅: dic. de cada año.

5 Employment in manufacturing
Emploi dans les industries manufacturières
Empleo en las industrias manufactureras

B By major groups of industry
Par classe d'industrie
Por agrupaciones de industria

(Thousands – Milliers – Millares)

Country – ISIC code [(a)] Pays – Code CITI [(a)] País – Clave CIIU [(a)]	1971	1972	1973	1974	1975	1976	1977	1978	1979	1980
Egypt (III) [1]										
[2]										
311-312	95.0	94.0	91.0	104.0	105.0	100.0	...	...	...	...
313	6.0	6.0	5.0	6.0	6.0	6.0	...	...	...	...
314	6.0	12.0	11.0	12.0	12.0	12.0	...	...	...	...
321	223.0	259.0	269.0	274.0	293.0	279.0	...	...	...	...
322	8.0	3.0	3.0	3.0	3.0	3.0	...	...	...	...
323	4.0	4.0	3.0	4.0	4.0	4.0	...	...	...	...
324	5.0	6.0	6.0	6.0	5.0	5.0	...	...	...	...
331	4.0	5.0	5.0	6.0	4.0	6.0	...	...	...	...
332	4.0	3.0	3.0	5.0	3.0	3.0	...	...	...	...
341	9.0	11.0	13.0	11.0	13.0	11.0	...	...	...	...
342	13.0	16.0	14.0	14.0	15.0	16.0	...	...	...	...
351	11.0	13.0	20.0	16.0	20.0	19.0	...	...	...	...
352	23.0	24.0	27.0	21.0	28.0	26.0	...	...	...	...
353	5.0	8.0	5.0	10.0	11.0	4.0	...	...	...	...
354	4.0	4.0	3.0	4.0	4.0	6.0	...	...	...	...
355	4.0	5.0	5.0	3.0	5.0	5.0	...	...	...	...
356	4.0	6.0	6.0	8.0	7.0	4.0	...	...	...	...
361	1.0	1.0	1.0	4.0	3.0	3.0	...	...	...	...
362	6.0	9.0	10.0	9.0	8.0	10.0	...	...	...	...
369	20.0	20.0	19.0	19.0	22.0	23.0	...	...	...	...
371	12.0	17.0	32.0	11.0	38.0	33.0	...	...	...	...
372	4.0	5.0	8.0	7.0	4.0	4.0	...	...	...	...
381	43.0	37.0	24.0	32.0	33.0	33.0	...	...	...	...
382	12.0	18.0	27.0	30.0	29.0	33.0	...	...	...	...
384	19.0	21.0	.	.	0.4	0.4	0.5	0.6	...	...
385	2.0	1.0	1.0	1.0	1.0	6.0	...	...	...	...
390	1.0	1.0	2.0	2.0	2.0	1.0	...	...	...	...
Total	**548.0**	**609.0**	**613.0**	**622.0**	**678.4**	**655.4**	**...**	**0.6**	**...**	**...**
Ethiopia [3] (III)										
311-312	8.643	9.066	9.732	11.639	13.471	10.724	9.659	10.557	...	...
313	2.924	2.971	2.898	2.915	3.077	3.625	4.098	4.605	...	...
314	0.542	0.581	0.603	0.477	0.689	0.662	0.636	0.706	...	...
321	21.409	22.563	22.827	22.296	22.599	26.044	28.737	29.958	...	...
322	0.967	1.011	1.125	1.214	1.216	1.207	...	...	...	...
323	0.895	0.978	1.199	1.206	1.215	1.143	...	...	...	...
324	1.293	1.186	1.421	1.548	1.688	1.569	...	...	...	...
331	3.551	3.521	3.376	3.628	3.816	4.275	...	...	...	...
332	0.480	0.577	0.629	0.655	0.651	0.689	...	...	...	...
341	0.687	0.680	0.713	0.685	0.566	0.640	...	...	...	...
342	1.566	1.558	1.537	1.508	1.507	1.642	...	...	...	...
351	0.109	0.081	0.087	0.051	0.047	0.187	...	...	...	...
352	0.687	0.750	0.766	0.835	0.824	0.941	...	...	...	...
353	0.673	0.745	0.757	0.736	0.740	0.799	...	...	...	...
354	–	–	–	–	–	–	...	...	...	...
355	0.339	0.347	0.499	1.477	1.792	1.025	...	...	...	...
356	0.643	0.686	0.748	0.522	0.449	0.928	...	...	...	...
361	–	–	–	–	–	–	...	...	...	...
362	0.375	0.368	0.407	0.506	0.514	0.565	...	...	...	...
369	3.510	3.657	3.674	3.576	3.452	2.788	...	...	...	...
371	0.635	0.658	0.672	0.601	0.572	0.561	...	...	...	...
372	–	–	–	–	–	–	...	...	...	...
381	1.509	1.411	1.219	1.324	1.188	0.561	...	...	...	...
382	–	–	–	–	–	–	...	...	...	...
383	0.063	0.067	0.076	0.057	0.058	0.057	...	...	...	...
384	–	–	–	–	–	–	...	...	...	...
385	–	–	–	–	–	–	...	...	...	...
390	–	–	–	–	–	–	...	...	...	...
Total	**51.500**	**53.462**	**54.965**	**57.456**	**60.131**	**59.222**	**62.472**	**65.858**	**...**	**...**

[(a)] ISIC – CITI – CIIU 1968: See Annex – Voir annexe – Véase anexo.

Explanatory notes and source: see p. 179 – Notes explicatives et source: voir p. 181 – Notas explicativas y fuente: véase p. 183

[1] Public sector and establishments of non-agricultural private sector with 10 or more persons employed. [2] ∅: Oct. of each year. [3] Year ending in Sep. of the year indicated.

[1] Secteur public et établissements du secteur privé non agricole occupant 10 personnes et plus. [2] ∅: oct. de chaque année. [3] Année se terminant en sept. de l'année indiquée.

[1] Sector público y establecimientos del sector no agrícola con 10 y más trabajadores. [2] ∅: oct. de cada año. [3] Año que termina en sept. del año indicado.

5 Employment in manufacturing / Emploi dans les industries manufacturières / Empleo en las industrias manufactureras

B By major groups of industry / Par classe d'industrie / Por agrupaciones de industria

(Thousands – Milliers – Millares)

Country – ISIC code [(a)] Pays – Code CITI [(a)] País – Clave CIIU [(a)]	1971	1972	1973	1974	1975	1976	1977	1978	1979	1980
Kenya (III) [1]										
311–312	16.23	15.41	17.29	19.33	19.87	22.83	25.67	31.33	33.58	...
313–314	4.12	4.19	4.23	4.66	4.55	5.52	5.72	5.50	6.21	...
321	8.81	9.65	11.56	12.35	12.72	13.64	14.82	18.22	20.08	...
322	3.89	3.84	3.85	4.37	4.28	4.78	4.91	5.01	5.31	...
323	0.93	0.89	1.02	1.30	1.13	1.23	1.42	1.42	1.66	...
324	1.62	▮ 1.23 [2]	1.71	1.66	1.67	1.66	1.78	2.15	2.12	...
331	6.09	6.20	6.41	7.53	7.70	7.87	7.20	8.42	8.52	...
332	2.64	2.36	2.91	3.16	2.52	2.67	2.90	3.11	3.09	...
341	1.73	1.94	2.54	2.48	3.17	3.38	3.38	3.61	3.76	...
342	4.39	3.92	4.06	4.39	4.35	4.51	4.03	3.93	4.21	...
35	4.84	6.18	7.13	.	.	.	.	.	.	...
351	.	.	.	1.84	1.91	1.91	2.08	2.26	2.22	...
352	.	.	.	3.33	3.17	3.92	4.88	5.23	5.27	...
353	.	.	.	0.28	0.29	0.29	0.29	0.30	0.33	...
355	0.81	0.99	1.10	1.25	1.34	1.36	1.60	1.64	1.87	...
356	.	.	.	1.02	1.15	1.31	1.63	1.83	2.36	...
361	.	.	.	0.08	0.07	0.00	0.08	0.13	...	...
361,369	1.94	2.41	2.78	.	.	.	.	.	.	...
362	0.55	0.59	0.34	0.63	0.66	0.69	0.76	0.84	1.03	...
369	.	.	.	3.35	3.61	3.43	4.00	4.02	5.56	...
37	.	.	.	1.09	0.94	1.12	1.34	1.77	...	...
381	5.90	5.86	6.60	6.06	5.99	6.93	7.56	8.30	9.16	...
382	1.56	1.65	1.42	1.28	1.28	1.30	1.27	1.29	1.26	...
383	6.45	0.69	0.86	0.77	1.04	1.11	1.30	1.37	1.41	...
384	18.70	15.84	18.39	17.47	16.04	15.84	17.75	17.04	17.41	...
385	.	.	.	0.05	0.04	0.02	0.17	0.18	...	...
390	1.94	1.55	1.11	1.59	1.22	1.36	1.38	1.13	1.03	...
Total	**93.15**	**85.42**	**95.31**	**101.34**	**100.73**	**108.78**	**117.95**	**130.06**	**137.46**	**...**
Malawi (III) [3]										
311–312	2.378	2.504	2.843	3.404	4.069	8.304	▮ 8.528 [4]	9.526	9.544	...
313	4.091	4.360	4.821	5.029	5.575	5.876	▮ 1.205 [4]	1.330	1.465	...
314	5.878	6.520	7.092	6.093	8.334	9.771	▮ 8.702 [4]	8.587	1.800	...
321	2.509	2.654	2.958	3.134	3.152	3.208	▮ 3.597 [4]	4.079	4.155	...
322	1.488	1.276	1.601	1.898	2.032	1.948	▮ 1.807 [4]	1.993	2.236	...
323	0.053	0.056	0.061	0.055	0.061	0.056	▮ 0.058 [4]	0.064	0.071	...
324	0.135	0.134	0.119	0.132	0.135	0.214	▮ 0.235 [4]	0.283	0.381	...
331	0.764	1.020	1.334	1.222	1.109	1.598	▮ 1.555 [4]	1.352	1.408	...
332	0.400	0.261	0.255	0.285	0.353	0.449	▮ 0.641 [4]	0.714	0.829	...
341	0.057	0.137	0.165	0.171	0.237	0.245	▮ 0.226 [4]	0.220	0.221	...
342	0.790	0.589	0.760	0.824	0.974	0.526	▮ 1.002 [4]	1.036	1.155	...
351	0.064	0.050	0.195	0.120	0.166	0.166	▮ 0.150 [4]	0.198	0.297	...
352	0.613	0.776	0.453	0.947	1.047	1.062	▮ 1.077 [4]	1.112	1.130	...
355	0.080	0.119	0.195	0.166	0.206	0.178	▮ 0.206 [4]	0.181	0.200	...
356	0.030	0.039	0.046	0.067	0.107	0.121	▮ 0.201 [4]	0.313	0.440	...
369	1.342	1.432	1.419	1.629	1.690	2.717	▮ 2.070 [4]	2.436	2.584	...
371	–	–	–	–	0.004	–	▮ – [4]	0.015	–	...
372	–	–	–	0.034	0.038	0.035	▮ – [4]	–	–	...
381	0.604	0.855	0.965	1.104	1.399	1.597	▮ 1.301 [4]	1.553	1.795	...
382	0.187	0.169	0.167	0.236	0.251	0.255	▮ 0.366 [4]	0.439	0.470	...
383	0.099	0.120	0.117	0.093	0.105	0.101	▮ 0.118 [4]	0.135	0.203	...
384	0.049	0.074	0.074	0.077	0.088	0.102	▮ 0.207 [4]	0.179	0.201	...
390	0.149	0.073	–	0.110	0.229	0.242	▮ 0.227 [4]	0.210	0.193	...
Total	**21.760**	**23.218**	**25.640**	**26.830**	**31.361**	**38.771**	**▮ 33.479 [4]**	**35.955**	**37.375**	**...**

[(a)] ISIC – CITI – CIIU 1968: See Annex – Voir annexe – Véase anexo.

Explanatory notes and source: see p. 179 – Notes explicatives et source: voir p. 181 – Notas explicativas y fuente: véase p. 183

[1] Ø: June of each year. [2] Prior to 1972: incl. repair services. [3] Establishments with 20 or more persons employed. [4] Beginning 1977: sample of establishments and revised allocation of establishments in the industrial classification.

[1] Ø: juin de chaque année. [2] Avant 1972: y compris les services de réparation. [3] Etablissements occupant 20 personnes et plus. [4] A partir de 1977: échantillon d'établissements et changements dans leur répartition industrielle.

[1] Ø: junio de cada año. [2] Antes de 1972: incl. los servicios de reparación. [3] Establecimientos con 20 y más trabajadores. [4] A partir de 1977: muestra de establecimientos y cambios en la distribución industrial de los establecimientos.

5 Employment in manufacturing / Emploi dans les industries manufacturières / Empleo en las industrias manufactureras

B By major groups of industry / Par classe d'industrie / Por agrupaciones de industria

(Thousands – Milliers – Millares)

Country – ISIC code [a] Pays – Code CITI [a] País – Clave CIIU [a]	1971	1972	1973	1974	1975	1976	1977	1978	1979	1980
Mauritius (III) [1]										
[2]										
311–312 [3]	1.070	1.254	1.571	1.881	1.955	1.969	2.438	2.417	2.460	2.617
313–314	1.354	1.499	1.557	1.787	1.995	2.279	2.432	2.639	2.535	2.522
321	0.860	0.698	0.646	0.778	0.992	2.208	2.868	1.994	2.309	2.169
322	1.055	2.222	4.007	6.625	7.574	11.484	13.675	14.280	15.879	16.484
323,355	0.188	0.205	0.409	0.385	0.341	0.590	0.556	0.681	0.601	0.563
324	0.394	0.412	0.465	0.454	0.430	0.399	0.491	0.479	0.458	0.443
33	0.389	0.571	0.835	0.913	0.904	0.866	1.000	0.969	1.132	1.096
341	–	–	–	–	–	0.326	0.385	0.364	0.302	0.335
342	0.784	0.784	0.962	1.064	0.986	1.049	1.077	1.266	1.160	1.071
351–354	0.437	0.482	0.487	0.604	0.790	0.861	0.963	0.963	0.974	1.050
356	–	–	–	–	–	0.142	0.143	0.123	0.137	0.128
36 [4]	0.603	0.638	0.846	0.910	0.980	1.108	1.355	1.474	1.533	1.696
371	–	–	–	–	–	–	–	0.365	0.489	0.427
381	0.506	0.588	0.827	0.785	0.795	0.798	0.734	0.576	0.651	0.731
382	0.552	0.599	0.517	0.740	0.681	0.786	0.849	0.768	0.772	0.758
383	0.151	0.161	0.837	2.023	1.731	2.560	2.175	1.726	2.097	1.567
384	0.626	0.752	0.938	0.964	0.977	0.862	0.745	0.749	0.715	0.770
385	–	–	–	–	–	–	–	0.153	0.213	0.280
390	0.806	0.711	0.818	0.900	1.386	1.061	1.355	1.091	1.172	1.110
Total	**9.775**	**11.576**	**15.722**	**20.813**	**22.517**	**29.348**	**33.241**	**33.077**	**35.589**	**35.817**
Sierra Leone (III)										
[2]										
311–312	1.106	1.175	1.150	1.223	1.242	1.076	1.248	1.248	1.283	1.306
313	0.628	0.749	0.656	0.594	0.613	0.582	0.993	0.993	2.176	2.319
314	0.307	0.352	0.354	0.381	0.323	0.373	0.435	0.435	0.424	0.470
32	0.158	0.143	0.154	0.138	0.134	0.049	0.131	0.131	0.058	0.032
331	1.212	1.231	1.229	1.377	1.398	1.383	1.371	1.370	1.371	0.741
332	0.091	0.029	0.030	0.027	0.027	0.028	0.031	0.031	0.106	0.152
34	0.527	0.526	0.536	0.547	0.547	0.550	0.540	0.550	0.558	0.600
351	0.030	0.033	0.043	0.046	0.044	0.034	0.045	0.045	0.199	0.211
352	0.143	0.134	0.150	0.090	0.093	0.097	0.091	0.091	0.114	0.124
353	0.111	0.109	0.131	0.123	0.135	0.138	0.136	0.130	0.159	0.159
356	0.052	0.127	0.127	0.064	0.004	0.035	0.037	0.037	0.123	0.160
369	0.044	0.044	0.022	0.024	0.024	–	0.024	0.036	0.061	0.064
381	0.035	0.027	0.027	0.036	0.037	0.034	0.034	0.036	0.158	0.197
384	0.848	1.208	1.214	1.215	1.219	1.249	0.902	0.904	0.890	0.891
Total	**5.292**	**5.887**	**5.823**	**5.885**	**5.840**	**5.628**	**6.018**	**6.037**	**7.680**	**7.426**

[a] ISIC – CITI – CIIU 1968: See Annex – Voir annexe – Véase anexo.

Explanatory notes and source: see p. 179 – Notes explicatives et source: voir p. 181 – Notas explicativas y fuente: véase p. 183

[1] Excl. development workers. [2] ∅: July of each year. [3] Excl. sugar and tea factories. [4] Excl. pottery, china, earthenware and glass.

[1] Non compris les personnes occupées à des travaux de développement. [2] ∅: juillet de chaque année. [3] Non compris les fabriques de sucre et de thé. [4] Non compris la fabrication des grés, porcelaines, faïence et verre.

[1] Excl. las personas ocupadas en planes de desarrollo. [2] ∅: julio de cada año. [3] Excl. las fábricas de azúcar y té. [4] Excl. la fabricacion de objetos de barro, loza, porcelana y vidrio.

5 Employment in manufacturing
Emploi dans les industries manufacturières
Empleo en las industrias manufactureras

B By major groups of industry / Par classe d'industrie / Por agrupaciones de industria

(Thousands – Milliers – Millares)

Country – ISIC code [a] / Pays – Code CITI [a] / País – Clave CIIU [a]	1971	1972	1973	1974	1975	1976	1977	1978	1979	1980
South Africa (III)										
[1]										
311–312	134.6	135.5	141.8	148.4	156.7	159.8	161.4	161.6	...	...
313	24.0	24.3	25.1	26.5	26.0	26.5	25.5	25.3	...	...
314	3.8	3.8	3.7	3.7	3.7	3.7	4.1	4.3	...	...
321	100.0	101.9	106.3	110.3	110.0	112.4	109.5	108.4	...	...
322	88.8	91.5	94.3	96.2	97.4	97.4	94.1	93.4	...	...
323	8.2	8.4	8.3	8.9	9.5	9.5	9.2	9.3	...	...
324	24.1	24.5	24.0	22.4	21.0	20.4	17.0	17.6	...	...
331	45.9	46.4	48.8	50.9	52.8	53.5	52.0	51.2	...	...
332	25.7	25.0	25.2	27.6	25.6	25.3	24.5	24.2	...	...
341	31.3	32.2	33.6	34.6	34.3	35.2	34.8	34.2	...	...
342	32.3	33.4	33.8	34.7	35.2	35.2	34.6	35.0	...	...
351–354	69.4	70.8	73.6	74.4	74.5	76.8	78.7	80.4	...	...
355	16.1	16.2	16.8	16.7	16.6	17.1	17.2	17.2	...	...
356	15.6	15.9	17.5	19.9	19.5	20.1	19.2	21.0	...	...
36	79.0	80.5	82.7	86.4	88.0	86.8	85.3	85.3	...	...
37	85.9	86.7	92.0	97.3	104.5	106.9	105.5	108.0	...	...
381	109.9	112.5	115.1	120.1	123.4	123.8	118.7	115.7	...	...
382	66.1	66.5	68.1	71.3	76.7	78.1	76.5	76.0	...	...
383	48.2	50.0	53.0	57.9	60.1	62.9	59.6	59.8	...	...
385	3.2	4.0	5.6	6.7	6.1	6.8	5.9	5.6	...	...
390	15.1	16.4	18.2	21.0	21.2	22.5	22.1	23.3	...	...
Total	**1 027.2**	**1 046.4**	**1 087.5**	**1 135.9**	**1 162.8**	**1 180.7**	**1 155.4**	**1 156.8**	**...**	**...**
Zimbabwe (III)										
311–312	.	.	.	.	20.5	21.6	21.6	22.0	22.4	24.0
313	.	.	.	.	6.7	7.0	7.0	6.8	6.3	6.5
314	.	.	.	.	5.2	5.6	4.9	5.2	5.4	6.1
321	.	.	.	.	15.3	15.7	15.3	14.8	15.2	16.9
322	.	.	.	.	14.7	14.3	13.2	12.0	13.4	14.5
323	.	.	.	.	0.4	0.5	0.6	0.6	0.7	0.7
324	.	.	.	.	4.1	4.1	4.0	3.8	3.9	4.4
331	.	.	.	.	6.1	5.5	4.9	4.4	4.4	5.2
332	.	.	.	.	5.7	5.2	4.5	4.1	4.4	5.2
341	.	.	.	.	2.4	2.4	2.4	2.4	2.4	2.4
342	.	.	.	.	4.2	4.4	4.3	4.3	4.5	4.9
351	.	.	.	.	2.5	2.5	2.6	2.7	2.9	3.1
352	.	.	.	.	4.0	3.8	3.7	3.6	3.5	4.1
353–354	.	.	.	.	0.4	0.4	0.4	0.3	0.3	4.1
355	.	.	.	.	2.0	2.1	2.0	2.0	2.0	2.3
356	.	.	.	.	2.0	1.9	2.0	2.1	2.2	2.4
361	.	.	.	.	0.2	0.3	0.3	0.3	0.3	0.4
362	.	.	.	.	0.6	0.5	0.5	0.5	0.5	0.6
369	.	.	.	.	8.0	7.1	6.1	5.4	5.8	6.3
371	.	.	.	.	13.7	14.7	13.3	12.2	12.9	14.3
372	.	.	.	.	0.8	0.8	0.7	0.7	0.8	0.9
381–382	.	.	.	.	21.9	19.9	18.3	17.3	17.9	21.6
383	.	.	.	.	5.7	5.1	4.8	4.5	4.8	3.0
384	.	.	.	.	5.4	5.4	5.0	4.6	5.1	5.6
385	.	.	.	.	0.2	0.2	0.2	0.2	0.2	0.2
390	.	.	.	.	2.7	2.6	2.5	2.5	2.5	2.7
Total	**.**	**.**	**.**	**.**	**155.4**	**153.6**	**145.1**	**139.3**	**144.7**	**162.4**

[a] ISIC – CITI – CIIU 1968: See Annex – Voir annexe – Véase anexo.

Explanatory notes and source: see p. 179 – Notes explicatives et source: voir p. 181 – Notas explicativas y fuente: véase p. 183

[1] ∅: June of each year. [1] ∅: juin de chaque année. [1] ∅: junio de cada año.

5 Employment in manufacturing / Emploi dans les industries manufacturières / Empleo en las industrias manufactureras

B By major groups of industry / Par classe d'industrie / Por agrupaciones de industria

(Thousands – Milliers – Millares)

Country – ISIC code [a] Pays – Code CITI [a] País – Clave CIIU [a]	1971	1972	1973	1974	1975	1976	1977	1978	1979	1980
AMERICA – AMÉRIQUE – AMERICA										
Argentina (III)										
311–312	27.26	27.12	31.33	33.29	34.80	35.26	36.60	34.24	33.20	...
313	4.80	4.49	4.25	4.97	5.07	4.56	3.77	3.21	3.13	3.00
314	5.96	5.88	6.01	6.43	6.53	6.76	6.26	5.88	5.71	...
321	1.12	1.10	1.04	1.06	1.11	1.21	1.15	1.10	1.01	0.90
341	12.81	13.19	13.84	14.31	15.24	16.01	15.73	15.42	15.52	...
351	19.10	19.34	20.01	20.53	20.99	20.80	20.04	19.10	18.72	...
352	12.61	12.83	12.93	13.90	13.90	14.02	14.02	13.41	12.79	...
355	5.62	6.11	6.60	7.07	7.39	7.48	7.67	7.28	7.56	...
356	0.69	0.74	0.92	0.86	0.93	0.80	0.89	0.09	0.11	...
369	9.08	9.20	9.02	9.22	10.01	10.70	10.73	10.73	10.79	...
371	14.17	14.32	14.81	16.01	18.01	18.99	19.39	18.29	18.19	...
381	5.66	5.87	5.71	6.27	6.58	6.22	5.58	4.70	5.03	4.88
382	5.85	5.45	5.56	6.43	6.91	6.26	5.99	5.02	4.97	...
383	4.46	4.25	4.24	4.62	5.38	4.94	4.88	4.62	4.62	4.91
384	53.70	55.82	60.55	67.80	73.98	69.09	64.88	56.46	52.50	...
Total	**182.89**	**185.74**	**196.83**	**212.78**	**226.83**	**223.10**	**217.58**	**199.54**	**193.84**	**13.69**
Bolivia (III)										
31	6.46	6.68	6.74	8.89	11.09	17.57	27.22	27.68	28.69	...
32	7.79	7.65	7.83	8.40	8.26	16.64	26.31	26.46	27.43	...
33	1.29	1.31	1.23	1.48	3.41	6.32	9.98	10.38	10.76	...
34	1.07	1.02	1.09	1.16	1.59	2.72	4.54	4.58	4.75	...
35	1.27	1.30	0.29	0.47	0.54	4.35	6.80	7.11	7.37	...
36	1.22	0.76	1.11	1.54	1.59	3.25	4.99	5.24	5.43	...
37	0.11	0.07	0.09	0.63	0.76	1.10	1.63	2.55	2.52	...
38	0.70	0.95	1.06	1.58	1.94	5.12	7.98	8.32	8.63	...
390	0.56	1.65	0.06	0.11	0.23	0.87	1.27	1.31	1.36	...
Total	**40.36**	**41.12**	**38.93**	**48.42**	**58.58**	**115.04**	**90.74**	**93.62**	**96.92**	**...**
Canada (III) [1]										
311–312	171.8	170.7	173.7	174.8	167.7	171.7	173.4	178.3	181.1	182.4
313	28.1	27.8	29.1	29.7	30.1	31.3	31.5	31.1	32.2	31.4
314	9.5	9.3	9.2	9.4	8.8	8.9	9.9	8.3	8.3	8.2
321	68.7	72.8	76.1	75.2	66.7	65.8	63.2	65.1	66.4	65.4
322	86.2	87.3	90.5	89.6	87.4	88.1	84.8	87.9	88.4	84.7
323	9.4	9.7	10.4	10.3	9.9	9.1	8.1	8.4	8.4	8.3
324	17.5	16.6	16.6	16.6	15.8	16.1	13.8	14.9	15.5	14.1
331	82.2	85.9	94.3	94.0	82.9	92.0	92.4	98.2	100.4	93.8
332	34.2	36.7	39.7	41.4	36.4	37.2	33.1	35.0	36.7	35.5
341	116.2	115.8	117.6	127.9	113.0	124.1	124.7	125.5	126.8	125.3
342	67.8	67.0	69.6	73.1	72.7	73.2	73.0	76.5	78.7	8.1
351	18.7	17.6	17.4	18.4	19.3	20.6	21.3	22.4	23.0	24.3
352	50.6	50.7	52.9	55.6	55.3	55.5	56.0	56.2	57.3	57.4
353	10.0	9.7	9.7	10.8	10.8	10.3	10.7	11.3	11.6	12.0
354	6.8	6.9	6.9	7.0	7.2	7.9	8.5	9.9	10.5	10.6
355	24.2	24.3	27.2	26.3	26.2	26.8	27.1	26.7	28.0	26.9
356	18.5	19.9	22.4	21.9	19.6	20.7	20.6	22.7	23.4	22.9
361	4.8	4.5	4.8	4.9	4.6	4.6	4.7	4.4	4.5	4.2
362	11.2	11.9	12.9	13.0	12.1	12.3	12.1	12.2	12.2	11.9
369	29.2	30.9	33.1	35.2	34.0	32.9	31.3	32.2	33.3	32.5
371	101.8	100.2	104.4	109.8	108.1	101.6	103.7	105.2	106.0	112.6
372	12.9	13.4	13.5	13.4	12.1	12.5	12.8	13.6	14.6	12.9
381	116.8	119.0	126.8	132.9	124.1	124.4	119.9	125.5	132.1	128.0
382	70.9	68.8	75.7	82.1	81.0	75.0	73.2	75.3	81.2	80.5
383	118.4	119.3	125.7	135.7	121.5	120.5	111.9	111.9	116.0	115.4
384	141.7	149.7	161.3	159.0	149.1	154.0	156.7	168.6	176.4	162.6
385	16.9	17.3	17.6	18.7	18.0	10.2	17.6	16.9	18.5	19.2
390	50.6	55.7	55.0	56.2	54.7	60.0	48.8	50.0	51.2	49.9
Total	**1 495.6**	**1 519.4**	**1 594.1**	**1 642.9**	**1 549.1**	**1 567.3**	**1 544.8**	**1 594.2**	**1 642.7**	**1 541.0**

[a] ISIC – CITI – CIIU 1968: See Annex – Voir annexe – Véase anexo.

Explanatory notes and source: see p. 179 – Notes explicatives et source: voir p. 181 – Notas explicativas y fuente: véase p. 183

[1] Establishments with 20 or more persons employed. [1] Etablissements occupant 20 personnes et plus. [1] Establecimientos con 20 y más trabajadores.

5 Employment in manufacturing / Emploi dans les industries manufacturières / Empleo en las industrias manufactureras

B By major groups of industry / Par classe d'industrie / Por agrupaciones de industria

(Thousands - Milliers - Millares)

Country - ISIC code [a] / Pays - Code CITI [a] / País - Clave CIIU [a]	1971	1972	1973	1974	1975	1976	1977	1978	1979	1980
Colombia (III) [1]										
311-312	47.59	53.25	56.89	60.68	63.92	62.60	64.05	70.61*	...	...
313	16.54	18.38	19.74	19.67	20.76	22.24	23.08	24.45*	...	...
314	3.50	3.54	3.56	3.73	4.59	3.78	3.76	3.07*	...	...
321	63.16	68.00	73.05	74.91	75.73	75.49	78.50	77.07*	...	...
322	28.62	32.37	38.85	39.42	38.71	45.50	44.10	46.29*	...	...
323	5.19	4.78	5.85	6.40	7.66	8.13	8.23	8.00*	...	...
324	7.62	6.70	7.72	7.29	8.86	9.00	9.15	8.66*	...	...
331	7.38	7.77	8.42	8.64	8.43	8.59	6.77	6.05*	...	...
332	6.63	6.64	6.98	7.45	7.36	7.44	6.96	7.93*	...	...
341	8.14	8.79	9.59	11.89	11.12	11.44	11.62	11.37*	...	...
342	13.09	14.47	15.46	16.88	17.79	17.77	18.79	19.51*	...	...
351	8.73	9.53	10.14	10.38	11.41	11.59	10.93	11.16*	...	...
352	18.28	19.48	21.43	23.75	23.28	23.55	24.64	25.08*	...	...
353	2.25	2.40	2.87	3.92	4.05	3.99	4.32	4.65*	...	...
354	0.26	0.32	0.37	0.48	0.41	0.45	0.56	0.54*	...	...
355	5.51	7.39	7.98	9.20	8.01	7.71	8.62	8.74*	...	...
356	6.79	8.47	9.87	10.64	10.44	12.26	13.80	14.26*	...	...
361	3.93	4.49	4.77	5.08	5.17	5.67	5.56	5.77*	...	...
362	4.99	5.04	5.77	6.33	6.73	7.02	7.81	8.23*	...	...
369	17.37	17.99	19.34	19.34	19.02	19.43	19.28	20.20*	...	...
371	10.96	11.35	12.38	12.17	13.73	13.78	14.56	13.87*	...	...
372	2.07	2.23	2.51	2.48	2.41	2.76	2.72	2.94*	...	...
381	24.67	26.66	28.35	30.36	29.50	29.13	31.71	33.15*	...	...
382	13.11	13.68	14.84	15.45	14.64	15.59	16.81	15.71*	...	...
383	9.29	10.06	11.78	12.78	13.11	14.73	14.92	18.12*	...	...
384	10.34	10.99	14.19	17.59	18.63	19.60	21.32	22.74*	...	...
385	1.30	1.67	1.93	2.21	2.80	2.50	2.68	2.69*	...	...
390	6.95	7.52	8.35	8.31	8.54	8.31	8.65	9.08*	...	...
Total	**354.25**	**383.98**	**423.01**	**447.45**	**456.82**	**470.05**	**483.93**	**499.97***	**...**	**...**
Chile (III) [2]										
311-312	29.70	33.43	35.29	33.72	34.93	37.28	37.87	...	...	...
313	5.31	6.15	6.74	6.59	5.84	5.14	5.75	...	...	...
314	1.42	1.87	2.12	2.20	2.11	1.48	1.35	...	...	...
321	37.44	45.71	46.77	43.60	36.84	30.79	30.68	...	...	...
322,324	23.81	24.10	23.35	21.89	19.67	19.00	19.49	...	...	...
323	2.12	2.13	2.29	2.28	2.12	2.14	2.29	...	...	...
331	6.31	6.10	5.80	5.57	4.85	4.31	4.79	...	...	...
332	6.80	6.71	6.44	7.94	7.53	6.82	6.41	...	...	...
341	2.52	2.72	2.56	2.64	2.79	2.45	3.35	...	...	...
342	7.98	9.31	9.77	9.42	8.14	7.25	7.43	...	...	...
351-352	17.15	20.08	20.30	20.21	19.96	17.80	18.54	...	...	...
353-354	0.91	0.90	0.95	0.96	0.93	0.77	0.73	...	...	...
355	3.23	3.93	4.16	3.84	3.66	3.39	3.34	...	...	...
36	8.62	9.54	10.41	10.78	10.18	7.99	7.40	...	...	...
37	12.16	13.20	14.05	13.78	13.39	11.75	11.11	...	...	...
381	12.19	13.67	14.35	13.85	13.21	12.24	11.79	...	...	...
382	3.68	3.91	5.72	4.83	4.40	3.01	3.09	...	...	...
383	5.85	5.85	6.12	6.02	5.51	4.51	4.27	...	...	...
384	6.63	6.22	6.03	5.58	5.11	4.71	1.90	...	...	...
390	3.24	3.04	3.29	2.88	3.04	2.58	2.11	...	...	...
Total	**197.10**	**218.59**	**226.54**	**218.57**	**204.20**	**185.41**	**183.72**	**...**	**...**	**...**

[a] ISIC - CITI - CIIU 1968: See Annex - Voir annexe - Véase anexo.

Explanatory notes and source: see p. 179 - Notes explicatives et source: voir p. 181 - Notas explicativas y fuente: véase p. 183

[1] All persons engaged. [2] ∅: April of each year.

[1] Ensemble de l'effectif occupé. [2] ∅: avril de chaque année.

[1] Todo el efectivo ocupado. [2] ∅: abril de cada año.

5 Employment in manufacturing
Emploi dans les industries manufacturières
Empleo en las industrias manufactureras

B By major groups of industry
Par classe d'industrie
Por agrupaciones de industria

(Thousands – Milliers – Millares)

Country – ISIC code [a] Pays – Code CITI [a] País – Clave CIIU [a]	1971	1972	1973	1974	1975	1976	1977	1978	1979	1980
República Dominicana (III)										
311–312	97.88	103.89	113.88	114.97	95.42	82.16	81.75	81.32	...	...
313	1.65	1.81	1.80	1.91	2.20	2.47	3.19	3.36	...	...
314	0.80	1.58	1.08	1.15	1.43	0.82	0.83	0.86	...	...
321	2.20	2.49	4.33	2.49	2.61	3.01	3.56	3.48	...	...
322	1.08	1.28	1.60	1.75	2.18	2.74	2.57	2.64	...	...
323	0.38	0.57	0.52	0.71	0.72	0.80	0.93	1.00	...	...
324	0.50	0.60	0.62	0.73	0.99	1.06	1.12	1.29	...	...
331	0.11	0.10	0.11	0.11	0.10	0.14	0.11	0.12	...	...
332	0.60	0.78	0.88	0.99	1.00	1.02	1.10	1.05	...	...
341	0.83	1.01	1.21	1.37	1.38	1.45	1.69	1.83	...	...
342	0.82	0.99	1.24	1.16	1.11	1.23	1.20	1.27	...	...
351	0.75	0.81	0.91	1.02	1.11	1.19	1.24	1.38	...	...
352	1.30	1.66	1.44	1.70	1.84	2.15	2.30	2.43	...	...
353	–	–	0.18	0.16	0.13	0.10	0.10	0.10	...	...
354	–	–	–	–	–	–	0.02	–	...	...
355	0.47	0.69	0.78	0.87	0.93	0.92	0.99	0.92	...	...
356	0.49	0.57	0.71	0.68	0.88	1.08	1.24	1.24	...	...
362	0.28	0.30	0.36	0.36	0.36	0.35	0.41	0.51	...	...
369	1.65	2.42	2.97	3.64	3.90	3.94	3.98	4.07	...	...
371	0.83	0.86	0.93	1.15	1.09	1.05	0.94	0.98	...	...
372	0.04	0.05	0.05	0.05	0.05	0.08	0.08	0.08	...	...
381	0.98	1.42	1.67	1.91	2.05	2.12	2.23	2.32	...	...
382	0.08	0.08	0.14	0.17	0.26	0.32	0.35	0.39	...	...
383	0.23	0.20	0.23	0.28	0.46	0.44	0.47	0.55	...	...
384	–	–	0.04	0.02	0.02	0.02	0.01	0.01	...	...
385	0.03	0.03	0.03	0.04	0.03	0.04	0.04	0.04	...	...
390	0.01	0.02	0.02	0.05	0.05	0.07	0.09	0.08	...	...
Total	**114.00**	**124.21**	**137.74**	**139.46**	**122.31**	**110.78**	**112.56**	**113.34**	**...**	**...**
Guatemala (III)										
311–312	5.776	8.213	6.544	9.482	9.241	8.852	10.185	11.977	...	...
313	1.054	1.228	1.196	1.884	1.409	1.515	1.795	1.938	...	...
314	0.946	0.653	0.570	0.842	0.744	0.476	0.467	0.520	...	...
321	7.937	7.837	7.222	5.791	5.010	4.655	5.964	5.524	...	...
322	1.549	1.229	2.557	2.354	2.242	2.346	1.667	1.568	...	...
323	0.562	0.562	0.520	0.533	0.599	0.613	0.622	0.649	...	...
324	1.665	1.713	1.840	0.899	1.203	1.160	1.177	1.221	...	...
331	2.864	2.517	2.636	1.496	1.261	1.139	1.245	1.234	...	...
332	0.806	1.070	0.751	0.286	0.272	0.285	0.220	0.197	...	...
341	1.058	0.867	1.068	1.176	1.047	1.092	0.858	0.804	...	...
342	1.734	2.414	2.461	1.572	1.255	1.178	0.563	0.709	...	...
351	0.165	0.302	0.379	0.513	0.262	0.313	0.487	0.435	...	...
352	2.177	1.803	2.265	2.008	1.689	1.746	1.613	1.617	...	...
353	0.111	0.118	0.054	0.077	0.056	0.056	0.057	0.060	...	...
354	0.023	0.018	0.022	0.014	0.027	0.029	0.050	0.058	...	...
355	0.805	0.758	1.032	0.517	0.315	0.353	0.589	0.690	...	...
356	0.040	0.930	0.845	0.556	0.512	0.550	1.218	1.001	...	...
361	0.025	0.033	0.060	–	–	–	0.067	0.062	...	...
362	0.533	0.582	0.989	0.922	0.836	0.791	0.978	0.992	...	...
369	2.299	2.651	3.137	2.051	1.632	1.776	2.065	2.215	...	...
371	0.779	0.829	0.688	0.825	0.295	0.338	0.421	0.430	...	...
372	0.015	0.062	0.033	–	0.011	0.010	0.062	0.062	...	...
381	2.004	2.452	2.473	1.996	1.707	1.895	2.333	2.319	...	...
382	0.185	0.297	0.379	0.219	0.173	0.205	0.326	0.263	...	...
383	1.172	0.919	0.898	0.760	0.655	0.646	0.843	1.000	...	...
384	0.337	0.458	0.494	0.339	0.326	0.305	0.564	0.634	...	...
385	0.080	0.132	0.056	0.034	0.025	0.028	0.065	0.054	...	...
390	0.977	0.287	0.387	0.204	0.026	0.022	0.309	0.319	...	...
Total	**37.678**	**40.934**	**41.556**	**37.350**	**32.830**	**32.374**	**36.810**	**38.552**	**...**	**...**

5 Employment in manufacturing / Emploi dans les industries manufacturières / Empleo en las industrias manufactureras

B By major groups of industry / Par classe d'industrie / Por agrupaciones de industria

(Thousands - Milliers - Millares)

Country - ISIC code [a] Pays - Code CITI [a] País - Clave CIIU [a]	1971	1972	1973	1974	1975	1976	1977	1978	1979	1980
Haïti (III)										
311-312	3.443	4.341	4.244	4.214	5.015	4.476	4.756	4.302	6.485	5.936
313	1.405	1.368	1.349	1.563	1.096	1.206	1.180	1.210	1.156	1.131
314	...	0.172	0.211	0.107	0.185	0.206	0.208	0.208	0.216	0.326
321	0.990	1.347	1.567	0.760	1.620	1.636	2.496	2.393	1.795	2.044
322	.	0.724	1.290	1.113	1.614	3.017	4.030	3.145	4.785	5.163
322,324	1.015	.	.	.	.	.	.	.	...	...
323	0.382	0.748	0.981	1.489	2.074	1.308	1.597	1.688	1.926	1.128
324	...	0.237	0.500	0.610	0.624	0.602	0.429	0.431	...	...
331	0.056	0.015	0.017	0.011	0.010	0.025	0.008	0.008	...	...
332	0.056	0.071	0.090	0.093	0.135	0.247	0.133	0.160	0.801	0.742
34	0.070	0.041	0.043	0.048	0.064	0.126	0.079	0.260	0.182	0.272
341	.	.	.	.	.	.	.	.	0.093	0.780
342	.	.	.	.	.	.	.	.	0.094	0.194
351-354	...	0.748	0.981	1.489	0.607	0.649	0.557	0.651	0.513	0.533
355	...	0.060	0.352	0.352	0.352	0.352	0.196	0.196	0.196	0.198
356	–	–	–	–	–	0.015	0.026	0.025	...	...
36	...	0.158	0.158	0.257	0.158	0.350	0.306	0.306	0.736	...
37	...	0.233	0.248	0.353	0.371	0.413	0.420	0.229	...	...
381	...	0.209	0.300	0.201	0.450	0.430	0.404	0.308	0.733	...
383	...	0.321	0.529	0.671	0.945	1.190	1.486	0.696	...	0.003
384	...	0.377	0.410	0.412	0.416	0.423	0.414	0.663	0.488	0.017
390	...	0.451	0.619	0.925	1.016	1.143	1.879	2.245	3.640	5.685
Total	**7.417**	**11.621**	**13.889**	**14.668**	**16.752**	**17.814**	**20.603**	**19.124**	**23.620**	**24.152**
Jamaica (III)										
311-312	14.760	14.391	14.540	15.595	15.577	14.755	13.642	13.271	...	...
313	1.637	1.788	1.994	2.460	2.044	2.586	2.513	1.831	...	...
314	1.079	1.215	1.215	1.801	1.882	1.770	1.776	1.804	...	...
321	1.695	1.702	1.799	1.821	1.823	1.408	1.225	1.382	...	...
323	0.341	0.432	0.417	0.355	0.410	0.420	0.371	0.346	...	...
324	1.744	1.636	1.725	1.544	1.272	1.324	1.441	0.952	...	...
331	0.698	0.702	0.716	0.702	0.683	0.560	0.950	0.464	...	...
332	1.866	1.931	2.069	2.790	2.753	2.889	2.434	2.125	...	...
341	0.671	0.738	0.742	0.917	0.947	1.023	0.922	0.982	...	...
342	2.424	2.143	2.183	1.703	2.409	2.622	2.780	2.088	...	...
351	1.745	2.054	2.087	2.316	2.319	2.171	2.332	2.379	...	...
353	0.084	0.105	0.105	0.099	0.089	0.091	0.105	–	...	...
354	0.078	0.091	0.010	0.117	0.055	0.040	0.268	0.124	...	...
355	0.458	0.452	0.452	0.501	0.525	0.523	0.581	0.569	...	...
36	1.993	2.075	2.135	1.790	2.076	1.961	1.941	1.587	...	...
37	0.269	0.580	0.681	0.927	1.005	0.900	0.956	0.784	...	...
381-382	2.232	2.226	2.350	2.756	2.641	2.720	2.685	2.453	...	...
383	1.021	1.280	1.279	1.954	1.141	1.121	1.132	1.343	...	...
384	4.063	4.104	4.228	4.415	3.951	3.758	3.343	3.431	...	...
390	1.484	1.332	1.220	1.839	1.485	1.511	1.577	1.634	...	...
Total	**40.342**	**40.977**	**41.947**	**46.402**	**45.087**	**44.153**	**42.974**	**39.549**	**...**	**...**

5 Employment in manufacturing
Emploi dans les industries manufacturières
Empleo en las industrias manufactureras

B By major groups of industry
Par classe d'industrie
Por agrupaciones de industria

(Thousands - Milliers - Millares)

Country - ISIC code [a] Pays - Code CITI [a] País - Clave CIIU [a]	1971	1972	1973	1974	1975	1976	1977	1978	1979	1980
México (III)										
[1]										
311-312	53.09	56.66	56.91	59.00	58.94	62.97	62.92	64.17	67.38	72.64
313	14.00	15.27	16.54	18.22	18.74	50.57	52.09	55.34	18.22	18.22
314	6.09	5.84	5.69	5.19	4.71	4.65	4.90	4.95	5.17	5.52
321	26.10	53.65	66.72	55.84	56.36	57.55	55.45	55.11	56.91	58.42
331	5.01	4.91	4.59	4.53	4.88	5.41	5.46	5.34	5.40	5.67
341	23.59	22.71	23.44	24.88	25.07	26.71	27.18	28.13	29.21	30.65
351	15.78	18.04	6.54	22.42	24.62	25.81	25.08	26.36	28.11	30.55
352	13.15	12.93	13.27	15.55	13.82	14.00	14.77	16.02	16.94	17.58
353	.	...	...	0.70	0.73	0.76	0.77	0.78	0.83	0.90
354	2.20	2.37	2.30	2.42	2.47	3.22	3.81	3.99	3.93	3.96
355	6.83	6.84	6.80	7.38	8.23	9.29	8.93	9.38	10.00	10.93
362	16.77	16.86	18.00	19.15	19.90	19.39	20.01	21.15	22.44	24.16
369	9.97	9.63	9.89	15.11	15.93	16.99	16.96	17.74	19.19	20.49
371	41.58	40.71	42.48	44.55	46.98	48.35	52.82	57.80	61.39	64.49
372	7.42	9.31	7.31	13.76	13.98	14.31	13.89	14.03	17.31	17.70
381	...	10.49	11.06	22.27	22.86	23.95	23.00	23.84	25.41	26.96
382	5.33	5.30	5.78	2.03	2.74	2.66	2.23	2.74	2.90	3.41
383	3.31	28.07	31.32	30.82	30.59	37.15	36.17	36.93	39.87	43.04
384	26.01	27.16	33.20	41.40	41.93	44.98	38.44	43.67	50.69	56.21
Total	**276.22**	**346.75**	**361.86**	**405.21**	**413.51**	**468.74**	**464.88**	**487.49**	**481.33**	**511.49**
Nicaragua (II)										
311-312	26.010	27.159	33.199	2.880	7.871	8.564	8.451	8.322	8.067	9.137
313	1.503	1.356	0.979	1.337	1.628	1.690	2.653	2.537	2.234	2.707
314	0.278	0.296	0.256	0.254	0.244	0.230	0.259	0.276	0.290	0.286
321	2.446	2.332	1.492	1.659	2.738	3.289	3.091	2.722	1.928	2.619
322	2.713	2.467	1.734	2.103	2.229	2.465	3.057	2.974	2 187	2.562
323	0.053	0.052	0.064	0.064	0.130	0.149	0.196	0.204	0.363	0.603
331	0.432	0.588	0.574	0.599	1.128	1.149	1.254	1.166	0.952	1.107
332	0.634	0.283	0.167	0.175	0.263	0.299	0.404	0.402	0.289	0.288
341	0.250	0.401	0.663	0.789	0.921	0.766	0.495	0.478	0.345	0.257
342	0.780	1.056	0.945	0.816	0.801	0.823	0.893	0.891	655	0.817
351	2.263	2.379	2.186	2.474	2.809	2.944	3.168	3.106	2.694	0.288
353	0.162	0.074	0.040	0.039	0.043	0.044	0.048	0.048	0.490	0.050
355	0.323	0.372	0.361	0.421	0.442	0.532	0.702	0.548	0.527	0.570
36	0.736	0.808	0.827	0.828	1.396	1.369	1.393	1.293	1.008	1.408
37	0.144	0.390	0.481	0.686	1.157	0.987	1.110	1.026	0.786	0.825
381	0.342	0.139	0.173	0.303	0.410	0.440	0.566	0.555	0.344	0.358
382	0.350	0.804	0.971	1.070	1.271	1.244	1.341	1.140	0.854	0.384
383	0.343	0.406	0.304	0.359	0.437	0.481	0.626	0.566	0.393	0.374
384	0.038	0.147	0.182	0.185	0.181	0.158	0.139	0.136	0.102	0.091
385	-	0.011	0.010	0.002	0.134	0.141	0.145	0.136	0.132	0.064
390	0.414	0.308	0.236	0.281	0.355	0.406	0.516	0.640	0.628	1.150
Total	**40.214**	**41.828**	**45.844**	**17.324**	**26.588**	**28.170**	**30.507**	**29.166**	**28.644**	**25.945**

[a] ISIC - CITI - CIIU 1968: See Annex - Voir annexe - Véase anexo.

Explanatory notes and source: see p. 179 - Notes explicatives et source: voir p. 181 - Notas explicativas y fuente: véase p. 183

[1] ∅: Oct. of each year. [1] ∅: oct. de chaque année. [1] ∅: oct. de cada año.

5 Employment in manufacturing
Emploi dans les industries manufacturières
Empleo en las industrias manufactureras

B By major groups of industry / Par classe d'industrie / Por agrupaciones de industria

(Thousands - Milliers - Millares)

Country - ISIC code [a] / Pays - Code CITI [a] / País - Clave CIIU [a]	1971	1972	1973	1974	1975	1976	1977	1978	1979	1980
Panamá [1] (III)										
311-312	6.310	6.627	7.385	7.281	7.943	7.943	8.558	...	...	...
313	1.696	1.722	1.818	1.845	1.770	1.889	1.764	...	...	...
314	0.322	0.315	0.309	0.316	0.336	0.388	0.416	...	...	...
321	0.258	0.288	0.241	0.263	0.454	0.364	0.360	...	...	...
322	3.520	3.614	3.737	3.440	3.662	3.857	3.675	...	...	...
323	0.188	0.217	0.236	0.222	0.219	0.233	0.255	...	...	...
324	0.946	0.861	0.845	0.821	0.879	0.681	0.893	...	...	...
331	1.112	1.082	1.091	1.067	0.867	0.936	0.936	...	...	...
332	1.370	1.376	1.300	1.234	1.162	1.033	0.951	...	...	...
341	0.847	0.894	0.835	0.792	0.832	0.855	0.863	...	...	...
342	1.793	1.703	1.737	1.800	1.706	1.688	1.687	...	...	...
351	0.075	0.102	0.101	0.138	0.148	0.165	0.166	...	...	...
352	0.736	0.806	0.895	0.902	0.908	0.929	0.995	...	...	...
355	0.052	0.052	0.057	0.055	0.061	0.075	0.091	...	...	...
356	0.319	0.360	0.412	0.422	0.431	0.483	0.536	...	...	...
362	0.146	0.161	0.191	0.131	0.122	0.078	0.063	...	...	...
369	2.212	2.593	2.629	2.614	2.227	1.906	1.864	...	...	...
371	0.384	0.326	0.481	0.436	0.368	0.231	0.254	...	...	...
372	.	.	.	.	.	0.116	0.117	...	...	...
372,381	1.746	1.673	1.911	1.753	1.497	.	.	.	.	.
381	.	.	.	.	.	1.279	1.279	...	...	...
382	0.109	0.118	0.088	0.103	0.091	0.118	0.098	...	...	...
383	0.141	0.155	0.185	0.168	0.169	0.160	0.194	...	...	...
384	0.110	0.107	0.237	0.244	0.182	0.178	0.190	...	...	...
385	0.052	0.056	0.062	0.063	0.032	0.031	0.063	...	...	...
390	0.962	0.951	0.938	0.953	0.985	0.931	0.881	...	...	...
Total	**25.406**	**26.159**	**27.721**	**27.063**	**27.051**	**26.547**	**27.149**	**...**	**...**	**...**
Puerto Rico (III) [2]										
[3]										
311-312	14.49	16.24	15.73	16.60	16.65	16.74	16.16	17.10	16.66	15.57
314	5.36	5.31	5.27	5.00	4.65	4.24	3.00	2.66	2.07	1.94
321	6.19	7.13	7.04	6.59	4.56	3.97	4.52	4.65	3.86	3.07
322	34.31	37.13	38.44	35.53	33.83	34.74	34.98	33.96	31.99	31.39
323	3.45	2.47	2.64	2.15	2.06	1.57	1.77	1.97	1.86	1.83
324	2.71	3.25	3.64	3.65	2.76	3.10	3.57	3.83	3.63	4.41
33	3.88	3.91	3.79	3.17	2.95	2.91	2.77	3.05	3.32	2.83
341	1.13	0.93	1.03	0.83	0.89	1.09	1.17	1.03	1.19	1.15
342	1.48	1.60	1.61	1.75	1.57	1.68	1.72	1.88	1.81	1.98
351	4.77	6.42	7.65	8.17	6.96	8.36	10.40	10.67	11.47	10.32
353-356	5.07	5.02	4.88	4.75	3.72	4.53	4.26	4.82	5.44	5.52
361	1.23	1.31	1.30	1.33	1.13	0.88	0.57	0.58	0.62	0.67
362	0.68	0.74	0.83	0.91	0.89	0.95	1.03	1.21	1.22	0.77
369	3.64	3.76	3.50	3.25	2.65	2.25	2.20	2.45	2.24	2.11
381	4.87	5.38	5.22	5.18	4.30	4.44	4.28	4.73	4.59	4.19
382	1.15	1.08	0.95	2.64	2.34	3.33	3.69	4.40	5.51	5.78
383	10.88	10.56	12.62	10.25	8.55	11.62	12.21	14.37	15.25	15.60
384	0.42	0.33	0.48	0.35	0.32	0.26	0.37	0.38	0.36	0.47
385	5.64	6.89	8.17	8.27	9.49	9.23	10.04	10.84	11.73	11.60
390	3.33	3.04	2.88	2.30	2.61	2.74	2.47	3.39	3.73	3.43
Total	**114.71**	**122.50**	**127.67**	**122.68**	**112.89**	**118.62**	**121.19**	**128.00**	**128.57**	**124.63**

[a] ISIC - CITI - CIIU 1968: See Annex - Voir annexe - Véase anexo.

Explanatory notes and source: see p. 179 - Notes explicatives et source: voir p. 181 - Notas explicativas y fuente: véase p. 183

[1] Establishments with 5 or more persons employed. [2] Wage earners and salaried employees. [3] Ø: Oct. of each year.

[1] Etablissements occupant 5 personnes et plus. [2] Population salariée ayant un emploi. [3] Ø: oct. de chaque année.

[1] Establecimientos con 5 y más trabajadores. [2] Población ocupada asalariada. [3] Ø: oct. de cada año.

5 Employment in manufacturing
Emploi dans les industries manufacturières
Empleo en las industrias manufactureras

B By major groups of industry
Par classe d'industrie
Por agrupaciones de industria

(Thousands – Milliers – Millares)

Country – ISIC code [a] Pays – Code CITI [a] País – Clave CIIU [a]	1971	1972	1973	1974	1975	1976	1977	1978	1979	1980
United States (III)										
311–312	1 534	1 518	1 487	1 482	1 436	1 468	1 483	1 490	1 490	1 455
313	231	228	228	225	221	221	228	234	238	236
314	77	75	78	77	76	77	71	71	70	69
321	955	986	1 010	965	868	919	910	899	889	864
322	1 343	1 383	1 438	1 363	1	1 318	1 316	1 332	1 313	1 297
323	101	103	101	99	91	99	88	87	85	77
324	198	193	183	172	158	164	167	170	163	163
331	669	726	759	712	615	680	722	755	766	687
332	444	483	507	489	417	444	464	494	499	474
341	682	689	705	706	642	676	692	699	707	694
342	1 081	1 094	1 111	1 111	1 083	1 099	1 141	1 192	1 240	1 272
351	.	569	591	603	582	596	610	613	616	614
351–352	1 011	.	.	.	.	.	.	.	.	...
352	.	440	447	457	433	447	464	482	495	498
353	153	151	149	153	153	157	160	164	165	154
354	41	44	44	44	42	42	43	44	45	43
355	273	288	304	311	272	258	291	291	288	253
356	308	343	385	384	336	381	423	463	487	458
361	42	44	46	49	43	45	46	47	47	45
362	151	156	163	156	144	152	155	156	152	146
369	452	478	499	504	442	448	468	496	510	477
371	574	568	605	610	778	773	785	797	808	713
372	597	605	655	679	361	382	397	418	442	421
381	1 480	1 547	1 651	1 639	1 458	1 511	1 583	1 673	1 724	1 627
382	1 815	1 889	2 089	2 208	2 057	2 065	2 175	2 326	2 482	2 489
383	1 744	1 813	1 970	1 968	1 702	1 774	1 878	2 006	2 124	2 126
384	1 761	1 790	1 929	1 868	1 715	1 799	1 872	2 003	2 083	1 890
385	495	516	557	592	550	575	615	653	689	700
390	412	433	454	452	407	429	438	452	446	422
Total	**18 623**	**19 151**	**20 142**	**20 077**	**17 081**	**18 997**	**19 683**	**20 505**	**21 062**	**20 361**
ASIA – ASIE – ASIA										
Afghanistan (III) [1]										
31	.	.	4.321	4.845	5.103	5.147	11.541	13.220	...	...
321	.	.	11.961	13.579	15.611	16.592	16.656	18.485	...	...
323	.	.	0.229	0.205	0.326	0.287	0.303	0.365	...	...
324	.	.	0.496	0.515	0.548	0.553	0.617	0.627	...	...
332	.	.	0.551	0.602	0.799	0.825	0.701	0.974	...	...
342	.	.	1.287	1.326	1.447	1.465	1.747	1.713	...	...
351	.	.	–	3.026	3.705	4.108	2.622	1.135	...	...
352	.	.	0.259	0.255	0.341	0.369	0.377	0.341	...	...
354	.	.	0.109	0.091	0.091	0.092	0.137	0.088	...	...
356	.	.	0.360	0.427	0.829	0.583	0.623	0.690	...	...
369	.	.	1.186	1.144	1.555	1.243	1.325	1.858	...	...
381	.	.	1.390	1.442	1.522	1.492	1.539	1.609	...	...
390	.	.	0.594	0.664	1.591	1.755	1.728	1.914	...	...
Total	.	.	**22.743**	**28.121**	**33.468**	**34.511**	**39.916**	**43.019**	...	...

[a] ISIC – CITI – CIIU 1968: See Annex – Voir annexe – Véase anexo.

Explanatory notes and source: see p. 179 – Notes explicatives et source: voir p. 181 – Notas explicativas y fuente: véase p. 183

[1] Year ending in Sep. of the year indicated. [1] Année se terminant en sept. de l'année indiquée. [1] Año que termina en sept. del año indicado.

5 Employment in manufacturing
Emploi dans les industries manufacturières
Empleo en las industrias manufactureras

B By major groups of industry / Par classe d'industrie / Por agrupaciones de industria

(Thousands – Milliers – Millares)

Country – ISIC code [a] Pays – Code CITI [a] País – Clave CIIU [a]	1971	1972	1973	1974	1975	1976	1977	1978	1979	1980
Brunei (III)										
31	.	.	.	0.143	0.190	0.164	0.204	0.187	0.190	0.227
32	.	.	.	0.278	0.355	0.350	0.370	0.342	0.321	0.358
331	.	.	.	0.521	0.553	0.544	0.670	0.578	0.574	0.491
332	.	.	.	0.175	0.199	0.259	0.318	0.314	0.349	0.453
342	.	.	.	0.199	0.201	0.204	0.205	0.197	0.222	0.189
353	.	.	.	0.173	0.164	0.149	0.175	0.193	0.221	0.264
369	.	.	.	0.121	0.172	0.193	0.145	0.092	0.080	0.100
38	.	.	.	0.111	0.102	0.111	0.125	0.136	0.178	0.154
390	.	.	.	0.172	0.232	0.219	0.244	0.150	0.187	0.189
Total	**.**	**.**	**.**	**1.893**	**2.168**	**2.193**	**2.456**	**2.189**	**2.322**	**2.425**
Cyprus (IV) [1]										
311-312	5.412	5.110	5.077	4.256	3.224	3.765	3.934	3.975	3.986	3.851
313	1.892	1.959	1.956	1.821	1.526	1.468	1.398	1.658	1.630	1.718
314	0.449	0.417	0.411	0.372	0.327	0.416	0.565	0.510	0.523	0.461
321	1.467	2.084	2.090	1.542	1.538	1.882	1.704	1.953	1.812	2.127
322	5.590	5.501	5.640	4.470	4.234	5.474	6.985	8.155	8.750	8.276
323	0.329	0.435	0.448	0.380	0.390	0.462	0.536	0.620	0.651	0.789
324	2.423	2.067	2.068	1.680	1.585	1.771	2.047	2.220	2.264	2.434
33	3.338	3.281	2.602	2.479	2.884	3.106	3.253	3.616	3.711	3.932
341	0.273	0.273	0.292	0.253	0.161	0.227	0.178	0.426	0.567	0.715
342	1.210	1.339	1.300	1.128	1.078	1.239	1.276	1.388	1.312	1.468
351	0.041	0.038	0.129	0.023	0.027	0.042	0.031	0.142	0.281	0.374
352	0.627	0.683	0.629	0.585	0.514	0.611	0.738	0.804	0.794	0.745
353	–	0.155	0.154	0.149	0.128	0.134	0.145	0.146	0.296	0.148
355	0.225	0.237	0.240	0.170	0.077	0.163	0.153	0.217	0.221	0.238
356	0.371	0.447	0.561	0.316	0.210	0.419	0.484	0.569	0.696	0.670
361	0.084	0.041	0.040	0.028	0.014	0.039	0.041	0.037	0.035	0.034
362	0.013	0.005	0.005	0.004	0.005	0.004	0.005	0.005	0.005	0.006
369	2.295	2.480	2.512	1.858	1.373	1.529	1.864	2.271	2.300	2.406
381	2.751	2.750	2.128	2.071	1.474	1.642	1.602	1.784	1.847	1.904
382	0.830	1.038	1.036	0.798	0.566	0.717	0.963	1.034	1.051	0.867
383	0.334	0.519	0.182	0.419	0.106	0.153	0.212	0.234	0.236	0.332
384	0.436	0.412	0.345	0.368	0.193	0.409	0.485	0.586	0.550	0.572
385	0.017	0.021	–	0.018	0.014	–	–	0.002	0.002	0.002
390	0.725	0.825	0.729	0.611	0.531	0.630	I 2.084 [2]	2.175	2.097	2.037
Total	**31.132**	**32.117**	**30.574**	**25.799**	**22.179**	**26.302**	**30.683**	**34.527**	**35.617**	**36.106**

[a] ISIC – CITI – CIIU 1968: See Annex – Voir annexe – Véase anexo.

Explanatory notes and source: see p. 179 – Notes explicatives et source: voir p. 181 – Notas explicativas y fuente: véase p. 183

[1] Registered employed. [2] Beginning 1978: incl. cottage industry.

[1] Ensemble de l'effectif occupé. [2] A partir de 1978: y compris les industries fermières.

[1] Todo el efectivo ocupado. [2] A partir de 1978: incl. industrias granjeras.

5 Employment in manufacturing / Emploi dans les industries manufacturières / Empleo en las industrias manufactureras

B By major groups of industry / Par classe d'industrie / Por agrupaciones de industria

(Thousands - Milliers - Millares)

Country - ISIC code [(a)] Pays - Code CITI [(a)] País - Clave CIIU [(a)]	1971	1972	1973	1974	1975	1976	1977	1978	1979	1980
Hong Kong (III) [1]										
[2]										
311-312	11.12	11.82	12.58	14.22	14.35	15.21	15.27	16.45	16.57	17.97
313	2.88	2.96	3.09	2.89	2.68	2.96	3.26	3.54	3.44	3.97
314	1.03	0.95	0.82	0.82	0.79	0.78	0.77	0.77	0.81	0.85
321	126.50	120.90	120.31	117.12	134.55	137.31	123.98	122.96	126.75	127.61
322	131.43	143.19	148.61	169.56	217.33	244.51	229.76	246.96	251.34	263.68
323	1.36	1.29	1.35	2.08	2.46	2.36	2.07	2.18	2.60	3.75
324	4.82	4.49	3.90	4.22	4.33	4.98	5.00	5.11	6.11	6.89
331	6.14	6.36	5.41	7.00	7.59	7.69	7.87	8.13	8.31	7.39
332	4.17	4.72	5.89	7.44	7.53	8.49	8.73	9.39	9.41	11.36
341	6.19	6.79	7.17	7.24	7.44	9.00	9.62	10.05	11.18	11.81
342	19.11	18.99	18.71	19.30	19.81	22.35	22.09	23.94	25.13	27.27
351	0.61	0.68	0.72	0.76	0.59	0.85	1.02	1.29	1.46	1.99
352	3.37	4.40	4.41	4.97	4.61	4.68	4.80	5.07	5.41	5.97
353	0.01	0.01	0.01	0.01	0.01	0.00	0.01	0.01	0.01	0.01
354	–	–	–	–	0.00	0.01	0.02	0.07	0.11	0.08
355	10.91	8.40	7.12	6.90	6.10	6.31	5.39	6.20	5.30	4.87
356	68.95	72.12	68.12	59.07	63.71	76.99	78.45	86.51	87.85	86.06
361	0.29	0.31	0.37	0.52	0.50	0.51	0.61	0.70	0.72	0.77
362	2.04	2.13	2.26	1.73	1.83	2.18	1.98	2.19	2.21	1.94
369	0.86	0.89	0.79	0.99	1.01	1.25	1.46	1.68	1.88	2.05
371	1.78	1.69	1.71	2.07	2.02	2.33	2.56	2.75	2.74	3.32
372	1.03	1.16	0.85	1.03	1.08	1.48	1.54	1.69	1.46	1.59
381	45.85	49.69	50.91	52.45	57.32	69.78	70.93	80.11	84.80	84.24
382	8.41	9.33	10.02	10.90	11.93	11.97	11.97	12.91	13.58	14.27
383	52.54	62.40	69.13	64.67	66.35	88.06	89.52	97.96	117.71	122.12
384	15.72	14.48	13.10	14.06	11.13	11.81	12.20	13.48	14.13	15.36
385	7.58	7.90	9.48	11.22	13.18	18.45	20.63	26.79	39.34	48.14
390	29.68	20.80	15.84	16.90	18.59	21.41	23.57	27.80	30.51	32.10
Total	**564.37**	**578.85**	**582.70**	**600.13**	**678.86**	**773.75**	**755.11**	**816.68**	**870.90**	**907.46**
India [3] (III)										
311-312	426	389	447	453	513	543	556	630	...	620
313	76	77	78	81	48	54	55	56	65	.
314	193	196	189	196	184	205	231	237	245	.
321	2	2	2	2	1 667	1 671	1 653	1 750	2	.
322	19	20	21	21	24	27	31	33	38	38
323	24	24	23	22	23	16	17	17	21	...
324	21	20	21	21	27	21	21	28	27	...
331	44	46	46	92	45	47	43	44	46	...
332	9	9	8	8	6	6	6	6	6	...
341	82	85	87	88	80	96	100	104	111	...
342	147	149	151	150	145	149	154	153	156	...
351-352	314	326	335	348	380	394	416	431	458	...
353	16	16	16	16	14	14	14	14	15	...
354	8	8	8	9	10	5	9	10	11	...
355	59	58	61	63	64	68	71	71	78	...
356	32	35	37	38	6	7	9	9	11	...
361	16	16	16	17	29	30	30	31	31	...
362	54	55	53	55	45	44	45	48	49	...
369	174	177	181	182	175	175	179	181	189	...
371	248	261	281	300	345	363	374	378	397	...
372	19	20	24	27	30	34	35	39	42	...
381	385	392	404	410	295	284	286	289	296	...
382	225	231	240	258	308	323	336	361	382	...
383	249	260	270	283	274	283	297	309	324	...
384	378	387	403	415	347	363	375	398	410	...
385	16	16	16	17	19	17	17	18	20	...
390	31	32	34	32	30	29	31	32	37	...
Total	**3 267**	**3 307**	**3 452**	**3 604**	**5 133**	**5 268**	**5 391**	**5 677**	**3 467**	**658**

[(a)] ISIC - CITI - CIIU 1968: See Annex - Voir annexe - Véase anexo.

Explanatory notes and source: see p. 179 - Notes explicatives et source: voir p. 181 - Notas explicativas y fuente: véase p. 183

[1] Registered employed. [2] ∅: Dec. of each year. [3] Employees and working proprietors.

[1] Ensemble de l'effectif occupé. [2] ∅: déc. de chaque année. [3] Salariés et propriétaires-exploitants.

[1] Todo el efectivo ocupado. [2] ∅: dic. de cada año. [3] Asalariados y empresarios propietarios.

5 Employment in manufacturing
Emploi dans les industries manufacturières
Empleo en las industrias manufactureras

B By major groups of industry
Par classe d'industrie
Por agrupaciones de industria

(Thousands – Milliers – Millares)

Country – ISIC code (a) Pays – Code CITI (a) País – Clave CIIU (a)	1971	1972	1973	1974	1975	1976	1977	1978	1979	1980
Indonesia [1] (III) [2]										
311-312	...	...	188.7	190.8	219.3	221.4	224.2	...	...	...
313	...	...	4.9	4.7	6.4	6.0	5.9	...	...	...
314	...	...	116.0	128.0	133.5	169.5	162.6	...	...	...
321	...	...	178.3	165.0	232.0	215.0	198.7	...	...	...
322	...	...	2.4	2.6	4.1	4.1	4.9	...	...	...
323-324	...	...	6.5	6.6	8.7	9.0	9.0	...	...	...
33	...	...	20.6	22.4	38.5	41.6	45.2	...	...	...
341	...	...	7.0	7.3	8.1	9.2	8.8	...	...	...
342	...	...	14.8	14.7	17.9	18.4	17.7	...	...	...
351,352,356	...	...	36.5	38.1	53.8	58.2	58.3	...	...	...
355	...	...	44.6	45.7	46.8	48.2	49.3	...	...	...
36	...	...	23.9	24.6	33.5	34.3	35.5	...	...	...
371	...	...	1.6	2.1	2.9	4.7	5.0	...	...	...
381	...	...	18.6	21.3	22.4	31.2	29.5	...	...	...
382	...	...	6.7	7.3	8.8	7.2	10.6	...	...	...
383	...	...	8.7	12.2	10.5	17.9	20.6	...	...	...
384	...	...	13.7	14.6	22.1	25.9	25.0	...	...	...
390	...	...	8.9	8.9	5.1	4.6	5.1	...	...	...
Total	...	...	**702.4**	**716.9**	**874.4**	**926.4**	**915.9**	...	...	...
Israel (III)										
31 [3]	*109.9*	*114.7*	*114.9*	*116.1*	*114.1*	*124.3*	*132.1*	*131.0*	*134.9*	*133.6*
321 [3]	*107.2*	*111.2*	*121.4*	*117.1*	*111.7*	*110.4*	*108.2*	*107.0*	*105.9*	*98.4*
322 [3]	*127.1*	*139.9*	*140.4*	*130.2*	*124.0*	*139.5*	*143.8*	*143.0*	*143.0*	*135.8*
323-324 [3]	*99.3*	*99.1*	*97.5*	*92.7*	*88.3*	*96.6*	*96.0*	*83.0*	*76.4*	*70.6*
33 [3]	*109.7*	*115.2*	*116.3*	*117.1*	*114.7*	*116.8*	*116.9*	*123.0*	*125.5*	*118.1*
341 [3]	*127.7*	*131.2*	*132.1*	*137.5*	*149.3*	*146.2*	*130.3*	*136.0*	*140.1*	*136.0*
342 [3]	*106.9*	*108.0*	*111.5*	*116.4*	*113.2*	*115.6*	*123.7*	*123.0*	*127.9*	*126.7*
351-354 [3]	*122.5*	*132.9*	*137.9*	*154.7*	*164.2*	*169.3*	*178.6*	*188.0*	*189.9*	*182.4*
355-356 [3]	*123.3*	*132.0*	*139.6*	*135.0*	*134.7*	*138.6*	*139.5*	*144.0*	*146.9*	*136.8*
36 [3]	*118.9*	*129.8*	*125.1*	*126.0*	*125.7*	*127.5*	*118.5*	*115.0*	*123.1*	*117.3*
37 [3]	*115.4*	*119.8*	*127.5*	*136.0*	*130.3*	*131.8*	*129.4*	*126.0*	*127.3*	*124.7*
381 [3]	*134.4*	*142.4*	*134.9*	*140.2*	*144.5*	*145.4*	*144.9*	*150.0*	*157.5*	*150.0*
382 [3]	*125.1*	*130.6*	*125.9*	*133.7*	*141.7*	*137.7*	*136.8*	*149.0*	*147.4*	*138.6*
383 [3]	*164.9*	*183.9*	*199.5*	*221.8*	*236.0*	*230.2*	*229.9*	*249.0*	*266.4*	*261.5*
384 [3]	*165.2*	*169.4*	*179.3*	*199.0*	*220.9*	*217.1*	*221.3*	*227.0*	*247.4*	*240.6*
385 [3]	...	...	...	*84.5*	*77.9*	*82.5*	*99.4*	*105.0*	*108.1*	*99.8*
390 [3]	*132.9*	*136.1*	*115.3*	*114.1*	*112.7*	*117.3*	*123.2*	*112.0*	...	...

(a) ISIC – CITI – CIIU 1968: See Annex – Voir annexe – Véase anexo.

Explanatory notes and source: see p. 179 – Notes explicatives et source: voir p. 181 – Notas explicativas y fuente: véase p. 183

[1] Establishments with 20 or more persons employed. [2] Registered employed. [3] Index base: 1968 = 100.

[1] Etablissements occupant 20 personnes et plus. [2] Ensemble de l'effectif occupé. [3] Indices base: 1968 = 100.

[1] Establecimientos con 20 y más trabajadores. [2] Todo el efectivo ocupado. [3] Indices base: 1968 = 100.

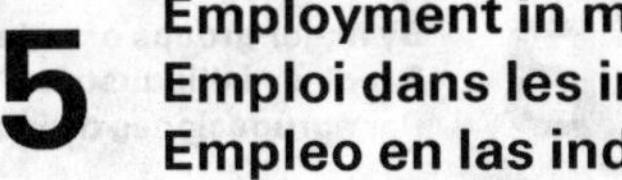

5 Employment in manufacturing
Emploi dans les industries manufacturières
Empleo en las industrias manufactureras

B By major groups of industry
Par classe d'industrie
Por agrupaciones de industria

(Thousands – Milliers – Millares)

Country – ISIC code [a] Pays – Code CITI [a] País – Clave CIIU [a]	1971	1972	1973	1974	1975	1976	1977	1978	1979	1980
Jordan (III) [1]										
[2]										
311–312 [3]	...	...	.	.	5.022	5.042	5.470	6.564	...	...
313 [3]	...	...	.	.	0.476	0.494	0.569	0.682	...	...
314 [3]	...	...	.	.	0.525	0.500	0.528	0.634	...	...
321 [3]	...	...	.	.	1.276	1.492	1.619	1.943	...	...
322 [3]	...	...	.	.	2.262	2.235	2.411	2.652	...	...
323 [3]	...	...	.	.	0.277	0.269	0.261	0.313	...	...
324 [3]	...	...	.	.	0.628	0.718	0.821	0.985	...	...
33 [3]	...	...	.	.	2.190	2.086	2.216	2.437	...	...
341 [3]	...	...	.	.	0.379	0.413	0.481	0.577	...	...
342 [3]	...	...	.	.	0.471	0.464	0.500	0.600	...	...
351 [3]	...	...	.	.	0.799	0.813	0.867	1.040	...	...
353 [3]	...	...	.	.	1.631	1.934	2.491	2.363	...	...
355 [3]	...	...	.	.	0.219	0.221	0.237	0.284	...	...
36 [3]	...	...	.	.	2.674	2.774	2.894	3.472	...	...
371 [3]	...	...	.	.	1.887	1.737	1.850	2.220	...	...
383 [3]	...	...	.	.	0.537	0.591	0.602	0.722	...	...
384 [3]	...	...	.	.	2.084	2.108	2.185	2.622	...	...
390 [3]	...	...	.	.	0.400	0.499	0.600	0.720	...	...
Total [3]	**...**	**...**	**.**	**.**	**23.737**	**24.390**	**26.602**	**30.830**	**...**	**...**
Korea, Republic of (III) [3]										
311–312	72.6	97.3	97.6	108.9	107.2	107.7	123.7	126.9	...	...
313	27.9	26.9	26.9	28.8	27.3	25.1	26.5	28.3	...	...
314	14.3	12.7	18.0	18.1	15.9	13.6	16.3	14.2	...	...
321	202.7	226.6	280.6	286.7	321.9	365.7	405.3	427.3	...	...
322	63.1	79.3	93.3	121.9	152.1	205.3	210.2	204.2	...	...
323	3.0	3.9	9.1	12.2	19.6	30.1	27.6	31.2	...	...
324	5.9	7.8	8.4	6.8	11.2	16.1	21.0	27.0	...	...
331	32.9	35.1	43.4	41.2	42.1	51.9	56.6	62.0	...	...
332	8.7	10.0	8.2	9.1	10.0	10.7	14.3	18.9	...	...
341	20.4	24.4	26.2	26.8	30.9	34.5	42.8	44.7	...	...
342	31.1	32.6	31.2	34.5	38.7	38.3	43.2	42.7	...	...
351	25.7	19.7	27.8	32.5	34.2	40.0	39.6	48.4	...	...
352	23.5	26.1	31.9	35.0	41.9	50.1	47.7	54.7	...	...
353	3.4	4.2	4.5	4.3	4.1	4.9	3.9	3.7	...	...
354	11.0	11.4	10.6	13.2	13.2	11.6	11.9	11.9	...	...
355	31.8	36.5	47.8	59.1	64.7	93.2	103.2	108.5	...	...
356	9.0	14.4	16.5	19.4	24.5	31.4	37.5	33.1	...	...
361	5.9	6.8	6.3	6.8	7.3	8.2	12.3	13.6	...	...
362	8.4	7.3	9.4	10.5	11.9	14.6	14.4	19.9	...	...
369	34.1	31.2	36.3	43.7	41.2	39.6	47.7	60.3	...	...
371	20.4	21.2	29.9	35.6	37.1	47.3	62.0	72.5	...	...
372	5.5	6.4	7.2	10.7	10.5	9.0	12.7	16.1	...	...
381	38.2	38.2	43.8	53.7	52.4	64.1	84.4	100.5	...	...
382	21.0	25.6	35.6	37.4	47.7	67.6	74.1	94.6	...	...
383	42.2	62.3	95.5	121.9	126.6	190.7	191.3	248.2	...	...
384	31.9	39.3	43.1	55.6	51.7	74.7	105.2	121.2	...	...
385	5.2	7.0	9.6	11.3	16.9	24.7	32.9	38.7	...	...
390	42.6	59.5	59.1	52.7	57.3	74.7	80.4	77.5	...	...
Total	**842.4**	**973.7**	**1 157.8**	**1 298.4**	**1 420.1**	**1 745.4**	**1 948.7**	**2 151.0**	**...**	**...**

[a] ISIC – CITI – CIIU 1968: See Annex – Voir annexe – Véase anexo.

Explanatory notes and source: see p. 179 – Notes explicatives et source: voir p. 181 – Notas explicativas y fuente: véase p. 183

[1] Registered employed. [2] ∅: June of each year. [3] Establishments with 5 or more persons employed.

[1] Ensemble de l'effectif occupé. [2] ∅: juin de chaque année. [3] Etablissements occupant 5 personnes et plus.

[1] Todo el efectivo ocupado. [2] ∅: junio de cada año. [3] Establecimientos con 5 y más trabajadores.

5 Employment in manufacturing
Emploi dans les industries manufacturières
Empleo en las industrias manufactureras

B By major groups of industry / Par classe d'industrie / Por agrupaciones de industria

(Thousands – Milliers – Millares)

Country – ISIC code [a] Pays – Code CITI [a] País – Clave CIIU [a]	1971	1972	1973	1974	1975	1976	1977	1978	1979	1980
Pakistan (III)										
311-312	...	...	45.35	42.68	44.52	45.22	29.90	50.93	...	...
313	...	...	1.94	10.82	10.73	10.89	11.51	8.33	...	...
314	...	...	7.48	11.87	10.31	10.74	11.61	17.24	...	...
321	...	...	227.90	249.77	230.63	233.03	216.63	194.18	...	...
322	...	...	0.25	1.94	1.51	1.53	1.46	1.43	...	...
323	...	...	1.93	3.76	1.51	2.48	2.82	3.66	...	...
324	...	...	4.02	4.93	5.17	5.13	5.12	4.79	...	...
331	...	...	2.21	1.02	1.13	1.53	1.56	1.88	...	...
332	...	...	0.81	1.63	1.61	1.71	1.72	1.51	...	...
341	...	...	13.55	13.06	12.99	13.39	13.82	13.29	...	...
342	...	...	6.18	7.89	7.67	8.31	8.84	7.85	...	...
351	...	...	22.80	4.99	4.81	6.92	6.44	8.30	...	...
352	...	...	3.08	9.34	8.86	2.59	2.67	3.41	...	...
353	...	...	1.59	9.38	2.20	2.39	2.37	2.52	...	...
353-354	...	...	4.43	7.11	7.86	7.11	6.78	5.46	...	...
356	...	...	0.23	–	–	–	–	–	...	...
361	...	...	7.82	1.01	1.02	1.32	1.25	1.33	...	...
362	...	...	1.44	1.49	1.47	1.43	1.23	1.11	...	...
369	...	...	3.66	4.26	4.59	4.64	4.70	4.63	...	...
371	...	...	6.72	3.33	3.74	4.02	5.00	4.63	...	...
372	...	...	0.24	0.54	–	–	0.08	0.05	...	...
381	...	...	29.69	5.62	10.16	11.03	5.85	6.88	...	...
382	...	...	12.54	18.14	15.12	13.05	18.35	18.13	...	...
383	...	...	8.00	17.78	17.26	14.46	13.94	13.00	...	...
384	...	...	5.41	49.06	38.02	40.02	39.02	40.30	...	...
385	...	...	3.63	3.08	3.81	3.24	2.60	2.45	...	...
390	...	...	25.90	22.41	19.10	15.66	11.72	16.66	...	...
Total	**...**	**...**	**448.82**	**506.91**	**465.81**	**461.85**	**427.01**	**433.95**	**...**	**...**
Singapore [1] (III)										
[2]										
311-312	9.70	9.90	9.42	9.28	8.72	8.57	9.20	9.64	9.82	...
313	2.35	2.55	2.71	2.66	2.64	2.64	2.51	2.60	2.62	...
314	1.01	1.10	1.19	1.14	1.30	1.18	1.22	1.26	1.23	...
321	8.85	12.41	14.10	12.18	11.38	11.62	10.54	9.81	8.72	...
322	13.39	18.12	20.91	18.56	17.97	20.69	23.28	28.99	27.38	...
323	0.75	0.76	0.71	0.70	0.86	0.97	1.22	1.35	1.21	...
324	2.19	2.39	1.96	1.85	1.90	1.74	1.47	1.59	1.59	...
331	10.79	12.25	13.11	11.97	9.42	8.77	8.83	10.01	9.35	...
332	2.07	2.09	2.36	2.64	2.64	2.95	3.43	4.70	5.18	...
341	2.70	3.06	3.41	3.33	3.37	3.62	3.60	3.80	3.89	...
342	7.33	7.59	7.73	8.28	8.51	9.08	9.81	11.06	11.42	...
351	1.03	1.21	1.30	1.31	1.45	1.41	1.37	1.50	1.56	...
352	3.03	2.99	3.47	3.41	3.57	3.48	3.76	3.81	3.91	...
353-354	2.53	2.66	3.06	3.10	3.33	3.17	3.09	3.08	3.15	...
355	1.92	1.94	1.86	1.73	1.67	1.64	1.61	1.70	1.72	...
356	2.99	3.95	4.77	4.66	4.97	5.47	6.49	7.89	7.03	...
361-362	0.98	1.02	0.99	1.02	0.68	0.72	0.76	0.77	0.86	...
369	3.20	3.34	3.65	3.91	4.28	4.37	4.00	3.79	4.37	...
371	1.25	1.31	1.38	1.52	1.41	1.36	1.37	1.43	1.49	...
372	0.55	0.39	0.53	0.56	0.44	0.14	0.52	0.62	0.63	...
381	9.11	9.70	10.23	10.75	10.97	11.53	12.25	14.37	14.90	...
382	4.45	5.35	7.79	11.78	13.68	15.45	15.28	18.94	23.68	...
383	18.75	31.48	44.43	48.91	34.56	47.06	52.18	59.47	73.75	...
384	20.44	22.55	25.46	28.44	30.42	27.70	28.22	28.37	32.91	...
385	1.29	3.18	6.50	8.09	6.94	7.38	7.89	8.13	9.42	...
390	7.89	7.06	5.52	4.25	4.43	4.53	5.21	5.03	5.65	...
Total	**140.55**	**170.35**	**198.57**	**206.07**	**191.53**	**207.23**	**219.11**	**243.72**	**267.45**	**...**

[a] ISIC – CITI – CIIU 1968: See Annex – Voir annexe – Véase anexo.

Explanatory notes and source: see p. 179 – Notes explicatives et source: voir p. 181 – Notas explicativas y fuente: véase p. 183

[1] Establishments with 10 or more persons employed. [2] ∅: June of each year.

[1] Etablissements occupant 10 personnes et plus. [2] ∅: juin de chaque année.

[1] Establecimientos con 10 y más trabajadores. [2] ∅: junio de cada año.

Employment in manufacturing
Emploi dans les industries manufacturières
Empleo en las industrias manufactureras

B
By major groups of industry
Par classe d'industrie
Por agrupaciones de industria

(Thousands – Milliers – Millares)

Country – ISIC code [a] Pays – Code CITI [a] País – Clave CIIU [a]	1971	1972	1973	1974	1975	1976	1977	1978	1979	1980
Sri Lanka (III) [1]										
311–312	57.40	57.59	59.80	57.38	35.90	40.97	35.26	37.72	37.96	...
313	3.26	3.70	2.93	2.72	3.22	4.17	4.55	5.84	6.55	...
314	8.23	4.90	3.81	6.69	5.56	4.63	3.04	3.42	3.20	...
321	51.54	65.42	61.89	61.46	66.09	61.17	66.38	65.73	64.10	...
322	5.03	4.42	4.78	6.25	4.91	6.17	8.81	7.55	6.39	...
323	0.73	1.47	1.08	0.88	0.83	0.93	1.38	1.13	1.04	...
324	2.68	1.79	2.01	1.57	2.13	2.41	2.64	3.01	3.07	...
331	6.51	6.61	5.27	5.66	5.68	5.20	5.34	5.65	5.87	...
332	3.10	0.53	1.38	0.92	1.12	0.90	1.26	1.43	0.80	...
341	2.77	3.09	3.50	3.71	4.20	3.80	3.94	5.61	5.92	...
342	8.85	6.39	8.13	8.51	8.37	8.33	9.12	6.67	9.22	...
351	3.74	2.25	1.77	1.97	1.71	1.54	2.15	2.25	2.43	...
352–354	9.76	10.03	7.27	7.07	6.61	6.75	6.56	6.47	6.13	...
355	13.42	10.90	11.15	11.82	8.39	8.33	7.52	8.49	9.68	...
356	0.28	0.41	0.56	0.38	0.67	0.55	0.31	0.57	0.33	...
361	1.16	1.70	1.67	2.21	2.47	1.95	3.48	5.05	2.21	...
362	1.31	1.23	0.90	0.70	1.34	1.23	1.07	1.05	1.08	...
369	8.23	8.87	8.00	8.23	8.02	9.05	8.36	9.88	11.71	...
371	2.34	2.73	0.30	0.14	0.29	0.37	0.46	0.41	0.33	...
372	0.51	0.47	0.39	0.18	0.14	0.13	0.13	0.11	0.13	...
381	4.09	6.46	7.25	7.58	6.54	7.65	7.94	8.49	9.29	...
382	1.63	4.09	2.59	1.65	7.61	3.38	3.51	4.22	3.65	...
383	1.85	2.74	2.38	3.28	2.77	2.89	2.58	3.00	2.69	...
384	1.41	1.79	5.82	6.10	1.94	6.50	6.46	6.31	6.22	...
385	0.82	0.60	0.43	0.39	0.38	0.38	0.41	0.40	0.39	...
390	1.34	1.33	1.43	1.34	2.05	2.04	2.05	2.27	2.06	...
Total	**202.01**	**211.52**	**206.47**	**208.77**	**188.95**	**191.42**	**194.71**	**202.74**	**202.47**	**...**
EUROPE – EUROPE – EUROPA										
Austria (II) [2]										
[3]										
31	...	...	110.96	109.34	109.58	109.81	112.78	111.22	109.54	109.19
321	...	...	73.83	69.91	61.98	60.57	59.36	55.53	56.39	56.48
322	...	...	70.05	75.22	71.82	69.90	70.62	66.49	65.04	64.91
323–324	...	...	6.66	6.11	5.69	5.86	5.89	5.48	5.40	5.32
33	...	...	80.75	82.45	80.56	83.24	86.86	88.18	88.36	90.15
341	...	...	29.26	29.01	27.75	27.45	27.08	25.98	25.44	25.48
342	...	...	36.24	36.74	36.75	36.10	35.94	35.67	35.95	36.33
35	...	...	79.35	79.89	77.08	76.09	77.82	77.07	76.97	78.33
36	...	...	44.70	44.71	42.13	40.61	40.49	39.96	39.64	40.75
37	...	...	63.00	67.20	68.30	66.10	66.20	65.10	66.29	68.35
38	...	...	342.90	344.90	329.10	329.80	339.30	342.50	343.12	354.40
390	...	...	5.70	6.00	5.90	6.40	7.70	7.60	–	...
Total	**...**	**...**	**943.40**	**951.49**	**916.65**	**911.93**	**930.03**	**920.80**	**912.14**	**929.69**

[a] ISIC – CITI – CIIU 1968: See Annex – Voir annexe – Véase anexo.

Explanatory notes and source: see p. 179 – Notes explicatives et source: voir p. 181 – Notas explicativas y fuente: véase p. 183

[1] Establishments with 5 or more persons employed. [2] Insured persons. [3] ∅: June of each year.

[1] Etablissements occupant 5 personnes et plus. [2] Personnes assurées. [3] ∅: juin de chaque année.

[1] Establecimientos con 5 y más trabajadores. [2] Personas aseguradas. [3] ∅: junio de cada año.

5 Employment in manufacturing
Emploi dans les industries manufacturières
Empleo en las industrias manufactureras

B By major groups of industry
Par classe d'industrie
Por agrupaciones de industria

(Thousands - Milliers - Millares)

Country - ISIC code [a] Pays - Code CITI [a] País - Clave CIIU [a]	1971	1972	1973	1974	1975	1976	1977	1978	1979	1980
Belgique (II) [1]										
[2]										
311-312	.	.	81.6	82.0	78.7	77.1	75.3	75.5	75.3	74.9
313	.	.	23.5	21.7	20.6	19.9	19.4	18.9	18.2	17.3
314	.	.	8.7	8.8	8.1	7.6	7.3	7.6	7.2	6.8
321	.	.	107.8	104.5	94.7	90.0	81.6	73.3	68.4	66.5
322	.	.	86.6	84.0	75.9	69.9	61.7	56.1	52.4	49.8
323	.	.	6.2	5.8	5.4	5.0	4.6	4.0	3.6	3.2
324	.	.	7.2	6.8	5.6	4.5	3.8	3.3	3.0	2.9
331	.	.	18.7	18.6	16.2	16.0	15.4	14.6	14.0	13.8
332	.	.	34.7	35.7	33.1	32.5	31.2	29.3	26.8	25.5
341	.	.	26.7	27.1	24.8	23.1	21.2	20.4	20.6	19.3
342	.	.	40.8	41.1	38.2	34.8	34.1	34.0	33.9	33.8
351	.	.	71.4	74.1	73.7	72.9	72.7	72.3	71.8	71.6
352	.	.	3.3	3.2	3.1	2.9	2.8	2.7	2.4	2.4
353	.	.	6.1	5.7	5.4	5.2	5.5	5.9	5.4	5.6
354	.	.	1.6	1.5	1.6	1.5	1.6	1.4	1.5	1.6
355	.	.	9.1	9.2	8.6	7.8	7.6	7.6	7.4	7.3
356	.	.	15.3	16.0	14.4	15.2	14.8	14.3	14.7	14.8
362	.	.	25.5	25.8	22.1	20.9	20.2	18.8	18.2	17.0
369	.	.	42.8	43.2	41.2	39.1	38.5	36.9	35.6	34.6
371	.	.	103.4	109.7	105.1	99.7	95.6	86.8	83.1	81.3
381	.	.	109.2	106.7	100.7	94.1	91.2	87.0	83.5	82.4
382	.	.	62.7	69.1	66.8	62.1	60.4	58.0	56.8	55.7
383	.	.	100.9	102.5	96.2	92.1	87.6	85.5	83.7	82.4
384	.	.	71.6	74.0	71.3	76.7	77.2	77.0	79.6	79.9
385	.	.	4.9	5.2	5.3	5.1	5.1	5.2	5.3	5.4
390	.	.	18.3	18.2	16.2	15.4	15.6	16.5	15.7	14.4
Total	.	.	**1 088.4**	**1 100.1**	**1 033.2**	**990.9**	**952.0**	**912.6**	**887.9**	**870.2**
Bulgarie [3] (III)										
31	152.8	154.5	156.3	171.9	170.6	174.4	171.6	165.5	165.3	...
321	119.7	121.8	123.9	125.8	128.9	130.1	129.4	128.8	128.6	...
322	42.0	42.3	43.9	45.1	44.9	44.3	44.9	46.4	45.7	...
323-324	26.8	27.2	27.7	27.0	26.6	27.3	27.6	27.4	27.4	...
33	78.2	77.6	78.6	76.2	75.2	73.1	70.9	69.3	68.8	...
341	11.2	11.6	12.5	13.7	14.0	13.6	13.7	13.9	14.0	...
342	8.4	8.3	9.5	9.4	9.7	10.3	11.3	11.4	11.3	...
351-356	65.0	68.8	72.1	74.9	76.3	76.5	78.7	80.9	84.1	...
353-354	58.3	55.5	59.1	52.6	51.6	50.8	50.5	50.8	52.0	...
361-362	20.2	20.3	20.8	22.4	23.3	23.7	23.8	24.7	25.7	...
369	50.7	54.4	53.9	56.8	58.7	57.9	57.4	59.0	61.5	...
371	29.2	29.5	30.2	30.0	31.0	31.7	32.2	33.2	33.2	...
372	37.9	...	...	...	...	...	...	...	...	...
38	270.1	283.1	296.7	310.8	321.0	328.7	338.0	350.1	354.4	...
390	73.4	78.3	...	...	...	...	...	...	...	...
399	1 060.5	1 050.1	1 002.2	1 034.8	1 051.3	1 062.7	1 071.3	1 083.9	1 095.9	...
410	16.5	16.8	17.2	18.1	19.5	20.3	21.3	22.5	23.8	...

[a] ISIC - CITI - CIIU 1968: See Annex - Voir annexe - Véase anexo.

Explanatory notes and source: see p. 179 - Notes explicatives et source: voir p. 181 - Notas explicativas y fuente: véase p. 183

[1] Insured persons. [2] ∅: Sep. of each year. [3] State sector.

[1] Personnes assurées. [2] ∅: sept. de chaque année. [3] Secteur d'Etat.

[1] Personas aseguradas. [2] ∅: sept. de cada año. [3] Sector de Estado.

5 Employment in manufacturing
Emploi dans les industries manufacturières
Empleo en las industrias manufactureras

B By major groups of industry
Par classe d'industrie
Por agrupaciones de industria

(Thousands - Milliers - Millares)

Country - ISIC code [(a)] Pays - Code CITI [(a)] País - Clave CIIU [(a)]	1971	1972	1973	1974	1975	1976	1977	1978	1979	1980
Czechoslovakia (III) [1]										
311-312	120.6	120.4	120.9	121.3	122.6	126.0	127.4	128.9	128.9	129.3
313	24.8	25.0	25.0	24.9	24.3	24.3	24.3	24.2	24.2	24.1
314	3.3	3.3	3.3	3.4	3.5	3.4	3.4	3.4	3.3	3.3
321	186.6	186.4	185.4	184.7	183.8	180.1	178.2	176.3	176.3	176.2
322	98.9	97.1	96.2	93.8	92.1	91.0	89.0	87.5	86.7	87.9
323	22.0	22.1	21.9	21.7	21.7	21.6	21.5	21.3	21.3	21.3
324	59.4	60.3	60.4	59.4	59.4	59.1	58.5	57.5	57.0	57.1
331	52.5	52.7	53.5	53.8	54.4	51.6	51.7	51.7	51.7	52.2
332	48.0	47.7	47.7	48.1	48.8	48.9	49.0	49.2	49.9	50.9
341	33.7	33.6	33.6	34.2	34.4	34.3	34.7	34.8	34.5	35.1
342	21.8	21.5	22.0	21.6	21.3	22.5	23.0	23.1	23.3	24.3
351	60.7	61.2	62.6	63.4	64.1	63.8	63.2	63.0	63.3	64.1
352	20.1	20.5	20.3	20.5	20.6	15.7	16.1	15.6	15.7	16.3
353	13.9	13.8	13.4	13.6	14.2	14.4	14.5	14.7	14.9	15.2
354	3.1	3.1	3.1	3.1	3.1	4.2	4.3	4.4	4.4	4.3
355	18.2	18.8	19.3	19.6	19.9	20.0	20.2	20.2	20.3	20.2
356						5.8	5.8	5.7	5.6	5.6
361	8.5	8.4	8.4	8.3	8.0	7.8	7.7	7.7	7.6	7.0
362	56.5	56.1	56.6	57.0	57.0	57.4	56.8	56.3	56.3	57.6
369	66.9	64.5	63.2	62.9	64.9	65.7	65.2	64.6	64.5	65.5
371	135.9	135.5	135.7	135.7	135.7	116.5	116.8	117.5	118.2	118.4
372	29.7	31.5	31.4	27.9	28.1	20.4	20.6	20.8	21.0	21.2
381	98.5	98.0	97.9	96.0	95.2	125.4	129.6	130.1	130.7	133.7
382	290.2	291.8	294.1	296.9	276.9	314.0	320.1	324.6	328.3	337.9
383	96.8	97.2	96.8	97.2	97.8	103.8	101.1	101.9	102.7	103.9
384	139.8	141.0	140.7	140.8	164.1	165.1	165.7	167.2	168.6	170.0
385	60.6	61.9	62.5	62.2	62.3	12.8	13.0	13.1	13.2	11.8
390	29.7	31.5	31.4	31.0	30.4	32.5	31.9	32.2	32.3	32.9
Total	**1 800.7**	**1 804.9**	**1 807.3**	**1 803.0**	**1 808.6**	**1 808.1**	**1 813.3**	**1 817.5**	**1 824.7**	**1 847.3**
Denmark [2] (III) [3]										
311-312	55.04	55.27	55.96	55.18	51.20	51.19	51.59	52.22	...	...
313	11.96	12.34	12.94	12.41	11.85	11.75	11.55	11.62	...	...
314	5.36	5.07	4.24	4.39	3.53	3.68	3.53	3.29	...	...
321	20.98	21.59	21.16	18.57	16.44	17.09	16.09	14.78	...	...
322	17.93	18.17	17.46	14.87	14.08	14.59	13.89	12.97	...	...
323	2.13	2.07	1.85	1.69	1.75	1.64	1.61	1.51	...	...
324	3.62	3.81	3.58	3.10	2.69	2.98	2.99	2.70	...	...
331	10.76	11.13	11.51	10.50	9.04	9.37	9.36	9.47	...	...
332	12.27	13.34	14.18	12.71	11.35	12.68	12.75	12.56	...	...
341	10.11	9.99	10.57	10.35	9.22	8.97	8.81	8.77	...	...
342	29.49	28.84	29.22	28.17	26.03	25.65	25.56	25.94	...	...
351	10.15	10.02	11.06	10.76	10.57	11.01	10.99	10.87	...	...
352	11.80	12.14	12.13	12.18	11.52	11.22	11.46	11.58	...	...
353	0.61	0.60	0.58	0.59	0.58	0.56	0.56	0.58	...	...
354	1.55	1.55	1.33	1.55	1.40	1.29	1.30	1.31	...	...
355	3.56	3.67	3.55	3.45	3.12	3.11	3.00	3.06	...	...
356	7.59	8.20	8.89	8.43	7.21	7.98	8.11	8.34	...	...
361	3.26	3.46	3.56	3.65	3.24	3.23	3.48	3.78	...	...
362	2.85	3.12	3.37	3.38	3.46	3.66	3.57	3.32	...	...
369	19.75	20.32	21.11	18.75	15.99	16.71	16.98	17.02	...	...
371	6.56	5.87	5.91	6.25	5.85	6.01	5.80	5.38	...	...
372	2.28	2.23	2.48	2.51	2.23	2.33	2.45	2.46	...	...
381	30.57	31.88	33.22	30.99	27.02	28.02	28.82	30.45	...	...
382	51.71	51.99	56.85	58.35	52.40	52.19	54.55	54.19	...	...
383	27.80	27.52	30.23	29.38	24.80	24.91	24.81	24.95	...	...
384	33.00	34.05	34.70	35.72	34.39	31.74	29.97	28.69	...	...
385	6.59	6.57	7.18	7.99	7.53	7.32	8.14	8.37	...	...
390	6.38	6.65	6.98	6.73	6.20	5.98	5.91	5.70	...	...
Total	**405.69**	**411.48**	**425.82**	**412.61**	**374.73**	**376.86**	**377.65**	**375.89**	**...**	**...**

[(a)] ISIC - CITI - CIIU 1968: See Annex - Voir annexe - Véase anexo.

Explanatory notes and source: see p. 179 - Notes explicatives et source: voir p. 181 - Notas explicativas y fuente: véase p. 183

[1] Wage earners only. [2] Establishments with 6 or more persons employed. [3] Employees.

[1] Ouvriers seulement. [2] Etablissements occupant 6 personnes et plus. [3] Salariés.

[1] Obreros solamente. [2] Establecimientos con 6 y más trabajadores. [3] Asalariados.

5 Employment in manufacturing
Emploi dans les industries manufacturières
Empleo en las industrias manufactureras

B By major groups of industry
Par classe d'industrie
Por agrupaciones de industria

(Thousands – Milliers – Millares)

Country – ISIC code [(a)] Pays – Code CITI [(a)] País – Clave CIIU [(a)]	1971	1972	1973	1974	1975	1976	1977	1978	1979	1980
España (I) [1]										
31	...	...	374.3	383.2	394.8	381.3	372.2	379.3	353.2	...
32	...	...	615.2	617.5	603.2	567.8	554.1	535.3	522.3	...
33	...	...	226.5	228.2	238.9	235.2	233.8	232.0	202.3	...
34	...	...	161.7	150.0	167.9	159.5	158.4	159.6	149.8	...
35	...	...	305.1	287.5	300.8	402.6	403.7	413.2	391.6	...
36	...	...	191.5	190.9	201.4	...	...	...	...	...
371,372,381	...	...	377.2	363.1	390.4	297.5	305.7	291.4	287.4	...
382–383	...	...	315.2	371.9	355.5	341.8	349.8	321.3	306.3	...
384	...	...	254.1	270.6	288.5	272.3	268.4	265.6	270.7	...
385	...	...	...	...	...	18.6	14.0	12.4	13.4	...
390	...	...	90.5	94.7	77.0	–	–	–	–	...
Total	**...**	**...**	**2 911.3**	**2 957.6**	**3 018.4**	**2 676.6**	**2 660.1**	**2 610.1**	**2 497.0**	**...**
Finland (III) [2]										
311–312	51.09	52.57	54.11	53.90	54.06	54.65	52.89	52.00	52.64	...
313	6.18	6.27	6.45	6.41	6.12	6.28	6.06	5.69	5.64	...
314	1.45	1.45	1.52	1.52	1.52	1.45	1.40	1.37	1.50	...
321	29.05	28.84	29.71	30.21	28.00	25.93	24.38	22.69	23.29	...
322	31.83	33.69	34.64	35.19	35.37	34.46	32.87	32.14	33.46	...
323	3.36	3.38	3.42	3.26	3.39	3.11	2.98	2.69	2.70	...
324	7.29	7.11	6.49	6.09	6.24	6.45	6.52	6.50	6.68	...
331	44.54	43.35	45.43	44.94	38.71	39.43	40.07	40.55	44.86	...
332	10.38	11.34	12.03	12.42	10.46	11.96	11.84	11.27	12.47	...
341	49.22	48.46	50.26	52.45	51.67	51.39	50.68	48.46	48.59	...
342	28.04	28.43	29.80	30.57	30.87	30.87	30.60	30.99	31.96	...
351	11.78	13.47	13.07	13.19	14.32	14.11	13.45	13.09	13.05	...
352	8.57	8.92	9.25	9.62	9.26	9.57	9.42	9.40	9.66	...
353	1.77	1.98	2.15	2.22	2.36	2.68	2.67	2.71	2.87	...
354	0.59	0.68	0.65	0.74	0.74	0.74	0.80	0.72	0.93	...
355	4.86	4.92	5.32	5.50	5.38	5.05	4.79	4.53	4.68	...
356	5.75	6.06	6.80	6.56	5.72	6.05	6.03	6.53	7.10	...
361	2.43	2.47	2.43	2.31	1.95	1.76	1.52	1.41	1.37	...
362	3.94	4.00	3.98	4.21	4.14	3.92	3.58	3.27	3.50	...
369	13.93	14.67	15.71	16.95	16.41	15.73	15.45	14.50	14.97	...
371	11.82	11.27	11.82	12.46	15.02	15.61	14.83	14.13	14.23	...
372	4.19	5.13	5.14	5.38	5.44	5.22	5.19	5.06	5.18	...
381	24.76	26.78	28.10	30.39	29.65	30.07	28.49	27.67	30.27	...
382	57.64	57.13	60.14	62.73	63.73	61.79	60.78	57.44	59.05	...
383	22.76	24.44	26.62	30.95	31.74	31.03	29.88	28.94	28.93	...
384	31.34	34.08	35.42	35.52	37.94	39.07	36.72	35.74	36.68	...
385	1.82	2.85	3.15	3.56	4.15	3.81	3.85	4.15	4.83	...
390	4.67	4.93	5.40	4.97	4.97	4.85	5.00	4.80	5.00	...
Total	**475.06**	**488.67**	**509.03**	**524.26**	**519.31**	**517.05**	**502.75**	**488.46**	**506.10**	**...**

[(a)] ISIC – CITI – CIIU 1968: See Annex – Voir annexe – Véase anexo.

Explanatory notes and source: see p. 179 – Notes explicatives et source: voir p. 181 – Notas explicativas y fuente: véase p. 183

[1] Wage earners and salaried employees. [2] Establishments with 5 or more persons employed.

[1] Population salariée ayant un emploi. [2] Etablissements occupant 5 personnes et plus.

[1] Población ocupada asalariada. [2] Establecimientos con 5 y más trabajadores.

5 Employment in manufacturing
Emploi dans les industries manufacturières
Empleo en las industrias manufactureras

B By major groups of industry
Par classe d'industrie
Por agrupaciones de industria

(Thousands – Milliers – Millares)

Country – ISIC code [(a)] Pays – Code CITI [(a)] País – Clave CIIU [(a)]	1971	1972	1973	1974	1975	1976	1977	1978	1979	1980
France (III)										
[1]										
31	490	487	492	513	509	507	516	514	...	...
32	864	876	862	785	739	728	702	669	...	...
33	226	230	240	239	228	230	229	226	...	...
34	377	380	384	350	335	336	333	329	...	...
35	577	590	604	616	601	606	608	603	...	...
36	247	250	255	243	235	234	230	225	...	...
37	304	301	307	277	269	269	256	240	...	...
38	2 221	2 250	2 337	2 470	2 403	2 438	2 407	2 360	...	...
390	96	99	104	99	97	99	101	97	...	...
Total	**5 402**	**5 463**	**5 585**	**5 592**	**5 416**	**5 447**	**5 382**	**5 263**	...	...
Germany, Fed. Rep. of (IV) [2]										
31	.	749	728	706	685	703	727	732	743	755*
32	.	1 084	1 035	937	861	847	823	818	804	792*
33	.	496	500	482	477	462	475	477	480	500*
34	.	538	541	523	485	452	445	475	473	470*
35	.	968	976	987	987	972	927	916	949	961*
36	.	343	338	316	272	288	293	285	295	281*
37	.	606	597	599	564	485	618	518	539	481*
38	.	4 132	4 198	4 233	3 948	4 037	3 902	3 996	3 981	4 083*
390	.	79	82	75	68	67	64	65	67	73*
Total	.	**8 995**	**8 995**	**8 858**	**8 347**	**8 313**	**8 274**	**8 282**	**8 331**	**8 396***
Grèce [3] (III) [4]										
311-312	37.33	37.57	40.05	43.02	43.74	46.60	46.58*	...	...	...
313	7.38	7.86	8.21	8.98	8.99	9.81	9.71*	...	...	...
314	9.51	8.59	8.49	8.71	8.05	8.53	9.72*	...	...	...
321	46.70	49.66	53.82	57.39	60.65	65.88	64.98*	...	...	...
322	10.84	11.98	14.13	21.39	23.14	26.47	27.92*	...	...	...
323	3.52	3.07	3.03	3.89	3.66	3.62	3.80*	...	...	...
324	5.88	6.60	6.89	6.76	7.26	7.51	7.38*	...	...	...
331	7.21	7.97	8.73	9.47	8.65	8.63	8.95*	...	...	...
332	5.45	5.70	5.89	5.38	5.21	5.61	5.59*	...	...	...
341	6.72	6.78	6.82	7.13	7.32	7.84	7.85*	...	...	...
342	8.35	8.40	8.76	8.91	8.84	8.83	9.00*	...	...	...
351	6.55	6.90	7.47	6.49	6.03	6.72	6.61*	...	...	...
352	8.03	9.22	10.10	12.46	12.86	13.94	14.80*	...	...	...
353	1.08	1.40	2.09	2.66	2.77	2.62	2.79*	...	...	...
354	0.93	0.92	1.00	1.01	0.90	0.81	0.79*	...	...	...
355	2.46	2.42	2.55	2.82	2.71	2.69	2.69*	...	...	...
356	6.38	7.29	7.75	8.23	9.49	11.18	11.74*	...	...	...
361	3.03	3.25	3.77	4.01	3.94	4.04	4.20*	...	...	...
362	2.51	2.49	2.19	2.48	2.51	2.57	2.45*	...	...	...
369	13.77	13.77	14.60	15.80	15.43	15.70	16.05*	...	...	...
371	4.11	4.53	4.87	7.88	7.92	8.00	8.16*	...	...	...
372	2.93	3.05	3.81	3.80	4.33	4.48	4.77*	...	...	...
381	16.75	18.13	19.47	20.25	20.65	21.99	21.38*	...	...	...
382	8.78	8.95	9.90	10.92	10.60	10.74	11.06*	...	...	...
383	15.45	17.07	19.03	18.94	17.28	18.19	18.09*	...	...	...
384	16.00	17.76	19.91	23.56	23.75	24.44	23.85*	...	...	...
385	0.76	0.79	0.99	0.91	0.83	0.82	0.87*	...	...	...
390	1.95	2.13	2.34	2.74	2.77	3.06	3.20*	...	...	...
Total	**260.40**	**274.27**	**296.66**	**325.98**	**330.27**	**351.32**	**355.00***	...	...	...

[(a)] ISIC – CITI – CIIU 1968: See Annex – Voir annexe – Véase anexo.

Explanatory notes and source: see p. 179 – Notes explicatives et source: voir p. 181 – Notas explicativas y fuente: véase p. 183

[1] ∅: Dec. of each year. [2] Wage earners and salaried employees. [3] Establishments with 10 or more persons employed. [4] Employees.

[1] ∅: déc. de chaque année. [2] Population salariée ayant un emploi. [3] Etablissements occupant 10 personnes et plus. [4] Salariés.

[1] ∅: dic. de cada año. [2] Población ocupada asalariada. [3] Establecimientos con 10 y más trabajadores. [4] Asalariados.

5 Employment in manufacturing / Emploi dans les industries manufacturières / Empleo en las industrias manufactureras

B By major groups of industry / Par classe d'industrie / Por agrupaciones de industria

(Thousands - Milliers - Millares)

Country - ISIC code [(a)] Pays - Code CITI [(a)] País - Clave CIIU [(a)]	1971	1972	1973	1974	1975	1976	1977	1978	1979	1980
Hongrie (III) [1]										
311-312	152.6	155.1	158.1	161.6	163.7	163.7	166.5	168.9	168.7	166.1
313	22.1	22.8	23.6	24.1	24.9	25.1	25.1	26.1	25.7	25.2
314	6.2	6.3	6.1	6.0	6.1	6.0	6.0	6.0	5.9	5.6
321	141.6	139.9	139.9	138.1	132.6	130.2	128.0	126.7	122.3	117.4
322	80.0	80.2	82.5	84.9	81.7	81.4	79.3	79.0	77.6	79.2
323	14.6	14.6	14.6	14.9	14.3	13.8	15.0	14.2	13.0	12.4
324	43.3	41.7	42.2	43.2	40.9	40.1	38.7	38.4	37.5	36.4
331	19.6	19.1	18.9	22.5	22.3	21.8	20.2	19.6	18.6	17.4
332	32.9	32.3	32.8	32.8	32.6	32.4	32.2	32.1	31.3	30.8
341	16.0	16.0	16.3	16.1	15.8	16.2	16.3	16.0	15.7	15.1
342	21.1	21.0	20.5	20.5	19.8	20.2	20.2	20.1	15.8	19.5
351	38.1	39.5	42.0	42.7	42.1	42.4	42.7	42.6	42.0	41.0
352	26.7	27.0	27.6	27.9	27.7	27.8	27.4	27.4	27.6	27.2
353	6.9	7.0	7.3	7.4	7.4	7.3	7.2	7.1	7.0	6.5
355	11.8	11.8	12.1	11.9	11.8	11.3	11.2	11.1	11.2	11.0
356	14.8	14.6	14.7	14.7	14.2	14.6	13.2	12.8	12.5	12.3
361	13.4	13.5	14.2	15.0	15.1	14.0	14.0	15.2	15.3	15.2
362	14.4	14.7	15.6	16.3	16.9	16.6	16.6	17.0	16.9	16.9
369	46.7	47.0	46.8	45.4	43.0	42.0	41.5	42.1	41.5	40.5
371	82.1	80.9	82.4	82.2	80.8	79.1	78.3	78.0	77.7	76.7
372	21.0	21.4	21.6	21.6	21.2	20.4	21.3	21.0	20.6	20.3
381	81.7	75.3	77.6	76.8	74.4	72.6	63.3	62.8	60.8	58.6
382	150.6	147.1	147.9	149.1	142.9	137.6	138.4	133.4	131.2	128.6
383	139.1	144.3	151.9	155.6	155.5	160.3	169.6	171.4	168.9	163.9
384	107.5	109.5	110.6	109.8	105.3	106.6	106.8	110.4	108.0	104.2
385	52.8	53.3	56.2	57.7	56.9	58.0	60.0	61.2	59.8	58.2
390	96.2	95.6	95.3	97.1	85.7	84.6	84.6	85.2	85.2	77.3
Total	**1 453.8**	**1 451.3**	**1 479.5**	**1 495.8**	**1 455.7**	**1 446.6**	**1 444.3**	**1 445.8**	**1 418.1**	**1 383.4**
Ireland [2] (III) [3]										
[4]										
311-312	.	.	46.2	47.4	45.6	44.8	45.1	46.2	47.3	45.9
313	.	.	7.9	8.0	7.8	7.6	7.7	8.0	8.1	8.4
314	.	.	2.3	2.4	2.4	2.4	2.5	2.5	2.4	2.3
321	.	.	21.2	20.3	16.5	17.9	18.3	18.3	19.0	17.4
322	.	.	17.5	16.9	16.2	14.4	14.5	14.7	15.0	13.8
323	.	.	2.1	2.2	2.1	2.0	2.0	1.9	1.6	1.5
324	.	.	4.9	4.6	3.4	3.5	3.7	3.6	3.8	3.3
331	.	.	5.2	5.1	4.6	4.9	4.5	4.6	4.7	4.2
332	.	.	3.5	3.4	3.4	3.3	3.2	3.5	3.5	3.0
341	.	.	5.8	5.8	5.5	5.3	5.2	5.3	5.0	4.5
342	.	.	10.5	10.8	10.7	10.5	10.4	10.9	11.0	11.1
351-352	.	.	9.7	10.2	9.1	9.7	10.0	10.8	11.7	11.3
353-354	.	.	0.3	0.3	0.3	0.3	0.3	0.3	0.4	0.3
355	.	.	3.1	3.1	2.8	2.9	3.1	3.2	2.8	2.9
356	.	.	3.5	3.5	3.5	4.0	4.3	4.6	4.9	4.7
36	.	.	13.0	13.6	13.1	13.1	13.9	14.9	15.1	14.6
37	.	.	4.1	4.1	3.5	3.6	3.6	2.3	2.6	2.6
381	.	.	11.4	11.8	11.1	11.7	12.3	13.2	14.7	14.5
382	.	.	5.5	5.7	5.4	6.1	6.8	7.1	7.7	7.9
383	.	.	12.1	12.3	10.9	12.3	13.9	14.9	17.1	18.8
384	.	.	13.4	13.8	12.5	12.2	12.4	12.4	12.2	12.2
385	.	.	2.4	2.7	3.0	3.7	4.5	5.3	5.8	6.0
390	.	.	2.0	2.2	1.4	1.4	1.7	1.8	2.3	2.7
Total	**.**	**.**	**207.6**	**210.2**	**194.8**	**197.7**	**203.9**	**210.3**	**218.7**	**213.9**

[(a)] ISIC - CITI - CIIU 1968: See Annex - Voir annexe - Véase anexo.

Explanatory notes and source: see p. 179 - Notes explicatives et source: voir p. 181 - Notas explicativas y fuente: véase p. 183

[1] State sector. [2] Establishments with 3 or more persons employed. [3] [4] ∅: Sep. of each year.

[1] Secteur d'Etat. [2] Etablissements occupant 3 personnes et plus. [3] [4] ∅: sept. de chaque année.

[1] Sector de Estado. [2] Establecimientos con 3 y más trabajadores. [3] [4] ∅: sept. de cada año.

5 Employment in manufacturing / Emploi dans les industries manufacturières / Empleo en las industrias manufactureras

B By major groups of industry / Par classe d'industrie / Por agrupaciones de industria

(Thousands – Milliers – Millares)

Country – ISIC code [a] Pays – Code CITI [a] País – Clave CIIU [a]	1971	1972	1973	1974	1975	1976	1977	1978	1979	1980
Italie [1] (III) [2]										
311-312	136.8	139.3	141.7	143.5	139.5	137.5	131.7	...	...	...
313	23.8	23.9	23.3	22.8	21.7	20.5	19.1	...	...	...
314	18.5	17.6	17.0	17.3	16.5	15.8	16.3	...	...	...
321	351.5	331.1	328.0	318.0	299.7	288.2	276.6	...	...	...
322,324	268.4	266.1	271.6	270.9	261.2	255.4	246.5	...	...	...
323	26.8	26.8	26.1	25.6	24.8	24.7	24.5	...	...	...
331	63.9	61.8	62.4	61.6	57.5	56.1	55.7	...	...	...
332	69.2	70.3	71.6	71.8	68.0	68.6	66.7	...	...	...
341	62.9	62.7	63.4	64.1	60.8	60.1	56.8	...	...	...
342	58.9	59.2	61.2	61.6	60.5	59.3	57.9	...	...	...
351-353	167.8	165.0	166.7	171.5	167.9	164.0	161.2	...	...	...
354	13.0	13.1	13.3	13.6	14.1	14.2	14.1	...	...	...
355	54.4	54.4	55.3	56.2	55.1	53.0	52.9	...	...	...
36	203.4	194.5	196.3	200.6	196.7	190.5	185.2	...	...	...
37	218.9	221.8	229.9	240.4	241.1	240.6	241.0	...	...	...
381,82,85	533.2	530.7	546.1	562.1	547.0	534.3	531.9	...	...	...
383	182.3	187.3	201.0	210.6	207.4	205.2	199.0	...	...	...
384	242.3	250.8	271.5	276.4	267.5	264.0	263.1	...	...	...
390	97.2	96.9	103.0	107.0	103.9	101.7	102.0	...	...	...
Total	**2 793.2**	**2 773.2**	**2 849.5**	**2 895.6**	**2 810.8**	**2 753.8**	**2 702.2**	**...**	**...**	**...**
Luxembourg [3] (III) [3]										
311-312	1.086	1.116	1.157	1.341	1.347	1.285	1.223	...	...	...
313-314	1.405	1.322	1.380	1.379	1.302	1.278	1.244	...	...	...
321	0.091	0.115	0.177	0.338	0.333	0.329	0.344	...	...	...
322	0.570	0.631	0.591	0.621	0.560	0.476	0.473	...	...	...
33	0.152	0.209	0.261	0.280	0.233	0.251	0.270	...	...	...
34	0.911	0.854	0.896	0.954	0.969	1.092	1.054	...	...	...
351	4.993	5.498	5.527	5.517	5.404	5.494	5.479	...	...	...
352	0.197	0.150	0.191	0.196	0.194	0.186	0.165	...	...	...
361-369,390	2.136	2.135	2.160	2.199	2.204	2.176	2.242	...	...	...
371	23.832	23.864	24.577	25.438	25.091	23.936	22.984	...	...	...
372	0.464	0.551	0.668	0.876	0.776	0.799	0.806	...	...	...
381	1.191	0.983	1.178	1.177	1.044	1.033	0.936	...	...	...
382	3.207	3.519	3.556	3.629	3.614	3.517	3.459	...	...	...
383	0.455	0.485	0.622	0.682	0.586	0.639	0.693	...	...	...
384-385	0.471	0.578	0.692	0.777	0.848	0.900	0.927	...	...	...
Total	**41.161**	**42.010**	**43.633**	**45.404**	**44.505**	**43.391**	**42.299**	**...**	**...**	**...**

[a] ISIC – CITI – CIIU 1968: See Annex – Voir annexe – Véase anexo.

Explanatory notes and source: see p. 179 – Notes explicatives et source: voir p. 181 – Notas explicativas y fuente: véase p. 183

[1] Establishments with 5 or more persons employed. [2] Wage earners only. [3] Establishments with 20 or more persons employed.

[1] Etablissements occupant 5 personnes et plus. [2] Ouvriers seulement. [3] Etablissements occupant 20 personnes et plus.

[1] Establecimientos con 5 y más trabajadores. [2] Obreros solamente. [3] Establecimientos con 20 y más trabajadores.

5 Employment in manufacturing
Emploi dans les industries manufacturières
Empleo en las industrias manufactureras

B By major groups of industry
Par classe d'industrie
Por agrupaciones de industria

(Thousands - Milliers - Millares)

Country - ISIC code [(a)] Pays - Code CITI [(a)] País - Clave CIIU [(a)]	1971	1972	1973	1974	1975	1976	1977	1978	1979	1980
Malta (III)										
311-312	1.280	1.210	1.430	1.563	1.659	1.668	1.773	2.112	2.050	...
313	1.310	1.510	1.250	1.173	1.216	1.149	1.182	1.264	1.270	...
314	0.130	0.200	0.340	0.395	0.460	0.486	0.502	0.706	0.720	...
321	2.970	3.410	3.770	2.634	3.267	3.301	3.538	3.259	3.438	...
322,324	1.700	1.650	2.790	4.318	5.147	6.221	6.838	9.233	9.050	...
323	0.210	0.210	0.990	0.882	0.838	0.805	1.125	1.145	1.200	...
331	0.060	0.040	0.050	0.011	0.077	0.081	0.017	0.059	0.054	...
332	1.390	1.490	1.630	1.435	1.495	1.231	1.711	2.648	2.581	...
341	0.170	0.190	0.190	0.177	0.208	0.203	0.287	0.286	0.269	...
342	1.190	1.130	1.160	0.970	1.017	1.175	1.359	1.449	1.447	...
351-353	0.240	0.310	0.650	0.657	0.615	0.758	0.967	1.307	1.305	...
354	0.010	0.020	0.020	–	–	–	–	–	–	...
355	1.290	1.360	1.350	1.481	0.970	0.994	1.058	1.036	1.010	...
36	0.800	0.800	1.020	1.079	1.163	1.080	0.784	0.935	0.946	...
381	0.710	0.640	0.510	0.378	0.491	0.466	0.808	1.314	1.264	...
383	1.140	1.510	2.250	2.213	1.846	2.107	2.261	2.998	2.998	...
384	6.090	6.150	6.110	6.386	6.351	6.340	6.753	7.613	7.602	...
390	1.150	1.090	1.150	1.383	1.313	1.414	1.822	2.090	2.007	...
Total	**21.840**	**22.920**	**26.660**	**27.135**	**28.133**	**29.479**	**32.785**	**39.454**	**39.211**	**...**
Netherlands [2] (IV) [2]										
311-312	146	144	142	140	136	131	129	126*	124*	...
313-314	28	27	26	26	25	24	24	23*	23*	...
321	74	67	61	58	53	48	44	40*	36*	...
322	57	53	47	40	33	29	26	24*	23*	...
323-324	13	11	10	10	9	8	8	7*	7*	...
33	57	56	55	54	51	49	48	47*	46*	...
341	32	31	31	32	31	30	29	28*	27*	...
342	80	78	78	77	75	74	74	74*	76*	...
351,352,355-356 [3]	120	117	117	▌124 [3]	121	116	115	113*	111*	...
353-354 [4]	14	14	14	14	14	14	14	14*	14*	...
36	50	48	48	46	43	41	40	40*	40*	...
37	35	36	37	38	38	38	37	35*	34*	...
37,38,390	.	.	.	.	.	.	.	.*	.*	.
38-39	208	200	199	202	197	189	183	178*	174*	...
383	121	115	115	116	114	109	106	104*	104*	...
384	81	81	81	81	81	79	75	72*	70*	...
385,390	15	15	15	16	16	16	16	16*	17*	...
Total	**1 131**	**1 093**	**1 076**	**1 074**	**1 037**	**995**	**968**	**941***	**926***	**...**

[(a)] ISIC - CITI - CIIU 1968: See Annex - Voir annexe - Véase anexo.

Explanatory notes and source: see p. 179 - Notes explicatives et source: voir p. 181 - Notas explicativas y fuente: véase p. 183

[1] ∅: Nov. of each year. [2] Employees (man-years). [3] Beginning 1974: incl. ISIC major group 210 (coal mining). [4] Beginning 1970: incl. ISIC major group 220 (crude petroleum and natural gas production).

[1] ∅: nov. de chaque année. [2] Salariés (années-homme). [3] A partir de 1974: y compris la classe CITI 210 (extraction du charbon). [4] A partir de 1970: y compris la classe CITI 220 (production de pétrole brut et de gaz naturel).

[1] ∅: nov. de cada año. [2] Asalariados (años-hombre). [3] A partir de 1974: incl. la agrupación CIIU 210 (explotación de minas de carbón). [4] A partir de 1970: incl. la agrupación CIIU 220 (producción de petróleo crudo y de gas natural).

5 Employment in manufacturing
Emploi dans les industries manufacturières
Empleo en las industrias manufactureras

B By major groups of industry
Par classe d'industrie
Por agrupaciones de industria

(Thousands – Milliers – Millares)

Country – ISIC code [a] Pays – Code CITI [a] País – Clave CIIU [a]	1971	1972	1973	1974	1975	1976	1977	1978	1979	1980
Norway (I) [1]										
311-312	.	51	50	50	49	45	48	50	53	53
313	.	5	5	4	5	5	5	6	4	5
314	.	1	1	2	2	2	2	2	1	–
321	.	18	14	16	19	15	16	17	17	16
322	.	16	16	14	12	17	14	9	11	10
323	.	3	2	1	2	2	1	1	1	1
324	.	2	2	1	2	2	1	2	1	–
331	.	30	29	32	33	32	33	28	30	29
332	.	7	9	13	11	12	12	11	14	14
341	.	16	17	17	20	23	23	19	18	17
342	.	26	26	27	28	32	29	32	31	30
35	.	37	37	28	32	35	35	35	30	29
36	.	19	17	15	16	16	15	16	13	14
371	.	27	26	15	16	12	11	10	13	12
372	.	6	5	13	14	14	10	9	13	14
381	.	33	29	27	29	28	29	26	25	30
382	.	14	14	25	27	27	32	35	29	33
383	.	27	27	25	26	27	26	24	24	26
384	.	44	57	61	63	63	60	57	50	50
385	.	2	2	1	1	1	1	1	2	2
390	.	8	4	5	4	5	6	5	4	4
Total	.	**392**	**389**	**392**	**411**	**415**	**409**	**395**	**384**	**389**
Pologne [2] (III)										
311-312	408.6	420.2	436.7	455.3	463.9	460.7	462.3	465.3	457.6	460.1
313	54.9	56.1	59.6	60.4	54.8	53.8	53.0	50.9	49.4	48.5
314	11.2	11.2	10.1	10.0	9.7	10.0	10.4	9.6	9.4	9.4
321	444.2	459.6	471.3	481.6	482.9	480.8	472.9	462.9	452.0	444.9
322	174.0	187.7	194.1	195.4	200.8	202.5	208.5	207.7	202.1	200.5
323	34.7	36.5	39.6	40.6	40.7	41.7	40.7	40.6	40.7	40.0
324	93.7	99.8	102.4	105.3	103.1	100.9	101.4	101.5	99.3	99.8
331	105.9	109.3	111.3	112.9	113.6	112.9	113.0	110.1	106.1	103.9
332	93.9	97.3	100.8	103.1	104.0	107.6	112.6	113.7	108.8	107.4
341	55.3	57.8	58.4	58.6	59.9	57.9	57.1	56.6	55.0	54.3
342	48.3	50.0	51.4	53.5	53.3	53.1	52.1	49.7	49.0	48.8
351	127.1	129.0	131.0	135.8	133.8	131.7	133.5	130.2	127.3	125.2
352	66.5	78.3	76.5	77.6	85.8	74.4	71.6	69.9	68.4	69.0
353	10.1	10.9	12.6	13.8	14.4	15.0	15.1	14.7	15.0	15.3
354	21.7	21.8	22.1	22.3	26.6	26.7	22.4	22.6	22.3	22.2
355	41.5	44.2	45.9	46.7	46.1	47.1	47.8	47.8	47.9	50.3
356	32.3	32.2	36.1	38.3	38.8	51.5	51.0	50.7	50.2	50.1
361	23.7	24.3	24.5	25.5	26.8	27.2	27.8	28.7	29.1	29.4
362	54.2	57.1	59.5	61.0	62.1	62.6	63.2	63.0	63.1	62.5
369	157.2	160.6	159.9	160.5	161.9	154.5	155.4	150.7	143.0	139.6
371	163.0	167.3	169.3	173.4	177.4	183.4	186.4	187.6	185.8	185.4
372	33.1	35.0	35.9	38.3	42.5	42.4	43.0	43.8	43.2	42.7
381	224.7	232.1	251.6	250.7	252.8	252.0	261.9	254.7	253.4	252.3
382	445.4	462.8	479.4	492.6	503.4	512.4	541.3	552.9	562.9	565.2
383	230.3	241.5	255.8	280.1	309.8	314.4	316.7	317.9	321.6	325.6
384	336.5	347.8	356.4	359.5	368.4	374.1	373.7	372.3	369.4	367.9
385	49.5	56.5	56.5	60.2	53.9	55.4	55.3	55.8	54.5	53.7
390	41.7	46.6	48.1	50.5	50.2	55.6	57.3	57.8	67.6	64.8
Total	**3 583.2**	**3 733.5**	**3 856.8**	**3 963.5**	**4 041.4**	**4 062.3**	**4 107.4**	**4 089.7**	**4 054.1**	**4 038.8**

[a] ISIC – CITI – CIIU 1968: See Annex – Voir annexe – Véase anexo.

Explanatory notes and source: see p. 179 – Notes explicatives et source: voir p. 181 – Notas explicativas y fuente: véase p. 183

[1] Civilian labour force employed. [2] Socialised sector. [1] Main-d'œuvre civile occupée. [2] Secteur socialisé. [1] Fuerza trabajadora civil ocupada. [2] Sector socializado.

5 Employment in manufacturing
Emploi dans les industries manufacturières
Empleo en las industrias manufactureras

B By major groups of industry
Par classe d'industrie
Por agrupaciones de industria

(Thousands - Milliers - Millares)

Country - ISIC code [a] Pays - Code CITI [a] País - Clave CIIU [a]	1971	1972	1973	1974	1975	1976	1977	1978	1979	1980
Portugal (III)										
311-312	65.39	70.53	68.56	68.83	71.57	73.68	78.66	76.81	...	...
313	6.88	7.18	7.85	8.09	8.22	8.98	9.47	9.76	...	...
314	1.34	1.21	1.38	1.44	1.61	1.58	1.74	1.63	...	...
321	121.16	129.11	134.68	141.15	135.47	137.64	136.93	135.46	...	...
322	.	.	.	.	.	30.52	30.28	35.14	...	...
322,324	29.25	32.95	38.31	42.94	43.82	.	.	.	...	...
323	4.63	5.08	4.80	4.36	4.33	4.39	4.48	4.67	...	...
324	.	.	.	.	.	14.96	14.86	15.01	...	...
331	38.92	45.20	45.20	46.06	44.64	42.54	45.10	42.84	...	...
332	12.00	15.32	16.48	16.85	18.24	16.60	17.52	16.28	...	...
341	12.76	13.72	13.97	15.55	15.54	16.23	17.08	16.73	...	...
342	15.54	24.99	25.39	25.08	24.63	22.81	22.63	22.85	...	...
351	11.76	12.14	12.97	12.31	12.33	12.19	13.04	13.86	...	...
352	14.53	16.76	17.09	16.93	17.95	19.49	20.16	21.06	...	...
353	1.59	1.42	1.77	2.06	2.11	2.38	1.88	2.18	...	...
354	0.04	0.03	0.03	0.01	0.01	0.00	0.00	0.00	...	...
355	7.47	7.47	7.35	7.00	7.30	7.41	7.70	7.00	...	...
356	9.21	9.40	11.89	13.01	12.52	13.25	14.26	14.96	...	...
361	10.52	10.55	10.80	10.18	10.23	10.50	11.25	11.25	...	...
362	10.72	9.19	10.77	10.85	10.25	10.34	10.51	10.50	...	...
369	26.49	28.90	28.81	29.96	30.61	31.21	33.15	34.07	...	...
371	4.93	10.84	12.32	13.11	13.04	12.89	13.23	15.09	...	...
372	1.23	4.70	4.28	4.17	3.76	3.78	3.76	3.70	...	...
381	20.17	23.82	26.97	27.20	29.17	34.14	34.22	35.97	...	...
382	7.69	9.43	10.49	13.88	12.69	15.59	17.10	17.84	...	...
383	18.11	22.59	25.34	26.73	23.17	25.23	25.47	28.48	...	...
384	28.42	32.80	31.72	34.71	35.68	41.37	45.47	47.18	...	...
385	0.50	0.92	1.11	1.62	1.92	2.18	2.33	2.25	...	...
390	3.40	3.14	3.25	3.25	2.88	3.01	3.00	2.87	...	...
Total	**484.67**	**549.40**	**573.60**	**597.34**	**593.70**	**614.90**	**635.36**	**646.33**	**...**	**...**
Roumanie [1] (III)										
31	186.9	196.5	202.3	211.8	215.0	220.9	232.5	226.2	229.9	228.0
321	249.3	275.0	298.8	318.2	317.1	335.8	352.3	359.6	371.0	386.5
322	131.0	144.1	158.9	170.9	179.6	187.2	190.6	191.2	195.8	203.0
323-324	91.5	96.2	98.3	102.9	102.7	106.5	110.3	112.0	114.7	119.9
33	298.4	300.5	303.7	311.0	313.5	312.7	314.6	314.3	314.0	314.9
341	29.7	30.8	32.6	34.4	35.1	36.6	37.3	37.3	37.3	37.5
342	21.4	21.6	22.0	20.9	19.8	19.8	19.6	19.6	19.7	19.9
35	144.3	149.9	161.4	177.8	191.8	198.9	207.0	218.5	224.7	224.5
361-362	31.9	34.3	36.8	39.5	42.7	44.2	46.2	45.8	53.5	56.3
369	113.7	115.3	117.6	120.5	121.5	121.9	131.4	133.5	133.2	130.9
371	72.5	74.0	76.3	78.7	88.3	94.4	100.2	104.5	110.5	122.7
372	64.0	65.2	67.6	72.6	73.7	74.2	74.9	77.1	77.5	79.3
38	599.2	651.6	736.4	824.6	912.2	963.9	1 012.5	1 068.8	1 138.3	1 186.0
Total	**2 033.8**	**2 155.0**	**2 312.7**	**2 483.8**	**2 613.0**	**2 717.0**	**2 829.4**	**2 908.4**	**3 020.1**	**3 109.4**

[a] ISIC - CITI - CIIU 1968: See Annex - Voir annexe - Véase anexo.

Explanatory notes and source: see p. 179 - Notes explicatives et source: voir p. 181 - Notas explicativas y fuente: véase p. 183

[1] Socialised sector. [1] Secteur socialisé. [1] Sector socializado.

5 Employment in manufacturing
Emploi dans les industries manufacturières
Empleo en las industrias manufactureras

B By major groups of industry
Par classe d'industrie
Por agrupaciones de industria

(Thousands - Milliers - Millares)

Country - ISIC code [a] Pays - Code CITI [a] País - Clave CIIU [a]	1971	1972	1973	1974	1975	1976	1977	1978	1979	1980
Suisse (III) [1]										
[2]										
311-312	45.57	45.43	44.39	43.83	40.92	40.27	41.06	41.32	41.23	...
313	9.47	9.40	9.03	8.62	8.04	7.55	7.32	7.22	7.26	...
314	6.63	6.53	6.13	5.69	5.03	4.68	4.54	4.45	4.17	...
321	57.43	54.21	50.80	48.08	41.22	41.18	40.07	38.26	36.68	...
322	60.02	57.58	53.24	48.67	41.81	41.05	40.24	38.80	36.50	...
323-324	3.78	3.59	3.36	3.13	2.71	2.51	2.50	2.49	2.37	...
33	42.37	42.40	39.92	37.14	30.94	28.48	28.30	28.48	28.35	...
341	20.33	19.83	19.41	19.33	17.39	16.77	16.54	16.43	16.26	...
342	52.03	51.27	50.18	48.84	43.85	41.96	41.88	42.56	43.19	...
351-352	66.69	67.78	65.37	66.41	63.53	61.51	61.08	61.50	62.26	...
353-354	0.53	0.54	0.50	0.50	0.53	0.51	0.49	0.47	0.45	...
355-356	15.71	15.82	16.54	17.14	14.53	14.67	15.06	14.67	15.05	...
36	27.73	27.75	27.32	25.83	20.77	18.64	18.55	18.87	19.03	...
37	35.36	33.90	32.45	30.52	26.61	25.56	25.36	25.44	24.98	...
381	85.37	83.77	81.76	80.19	69.47	66.41	67.29	67.43	66.75	...
382-383	231.80	222.95	220.83	231.06	213.23	202.73	202.23	207.33	210.96	...
384	37.14	35.84	23.84	20.60	17.67	16.78	16.71	16.47	16.25	...
385	69.43	64.50	64.04	64.59	52.26	47.63	48.02	46.78	41.87	...
390	5.78	5.31	5.15	5.06	4.37	4.30	4.59	4.70	4.54	...
Total	**873.18**	**848.42**	**814.27**	**805.24**	**714.90**	**683.20**	**681.82**	**683.69**	**678.18**	...
Sweden (III)										
311-312	48.43	47.38	47.63	47.79	48.86	49.89	48.89	49.49	...	...
313	5.49	4.72	4.48	4.16	4.20	4.32	3.99	3.68	...	...
314	0.99	0.98	0.99	0.99	1.02	1.11	1.12	1.09	...	...
321	24.47	22.90	23.08	22.23	20.39	20.32	18.64	16.71	...	...
322	24.42	23.05	22.49	21.48	20.38	18.43	15.72	13.52	...	...
323	2.95	2.75	2.48	2.46	2.36	2.23	2.12	1.94	...	...
324	3.52	3.38	3.40	3.46	3.25	3.06	2.99	2.63	...	...
331	51.65	51.27	53.23	53.02	49.26	47.74	46.36	45.74	...	...
332	11.64	12.19	12.76	13.58	13.71	13.60	13.68	13.20	...	...
341	45.64	46.23	47.03	47.90	47.65	49.31	48.21	46.71	...	...
342	27.22	26.43	26.11	25.77	25.98	25.56	24.98	24.70	...	...
351	11.03	11.23	11.68	11.97	13.18	13.47	12.97	12.59	...	...
352	11.16	11.32	11.52	11.68	10.31	10.56	10.05	10.00	...	...
353	0.58	0.63	0.62	0.69	0.85	0.92	0.94	0.94	...	...
354	0.99	0.84	0.79	0.77	0.84	0.96	0.91	0.94	...	...
355	11.34	10.68	10.81	10.91	10.16	9.17	8.50	8.15	...	...
356	7.78	8.31	9.39	9.43	9.43	9.86	9.26	9.06	...	...
361	3.31	3.48	3.63	3.88	3.91	3.51	3.27	2.99	...	...
362	4.82	4.62	4.70	4.73	4.74	4.72	4.47	4.22	...	...
369	19.46	18.01	17.40	16.88	16.29	15.75	15.03	14.31	...	...
371	41.39	40.34	41.07	42.91	43.60	42.97	40.14	37.07	...	...
372	7.79	7.92	8.48	9.49	9.31	9.52	9.30	9.12	...	...
381	63.88	62.80	65.03	67.00	67.42	66.26	63.15	58.18	...	...
382	85.23	83.12	85.34	89.35	90.21	88.82	84.81	80.34	...	...
383	47.33	45.65	46.46	50.99	51.93	51.86	50.37	48.44	...	...
384	74.46	76.24	79.55	83.63	88.56	88.97	84.03	82.71	...	...
385	5.02	4.44	5.01	5.30	6.45	6.35	5.87	5.53	...	...
390	4.39	4.35	4.85	4.91	4.91	4.91	4.45	4.46	...	...
Total	**646.39**	**635.30**	**650.03**	**667.39**	**669.17**	**664.17**	**634.24**	**608.47**	...	...

[a] ISIC - CITI - CIIU 1968: See Annex - Voir annexe - Véase anexo.

Explanatory notes and source: see p. 179 - Notes explicatives et source: voir p. 181 - Notas explicativas y fuente: véase p. 183

[1] Incl. working proprietors. [2] ∅: July of each year.

[1] Y compris les propriétaires exploitants. [2] ∅: juillet de chaque année.

[1] Incl. los empresarios propietarios. [2] ∅: julio de cada año.

5 Employment in manufacturing / Emploi dans les industries manufacturières / Empleo en las industrias manufactureras

B By major groups of industry / Par classe d'industrie / Por agrupaciones de industria

(Thousands - Milliers - Millares)

Country - ISIC code [a] Pays - Code CITI [a] País - Clave CIIU [a]	1971	1972	1973	1974	1975	1976	1977	1978	1979	1980
Turquie (III)										
[1]										
311-312	83.10	87.90	93.20	98.10	99.30	104.20	109.10	112.20	112.30	40.30
313	9.90	10.10	11.00	11.30	11.90	18.20	11.70	12.80	12.50	8.40
314	32.30	41.80	41.00	37.10	38.50	38.60	49.10	47.40	51.70	35.00
321	127.40	129.50	142.50	148.40	152.20	169.10	160.80	194.20	167.90	123.00
322	6.90	8.50	6.30	7.50	9.80	9.50	8.20	8.30	11.10	5.00
323	3.70	2.80	3.00	3.70	5.30	4.20	4.10	4.00	4.10	1.40
324	.	9.88	2.90	3.25	3.64	3.84	...	...	...	...
331	9.50	10.60	12.70	12.50	12.90	12.70	12.60	13.20	12.90	9.60
332	2.80	4.00	1.60	2.00	4.00	3.10	2.80	2.80	3.20	1.40
341	15.20	19.70	14.60	15.50	15.90	16.40	16.90	17.00	15.80	12.60
342	9.90	10.00	10.30	10.60	10.00	10.50	9.70	9.70	10.60	5.30
351	28.70	32.00	13.80	15.30	18.40	19.20	20.90	21.30	21.80	17.50
352	.	.	21.60	21.80	23.30	23.60	21.50	21.00	21.70	11.80
353	5.40	4.20	2.00	2.20	2.40	2.50	6.50	6.60	6.50	3.00
354	.	.	2.70	2.70	2.70	2.80	3.90	4.60	3.10	1.80
355	8.80	9.90	11.50	10.70	11.20	10.90	13.60	11.20	11.00	7.00
356	.	.	10.30	9.90	10.30	11.60	11.20	11.80	12.80	5.00
361	37.60	36.00	5.60	6.50	7.00	7.30	7.30	7.70	7.60	7.00
362	.	.	8.20	9.50	9.50	9.70	9.90	10.00	10.00	6.60
369	.	.	29.70	32.80	34.30	37.80	37.30	40.00	40.50	31.30
371	34.30	36.50	31.60	36.10	45.10	49.10	55.60	59.40	60.50	41.50
372	.	.	15.40	17.90	19.70	20.60	19.80	19.60	20.60	15.50
381	30.00	33.60	33.60	34.00	34.90	29.40	31.70	35.90	38.40	20.80
382	21.90	27.30	38.00	37.90	41.80	41.10	40.60	46.10	47.00	28.70
383	14.10	17.00	20.00	23.30	25.80	27.20	28.10	29.40	31.50	16.50
384	34.00	42.90	49.00	50.10	52.20	54.70	59.40	57.40	53.30	28.90
385	.	.	1.30	1.40	1.30	1.40	1.30	1.40	22.00	2.00
390	10.00	13.30	3.90	3.80	4.40	4.30	4.30	4.80	3.40	2.20
Total	**521.10**	**576.90**	**637.66**	**659.59**	**706.80**	**737.90**	**756.60**	**809.30**	**791.80**	**543.70**
United Kingdom (III) [2]										
[3]										
311-312	597	586	584	590	555	546	544	539	534*	520*
313	131	128	129	135	130	129	129	127	127*	125*
314	42	41	40	41	41	39	38	38	37*	36*
321	622	597	594	585	529	513	512	490	478*	424*
322	361	360	353	340	326	307	313	306	310*	287*
323	47	46	45	43	42	40	41	38	37*	35*
324	93	90	88	86	77	74	74	71	71*	68*
331	132	132	138	136	124	126	123	119	119*	113*
332	137	143	154	147	140	138	135	138	139*	132*
341	225	224	220	229	220	205	200	199	198*	189*
342	371	355	354	359	345	336	336	341	345*	341*
351	205	199	194	196	197	197	202	209	211*	207*
352	233	227	233	238	234	226	233	231	232*	224*
353	23	22	21	20	20	19	19	22	22*	22*
354	22	20	20	19	19	18	17	17	18*	17*
355	122	121	123	125	119	115	107	105	99*	94*
356	111	114	124	128	114	115	124	124	124*	119*
361	54	54	57	60	59	58	59	56	53*	50*
362	76	73	74	73	69	65	69	71	71*	65*
369	177	174	175	168	147	140	135	138	138*	133*
371	422	390	389	382	384	359	366	340	326*	289*
372	135	126	129	125	117	111	117	119	118*	112*
381	556	537	548	559	524	501	512	519	510*	488*
382	1 051	975	967	977	960	929	925	933	914*	866*
383	812	792	808	843	781	739	753	758	751*	728*
384	1 011	972	986	979	943	929	933	935	923*	877*
385	166	157	161	161	156	150	150	151	151*	142*
390	124	125	121	129	118	122	126	123	120*	104*
Total	**8 058**	**7 780**	**7 829**	**7 873**	**7 490**	**7 246**	**7 292**	**7 257**	**7 176***	**6 807***

[a] ISIC - CITI - CIIU 1968: See Annex - Voir annexe - Véase anexo.

Explanatory notes and source: see p. 179 - Notes explicatives et source: voir p. 181 - Notas explicativas y fuente: véase p. 183

[1] ∅: Sep. of each year. [2] Employees. [3] ∅: June of each year.

[1] ∅: sept. de chaque année. [2] Salariés. [3] ∅: juin de chaque année.

[1] ∅: sept. de cada año. [2] Asalariados. [3] ∅: junio de cada año.

5 Employment in manufacturing
Emploi dans les industries manufacturières
Empleo en las industrias manufactureras

B By major groups of industry
Par classe d'industrie
Por agrupaciones de industria

(Thousands - Milliers - Millares)

Country - ISIC code [a] Pays - Code CITI [a] País - Clave CIIU [a]	1971	1972	1973	1974	1975	1976	1977	1978	1979	1980
Yugoslavia (III) [1]										
[2]										
311-312	116	127	132	141	147	151	158	165	172	174
313	24	26	27	28	30	31	31	32	32	34
314	15	15	15	16	16	16	17	18	17	17
321	160	172	182	190	199	204	215	217	224	226
322	90	96	102	105	109	113	114	117	121	...
323	22	23	25	26	27	29	30	32	31	31
324	39	42	45	47	50	53	57	58	61	64
331	75	77	79	83	88	90	94	95	98	101
332	61	64	66	70	72	73	82	84	86	89
341	30	31	31	34	37	37	39	40	40	40
342	47	48	50	52	55	56	59	61	64	66
351	30	32	33	35	37	39	45	44	44	45
352	28	29	31	33	35	36	39	41	41	42
353	7	7	8	8	8	9	9	9	10	10
354	2	2	2	2	2	3	5	5	6	6
355	20	22	23	24	25	25	26	28	29	30
356	18	19	20	21	22	23	25	28	30	33
361	11	11	11	12	12	13	13	13	14	15
362	14	14	14	15	16	16	17	17	18	19
369	49	51	51	53	55	54	78	81	84	87
371	37	38	40	42	45	48	48	48	53	53
372	21	22	22	24	25	26	28	28	29	30
381	156	162	164	175	184	192	199	214	231	243
382	63	65	66	70	73	76	136	150	185	171
383	96	102	106	112	121	125	132	138	143	150
384	110	115	118	126	133	137	140	149	147	...
385	10	10	10	11	11	12	14	9	10	11
390	10	15	12	10	15	10	9	10	10	11
Total	**1 361**	**1 437**	**1 485**	**1 565**	**1 649**	**1 697**	**1 855**	**1 927**	**2 007**	**2 068**
OCEANIA - OCÉANIE - OCEANIA										
Australia (III)										
[3]										
31	197.4	201.5	197.6	200.0	194.6	196.7	197.2	187.4	185.2	...
321	56.1	53.9	53.7	51.9	42.8	43.3	37.9	37.5	36.6	...
322-323	95.9	93.9	91.2	90.4	74.1	77.2	69.9	69.8	70.3	...
324	19.5	18.7	17.7	16.3	14.3	13.3	12.4	12.5	12.9	...
331	53.9	53.0	54.2	54.8	51.4	51.6	50.6	48.2	47.0	...
332	23.7	23.3	25.3	26.4	25.1	25.7	25.3	24.6	24.5	...
34	107.8	105.1	105.5	108.6	99.9	99.4	99.3	98.6	99.2	...
351,352,355-356	60.6	59.6	60.2	62.6	58.3	57.7	57.3	57.3	57.8	...
353-354	5.7	5.7	5.5	5.8	5.6	5.7	5.9	6.2	6.2	...
36	52.1	51.3	52.0	54.2	49.3	49.3	48.8	46.5	45.9	...
371	72.6	69.2	70.2	72.1	69.6	67.4	66.3	66.1	68.2	...
372	24.7	23.8	24.9	26.2	24.2	24.4	25.0	25.1	25.8	...
381-382	118.4	114.6	117.6	124.3	112.0	110.7	108.3	106.8	107.3	...
383	106.9	100.3	106.0	111.1	92.7	88.5	82.2	79.1	82.0	...
384	161.3	161.1	160.2	170.8	152.4	153.6	149.3	143.7	150.2	...
385	90.2	85.8	87.0	92.2	87.1	84.3	82.8	78.6	79.7	...
390	70.1	69.5	72.4	76.1	66.6	68.3	65.7	64.4	65.7	...
Total	**1 316.9**	**1 290.3**	**1 301.2**	**1 343.8**	**1 220.0**	**1 217.1**	**1 184.2**	**1 152.4**	**1 164.5**	**...**

[a] ISIC - CITI - CIIU 1968: See Annex - Voir annexe - Véase anexo.

Explanatory notes and source: see p. 179 - Notes explicatives et source: voir p. 181 - Notas explicativas y fuente: véase p. 183

[1] Socialised sector. [2] ∅: March and Sep. of each year. [3] ∅: June of each year.

[1] Secteur socialisé. [2] ∅: mars et sept. de chaque année. [3] ∅: juin de chaque année.

[1] Sector socializado. [2] ∅: marzo y sept. de cada año. [3] ∅: junio de cada año.

5 Employment in manufacturing
Emploi dans les industries manufacturières
Empleo en las industrias manufactureras

B By major groups of industry
Par classe d'industrie
Por agrupaciones de industria

(Thousands - Milliers - Millares)

Country - ISIC code [a] Pays - Code CITI [a] País - Clave CIIU [a]	1971	1972	1973	1974	1975	1976	1977	1978	1979	1980
Fiji (III)										
[1]										
311-312	4.181	4.083	4.344	4.521	4.301	4.666	5.028	5.252	...	...
313-314	0.397	0.445	0.483	0.488	0.404	0.439	0.541	0.524	...	...
322	0.443	0.457	0.420	0.460	0.509	0.706	0.609	0.484	...	...
324	0.036	0.036	0.032	0.022	0.024	0.045	0.039	0.030	...	...
331	0.975	1.036	0.938	1.111	0.293	0.879	0.951	0.927	...	...
332	0.743	0.763	0.789	0.608	0.414	0.908	0.734	1.160	...	...
341	0.063	0.073	0.087	0.089	0.107	0.114	0.126	0.072	...	...
342	0.572	0.605	0.667	0.642	0.433	0.669	0.699	0.711	...	...
351-354	0.261	0.211	0.213	0.217	0.168	0.212	0.196	0.305	...	...
355	0.071	0.053	0.076	0.045	0.044	0.053	0.071	0.077	...	...
356	0.037	0.054	0.073	0.070	0.090	0.046	0.169	0.176	...	...
36	0.428	0.414	0.346	0.482	0.262	0.294	0.356	0.359	...	...
381	0.745	0.749	0.690	0.709	0.994	0.573	0.997	0.959	...	...
382	0.162	0.150	0.148	0.173	0.185	0.775	0.048	0.232	...	...
383	0.088	0.046	0.122	0.073	0.136	0.143	0.060	0.135	...	...
384	0.803	0.607	0.644	0.589	0.162	0.693	0.140	0.745	...	...
390	0.035	0.046	0.044	0.054	0.029	0.032	0.037	0.080	...	...
Total	**10.040**	**9.828**	**10.116**	**10.353**	**8.555**	**11.247**	**10.801**	**12.228**	**...**	**...**
New Zealand (III)										
[2]										
311-312	44.35	45.35	46.01	62.60	66.24	66.98	...	...	...	...
313	3.15	3.31	3.26	4.55	4.36	4.71	...	...	...	...
314	1.20	1.19	1.24	1.18	1.35	1.33	...	...	...	...
321	15.53	15.09	15.47	18.68	19.12	19.57	...	...	...	...
322	23.28	22.59	22.85	21.55	20.77	21.99	...	...	...	...
323	2.47	2.51	2.58	3.01	3.28	3.42	...	...	...	...
324	5.29	4.98	5.04	5.20	4.79	5.12	...	...	...	...
331	14.29	14.55	15.53	16.24	16.45	16.96	...	...	...	...
332	5.64	6.08	6.51	6.70	7.23	7.30	...	...	...	...
341	9.17	9.50	9.86	9.67	9.89	10.44	...	...	...	...
342	15.60	15.78	15.51	18.07	17.98	18.08	...	...	...	...
351	7.34	7.35	7.55	5.25	5.70	5.96	...	...	...	...
352	.	.	.	7.18	6.95	6.88	...	...	...	...
353	.	.	.	0.32	0.35	0.37	...	...	...	...
354	0.68	0.66	0.66	0.37	0.40	0.37	...	...	...	...
355	3.87	3.83	3.86	4.87	4.61	4.60	...	...	...	...
356	5.96	6.09	6.76	5.01	4.99	6.22	...	...	...	...
361	0.97	0.94	1.01	0.90	1.10	1.29	...	...	...	...
362	2.27	2.09	2.34	2.23	2.48	2.67	...	...	...	...
369	5.41	5.29	5.66	7.67	7.56	7.31	...	...	...	...
37	3.88	4.23	4.58	.	.	.	...	...	...	...
371	.	.	.	3.13	3.11	3.40	...	...	...	...
372	.	.	.	3.05	3.15	3.30	...	...	...	...
381	18.35	19.30	20.50	22.98	22.97	24.33	...	...	...	...
382	15.89	16.75	17.14	14.21	13.50	14.38	...	...	...	...
383	10.00	10.34	11.39	17.98	18.47	17.50	...	...	...	...
384	13.25	13.47	14.59	19.51	20.57	20.06	...	...	...	...
385	0.34	0.38	0.40	0.84	1.04	1.11	...	...	...	...
390	4.24	4.00	4.33	4.22	4.47	4.43	...	...	...	...
Total	**232.42**	**235.65**	**244.64**	**287.19**	**292.88**	**300.06**	**...**	**...**	**...**	**...**

(a) ISIC - CITI - CIIU 1968: See Annex - Voir annexe - Véase anexo.

Explanatory notes and source: see p. 179 - Notes explicatives et source: voir p. 181 - Notas explicativas y fuente: véase p. 183

[1] ∅: June of each year. [2] ∅: March of each year. [1] ∅: juin de chaque année. [2] ∅: mars de chaque année. [1] ∅: junio de cada año. [2] ∅: marzo de cada año.

5 Employment in manufacturing
Emploi dans les industries manufacturières
Empleo en las industrias manufactureras

B By major groups of industry
Par classe d'industrie
Por agrupaciones de industria

(Thousands – Milliers – Millares)

Country – ISIC code [a] Pays – Code CITI [a] País – Clave CIIU [a]	1971	1972	1973	1974	1975	1976	1977	1978	1979	1980
Papua New Guinea (III) [1]										
311–312	1.595	1.766	1.817	1.616	1.335	1.517	2.006	...	...	...
313	0.847	0.765	0.783	0.487	0.496	1.070	1.271	...	...	...
314	0.453	0.672	0.687	0.817	0.776	0.684	0.539	...	...	...
321	0.021	0.042	0.089	0.056	0.056	0.070	0.061	...	...	...
322	0.117	0.235	0.193	0.020	0.020	0.327	0.145	...	...	...
323	–	–	–	–	–	–	–	...	...	...
324	0.006	0.010	0.002	0.002	–	–	–	...	...	...
331	3.272	3.033	2.003	3.168	3.416	3.782	3.546	...	...	...
332	0.128	0.201	0.064	0.074	0.121	0.153	0.120	...	...	...
341	0.058	0.045	0.071	0.110	0.125	0.137	0.114	...	...	...
342	0.461	0.387	0.399	0.636	0.580	0.589	0.596	...	...	...
351	0.051	0.024	0.058	0.038	0.048	0.039	0.040	...	...	...
352	0.094	0.093	0.097	0.127	0.174	0.262	0.195	...	...	...
353	–	–	–	–	–	–	–	...	...	...
354	–	–	0.011	0.022	–	–	–	...	...	...
355	0.022	0.036	0.172	0.004	0.006	0.004	0.006	...	...	...
356	0.005	0.010	0.022	0.016	0.024	0.029	0.024	...	...	...
361	–	–	0.002	–	–	–	–	...	...	...
362	0.199	0.161	0.169	0.160	0.163	0.149	0.178	...	...	...
369	0.102	0.163	0.173	0.148	0.206	0.204	0.198	...	...	...
371	0.051	0.042	0.086	0.071	0.128	0.277	0.466	...	...	...
372	–	–	–	–	–	–	–	...	...	...
381	0.764	0.614	0.586	0.752	0.818	0.672	0.687	...	...	...
382	0.169	0.193	0.154	0.180	0.289	0.341	0.270	...	...	...
383	0.113	0.127	0.142	0.163	0.143	0.092	0.161	...	...	...
384	0.738	0.717	0.637	0.766	0.749	0.872	0.846	...	...	...
385	–	–	–	–	–	–	–	...	...	...
390	0.302	0.785	0.884	1.061	0.608	0.918	0.991	...	...	...
Total	**9.568**	**10.121**	**9.301**	**10.494**	**10.281**	**12.188**	**12.460**	...	...	...

[a] ISIC – CITI – CIIU 1968: See Annex – Voir annexe – Véase anexo.

Explanatory notes and source: see p. 179 – Notes explicatives et source: voir p. 181 – Notas explicativas y fuente: véase p. 183

[1] ∅: June of each year.

[1] ∅: juin de chaque année.

[1] ∅: junio de cada año.

6 Employment in mining and quarrying
Emploi dans les industries extractives
Empleo en las minas y canteras

(Thousands - Milliers - Millares)

Country - Source Pays - Source País - Fuente	1971	1972	1973	1974	1975	1976	1977	1978	1979	1980
AFRICA - AFRIQUE - AFRICA										
Algérie (III)										
Total [1]	36.2	37.6	47.1	59.3	65.4	78.6	93.6	44.4	...	...
Botswana (III)										
Total [2]	.	1.7	3.5	4.1	4.5	5.4	5.5	4.7	6.3	...
Males - Hom. [2]	.	.	.	.	.	5.1	5.3	4.5	6.1	...
Fem. - Muj. [2]	.	.	.	.	.	0.3	0.2	0.2	0.2	...
Burundi [3] (IV)										
Total [4]	.	0.260	0.502	0.697	0.746	0.511	0.785	1.270	1.480	1.508
Egypt [5] (I) [6]										
Total [7]	7.2	19.8	15.4	20.2	13.1	...	19.9	35.7	22.8	...
Males - Hom. [7]	7.1	19.0	15.2	19.8	12.1	...	19.7	32.6	21.6	...
Fem. - Muj. [7]	0.1	0.2	0.2	0.4	1.0	...	0.2	3.1	1.2	...
Kenya (III)										
Total [8]	.	3.2	3.1	3.9	3.5	3.9	3.4	2.5	2.6	...
Males - Hom. [8]	.	.	.	.	.	.	3.3	2.5	2.6	...
Fem. - Muj. [8]	.	.	.	.	.	.	0.1	-	0.1	...
Liberia (III)										
Total	7.566	7.628	7.128	6.265	7.928	7.573	6.611	10.491	10.376	...
Males - Hom.	6.316	6.378	5.960	5.238	6.328	6.332	5.527	8.771	9.116	...
Fem. - Muj.	1.240	1.250	1.168	1.027	1.600	1.241	1.084	1.720	1.260	...
Libyan Arab Jamahiriya (IV) [6]										
Total	14.2	14.4	15.3	16.3	17.6	18.5	19.2	20.4	...	...
Malawi [9] (III) [10]										
Total	0.6	0.8	0.8	0.9	0.9	1.1	▌ 0.6[11]	0.6*	0.6*	...
Mauritius (III)										
Total [12]	0.16	0.15	0.14	0.15	0.16	0.15	0.12	0.20	0.15	0.14*
Males - Hom. [12]	0.12	0.10	0.10	0.10	0.11	0.09	0.06	0.12	0.07	0.07*
Fem. - Muj. [12]	0.05	0.04	0.05	0.05	0.06	0.06	0.06	0.07	0.08	0.07*
Nigeria (III) [13]										
Total	56.72	56.32	59.84	57.99	45.85	48.13	...	...	...	...
Sénégal (IV)										
Total	1.861	1.744	3.513	4.039	4.536	5.062	6.010	...	...	...
Sierra Leone (III)										
Total [4]	.	.	.	9.603	4.686	5.349	5.258	5.258	5.248	6.882
Swaziland (III)										
Total [8]	2.926	2.950	2.924	3.020	3.079	▌ 3.076[14]	3.086	2.607	2.544	...
Males - Hom. [8]	2.855	2.877	2.854	2.953	3.008	▌ 3.013[14]	3.007	2.567	...	...
Fem. - Muj. [8]	0.071	0.073	0.070	0.067	0.071	▌ 0.063[14]	0.079	0.040	...	...

Explanatory notes and source: see p. 179 - Notes explicatives et source: voir p. 181 - Notas explicativas y fuente: véase p. 183

[1] ∅: April of each year. [2] ∅: Aug. of each year. [3] Bujumbura. [4] ∅: Dec. of each year. [5] Persons aged 12 to 64 years. [6] Civilian labour force employed. [7] ∅: May of each year. [8] ∅: June of each year. [9] Establishments with 20 or more persons employed. [10] Incl. working proprietors and unpaid family workers. [11] Beginning 1977: sample of establishments and revised allocation of establishments in the industrial classification. [12] ∅: Sep. of each year. [13] Metal mining. [14] Prior to 1976, ∅: Sep. of each year.

[1] ∅: avril de chaque année. [2] ∅: août de chaque année. [3] Bujumbura. [4] ∅: déc. de chaque année. [5] Personnes âgées de 12 à 64 ans. [6] Main-d'œuvre civile occupée. [7] ∅: mai de chaque année. [8] ∅: juin de chaque année. [9] Etablissements occupant 20 personnes et plus. [10] Y compris les propriétaires-exploitants et les travailleurs familiaux non rémunérés. [11] A partir de 1977: échantillon d'établissements et changements dans leur répartition industrielle. [12] ∅: sept. de chaque année. [13] Extraction de minerais métalliques. [14] Avant 1976, ∅: sept. de chaque année.

[1] ∅: abril de cada año. [2] ∅: agosto de cada año. [3] Bujumbura. [4] ∅: dic. de cada año. [5] Personas de 12 a 64 años. [6] Fuerza trabajadora civil ocupada. [7] ∅: mayo de cada año. [8] ∅: junio de cada año. [9] Establecimientos con 20 y más trabajadores. [10] Incl. los empresarios propietarios y los trabajadores familiares no remunerados. [11] A partir de 1977: muestra de establecimientos y cambios en la distribución industrial de los establecimientos. [12] ∅: sept. de cada año. [13] Extracción de minerales metálicos. [14] Antes de 1976, ∅: sept. de cada año.

6 Employment in mining and quarrying
Emploi dans les industries extractives
Empleo en las minas y canteras

(Thousands - Milliers - Millares)

Country - Source Pays - Source País - Fuente	1971	1972	1973	1974	1975	1976	1977	1978	1979	1980
Tunisie (III)										
Total	19.08	19.59	18.84	18.71	18.37	18.98	...	...	...	...
Zimbabwe (III)										
Total	58.0	58.4	58.1	62.0	63.6	63.8	61.6	58.1	59.5	66.0
AMERICA - AMÉRIQUE - AMERICA										
Bahamas (II) [1]										
Total [2]	.	.	.	.	.	0.642	0.717	0.713	0.721	...
Bolivia (IV) [3]										
Total	71.1	73.0	75.4	80.6	82.4	82.7	82.7	85.5	86.3	...
Males - Hom.	63.1	64.7	66.8	71.3	72.9	73.7	73.7	76.2	76.9	...
Fem. - Muj.	8.0	8.3	8.6	9.3	9.5	9.0	9.0	9.3	9.4	...
Brasil (III) [4]										
Total [5]	82	80	83	97	93	83 [6]	...	...	...	...
Males - Hom. [5]	80	78	81	94	89	80 [6]	...	...	...	...
Fem. - Muj. [5]	2	2	2	3	4	3 [6]	...	...	...	...
Canada (I) [7]										
Total	125.0	121.0	119.0	123.0	138.0	144.0	151.0	157.0	166.0	191.0
Males - Hom.	118.0	114.0	112.0	115.0	127.0	133.0	137.0	142.0	148.0	168.0
Fem. - Muj.	7.0	7.0	7.0	7.0	11.0	11.0	14.0	15.0	17.0	23.0
Colombia [8] (I) [3]										
Total [9]	.	.	.	.	6.611	8.392	6.567	8.310	13.715	12.880
Males - Hom. [9]	.	.	.	.	5.519	7.903	5.810	7.153	11.468	11.922
Fem. - Muj. [9]	.	.	.	.	1.092	0.659	0.757	1.157	2.247	0.958
República Dominicana (III)										
Total	0.899	2.933	3.074	3.205	3.627	3.816	3.901	3.241	...	...
Guyane française (IV)										
Total	0.090	0.100	0.068	0.066	0.085	0.118	0.079	0.089	0.123	0.144
Haïti (IV) [3]										
Total [10]	0.972	0.978	0.984	0.990	0.997	0.944	0.949	0.954	0.959	...
Males - Hom. [10]	0.876	0.881	0.887	0.893	0.900	0.846	0.851	0.856	0.860	...
Fem. - Muj. [10]	0.096	0.097	0.097	0.097	0.097	0.098	0.098	0.098	0.098	...
Jamaica (I) [3]										
Total	.	.	.	7.80	7.50	7.85	7.35	5.95	8.50	8.70
Males - Hom.	.	.	.	7.50	6.80	7.20	6.50	5.20	7.90	7.40
Fem. - Muj.	.	.	.	0.80	0.40	1.20	1.00	0.60	0.60	1.30
México [11] (III)										
Total	70.85	74.45	128.30	.	.	.	.	.	.	.

Explanatory notes and source: see p. 179 - Notes explicatives et source: voir p. 181 - Notas explicativas y fuente: véase p. 183

[1] Insured persons. [2] ∅: Jan. of each year. [3] Civilian labour force employed. [4] Registered establishments on 31st Dec. of each year. [5] ∅: Dec. of each year. [6] Beginning 1978: revised questionnaire. [7] Establishments with 20 or more persons employed. [8] Seven main cities of the country. [9] ∅: Sep. of each year. [10] Year beginning in July of year indicated. [11] Figures include 57 industrial groups of the national classification.

[1] Personnes assurées. [2] ∅: janv. de chaque année. [3] Main-d'œuvre civile occupée. [4] Etablissements enregistrés le 31 déc. de chaque année. [5] ∅: déc. de chaque année. [6] A partir de 1978: questionnaire révisé. [7] Etablissements occupant 20 personnes et plus. [8] Sept villes principales du pays. [9] ∅: sept. de chaque année. [10] Année commençant en juillet de l'année indiquée. [11] Les chiffres comprennent 57 classes industrielles de la classification nationale.

[1] Personas aseguradas. [2] ∅: enero de cada año. [3] Fuerza trabajadora civil ocupada. [4] Establecimientos registrados en 31 dic. de cada año. [5] ∅: dic. de cada año. [6] A partir de 1978: cuestionario revisado. [7] Establecimientos con 20 y más trabajadores. [8] Siete ciudades principales del país. [9] ∅: sept. de cada año. [10] Año que comienza en julio del año indicado. [11] Las cifras comprenden 57 clases industriales de la clasificación nacional.

6 Employment in mining and quarrying
Emploi dans les industries extractives
Empleo en las minas y canteras

(Thousands – Milliers – Millares)

Country – Source Pays – Source País – Fuente	1971	1972	1973	1974	1975	1976	1977	1978	1979	1980
México (IV) [1]										
Total [2]	.	.	.	236.0	240.5	253.3	265.2	276.7	288.9	...
Males – Hom. [2]	.	.	.	.	218.8	230.5	234.9	245.1	250.8	...
Fem. – Muj. [2]	.	.	.	.	21.7	22.7	30.4	31.7	38.0	...
Nicaragua [3] (II) [4]										
Total	1.788	1.309	1.185	1.397	1.640	1.508	3.105	1.543	1.560	2.105
Panamá (I) [5]										
Total [6]	0.50	0.20	.	0.20 [7]	0.31 [8]	0.24	0.25 [7]	0.36*	0.39	...
Perú (IV) [1]										
Total	79.8	82.2	83.4	85.1	85.1	90.0	95.5	99.8	103.9	...
Trinidad and Tobago [9] (III) [10]										
Total	15.7	17.8	17.7	18.2	18.3	16.3*	...	...	...	...
United States (III) [11]										
Total	609	628	642	697	752	779	813	851	960	1 025
Males – Hom.	572	588	599	648	697	719	748	775	869	921
Fem. – Muj.	37	40	43	49	55	60	65	76	91	104
Venezuela [12] (III) [11]										
Total [13]	24.837	24.289	23.873	23.883	24.159	24.699	26.089	...	...	...[14]
ASIA – ASIE – ASIA										
Afghanistan (III) [11]										
Total [15]	.	.	2.2	2.8	3.2	3.1	3.4	...	...	...
Bangladesh (III) [16]										
Total [17]	.	.	.	.	0.121	.	–	.	0.482	.
Brunei (III)										
Total [2]	.	2.913	3.108	3.286	3.460	3.472	4.028	4.517	4.531	4.532
Cyprus (III) [18]										
Total	.	.	.	.	.	2.098	1.974	1.954	1.772*	...
Hong Kong (III) [19]										
Total [20]	1.275	1.104	1.062	0.762	0.637	0.459	0.657	0.617	0.814	0.809
Males – Hom. [20]	1.239	1.056	1.016	0.737	0.614	0.451	0.641	0.613	0.798	0.800
Fem. – Muj. [20]	0.036	0.048	0.046	0.025	0.023	0.008	0.016	0.004	0.016	0.009
India (III) [21]										
Total	587	604	687	739	816	851	887	885	895[22]	914*
Males – Hom.	534	553	624	663	733	761	795	793	809[22]	828*
Fem. – Muj.	53	51	63	76	83	90	92	92	86[22]	86*

Explanatory notes and source: see p. 179 – Notes explicatives et source: voir p. 181 – Notas explicativas y fuente: véase p. 183

[1] Civilian labour force employed. [2] ∅: June of each year. [3] Eight main cities of the country. [4] Insured persons. [5] Wage earners and salaried employees. [6] ∅: Aug. of each year. [7] October. [8] November. [9] Incl. refining of oil and asphalt. [10] Establishments with 10 or more persons employed. [11] Employees. [12] Iron ore and prospecting, extraction and refining of crude oil. [13] ∅: second semester of each year. [14] First semester. [15] Year beginning in July of year indicated. [16] Establishments with 20 or more persons employed. [17] Biennial survey. [18] Employees and unpaid family workers. [19] All persons engaged. [20] ∅: Dec. of each year. [21] Employees and working proprietors. [22] March.

[1] Main-d'œuvre civile occupée. [2] ∅: juin de chaque année. [3] Huit villes principales du pays. [4] Personnes assurées. [5] Population salariée ayant un emploi. [6] ∅: août de chaque année. [7] Octobre. [8] Novembre. [9] Y compris le raffinage du pétrole et de l'asphalte. [10] Etablissements occupant 10 personnes et plus. [11] Salariés. [12] Minerai de fer et prospection, exploitation et raffinage du pétrole brut. [13] ∅: second semestre de chaque année. [14] Premier semestre. [15] Année commençant en juillet de l'année indiquée. [16] Etablissements occupant 20 personnes et plus. [17] Enquête biennale. [18] Salariés et travailleurs familiaux non rémunérés. [19] Ensemble de l'effectif occupé. [20] ∅: déc. de chaque année. [21] Salariés et propriétaires-exploitants. [22] Mars.

[1] Fuerza trabajadora civil ocupada. [2] ∅: junio de cada año. [3] Ocho ciudades principales del país. [4] Personas aseguradas. [5] Población ocupada asalariada. [6] ∅: agosto de cada año. [7] Octubre. [8] Noviembre. [9] Incl. refinación de petróleo y asfalto. [10] Establecimientos con 10 y más trabajadores. [11] Asalariados. [12] Mineral de hierro y exploración, explotación y refinación del petróleo crudo. [13] ∅: segundo semestre de cada año. [14] Primer semestre. [15] Año que comienza en julio del año indicado. [16] Establecimientos con 20 y más trabajadores. [17] Encuesta bienal. [18] Asalariados y trabajadores familiares no remunerados. [19] Todo el efectivo ocupado. [20] ∅: dic. de cada año. [21] Asalariados y empresarios propietarios. [22] Marzo.

6 Employment in mining and quarrying
Emploi dans les industries extractives
Empleo en las minas y canteras

(Thousands - Milliers - Millares)

Country - Source Pays - Source País - Fuente	1971	1972	1973	1974	1975	1976	1977	1978	1979	1980
Japan (I) [1]										
Total	180	150	I 130 [2]	130	150	180	180	150	120	100
Males - Hom.	160	130	I 120 [2]	120	140	160	170	130	100	90
Fem. - Muj.	20	20	I 10 [2]	10	10	10	10	20	10	10
Jordan (III) [3]										
Total [4]	...	1.13	1.52	3.00	3.16	3.82	3.59	5.73	7.42	...
Korea, Republic of (I) [1]										
Total	82	51	45	47	59	62	99	103	106	118
Peninsular Malaysia (III) [5]										
Total	46.64	45.31	42.03	44.05	39.74	36.83	38.47	40.47	39.11	39.01
Malaysia: Sabah (III) [6]										
Total [7]	.	.	0.218	0.322	0.848	1.434	1.706	1.927	1.878	...
Pakistan (III) [5]										
Total	.	11.155	8.556	10.203	9.828	11.817	27.389	32.712	...	...
Philippines (III) [5]										
Total [8]	*117.3*	*100.0*	*103.8*	*106.8*	*103.2*	*109.1*	*122.8*	*113.7*	*119.8*	*132.6*
Singapore (I) [1]										
Total [9]	.	.	.	1.408	3.139	1.751	1.573	1.000	1.393	1.503
Sri Lanka (III) [5]										
Total	2.783	1.081	4.285	2.981	4.595	4.429	4.044	4.696	4.959	...
Males - Hom.	2.459	0.940	3.935	2.520	3.831	3.746	3.674	4.365	4.512	...
Fem. - Muj.	0.324	0.141	0.350	0.461	0.764	0.683	0.370	0.331	0.447	...
Thailand (I) [10]										
Total [11]	19.0	118.4	110.9	49.6	28.4	28.5	50.2	30.2	...	...
EUROPE - EUROPE - EUROPA										
Austria (III) [5]										
Total	...	31.908	30.581	30.355	29.676	28.394	27.930	27.185	26.736	26.736
Belgique (II) [5]										
Total [9]	48.4	46.3	41.6	37.8	36.7	34.2	31.8	29.9	28.9	28.0
Males - Hom. [9]	47.7	45.4	40.9	37.1	36.1	33.6	31.4	29.4	28.4	27.6
Fem. - Muj. [9]	0.7	0.7	0.7	0.7	0.6	0.6	0.5	0.5	0.5	0.4
Bulgarie (III) [5]										
Total	120.84	116.48	113.71	111.42	109.79	106.90	103.49	104.68	106.77	...
Czechoslovakia (IV) [12]										
Total [7]	176	177	177	177	174	173	175	175	177	...
Denmark (I) [10]										
Total	.	2.6	2.4	2.5	2.1	1.9	2.1	2.3	1.7	...
Males - Hom.	.	2.3	2.2	2.3	1.8	1.7	2.0	2.1	1.4	...
Fem. - Muj.	.	0.3	0.2	0.2	0.3	0.2	0.1	0.2	0.3	...

Explanatory notes and source: see p. 179 - Notes explicatives et source: voir p. 181 - Notas explicativas y fuente: véase p. 183

[1] Wage earners and salaried employees. [2] Prior to 1973: excl. Okinawa Prefecure. [3] Establishments with 5 or more persons employed. [4] Ø: Aug. of each year. [5] Employees. [6] Establishments with 20 or more persons employed. [7] Ø: Dec. of each year. [8] Index base: 1972 = 100. [9] Ø: June of each year. [10] Civilian labour force employed. [11] Ø: second semester of each year. [12] All persons engaged.

[1] Population salariée ayant un emploi. [2] Avant 1973: non compris la préfecture d'Okinawa. [3] Etablissements occupant 5 personnes et plus. [4] Ø: août de chaque année. [5] Salariés. [6] Etablissements occupant 20 personnes et plus. [7] Ø: déc. de chaque année. [8] Indices base: 1972 = 100. [9] Ø: juin de chaque année. [10] Main-d'œuvre civile occupée. [11] Ø: second semestre de chaque année. [12] Ensemble de l'effectif occupé.

[1] Población ocupada asalariada. [2] Antes de 1973: excl. la Prefectura de Okinawa. [3] Establecimientos con 5 y más trabajadores. [4] Ø: agosto de cada año. [5] Asalariados. [6] Establecimientos con 20 y más trabajadores. [7] Ø: dic. de cada año. [8] Indices base: 1972 = 100. [9] Ø: junio de cada año. [10] Fuerza trabajadora civil ocupada. [11] Ø: segundo semestre de cada año. [12] Todo el efectivo ocupado.

6 Employment in mining and quarrying
Emploi dans les industries extractives
Empleo en las minas y canteras

(Thousands – Milliers – Millares)

Country – Source Pays – Source País – Fuente	1971	1972	1973	1974	1975	1976	1977	1978	1979	1980
España (I) [1]										
Total [2]	...	...	...	...	98.2	328.8	334.8	342.2	325.4	...
France (III) [3]										
Total	213	202	189	178	▌173[4]	168	161	159	145*	140
Germany, Fed. Rep. of (IV) [1]										
Total	.	426	408	380	351	350	323	331	322	323
Grèce (III) [3]										
Total	22.168	22.452	22.292	23.252	23.922	24.351	23.410	21.518	...	...
Hongrie [5] (III) [3]										
Total	148.3	141.6	139.7	139.1	129.3	127.7	125.7	123.5	122.0	121.2
Ireland (IV) [6]										
Total [7]	10	10	10	10	10	10	8	10	12	...
Italie [8] (I) [3]										
Total	281	302	310	305	326	318	▌193[4]	181	195	201
Luxembourg (III) [9]										
Total	1.600	1.600	1.400	1.300	1.200	1.100	1.000	0.900	0.900	0.900
Males – Hom.	.	.	.	.	.	.	.	.	.	.
Malta (IV) [3]										
Total	0.410	0.530	0.400	0.344	0.459	0.654	0.609	0.683	0.868	...
Netherlands (IV) [10]										
Total	16	13	10	4	4	4	4	4	4*	...
Netherlands [10] (IV) [3]										
Total	1 131	1 093	1 076	1 074	1 037	995	968	941	926*	...
Norway (I) [1]										
Total	.	10	12	10	12	10	9	12	12	13
Males – Hom.	.	.	.	.	.	.	8	11	11	11
Fem. – Muj.	.	.	.	.	.	.	1	1	1	2
Pologne [5] (III) [3]										
Total	456.0	464.1	460.2	460.7	460.9	462.8	465.1	474.6	491.4	498.8
Portugal (I) [11]										
Total [12]	.	.	.	14	15	16	15	20	20	21
Males – Hom. [12]	.	.	.	14	15	16	15	19	19	20
Fem. – Muj. [12]	.	.	.	.	.	.	.	1	1	1
Sweden (III) [3]										
Total	10.829	10.564	10.886	11.240	11.845	12.019	11.280	10.266	...	...
Turquie (III) [3]										
Total	80.90	80.41	83.77	90.10	92.48	95.44	100.38	94.88	...	...

Explanatory notes and source: see p. 179 – Notes explicatives et source: voir p. 181 – Notas explicativas y fuente: véase p. 183

[1] Wage earners and salaried employees. [2] ∅: fourth quarter of each year. [3] Employees. [4] Change of industrial classification. [5] Socialised sector. [6] Civilian labour force employed. [7] ∅: April of each year. [8] Incl. electricity, gas and water. [9] Establishments with 20 or more persons employed. [10] Civilian employment (man-years). [11] Insured persons. [12] ∅: second semester of each year.

[1] Population salariée ayant un emploi. [2] ∅: quatrième trimestre de chaque année. [3] Salariés. [4] Changement de classification industrielle. [5] Secteur socialisé. [6] Main-d'œuvre civile occupée. [7] ∅: avril de chaque année. [8] Y compris l'électricité, le gaz et l'eau. [9] Etablissements occupant 20 personnes et plus. [10] Emploi civil (années-homme). [11] Personnes assurées. [12] ∅: second semestre de chaque année.

[1] Población ocupada asalariada. [2] ∅: cuarto trimestre de cada año. [3] Asalariados. [4] Cambio de clasificación industrial. [5] Sector socializado. [6] Fuerza trabajadora civil ocupada. [7] ∅: abril de cada año. [8] Incl. electricidad, gas y agua. [9] Establecimientos con 20 y más trabajadores. [10] Empleo civil (años-hombre). [11] Personas aseguradas. [12] ∅: segundo semestre de cada año.

6 Employment in mining and quarrying
Emploi dans les industries extractives
Empleo en las minas y canteras

(Thousands – Milliers – Millares)

Country – Source Pays – Source País – Fuente	1971	1972	1973	1974	1975	1976	1977	1978	1979	1980
United Kingdom (III) [1]										
Total [2]	346	330	315	300	303	298	299	295	288*	286*
Males – Hom. [2]	335	319	305	299	293	288	288	284	277*	276*
Fem. – Muj. [2]	11	11	10	10	10	10	11	11	11*	11*
Yugoslavia (III) [1]										
Total [3]	105	107	105	111	117	121	123	123	125	126*
Males – Hom. [3]	.	.	.	.	.	.	114	113	115	115*
Fem. – Muj. [3]	.	.	.	.	.	.	9	10	10	11*
OCEANIA – OCÉANIE – OCEANIA										
Australia (III) [1]										
Total [4]	75.5	75.2	75.1	76.6	80.7	78.3	78.9	74.7	76.7	...
Males – Hom. [4]	69.8	69.7	69.7	71.1	74.7	72.6	73.0	68.7	70.5	.
Fem. – Muj. [4]	5.7	5.5	5.5	5.5	6.0	5.6	5.9	6.0	6.3	.
Fiji (III) [5]										
Total [6]	1.853	1.745	1.748	1.963	1.897	1.550	1.841	0.809	...	...
New Zealand (III) [1]										
Total [7]	3.930	3.647	3.622	3.692	3.778	3.752	3.826	3.896	...	...

Explanatory notes and source: see p. 179 – Notes explicatives et source: voir p. 181 – Notas explicativas y fuente: véase p. 183

[1] Employees. [2] ∅: June of each year. [3] ∅: March and Sep. of each year. [4] ∅: Aug. of each year. [5] All persons engaged. [6] ∅: Sep. of each year. [7] ∅: April and Oct. of each year.

[1] Salariés. [2] ∅: juin de chaque année. [3] ∅: mars et sept. de chaque année. [4] ∅: août de chaque année. [5] Ensemble de l'effectif occupé. [6] ∅: sept. de chaque année. [7] ∅: avril et oct. de chaque année.

[1] Asalariados. [2] ∅: junio de cada año. [3] ∅: marzo y sept. de cada año. [4] ∅: agosto de cada año. [5] Todo el efectivo ocupado. [6] ∅: sept. de cada año. [7] ∅: abril y oct. de cada año.

7 Employment in construction
Emploi dans la construction
Empleo en la construcción

(Thousands - Milliers - Millares)

Country - Source Pays - Source País - Fuente	1971	1972	1973	1974	1975	1976	1977	1978	1979	1980
AFRICA - AFRIQUE - AFRICA										
Algérie (III)										
Total [1]	116.6	124.5	140.0	152.0	161.0	182.9	200.5	254.7	...	...
Botswana (III)										
Total [2]	.	6.5	7.2	8.1	9.0	6.1	6.9	9.2	11.4	...
Males - Hom. [2]	.	.	.	.	.	5.9	6.8	9.0	11.2	...
Fem. - Muj. [2]	.	.	.	.	.	0.2	0.1	0.2	0.2	...
Burundi [3] (IV)										
Total [4]	.	1.945	2.211	2.087	2.286	1.920	3.875	4.207	4.052	5.262
Rép.-Unie du Cameroun (III)										
Total	11.19	10.75	16.92	18.18	22.65	21.26	23.19	25.74	31.21	31.55
Egypt [5] (I) [6]										
Total [7]	193.2	205.8	242.3	232.8	247.3	...	334.3	384.9	448.5	...
Males - Hom. [7]	190.0	201.4	239.2	229.4	243.3	...	329.0	379.9	442.4	...
Fem. - Muj. [7]	3.2	4.4	3.1	3.4	4.0	...	5.3	5.0	6.1	...
Gambia (III)										
Total [8]	.	.	3.529	4.182	5.180	3.873	...	...	...	...
Males - Hom. [8]	.	.	.	4.035	5.040	3.855	...	...	...	...
Fem. - Muj. [8]	.	.	.	0.147	0.140	0.018	...	...	...	...
Kenya (III)										
Total [9]	.	37.6	41.2	44.5	40.5	47.1	48.9	55.3	61.3	...
Males - Hom. [9]	.	.	.	.	.	.	46.7	53.8	59.1	...
Fem. - Muj. [9]	.	.	.	.	.	.	2.2	1.5	2.2	...
Liberia (III)										
Total	4.522	4.557	4.259	3.744	4.128	4.525	1.694	4.205	2.188	...
Males - Hom.	4.079	4.110	3.842	3.378	3.263	4.082	1.528	3.793	1.602	...
Fem. - Muj.	0.443	0.447	0.417	0.366	0.865	0.443	0.166	0.412	0.586	...
Libyan Arab Jamahiriya (IV) [6]										
Total	56.7	66.6	87.4	118.1	148.5	167.8	171.4	164.3	...	...
Malawi [10] (III) [11]										
Total	17.8	18.2	21.1	22.9	21.1	21.1	23.3[12]	31.5*	33.4*	...
Mauritius (III)										
Total [8]	2.52	3.31	4.86	5.43	6.03	7.25	7.75	9.76	9.20	7.64*
Males - Hom. [8]	2.49	3.28	4.83	5.39	5.99	7.19	7.66	9.63	9.07	7.52*
Fem. - Muj. [8]	0.03	0.03	0.03	0.04	0.04	0.06	0.09	0.14	0.13	0.13*
Sénégal (IV)										
Total	2.900	3.355	3.231	3.453	3.888	4.339	5.151	...	...	...
Seychelles (II)										
Total [13]	.	.	3.353	1.760	1.364	1.783	2.086	1.454	2.728	2.643

Explanatory notes and source: see p. 179 - Notes explicatives et source: voir p. 181 - Notas explicativas y fuente: véase p. 183

[1] ∅: April of each year. [2] ∅: Aug. of each year. [3] Bujumbura. [4] ∅: Dec. of each year. [5] Persons aged 12 to 64 years. [6] Civilian labour force employed. [7] ∅: May of each year. [8] ∅: Sep. of each year. [9] ∅: June of each year. [10] Establishments with 20 or more persons employed. [11] Incl. working proprietors and unpaid family workers. [12] Beginning 1977: sample of establishments and revised allocation of establishments in the industrial classification. [13] ∅: Nov. of each year.

[1] ∅: avril de chaque année. [2] ∅: août de chaque année. [3] Bujumbura. [4] ∅: déc. de chaque année. [5] Personnes âgées de 12 à 64 ans. [6] Main-d'œuvre civile occupée. [7] ∅: mai de chaque année. [8] ∅: sept. de chaque année. [9] ∅: juin de chaque année. [10] Etablissements occupant 20 personnes et plus. [11] Y compris les propriétaires-exploitants et les travailleurs familiaux non rémunérés. [12] A partir de 1977: échantillon d'établissements et changements dans leur répartition industrielle. [13] ∅: nov. de chaque année.

[1] ∅: abril de cada año. [2] ∅: agosto de cada año. [3] Bujumbura. [4] ∅: dic. de cada año. [5] Personas de 12 a 64 años. [6] Fuerza trabajadora civil ocupada. [7] ∅: mayo de cada año. [8] ∅: sept. de cada año. [9] ∅: junio de cada año. [10] Establecimientos con 20 y más trabajadores. [11] Incl. los empresarios propietarios y los trabajadores familiares no remunerados. [12] A partir de 1977: muestra de establecimientos y cambios en la distribución industrial de los establecimientos. [13] ∅: nov. de cada año.

7 Employment in construction
Emploi dans la construction
Empleo en la construcción

(Thousands - Milliers - Millares)

Country - Source Pays - Source País - Fuente	1971	1972	1973	1974	1975	1976	1977	1978	1979	1980
Sierra Leone (III)										
Total [1]	.	.	.	6.959	7.549	7.850	7.803	7.807	8.470	7.841
Swaziland (III)										
Total [2]	2.537	3.629	3.950	4.421	3.341	I 3.075 [3]	4.081	7.909	5.895	...
Males - Hom. [2]	2.522	3.614	3.922	4.388	3.302	I 3.027 [3]	3.978	7.762	5.559	...
Fem. - Muj. [2]	0.015	0.015	0.028	0.033	0.039	I 0.048 [3]	0.103	0.147	0.336	...
Tunisie (IV)										
Total	.	.	.	.	128.4	139.6	147.0	155.0	162.0	172.8
Zimbabwe (III)										
Total	46.8	49.5	56.8	64.3	60.8	51.6	46.5	40.9	40.6	42.1
AMERICA - AMÉRIQUE - AMERICA										
Bahamas (II) [4]										
Total [5]	.	.	.	.	.	3.271	3.825	3.884	4.034	...
Bolivia (IV) [6]										
Total	48.2	54.1	60.8	68.4	76.9	86.5	88.6	92.4	93.7	...
Males - Hom.	44.8	50.3	56.6	63.6	71.5	90.4	82.4	86.0	87.2	...
Fem. - Muj.	3.4	3.8	4.2	4.8	5.4	6.1	6.2	6.5	6.6	...
Brasil (III) [7]										
Total [1]	653	819	889	1 059	1 121	I 882 [8]	...	...	...	...
Males - Hom. [1]	645	805	872	1 035	1 085	I 855 [8]	...	...	...	...
Fem. - Muj. [1]	8	14	17	24	36	I 27 [8]	...	...	...	...
Canada (I) [9]										
Total	406.0	409.0	444.0	480.0	518.0	534.0	530.0	528.0	534.0	521.0
Males - Hom.	387.0	389.0	423.0	452.0	482.0	496.0	489.0	486.0	488.0	472.0
Fem. - Muj.	20.0	20.0	21.0	27.0	36.0	38.0	41.0	42.0	46.0	49.0
Colombia [10] (I) [6]										
Total [11]	.	.	.	.	139.58	132.61	150.61	184.27	182.32	230.05
Males - Hom. [11]	.	.	.	.	133.52	130.98	145.67	175.80	175.62	218.23
Fem. - Muj. [11]	.	.	.	.	6.07	5.90	4.94	8.47	6.70	11.82
Costa Rica (I) [12]										
Total [13]	.	.	.	.	.	...	36.72	41.24	45.64	46.48
Cuba (IV) [14]										
Total	132.7	153.7	176.5	183.5	208.0	243.2	295.8*	...	...	...
Guadeloupe (IV) [6]										
Total	.	.	.	11.5	11.6	10.9	10.2	10.2	...	...
Guyane française (IV)										
Total	1.395	1.298	0.961	0.948	0.965	1.220	1.203	1.345	1.440	1.460

Explanatory notes and source: see p. 179 - Notes explicatives et source: voir p. 181 - Notas explicativas y fuente: véase p. 183

[1] ∅: Dec. of each year. [2] ∅: June of each year. [3] Prior to 1976, ∅: Sep. of each year. [4] Insured persons. [5] ∅: Jan. of each year. [6] Civilian labour force employed. [7] Registered establishments on 31st Dec. of each year. [8] Beginning 1978: revised questionnaire. [9] Establishments with 20 or more persons employed. [10] Seven main cities of the country. [11] ∅: Sep. of each year. [12] Wage earners and salaried employees. [13] ∅: July of each year. [14] State sector.

[1] ∅: déc. de chaque année. [2] ∅: juin de chaque année. [3] Avant 1976, ∅: sept. de chaque année. [4] Personnes assurées. [5] ∅: janv. de chaque année. [6] Main-d'œuvre civile occupée. [7] Etablissements enregistrés le 31 déc. de chaque année. [8] A partir de 1978: questionnaire révisé. [9] Etablissements occupant 20 personnes et plus. [10] Sept villes principales du pays. [11] ∅: sept. de chaque année. [12] Population salariée ayant un emploi. [13] ∅: juillet de chaque année. [14] Secteur d'Etat.

[1] ∅: dic. de cada año. [2] ∅: junio de cada año. [3] Antes de 1976, ∅: sept. de cada año. [4] Personas aseguradas. [5] ∅: enero de cada año. [6] Fuerza trabajadora civil ocupada. [7] Establecimientos registrados en 31 dic. de cada año. [8] A partir de 1978: cuestionario revisado. [9] Establecimientos con 20 y más trabajadores. [10] Siete ciudades principales del país. [11] ∅: sept. de cada año. [12] Población ocupada asalariada. [13] ∅: julio de cada año. [14] Sector de Estado.

7 Employment in construction
Emploi dans la construction
Empleo en la construcción

(Thousands – Milliers – Millares)

Country – Source Pays – Source País – Fuente	1971	1972	1973	1974	1975	1976	1977	1978	1979	1980
Haïti (IV) [1]										
Total [2]	17.698	17.804	17.911	18.018	18.126	17.181	17.281	17.367	17.454	...
Males – Hom. [2]	17.514	17.619	17.726	17.832	17.940	16.995	17.094	17.179	17.265	...
Fem. – Muj. [2]	0.184	0.185	0.185	0.186	0.186	0.186	0.187	0.188	0.189	...
Jamaica (I) [1]										
Total	.	.	.	40.75	44.60	37.95	32.95	32.90	26.50	26.40
México [3] (III)										
Total	1.96	0.73	1.02	1.58 [4]	0.93	0.98 [5]	1.47	15.47	18.67	
México (IV) [1]										
Total [6]	.	.	.	746.3	756.1	801.1	835.4	871.7	909.8	...
Males – Hom. [6]	.	.	.	.	727.6	771.0	788.3	822.5	843.1	...
Fem. – Muj. [6]	.	.	.	.	28.5	30.0	47.1	49.2	66.7	...
Nicaragua [7] (II) [8]										
Total	3.803	3.276	8.208	10.491	9.178	9.548	10.773	7.313	3.000	5.470
Panamá (I) [9]										
Total [10]	20.00	23.70	...	24.40[11]	23.57[12]	22.41	17.86[11]	18.58*	20.49	...
Perú (IV) [1]										
Total	134.2	145.7	159.7	178.5	190.7	194.9	158.8	160.4	161.6	...
Trinidad and Tobago (III) [13]										
Total	5.9	6.7	7.0	7.4	9.6	10.4*	...	...	...	...
United States (III) [14]										
Total	3 704	3 889	4 097	4 020	3 525	3 576	3 851	4 229	4 483	4 469
Males – Hom.	3 505	3 670	3 856	3 758	3 269	3 295	3 547	3 898	4 126	4 085
Fem. – Muj.	199	219	241	262	256	281	304	331	357	384
Virgin Islands (US) [15] (III)										
Total	.	.	.	.	4.48	2.76	2.51	2.41	...	...
ASIA – ASIE – ASIA										
Bangladesh (III) [16]										
Total [17]	.	.	.	.	44.89	.	41.71	.	33.67	.
Brunei (III)										
Total	.	7.296	6.304	5.600	5.487	6.836	7.124	7.717	8.761	9.563
Cyprus (III) [18]										
Total	.	.	.	.	.	9.954	11.671	13.179	16.001*	...
Hong Kong (III) [19]										
Total [20]	.	.	.	.	.	49	63	74	82	87
Males – Hom. [20]	.	.	.	.	.	45	59	69	77	84
Fem. – Muj.	.	.	.	.	.	3	4	5	5	4

Explanatory notes and source: see p. 179 – Notes explicatives et source: voir p. 181 – Notas explicativas y fuente: véase p. 183

[1] Civilian labour force employed. [2] Year beginning in July of year indicated. [3] Figures include 57 industrial groups of the national classification. [4] Prior to 1974: 45 industrial groups. [5] Prior to 1976: 54 industrial groups. [6] ∅: June of each year. [7] Eight main cities of the country. [8] Insured persons. [9] Wage earners and salaried employees. [10] ∅: Aug. of each year. [11] October. [12] November. [13] Establishments with 10 or more persons employed. [14] Employees. [15] Incl. mining and quarrying. [16] Establishments with 20 or more persons employed. [17] Biennial survey. [18] Employees and unpaid family workers. [19] All persons engaged. [20] ∅: Dec. of each year.

[1] Main-d'œuvre civile occupée. [2] Année commençant en juillet de l'année indiquée. [3] Les chiffres comprennent 57 classes industrielles de la classification nationale. [4] Avant 1974: 45 classes industrielles. [5] Avant 1976: 54 classes industrielles. [6] ∅: juin de chaque année. [7] Huit villes principales du pays. [8] Personnes assurées. [9] Population salariée ayant un emploi. [10] ∅: août de chaque année. [11] Octobre. [12] Novembre. [13] Etablissements occupant 10 personnes et plus. [14] Salariés. [15] Y compris les industries extractives. [16] Etablissements occupant 20 personnes et plus. [17] Enquête biennale. [18] Salariés et travailleurs familiaux non rémunérés. [19] Ensemble de l'effectif occupé. [20] ∅: déc. de chaque année.

[1] Fuerza trabajadora civil ocupada. [2] Año que comienza en julio del año indicado. [3] Las cifras comprenden 57 clases industriales de la clasificación nacional. [4] Antes de 1974: 45 clases industriales. [5] Antes de 1976: 54 clases industriales. [6] ∅: junio de cada año. [7] Ocho ciudades principales del país. [8] Personas aseguradas. [9] Población ocupada asalariada. [10] ∅: agosto de cada año. [11] Octubre. [12] Noviembre. [13] Establecimientos con 10 y más trabajadores. [14] Asalariados. [15] Incl. las minas y canteras. [16] Establecimientos con 20 y más trabajadores. [17] Encuesta bienal. [18] Asalariados y trabajadores familiares no remunerados. [19] Todo el efectivo ocupado. [20] ∅: dic. de cada año.

7 Employment in construction
Emploi dans la construction
Empleo en la construcción

(Thousands - Milliers - Millares)

Country - Source Pays - Source País - Fuente	1971	1972	1973	1974	1975	1976	1977	1978	1979	1980
India (III) [1]										
Total	1 621	1 081	1 193	1 111	1 083	1 086	1 092	1 080	1 115 [2]	1 141*
Males - Hom.	9 611	1 081	1 151	1 048	1 016	1 026	1 034	1 021	1 056 [2]	1 077*
Fem. - Muj.	60	63	78	63	67	60	58	59	59 [2]	64*
Israel [3] (II) [4]										
Total	81.9	88.8	87.3	84.5	85.0	77.7	70.4	67.6	I 71.6 [5]	75.4
Japan (I) [6]										
Total	3 240	3 430	I 3 670 [7]	3 620	3 770	3 850	3 900	4 030	4 170	4 270
Males - Hom.	2 780	2 960	I 3 150 [7]	3 130	3 270	3 330	3 370	3 510	3 600	3 690
Fem. - Muj.	460	470	I 520 [7]	490	490	520	530	530	570	580
Jordan (III) [8]										
Total [9]	...	0.28	0.74	3.16	3.61	4.82	1.41	4.93	2.67	...
Korea, Republic of (I) [6]										
Total	317	363	348	421	485	501	588	769	784	790
Malaysia: Sabah (III) [10]										
Total [11]	.	.	8.934	9.778	8.446	7.875	7.352	8.383	9.966	...
Pakistan (III) [12]										
Total	.	49.261	31.845	43.075	42.819	43.701	48.355	45.048	...	...
Philippines (III) [12]										
Total [13]	*92.2*	*100.0*	*93.5*	*113.2*	*125.3*	*211.9*	*202.9*	*167.7*	*196.5*	*203.9*
Singapore (I) [6]										
Total [14]	.	.	.	36.473	35.068	36.666	36.732	44.500	47.981	51.036
Sri Lanka (III) [12]										
Total	27.83	35.65	86.45	72.84	94.40	126.85	112.96	89.37	I 114.85 [15]	...
Males - Hom.	27.72	35.32	83.43	70.49	89.81	120.11	106.69	83.99	I 107.32 [15]	...
Fem. - Muj.	0.10	0.33	3.02	2.35	4.59	6.74	6.27	5.38	I 7.53 [15]	...
Thailand (I) [16]										
Total [17]	188.9	256.7	258.0	276.8	205.7	235.9	331.7	313.4	...	...
EUROPE - EUROPE - EUROPA										
Austria (III) [12]										
Total	...	269.80	284.38	278.04	268.75	266.15	273.97	274.08	271.15	267.66
Belgique (II) [12]										
Total [14]	251.8	240.8	238.3	245.9	246.6	250.3	251.5	247.7	249.1	240.1
Males - Hom.	246.1	234.7	231.8	238.7	239.3	242.8	243.7	239.6	241.0	232.1
Fem. - Muj. [14]	5.7	6.1	6.5	7.2	7.3	7.5	7.8	8.1	8.0	8.0

Explanatory notes and source: see p. 179 - Notes explicatives et source: voir p. 181 - Notas explicativas y fuente: véase p. 183

[1] Employees and working proprietors. [2] March. [3] Incl. territories under occupation by Israeli military forces since June 1967. [4] Insured persons. [5] Beginning 1979: sample design revised. [6] Wage earners and salaried employees. [7] Prior to 1973: excl. Okinawa Prefecure. [8] Establishments with 5 or more persons employed. [9] ∅: Aug. of each year. [10] Establishments with 20 or more persons employed. [11] ∅: Dec. of each year. [12] Employees. [13] Index base: 1972 = 100. [14] ∅: June of each year. [15] Drop due to an abnormal response rate. [16] Civilian labour force employed. [17] ∅: second semester of each year.

[1] Salariés et propriétaires-exploitants. [2] Mars. [3] Y compris les territoires occupés par les forces armées israéliennes depuis juin 1967. [4] Personnes assurées. [5] A partir de 1979: plan d'échantillonage révisé. [6] Population salariée ayant un emploi. [7] Avant 1973: non compris la préfecture d'Okinawa. [8] Etablissements occupant 5 personnes et plus. [9] ∅: août de chaque année. [10] Etablissements occupant 20 personnes et plus. [11] ∅: déc. de chaque année. [12] Salariés. [13] Indices base: 1972 = 100. [14] ∅: juin de chaque année. [15] Baisse due à un taux anormal de réponse. [16] Main-d'œuvre civile occupée. [17] ∅: second semestre de chaque année.

[1] Asalariados y empresarios propietarios. [2] Marzo. [3] Incl. territorios ocupados por las fuerzas armadas israelíes desde junio de 1967. [4] Personas aseguradas. [5] A partir de 1979: diseño de la muestra revisado. [6] Población ocupada asalariada. [7] Antes de 1973: excl. la Prefectura de Okinawa. [8] Establecimientos con 5 y más trabajadores. [9] ∅: agosto de cada año. [10] Establecimientos con 20 y más trabajadores. [11] ∅: dic. de cada año. [12] Asalariados. [13] Indices base: 1972 = 100. [14] ∅: junio de cada año. [15] Baja debida a una tasa anormal de respuestas. [16] Fuerza trabajadora civil ocupada. [17] ∅: segundo semestre de cada año.

7 Employment in construction
Emploi dans la construction
Empleo en la construcción

(Thousands - Milliers - Millares)

Country - Source Pays - Source País - Fuente	1971	1972	1973	1974	1975	1976	1977	1978	1979	1980
Bulgarie (III) [1]										
Total	311.05	315.27	315.07	315.53	316.82	312.61	330.13	338.83	342.31*	339.09
Czechoslovakia (IV) [2]										
Total [3]	624	639	659	675	689	714	723	732	741	...
Denmark (I) [4]										
Total	.	202.6	201.3	188.0	189.6	195.4	196.5	201.7	201.7	...
Males - Hom.	.	187.8	185.3	172.8	174.6	180.5	180.0	183.8	180.9	...
Fem. - Muj.	.	14.8	16.0	15.2	15.0	14.9	16.5	17.9	20.8	...
España (I) [5]										
Total [6]	...	...	...	...	1 111.4	1 044.9	1 057.2	977.6	878.6	...
Finland (I) [5]										
Total	170	167	167	174	178	153	147	143	139	...
Males - Hom.	162	156	155	158	163	136	129	128	129	125
Fem. - Muj.	8	11	12	16	15	17	18	15	14	14
France (III) [1]										
Total	1 690	1 683	1 695	1 681	▌1 608 [7]	1 592	1 580	1 536	1 509*	1 512
German Democratic Rep. (III) [1]										
Total	513.5	524.1	528.9	536.9	549.7	560.9	570.3	574.6	576.9	577.0
Germany, Fed. Rep. of (IV) [5]										
Total	.	2 014	2 042	1 917	1 709	1 643	1 607	1 623	1 629*	1 713
Hongrie [8] (III) [1]										
Total	363.7	368.7	374.2	379.1	385.6	384.5	382.7	383.6	376.9	362.6
Ireland (IV) [4]										
Total [9]	85	81	83	85	89	76	88	82	101	...
Italie (I) [1]										
Total	1 712	1 650	1 581	1 583	1 565	1 475	▌1 609 [7]	1 624	1 607	1 609
Luxembourg (III) [10]										
Total	13.900	14.100	14.500	16.200	16.100	14.700	14.200	14.100	15.200	15.700
Malta (IV) [1]										
Total	10.020	6.410	3.900	4.302	4.320	4.051	2.745	4.559	4.867	...
Netherlands (IV) [11]										
Total	495	473	472	452	436	438	442	450	459*	...
Netherlands [11] (IV) [1]										
Total	432	412	412	395	381	385	391	399	408*	...
Norway (I) [5]										
Total	.	118	117	119	121	123	130	134	125	118
Males - Hom.	.	.	.	.	.	.	125	127	116	110
Fem. - Muj.	.	.	.	.	.	.	6	7	8	8
Pologne [8] (III) [2]										
Total	1 055.2	1 123.1	1 236.5	1 320.2	1 320.0	1 297.5	1 289.6	1 298.4	1 273.7	1 234.2

Explanatory notes and source: see p. 179 - Notes explicatives et source: voir p. 181 - Notas explicativas y fuente: véase p. 183

[1] Employees. [2] All persons engaged. [3] ∅: Dec. of each year. [4] Civilian labour force employed. [5] Wage earners and salaried employees. [6] ∅: fourth quarter of each year. [7] Change of industrial classification. [8] Socialised sector. [9] ∅: April of each year. [10] Establishments with 20 or more persons employed. [11] Civilian employment (man-years).

[1] Salariés. [2] Ensemble de l'effectif occupé. [3] ∅: déc. de chaque année. [4] Main-d'œuvre civile occupée. [5] Population salariée ayant un emploi. [6] ∅: quatrième trimestre de chaque année. [7] Changement de classification industrielle. [8] Secteur socialisé. [9] ∅: avril de chaque année. [10] Etablissements occupant 20 personnes et plus. [11] Emploi civil (années-homme).

[1] Asalariados. [2] Todo el efectivo ocupado. [3] ∅: dic. de cada año. [4] Fuerza trabajadora civil ocupada. [5] Población ocupada asalariada. [6] ∅: cuarto trimestre de cada año. [7] Cambio de clasificación industrial. [8] Sector socializado. [9] ∅: abril de cada año. [10] Establecimientos con 20 y más trabajadores. [11] Empleo civil (años-hombre).

7 Employment in construction
Emploi dans la construction
Empleo en la construcción

(Thousands – Milliers – Millares)

Country – Source Pays – Source País – Fuente	1971	1972	1973	1974	1975	1976	1977	1978	1979	1980
Portugal (I) [1]										
Total [2]	.	.	.	288	277	261	287	297	299	333
Males – Hom. [2]	.	.	.	283	271	256	279	293	294	326
Fem. – Muj. [2]	.	.	.	5	6	5	8	4	5	7
Roumanie [3] (III) [4]										
Total	714.2	746.2	739.5	715.1	736.4	749.2	777.3	827.6	839.6	787.6
Suisse (III) [5]										
Total [6]	*135.8*	*140.7*	*137.9*	*129.9*	*100.0*	*94.2*	*94.8*	*94.7*	*95.8*	*102.4*
Suisse (IV) [7]										
Total	260.9	269.5	264.1	246.9	200.0	184.0	183.5	181.1	182.9	...
Turquie (II) [1]										
Total	275.9	305.3	329.1	367.4	397.8	447.8	487.1	499.5	453.6	...
United Kingdom (III) [4]										
Total [8]	1 261.8	1 299.7	1 379.5	1 328.3	1 312.8	1 308.2	1 270.0	1 263.5	1 291.5*	1 265.1*
Males – Hom. [8]	1 178.5	1 212.4	1 284.0	1 232.0	1 214.3	1 204.5	1 164.8	1 154.6	1 182.4*	1 156.1*
Fem. – Muj. [8]	83.3	87.3	95.5	96.3	98.5	103.6	105.2	109.0	109.0*	109.0*
Yugoslavia (III) [4]										
Total [9]	431	438	428	452	487	509	541	578	613	632*
Males – Hom.	.	.	.	.	.	.	498	532	565	580*
Fem. – Muj.	.	.	.	.	.	.	43	46	48	52*
OCEANIA – OCÉANIE – OCEANIA										
Australia (III) [4]										
Total [10]	393.7	397.3	395.2	400.1	411.6	376.4	367.5	357.2	346.1	...
Males – Hom. [10]	17.8	18.3	19.4	20.6	19.8	20.0	19.9	19.8	20.4	...
Fiji (III) [11]										
Total [12]	8.225	8.239	9.454	8.291	8.449	7.672	8.129	7.974	...	...
Guam (III) [4]										
Total	5.500	7.100	7.700	8.300	5.388	3.300	4.014	4.900	...	...
New Zealand (III) [4]										
Total [13]	61.602	62.438	64.510	66.792	67.499	65.337	63.308	60.803	...	...
Papua New Guinea (IV) [4]										
Total [8]	.	.	12.811	7.335	6.841	6.593	7.534	9.197	...	...
USSR – URSS – URSS										
URSS [3] (III) [4]										
Total	9 549	9 986	10 091	10 339	10 574	10 716	10 880	11 034	11 156	11 240*

Explanatory notes and source: see p. 179 – Notes explicatives et source: voir p. 181 – Notas explicativas y fuente: véase p. 183

[1] Insured persons. [2] ∅: second semester of each year. [3] Socialised sector. [4] Employees. [5] Wage earners only. [6] Index base: 1949 = 100. [7] Civilian labour force employed. [8] ∅: June of each year. [9] ∅: March and Sep. of each year. [10] ∅: Aug. of each year. [11] All persons engaged. [12] ∅: Sep. of each year. [13] ∅: April and Oct. of each year.

[1] Personnes assurées. [2] ∅: second semestre de chaque année. [3] Secteur socialisé. [4] Salariés. [5] Ouvriers seulement. [6] Indices base: 1949 = 100. [7] Main-d'œuvre civile occupée. [8] ∅: juin de chaque année. [9] ∅: mars et sept. de chaque année. [10] ∅: août de chaque année. [11] Ensemble de l'effectif occupé. [12] ∅: sept. de chaque année. [13] ∅: avril et oct. de chaque année.

[1] Personas aseguradas. [2] ∅: segundo semestre de cada año. [3] Sector socializado. [4] Asalariados. [5] Obreros solamente. [6] Indices base: 1949 = 100. [7] Fuerza trabajadora civil ocupada. [8] ∅: junio de cada año. [9] ∅: marzo y sept. de cada año. [10] ∅: agosto de cada año. [11] Todo el efectivo ocupado. [12] ∅: sept. de cada año. [13] ∅: abril y oct. de cada año.

8 Employment in transport, storage and communication
Emploi dans les transports, entrepôts et communications
Empleo en los transportes, almacenaje y comunicaciones

(Thousands - Milliers - Millares)

Country - Source Pays - Source País - Fuente	1971	1972	1973	1974	1975	1976	1977	1978	1979	1980
AFRICA - AFRIQUE - AFRICA										
Algérie (III)										
Total [1]	36.0	37.3	40.0	43.2	45.2	60.2	63.9	72.6	...	...
Botswana (III)										
Total [2]	.	1.1	1.3	1.6	2.0	2.0	1.8	2.0	2.3	...
Males - Hom. [2]	.	.	.	.	.	2.0	1.8	1.9	2.2	...
Fem. - Muj. [2]	.	.	.	.	.	0.1	0.1	0.1	0.2	...
Burundi [3] (IV)										
Total [4]	.	0.924	0.880	0.906	0.821	0.731	0.669	0.973	1.058	1.201
Rép.-Unie du Cameroun (III)										
Total	8.75	8.47	13.22	16.34	18.68	18.84	19.35	20.81	8.83	16.28
Egypt [5] (I) [6]										
Total [7]	323.1	339.1	353.1	396.4	419.5	...	428.0	467.3	488.4	...
Males - Hom. [7]	314.2	331.5	341.2	384.9	405.6	...	412.5	448.6	469.6	...
Fem. - Muj. [7]	8.9	7.6	11.9	11.5	13.9	...	15.5	18.7	18.8	...
Gambia (III)										
Total [8]	.	.	2.398	2.800	2.909	3.381	...	...	...	...
Males - Hom. [8]	.	.	.	2.732	2.844	3.272	...	...	...	...
Fem. - Muj. [8]	.	.	.	0.068	0.065	0.109	...	...	...	...
Kenya (III)										
Total [9]	.	45.3	44.4	46.3	45.5	47.7	48.1	50.9	54.8	...
Males - Hom. [9]	.	.	.	.	.	.	45.0	47.4	51.0	...
Fem. - Muj. [9]	.	.	.	.	.	.	3.1	3.6	3.7	...
Liberia (III)										
Total	2.723	2.743	2.564	2.254	6.380	2.724	1.013	4.038	5.529	...
Males - Hom.	2.563	2.581	2.413	2.122	6.066	2.564	0.954	3.800	4.561	...
Fem. - Muj.	0.160	0.162	0.151	0.132	0.314	0.160	0.059	0.238	0.968	...
Libyan Arab Jamahiriya (IV) [6]										
Total	38.4	41.7	45.0	48.8	53.5	57.9	63.1	67.5	...	...
Malawi [10] (III) [11]										
Total	9.0	9.8	10.5	11.4	12.0	12.9	▌ 16.6[12]	17.6*	18.4*	...
Mauritius (III)										
Total [8]	6.57	6.89	7.91	9.07	9.41	9.93	11.15	10.49	8.33	7.76*
Males - Hom. [8]	6.45	6.75	7.70	8.86	9.15	9.63	10.82	10.10	7.91	7.31*
Fem. - Muj. [8]	0.11	0.14	0.21	0.21	0.26	0.30	0.33	0.38	0.42	0.45*
Sénégal (IV)										
Total	10.409	11.987	11.616	12.128	13.528	15.097	17.922	...	...	...
Seychelles (II)										
Total [13]	.	.	0.851	0.947	0.979	0.995	1.230	1.608	2.118	2.199

Explanatory notes and source: see p. 179 - Notes explicatives et source: voir p. 181 - Notas explicativas y fuente: véase p. 183.

[1] Ø: April of each year. [2] Ø: Aug. of each year. [3] Bujumbura. [4] Ø: Dec. of each year. [5] Persons aged 12 to 64 years. [6] Civilian labour force employed. [7] Ø: May of each year. [8] Ø: Sep. of each year. [9] Ø: June of each year. [10] Establishments with 20 or more persons employed. [11] Incl. working proprietors and unpaid family workers. [12] Beginning 1977: sample of establishments and revised allocation of establishments in the industrial classification. [13] Ø: Nov. of each year.

[1] Ø: avril de chaque année. [2] Ø: août de chaque année. [3] Bujumbura. [4] Ø: déc. de chaque année. [5] Personnes âgées de 12 à 64 ans. [6] Main-d'œuvre civile occupée. [7] Ø: mai de chaque année. [8] Ø: sept. de chaque année. [9] Ø: juin de chaque année. [10] Etablissements occupant 20 personnes et plus. [11] Y compris les propriétaires-exploitants et les travailleurs familiaux non rémunérés. [12] A partir de 1977: échantillon d'établissements et changements dans leur répartition industrielle. [13] Ø: nov. de chaque année.

[1] Ø: abril de cada año. [2] Ø: agosto de cada año. [3] Bujumbura. [4] Ø: dic. de cada año. [5] Personas de 12 a 64 años. [6] Fuerza trabajadora civil ocupada. [7] Ø: mayo de cada año. [8] Ø: sept. de cada año. [9] Ø: junio de cada año. [10] Establecimientos con 20 y más trabajadores. [11] Incl. los empresarios propietarios y los trabajadores familiares no remunerados. [12] A partir de 1977: muestra de establecimientos y cambios en la distribución industrial de los establecimientos. [13] Ø: nov. de cada año.

8 Employment in transport, storage and communication
Emploi dans les transports, entrepôts et communications
Empleo en los transportes, almacenaje y comunicaciones

(Thousands - Milliers - Millares)

Country - Source Pays - Source País - Fuente	1971	1972	1973	1974	1975	1976	1977	1978	1979	1980
Sierra Leone (III)										
Total [1]	.	.	.	8.027	8.823	6.359	5.854	5.919	7.397	7.915
Swaziland (III)										
Total [2]	2.050	2.280	2.688	2.483	2.540	▌ 2.566 [3]	2.768	2.934	2.968	...
Males - Hom. [2]	1.915	2.128	2.527	2.318	2.321	▌ 2.376 [3]	2.508	2.631	2.863	...
Fem. - Muj. [2]	0.135	0.152	0.161	0.165	0.219	▌ 0.190 [3]	0.260	0.303	0.106	...
Tunisie (III)										
Total	24.20	24.45	25.89	26.79	31.64	35.76	...	...	...	...
Zimbabwe (III)										
Total	38.9	41.0	42.3	43.8	45.3	45.7	45.5	44.0	43.4	45.5
AMERICA - AMÉRIQUE - AMERICA										
Bahamas (II) [4]										
Total [5]	.	.	.	.	.	3.843	4.007	3.952	4.027	...
Bolivia (IV) [6]										
Total	72.2	74.3	78.3	79.3	82.1	86.0	90.8	96.4	111.5	...
Males - Hom.	69.4	70.6	74.3	74.5	77.1	80.8	85.3	90.6	104.8	...
Fem. - Muj.	2.9	3.7	3.9	4.7	5.0	5.2	5.4	5.8	6.7	...
Brasil (III) [7]										
Total [1]	438	499	582	638	717	▌ 1 182 [8]	...	...	...	...
Males - Hom. [1]	415	468	525	569	629	▌ 1 017 [8]	...	...	...	...
Fem. - Muj. [1]	23	31	57	69	88	▌ 165 [8]	...	...	...	...
Canada (I) [9]										
Total	573.0	589.0	624.0	639.0	673.0	682.0	674.0	699.0	743.0	733.0
Males - Hom.	480.0	491.0	510.0	522.0	538.0	538.0	535.0	548.0	580.0	569.0
Fem. - Muj.	93.0	97.0	113.0	118.0	134.0	144.0	139.0	165.3	173.7	164.0
Colombia [10] (I) [6]										
Total [11]	.	.	.	.	140.13	146.16	157.46	168.27	197.54	192.40
Males - Hom. [11]	.	.	.	.	127.30	136.45	143.64	150.11	173.81	176.21
Fem. - Muj. [11]	.	.	.	.	12.82	15.07	13.82	18.16	23.74	16.19
Cuba (IV) [12]										
Total	175.5	177.3	181.9	186.3	187.8	198.6	176.4*	...	...	...
Guadeloupe (IV) [6]										
Total	.	.	.	6.5	6.5	6.1	4.0	4.0	...	...
Guyane française (IV)										
Total	0.245	0.252	0.260	0.294	0.278	0.269	0.522	0.564	0.640	0.649

Explanatory notes and source: see p. 179 - Notes explicatives et source: voir p. 181 - Notas explicativas y fuente: véase p. 183

[1] ∅: Dec. of each year. [2] ∅: June of each year. [3] Prior to 1976, ∅: Sep. of each year. [4] Insured persons. [5] ∅: Jan. of each year. [6] Civilian labour force employed. [7] Registered establishments on 31st Dec. of each year. [8] Beginning 1978: revised questionnaire; incl. persons employed in auxiliary services. [9] Establishments with 20 or more persons employed. [10] Seven main cities of the country. [11] ∅: Sep. of each year. [12] State sector.

[1] ∅: déc. de chaque année. [2] ∅: juin de chaque année. [3] Avant 1976, ∅: sept. de chaque année. [4] Personnes assurées. [5] ∅: janv. de chaque année. [6] Main-d'œuvre civile occupée. [7] Etablissements enregistrés le 31 déc. de chaque année. [8] A partir de 1978: questionnaire révisé; y compris les personnes employées dans les services auxiliaires. [9] Etablissements occupant 20 personnes et plus. [10] Sept villes principales du pays. [11] ∅: sept. de chaque année. [12] Secteur d'Etat.

[1] ∅: dic. de cada año. [2] ∅: junio de cada año. [3] Antes de 1976, ∅: sept. de cada año. [4] Personas aseguradas. [5] ∅: enero de cada año. [6] Fuerza trabajadora civil ocupada. [7] Establecimientos registrados en 31 dic. de cada año. [8] A partir de 1978: cuestionario revisado; incl. las personas ocupadas en los servicios auxiliares. [9] Establecimientos con 20 y más trabajadores. [10] Siete ciudades principales del país. [11] ∅: sept. de cada año. [12] Sector de Estado.

8 Employment in transport, storage and communication
Emploi dans les transports, entrepôts et communications
Empleo en los transportes, almacenaje y comunicaciones

(Thousands - Milliers - Millares)

Country - Source Pays - Source País - Fuente	1971	1972	1973	1974	1975	1976	1977	1978	1979	1980
Haïti (IV) [1]										
Total [2]	11.863	11.934	12.006	12.078	12.150	11.517	11.584	11.642	11.700	...
Males - Hom. [2]	11.328	11.398	11.468	11.539	11.610	10.975	11.041	11.096	11.151	...
Fem. - Muj. [2]	0.535	0.536	0.538	0.539	0.540	0.542	0.543	0.546	0.549	...
Jamaica [3] (I) [1]										
Total	.	.	.	26.90	31.55	31.50	29.55	29.30	29.70	34.80
México (IV) [1]										
Total [4]	.	.	.	481.6	489.7	511.0	534.1	557.3	581.7	...
Males - Hom. [4]	.	.	.	.	461.8	480.6	494.7	516.2	528.4	...
Fem. - Muj. [4]	.	.	.	.	28.0	30.4	39.3	41.0	53.2	...
Nicaragua [5] (II) [6]										
Total	4.097	4.282	4.354	4.910	5.168	5.334	5.870	6.076	5.338	6.143
Panamá (I) [7]										
Total [8]	9.90	9.30	.	15.50 [9]	13.83 [10]	14.71	15.51 [9]	16.20*	15.86	...
Trinidad and Tobago (III) [11]										
Total	9.8	10.0	11.3	11.6	11.3	6.3*	...	...	...	...
United States (III) [12]										
Total	3 779	3 830	3 927	3 982	3 811	3 849	3 967	4 146	4 334	4 322
Males - Hom.	2 928	2 981	3 049	3 079	2 931	2 958	3 041	3 149	3 238	3 183
Fem. - Muj.	852	849	878	904	880	891	927	1 001	1 096	1 139
Virgin Islands (US) (III)										
Total	.	.	.	.	1.74	1.66	1.66	1.76	...	...
ASIA - ASIE - ASIA										
Bangladesh (III) [13]										
Total [14]	.	.	.	.	31.35	.	58.75	.	68.82	.
Brunei (III)										
Total [4]	.	1.063	1.600	1.710	1.004	1.051	1.338	1.511	1.516	1.650
Cyprus (III) [15]										
Total	.	.	.	.	.	5.814	5.350	5.458	5.519*	...
Hong Kong (III) [16]										
Total [17]	39.76	41.15	43.85	45.28	43.96	51.46	57.57	61.46	68.00	77.31
Males - Hom. [17]	35.00	36.08	38.30	38.82	37.45	42.93	47.53	49.73	54.13	61.25
Fem. - Muj. [17]	4.76	5.08	5.55	6.46	6.51	8.53	10.04	11.73	13.87	16.06
India (III) [18]										
Total	2 312	2 337	2 383	2 378	2 442	2 491	2 538	2 581	2 668 [19]	2 719*
Males - Hom.	2 265	2 288	2 333	2 329	2 390	2 434	2 478	2 517	2 600 [19]	2 644*
Fem. - Muj.	47	49	49	49	52	57	60	64	68 [19]	75*

Explanatory notes and source: see p. 179 - Notes explicatives et source: voir p. 181 - Notas explicativas y fuente: véase p. 183

[1] Civilian labour force employed. [2] Year beginning in July of year indicated. [3] Incl. electricity. [4] ∅: June of each year. [5] Eight main cities of the country. [6] Insured persons. [7] Wage earners and salaried employees. [8] ∅: Aug. of each year. [9] October. [10] November. [11] Establishments with 10 or more persons employed. [12] Employees. [13] Establishments with 20 or more persons employed. [14] Biennial survey. [15] Employees and unpaid family workers. [16] All persons engaged. [17] ∅: Nov. of each year. [18] Employees and working proprietors. [19] March.

[1] Main-d'œuvre civile occupée. [2] Année commençant en juillet de l'année indiquée. [3] Y compris l'électricité. [4] ∅: juin de chaque année. [5] Huit villes principales du pays. [6] Personnes assurées. [7] Population salariée ayant un emploi. [8] ∅: août de chaque année. [9] Octobre. [10] Novembre. [11] Etablissements occupant 10 personnes et plus. [12] Salariés. [13] Etablissements occupant 20 personnes et plus. [14] Enquête biennale. [15] Salariés et travailleurs familiaux non rémunérés. [16] Ensemble de l'effectif occupé. [17] ∅: nov. de chaque année. [18] Salariés et propriétaires-exploitants. [19] Mars.

[1] Fuerza trabajadora civil ocupada. [2] Año que comienza en julio del año indicado. [3] Incl. electricidad. [4] ∅: junio de cada año. [5] Ocho ciudades principales del país. [6] Personas aseguradas. [7] Población ocupada asalariada. [8] ∅: agosto de cada año. [9] Octubre. [10] Noviembre. [11] Establecimientos con 10 y más trabajadores. [12] Asalariados. [13] Establecimientos con 20 y más trabajadores. [14] Encuesta bienal. [15] Asalariados y trabajadores familiares no remunerados. [16] Todo el efectivo ocupado. [17] ∅: nov. de cada año. [18] Asalariados y empresarios propietarios. [19] Marzo.

8 Employment in transport, storage and communication
Emploi dans les transports, entrepôts et communications
Empleo en los transportes, almacenaje y comunicaciones

(Thousands - Milliers - Millares)

Country - Source Pays - Source País - Fuente	1971	1972	1973	1974	1975	1976	1977	1978	1979	1980
Israel [1] (II) [2]										
Total	58.6	60.1	60.9	62.0	64.5	66.0	67.6	69.8	I 71.0 [3]	69.4
Japan (I) [4]										
Total	3 200	3 110	I 3 200 [5]	3 120	3 140	3 250	3 230	3 240	3 310	3 310
Males - Hom.	2 790	2 730	I 2 810 [5]	2 760	2 760	2 850	2 860	2 890	2 930	2 930
Fem. - Muj.	410	380	I 390 [5]	360	380	390	380	360	380	390
Jordan (III) [6]										
Total [7]	...	2.79	2.85	2.96	3.93	4.37	4.58	5.79	5.30	...
Korea, Republic of (I) [4]										
Total	342	306	317	310	316	349	428	463	525	520
Males - Hom.	.	.	.	.	.	.	.	.	.	467
Fem. - Muj.	.	.	.	.	.	.	.	.	.	53
Peninsular Malaysia (III) [8]										
Total	32.340	32.550	33.591	34.406	34.917	34.776	34.295	...	...	...
Malaysia: Sabah (III) [9]										
Total [10]	.	.	3.000	3.120	3.088	3.173	3.366	2.701	2.971	...
Pakistan (III) [8]										
Total	.	103.63	58.60	108.62	102.41	89.19	89.51	89.39	...	...
Philippines (III) [8]										
Total [11]	*109.8*	*100.0*	*105.0*	*108.4*	*111.0*	*100.9*	*102.2*	*110.0*	*111.5*	*130.9*
Singapore (I) [4]										
Total [12]	.	.	.	82.22	84.69	85.11	88.76	91.60	99.79	103.74
Sri Lanka (III) [8]										
Total	72.79	77.58	75.77	67.55	61.32	68.53	61.35	83.95	82.61	...
Males - Hom.	71.18	76.40	74.97	66.62	60.37	67.34	59.99	81.59	76.86	...
Fem. - Muj.	1.61	1.18	0.81	0.93	0.95	1.20	1.36	2.36	2.74	...
Thailand (I) [13]										
Total [14]	213.3	313.6	383.9	465.1	381.3	326.6	382.8	387.9	...	...
EUROPE - EUROPE - EUROPA										
Austria (III) [8]										
Total	...	148.17	151.89	158.47	158.27	156.63	157.79	159.49	159.45	206.89
Belgique (II) [8]										
Total [12]	227.4	233.9	242.0	247.8	250.5	247.4	248.0	251.6	255.3	260.0
Males - Hom. [12]	205.8	211.7	216.3	220.3	222.8	219.6	219.3	221.2	224.6	228.4
Fem. - Muj. [12]	21.6	22.2	25.7	27.5	27.7	27.8	28.6	29.7	30.7	32.3
Bulgarie (III) [8]										
Total	234.73	240.30	248.89	259.14	270.95	281.62	289.49	297.32	297.40*	298.30

Explanatory notes and source: see p. 179 - Notes explicatives et source: voir p. 181 - Notas explicativas y fuente: véase p. 183

[1] Incl. territories under occupation by Israeli military forces since June 1967. [2] Insured persons. [3] Beginning 1979: sample design revised. [4] Wage earners and salaried employees. [5] Prior to 1973: excl. Okinawa Prefecure. [6] Establishments with 5 or more persons employed. [7] ∅: Aug. of each year. [8] Employees. [9] Establishments with 20 or more persons employed. [10] ∅: Dec. of each year. [11] Index base: 1972 = 100. [12] ∅: June of each year. [13] Civilian labour force employed. [14] ∅: second semester of each year.

[1] Y compris les territoires occupés par les forces armées israéliennes depuis juin 1967. [2] Personnes assurées. [3] A partir de 1979: plan d'échantillonage révisé. [4] Population salariée ayant un emploi. [5] Avant 1973: non compris la préfecture d'Okinawa. [6] Etablissements occupant 5 personnes et plus. [7] ∅: août de chaque année. [8] Salariés. [9] Etablissements occupant 20 personnes et plus. [10] ∅: déc. de chaque année. [11] Indices base: 1972 = 100. [12] ∅: juin de chaque année. [13] Main-d'œuvre civile occupée. [14] ∅: second semestre de chaque année.

[1] Incl. territorios ocupados por las fuerzas armadas israelíes desde junio de 1967. [2] Personas aseguradas. [3] A partir de 1979: diseño de la muestra revisado. [4] Población ocupada asalariada. [5] Antes de 1973: excl. la Prefectura de Okinawa. [6] Establecimientos con 5 y más trabajadores. [7] ∅: agosto de cada año. [8] Asalariados. [9] Establecimientos con 20 y más trabajadores. [10] ∅: dic. de cada año. [11] Indices base: 1972 = 100. [12] ∅: junio de cada año. [13] Fuerza trabajadora civil ocupada. [14] ∅: segundo semestre de cada año.

8 Employment in transport, storage and communication
Emploi dans les transports, entrepôts et communications
Empleo en los transportes, almacenaje y comunicaciones

(Thousands - Milliers - Millares)

Country - Source Pays - Source País - Fuente	1971	1972	1973	1974	1975	1976	1977	1978	1979	1980
Czechoslovakia (IV) [1]										
Total [2]	479	479	483	486	486	494	497	498	502	...
Denmark (I) [3]										
Total	.	159.0	165.7	166.9	157.7	165.8	166.7	165.4	175.4	...
Males - Hom.	.	124.6	129.4	130.5	123.6	130.1	130.1	128.2	132.7	...
Fem. - Muj.	.	34.4	36.3	36.4	34.1	35.7	36.6	37.2	42.7	...
España (I) [4]										
Total [5]	...	...	...	...	529.0	523.2	511.3	500.1	519.6	...
Finland (I) [4]										
Total	124	131	130	134	141	144	144	148	154	...
Males - Hom.	88	92	89	92	103	102	103	104	106	111
Fem. - Muj.	36	39	41	42	38	42	40	44	46	43
France (III) [6]										
Total	1 139	1 142	1 157	1 198	▌1 201 [7]	1 214	1 238	1 262	1 279*	...
German Democratic Rep. (III) [6]										
Total	599.7	602.2	606.6	615.3	618.1	626.3	632.8	633.2	633.5	638.6
Germany, Fed. Rep. of (IV) [4]										
Total	.	1 422	1 439	1 406	1 388	1 424	1 394	1 389	1 385	1 400
Hongrie [8] (III) [6]										
Total	359.0	361.0	363.0	369.0	381.0	385.0	389.0	392.0	392.0	386.0
Ireland (IV) [3]										
Total [9]	60	61	61	63	69	63	67	63	68	...
Italie (I) [6]										
Total	829	855	867	902	901	944	▌972 [7]	958	961	976
Luxembourg (III) [10]										
Total	8.600	8.800	9.100	9.200	9.400	9.500	9.600	9.700	10.000	10.100
Malta (IV) [6]										
Total	4.010	3.770	3.600	3.700	4.867	5.740	7.001	7.230	7.739	...
Netherlands (IV) [11]										
Total	244	240	240	243	242	240	238	238	240*	...
Netherlands [11] (IV) [6]										
Total	214	210	211	214	214	213	213	...	214*	216*
Norway (I) [4]										
Total	.	112	112	143	143	147	153	152	156	154
Males - Hom.	.	.	.	.	.	.	118	116	121	118
Fem. - Muj.	.	.	.	.	.	.	35	36	36	36
Pologne [8] (III) [1]										
Total	959.8	991.5	1 000.8	1 029.7	1 049.1	1 066.1	1 078.5	1 092.5	1 098.7	1 107.5

Explanatory notes and source: see p. 179 - Notes explicatives et source: voir p. 181 - Notas explicativas y fuente: véase p. 183

[1] All persons engaged. [2] ∅: Dec. of each year. [3] Civilian labour force employed. [4] Wage earners and salaried employees. [5] ∅: fourth quarter of each year. [6] Employees. [7] Change of industrial classification. [8] Socialised sector. [9] ∅: April of each year. [10] Establishments with 20 or more persons employed. [11] Civilian employment (man-years).

[1] Ensemble de l'effectif occupé. [2] ∅: déc. de chaque année. [3] Main-d'œuvre civile occupée. [4] Population salariée ayant un emploi. [5] ∅: quatrième trimestre de chaque année. [6] Salariés. [7] Changement de classification industrielle. [8] Secteur socialisé. [9] ∅: avril de chaque année. [10] Etablissements occupant 20 personnes et plus. [11] Emploi civil (années-homme).

[1] Todo el efectivo ocupado. [2] ∅: dic. de cada año. [3] Fuerza trabajadora civil ocupada. [4] Población ocupada asalariada. [5] ∅: cuarto trimestre de cada año. [6] Asalariados. [7] Cambio de clasificación industrial. [8] Sector socializado. [9] ∅: abril de cada año. [10] Establecimientos con 20 y más trabajadores. [11] Empleo civil (años-hombre).

8 Employment in transport, storage and communication
Emploi dans les transports, entrepôts et communications
Empleo en los transportes, almacenaje y comunicaciones

(Thousands - Milliers - Millares)

Country - Source Pays - Source País - Fuente	1971	1972	1973	1974	1975	1976	1977	1978	1979	1980
Portugal (I) [1]										
Total [2]	.	.	.	143	146	137	148	143	147	143
Males - Hom. [2]	.	.	.	116	121	113	123	116	120	120
Fem. - Muj. [2]	.	.	.	27	25	24	25	27	27	23
Roumanie [3] (III) [4]										
Total	406.7	418.9	434.6	434.5	470.1	479.3	483.5	505.7	529.2	657.8
Suisse (III) [5]										
Total [6]	*97.1*	*98.8*	*99.9*	*101.1*	*100.0*	*97.1*	*96.5*	*96.7*	*97.4*	*98.8*
Suisse (IV) [7]										
Total	175.5	180.0	182.7	184.2	182.8	178.7	177.4	177.8	179.1	...
Turquie (II) [1]										
Total	59.5	68.3	68.0	78.8	79.1	87.1	94.8	98.3	97.6	...
United Kingdom (III) [4]										
Total [8]	1 568.0	1 543.2	1 524.5	1 506.0	1 518.0	1 474.6	1 467.9	1 482.7	1 494.2*	1 499.6*
Males - Hom. [8]	1 307.3	1 286.1	1 264.6	1 243.0	1 249.2	1 216.7	1 206.6	1 212.2	1 213.4*	1 211.0*
Fem. - Muj. [8]	260.7	257.1	259.9	263.4	268.8	257.9	261.4	270.5	281.1*	288.5*
Yugoslavia (III) [4]										
Total [9]	328	341	347	357	376	388	406	416	425	440*
Males - Hom.	.	.	.	.	.	.	341	350	357	369*
Fem. - Muj.	.	.	.	.	.	.	65	66	68	71*
OCEANIA - OCÉANIE - OCEANIA										
Australia (III) [4]										
Total [10]	373.4	371.6	379.2	398.3	404.6	399.3	397.0	396.4	399.6	...
Males - Hom. [10]	312.7	310.9	316.5	330.4	336.6	332.0	328.9	327.6	328.5	...
Fem. - Muj. [10]	60.6	60.7	62.7	67.9	68.0	67.3	68.0	68.7	71.1	...
Fiji (III) [11]										
Total [12]	4.629	5.225	4.909	6.180	6.423	6.774	7.196	6.967	...	...
New Zealand (III) [4]										
Total [13]	81.652	81.906	83.678	86.667	90.472	91.532	90.786	91.347	...	...
Papua New Guinea (IV) [4]										
Total [8]	.	.	7.820	6.760	6.430	6.285	6.510	8.632	...	...
USSR - URSS - URSS										
URSS [3] (III) [4]										
Total	9 597	9 881	10 170	10 421	10 743	10 933	11 184	11 462	11 723	11 958*

Explanatory notes and source: see p. 179 - Notes explicatives et source: voir p. 181 - Notas explicativas y fuente: véase p. 183

[1] Insured persons. [2] ∅: second semester of each year. [3] Socialised sector. [4] Employees. [5] Wage earners only. [6] Index base: 1949 = 100. [7] Civilian labour force employed. [8] ∅: June of each year. [9] ∅: Dec. of each year. [10] ∅: Aug. of each year. [11] All persons engaged. [12] ∅: Sep. of each year. [13] ∅: April and Oct. of each year.

[1] Personnes assurées. [2] ∅: second semestre de chaque année. [3] Secteur socialisé. [4] Salariés. [5] Ouvriers seulement. [6] Indices base: 1949 = 100. [7] Main-d'œuvre civile occupée. [8] ∅: juin de chaque année. [9] ∅: déc. de chaque année. [10] ∅: août de chaque année. [11] Ensemble de l'effectif occupé. [12] ∅: sept. de chaque année. [13] ∅: avril et oct. de chaque année.

[1] Personas aseguradas. [2] ∅: segundo semestre de cada año. [3] Sector socializado. [4] Asalariados. [5] Obreros solamente. [6] Indices base: 1949 = 100. [7] Fuerza trabajadora civil ocupada. [8] ∅: junio de cada año. [9] ∅: dic. de cada año. [10] ∅: agosto de cada año. [11] Todo el efectivo ocupado. [12] ∅: sept. de cada año. [13] ∅: abril y oct. de cada año.

CHAPTER
CHAPITRE
CAPITULO

III

Unemployment
Chômage
Desempleo

Unemployment

Unemployment is defined as follows in the Resolution concerning statistics of the labour force, employment and unemployment, adopted by the Eighth International Conference of Labour Statisticians (Geneva, 1954):[1]

(1) Persons in unemployment consist of all persons above a specified age who, on the specified day or for a specified week, were in the following categories:

(a) workers available for employment whose contract of employment had been terminated or temporarily suspended and who were without a job and seeking work for pay or profit;

(b) persons who were available for work (except for minor illness) during the specified period and were seeking work for pay or profit, who were never previously employed or whose most recent status was other than that of employee (i.e. former employers, etc.), or who had been in retirement;

(c) persons without a job and currently available for work who had made arrangements to start a new job at a date subsequent to the specified period;

(d) persons on temporary or indefinite lay-off without pay.

(2) The following categories of persons are not considered to be unemployed:

(a) persons intending to establish their own business or farm, but who had not yet arranged to do so, who were not seeking work for pay or profit;

(b) former unpaid family workers not at work and not seeking work for pay or profit.

For various reasons, national definitions of unemployment often differ from the recommended international standard definition. The national definitions used vary from one country to another as regards *inter alia* age limits, reference periods, criteria for seeking work, treatment of persons temporarily laid off, and treatment of first-time job seekers.

Intercountry comparisons are further hampered by the variety of types of systems used to obtain information on unemployment and the differences in the scope and coverage of such systems.[2]

In most cases, the series on unemployment presented in this chapter relate to the entire geographical area of a country but rural areas are often less well covered than other areas in most unemployment statistics.

In general, four main sources of unemployment statistics may be distinguished. These sources, described below, are identified in the tables by the Codes I, II, III and IV.

Source I. *Labour force sample surveys* and *General household sample surveys.* These sample surveys generally yield the best over-all statistics on unemployment since, in particular, they include groups of persons who are often not covered in unemployment statistics obtained by other methods, particularly persons seeking work for the first time. Generally the definition of unemployment used for this type of statistics follows more closely the international recommendations and such statistics are more comparable internationally than those obtained from other sources. Likewise the percentages of unemployment are generally more reliable since they are calculated by relating the estimated numbers of persons unemployed to the estimate of the civilian labour force (employed plus unemployed) derived from the same surveys.

Source II. *Social insurance statistics.* The statistics from this source are drawn from two types of schemes namely *Compulsory unemployment insurance schemes (Type a)* which, as a rule, have a broad industrial coverage and generally relate to wage earners and salaried employees or to wage earners only; and *Trade union benefit funds (Type b),* the scope of which is determined by the degree of development of trade unions, the rules for admission of members to the unions or to the union benefit fund, the number of unions reporting, etc. These series are identified by the Codes IIa and IIb respectively. For both schemes, unemployment rates are computed by comparing the number of recipients of insurance benefits to the total number of insured persons covered by the schemes. However, the extent to which the numbers and percentages of unemployed reported are representative of the actual general level of unemployment in a given country is difficult if not impossible to ascertain.

Source III. *Employment office statistics.* The statistics from these series usually refer to the numbers of applicants for work on the registers at the end of each month. They may include, in addition to persons without a job, persons on strike, or temporarily ill and unable to work and persons engaged on unemployment relief projects. In principle, these statistics do not include persons who, although in employment, wish to change their job and are therefore registered at employment offices. This series is identified by the Code III.1. However, if the series also includes persons in employment but seeking a change of job, the series is then identified by the Code III.2.

The value of these statistics varies widely. In cases where the employment offices function in close connection with unemployment insurance, registration being a qualifying condition for the receipt of unemployment benefits, they are comparable in reliability to compulsory unemployment insurance statistics. Employment offices operating in close connection with large unemployment relief schemes may also provide reasonably satisfactory figures during the currency of such schemes. However, where registration is entirely voluntary, and especially where the employment offices function only in the more populous regions of a country or are not widely patronised by employees seeking work or by employers seeking workers, the data are generally very incomplete and do not give a reliable indication of the extent of unemployment. The scope of the figures is determined partly by the manner in which the system of exchanges is organised and the advantages which registration brings, and partly by the extent to which workers are accustomed to register. In many cases persons engaged in agriculture and living in less populous areas are scarcely represented in the statistics, if at all. The scope of employment office statistics is therefore most difficult to ascertain, and in very few cases can satisfactory percentages of unemployment be calculated. In general, these statistics are not comparable from country to country. However, if there are no changes in legislation, administrative regulations and the like, fluctuations within a country may reflect changes in the prevalence of unemployment.

Source IV. *Official estimates.* These statistics are official estimates provided by national authorities. Such estimates are usually based on combined information drawn from one or more of the above sources (I, II and III.)

Table 9 A

General level of unemployment

As far as possible, the statistics in this table are presented both in absolute *numbers* and in percentages. Unless otherwise indicated, the data are generally annual averages of monthly, quarterly or semi-annual data. The numbers indicate the size of the problem and the *percentages* (unemployment rates) illustrate the severity of unemployment within the fields covered by the respective series. The rates are calculated by relating the number of workers in the given group who are unemployed during the reference period (usually a particular day or a given week) to the total of employed and unemployed persons in the group at the same date (Source I). The percentages for series from other sources should be interpreted with due regard to their representativeness. (See sources II and III described above.)

Table 9 B

Unemployment by sex and age group

This table shows the sex-age composition of the unemployed. In comparing the unemployment totals shown in this table to those shown in other tables of this chapter, due regard should be given not only to differences in sources but also to the dates of reference. In general, the statistics in table 9 B relate to a fixed calendar period or date of the year and not to annual averages of monthly, quarterly or semi-annual data, which is generally the case for tables 9 A, 10 A, 10 B and 10 C.

Table 10 A

Unemployed by job experience: General level

This table shows separate data on the general level of unemployment of persons with previous job experience and of persons seeking their first job.

Table 10 B

Unemployed by job experience: By Industry

Table 10 C

Unemployed by job experience: By Occupation

These tables provide data on the previous job experience of the unemployed. Data are arranged, so far as possible, according to the major divisions of economic activity of the *International Standard Industrial Classification of All Economic Activities (ISIC-1968)* or the major groups of the *International Standard Classification of Occupations (ISCO-1968)*, as the case may be. In conformity with international recommendations unemployed persons with previous job experience are classified by industry or occupation on the basis of their last activity. Unemployed persons seeking their first job are shown separately, in so far as possible, in order to distinguish them from unemployed persons with previous job experience classified under *activities not adequately defined (ISIC-1968)* or *workers not classifiable by occupation (ISCO-1968)*.

Abridged versions of the ISIC and ISCO classifications are shown in the Appendix.

[1] See ILO: *International Recommendations on Labour Statistics* (Geneva, 1976).

[2] For descriptions of the various national series, sources, scopes, definitions and methods of compilation used, etc., see ILO: *Technical Guide 1980* (description of general series published in the *Bulletin* and the *Year Book of Labour Statistics*), Vol. II, "Employment–Unemployment–Hours of Work–Wages" (Geneva, 1980).

New information

Commencing with the present issue of the *Year Book*, two new tables have been introduced, one showing unemployment by sex and age group (Table 9 B) and the other the unemployed by job experience (Table 10 A). In addition, where possible and for all tables, data are also presented for males and females separately.

Chômage

La résolution concernant les statistiques de la main-d'œuvre, de l'emploi et du chômage, adoptée par la huitième Conférence internationale des statisticiens du travail (Genève, 1954)[1], donne du chômage la définition suivante:

1) Les personnes en chômage sont toutes les personnes qui ont dépassé un âge spécifié et qui, un jour spécifié ou une semaine spécifiée, rentrent dans les catégories suivantes:

a) travailleurs à même de prendre un emploi et dont le contrat d'emploi a pris fin ou a été temporairement interrompu, et qui se trouvent sans emploi et en quête de travail rémunéré;

b) personnes à même de travailler (sauf maladies bénignes) durant la période spécifiée et en quête de travail rémunéré, qui n'ont jamais eu d'emploi auparavant, ou dont la dernière position dans la profession n'était pas celle de salarié (c'est-à-dire les anciens employeurs, etc.) ou qui avaient cessé de travailler;

c) personnes sans emploi qui sont normalement à même de travailler immédiatement et ont pris leurs dispositions en vue de commencer à travailler dans un nouvel emploi à une date postérieure à la période spécifiée;

d) personnes mises à pied temporairement ou pour une durée indéfinie, sans rémunération;

2) Ne sont pas considérées comme personnes en chômage:

a) les personnes qui ont l'intention d'ouvrir une entreprise ou une exploitation agricole à leur propre compte, mais qui n'ont pas encore pris leurs dispositions pour ce faire et qui ne sont pas en quête de travail rémunéré;

b) les travailleurs familiaux non rémunérés qui ont cessé leur activité et ne sont pas en quête de travail rémunéré.

Pour diverses raisons, les définitions nationales du mot «chômage» s'écartent souvent de la définition normalisée internationale qui est recommandée. Les définitions nationales varient d'un pays à un autre en ce qui concerne entre autres les limites d'âge, les périodes de référence, les critères retenus en matière de recherche d'emploi, le traitement des données concernant les personnes mises à pied temporairement et celles qui cherchent du travail pour la première fois.

Les comparaisons de pays à pays sont, de plus, affectées par la variété des méthodes utilisées pour rassembler les informations sur le chômage ainsi que par les différences dans le champ d'application et la portée propres à ces méthodes[2].

Les séries sur le chômage présentées dans ce chapitre se rapportent, le plus souvent, à l'ensemble du territoire national d'un pays donné, mais, dans la plupart des statistiques sur le chômage, les données relatives aux zones rurales sont fréquemment moins complètes que celles qui concernent d'autres régions.

On distingue, en général, quatre principaux types de statistiques (indiqués dans les en-têtes du tableau par les codes I, II, III et IV).

Source I. *Enquêtes par sondage sur la main-d'œuvre* et *Enquêtes générales par sondage auprès des ménages.* Ces enquêtes par sondage sur la main-d'œuvre fournissent généralement les meilleures statistiques d'ensemble sur le chômage, car elles permettent en particulier de couvrir des groupes (tels que les personnes en quête d'emploi pour la première fois) qui, souvent, ne sont pas compris dans les statistiques du chômage obtenues par d'autres méthodes. En général, la définition du chômage adoptée pour ce type de statistiques suit plus fidèlement les recommandations internationales et de telles statistiques sont plus comparables sur le plan international que celles obtenues d'autres sources. De même, les pourcentages de chômage sont généralement plus fiables du fait qu'ils sont calculés en rapportant le nombre évalué des personnes en chômage à l'effectif évalué de la main-d'œuvre civile (personnes occupées, plus chômeurs) dérivé des mêmes enquêtes.

Source II. *Statistiques d'assurances sociales.* Les statistiques de cette source sont tirées de deux types de régimes, respectivement: *Régimes d'assurance-chômage obligatoire (type a)* qui ont ordinairement une vaste portée industrielle et qui portent, en général, sur les ouvriers et les employés ou sur les ouvriers seulement, et *Caisses syndicales (type b),* dont la portée dépend du degré de développement des syndicats, des conditions réglant l'affiliation aux syndicats ou à la caisse syndicale, du nombre des syndicats fournissant des données, etc. Ces séries sont identifiées, respectivement, par les codes II*a* et II*b*. Pour les deux régimes, les pourcentages de chômage sont calculés en comparant le nombre de bénéficiaires d'allocations de chômage et le nombre total des travailleurs assurés couverts par les régimes. Toutefois il est difficile, sinon impossible, de déterminer jusqu'à quel point de telles statistiques peuvent être considérées comme fournissant une indication exacte du niveau général du chômage dans un pays donné.

Source III. *Statistiques des bureaux de placement.* Ces statistiques donnent généralement le nombre de demandeurs d'emploi figurant sur les registres à la fin de chaque mois. Elles peuvent comprendre, outre les personnes sans travail, des personnes en grève ou dans l'incapacité temporaire de travailler par suite de maladie et des personnes occupées à des travaux entrepris pour secourir les chômeurs. En principe, ces statistiques ne comprennent pas les personnes qui, bien que pourvues d'un emploi, sont désireuses d'en changer et sont, en conséquence, inscrites dans des bureaux de placement; cette série est identifiée par le code III.1. Cependant, si la série comprend également les personnes déjà pourvues d'emploi mais désireuses d'en changer, elle est alors identifiée par le code III.2.

La valeur de ces statistiques est très variable. Lorsque les bureaux de placement fonctionnent en rapport étroit avec une assurance-chômage, l'inscription étant une des conditions mises à l'octroi des indemnités, les données sont aussi fiables que celles des statistiques d'assurance-chômage obligatoire. Quand les bureaux sont en étroite relation avec des régimes d'assistance publique d'une large portée, les chiffres relevés peuvent également fournir des données satisfaisantes durant l'existence de tels régimes. Toutefois, lorsque les inscriptions sont purement volontaires et surtout lorsque les bureaux de placement ne fonctionnent que dans les régions à forte densité de population ou ne sont pas utilisés largement par les salariés en quête de travail ou par les employeurs qui cherchent des travailleurs, les statistiques sont en général très incomplètes et ne fournissent pas une indication sûre du niveau du chômage. La portée des données dépend donc, d'une part, de l'organisation du réseau des bureaux et, d'autre part, de l'habitude qu'ont les travailleurs de s'y inscrire et de l'intérêt qu'ils ont à le faire. Dans bien des cas, les personnes occupées dans l'agriculture et habitant des régions à population moins dense sont parfois à peine couvertes par les statistiques, quand elles le sont. La portée des statistiques des bureaux de placement est de ce fait très difficile à préciser et il est très rare que les données permettent de calculer des pourcentages de chômage satisfaisants. En général, ces statistiques ne seront donc pas comparables d'un pays à un autre. Cependant, s'il n'y a pas de changements dans la législation ou dans les réglementations administratives et similaires, leurs fluctuations au sein d'un même pays peuvent indiquer les variations dans l'étendue du chômage.

Source IV. *Evaluations officielles.* Ces statistiques sont des évaluations officielles fournies par les autorités nationales. De telles estimations sont généralement basées sur une combinaison d'informations tirées d'une ou plusieurs sources mentionnées ci-dessus (I, II et III).

Tableau 9 A

Niveau général du chômage

Dans la mesure du possible, les statistiques sont présentées en chiffres absolus et en pourcentages. Sauf indication contraire figurant en notes de bas de page, les données sont généralement des moyennes annuelles de données mensuelles, trimestrielles ou semestrielles. Les *nombres* indiquent l'étendue du problème et les *pourcentages* (taux de chômage) font ressortir la gravité du chômage, dans les limites couvertes par les diverses séries. Les taux sont calculés en rapportant le nombre de travailleurs d'un certain groupe qui se trouvaient en chômage pendant la période de référence (en général, un jour donné ou une semaine donnée) au nombre total des personnes occupées et des chômeurs dans ce groupe à la même date (source I). Les pourcentages de chômage des séries d'autres sources doivent être interprétés avec une attention particulière quant à leur degré de représentativité (voir sources II et III décrites ci-dessus).

Tableau 9 B

Chômage par sexe et groupe d'âge

Ce tableau présente la composition du chômage, d'après l'âge et le sexe. En comparant les totaux du chômage présentés dans ce tableau avec ceux présentés dans les autres tableaux de ce chapitre, il faut bien prendre en considération non seulement les différences concernant les sources mais également les dates de référence. En général, les statistiques du tableau 9 B se rapportent à une période déterminée ou à une date au cours de l'année et non pas à des moyennes annuelles ou à des données mensuelles, trimestrielles ou semestrielles, comme c'est généralement le cas pour les tableaux 9 A, 10 A, 10 B et 10 C.

Tableau 10 A

Chômeurs d'après l'expérience professionnelle: niveau général

Ce tableau fournit séparément des données sur le niveau général du chômage pour les personnes ayant précédemment travaillé et pour les personnes en quête de leur premier emploi.

Tableau 10 B

Chômeurs d'après l'expérience professionnelle: par industrie

Tableau 10 C

Chômeurs d'après l'expérience professionnelle: par groupe de professions

Ces tableaux fournissent des données sur les chômeurs ayant déjà occupé un emploi. Les données sont disposées, dans toute la mesure possible, par industrie selon la *Classification internationale type, par industrie, de toutes les branches d'activité économique (CITI-1968)* ou les classes de la *Classification internationale type des professions (CITP-1968),* selon les cas. En conformité avec les recommandations internationales, les personnes en chômage ayant déjà occupé un emploi sont classées par branche d'activité économique ou par groupe de professions sur la base de leur dernier emploi. Les personnes en quête de leur premier emploi sont présentées séparément, dans la mesure du possible, afin de les distinguer des personnes ayant précédemment travaillé. Elles sont classées sous *activités mal désignées (CITI-1968)* ou sous *travailleurs ne pouvant être classés selon la profession (CITP-1968).*

Des versions abrégées de ces classifications sont présentées dans l'annexe.

[1] Voir BIT: *Recommandations internationales sur les statistiques du travail* (Genève, 1975).

[2] Pour les descriptions des diverses séries nationales, sources, portées, définitions et méthodes de calcul utilisées, etc., voir BIT: *Guide technique 1980* (descriptions des séries générales publiées dans le *Bulletin* et l'*Annuaire des statistiques du travail*), vol. II: «Emploi – Chômage – Durée du travail – Salaires» (Genève, 1980).

Nouvelle information

A partir de la présente édition de l'*Annuaire*, deux nouveaux tableaux ont été introduits, l'un montrant le chômage par sexe et groupe d'âge (tableau 9 B) et l'autre le chômage d'après l'expérience professionnelle (tableau 10 A). De plus, pour tous les tableaux, les données sont également présentées, dans la mesure du possible, pour les hommes et les femmes séparément.

Desempleo

El desempleo se halla definido en la forma siguiente en la resolución sobre estadísticas de la fuerza del trabajo, del empleo y del desempleo, adoptada por la octava Conferencia Internacional de Estadígrafos del Trabajo (Ginebra, 1954)[1]:

1) Las personas comprendidas en el desempleo serán todas aquellas que tengan más de cierta edad especificada y que, en un día especificado o en una semana especificada, se hallen en las siguientes categorías:

a) los trabajadores disponibles para el empleo cuyo contrato de trabajo haya expirado o esté suspendido temporalmente, que estén sin empleo y busquen trabajo remunerado durante un breve período especificado, con preferencia una semana;

b) las personas que no hayan estado empleadas nunca y aquellas cuya categoría de ocupación más reciente sea distinta de la de asalariado (es decir, antiguos empleadores, etc.) en unión de las que estén jubiladas, cuyas personas se hallen disponibles para trabajar (salvo los casos de enfermedad benigna) en el curso del período especificado y estén buscando trabajo remunerado;

c) las personas sin empleo que en el momento de que se trate se hallen disponibles para trabajar y hayan logrado un nuevo empleo que deba empezar en una fecha subsiguiente al período especificado;

d) las personas que hayan sido suspendidas temporal o indefinidamente, sin goce de remuneración.

2) No se considerará desempleadas a las personas comprendidas en las categorías siguientes:

a) las que tengan el propósito de establecer por su cuenta un negocio cualquiera o explotación agrícola, pero que no hayan tomado medidas en esa dirección y que no estén buscando trabajo remunerado;

b) los antiguos trabajadores familiares no remunerados que no estén trabajando ni buscando trabajo remunerado.

Por varias razones, las definiciones nacionales del «desempleo» difieren a menudo de la definición recomendada por la Clasificación internacional uniforme. Las definiciones nacionales varían de un país a otro respecto de los límites de edad, los períodos de referencia, los criterios para determinar que una persona está buscando trabajo, los criterios para determinar que una persona se halla temporalmente suspendida, y aquellas que buscan un empleo por primera vez.

Las comparaciones entre los países astán igualmente afectadas por la variedad de métodos utilizados para recoger la información de desempleo, y además por las diferencias inherentes a dichos métodos en cuanto al alcance de la investigación[2].

En la mayoría de los casos, las estadísticas de desempleo que figuran en este capítulo se refieren a toda un área geográfica de un país determinado, pero con frecuencia las regiones rurales no se hallan comprendidas en el mismo grado que otras regiones en la mayoría de las estadísticas de desempleo.

Pueden distinguirse, en general, cuatro fuentes principales de estadísticas de desempleo, las cuales se indican en los encabezamientos de los cuadros por las claves I, II, III y IV.

Fuente I. *Encuestas por muestra sobre la fuerza trabajadora* y *Encuestas generales por muestra de hogares.* Estas encuestas proporcionan generalmente las mejores cifras de conjunto sobre el desempleo, porque comprenden grupos de individuos no incluidos por lo regular en las estadísticas de desempleo obtenidas por otros métodos, en particular las personas en busca de ocupación por primera vez. En general, la definición del desempleo utilizada en este tipo de estadísticas se ajusta bastante a las recomendaciones internacionales, por lo que dichas estadísticas son más comparables internacionalmente que las obtenidas de otras fuentes. De igual manera, los porcentajes de desempleo son por lo regular más confiables, puesto que se calculan relacionando el número estimado de personas desempleadas con el conjunto estimado de la fuerza de trabajo civil (personas empleadas más personas desempleadas), derivados de las mismas encuestas.

Fuente II. *Estadísticas del seguro social.* Las estadísticas de esta fuente provienen de dos tipos de sistemas, respectivamente: *Sistemas de seguro obligatorio de desempleo (Tipo a),* que tienen ordinariamente un vasto alcance industrial y que comprenden, en general, los obreros y los empleados o los obreros solamente, y *Cajas de los sindicatos (Tipo b),* cuyo alcance depende del grado de desarrollo de los sindicatos, de las reglas que rigen la afiliación a los sindicatos o a las cajas sindicales, del número de sindicatos que facilitan informaciones, etc. Estas series se identifican por las claves IIa y IIb, respectivamente. Para los dos sistemas, los porcentajes de desempleo se calculan comparando el número de quienes reciben pagos por desempleo, con el total de asegurados que abarca el sistema. Sin embargo, es difícil, si no imposible, definir hasta qué punto puede considerarse que estas estadísticas procuran una indicación exacta del nivel general del desempleo en un país dado.

Fuente III. *Estadísticas de las oficinas de colocación.* Estas estadísticas se refieren generalmente al número de solicitantes de empleo que figuran en los registros al fin de cada mes. Las mismas pueden comprender, además de las personas sin trabajo, a las personas en huelga o en incapacidad temporal de trabajar por causa de enfermedad y a las ocupadas en trabajos creados como medio de auxilio a los desempleados. En principio, dichas estadísticas no abarcan a las personas que, aunque ya poseen un empleo, desean cambiarlo y, en consecuencia, se hallan inscritas en las oficinas de colocación. Esta serie se identifica por la clave III.1. Sin embargo, si se incluyen las personas que ya poseen un empleo pero que desean cambiarlo, la serie será identificada por la clave III.2.

El valor de dichas estadísticas es muy variable. Cuando las oficinas de colocación funcionan en íntima relación con un seguro de desempleo, siendo la inscripción una de las condiciones exigidas para la concesión de indemnizaciones de desempleo, los datos son tan fiables como los de las estadísticas del seguro obligatorio de desempleo. Cuando las oficinas de colocación están en relación íntima con sistemas amplios de asistencia pública, las cifras recogidas pueden proporcionar también datos satisfactorios durante la vigencia de tales sistemas. Sin embargo, cuando las inscripciones son totalmente voluntarias y, sobre todo, cuando las oficinas de colocación no funcionan sino en las regiones de gran densidad de población de un país, o no son utilizadas ampliamente por los obreros en busca de trabajo o por los empleadores en demanda de mano de obra, las estadísticas son generalmente muy incompletas y no proporcionan una indicación fidedigna de la extensión del desempleo. El alcance de los datos depende, pues, por una parte, de la organización de la red de oficinas y, por otra, de las ventajas que proporciona el registro y de la costumbre que tengan los trabajadores de inscribirse en ellas. Con frecuencia sucede que las personas que trabajan en la agricultura y que viven en territorios de población poco densa apenas si están englobadas en las estadísticas, si es que no están excluidas del todo. El alcance de las estadísticas de las oficinas de colocación es, por esto, muy difícil de precisar, y sólo raramente sus datos permiten calcular porcentajes satisfactorios de desempleo. En general, dichas estadísticas no son comparables de un país a otro; sin embargo, si no ha habido cambios en la legislación, reglamentos administrativos y similares, sus fluctuaciones dentro de un mismo país pueden indicar las variaciones en la extensión del desempleo.

Fuente IV. *Estimaciones oficiales.* Estas estadísticas son estimaciones oficiales provenientes de autoridades nacionales. Por lo general estas estimaciones se basan en informaciones combinadas extraídas de una o más de las fuentes ya mencionadas (I, II y III).

Cuadro 9 A

Nivel general de desempleo

En la medida de lo posible, las estadísticas de este cuadro se presentan en cifras absolutas y en porcentajes. Salvo indicación contraria en notas de pie de página, los datos son generalmente medias anuales de datos mensuales, trimestrales o semestrales. Las *cifras* indican la magnitud del problema y los *porcentajes* (tasas de desempleo) revelan la gravedad del desempleo dentro de los ámbitos abarcados por las respectivas series. Las tasas se calculan dividiendo el número de trabajadores de un grupo dado que se hallaban desempleados durante el período de referencia (normalmente un día determinado o una semana dada) por el número total de personas empleadas y desempleadas en este grupo en la misma fecha (fuente I). Los porcentajes de las series de otras fuentes deben interpretarse teniendo debidamente en cuenta su representatividad. (Véanse fuentes II y III descritas anteriormente.)

Cuadro 9 B

Desempleo en función del sexo y del grupo de edad

Este cuadro indica la distribución de las personas desempleadas por sexos y edades. Al comparar los totales de desempleo de este cuadro con los que figuran en otros cuadros de este capítulo es preciso tomar debidamente en consideración no sólo las diferencias en cuanto a fuentes, sino también las fechas de referencia. En general, las estadísticas del cuadro 9 B se refieren a un período o fecha determinados del año y no a medias anuales de datos mensuales, trimestrales o semestrales, como suele ser el caso para los cuadros 9 A, 10 A, 10 B y 10 C.

Cuadro 10 A

Desempleo en función de la experiencia profesional: nivel general

Este cuadro facilita por separado datos sobre el nivel general de desempleo correspondiente a personas que ya han trabajado con anterioridad y a personas en busca de su primer empleo.

Cuadro 10 B

Desempleo en función de la experiencia profesional: por actividades económicas

Cuadro 10 C

Desempleo en función de la experiencia profesional: por ocupaciones

Estos cuadros facilitan datos sobre la experiencia profesional de los desempleados que habían ocupado con anterioridad un empleo. Los datos están dispuestos, en la medida de lo posible, siguiendo las grandes divisiones de actividad económica de la *Clasificación industrial internacional uniforme de todas las actividades económicas (CIIU – 1968)* o los grandes grupos de la *Clasificación internacional uniforme de ocupaciones (CIUO – 1968)*, según los casos. De conformidad con las recomendaciones internacionales, las personas desempleadas que habían ocupado con anterioridad un empleo son clasificadas por actividad económica o por ocupación basándose en su último empleo. Las personas en busca de su primer empleo figuran por separado, en la medida de lo posible, a fin de distinguirlas de las que ya habían trabajado; están incluidas en la gran división *actividades no bien especificadas (CIIU – 1968)* o en el gran grupo *trabajadores que no pueden ser clasificados según la ocupación (CIUO – 1968).*

En el anexo figuran unas versiones abreviadas de estas clasificaciones.

[1] Véase OIT: *Recomendaciones internacionales sobre estadísticas del trabajo* (Ginebra, 1975).

[2] Para las descripciones de las diversas series nacionales, fuentes, su alcance, definiciones y métodos de compilación utilizados, etc., véase OIT: *Guía Técnica 1980* (descripciones de las series generales publicadas en el *Boletín* y el *Anuario de Estadísticas del Trabajo*), vol. II, «Empleo – Desempleo – Horas de trabajo – Salarios» (Ginebra, 1980).

Nueva información

A partir de la presente edición del *Anuario* se añadirán dos nuevos cuadros: desempleo en función del sexo y del grupo de edad (cuadro 9 B) y desempleo en función de la experiencia profesional (cuadro 10 A). Además, siempre que será posible, en todos los cuadros se indicarán separadamente los datos para los hombres y las mujeres.

---

9 Unemployment / Chômage / Desempleo

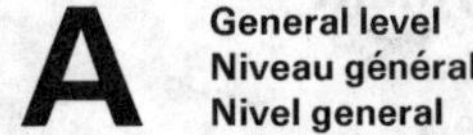

A General level / Niveau général / Nivel general

Numbers (000's) and rates (%) – Nombres (milliers) et taux (%) – Número (millares) y tasas (%)

Country, source and scope Pays, source et portée País, fuente y alcance	1971	1972	1973	1974	1975	1976	1977	1978	1979	1980
AFRICA – AFRIQUE – AFRICA										
Burundi [1] (III.2)										
Total	.	.	.	.	.	.	.	5.400	5.803	.
Rép.-Unie du Cameroun [2] (III.1)										
Total	2.383	2.938	4.040	4.233	4.285	4.200	3.840	4.625	3.407	3.866
Côte-d'Ivoire (III.1)										
Total	.	.	.	.	.	.	6.453	7.545	.	.
Djibouti (III.1)										
Total	.	.	.	.	.	.	0.367	0.228	0.184	.
Egypt (I) [3]										
Total	153.1	134.6	145.1	208.6	233.4	.	296.1	354.5	458.2	.
Males – Hom.	.	.	.	.	.	.	.	.	316.6	.
Fem. – Muj.	.	.	.	.	.	.	.	.	141.6	.
Total %	*1.8*	*1.5*	*1.6*	*2.3*	*2.5*	.	*3.1*	*3.6*	*4.6*	.
Males – Hom. %	.	.	.	.	.	.	.	.	*3.4*	.
Fem. – Muj. %	.	.	.	.	.	.	.	.	*18.2*	.
Ghana (III.1)										
B Total	18.386	31.237	26.330	28.292	30.490	32.701	31.932	34.799	31.295	40.011
B Males – Hom.	15.358	25.364	21.053	22.246	23.920	24.940	23.107	24.978	22.947	28.209
B Fem. – Muj.	3.028	5.873	5.277	6.046	6.570	7.761	8.825	9.821	8.348	11.802
B Total %	*0.6*	*0.9*	*0.8*	*0.8*	*0.9*	*1.0*	*1.0*	*1.0*	*0.9*	*1.2*
B Males – Hom. %	*0.8*	*1.4*	*1.1*	*1.2*	*1.3*	*1.3*	*1.2*	*1.3*	*1.2*	*1.5*
B Fem. – Muj. %	*0.2*	*0.4*	*0.4*	*0.4*	*0.4*	*0.5*	*0.6*	*0.7*	*0.6*	*0.8*
Haute-Volta [4] (III.2)										
Total	0.736	0.661	3.620	2.490	3.196	3.314	4.992	1.975	.	.
Liberia (III.2)										
Total	.	0.110	0.140	0.110	0.480	.	.	.	.	.
Libyan Arab Jamahiriya (III.1)										
Total	1.340	5.310	7.280	4.850	4.993	4.968	3.229	1.910	.	.
Madagascar [5] (III.1)										
Total	.	12.832	17.592	13.400	13.046	29.234	46.485	35.584	39.918	41.058
Maroc (III.1)										
B Total	26.300	29.800	29.100	26.262	22.954	17.365	22.449	17.007	18.844	.
B Males – Hom.	.	.	.	.	.	.	20.574	15.226	16.686	.
B Fem. – Muj.	.	.	.	.	.	.	1.875	1.773	2.158	.
Mauritius (III.1)										
Total	30.659	34.463	27.217	21.157	20.511	20.841	17.071	16.804	22.039	.
Males – Hom.	25.027	28.031	21.598	17.372	16.478	16.229	11.985	11.134	14.626	.
Fem. – Muj.	5.632	6.432	5.619	3.785	4.035	4.612	5.086	5.670	7.413	.
Niger [6] (III.1)										
Total	.	0.286	0.656	0.372	0.392	0.348	0.394	0.696	.	.
Nigeria (III.1)										
B Total	14.411	15.371	19.095	20.471	19.969	18.970	15.824	16.662	16.659	.

Explanatory notes and source: see p. 309 – Notes explicatives et source: voir p. 311 – Notas explicativas y fuente: véase p. 313

[1] Bujumbura. [2] Douala, Yaoundé, Nkongsamba and Garona. [3] ∅: May of each year. [4] Ouagadougou and Bobo-Dioulasso. [5] Six provincial capitals. [6] Niamey.

[1] Bujumbura. [2] Douala, Yaoundé, Nkongsamba et Garona. [3] ∅: mai de chaque année. [4] Ouagadougou et Bobo-Dioulasso. [5] Six chefs-lieux de province. [6] Niamey.

[1] Bujumbura. [2] Duala, Yaundé, Nkongsamba y Garona. [3] ∅: mayo de cada año. [4] Uagadugú y Bobo-Dioulasso. [5] Seis capitales provinciales. [6] Niamey.

9 Unemployment / Chômage / Desempleo

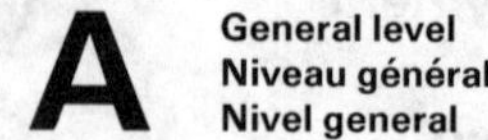

A General level / Niveau général / Nivel general

Numbers (000's) and rates (%) – Nombres (milliers) et taux (%) – Número (millares) y tasas (%)

Country, source and scope / Pays, source et portée / País, fuente y alcance	1971	1972	1973	1974	1975	1976	1977	1978	1979	1980
Réunion (III.1)										
Total	3.820 [1]	8.097 [1]	9.383 [1]	14.900 [1]	15.656	16.516	17.314	19.324	.	.
Males – Hom.	.	.	.	.	10.494	11.152	11.043	11.491	.	.
Fem. – Muj.	.	.	.	.	5.159	5.364	6.271	7.833	.	.
Sénégal [2] (III.1)										
Total	3.290	2.350	3.500	2.900	4.690	2.920	4.630	.	.	.
Seychelles (III.1)										
Total	.	.	.	.	.	.	.	0.306	0.378	0.644
Males – Hom.	.	.	.	.	.	.	.	0.181	0.205	0.387
Fem. – Muj.	.	.	.	.	.	.	.	0.125	0.173	0.257
Total %	.	.	.	.	.	.	.	.	*3.8*	*5.2*
Males – Hom. %	.	.	.	.	.	.	.	.	*1.9*	*2.5*
Fem. – Muj. %	.	.	.	.	.	.	.	.	*1.8*	*2.7*
Sierra Leone (III.2) [3]										
B Total	8.029	6.805	5.746	5.559	6.638	7.670	7.342	7.777	5.328	4.724
Sierra Leone (III.2) [4]										
B Total	5.747	5.918	5.902	6.312	6.731	8.018	8.654	8.788	8.903	8.919
South Africa (III.1) [5]										
B Total	8.577	12.200	10.785	8.350	10.305	14.516	28.493	30.928	28.239	21.958
B Males – Hom.	.	.	.	.	.	.	.	19.540	17.810	13.261
B Fem. – Muj.	.	.	.	.	.	.	.	11.388	10.439	8.697
Sudan (III.1)										
Total	4.952	4.077	4.057	4.417	5.493	6.685	6.446	3.561	6.616	.
Males – Hom.	.	.	.	.	.	.	.	.	5.631	.
Fem. – Muj.	.	.	.	.	.	.	.	.	0.985	.
Togo [6] (III.1)										
Total	.	.	.	.	.	.	.	0.288	0.245	0.199
Males – Hom.	.	.	.	.	.	.	.	.	0.222	0.169
Fem. – Muj.	.	.	.	.	.	.	.	.	0.024	0.030
Tunisie (III.2)										
B Total	52.473	31.929	36.971	32.406	29.376	32.584	64.532	59.049	58.136	66.195
B Males – Hom.	.	.	.	.	.	.	56.314	50.016	48.479	54.506
B Fem. – Muj.	.	.	.	.	.	.	8.218	9.033	9.657	11.689
Zambia (III.1)										
Total	10.200	12.600	9.300	10.600	12.400	.	.	.	.	.
AMERICA – AMÉRIQUE – AMERICA										
Argentina [7] (I)										
Total	196.5	221.5	173.0	121.2	97.0	159.1	103.3	101.6	69.5	.
Males – Hom.	.	.	.	.	48.3	71.2	43.1	52.6	37.9	.
Fem. – Muj.	.	.	.	.	48.7	87.9	60.3	49.0	31.6	.
Total %	*6.0*	*6.6*	*5.6*	*3.4*	*2.3*	*4.5*	*2.8*	*2.8*	*2.0*	.
Barbados (I)										
B Total	.	.	.	.	.	16.8	16.3	13.8	14.0	14.5
B Males – Hom.	.	.	.	.	.	7.3	6.2	5.8	5.1	5.7
B Fem. – Muj.	.	.	.	.	.	9.6	10.1	8.0	8.9	8.8

Explanatory notes and source: see p. 309 – Notes explicatives et source: voir p. 311 – Notas explicativas y fuente: véase p. 313

[1] December. [2] Dakar. [3] Excl. applicants for work registered at the Maritime Pool. [4] Applicants for work registered at the Maritime Pool. [5] Non-indigenous population. [6] Lomé. [7] Gran Buenos Aires.

[1] Décembre. [2] Dakar. [3] Non compris les demandeurs d'emploi enregistrés au Bureau de placement maritime. [4] Demandeurs d'emploi enregistrés au Bureau de placement maritime. [5] Population non indigène. [6] Lomé. [7] Gran Buenos Aires.

[1] Diciembre. [2] Dakar. [3] Excl. los solicitantes de trabajo registrados en la Oficina de Colocación Marítima. [4] Solicitantes de trabajo registrados en la Oficina de Colocación Marítima. [5] Población no indígena. [6] Lomé. [7] Gran Buenos Aires.

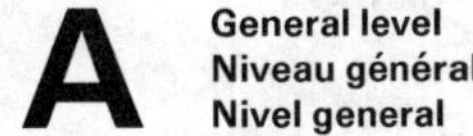

9 Unemployment / Chômage / Desempleo

A General level / Niveau général / Nivel general

Numbers (000's) and rates (%) – Nombres (milliers) et taux (%) – Número (millares) y tasas (%)

Country, source and scope Pays, source et portée País, fuente y alcance	1971	1972	1973	1974	1975	1976	1977	1978	1979	1980
Barbados (I)										
B Total %	.	.	.	.	.	15.6	15.7	13.4	12.8	12.6
B Males – Hom. %	.	.	.	.	.	12.1	10.6	10.3	8.7	9.2
B Fem. – Muj. %	.	.	.	.	.	20.0	22.1	17.2	17.6	16.7
Bolivia (IV)										
Total	122.7	112.1	100.9	89.1	76.6	63.4	62.1	54.1	.	.
Total %	9.0	8.1	7.1	6.1	5.2	4.2	4.0	3.4	.	.
Brasil (I)										
Total	.	1 033.9	968	...	...	721.7	.	.	.	.
Canada (I)										
B Total	543	552	509	510	690	727	850	911	838	867
B Males – Hom.	399	396	350	349	391	404	474	502	452	479
B Fem. – Muj.	144	156	159	161	299	322	377	408	386	388
B Total %	6.4	6.3	5.6	5.4	6.9	7.1	8.1	8.4	7.5	7.5
B Males – Hom. %	7.0	6.8	5.8	5.6	6.2	6.3	7.3	7.6	6.6	6.9
B Fem. – Muj. %	5.1	5.3	5.1	4.9	8.1	8.4	9.4	9.6	8.8	8.4
Colombia [1] (I)										
Total	.	.	.	.	253.13	276.01	266.66	261.72	289.62	349.83
Males – Hom.	.	.	.	.	137.06	155.80	142.67	134.72	148.23	177.46
Fem. – Muj.	.	.	.	.	116.07	120.21	123.99	126.99	141.50	172.37
Total %	.	.	.	.	10.5	10.8	9.8	8.9	9.0	9.9
Males – Hom. %	.	.	.	.	9.1	9.8	8.5	7.4	7.5	8.3
Fem. – Muj. %	.	.	.	.	12.9	12.3	11.8	11.3	11.4	12.3
Costa Rica (I)										
Total	.	.	.	.	.	30.316	32.819	33.825	30.585	41.562
Males – Hom.	.	.	.	.	.	18.783	20.411	20.553	19.411	27.752
Fem. – Muj.	.	.	.	.	.	11.534	12.409	13.939	11.177	13.810
Total %	.	.	.	.	.	4.4	4.7	4.6	4.1	5.3
Males – Hom. %	.	.	.	.	.	3.7	3.9	3.6	3.5	4.7
Fem. – Muj. %	.	.	.	.	.	7.4	7.3	7.3	5.9	6.8
Chile [2] (I)										
B Total	43.7	34.0	47.6	83.9	157.7	192.9	158.2	169.4	169.4	152.4
B Males – Hom.	.	.	.	.	.	108.0	94.6	101.9	106.4	101.5
B Fem. – Muj.	.	.	.	.	.	85.0	63.6	67.5	63.1	51.0
B Total %	4.2	3.3	4.8	8.3	15.0	17.1	13.9	13.7	13.4	12.0
B Males – Hom. %	.	.	.	.	.	15.0	12.8	13.0	13.2	12.2
B Fem. – Muj. %	.	.	.	.	.	20.8	15.8	15.1	13.7	11.1
Chile (I)										
Total	.	.	.	.	467.6	405.8	378.5	495.3	474.2	.
Total %	.	.	.	.	14.7	13.0	11.6	13.9	13.6	.
Guadeloupe (III.1)										
Total	0.590	0.740	0.780	1.010	1.044	0.924	1.383	6.408	11.309	14.281
Males – Hom.	.	.	.	.	.	.	.	2.484	4.819	.
Fem. – Muj.	.	.	.	.	.	.	.	3.933	6.490	.

Explanatory notes and source: see p. 309 – Notes explicatives et source: voir p. 311 – Notas explicativas y fuente: véase p. 313

[1] Seven main cities of the country. [2] Gran Santiago. [1] Sept villes principales du pays. [2] Gran Santiago. [1] Siete ciudades principales del país. [2] Gran Santiago.

9 Unemployment
Chômage
Desempleo

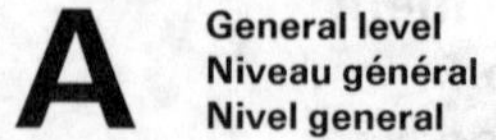

A General level / Niveau général / Nivel general

Numbers (000's) and rates (%) – Nombres (milliers) et taux (%) – Número (millares) y tasas (%)

Country, source and scope Pays, source et portée País, fuente y alcance	1971	1972	1973	1974	1975	1976	1977	1978	1979	1980
Guatemala [1] (III.1)										
B Total	.	0.622	0.570	0.437	0.928	0.357	0.222	0.242	0.217	0.228
Guyana [2] (III.1)										
Total	4.450	3.390	2.900	2.270	3.160	2.970	2.460	2.005	2.558	.
Males – Hom.	.	.	.	.	.	.	.	1.221	1.477	.
Fem. – Muj.	.	.	.	.	.	.	.	0.783	1.081	.
Guyane française [3] (III.1)										
Total	0.290	0.710	0.530	0.680	0.850	.	0.840	0.836	0.855	1.061
Males – Hom.	.	.	.	.	.	.	0.330	0.303	0.334	0.438
Fem. – Muj.	.	.	.	.	.	.	0.510	0.533	0.521	0.623
Total %	.	.	.	.	.	.	*6.2*	*5.8*	*5.8*	*7.1*
Males – Hom. %	.	.	.	.	.	.	*4.0*	*3.5*	*3.8*	*4.7*
Fem. – Muj. %	.	.	.	.	.	.	*9.6*	*9.3*	*8.8*	*10.8*
Honduras (IV)										
Total	.	.	.	.	.	101.1	104.8	108.7	112.8	117.0
Jamaica (I)										
B Total	.	184.5	176.4	173.8	175.4	197.8	220.2	230.5	264.5	270.8
B Males – Hom.	.	.	.	.	.	64.9	75.7	72.4	85.8	87.8
B Fem. – Muj.	.	.	.	.	.	132.8	144.5	158.0	178.8	183.0
B Total %	.	*23.2*	*21.9*	*21.2*	*20.5*	*22.4*	*24.2*	*24.5*	*27.8*	*27.4*
B Males – Hom. %	.	.	.	.	.	*13.4*	*15.4*	*14.4*	*16.9*	*16.7*
B Fem. – Muj. %	.	.	.	.	.	*33.2*	*34.7*	*36.2*	*40.0*	*39.4*
Martinique (I)										
Total	.	.	.	.	.	.	.	.	33.32 [4]	31.96 [5]
Males – Hom.	.	.	.	.	.	.	.	.	21.84 [4]	12.80 [5]
Fem. – Muj.	.	.	.	.	.	.	.	.	18.72 [4]	19.16 [5]
México [6] (I)										
Total	.	.	.	.	381.9	374.6	472.1	424.2	.	.
Total %	.	.	.	.	*7.2*	*6.7*	*8.0*	*6.9*	.	.
Panamá (I)										
Total	36.30	33.20	34.90	30.00 [7]	31.60 [4]	33.70 [8]	45.00 [7]	43.78 [8]	50.73 [8]	.
Males – Hom.	.	.	.	19.70 [7]	17.18 [4]	19.04 [8]	26.47 [7]	23.41 [8]	26.92 [8]	.
Fem. – Muj.	.	.	.	10.30 [7]	14.42 [4]	14.66 [8]	18.53 [7]	20.37 [8]	23.81 [8]	.
Total %	*7.6*	*6.8*	*7.0*	*5.8* [7]	*6.4* [4]	*6.7* [8]	*8.7* [7]	*8.1* [8]	*8.8* [8]	.
Males – Hom. %	.	.	.	*5.2* [7]	*4.9* [4]	*5.2* [8]	*7.1* [7]	*6.2* [8]	*6.7* [8]	.
Fem. – Muj. %	.	.	.	*7.4* [7]	*10.4* [4]	*10.4* [8]	*12.8* [7]	*12.4* [8]	*13.5* [8]	.
Perú (I)										
Total	195.7	194.0	191.5	186.9	236.9	258.3	298.2	341.5	387.6	394.5
Total %	*4.4*	*4.2*	*4.2*	*4.0*	*4.9*	*5.2*	*5.8*	*6.5*	*7.1*	*7.0*

Explanatory notes and source: see p. 309 – Notes explicatives et source: voir p. 311 – Notas explicativas y fuente: véase p. 313

[1] Guatemala City, Quezaltenango, Escuintla and Puerto Barrios. [2] Georgetown, New Amsterdam and Anna Regina districts. [3] Cayenne and Kourou. [4] November. [5] May. [6] Metropolitan areas of Mexico City, Monterrey and Guadelajara. [7] October. [8] August.

[1] Ville de Guatemala, Quezaltenango, Escuintla et Puerto Barrios. [2] Districts de Georgetown, de New Amsterdam et d'Anna Regina. [3] Cayenne et Kourou. [4] Novembre. [5] Mai. [6] Régions métropolitaines de la ville de Mexico, de Monterrey y de Guadalajara. [7] Octobre. [8] Août.

[1] Ciudad de Guatemala, Quezaltenango, Escuintla y Puerto Barrios. [2] Distritos de Georgetown, de Nueva Amsterdam y de Anna Regina. [3] Cayena y Kourou. [4] Noviembre. [5] Mayo. [6] Areas metropolitanas de la Ciudad de México, Monterrey y de Guadelajara. [7] Octubre. [8] Agosto.

9 Unemployment / Chômage / Desempleo

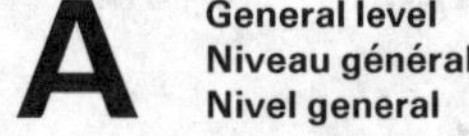

A General level / Niveau général / Nivel general

Numbers (000's) and rates (%) – Nombres (milliers) et taux (%) – Número (millares) y tasas (%)

Country, source and scope / Pays, source et portée / País, fuente y alcance	1971	1972	1973	1974	1975	1976	1977	1978	1979	1980
Puerto Rico (I) [1]										
B Total	93	100	101	116	157	177	I 187[2]	175	168	172
B Males – Hom.	66	72	72	83	118	134	I 139[2]	131	129	130
B Fem. – Muj.	28	29	29	32	40	42	I 48[2]	44	39	42
B Total %	*11.6*	*11.9*	*11.6*	*13.2*	*18.1*	*19.5*	I *19.9*[2]	*18.1*	*17.0*	*17.1*
B Males – Hom. %	*11.8*	*12.4*	*12.2*	*14.0*	*19.8*	*21.9*	I *22.1*[2]	*20.2*	*19.5*	*19.5*
B Fem. – Muj. %	*11.0*	*10.8*	*10.4*	*11.6*	*14.5*	*14.4*	I *15.5*[2]	*13.8*	*12.0*	*12.3*
Saint-Pierre-et-Miquelon (III.2)										
Total	.	.	.	.	.	.	0.078	0.064	0.036	I 0.139[3]
Males – Hom.	.	.	.	.	.	.	.	0.057	0.026	I .[3]
Fem. – Muj.	.	.	.	.	.	.	.	0.007	0.010	I .[3]
Suriname [4] (III.1)										
B Total	.	.	.	.	.	.	.	2.682	2.480	2.448
Males – Hom.	.	.	.	.	.	.	.	1.697	1.574	1.530
Fem. – Muj.	.	.	.	.	.	.	.	0.986	0.906	0.918
Trinidad and Tobago (I)										
B Total	46.4[5]	.	58.9	60.1	58.6	.	57.5	52.8	49.2	.
B Males – Hom.	.	.	.	34.8	36.5	.	33.8	28.7	25.8	.
B Fem. – Muj.	.	.	.	25.3	22.0	.	23.8	24.0	23.4	.
B Total %	*12.6*[5]	.	*15.4*	*15.3*	*15.0*	.	*13.4*	*12.0*	*11.0*	.
B Males – Hom. %	*10.0*	.	*13.0*	*12.5*	*13.0*	.	*11.0*	*9.5*	*8.3*	.
B Fem. – Muj. %	*18.0*	.	*21.5*	*21.5*	*19.5*	.	*18.5*	*18.0*	*17.1*	.
United States (I)										
B Total	4 993	4 840	4 304	5 076	7 830	7 288	6 855	6 047	5 963	7 448
B Males – Hom.	2 776	2 635	2 240	2 668	4 385	3 968	3 588	3 051	3 018	4 157
B Fem. – Muj.	2 217	2 205	2 064	2 408	3 445	3 320	3 267	2 996	2 945	3 291
B Total %	*5.9*	*5.6*	*4.9*	*5.6*	*8.5*	*7.7*	*7.0*	*6.0*	*5.8*	*7.1*
B Males – Hom. %	*5.3*	*4.9*	*4.1*	*4.8*	*7.9*	*7.0*	*6.2*	*5.2*	*5.1*	*6.9*
B Fem. – Muj. %	*6.9*	*6.6*	*6.0*	*6.7*	*9.3*	*8.6*	*8.2*	*7.2*	*6.8*	*7.4*
Uruguay [6] (I)										
Total	41.2	41.7[5]	49.4[5]	38.2[7]	.	68.2	64.1	53.0	43.2	43.6[5]
Total %	*7.6*	*7.7*[5]	*8.9*[5]	*8.1*[7]	.	*12.8*	*11.8*	*10.2*	*8.4*	*8.4*[5]
Males – Hom. %	*7.1*	*7.7*[5]	*7.8*[5]	*7.0*[7]	.	*9.8*	*8.3*	*6.7*	*5.4*	*5.3*[5]
Fem. – Muj. %	*8.6*	*7.6*[5]	*11.4*[5]	*10.2*[7]	.	*17.8*	*17.2*	*15.2*	*12.5*	*12.6*[5]

Explanatory notes and source: see p. 309 – Notes explicatives et source: voir p. 311 – Notas explicativas y fuente: véase p. 313

[1] Excl. persons temporarily laid off. [2] Beginning 1977: persons aged 16 years and over; prior to 1977: 14 years and over. [3] Prior to 1980: unemployed receiving benefits only. [4] Paramaribo. [5] First semester. [6] Montevideo. [7] ∅: Aug. 1974–Feb. 1975.

[1] Non compris les personnes temporairement mises à pied. [2] A partir de 1977: personnes âgées de 16 ans et plus; avant 1977: 14 ans et plus. [3] Avant 1980: chômeurs indemnisés seulement. [4] Paramaribo. [5] Premier semestre. [6] Montevideo. [7] ∅: août 1974–fév. 1975.

[1] Excl. las personas temporalmente despedidas. [2] A partir de 1977: personas de 16 años y mas; antes de 1977: 14 años y mas. [3] Antes de 1980: desempleados que reciben prestaciones solamente. [4] Paramaribo. [5] Primer semestre. [6] Montevideo. [7] ∅: agosto 1974–febr. 1975.

9 Unemployment / Chômage / Desempleo

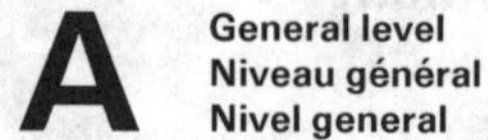

General level / Niveau général / Nivel general

Numbers (000's) and rates (%) – Nombres (milliers) et taux (%) – Número (millares) y tasas (%)

Country, source and scope Pays, source et portée País, fuente y alcance	1971	1972	1973	1974	1975	1976	1977	1978	1979	1980
Venezuela (I)										
Total	195.2	.	.	219.5	268.7	233.8	192.6	193.3	231.4	272.4 [1]
Males – Hom.	.	.	.	.	.	182.1	145.7	151.3	182.3	216.0 [1]
Fem. – Muj.	.	.	.	.	.	51.7	46.9	42.0	49.1	56.3 [1]
Total %	*6.0*	.	.	.	*7.6*	*6.0*	*4.8*	*4.6*	*5.4*	*6.2* [1]
Males – Hom. %	.	.	.	.	*7.5*	*6.5*	*5.0*	*5.0*	*5.8*	*6.7* [1]
Fem. – Muj. %	.	.	.	.	*7.8*	*4.8*	*4.2*	*3.2*	*4.5*	*4.6* [1]
Virgin Islands (US) (III.1)										
Total	.	.	.	.	2.580	2.780	.	.	.	.
ASIA – ASIE – ASIA										
Brunei (III.1)										
Total	.	.	.	.	1.625	1.675	1.920	2.209	2.764	2.252
Males – Hom.	.	.	.	.	0.711	0.708	0.741	0.753	0.874	0.566
Fem. – Muj.	.	.	.	.	0.900	0.967	1.179	1.456	1.890	1.686
Burma (III.1)										
B Total	90.01	108.15	194.13	193.91	197.33	227.69	296.84	414.99	444.98	486.02
Cyprus (III.1)										
B Total	.	.	.	11.206	22.543	14.518	6.144	4.017	3.691	4.344
B Males – Hom.	.	.	.	6.726	16.199	11.095	4.058	2.305	2.075	2.408
B Fem. – Muj.	.	.	.	4.480	6.344	3.423	2.086	1.712	1.616	1.936
B Total %	.	.	.	*4.3*	*10.9*	*7.1*	*3.1*	*2.0*	*1.8*	*2.1*
B Males – Hom. %	.	.	.	*4.7*	*11.3*	*7.7*	*3.0*	*1.7*	*1.5*	*1.8*
B Fem. – Muj. %	.	.	.	*7.4*	*10.5*	*5.6*	*3.1*	*2.6*	*2.4*	*2.8*
Hong Kong (I)										
B Total	.	.	.	.	180.0	109.0 [2]	83.0	57.8	61.4	87.5
B Males – Hom.	.	.	.	.	118.0	77.8 [2]	55.0	37.9	43.8	59.7
B Fem. – Muj.	.	.	.	.	62.0	31.2 [2]	28.0	20.0	17.7	27.8
B Total %	.	.	.	.	*9.1*	*5.6* [2]	*4.3*	*2.9*	*2.9*	*3.8*
B Males – Hom. %	.	.	.	.	*9.2*	*6.1* [2]	*4.3*	*2.9*	*3.2*	*3.9*
B Fem. – Muj. %	.	.	.	.	*9.0*	*4.6* [2]	*4.2*	*2.8*	*2.4*	*3.4*
India (III.2)										
B Total	4 602	5 928	7 714	8 378	8 918	9 563	10 513	11 837	13 794	15 317
B Males – Hom.	.	.	.	.	7 852	8 382	9 165	10 279	11 978	13 202
B Fem. – Muj.	.	.	.	.	1 065	1 182	1 348	1 558	1 816	2 115
Indonesia (III.1)										
Total	.	.	84.30	89.10	115.10	157.00	153.48	157.22	160.54	232.81
Males – Hom.	.	.	.	.	.	.	.	128.41	129.17	188.14
Fem. – Muj.	.	.	.	.	.	.	.	28.81	31.38	44.66
Iraq (III.1)										
Total	5.005	8.104	9.992	9.033	8.623	9.575	9.579	10.456	8.097	.
Males – Hom.	.	7.024	8.685	7.401	7.058	8.320	8.338	8.734	6.903	.
Fem. – Muj.	.	0.990	1.308	1.633	1.567	1.254	1.242	1.722	1.197	.
Israel (I) [3]										
B Total	36	29	30	34	35	43	47	45	37	64
B Males – Hom.	23	17	18	18	19	24	26	23	20	35
B Fem. – Muj.	13	12	11	16	17	19	21	21	17	29

Explanatory notes and source: see p. 309 – Notes explicatives et source: voir p. 311 – Notas explicativas y fuente: véase p. 313

[1] First semester. [2] March. [3] Incl. persons who did not work in the country during the previous 12 months.

[1] Premier semestre. [2] Mars. [3] Y compris les personnes qui n'ont pas travaillé dans le pays pendant les 12 mois précédents.

[1] Primer semestre. [2] Marzo. [3] Incl. las personas que no trabajaron en el país en los 12 meses precedentes.

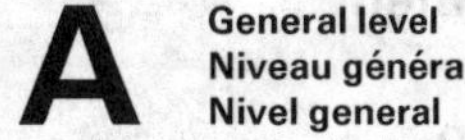

9 Unemployment / Chômage / Desempleo

A General level / Niveau général / Nivel general

Numbers (000's) and rates (%) – Nombres (milliers) et taux (%) – Número (millares) y tasas (%)

Country, source and scope Pays, source et portée País, fuente y alcance		1971	1972	1973	1974	1975	1976	1977	1978	1979	1980
Israel (I)											
B	Total %	*3.5*	*2.7*	*2.6*	*3.0*	*3.1*	*3.6*	*3.9*	*3.6*	*2.9*	*4.8*
B	Males – Hom. %	.	.	.	*2.4*	*2.5*	*3.0*	*2.9*	*2.9*	*2.4*	*4.1*
B	Fem. – Muj. %	.	.	.	*4.1*	*4.4*	*4.7*	*5.1*	*4.8*	*3.8*	*6.0*
Japan (I)											
B	Total	640	730	680	730	1 000	1 080	1 100	1 240	1 170	1 140
B	Males – Hom.	410	480	440	470	660	740	720	810	740	710
B	Fem. – Muj.	230	250	240	260	340	340	380	430	430	430
B	Total %	*1.2*	*1.4*	*1.3*	*1.4*	*1.9*	*2.0*	*2.0*	*2.2*	*2.1*	*2.0*
B	Males – Hom. %	*1.3*	*1.5*	*1.3*	*1.4*	*2.0*	*2.2*	*2.1*	*2.4*	*2.2*	*2.0*
B	Fem. – Muj. %	*1.1*	*1.3*	*1.2*	*1.3*	*1.7*	*1.7*	*1.8*	*2.0*	*2.0*	*2.0*
Korea, Republic of (I)											
B	Total	476	499	461	494	510	505	511	442	542	749
B	Males – Hom.	.	.	.	377	395	408	392	324	411	558
B	Fem. – Muj.	.	.	.	117	115	97	119	118	131	191
B	Total %	*4.5*	*4.5*	*4.0*	*4.1*	*4.1*	*3.9*	*3.8*	*3.2*	*3.8*	*5.2*
B	Males – Hom. %	.	.	.	*4.9*	*5.0*	*5.0*	*4.6*	*3.7*	*4.7*	*6.2*
B	Fem. – Muj. %	.	.	.	*2.6*	*2.6*	*2.0*	*2.4*	*2.2*	*2.4*	*3.5*
Peninsular Malaysia (III.2)											
B	Total	157.12	160.70	154.71	134.53	125.12	110.55	112.83	107.23	94.38	73.41
B	Males – Hom.	.	.	.	103.17	94.06	82.33	83.68	78.61	67.43	51.19
B	Fem. – Muj.	.	.	.	31.36	31.06	28.22	29.15	28.62	26.95	22.22
Malaysia: Sabah (III.2)											
B	Total	.	0.863	0.806	0.824	0.926	1.125	1.017	0.788	0.628	0.501
B	Males – Hom.	.	.	.	.	.	.	.	0.641	0.511	0.394
B	Fem. – Muj.	.	.	.	.	.	.	.	0.147	0.112	0.107
Malaysia: Sarawak (III.2)											
B	Total	.	4.049	7.267	9.095	4.865	6.750	8.826	9.355	10.492	12.276
B	Males – Hom.	.	.	.	.	4.877	5.095	6.591	6.797	7.674	8.959
B	Fem. – Muj.	.	.	.	.	1.722	1.655	2.235	2.533	2.818	3.317
Pakistan (III.2)											
B	Total	188.40	157.40	167.61	189.64	205.20	198.46	155.30	146.43	146.38	144.31
Philippines (I)											
B	Total	666	867	690	584	581	780 [1]	781 [2]	814	.	.
	Males – Hom.	371	509	428	371	359	334 [1]	300 [2]	336	.	.
	Fem. – Muj.	294	357	262	214	222	446 [1]	482 [2]	515	.	.
B	Total %	*5.2*	*6.3*	*4.8*	*4.3*	*3.9*	*5.2* [1]	*5.1* [2]	*4.9*	.	.
	Males – Hom. %	*4.3*	*5.5*	*4.5*	*3.8*	*3.6*	*3.4* [1]	*2.9* [2]	*3.1*	.	.
	Fem. – Muj. %	*7.0*	*8.0*	*5.6*	*4.6*	*4.5*	*8.8* [1]	*9.6* [2]	*8.9*	.	.

Explanatory notes and source: see p. 309 – Notes explicatives et source: voir p. 311 – Notas explicativas y fuente: véase p. 313

[1] August. [2] ∅: first, third and fourth quarters.

[1] Août. [2] ∅: premier, troisième et quatrième trimestres.

[1] Agosto. [2] ∅: primero, tercero y cuarto trimestres.

9 Unemployment / Chômage / Desempleo

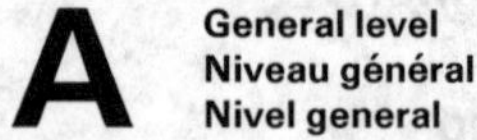

A General level / Niveau général / Nivel general

Numbers (000's) and rates (%) – Nombres (milliers) et taux (%) – Número (millares) y tasas (%)

Country, source and scope Pays, source et portée País, fuente y alcance	1971	1972	1973	1974	1975	1976	1977	1978	1979	1980
Singapore (I)										
Total [1]	35.00	36.00	37.80	34.04	39.45	40.49	36.86	35.70	35.29	34.25
Males – Hom. [1]	.	.	.	.	.	24.14	21.61	21.88	20.55	34.25
Fem. – Muj. [1]	.	.	.	.	.	16.34	15.25	13.82	14.75	13.51
Total % [1]	*4.8*	*4.7*	*4.5*	*4.0*	*4.5*	*4.5*	*3.9*	*3.6*	*3.3*	*3.1*
Males – Hom. % [1]	.	.	.	.	.	*2.6*	*2.3*	*3.3*	*2.9*	*2.9*
Fem. – Muj. % [1]	.	.	.	.	.	*1.8*	*1.6*	*4.2*	*4.1*	*3.5*
Singapore (III.1)										
B Total	37.792	36.203	35.704	32.523	41.584	34.869	31.670 [2]	19.037 [3]	10.906	7.817
B Males – Hom.	17.759	18.190	14.596	10.428	12.334	11.492	.	10.402 [3]	5.921	4.413
B Fem. – Muj.	20.033	18.013	21.108	22.095	29.250	23.377	.	8.635 [3]	4.985	3.404
République arabe syrienne (I)										
Total [4]	123.4	80.9	76.5	87.2	88.5	113.4	100.3	90.3	82.1	.
Males – Hom. [4]	107.8	61.5	69.3	75.8	80.4	101.7	74.9	78.9	69.2	.
Fem. – Muj. [4]	15.6	19.4	7.2	11.4	8.1	11.7	25.4	11.3	12.9	.
Total % [4]	*7.5*	*4.7*	*4.5*	*5.1*	*4.8*	*6.2*	*5.0*	*4.5*	*3.9*	.
Males – Hom. % [4]	*8.1*	*4.5*	*5.2*	*5.3*	*5.5*	*6.1*	*4.6*	*4.5*	*3.8*	.
Fem. – Muj. % [4]	*5.1*	*5.4*	*2.1*	*3.9*	*2.1*	*6.9*	*7.1*	*4.1*	*3.8*	.
Thailand (I)										
Total	31.9	83.1	71.8	92.1	66.7	142.2	190.4	173.4	.	.
Males – Hom.	.	.	.	.	.	87.4	126.8	113.3	.	.
Fem. – Muj.	.	.	.	.	.	54.8	63.6	59.9	.	.
Total %	*0.2*	*0.5*	*0.4*	*0.6*	*0.4*	*0.9*	*1.0*	*0.9*	.	.
Males – Hom. %	.	.	.	.	.	*1.0*	*1.2*	*1.0*	.	.
Fem. – Muj. %	.	.	.	.	.	*0.8*	*0.8*	*0.7*	.	.
EUROPE – EUROPE – EUROPA										
Austria (III.1)										
B Total	52.940	50.022	41.327	41.306	55.464	55.257	51.165	58.570	56.719	53.161
B Males – Hom.	17.688	15.277	10.478	12.765	25.433	26.548	23.512	28.846	28.524	26.544
B Fem. – Muj.	35.252	34.745	30.849	28.541	30.031	28.709	27.653	29.724	28.194	26.617
B Total %	*2.1*	*1.9*	*1.6*	*1.5*	*2.0*	*2.0*	*1.8*	*2.1*	*2.0*	*1.9*
B Males – Hom. %	*1.1*	*0.9*	*0.6*	*0.8*	*1.5*	*1.6*	*1.4*	*1.7*	*1.7*	*1.6*
B Fem. – Muj. %	*3.7*	*3.5*	*3.0*	*2.7*	*2.8*	*2.7*	*2.5*	*2.6*	*2.5*	*2.3*
Belgique (III.1)										
B Total	84.5	105.2	111.2	124.1	207.8	266.6	307.6	333.4	351.8	382.3
B Males – Hom.	49.5	61.5	57.9	58.0	99.1	114.7	124.6	132.4	132.4	143.8
B Fem. – Muj.	35.1	43.8	53.3	66.1	108.7	151.8	183.0	201.0	219.4	238.5
B Total %	.	.	.	.	.	*6.8*	*7.8*	*8.4*	*8.7*	*9.4*
B Males – Hom. %	.	.	.	.	.	*4.5*	*4.9*	*5.3*	*5.2*	*5.7*
B Fem. – Muj. %	.	.	.	.	.	*10.8*	*12.7*	*13.7*	*14.5*	*15.5*
Denmark (III.1)										
B Total	32.2	32.9	21.4	50.1	123.6	133.2	163.6	190.7	161.8	180.2
B Males – Hom.	.	.	.	.	.	81.4	90.6	99.1	77.1	91.5
B Fem. – Muj.	.	.	.	.	.	51.8	72.9	91.6	84.7	88.7

Explanatory notes and source: see p. 309 – Notes explicatives et source: voir p. 311 – Notas explicativas y fuente: véase p. 313

[1] ∅: June of each year. [2] ∅: Jan.–Nov. [3] Prior to 1978: registered applicants for work. [4] ∅: Sep. of each year.

[1] ∅: juin de chaque année. [2] ∅: janv.–nov. [3] Avant 1978: demandeurs d'emploi enregistrés. [4] ∅: sept. de chaque année.

[1] ∅: junio de cada año. [2] ∅: enero–nov. [3] Antes de 1978: solicitantes de trabajo registrados. [4] ∅: sept. de cada año.

9 Unemployment / Chômage / Desempleo

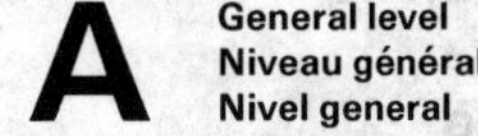

A General level / Niveau général / Nivel general

Numbers (000's) and rates (%) – Nombres (milliers) et taux (%) – Número (millares) y tasas (%)

Country, source and scope / Pays, source et portée / País, fuente y alcance	1971	1972	1973	1974	1975	1976	1977	1978	1979	1980
Denmark (III.1)										
B Total %	.	.	*1.1*	*2.5*	*6.0*	*5.3*	*6.4*	*7.3*	*6.1*	*6.9*
B Males – Hom. %	.	.	.	.	.	*5.5*	*6.1*	*6.6*	*5.1*	*6.2*
B Fem. – Muj. %	.	.	.	.	.	*5.0*	*6.9*	*8.3*	*7.4*	*7.7*
España (I)										
B Total	.	.	321.9	381.1	536.4	680.9	756.7	1 001.6	1 218.2	▮1 522.7 [1]
B Males – Hom.	.	.	292.0	276.0	340.0	479.0	513.8	660.4	810.1	▮1 021.8 [1]
B Fem. – Muj.	.	.	74.0	105.0	137.0	201.9	242.9	341.2	408.1	▮ 500.9 [1]
B Total %	.	.	*2.5*	*2.9*	*4.0*	*5.1*	*5.7*	*7.6*	*9.2*	▮ *11.7* [1]
B Males – Hom. %	.	.	.	.	.	*5.0*	*5.4*	*7.0*	*8.7*	▮ *11.1* [1]
B Fem. – Muj. %	.	.	.	.	.	*4.8*	*6.3*	*8.8*	*10.5*	▮ *13.1* [1]
España (III.1)										
B Total	190.3	190.9	149.6	150.3	256.6	376.4	539.6	818.5	1 037.2	1 277.3
B Males – Hom.	.	.	.	.	206.6	303.5	417.8	611.6	737.8	737.8
B Fem. – Muj.	.	.	.	.	50.0	72.9	121.8	206.9	299.4	299.4
B Total %	*1.5*	*1.5*	*1.1*	*1.1*	*1.9*	*2.8*	*4.1*	*6.2*	*7.9*	.
B Males – Hom. %	.	.	.	.	*2.1*	*3.3*	*4.5*	*6.5*	*7.9*	.
B Fem. – Muj. %	.	.	.	.	*1.3*	*1.8*	*3.2*	*5.4*	*7.9*	.
Finland (I)										
B Total	49	55	51	39	51	▮ 90 [2]	137	169	139	112
B Males – Hom.	34	37	29	19	29	▮ 59 [2]	85	103	79	59
B Fem. – Muj.	15	18	22	20	22	▮ 32 [2]	52	66	60	53
B Total %	*2.3*	*2.5*	*2.3*	*1.7*	*2.2*	▮ *4.0* [2]	*6.1*	*7.5*	*6.1*	*4.8*
B Males – Hom. %	*2.8*	*3.1*	*2.4*	*1.6*	*2.4*	▮ *4.8* [2]	*7.1*	*8.5*	*6.6*	*4.8*
B Fem. – Muj. %	*1.5*	*1.8*	*2.2*	*1.9*	*2.1*	▮ *3.1* [2]	*4.9*	*6.3*	*5.7*	*4.9*
France (III.1)										
B Total	338.2	383.5	393.9	497.7	839.7	933.5	1 071.7	1 166.9	1 349.8	1 450.6
B Males – Hom.	.	.	.	234.6	427.5	443.5	499.1	551.4	632.5	658.4
B Fem. – Muj.	.	.	.	263.1	412.2	490.0	572.7	615.5	717.4	792.2
Germany, Fed. Rep. of (III.1)										
B Total	185.1	246.4	273.5	582.5	1 074.2	1 060.3	1 030.0	992.9	876.1	888.9
B Males – Hom.	100.8	140.6	149.9	324.7	622.6	566.5	518.1	488.8	416.9	426.4
B Fem. – Muj.	84.3	105.8	123.6	257.8	451.6	493.8	511.9	504.1	459.2	462.5
B Total %	*0.8*	*1.1*	*1.2*	*2.6*	*4.7*	*4.6*	*4.5*	*4.3*	*3.8*	*3.8*
B Males – Hom. %	*0.7*	*1.0*	*1.0*	*2.2*	*4.3*	*3.9*	*3.7*	*3.4*	*2.9*	*3.0*
B Fem. – Muj. %	*1.1*	*1.4*	*1.5*	*3.1*	*5.4*	*5.8*	*6.0*	*5.8*	*5.2*	*5.2*

Explanatory notes and source: see p. 309 – Notes explicatives et source: voir p. 311 – Notas explicativas y fuente: véase p. 313

[1] Beginning 2nd quarter 1980: persons aged 16 years and over; prior to 2nd quarter: 14 years and over. [2] Sample design revised.

[1] A partir du 2e trimestre 1980: personnes âgées de 16 ans et plus; avant le 2e trimestre: 14 ans et plus. [2] Plan d'échantillonnage révisé.

[1] A partir del 2.° trimestre de 1980: personas de 16 años y más; antes del 2.° trimestre: 14 años y más. [2] Diseño de la muestra revisado.

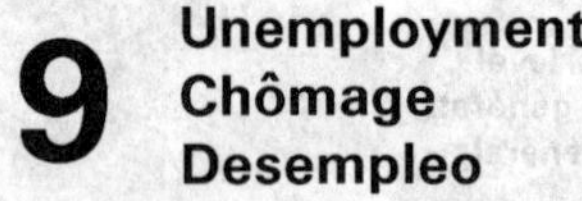

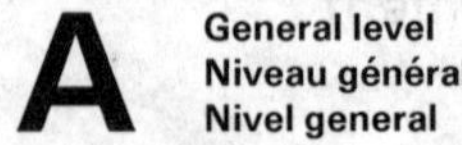

Numbers (000's) and rates (%) – Nombres (milliers) et taux (%) – Número (millares) y tasas (%)

Country, source and scope Pays, source et portée País, fuente y alcance	1971	1972	1973	1974	1975	1976	1977	1978	1979	1980
Gibraltar (III.1)										
B Total	0.037	0.050	0.042	0.058	0.109	0.145	0.185	0.167	0.147	0.200
B Males – Hom.	.	.	.	.	.	.	0.120	0.093	0.091	0.130
B Fem. – Muj.	.	.	.	.	.	.	0.065	0.072	0.056	0.072
Grèce (III.1)										
B Total	30.317	23.834	21.445	27.101	34.969	I28.474 [1]	27.668	30.918	31.587	37.200
B Males – Hom.	.	.	.	16.990	22.887	I17.567 [1]	16.585	18.592	18.598	22.128
B Fem. – Muj.	.	.	.	10.110	12.082	I10.907 [1]	11.083	12.326	12.989	15.072
B Total %	.	.	.	.	.	*2.3*	*2.1*	*2.3*	*2.2*	*2.4*
Iceland (III.1)										
Total	0.570	0.460	0.370	0.370	0.640	0.510	0.365	0.446	0.504	0.475
Total %	*0.7*	*0.5*	*0.4*	*0.4*	*0.7*	*0.5*	*0.4*	*0.4*	*0.5*	*0.3*
Ireland (II a) [2]										
B Total	42.407	48.218	44.000	48.124	75.396	83.538	81.854	74.737	66.428	73.699
B Total %	*7.2*	*8.1*	*7.2*	*7.9*	*12.2*	*12.3*	*11.8*	*10.7*	*9.3*	*10.3*
Ireland (III.1)										
B Total	57.2	66.6	52.0	67.1	96.2	107.8	106.4	99.2	89.6	101.5
B Males – Hom.	45.9	54.2	50.8	54.4	77.4	87.0	84.8	78.6	69.1	77.2
B Fem. – Muj.	11.3	12.4	11.3	12.7	18.8	20.8	21.6	20.7	20.6	24.3
Isle of Man (III.1)										
Total	.	.	.	.	0.523	0.704	0.757	0.634	0.472	0.589
Males – Hom.	.	.	.	.	.	.	0.563	0.440	0.334	0.401
Fem. – Muj.	.	.	.	.	.	.	0.194	0.194	0.138	0.188
Total %	.	.	.	.	*3.1*	*3.5*	*3.7*	*3.1*	*2.3*	*2.9*
Males – Hom. %	.	.	.	.	.	.	*4.3*	*3.4*	*2.6*	*3.1*
Fem. – Muj. %	.	.	.	.	.	.	*2.7*	*2.7*	*1.9*	*2.6*
Italie (I)										
B Total	1 109	1 297	1 305	1 113	1 230	1 426	1 545	1 571	1 698	1 698
B Males – Hom.	548	660	604	524	558	624	674	691	730	716
B Fem. – Muj.	561	637	701	589	672	802	871	880	968	982
B Total %	*5.4*	*6.4*	*6.4*	*5.4*	*5.9*	*6.7*	*7.2*	*7.2*	*7.7*	*7.6*
B Males – Hom. %	*3.8*	*4.6*	*4.2*	*3.6*	*3.8*	*4.2*	*4.6*	*4.7*	*4.9*	*4.8*
B Fem. – Muj. %	*9.5*	*10.9*	*11.6*	*9.6*	*9.6*	*12.2*	*12.5*	*12.6*	*13.3*	*13.1*
Luxembourg (III.1)										
B Total	0.021	0.042	0.046	0.058	0.265	0.457	0.821	1.166	1.055	1.094
B Males – Hom.	0.002	0.009	0.013	0.022	0.171	0.280	0.494	0.659	0.535	0.526
B Fem. – Muj.	0.018	0.033	0.033	0.035	0.093	0.177	0.326	0.507	0.520	0.568
Malta (III.1)										
B Total	5.343	6.880	6.644	5.848	5.127	4.523	4.621	4.268	3.386	3.432
B Males – Hom.	4.352	5.755	5.730	4.856	3.739	3.562	3.572	3.349	2.993	3.100
B Fem. – Muj.	0.990	1.125	0.913	0.992	1.388	0.960	1.048	0.919	0.392	0.331
B Total %	*1.8*	*2.1*	*1.6*	*2.1*	*1.6*	*1.5*	*1.5*	*1.4*	*1.1*	*1.1*
B Males – Hom. %	*3.0*	*4.0*	*4.0*	*3.4*	*2.6*	*2.4*	*2.4*	*2.2*	*2.0*	*2.0*
B Fem. – Muj. %	*0.6*	*0.7*	*0.6*	*0.6*	*0.9*	*0.6*	*0.7*	*0.6*	*0.2*	*0.2*

Explanatory notes and source: see p. 309 – Notes explicatives et source: voir p. 311 – Notas explicativas y fuente: véase p. 313

[1] Excl. persons who did not register after one month (prior to 1976: six months). [2] Excl. agriculture, fishing and private domestic services.

[1] Non compris les personnes qui ne renouvellent pas leur inscription après un mois (avant 1976: six mois). [2] Non compris l'agriculture, la pêche et les services domestiques privés.

[1] Excl. las personas que no renuevan su inscripción después de un mes (antes de abril de 1976: seis meses). [2] Excl. agricultura, pesca y servicios domésticos privados.

9 Unemployment
Chômage
Desempleo

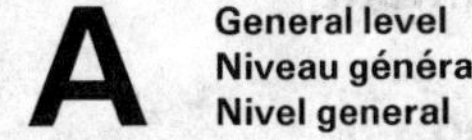

A General level
Niveau général
Nivel general

Numbers (000's) and rates (%) – Nombres (milliers) et taux (%) – Número (millares) y tasas (%)

Country, source and scope Pays, source et portée País, fuente y alcance		1971	1972	1973	1974	1975	1976	1977	1978	1979	1980
Netherlands (III.1)											
B	Total	62.0	107.9	109.9	134.9	195.3	210.9	203.5	▌205.6 [1]	210.0	248.0
B	Males – Hom.	50.5	90.6	88.4	106.7	153.0	159.8	145.2	▌136.4 [1]	132.4	159.9
B	Fem. – Muj.	11.5	17.4	21.5	28.2	42.3	51.0	58.4	▌69.2 [1]	77.6	88.0
B	Total %	*1.6*	*2.8*	*2.8*	*3.5*	*5.0*	*5.3*	*5.1*	▌*5.0* [1]	*5.1*	*5.8*
B	Males – Hom. %	*1.7*	*3.0*	*2.9*	*3.5*	*5.0*	*5.2*	*4.6*	▌*4.3* [1]	*4.1*	*4.9*
B	Fem. – Muj. %	*1.3*	*2.0*	*2.5*	*3.3*	*5.0*	*5.9*	*6.6*	▌*7.5* [1]	*8.2*	*8.9*
Norway (I)											
B	Total	.	28	26	25	40	32	27	34	38	33
B	Males – Hom.	.	15	11	11	21	16	11	16	18	14
B	Fem. – Muj.	.	13	15	14	19	16	16	18	19	18
B	Total %	.	*1.7*	*1.5*	*1.5*	*2.3*	*1.8*	*1.5*	*1.7*	*2.0*	*1.7*
B	Males – Hom. %	.	*1.4*	*1.0*	*1.0*	*1.9*	*1.4*	*1.0*	*1.3*	*1.6*	*1.2*
B	Fem. – Muj. %	.	*2.1*	*2.4*	*2.3*	*2.9*	*2.2*	*2.2*	*2.4*	*2.4*	*2.3*
Norway (III.1)											
B	Total	12.193	14.812	12.811	10.662	19.557	19.859	16.127	20.003	24.107	22.278
B	Males – Hom.	9.371	11.386	9.334	7.029	12.631	12.751	9.817	12.351	15.489	13.354
B	Fem. – Muj.	2.822	3.426	3.477	3.633	6.927	7.108	6.310	7.652	8.618	8.924
B	Total %	*0.8*	*1.0*	*0.8*	*0.7*	*1.3*	*1.3*	*1.1*	*1.3*	*1.4*	*1.3*
Portugal (I)											
B	Total	.	.	.	66.5	177.5	260.0	308.5	333.5	343.5	330.0
B	Males – Hom.	.	.	.	30.5	98.0	148.0	145.0	136.0	121.5	102.5
B	Fem. – Muj.	.	.	.	36.0	79.5	112.0	163.5	197.5	222.0	227.5
B	Total %	.	.	.	*1.8*	*4.5*	*6.4*	*7.5*	*8.1*	*8.2*	*7.8*
B	Males – Hom. %	.	.	.	*1.3*	*4.1*	*6.0*	*5.9*	*5.5*	*4.9*	*4.1*
B	Fem. – Muj. %	.	.	.	*2.4*	*5.2*	*7.1*	*10.1*	*12.1*	*12.9*	*13.0*
Suisse (III.1)											
B	Total	0.100	0.106	0.081	0.221	10.170	20.703	12.020	10.483	10.265	6.255
B	Males – Hom.	.	.	.	0.185	7.804	14.904	8.356	6.619	5.812	3.696
B	Fem. – Muj.	.	.	.	0.036	2.366	5.799	3.664	3.864	4.521	2.559
B	Total %	.	.	.	.	*0.3*	*0.7*	*0.4*	*0.4*	*0.4*	*0.2*
B	Males – Hom. %	.	.	.	.	*0.4*	*0.8*	*0.4*	*0.3*	*0.3*	*0.2*
B	Fem. – Muj. %	.	.	.	.	*0.2*	*0.6*	*0.4*	*0.4*	*0.4*	*0.3*
Sweden (I)											
B	Total	101	107	98	80	67	66	75	94	88	86 [2]
B	Males – Hom.	57	59	53	41	32	30	35	49	44	40 [2]
B	Fem. – Muj.	44	48	46	39	36	36	40	45	44	45 [2]

Explanatory notes and source: see p. 309 – Notes explicatives et source: voir p. 311 – Notas explicativas y fuente: véase p. 313

[1] Beginning 1978: persons seeking work for 25 hours or more a week; prior to 1978: 30 hours or more. [2] ∅: eleven months' average.

[1] A partir de 1978: personnes en quête d'un emploi de 25 heures ou plus par semaine; avant 1978: 30 heures ou plus. [2] ∅: moyenne de onze mois.

[1] A partir de 1978: personas que buscan trabajo de 25 horas o más por semana; antes de 1978: 30 horas o más. [2] ∅: promedio de once meses.

9 Unemployment / Chômage / Desempleo

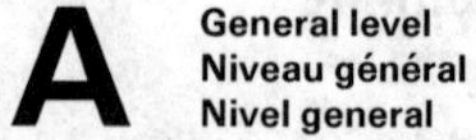

A General level / Niveau général / Nivel general

Numbers (000's) and rates (%) – Nombres (milliers) et taux (%) – Número (millares) y tasas (%)

Country, source and scope Pays, source et portée País, fuente y alcance	1971	1972	1973	1974	1975	1976	1977	1978	1979	1980
Sweden (I)										
B Total %	*2.5*	*2.7*	*2.5*	*2.0*	*1.6*	*1.6*	*1.8*	*2.2*	*2.1*	*2.0* [1]
B Males – Hom. %	*2.4*	*2.5*	*2.3*	*1.7*	*1.3*	*1.3*	*1.5*	*2.1*	*1.9*	*1.6* [1]
B Fem. – Muj. %	*2.8*	*3.0*	*2.8*	*2.4*	*2.0*	*2.0*	*2.2*	*2.4*	*2.3*	*2.3* [1]
Sweden (III.a)										
B Total	45.345	48.244	45.992	39.019	36.654	32.654	34.215	45.665	45.097	43.560
B Males – Hom.	.	.	.	23.634	22.462	18.381	18.096	25.508	23.659	21.765
B Fem. – Muj.	.	.	.	15.385	14.192	14.273	16.119	20.156	21.438	21.794
B Total %	*2.0*	*2.0*	*1.9*	*1.5*	*1.4*	*1.2*	*1.2*	*1.6*	*1.5*	*1.4*
B Males – Hom. %	.	.	.	*1.5*	*1.4*	*1.1*	*1.1*	*1.5*	...	...
B Fem. – Muj. %	.	.	.	*1.7*	*1.4*	*1.3*	*1.4*	*1.6*	...	...
Turquie (III.1)										
Total	44.95	43.89	44.76	81.75	116.77	141.28	142.65	166.80	170.70	256.34
Males – Hom.	.	.	.	72.92	103.40	124.68	125.26	146.05	144.81	210.86
Fem. – Muj.	.	.	.	8.82	13.36	16.60	17.39	20.75	25.89	45.48
United Kingdom (III.1) [2]										
B Total	792.1	875.6	618.8	620.4	977.6	1 359.4 [1]	1 483.6	1 475.0	1 390.5	1 794.7
B Males – Hom.	665.9	728.6	515.2	517.9	777.1	1 023.5 [1]	1 069.2	1 040.2	963.9	1 233.6
B Fem. – Muj.	126.2	147.0	103.6	102.6	200.5	336.0 [1]	414.3	434.8	426.5	561.1
B Total %	*3.5*	*3.8*	*2.7*	*2.6*	*4.1*	*5.7* [1]	*6.2*	*6.1*	*5.7*	*7.4*
B Males – Hom. %	*4.6*	*5.1*	*3.6*	*3.7*	*5.5*	*7.1* [1]	*7.4*	*7.2*	*6.7*	*8.7*
B Fem. – Muj. %	*1.5*	*1.7*	*1.2*	*1.1*	*2.1*	*3.5* [1]	*4.4*	*4.4*	*4.3*	*5.7*
United Kingdom (III.1) [3]										
B Total	49.434	79.175	11.580	207.43 [4]	62.615 [5]	25.004 [6]	18.379 [1]	11.192	13.045	18.216
Males – Hom.	.	.	.	. [4]	49.795 [5]	19.276 [6]	15.842 [1]	9.730	11.364	15.107
Fem. – Muj.	.	.	.	. [4]	12.819 [5]	5.729 [6]	2.537 [1]	1.463	1.681	3.093
B Total %	*0.2*	*0.3*	*0.1*	*0.9* [4]	*0.3* [5]	*0.1* [6]	*0.1*	–	*0.1*	*0.1*
Males – Hom. %	.	.	.	. [4]	*0.3* [5]	*0.1* [6]	*0.1*	*0.1*	*0.1*	*0.1*
Fem. – Muj. %	.	.	.	. [4]	*0.1* [5]	*0.1* [6]	–	–	–	–
Yugoslavia (III.1)										
B Total	291.3	315.3	381.6	448.6	540.1	635.3	700.4	734.8	762.0	785.5
B Males – Hom.	148.7	159.2	191.8	221.0	266.4	317.8	346.6	353.5	352.7	350.3
B Fem. – Muj.	142.6	156.2	189.8	227.7	273.7	317.5	353.8	381.3	409.3	435.2
B Total %	*6.7*	*7.0*	*8.1*	*9.0*	*10.2*	*11.4*	*11.9*	*12.0*	*11.9*	*11.9*

Explanatory notes and source: see p. 309 – Notes explicatives et source: voir p. 311 – Notas explicativas y fuente: véase p. 313

[1] ∅: eleven months' average. [2] Excl. persons temporarily laid off. [3] Persons temporarily laid off. [4] ∅: Jan.–Sep. [5] Feb.–Dec. [6] ∅: Jan.–Oct.

[1] ∅: moyenne de onze mois. [2] Non compris les personnes temporairement mises à pied. [3] Personnes temporairement mises à pied. [4] ∅: janv.–sept. [5] Fév.–déc. [6] ∅: janv.–oct.

[1] ∅: promedio de once meses. [2] Excl. las personas temporalmente despedidas. [3] Personas temporalmente despedidas. [4] ∅: enero–sept. [5] Febr.–dic. [6] ∅: enero–oct.

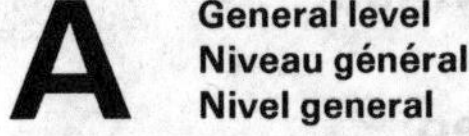

9 Unemployment / Chômage / Desempleo

A General level / Niveau général / Nivel general

Numbers (000's) and rates (%) – Nombres (milliers) et taux (%) – Número (millares) y tasas (%)

Country, source and scope Pays, source et portée País, fuente y alcance	1971	1972	1973	1974	1975	1976	1977	1978	1979	1980
OCEANIA – OCÉANIE – OCEANIA										
American Samoa (I)										
Total	.	.	.	1.106	1.222	1.721	1.365	1.361	1.317	1.271
Total %	.	.	.	*12.2*	*13.4*	*19.4*	*15.0*	*14.0*	*13.0*	*12.0*
Australia (I)										
B Total	107.3	150.1	136.3	161.6	302.5	298.1	358.1	402.1	404.7	405.5
B Males – Hom.	50.1	74.7	63.9	75.9	149.9	156.4	186.0	219.6	212.7	212.4
B Fem. – Muj.	57.2	75.5	72.4	85.7	152.6	141.7	172.1	182.5	192.0	193.1
B Total %	*1.9*	*2.6*	*2.3*	*2.7*	*4.9*	*4.8*	*5.7*	*6.3*	*6.2*	*6.1*
B Males – Hom. %	*1.3*	*2.0*	*1.6*	*1.9*	*3.8*	*3.9*	*4.6*	*5.4*	*5.2*	*5.1*
B Fem. – Muj. %	*3.1*	*3.9*	*3.6*	*4.1*	*7.0*	*6.4*	*7.5*	*7.9*	*8.2*	*7.9*
Fiji (III.1)										
Total	.	.	.	.	.	0.190	0.287	0.156	0.168	.
Kiribati (I)										
Total	.	.	.	.	.	.	2.04	2.62	2.80	.
Males – Hom.	.	.	.	.	.	.	0.95	1.10	1.25	.
Fem. – Muj.	.	.	.	.	.	.	1.10	1.52	1.55	.
Total %	.	.	.	.	.	.	*7.3*	*8.3*	*8.0*	.
Males – Hom. %	.	.	.	.	.	.	*5.5*	*5.8*	*6.0*	.
Fem. – Muj. %	.	.	.	.	.	.	*10.1*	*11.7*	*10.8*	.
New Zealand (III.1)										
B Total	3.115	5.684	2.321	0.955	4.166	5.356	7.385	22.330	25.239	36.499
B Males – Hom.	.	.	.	.	.	3.133	4.318	13.429	15.559	22.903
B Fem. – Muj.	.	.	.	.	.	2.223	3.067	8.794	9.680	13.595
Total %	*0.3*	*0.5*	*0.2*	*0.1*	*0.4*	*0.4*	*0.6*	*1.8*	*2.0*	*2.9*
Males – Hom. %	*0.3*	*0.6*	*0.2*	*0.1*	*0.4*	*0.4*	*0.5*	*1.6*	*1.8*	*2.6*
Fem. – Muj. %	*0.2*	*0.4*	*0.2*	*0.1*	*0.4*	*0.6*	*0.8*	*12.2*	*2.4*	*3.3*
Nouvelle-Calédonie (III.1)										
Total	.	.	0.687	0.495	0.576	0.740	0.778	0.829	0.862	1.021
Males – Hom.	.	.	.	.	0.331	0.455	0.446	0.446	0.428	0.537
Fem. – Muj.	.	.	.	.	0.245	0.285	0.332	0.383	0.434	0.483
Polynésie française (III.1)										
Total	.	.	.	.	.	.	.	0.190	0.249	0.094
Males – Hom.	.	.	.	.	.	.	.	.	0.123	0.036
Fem. – Muj.	.	.	.	.	.	.	.	.	0.125	0.058

9 Unemployment / Chômage / Desempleo

B By sex and age group / Par sexe et groupe d'âge / Por sexo y grupo de edad

(Thousands – Milliers – Millares)

Country, source and scope Pays, source et portée País, fuente y alcance	Males – Hommes – Hombres					Females – Femmes – Mujeres				
	1976	1977	1978	1979	1980	1976	1977	1978	1979	1980
AFRICA – AFRIQUE – AFRICA										
Ghana [1] (III.1)										
-20	6.077	5.382	5.782	6.638	6.324	2.047	2.257	2.748	2.359	3.335
20-24	8.637	8.591	9.412	8.491	11.051	2.784	3.661	3.889	3.017	4.633
25-44	7.035	7.186	7.131	4.946	8.559	1.704	2.569	2.391	1.836	3.564
45-54	3.137	2.120	1.796	1.176	2.868	1.380	0.389	0.479	0.401	1.294
55+	0.102	.	0.013	0.153	0.305	0.022	.	0.020	0.006	0.018
?	.	.	0.844	1.547	0.299	.	.	0.291	0.728	.
Total	**24.988**	**23.279**	**24.978**	**22.947**	**29.107**	**7.937**	**8.876**	**9.818**	**8.347**	**12.844**
AMERICA – AMÉRIQUE – AMERICA										
Argentina [2] (I)										
-20	27.9	14.9	13.4	13.8	.	29.8	18.3	14.8	2.6	.
20-24	9.1	8.5	13.5	10.8	.	16.2	15.0	9.7	12.9	.
25-39	11.6	5.1	10.7	3.8	.	30.3	15.5	14.0	8.3	.
40-49	6.4	7.3	7.5	0.9	.	7.9	6.3	6.6	2.7	.
50-59	13.8	5.5	4.5	4.3	.	3.0	5.2	3.1	5.1	.
60+	1.3	1.7	2.5	4.2	.	0.7	.	0.4	.	.
?	1.2	.	0.4	.	.	.	.	0.3	.	.
Total	**71.2**	**43.1**	**52.6**	**37.9**	**.**	**87.9**	**60.3**	**49.0**	**31.6**	**.**
Barbados (I)										
-20	3.0 [3]	2.9 [3]	.	2.8	2.3	3.1 [3]	4.0 [3]	.	2.8	2.5
20-24	1.0 [3]	1.5 [3]	.	1.2	1.8	2.5 [3]	3.3 [3]	.	2.9	3.0
25-44	1.5 [3]	1.4 [3]	.	0.8	0.9	3.7 [3]	3.1 [3]	.	2.9	2.6
45-54	0.2 [3]	0.2 [3]	.	0.1	0.3	0.9 [3]	0.6 [3]	.	0.8	0.6
55-59	0.3 [3]	0.1 [3]	.	0.1	0.1	– [3]	0.1 [3]	.	0.1	0.1
60+	0.2 [3]	0.2 [3]	.	0.2	0.3	– [3]	0.3 [3]	.	0.1	.
Total	**6.2** [3]	**6.3** [3]	**.**	**5.2**	**5.7**	**10.2** [3]	**11.4** [3]	**.**	**9.6**	**8.8**
Canada (I)										
15-19	100	116	120	111	116	80	89	94	92	90
20-24	98	115	119	107	113	70	88	89	83	89
25-44	135	157	169	153	169	124	142	164	155	149
45-54	40	48	52	45	46	32	39	41	38	41
55+	31	39	42	36	34	16	19	20	19	19
Total	**404**	**474**	**502**	**452**	**479**	**322**	**377**	**408**	**386**	**388**
Colombia [4] (I) [5]										
-20	49.46	45.01	41.58	49.20	53.54	40.02	47.01	39.55	49.80	54.34
20-29	62.08	53.22	57.12	62.11	73.70	52.65	57.78	58.90	71.82	78.56
30-39	17.38	13.57	11.49	13.71	18.50	13.33	13.36	11.85	18.25	18.11
40-49	12.72	9.77	7.52	8.85	6.48	6.01	6.90	4.81	6.84	5.75
50-59	9.51	7.88	4.55	8.42	6.15	1.42	2.55	1.64	1.21	2.27
60+	4.14	3.50	4.19	2.49	3.40	0.30	0.43	0.43	0.21	.
Total	**155.30**	**132.95**	**126.46**	**144.78**	**161.77**	**113.74**	**175.06**	**117.18**	**148.12**	**159.03**

Explanatory notes and source: see p. 309 – Notes explicatives et source: voir p. 311 – Notas explicativas y fuente: véase p. 313

[1] ∅: March, June, Sep. and Dec. of each year. [2] Gran Buenos Aires. [3] November. [4] Total of seven cities. [5] ∅: Sep. of each year.

[1] ∅: mars, juin, sept. et déc. de chaque année. [2] Gran Buenos Aires. [3] Novembre. [4] Total de sept villes. [5] ∅: sept. de chaque année.

[1] ∅: marzo, junio, sept. y dic. de cada año. [2] Gran Buenos Aires. [3] Noviembre. [4] Total de siete ciudades. [5] ∅: sept. de cada año.

9 Unemployment Chômage Desempleo

B By sex and age group Par sexe et groupe d'âge Por sexo y grupo de edad

(Thousands – Milliers – Millares)

Country, source and scope Pays, source et portée País, fuente y alcance	Males – Hommes – Hombres					Females – Femmes – Mujeres				
	1976	1977	1978	1979	1980	1976	1977	1978	1979	1980
Costa Rica [1] (I)										
-20	.	.	.	.	14.92	.	.	.	.	6.78
20-29	.	.	.	.	9.70	.	.	.	.	5.97
30-39	.	.	.	.	2.55	.	.	.	.	1.24
40-49	.	.	.	.	1.34	.	.	.	.	0.50
50-59	.	.	.	.	1.27	.	.	.	.	0.29
60+	.	.	.	.	0.89	.	.	.	.	.
?	.	.	.	.	.	.	.	.	.	0.12
Total	.	.	.	.	**30.67**	.	.	.	.	**14.90**
Guyane française [2] (III.1)										
-25	.	.	.	0.173	0.240	.	.	.	0.255	0.327
25-49	.	.	.	0.132	0.171	.	.	.	0.242	0.272
50+	.	.	.	0.029	0.027	.	.	.	0.024	0.024
Total	.	.	.	**0.334**	**0.438**	.	.	.	**0.521**	**0.623**
Martinique (I)										
-25	.	.	.	10.16 [3]	8.52 [4]	.	.	.	9.88 [3]	9.48 [4]
25-39	.	.	.	2.16 [3]	2.56 [4]	.	.	.	4.52 [3]	5.68 [4]
40-59	.	.	.	2.08 [3]	1.40 [4]	.	.	.	4.12 [3]	3.84 [4]
60+	.	.	.	0.20 [3]	0.32 [4]	.	.	.	0.20 [3]	0.16 [4]
Total	.	.	.	**14.60** [3]	**12.80** [4]	.	.	.	**18.72** [3]	**19.16** [4]
Panamá (I)										
15-19	3.82	6.38	6.41	8.16	.	3.53	4.19	5.24	6.15	.
20-29	8.76	11.98	10.82	11.84	.	7.52	10.30	10.94	11.64	.
30-39	3.25	3.75	3.40	3.29	.	2.36	2.84	3.02	4.00	.
40-49	1.69	2.25	1.48	1.58	.	1.04	0.85	1.02	1.62	.
50-59	0.80	1.38	0.75	1.41	.	0.17	0.27	0.11	0.20	.
60+	0.72	0.73	0.55	0.64	.	0.04	0.08	0.04	0.20	.
Total	**19.04**	**26.47**	**23.41**	**26.92**	.	**14.66**	**18.53**	**20.37**	**23.81**	.
Puerto Rico (I)										
16-19	19	20	20	19	18	7	6	7	5	6
20-24	32	34	33	32	33	12	13	13	12	13
25-34	35	38	36	35	37	12	15	14	11	13
35-44	24	22	20	21	21	7	8	6	6	6
45-54	14	14	13	13	13	3	4	3	3	3
55-64	8	8	8	8	7	1	1	1	–	–
65+	2	2	1	1	–	1	1	1	–	–
Total	**134**	**139**	**131**	**129**	**130**	**42**	**48**	**45**	**39**	**42**
United States (I)										
16-19	928	861	799	795	896	773	781	760	733	744
20-24	924	846	733	705	1 033	746	732	692	672	733
25-44	1 314	1 206	963	982	1 569	1 192	1 170	1 085	1 092	1 312
45-54	414	329	280	276	361	345	339	274	266	316
55-59	169	142	123	118	143	133	120	87	93	98
60+	219	205	153	143	156	130	125	99	90	88
Total	**3 968**	**3 588**	**3 051**	**3 018**	**4 157**	**3 320**	**3 267**	**2 996**	**2 945**	**3 291**
Venezuela [5] (I)										
-20	52.16	42.36	46.49	55.39	.	16.32	15.18	12.17	15.27	.
20-24	47.27	39.08	38.78	53.94	.	16.84	15.04	15.08	17.83	.
25-34	35.40	29.15	29.53	44.76	.	12.43	11.25	8.54	16.17	.
35-44	17.48	13.27	13.11	18.30	.	4.84	3.74	1.62	3.83	.
45-54	9.98	8.86	8.42	10.69	.	1.08	1.20	0.80	0.32	.
55+	7.43	5.77	5.53	7.70	.	0.36	0.50	0.28	0.45	.
Total	**169.71**	**138.49**	**141.87**	**190.76**	.	**51.87**	**46.91**	**38.49**	**53.88**	.

Explanatory notes and source: see p. 309 – Notes explicatives et source: voir p. 311 – Notas explicativas y fuente: véase p. 313

[1] July. [2] Cayenne and Kourou. [3] November. [4] May. [5] Second semester.

[1] Juillet. [2] Cayenne et Kourou. [3] Novembre. [4] Mai. [5] Second semestre.

[1] Julio. [2] Cayena y Kourou. [3] Noviembre. [4] Mayo. [5] Segundo semestre.

9 Unemployment / Chômage / Desempleo

B By sex and age group / Par sexe et groupe d'âge / Por sexo y grupo de edad

(Thousands – Milliers – Millares)

Country, source and scope Pays, source et portée País, fuente y alcance	Males – Hommes – Hombres					Females – Femmes – Mujeres				
	1976	1977	1978	1979	1980	1976	1977	1978	1979	1980
ASIA – ASIE – ASIA										
Cyprus (III.1)										
-20	0.234	0.186	0.135	0.190	0.216	0.576	0.569	0.465	0.375	0.405
20-24	1.174	0.689	0.426	0.418	0.486	0.749	0.605	0.562	0.607	0.677
25-39	4.057	1.336	0.780	0.694	0.862	0.885	0.562	0.460	0.428	0.532
40-49	1.956	0.538	0.225	0.181	0.205	0.512	0.158	0.094	0.089	0.163
50-59	2.065	0.656	0.304	0.229	0.265	0.477	0.130	0.084	0.075	0.108
60+	1.609	0.653	0.435	0.363	0.374	0.224	0.062	0.047	0.042	0.051
Total	**11.095**	**4.058**	**2.305**	**2.075**	**2.408**	**3.423**	**2.086**	**1.712**	**1.616**	**1.936**
Hong Kong [1] (I)										
-20	.	12.1	8.7	14.3	16.4	.	8.2	7.3	8.6	10.0
20-24	.	10.6	7.7	12.5	14.3	.	8.5	6.5	7.6	10.9
25-44	.	14.9	9.4	13.2	21.4	.	6.8	4.9	4.0	9.2
45-54	.	8.3	6.6	8.7	9.8	.	2.1	1.2	0.9	1.7
55-59	.	4.1	2.0	2.4	4.7	.	0.8	0.2	0.4	0.7
60+	.	2.9	1.1	1.4	2.4	.	0.8	0.2	0.7	0.6
Total	.	**52.0**	**35.4**	**52.4**	**68.9**	.	**27.1**	**20.2**	**22.2**	**33.1**
India [2] (III.2)										
-20	2 642	1 938	2 246	2 545	.	258	289	347	403	.
20-24	2 448	4 671	5 259	5 796	.	607	704	795	886	.
25-44	3 374	2 841	3 412	3 963	.	361	412	520	604	.
45-54	76	54	76	111	.	4	5	9	10	.
55+	14	9	13	14	.	0	0	1	1	.
Total	**8 554**	**9 514**	**11 006**	**12 430**	.	**1 231**	**1 410**	**1 672**	**1 904**	.
Israel (I)										
14-17	2.5	2.7	2.5	2.2	2.2	2.1	2.7	2.5	1.4	3.1
18-24	9.2	9.9	9.5	7.5	13.6	7.8	7.9	8.2	6.9	10.8
25-34	6.9	7.5	6.7	6.0	10.7	4.9	6.2	6.4	5.8	8.6
35-44	2.6	3.0	2.2	1.4	3.7	2.1	2.4	2.5	1.7	3.5
45-54	1.3	1.6	1.2	1.5	2.2	1.2	1.4	1.3	1.1	2.1
55+	1.5	1.5	1.3	1.0	2.3	0.3	0.6	0.6	0.3	0.9
Total	**24.0**	**26.2**	**23.4**	**19.6**	**34.7**	**18.4**	**21.2**	**21.0**	**17.2**	**29.0**
Japan (I)										
15-19	40	40	50	40	40	20	20	20	20	20
20-24	100	110	110	90	100	80	90	90	90	90
25-44	320	310	340	300	280	170	210	230	230	230
45-54	110	100	120	110	100	40	40	60	50	70
55-59	60	60	70	80	70	20	20	20	20	20
60+	110	110	120	120	110	10	10	10	10	10
Total	**740**	**720**	**810**	**740**	**710**	**340**	**380**	**430**	**430**	**430**
Korea, Republic of (I)										
-20	84	95	71	75	84	42	57	54	50	77
20-24	84	98	77	97	132	31	41	42	55	71
25-44	179	143	128	171	257	19	15	14	19	33
45-54	49	41	34	49	65	3	4	3	5	9
55-59	7	12	10	14	15	1	1	1	1	2
60+	5	3	4	5	5	1	1	4	1	–
Total	**408**	**392**	**324**	**411**	**558**	**97**	**119**	**118**	**131**	**191**
Philippines [3] (I)										
-20	.	81.0	99.1	.	.	.	93.6	81.2	.	.
20-24	.	77.6	72.5	.	.	.	110.3	128.6	.	.
25-44	.	87.7	69.0	.	.	.	144.9	168.4	.	.
45-54	.	10.1	10.4	.	.	.	32.9	28.2	.	.
55-59	.	2.8	7.6	.	.	.	18.1	17.8	.	.
60+	.	7.5	3.7	.	.	.	4.1	7.8	.	.
Total	.	**266.7**	**262.3**	.	.	.	**404.2**	**432.0**	.	.

Explanatory notes and source: see p. 309 – Notes explicatives et source: voir p. 311 – Notas explicativas y fuente: véase p. 313

[1] ∅: Sep. of each year. [2] ∅: Dec. of each year. [3] Fourth quarter.

[1] ∅: sept. de chaque année. [2] ∅: déc. de chaque année. [3] Quatrième trimestre.

[1] ∅: sept. de cada año. [2] ∅: dic. de cada año. [3] Cuarto trimestre.

9 Unemployment / Chômage / Desempleo

B By sex and age group / Par sexe et groupe d'âge / Por sexo y grupo de edad

(Thousands – Milliers – Millares)

Country, source and scope / Pays, source et portée / País, fuente y alcance	Males – Hommes – Hombres 1976	1977	1978	1979	1980	Females – Femmes – Mujeres 1976	1977	1978	1979	1980
Singapore [1] (I)										
-20	.	.	.	.	3.38	.	.	.	.	5.23
20-24	.	.	.	.	7.58	.	.	.	.	3.71
25-44	.	.	.	.	6.76	.	.	.	.	3.93
45-54	.	.	.	.	1.85	.	.	.	.	0.49
55-59	.	.	.	.	0.62	.	.	.	.	0.08
60+	.	.	.	.	0.56	.	.	.	.	0.06
Total	.	.	.	.	**20.74**	.	.	.	.	**13.51**
République arabe syrienne [2] (I)										
10-19	.	.	27.294	22.399	.	.	.	6.305	8.473	.
20-24	.	.	20.017	23.389	.	.	.	2.471	3.067	.
25-44	.	.	19.777	10.693	.	.	.	2.304	0.890	.
45-54	.	.	3.356	3.757	.	.	.	0.121	0.168	.
55-59	.	.	2.460	2.292	.	.	.	–	–	.
60+	.	.	6.060	6.645	.	.	.	0.151	0.322	.
Total	.	.	**78.964**	**69.175**	.	.	.	**11.352**	**12.920**	.
Thailand (I)										
-20	.	.	35.6	.	.	.	.	18.9	.	.
20-24	.	.	38.0	.	.	.	.	23.3	.	.
25-34	.	.	18.2	.	.	.	.	7.2	.	.
35-49	.	.	10.1	.	.	.	.	0.9	.	.
50-59	.	.	1.2	.	.	.	.	0.9	.	.
60+	.	.	0.8	.	.	.	.	.	.	.
?	.	.	0.8	.	.	.	.	0.8	.	.
Total	.	.	**104.7**	.	.	.	.	**52.0**	.	.
EUROPE – EUROPE – EUROPA										
Austria [3] (III.1)										
-20	0.649	0.642	0.814	0.609	0.558	2.021	1.891	2.326	1.730	1.444
20-29	2.570	2.510	3.412	2.997	2.482	5.872	5.890	6.552	6.350	5.590
30-39	2.051	1.925	3.008	2.940	2.603	4.953	5.032	5.697	5.589	5.210
40-49	2.094	1.752	2.539	2.466	2.163	3.578	3.378	3.597	3.761	3.479
50-59	2.563	2.553	3.333	2.948	2.847	3.574	3.184	3.675	2.988	2.734
60+	0.440	0.317	0.363	0.286	0.252	0.429	0.310	0.316	0.278	0.267
Total	**10.367**	**9.699**	**13.469**	**12.246**	**10.905**	**20.427**	**19.685**	**22.163**	**20.696**	**18.724**
Belgique (III.1)										
-20	15.8	17.0	19.1	18.8	20.5	23.9	26.1	27.3	28.3	29.2
20-24	23.5	25.2	28.0	28.1	30.9	43.3	51.7	56.3	60.4	64.8
25-39	25.4	29.3	33.8	33.9	37.9	48.8	63.2	74.7	84.9	96.0
40-49	15.7	17.6	19.6	19.4	20.7	19.1	22.6	25.2	27.6	29.4
50+	34.3	35.4	31.8	32.1	33.8	16.7	19.4	17.6	18.2	19.3
Total	**114.7**	**124.6**	**132.4**	**132.4**	**143.8**	**151.8**	**183.1**	**201.0**	**219.4**	**238.6**
Denmark										
-20	.	.	.	3.382	.	.	.	.	6.489	.
20-24	.	.	.	13.737	.	.	.	.	21.465	.
25-44	.	.	.	35.985	.	.	.	.	39.422	.
45-54	.	.	.	10.276	.	.	.	.	9.564	.
55-59	.	.	.	6.579	.	.	.	.	4.489	.
60+	.	.	.	7.175	.	.	.	.	2.882	.
Total	.	.	.	**77.134**	.	.	.	.	**84.711**	.

Explanatory notes and source: see p. 309 – Notes explicatives et source: voir p. 311 – Notas explicativas y fuente: véase p. 313

[1] June. [2] ∅: Sep. of each year. [3] ∅: Aug. of each year.

[1] Juin. [2] ∅: sept. de chaque année. [3] ∅: août de chaque année.

[1] Junio. [2] ∅: sept. de cada año. [3] ∅: agosto de cada año.

9 Unemployment / Chômage / Desempleo

B By sex and age group / Par sexe et groupe d'âge / Por sexo y grupo de edad

(Thousands - Milliers - Millares)

Country, source and scope Pays, source et portée País, fuente y alcance	Males - Hommes - Hombres					Females - Femmes - Mujeres				
	1976	1977	1978	1979	1980	1976	1977	1978	1979	1980
España [1] (I)										
-20	132.9	169.5	213.4	259.6	.	120.5	147.5	187.0	205.4	.
20-24	79.1	97.2	137.4	171.9	.	51.4	71.5	109.6	138.6	.
25-44	159.3	170.9	205.8	274.6	.	38.4	47.9	60.7	89.3	.
45-54	68.4	70.1	101.8	112.0	.	8.5	7.8	15.5	17.1	.
55-59	24.9	35.8	43.0	48.8	.	1.5	2.7	3.1	5.7	.
60+	17.5	18.7	16.8	25.1	.	1.8	1.6	0.9	0.5	.
Total	**482.0**	**562.2**	**718.2**	**892.0**	.	**222.2**	**278.9**	**376.7**	**456.6**	.
Finland (I)										
-20	11	16	16	14	10	8	13	12	10	9
20-24	10	19	22	14	9	6	11	14	11	10
25-44	22	32	43	33	24	10	17	24	23	20
45-54	9	12	15	12	11	3	7	9	10	8
55-59	4	4	5	4	4	4	3	5	4	4
60+	2	2	2	.	1	1	1	2	2	2
Total	**58**	**85**	**103**	**79**	**59**	**32**	**52**	**66**	**60**	**53**
France (III.1)										
-18	24.23	25.17	24.73	27.61	28.15	36.86	40.26	38.20	40.08	40.22
18-24	123.04	139.42	145.00	179.15	193.78	208.57	245.32	256.41	213.67	347.93
25-39	134.76	154.86	173.37	188.46	189.00	124.76	153.21	173.75	201.12	224.91
40-49	67.92	75.33	84.51	88.86	82.57	47.65	53.85	57.69	62.26	65.69
50-59	66.70	78.92	97.73	121.17	128.27	51.40	60.76	69.59	81.96	90.62
60+	26.82	25.34	24.27	27.17	36.65	20.74	19.29	17.70	18.31	22.86
Total	**443.47**	**499.04**	**549.61**	**632.44**	**658.41**	**489.99**	**572.71**	**613.35**	**717.40**	**792.22**
Germany, Fed. Rep. of [2] (III.1)										
14-19	41.4	41.6	34.8	23.0	31.3	61.3	64.4	57.2	45.6	49.7
20-24	66.9	66.8	60.1	44.7	57.3	87.6	95.1	93.9	79.0	86.2
25-44	196.9	190.3	168.4	129.3	152.6	199.9	210.6	206.0	180.6	197.2
45-54	68.3	66.6	63.1	53.4	59.4	70.2	68.4	65.4	58.0	61.4
55-59	28.5	33.5	39.0	45.3	44.9	31.4	38.6	44.4	47.8	48.6
60-64	34.7	25.7	23.1	21.1	22.8	11.4	9.7	8.9	8.8	11.1
Total	**436.6**	**424.4**	**388.5**	**316.9**	**368.5**	**461.8**	**486.9**	**475.7**	**419.8**	**454.2**
Grèce (III.1)										
-20	.	0.404	0.542	0.196	0.376	.	0.441	0.647	0.243	0.504
20-24	.	0.890	1.350	0.860	1.421	.	1.581	1.892	1.728	2.437
25-44	.	9.861	10.738	10.285	12.240	.	6.091	6.265	6.555	7.142
45-54	.	3.928	4.408	5.128	5.841	.	2.428	2.909	3.455	3.997
55+	.	1.502	1.554	2.129	2.250	.	0.542	0.613	1.008	0.992
Total	.	**16.585**	**18.592**	**18.598**	**22.128**	.	**11.083**	**12.326**	**12.989**	**15.072**
Italie (I)										
14-19	.	.	209	237	228	.	.	274	299	302
20-24	.	.	234	236	248	.	.	247	260	281
25-44	.	.	168	167	164	.	.	270	292	302
45-54	.	.	41	40	35	.	.	48	57	51
55-59	.	.	16	17	15	.	.	12	20	13
60+	.	.	24	32	26	.	.	31	40	33
Total	.	.	**691**	**730**	**716**	.	.	**880**	**968**	**982**
Luxembourg (III.1)										
-20	.	.	0.307	0.209	0.194	.	.	0.307	0.325	0.334
20-59	.	.	0.347	0.319	0.321	.	.	0.199	0.193	0.232
60+	.	.	0.005	0.007	0.010	.	.	0.001	0.002	0.002
Total	.	.	**0.659**	**0.535**	**0.525**	.	.	**0.507**	**0.520**	**0.568**

Explanatory notes and source: see p. 309 - Notes explicatives et source: voir p. 311 - Notas explicativas y fuente: véase p. 313

[1] ∅: fourth quarter of each year. [2] ∅: Sep. of each year.

[1] ∅: quatrième trimestre de chaque année. [2] ∅: sept. de chaque année.

[1] ∅: cuarto trimestre de cada año. [2] ∅: sept. de cada año.

9 Unemployment / Chômage / Desempleo

B By sex and age group / Par sexe et groupe d'âge / Por sexo y grupo de edad

(Thousands - Milliers - Millares)

Country, source and scope / Pays, source et portée / País, fuente y alcance	Males - Hommes - Hombres 1976	1977	1978	1979	1980	Females - Femmes - Mujeres 1976	1977	1978	1979	1980
Netherlands (III.1)										
-19	12.0	10.4	10.3	9.9	13.4	11.4	12.9	15.5	18.1	20.4
19-24	42.1	38.0	35.9	34.7	42.2	18.7	22.4	27.0	30.7	34.7
25-39	61.8	56.0	52.9	52.2	64.1	12.8	14.6	17.4	19.2	22.7
40-49	20.7	18.8	17.2	16.7	19.8	3.9	4.2	4.8	5.0	5.8
50-54	7.7	6.9	6.2	5.8	6.7	1.7	1.7	1.8	1.8	1.9
55-59	7.3	7.0	6.5	6.3	6.7	1.4	1.4	1.5	1.5	1.5
60-64	8.2	8.1	7.4	6.8	7.0	1.1	1.2	1.2	1.1	1.1
Total	**159.8**	**145.2**	**136.4**	**132.4**	**159.9**	**51.0**	**58.4**	**69.2**	**77.6**	**88.0**
Norway [1] (III.1)										
-20	1.819	1.648	2.329	2.137	2.077	1.273	1.233	1.562	1.486	1.861
20-24	1.830	1.447	2.853	2.281	2.319	1.201	1.159	1.687	1.555	1.708
25-29	1.440	1.127	2.184	1.825	1.881	0.746	0.639	1.011	0.946	1.073
30-49	2.745	2.155	4.419	3.677	3.429	1.920	1.733	2.615	2.271	2.487
50-59	1.625	1.184	2.033	1.613	1.564	1.171	0.869	1.157	0.985	1.015
60+	1.714	1.506	1.989	1.808	2.083	0.586	0.560	0.623	0.617	0.781
Total	**11.173**	**9.067**	**15.807**	**13.341**	**13.353**	**6.897**	**6.193**	**8.655**	**7.860**	**8.925**
Portugal (I)										
-20	16.50	18.50	24.75	22.50	18.25	21.00	31.00	38.25	37.50	37.50
20-24	41.50	40.50	34.50	31.00	27.50	34.00	51.00	63.00	71.00	73.00
25-44	10.25	9.00	8.50	7.62	6.25	7.88	11.50	12.25	16.12	16.40
45-54	5.50	4.75	3.75	3.50	2.50	1.75	1.50	2.75	3.25	4.50
55-59	3.50	2.00	3.00	1.00	1.00		0.50	0.50	1.00	0.50
60+	0.25	0.25	0.50	0.50	0.50	0.25	0.75	–	–	0.25
Total	**148.00**	**145.00**	**136.00**	**121.50**	**102.50**	**112.00**	**163.50**	**197.50**	**222.00**	**227.00**
Suisse [2] (III.1)										
-20	0.614	0.286	0.264	0.198	0.098	0.449	0.317	0.284	0.281	0.143
20-24	3.465	1.946	1.310	1.164	0.669	1.273	1.063	1.024	1.136	0.668
25-39	5.968	3.496	2.647	2.566	1.669	2.110	1.263	1.372	1.776	1.013
40-49	2.385	1.464	1.069	1.101	0.754	1.059	0.553	0.525	0.709	0.404
50-59	1.969	1.253	1.008	1.002	0.656	0.822	0.522	0.452	0.626	0.373
60+	1.139	0.722	0.478	0.482	0.295	0.228	0.126	0.094	0.122	0.090
Total	**15.540**	**9.167**	**6.776**	**6.514**	**4.141**	**5.941**	**3.844**	**3.751**	**4.650**	**2.691**
Sweden (I)										
16-19	5	7	9	9	8	8	9	10	9	11
20-24	5	7	10	8	8	7	7	9	8	9
25-44	10	13	18	16	14	13	14	16	17	18
45-54	3	4	5	4	4	4	5	5	4	4
55-59	2	1	2	2	2	2	2	3	3	2
60+	5	3	5	5	4	2	2	3	3	2
Total	**30**	**35**	**49**	**44**	**40**	**36**	**40**	**45**	**44**	**45**
Turquie [3] (III.1)										
-20	.	.	.	22.97	.	.	.	.	10.55	.
20-24	.	.	.	58.49	.	.	.	.	.	.
25-44	.	.	.	71.35	.	.	.	.	10.55	.
45-64	.	.	.	4.67	.	.	.	.	0.47	.
65+	.	.	.	0.34	.	.	.	.	0.09	.
Total	.	.	.	**157.83**	.	.	.	.	**31.64**	.
United Kingdom [4] (III.1)										
-20	...	196.5	196.8	176.5	216.8	.	171.3	175.5	155.2	188.3
20-24	.	173.4	168.3	152.2	183.2	.	93.1	103.1	103.7	123.0
25-44	.	393.8	390.0	346.6	382.5	.	104.7	118.1	123.1	151.8
45-54	.	135.8	136.0	125.6	137.2	.	40.7	44.2	43.0	49.3
55-59	.	68.6	73.5	75.7	83.6	.	20.6	23.8	25.8	29.2
60+	.	135.4	136.4	131.0	137.1	.	1.4	1.4	1.3	1.6
Total	.	**1 103.4**	**1 101.0**	**1 007.6**	**1 140.3**	.	**431.8**	**466.1**	**452.0**	**543.3**

Explanatory notes and source: see p. 309 - Notes explicatives et source: voir p. 311 - Notas explicativas y fuente: véase p. 313

[1] 1976 - 1979: Nov. of each year. [2] ∅: Jan., April, July and Oct. [3] December. [4] ∅: Jan. and July of each year.

[1] 1976 - 1979: nov. de chaque année. [2] ∅: janv., avril, juillet et oct. [3] Décembre. [4] ∅: janv. et juillet de chaque année.

[1] 1976 - 1979: nov. de cada año. [2] ∅: enero, abril, julio y oct. [3] Diciembre. [4] ∅: enero y julio de cada año.

9 Unemployment / Chômage / Desempleo

B By sex and age group / Par sexe et groupe d'âge / Por sexo y grupo de edad

(Thousands – Milliers – Millares)

Country, source and scope Pays, source et portée País, fuente y alcance	Males – Hommes – Hombres					Females – Femmes – Mujeres				
	1976	1977	1978	1979	1980	1976	1977	1978	1979	1980
OCEANIA – OCÉANIE – OCEANIA										
Australia [1] (I)										
-20	47.5	62.3	65.5	59.2	60.7	52.9	73.1	62.1	70.6	70.0
20-24	33.9	38.3	47.0	45.5	47.9	24.4	32.3	38.1	33.3	40.1
25-44	47.5	57.7	68.1	60.5	65.5	43.1	49.0	55.5	57.4	57.3
45-54	17.4	18.2	23.4	17.2	19.9	11.7	11.7	14.3	13.3	12.0
55+	10.2	13.6	17.5	13.8	14.4	–	–	–	–	–
Total	**156.6**	**190.1**	**221.5**	**196.1**	**208.4**	**136.1**	**169.2**	**174.2**	**177.7**	**183.2**
Guam (I)										
-20	.	0.3	0.5	0.5	.	.	0.2	0.6	0.6	.
20-24	.	0.2	0.2	0.3	.	.	0.2	0.3	0.3	.
25-44	.	0.3	0.2	0.3	.	.	0.4	0.5	0.5	.
45+	.	0.1	0.2	0.2	.	.	0.2	0.1	0.2	.
Total	.	**0.9**	**1.1**	**1.3**	.	.	**1.1**	**1.5**	**1.5**	
New Zealand [2] (III.1)										
-21	0.898	0.716	4.367	5.218	6.146	1.780	1.601	6.017	6.649	7.422
21-29	0.689	0.458	3.716	4.508	5.754	0.508	0.423	1.826	2.095	2.532
30-39	0.308	0.217	1.357	1.759	2.538	0.130	0.115	0.471	0.598	0.764
40-49	0.228	0.175	0.759	1.007	1.741	0.092	0.075	0.327	0.447	0.512
50-59	0.276	0.228	0.706	1.065	1.170	0.068	0.073	0.225	0.310	0.328
60+	0.039	0.022	0.058	0.068	0.074	0.005	0.003	0.015	0.010	0.017
Total	**2.438**	**1.816**	**10.963**	**13.625**	**17.423**	**2.583**	**2.290**	**8.881**	**10.109**	**11.575**

Explanatory notes and source: see p. 309 – Notes explicatives et source: voir p. 311 – Notas explicativas y fuente: véase p. 313

[1] ∅: Aug. of each year. [2] ∅: March of each year.

[1] ∅: août de chaque année. [2] ∅: mars de chaque année.

[1] ∅: agosto de cada año. [2] ∅: marzo de cada año.

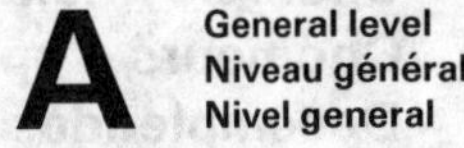

10 Unemployment by job experience
Chômeurs d'après l'expérience professionnelle
Desempleados según la experiencia profesional

A General level / Niveau général / Nivel general

(Thousands - Milliers - Millares)

Country, source and scope Pays, source et portée País, fuente y alcance	1971	1972	1973	1974	1975	1976	1977	1978	1979	1980
AFRICA - AFRIQUE - AFRICA										
Ghana (III.1)										
With previous job experience - Ayant précédemment travaillé - Hayan trabajado anteriormente										
B Total	10.477	16.840	13.280	12.176	14.071	16.785	15.484	15.077	14.540	20.393
B Males - Hom.	8.931	14.316	11.018	9.991	11.557	13.125	11.187	11.081	10.998	14.980
B Fem. - Muj.	1.546	2.524	2.190	2.185	2.514	3.660	4.297	3.996	3.542	5.413
Seeking their first job - En quête de leur premier emploi - En busca de su primer empleo										
B Total	7.909	14.397	13.122	16.116	16.418	15.916	16.448	19.719	16.755	19.618
B Males - Hom.	6.427	11.048	10.035	12.255	12.362	11.815	11.920	13.894	11.949	13.229
B Fem. - Muj.	1.482	3.349	3.087	3.861	4.056	4.101	4.528	5.825	4.806	6.389
Tunisie (III.2) [1]										
With previous job experience - Ayant précédemment travaillé - Hayan trabajado anteriormente										
Total	44.410	24.790	28.995	.	20.579	29.893	66.458	43.883	47.657	48.386
Males - Hom.	.	.	.	.	17.941	26.139	61.827	39.715	43.907	44.387
Fem. - Muj.	.	.	.	.	2.638	3.754	4.631	4.168	3.750	3.999
Seeking their first job - En quête de leur premier emploi - En busca de su primer empleo										
Total	8.066	7.139	7.976	.	8.240	6.165	12.726	11.699	15.791	18.179
Males - Hom.	.	.	.	.	5.003	3.107	8.191	6.693	9.027	10.420
Fem. - Muj.	.	.	.	.	3.237	3.058	4.535	5.006	6.764	7.759
AMERICA - AMÉRIQUE - AMERICA										
Argentina [2] (I)										
With previous job experience - Ayant précédemment travaillé - Hayan trabajado anteriormente										
Total	.	.	.	84.0	75.8	125.4	89.9	82.3	57.9	.
Seeking their first job - En quête de leur premier emploi - En busca de su primer empleo										
Total	.	.	.	29.8	21.2	33.7	13.4	19.3	11.5	.
Canada (I)										
With previous job experience - Ayant précédemment travaillé - Hayan trabajado anteriormente										
Total	471	490	456	465	649	686	802	857	787	819
Males - Hom.	358	362	321	326	374	389	455	480	431	459
Fem. - Muj.	112	129	135	139	275	296	348	377	356	360
Seeking their first job - En quête de leur premier emploi - En busca de su primer empleo										
Total	72	61	53	45	41	41	48	53	52	48
Males - Hom.	41	34	28	23	17	15	19	22	21	20
Fem. - Muj.	31	27	24	22	24	26	29	31	31	27
Colombia [3] (I)										
With previous job experience - Ayant précédemment travaillé - Hayan trabajado anteriormente										
Total	.	.	.	.	161.95	175.70	164.52	157.59	194.33	217.78
Males - Hom.	.	.	.	.	95.09	112.86	93.37	89.35	106.24	122.76
Fem. - Muj.	.	.	.	.	66.86	62.83	71.15	68.24	88.09	95.01
Seeking their first job - En quête de leur premier emploi - En busca de su primer empleo										
Total	.	.	.	.	91.17	93.34	96.48	86.05	98.56	103.02
Males - Hom.	.	.	.	.	41.97	42.43	39.58	37.10	38.53	39.01
Fem. - Muj.	.	.	.	.	49.21	50.91	56.89	48.95	60.03	64.01

Explanatory notes and source: see p. 309 - Notes explicatives et source: voir p. 311 - Notas explicativas y fuente: véase p. 313

[1] December. [2] Gran Buenos Aires. [3] Seven main cities of the country.

[1] Décembre. [2] Gran Buenos Aires. [3] Sept villes principales du pays.

[1] Diciembre. [2] Gran Buenos Aires. [3] Siete ciudades principales del país.

10 Unemployment by job experience
Chômeurs d'après l'expérience professionnelle
Desempleados según la experiencia profesional

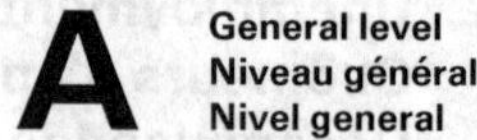

A General level / Niveau général / Nivel general

(Thousands - Milliers - Millares)

Country, source and scope Pays, source et portée País, fuente y alcance	1971	1972	1973	1974	1975	1976	1977	1978	1979	1980
Costa Rica (I) [1]										
With previous job experience - Ayant précédemment travaillé - Hayan trabajado anteriormente										
Total	.	.	.	.	.	23.182	22.328	23.267	25.170	35.350
Seeking their first job - En quête de leur premier emploi - En busca de su primer empleo										
Total	.	.	.	.	.	17.739	9.105	9.399	11.081	10.214
Chile (I)										
With previous job experience - Ayant précédemment travaillé - Hayan trabajado anteriormente										
Total	.	.	.	.	308.2	264.9	259.9	343.5	336.1	.
Seeking their first job - En quête de leur premier emploi - En busca de su primer empleo										
Total	.	.	.	.	159.4	140.9	118.6	151.8	138.1	.
Guyane française [2] (III.1)										
With previous job experience - Ayant précédemment travaillé - Hayan trabajado anteriormente										
Total	.	.	.	.	.	.	.	.	0.676	0.804
Males - Hom.	.	.	.	.	.	.	.	.	0.265	0.347
Fem. - Muj.	.	.	.	.	.	.	.	.	0.411	0.457
Seeking their first job - En quête de leur premier emploi - En busca de su primer empleo										
Total	.	.	.	.	.	.	.	.	0.179	0.257
Males - Hom.	.	.	.	.	.	.	.	.	0.069	0.091
Fem. - Muj.	.	.	.	.	.	.	.	.	0.110	0.166
Jamaica (I)										
With previous job experience - Ayant précédemment travaillé - Hayan trabajado anteriormente										
Total	.	105.7	120.1	114.7	120.6	141.6	160.0	155.6	189.7 [3]	163.2 [3]
Seeking their first job - En quête de leur premier emploi - En busca de su primer empleo										
Total	.	78.8	56.3	59.0	54.8	56.1	60.2	74.9	109.4 [3]	106.4 [3]
Martinique (I)										
With previous job experience - Ayant précédemment travaillé - Hayan trabajado anteriormente										
Total	.	.	.	.	.	.	.	.	18.44 [4]	19.44 [5]
Males - Hom.	.	.	.	.	.	.	.	.	6.96 [4]	6.96
Fem. - Muj.	.	.	.	.	.	.	.	.	11.48 [4]	12.48 [5]
Seeking their first job - En quête de leur premier emploi - En busca de su primer empleo										
Total	.	.	.	.	.	.	.	.	14.88 [4]	12.48 [5]
Males - Hom.	.	.	.	.	.	.	.	.	7.64 [4]	5.84 [5]
Fem. - Muj.	.	.	.	.	.	.	.	.	7.24 [4]	6.68 [5]
Panamá (I)										
With previous job experience - Ayant précédemment travaillé - Hayan trabajado anteriormente										
Total	27.70	18.00	.	21.50 [3]	24.40 [4]	24.60 [6]	24.47 [3]	21.17 [6]	30.12 [6]	.
Males - Hom.	.	.	.	14.90 [3]	13.70 [4]	15.49 [6]	15.75 [3]	12.21 [6]	17.36 [6]	
Fem. - Muj.	.	.	.	6.60 [3]	10.70 [4]	9.11 [6]	8.72 [3]	8.96 [6]	12.76 [6]	

Explanatory notes and source: see p. 309 - Notes explicatives et source: voir p. 311 - Notas explicativas y fuente: véase p. 313

[1] ∅: July of each year. [2] Cayenne and Kourou. [3] October. [4] November. [5] May. [6] August.

[1] ∅: juillet de chaque année. [2] Cayenne et Kourou. [3] Octobre. [4] Novembre. [5] Mai. [6] Août.

[1] ∅: julio de cada año. [2] Cayena y Kourou. [3] Octubre. [4] Noviembre. [5] Mayo. [6] Agosto.

10 Unemployment by job experience
Chômeurs d'après l'expérience professionnelle
Desempleados según la experiencia profesional

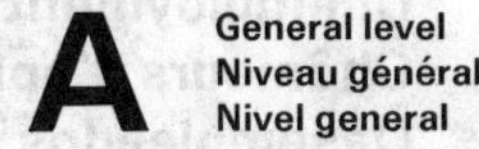
A General level / Niveau général / Nivel general

(Thousands - Milliers - Millares)

Country, source and scope Pays, source et portée País, fuente y alcance	1971	1972	1973	1974	1975	1976	1977	1978	1979	1980
Panamá (I)										
Seeking their first job - En quête de leur premier emploi - En busca de su primer empleo										
Total	8.60	15.20	.	8.50[1]	7.20[2]	9.10[3]	20.53[1]	22.61[3]	20.61[3]	.
Males - Hom.	.	.	.	4.80[1]	3.50[2]	3.55[3]	10.72[1]	11.20[3]	9.56[3]	.
Fem. - Muj.	.	.	.	3.70[1]	3.70[2]	5.55[3]	9.81[1]	11.41[3]	11.50[3]	.
Perú (I)										
With previous job experience - Ayant précédemment travaillé - Hayan trabajado anteriormente										
Total	149.5	144.5	139.5	132.3	.	.	.	.	.	.
Seeking their first job - En quête de leur premier emploi - En busca de su primer empleo										
Total	46.2	49.5	52.0	54.6	.	.	.	.	.	.
Puerto Rico (I)[4]										
With previous job experience - Ayant précédemment travaillé - Hayan trabajado anteriormente										
Total	86	92	92	105	146	165	▮ 172[5]	159	154	157
Males - Hom.	63	68	69	78	112	129	▮ 131[5]	122	121	121
Fem. - Muj.	23	24	23	27	34	36	▮ 42[5]	37	33	36
Seeking their first job - En quête de leur premier emploi - En busca de su primer empleo										
Total	9	10	9	12	13	14	▮ 15[5]	16	14	15
Males - Hom.	4	4	4	6	7	7	▮ 8[5]	9	8	9
Fem. - Muj.	5	5	5	6	6	7	▮ 6[5]	7	6	6
Trinidad and Tobago (I)										
With previous job experience - Ayant précédemment travaillé - Hayan trabajado anteriormente										
Total	36.2[6]	.	45.9	47.4	43.6	.	45.7	44.8	42.7	.
Males - Hom.	23.2[6]	.	29.9	30.2	...	.	28.6	26.4	24.0	.
Fem. - Muj.	13.0[6]	.	16.0	17.2	...	.	17.1	18.4	18.7	.
Seeking their first job - En quête de leur premier emploi - En busca de su primer empleo										
Total	10.2[6]	.	13.0	12.2	15.0	.	11.8	8.0	6.5	.
Males - Hom.	4.2[6]	.	4.9	4.6	6.5	.	5.2	2.3	1.8	.
Fem. - Muj.	6.0[6]	.	8.1	8.2	8.5	.	6.6	5.7	4.7	.

Explanatory notes and source: see p. 309 - Notes explicatives et source: voir p. 311 - Notas explicativas y fuente: véase p. 313

[1] October. [2] November. [3] August. [4] Excl. persons temporarily laid off. [5] Beginning 1977: persons aged 16 years and over; prior to 1977: 14 years and over. [6] First semester.

[1] Octobre. [2] Novembre. [3] Août. [4] Non compris les personnes temporairement mises à pied. [5] A partir de 1977: personnes âgées de 16 ans et plus; avant 1977: 14 ans et plus. [6] Premier semestre.

[1] Octubre. [2] Noviembre. [3] Agosto. [4] Excl. las personas temporalmente despedidas. [5] A partir de 1977: personas de 16 años y mas; antes de 1977: 14 años y mas. [6] Primer semestre.

10 Unemployment by job experience
Chômeurs d'après l'expérience professionnelle
Desempleados según la experiencia profesional

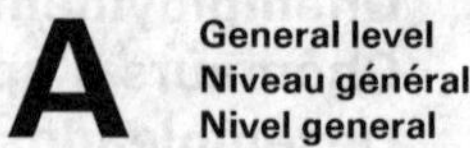

(Thousands – Milliers – Millares)

	Country, source and scope Pays, source et portée País, fuente y alcance	1971	1972	1973	1974	1975	1976	1977	1978	1979	1980
	United States (I)										
	With previous job experience – Ayant précédemment travaillé – Hayan trabajado anteriormente										
	Total	4 363	4 163	3 659	4 400	7 013	6 403	5 915	5 178	5 165	6 596
	Males – Hom.	2 486	2 328	1 940	2 377	4 012	3 548	3 154	2 666	2 675	3 762
	Fem. – Muj.	1 877	1 835	1 719	2 023	3 001	2 854	2 761	2 513	2 490	2 834
	Seeking their first job – En quête de leur premier emploi – En busca de su primer empleo										
	Total	630	677	645	676	817	885	940	868	798	852
	Males – Hom.	290	307	300	291	373	420	434	385	343	395
	Fem. – Muj.	340	370	345	385	444	466	506	483	455	457
	Uruguay [1] (I)										
	With previous job experience – Ayant précédemment travaillé – Hayan trabajado anteriormente										
	Total	29.5	30.4 [2]	35.5 [2]	22.6 [3]	.	46.1	425.0	32.2	29.0	28.0 [2]
	Seeking their first job – En quête de leur premier emploi – En busca de su primer empleo										
	Total	11.7	11.3 [2]	13.9 [2]	15.6 [3]	.	22.1	21.6	17.8	13.4	15.6 [2]
	Venezuela (I)										
	With previous job experience – Ayant précédemment travaillé – Hayan trabajado anteriormente										
	Total [4]	99.21	.	.	183.68	207.84	192.03	157.21	151.57	207.85	.
	Males – Hom. [4]	.	.	.	.	.	154.92	122.65	125.78	170.34	.
	Fem. – Muj. [4]	.	.	.	.	.	37.11	34.56	25.78	37.51	.
	Seeking their first job – En quête de leur premier emploi – En busca de su primer empleo										
	Total [4]	95.95	.	.	35.79	33.91	29.55	28.20	28.79	36.79	.
	Males – Hom. [4]	.	.	.	.	.	14.79	15.84	16.09	20.42	.
	Fem. – Muj. [4]	.	.	.	.	.	14.76	12.36	12.70	16.38	.
	ASIA – ASIE – ASIA										
	Brunei (III.1) [5]										
	With previous job experience – Ayant précédemment travaillé – Hayan trabajado anteriormente										
	Total	.	.	.	.	0.599	0.855	0.740	1.091	0.884	0.842
	Males – Hom.	.	.	.	.	0.271	0.395	0.290	0.356	0.218	0.205
	Fem. – Muj.	.	.	.	.	0.328	0.460	0.450	0.735	0.666	0.637
	Seeking their first job – En quête de leur premier emploi – En busca de su primer empleo										
	Total	.	.	.	.	0.932	1.017	1.225	1.558	1.345	1.547
	Males – Hom.	.	.	.	.	0.442	0.370	0.422	0.506	0.329	0.397
	Fem. – Muj.	.	.	.	.	0.490	0.647	0.803	1.052	1.016	1.150
	Cyprus (III.1)										
	With previous job experience – Ayant précédemment travaillé – Hayan trabajado anteriormente										
B	Total	.	.	1.9	9.9	21.2	12.4	4.0	2.2	1.9	2.4
B	Males – Hom.	.	.	1.1	6.1	15.5	10.1	3.1	1.6	1.3	1.5
B	Fem. – Muj.	.	.	0.8	3.8	5.7	2.2	0.9	0.7	0.6	0.9
	Seeking their first job – En quête de leur premier emploi – En busca de su primer empleo										
B	Total	.	.	1.4	1.3	1.4	2.2	2.2	1.8	1.7	1.9
B	Males – Hom.	.	.	0.7	0.7	0.7	0.9	1.0	0.7	0.8	0.9
B	Fem. – Muj.	.	.	0.7	0.7	0.7	1.2	1.2	1.0	1.0	1.1

Explanatory notes and source: see p. 309 – Notes explicatives et source: voir p. 311 – Notas explicativas y fuente: véase p. 313

[1] Montevideo. [2] First semester. [3] ∅: Aug. 1974–Feb. 1975. [4] Second semester. [5] ∅: Sep. of each year.

[1] Montevideo. [2] Premier semestre. [3] ∅: août 1974–fév. 1975. [4] Second semestre. [5] ∅: sept. de chaque année.

[1] Montevideo. [2] Primer semestre. [3] ∅: agosto 1974–febr. 1975. [4] Segundo semestre. [5] ∅: sept. de cada año.

10 Unemployment by job experience
Chômeurs d'après l'expérience professionnelle
Desempleados según la experiencia profesional

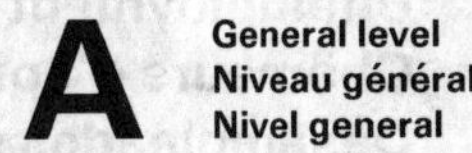

A General level / Niveau général / Nivel general

(Thousands – Milliers – Millares)

Country, source and scope Pays, source et portée País, fuente y alcance	1971	1972	1973	1974	1975	1976	1977	1978	1979	1980
Hong Kong (I)										
With previous job experience – Ayant précédemment travaillé – Hayan trabajado anterioramente										
Total [1]	.	.	.	.	.	.	62.0	40.5	49.2	78.9
Seeking their first job – En quête de leur premier emploi – En busca de su primer empleo										
Total [1]	.	.	.	.	.	.	18.0	15.1	25.4	23.0
Korea, Republic of (I)										
With previous job experience – Ayant précédemment travaillé – Hayan trabajado anterioramente										
B Total	.	.	.	.	.	.	281	269	392	540
B Males – Hom.	.	.	.	.	.	.	230	213	306	427
B Fem. – Muj.	.	.	.	.	.	.	51	56	86	113
Seeking their first job – En quête de leur premier emploi – En busca de su primer empleo										
B Total	.	.	.	.	.	.	230	173	150	208
B Males – Hom.	.	.	.	.	.	.	168	111	105	130
Fem. – Muj.	.	.	.	.	.	.	68	62	45	78
Philippines (I)										
With previous job experience – Ayant précédemment travaillé – Hayan trabajado anterioramente										
Total	324	399	367	335	324	290	442	.	.	.
Males – Hom.	197	252	248	230	207	111	165	.	.	.
Fem. – Muj.	127	147	119	105	117	179	277	.	.	.
Seeking their first job – En quête de leur premier emploi – En busca de su primer empleo										
Total	342	468	323	249	257	490	339	.	.	.
Males – Hom.	174	257	180	141	152	223	135	.	.	.
Fem. – Muj.	167	210	143	109	105	267	204	.	.	.
Singapore (I)										
With previous job experience – Ayant précédemment travaillé – Hayan trabajado anterioramente										
Total	.	.	.	.	.	.	.	.	.	24.8 [2]
Males – Hom.	.	.	.	.	.	.	.	.	.	16.4 [2]
Fem. – Muj.	.	.	.	.	.	.	.	.	.	8.5 [2]
Seeking their first job – En quête de leur premier emploi – En busca de su primer empleo										
Total	.	.	.	.	.	.	.	.	.	9.4 [2]
Males – Hom.	.	.	.	.	.	.	.	.	.	4.4 [2]
Fem. – Muj.	.	.	.	.	.	.	.	.	.	5.0 [2]
République arabe syrienne (I)										
With previous job experience – Ayant précédemment travaillé – Hayan trabajado anterioramente										
Total [1]	70.27	38.74	35.66	34.59	43.53	45.88	44.93	38.44	32.36	.
B Males – Hom. [1]	64.24	27.46	34.05	32.19	38.53	42.93	36.53	35.73	30.73	.
B Fem. – Muj. [1]	6.03	11.29	1.61	2.40	4.99	2.95	8.39	2.71	1.63	.
Seeking their first job – En quête de leur premier emploi – En busca de su primer empleo										
Total [1]	53.11	42.16	40.83	52.60	44.95	67.56	55.40	51.88	49.73	.
B Males – Hom. [1]	43.53	34.01	35.24	43.59	41.82	58.79	38.36	43.23	38.44	.
B Fem. – Muj. [1]	9.58	8.15	5.59	9.01	3.13	8.76	17.04	8.65	11.29	.

Explanatory notes and source: see p. 309 – Notes explicatives et source: voir p. 311 – Notas explicativas y fuente: véase p. 313

[1] ∅: Sep. of each year. [2] June.   [1] ∅: sept. de chaque année. [2] Juin.   [1] ∅: sept. de cada año. [2] Junio.

10 Unemployment by job experience
Chômeurs d'après l'expérience professionnelle
Desempleados según la experiencia profesional

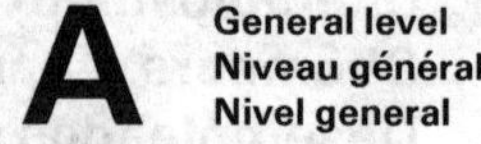

A General level / Niveau général / Nivel general

(Thousands - Milliers - Millares)

	Country, source and scope Pays, source et portée País, fuente y alcance	1971	1972	1973	1974	1975	1976	1977	1978	1979	1980
	EUROPE - EUROPE - EUROPA										
	France (III.1) [1]										
	With previous job experience - Ayant précédemment travaillé - Hayan trabajado anteriormente										
	Total	.	.	.	.	.	.	.	.	1 229.1	1 391.4
	Males - Hom.	.	.	.	.	.	.	.	.	585.6	683.5
	Fem. - Muj.	.	.	.	.	.	.	.	.	643.5	707.9
	Seeking their first job - En quête de leur premier emploi - En busca de su primer empleo										
	Total	.	.	.	.	.	.	.	.	239.8	240.6
	Males - Hom.	.	.	.	.	.	.	.	.	80.1	82.1
	Fem. - Muj.	.	.	.	.	.	.	.	.	159.7	158.5
	Germany, Fed. Rep. of (III.1) [2]										
	With previous job experience - Ayant précédemment travaillé - Hayan trabajado anteriormente										
	Total	.	.	.	524.97	961.30	845.15	832.61	797.91	684.42	763.84
	Males - Hom.	.	.	.	271.10	520.91	409.09	385.51	358.80	295.86	344.79
	Fem. - Muj.	.	.	.	253.88	440.39	436.05	447.10	439.11	388.56	419.06
	Seeking their first job - En quête de leur premier emploi - En busca de su primer empleo										
	Total	.	.	.	31.90	45.25	53.17	78.64	66.33	52.27	58.86
	Males - Hom.	.	.	.	18.03	25.58	27.47	38.89	29.70	21.01	23.72
	Fem. - Muj.	.	.	.	13.87	19.67	25.70	39.75	36.63	31.26	35.14
	Gibraltar (III.1)										
	With previous job experience - Ayant précédemment travaillé - Hayan trabajado anteriormente										
B	Total	.	.	.	.	.	.	0.129	0.116	0.108	0.159
B	Males - Hom.	.	.	.	.	.	.	0.103	0.082	0.080	0.115
B	Fem. - Muj.	.	.	.	.	.	.	0.026	0.034	0.028	0.044
	Seeking their first job - En quête de leur premier emploi - En busca de su primer empleo										
B	Total	.	.	.	.	.	.	0.056	0.051	0.390	0.041
B	Males - Hom.	.	.	.	.	.	.	0.017	0.011	0.011	0.013
B	Fem. - Muj.	.	.	.	.	.	.	0.039	0.040	0.028	0.028
	Portugal (I)										
	With previous job experience - Ayant précédemment travaillé - Hayan trabajado anteriormente										
	Total	.	.	.	34.0	108.5	151.5	154.5	145.0	148.5	156.0
B	Males - Hom.	.	.	.	16.5	67.0	96.5	85.5	66.0	58.5	55.5
B	Fem. - Muj.	.	.	.	17.5	41.5	55.0	69.0	79.5	90.0	100.5
	Seeking their first job - En quête de leur premier emploi - En busca de su primer empleo										
	Total	.	.	.	32.5	69.0	108.5	154.0	188.5	195.0	174.0
B	Males - Hom.	.	.	.	14.0	31.0	51.5	59.5	70.0	63.0	47.0
B	Fem. - Muj.	.	.	.	18.5	38.0	57.0	94.5	118.0	132.0	127.0
	Sweden (I)										
	With previous job experience - Ayant précédemment travaillé - Hayan trabajado anteriormente										
	Total	.	.	.	.	.	60	68	86	79	77
	Males - Hom.	.	.	.	.	.	28	32	45	40	37
	Fem. - Muj.	.	.	.	.	.	32	36	40	40	40
	Seeking their first job - En quête de leur premier emploi - En busca de su primer empleo										
	Total	.	.	.	.	.	7	7	8	9	8
	Males - Hom.	.	.	.	.	.	2	3	4	4	3
	Fem. - Muj.	.	.	.	.	.	4	4	5	5	5

Explanatory notes and source: see p. 309 - Notes explicatives et source: voir p. 311 - Notas explicativas y fuente: véase p. 313

[1] ∅: Dec. of each year. [2] ∅: Sep. of each year.   [1] ∅: déc. de chaque année. [2] ∅: sept. de chaque année.   [1] ∅: dic. de cada año. [2] ∅: sept. de cada año.

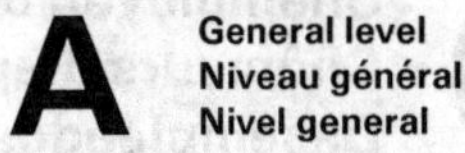

10 Unemployment by job experience / Chômeurs d'après l'expérience professionnelle / Desempleados según la experiencia profesional

A General level / Niveau général / Nivel general

(Thousands - Milliers - Millares)

Country, source and scope Pays, source et portée País, fuente y alcance	1971	1972	1973	1974	1975	1976	1977	1978	1979	1980
United Kingdom (III.1)										
With previous job experience - Ayant précédemment travaillé - Hayan trabajado anteriormente										
Total	.	.	.	.	929.0	1 273.5	1 378.2	1 375.7	1 307.3	1 667.6
Males - Hom.	.	.	.	.	749.5	976.5	1 014.8	988.9	920.2	1 166.7
Fem. - Muj.	.	.	.	.	179.5	297.0	363.4	386.8	387.1	500.9
Seeking their first job - En quête de leur premier emploi - En busca de su primer empleo										
Total	.	.	.	.	48.6	85.9	105.4	99.4	83.2	127.1
Males - Hom.	.	.	.	.	27.5	47.0	54.4	51.3	43.7	66.9
Fem. - Muj.	.	.	.	.	21.0	38.9	51.0	48.1	39.5	60.1
Yugoslavia (III.1)										
With previous job experience - Ayant précédemment travaillé - Hayan trabajado anteriormente										
Total	140.0	146.5	170.9	188.9	217.5	255.5	266.9	261.9	249.4	248.6
Males - Hom.	83.5	88.5	103.6	112.7	130.8	155.2	157.5	149.6	136.9	132.4
Fem. - Muj.	56.4	58.0	67.3	76.2	86.7	100.3	109.3	112.4	112.5	116.2
Seeking their first job - En quête de leur premier emploi - En busca de su primer empleo										
Total	151.3	168.8	210.7	259.7	322.7	379.7	433.6	472.9	512.6	536.9
Males - Hom.	65.2	70.7	88.2	108.2	135.6	162.6	189.1	203.5	215.7	217.9
Fem. - Muj.	86.1	98.1	122.5	155.5	187.0	217.2	244.5	269.4	296.8	319.0
OCEANIA - OCÉANIE - OCEANIA										
Australia (I)										
With previous job experience - Ayant précédemment travaillé - Hayan trabajado anteriormente										
Total [1]	85.1	129.7	92.4	128.0	244.3	255.2	309.5	334.1	307.7	320.1
Males - Hom. [1]	.	.	.	.	.	.	.	195.5	168.9	178.7
Fem. - Muj. [1]	.	.	.	.	.	.	.	138.6	138.7	141.5
Seeking their first job - En quête de leur premier emploi - En busca de su primer empleo										
Total [1]	7.6	14.3	13.4	12.9	34.1	37.5	49.8	61.6	66.1	72.2
Males - Hom. [1]	.	.	.	.	.	.	.	26.0	27.2	30.4
Fem. - Muj. [1]	.	.	.	.	.	.	.	35.6	39.0	41.7

Explanatory notes and source: see p. 309 - Notes explicatives et source: voir p. 311 - Notas explicativas y fuente: véase p. 313

[1] ∅: Aug. of each year. [1] ∅: août de chaque année. [1] ∅: agosto de cada año.

10 Unemployed by job experience
Chômeurs d'après l'expérience professionnelle
Desempleados según la experiencia profesional

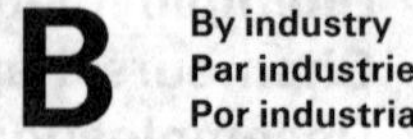

B By industry / Par industrie / Por industria

(Thousands – Milliers – Millares)

Country Source Scope	Total	With previous job experience — Major divisions of economic activity [a] 1 Agriculture, hunting, forestry and fishing	2 Mining, quarrying	3 Manu-facturing	4 Electricity, gas, water	5 Construc-tion	6 Trade, restaurants and hotels	7 Transport, storage, communi-cation	8 Financing, insurance, real estate, business services	9 Community, social and personal services	0 Activities not adequately defined	Persons seeking their first job
AFRICA – AFRIQUE – AFRICA												
Rép.-Unie du Cameroun [1]	*Source – Fuente: III.1*											
Total [2]											[3]	
1971	2.383	0.075	0.012	0.044	0.017	0.408	0.252	0.147	0.015	0.071	1.342	...
1972	2.938	0.074	0.008	0.048	0.041	0.541	0.267	0.292	0.014	0.183	1.470	...
1973	4.040	0.084	0.011	0.053	0.019	0.896	0.378	0.417	0.018	0.295	1.869	...
1974	4.233	0.098	0.016	0.064	0.018	0.916	0.441	0.425	0.021	0.325	1.909	...
1975	4.284	0.101	0.018	0.076	0.021	1.001	0.398	0.348	0.019	0.421	1.881	...
1976	4.202	0.119	0.021	0.084	0.023	1.251	0.397	0.318	0.022	0.443	1.524	...
1977	3.840	0.225	0.023	0.101	0.032	1.349	0.546	0.345	0.021	0.524	0.674	...
1978	4.625	0.276	0.026	0.129	0.044	1.397	0.563	0.431	0.031	0.474	1.254	...
1979	3.407	0.241	0.021	0.145	0.038	1.157	0.486	0.229	0.027	0.367	0.696	...
1980	3.866	0.373	0.037	0.171	0.044	1.349	0.376	0.459	0.034	0.416	0.607	...
Egypt	*Source – Fuente: I* [2]											
Total											[3]	
1971	153.1	2.0	.	7.8	.	1.7	6.0	0.8	0.3	4.5	130.0	...
1972	134.6	2.3	.	5.0	.	1.1	2.7	1.6	0.3	2.1	119.5	...
1973	145.1	1.0	.	2.0	0.1	0.1	1.7	1.1	0.1	1.2	137.8	...
1974	208.6	0.4	.	1.2	.	0.1	0.1	0.2	.	0.1	206.5	...
1975	233.4	1.2	.	0.3	.	0.2	0.7	0.9	.	0.1	230.0	...
1976	...	...	...	...	...	...	...	...	...	...	...	...
1977	296.1	27.5	.	1.3	.	0.8	0.4	0.4	0.1	1.4	264.2	...
1978	354.5	0.9	.	2.5	0.2	0.9	0.3	0.2	.	0.6	348.9	...
1979	358.2	–	.	0.2	–	–	–	–	–	0.1	357.9	...
Ghana	*Source – Fuente: III.1*											
ISIC – CITI – CIIU 1958												
Total [4]				[5]	[6]		[7]			[8]		
1971	18.866	2.263	0.281	1.097	0.357	3.096	0.382	0.417	0.256	0.152	.	10.565
1972	31.961	2.885	0.587	1.374	0.412	5.615	0.062	0.709	0.042	2.434	.	17.841
1973	25.173	2.523	0.639	1.719	0.030	4.014	0.412	0.635	0.275	2.044	.	12.882
1974	28.752	1.959	0.749	1.656	1.336	2.355	1.072	0.780	0.768	1.769	.	16.308
1975	30.723	0.978	0.475	1.827	0.611	4.073	0.434	0.561	1.284	1.610	.	18.870
1976	32.924	3.783	0.369	2.076	0.578	4.735	1.116	0.619	0.806	3.305	.	15.537
1977	32.154	3.232	0.379	3.175	0.380	4.929	0.711	0.403	0.775	1.691	.	16.478
1978	33.824	4.043	0.307	2.404	0.290	4.185	0.599	0.380	0.513	2.165	.	19.038
1979	30.927	4.266	0.530	2.366	0.678	2.745	0.569	0.496	0.674	2.453	.	16.150
1980	41.951	4.954	0.905	3.224	1.180	3.320	1.399	1.978	1.207	4.543	.	20.241

[a] Les libellés en français des branches d'activité économique sont indiqués à la page suivante.

[1] Douala, Yaoundé, Nkongsamba and Garona. [2] ∅: May of each year. [3] Incl. persons seeking their first job. [4] ∅: March, June, Sep. and Dec. of each year. [5] Incl. repair and installation services. [6] Incl. sanitary services. [7] Excl. restaurants and hotels. [8] Incl. restaurants and hotels; excl. repair and installation services and sanitary services.

[1] Douala, Yaoundé, Nkongsamba et Garona. [2] ∅: mai de chaque année. [3] Y compris les personnes en quête de leur premier emploi. [4] ∅: mars, juin, sept. et déc. de chaque année. [5] Y compris les services de réparation et d'installation. [6] Y compris les services sanitaires. [7] Non compris les restaurants et les hôtels. [8] Y compris les restaurants et hôtels; non compris les services de réparation et d'installation, et les services sanitaires.

[1] Duala, Yaundé, Nkongsamba y Garona. [2] ∅: mayo de cada año. [3] Incl. las personas en busca de su primer empleo. [4] ∅: marzo, junio, sept. y dic. de cada año. [5] Incl. los servicios de reparación y de instalación. [6] Incl. los servicios de saneamiento. [7] Excl. restaurantes y hoteles. [8] Incl. restaurantes y hoteles; excl. los servicios de reparación y de instalación y los servicios de saneamiento.

10 Unemployed by job experience
Chômeurs d'après l'expérience professionnelle
Desempleados según la experiencia profesional

B By industry / Par industrie / Por industria

(Thousands - Milliers - Millares)

Pays Source Portée	Total	Ayant précédemment travaillé Branches d'activité économique [(a)] 1 Agriculture, chasse, sylviculture et pêche	2 Industries extractives	3 Industries manu-facturières	4 Electricité, gaz, eau	5 Construc-tion	6 Commerce, restaurants et hôtels	7 Transports, entrepôts, communi-cations	8 Banques, assurances, aff. imm., serv. aux entreprises	9 Services à collectivité, services soc. et pers.	0 Activités mal désignées	Personnes en quête de leur premier emploi
Ghana						Source - Fuente: III.1						
ISIC - CITI - CIIU 1958												
Males - Hommes - Hombres [1]												
				[2]	[3]		[4]			[5]		
1980	29.107	3.273	0.831	2.155	1.001	2.528	0.856	0.738	0.890	3.289	.	13.546
Females - Femmes - Mujeres [1]												
1980	12.844	1.681	0.074	1.069	0.179	0.792	0.543	0.240	0.317	1.254	.	6.695
AMERICA - AMÉRIQUE - AMERICA												
Argentina [6]						Source - Fuente: I						
Total												
1975	97.0	.	.	24.9	1.2	5.6	15.9	3.6	1.8	14.8	8.0	21.2
1976	159.1	0.2	.	35.2	.	8.1	27.8	6.2	2.9	32.6	12.3	33.7
1977	103.3	.	0.1	19.7	.	7.2	14.6	6.2	2.7	20.6	19.0	13.4
1978	101.6	0.4	.	26.7	0.7	7.5	13.3	0.8	6.0	20.0	6.9	19.3
1979	69.5	.	.	15.1	0.2	6.0	9.9	4.6	2.0	14.3	5.9	11.5
Canada						Source - Fuente: I						
ISIC - CITI - CIIU 1958												
Total		[7]		[2]			[4]	[8]		[9]		
1971	543	44	...	123	...	84	66	37	...	116	.	72
1972	552	39	...	122	...	87	69	38	...	136	.	61
1973	509	35	...	106	...	78	66	35	...	136	.	52
1974	510	42	...	112	...	79	62	35	...	135	.	46
1975	690	40	...	149	...	80	96	42	...	188	53	41
1976	727	42	...	150	...	88	110	47	...	236	12	41
1977	850	48	...	168	...	109	134	49	...	280	14	48
1978	911	53	...	169	...	120	138	53	...	305	18	53
1979	838	48	...	152	...	99	125	48	...	293	21	52
1980	867	51	...	182	...	100	132	48	...	285	21	48

(a) La designación en español de las grandes divisiones de actividad económica figura en la página siguiente.
The English designation of major divisions of economic activity is shown on the preceding page.

[1] ∅: March, June, Sep. and Dec. of each year. [2] Incl. repair and installation services. [3] Incl. sanitary services. [4] Excl. restaurants and hotels. [5] Incl. restaurants and hotels; excl. repair and installation services and sanitary services. [6] Gran Buenos Aires. [7] Incl. mining and quarrying. [8] Incl. electricity, gas and water. [9] Incl. financing, insurance, real estate and business services.

[1] ∅: mars, juin, sept. et déc. de chaque année. [2] Y compris les services de réparation et d'installation. [3] Y compris les services sanitaires. [4] Non compris les restaurants et les hôtels. [5] Y compris les restaurants et hôtels; non compris les services de réparation et d'installation, et les services sanitaires. [6] Gran Buenos Aires. [7] Y compris les industries extractives. [8] Y compris l'électricité, le gaz et l'eau. [9] Y compris les banques, les assurances, les affaires immobilières et les services aux entreprises.

[1] ∅: marzo, junio, sept. y dic. de cada año. [2] Incl. los servicios de reparación y de instalación. [3] Incl. los servicios de saneamiento. [4] Excl. restaurantes y hoteles. [5] Incl. restaurantes y hoteles; excl. los servicios de reparación y de instalación y los servicios de saneamiento. [6] Gran Buenos Aires. [7] Incl. las minas y canteras. [8] Incl. electricidad, gas y agua. [9] Incl. bancos, seguros, bienes inmuebles y servicios para empresas.

10 Unemployed by job experience
Chômeurs d'après l'expérience professionnelle
Desempleados según la experiencia profesional

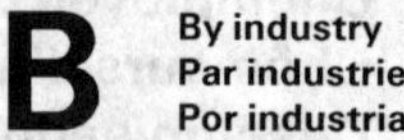

B By industry / Par industrie / Por industria

(Thousands - Milliers - Millares)

País Fuente Alcance	Total	Hayan trabajado anteriormente Grandes divisiones de actividad económica [a] 1 Agricultura, caza, silvicultura y pesca	2 Minas, canteras	3 Industrias manufactureras	4 Electricidad, gas, agua	5 Construcción	6 Comercio, restaurantes y hoteles	7 Transportes, almacenaje, comunicaciones	8 Bancos, seguros, bienes inm., serv. para empresas	9 Servicios comunales, sociales y personales	0 Actividades no bien especificadas	Personas en busca de su primer empleo
Canada					Source - Fuente: I							
ISIC - CITI - CIIU 1958												
Males - Hommes - Hombres												
		1		2			3	4		5		
1971	399	42	...	92	...	83	46	33	...	63	.	41
1972	396	37	...	88	...	86	45	33	...	74	.	34
1973	350	32	...	74	...	77	39	31	...	68	.	28
1974	349	38	...	76	...	77	38	30	...	67	.	24
1975	391	33	...	90	...	78	50	33	...	66	24	17
1976	404	33	...	93	...	84	55	36	...	86	–	15
1977	474	39	...	100	...	104	68	37	...	104	–	19
1978	502	42	...	96	...	113	69	42	...	116	–	22
1979	452	38	...	92	...	93	62	36	...	107	–	21
1980	479	41	...	112	...	95	65	36	...	106	–	20
Females - Femmes - Mujeres												
1971	144	–	...	31	...	–	20	4	...	53	.	31
1972	156	–	...	34	...	–	24	5	...	63	.	27
1973	159	–	...	32	...	–	27	5	...	68	.	24
1974	161	–	...	36	...	–	24	5	...	68	.	22
1975	299	7	...	59	...	–	47	9	...	122	29	24
1976	322	9	...	58	...	4	55	11	...	150	10	26
1977	377	10	...	68	...	5	65	12	...	176	12	29
1978	408	11	...	73	...	7	69	12	...	189	16	31
1979	386	11	...	60	...	5	63	11	...	186	19	31
1980	388	10	...	70	...	5	68	12	...	178	18	27

[a] The English designation of major divisions of economic activity is shown on the following page.
Les libellés en français des branches d'activité économique sont indiqués à la page précédente.

[1] Incl. mining and quarrying. [2] Incl. repair and installation services. [3] Excl. restaurants and hotels. [4] Incl. electricity, gas and water. [5] Incl. financing, insurance, real estate and business services.

[1] Y compris les industries extractives. [2] Y compris les services de réparation et d'installation. [3] Non compris les restaurants et les hôtels. [4] Y compris l'électricité, le gaz et l'eau. [5] Y compris les banques, les assurances, les affaires immobilières et les services aux entreprises.

[1] Incl. las minas y canteras. [2] Incl. los servicios de reparación y de instalación. [3] Excl. restaurantes y hoteles. [4] Incl. electricidad, gas y agua. [5] Incl. bancos, seguros, bienes inmuebles y servicios para empresas.

10 Unemployed by job experience
Chômeurs d'après l'expérience professionnelle
Desempleados según la experiencia profesional

B By industry / Par industrie / Por industria

(Thousands – Milliers – Millares)

Country Source Scope	Total	With previous job experience — Major divisions of economic activity [(a)] 1 Agriculture, hunting, forestry and fishing	2 Mining, quarrying	3 Manu-facturing	4 Electricity, gas, water	5 Construc-tion	6 Trade, restaurants and hotels	7 Transport, storage, communi-cation	8 Financing, insurance, real estate, business services	9 Community, social and personal services	0 Activities not adequately defined	Persons seeking their first job
Colombia [1]						Source – Fuente: I						
Total [2]												
1976	269.04	1.37	0.74	77.14	2.79	25.90	85.21	12.08	10.80	44.65	8.36	.
1977	260.98	1.78	0.25	73.23	1.50	24.71	81.13	9.28	12.83	49.70	6.59	.
1978	243.64	1.75	0.25	64.57	1.86	17.03	87.51	9.95	14.71	44.29	1.72	.
1979	292.89	1.81	0.54	78.49	1.15	24.83	101.82	10.64	17.05	49.66	6.89	.
1980	320.80	1.82	0.64	89.30	1.68	26.83	106.05	12.80	19.95	57.72	3.99	.
Costa Rica						Source – Fuente: I						
ISIC – CITI – CIIU 1958												
Total [3]				[4]	[5]		[6]					
1976	40.921	4.741	...	4.292	0.248	4.382	4.172	0.791	...	4.412	0.144	17.739
1977	31.433	4.663	...	5.330	0.216	2.814	4.262	1.432	...	3.111	0.500	9.105
1978	32.666	4.393	...	5.643	.	2.169	4.648	1.199	...	5.215	.	9.399
1979	36.251	3.932	...	6.185	0.117	3.118	5.931	1.373	...	4.273	0.241	11.081
1980	45.564	8.056	...	6.959	.	4.533	7.845	2.158	...	5.686	0.113	10.214
Males – Hommes – Hombres [3]												
1980	30.667	7.635	...	4.829	.	4.533	3.945	2.118	...	2.344	0.074	5.189
Females – Femmes – Mujeres [3]												
1980	14.897	0.421	...	2.130	.	.	3.900	0.040	...	3.342	0.039	5.025

[(a)] Les libellés en français des branches d'activité économique sont indiqués à la page suivante.
La designación en español de las grandes divisiones de actividad económica figura en la página precedente.

[1] Seven main cities of the country. [2] ∅: Sep. of each year. [3] ∅: July of each year. [4] Incl. mining and quarrying. [5] Incl. sanitary services. [6] Incl. financing, insurance, real estate and business services.

[1] Sept villes principales du pays. [2] ∅: sept. de chaque année. [3] ∅: juillet de chaque année. [4] Y compris les industries extractives. [5] Y compris les services sanitaires. [6] Y compris les banques, les assurances, les affaires immobilières et les services aux entreprises.

[1] Siete ciudades principales del país. [2] ∅: sept. de cada año. [3] ∅: julio de cada año. [4] Incl. las minas y canteras. [5] Incl. los servicios de saneamiento. [6] Incl. bancos, seguros, bienes inmuebles y servicios para empresas.

10 Unemployed by job experience
Chômeurs d'après l'expérience professionnelle
Desempleados según la experiencia profesional

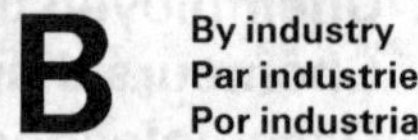

B By industry / Par industrie / Por industria

(Thousands – Milliers – Millares)

Pays Source Portée	Total	Ayant précédemment travaillé – Branches d'activité économique [a] – 1 Agriculture, chasse, sylviculture et pêche	2 Industries extractives	3 Industries manu-facturières	4 Electricité, gaz, eau	5 Construc-tion	6 Commerce, restaurants et hôtels	7 Transports, entrepôts, communi-cations	8 Banques, assurances, aff. imm., serv. aux entreprises	9 Services à collectivité, services soc. et pers.	0 Activités mal désignées	Personnes en quête de leur premier emploi
Chile						Source – Fuente: I						
Total												
1975	467.6	24.4	6.4	71.8	4.8	48.9	38.6	24.0	8.5	75.8	5.0	159.4
1976	405.8	25.1	5.8	60.0	3.2	38.5	41.1	17.9	3.9	64.7	4.9	140.9
1977	378.5	29.5	7.2	50.8	1.9	36.0	33.7	15.9	4.7	71.8	8.3	118.6
1978	495.3	38.2	9.2	71.4	5.3	48.5	43.9	24.2	7.0	92.1	3.5	151.8
1979	474.2	39.6	7.5	70.8	2.3	51.5	51.5	22.1	6.9	79.6	4.5	138.1
Jamaica						Source – Fuente: I						
ISIC – CITI – CIIU 1958												
Total		[1]		[2]			[3]	[4]				
1972	184.5	13.6	...	13.6	...	12.0	10.0	3.0	...	49.4	3.9	78.8
1973	176.4	12.3	...	15.6	...	13.3	10.9	3.2	...	62.1	2.8	56.3
1974	173.8	13.6	...	17.1	...	11.6	10.9	3.8	...	55.1	2.3	59.0
1975	175.4	12.6	...	15.3	...	12.6	12.4	3.8	...	62.4	1.3	54.8
1976	197.8	15.8	...	20.3	...	15.4	13.9	3.9	...	70.8	1.3	56.1
1977	220.2	17.1	...	22.8	...	16.9	15.5	4.4	...	81.4	1.9	60.2
1978	230.5	17.4	...	20.0	...	15.2	15.6	4.2	...	81.7	1.5	74.9
Panamá						Source – Fuente: I						
Total											[6]	
1974 [5]	30.00	2.70	0.10	2.20	0.10	4.10	3.50	1.70	0.50	5.80	0.80	8.50
1975 [7]	31.60	2.16	0.02	2.72	0.35	4.27	3.84	1.55	0.88	7.77	0.81	7.23
1976 [8]	33.70	1.85	0.04	3.09	0.10	4.61	4.67	1.40	0.69	7.22	0.93	9.10
1977 [5]	45.00	2.29	–	3.81	–	3.95	4.81	1.44	1.13	6.20	0.84	20.53
1978 [8]	43.78	1.26	–	2.74	0.11	3.26	3.96	0.97	1.04	7.08	0.75	22.61
1979 [8]	50.73	1.70	0.02	3.98	0.01	4.39	6.67	1.34	1.26	9.62	1.12	20.62
Males – Hommes – Hombres												
1974 [5]	19.70	2.70	0.10	1.70	0.10	4.00	1.90	1.20	0.40	2.30	0.50	4.80
1975 [7]	17.18	1.97	0.02	1.75	0.30	4.17	1.47	1.09	0.23	2.03	0.64	3.51
1976 [8]	19.04	1.77	0.04	2.14	0.10	4.59	2.34	1.28	0.33	2.16	0.74	3.55
1977 [5]	26.47	2.01	–	2.94	–	3.93	2.56	0.97	0.80	1.82	0.72	10.72
1978 [8]	23.41	1.14	–	2.13	0.11	3.24	1.76	0.69	0.69	1.93	0.52	11.20
1979 [8]	26.92	1.64	0.02	2.64	0.01	4.33	3.19	1.15	0.80	2.92	0.66	9.56

[a] La designación en español de las grandes divisiones de actividad económica figura en la página siguiente.
The English designation of major divisions of economic activity is shown on the preceding page.

[1] Incl. mining and quarrying. [2] Incl. repair and installation services. [3] Incl. financing, insurance and real estate; excl. restaurants and hotels. [4] Incl. electricity, gas, water and sanitary services [5] October. [6] Persons working in Canal Zone. [7] November. [8] August.

[1] Y compris les industries extractives. [2] Y compris les services de réparation et d'installation. [3] Y compris les banques, les assurances et affaires immobilières; non compris les restaurants et hôtels. [4] Y compris l'électricité, le gaz, l'eau et les services sanitaires. [5] Octobre. [6] Personnes travaillant dans la Zone du Canal. [7] Novembre. [8] Août.

[1] Incl. las minas y canteras. [2] Incl. los servicios de reparación y de instalación. [3] Incl. establecimientos financieros, seguros y bienes inmuebles; excl. restaurantes y hoteles. [4] Incl. electricidad, gas, agua y los servicios de saneamiento. [5] Octubre. [6] Personas que trabajan en la Zona del Canal. [7] Noviembre. [8] Agosto.

10 Unemployed by job experience
Chômeurs d'après l'expérience professionnelle
Desempleados según la experiencia profesional

B By industry / Par industrie / Por industria

(Thousands – Milliers – Millares)

País Fuente Alcance	Total	Hayan trabajado anteriormente – Grandes divisiones de actividad económica [(a)] 1 Agricultura, caza, silvicultura y pesca	2 Minas, canteras	3 Industrias manufactureras	4 Electricidad, gas, agua	5 Construcción	6 Comercio, restaurantes y hoteles	7 Transportes, almacenaje, comunicaciones	8 Bancos, seguros, bienes inm., serv. para empresas	9 Servicios comunales, sociales y personales	0 Actividades no bien especificadas	Personas en busca de su primer empleo
Panamá						Source – Fuente: I						
Females – Femmes – Mujeres											[2]	
1974 [1]	10.30	.	–	0.50	.	0.10	1.60	0.50	0.10	3.50	0.30	3.70
1975 [3]	14.42	0.19	–	0.97	0.05	0.10	2.37	0.46	0.65	5.74	0.17	3.72
1976 [4]	14.66	0.08	–	0.95	–	0.02	2.33	0.12	0.36	5.06	0.19	5.55
1977 [1]	18.53	0.28	–	0.87	–	0.02	2.25	0.47	0.33	4.38	0.12	9.81
1978 [4]	20.37	0.12	–	0.61	–	0.02	2.20	0.28	0.35	5.15	0.23	11.41
1979 [4]	23.81	0.06	–	1.34	–	0.06	3.48	0.19	0.46	6.70	0.46	11.06
Perú						Source – Fuente: I						
ISIC – CITI – CIIU 1958												
Total				[5]			[6]			[7]	[8]	
1971	195.7	6.2	0.6	27.2	...	2.1	9.8	...	...	19.0	84.6	46.2
1972	194.0	6.3	0.6	26.4	...	2.2	6.2	...	...	10.6	92.2	49.5
1973	191.5	6.3	0.6	24.4	...	2.0	8.4	...	...	11.8	86.0	52.0
1974	186.9	6.1	0.4	24.5	...	1.9	7.4	...	...	11.1	80.9	54.6
1975	236.9	5.9	1.6	33.5	...	2.1	12.4	...	...	17.5	163.9	...
1976	258.3	5.9	1.7	32.6	...	3.8	18.5	...	...	19.6	176.2	...
1977	298.2	6.0	1.7	52.5	...	26.4	17.0	...	...	14.6	180.0	...
1978	341.5	6.0	0.7	50.2	...	30.6	22.8	...	...	36.6	194.6	...
1979	387.6	6.1	0.7	45.5	...	28.9	36.9	...	...	59.4	210.1	...
1980	394.5	6.2	0.9	48.0	...	29.0	36.1	...	...	58.1	216.0	...
Puerto Rico						Source – Fuente: I						
Total							[9]			[10]		
1971	95	10	–	27	.	19	11	3	.	16	.	9
1972	101	8	–	27	.	22	13	3	.	17	.	10
1973	102	7	–	26	.	22	12	4	.	20	.	9
1974	117	9	–	27	.	26	13	4	1	23	.	12
1975	159	12	–	39	2	36	18	5	2	34	.	13
1976	179	15	–	40	2	39	21	6	1	40	.	14
							[9]			[10]		
1977 [11]	187	16	–	41	.	37	22	5	2	47	.	15
1978	175	13	–	37	1	33	22	4	2	46	.	16
1979	168	14	–	33	1	33	21	4	2	45	.	14
1980	172	11	–	35	–	31	22	4	1	50	.	15

[(a)] The English designation of major divisions of economic activity is shown on the following page.
Les libellés en français des branches d'activité économique sont indiqués à la page précédente.

[1] October. [2] Persons working in Canal Zone. [3] November. [4] August. [5] Incl. repair and installation services. [6] Incl. financing, insurance and real estate; excl. restaurants and hotels. [7] Incl. major divisions 4 and 7. [8] Beginning 1975: incl. persons seeking their first job. [9] Excl. restaurants and hotels. [10] Incl. restaurants and hotels. [11] Beginning 1977: persons aged 16 years and over; prior to 1977: 14 years and over.

[1] Octobre. [2] Personnes travaillant dans la Zone du Canal. [3] Novembre. [4] Août. [5] Y compris les services de réparation et d'installation. [6] Y compris les banques, les assurances et affaires immobilières; non compris les restaurants et hôtels. [7] Y compris les branches 4 et 7. [8] A partir de 1975: y compris les personnes en quête de leur premier emploi. [9] Non compris les restaurants et les hôtels. [10] Y compris les restaurants et hôtels. [11] A partir de 1977: personnes âgées de 16 ans et plus; avant 1977: 14 ans et plus.

[1] Octubre. [2] Personas que trabajan en la Zona del Canal. [3] Noviembre. [4] Agosto. [5] Incl. los servicios de reparación y de instalación. [6] Incl. establecimientos financieros, seguros y bienes inmuebles; excl. restaurantes y hoteles. [7] Incl. las grandes divisiones 4 y 7. [8] A partir de 1975: incl. las personas en busca de su primer empleo. [9] Excl. restaurantes y hoteles. [10] Incl. restaurantes y hoteles. [11] A partir de 1977: personas de 16 años y mas; antes de 1977: 14 años y mas.

10 Unemployed by job experience
Chômeurs d'après l'expérience professionnelle
Desempleados según la experiencia profesional

B By industry / Par industrie / Por industria

(Thousands – Milliers – Millares)

Country / Source / Scope	Total	With previous job experience – Major divisions of economic activity [a]: 1 Agriculture, hunting, forestry and fishing	2 Mining, quarrying	3 Manufacturing	4 Electricity, gas, water	5 Construction	6 Trade, restaurants and hotels	7 Transport, storage, communication	8 Financing, insurance, real estate, business services	9 Community, social and personal services	0 Activities not adequately defined	Persons seeking their first job
Puerto Rico						Source – Fuente: I						
Males – Hommes – Hombres												
1971	67	10	–	13	–	19	8 [1]	3	–	10 [2]	.	4
1972	72	8	–	14	–	22	10	3	–	10	.	4
1973	73	7	–	14	–	22	9	3	–	12	.	4
1974	84	8	–	15	–	26	10	4	–	15	.	6
1975	119	12	–	22	2	36	13	5	1	21	.	7
1976	136	15	–	25	1	38	16	5	–	27	.	7
1977 [3]	139	16	–	24	1	37	16 [1]	5	1	30 [2]	.	8
1978	131	13	–	22	1	32	16	4	2	31	.	9
1979	129	14	–	20		33	16	4	1	31	.	8
1980	130	11	–	22	–	31	16	4	–	34	.	9
Females – Femmes – Mujeres												
1971	28	–	–	13	–	–	3	–	–	6	.	5
1972	29	–	–	13	–	–	3	–	–	6	.	5
1973	29	–	–	12	–	–	3	–	–	7	.	5
1974	33	–	–	12	–	–	4	–	–	10	.	6
1975	40	–	–	16	–	–	5	–	–	11	.	6
1976	43	–	–	16	–	–	6	–	–	13	.	7
1977 [4]	48	–	–	17	–	–	6	–	–	16	.	6
1978	44	–	–	15	–	–	6	–	–	15	.	7
1979	39	–	–	13	–	–	5	–	–	14	.	6
1980	42	–	–	13	–	–	6	–	–	16	.	6
Trinidad and Tobago						Source – Fuente: I						
ISIC – CITI – CIIU 1958												
Total												
1973	58.9	2.4	...	9.1 [5]	...	14.5 [6]	6.8 [7]	2.0	...	8.6 [8]	2.6	13.0
1974	60.1	3.3	...	9.7	...	15.6	6.7	2.4	...	9.5	0.7	12.2
1975	58.6	3.9	...	8.0	...	15.5	5.0	1.8	...	7.5	1.8	15.0
1976	...	...	...	...	...	...	...	...	...	...	...	...
1977	57.5	2.8	...	7.2	...	19.3	5.1	2.1	...	7.5	1.8	11.8
1978	52.8	3.6	...	5.4	...	20.6	4.5	2.2	...	7.6	0.6	8.0
1979	49.2	2.0	...	5.5	...	21.1	6.0	1.3	...	6.4	0.3	6.5

[a] Les libellés en français des branches d'activité économique sont indiqués à la page suivante.
La designación en español de las grandes divisiones de actividad económica figura en la página precedente.

[1] Excl. restaurants and hotels. [2] Incl. restaurants and hotels. [3] Beginning 1977: persons aged 16 years and over; prior to 1977: 14 years and over. [4] Beginning 1977: persons aged 16 years and over. [5] Incl. mining and quarrying. [6] Incl. electricity, gas and water. [7] Incl. financing, insurance and real estate; excl. restaurants and hotels. [8] Incl. restaurants and hotels; excl. repair and installation services and sanitary services.

[1] Non compris les restaurants et les hôtels. [2] Y compris les restaurants et hôtels. [3] A partir de 1977: personnes âgées de 16 ans et plus; avant 1977: 14 ans et plus. [4] A partir de 1977: personnes âgées de 16 ans et plus. [5] Y compris les industries extractives. [6] Y compris l'électricité, le gaz et l'eau. [7] Y compris les banques, les assurances et affaires immobilières; non compris les restaurants et hôtels. [8] Y compris les restaurants et hôtels; non compris les services de réparation et d'installation, et les services sanitaires.

[1] Excl. restaurantes y hoteles. [2] Incl. restaurantes y hoteles. [3] A partir de 1977: personas de 16 años y mas; antes de 1977: 14 años y mas. [4] A partir de 1977: personas de 16 años y mas. [5] Incl. las minas y canteras. [6] Incl. electricidad, gas y agua. [7] Incl. establecimientos financieros, seguros y bienes inmuebles; excl. restaurantes y hoteles. [8] Incl. restaurantes y hoteles; excl. los servicios de reparación y de instalación y los servicios de saneamiento.

10 Unemployed by job experience
Chômeurs d'après l'expérience professionnelle
Desempleados según la experiencia profesional

B By industry / Par industrie / Por industria

(Thousands - Milliers - Millares)

Pays Source Portée	Total	Ayant précédemment travaillé Branches d'activité économique [a] 1 Agriculture, chasse, sylviculture et pêche	2 Industries extractives	3 Industries manu-facturières [1]	4 Electricité, gaz, eau	5 Construc-tion [2]	6 Commerce, restaurants et hôtels [3]	7 Transports, entrepôts, communi-cations	8 Banques, assurances, aff. imm., serv. aux entreprises	9 Services à collectivité, services soc. et pers. [4]	0 Activités mal désignées	Personnes en quête de leur premier emploi
Trinidad and Tobago						Source - Fuente: I						
ISIC - CITI - CIIU 1958												
Males - Hommes - Hombres												
1973	34.8	2.0	...	6.1	...	12.0	3.0	1.5	...	3.2	1.7	4.9
1974	34.8	2.6	...	7.0	...	11.6	3.3	2.0	...	3.7	0.5	4.4
1975	36.6	3.2	...	6.3	...	12.4	3.3	1.6	...	3.3	1.3	6.5
1976	...	...	...	...	...	...	...	...	...	...	...	...
1977	33.8	2.0	...	5.0	...	13.0	3.5	1.5	...	3.5	1.0	5.2
1978	28.7	2.8	...	4.3	...	12.4	1.6	1.8	...	3.2	0.5	2.3
1979	25.8	1.1	...	3.6	...	13.3	2.0	1.2	...	2.6	0.3	1.8
Females - Femmes - Mujeres												
1973	24.1	0.4	...	3.0	...	2.6	3.6	0.5	...	5.3	1.1	8.1
1974	25.2	0.7	...	2.6	...	4.0	3.4	0.4	...	5.8	0.4	7.8
1975	23.0	0.8	...	1.8	...	3.1	2.8	0.2	...	4.3	0.5	8.6
1976	...	...	...	...	...	...	...	...	...	...	...	...
1977	23.8	0.8	...	2.1	...	6.4	2.6	0.6	...	3.8	0.8	6.6
1978	24.0	0.9	...	1.1	...	8.3	2.9	0.5	...	4.6	0.4	5.7
1979	23.4	0.8	...	1.9	...	7.7	4.1	0.2	...	3.9	0.2	4.7

[a] La designación en español de las grandes divisiones de actividad económica figura en la página siguiente.
The English designation of major divisions of economic activity is shown on the preceding page.

[1] Incl. mining and quarrying. [2] Incl. electricity, gas and water. [3] Incl. financing, insurance and real estate; excl. restaurants and hotels. [4] Incl. restaurants and hotels; excl. repair and installation services and sanitary services.

[1] Y compris les industries extractives. [2] Y compris l'électricité, le gaz et l'eau. [3] Y compris les banques, les assurances et affaires immobilières; non compris les restaurants et hôtels. [4] Y compris les restaurants et hôtels; non compris les services de réparation et d'installation, et les services sanitaires.

[1] Incl. las minas y canteras. [2] Incl. electricidad, gas y agua. [3] Incl. establecimientos financieros, seguros y bienes inmuebles; excl. restaurantes y hoteles. [4] Incl. restaurantes y hoteles; excl. los servicios de reparación y de instalación y los servicios de saneamiento.

10 Unemployed by job experience
Chômeurs d'après l'expérience professionnelle
Desempleados según la experiencia profesional

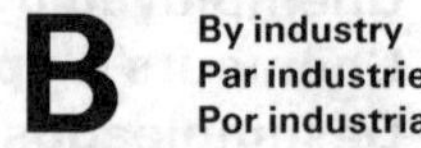

B — By industry / Par industrie / Por industria

(Thousands – Milliers – Millares)

País Fuente Alcance	Total	Hayan trabajado anteriormente — Grandes divisiones de actividad económica [(a)] 1 Agricultura, caza, silvicultura y pesca	2 Minas, canteras	3 Industrias manufactureras	4 Electricidad, gas, agua	5 Construcción	6 Comercio, restaurantes y hoteles	7 Transportes, almacenaje, comunicaciones	8 Bancos, seguros, bienes inm., serv. para empresas	9 Servicios comunales, sociales y personales	0 Actividades no bien especificadas	Personas en busca de su primer empleo
United States						Source – Fuente: I						
Total												
1971	4 993.0	116.0	24.0	1 408.0	20.0	462.0	972.0	176.0	242.0	945.0	.	630.0
1972	4 840.0	117.0	19.0	1 156.0	24.0	481.0	1 011.0	161.0	243.0	952.0	.	677.0
1973	4 304.0	104.0	18.0	935.0	18.0	429.0	909.0	138.0	212.0	895.0	.	642.0
1974	5 076.0	124.0	19.0	1 247.0	25.0	522.0	1 074.0	152.0	251.0	986.0	.	673.0
1975	7 830.0	168.0	30.0	2 328.0	39.0	870.0	1 516.0	269.0	402.0	1 392.0	.	812.0
1976	7 288.0	199.0	37.0	1 688.0	36.0	742.0	1 544.0	239.0	375.0	1 541.0	.	882.0
1977	6 855.0	197.0	32.0	1 461.0	40.0	630.0	1 485.0	236.0	365.0	1 469.0	.	938.0
1978	6 047.0	160.0	35.0	1 222.0	29.0	566.0	1 302.0	195.0	318.0	1 353.0	.	867.0
1979	5 963.0	162.0	44.0	1 279.0	32.0	573.0	1 254.0	201.0	319.0	1 302.0	.	798.0
1980	7 448.0	195.0	63.0	1 963.0	41.0	788.0	1 444.0	272.0	386.0	1 444.0	.	852.0
Males – Hommes – Hombres												
1971	2 776.0	91.0	21.0	824.0	16.0	448.0	484.0	133.0	108.0	361.0	.	290.0
1972	2 635.0	90.0	17.0	655.0	20.0	465.0	481.0	115.0	115.0	371.0	.	307.0
1973	2 240.0	82.0	18.0	499.0	15.0	414.0	411.0	104.0	80.0	319.0	.	298.0
1974	2 668.0	100.0	18.0	683.0	19.0	498.0	494.0	113.0	97.0	356.0	.	290.0
1975	4 385.0	135.0	28.0	1 348.0	32.0	846.0	725.0	206.0	173.0	519.0	.	371.0
1976	3 968.0	147.0	34.0	966.0	29.0	717.0	709.0	184.0	168.0	595.0	.	418.0
1977	3 588.0	146.0	26.0	805.0	33.0	598.0	686.0	177.0	159.0	524.0	.	433.0
1978	3 051.0	107.0	31.0	642.0	25.0	536.0	574.0	135.0	126.0	491.0	.	385.0
1979	3 018.0	111.0	39.0	690.0	25.0	542.0	555.0	137.0	120.0	457.0	.	343.0
1980	4 157.0	143.0	57.0	1 157.0	36.0	746.0	680.0	208.0	173.0	561.0	.	395.0
Females – Femmes – Mujeres												
1971	2 217.0	24.0	3.0	584.0	4.0	14.0	488.0	43.0	133.0	583.0	.	341.0
1972	2 205.0	26.0	2.0	500.0	4.0	17.0	531.0	47.0	129.0	579.0	.	370.0
1973	2 064.0	22.0	1.0	436.0	3.0	15.0	498.0	35.0	132.0	575.0	.	343.0
1974	2 408.0	23.0	1.0	564.0	6.0	24.0	580.0	39.0	153.0	632.0	.	383.0
1975	3 445.0	32.0	2.0	980.0	7.0	23.0	791.0	62.0	229.0	874.0	.	441.0
1976	3 320.0	52.0	3.0	722.0	7.0	26.0	835.0	55.0	207.0	947.0	.	464.0
1977	3 267.0	50.0	6.0	656.0	7.0	32.0	800.0	59.0	205.0	947.0	.	505.0
1978	2 996.0	53.0	4.0	580.0	4.0	30.0	729.0	60.0	192.0	862.0	.	483.0
1979	2 945.0	52.0	4.0	589.0	7.0	31.0	699.0	64.0	198.0	845.0	.	455.0
1980	3 291.0	52.0	6.0	806.0	6.0	42.0	763.0	63.0	213.0	882.0	.	457.0
Uruguay						Source – Fuente: I						
ISIC – CITI – CIIU 1958												
Total				[1]	[2]		[3]			[4]		
1971	41.2	0.3	.	13.9	0.2	2.3	4.4	1.4	.	6.5	0.5	11.7
1972 [5]	41.7	0.4	.	13.5	0.1	2.2	6.1	2.2	.	5.9	–	11.3
1973 [5]	49.4	0.3	.	14.7	0.3	3.6	6.0	1.5	.	8.6	0.5	13.9
1974 [6]	38.2	0.3	.	9.8	.	3.1	4.1	0.4	.	4.6	0.3	15.6
1975	...	...	...	...	...	...	...	...	...	...	...	...
1976	68.2	0.5	.	18.6	0.1	3.2	8.8	2.2	.	11.8	0.9	22.1
1977	64.1	0.7	.	16.4	0.3	3.0	8.6	1.5	.	11.8	0.2	21.6
1978	53.0	0.3	.	13.9	0.3	2.3	7.2	1.2	.	9.8	0.1	17.9
1979	43.2	0.4	.	12.1	–	1.4	6.3	1.4	.	8.1	.	13.5
1980 [5]	43.6	0.1	.	10.8	0.3	1.4	6.0	0.7	0.9	7.3	0.5	15.6

[(a)] The English designation of major divisions of economic activity is shown on the following page.
Les libellés en français des branches d'activité économique sont indiqués à la page précédente.

[1] Incl. repair and installation services. [2] Incl. sanitary services. [3] Incl. financing, insurance and real estate; excl. restaurants and hotels. [4] Incl. restaurants and hotels; excl. repair and installation services and sanitary services. [5] First semester. [6] ∅: Aug. 1974–Feb. 1975.

[1] Y compris les services de réparation et d'installation. [2] Y compris les services sanitaires. [3] Y compris les banques, les assurances et affaires immobilières; non compris les restaurants et hôtels. [4] Y compris les restaurants et hôtels; non compris les services de réparation et d'installation, et les services sanitaires. [5] Premier semestre. [6] ∅: août 1974–fév. 1975.

[1] Incl. los servicios de reparación y de instalación. [2] Incl. los servicios de saneamiento. [3] Incl. establecimientos financieros, seguros y bienes inmuebles; excl. restaurantes y hoteles. [4] Incl. restaurantes y hoteles; excl. los servicios de reparación y de instalación y los servicios de saneamiento. [5] Primer semestre. [6] ∅: agosto 1974–febr. 1975.

10 Unemployed by job experience
Chômeurs d'après l'expérience professionnelle
Desempleados según la experiencia profesional

B By industry / Par industrie / Por industria

(Thousands - Milliers - Millares)

Country / Source / Scope	Total	With previous job experience – Major divisions of economic activity [a]: 1 Agriculture, hunting, forestry and fishing	2 Mining, quarrying	3 Manu-facturing	4 Electricity, gas, water	5 Construc-tion	6 Trade, restaurants and hotels	7 Transport, storage, communi-cation	8 Financing, insurance, real estate, business services	9 Community, social and personal services	0 Activities not adequately defined	Persons seeking their first job
Venezuela						Source - Fuente: I						
Total [1]												
1974	219.47	15.44	3.26	38.34	1.72	34.02	36.15	13.06	...	41.03	0.66	35.79
1975	241.75	16.59	2.20	25.01	2.62	34.13	35.77	11.75	...	42.52	37.24	33.91
1976 [2]	221.58	15.84	1.34	39.22	0.78	36.44	31.60	9.87	7.18	36.00	13.75	29.55
1977	185.41	9.27	2.45	30.11	1.94	29.97	27.20	7.96	6.50	29.85	11.96	28.20
1978	180.36	8.82	2.58	32.30	1.24	32.92	22.84	9.32	6.59	24.20	10.75	28.79
1979	244.65	12.34	1.91	42.69	3.02	44.02	28.21	15.57	9.92	35.76	14.41	36.79
Males - Hommes - Hombres [1]												
1976	169.71	14.94	1.34	30.60	0.68	36.07	24.86	9.15	...	21.05	10.90	14.79
1977	138.49	9.03	2.17	23.22	1.55	29.43	20.05	7.16	...	17.40	8.16	15.84
1978	141.87	8.59	2.51	26.48	1.02	32.42	18.25	8.55	...	15.50	7.71	16.09
1979	190.76	12.09	1.84	35.21	2.31	43.13	20.64	14.51	...	21.48	11.51	20.42
Females - Femmes - Mujeres [1]												
1976	51.87	0.89	.	8.62	0.10	0.37	6.74	0.73	...	14.95	2.84	14.76
1977	46.91	0.23	0.28	6.89	0.40	0.53	7.15	0.80	...	12.45	3.80	12.36
1978	38.49	0.23	0.07	5.82	0.22	0.51	4.59	0.76	...	8.70	3.04	12.70
1979	53.88	0.25	0.06	7.48	0.71	0.90	7.57	1.06	...	14.28	2.90	16.38
ASIA - ASIE - ASIA												
Cyprus						Source - Fuente: III.1						
Total												
1974	11.206	1.206	0.239	2.339	0.033	2.493	1.591	0.503	0.218	1.266	.	1.318
1975	22.543	2.832	0.478	4.731	0.061	6.356	3.075	1.222	0.364	2.062	.	1.362
1976	14.518	1.763	0.271	1.753	0.133	3.637	2.108	0.888	0.151	1.663	.	2.151
1977	6.144	0.469	0.089	0.531	0.044	0.714	0.901	0.334	0.098	0.798	.	2.166
1978	4.017	0.205	0.042	0.309	0.033	0.320	0.508	0.169	0.072	0.569	.	1.790
1979	3.691	0.173	0.070	0.277	0.022	0.287	0.419	0.122	0.073	0.504	.	1.744
1980	4.344	0.162	0.082	0.398	0.030	0.398	0.554	0.143	0.086	0.563	.	1.928
Males - Hommes - Hombres												
1976	11.095	1.576	0.264	1.364	0.111	3.392	1.435	0.851	0.082	1.075	.	0.945
1977	4.058	0.418	0.087	0.380	0.036	0.654	0.601	0.304	0.053	0.521	.	1.004
1978	2.305	0.177	0.041	0.202	0.026	0.284	0.300	0.140	0.034	0.354	.	0.747
1979	2.075	0.153	0.068	0.176	0.019	0.252	0.226	0.095	0.032	0.287	.	0.767
1980	2.408	0.135	0.079	0.220	0.024	0.347	0.269	0.108	0.034	0.329	.	0.863
Females - Femmes - Mujeres												
1976	3.423	0.187	0.007	0.389	0.022	0.245	0.673	0.037	0.069	0.588	.	1.206
1977	2.086	0.051	0.002	0.151	0.008	0.060	0.300	0.030	0.045	0.277	.	1.162
1978	1.712	0.028	0.001	0.107	0.007	0.036	0.208	0.029	0.038	0.215	.	1.043
1979	1.616	0.020	0.002	0.101	0.003	0.035	0.193	0.027	0.041	0.217	.	0.977
1980	1.936	0.027	0.003	0.178	0.006	0.051	0.285	0.035	0.052	0.234	.	1.065

[a] Les libellés en français des branches d'activité économique sont indiqués à la page suivante.
La designación en español de las grandes divisiones de actividad económica figura en la página precedente.

[1] Second semester. [2] Prior to 1976: distribution according to the 1958 ISIC.

[1] Second semestre. [2] Avant 1976: répartition selon la CITI 1958.

[1] Segundo semestre. [2] Antes de 1976: repartición según la CIIU 1958.

10 Unemployed by job experience / Chômeurs d'après l'expérience professionnelle / Desempleados según la experiencia profesional

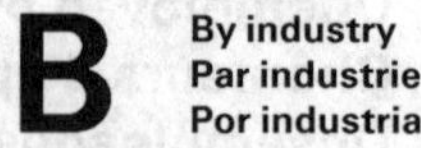

By industry / Par industrie / Por industria

(Thousands - Milliers - Millares)

Pays Source Portée	Total	Ayant précédemment travaillé – Branches d'activité économique [a] – 1 Agriculture, chasse, sylviculture et pêche	2 Industries extractives	3 Industries manu-facturières	4 Electricité, gaz, eau	5 Construc-tion	6 Commerce, restaurants et hôtels	7 Transports, entrepôts, communi-cations	8 Banques, assurances, aff. imm., serv. aux entreprises	9 Services à collectivité, services soc. et pers.	0 Activités mal désignées	Personnes en quête de leur premier emploi
Hong Kong						Source – Fuente: I						
Total [1]												
1979	74.60	0.60	.	21.90	0.10	7.50	8.60	6.00	0.60	4.00	0.10	25.40
1980	101.90	0.80	0.10	36.50	0.20	11.80	12.90	6.40	2.00	8.30	0.10	23.00
Males – Hommes – Hombres [1]												
1979	52.40	0.60	.	13.70	0.10	7.20	6.20	5.80	0.20	2.30	0.10	16.20
1980	68.90	0.60	0.10	21.90	0.10	11.10	9.50	6.00	0.60	5.10	.	13.80
Females – Femmes – Mujeres [1]												
1979	22.20	.	.	8.10	.	0.30	2.40	0.20	0.30	1.70	.	9.20
1980	33.10	0.20	.	14.60	0.10	0.60	3.40	0.40	1.30	3.20	0.10	9.20
Israel						Source – Fuente: I [2]						
Total				[3]								
1971	18.9	1.2	...	5.1	0.2	2.5	2.9	1.6	0.8	4.6	–	.
1972	15.3	0.8	...	4.7	0.1	2.3	2.1	1.1	0.5	3.7	–	.
1973	16.0	0.3	...	4.6	0.1	3.1	2.3	1.0	0.8	3.8	0.1	.
1974	16.5	0.4	...	4.1	0.1	2.5	2.2	1.2	1.0	4.5	0.4	.
1975	16.5	0.3	...	4.0	0.1	2.8	2.3	1.2	1.2	4.5	0.2	.
1976	22.4	0.6	...	4.9	0.1	4.1	3.1	1.8	1.2	5.9	0.6	.
1977	22.2	0.5	...	4.8	0.1	4.1	2.5	1.8	1.2	6.3	0.8	.
1978	21.4	0.5	...	5.6	0.1	2.8	2.8	1.5	1.6	5.8	0.7	.
1979	19.0	0.5	...	4.7	0.2	2.2	2.4	1.3	1.7	5.2	0.8	.
1980	30.8	0.7	...	8.1	0.4	3.7	4.0	2.5	2.6	8.4	0.4	.
Males – Hommes – Hombres												
1978	13.0	0.4	...	4.0	0.1	2.7	1.5	1.2	0.6	1.9	0.6	.
1979	12.5	0.4	...	3.7	0.2	2.1	1.3	1.1	0.8	2.3	0.6	.
1980	19.4	0.6	...	5.9	0.3	3.7	2.6	1.8	0.7	3.5	0.3	.
Females – Femmes – Mujeres												
1978	8.4	0.1	...	1.6	.	0.1	1.3	0.3	1.0	3.9	0.1	.
1979	6.5	0.1	...	1.0	.	0.1	1.1	0.2	0.9	2.9	0.2	.
1980	11.4	0.1	...	2.2	0.1	.	1.4	0.7	1.9	4.9	0.1	.
Korea, Republic of						Source – Fuente: I						
Total												
1971	476	31	4	54	3	17	35	19	4	39	.	270
1972	499	23	2	82	3	44	53	24	5	51	.	212
1973	461	19	4	91	3	35	62	20	6	49	.	172
1974	494	35	1	106	1	34	62	23	8	48	.	176
1975	510	19	1	128	1	36	60	21	4	38	.	202
1976	505	20	2	117	1	54	62	20	4	44	.	181
1977	511	22	4	104	1	34	58	20	6	32	.	230
1978	442	15	2	103	1	40	51	20	11	27	.	172
1979	542	18	3	155	1	73	69	28	13	32	.	150
1980	749	19	4	188	3	125	107	35	15	44	.	208

[a] La designación en español de las grandes divisiones de actividad económica figura en la página siguiente.
The English designation of major divisions of economic activity is shown on the preceding page.

[1] ∅: Sep. of each year. [2] Excl. persons who did not work in the country during the previous 12 months. [3] Incl. mining and quarrying.

[1] ∅: sept. de chaque année. [2] Non compris les personnes qui n'ont pas travaillé dans le pays pendant les 12 mois précédents. [3] Y compris les industries extractives.

[1] ∅: sept. de cada año. [2] Excl. las personas que no trabajaron en el país en los 12 meses precedentes. [3] Incl. las minas y canteras.

10 Unemployed by job experience
Chômeurs d'après l'expérience professionnelle
Desempleados según la experiencia profesional

B By industry / Par industrie / Por industria

(Thousands – Milliers – Millares)

País Fuente Alcance	Total	Hayan trabajado anteriormente Grandes divisiones de actividad económica [a] 1 Agricultura, caza, silvicultura y pesca	2 Minas, canteras	3 Industrias manufactureras	4 Electricidad, gas, agua	5 Construcción	6 Comercio, restaurantes y hoteles	7 Transportes, almacenaje, comunicaciones	8 Bancos, seguros, bienes inm., serv. para empresas	9 Servicios comunales, sociales y personales	0 Actividades no bien especificadas	Personas en busca de su primer empleo
Korea, Republic of						*Source – Fuente: I*						
Males – Hommes – Hombres												
1980	558	19	4	132	3	121	77	32	13	29	.	130
Females – Femmes – Mujeres												
1980	191	2	–	56	–	4	31	2	3	15	.	78
Philippines						*Source – Fuente: I*						
ISIC – CITI – CIIU 1958												
Total				[1]	[2]		[3]			[4]		
1971	666	91	4	46	2	38	42	20	.	71	10	342
1972	867	122	2	59	2	47	51	27	.	84	7	468
1973	690	90	3	61	3	53	48	29	.	78	3	323
1974	584	101	1	55	1	45	39	29	.	60	1	249
1975	581	90	2	61	2	47	34	19	.	67	2	257
République arabe syrienne						*Source – Fuente: I*						
Total [5]												
1971	123.38	34.36	0.56	9.60	0.20	7.10	7.62	2.06	0.21	8.04	0.51	53.11
1972	80.91	17.64	0.09	4.18	0.28	5.99	3.53	1.99	0.38	4.66	.	42.16
1973	76.49	7.41	0.56	4.92	0.28	7.50	5.64	2.08	0.28	6.99	.	40.83
1974	87.19	10.19	–	5.67	–	6.15	3.98	2.59	–	6.02	.	52.60
1975	88.48	21.50	0.28	4.85	0.09	7.72	3.40	2.36	0.09	3.23	.	44.95
1976	...	...	...	...	...	...	...	...	...	...	...	...
1977	100.33	14.29	0.13	8.58	–	8.38	6.12	1.45	0.26	5.62	0.10	55.40
1978	90.31	10.00	–	6.19	–	10.28	3.22	3.34	0.53	4.86	.	51.88
1979	82.09	5.77	–	5.22	–	10.47	4.45	2.43	0.36	3.65	.	49.73
Males – Hommes – Hombres [5]												
1971	107.77	30.50	0.56	8.88	0.20	7.10	7.41	2.06	0.10	6.91	0.51	43.53
1972	61.47	7.56	0.09	3.63	0.28	5.99	3.53	1.89	0.38	4.11	–	34.01
1973	69.29	6.56	0.56	4.82	0.28	7.41	5.64	2.08	0.28	6.42	.	35.24
1974	75.79	8.56	.	4.57	.	6.15	3.98	2.59	.	5.44	.	43.59
1975	80.36	17.05	0.28	4.85	0.09	7.72	3.31	2.36	0.09	2.77	.	41.82
1976	...	...	...	...	...	...	...	...	...	...	...	...
1977	74.89	6.81	0.13	8.05	.	8.38	6.12	1.45	0.26	5.23	0.10	38.36
1978	78.96	8.75	.	5.51	.	10.15	3.10	3.34	0.53	4.34	.	43.23
1979	69.17	5.45	.	4.64	.	10.47	4.45	2.43	0.31	2.98	.	38.44

[a] The English designation of major divisions of economic activity is shown on the following page.
Les libellés en français des branches d'activité économique sont indiqués à la page précédente.

[1] Incl. repair and installation services. [2] Incl. sanitary services. [3] Incl. financing, insurance and real estate; excl. restaurants and hotels. [4] Incl. restaurants and hotels; excl. repair and installation services and sanitary services. [5] ∅: Sep. of each year.

[1] Y compris les services de réparation et d'installation. [2] Y compris les services sanitaires. [3] Y compris les banques, les assurances et affaires immobilières; non compris les restaurants et hôtels. [4] Y compris les restaurants et hôtels; non compris les services de réparation et d'installation, et les services sanitaires. [5] ∅: sept. de chaque année.

[1] Incl. los servicios de reparación y de instalación. [2] Incl. los servicios de saneamiento. [3] Incl. establecimientos financieros, seguros y bienes inmuebles; excl. restaurantes y hoteles. [4] Incl. restaurantes y hoteles; excl. los servicios de reparación y de instalación y los servicios de saneamiento. [5] ∅: sept. de cada año.

10 Unemployed by job experience
Chômeurs d'après l'expérience professionnelle
Desempleados según la experiencia profesional

B By industry / Par industrie / Por industria

(Thousands - Milliers - Millares)

Country Source Scope	Total	With previous job experience — Major divisions of economic activity [(a)] 1 Agriculture, hunting, forestry and fishing	2 Mining, quarrying	3 Manu-facturing	4 Electricity, gas, water	5 Construc-tion	6 Trade, restaurants and hotels	7 Transport, storage, communi-cation	8 Financing, insurance, real estate, business services	9 Community, social and personal services	0 Activities not adequately defined	Persons seeking their first job
République arabe syrienne						*Source – Fuente: I*						
Females – Femmes – Mujeres [1]												
1971	15.61	3.86	.	0.72	.	.	0.21	.	0.10	1.13	.	9.58
1972	19.43	10.08	.	0.55	.	.	.	0.09	.	0.55	.	8.15
1973	7.20	0.85	.	0.09	.	0.09	.	.	.	0.57	.	5.59
1974	11.40	1.63	.	0.19	.	.	.	.	.	0.58	.	9.01
1975	8.12	4.45	.	.	.	.	0.09	.	.	0.45	.	3.13
1976	...	...	...	...	...	...	...	...	...	...	...	...
1977	25.44	7.48	.	0.53	.	.	.	.	.	0.39	.	17.04
1978	11.35	1.26	.	0.68	.	0.13	0.12	.	.	0.52	.	8.65
1979	12.92	0.32	.	0.59	.	.	.	.	0.05	0.67	.	11.29
EUROPE – EUROPE – EUROPA												
Belgique						*Source – Fuente: III.1* [2]						
Total											[3]	
1975	177.37	1.35	3.61	85.43	0.21	18.08	23.49	4.27	1.44	24.53	14.95	...
1976	228.54	1.46	3.65	107.66	0.24	21.90	32.34	5.51	2.08	32.91	20.80	...
1977	264.28	1.56	3.64	122.79	0.27	25.96	38.68	5.94	2.44	39.96	23.03	...
1978	282.16	1.56	3.77	127.91	0.34	29.02	42.47	6.32	2.61	43.94	24.22	...
1979	294.42	1.58	3.43	129.56	0.38	28.10	46.19	6.48	2.89	50.10	25.70	...
1980	321.89	1.72	3.18	134.02	0.40	33.43	52.30	6.98	.	60.43	29.43	...
Males – Hommes – Hombres												
1975	85.16	1.15	3.47	38.87	0.17	17.37	7.07	3.30	0.55	6.56	6.65	...
1976	98.30	1.18	3.47	42.13	0.19	20.74	8.98	4.00	0.69	8.46	8.46	...
1977	106.29	1.24	3.46	43.54	0.21	24.51	9.98	4.21	0.76	9.87	8.51	...
1978	111.24	1.19	3.58	43.82	0.26	27.37	10.53	4.43	0.76	10.48	8.81	...
1979	110.01	1.25	3.25	41.67	0.26	26.37	11.03	4.44	0.81	12.16	8.86	...
1980	120.72	1.26	2.99	42.16	0.26	31.47	11.41	4.81	0.86	15.55	9.94	...
Females – Femmes – Mujeres												
1975	92.21	0.20	0.14	46.56	0.04	0.71	16.43	0.97	0.89	17.97	8.30	...
1976	130.23	0.28	0.17	65.52	0.05	1.15	23.36	1.51	1.38	24.46	12.34	...
1977	158.00	0.32	0.18	79.25	0.07	1.45	28.70	1.73	1.68	30.10	14.52	...
1978	170.92	0.38	0.18	84.09	0.08	1.65	31.94	1.89	1.84	33.46	15.40	...
1979	184.41	0.43	0.18	87.89	0.12	1.73	35.16	2.04	2.08	37.93	16.84	...
1980	201.18	0.46	0.19	91.86	0.14	1.96	37.74	2.17	2.29	44.88	19.49	...
España						*Source – Fuente: I* [4]						
Total				[5]			[6]				[3]	
1971	256.0	57.1	.	80.5	.	80.6	37.8	.	.	.	.	...
1972	391.5	60.0	.	52.1	.	44.3	57.5	.	.	.	177.6	...
1973	362.7	48.4	.	52.0	.	47.7	78.8	.	.	.	135.8	...
1974	434.1	65.7	.	57.3	.	63.4	100.0	.	.	.	147.7	...
1975	624.5	103.0	.	95.9	.	150.2	125.2	.	.	.	150.1	...
											[3]	
1976 [7]	704.2	73.3	12.9	84.5	2.1	147.0	81.1	11.1	5.0	30.3	256.9	...
1977	841.1	90.8	9.5	101.5	3.0	161.6	92.9	11.5	6.5	36.9	326.9	...
1978	1 094.9	101.7	15.4	150.4	2.2	203.3	110.8	18.5	10.4	58.8	423.3	...
1979	1 348.6	91.8	12.7	199.7	2.7	264.3	133.5	17.7	13.0	76.8	536.4	...

[(a)] Les libellés en français des branches d'activité économique sont indiqués à la page suivante.
La designación en español de las grandes divisiones de actividad económica figura en la página precedente.

[1] ∅: Sep. of each year. [2] Wholly unemployed receiving insurance benefits. [3] Incl. persons seeking their first job. [4] Fourth quarter. [5] Incl. major divisions 2 and 4. [6] Incl. major divisions 7, 8 and 9. [7] Prior to 1976: distribution according to the 1958 ISIC.

[1] ∅: sept. de chaque année. [2] Chômeurs complets indemnisés. [3] Y compris les personnes en quête de leur premier emploi. [4] Quatrième trimestre. [5] Y compris les branches 2 et 4. [6] Y compris les branches 7, 8 et 9. [7] Avant 1976: répartition selon la CITI 1958.

[1] ∅: sept. de cada año. [2] Desempleados completos que reciben prestaciones. [3] Incl. las personas en busca de su primer empleo. [4] Cuarto trimestre. [5] Incl. las grandes divisiones 2 y 4. [6] Incl. las grandes divisiones 7, 8 y 9. [7] Antes de 1976: repartición según la CIIU 1958.

10 Unemployed by job experience
Chômeurs d'après l'expérience professionnelle
Desempleados según la experiencia profesional

B By industry / Par industrie / Por industria

(Thousands – Milliers – Millares)

Pays Source Portée	Total	Ayant précédemment travaillé Branches d'activité économique [(a)] 1 Agriculture, chasse, sylviculture et pêche	2 Industries extractives	3 Industries manu-facturières	4 Electricité, gaz, eau	5 Construc-tion	6 Commerce, restaurants et hôtels	7 Transports, entrepôts, communi-cations	8 Banques, assurances, aff. imm., serv. aux entreprises	9 Services à collectivité, services soc. et pers.	0 Activités mal désignées	Personnes en quête de leur premier emploi
Finland					Source – Fuente: I							
Total												
1971	49	8	.	6[1]	.	12	4	2	–	5	12	.
1972	55	8	.	8	.	12	4	2	–	6	15	.
1973	51	7	.	8	.	9	5	2	1	5	14	.
1974	39	4	.	7	.	6	6	2	.	5	9	.
1975	51	5	.	8	.	9	5	3	1	5	15	.
1976 [2]	90	6	.	14[1]	.	16	7	3	1	8	35	.
1977	137	12	.	28	.	24	12	6	2	14	39	.
1978	169	14	.	35	.	29	18	7	3	18	45	.
1979	139	11	.	23	.	22	16	5	3	19	40	.
1980	112	9	.	18	.	16	12	4	2	17	34	.
Males – Hommes – Hombres												
1976	58	5	.	8	.	15	3	2	–	2	23	.
1977	85	9	.	17	.	22	4	5	1	3	24	.
1978	103	10	.	20	.	26	6	5	2	6	28	.
1979	79	8	.	13	.	20	5	4	1	5	23	.
1980	59	6	.	10	.	14	3	3	1	4	18	.
Females – Femmes – Mujeres												
1976	32	1	.	6	.	1	4	1	1	6	12	.
1977	52	3	.	11	.	2	8	1	1	11	15	.
1978	66	4	.	15	.	3	12	2	1	12	17	.
1979	60	3	.	10	.	2	11	1	2	14	17	.
1980	53	3	.	8	.	2	8	1	1	13	17	.
Germany, Fed. Rep. of					Source – Fuente: III.1							
Total [3]												
1975	1 006.6	9.1	5.5	366.5	1.3	102.4	168.3	23.7	33.3	111.0	140.1	45.2
1976	898.3	9.4	6.4	303.1	1.7	78.7	195.4	23.3	42.5	151.5	33.0	53.2
1977	911.3	9.1	6.9	261.5	1.4	68.6	178.4	21.9	35.3	150.1	99.3	78.6
1978	864.2	10.2	6.5	236.1	1.2	51.9	162.7	19.4	29.0	144.1	136.8	66.3
1979	736.7	7.7	7.2	203.1	1.1	37.5	140.0	17.4	24.6	131.6	114.1	52.3
1980	822.7	9.6	7.4	228.9	1.1	48.2	150.7	19.6	25.6	143.2	129.4	58.9
Males – Hommes – Hombres [3]												
1975	546.5	7.0	5.2	187.4	0.9	95.5	67.8	18.3	15.2	42.9	80.8	25.6
1976	436.6	6.8	5.9	151.6	1.1	71.5	70.1	16.6	17.2	51.0	17.3	27.5
1977	424.4	6.4	6.4	124.0	0.7	62.3	59.7	15.4	12.8	47.4	50.4	38.9
1978	388.5	7.0	6.0	108.8	0.7	46.8	53.1	13.5	9.2	45.0	68.7	29.7
1979	316.9	5.1	6.8	92.3	0.6	33.3	43.8	11.9	7.9	40.2	54.0	21.0
1980	368.5	6.4	7.1	110.2	0.6	43.9	49.6	13.5	8.7	47.7	57.1	23.7

[(a)] La designación en español de las grandes divisiones de actividad económica figura en la página siguiente.
The English designation of major divisions of economic activity is shown on the preceding page.

[1] Incl. major divisions 2 and 4. [2] Sample design revised. [3] ∅: Sep. of each year.

[1] Y compris les branches 2 et 4. [2] Plan d'échantillonnage révisé. [3] ∅: sept. de chaque année.

[1] Incl. las grandes divisiones 2 y 4. [2] Diseño de la muestra revisado. [3] ∅: sept. de cada año.

10 Unemployed by job experience
Chômeurs d'après l'expérience professionnelle
Desempleados según la experiencia profesional

B By industry / Par industrie / Por industria

(Thousands - Milliers - Millares)

País Fuente Alcance	Total	Hayan trabajado anteriormente Grandes divisiones de actividad económica [a] 1 Agricultura, caza, silvicultura y pesca	2 Minas, canteras	3 Industrias manufactureras	4 Electricidad, gas, agua	5 Construcción	6 Comercio, restaurantes y hoteles	7 Transportes, almacenaje, comunicaciones	8 Bancos, seguros, bienes inm., serv. para empresas	9 Servicios comunales, sociales y personales	0 Actividades no bien especificadas	Personas en busca de su primer empleo
Germany, Fed. Rep. of						Source - Fuente: III.1						
Females - Femmes - Mujeres [1]												
1975	460.1	2.1	0.3	179.1	0.4	6.9	100.6	5.4	18.1	68.1	59.4	19.7
1976	461.8	2.7	0.5	151.6	0.6	7.2	125.3	6.7	25.2	100.5	15.8	25.7
1977	486.9	2.7	0.5	137.5	0.7	6.3	118.7	6.5	22.5	102.7	49.0	39.8
1978	475.7	3.2	0.5	127.3	0.6	5.0	109.6	5.9	19.8	99.1	68.2	36.6
1979	419.8	2.7	0.4	110.8	0.5	4.1	96.2	5.5	16.7	91.4	60.2	31.3
1980	454.2	3.3	0.4	118.8	0.5	4.3	101.1	6.1	16.8	95.5	72.3	35.1
Ireland						Source - Fuente: III.1						
ISIC - CITI - CIIU 1958												
Total				[2]	[3]		[4]			[5]		
1971	62.00	17.37	0.43	13.72	0.38	11.82	5.84	3.40	...	7.19	1.83	...
1972 [6]	71.53	20.72	0.43	15.30	0.45	13.97	6.55	3.61	...	8.07	2.42	...
1973	66.78	20.00	0.41	13.46	0.39	12.46	6.18	3.46	...	7.84	2.58	...
1974	71.39	19.92	0.45	16.00	0.43	13.48	6.52	3.49	...	8.32	2.76	...
1975	103.23	22.75	0.69	29.94	0.61	20.77	9.42	4.44	...	10.92	3.70	...
1976	112.83	23.94	0.85	30.09	0.76	24.53	10.51	5.06	...	12.98	4.12	...
1977	111.04	23.29	0.70	28.23	0.74	24.60	10.21	4.90	...	13.89	4.47	...
1978	102.91	21.73	0.61	25.29	0.67	22.28	9.47	4.46	...	13.46	4.92	...
1979	92.86	19.44	0.41	21.84	0.61	19.90	8.32	3.86	...	12.92	5.55	...
1980	100.01	18.33	0.59	24.84	0.67	21.45	8.84	4.16	...	14.48	6.63	...
Portugal						Source - Fuente: I						
Total	[7]											
1974	66.5	1.0	.	11.0	–	3.5	5.5	1.0	1.0	5.5	.	32.5
1975	177.5	4.0	–	35.0	–	17.5	20.5	3.5	3.5	19.5	.	69.0
1976	260.0	5.0	–	48.5	.	23.5	30.5	6.0	7.0	25.0	.	108.5
1977	308.5	6.0	0.5	52.0	–	23.0	29.0	5.5	5.0	28.0	.	154.0
1978	333.5	5.5	0.5	56.0	–	15.0	27.5	6.0	4.0	24.5	.	188.5
1979	343.5	8.0	–	60.0	–	13.5	27.5	4.5	2.5	27.5	.	195.0
1980	330.0	13.0	0.5	55.5	0.5	12.5	29.5	5.5	2.5	31.0	.	174.0

[a] The English designation of major divisions of economic activity is shown on the following page.
Les libellés en français des branches d'activité économique sont indiqués à la page précédente.

[1] ∅: Sep. of each year. [2] Incl. repair and installation services. [3] Incl. sanitary services. [4] Incl. financing, insurance and real estate; excl. restaurants and hotels. [5] Incl. restaurants and hotels; excl. repair and installation services and sanitary services. [6] ∅: eleven months' average. [7] Figures are rounded off independently; consequently the total differs from the sum of the groups.

[1] ∅: sept. de chaque année. [2] Y compris les services de réparation et d'installation. [3] Y compris les services sanitaires. [4] Y compris les banques, les assurances et affaires immobilières; non compris les restaurants et hôtels. [5] Y compris les restaurants et hôtels; non compris les services de réparation et d'installation, et les services sanitaires. [6] ∅: moyenne de onze mois. [7] Les chiffres sont arrondis indépendamment; en conséquence le total diffère de la somme des groupes.

[1] ∅: sept. de cada año. [2] Incl. los servicios de reparación y de instalación. [3] Incl. los servicios de saneamiento. [4] Incl. establecimientos financieros, seguros y bienes inmuebles; excl. restaurantes y hoteles. [5] Incl. restaurantes y hoteles; excl. los servicios de reparación y de instalación y los servicios de saneamiento. [6] ∅: promedio de once meses. [7] Las cifras están redondeadas independientemente; en consecuencia, el total difiere de la suma de los grupos.

10 Unemployed by job experience / Chômeurs d'après l'expérience professionnelle / Desempleados según la experiencia profesional

B By industry / Par industrie / Por industria

(Thousands - Milliers - Millares)

Country Source Scope	Total	With previous job experience — Major divisions of economic activity [a] 1 Agriculture, hunting, forestry and fishing	2 Mining, quarrying	3 Manu-facturing	4 Electricity, gas, water	5 Construc-tion	6 Trade, restaurants and hotels	7 Transport, storage, communi-cation	8 Financing, insurance, real estate, business services	9 Community, social and personal services	0 Activities not adequately defined	Persons seeking their first job
Portugal						*Source - Fuente: I*						
Males - Hommes - Hombres												
1974	30.5 [1]	1.0	–	4.5	–	3.5	2.5	.	–	2.0	.	14.0
1975	98.0	2.5	.	18.5	.	16.5	11.0	2.5	2.0	7.5	.	31.0
1976	148.0	4.0	.	26.5	–	23.0	17.0	4.5	3.0	13.5	.	51.5
1977	145.0	3.0	0.5	22.0	.	22.0	14.0	4.0	2.5	12.5	–	59.5
1978	136.0	2.5	0.5	19.0	.	14.0	11.0	4.5	1.0	6.5	–	70.0
1979	121.5	1.5	.	19.5	.	12.5	8.5	4.0	1.5	6.5	–	63.0
1980	102.5	1.0	0.5	15.0	.	12.0	10.0	3.5	1.0	8.0	–	47.0
Females - Femmes - Mujeres												
1974	36.0	–	–	6.5	–	–	3.0	1.0	1.0	3.5	–	18.5
1975	79.5	1.5	.	16.5	–	1.0	9.5	1.0	1.5	12.0	–	38.0
1976	112.0	1.0	.	22.0	–	0.5	13.5	1.5	4.0	11.5	–	57.0
1977	163.5	3.0	–	30.0	–	1.0	15.0	1.5	2.5	15.5	–	94.5
1978	197.5	3.0	.	37.0	–	1.0	16.5	1.5	3.0	18.0	–	118.0
1979	222.0	6.5	.	40.5	.	1.0	19.0	0.5	1.0	21.0	–	132.0
1980	227.5	12.0	.	40.5	0.5	0.5	19.5	2.0	1.5	23.0	.	127.0
Sweden						*Source - Fuente: I*						
Total												
1971	101	5	.	25	.	21	15	4	2	20	7	...
1972	107	7	.	28	1	20	17	6	4	25	.	.
1973	98	6	.	26	.	17	17	5	3	24	.	.
1974	80	4	.	22	.	11	14	4	2	22	.	.
1975	67	4	.	19	.	8	12	3	3	18	.	.
1976	66	4	.	15	.	8	11	3	2	17	.	7
1977	75	4	.	17	.	7	12	4	3	20	.	7
1978	94	6	1	23	.	11	13	4	3	24	1	8
1979	88	5	.	20	.	8	13	4	3	26	.	9
1980	86	4	.	18	.	7	13	4	3	26	.	8
Males - Hommes - Hombres												
1971	56	5	.	14	.	20	4	3	1	6	4	...
1972	59	6	.	15	.	19	5	5	2	6	.	.
1973	52	4	.	15	.	16	5	4	2	6	.	.
1974	39	4	.	12	.	10	4	3	1	5	.	.
1975	32	3	.	10	.	7	3	2	1	4	.	.
1976	30	3	.	8	.	7	3	2	1	4	.	2
1977	35	3	.	9	.	6	4	3	1	5	.	3
1978	49	4	1	13	.	10	5	4	2	7	.	4
1979	44	3	.	11	.	7	5	3	1	8	.	4
1980	40	3	.	10	.	6	5	3	1	7	.	3

[a] Les libellés en français des branches d'activité économique sont indiqués à la page suivante.
La designación en español de las grandes divisiones de actividad económica figura en la página precedente.

[1] Figures are rounded off independently; consequently the total differs from the sum of the groups.

[1] Les chiffres sont arrondis indépendamment; en conséquence le total diffère de la somme des groupes.

[1] Las cifras están redondeadas independientemente; en consecuencia, el total difiere de la suma de los grupos.

UNEMPLOYMENT

10 Unemployed by job experience
Chômeurs d'après l'expérience professionnelle
Desempleados según la experiencia profesional

B By industry / Par industrie / Por industria

(Thousands - Milliers - Millares)

Pays Source Portée	Total	Ayant précédemment travaillé Branches d'activité économique [a] 1 Agriculture, chasse, sylviculture et pêche	2 Industries extractives	3 Industries manufacturières	4 Electricité, gaz, eau	5 Construction	6 Commerce, restaurants et hôtels	7 Transports, entrepôts, communications	8 Banques, assurances, aff. imm., serv. aux entreprises	9 Services à collectivité, services soc. et pers.	0 Activités mal désignées	Personnes en quête de leur premier emploi
Sweden						Source - Fuente: I						
Females - Femmes - Mujeres												
1971	44	.	.	12	.	1	10	1	1	14	4	...
1972	48	1	.	12	.	1	11	2	1	19	.	.
1973	46	1	.	11	.	1	11	1	1	18	.	.
1974	41	1	.	10	.	1	10	1	2	17	.	.
1975	36	1	.	8	.	1	9	1	2	14	.	.
1976	36	1	.	7	.	1	8	.	1	14	1	4
1977	40	1	.	8	.	1	8	1	2	15	.	4
1978	45	2	.	10	.	1	8	1	2	18	.	5
1979	44	2	.	9	.	.	8	1	2	18	.	5
1980	45	2	.	8	.	.	8	1	2	19	.	5
United Kingdom						Source - Fuente: III 1 [1]						
Total [2]												
1973 [3]	625.8	12.8	18.2	174.8	7.0	97.3	84.4	40.0	18.9	85.5	86.9	...
1974 [3]	623.3	12.5	16.4	162.0	6.0	112.4	81.6	35.4	19.7	86.6	90.7	...
1975 [3]	1 005.7	19.4	16.3	285.1	6.9	172.6	138.9	50.3	29.2	126.5	111.9	48.6
1976	1 359.4	25.0	17.4	367.0	9.0	220.0	196.4	63.2	37.0	168.9	169.5	85.9
1977	1 474.6	27.0	19.4	351.1	9.5	222.0	215.8	62.8	40.3	200.4	221.0	105.4
1978	1 474.0	26.6	23.6	346.6	8.8	200.3	211.4	60.3	38.6	210.3	248.1	99.4
1979	1 390.5	24.2	24.4	331.1	8.0	178.5	200.8	57.1	38.5	204.5	240.1	83.2
1980	1 790.6	28.2	26.5	476.2	8.1	233.4	255.9	72.4	50.7	244.9	267.1	127.1
Males - Hommes - Hombres [2]												
1977	1 064.1	23.7	19.1	258.1	8.4	218.2	126.6	55.7	24.9	130.7	144.4	54.4
1978	1 040.0	23.0	23.2	249.2	7.6	196.5	119.8	53.0	23.3	133.8	159.3	51.3
1979	965.2	20.7	24.0	233.7	6.7	174.8	110.7	49.4	22.6	125.6	143.4	43.7
1980	1 232.1	23.9	26.0	333.9	6.6	228.2	139.1	62.1	28.9	148.4	168.0	66.9
Females - Femmes - Mujeres [2]												
1977	410.5	3.2	0.4	93.0	1.1	3.9	89.2	7.1	15.3	69.6	76.7	51.0
1978	433.9	3.6	0.4	97.4	1.2	3.8	91.6	7.3	15.3	76.4	88.7	48.1
1979	425.3	3.5	0.4	97.4	1.3	3.7	90.1	7.7	15.9	78.9	86.8	39.5
1980	558.4	4.3	0.5	142.3	1.5	5.2	116.8	10.3	21.8	96.5	99.2	60.1
Yugoslavia						Source - Fuente: III.1						
Total [4]	[5]			[6]						[7]		
1971	143.87	30.66	...	41.42	6.72	32.20	10.98	4.43	...	16.23	1.24	.
1972	153.76	32.77	...	44.27	7.18	34.41	11.73	4.74	...	17.34	1.32	.
1973	178.32	38.00	...	51.34	8.33	39.91	13.61	5.49	...	20.11	1.53	.
1974	194.08	41.36	...	55.88	9.06	43.44	14.81	5.98	...	21.89	1.67	.
1975	234.70	50.01	...	67.57	10.96	52.52	17.91	7.23	...	26.47	2.02	.
1976	263.50	56.15	...	75.86	12.30	58.97	20.10	8.12	...	29.72	2.27	.
1977	267.16	56.93	...	76.91	12.48	59.79	20.38	8.23	...	30.13	2.30	.
1978	250.99	53.49	...	72.26	11.72	56.17	19.15	7.73	...	28.31	2.16	.
1979	246.46	52.52	...	70.96	11.51	55.16	18.80	7.59	...	27.80	2.12	.

[a] La designación en español de las grandes divisiones de actividad económica figura en la página siguiente.
The English designation of major divisions of economic activity is shown on the preceding page.

[1] Excl. persons temporarily laid off. [2] ∅: Feb., May, Aug. and Nov. [3] Annual averages. [4] ∅: Dec. of each year. [5] Excl. persons seeking their first job. [6] Incl. mining and quarrying. [7] Incl. financing, insurance, real estate and business services.

[1] Non compris les personnes temporairement mises à pied. [2] ∅: fév., mai, août et nov. [3] Moyennes annuelles. [4] ∅: déc. de chaque année. [5] Non compris les personnes cherchant leur premier emploi. [6] Y compris les industries extractives. [7] Y compris les banques, les assurances, les affaires immobilières et les services aux entreprises.

[1] Excl. las personas temporalmente despedidas. [2] ∅: febr., mayo, agosto y nov. [3] Promedios anuales. [4] ∅: dic. de cada año. [5] Excl. las personas en busca de su primer empleo. [6] Incl. las minas y canteras. [7] Incl. bancos, seguros, bienes inmuebles y servicios para empresas.

10 Unemployed by job experience
Chômeurs d'après l'expérience professionnelle
Desempleados según la experiencia profesional

B By industry / Par industrie / Por industria

(Thousands – Milliers – Millares)

País Fuente Alcance	Total	Hayan trabajado anteriormente — Grandes divisiones de actividad económica [(a)]: 1 Agricultura, caza, silvicultura y pesca	2 Minas, canteras	3 Industrias manufactureras	4 Electricidad, gas, agua	5 Construcción	6 Comercio, restaurantes y hoteles	7 Transportes, almacenaje, comunicaciones	8 Bancos, seguros, bienes inm., serv. para empresas	9 Servicios comunales, sociales y personales	0 Actividades no bien especificadas	Personas en busca de su primer empleo
OCEANIA – OCÉANIE – OCEANIA												
Australia						*Source – Fuente: I*						
ISIC – CITI – CIIU 1958												
Total [1]				[2]			[3]			[4]		
1971	92.7	–	.	22.0	...	10.0	16.9	.	5.0	18.8	.	7.6
1972	144.0	7.1	.	35.9	...	13.2	29.9	6.3	6.3	24.9	.	14.3
1973	105.8	–	.	21.3	...	10.1	27.4	5.3	–	19.1	.	13.4
1974	140.9	8.1	.	38.4	...	13.7	27.4	5.7	8.1	22.4	.	12.9
1975	278.4	9.2	.	68.8	...	28.5	55.1	13.2	13.7	46.7	.	34.1
1976	292.7	13.3	.	71.2	...	32.3	60.3	11.6	12.4	44.2	.	37.5
1977	359.3	19.6	.	83.1	...	34.6	83.4	14.4	12.2	52.1	.	49.8
1978	395.7	18.0	.	66.2	...	42.6	63.5	13.4	12.3	43.2	64.3	61.6
1979	373.8	12.4	.	61.1	...	27.8	58.5	9.4	10.2	46.0	68.1	66.1
1980	392.3	11.9	.	62.7	...	24.4	58.6	9.9	10.3	42.7	80.5	72.2
Males – Hommes – Hombres [1]												
1980	209.1	9.8	.	43.6	...	24.3	34.9	7.0	4.8	14.3	30.3	30.4
Females – Femmes – Mujeres [1]												
1980	183.2	–	.	19.2	...	–	23.8	–	5.5	28.4	50.2	41.7

Les libellés en français des branches d'activité économique sont indiqués à la page précédente.

[1] ∅: Aug. of each year. [2] Incl. electricity, gas and water. [3] Excl. restaurants and hotels. [4] Incl. restaurants and hotels.

[1] ∅: août de chaque année. [2] Y compris l'électricité, le gaz et l'eau. [3] Non compris les restaurants et les hôtels. [4] Y compris les restaurants et hôtels.

[1] ∅: agosto de cada año. [2] Incl. electricidad, gas y agua. [3] Excl. restaurantes y hoteles. [4] Incl. restaurantes y hoteles.

10 Unemployed by job experience
Chômeurs d'après l'expérience professionnelle
Desempleados según la experiencia profesional

By occupational group
Par groupe de professions
Por grupo de ocupación

(Thousands – Milliers – Millares)

Country Source Scope	Total	With previous job experience – Major groups of occupations [a] 1 Professional, technical & related workers	2 Administrative & managerial workers	3 Clerical & related workers	4 Sales workers	5 Service workers	6 Agriculture, animal husbandry & forestry workers, fishermen & hunters	7/8/9 Production & related workers, transport equipment operators & labourers	X Workers not classifiable by occupation	Persons seeking their first job
AFRICA – AFRIQUE – AFRICA										
Rép.-Unie du Cameroun [1]				*Source – Fuente: III.1*						
Total									[2]	
1974	4.233	0.098	0.016	0.064	0.018	0.916	0.441	0.771	1.909	...
1975	4.284	0.101	0.018	0.076	0.021	1.001	0.398	0.788	1.881	...
1976	4.202	0.119	0.021	0.084	0.023	1.251	0.397	0.783	1.524	...
1977	3.840	0.117	0.012	0.093	0.021	1.377	0.270	0.691	1.259	...
1978	4.625	0.341	0.011	0.173	0.026	1.431	0.319	0.934	1.390	...
1979	3.407	0.174	0.009	0.334	0.074	1.372	0.219	0.637	0.588	...
1980	3.866	0.364	0.035	0.129	0.037	1.241	0.121	0.343	0.596	...
Ghana				*Source – Fuente: III.1*						
Total [3]										
1971	18.866	0.125	0.002	0.986	0.031	0.691	0.058	8.585	.	8.388
1972	31.961	0.067	0.002	1.602	0.037	1.225	0.069	13.265	.	15.694
1973	25.173	0.064	0.002	1.425	0.089	0.934	0.083	9.846	.	12.730
1974	28.752	0.110	0.012	1.191	0.124	1.046	0.056	10.198	.	16.015
1975	30.723	0.140	0.003	1.091	0.120	1.075	0.082	12.158	.	16.054
1976	32.924	0.125	0.029	1.466	0.067	1.266	0.082	14.255	.	15.634
1977	32.154	0.108	–	1.208	0.150	1.269	0.094	12.836	.	16.489
1978	33.824	0.100	0.003	1.085	0.086	1.084	0.081	12.347	.	19.038
1979	30.927	0.093	0.001	1.063	0.036	1.068	0.074	12.442	.	16.150
1980	41.951	0.255	0.018	1.189	0.078	0.966	0.971	18.233	.	20.241
Males – Hommes – Hombres [3]										
1980	29.107	0.151	0.018	0.857	0.060	0.834	0.656	12.985	.	13.546
Females – Femmes – Mujeres [3]										
1980	12.844	0.104	.	0.332	0.018	0.132	0.315	5.248	.	6.695
Mauritius				*Source – Fuente: III.1*						
ISCO – CITP – CIUO 1958										
Total									[2]	
1971	30.659	0.196	–	0.211	0.974	1.198	8.567	8.303	11.210	...
1972	34.463	0.198	0.002	0.196	0.975	1.116	9.577	8.394	14.005	...
1973	27.217	0.148	0.001	0.212	0.731	0.911	6.576	5.973	12.665	...
1974	21.157	0.126	–	0.209	0.589	0.681	5.613	4.694	9.245	...
1975	20.513	0.120	–	0.182	0.582	0.809	6.062	4.765	7.992	...
1976	20.841	0.142	0.001	0.210	0.608	1.025	5.586	5.438	7.831	...
1977	17.071	0.145	0.002	0.209	0.479	0.956	3.141	5.132	7.007	...
1978	16.804	0.156	–	0.223	0.412	0.993	3.282	3.316	8.422	...
1979	22.039	0.168	–	0.225	0.490	1.198	4.307	5.198	10.453	...

[a] Les libellés en français des grands groupe de professions sont indiqués à la page suivante.

[1] Douala, Yaoundé, Nkongsamba and Garona. [2] Incl. persons seeking their first job. [3] ∅: March, June, Sep. and Dec. of each year.

[1] Douala, Yaoundé, Nkongsamba et Garona. [2] Y compris les personnes en quête de leur premier emploi. [3] ∅: mars, juin, sept. et déc. de chaque année.

[1] Duala, Yaundé, Nkongsamba y Garona. [2] Incl. las personas en busca de su primer empleo. [3] ∅: marzo, junio, sept. y dic. de cada año.

10 Unemployed by job experience
Chômeurs d'après l'expérience professionnelle
Desempleados según la experiencia profesional

C By occupational group
Par groupe de professions
Por grupo de ocupación

(Thousands - Milliers - Millares)

Pays Source Portée	Total	Ayant précédemment travaillé Grands groupes des professions [a] 1 Personnel des prof. scientif., techniques, libérales et assimilées	2 Directeurs et cadres administratifs supérieurs	3 Personnel administratif et travailleurs assimilés	4 Personnel commercial et vendeurs	5 Travailleurs des services	6 Agriculteurs, éleveurs, forestiers, pêcheurs et chasseurs	7/8/9 Ouvriers et manœuvres non agricoles et conducteurs d'engins de transport	X Travailleurs ne pouvant être classés selon la profession	Personnes en quête de leur premier emploi
Nigeria				*Source - Fuente: III.1*						
Total									[1]	
1971	14.410	0.104	0.001	0.844	0.163	0.589	0.073	7.818	4.818	...
1972	15.371	0.096	-	0.823	0.177	1.189	0.050	8.113	4.923	...
1973	19.096	0.093	-	1.078	0.188	1.451	0.087	10.046	6.153	...
1974	20.471	0.058	0.002	0.821	0.173	0.862	0.044	11.944	6.567	...
1975	19.969	0.035	0.002	0.744	0.150	0.475	0.055	12.442	6.066	...
1976	18.970	0.053	0.008	0.736	0.166	0.440	0.147	13.382	4.038	...
1977	15.849	0.038	0.004	0.721	0.224	0.310	0.078	10.706	3.768	...
Sierra Leone				*Source - Fuente: III.2 [2]*						
Total										
1973	5.746	0.005	-	1.040	0.378	0.509	0.008	1.121	2.685	.
1974	5.559	0.005	-	1.015	0.390	0.322	0.014	0.746	3.067	.
1975	6.638	0.005	-	1.000	0.242	0.122	0.015	0.822	4.432	.
1976	7.670	0.006	-	1.039	0.380	0.194	0.011	1.132	4.908	.
1977	7.342	0.007	-	1.693	0.416	0.344	0.007	1.543	3.332	.
1978	7.084	0.009	.	1.846	0.439	0.525	0.021	1.601	3.404	.
1979	4.821	0.004	.	1.081	0.195	0.225	0.020	1.238	2.687	.
1980	4.103	0.009	.	0.677	0.095	0.217	0.047	0.753	2.305	.
Tunisie				*Source - Fuente: III.2*						
ISCO - CITP - CIUO 1958										
Total										[3]
1971	52.476	0.042	0.002	0.597	0.037	1.870	9.456	32.406	.	8.066
1972	31.929	0.049	0.002	0.481	0.038	1.306	4.892	18.022	.	7.139
1973	36.971	0.058	0.003	0.432	0.041	0.835	6.132	21.494	.	7.976
1974	...	...	...	...	...	...	...	...	...	...
1975	28.819	0.080	0.024	0.434	0.023	0.843	0.196	18.969	.	8.250
1976	36.058	0.099	0.032	1.182	0.051	0.998	0.266	27.265	.	6.165
1977	79.184	0.095	0.017	0.830	0.060	1.579	0.715	63.162	.	12.726
1978	55.582	0.049	0.006	0.765	0.050	1.094	0.365	41.554	.	11.699
1979	63.448	0.143	0.013	0.568	0.063	1.099	0.325	45.446	.	15.791
1980	66.565	0.099	0.013	0.652	0.056	1.165	0.253	46.148	.	18.179

[a] La designación en español de las grandes grupos de ocupación figura en la página siguiente.
The English designation of major occupational groups is shown on the preceding page.

[1] Incl. persons seeking their first job. [2] Excl. applicants for work registered at the Maritime Pool. [3] Incl. workers not classifiable by occupation.

[1] Y compris les personnes en quête de leur premier emploi. [2] Non compris les demandeurs d'emploi enregistrés au Bureau de placement maritime. [3] Y compris les travailleurs ne pouvant être classés selon la profession.

[1] Incl. las personas en busca de su primer empleo. [2] Excl. los solicitantes de trabajo registrados en la Oficina de Colocación Marítima. [3] Incl. los trabajadores que no pueden ser clasificados según la ocupación.

UNEMPLOYMENT

10 Unemployed by job experience
Chômeurs d'après l'expérience professionnelle
Desempleados según la experiencia profesional

By occupational group
Par groupe de professions
Por grupo de ocupación

(Thousands - Milliers - Millares)

País Fuente Alcance	Total	Hayan trabajado anteriormente — Grandes grupos de ocupaciones [a] 1 Profesionales técnicos y trabajadores asimilados	2 Directores y funcionarios públicos superiores	3 Personal administrativo y trabajadores	4 Comerciantes y vendedores	5 Trabajadores de los servicios	6 Trabajadores agrícolas, forestales, pescadores y cazadores	7/8/9 Obreros no agr. y conductores de máquinas y vehículos de transp. y trab. asimilados	X Trab. que no pueden ser clasificados según la ocupación	Personas en busca de su primer empleo
AMERICA - AMÉRIQUE - AMERICA										
Canada					*Source - Fuente: I*					
ISCO - CITP - CIUO 1958										
Total					[1]		[2]			
1973	509	...	...	...	130	64	37	225	.	53
1974	510	...	...	...	130	64	42	228	.	45
1975	690	...	...	...	202	90	41	262	53	41
1976	727	...	...	...	244	107	45	278	12	41
1977	850	...	...	...	280	135	51	322	14	48
1978	911	...	...	...	305	149	54	330	18	53
1979	838	...	...	...	269	145	52	299	21	52
1980	867	...	...	...	270	148	57	323	21	40
Males - Hommes - Hombres										
1973	350	...	...	...	56	34	34	197	.	28
1974	349	...	...	...	57	34	39	196	.	23
1975	391	...	...	...	70	37	34	208	24	17
1976	404	...	...	...	81	43	36	227	.	15
1977	474	...	...	...	95	55	43	260	.	19
1978	502	...	...	...	103	63	45	267	.	22
1979	452	...	...	...	88	56	43	241	.	21
1980	479	...	...	...	87	60	48	261	.	20
Females - Femmes - Mujeres										
1973	159	...	...	...	74	31	.	28	.	24
1974	161	...	...	...	73	30	.	33	.	22
1975	299	...	...	...	132	53	6	54	29	24
1976	322	...	...	...	163	64	8	51	10	26
1977	377	...	...	...	185	80	8	62	12	29
1978	408	...	...	...	202	87	9	64	16	31
1979	386	...	...	...	181	89	10	58	19	31
1980	388	...	...	...	183	88	9	63	18	27

[a] The English designation of major occupational groups is shown on the following page.
Les libellés en français des grands groupes de professions sont indiqués à la page précédente.

[1] Incl. major groups 0/1, 2 and 3. [2] Incl. miners, quarrymen and related workers.

[1] Y compris les grands groupes 0/1, 2 et 3. [2] Y compris les mineurs, carriers et travailleurs assimilés.

[1] Incl. los grandes grupos 0/1, 2 y 3. [2] Incl. los mineros, canteros y trabajadores asimilados.

10 Unemployed by job experience
Chômeurs d'après l'expérience professionnelle
Desempleados según la experiencia profesional

C By occupational group
Par groupe de professions
Por grupo de ocupación

(Thousands – Milliers – Millares)

Country Source Scope	Total	With previous job experience Major groups of occupations [(a)] 1 Professional, technical & related workers	2 Administrative & managerial workers	3 Clerical & related workers	4 Sales workers	5 Service workers	6 Agriculture, animal husbandry & forestry workers, fishermen & hunters	7/8/9 Production & related workers, transport equipment operators & labourers	X Workers not classifiable by occupation	Persons seeking their first job
Colombia [1]					Source – Fuente: I					
Total [2]										
1976	269.0	18.4	1.8	67.4	38.0	36.6	1.3	105.1	0.5	.
1977	261.0	15.1	2.0	67.7	38.8	38.1	2.3	96.0	1.1	.
1978	243.6	18.2	0.8	68.6	41.7	24.6	0.5	87.4	1.9	.
1979	292.9	21.8	1.8	87.3	44.5	34.7	1.2	100.5	1.2	.
1980	320.8	15.8	3.0	87.6	47.5	42.8	1.6	120.6	2.0	.
Costa Rica					Source – Fuente: I					
ISCO – CITP – CIUO 1958										
Total [3]					[4]			[5]		
1976	40.921	0.778	0.439	...	4.454	3.809	...	13.476	0.226	17.739
1977	31.433	0.486	0.891	...	4.147	3.433	...	12.955	0.416	9.105
1978	32.666	0.798	0.507	...	5.025	4.556	...	12.345	0.036	9.399
1979	36.251	0.427	0.533	...	5.371	4.396	...	14.326	0.117	11.081
1980	45.564	0.840	0.752	...	6.510	6.291	...	20.957	.	10.214
Males – Hommes – Hombres [3]										
1980	30.667	0.234	0.713	...	3.165	2.814	...	18.552	.	5.189
Females – Femmes – Mujeres [3]										
1980	14.897	0.606	0.039	...	3.345	3.477	...	2.405	.	5.025
Chile					Source – Fuente: I					
ISCO – CITP – CIUO 1958										
Total										
1976	405.8	9.3	1.3	31.7	21.9	39.9	26.6	129.4	4.9	140.9
1977	378.5	8.2	1.6	33.2	16.4	38.9	29.2	125.0	7.3	118.6
1978	495.3	13.0	2.8	44.4	25.2	51.9	38.8	163.3	4.1	151.8
1979	474.2	9.4	2.2	43.9	31.7	43.0	38.8	162.7	4.3	138.1

[(a)] Les libellés en français des grands groupe de professions sont indiqués à la page suivante.
La designación en español de las grandes grupos de ocupación figura en la página precedente.

[1] Seven main cities of the country. [2] ∅: Sep. of each year. [3] ∅: July of each year. [4] Incl. clerical and related workers. [5] Incl. agriculture, animal husbandry and forestry workers, fishermen and hunters.

[1] Sept villes principales du pays. [2] ∅: sept. de chaque année. [3] ∅: juillet de chaque année. [4] Y compris le personnel administratif et travailleurs assimilés. [5] Y compris les agriculteurs, éleveurs, forestiers, pêcheurs et chasseurs.

[1] Siete ciudades principales del país. [2] ∅: sept. de cada año. [3] ∅: julio de cada año. [4] Incl. el personal administrativo y trabajadores asimilados. [5] Incl. los trabajadores agrícolas y forestales, pescadores y cazadores.

10 Unemployed by job experience / Chômeurs d'après l'expérience professionnelle / Desempleados según la experiencia profesional

C By occupational group / Par groupe de professions / Por grupo de ocupación

(Thousands – Milliers – Millares)

Pays Source Portée	Total	Ayant précédemment travaillé Grands groupes des professions [a] 1 Personnel des prof. scientif., techniques, libérales et assimilées	2 Directeurs et cadres administratifs supérieurs	3 Personnel administratif et travailleurs assimilés	4 Personnel commercial et vendeurs	5 Travailleurs des services	6 Agriculteurs, éleveurs, forestiers, pêcheurs et chasseurs	7/8/9 Ouvriers et manœuvres non agricoles et conducteurs d'engins de transport	X Travailleurs ne pouvant être classés selon la profession	Personnes en quête de leur premier emploi
Jamaica					Source – Fuente: I					
ISCO – CITP – CIUO 1958										
Total			[1]		[2]		[3]			
1972	184.50	...	1.65	...	11.80	37.50	8.10	44.05	2.55	78.85
1973	176.40	...	2.45	...	14.60	42.35	11.80	48.15	0.70	56.35
1974	173.75	...	2.10	...	14.30	39.50	10.65	47.15	1.00	59.05
1975	175.40	...	3.35	...	16.10	40.85	12.30	47.40	0.60	54.80
1976	197.75	...	4.40	...	18.90	45.60	16.15	56.15	0.40	56.15
1977	220.20	...	6.95	...	23.20	46.05	16.05	67.60	0.20	60.20
Panamá					Source – Fuente: I					
Total										
1975 [4]	31.6	2.4	0.6	3.2	2.2	6.3	1.6	8.1	.	7.2
1976 [5]	33.7	1.1	0.5	3.1	2.0	6.0	1.8	10.1	.	9.1
1977 [6]	45.0	0.8	0.5	3.3	1.9	6.4	2.2	9.5	.	20.5
1978	43.8	0.8	0.4	3.0	1.6	5.9	1.5	7.9	.	22.6
1979	50.7	1.2	0.6	3.9	3.6	8.7	1.4	10.7	.	20.6
Males – Hommes – Hombres										
1975	17.2	0.6	0.5	0.9	0.8	1.9	1.5	7.5	.	3.5
1976	19.0	0.5	0.5	1.2	0.8	1.5	1.7	9.3	.	3.5
1977	26.5	0.5	0.3	1.3	1.1	1.8	2.1	8.6	–	10.7
1978	23.4	0.3	0.3	0.7	0.7	1.5	1.4	7.4	.	11.2
1979	26.9	0.5	0.4	1.1	1.7	2.6	1.4	9.6	.	9.6
Females – Femmes – Mujeres										
1975	14.4	1.8	0.1	2.3	1.3	4.4	0.1	0.6	.	3.7
1976	14.7	0.6	–	1.9	1.2	4.5	–	0.8	.	5.5
1977	18.5	0.3	0.1	2.0	0.8	4.6	0.1	0.8	.	9.8
1978	20.4	0.6	0.1	2.3	0.9	4.5	0.1	0.5	.	11.4
1979	23.8	0.8	0.1	2.8	1.9	6.2	–	1.0	.	11.0
Puerto Rico					Source – Fuente: I					
Total										
1971	95	–	–	5	4	8	9	56	.	9
1972	101	2	–	7	5	8	7	61	.	10
1973	102	3	2	7	5	9	7	61	.	9
1974	117	3	2	9	5	11	8	67	.	12
1975	159	5	3	12	7	14	11	94	.	13
1976	179	5	4	13	8	17	14	104	.	14
1977 [7]	187	6	5	15	8	19	15	104	.	15
1978	175	5	4	14	8	19	12	96	.	16
1979	168	5	5	13	7	17	13	94	.	14
1980	172	6	5	15	8	19	11	93	.	15

[a] La designación en español de las grandes grupos de ocupación figura en la página siguiente.
The English designation of major occupational groups is shown on the preceding page.

[1] Incl. professional, technical and related workers. [2] Incl. clerical and related workers. [3] These data refer to workers on own-account. [4] November. [5] August. [6] October. [7] Beginning 1977: persons aged 16 years and over; prior to 1977: 14 years and over.

[1] Y compris le personnel des professions scientifiques, techniques, libérales et assimilées. [2] Y compris le personnel administratif et travailleurs assimilés. [3] Ces données se réfèrent aux travailleurs à leur propre compte. [4] Novembre. [5] Août. [6] Octobre. [7] A partir de 1977: personnes âgées de 16 ans et plus; avant 1977: 14 ans et plus.

[1] Incl. los profesionales, técnicos y trabajadores asimilados. [2] Incl. el personal administrativo y trabajadores asimilados. [3] Estos datos se refieren a los trabajadores por cuenta propia. [4] Noviembre. [5] Agosto. [6] Octubre. [7] A partir de 1977: personas de 16 años y mas; antes de 1977: 14 años y mas.

10 Unemployed by job experience
Chômeurs d'après l'expérience professionnelle
Desempleados según la experiencia profesional

By occupational group
Par groupe de professions
Por grupo de ocupación

(Thousands - Milliers - Millares)

País Fuente Alcance	Total	Hayan trabajado anteriormente Grandes grupos de ocupaciones [a] 1 Profesionales técnicos y trabajadores asimilados	2 Directores y funcionarios públicos superiores	3 Personal administrativo y trabajadores	4 Comerciantes y vendedores	5 Trabajadores de los servicios	6 Trabajadores agrícolas, forestales, pescadores y cazadores	7/8/9 Obreros no agr. y conductores de máquinas y vehículos de transp. y trab. asimilados	X Trab. que no pueden ser clasificados según la ocupación	Personas en busca de su primer empleo
Puerto Rico					*Source - Fuente: I*					
Males - Hommes - Hombres										
1971	67	–	1	2	4	5	9	43	.	4
1972	72	1	1	3	3	5	7	47	.	4
1973	73	2	2	2	3	5	7	49	.	4
1974	84	2	2	3	3	6	8	55	.	6
1975	119	3	3	4	5	8	11	78	.	7
1976	13	3	3	4	5	8	11	78	.	7
1977 [1]	139	3	4	6	6	10	15	86	.	8
1978	131	3	4	5	6	11	12	81	.	9
1979	129	3	4	5	5	10	13	81	.	8
1980	130	3	4	6	5	11	11	80	.	9
Females - Femmes - Mujeres										
1971	30	–	–	3	2	4	–	15	.	6
1972	29	–	–	4	2	3	–	13	.	5
1973	29	1	–	4	2	4	–	12	.	5
1974	33	2	–	6	2	5	–	12	.	6
1975	40	2	–	8	2	6	–	16	.	6
1976	43	2	–	8	3	7	–	16	.	7
1977 [1]	48	2	–	9	2	9	–	18	.	6
1978	44	2	–	9	3	8	–	15	.	7
1979	39	2	–	8	2	7	–	13	.	6
1980	42	3	–	9	3	8	–	12	.	6
Trinidad and Tobago					*Source - Fuente: I*					
ISCO - CITP - CIUO 1958										
Total			[3]							
1971 [2]	46.4	0.3	2.1	...	1.6	5.3	3.4	23.6	–	10.2
1972	...	...	...	...	...	...	...	...	...	...
1973	58.9	1.5	3.3	...	4.0	6.9	2.0	25.4	2.7	13.0
1974	60.1	1.0	2.9	...	3.6	8.8	3.1	28.1	0.4	12.2
1975	58.6	1.2	2.7	...	2.7	5.6	3.2	26.6	1.5	15.0
1976	...	...	...	...	...	...	...	...	...	...
1977	57.5	0.6	3.6	...	2.3	5.0	3.0	29.6	1.8	11.8
1978	52.8	0.8	3.3	...	2.2	5.3	3.6	28.7	0.6	8.0
1979	49.2	0.8	4.2	...	2.6	4.8	2.0	28.1	0.2	6.5

[a] The English designation of major occupational groups is shown on the following page.
Les libellés en français des grands groupes de professions sont indiqués à la page précédente.

[1] Beginning 1977: persons aged 16 years and over; prior to 1977: 14 years and over. [2] First semester. [3] Incl. clerical and related workers.

[1] A partir de 1977: personnes âgées de 16 ans et plus; avant 1977: 14 ans et plus. [2] Premier semestre. [3] Y compris le personnel administratif et travailleurs assimilés.

[1] A partir de 1977: personas de 16 años y mas; antes de 1977: 14 años y mas. [2] Primer semestre. [3] Incl. el personal administrativo y trabajadores asimilados.

UNEMPLOYMENT

10 Unemployed by job experience / Chômeurs d'après l'expérience professionnelle / Desempleados según la experiencia profesional

By occupational group
Par groupe de professions
Por grupo de ocupación

(Thousands - Milliers - Millares)

Country Source Scope	Total	With previous job experience — Major groups of occupations [a] — 1 Professional, technical & related workers	2 Administrative & managerial workers	3 Clerical & related workers	4 Sales workers	5 Service workers	6 Agriculture, animal husbandry & forestry workers, fishermen & hunters	7/8/9 Production & related workers, transport equipment operators & labourers	X Workers not classifiable by occupation	Persons seeking their first job
Trinidad and Tobago — Source - Fuente: I										
ISCO - CITP - CIUO 1958										
Males - Hommes - Hombres										
1971 [1]	27.4	0.2	0.7 [2]	...	0.7	1.0	2.7	17.9	.	4.2
1972	...	...	...	...	...	...	...	...	...	...
1973	34.8	0.5	0.8	...	1.7	2.0	1.8	20.9	1.7	4.9
1974	34.8	0.5	0.8	...	1.6	2.2	2.4	22.6	0.7	4.5
1975	36.6	0.4	1.0	...	1.0	1.6	2.6	22.5	1.1	6.5
1976	...	...	...	...	...	...	...	...	...	...
1977	33.8	0.2	1.0	...	1.2	1.4	2.2	21.6	1.0	5.2
1978	28.7	0.4	0.8	...	0.8	1.6	1.7	19.8	0.4	2.4
1979	25.8	0.5	0.9	...	0.7	1.2	1.2	19.4	0.2	1.6
Females - Femmes - Mujeres										
1971 [1]	19.0	0.1	1.4	...	0.8	4.3	0.7	5.7	.	6.0
1972	...	...	...	...	...	...	...	...	...	...
1973	24.1	0.9	2.5	...	2.2	5.0	0.3	4.5	1.1	8.1
1974	25.3	0.5	2.2	...	2.0	6.6	0.7	5.2	0.2	7.8
1975	22.0	0.8	1.7	...	1.6	4.0	0.7	4.3	0.4	8.6
1976	...	...	...	...	...	...	...	...	...	...
1977	23.8	0.5	2.5	...	1.2	3.6	0.8	8.0	0.8	6.6
1978	24.0	0.5	2.5	...	1.5	3.8	0.8	9.2	0.3	5.7
1979	23.4	0.4	3.2	...	2.0	3.4	0.8	8.8	0.1	4.7
United States — Source - Fuente: I										
Total										
1971	4 993	333	145	683	225	719	81	2 177	.	630
1972	4 840	282	145	704	238	737	83	1 974	.	677
1973	4 304	260	123	630	205	674	78	1 688	.	642
1974	5 076	285	168	725	240	764	79	2 138	.	673
1975	7 830	425	276	1 063	336	1 091	109	3 713	.	812
1976	7 288	440	296	1 062	312	1 152	132	3 009	.	882
1977	6 855	426	276	1 004	318	1 102	133	2 657	.	938
1978	6 047	381	214	866	256	1 029	110	2 324	.	867
1979	5 963	373	225	853	252	979	106	2 376	.	798
1980	7 448	395	270	1 004	283	1 107	125	3 414	.	852

[a] Les libellés en français des grands groupe de professions sont indiqués à la page suivante.
La designación en español de las grandes grupos de ocupación figura en la página precedente.

[1] First semester. [2] Incl. clerical and related workers.

[1] Premier semestre. [2] Y compris le personnel administratif et travailleurs assimilés.

[1] Primer semestre. [2] Incl. el personal administrativo y trabajadores asimilados.

10 Unemployed by job experience
Chômeurs d'après l'expérience professionnelle
Desempleados según la experiencia profesional

By occupational group
Par groupe de professions
Por grupo de ocupación

(Thousands – Milliers – Millares)

Pays Source Portée	Total	Ayant précédemment travaillé Grands groupes des professions [a] 1 Personnel des prof. scientif., techniques, libérales et assimilées	2 Directeurs et cadres administratifs supérieurs	3 Personnel administratif et travailleurs assimilés	4 Personnel commercial et vendeurs	5 Travailleurs des services	6 Agriculteurs, éleveurs, forestiers, pêcheurs et chasseurs	7/8/9 Ouvriers et manœuvres non agricoles et conducteurs d'engins de transport	X Travailleurs ne pouvant être classés selon la profession	Personnes en quête de leur premier emploi
United States					*Source – Fuente: I*					
Males – Hommes – Hombres										
1971	2 776	189	110	143	96	270	61	1 618	.	290
1972	2 635	153	106	139	100	271	62	1 499	.	307
1973	2 240	120	83	105	82	240	59	1 252	.	298
1974	2 668	136	112	120	99	269	62	1 580	.	290
1975	4 385	219	195	188	139	410	84	2 776	.	371
1976	3 968	209	198	196	124	431	91	2 302	.	418
1977	3 588	188	177	179	137	383	94	1 977	.	433
1978	3 051	163	130	147	100	352	69	1 705	.	385
1979	3 018	152	136	138	97	342	69	1 742	.	343
1980	4 157	177	165	182	123	436	86	2 593	.	395
Females – Femmes – Mujeres										
1971	1 853	101	35	540	129	450	19	560	.	341
1972	2 205	129	40	566	138	466	21	476	.	370
1973	2 064	141	40	525	124	435	19	436	.	343
1974	2 408	150	56	603	141	495	18	558	.	383
1975	3 445	207	81	876	197	681	24	937	.	441
1976	3 320	233	98	866	188	720	41	707	.	464
1977	3 267	239	99	825	181	719	39	660	.	505
1978	2 996	218	84	719	156	676	41	619	.	483
1979	2 945	221	90	714	156	638	37	634	.	455
1980	3 291	217	105	822	160	671	39	821	.	457
Uruguay					*Source – Fuente: I*					
ISCO – CITP – CIUO 1958										
Total										
1971	41.2	1.2	0.2	3.5	3.0	3.7	0.3	16.2	1.3	11.7
1972 [1]	41.7	1.5	0.2	3.1	3.3	4.0	0.5	13.6	4.2	11.3
1973 [1]	49.4	1.8	0.3	4.5	3.5	4.4	0.5	19.4	1.1	13.9
1974 [2]	38.2	0.5	0.3	1.9	2.0	3.7	0.3	13.4	0.5	15.6
1975	...	...	...	...	...	...	...	...	...	...
1976	68.2	2.3	0.3	4.8	5.2	7.4	0.6	24.2	1.3	22.1
1977	64.1	2.3	0.1	4.5	4.8	8.4	0.7	21.1	0.5	21.6
1978	53.0	1.4	–	4.7	3.5	6.5	0.4	17.7	0.9	17.9
1979	43.2	1.6	–	4.1	3.0	5.3	0.4	14.4	0.9	13.5
1980 [1]	43.6	1.3	0.2	5.4	2.9	5.3	0.2	12.7	.	15.6

(a) La designación en español de las grandes grupos de ocupación figura en la página siguiente.
The English designation of major occupational groups is shown on the preceding page.

[1] First semester. [2] ∅: Aug. 1974–Feb. 1975.

[1] Premier semestre. [2] ∅: août 1974–fév. 1975.

[1] Primer semestre. [2] ∅: agosto 1974–febr. 1975.

10 Unemployed by job experience
Chômeurs d'après l'expérience professionnelle
Desempleados según la experiencia profesional

By occupational group
Par groupe de professions
Por grupo de ocupación

(Thousands – Milliers – Millares)

País Fuente Alcance	Total	Hayan trabajado anteriormente Grandes grupos de ocupaciones [a] 1 Profesionales técnicos y trabajadores asimilados	2 Directores y funcionarios públicos superiores	3 Personal administrativo y trabajadores	4 Comerciantes y vendedores	5 Trabajadores de los servicios	6 Trabajadores agrícolas, forestales, pescadores y cazadores	7/8/9 Obreros no agr. y conductores de máquinas y vehículos de transp. y trab. asimilados	X Trab. que no pueden ser clasificados según la ocupación	Personas en busca de su primer empleo
Venezuela					Source – Fuente: I					
ISCO – CITP – CIUO 1958										
Total [1]										
1975	241.75	10.27	3.30	14.26	18.42	17.53	26.16	83.23	34.67	33.91
1976	221.58	10.52	2.71	17.42	16.24	22.67	16.89	91.62	13.97	29.55
1977	185.41	8.81	4.26	17.27	13.66	19.59	9.84	9.84	72.41	33.91
1978	180.36	7.41	3.21	16.23	12.95	16.55	9.24	75.13	10.83	28.79
1979	244.65	10.63	2.81	26.60	15.69	20.38	12.28	104.96	14.50	36.79
Males – Hommes – Hombres [1]										
1976	169.71	6.07	2.61	8.40	12.60	13.26	16.14	84.72	11.13	14.79
1977	138.49	5.20	4.04	8.23	9.48	11.02	9.68	67.21	7.78	15.84
1978	141.87	4.68	2.95	8.86	10.65	10.97	0.01	70.05	7.00	10.09
1979	190.76	5.40	2.56	14.76	12.48	12.14	12.09	99.31	11.60	20.42
Females – Femmes – Mujeres [1]										
1976	51.87	4.44	0.09	9.02	3.64	9.41	0.75	6.90	2.84	14.76
1977	46.91	3.61	0.21	9.04	3.18	8.57	0.16	5.20	3.57	12.36
1978	38.49	2.73	0.27	7.37	2.29	5.57	0.23	4.28	3.04	12.70
1979	53.88	5.23	0.25	11.84	3.21	8.24	0.19	5.65	2.90	16.38
ASIA – ASIE – ASIA										
Brunei					Source – Fuente: III.1					
Total [2]										
1974	1.417	.	.	0.443	0.048	0.466	0.007	0.453	.	.
1975	1.531	.	.	0.448	0.025	0.473	0.002	0.583	.	.
1976	1.872	.	.	0.557	0.023	0.690	0.015	0.587	.	.
1977	1.965	.	.	0.623	0.020	0.726	0.051	0.545	.	.
1978	2.649	.	.	0.873	0.015	0.940	0.104	0.717	.	.
1979	2.229	.	.	0.888	0.024	0.817	0.065	0.435	.	.
1980	2.389	.	.	0.783	0.043	0.919	0.096	0.548	.	.

[a] The English designation of major occupational groups is shown on the following page.
Les libellés en français des grands groupes de professions sont indiqués à la page précédente.

[1] Second semester. [2] ∅: Dec. of each year.   [1] Second semestre. [2] ∅: déc. de chaque année.   [1] Segundo semestre. [2] ∅: dic. de cada año.

10 Unemployed by job experience
Chômeurs d'après l'expérience professionnelle
Desempleados según la experiencia profesional

By occupational group
Par groupe de professions
Por grupo de ocupación

(Thousands – Milliers – Millares)

Country Source Scope	Total	With previous job experience Major groups of occupations [(a)] 1 Professional, technical & related workers	2 Administrative & managerial workers	3 Clerical & related workers	4 Sales workers	5 Service workers	6 Agriculture, animal husbandry & forestry workers, fishermen & hunters	7/8/9 Production & related workers, transport equipment operators & labourers	X Workers not classifiable by occupation	Persons seeking their first job
Brunei				Source – Fuente: III.1						
Males – Hommes – Hombres [1]										
1975	0.723	.	.	0.102	0.001	0.058	0.002	0.550	.	.
1976	0.765	.	.	0.119	.	0.080	0.007	0.559	.	.
1977	0.712	.	.	0.127	.	0.074	0.001	0.510	.	.
1978	0.862	.	.	0.162	.	0.063	0.017	0.620	.	.
1979	0.547	.	.	0.122	.	0.037	0.014	0.374	.	.
1980	0.602	.	.	0.104	.	0.062	0.018	0.418	.	.
Females – Femmes – Mujeres [1]										
1975	0.818	.	.	0.346	0.024	0.415	.	0.033	.	.
1976	1.107	.	.	0.438	0.023	0.610	0.008	0.028	.	.
1977	1.253	.	.	0.496	0.020	0.652	0.050	0.035	.	.
1978	1.787	.	.	0.711	0.015	0.877	0.087	0.097	.	.
1979	1.682	.	.	0.766	0.024	0.780	0.051	0.061	.	.
1980	1.787	.	.	0.679	0.043	0.857	0.078	0.130	.	.
Cyprus				Source – Fuente: III.1						
Total										
1975	22.543	0.509	0.087	2.030	1.128	2.354	0.911	14.812	0.712	...
1976	14.518	0.629	0.038	1.271	0.715	1.300	0.790	8.736	1.039	...
1977	6.144	0.661	0.037	0.981	0.303	0.563	0.181	2.256	1.162	...
1978	4.017	0.694	0.034	0.715	0.159	0.359	0.081	1.135	0.840	...
1979	3.691	0.753	0.055	0.593	0.123	0.277	0.059	1.015	0.816	...
1980	4.344	0.868	0.068	0.641	0.143	0.330	0.050	1.317	0.927	...
Males – Hommes – Hombres										
1976	11.095	0.389	0.031	0.626	0.605	0.719	0.762	7.660	0.303	...
1977	4.058	0.384	0.031	0.428	0.245	0.390	0.176	1.966	0.438	...
1978	2.305	0.363	0.025	0.271	0.104	0.242	0.078	0.947	0.275	...
1979	2.075	0.362	0.034	0.215	0.075	0.174	0.057	0.840	0.318	...
1980	2.408	0.393	0.045	0.253	0.082	0.192	0.048	1.022	0.373	...
Females – Femmes – Mujeres										
1976	3.423	0.240	0.007	0.645	0.110	0.581	0.028	1.076	0.736	...
1977	2.086	0.277	0.006	0.553	0.058	0.173	0.005	0.290	0.724	...
1978	1.712	0.331	0.009	0.444	0.055	0.117	0.003	0.188	0.565	...
1979	1.616	0.391	0.021	0.378	0.048	0.103	0.002	0.175	0.498	...
1980	1.936	0.475	0.023	0.388	0.061	0.138	0.002	0.295	0.554	...
Hong Kong				Source – Fuente: I						
Total [2]										
1977	80.0	2.8	0.2	4.2	3.6	8.4	1.1	41.6	0.1	18.0
1978	55.6	1.2	0.3	3.6	2.9	6.7	0.3	25.2	0.3	15.1
1979	74.6	1.6	0.3	4.0	2.8	7.5	0.6	32.2	0.3	25.4
1980	101.9	3.0	0.6	8.0	4.9	12.6	0.7	48.8	0.2	23.0

[(a)] Les libellés en français des grands groupe de professions sont indiqués à la page suivante.
La designación en español de las grandes grupos de ocupación figura en la página precedente.

[1] ∅: Dec. of each year. [2] ∅: Sep. of each year. [1] ∅: déc. de chaque année. [2] ∅: sept. de chaque année. [1] ∅: dic. de cada año. [2] ∅: sept. de cada año.

10 Unemployed by job experience
Chômeurs d'après l'expérience professionnelle
Desempleados según la experiencia profesional

C By occupational group / Par groupe de professions / Por grupo de ocupación

(Thousands – Milliers – Millares)

Pays Source Portée	Total	Ayant précédemment travaillé Grands groupes des professions [a] 1 Personnel des prof. scientif., techniques, libérales et assimilées	2 Directeurs et cadres administratifs supérieurs	3 Personnel administratif et travailleurs assimilés	4 Personnel commercial et vendeurs	5 Travailleurs des services	6 Agriculteurs, éleveurs, forestiers, pêcheurs et chasseurs	7/8/9 Ouvriers et manœuvres non agricoles et conducteurs d'engins de transport	X Travailleurs ne pouvant être classés selon la profession	Personnes en quête de leur premier emploi
Hong Kong					*Source – Fuente: I*					
Males – Hommes – Hombres [1]										
1977	52.9	1.8	0.2	2.0	2.9	6.1	0.8	28.7	0.1	10.3
1978	35.4	0.7	0.2	1.3	2.1	5.2	0.3	17.2	0.2	8.2
1979	52.4	0.9	0.2	1.6	2.0	6.2	0.6	24.5	0.2	16.2
1980	68.9	1.8	0.6	2.6	3.3	10.6	0.6	35.6	.	13.8
Females – Femmes – Mujeres [1]										
1977	27.1	1.0	.	2.2	0.7	2.3	0.3	12.9	.	7.7
1978	20.2	0.5	0.2	2.3	0.9	1.5	.	8.0	0.1	6.9
1979	22.2	0.7	0.1	2.4	0.8	1.3	.	7.7	.	9.2
1980	33.1	1.2	0.1	5.4	1.6	2.1	0.1	13.3	0.2	9.2
India					*Source – Fuente: III.2*					
Total [2]									[3]	
1974	8 433	443	9	468	2	227	26	915	6 343	.
1975	9 326	512	7	535	8	262	29	1 046	6 927	.
1976	9 784	561	8	553	2	269	31	1 014	7 346	.
1977	10 924	645	10	594	2	309	37	1 083	8 244	.
1978	12 678	706	10	683	2	344	42	1 175	9 716	.
1979	14 334	744	10	673	4	365	73	1 322	11 144	.
Males – Hommes – Hombres [2]										
1974	7 460	300	7	382	1	169	24	896	5 680	.
1975	8 201	340	7	440	5	195	28	1 021	6 167	.
1976	8 554	370	7	442	2	199	29	991	6 513	.
1977	9 514	463	9	469	2	228	34	1 059	7 250	.
1978	11 006	470	9	538	2	261	37	1 150	8 539	.
1979	12 430	500	9	516	3	281	56	1 286	9 780	.
Females – Femmes – Mujeres [2]										
1974	973	142	2	86	1	58	1	20	663	.
1975	1 125	172	1	95	3	67	1	25	761	.
1976	1 231	190	1	111	–	70	2	23	833	.
1977	1 410	182	1	125	–	81	3	23	994	.
1978	1 672	236	1	145	–	83	4	26	1 176	.
1979	1 904	244	1	157	1	84	17	36	1 364	.
Israel					*Source – Fuente: I* [4]					
Total										
1972	15.3	1.4	0.1	2.0	0.6	2.4	0.7	7.7	0.4	.
1973	16.0	1.9	–	2.9	0.8	2.1	0.4	8.1	0.1	.
1974	16.5	1.8	0.2	2.6	0.7	2.7	0.4	7.5	0.2	.
1975	16.5	2.0	0.3	2.8	1.2	2.1	0.4	7.9	0.2	.
1976	22.4	2.4	0.4	3.3	1.2	3.3	0.6	10.6	0.6	.
1977	22.2	2.3	0.4	3.7	1.1	3.0	0.5	10.6	0.6	.
1978	21.4	2.2	0.3	4.3	1.4	2.8	0.4	9.4	0.6	.
1979	19.0	1.9	0.2	3.4	1.3	2.6	0.6	8.3	0.7	.

(a) La designación en español de las grandes grupos de ocupación figura en la página siguiente. The English designation of major occupational groups is shown on the preceding page.

[1] Ø: Sep. of each year. [2] Ø: Dec. of each year. [3] Incl. persons seeking their first job. [4] Incl. persons who did not work in the country during the previous 12 months.

[1] Ø: sept. de chaque année. [2] Ø: déc. de chaque année. [3] Y compris les personnes en quête de leur premier emploi. [4] Y compris les personnes qui n'ont pas travaillé dans le pays pendant les 12 mois précédents.

[1] Ø: sept. de cada año. [2] Ø: dic. de cada año. [3] Incl. las personas en busca de su primer empleo. [4] Incl. las personas que no trabajaron en el país en los 12 meses precedentes.

10 Unemployed by job experience
Chômeurs d'après l'expérience professionnelle
Desempleados según la experiencia profesional

By occupational group
Par groupe de professions
Por grupo de ocupación

(Thousands - Milliers - Millares)

País Fuente Alcance	Total	Hayan trabajado anteriormente Grandes grupos de ocupaciones [a] 1 Profesionales técnicos y trabajadores asimilados	2 Directores y funcionarios públicos superiores	3 Personal administrativo y trabajadores	4 Comerciantes y vendedores	5 Trabajadores de los servicios	6 Trabajadores agrícolas, forestales, pescadores y cazadores	7/8/9 Obreros no agr. y conductores de máquinas y vehículos de transp. y trab. asimilados	X Trab. que no pueden ser clasificados según la ocupación	Personas en busca de su primer empleo
Japan				Source - Fuente: I						
Total										
1978 [1]	870	30	10	160	130	60	30	450	.	.
1979 [1]	880	30	20	180	110	110	10	410	.	.
Korea, Republic of				Source - Fuente: I						
Total										
1971	476	7	3	30	35	17	27	88	.	269
1972	499	7	2	32	46	18	23	156	.	215
1973	461	7	3	40	52	18	19	150	.	172
1974	494	10	3	40	54	25	34	152	.	176
1975	510	7	3	41	55	21	23	166	.	194
1976	505	6	4	34	54	23	20	183	.	181
1977	511	7	4	37	49	19	21	144	.	230
1978	442	8	5	39	44	18	14	142	.	172
1979	542	13	7	51	58	23	18	222	.	150
1980	749	19	14	60	78	40	19	312	.	208
Males - Hommes - Hombres										
1980	558	12	14	33	62	24	17	265	.	130
Females - Femmes - Mujeres										
1980	191	6	–	27	15	15	2	47	.	78
Peninsular Malaysia				Source - Fuente: III.2						
Total [2]										
1971	155.90	9.98	0.01	34.22	0.63	14.81	6.86	89.39	.	...
1972	162.42	9.32	0.07	32.66	0.68	16.72	7.73	95.25	.	...
1973	140.16	6.03	0.07	27.95	0.48	12.44	7.44	85.75	.	...
1974	128.64	4.98	0.12	25.35	0.52	9.78	6.55	81.33	.	...
1975	108.24	4.76	0.21	25.31	0.45	7.98	5.06	64.48	.	...
1976	104.62	4.95	0.34	26.91	0.34	7.35	4.77	59.95	.	...
1977	104.20	5.76	0.55	30.53	0.45	6.53	4.20	56.18	.	...
1978	96.66	4.29	0.46	31.74	0.29	6.49	3.50	49.89	.	...
1979	76.63	2.80	0.39	28.92	0.20	5.42	2.37	36.53	.	...
1980	69.89	2.28	0.20	30.28	0.18	5.41	1.98	29.54	.	...
Males - Hommes - Hombres [2]										
1978	71.06	2.79	0.24	16.65	0.10	2.90	3.47	44.92	.	...
1979	55.12	1.90	0.21	14.98	0.10	2.33	2.35	33.25	.	...
1980	48.84	1.76	0.10	14.97	0.04	2.49	1.97	27.51	.	...
Females - Femmes - Mujeres [2]										
1978	25.60	1.50	0.22	15.09	0.19	3.59	0.03	4.97	.	...
1979	21.50	0.89	0.17	13.94	0.10	3.09	0.02	3.29	.	...
1980	21.04	0.52	0.10	15.31	0.14	2.92	0.01	2.03	.	...

[a] The English designation of major occupational groups is shown on the following page.
Les libellés en français des grands groupes de professions sont indiqués à la page précédente.

[1] March. [2] ∅: Dec. of each year. [1] Mars. [2] ∅: déc. de chaque année. [1] Marzo. [2] ∅: dic. de cada año.

10 Unemployed by job experience
Chômeurs d'après l'expérience professionnelle
Desempleados según la experiencia profesional

By occupational group
Par groupe de professions
Por grupo de ocupación

(Thousands – Milliers – Millares)

Country Source Scope	Total	With previous job experience – Major groups of occupations [a] – 1 Professional, technical & related workers	2 Administrative & managerial workers	3 Clerical & related workers	4 Sales workers	5 Service workers	6 Agriculture, animal husbandry & forestry workers, fishermen & hunters	7/8/9 Production & related workers, transport equipment operators & labourers	X Workers not classifiable by occupation	Persons seeking their first job
Malaysia: Sabah				Source – Fuente: III.2						
Total [1]										
1972	0.863	0.004	.	0.253	0.005	0.105	0.101	0.395	.	...
1973	...	...	...	...	...	...	...	...	...	...
1974	0.824	0.013	.	0.374	0.009	0.089	0.044	0.295	.	...
1975	1.013	0.006	.	0.372	0.009	0.115	0.053	0.458	.	...
1976	0.916	0.024	0.001	0.373	0.008	0.104	0.081	0.325	.	...
1977	0.932	0.015	.	0.446	0.003	0.083	0.092	0.293	.	...
1978	0.622	0.006	.	0.301	0.004	0.042	0.056	0.213	.	...
1979	0.552	0.006	.	0.241	0.029	0.041	0.034	0.201	.	...
1980	0.687	0.011	.	0.321	0.004	0.052	0.048	0.251	.	...
Malaysia: Sarawak				Source – Fuente: III.2						
Total [1]										
1972	4.049	0.069	.	1.578	0.034	0.336	0.060	1.972	.	...
1973	7.267	0.090	.	2.934	0.038	0.555	0.062	3.588	.	...
1974	9.095	0.131	.	3.422	0.063	0.652	0.060	4.767	.	...
1975	4.865	0.058	0.001	1.776	0.043	0.364	0.059	2.564	.	...
1976	7.866	0.113	0.008	2.651	0.065	0.780	0.107	4.143	.	...
1977	9.084	0.240	0.010	3.243	0.067	0.830	0.102	4.592	.	...
1978	9.486	0.375	0.015	3.577	0.068	0.800	0.106	4.545	.	...
1979	11.484	0.524	0.024	4.684	0.081	0.829	0.122	5.220	.	...
1980	12.615	0.526	0.021	5.338	0.084	0.856	0.134	5.656	.	...
Males – Hommes – Hombres										
1980 [2]	9.219	0.296	0.016	2.926	0.055	0.255	0.134	5.537	.	...
Females – Femmes – Mujeres										
1980 [2]	3.396	0.230	0.005	2.412	0.029	0.601	.	0.119	.	...
Pakistan				Source – Fuente: III.2						
Total [2]										
1974	191.22	20.46	0.71	64.41	0.21	46.38	3.00	56.14	.	.
1975	199.25	31.11	0.83	64.96	0.17	47.18	4.59	48.78	.	.
Philippines				Source – Fuente: I						
Total										
1971	666	13	1	17	40	41	92	109	9	342
1972	867	16	2	24	46	48	120	136	6	468
1973	690	14	1	29	41	42	89	147	2	323
1974	584	9	2	20	35	40	100	130	1	249
1975	581	10	2	27	28	38	89	132	1	257
Singapore				Source – Fuente: I						
Total [3]										
1974	34.044	2.623	0.340	9.373	2.477	2.817	0.340	9.665	6.409	.
1975	39.452	3.335	0.162	8.713	4.871	4.005	0.162	14.233	3.951	.
1976	40.487	2.600	0.318	10.135	3.502	3.290	0.371	16.025	4.246	.
1977	36.861	3.145	0.259	10.621	2.930	3.124	0.151	15.447	1.184	.
1978	35.703	2.608	0.276	8.714	3.413	3.074	0.021	14.544	3.053	.
1979	35.294	2.745	0.333	9.692	3.265	3.161	0.166	13.706	2.226	.
1980	34.250	2.760	0.783 [4]	7.085	2.986	2.883	0.041	13.531	4.181	.

[a] Les libellés en français des grands groupe de professions sont indiqués à la page suivante.
La designación en español de las grandes grupos de ocupación figura en la página precedente.

[1] ∅: Dec. of each year. [2] December. [3] ∅: June of each year. [4] Not strictly comparable.

[1] ∅: déc. de chaque année. [2] Décembre. [3] ∅: juin de chaque année. [4] Non strictement comparable.

[1] ∅: dic. de cada año. [2] Diciembre. [3] ∅: junio de cada año. [4] No estrictemente comparable.

10 Unemployed by job experience
Chômeurs d'après l'expérience professionnelle
Desempleados según la experiencia profesional

By occupational group
Par groupe de professions
Por grupo de ocupación

(Thousands – Milliers – Millares)

Pays Source Portée	Total	Ayant précédemment travaillé Grands groupes des professions [a] 1 Personnel des prof. scientif., techniques, libérales et assimilées	2 Directeurs et cadres administratifs supérieurs	3 Personnel administratif et travailleurs assimilés	4 Personnel commercial et vendeurs	5 Travailleurs des services	6 Agriculteurs, éleveurs, forestiers, pêcheurs et chasseurs	7/8/9 Ouvriers et manœuvres non agricoles et conducteurs d'engins de transport	X Travailleurs ne pouvant être classés selon la profession	Personnes en quête de leur premier emploi
Singapore					Source – Fuente: I					
Males – Hommes – Hombres										
1980 [1]	20.740	1.483	0.474	2.554	1.854	1.339	0.041	10.051	2.945	.
Females – Femmes – Mujeres										
1980 [1]	13.511	1.277	0.309	4.531	1.133	1.545	.	3.481	1.236	.
République arabe syrienne					Source – Fuente: I					
Total [2]										
1971	123.38	2.64	0.10	1.40	5.49	2.35	34.64	23.65	.	53.11
1972	80.91	1.39	–	0.65	3.54	0.93	17.93	14.31	.	42.16
1973	76.49	1.13	–	2.17	4.89	1.61	7.60	18.26	.	40.83
1974	87.19	0.57	0.09	1.05	2.37	1.23	10.28	19.00	.	52.60
1975	88.48	1.09	–	1.29	2.50	0.54	21.59	16.52	.	44.95
1976	113.44	2.53	0.04	1.29	4.77	1.11	13.81	20.98	.	68.89
1977	100.33	1.78	0.18	1.95	5.86	0.30	14.13	20.72	.	55.40
1978	90.32	1.42	0.19	2.57	2.62	1.43	9.24	20.97	.	51.88
1979	82.09	1.68	–	1.04	4.38	0.65	5.27	19.34	.	49.73
Males – Hommes – Hombres [2]										
1971	107.77	1.63	0.10	1.17	5.28	2.35	30.78	22.93	.	43.53
1972	61.48	0.83	.	0.65	3.54	0.93	7.84	13.66	.	34.01
1973	69.29	0.75	.	2.17	4.89	1.42	6.75	18.07	.	35.24
1974	75.79	0.47	0.09	0.95	2.37	1.05	8.66	18.60	.	43.59
1975	80.36	0.64	.	1.20	2.50	0.54	17.14	16.52	.	41.82
1976	...	...	...	...	...	...	...	...	...	...
1977	74.89	1.44	0.18	1.91	5.86	0.30	6.65	20.19	.	38.36
1978	78.96	0.90	0.19	2.07	2.62	1.43	7.99	20.53	.	43.23
1979	69.17	1.19	.	0.98	4.38	0.48	4.95	18.75	.	38.44
Females – Femmes – Mujeres [2]										
1971	15.61	1.01	.	0.23	0.21	.	3.86	0.72	.	9.58
1972	19.43	0.55	.	.	.	.	10.08	0.65	.	8.15
1973	7.20	0.38	.	.	.	0.19	0.85	0.19	.	5.59
1974	11.40	0.10	.	0.10	.	0.18	1.63	0.39	.	9.01
1975	8.12	0.45	.	0.09	.	–	4.45	.	.	3.13
1976	...	...	...	...	...	...	...	...	...	...
1977	25.44	0.34	.	0.05	.	.	7.48	0.53	.	17.04
1978	11.35	0.52	.	0.49	.	.	1.26	0.43	.	8.65
1979	12.92	0.49	.	0.05	.	0.17	0.32	0.59	.	11.29

(a) La designación en español de las grandes grupos de ocupación figura en la página siguiente.
The English designation of major occupational groups is shown on the preceding page.

[1] June. [2] ∅: Sep. of each year. [1] Juin. [2] ∅: sept. de chaque année. [1] Junio. [2] ∅: sept. de cada año.

10 Unemployed by job experience
Chômeurs d'après l'expérience professionnelle
Desempleados según la experiencia profesional

By occupational group
Par groupe de professions
Por grupo de ocupación

(Thousands - Milliers - Millares)

País Fuente Alcance	Total	Hayan trabajado anteriormente Grandes grupos de ocupaciones [a] 1 Profesionales técnicos y trabajadores asimilados	2 Directores y funcionarios públicos superiores	3 Personal administrativo y trabajadores	4 Comerciantes y vendedores	5 Trabajadores de los servicios	6 Trabajadores agrícolas, forestales, pescadores y cazadores	7/8/9 Obreros no agr. y conductores de máquinas y vehículos de transp. y trab. asimilados	X Trab. que no pueden ser clasificados según la ocupación	Personas en busca de su primer empleo
EUROPE - EUROPE - EUROPA										
Austria				Source - Fuente: III.1						
Total										
1972	46.240	1.946	0.198	7.004	3.994	10.329	4.122	18.647	.	.
1973	40.869	1.816	0.170	6.330	3.759	9.119	3.807	15.868	.	.
1974	39.664	1.775	0.206	5.634	3.386	8.892	3.332	16.439	.	.
1975	55.474	2.210	0.252	6.650	3.711	9.341	3.614	29.696	.	.
1976	52.635	2.698	0.316	6.876	3.963	9.684	3.727	25.371	.	.
1977	48.409	2.695	0.308	6.532	3.973	9.537	3.335	22.029	.	.
1978	55.556	3.117	0.395	7.214	4.710	9.774	3.381	26.965	.	.
1979	51.556	3.176	0.427	6.918	4.674	9.020	3.116	23.425	.	.
1980	50.479	3.071	0.411	6.572	4.396	9.461	3.094	23.474	.	.
España				Source - Fuente: I						
Total [1]										
1976	704.2	10.5	0.6	31.4	24.6	48.7	68.5	263.0	256.9	.
1977	841.1	11.6	0.7	34.8	30.4	57.7	83.5	295.5	326.9	.
1978	1 094.9	16.2	4.1	50.5	36.9	79.7	93.2	391.0	423.3	.
1979	1 348.6	19.1	3.2	59.6	43.2	90.6	76.9	485.2	570.8	.
Finland				Source - Fuente: I						
Total										
1971	49	3	–	1	2	4	8	19	12	.
1972	55	3	–	1	2	4	9	21	15	.
1973	51	2	–	2	2	5	8	19	13	.
1974	39	2	–	2	2	6	5	13	9	.
1975	51	3	–	2	2	5	7	22	10	.
Grèce				Source - Fuente: III.1						
Total										
1971	30.317	0.912	0.031	2.746	1.144	3.432	0.658	21.394	.	.
1972	23.833	0.747	0.036	1.938	0.849	2.951	0.615	16.697	.	.
1973	21.445	0.712	0.049	1.847	0.649	2.923	0.478	14.787	.	.
1974	27.101	0.950	0.080	2.132	0.749	3.838	0.503	18.849	.	.
1975	34.969	1.156	0.105	2.493	0.982	4.207	0.644	25.382	.	.
1976 [2]	28.474	0.973	0.083	2.195	0.866	4.075	0.601	19.681	.	.
1977	27.668	1.056	0.079	2.236	0.922	4.070	0.559	18.746	.	.
1978	30.918	1.226	0.090	2.665	1.064	4.480	0.585	20.808	.	.
1979	31.587	1.475	0.067	3.088	1.211	5.090	0.596	19.990	0.070	.
1980	37.200	1.720	0.072	3.671	1.415	5.950	0.699	23.583	0.090	.
Males - Hommes - Hombres										
1979	18.618	0.733	0.059	1.098	0.614	2.282	0.537	13.260	0.035	.
1980	22.128	0.822	0.064	1.294	0.720	2.602	0.636	15.947	0.043	.

[a] The English designation of major occupational groups is shown on the following page.
Les libellés en français des grands groupes de professions sont indiqués à la page précédente.

[1] Fourth quarter. [2] Excl. persons who did not register after one month (prior to 1976: six months).

[1] Quatrième trimestre. [2] Non compris les personnes qui ne renouvellent pas leur inscription après un mois (avant 1976: six mois).

[1] Cuarto trimestre. [2] Excl. las personas que no renuevan su inscripción después de un mes (antes de abril de 1976: seis meses).

10 Unemployed by job experience
Chômeurs d'après l'expérience professionnelle
Desempleados según la experiencia profesional

By occupational group
Par groupe de professions
Por grupo de ocupación

(Thousands - Milliers - Millares)

Country Source Scope	Total	With previous job experience — Major groups of occupations [(a)] 1 Professional, technical & related workers	2 Administrative & managerial workers	3 Clerical & related workers	4 Sales workers	5 Service workers	6 Agriculture, animal husbandry & forestry workers, fishermen & hunters	7/8/9 Production & related workers, transport equipment operators & labourers	X Workers not classifiable by occupation	Persons seeking their first job
Grèce					Source – Fuente: *III.1*					
Females – Femmes – Mujeres										
1979	12.969	0.742	0.008	1.990	0.597	2.808	0.059	6.730	0.035	.
1980	15.072	0.898	0.008	2.377	0.695	3.348	0.063	7.636	0.047	.
Norway					Source – Fuente: *III.1*					
Total										
1971	12.193	0.338	0.014	0.486	0.469	0.959	1.041	7.895	0.991	.
1972	14.812	0.580	0.029	0.658	0.602	1.278	1.282	9.153	1.230	.
1973	12.811	0.594	0.035	0.637	0.627	1.300	0.975	7.508	1.135	.
1974	10.662	0.533	0.033	0.664	0.626	1.238	0.707	5.761	1.100	.
1975	19.558	0.987	0.046	1.114	0.935	1.953	1.071	11.413	2.039	.
1976	19.859	1.201	0.077	1.268	1.155	2.274	1.279	10.425	2.180	.
1977	16.127	0.894	0.062	1.057	0.969	2.072	0.981	7.986	2.106	.
1978	20.003	1.278	0.094	1.284	1.137	2.544	0.970	10.055	2.641	.
1979	24.106	1.760	0.114	1.659	1.431	2.870	1.233	11.790	3.249	.
1980	22.278	1.195	0.105	1.354	1.366	2.891	0.812	10.821	3.736	.
Portugal					Source – Fuente: *I*					
Total	[1]									
1974	66.5	2.0	–	5.5	2.5	3.5	1.0	15.5	.	32.5
1975	177.5	6.0	1.0	18.0	9.0	12.5	4.0	54.5	.	69.0
1976	260.0	9.0	2.5	26.0	16.5	16.5	5.0	73.5	.	108.5
1977	308.5	10.5	0.5	22.0	16.0	19.0	6.0	76.5	.	154.0
1978	333.5	7.0	0.5	21.0	13.5	22.5	5.5	71.0	.	188.5
1979	343.5	7.0	0.5	20.0	12.5	25.0	8.0	72.0	.	195.0
1980	330.0	7.0	–	22.5	18.0	23.5	13.0	69.5	.	174.0
Males – Hommes – Hombres										
1974	30.5	–	–	1.5	1.0	1.0	0.5	10.0	.	14.0
1975	98.0	2.0	1.0	9.5	4.0	5.0	2.5	40.5	.	31.0
1976	148.0	4.0	2.0	11.5	8.5	6.0	4.0	56.5	.	51.5
1977	145.0	4.5	0.5	8.0	8.0	6.0	3.0	52.0	.	59.5
1978	136.0	1.5	0.5	7.0	5.0	6.0	2.5	39.5	.	70.0
1979	121.0	1.5	0.5	7.5	4.0	5.0	1.5	35.5	.	63.0
1980	102.0	2.0	–	7.0	6.0	3.5	1.5	33.0	.	47.0
Females – Femmes – Mujeres										
1974	36.0	2.0	–	4.0	1.5	2.5	0.5	5.5	.	18.5
1975	79.5	4.0	–	8.5	5.0	7.5	1.5	14.0	.	38.0
1976	112.0	5.0	0.5	14.5	8.0	10.5	1.0	17.0	.	57.0
1977	163.5	6.0	–	14.0	8.0	13.0	3.0	24.5	.	94.5
1978	197.5	5.5	–	14.0	8.5	16.5	3.0	31.5	0.5	118.0
1979	222.0	5.5	–	12.5	8.5	20.0	6.5	36.5	.	132.0
1980	227.5	5.0	–	15.5	12.0	20.0	11.5	36.5	.	127.0

[(a)] Les libellés en français des grands groupe de professions sont indiqués à la page suivante.
La designación en español de las grandes grupos de ocupación figura en la página precedente.

[1] Figures are rounded off independently; consequently the total differs from the sum of the groups.

[1] Les chiffres sont arrondis indépendamment; en conséquence le total diffère de la somme des groupes.

[1] Las cifras están redondeadas independientemente; en consecuencia, el total difiere de la suma de los grupos.

10 Unemployed by job experience
Chômeurs d'après l'expérience professionnelle
Desempleados según la experiencia profesional

By occupational group
Par groupe de professions
Por grupo de ocupación

(Thousands - Milliers - Millares)

Pays Source Portée	Total	Ayant précédemment travaillé — Grands groupes des professions [a] 1 Personnel des prof. scientif., techniques, libérales et assimilées	2 Directeurs et cadres administratifs supérieurs	3 Personnel administratif et travailleurs assimilés	4 Personnel commercial et vendeurs	5 Travailleurs des services	6 Agriculteurs, éleveurs, forestiers, pêcheurs et chasseurs	7/8/9 Ouvriers et manœuvres non agricoles et conducteurs d'engins de transport	X Travailleurs ne pouvant être classés selon la profession	Personnes en quête de leur premier emploi
Sweden				Source - Fuente: I						
ISCO - CITP - CIUO 1958										
Total		[1]								
1971	101	10	...	8	7	14	6	49	7	...
1972	107	12	...	9	8	17	8	53	–	...
1973	98	13	...	9	8	15	6	47	–	...
1974	80	10	...	8	6	15	5	36	–	...
1975	67	9	...	7	6	11	5	29	–	...
1976	66	7	...	6	5	11	4	26	–	7
1977	75	9	...	6	6	14	5	28	–	7
1978	94	11	...	8	6	15	6	39	1	8
1979	88	10	...	8	6	15	6	34	–	9
1980	86	12	...	8	5	16	6	30	–	8
Males - Hommes - Hombres										
1971	56	4	...	2	2	2	5	38	4	...
1972	59	5	...	2	2	3	6	41	.	...
1973	52	6	...	2	2	2	4	37	.	...
1974	39	4	...	1	2	3	4	26	.	...
1975	32	3	...	1	2	2	3	21	.	...
1976	30	2	...	1	2	2	3	19	.	2
1977	35	3	...	1	2	3	3	20	.	3
1978	49	4	...	1	2	4	4	29	.	4
1979	44	3	...	1	2	4	4	26	.	4
1980	40	4	...	1	2	4	4	23	.	3

[a] La designación en español de las grandes grupos de ocupación figura en la página siguiente.
The English designation of major occupational groups is shown on the preceding page.

[1] Incl. administrative and managerial workers.

[1] Y compris les directeurs et cadres administratifs supérieurs.

[1] Incl. los directores y funcionarios públicos superiores.

CHÔMAGE
DESEMPLEO

10 Unemployed by job experience
Chômeurs d'après l'expérience professionnelle
Desempleados según la experiencia profesional

C By occupational group
Par groupe de professions
Por grupo de ocupación

(Thousands - Milliers - Millares)

País Fuente Alcance	Total	Hayan trabajado anteriormente Grandes grupos de ocupaciones [a] 1 Profesionales técnicos y trabajadores asimilados	2 Directores y funcionarios públicos superiores	3 Personal administrativo y trabajadores	4 Comerciantes y vendedores	5 Trabajadores de los servicios	6 Trabajadores agrícolas, forestales, pescadores y cazadores	7/8/9 Obreros no agr. y conductores de máquinas y vehículos de transp. y trab. asimilados	X Trab. que no pueden ser clasificados según la ocupación	Personas en busca de su primer empleo
Sweden				Source – Fuente: I						
ISCO – CITP – CIUO 1958										
Females – Femmes – Mujeres		[1]								
1971	44	5	...	6	6	11	1	11	4	...
1972	48	7	...	7	6	14	2	12	.	...
1973	46	8	...	7	6	13	1	10	.	...
1974	41	7	...	7	5	12	1	9	.	...
1975	36	6	...	6	4	10	1	8	.	...
1976	36	5	...	5	3	10	1	7	1	4
1977	40	6	...	6	4	11	2	7	.	4
1978	45	8	...	6	4	11	2	9	.	5
1979	44	8	...	6	4	12	2	8	.	5
1980	45	8	...	7	4	12	2	7	.	5
Turquie				Source – Fuente: III.1						
ISCO – CITP – CIUO 1958										
Total										
1976	141.28	2.15	0.12	21.65	0.12	18.66	2.87	95.71	.	.
1977	142.65	2.09	0.10	23.76	0.08	17.07	2.96	96.59	.	.
1978	152.95	3.21	0.26	28.00	0.09	13.57	2.72	105.10	.	.
1979	189.47	4.12	0.28	40.09	0.15	16.31	1.94	126.57	.	.
Yugoslavia				Source – Fuente: III.1						
ISCO – CITP – CIUO 1958										
Total [2]									[3]	
1971	264.0	20.1	.	15.3	5.9	5.6	9.0	56.3	151.9	...
1972	288.9	23.8	.	14.8	7.6	6.5	6.1	65.1	165.1	...
1973	353.9	32.0	.	16.9	11.3	7.6	6.5	80.6	199.1	...
1974	417.8	39.1	.	21.5	15.7	10.1	5.7	94.4	231.4	...
1975	501.6	43.8	.	25.8	20.5	12.3	7.7	109.6	281.9	...
1976	604.3	52.0	.	29.0	26.6	15.8	8.6	137.5	334.8	...
1977	660.3	62.4	.	34.3	30.7	19.7	6.4	143.5	363.1	...
1978	708.4	72.9	.	41.2	33.9	22.9	4.5	143.8	389.2	...
1979	720.1	77.3	.	46.8	31.0	22.7	4.3	134.6	403.3	...
1980	751.3	91.2	.	56.6	31.1	23.8	4.0	133.5	411.1	...

[a] The English designation of major occupational groups is shown on the following page.
Les libellés en français des grands groupes de professions sont indiqués à la page précédente.

[1] Incl. administrative and managerial workers. [2] ∅: June of each year. [3] Incl. persons seeking their first job.

[1] Y compris les directeurs et cadres administratifs supérieurs. [2] ∅: juin de chaque année. [3] Y compris les personnes en quête de leur premier emploi.

[1] Incl. los directores y funcionarios públicos superiores. [2] ∅: junio de cada año. [3] Incl. las personas en busca de su primer empleo.

10 Unemployed by job experience
Chômeurs d'après l'expérience professionnelle
Desempleados según la experiencia profesional

By occupational group
Par groupe de professions
Por grupo de ocupación

(Thousands – Milliers – Millares)

Country Source Scope	Total	With previous job experience – Major groups of occupations [a] 1 Professional, technical & related workers	2 Administrative & managerial workers	3 Clerical & related workers	4 Sales workers	5 Service workers	6 Agriculture, animal husbandry & forestry workers, fishermen & hunters	7/8/9 Production & related workers, transport equipment operators & labourers	X Workers not classifiable by occupation	Persons seeking their first job
Yugoslavia				*Source – Fuente: III.1*						
ISCO – CITP – CIUO 1958										
Males – Hommes – Hombres [1]										
1971	133.8	7.1	.	3.0	1.5	1.2	5.4	38.9	76.6	...
1972	145.2	8.4	.	3.2	1.9	1.3	3.7	47.7	79.1	...
1973	178.9	11.3	.	2.9	2.6	1.7	3.8	60.5	96.1	...
1974	208.0	14.5	.	3.8	3.4	2.2	3.3	70.4	110.4	...
1975	249.5	16.4	.	4.6	4.1	2.7	4.7	82.1	134.9	...
1976	306.2	20.2	.	4.7	4.8	3.8	4.9	103.3	164.5	...
1977	329.8	25.1	.	5.6	5.9	5.4	3.1	108.0	176.5	...
1978	343.7	30.4	.	6.5	6.8	6.4	2.2	104.8	186.5	...
1979	334.6	32.6	.	7.6	6.2	6.9	2.2	95.1	184.0	...
1980	335.6	38.4	.	9.1	6.7	7.3	1.9	91.3	180.9	...
Females – Femmes – Mujeres [1]										
1971	130.3	13.0	.	12.3	4.4	4.4	3.6	17.3	75.3	...
1972	143.7	15.4	.	11.6	5.7	5.2	2.4	17.4	86.0	...
1973	175.0	20.7	.	14.0	8.7	5.9	2.7	20.1	102.9	...
1974	209.8	24.6	.	17.7	12.2	7.8	2.4	24.0	121.0	...
1975	252.1	27.4	.	21.2	16.4	9.6	3.0	27.5	147.0	...
1976	298.2	31.9	.	24.3	21.8	12.0	3.7	34.1	170.4	...
1977	330.5	37.3	.	28.7	24.8	14.3	3.3	35.5	186.6	...
1978	364.6	42.5	.	34.7	27.0	16.5	2.2	39.0	202.7	...
1979	385.5	44.7	.	39.3	24.8	15.8	2.2	39.5	219.3	...
1980	415.7	52.8	.	47.5	24.4	16.5	2.1	42.2	230.2	...

[a] Les libellés en français des grands groupe de professions sont indiqués à la page suivante.
La designación en español de las grandes grupos de ocupación figura en la página precedente.

[1] ∅: June of each year. [1] ∅: juin de chaque année. [1] ∅: junio de cada año.

10 Unemployed by job experience
Chômeurs d'après l'expérience professionnelle
Desempleados según la experiencia profesional

By occupational group
Par groupe de professions
Por grupo de ocupación

(Thousands - Milliers - Millares)

Pays Source Portée	Total	Ayant précédemment travaillé Grands groupes des professions [(a)] 1 Personnel des prof. scientif., techniques, libérales et assimilées	2 Directeurs et cadres administratifs supérieurs	3 Personnel administratif et travailleurs assimilés	4 Personnel commercial et vendeurs	5 Travailleurs des services	6 Agriculteurs, éleveurs, forestiers, pêcheurs et chasseurs	7/8/9 Ouvriers et manœuvres non agricoles et conducteurs d'engins de transport	X Travailleurs ne pouvant être classés selon la profession	Personnes en quête de leur premier emploi
OCEANIA - OCÉANIE - OCEANIA										
Australia				*Source - Fuente: I*						
ISCO - CITP - CIUO 1958										
Total [1]										
1971	92.7	5.7	-	15.4	8.2	12.3	-	33.5	.	7.6
1972	144.0	8.4	-	15.6	17.7	18.8	7.6	59.5	.	14.3
1973	105.8	4.7	-	13.7	14.3	15.0	-	39.0	.	13.4
1974	140.9	8.3	-	16.6	12.4	18.3	8.5	61.3	.	12.9
1975	278.4	13.1	-	35.4	23.6	34.6	11.1	121.3	.	34.1
1976	292.7	18.0	-	29.4	31.2	30.4	13.2	127.9	.	37.5
1977	359.3	16.5	4.8	39.6	39.6	42.2	22.0	143.5	.	49.8
1978	395.7	12.1	-	30.6	28.5	29.3	20.0	144.1	64.3	61.6
1979	373.8	12.4	5.1	30.9	23.3	32.0	17.5	118.5	68.1	66.1
1980	392.3	13.0	5.4	26.5	24.9	31.2	15.9	113.8	80.5	72.2
Males - Hommes - Hombres [1]										
1979	196.1	5.6	-	5.6	7.0	12.7	14.5	99.9	20.2	27.2
1980	209.1	5.3	-	5.0	11.4	11.8	13.3	95.1	30.3	30.4
Females - Femmes - Mujeres [1]										
1979	177.7	6.8	-	25.4	16.2	19.3	-	17.5	47.8	39.0
1980	183.2	7.7	-	21.4	13.5	19.5	-	18.7	50.2	41.7

The English designation of major occupational groups is shown on the preceding page.

[1] ∅: Aug. of each year.

[1] ∅: août de chaque année.

[1] ∅: agosto de cada año.

CHAPTER
CHAPITRE
CAPITULO

IV

Hours of work
Durée du travail
Horas de trabajo

Hours of work

The statistics of hours of work presented in tables 11 to 15 are mostly obtained from payroll data supplied by a sample of establishments often furnishing at the same time data on wages and on employment. In a few cases, *household sample surveys* provide the data on hours worked. For certain countries, data on hours of work are taken from *social insurance statistics* when they are not available from either payrolls of establishments or household surveys. The data from these various sources are not fully comparable in view of differences in scope, coverage and methods of data collection. The tables generally show the *average number of hours of work per week per wage earner,* but in a few cases hours per day or per month have been shown in the absence of hours per week. Some of the series refer to all employees or cover all categories of workers as indicated in footnotes. Unless otherwise stated, the series relate to workers of both sexes, irrespective of age. Data by sex are presented whenever possible.

Where possible, the data presented are statistics of average *hours actually worked;* where such data are lacking, statistics of average *hours paid for* are given.[1] The two types of statistics on hours of work are indicated in the tables by the following codes:

(a) Hours actually worked
(b) Hours paid for

The definition of *hours actually worked* as stated in the resolution adopted by the Tenth International Conference of Labour Statisticians (Geneva, 1962) is given in the publication: *International recommendations on labour statistics* (Geneva, ILO, 1976). The statistics of *hours actually worked* include all hours actually worked during normal periods of work, overtime, time spent at the place of work waiting or standing by, as well as the time corresponding to short rest periods at the workplace including tea and coffee breaks. Consequently these statistics exclude hours paid for but not worked such as paid annual leave, paid public holidays, paid sick leave, meal breaks, and time spent in travel from home to work and vice versa. National definitions of *hours actually worked* generally conform with the definition given by the Tenth Conference. The Tenth Conference did not adopt a definition of *hours paid for* because of the wide differences among countries with respect to wage payments for holidays and other periods when no work is performed. National statistics of *hours paid for* generally comprise, in addition to hours actually worked, hours paid for but not worked such as paid annual vacation, paid public holidays, paid sick leave and other paid leave.

Average hours actually worked or paid for per week or per month are normally compiled by dividing the total number of man-hours actually worked or paid for during a week or a month by the average number of workers on the payrolls during the same period. Average hours actually worked or paid for per day are generally compiled by dividing the total number of man-hours actually worked or paid for during a week, fortnight or month by the total number of man-days actually worked or paid for during the same period.

In making comparisons of data on hours of work, it should be borne in mind that the data are influenced by the number of days normally worked per week, regulations and customs regarding Saturday and overtime work, the extent of absenteeism, labour turnover, etc. Differences in national definitions of hours of work, the coverage of the series and the methods of compilation must also be taken into account.

Table 11

Hours of work in non-agricultural activities

Unless otherwise indicated in footnotes, the data shown in this table cover the following divisions of economic activity: Mining and quarrying; Manufacturing; Electricity, gas and water; Construction; Wholesale and retail trade, restaurants and hotels; Transport, storage and communication; Financing, insurance, real estate and business services; Community, social and personal services. In some cases, however, these divisions are only represented by certain of the groups composing them.

Table 12

Hours of work in manufacturing

Part A of table 12 generally shows hours of work per worker in manufacturing industries as a whole; where in a few cases other industries are also included in the series, this is indicated in footnotes.

Part B of table 12 shows hours of work in specified manufacturing industries for most of the countries represented in Part A. So far as possible, the different manufacturing industries have been arranged according to the International Standard Classification of All Economic Activities (see Appendix) with the corresponding code number of the different industrial major groups.

Tables 13 to 15

Hours of work in mining and quarrying; construction; transport, storage and communication

Tables 13 to 15 show statistics of average hours of work per week in three major divisions of economic activity as follows: table 13, Mining and quarrying; table 14, Construction; and table 15, Transport, storage and communication (excl. sea transport).

The statistics of hours of work in mining often exclude coal mining owing to the particular conditions regulating work in that industry in different countries (especially the widespread application of systems of payment by results and of payment for travelling time). The statistics of hours of work in construction refer in many cases to building or to certain categories of building workers.

[1] For descriptions of the various national series, this scope, coverage, compilation and definitions used, etc., see ILO: *Technical Guide 1980* (description of general series published in the *Bulletin* and the *Year Book of Labour Statistics*), Vol. II, "Employment – Unemployment – Hours of Work – Wages" (Geneva, 1980).

Durée du travail

Les statistiques de la *durée du travail* présentées dans les tableaux 11 à 15 sont tirées le plus souvent des bordereaux de salaires remis par un échantillon d'établissements qui, fréquemment, fournissent à la fois des données sur les salaires et sur l'emploi. Dans quelques cas peu nombreux, les données sur la durée du travail ont été obtenues à partir d'*enquêtes par sondage auprès des ménages.* Pour certains pays, lorsque les données sur la durée du travail ne sont pas disponibles à partir des bordereaux de salaires des établissements ou d'enquêtes par sondage auprès des ménages, elles sont tirées des *statistiques d'assurances sociales.* Les données obtenues à partir de ces diverses sources ne sont pas entièrement comparables par suite de différences dans la portée des séries et les méthodes de rassemblement des données. Les tableaux donnent généralement la *durée moyenne du travail par semaine, par ouvrier,* mais dans quelques cas c'est la durée du travail par jour ou par mois qui est indiquée, en l'absence de la durée hebdomadaire. Certaines des séries se rapportent à tous les travailleurs salariés ou couvrent toutes les catégories de travailleurs, selon ce qu'indiquent les notes de bas de page. Sauf indication contraire, les séries couvrent les travailleurs (hommes et femmes) sans considération d'âge. Dans la mesure du possible, les données sont publiées par sexe.

Autant que possible, les données présentées sont des statistiques du nombre moyen d'*heures réellement effectuées*; lorsque ces données manquent, elles sont remplacées par des statistiques du nombre moyen d'*heures rémunérées*[1]. Les deux types de statistiques sur la durée du travail sont indiqués dans les tableaux par les codes suivants:

a) Heures réellement effectuées;

b) Heures rémunérées.

La définition des *heures de travail réellement effectuées,* énoncée dans la résolution adoptée par la dixième Conférence internationale des statisticiens du travail (Genève, 1962), figure dans la publication: *Recommandations internationales sur les statistiques du travail* (Genève, 1975). Les statistiques du nombre d'*heures de travail réellement effectuées* englobent généralement toutes les heures de travail réellement effectuées au cours des périodes normales de travail, les heures supplémentaires, les heures passées sur le lieu de travail à attendre ou à rester à la disposition, ainsi que le temps correspondant à de courtes périodes de repos passées sur le lieu de travail, y compris les pauses pour le thé et le café. Par conséquent, ces statistiques ne comprennent pas les heures de travail payées mais non effectuées telles que les congés annuels payés, les jours fériés payés, les congés de maladie payés, les pauses pour les repas et les heures consacrées aux trajets entre le domicile et le lieu de travail et vice versa. Les définitions nationales des *heures de travail réellement effectuées* sont généralement conformes avec la définition donnée par la dixième conférence.

La dixième conférence n'a pas adopté de définition des *heures rémunérées,* en raison des grandes différences qui existent d'un pays à un autre quant aux paiements, pour des congés et pour d'autres périodes pendant lesquelles aucun travail n'est effectué.

Les statistiques nationales des *heures rémunérées* comprennent généralement, outre les heures de travail réellement effectuées, les heures de travail payées mais non effectuées, telles que les congés annuels payés, les jours fériés payés, les congés de maladie payés et autres congés payés.

Le nombre moyen d'heures de travail réellement effectuées ou rémunérées par semaine ou par mois est généralement obtenu en divisant le nombre total des heures-homme réellement effectuées ou rémunérées pendant une semaine ou un mois par le nombre moyen des travailleurs figurant sur les bordereaux de salaires pendant la même période. La durée moyenne de la journée de travail effectuée ou rémunérée est généralement obtenue en divisant le nombre total d'heures-homme réellement effectuées ou rémunérées pendant une semaine, une quinzaine ou un mois par le nombre total des journées-homme réellement effectuées ou rémunérées pendant la même période.

En comparant les données relatives à la durée du travail, il ne faut pas perdre de vue que ces données sont influencées par le nombre de journées normalement effectuées par semaine, par les règlements et les usages concernant le travail du samedi et les heures supplémentaires, par le degré d'absentéisme, le mouvement de la main-d'œuvre, etc. Il faut également tenir compte des différences dans les définitions nationales du travail effectif, la portée des séries et les méthodes d'établissement de ces séries.

Tableau 11

Durée du travail dans les activités non agricoles

Sauf indication contraire figurant en notes de bas de page, les données présentées dans ce tableau couvrent les branches d'activité économique ci-après: industries extractives; industries manufacturières; électricité, gaz et eau; construction; commerce de gros et de détail, restaurants et hôtels; transports, entrepôts et communications; banque, assurances, affaires immobilières et services fournis aux entreprises; services fournis à la collectivité, services sociaux et services personnels. Dans certains cas, toutefois, ces branches d'activité ne sont représentées que par une partie seulement des classes qui les composent.

Tableau 12

Durée du travail dans les industries manufacturières

La partie A du tableau 12 indique généralement la durée du travail par travailleur dans l'ensemble des industries manufacturières; dans les quelques cas où d'autres branches d'activité sont également comprises dans la série, une indication est donnée à ce sujet en notes de bas de page.

La partie B du tableau 12 indique la durée du travail dans des industries manufacturières spécifiées, pour la plupart des pays représentés dans la partie A. Dans la mesure du possible, les différentes industries manufacturières ont été ordonnées conformément à la *Classification internationale type, par industrie, de toutes les branches d'activité écono-*

mique (voir annexe), avec indication du numéro de code correspondant aux différentes classes d'industries.

Tableaux 13 à 15

Durée du travail dans les industries extractives; la construction; les transports, entrepôts et communications

Les tableaux 13 à 15 contiennent des statistiques de la durée moyenne du travail par semaine dans trois branches d'activité économique particulièrement importantes, à savoir: tableau 13, industries extractives; tableau 14, construction; tableau 15, transports, entrepôts et communications (non compris les transports par mer).

Les statistiques de la durée du travail dans les industries extractives font fréquemment exclusion des mines de charbon, en raison des conditions particulières régissant le travail dans cette branche d'activité dans les différents pays (notamment l'application très étendue de systèmes de rémunération au rendement et de rémunération du temps nécessaire aux trajets). Les statistiques de la durée du travail dans la construction concernent très souvent l'industrie du bâtiment ou certaines catégories de travailleurs du bâtiment.

[1] Pour les descriptions des diverses séries nationales, de leur portée, des méthodes de calcul et des définitions utilisées, etc., voir BIT: *Guide technique 1980* (descriptions des séries générales publiées dans le *Bulletin* et l'*Annuaire des statistiques du travail*), vol. II: «Emploi – Chômage – Durée du travail – Salaires» (Genève, 1980).

Horas de trabajo

Las cifras sobre las *horas de trabajo* que figuran en los cuadros 11 a 15 se han obtenido las más de las veces por medio de las nóminas de pago de salarios facilitadas por una muestra de establecimientos que a menudo proporcionan al mismo tiempo datos sobre los salarios y sobre el empleo. En unos pocos casos, las cifras sobre las horas de trabajo se han obtenido por medio de *encuestas por muestra de hogares.* Pero en el caso de ciertos países para los que no se han podido determinar las horas de trabajo basándose en las nóminas de pago de salarios de los establecimientos o en las encuestas por sondeo sobre los hogares, se han obtenido tales datos por medio de las *estadísticas del seguro social.* Las cifras obtenidas por medio de esas distintas fuentes no son enteramente comparables en razón de las diferencias que existen en el alcance de las series y los métodos de recolección de los datos.

Los cuadros dan generalmente el *promedio de horas de trabajo por semana y por obrero,* pero en ciertos casos, cuando no existen horas de trabajo por semana, se presentan las horas de trabajo por día o por mes. Tal como se indica en las notas de pie de página, algunas de las series se refieren a todas las personas empleadas o abarcan todas las categorías de trabajadores. Salvo indicación contraria, las series abarcan los trabajadores (hombres y mujeres), sin distinción de edad. En la medida de lo posible, se publican los datos por sexo. Cada vez que es posible, los datos que se presentan son estadísticas de promedios de *horas efectivamente trabajadas;* cuando faltan dichos datos, se dan estadísticas de promedios de *horas pagadas*[1]. Los dos tipos de estadísticas de horas de trabajo se distinguen en los cuadros por medio de las claves siguientes:

(a) Horas efectivamente trabajadas

(b) Horas pagadas

La definición de las *horas efectivamente trabajadas,* enunciada en la resolución adoptada por la décima Conferencia Internacional de Estadígrafos del Trabajo (Ginebra, 1962), figura en la publicación *Recomendaciones internacionales sobre estadísticas del trabajo* (Ginebra, 1975). Las estadísticas de las *horas efectivamente trabajadas* comprenden generalmente todas las horas efectivamente trabajadas durante el tiempo normal de trabajo, las horas extraordinarias, el tiempo empleado en el lugar de trabajo esperando o permaneciendo disponible, así como los cortos períodos de descanso en el lugar de trabajo, incluidas las pausas para tomar el café o el té. Por consiguiente, esas estadísticas no comprenden las horas de trabajo remuneradas pero no trabajadas, tales como las vacaciones anuales, días feriados, ausencias por motivo de enfermedad, las interrupciones para las comidas y el tiempo dedicado a ir desde el domicilio del trabajador al lugar de trabajo y viceversa. Las definiciones nacionales de las *horas efectivamente trabajadas* concuerdan por lo general con la definición dada por la décima Conferencia.

La décima Conferencia no adoptó ninguna definición de las *horas pagadas* en razón de las grandes diferencias que existen entre los países con respecto a días feriados y otros períodos durante los cuales no se efectúa ningún trabajo.

Las estadísticas nacionales de las *horas pagadas* comprenden generalmente, además de las horas efectivamente trabajadas, las horas remuneradas pero no trabajadas, tales como las vacaciones anuales, días feriados, ausencias por motivo de enfermedad y otros permisos pagados.

El promedio de las horas efectivamente trabajadas o pagadas por semana o por mes se obtiene generalmente dividiendo el número total de horas-hombre efectivamente trabajadas o pagadas durante una semana o un mes por el promedio de trabajadores que figuren en las nóminas de salarios durante el mismo período. El promedio de las horas efectivamente trabajadas o pagadas por día se obtiene generalmente dividiendo el número total de horas-hombre efectivamente trabajadas o pagadas durante una semana, una quincena o un mes por el número total de días-hombre efectivamente trabajados o pagados durante el mismo período.

Al hacer comparaciones sobre los datos de horas de trabajo debe tenerse presente que los mismos están influidos por el número normal de días de trabajo por semana, por las disposiciones reglamentarias y costumbres respecto al trabajo durante el sábado y a las horas extraordinarias, la frecuencia del absentismo, la rotación de la mano de obra, etc. Deben tenerse presentes también las diferencias en las definiciones de cada país sobre las horas efectivamente trabajadas, el alcance de las series y los métodos de compilación.

Cuadro 11

Horas de trabajo en las actividades no agrícolas

Salvo indicación contraria en notas de pie de página, los datos que se presentan en este cuadro incluyen las siguientes divisiones de la actividad económica: minas y canteras; industrias manufactureras; electricidad, gas y agua; construcción; comercio al por mayor y al por menor y restaurantes y hoteles; transportes, almacenaje y comunicaciones; establecimientos financieros, seguros, bienes inmuebles y servicios prestados a las empresas; servicios comunales, sociales y personales. En algunos casos, estas divisiones sólo están representadas por una parte de los grupos que las componen.

Cuadro 12

Horas de trabajo en las industrias manufactureras

La parte A del cuadro 12 indica generalmente las horas de trabajo por obrero en todas las industrias manufactureras; cuando en ciertos casos se incluyen otras industrias, así se indica en notas de pie de página.

La parte B del cuadro 12 presenta las horas de trabajo en industrias manufactureras especificadas para la mayoría de los países que figuran en la parte A. En la medida de lo posible, las diferentes industrias manufactureras han sido ordenadas según la Clasificación industrial internacional uniforme de todas las actividades económicas (véase apéndice) con indicación del correspondiente número de código de los diferentes grupos de industrias.

Cuadros 13 a 15

Horas de trabajo en minas y canteras; construcción; transportes, almacenaje y comunicaciones

Los cuadros 13 a 15 presentan las estadísticas del promedio de horas de trabajo por semana en tres divisiones principales de actividad económica, a saber: cuadro 13: minas y canteras; cuadro 14: construcción; cuadro 15: transportes, almacenaje y comunicaciones (excl. el transporte marítimo).

Las estadísticas sobre horas de trabajo en las minas excluyen frecuentemente las minas de carbón, a causa de las condiciones particulares que regulan el trabajo en esa industria en los distintos países (especialmente debido a la extensa aplicación de los sistemas de pago por rendimiento y al pago por el tiempo empleado en ir al trabajo). Las estadísticas de horas de trabajo en la construcción se refieren, en muchos casos, solamente a la edificación o a ciertas categorías de trabajadores de esta rama.

[1] Para las descripciones de las diversas series nacionales, su alcance, métodos de compilación y definiciones utilizados, etc., véase OIT: *Guía Técnica 1980* (descripciones de las series generales publicadas en el *Boletín* y el *Anuario de Estadísticas del Trabajo*), vol. II, «Empleo - Desempleo - Horas de trabajo - Salarios» (Ginebra, 1980).

11 Hours of work per week in non-agricultural activities
Durée du travail par semaine dans les activités non agricoles
Horas de trabajo por semana en las actividades no agrícolas

(a) Hours actually worked
(b) Hours paid for

(a) Heures réellement effectuées
(b) Heures rémunérées

(a) Horas efectivamente trabajadas
(b) Horas pagadas

Country, unit and scope Pays, unité et portée País, unidad y alcance	1971	1972	1973	1974	1975	1976	1977	1978	1979	1980
AFRICA – AFRIQUE – AFRICA										
Algérie (a)										
Total [1]	42.5	42.8	42.8	43.0	43.0	44.2	44.5	...	...	...
Burundi [2] (a)										
Total [3]	.	.	.	.	.	.	44.4	44.4	44.2	45.0
Egypt (b)										
Total [4]	56	55	56	60	58	56	56*	...	...	...
Males – Hom. [4]	56	55	56	60	59	56	56*	...	...	...
Fem. – Muj. [4]	54	53	55	57	51	56	53*	...	...	...
Sierra Leone [5] (a) [6]										
Total [7]	48.0	49.4	54.3	47.9	41.8	40.6	40.3	40.1	44.0	44.0
AMERICA – AMÉRIQUE – AMERICA										
Bolivia (a)										
Total [3]	43.9	44.7	45.2	...	...	49.1	48.3	47.1	...	45.1
Guyana [8] (b)										
Total	46.5	44.8	43.9	46.2	45.9	47.4	45.4	45.8	41.9	...
Perú [9] (a) [10]										
Total [11]	.	.	48.5	48.6	47.9	49.4	46.9	46.8	46.0	...
Puerto Rico (a) [12]										
B Total [13]	37.8	37.7	37.9	36.8	36.6	35.7	I 36.9[14]	37.1	37.2	36.7
United States (b)										
B Total	36.9	37.0	36.9	36.5	36.1	36.1	36.0	35.8	35.6	35.3
Venezuela [15] (a)										
B Total	42.6	42.7	42.8	42.7	42.3	42.4	42.9	44.2	...	...
ASIA – ASIE – ASIA										
Brunei [4] (a)										
Total [3]	48.8	49.4	48.5	49.1	48.9	49.5	49.8	50.0	48.9	
Cyprus [4] (b)										
Total [7]	.	.	.	.	44	45	44	44	43	42
Males – Hom. [7]	.	.	.	.	44	45	45	45	44	42
Fem. – Muj. [7]	.	.	.	.	42	44	43	42	42	40
Israel [16] (a) [3]										
B Total	39.6	40.1	37.3	37.6	37.9	37.6	36.5	35.8	36.6	35.8
B Males – Hom.	.	.	.	.	.	40.6	39.7	39.0	40.3	39.5
B Fem. – Muj.	.	.	.	.	.	32.1	31.0	30.3	30.6	29.9

Explanatory notes and source: see p. 383 – Notes explicatives et source: voir p. 384 – Notas explicativas y fuente: véase p. 386

[1] ∅: April of each year. [2] Bujumbura. [3] Employees. [4] ∅: Oct. of each year. [5] Excl. major divisions 4, 7, 8 and 9. [6] ∅: May and Nov. of each year. [7] Adults. [8] Excl. major divisions 4, 8 and 9. [9] Excl. major divisions 2 and 4. [10] Lima. [11] ∅: June of each year. [12] Civilian labour force employed. [13] Persons aged 16 years and over. [14] Prior to July 1977: persons aged 14 years and over. [15] Excl. construction and transport. [16] Incl. agriculture, forestry and fishing.

[1] ∅: avril de chaque année. [2] Bujumbura. [3] Salariés. [4] ∅: oct. de chaque année. [5] Non compris les branches 4, 7, 8 et 9. [6] ∅: mai et nov. de chaque année. [7] Adultes. [8] Non compris les branches 4, 8 et 9. [9] Non compris les branches 2 et 4. [10] Lima. [11] ∅: juin de chaque année. [12] Main-d'œuvre civile occupée. [13] Personnes âgées de 16 ans et plus. [14] Avant juillet 1977: personnes âgées de 14 ans et plus. [15] Non compris la construction et les transports. [16] Y compris l'agriculture, la sylviculture et la pêche.

[1] ∅: abril de cada año. [2] Bujumbura. [3] Asalariados. [4] ∅: oct. de cada año. [5] Excl. las grandes divisiones 4, 7, 8 y 9. [6] ∅: mayo y nov. de cada año. [7] Adultos. [8] Excl. las grandes divisiones 4, 8 y 9. [9] Excl. las grandes divisiones 2 y 4. [10] Lima. [11] ∅: junio de cada año. [12] Fuerza trabajadora civil ocupada. [13] Personas de 16 años y más. [14] Antes de julio de 1977: personas de 14 años y más. [15] Excl. construcción y transportes. [16] Incl. agricultura, silvicultura y pesca.

11 Hours of work per week in non-agricultural activities
Durée du travail par semaine dans les activités non agricoles
Horas de trabajo por semana en las actividades no agrícolas

(a) Hours actually worked (b) Hours paid for — (a) Heures réellement effectuées (b) Heures rémunérées — (a) Horas efectivamente trabajadas (b) Horas pagadas

Country, unit and scope Pays, unité et portée País, unidad y alcance	1971	1972	1973	1974	1975	1976	1977	1978	1979	1980
Japan (a) [1]										
B Total	42.7	42.4	▮ 42.0[2]	40.5	39.7	▮ 40.3[2]	40.3	40.5	▮ 40.7[3]	40.6
B Males - Hom.	43.9	43.6	▮ 43.4[2]	41.7	40.6	▮ 41.3[2]	41.4	41.5	▮ 41.9[3]	41.8
B Fem. - Muj.	40.0	39.8	▮ 39.1[2]	37.9	37.6	▮ 38.1[2]	38.0	38.1	▮ 38.2[3]	37.9
Korea, Republic of (a) [1]										
B Total	50.6	50.9	50.7	49.6	50.0	51.1	51.4	51.3	50.5	52.0
Males - Hom.	.	.	.	.	.	50.5	51.0	51.0	50.1	50.9
Fem. - Muj.	.	.	.	.	.	51.1	51.9	51.9	51.2	52.6
Philippines [4] (a)										
Total [5]	.	44.7	45.8	47.0	48.2	47.6	...	...	...	...
Singapore [6] (a) [4]										
Total	48.4	48.6	48.4	47.5	▮ 47.8[7]	47.8	48.3	48.7	48.4	48.6
Sri Lanka [8] (b) [9]										
Total	.	.	.	.	.	48.1	49.5	55.0	52.0	47.5
EUROPE - EUROPE - EUROPA										
Belgique [10] (a)										
B Total [11]	40.0	▮ 39.2[12]	38.0	36.7	35.4	▮ 36.1[13]	35.4	35.5	35.8	33.8
España (a) [5]										
B Total	...	...	...	...	...	...	43.9	43.5	42.9	▮ 42.5[14]
France [15] (a)										
B Total	45.1	44.6	▮ 44.4[16]	43.7	42.7	▮ 42.4[2]	41.8	41.4	41.2	41.0
Germany, Fed. Rep. of [17] (b)										
B Total	43.2	42.8	▮ 42.8[2]	41.9	40.5	41.6	41.7	41.6	41.9	41.6
B Males - Hom.	.	.	▮ 43.5[2]	42.6	41.2	42.0	42.2	42.1	42.4	42.1
B Fem. - Muj.	.	.	▮ 40.2[2]	39.6	38.3	39.6	39.9	39.9	39.9	40.0
Gibraltar [18] (b) [11]										
Total	47.6[19]	47.7[19]	49.4	47.4[20]	47.3[20]	46.4	47.5	47.1	45.9	43.2

Explanatory notes and source: see p. 383 – Notes explicatives et source: voir p. 384 – Notas explicativas y fuente: véase p. 386

[1] Employees. [2] Sample design revised. [3] Beginning April 1979: sample design revised. [4] ∅: Aug. of each year. [5] Civilian labour force employed. [6] Incl. agriculture, fishing and sea transport. [7] Prior to 1975: ∅: July of each year. [8] Excl. major divisions 4, 8 and 9. [9] ∅: March and Sep. of each year. [10] Excl. major divisions 4, 6, 7, 8 and 9. [11] ∅: Oct. of each year. [12] New industrial classification. [13] Prior to 1976: incl. major division 4 [14] Beginning 2nd quarter 1980: persons aged 16 years and over; prior to 2nd quarter: 14 years and over. [15] Excl. water, communication, public administrations and private domestic services. [16] Revised series. [17] Excl. major divisions 6, 7, 8 and 9. [18] Excl. mining and quarrying. [19] April and October. [20] April.

[1] Salariés. [2] Plan d'échantillonnage révisé. [3] A partir d'avril 1979: plan d'échantillonnage révisé. [4] ∅: août de chaque année. [5] Main-d'œuvre civile occupée. [6] Y compris l'agriculture, la pêche et les transports maritimes. [7] Avant 1975: ∅: juillet de chaque année. [8] Non compris les branches 4, 8 et 9. [9] ∅: mars et sept. de chaque année. [10] Non compris les branches 4, 6, 7, 8 et 9. [11] ∅: oct. de chaque année. [12] Nouvelle classification industrielle. [13] Avant 1976: y compris la branche 4. [14] A partir du 2e trimestre 1980: personnes âgées de 16 ans et plus; avant le 2e trimestre: 14 ans et plus. [15] Non compris l'eau, les communications, les administrations publiques et les services domestiques privés. [16] Série révisée. [17] Non compris les branches 6, 7, 8 et 9. [18] Non compris les industries extractives. [19] Avril et octobre. [20] Avril.

[1] Asalariados. [2] Diseño de la muestra revisado. [3] A partir de abril 1979: diseño de la muestra revisado. [4] ∅: agosto de cada año. [5] Fuerza trabajadora civil ocupada. [6] Incl. agricultura, pesca y los transportes marítimos. [7] Antes de 1975: ∅: julio de cada año. [8] Excl. las grandes divisiones 4, 8 y 9. [9] ∅: marzo y sept. de cada año. [10] Excl. las grandes divisiones 4, 6, 7, 8 y 9. [11] ∅: oct. de cada año. [12] Nueva clasificación industrial. [13] Antes de 1976: incl. la gran división 4. [14] A partir del 2.° trimestre de 1980: personas de 16 años y más; antes del 2.° trimestre: 14 años y más. [15] Excl. agua, comunicaciones, administraciones públicas y los servicios domésticos privados. [16] Serie revisada. [17] Excl. las grandes divisiones 6, 7, 8 y 9. [18] Excl. las minas y canteras. [19] Abril y octubre. [20] Abril.

11 Hours of work per week in non-agricultural activities
Durée du travail par semaine dans les activités non agricoles
Horas de trabajo por semana en las actividades no agrícolas

(a) Hours actually worked
(b) Hours paid for

(a) Heures réellement effectuées
(b) Heures rémunérées

(a) Horas efectivamente trabajadas
(b) Horas pagadas

Country, unit and scope Pays, unité et portée País, unidad y alcance	1971	1972	1973	1974	1975	1976	1977	1978	1979	1980
Iceland [1] (b) [2]										
Total	.	.	.	52.6	50.5	51.6	49.5	49.9	49.6	49.3
Iceland [1] (b) [2]										
Males - Hom. [3]	.	.	.	52.6	51.7	52.0	50.3	50.5	50.1	49.5
Iceland [1] (b) [2]										
Males - Hom. [4]	.	.	.	.	.	54.0	51.2	51.6	51.4	51.4
Fem. - Muj. [4]	.	.	.	.	43.1	43.8	43.1	43.9	43.7	43.2
Italie [5] (a) [6]										
B Total	7.83	7.80	7.70	7.70	7.72	7.72	7.73	▮ 7.75 [7]	7.67	...
Luxembourg [5] (a)										
B Total [8]	44.7	▮ 43.9 [9]	43.7	43.6	40.9	40.3	39.5	40.2	40.8	40.2
B Males - Hom. [8]	.	44.0	43.7	43.7	40.9	40.3	39.5	40.3	40.9	40.3
B Fem. - Muj. [8]	.	41.8	41.3	41.2	39.5	40.0	39.1	38.4	38.3	38.5
Netherlands (b) [8]										
B Total [10]	44.0	43.6	43.3	42.3	41.4	41.4	▮ 41.4 [11]	41.3	41.4	...
B Males - Hom. [12]	44.1	43.8	43.4	42.5	41.6	41.5	▮ 41.5 [11]	41.4	41.5	...
B Fem. - Muj. [12]	42.5	42.1	41.8	40.9	40.4	40.4	▮ 40.2 [11]	40.2	40.2	...
Portugal [5] (a)										
Total	40.8	42.2	42.7	42.6	40.7	39.0	38.5	38.7	36.4	...
Suisse [13] (b) [14]										
B Total	.	.	45.4	45.4	44.9	44.8	44.8	44.7	44.5	44.3
B Males - Hom.	.	.	45.8	45.7	45.3	45.1	45.1	45.1	44.8	44.6
B Fem. - Muj.	.	.	43.6	43.5	43.1	43.3	43.4	43.2	42.9	42.6
Sweden [15] (a)										
B Total	38.2	37.0	36.8	36.8	36.6	36.3	35.9	35.7	35.7	35.6 [16]
B Males - Hom.	42.3	40.8	40.6	40.6	40.4	40.3	39.9	39.6	39.5	39.4 [16]
B Fem. - Muj.	32.4	31.6	31.6	31.5	31.4	31.1	30.9	30.8	30.9	30.9 [16]
United Kingdom [17] (a) [18]										
B Males - Hom. [8]	44.7	45.0	45.6	45.1	43.6	44.0	44.2	44.2	44.0	▮ 43.0 [19]
B Fem. - Muj. [8]	37.7	37.9	37.7	37.4	37.0	37.4	37.4	37.4	37.4	▮ 37.5 [19]

Explanatory notes and source: see p. 383 – Notes explicatives et source: voir p. 384 – Notas explicativas y fuente: véase p. 386

[1] Excl. major divisions 2, 4, 8 and 9. [2] Reykjavaik [3] Skilled wage earners. [4] Unskilled wage earners. [5] Excl. major divisions 6, 7, 8 and 9. [6] Per day. [7] Scope of series revised. [8] ∅: Oct. of each year. [9] New industrial classification. [10] Incl. juveniles. [11] Prior to 1977: excl. services. [12] Adults. [13] Incl. horticulture and forestry; excl. major divisions 2, 8 and 9. [14] Accident insurance statistics; excl. overtime. [15] Civilian labour force employed. [16] ∅: eleven months' average. [17] Excl. coal mining, commerce and major division 8. [18] Workers on adult rates of pay. [19] Prior to 1980: adults; excl. railways.

[1] Non compris les branches 2, 4, 8 et 9. [2] Reykjavik. [3] Ouvriers qualifiés. [4] Ouvriers non qualifiés. [5] Non compris les branches 6, 7, 8 et 9. [6] Par jour. [7] Portée de la série révisée. [8] ∅: oct. de chaque année. [9] Nouvelle classification industrielle. [10] Y compris les jeunes gens. [11] Avant 1977: non compris les services. [12] Adultes. [13] Y compris l'horticulture et la sylviculture; non compris les branches 2, 8 et 9. [14] Statistiques d'assurances-accidents; non compris les heures supplémentaires. [15] Main-d'œuvre civile occupée. [16] ∅: moyenne de onze mois. [17] Non compris les mines de charbon, le commerce et la branche 8. [18] Travailleurs rémunérés sur la base de taux de salaire pour adultes. [19] Avant 1980: adultes; non compris les chemins de fer.

[1] Excl. las grandes divisiones 2, 4, 8 y 9. [2] Reykjavik. [3] Obreros calificados. [4] Obreros no calificados. [5] Excl. las grandes divisiones 6, 7, 8 y 9. [6] Por día. [7] Alcance de la serie revisado. [8] ∅: oct. de cada año. [9] Nueva clasificación industrial. [10] Incl. jóvenes. [11] Antes de 1977: excl. servicios. [12] Adultos. [13] Incl. horticultura y silvicultura; excl. las grandes divisiones 2, 8 y 9. [14] Estadísticas del seguro de accidentes; excl. las horas extraordinarias. [15] Fuerza trabajadora civil ocupada. [16] ∅: promedio de once meses. [17] Excl. minas de carbón, comercio y la gran división 8. [18] Trabajadores pagados sobre la base de tasas de salarios para adultos. [19] Antes de 1980: adultos; excl. los ferrocarriles.

11 Hours of work per week in non-agricultural activities
Durée du travail par semaine dans les activités non agricoles
Horas de trabajo por semana en las actividades no agrícolas

(a) Hours actually worked (b) Hours paid for — (a) Heures réellement effectuées (b) Heures rémunérées — (a) Horas efectivamente trabajadas (b) Horas pagadas

Country, unit and scope Pays, unité et portée País, unidad y alcance	1971	1972	1973	1974	1975	1976	1977	1978	1979	1980
Yugoslavia [1] (b) [2]										
Total [3]	182	182	182	181	183	185	185	184	...	...
OCEANIA - OCÉANIE - OCEANIA										
Australia [4] (a)										
B Total [3]	37.4	36.6	36.6	36.1	35.4	35.2	35.0	35.4	35.5	35.0
B Males - Hom. [3]	39.9	39.2	39.4	38.8	38.2	38.0	38.0	38.5	38.6	38.2
B Fem. - Muj. [3]	32.7	31.7	31.5	31.2	30.4	30.3	30.0	30.4	30.4	29.9
Australia [5] (b) [6]										
Males - Hom. [7]	43.2	42.0	42.3	41.3	40.6	40.7	40.7	40.6	40.9	40.9
Fem. - Muj. [7]	39.3	38.9	39.0	38.5	38.4	38.4	38.4	38.2	38.6	38.4
New Zealand [8] (b) [3]										
B Total [9]	37.7	37.6	37.7	37.6	37.2	36.9	36.7	36.4	37.6	...
B Males - Hom. [9]	...	...	...	40.6	40.1	39.7	39.7	39.3	39.8	...
B Fem. - Muj. [9]	...	...	...	32.5	32.5	32.4	32.2	31.9	34.4	...

Explanatory notes and source: see p. 383 - Notes explicatives et source: voir p. 384 - Notas explicativas y fuente: véase p. 386

[1] Socialised sector. [2] Per month. [3] Employees. [4] ∅: Aug. of each year. [5] Incl. forestry and logging, fishing and hunting. [6] Oct. of each year; employees. [7] Adults. [8] Incl. forestry and logging. [9] Incl. juveniles.

[1] Secteur socialisé. [2] Par mois. [3] Salariés. [4] ∅: août de chaque année. [5] Y compris la sylviculture et l'exploitation forestière, la pêche et la chasse. [6] Oct. de chaque année; salariés. [7] Adultes. [8] Y compris la sylviculture et l'exploitation forestière. [9] Y compris les jeunes gens.

[1] Sector socializado. [2] Por mes. [3] Asalariados. [4] ∅: agosto de cada año. [5] Incl. silvicultura y la explotación de la madera, la pesca y caza. [6] Oct. de cada año; asalariados. [7] Adultos. [8] Incl. silvicultura y la explotación de la madera. [9] Incl. jóvenes.

12 Hours of work per week in manufacturing
Durée du travail par semaine dans les industries manufacturières
Horas de trabajo por semana en las industrias manufactureras

All industries
Ensemble des industries
Todas las industrias

(a) Hours actually worked
(b) Hours paid for

(a) Heures réellement effectuées
(b) Heures rémunérées

(a) Horas efectivamente trabajadas
(b) Horas pagadas

Country, unit and scope Pays, unité et portée País, unidad y alcance	1971	1972	1973	1974	1975	1976	1977	1978	1979	1980
AFRICA – AFRIQUE – AFRICA										
Algérie (a)										
Total [1]	41.1	40.7	40.8	41.6	41.6	43.8	44.4	...	...	...
Burundi [2] (a)										
Total [3]	.	.	.	.	.	.	44.0	44.7	44.4	49.0
Egypt (b)										
Total [4]	55	54	55	59	59	56	54*	...	...	...
Males – Hom. [4]	55	54	55	59	59	55	56*	...	...	...
Fem. – Muj. [4]	53	52	54	57	52	54	52*	...	...	...
Sierra Leone (a) [5]										
Total [6]	41.5	42.8	49.6	46.6	43.8	41.5	40.5	40.2	40.2	44.0
South Africa (a)										
B Total	46.3	45.9	46.8	46.9	46.6	46.1	46.5	47.0	47.7	48.4
AMERICA – AMÉRIQUE – AMERICA										
Bolivia (a)										
Total [3]	39.2	40.2	40.2	42.6	43.1	46.1	46.9	47.7	...	46.8
Canada (b)										
B Total	39.7	40.0	39.6	38.9	38.6	38.7	38.7	38.8	38.8	38.5
Ecuador (a)										
B Total	48	48	49	51	51	50	51	53	47	...
El Salvador [7] (a)										
B Males – Hom.	47.5	46.4	47.0	48.2	44.3	44.3	44.3	44.6	44.6	...
B Fem. – Muj.	46.0	45.3	46.2	47.5	43.9	44.1	44.3	44.6	44.6	...
Guatemala (a)										
B Total	46.3	46.6	47.6	▮ 48.2 [8]	47.2	47.3	48.5	47.5	...	...
Guyana (b)										
Total	47.0	46.3	46.4	47.8	48.2	48.8	46.9	45.6	48.4	...
México (a)										
Total [4]	44.8	45.9	45.6	45.5	45.6	45.6	45.5	46.4	46.5	...
Panamá (a)										
Total	44.7	43.8	43.1	45.7	45.5	45.9	45.9	...	...	...
Perú (a) [9]										
Total [10]	.	.	.	47.2	46.1	48.1	45.4	45.8	45.7	...
Puerto Rico (b)										
B Total	37.2	37.2	37.1	36.9	37.0	37.5	37.6	37.9	37.8	38.0
United States (b)										
B Total	39.9	40.5	40.7	40.0	39.5	40.1	40.3	40.4	40.2	39.7
Venezuela (a)										
B Total	43.3	43.6	43.8	43.7	42.3	43.1	43.7	43.9	...	...

Explanatory notes and source: see p. 383 – Notes explicatives et source: voir p. 384 – Notas explicativas y fuente: véase p. 386

[1] ∅: April of each year. [2] Bujumbura. [3] Employees. [4] ∅: Oct. of each year. [5] ∅: May and Nov. of each year. [6] Adults. [7] Department of San Salvador. [8] Prior to 1974: Guatemala City. [9] Lima. [10] ∅: June of each year.

[1] ∅: avril de chaque année. [2] Bujumbura. [3] Salariés. [4] ∅: oct. de chaque année. [5] ∅: mai et nov. de chaque année. [6] Adultes. [7] Département de San Salvador. [8] Avant 1974: ville de Guatemala. [9] Lima. [10] ∅: juin de chaque année.

[1] ∅: abril de cada anõ. [2] Bujumbura. [3] Asalariados. [4] ∅: oct de cada año. [5] ∅: mayo y nov. de cada año. [6] Adultos. [7] Departemento de San Salvador. [8] Antes de 1974: ciudad de Guatemala. [9] Lima. [10] ∅: junio de cada año.

12 Hours of work per week in manufacturing
Durée du travail par semaine dans les industries manufacturières
Horas de trabajo por semana en las industrias manufactureras

All industries
Ensemble des industries
Todas las industrias

(a) Hours actually worked
(b) Hours paid for

(a) Heures réellement effectuées
(b) Heures rémunérées

(a) Horas efectivamente trabajadas
(b) Horas pagadas

Country, unit and scope Pays, unité et portée País, unidad y alcance	1971	1972	1973	1974	1975	1976	1977	1978	1979	1980
ASIA – ASIE – ASIA										
Brunei [1] (a)										
Total [2]	.	50.2	50.2	49.6	49.3	50.7	50.3	49.8	50.0	47.1
Burma (a) [3]										
B Total [4]	7.6	7.5	7.7	7.6	7.6	7.7	7.7	7.4	7.8	...
Cyprus [1] (b)										
Total [5]	.	.	.	.	43	45	44	44	43	41
Males – Hom. [5]	.	.	.	.	44	46	46	46	45	43
Fem. – Muj. [5]	.	.	.	.	42	44	43	42	41	40
Israel [6] (a) [2]										
B Total	41.7	42.8	39.2	39.7	40.3	40.3	38.8	38.0	39.3	38.3
B Males – Hom.	.	.	39.3	40.1	40.9	41.0	39.7	38.9	40.2	39.2
B Fem. – Muj.	.	.	39.0	38.5	38.4	37.8	36.0	34.8	36.3	35.1
Japan (a) [2]										
B Total	42.6	42.3	▌42.0 [7]	40.0	38.8	▌40.2 [7]	40.3	40.6	▌41.1 [8]	41.2
B Males – Hom.	43.9	43.6	▌43.4 [7]	41.1	39.4	▌40.9 [7]	41.2	41.4	▌42.1 [8]	42.4
B Fem. – Muj.	39.8	39.8	▌39.1 [7]	37.6	37.4	▌38.4 [7]	38.2	38.5	▌38.7 [8]	38.4
Korea, Republic of (a) [2]										
B Total	51.9	51.6	51.2	49.9	50.5	52.5	52.9	52.9	52.0	53.1
Males – Hom.	.	.	.	.	.	52.4	53.3	53.2	52.0	52.8
Fem. – Muj.	.	.	.	.	.	52.6	52.6	52.7	51.9	53.5
Philippines [9] (a)										
Total [10]	.	44.2	43.6	44.8	45.3	43.7	...	...	...	...
Singapore (a) [9]										
Total	49.4	49.5	48.8	47.9	▌48.4 [11]	48.4	48.8	49.0	48.5	48.6
Sri Lanka (b) [12]										
Total	.	.	.	.	.	48.4	49.5	52.3	52.6	45.3
République arabe syrienne (a) [13]										
Total [5]	44.9	47.1	▌46.3 [14]	44.7	43.2	47.1	46.7	...	...	...
EUROPE – EUROPE – EUROPA										
Austria [6] (a)										
B Total	37.1	36.4	36.0	36.0	33.9	34.4	33.9	33.4	33.6	33.7
Belgique [15] (a)										
B Total [1]	39.7	▌38.7 [16]	37.6	36.6	34.8	35.8	35.1	35.2	35.4	33.4

Explanatory notes and source: see p. 383 – Notes explicatives et source: voir p. 384 – Notas explicativas y fuente: véase p. 386

[1] ∅: Oct. of each year. [2] Employees. [3] Per day. [4] Workers engaged for less than 30 days (excl. casual workers). [5] Adults. [6] Incl. mining and quarrying. [7] Sample design revised. [8] Beginning April 1979: sample design revised. [9] ∅: Aug. of each year. [10] Civilian labour force employed. [11] Prior to 1975: ∅: July of each year. [12] ∅: March and Sep. of each year. [13] ∅: May of each year. [14] Prior to 1973: Nov. of each year. [15] Excl. primary iron and steel. [16] New industrial classification.

[1] ∅: oct. de chaque année. [2] Salariés. [3] Par jour. [4] Travailleurs engagés pour moins de 30 jours (non compris les travailleurs occasionnels). [5] Adultes. [6] Y compris les industries extractives. [7] Plan d'échantillonnage révisé. [8] A partir d'avril 1979: plan d'échantillonnage révisé. [9] ∅: août de chaque année. [10] Main-d'œuvre civile occupée. [11] Avant 1975: ∅: juillet de chaque année. [12] ∅: mars et sept. de chaque année. [13] ∅: mai de chaque année. [14] Avant 1973: nov. de chaque année. [15] Non compris la sidérurgie. [16] Nouvelle classification industrielle.

[1] ∅: oct. de cada año. [2] Asalariados. [3] Por día. [4] Trabajadores ocupados durante menos de 30 días (excl. los trabajadores ocasionales). [5] Adultos. [6] Incl. las minas y canteras. [7] Diseño de la muestra revisado. [8] A partir de abril 1979: diseño de la muestra revisado. [9] ∅: agosto de cada año. [10] Fuerza trabajadora civil ocupada. [11] Antes de 1975: ∅: julio de cada año. [12] ∅: marzo y sept. de cada año. [13] ∅: mayo de cada año. [14] Antes de 1973: nov. de cada año. [15] Excl. siderurgia. [16] Nueva clasificación industrial.

12 Hours of work per week in manufacturing
Durée du travail par semaine dans les industries manufacturières
Horas de trabajo por semana en las industrias manufactureras

All industries
Ensemble des industries
Todas las industrias

(a) Hours actually worked
(b) Hours paid for

(a) Heures réellement effectuées
(b) Heures rémunérées

(a) Horas efectivamente trabajadas
(b) Horas pagadas

Country, unit and scope Pays, unité et portée País, unidad y alcance	1971	1972	1973	1974	1975	1976	1977	1978	1979	1980
Czechoslovakia [1] (a)										
B Total	43.8	43.7	43.6	43.6	43.6	43.6	43.7	43.5	43.5	43.5
Denmark (a)										
Total	35.8	35.4	33.5	34.2	33.1	33.3	32.7	32.6	33.1	32.9
España (a) [2]										
B Total	...	...	...	...	...	...	40.6	40.1	38.8	I 38.5 [3]
Finland [4] (a)										
B Total	38.5	38.2	38.0	38.4	38.4	38.2	38.4	38.5	41.0	40.4
France (a)										
B Total	44.5	44.0	I 43.6 [5]	42.9	41.7	I 41.6 [6]	41.3	41.0	40.8	40.6
Germany, Fed. Rep. of (b)										
B Total	43.0	42.7	I 42.8 [6]	41.9	40.4	41.4	41.7	41.6	41.8	41.6
B Males - Hom.	44.0	43.6	I 43.6 [6]	42.5	41.1	42.2	42.4	42.1	42.3	42.2
B Fem. - Muj.	40.5	40.3	I 40.2 [6]	39.6	38.2	39.6	39.9	39.9	39.9	40.0
Gibraltar (b) [7]										
Total	53.5 [8]	52.4 [8]	51.2	48.0 [9]	46.4 [9]	45.6	44.9	49.3	48.5	45.8
Grèce (b)										
B Total	44.1	44.6	43.4	43.8	I 42.7 [6]	41.9	41.0	41.2	41.2	40.7
B Males - Hom.	.	.		44.9	I 44.0 [6]	43.0	42.4	42.5	42.3	41.9
B Fem. - Muj.	.	.	.	42.1	I 40.7 [6]	40.2	39.1	39.6	39.8	39.1
Hongrie [10] (a) [11]										
B Total	165.8	164.2	162.6	161.5	161.8	164.3	163.5	161.9	160.8	160.8
Ireland (a) [12]										
B Total [13]	42.3	42.3	I 42.4 [14]	41.8	41.5	42.3	42.6	42.3	42.4	41.1
B Males - Hom. [15]	.	.	I 44.7 [14]	43.9	43.2	44.3	44.5	43.9	44.2	42.7
B Fem. - Muj. [15]	.	.	I 37.8 [14]	37.4	37.7	38.0	38.4	38.3	38.3	36.9
Italie (a) [16]										
B Total	7.73	7.78	7.67	7.67	7.68	7.67	7.70	I 7.72 [17]	7.65	...
Luxembourg (a)										
B Total [7]	43.6	I 42.4 [14]	42.3	42.4	40.8	40.6	38.9	39.8	40.5	40.0
B Males - Hom. [7]	.	42.4	42.3	42.4	40.8	40.7	38.9	39.9	40.6	40.2
B Fem. - Muj. [7]	.	41.9	41.3	41.2	39.5	40.0	39.1	38.4	38.3	38.4
Netherlands (b) [7]										
B Total [13]	43.8	43.3	43.1	41.9	41.2	41.3	41.2	41.1	41.1	...
B Males - Hom. [15]	44.1	43.5	43.3	42.0	41.3	41.5	41.3	41.2	41.3	...
B Fem. - Muj. [15]	42.7	42.3	42.0	40.8	40.3	40.3	40.2	40.2	40.2	...

Explanatory notes and source: see p. 383 – Notes explicatives et source: voir p. 384 – Notas explicativas y fuente: véase p. 386

[1] State industry. [2] Civilian labour force employed. [3] Beginning 2nd quarter 1980: persons aged 16 years and over; prior to 2nd quarter: 14 years and over. [4] Incl. mining and quarrying. [5] Revised series. [6] Sample design revised. [7] ∅: Oct. of each year. [8] April and October. [9] April. [10] Socialised sector. [11] Per month. [12] ∅: Sep. of each year. [13] Incl. juveniles. [14] New industrial classification. [15] Adults. [16] Per day. [17] Scope of series revised.

[1] Industrie d'Etat. [2] Main-d'œuvre civile occupée. [3] A partir du 2e trimestre 1980: personnes âgées de 16 ans et plus; avant le 2e trimestre: 14 ans et plus. [4] Y compris les industries extractives. [5] Série révisée. [6] Plan d'échantillonnage révisé. [7] ∅: oct. de chaque année. [8] Avril et octobre. [9] Avril. [10] Secteur socialisé. [11] Par mois. [12] ∅: sept. de chaque année. [13] Y compris les jeunes gens. [14] Nouvelle classification industrielle. [15] Adultes. [16] Par jour. [17] Portée de la série révisée.

[1] Industria de Estado. [2] Fuerza trabajadora civil ocupada. [3] A partir del 2.° trimestre de 1980: personas de 16 años y más; antes del 2.° trimestre: 14 años y más. [4] Incl. las minas y canteras. [5] Serie revisada. [6] Diseño de la muestra revisado. [7] ∅: oct. de cada año. [8] Abril y octubre. [9] Abril. [10] Sector socializado. [11] Por mes. [12] ∅: sept. de cada año. [13] Incl. jóvenes. [14] Nueva clasificación industrial. [15] Adultos. [16] Por día. [17] Alcance de la serie revisado.

12 Hours of work per week in manufacturing
Durée du travail par semaine dans les industries manufacturières
Horas de trabajo por semana en las industrias manufactureras

All industries
Ensemble des industries
Todas las industrias

(a) Hours actually worked
(b) Hours paid for

(a) Heures réellement effectuées
(b) Heures rémunérées

(a) Horas efectivamente trabajadas
(b) Horas pagadas

Country, unit and scope Pays, unité et portée País, unidad y alcance	1971	1972	1973	1974	1975	1976	1977	1978	1979	1980
Norway (a) [1]										
B Males - Hom.	34.8	34.4	34.0	33.5	33.5	32.6	31.7	31.3	31.0	31.0
B Fem. - Muj.	30.0	29.9	29.3	28.8	28.1	27.8	27.0	26.4	25.9	25.8
Pologne [2] (a) [3]										
Total	165	169	168	166	164	166	165	163	163	160*
Portugal (a)										
Total	43.6	44.7	44.7	42.8	41.8	40.1	39.8	39.3	36.5	...
Suisse (b) [4]										
B Total	.	.	44.9	44.8	44.5	44.4	44.6	44.4	44.2	43.8
B Males - Hom.	.	.	45.3	45.2	44.9	44.8	44.8	44.8	44.4	44.2
B Fem. - Muj.	.	.	43.7	43.6	43.1	43.3	43.4	43.2	43.0	42.7
Sweden (a) [3]										
Total	148	143	140	137	136	133	132	...	...	...
United Kingdom (a) [5]										
B Males - Hom. [6]	43.6	44.1	44.7	44.0	42.7	43.5	43.6	43.5	43.2	▌ 41.9[7]
B Fem. - Muj. [6]	37.5	37.7	37.5	37.2	36.8	37.2	37.2	37.2	37.2	▌ 37.3[7]
Yugoslavia [8] (b) [3]										
Total [9]	182	181	181	181	182	185	185	185	...	...
OCEANIA - OCÉANIE - OCEANIA										
Australia [10] (a)										
B Total [9]	39.4	38.8	39.3	38.3	37.8	37.7	37.6	38.1	38.0	38.0
B Males - Hom. [9]	40.7	40.1	40.7	39.6	38.9	38.9	38.8	39.3	39.3	39.1
B Fem. - Muj. [9]	35.8	35.1	35.4	34.8	34.5	34.3	34.2	34.7	34.1	34.4
Australia [6] (b) [9]										
Males - Hom. [11]	43.5	43.1	43.6	42.2	41.3	41.3	41.3	41.7	42.1	41.6
Fem. - Muj. [11]	39.6	39.6	39.8	38.9	38.7	38.8	39.0	39.1	39.5	39.3
New Zealand (b) [9]										
B Total [1]	39.8	39.8	40.1	39.8	39.3	39.0	38.9	38.6	39.3	...
B Males - Hom. [1]	...	...	...	42.3	41.4	41.1	40.8	40.2	40.6	...
B Fem. - Muj. [1]	...	...	...	33.8	34.1	34.3	34.5	34.5	36.3	...
USSR - URSS - URSS										
URSS [12] (a) [8]										
Total	40.5	40.7	40.9	40.6	40.7	▌ 40.7[13]	40.6	40.4	40.6	40.5*

Explanatory notes and source: see p. 383 – Notes explicatives et source: voir p. 384 – Notas explicativas y fuente: véase p. 386

[1] Incl. juveniles. [2] Socialised sector; incl. mining and quarrying, electricity, gas and part of major division 9. [3] Per month. [4] Accident insurance statistics; excl. overtime. [5] Workers on adult rates of pay. [6] ∅: Oct. of each year. [7] Prior to 1980: adults. [8] Socialised sector. [9] Employees. [10] ∅: Aug. of each year. [11] Adults. [12] Incl. mining and quarrying. [13] Prior to 1976: excl. mining and quarrying.

[1] Y compris les jeunes gens. [2] Secteur socialisé; y compris les industries extractives, l'électricité, le gaz et, en partie, la branche 9. [3] Par mois. [4] Statistiques d'assurances–accidents; non compris les heures supplémentaires. [5] Travailleurs rémunérés sur la base de taux de salaire pour adultes. [6] ∅: oct. de chaque année. [7] Avant 1980: adultes. [8] Secteur socialisé. [9] Salariés. [10] ∅: août de chaque année. [11] Adultes. [12] Y compris les industries extractives. [13] Avant 1976: non compris les industries extractives.

[1] Incl. jóvenes. [2] Sector socializado; incl. las minas y canteras, la electricidad, el gas y parte de la gran división 9. [3] Por mes. [4] Estadísticas del seguro de accidentes; excl. las horas extraordinarias. [5] Trabajadores pagados sobre la base de tasas de salarios para adultos. [6] ∅: oct. de cada año. [7] Antes de 1980: adultos. [8] Sector socializado. [9] Asalariados. [10] ∅: agosto de cada año. [11] Adultos. [12] Incl. las minas y canteras. [13] Antes de 1976: excl. las minas y canteras.

12 Hours of work per week in manufacturing
Durée du travail par semaine dans les industries manufacturières
Horas de trabajo por semana en las industrias manufactureras

All industries
Ensemble des industries
Todas las industrias

(a) Hours actually worked
(b) Hours paid for

(a) Heures réellement effectuées
(b) Heures rémunérées

(a) Horas efectivamente trabajadas
(b) Horas pagadas

Country, unit and scope Pays, unité et portée País, unidad y alcance	1971	1972	1973	1974	1975	1976	1977	1978	1979	1980
RSS de Biélorussie [1] (a) [2]										
Total	39.1	40.4	40.3	40.4	40.4	▌40.3 [3]	40.4	40.4	40.4	40.4*

Explanatory notes and source: see p. 383 – Notes explicatives et source: voir p. 384 – Notas explicativas y fuente: véase p. 386

[1] Incl. mining and quarrying. [2] Socialised sector. [3] Prior to 1976: excl. mining and quarrying.

[1] Y compris les industries extractives. [2] Secteur socialisé. [3] Avant 1976: non compris les industries extractives.

[1] Incl. las minas y canteras. [2] Sector socializado. [3] Antes de 1976: excl. las minas y canteras.

12 Hours of work per week in manufacturing
Durée du travail par semaine dans les industries manufacturières
Horas de trabajo por semana en las industrias manufactureras

B By major groups of industry / Par classe d'industrie / Por agrupaciones de industria

(a) Hours actually worked
(b) Hours paid for

(a) Heures réellement effectuées
(b) Heures rémunérées

(a) Horas efectivamente trabajadas
(b) Horas pagadas

Country, unit and scope Pays, unité et portée País, unidad y alcance	1971	1972	1973	1974	1975	1976	1977	1978	1979	1980
AFRICA – AFRIQUE – AFRICA										
Algérie [1] (a)										
Total										
311-313	40.5	41.2	41.2	41.5	41.0	44.2	44.2	...	...	...
321-322	38.8	38.2	39.2	40.5	40.2	43.5	44.2	...	...	...
323-324	41.8	41.2	41.5	41.0	40.5	41.5	43.2	...	...	...
33	41.0	41.2	40.8	40.0	40.0	44.0	...	...	...	...
34	42.8	42.2	41.0	42.5	42.5	44.2	...	...	...	...
351-352,355	42.0	41.8	43.0	43.2	40.8	42.8	44.2	...	...	...
369	44.2	42.8	41.8	44.8	45.8	44.0	45.5	...	...	...
37	41.2	41.5	40.0	40.8	44.6	43.8	...	...	...	...
381-83	42.8	41.2	41.0	42.2	41.5	44.2	...	...	...	...
390	41.2	39.8	44.2	44.8	40.0	43.2	43.5	...	...	...
Burundi [3] (a)										
Total [2]										
311-312	.	.	.	.	.	.	50.0	50.0	49.0	53.5
313	.	.	.	.	.	.	47.0	48.0	47.0	54.0
321	.	.	.	.	.	.	44.0	45.0	44.4	42.0
322	.	.	.	.	.	.	50.0	48.0	46.5	...
323	.	.	.	.	.	.	45.0	45.0	45.0	51.0
332	.	.	.	.	.	.	48.0	45.0	45.0	50.0
342	.	.	.	.	.	.	39.0	45.0	44.5	49.0
351	.	.	.	.	.	.	40.0	45.0	44.3	...
352	.	.	.	.	.	.	50.0	50.0	46.7	49.0
356	.	.	.	.	.	.	50.0	50.0	48.5	...
36	.	.	.	.	.	.	49.0	48.0	45.0	43.7
381	.	.	.	.	.	.	45.0	45.0	45.0	44.0
Egypt [4] (b)										
Total										
311-312	58	56	59	63	64	60	60*	...	...	...
313	59	51	55	57	67	60	57*	...	...	...
314	56	52	53	52	51	55	54*	...	...	...
321	55	53	54	60	53	56	56*	...	...	...
322	49	52	58	54	53	53	57*	...	...	...
323	60	51	62	56	53	52	52*	...	...	...
324	47	46	47	57	57	50	49*	...	...	...
331	55	56	55	55	58	50	54*	...	...	...
332	54	57	53	53	55	50	62*	...	...	...
341	52	54	55	58	52	59	58*	...	...	...
342	52	50	53	50	51	50	54*	...	...	...
351	56	52	53	52	54	55	57*	...	...	...
352	56	56	54	55	56	51	54*	...	...	...
353	48	47	73	54	58	65	62*	...	...	...
354	46	47	48	66	64	61	65*	...	...	...
355	50	55	54	56	56	59	63*	...	...	...
356	54	52	53	51	50	53	50*	...	...	...
361	49	47	48	46	46	45	52*	...	...	...
362	55	56	53	55	52	56	59*	...	...	...
369	54	55	56	63	58	66	58*	...	...	...
371	55	50	57	53	51	49	52*	...	...	...
372	62	50	46	57	54	54	51*	...	...	...
381	52	51	53	54	50	42	41*	...	...	...
382	52	50	50	56	49	52	53*	...	...	...
383	49	51	51	53	52	51	49*	...	...	...
384	58	58	59	63	61	58	61*	...	...	...
385	54	55	55	50	56	51	53*	...	...	...
390	52	54	52	52	50	54	53*	...	...	...

[a] ISIC – CITI – CIIU 1968: See Annex – Voir annexe – Véase anexo.

Explanatory notes and source: see p. 383 – Notes explicatives et source: voir p. 384 – Notas explicativas y fuente: véase p. 386

[1] ∅: April of each year. [2] Employees. [3] Bujumbura. [4] ∅: Oct. of each year.

[1] ∅: avril de chaque année. [2] Salariés. [3] Bujumbura. [4] ∅: oct. de chaque année.

[1] ∅: abril de cada año. [2] Asalariados. [3] Bujumbura. [4] ∅: oct. de cada año.

12 Hours of work per week in manufacturing
Durée du travail par semaine dans les industries manufacturières
Horas de trabajo por semana en las industrias manufactureras

B By major groups of industry / Par classe d'industrie / Por agrupaciones de industria

(a) Hours actually worked
(b) Hours paid for

(a) Heures réellement effectuées
(b) Heures rémunérées

(a) Horas efectivamente trabajadas
(b) Horas pagadas

Country, unit and scope Pays, unité et portée País, unidad y alcance	1971	1972	1973	1974	1975	1976	1977	1978	1979	1980
AMERICA – AMÉRIQUE – AMERICA										
Bolivia (a)										
Total [1]										
311-312	.	44.7	45.2	45.2	45.0	45.7	45.2	45.9	46.8	45.5
313	.	44.7	45.2	45.0	45.0	45.1	45.3	45.3	45.4	46.7
314	.	44.7	45.2	45.2	45.0	45.2	45.4	45.6	45.8	46.0
321	.	44.2	45.6	45.2	45.0	44.9	45.4	45.8	46.1	42.6
322	.	43.6	43.5	43.5	43.5	43.5	43.7	43.8	44.0	45.0
323	.	43.2	43.7	43.7	43.7	43.4	43.7	43.8	44.0	45.8
324	.	43.0	43.4	43.4	43.4	45.0	46.0	47.3	48.6	44.7
331	.	45.2	43.8	43.8	43.0	42.9	43.4	43.6	43.0	46.0
332	.	43.4	43.6	43.6	44.0	43.7	43.7	44.3	44.8	45.1
341	.	44.7	45.8	44.1	44.0	44.3	44.4	44.2	44.4	49.0
342	.	43.8	44.6	44.6	44.0	44.2	44.4	44.5	44.8	46.0
351	.	44.5	44.2	44.2	44.0	44.3	44.5	44.6	44.6	45.2
352	.	43.5	44.2	44.0	44.0	44.6	44.8	45.2	45.8	46.4
353	.	44.0	45.4	44.1	44.2	44.2	44.5	44.8	45.0	47.1
355	.	44.0	44.9	44.5	44.6	44.3	44.5	44.8	44.8	45.8
356	.	43.9	44.5	44.5	44.2	44.2	44.3	44.3	44.3	45.0
361	.	44.2	45.3	45.1	44.2	44.6	44.8	44.8	45.6	...
362	.	...	...	...	...	...	...	...	...	46.2
369	.	...	...	...	...	...	...	...	...	45.6
371	.	...	...	...	...	...	...	...	...	45.1
372	.	...	...	...	...	...	...	...	...	44.5
381	.	...	...	...	...	...	...	...	...	45.3
382	.	...	...	...	...	...	...	...	...	46.3
383	.	...	...	...	...	...	...	...	...	46.1
384	.	...	...	...	...	...	...	...	...	48.4
385	.	...	...	...	...	...	...	...	...	45.9
390	.	...	...	...	...	...	...	...	...	46.6
Canada (b)										
Total										
311-312	38.8	38.9	38.5	37.8	37.8	37.6	37.3	37.6	37.7	37.5
313	40.2	40.0	39.8	39.2	39.4	38.7	38.8	38.7	38.9	38.7
314	36.8	36.6	36.6	36.8	36.6	36.0	36.0	35.9	36.0	36.0
321	40.5	40.7	40.4	39.3	38.9	39.1	39.0	39.3	39.2	39.2
322	36.3	36.4	36.0	35.7	35.4	35.0	34.8	35.0	35.2	35.1
323-324	38.5	38.5	37.9	37.3	36.7	36.7	36.3	37.0	36.8	36.9
324	38.5	38.3	38.0	37.4	36.8	36.7	36.3	37.1	37.1	36.7
331	39.1	39.6	39.2	37.9	38.0	38.1	37.9	38.6	37.7	37.9
332	41.3	41.7	40.6	39.8	39.0	39.2	39.1	39.2	39.2	39.0
341	40.4	40.8	40.4	40.0	39.6	39.7	39.2	39.5	39.6	39.5
342	37.2	37.7	37.2	36.1	35.5	35.7	35.3	35.2	34.9	34.5
351-352	40.2.	40.8	40.8	40.0	39.8	39.5	39.8	39.8	40.1	39.8
353	42.0	42.6	43.4	42.0	41.8	40.9	40.9	40.7	41.4	41.7
354	41.9	42.5	43.2	41.6	41.6	40.8	41.0	41.0	41.8	41.8
355	40.6	40.9	41.0	39.9	39.3	39.7	39.6	39.7	40.1	...
356	40.6	40.1	39.0	38.1	38.3	38.5	38.8	38.9	39.1	38.6
36	42.0	42.2	41.6	40.7	40.4	40.4	40.2	40.6	40.5	40.0
371	39.9	40.2	39.8	40.0	39.7	39.7	39.4	39.9	40.1	39.7
372	41.7	41.7	41.3	40.5	39.6	40.6	40.3	40.6	41.0	39.5
381	40.4	40.8	40.4	39.4	38.9	39.5	39.4	39.5	39.6	39.3
382	40.4	40.5	40.7	39.7	39.3	39.6	39.4	39.1	40.0	39.7
383	39.3	39.7	39.5	39.0	38.8	38.8	38.9	39.1	39.0	39.1
384	39.9	40.8	40.6	39.8	39.3	40.2	40.6	40.5	39.9	39.9
385	41.5	40.6	40.5	39.3	38.9	39.0	39.5	39.2	38.9	38.6
390	41.0	40.5	39.4	38.3	38.4	38.5	38.8	38.8	38.9	38.4

[a] ISIC – CITI – CIIU 1968: See Annex – Voir annexe – Véase anexo.

Explanatory notes and source: see p. 383 – Notes explicatives et source: voir p. 384 – Notas explicativas y fuente: véase p. 386

[1] Employees. [1] Salariés. [1] Asalariados.

12 Hours of work per week in manufacturing
Durée du travail par semaine dans les industries manufacturières
Horas de trabajo por semana en las industrias manufactureras

B By major groups of industry / Par classe d'industrie / Por agrupaciones de industria

(a) Hours actually worked
(b) Hours paid for

(a) Heures réellement effectuées
(b) Heures rémunérées

(a) Horas efectivamente trabajadas
(b) Horas pagadas

Country, unit and scope Pays, unité et portée País, unidad y alcance	1971	1972	1973	1974	1975	1976	1977	1978	1979	1980
Ecuador (a)										
Total										
311-312	51	52	54	58	58	53	56	61	47	...
313	55	53	52	51	52	55	57	59	54	...
314	46	44	45	44	38	43	43	42	...	...
321	45	45	45	46	44	46	45	46	45	...
322,324	43	41	42	45	43	41	41	41	41	...
323	46	42	44	45	44	47	50	48	46	...
331	51	54	56	53	55	52	55	56	52	...
341	48	48	49	45	44	46	48	48	45	...
342	47	47	47	50	49	50	50	48	46	...
351	48	46	46	49	52	52	51	52	54	...
355	44	41	44	39	38	37	38	38	40	...
36	46	52	53	49	49	52	48	54	49	...
381	45	47	46	47	45	47	47	47	47	...
382	42	43	46	50	51	55	46	42	42	...
383	40	37	35	37	39	37	40	37	34	...
384	50	45	46	48	51	52	57	57	63	...
390	47	49	48	47	49	49	52	49	50	...
El Salvador [1] (a)										
Males - Hommes - Hombres										
311-312	52.9	48.5	48.1	53.3	...	...	...	...	...	...
313	56.7	57.8	59.3	57.7	47.1	44.2	44.6	44.8	44.4	...
321	42.6	41.5	45.0	43.3	...	...	...	...	...	...
322,324	45.5	44.4	44.2	43.5	43.8	44.2	44.2	44.8	44.9	...
332	47.7	45.1	43.9	44.9	42.2	44.1	44.4	44.0	44.0	...
34	47.7	49.6	46.8	50.8	44.1	44.1	44.1	44.8	44.2	...
351-352	.	.	.	.	45.1	45.1	44.4	44.9	45.0	...
36	51.1	47.4	49.7	50.0	41.9	44.1	44.0	44.2	44.0	...
371	46.1	46.0	45.8	48.0	31.2	44.3	44.8	44.4	44.0	...
384	43.7	42.7	45.2	43.9	43.9	44.2	44.3	44.2	44.0	...
390	48.8	48.4	47.8	49.5	54.6	43.5	44.5	49.9	44.6	...
Females - Femmes - Mujeres										
311-312	50.8	50.6	50.9	51.6	...	...	...	...	...	...
313	51.4	53.2	47.5	47.4	42.1	43.7	45.0	44.4	44.5	...
321	43.1	40.5	44.4	43.9	...	...	...	...	...	...
322,324	45.0	46.2	44.1	47.5	45.4	44.3	44.1	45.0	44.6	...
34	48.8	53.6	45.8	46.6	42.9	43.1	44.6	44.3	44.7	...
351-352	.	.	.	.	43.6	44.4	44.3	44.3	44.6	...
36	.	.	.	.	43.3	44.1	44.4	44.0	...	...
384	.	.	.	.	43.7	44.0	44.4	44.2	44.0	...
390	46.6	46.7	47.5	54.4	...	43.8	44.5	44.7	44.2	...

(a) ISIC - CITI - CIIU 1968: See Annex - Voir annexe - Véase anexo.

Explanatory notes and source: see p. 383 - Notes explicatives et source: voir p. 384 - Notas explicativas y fuente: véase p. 386

[1] Department of San Salvador.   [1] Département de San Salvador.   [1] Departamento de San Salvador.

12 Hours of work per week in manufacturing
Durée du travail par semaine dans les industries manufacturières
Horas de trabajo por semana en las industrias manufactureras

B By major groups of industry / Par classe d'industrie / Por agrupaciones de industria

(a) Hours actually worked
(b) Hours paid for

(a) Heures réellement effectuées
(b) Heures rémunérées

(a) Horas efectivamente trabajadas
(b) Horas pagadas

Country, unit and scope Pays, unité et portée País, unidad y alcance	1971	1972	1973	1974	1975	1976	1977	1978	1979	1980
Guatemala (a)										
Total										
311-312	.	.	.	56.8	49.0	50.0	50.6	47.9	...	...
313	.	.	.	48.2	46.3	46.4	51.9	51.8	...	...
314	.	.	.	47.9	43.5	47.1	48.7	48.2	...	...
321	.	.	.	46.1	45.6	45.1	45.5	46.0	...	...
322,324	.	.	.	46.4	43.9	43.7	44.4	45.1	...	...
323	.	.	.	45.5	45.9	45.9	44.1	44.8	...	...
331	.	.	.	45.6	44.2	44.1	44.1	43.9	...	...
332	.	.	.	45.5	43.2	42.3	44.3	42.0	...	...
34	.	.	.	50.4	49.6	49.8	52.8	51.1	...	...
351-352,355	.	.	.	.	46.8	45.9	47.2	47.4	...	...
36	.	.	.	52.3	50.4	48.9	48.9	49.0	...	...
37	.	.	.	45.4	45.4	47.8	47.6	50.8	...	...
383	.	.	.	50.6	49.9	50.8	49.4	44.3	...	...
384	.	.	.	47.2	45.5	44.2	46.3	43.5	...	...
Guyana (b)										
Total										
311-312	.	.	.	.	44.6	44.9	44.4	43.4	43.5	...
313	.	.	.	.	44.9	45.5	43.4	43.4	45.6	...
314	.	.	.	.	44.6	44.8	43.2	41.0	44.9	...
322	.	.	.	.	39.1	39.6	36.9	33.8	37.4	...
331	.	.	.	.	49.7	48.7	46.6	46.6	49.9	...
332	.	.	.	.	45.7	49.3	43.4	42.5	42.7	...
342	.	.	.	.	48.7	47.4	48.0	42.4	38.7	...
384	.	.	.	.	.	.	50.0	60.2	...	...
México [1] (a)										
Total										
311-312	45.5	47.8	51.2	46.4	46.2	47.0	46.7	47.3	46.6	...
313	39.6	38.6	39.2	39.5	36.6	46.4	42.0	46.9	43.8	...
314	42.4	40.6	39.1	40.0	46.3	46.6	46.4	47.2	47.0	...
321	45.1	46.0	45.4	45.7	45.4	45.3	45.9	46.1	45.9	...
322	46.0	45.8	45.3	45.6	45.2	45.3	45.6	45.2	46.1	...
323	45.5	45.6	44.7	46.1	47.1	45.2	45.2	48.1	44.6	...
324	46.8	47.2	47.6	47.3	40.4	47.6	41.1	44.4	45.7	...
331	46.9	46.0	45.0	45.0	44.8	44.9	46.7	47.1	46.8	...
332	44.5	45.8	45.5	44.9	44.6	45.8	46.2	46.1	46.3	...
341	46.6	47.7	48.2	47.0	47.2	47.8	46.8	48.1	48.9	...
342	45.6	46.5	46.5	46.4	45.9	45.4	...	46.2	47.0	...
351	45.4	45.7	46.3	44.9	45.1	44.3	44.9	44.7	45.8	...
352	45.3	45.3	44.1	46.6	45.9	45.7	45.6	45.5	45.6	...
353	37.8	45.0	44.4	44.0	43.1	44.0	38.1	37.9	36.7	...
355	44.8	46.1	45.6	46.2	43.6	42.7	42.5	45.5	45.5	...
361	46.0	47.9	47.7	47.3	46.6	47.1	47.1	47.5	48.0	...
362	45.2	46.8	47.4	47.6	47.3	47.1	46.9	44.1	47.7	...
369	48.0	47.5	48.3	46.4	47.8	47.1	47.3	49.5	49.5	...
371	46.7	43.0	43.9	43.9	43.1	44.7	45.1	48.5	46.4	...
372	44.6	45.7	47.0	47.7	50.2	47.7	46.3	50.1	48.6	...
384	44.8	46.7	46.5	46.6	45.8	44.5	44.3	46.6	45.8	...
390	30.0	32.6	27.6	27.3	48.6	...	48.2	46.1	51.7	...

[a] ISIC - CITI - CIIU 1968: See Annex - Voir annexe - Véase anexo.

Explanatory notes and source: see p. 383 - Notes explicatives et source: voir p. 384 - Notas explicativas y fuente: véase p. 386

[1] ∅: Oct. of each year. [1] ∅: oct. de chaque année. [1] ∅: oct. de cada año.

12 Hours of work per week in manufacturing
Durée du travail par semaine dans les industries manufacturières
Horas de trabajo por semana en las industrias manufactureras

B By major groups of industry / Par classe d'industrie / Por agrupaciones de industria

(a) Hours actually worked (b) Hours paid for

(a) Heures réellement effectuées (b) Heures rémunérées

(a) Horas efectivamente trabajadas (b) Horas pagadas

Country, unit and scope Pays, unité et portée País, unidad y alcance	1971	1972	1973	1974	1975	1976	1977	1978	1979	1980
Panamá (a)										
Total										
311-312	46.9	45.6	45.3	46.7	46.1	46.4	48.2	...	...	...
313	45.2	47.4	48.2	47.8	47.5	48.9	48.5	...	...	...
314	38.3	40.6	40.7	39.6	36.6	44.4	38.9	...	...	...
321	45.9	42.5	47.2	42.7	45.0	46.3	44.5	...	...	...
322	38.6	40.0	40.8	41.2	41.3	40.8	41.0	...	...	...
323	46.7	44.7	45.2	44.5	42.7	46.6	47.6	...	...	...
324	41.8	44.8	45.3	43.5	45.0	44.7	43.9	...	...	...
331	46.4	45.0	46.6	47.7	47.9	43.5	45.4	...	...	...
332	45.4	46.4	44.6	45.6	44.7	42.6	44.2	...	...	...
341	43.5	46.1	43.4	45.9	46.9	47.0	46.3	...	...	...
342	47.3	50.8	49.8	47.4	48.4	49.0	46.4	...	...	...
351	49.4	45.1	46.8	47.1	45.8	48.0	52.3	...	...	...
352	46.1	46.6	44.6	44.1	44.7	44.5	46.2	...	...	...
353-354,372,390	43.8	45.6	52.9	48.6	48.3	49.8	39.5	...	...	...
355	43.6	46.3	45.7	44.8	47.3	45.2	45.5	...	...	...
356	43.9	44.3	44.6	49.3	44.0	47.0	53.7	...	...	...
362	45.4	46.8	44.0	46.0	46.6	47.4	40.4	...	...	...
369	47.3	49.4	47.2	46.8	48.4	51.1	49.9	...	...	...
371	48.8	47.9	43.3	47.5	46.5	44.9	44.4	...	...	...
381	43.5	42.8	39.3	44.8	45.7	45.5	44.9	...	...	...
382	47.2	47.4	46.6	46.5	44.8	49.5	44.3	...	...	...
383	42.8	43.8	43.3	42.4	44.5	41.8	41.3	...	...	...
384	43.1	46.7	42.3	44.2	46.6	51.1	41.6	...	...	...
385	46.0	43.2	42.8	43.8	39.9	43.8	46.0	...	...	...
Puerto Rico (b) [1]										
Total										
311-313	36.4	37.3	39.1	37.6	35.3	37.4	37.6	39.1	37.8	37.0
314	37.4	38.2	37.7	38.5	39.9	39.8	38.3	37.6	37.4	38.4
321	37.7	37.8	37.0	36.7	38.2	33.3	36.5	36.8	38.3	34.3
322	35.2	35.1	34.6	34.5	35.8	35.1	35.4	33.5	35.8	35.1
323	37.3	38.9	37.5	36.8	38.2	36.8	36.6	37.0	37.4	37.6
324	34.0	36.1	37.2	36.2	37.3	37.0	36.5	34.8	37.6	37.7
33	35.2	37.0	37.0	37.3	35.3	35.5	36.3	35.1	36.0	35.2
341	38.7	39.5	39.4	40.4	38.5	39.4	39.7	40.7	39.5	36.8
342	39.0	40.1	40.3	38.8	40.6	39.0	40.1	40.1	39.8	38.9
351-352	40.5	40.8	40.1	40.8	41.6	41.4	42.4	42.1	42.0	41.6
353-354	38.5	42.5	41.1	38.8	40.9	38.9	41.1	40.1	40.4	40.8
355-356	36.8	36.4	37.1	38.2	35.5	37.8	38.1	38.6	38.5	37.5
361	42.6	43.4	42.1	46.1	41.6	42.0	45.3	46.4	46.3	40.1
362	38.2	38.7	40.9	40.9	38.7	39.3	39.8	40.9	38.4	40.2
369	37.7	38.5	37.9	38.7	38.1	36.5	39.1	38.6	37.7	38.2
381	38.6	38.8	39.2	38.3	38.1	38.2	38.1	39.0	38.7	38.9
382	39.4	42.0	38.1	39.5	40.3	42.2	39.1	40.4	42.0	41.2
383	39.1	40.2	40.0	38.5	38.2	39.0	39.1	40.2	39.9	39.5
384	33.9	36.8	40.5	38.6	36.9	35.9	36.3	33.1	36.4	38.9
385	39.0	39.0	38.5	38.7	39.5	39.4	40.0	38.9	40.2	39.5
390	36.9	36.3	38.2	36.5	39.7	38.2	38.4	40.0	40.2	38.0

[a] ISIC - CITI - CIIU 1968: See Annex - Voir annexe - Véase anexo.

Explanatory notes and source: see p. 383 - Notes explicatives et source: voir p. 384 - Notas explicativas y fuente: véase p. 386

[1] Ø: Oct. of each year. [1] Ø: oct. de chaque année. [1] Ø: oct. de cada año.

12 Hours of work per week in manufacturing
Durée du travail par semaine dans les industries manufacturières
Horas de trabajo por semana en las industrias manufactureras

B By major groups of industry / Par classe d'industrie / Por agrupaciones de industria

(a) Hours actually worked
(b) Hours paid for

(a) Heures réellement effectuées
(b) Heures rémunérées

(a) Horas efectivamente trabajadas
(b) Horas pagadas

Country, unit and scope Pays, unité et portée País, unidad y alcance	1971	1972	1973	1974	1975	1976	1977	1978	1979	1980
United States (b)										
Total										
311-313	40.3	40.5	40.4	40.4	40.3	40.5	40.0	39.7	39.9	39.7
313	40.3	40.2	40.3	40.4	40.1	40.2	40.6	40.4	40.4	40.9
314	37.8	37.6	38.6	38.3	38.2	37.5	37.8	38.1	38.0	38.1
321	40.6	41.3	40.9	39.5	39.3	40.1	40.4	40.4	40.4	40.0
322	35.6	36.0	35.9	35.2	35.2	35.8	35.6	35.6	35.3	35.4
323-324	37.7	38.3	37.8	36.9	37.1	37.4	36.9	37.1	36.5	36.7
324	37.5	38.4	37.9	36.7	36.8	37.3	36.6	36.9	36.2	36.5
331	39.8	40.4	39.9	39.2	38.7	39.9	39.8	39.8	39.4	38.6
332	39.8	40.2	40.0	39.1	38.0	38.8	39.0	39.3	38.7	38.1
341	42.1	42.8	42.9	42.2	41.6	42.5	42.9	42.9	42.6	42.3
342	37.5	37.7	37.7	37.5	36.9	37.5	37.7	37.6	37.5	37.1
351-352	41.6	41.7	41.8	41.5	41.0	41.6	41.7	41.9	41.9	41.5
353	42.0	42.1	41.6	41.2	40.7	41.8	42.4	43.1	43.6	41.6
353-354	42.8	42.7	42.4	42.1	41.2	42.1	42.7	43.6	43.8	41.8
355-356	40.3	41.1	41.1	40.5	39.9	40.7	41.0	40.9	40.5	40.1
36	41.6	42.1	41.9	41.3	40.4	41.1	41.3	41.6	41.5	40.8
361	38.9	39.9	39.7	39.3	38.5	39.1	39.1	39.3	39.1	39.0
37	40.1	41.4	42.3	41.6	40.0	40.8	41.3	41.8	41.4	40.1
381	40.4	41.2	41.6	40.8	40.1	40.8	41.0	41.0	40.7	40.4
382	40.6	42.1	42.8	42.1	40.8	41.2	41.5	42.1	41.8	41.1
383	39.9	40.4	40.4	39.7	39.5	40.0	40.4	40.3	40.3	39.8
384	40.7	41.7	42.1	40.5	40.4	41.7	42.5	42.2	41.1	40.6
385	39.8	40.6	40.9	40.4	39.5	40.3	40.6	40.9	40.8	40.5
390	38.9	39.5	39.0	38.7	38.5	38.8	38.8	38.8	38.8	38.7
Venezuela (a)										
Total										
311-312	43.0	41.3	41.2	43.6	40.7	42.2	41.3	...	...	...
313	43.2	42.8	44.2	44.7	44.9	44.7	43.9	...	...	...
314	42.6	42.3	41.4	44.5	39.4	40.5	41.2	...	...	...
321-322	45.7	42.5	43.6	44.9	44.7	44.6	43.3	...	...	...
324	43.1	41.9	44.9	43.8	42.9	42.9	43.3	...	...	...
331	43.7	43.6	44.3	45.7	46.3	43.7	44.1	...	...	...
341	43.9	45.9	46.4	47.1	44.2	44.4	45.1	...	...	...
342	42.0	43.6	43.6	44.3	42.3	41.2	42.5	...	...	...
351-352	40.8	42.8	44.1	45.9	41.7	38.4	44.1	...	...	...
355	42.1	44.4	44.3	45.5	41.7	42.4	42.8	...	...	...
371	44.5	45.3	43.7	44.4	42.0	40.8	42.6	...	...	...
381	44.5	44.7	44.0	45.3	43.0	40.3	42.1	...	...	...
384	40.3	40.8	41.0	43.5	41.9	37.7	38.3	...	...	...

12 Hours of work per week in manufacturing
Durée du travail par semaine dans les industries manufacturières
Horas de trabajo por semana en las industrias manufactureras

B By major groups of industry
Par classe d'industrie
Por agrupaciones de industria

(a) Hours actually worked
(b) Hours paid for

(a) Heures réellement effectuées
(b) Heures rémunérées

(a) Horas efectivamente trabajadas
(b) Horas pagadas

Country, unit and scope Pays, unité et portée País, unidad y alcance	1971	1972	1973	1974	1975	1976	1977	1978	1979	1980
ASIA - ASIE - ASIA										
Burma [1] (a) [2]										
Total [3]										
311-312	7.8	7.6	7.8	7.8	7.8	7.9	7.7	7.5	7.8	...
313	7.1	7.7	7.7	7.7	7.7	8.0	7.4	7.8	8.0	...
314	7.6	7.4	7.6	7.6	7.6	7.4	7.6	7.7	7.5	...
321	7.5	7.2	7.6	7.7	7.6	7.5	7.3	7.6	7.8	...
322,324	7.4	7.3	7.9	7.0	7.0	7.0	8.0	8.0	8.0	...
323	7.3	7.4	7.0	7.7	8.0	8.0	8.0	8.0	...	...
331	7.5	7.5	7.5	7.5	7.6	7.5	7.5	7.6	7.5	...
342	7.4	7.8	7.7	7.6	7.3	7.4	7.3	7.5	7.5	...
351	.	.	.	.	.	.	.	.	8.0	...
352	7.5	7.7	6.6	7.9	7.9	8.0	8.0	8.0	7.8	...
355	7.4	7.7	7.4	7.3	7.2	7.0	7.2	7.4	7.9	...
361	.	.	.	.	.	.	.	.	8.0	...
362	.	7.8	7.5	7.5	7.2	7.6	7.7	7.3	7.5	...
369	.	8.0	8.0	8.0	...	8.0	8.0	8.0	8.0	...
381	7.7	7.1	7.1	7.8	7.3	7.0	7.2	7.4	7.3	...
384	7.9	7.9	7.5	7.9	8.0	8.0	8.0	8.0	8.0	...
Cyprus [4] (b)										
Total [5]										
311-312	.	.	.	44	43	45	45	42	43	40
313	.	.	.	45	49	49	47	50	47	44
314	.	.	.	41	39	44	43	44	44	41
321	.	.	.	42	43	44	44	42	42	41
322	.	.	.	41	43	43	43	42	40	39
323	.	.	.	41	42	44	41	40	40	39
324	.	.	.	40	41	43	42	42	42	41
331	.	.	.	46	41	45	42	42	42	42
332	.	.	.	40	42	43	44	43	42	41
341	.	.	.	32	42	43	48	47	43	41
342	.	.	.	42	38	44	45	46	47	42
351	.	.	.	45	43	44	44	44	43	43
352	.	.	.	.	.	47	44	46	42	42
355	.	.	.	41	41	41	41	41	39	41
356	.	.	.	.	.	42	46	45	45	41
369	.	.	.	43	45	45	46	46	45	45
381	.	.	.	41	44	44	45	45	44	40
382	.	.	.	40	41	43	45	45	41	41
383	.	.	.	43	43	44	55	42	42	43
384	.	.	.	46	44	41	44	44	40	40
390	.	.	.	44	43	43	42	42	42	42

(a) ISIC - CITI - CIIU 1968: See Annex - Voir annexe - Véase anexo.

Explanatory notes and source: see p. 383 - Notes explicatives et source: voir p. 384 - Notas explicativas y fuente: véase p. 386

[1] ∅: March and Sep. of each year. [2] Per day. [3] Workers engaged for less than 30 days (excl. casual workers). [4] ∅: Oct. of each year. [5] Adults.

[1] ∅: mars et sept. de chaque année. [2] Par jour. [3] Travailleurs engagés pour moins de 30 jours (non compris les travailleurs occasionnels). [4] ∅: oct. de chaque année. [5] Adultes.

[1] ∅: marzo y sept. de cada año. [2] Por día. [3] Trabajadores ocupados durante menos de 30 días (excl. los trabajadores ocasionales). [4] ∅: oct. de cada año. [5] Adultos.

12 Hours of work per week in manufacturing
Durée du travail par semaine dans les industries manufacturières
Horas de trabajo por semana en las industrias manufactureras

B By major groups of industry / Par classe d'industrie / Por agrupaciones de industria

(a) Hours actually worked
(b) Hours paid for

(a) Heures réellement effectuées
(b) Heures rémunérées

(a) Horas efectivamente trabajadas
(b) Horas pagadas

Country, unit and scope / Pays, unité et portée / País, unidad y alcance	1971	1972	1973	1974	1975	1976	1977	1978	1979	1980
Israel (a)										
Total [1]										
31	.	42.2	39.0	39.7	40.8	40.0	39.0	38.7	39.9	39.7
321	.	43.6	40.1	40.2	41.3	39.8	39.5	40.1	39.5	37.3
322	.	41.9	40.0	39.2	40.0	38.6	37.4	36.6	37.4	35.7
323-324	.	42.7	36.3	38.0	38.6	40.3	37.7	40.0	36.8	36.2
33	.	43.1	38.2	39.1	40.4	41.1	38.0	38.2	39.9	39.2
341	.	43.9	41.5	41.3	40.3	42.2	40.3	34.1	42.1	38.7
342	.	39.6	38.4	40.1	38.2	38.5	37.4	37.9	36.9	34.8
351-354	.	43.2	38.6	39.4	40.0	39.7	38.2	36.9	38.9	39.3
355-356	.	41.7	38.3	38.2	40.5	41.5	38.9	38.6	39.5	38.6
36	.	44.0	40.4	39.6	39.1	41.2	39.8	38.8	38.8	39.9
37	.	44.8	39.4	39.0	38.9	39.8	39.1	36.6	41.9	36.8
381	.	42.7	39.4	39.8	38.7	40.8	38.8	37.8	39.7	38.7
382	.	44.3	39.9	40.2	39.7	39.4	41.7	38.0	39.3	39.1
383	.	43.2	38.8	39.9	40.6	40.4	39.9	38.7	40.5	39.4
384	.	43.6	40.7	41.8	40.8	41.3	39.0	37.1	39.3	38.4
3901	.	43.0	38.4	38.9	39.7	39.7	39.2	38.2	38.5	37.1
3909	.	40.9	37.8	39.4	37.2	39.9	36.1	35.1	36.9	36.0
Japan (a)										
Total [1]										
31	42.2	41.9	I 41.4 [2]	40.4	40.5	I 40.8 [2]	40.8	41.0	I 41.0 [3]	40.8
321	43.4	43.2	I 42.4 [2]	40.1	39.8	I 40.6 [2]	40.1	40.8	I 41.4 [3]	41.3
322	42.2	41.8	I 41.2 [2]	39.7	40.0	I 40.6 [2]	40.6	41.2	I 41.1 [3]	40.8
323-324	42.5	42.4	I 42.8 [2]	41.0	40.3	I 40.9 [2]	40.9	41.4	I 41.1 [3]	41.0
331	43.8	44.2	I 43.9 [2]	41.9	40.2	I 42.4 [2]	42.5	43.4	I 43.7 [3]	43.5
332	43.9	44.0	I 43.1 [2]	40.9	41.3	I 42.1 [2]	42.2	42.7	I 43.3 [3]	42.4
341	42.7	42.1	I 41.8 [2]	39.5	38.4	I 40.1 [2]	40.0	40.4	I 41.2 [3]	40.8
342	44.8	44.4	I 43.6 [2]	41.7	41.6	I 42.0 [2]	42.2	42.4	I 42.7 [3]	42.6
351-352	40.4	39.7	I 39.1 [2]	37.9	36.9	I 37.5 [2]	37.6	37.8	I 38.0 [3]	38.1
353-354	42.5	41.4	I 41.2 [2]	40.6	39.5	I 39.4 [2]	39.5	39.5	I 39.6 [3]	39.7
355	41.1	40.8	I 40.8 [2]	38.5	37.4	I 38.5 [2]	38.8	39.2	I 40.0 [3]	40.3
36	43.1	43.0	I 43.1 [2]	41.1	39.2	I 40.3 [2]	40.6	41.3	I 41.4 [3]	41.3
371	42.7	42.2	I 42.6 [2]	41.0	37.7	I 38.7 [2]	38.9	38.9	I 39.9 [3]	40.3
372	43.3	43.0	I 42.8 [2]	39.7	37.2	I 39.8 [2]	39.6	40.4	I 41.0 [3]	40.9
381	44.1	43.7	I 43.2 [2]	40.5	39.0	I 41.2 [2]	41.4	41.6	I 42.5 [3]	42.5
382	43.2	42.8	I 43.0 [2]	40.7	38.1	I 40.3 [2]	40.9	40.9	I 41.5 [3]	41.8
383	40.6	41.0	I 40.8 [2]	38.3	37.6	I 39.9 [2]	39.7	40.3	I 40.9 [3]	40.9
384	43.6	43.3	I 43.5 [2]	40.9	39.1	I 40.6 [2]	41.2	40.9	I 41.7 [3]	42.7
385	41.0	40.5	I 40.1 [2]	38.7	37.5	I 39.1 [2]	39.2	39.1	I 39.8 [3]	40.0
390	42.9	42.7	I 41.8 [2]	39.6	39.4	I 40.3 [2]	40.2	40.6	I 40.8 [3]	40.6

(a) ISIC - CITI - CIIU 1968: See Annex - Voir annexe - Véase anexo.

Explanatory notes and source: see p. 383 - Notes explicatives et source: voir p. 384 - Notas explicativas y fuente: véase p. 386

[1] Employees. [2] Sample design revised. [3] Beginning April 1979: sample design revised.

[1] Salariés. [2] Plan d'échantillonnage révisé. [3] A partir d'avril 1979: plan d'échantillonnage révisé.

[1] Asalariados. [2] Diseño de la muestra revisado. [3] A partir de abril 1979: diseño de la muestra revisado.

12 Hours of work per week in manufacturing
Durée du travail par semaine dans les industries manufacturières
Horas de trabajo por semana en las industrias manufactureras

B By major groups of industry / Par classe d'industrie / Por agrupaciones de industria

(a) Hours actually worked
(b) Hours paid for

(a) Heures réellement effectuées
(b) Heures rémunérées

(a) Horas efectivamente trabajadas
(b) Horas pagadas

Country, unit and scope Pays, unité et portée País, unidad y alcance	1971	1972	1973	1974	1975	1976	1977	1978	1979	1980
Korea, Republic of (a)										
Total [1]										
311-312	52.3	51.3	51.6	48.2	47.3	51.0	53.3	53.3	52.6	52.5
313	51.5	50.1	51.1	50.5	49.7	48.9	52.5	52.7	52.9	52.8
321	52.0	51.7	53.0	49.8	51.1	53.1	53.0	52.7	52.3	55.2
322	.	.	.	.	.	.	.	.	.	55.9
322,324	54.3	55.3	54.6	49.8	52.9	54.9	55.4	55.0	54.1	54.6
323	50.2	52.7	49.9	49.1	48.8	50.0	52.6	51.8	50.6	54.1
324	.	.	.	.	.	.	.	.	.	53.2
331	58.8	55.0	59.3	53.6	56.2	55.1	58.7	59.0	55.9	55.0
332	51.6	51.0	50.1	50.0	48.0	48.3	51.3	53.0	53.2	52.3
341	51.2	52.6	51.8	48.7	49.5	51.9	53.9	53.6	53.3	54.6
342	52.6	49.9	48.4	49.0	47.9	50.7	51.3	50.2	50.4	51.5
351	50.8	50.5	50.0	49.5	50.5	50.3	51.3	51.6	53.4	50.8
352	52.7	49.4	48.8	48.6	47.7	49.0	49.2	49.8	48.4	49.2
353	52.7	49.5	46.7	45.6	45.5	46.9	46.4	47.0	46.4	47.3
354	52.1	53.6	46.9	49.0	49.3	53.3	54.7	43.5	42.7	55.4
355	53.9	52.7	52.8	51.6	55.8	58.6	55.7	57.8	56.2	55.4
356	52.7	56.3	53.0	50.7	53.6	53.7	53.3	52.7	52.1	54.0
361	.	.	50.3	47.8	48.1	50.5	51.7	50.4	52.1	54.9
362	.	.	51.3	50.6	48.8	51.6	50.1	48.9	47.3	55.0
369	.	.	50.9	49.6	49.9	51.5	53.9	54.1	52.2	53.6
371	.	.	54.4	51.8	50.7	52.9	53.4	54.0	53.4	55.1
372	.	.	53.4	48.0	48.6	50.9	55.5	53.3	54.4	49.3
381	52.7	50.8	52.2	51.7	51.4	54.1	53.6	52.9	51.3	51.9
382	51.9	49.8	51.7	50.7	50.2	53.2	54.0	54.2	50.7	50.9
383	51.0	49.4	49.4	47.6	46.9	48.9	48.2	49.2	48.9	50.2
384	51.4	52.5	49.2	50.3	49.1	52.3	53.0	54.0	52.9	50.7
385	.	.	48.9	47.7	47.5	52.0	50.2	49.5	47.4	49.4
390	49.1	48.7	49.9	49.5	50.2	52.2	52.8	51.0	50.4	51.3
Singapore [2] (a)										
Total										
31	.	.	.	46.5 [3]	47.0	46.5	46.7	48.0	48.8	48.2
321	.	.	.	46.0 [3]	46.3	47.2	47.8	47.8	47.1	46.9
322-324	.	.	.	46.7 [3]	47.2	46.7	48.5	48.0	47.7	48.0
33	.	.	.	46.2 [3]	49.5	48.0	49.7	49.8	50.6	48.6
34	.	.	.	49.1 [3]	51.7	49.8	50.0	51.2	50.5	50.8
351-356	.	.	.	45.9 [3]	45.5	46.6	46.9	47.3	46.3	47.2
36	.	.	.	50.4 [3]	48.6	48.4	46.4	51.9	50.0	51.1
37	.	.	.	48.9 [3]	50.6	50.1	50.4	51.8	53.2	52.9
381	.	.	.	47.8 [3]	48.0	47.4	47.5	48.2	46.7	48.3
382	.	.	.	50.5 [3]	50.4	49.5	50.4	49.7	49.5	49.8
383	.	.	.	44.9 [3]	45.0	46.9	46.8	47.2	46.4	46.6
384	.	.	.	57.0 [3]	55.8	56.2	56.5	56.7	56.7	56.2
385	.	.	.	47.4 [3]	45.3	46.0	46.1	48.1	48.6	48.6
390	.	.	.	46.1 [3]	46.4	45.7	45.6	46.1	47.9	47.7

(a) ISIC – CITI – CIIU 1968: See Annex – Voir annexe – Véase anexo.

Explanatory notes and source: see p. 383 – Notes explicatives et source: voir p. 384 – Notas explicativas y fuente: véase p. 386

[1] Employees. [2] ∅: Aug. of each year. [3] July.

[1] Salariés. [2] ∅: août de chaque année. [3] Juillet.

[1] Asalariados. [2] ∅: agosto de cada año. [3] Julio.

12 Hours of work per week in manufacturing
Durée du travail par semaine dans les industries manufacturières
Horas de trabajo por semana en las industrias manufactureras

B By major groups of industry / Par classe d'industrie / Por agrupaciones de industria

(a) Hours actually worked
(b) Hours paid for

(a) Heures réellement effectuées
(b) Heures rémunérées

(a) Horas efectivamente trabajadas
(b) Horas pagadas

Country, unit and scope / Pays, unité et portée / País, unidad y alcance	1971	1972	1973	1974	1975	1976	1977	1978	1979	1980
République arabe syrienne [1] (a)										
Total [2]										
311-312	49.4	52.5	I 49.2 [3]	45.1	44.1	47.1	49.1	...	...	...
313	48.8	53.1	I 73.5 [3]	59.3	55.2	56.9	55.3	...	...	...
314	36.8	39.1	I 39.9 [3]	41.6	40.2	39.6	43.8	...	...	...
321	43.2	46.7	I 48.7 [3]	44.0	43.1	47.5	46.1	...	...	...
322	49.0	44.2	I 45.2 [3]	50.3	48.9	47.7	48.6	...	...	...
323	41.2	42.7	I 42.2 [3]	41.9	45.2	45.9	42.3	...	...	...
331	43.5	41.0	I 42.0 [3]	54.0	46.5	49.2	46.9	...	...	...
341	47.4	45.6	I 44.4 [3]	47.7	48.1	46.7	51.2	...	...	...
342	40.2	46.7	I 41.2 [3]	50.2	...	52.9	53.2	...	...	...
351	.	.	48.9	47.8	49.7	48.5	55.5	...	...	...
352	.	.	51.0	48.2	45.0	45.4	44.5	...	...	...
353	41.1	40.1	I 39.1 [3]	44.6	43.9	43.6	41.6	...	...	...
354	37.5	40.1	I 43.9 [3]	44.0	40.4	43.7	46.5	...	...	...
355	45.8	45.7	I 53.7 [3]	50.8	46.0	49.7	46.9	...	...	...
356	42.2	47.5	I 48.8 [3]	44.1	42.2	43.5	45.8	...	...	...
361	46.7	44.4	I 42.3 [3]	42.0	41.3	43.4	45.0	...	...	...
362	42.5	42.5	I 38.7 [3]	39.8	36.7	40.6	40.6	...	...	...
369	47.4	49.2	I 47.1 [3]	48.0	44.2	49.0	53.2	...	...	...
371	43.0	46.3	I 46.5 [3]	48.0	45.6	45.9	46.6	...	...	...
381	44.2	48.7	I 44.1 [3]	43.9	45.7	47.1	47.1	...	...	...
382	38.7	43.6	I 45.0 [3]	45.0	...	55.4	55.4	...	...	...
383	36.5	40.6	I 40.5 [3]	45.3	44.1	48.4	48.4	...	...	...

(a) ISIC - CITI - CIIU 1968: See Annex - Voir annexe - Véase anexo.

Explanatory notes and source: see p. 383 - Notes explicatives et source: voir p. 384 - Notas explicativas y fuente: véase p. 386

[1] ∅: May of each year. [2] Adults. [3] Prior to 1973: Nov. of each year.

[1] ∅: mai de chaque année. [2] Adultes. [3] Avant 1973: nov. de chaque année.

[1] ∅: mayo de cada año. [2] Adultos. [3] Antes de 1973: nov. de cada año.

12 Hours of work per week in manufacturing
Durée du travail par semaine dans les industries manufacturières
Horas de trabajo por semana en las industrias manufactureras

B By major groups of industry / Par classe d'industrie / Por agrupaciones de industria

(a) Hours actually worked
(b) Hours paid for

(a) Heures réellement effectuées
(b) Heures rémunérées

(a) Horas efectivamente trabajadas
(b) Horas pagadas

Country, unit and scope Pays, unité et portée País, unidad y alcance	1971	1972	1973	1974	1975	1976	1977	1978	1979	1980
EUROPE – EUROPE – EUROPA										
Austria (a)										
Total										
31	38.2	38.0	37.9	38.0	36.4	36.3	35.8	37.1	36.6	...
321	36.2	35.6	35.1	35.2	33.5	34.0	33.8	34.5	34.9	...
322	35.9	34.4	33.9	34.3	32.9	33.7	32.6	33.5	33.5	...
323	39.0	38.1	37.3	37.4	34.3	34.5	34.8	34.5	36.4	...
323-324	39.1	35.8	34.9	34.1	32.3	33.0	33.1	33.9	34.9	...
33	38.7	38.0	37.5	37.3	35.6	36.0	35.4	36.2	36.7	...
3411	37.5	37.8	38.1	37.3	34.0	35.0	34.4	35.4	35.8	...
3412	38.0	36.8	36.2	36.6	34.4	35.7	35.1	35.9	36.1	...
351-352,354-356	36.2	35.5	35.2	35.2	33.5	34.0	34.0	34.5	34.8	...
353	36.8	35.7	35.3	35.0	34.3	34.3	33.4	35.0	35.1	...
361,369	40.0	39.3	38.8	38.9	36.2	36.2	36.0	37.1	36.8	...
362	37.3	36.5	35.9	36.3	33.3	35.1	35.0	36.1	36.2	...
371	36.6	36.0	36.2	36.3	32.8	33.7	32.8	37.9	35.3	...
372	37.1	36.6	36.8	36.6	33.4	34.4	33.3	35.0	35.0	...
381,385	36.8	36.1	35.9	35.7	33.4	34.0	33.7	34.8	34.9	...
382,384 [1]	38.1	37.1	36.7	36.4	34.4	34.4	33.9	35.4	35.7	...
383	36.0	35.2	34.8	34.8	32.8	33.7	33.3	34.9	34.5	...
3843 [2]	35.6	34.8	34.7	34.5	32.9	33.4	33.1	33.8	34.5	...
Belgique [3] (a)										
Total										
311-312	40.3	▌39.2 [4]	38.7	36.8	36.5	36.4	35.7	35.9	36.0	...
313	40.5	▌38.9 [4]	39.1	36.9	37.1	36.0	35.4	35.3	36.4	...
314	38.7	▌37.5 [4]	37.0	37.3	35.7	35.7	34.7	35.8	35.9	...
321	39.3	▌38.0 [4]	36.2	34.3	32.7	34.2	32.7	32.7	34.0	...
322	39.6	▌38.3 [4]	36.1	35.6	33.9	34.2	33.8	34.2	34.3	...
323	39.8	▌38.6 [4]	37.4	36.5	35.4	36.7	35.9	34.1	34.0	...
324	38.5	▌36.2 [4]	35.8	32.4	28.9	25.3	31.3	33.2	32.2	...
331	42.1	▌40.7 [4]	39.9	36.9	36.4	36.9	36.7	36.1	36.5	...
332	40.5	▌40.4 [4]	39.8	38.4	35.8	37.1	35.8	35.1	34.3	...
341	40.2	▌38.9 [4]	38.3	37.1	34.0	36.6	36.0	36.7	36.0	...
342	39.7	▌38.7 [4]	38.0	37.5	35.7	37.4	36.8	36.8	35.8	...
353	38.9	▌36.4 [4]	38.7	38.8	34.5	35.5	35.1	35.2	33.8	...
355	40.9	▌39.3 [4]	38.4	37.7	35.2	37.4	36.4	35.8	36.7	...
361	40.5	▌39.4 [4]	38.3	37.7	32.9	31.4	35.2	36.1	35.5	...
362	38.3	▌39.6 [4]	38.7	36.3	33.8	36.4	34.8	35.4	36.1	...
369	39.9	▌37.6 [4]	36.3	35.8	35.4	36.8	37.0	36.2	35.1	...
372	40.4	▌38.9 [4]	38.4	37.4	34.2	37.0	36.0	35.9	36.0	...
381	39.6	▌38.3 [4]	36.7	37.3	35.1	35.6	34.7	34.7	35.6	...
382	40.2	▌38.6 [4]	38.1	37.5	34.7	35.8	35.3	34.6	35.6	...
383	38.8	▌38.9 [4]	36.6	36.3	34.8	35.1	34.1	34.6	34.7	...
384	39.4	▌38.6 [4]	38.3	37.5	35.7	37.6	34.9	36.3	36.4	...
385	.	38.6	37.2	38.0	35.3	36.1	36.8	36.7	35.9	...
390	.	39.3	38.4	37.4	35.8	36.8	35.3	36.1	35.2	...

[a] ISIC – CITI – CIIU 1968: See Annex – Voir annexe – Véase anexo.

Explanatory notes and source: see p. 383 – Notes explicatives et source: voir p. 384 – Notas explicativas y fuente: véase p. 386

[1] Excl. motor vehicles. [2] Manufacture of motor vehicles. [3] ∅: Oct. of each year. [4] New industrial classification.

[1] Non compris les véhicules automobiles. [2] Construction de véhicules automobiles. [3] ∅: oct. de chaque année. [4] Nouvelle classification industrielle.

[1] Excl. los vehículos automóviles. [2] Fabricación de vehículos automóviles. [3] ∅: oct. de cada año. [4] Nueva clasificación industrial.

12 Hours of work per week in manufacturing
Durée du travail par semaine dans les industries manufacturières
Horas de trabajo por semana en las industrias manufactureras

B By major groups of industry / Par classe d'industrie / Por agrupaciones de industria

(a) Hours actually worked (a) Heures réellement effectuées (a) Horas efectivamente trabajadas
(b) Hours paid for (b) Heures rémunérées (b) Horas pagadas

Country, unit and scope Pays, unité et portée País, unidad y alcance	1971	1972	1973	1974	1975	1976	1977	1978	1979	1980
Czechoslovakia [1] (a)										
Total										
311-312	46.1	46.3	46.1	46.5	46.2	45.5	46.0	45.8	45.8	45.7
313	45.6	45.6	45.4	45.2	45.1	45.1	45.2	45.1	45.2	45.1
314	43.2	42.8	43.0	43.2	42.8	42.8	42.9	42.8	42.5	42.3
321	41.9	41.7	41.7	41.6	41.4	41.3	41.3	41.1	41.3	41.0
322	40.8	40.7	40.6	40.9	40.8	40.7	40.7	40.5	40.5	40.3
323	42.2	42.0	42.0	41.9	41.7	41.7	41.6	41.3	41.4	41.2
324	41.5	41.5	41.5	41.9	42.2	42.2	41.8	41.6	41.7	41.3
331	43.8	43.6	43.6	43.6	43.5	43.8	43.9	43.8	43.9	43.9
332	43.2	43.4	43.0	43.0	42.9	43.0	43.1	43.1	43.3	43.2
341	44.2	44.2	43.9	43.9	43.9	43.9	43.8	44.0	44.1	44.0
342	43.2	43.1	43.4	43.2	43.0	43.0	42.9	42.8	42.8	42.8
351	43.3	43.2	43.0	43.9	42.9	42.9	43.0	42.6	43.1	42.9
352	42.9	43.0	42.7	42.7	42.8	42.1	42.2	42.2	42.2	42.2
353	43.1	42.8	42.8	42.7	42.7	42.7	42.8	42.9	43.0	43.1
354	43.7	43.8	43.5	43.6	43.4	43.6	43.7	43.7	44.0	44.1
355	42.7	42.8	42.6	42.5	42.8	42.8	42.7	42.8	42.7	42.5
356	.	.	.	.	.	43.0	42.4	42.4	42.5	42.4
361	43.1	42.7	42.2	42.1	41.7	41.7	41.6	41.4	41.8	41.9
362	42.7	42.7	42.5	42.3	42.4	42.3	42.3	42.1	42.3	42.2
369	45.2	45.3	45.0	44.7	44.6	44.7	44.9	44.9	45.0	45.0
371	43.4	43.3	43.0	42.8	42.8	42.8	42.7	42.6	42.7	42.7
372	43.7	44.0	43.7	43.7	43.9	43.8	42.4	42.2	42.3	42.2
381	43.3	43.5	43.2	43.2	43.2	43.4	43.8	43.7	43.9	43.8
382	45.4	45.3	45.2	45.2	45.2	45.2	45.1	44.9	44.9	45.0
383	42.8	42.9	42.9	42.8	42.8	42.8	43.0	42.7	42.7	42.5
384	42.8	42.9	42.9	42.8	42.8	42.8	43.0	44.1	44.2	44.2
385	43.8	43.9	43.8	43.8	43.8	43.9	43.2	43.1	43.2	43.1
390	43.3	43.3	43.2	43.2	43.0	42.4	42.5	42.3	42.2	42.3
Denmark (a)										
Total										
311-312	36.3	35.8	34.6	34.4	34.0	33.6	32.9	...	...	33.0
313	35.1	34.8	33.2	33.0	32.6	33.1	32.7	32.4	31.9	31.4
314	34.2	34.2	30.6	31.7	30.4	30.4	30.3	29.6	29.7	30.2
321	34.4	33.8	31.9	31.9	31.6	31.7	30.7	30.6	31.6	30.6
322	32.3	32.0	30.9	30.1	29.7	29.8	28.1	28.2	28.2	28.0
323	35.4	35.0	33.4	34.1	32.6	32.4	30.9	31.1	31.4	30.8
324	34.0	34.7	32.7	33.6	32.2	32.1	30.4	29.6	30.7	30.6
331	36.9	37.2	35.2	34.9	32.8	34.4	33.6	33.2	34.1	33.6
332	36.0	36.3	34.5	34.9	33.5	34.3	33.2	32.7	33.7	32.8
341	36.4	36.2	33.6	34.5	31.2	32.2	31.7	32.5	33.5	32.8
342	36.5	36.2	34.9	34.9	34.5	34.4	32.5	...	...	33.8
351	37.1	37.1	35.4	35.7	33.6	33.1	33.8	33.5	34.9	33.8
352	34.7	34.4	33.1	33.2	32.7	32.9	31.6	31.9	31.8	31.3
353-354	.	.	.	.	36.3	36.3	39.3	38.4	35.2	37.0
355	36.6	35.6	33.1	35.2	32.6	34.0	33.9	33.2	33.2	33.2
356	35.6	35.0	33.8	34.7	33.8	33.4	32.8	32.4	33.1	32.7
361-362	.	.	.	.	.	.	.	.	.	31.7
369	38.4	38.2	35.6	36.9	34.7	35.3	34.7	34.7	34.4	35.0
37	.	.	.	.	33.8	33.3	32.9	33.0	33.1	32.8
381	35.6	35.4	33.9	34.5	33.3	33.6	33.2	32.9	34.0	33.4
382	36.9	36.3	33.9	35.1	34.3	34.1	33.6	33.6	34.3	34.0
383	34.6	34.5	32.0	33.2	31.8	32.9	32.7	32.1	32.2	32.6
384	35.9	35.5	33.3	34.9	33.4	34.0	33.2	...	...	33.2
385	34.5	34.7	32.4	33.2	32.9	32.3	32.0	32.3	33.0	32.4
390	35.3	34.5	32.3	33.8	31.8	32.2	31.5	31.4	31.5	31.4

(a) ISIC – CITI – CIIU 1968: See Annex – Voir annexe – Véase anexo.

Explanatory notes and source: see p. 383 – Notes explicatives et source: voir p. 384 – Notas explicativas y fuente: véase p. 386

[1] State industry. [1] Industrie d'Etat. [1] Industria de Estado.

12 Hours of work per week in manufacturing
Durée du travail par semaine dans les industries manufacturières
Horas de trabajo por semana en las industrias manufactureras

B By major groups of industry / Par classe d'industrie / Por agrupaciones de industria

(a) Hours actually worked
(b) Hours paid for

(a) Heures réellement effectuées
(b) Heures rémunérées

(a) Horas efectivamente trabajadas
(b) Horas pagadas

Country, unit and scope Pays, unité et portée País, unidad y alcance	1971	1972	1973	1974	1975	1976	1977	1978	1979	1980
Finland (a)										
Total										
311-312	38.8	39.1	40.4	39.1	39.0	39.1	39.0	38.7	41.1	41.0
313	.	.	.	.	.	.	.	.	.	41.4
314	.	.	.	.	.	.	.	.	.	40.6
321	37.6	37.9	37.2	37.6	37.6	38.0	37.4	37.4	40.8	40.6
322	.	.	.	.	.	.	.	.	.	40.2
323	38.3	38.2	38.7	37.8	38.0	38.4	37.7	37.7	40.4	40.4
324	.	.	.	.	.	.	.	.	.	40.6
331	38.3	38.2	38.7	37.8	38.0	38.4	37.7	37.7	40.4	40.7
332	.	.	.	.	.	.	.	.	.	40.6
341	39.0	38.4	38.5	38.5	39.4	39.5	39.6	39.4	41.3	38.9
342	.	.	.	.	.	.	.	.	.	41.4
351-354,356	38.8	39.0	39.4	39.8	39.6	40.0	39.3	39.7	41.0	40.1
355	.	.	.	.	.	.	.	.	.	40.5
36	38.3	38.5	38.4	38.5	39.0	38.9	39.0	39.0	41.1	41.1
37	38.8	38.3	38.4	38.1	38.5	37.8	37.6	38.8	41.0	40.0
38	.	.	.	.	.	.	.	.	.	41.0
France [1] (a)										
Total										
31	.	46.1	45.6	44.7	43.6	I 42.8 [2]	42.5	42.0	41.6	41.4
321	.	43.2	42.5	41.7	39.9	I 40.9 [2]	40.3	40.4	40.4	39.8
322	.	41.5	41.1	40.7	40.4	I 40.5 [2]	40.3	40.4	40.3	40.1
323	.	41.1	43.0	43.2	42.2	I 41.7 [2]	40.9	40.5	40.6	39.8
324	.	42.8	42.7	42.4	41.1	I 41.6 [2]	41.0	40.8	40.9	40.4
33	.	46.4	46.1	44.8	42.8	I 42.9 [2]	42.4	41.8	41.5	41.2
331	.	.	46.1	44.5	42.8	I 43.2 [2]	42.4	41.9	41.6	41.4
332	.	.	46.3	45.3	43.0	I 42.8 [2]	42.5	41.9	41.3	41.0
341	.	44.2	43.7	42.3	40.1	I 40.6 [2]	40.3	40.3	40.2	40.0
342	.	43.7	43.5	43.2	42.0	I 41.8 [2]	41.6	41.2	40.9	40.6
351-352	.	42.0	41.0	40.4	39.7	I 40.2 [2]	40.2	40.2	40.1	40.1
353-354	.	40.6	40.6	40.3	40.3	I 40.4 [2]	40.3	40.3	40.3	40.2
355	.	44.1	43.5	42.7	41.7	I 41.9 [2]	41.3	41.0	41.0	40.8
356	.	44.9	44.0	42.8	41.5	I 42.0 [2]	41.3	40.7	40.4	40.1
36	.	44.2	43.9	43.3	42.0	I 42.0 [2]	41.3	41.1	41.0	40.7
362	.	41.2	41.2	40.9	39.9	I 40.8 [2]	40.4	40.4	40.3	39.8
37	.	44.0	43.4	42.7	40.9	I 41.6 [2]	40.2	40.4	41.0	40.7
371	.	44.0	43.5	42.7	40.9	I 41.7 [2]	40.0	40.4	41.0	40.7
372	.	43.8	43.1	42.5	40.8	I 41.4 [2]	41.1	40.5	40.5	40.3
381	.	45.3	44.7	44.0	42.3	I 42.5 [2]	42.0	41.5	41.4	41.1
382	.	44.5	44.1	43.3	41.4	I 41.8 [2]	41.3	40.9	40.8	40.7
383	.	43.6	42.9	42.3	41.1	I 41.3 [2]	41.0	40.6	40.2	40.3
3843 [3]	.	43.7	43.1	42.3	41.6	I 41.4 [2]	41.1	41.2	40.9	40.5
385	.	44.0	43.6	42.8	41.5	I 42.0 [2]	41.6	40.9	40.7	40.4
390	.	43.9	43.2	42.4	41.3	I 41.3 [2]	40.8	40.5	40.4	40.0

[(a)] ISIC – CITI – CIIU 1968: See Annex – Voir annexe – Véase anexo.

Explanatory notes and source: see p. 383 – Notes explicatives et source: voir p. 384 – Notas explicativas y fuente: véase p. 386

[1] Ø: Oct. of each year. [2] Sample design revised. [3] Manufacture of motor vehicles.

[1] Ø: oct. de chaque année. [2] Plan d'échantillonnage révisé. [3] Construction de véhicules automobiles.

[1] Ø: oct. de cada año. [2] Diseño de la muestra revisado. [3] Fabricación de vehículos automóviles.

12 Hours of work per week in manufacturing
Durée du travail par semaine dans les industries manufacturières
Horas de trabajo por semana en las industrias manufactureras

B By major groups of industry
Par classe d'industrie
Por agrupaciones de industria

(a) Hours actually worked
(b) Hours paid for

(a) Heures réellement effectuées
(b) Heures rémunérées

(a) Horas efectivamente trabajadas
(b) Horas pagadas

Country, unit and scope Pays, unité et portée País, unidad y alcance	1971	1972	1973	1974	1975	1976	1977	1978	1979	1980
Germany, Fed. Rep. of (b)										
Total										
31	44.8	44.4	I 44.5 [1]	43.8	43.5	43.8	43.8	43.5	43.4	43.3
321	42.3	42.2	I 41.9 [1]	40.9	39.7	40.9	40.9	41.0	41.2	41.1
322	40.4	40.2	I 39.6 [1]	39.2	38.8	39.0	39.5	39.3	39.5	39.7
323	41.3	41.0	I 41.1 [1]	40.3	39.4	40.4	40.0	40.2	40.7	...
324	40.5	39.8	I 39.3 [1]	39.3	39.7	40.3	40.1	40.3	40.4	40.3
331	45.1	44.7	I 44.5 [1]	43.7	42.1	43.5	43.4	43.3	43.0	42.9
332	43.0	42.9	I 42.5 [1]	41.3	40.6	41.7	42.3	42.0	41.5	41.3
341	45.7	45.7	I 45.3 [1]	44.5	40.7	43.9	44.2	44.1	43.9	43.4
342	43.0	43.0	I 42.7 [1]	41.8	41.5	42.0	42.5	42.3	42.3	...
351	42.6	42.3	I 43.1 [1]	42.6	40.6	41.7	42.1	41.6	41.6	...
352	41.9	42.1	I 42.3 [1]	41.8	40.9	41.5	41.5	41.4	41.2	41.0
353	42.0	41.3	I 41.7 [1]	41.4	40.9	41.1	41.5	41.4	41.5	41.1
355	.	.	42.1	40.5	38.9	41.0	41.2	41.0	41.5	41.2
356	43.0	42.7	I 42.7 [1]	41.5	39.6	41.9	41.8	41.7	41.7	41.5
361	.	.	42.1	41.4	38.6	41.0	41.7	41.1	41.0	41.1
362	43.1	43.1	I 42.8 [1]	41.4	39.9	41.6	42.3	41.7	41.6	41.4
369	48.3	47.8	I 46.7 [1]	45.2	43.7	44.5	44.5	44.9	44.9	44.6
371	43.1	42.9	I 43.6 [1]	43.1	40.2	40.9	40.5	41.2	42.3	42.0
372	43.4	43.6	I 44.0 [1]	43.0	40.3	42.5	42.7	42.3	42.7	42.5
381	43.6	43.3	I 43.5 [1]	42.4	40.7	42.1	42.2	41.9	42.1	42.1
382	43.9	43.3	I 43.6 [1]	43.2	41.1	41.4	42.2	42.1	42.4	42.5
383	41.5	41.7	I 41.5 [1]	40.8	38.7	40.4	40.6	40.6	40.8	40.9
384	42.8	41.6	I 42.1 [1]	39.2	39.3	41.7	41.8	41.3	41.5	...
385	40.8	40.9	I 41.3 [1]	40.6	38.8	40.1	40.4	40.3	40.8	40.6
390	41.3	41.3	I 41.5 [1]	40.8	39.0	40.2	40.8	40.5	40.7	40.2

(a) ISIC - CITI - CIIU 1968: See Annex - Voir annexe - Véase anexo.

Explanatory notes and source: see p. 383 - Notes explicatives et source: voir p. 384 - Notas explicativas y fuente: véase p. 386

[1] Sample design revised.
[1] Plan d'échantillonnage révisé.
[1] Diseño de la muestra revisado.

12 Hours of work per week in manufacturing
Durée du travail par semaine dans les industries manufacturières
Horas de trabajo por semana en las industrias manufactureras

B By major groups of industry / Par classe d'industrie / Por agrupaciones de industria

(a) Hours actually worked
(b) Hours paid for

(a) Heures réellement effectuées
(b) Heures rémunérées

(a) Horas efectivamente trabajadas
(b) Horas pagadas

Country, unit and scope Pays, unité et portée País, unidad y alcance	1971	1972	1973	1974	1975	1976	1977	1978	1979	1980
Grèce [1] (b)										
Total										
311-312	41.1	41.8	42.6	40.9	▌37.7 [2]	39.7	38.9	40.5	38.9	38.0
313	45.5	44.5	41.8	43.4	▌41.9 [2]	40.6	42.1	43.9	42.3	41.7
314	44.7	45.6	42.7	43.2	▌42.2 [2]	34.3	40.7	40.2	38.7	36.0
321	44.5	45.5	43.7	44.2	▌43.6 [2]	42.5	41.4	43.3	40.6	40.1
322,324	.	.	.	.	.	.	.	.	.	38.4
323	46.3	45.3	45.0	46.1	▌44.4 [2]	43.3	43.2	43.6	43.3	41.5
331	41.8	40.7	41.9	42.8	▌45.7 [2]	43.0	43.1	44.0	41.7	41.6
332	41.2	40.8	42.6	43.8	▌42.6 [2]	40.3	40.7	42.9	39.4	38.4
341	47.2	46.6	44.8	45.3	▌44.9 [2]	42.9	42.4	43.2	39.8	40.6
342	45.4	46.0	45.3	46.5	▌45.2 [2]	43.3	43.8	43.1	40.1	42.1
35B	43.3	42.9	41.5	44.3	▌41.6 [2]	40.8	38.7	41.3	37.7	...
351	46.3	46.1	44.7	44.7	▌44.8 [2]	44.0	43.3	44.4	41.9	42.0
354	46.3	45.5	46.9	47.7	▌45.6 [2]	45.0	46.5	46.4	43.3	42.2
355	43.4	45.4	42.2	43.3	▌42.6 [2]	41.4	40.9	39.2	40.7	40.2
36	45.4	45.5	42.9	43.6	▌43.7 [2]	42.8	41.7	43.4	41.2	41.1
37	50.6	57.1	51.8	50.4	▌50.2 [2]	44.8	45.2	46.5	44.7	44.1
381	44.3	44.3	44.8	43.9	▌44.8 [2]	43.0	43.3	43.4	41.5	41.4
382	46.0	46.6	45.3	43.4	▌43.5 [2]	42.8	43.1	39.6	39.2	40.7
383	44.2	43.4	40.9	43.6	▌42.8 [2]	41.9	40.0	41.2	41.0	40.1
384	44.8	46.3	42.6	43.6	▌44.8 [2]	43.9	42.2	42.4	43.7	44.0
390	42.6	43.8	43.5	41.1	▌41.8 [2]	40.9	40.5	43.1	39.2	39.1
Hongrie [3] (a) [4]										
Total										
311-312	172	170	168	168	170	172	172	169	168	168
313	171	169	170	169	176	177	176	173	173	172
314	166	164	161	159	160	162	161	160	159	157
321	164	163	161	159	158	162	161	159	157	157
322	165	164	162	162	160	162	162	158	157	155
323	161	162	157	148	156	161	149	155	155	164
324	166	166	163	162	161	164	162	160	159	159
331	169	167	165	163	162	165	163	160	160	160
332	167	166	165	163	164	165	165	163	163	161
341	161	161	159	158	158	159	159	158	157	158
342	158	157	156	154	153	155	154	153	152	151
351	161	160	158	157	158	159	158	158	157	157
352	158	157	155	154	155	157	156	155	154	155
353	163	161	160	158	157	161	159	160	159	161
355	164	162	161	161	160	162	163	160	160	161
356	165	165	164	162	161	163	160	158	159	158
361	161	160	159	157	158	161	160	158	157	158
362	160	160	159	157	156	159	159	158	157	157
369	168	163	162	160	162	165	164	164	164	163
371	162	160	161	159	159	162	161	160	159	159
372	161	162	161	159	159	161	161	159	158	158
381	165	163	162	160	160	163	163	161	160	160
382	168	165	164	163	163	166	165	164	163	163
383	167	166	164	164	164	166	165	163	162	162
384	167	164	162	162	161	164	164	163	162	162
385	166	165	163	162	159	164	163	162	160	161
390	168	166	163	161	161	163	162	159	158	159

[(a)] ISIC – CITI – CIIU 1968: See Annex – Voir annexe – Véase anexo.

Explanatory notes and source: see p. 383 – Notes explicatives et source: voir p. 384 – Notas explicativas y fuente: véase p. 386

[1] Ø: Nov. of each year. [2] Sample design revised. [3] Socialised sector. [4] Per month.

[1] Ø: nov. de chaque année. [2] Plan d'échantillonnage révisé. [3] Secteur socialisé. [4] Par mois.

[1] Ø: nov. de cada año. [2] Diseño de la muestra revisado. [3] Sector socializado. [4] Por mes.

12 Hours of work per week in manufacturing
Durée du travail par semaine dans les industries manufacturières
Horas de trabajo por semana en las industrias manufactureras

By major groups of industry
Par classe d'industrie
Por agrupaciones de industria

(a) Hours actually worked
(b) Hours paid for

(a) Heures réellement effectuées
(b) Heures rémunérées

(a) Horas efectivamente trabajadas
(b) Horas pagadas

Country, unit and scope Pays, unité et portée País, unidad y alcance	1971	1972	1973	1974	1975	1976	1977	1978	1979	1980
Ireland [1] (a)										
Total [2]										
311-312	.	.	44.2	44.1	44.0	44.5	45.2	44.7	44.6	43.9
313	.	.	45.0	45.0	46.9	48.5	50.1	47.1	47.2	47.1
314	.	.	44.1	42.9	43.9	43.9	42.9	43.8	42.9	41.3
321	.	.	40.5	40.5	39.6	39.9	39.6	40.1	40.5	38.6
322	.	.	38.6	38.3	38.2	38.3	38.6	38.9	38.7	37.1
323	.	.	40.7	41.6	41.9	42.6	43.2	41.3	42.5	42.7
324	.	.	40.6	37.5	39.2	38.9	39.1	37.8	38.6	38.1
331	.	.	42.0	41.6	42.0	44.0	41.7	41.6	40.9	40.6
332	.	.	41.1	40.4	40.2	40.8	40.6	41.1	40.4	40.2
341	.	.	44.5	43.6	43.0	44.2	44.3	44.8	45.0	43.2
342	.	.	42.0	40.9	40.1	41.2	40.6	40.4	40.8	41.1
351-352	.	.	43.0	43.3	41.2	42.8	42.6	44.3	44.1	43.5
353-354	.	.	51.5	48.8	47.7	49.5	47.5	47.0	49.6	47.3
355	.	.	38.7	40.6	41.1	42.0	42.1	39.3	40.7	40.5
356	.	.	42.5	43.1	39.6	41.1	42.4	42.4	41.9	38.0
36	.	.	43.8	42.0	41.8	42.7	43.2	42.8	42.3	40.7
37	.	.	43.2	41.7	39.1	39.9	41.1	41.9	41.9	37.2
381	.	.	44.1	42.1	42.8	42.6	43.7	42.3	43.3	41.0
382	.	.	42.6	40.2	38.9	42.4	42.2	42.0	42.6	37.7
383	.	.	41.3	40.3	40.0	40.3	40.7	40.2	40.5	39.8
384	.	.	42.1	40.5	39.8	41.9	42.6	42.2	42.7	41.1
385	.	.	40.8	42.8	40.0	40.1	42.6	41.9	38.8	39.9
390	.	.	41.6	40.7	39.5	41.8	39.8	41.0	42.3	40.3
Italie (a) [3]										
Total										
311-312	151	147	144	138	136	138	137	...	...	...
313	157	150	150	146	142	143	143	...	...	...
314	112	120	122	114	116	124	128	...	...	...
321	133	134	130	127	122	128	126	...	...	...
322	134	130	126	124	116	120	123	...	...	...
323	142	139	135	131	130	134	135	...	...	...
324	132	129	124	128	125	128	128	...	...	...
331	146	143	140	138	129	136	138	...	...	...
332	149	147	143	141	132	138	138	...	...	...
341	148	149	145	139	126	137	134	...	...	...
342	149	148	141	139	135	139	127	...	...	...
351	149	140	140	134	132	132	133	...	...	...
353	158	151	152	145	110	118	146	...	...	...
354	157	151	151	145	141	144	145	...	...	...
355	144	142	132	130	124	133	133	...	...	...
356	147	144	137	130	123	132	132	...	...	...
361	146	142	137	137	124	130	131	...	...	...
362	150	145	140	136	123	129	132	...	...	...
369	158	153	151	147	145	146	147	...	...	...
371	146	142	137	137	130	134	134	...	...	...
372	148	142	136	137	127	133	134	...	...	...
381	146	140	136	137	124	131	129	...	...	...
382	149	142	136	138	131	132	138	...	...	...
383	139	133	126	125	114	119	124	...	...	...
384	136	138	131	128	122	126	128	...	...	...
385	.	.	.	120	128	129	132	...	...	...
390	145	142	137	131	123	131	132	...	...	...

(a) ISIC – CITI – CIIU 1968: See Annex – Voir annexe – Véase anexo.

Explanatory notes and source: see p. 383 – Notes explicatives et source: voir p. 384 – Notas explicativas y fuente: véase p. 386

[1] ∅: Sep. of each year. [2] Adults. [3] Per month.

[1] ∅: sept. de chaque année. [2] Adultes. [3] Par mois.

[1] ∅: sept. de cada año. [2] Adultos. [3] Por mes.

12 Hours of work per week in manufacturing
Durée du travail par semaine dans les industries manufacturières
Horas de trabajo por semana en las industrias manufactureras

B By major groups of industry / Par classe d'industrie / Por agrupaciones de industria

(a) Hours actually worked
(b) Hours paid for

(a) Heures réellement effectuées
(b) Heures rémunérées

(a) Horas efectivamente trabajadas
(b) Horas pagadas

Country, unit and scope Pays, unité et portée País, unidad y alcance	1971	1972	1973	1974	1975	1976	1977	1978	1979	1980
Luxembourg [1] (a)										
Total										
311-312	45.9	▌46.5 [2]	45.2	46.0	41.9	43.7	42.9	41.4	40.3	41.0
313	46.1	▌46.9 [2]	48.0	46.7	42.8	41.3	42.1	41.1	40.7	42.3
314	44.5	▌44.6 [2]	42.3	41.2	40.4	40.5	40.3	40.3	40.4	39.9
322,324	42.7	▌41.4 [2]	41.1	41.3	40.5	40.4	40.1	40.1	38.6	38.6
331	44.8	▌44.5 [2]	44.3	43.8	40.9	40.8	41.1	...	...	...
332	47.4	▌46.9 [2]	46.1	46.7	42.8	41.9	40.3	40.5	40.0	39.4
342	44.1	▌42.9 [2]	43.6	42.0	41.9	43.7	43.7	44.3	41.3	39.7
351	46.0	▌42.3 [2]	43.6	43.0	37.4	40.3	39.4	39.6	40.7	40.3
355	46.1	▌44.9 [2]	45.0	42.0	37.9	40.2	39.9	41.1	42.2	40.4
356	44.0	▌44.8 [2]	42.5	42.5	39.2	41.5	39.2	39.8	39.8	37.9
36	47.0	▌45.2 [2]	44.8	43.9	39.8	42.3	38.9	38.6	40.4	39.1
371	41.8	▌40.8 [2]	40.9	41.2	40.9	38.7	37.1	39.1	40.0	40.6
381	48.7	▌46.0 [2]	46.1	44.9	40.8	41.3	40.9	40.9	40.8	40.9
382	48.2	▌46.6 [2]	43.4	44.9	42.5	41.9	41.9	41.2	41.7	40.8
383	44.7	▌45.8 [2]	46.5	44.0	42.2	42.4	41.2	37.9	39.6	40.8
384	43.8	▌42.4 [2]	46.7	43.4	40.3	41.7	41.9	44.3	38.8	38.7
Netherlands [1] (b)										
Total [3]										
311-312	45.6	44.1	43.7	42.8	42.2	42.6	42.2	41.9	41.8	...
313	43.3	42.3	42.2	41.8	41.7	41.5	41.3	41.2	41.2	...
314	43.0	42.5	42.4	40.9	40.6	40.6	40.6	40.4	40.4	...
321	43.3	43.2	43.2	41.7	41.0	41.2	41.1	41.0	40.9	...
322	42.4	42.9	42.7	42.3	40.5	40.5	40.1	40.1	40.1	...
323	44.2	43.5	41.7	41.3	40.6	41.0	41.0	41.1	41.0	...
324	43.5	42.4	42.0	41.0	40.4	41.0	41.1	40.8	41.1	...
331	44.5	43.8	42.9	42.3	41.3	41.5	41.2	41.2	41.5	...
332	43.4	43.4	42.8	42.3	40.8	40.7	41.3	40.9	40.9	...
341	43.6	42.7	42.4	41.5	41.0	41.1	41.2	41.3	41.2	...
342	43.6	42.6	42.5	41.3	41.0	41.2	41.2	40.9	40.8	...
351	42.7	42.1	41.1	40.8	40.5	40.7	40.7	40.7	40.6	...
352	43.5	43.0	41.7	41.2	41.0	40.8	40.9	41.1	40.9	...
353-354	43.3	43.2	42.1	41.6	41.4	41.1	40.9	40.9	41.1	...
355	.	43.0	43.1	41.9	40.8	41.6	41.6	41.2	41.2	...
356	.	43.2	43.5	41.9	41.2	41.5	41.5	41.5	41.6	...
361	.	44.0	43.6	41.1	41.1	41.1	41.2	41.2	41.1	...
362	.	43.3	42.9	41.8	41.1	41.4	41.2	41.6	41.7	...
369	.	45.0	44.5	44.3	43.2	43.4	42.7	42.8	43.0	...
371	43.4	42.6	43.3	41.3	40.4	40.6	40.4	40.6	40.8	...
372	44.8	43.7	43.6	41.4	41.1	41.3	41.2	40.9	41.4	...
381	44.4	43.7	44.0	42.2	40.9	41.4	41.3	41.1	41.2	...
382	44.0	43.6	43.7	41.9	41.1	41.3	41.3	41.0	41.3	...
383	42.7	41.9	42.1	40.6	40.3	40.3	40.3	40.4	40.3	...
384	43.7	43.8	44.0	42.0	41.2	41.2	41.2	41.0	41.2	...
385	42.9	42.6	42.6	41.1	40.3	40.1	40.3	40.1	40.4	...

(a) ISIC – CITI – CIIU 1968: See Annex – Voir annexe – Véase anexo.

Explanatory notes and source: see p. 383 – Notes explicatives et source: voir p. 384 – Notas explicativas y fuente: véase p. 386

[1] ∅: Oct. of each year. [2] New industrial classification. [3] Incl. juveniles.

[1] ∅: oct. de chaque année. [2] Nouvelle classification industrielle. [3] Y compris les jeunes gens.

[1] ∅: oct. de cada año. [2] Nueva clasificación industrial. [3] Incl. jóvenes.

12 Hours of work per week in manufacturing
Durée du travail par semaine dans les industries manufacturières
Horas de trabajo por semana en las industrias manufactureras

B By major groups of industry / Par classe d'industrie / Por agrupaciones de industria

(a) Hours actually worked
(b) Hours paid for

(a) Heures réellement effectuées
(b) Heures rémunérées

(a) Horas efectivamente trabajadas
(b) Horas pagadas

Country, unit and scope Pays, unité et portée País, unidad y alcance	1971	1972	1973	1974	1975	1976	1977	1978	1979	1980
Norway (a)										
Males - Hommes - Hombres [1]										
311-312	36.6	36.2	35.3	34.4	34.4	33.3	32.6	31.9	31.3	31.4
313	36.9	36.7	35.4	35.7	36.5	35.4	35.9	33.6	32.3	32.3
314	36.7	36.0	35.3	31.3	31.8	31.5	29.4	30.1	31.6	30.2
321	34.4	34.5	34.5	33.9	33.3	33.0	31.8	31.3	30.5	30.4
322	35.0	35.1	34.5	34.2	34.4	32.9	32.4	31.1	30.6	31.6
323	34.3	34.6	34.6	34.3	34.0	30.9	31.6	31.8	32.0	31.5
324	34.9	34.8	34.1	34.6	33.8	32.8	30.8	29.9	30.9	29.9
331	.	.	.	.	.	.	.	31.7	31.0	30.5
332	35.8	35.5	35.0	33.8	34.2	33.3	32.2	32.1	31.7	31.6
341	34.5	34.4	34.3	34.0	32.5	32.1	30.3	30.5	30.1	30.5
342	37.6	37.4	36.8	36.2	36.4	35.1	34.3	33.7	33.4	33.9
351-354	34.8	34.4	34.4	33.9	32.8	31.8	31.2	30.5	31.0	31.2
355	33.3	33.3	33.5	32.9	32.4	31.2	31.8	30.7	30.0	30.4
356	34.2	34.4	33.8	33.1	32.8	32.5	31.7	30.9	30.9	31.4
361	35.3	34.5	34.6	33.8	33.8	33.3	32.2	31.0	28.6	31.6
362	33.5	33.7	33.1	33.6	32.1	32.1	32.0	29.7	29.5	30.1
369	35.6	35.1	34.5	34.3	34.4	33.3	32.3	31.8	31.0	30.3
37-38	34.3	33.6	32.9	32.7	33.4	32.4	31.5	31.2	30.9	30.5
390	35.6	35.4	34.7	34.4	34.9	33.7	32.9	32.3	32.4	32.3
Females - Femmes - Mujeres [1]										
311-312	29.5	29.2	28.7	28.2	26.5	26.5	25.8	25.9	25.2	24.8
313	31.9	31.9	32.0	30.2	31.0	28.3	29.1	29.2	28.0	28.4
314	30.0	30.9	30.6	27.7	28.2	27.2	27.8	26.7	24.6	25.7
321	29.5	30.3	29.5	28.7	27.7	27.6	26.8	26.1	26.0	25.5
322	30.6	30.7	30.2	29.7	29.4	28.6	26.9	26.2	26.5	26.1
323	28.4	29.7	31.0	29.2	28.4	28.5	27.8	28.5	27.1	26.9
324	31.7	31.5	31.0	31.0	30.5	29.2	29.6	26.8	27.9	28.0
332	31.8	31.5	30.9	30.9	30.1	28.1	27.5	27.2	25.6	25.3
341	29.1	29.0	28.9	28.2	27.2	27.7	26.9	27.1	27.0	26.5
342	33.1	32.9	32.4	32.0	32.3	31.4	30.2	29.5	29.0	29.2
351-354	30.7	29.6	29.9	29.8	29.8	29.5	28.3	27.0	26.9	27.1
355	25.6	26.1	26.2	27.1	27.0	25.2	26.4	26.5	25.7	26.1
356	30.3	30.7	29.4	29.1	28.3	26.9	25.9	25.8	25.6	26.2
361	31.1	31.2	30.0	29.1	30.8	30.2	28.3	26.4	23.4	27.3
362	31.8	31.3	31.0	28.4	28.7	28.6	27.8	26.1	24.9	24.5
37-38	30.3	29.3	28.2	27.7	27.8	27.9	27.4	25.9	25.5	25.5
390	28.3	30.3	30.2	30.6	30.3	28.9	28.3	27.9	27.2	27.7

(a) ISIC - CITI - CIIU 1968: See Annex - Voir annexe - Véase anexo.

Explanatory notes and source: see p. 383 - Notes explicatives et source: voir p. 384 - Notas explicativas y fuente: véase p. 386

[1] Incl. juveniles. [1] Y compris les jeunes gens. [1] Incl. jóvenes.

12 Hours of work per week in manufacturing
Durée du travail par semaine dans les industries manufacturières
Horas de trabajo por semana en las industrias manufactureras

B By major groups of industry / Par classe d'industrie / Por agrupaciones de industria

(a) Hours actually worked
(b) Hours paid for

(a) Heures réellement effectuées
(b) Heures rémunérées

(a) Horas efectivamente trabajadas
(b) Horas pagadas

Country, unit and scope Pays, unité et portée País, unidad y alcance	1971	1972	1973	1974	1975	1976	1977	1978	1979	1980
Pologne [1] (a) [2]										
Total										
311–312	178	177	177	175	172	172	170	168	169	165*
313	180	179	179	176	172	172	170	168	168	166*
314	171	166	167	166	164	172	171	169	169	165*
321	161	159	158	156	154	156	153	153	153	152*
322	168	166	165	163	160	161	160	158	156	155*
323	168	166	166	160	158	159	158	156	154	153*
324	169	167	166	163	159	160	160	158	157	155*
331	172	172	171	169	167	168	167	165	165	163*
332	172	170	170	168	164	166	165	163	160	159*
341	167	166	165	162	161	162	163	161	161	156*
342	152	150	150	148	147	148	148	147	147	145*
351	163	160	158	157	155	156	155	154	154	153*
352	168	165	164	159	157	159	158	156	157	155*
353	175	172	169	162	159	161	160	159	161	158*
354	166	165	164	162	159	160	160	160	160	158*
355	167	165	166	163	160	160	160	158	157	154*
356	169	168	167	163	161	160	159	156	155	154*
361	169	167	166	165	160	161	159	158	159	157*
362	164	161	158	156	153	155	154	153	153	151*
369	174	173	173	172	168	170	169	167	167	164*
371	174	172	171	169	167	168	169	168	168	165*
372	172	170	169	165	160	163	164	163	162	156*
381	172	170	170	167	164	166	165	162	163	161*
382	172	173	173	170	167	167	166	164	165	163*
383	170	169	169	166	163	164	162	160	160	158*
384	173	172	173	170	168	168	166	165	165	161*
385	171	170	170	167	164	165	163	161	162	160*
390	170	168	167	164	162	163	162	160	160	159*
Portugal (a)										
Total										
311–312	41.7	45.4	43.9	42.1	41.6	41.0	41.1	40.6	39.5	...
313	45.5	46.4	45.4	44.6	43.5	43.1	43.5	42.2	38.8	...
314	45.1	47.1	48.5	45.9	45.2	48.1	46.7	49.1	42.6	...
321	45.0	46.3	44.3	42.7	40.2	38.0	37.1	38.6	...	...
322	.	.	.	.	.	37.9	40.4	37.5	41.8	...
323	45.2	41.4	44.7	46.3	43.1	44.1	41.8	40.2	42.9	...
324	.	.	.	.	.	41.2	40.5	37.9	41.8	...
331	42.1	41.8	43.5	42.6	40.2	41.1	41.4	39.6	39.9	...
332	44.6	44.6	42.3	41.7	40.9	41.7	43.3	40.4	46.1	...
341	47.3	45.7	44.9	40.8	46.1	44.8	44.3	44.2	41.3	...
342	46.2	46.0	48.0	45.5	44.3	42.5	41.0	41.5	40.5	...
351	45.4	45.1	40.6	47.7	44.5	40.8	40.3	40.2	40.4	...
352	42.4	39.8	45.8	42.5	39.9	40.0	41.7	39.0	40.5	...
353	43.6	45.4	43.8	41.1	37.6	37.3	36.3	40.2	46.3	...
354	49.2	48.5	42.0	48.1	43.3	38.5	52.9	43.3	44.9	...
355	44.6	44.5	45.7	43.9	51.2	37.3	37.1	38.3	36.0	...
356	45.2	47.7	47.7	43.5	39.3	40.3	37.8	37.0	40.9	...
361	44.8	42.4	46.5	47.3	48.6	44.7	41.9	43.0	45.6	...
362	41.2	47.2	44.0	46.2	43.3	43.5	39.9	42.6	46.8	...
369	43.5	44.9	44.7	43.3	42.9	42.6	42.0	41.4	41.5	...
371	43.4	46.8	47.6	43.9	41.4	41.1	41.3	36.3	39.2	...
372	46.3	44.9	43.7	43.7	43.6	42.5	42.8	42.3	44.3	...
381	45.3	45.8	43.6	43.5	42.0	38.2	40.3	39.1	40.8	...
382	44.3	46.5	53.2	43.4	42.7	42.3	42.0	40.0	42.5	...
383	36.9	38.6	40.6	37.5	38.7	39.3	39.4	36.7	36.3	...
384	40.9	43.8	48.8	44.2	41.6	39.0	35.9	36.3	36.3	...
385	36.4	44.7	35.9	42.6	44.3	38.1	40.1	39.7	40.7	...
390	43.6	42.9	44.8	42.6	39.6	41.3	41.6	41.6	40.7	...

(a) ISIC – CITI – CIIU 1968: See Annex – Voir annexe – Véase anexo.

Explanatory notes and source: see p. 383 – Notes explicatives et source: voir p. 384 – Notas explicativas y fuente: véase p. 386

[1] Socialised sector. [2] Per month.

[1] Secteur socialisé. [2] Par mois.

[1] Sector socializado. [2] Por mes.

12 Hours of work per week in manufacturing
Durée du travail par semaine dans les industries manufacturières
Horas de trabajo por semana en las industrias manufactureras

B By major groups of industry / Par classe d'industrie / Por agrupaciones de industria

(a) Hours actually worked
(b) Hours paid for

(a) Heures réellement effectuées
(b) Heures rémunérées

(a) Horas efectivamente trabajadas
(b) Horas pagadas

Country, unit and scope Pays, unité et portée País, unidad y alcance	1971	1972	1973	1974	1975	1976	1977	1978	1979	1980
Suisse (b) [1]										
Total										
311-312	.	.	44.8	44.7	44.7	44.5	44.3	44.3	44.0	43.7
313	.	.	45.4	45.4	45.2	45.0	45.1	45.1	44.8	44.9
314	.	.	44.0	43.9	43.6	43.1	43.1	43.0	43.0	41.9
321	.	.	44.6	44.5	44.0	44.3	44.4	44.2	44.2	44.1
322,324	.	.	44.7	44.6	44.2	44.5	44.4	44.3	44.1	43.9
323	.	.	44.6	44.7	44.4	44.3	44.4	44.2	44.2	43.7
33	.	.	46.5	46.3	45.9	45.7	45.7	45.8	45.7	45.6
341	.	.	44.8	44.6	44.4	44.6	44.5	43.7	43.5	43.6
342	.	.	43.2	43.4	43.2	43.1	42.9	42.4	41.6	40.6
351-352	.	.	43.9	43.7	43.6	43.5	43.6	43.5	43.3	43.2
355-356	.	.	44.6	44.6	44.1	44.2	44.1	44.1	44.0	43.9
36	.	.	46.0	45.8	45.1	44.9	44.7	44.7	44.7	44.6
37	.	.	45.5	45.5	44.9	44.8	45.0	45.0	44.6	44.4
382-383	.	.	44.9	44.8	44.5	44.5	44.6	44.6	44.2	44.0
3853 [2]	.	.	43.8	43.7	43.2	43.4	43.5	43.1	42.9	42.4
Sweden (a) [3]										
Total										
311-312	148	143	138	139	136	131	133	...	...	...
313	159	157	155	152	152	146	152	...	...	...
314	132	137	126	128	126	129	123	...	...	...
321	145	144	138	136	136	135	130	...	...	...
322	140	138	134	131	133	130	131	...	...	...
323	144	141	136	133	130	129	128	...	...	...
324	138	140	135	134	129	127	128	...	...	...
331	151	147	146	142	139	139	139	...	...	...
332	146	143	142	139	136	137	135	...	...	...
341	153	145	144	142	137	132	129	...	...	...
342	150	145	143	144	140	139	139	...	...	...
351	153	145	145	142	136	131	130	...	...	...
352	143	138	131	129	131	128	129	...	...	...
353	162	144	147	127	118	140	136	...	...	...
354	153	148	141	143	134	143	138	...	...	...
355	145	138	138	136	133	131	132	...	...	...
356	147	138	136	134	131	130	130	...	...	...
361	148	132	124	124	122	119	120	...	...	...
362	147	142	138	135	131	129	128	...	...	...
369	149	144	145	142	140	137	136	...	...	...
371	153	146	144	142	139	134	131	...	...	...
372	151	145	141	141	135	135	132	...	...	...
381	148	144	140	139	137	134	133	...	...	...
382	148	145	140	139	137	133	133	...	...	...
383	143	140	136	133	130	130	124	...	...	...
384	147	142	140	138	134	130	129	...	...	...
385	147	143	136	138	134	131	130	...	...	...
390	141	137	132	133	134	128	130	...	...	...

[a] ISIC – CITI – CIIU 1968: See Annex – Voir annexe – Véase anexo.

Explanatory notes and source: see p. 383 – Notes explicatives et source: voir p. 384 – Notas explicativas y fuente: véase p. 386

[1] Accident insurance statistics; excl. overtime. [2] Watch-making. [3] Per month.

[1] Statistiques d'assurances-accidents; non compris les heures supplémentaires. [2] Horlogerie. [3] Par mois.

[1] Estadísticas del seguro de accidentes; excl. las horas extraordinarias. [2] Relojería. [3] Por mes.

12 Hours of work per week in manufacturing
Durée du travail par semaine dans les industries manufacturières
Horas de trabajo por semana en las industrias manufactureras

B By major groups of industry / Par classe d'industrie / Por agrupaciones de industria

(a) Hours actually worked
(b) Hours paid for

(a) Heures réellement effectuées
(b) Heures rémunérées

(a) Horas efectivamente trabajadas
(b) Horas pagadas

Country, unit and scope Pays, unité et portée País, unidad y alcance	1971	1972	1973	1974	1975	1976	1977	1978	1979	1980
United Kingdom [1] (a)										
Males - Hommes - Hombres [2]										
31	46.6	46.4	47.1	46.6	46.2	45.9	46.4	46.2	46.3	I 45.5 [3]
321	44.1	44.7	44.9	44.0	42.6	43.6	43.4	43.7	43.2	I 42.4 [3]
322	41.6	42.1	42.4	42.2	41.6	41.3	41.9	41.7	41.5	I 40.9 [3]
323	44.5	44.1	44.3	43.9	43.7	43.1	43.4	42.9	42.8	I 42.4 [3]
324	40.6	40.5	41.5	39.4	38.9	40.3	40.5	40.7	40.3	I 39.0 [3]
33	44.7	45.0	45.1	43.8	43.1	42.8	43.0	43.0	43.2	I 41.7 [3]
34	44.4	44.7	45.1	43.9	42.4	43.6	44.5	44.6	43.8	I 42.5 [3]
351-352	44.0	44.2	44.6	43.7	42.4	43.9	44.0	44.4	44.2	I 42.7 [3]
353-354	43.6	42.9	42.3	43.8	42.6	42.9	43.0	43.0	44.4	I 44.2 [3]
355	42.7	43.2	43.9	43.0	41.7	42.2	42.6	42.2	42.6	I 41.0 [3]
356	44.9	45.3	46.0	44.6	43.1	44.6	44.4	44.6	44.0	I 42.0 [3]
361	43.8	44.1	44.7	44.5	42.6	44.0	44.7	44.7	43.8	I 42.8 [3]
362	44.3	45.2	44.8	43.8	42.9	43.9	43.7	42.8	43.0	I 41.4 [3]
369	50.4	47.4	48.3	47.2	45.5	46.1	46.7	46.6	46.0	I 44.1 [3]
371	43.2	44.7	45.2	45.0	41.7	43.9	43.9	43.8	42.9	I 41.5 [3]
372	43.4	44.4	44.0	44.3	42.6	44.4	43.6	43.2	43.7	I 41.8 [3]
381	43.2	43.9	44.7	43.7	42.1	43.2	43.1	43.1	42.7	I 41.1 [3]
382	43.0	43.5	44.6	44.2	42.6	42.9	43.3	43.0	42.5	I 41.5 [3]
383	43.4	43.4	44.0	43.4	42.2	42.3	42.6	42.9	42.3	I 41.6 [3]
384	41.8	42.6	43.2	42.5	41.9	42.8	42.5	41.9	41.9	I 40.4 [3]
385	42.8	43.4	43.9	43.7	42.0	42.7	43.0	42.5	42.3	I 41.9 [3]
390	46.0	45.1	45.1	44.6	43.0	43.3	43.4	43.4	44.0	I 42.3 [3]
Females - Femmes - Mujeres [2]										
31	38.2	38.2	38.6	38.0	37.7	37.9	38.1	37.9	38.1	I 37.9 [3]
321	37.3	37.6	37.3	37.2	36.1	36.7	36.4	36.6	36.3	I 37.1 [3]
322	36.8	36.8	36.4	36.2	35.6	36.0	36.1	36.0	36.0	I 36.3 [3]
323	37.0	37.3	36.7	36.0	36.2	36.2	36.1	36.5	36.6	I 37.3 [3]
324	36.9	36.6	36.6	35.3	35.2	35.7	36.3	36.2	36.3	I 36.6 [3]
33	37.7	38.1	37.5	37.7	37.0	37.3	37.2	37.5	36.7	I 36.8 [3]
34	38.7	38.9	38.6	38.7	37.9	38.4	38.5	38.1	38.3	I 38.5 [3]
351-352	38.4	38.7	38.5	38.3	37.8	38.3	38.1	38.2	38.5	I 38.9 [3]
353-354	39.3	38.6	38.6	38.8	38.6	36.5	37.7	38.7	38.7	I 38.4 [3]
355	37.9	38.0	37.4	38.1	38.1	38.3	38.1	37.6	38.3	I 37.1 [3]
356	37.5	38.0	38.0	37.3	37.4	38.2	37.9	38.1	37.8	I 37.9 [3]
361	35.9	36.0	35.5	35.6	35.3	36.1	36.3	36.5	36.4	I 36.8 [3]
362	37.9	39.2	37.7	37.5	37.7	37.9	37.7	37.4	37.8	I 38.4 [3]
369	36.5	36.3	37.7	36.7	35.1	36.6	37.3	36.7	37.2	I 37.4 [3]
371	37.5	38.4	37.3	37.1	36.7	37.8	37.8	38.1	38.1	I 37.9 [3]
372	37.0	38.2	37.9	37.9	36.6	37.7	36.6	37.4	37.9	I 38.2 [3]
381	37.1	37.7	37.3	37.1	36.8	37.5	37.0	37.2	37.2	I 36.9 [3]
382	37.9	38.4	38.1	38.0	36.5	38.0	37.8	37.9	37.6	I 37.8 [3]
383	37.7	37.8	37.4	37.2	37.1	37.6	37.8	37.9	37.6	I 37.7 [3]
384	37.7	38.2	37.9	37.8	37.5	37.7	38.0	37.4	37.7	I 37.5 [3]
385	38.2	38.2	38.2	37.9	37.4	37.6	37.7	38.3	38.7	I 38.3 [3]
390	37.5	37.7	37.5	37.3	36.8	36.3	36.9	36.0	36.8	I 36.9 [3]

(a) ISIC - CITI - CIIU 1968: See Annex - Voir annexe - Véase anexo.

Explanatory notes and source: see p. 383 - Notes explicatives et source: voir p. 384 - Notas explicativas y fuente: véase p. 386

[1] Ø: Oct. of each year. [2] Workers on adult rates of pay. [3] Prior to 1980: adults.

[1] Ø: oct. de chaque année. [2] Travailleurs rémunérés sur la base de taux de salaire pour adultes. [3] Avant 1980: adultes.

[1] Ø: oct. de cada año. [2] Trabajadores pagados sobre la base de tasas de salarios para adultos. [3] Antes de 1980: adultos.

12 Hours of work per week in manufacturing
Durée du travail par semaine dans les industries manufacturières
Horas de trabajo por semana en las industrias manufactureras

B By major groups of industry / Par classe d'industrie / Por agrupaciones de industria

(a) Hours actually worked
(b) Hours paid for

(a) Heures réellement effectuées
(b) Heures rémunérées

(a) Horas efectivamente trabajadas
(b) Horas pagadas

Country, unit and scope Pays, unité et portée País, unidad y alcance	1971	1972	1973	1974	1975	1976	1977	1978	1979	1980
Yugoslavia [1] (b) [2]										
Total [3]										
311-312	183	181	181	181	181	181	...	184	...	...
313	181	182	182	182	182	182	...	184	...	...
314	177	177	177	177	180	180	...	184	...	...
321	176	175	175	175	179	179	...	183	...	...
322	179	178	178	178	180	180	...	183	...	...
323	183	180	180	180	181	181	...	183	...	...
324	178	174	174	174	178	178	...	182	...	...
331	180	179	179	179	180	180	...	183	...	...
332	177	176	176	176	176	176	...	183	...	...
341	184	182	182	182	183	183	...	185	...	...
342	182	182	182	182	184	184	...	186	...	...
351-356	186	184	184	184	184	184	...	184	...	...
352	180	178	178	178	180	180	...	184	...	...
353	183	182	182	182	183	183	...	185	...	...
354	178	177	177	177	179	179	...	187	...	...
355	178	175	175	175	179	179	...	182	...	...
356	.	.	.	.	.	.	...	183	...	...
361	180	180	180	180	181	181	...	185	...	...
362	181	181	181	181	181	181	...	183	...	...
369	186	184	184	184	184	184	...	184	...	...
371	186	184	184	184	184	184	...	186	...	...
372	180	178	178	178	180	180	...	186	...	...
381	185	182	182	182	184	184	...	186	...	...
382	186	183	183	183	183	183	...	187	...	...
383	176	180	180	180	181	181	...	186	...	...
384	182	180	180	180	180	180	...	187	...	...
385	180	177	177	177	180	180	...	184	...	...
390	180	176	176	176	179	179	...	184	...	...
OCEANIA - OCÉANIE - OCEANIA										
Australia [4] (b)										
Males - Hommes - Hombres [3]										
31	43.6	I 43.4 [5]	43.6	42.7	42.2	41.9	42.2	42.3	41.5	41.5
321-322,324	43.7	I 43.4 [5]	44.1	41.4	42.4	41.8	42.3	42.0	42.5	42.2
34	42.3	I 42.5 [5]	42.8	41.4	41.2	41.1	41.5	42.2	42.2	42.0
351	42.5	I 42.5 [5]	42.1	41.5	40.8	40.5	40.8	41.8	40.9	40.9
37	43.8	I 44.0 [5]	44.8	44.0	40.9	41.2	41.3	41.8	42.8	42.3
381-83	44.1	I 43.2 [5]	43.9	42.4	41.0	41.4	40.9	41.4	42.5	41.3
384	42.6	I 41.9 [5]	42.7	40.7	39.9	40.8	40.6	41.3	41.1	41.0
390	43.8	I 43.9 [5]	44.2	42.4	41.9	41.5	41.4	41.3	43.0	42.0

(a) ISIC - CITI - CIIU 1968: See Annex - Voir annexe - Véase anexo.

Explanatory notes and source: see p. 383 - Notes explicatives et source: voir p. 384 - Notas explicativas y fuente: véase p. 386

[1] Socialised sector. [2] Per month. [3] Employees. [4] ∅: Oct. of each year. [5] Scope of series revised.

[1] Secteur socialisé. [2] Par mois. [3] Salariés. [4] ∅: oct. de chaque année. [5] Portée de la série révisée.

[1] Sector socializado. [2] Por mes. [3] Asalariados. [4] ∅: oct. de cada año. [5] Alcance de la serie revisado.

12 Hours of work per week in manufacturing
Durée du travail par semaine dans les industries manufacturières
Horas de trabajo por semana en las industrias manufactureras

B By major groups of industry
Par classe d'industrie
Por agrupaciones de industria

(a) Hours actually worked
(b) Hours paid for

(a) Heures réellement effectuées
(b) Heures rémunérées

(a) Horas efectivamente trabajadas
(b) Horas pagadas

Country, unit and scope Pays, unité et portée País, unidad y alcance	1971	1972	1973	1974	1975	1976	1977	1978	1979	1980
Australia (b)										
Females - Femmes - Mujeres [1]										
31	39.3	▌39.8 [2]	40.4	39.4	38.7	39.1	39.2	39.2	39.5	39.1
321-322,324	39.2	▌39.3 [2]	39.3	38.3	38.6	38.3	38.7	38.8	39.7	39.7
34	39.6	▌39.7 [2]	40.2	39.0	38.8	39.4	39.4	39.1	39.6	40.1
35l	39.2	▌38.6 [2]	39.5	38.6	38.5	38.7	39.0	38.6	39.1	39.0
37	39.7	▌40.0 [2]	40.1	39.2	38.9	39.3	39.2	39.7	39.5	40.4
381-83	40.2	▌39.9 [2]	40.0	39.3	39.0	.	38.8	40.2	39.9	38.8
384	39.9	▌39.9 [2]	40.3	38.6	38.9	39.4	39.0	40.2	39.1	39.4
390	39.8	▌39.7 [2]	39.9	39.1	38.7	38.8	39.4	38.9	39.2	39.4
New Zealand [3] (b) [4]										
Total [1]										
311-312	40.5	40.2	40.2	40.0	39.7	39.7	38.6	37.5	...	...
313	42.4	42.4	42.0	41.0	40.9	40.3	40.0	39.8	...	...
314	39.7	41.8	41.2	39.8	39.7	39.0	39.3	38.7	...	...
321	38.4	38.6	30.0	38.3	37.8	38.6	38.1	38.2	...	...
322	34.6	34.3	34.3	33.8	34.3	34.6	34.9	34.7	...	...
323	37.9	37.3	36.8	36.7	36.5	36.7	36.0	37.1	...	...
324	36.6	37.1	36.9	36.4	35.9	35.9	36.2	37.1	...	...
331	41.0	40.9	41.5	41.5	40.4	40.8	39.8	39.4	...	...
332	39.4	39.5	40.1	39.3	38.5	38.3	37.9	37.8	...	...
341	41.6	41.5	42.4	47.7	41.3	41.4	41.6	39.6	...	...
342	38.4	38.3	38.4	38.3	37.9	37.6	37.9	37.3	...	...
351	42.3	43.1	43.3	43.2	41.8	42.9	43.3	43.3	...	...
352	38.2	38.1	38.0	38.0	34.2	37.8	37.8	38.5	...	...
353	40.2	40.3	40.6	40.3	41.7	41.4	41.7	43.1	...	...
354	41.8	42.7	44.1	44.1	42.7	41.7	43.6	42.7	...	...
355	40.5	40.7	41.1	39.8	40.0	39.3	39.0	39.5	...	...
356	41.2	41.2	41.9	41.0	40.4	39.8	40.3	39.7	...	...
361	37.8	41.3	35.7	33.5	36.6	39.9	38.3	39.1	...	...
362	43.0	43.5	42.4	39.2	41.0	42.7	41.6	40.4	...	...
369	42.8	43.3	44.2	42.9	43.3	42.1	42.4	41.6	...	...
371	44.0	43.5	45.8	45.1	40.9	41.7	41.6	41.4	...	...
372	42.8	43.3	43.8	43.2	39.6	41.8	41.9	41.7	...	...
381	41.4	41.5	41.9	41.4	40.5	39.8	40.1	39.7	...	...
382	41.6	41.6	42.0	41.6	39.9	40.0	39.8	39.5	...	...
383	39.0	39.2	39.5	38.8	38.8	38.3	38.5	38.6	...	...
384	41.1	40.8	41.5	42.3	41.2	39.2	39.9	30.1	...	...
385	37.6	37.6	38.1	37.7	37.9	37.8	37.3	37.2	...	...
390	36.4	36.9	36.8	36.0	35.9	36.0	36.4	36.8	...	...

(a) ISIC - CITI - CIIU 1968: See Annex - Voir annexe - Véase anexo.

Explanatory notes and source: see p. 383 - Notes explicatives et source: voir p. 384 - Notas explicativas y fuente: véase p. 386

[1] Employees. [2] Scope of series revised. [3] ∅: April and Oct. of each year. [4] Incl. juveniles.

[1] Salariés. [2] Portée de la série révisée. [3] ∅: avril et oct. de chaque année. [4] Y compris les jeunes gens.

[1] Asalariados. [2] Alcance de la serie revisado. [3] ∅: abril y oct. de cada año. [4] Incl. jóvenes.

12 Hours of work per week in manufacturing
Durée du travail par semaine dans les industries manufacturières
Horas de trabajo por semana en las industrias manufactureras

B By major groups of industry / Par classe d'industrie / Por agrupaciones de industria

(a) Hours actually worked (b) Hours paid for | (a) Heures réellement effectuées (b) Heures rémunérées | (a) Horas efectivamente trabajadas (b) Horas pagadas

Country, unit and scope Pays, unité et portée País, unidad y alcance	1971	1972	1973	1974	1975	1976	1977	1978	1979	1980
USSR – URSS – URSS										
URSS [1] (a)										
Total										
31	41.0	41.0	41.0	41.0	41.0	...	...	...	...	...
314	40.8	40.8	40.8	41.0	41.0	...	...	...	...	...
321	40.6	40.7	40.6	40.7	40.4	...	...	...	...	...
322	40.2	40.3	40.3	40.3	40.3	...	...	...	...	...
323-324	40.2	40.5	40.4	40.3	40.5	...	...	...	...	...
33	40.7	40.8	40.9	40.7	40.8	...	...	...	...	...
332	40.6	40.7	40.7	40.8	40.8	...	...	...	...	...
341	40.9	41.0	41.0	41.0	41.0	...	...	...	...	...
35	39.7	39.8	39.7	39.8	39.9	...	...	...	...	...
353	40.0	40.2	40.1	40.3	40.3	...	...	...	...	...
355	40.6	40.5	40.2	40.3	40.3	...	...	...	...	...
371	40.6	40.9	40.8	40.9	40.9	...	...	...	...	...
38	40.4	40.6	40.6	40.6	40.8	...	...	...	...	...
383	40.0	40.0	40.1	40.4	40.4	...	...	...	...	...
RSS de Biélorussie [1] (a)										
Total										
31	39.3	41.0	40.9	40.9	41.0	...	...	...	...	...
321	39.2	40.3	40.1	40.3	40.1	...	...	...	...	...
322	39.8	40.2	40.0	40.1	40.0	...	...	...	...	...
323-324	39.7	40.6	39.4	40.4	40.2	...	...	...	...	...
33	39.4	40.8	40.7	40.7	40.7	...	...	...	...	...
341	39.2	40.9	41.0	40.9	41.0	...	...	...	...	...
38	39.1	40.2	40.3	40.4	40.4	...	...	...	...	...

[a] ISIC – CITI – CIIU 1968: See Annex – Voir annexe – Véase anexo.

Explanatory notes and source: see p. 383 – Notes explicatives et source: voir p. 384 – Notas explicativas y fuente: véase p. 386

[1] Socialised sector. [1] Secteur socialisé. [1] Sector socializado.

13 Hours of work per week in mining and quarrying
Durée du travail par semaine dans les industries extractives
Horas de trabajo por semana en las minas y canteras

(a) Hours actually worked
(b) Hours paid for

(a) Heures réellement effectuées
(b) Heures rémunérées

(a) Horas efectivamente trabajadas
(b) Horas pagadas

Country, unit and scope Pays, unité et portée País, unidad y alcance	1971	1972	1973	1974	1975	1976	1977	1978	1979	1980
AFRICA – AFRIQUE – AFRICA										
Algérie (a)										
Total [1]	42.6	40.5	40.5	43.0	41.5	44.0	44.0	...	...	...
Burundi [2] (a)										
Total [3]	.	.	.	.	.	.	45.0	45.0	45.0	45.0
Egypt (b)										
Total [4]	52	54	53	55	64	60	57*	...	...	...
Sierra Leone (a) [5]										
Total [6]	47.1	49.8	55.8	48.3	41.6	41.6	41.6	40.5	40.5	40.5
AMERICA – AMÉRIQUE – AMERICA										
Bolivia (a)										
Total [3]	39.2	40.2	40.2	41.4	41.9	43.7	46.2	47.7	...	46.7
Canada (b)										
Total	40.4	40.3	40.9	40.4	40.0	40.3	40.6	40.5	41.1	40.8
Colombia [7] (a) [8]										
Males – Hom.	224	239	241	263	238	...	237	...	...	...
Ecuador (a)										
Total	55	53	51	47	49	53	47	51	50	...
Guyana (b)										
Total	45.7	40.1	40.1	43.6	43.3	48.0	43.4	46.6	47.7	...
Puerto Rico (b)										
Total	39.8	39.3	39.1	37.6	38.3	39.1	37.5	38.5	...	...
United States (b)										
Total	42.4	42.6	42.4	41.9	41.9	42.4	43.4	43.4	43.0	43.2
Venezuela [7] (a)										
Total	36.4	37.3	36.8	38.3	38.7	36.6	37.2	45.7	45.5	...
ASIA – ASIE – ASIA										
Burma [9] (a) [10]										
Total [11]	8.0	7.7	7.6	7.9	7.9	7.9	8.0	8.0	7.9	...
Cyprus [4] (b)										
Total [6]	.	.	.	.	43	43	44	45	46	45
India [12] (a)										
Total	47.2	47.5	47.4	47.7	47.4	46.9	47.1	47.4	...	...
Japan (a) [3]										
Total	43.9	43.8	I 44.3[13]	44.1	42.7	I 42.8[13]	43.0	43.4	I 43.6[14]	43.6

Explanatory notes and source: see p. 383 – Notes explicatives et source: voir p. 384 – Notas explicativas y fuente: véase p. 386

[1] ∅: April of each year. [2] Bujumbura. [3] Employees. [4] ∅: Oct. of each year. [5] ∅: May and Nov. of each year. [6] Adults. [7] Petroleum extraction. [8] Per month. [9] Metal mining. [10] Per day. [11] Workers engaged for less than 30 days (excl. casual workers). [12] Metal mining. [13] Sample design revised. [14] Beginning April 1979: sample design revised.

[1] ∅: avril de chaque année. [2] Bujumbura. [3] Salariés. [4] ∅: oct. de chaque année. [5] ∅: mai et nov. de chaque année. [6] Adultes. [7] Extraction du pétrole. [8] Par mois. [9] Extraction de minerais métalliques. [10] Par jour. [11] Travailleurs engagés pour moins de 30 jours (non compris les travailleurs occasionnels). [12] Extraction de minerais métalliques. [13] Plan d'échantillonnage révisé. [14] A partir d'avril 1979: plan d'échantillonnage révisé.

[1] ∅: abril de cada año. [2] Bujumbura. [3] Asalariados. [4] ∅: oct. de cada año. [5] ∅: mayo y nov. de cada año. [6] Adultos. [7] Extracción de petróleo. [8] Por mes. [9] Extracción de minerales metálicos. [10] Por día. [11] Trabajadores ocupados durante menos de 30 días (excl. los trabajadores ocasionales). [12] Extracción de minerales metálicos. [13] Diseño de la muestra revisado. [14] A partir de abril 1979: diseño de la muestra revisado.

13 Hours of work per week in mining and quarrying
Durée du travail par semaine dans les industries extractives
Horas de trabajo por semana en las minas y canteras

(a) Hours actually worked (b) Hours paid for — (a) Heures réellement effectuées (b) Heures rémunérées — (a) Horas efectivamente trabajadas (b) Horas pagadas

Country, unit and scope Pays, unité et portée País, unidad y alcance	1971	1972	1973	1974	1975	1976	1977	1978	1979	1980
Korea, Republic of (a) [1]										
Total	45.4	42.7	43.7	43.0	43.1	41.5	41.7	41.1	40.2	52.7
Philippines [2] (a)										
Total [3]	.	50.6	45.8	49.8	50.2	46.9	...	...	...	...
Singapore (a) [2]										
Total	48.2	50.4	51.3	47.8	▮ 51.1[4]	50.0	51.3	52.5	49.8	50.1
Sri Lanka [5] (b) [6]										
Total	.	.	.	.	.	44.0	49.5	45.1	46.8	40.8
République arabe syrienne (a) [7]										
Males - Hom. [8]	47.8	49.4	▮ 51.0[9]	42.1	39.9	38.9	43.7	...	...	...
EUROPE - EUROPE - EUROPA										
Belgique [10] (a)										
Total [11]	42.9	▮ 40.5[12]	39.1	38.9	36.8	37.6	36.7	36.3	37.3	37.7
Czechoslovakia [13] (a)										
Total	43.5	43.0	43.0	43.0	43.0	43.3	43.5	43.8	43.9	44.0
Denmark (a)										
Total	40.7	41.5	39.6	39.8	37.0	37.2	36.6	36.3	36.0	36.8
España (a) [3]										
Total [14]	.	.	.	.	.	.	43.9	42.9	43.3	...
Finland (a)										
Total	39.6	40.8	40.8	40.4	39.6	39.3	36.4	39.6	41.0	38.4
France (a)										
Total	42.6	42.1	▮ 41.6[15]	41.2	40.9	▮ 40.8[16]	40.4	40.1	40.1	40.0
Germany, Fed. Rep. of (b)										
Males - Hom.	41.7	40.6	▮ 41.8[16]	41.7	41.5	40.6	40.8	40.8	41.3	40.7
Hongrie [17] (a) [18]										
Total	164.4	160.9	160.2	159.8	160.0	161.8	161.8	160.9	161.1	160.8
Ireland (a) [19]										
Total [20]	.	.	47.9	44.3	43.5	44.9	47.2	45.0	43.5	44.2
Italie (a) [21]										
Total	7.92	7.92	7.93	7.98	7.97	7.88	7.92	▮ 8.03[22]	8.00	...
Luxembourg (a)										
Males - Hom. [11]	41.9	▮ 42.5[12]	43.1	44.6	40.0	40.2	39.7	40.8	41.7	39.8

Explanatory notes and source: see p. 383 - Notes explicatives et source: voir p. 384 - Notas explicativas y fuente: véase p. 386

[1] Employees. [2] ∅: Aug. of each year. [3] Civilian labour force employed. [4] Prior to 1975: ∅: July of each year. [5] Lead mining. [6] ∅: March and Sep. of each year. [7] ∅: May of each year. [8] Adults. [9] Prior to 1973: Nov. of each year. [10] Excl. coal mining. [11] ∅: Oct. of each year. [12] New industrial classification. [13] State industry. [14] ∅: fourth quarter of each year. [15] Revised series. [16] Sample design revised. [17] Socialised sector. [18] Per month. [19] ∅: Sep. of each year. [20] Incl. juveniles. [21] Per day. [22] Scope of series revised.

[1] Salariés. [2] ∅: août de chaque année. [3] Main-d'œuvre civile occupée. [4] Avant 1975: ∅: juillet de chaque année. [5] Mines de plomb. [6] ∅: mars et sept. de chaque année. [7] ∅: mai de chaque année. [8] Adultes. [9] Avant 1973: nov. de chaque année. [10] Non compris les mines de charbon. [11] ∅: oct. de chaque année. [12] Nouvelle classification industrielle. [13] Industrie d'Etat. [14] ∅: quatrième trimestre de chaque année. [15] Série révisée. [16] Plan d'échantillonnage révisé. [17] Secteur socialisé. [18] Par mois. [19] ∅: sept. de chaque année. [20] Y compris les jeunes gens. [21] Par jour. [22] Portée de la série révisée.

[1] Asalariados. [2] ∅: agosto de cada año. [3] Fuerza trabajadora civil ocupada. [4] Antes de 1975: ∅: julio de cada año. [5] Minas de plomo. [6] ∅: marzo y sept. de cada año. [7] ∅: mayo de cada año. [8] Adultos. [9] Antes de 1973: nov. de cada año. [10] Excl. las minas de carbón. [11] ∅: oct. de cada año. [12] Nueva clasificación industrial. [13] Industria de Estado. [14] ∅: cuarto trimestre de cada año. [15] Serie revisada. [16] Diseño de la muestra revisado. [17] Sector socializado. [18] Por mes. [19] ∅: sept. de cada año. [20] Incl. jóvenes. [21] Por día. [22] Alcance de la serie revisado.

13 Hours of work per week in mining and quarrying
Durée du travail par semaine dans les industries extractives
Horas de trabajo por semana en las minas y canteras

(a) Hours actually worked
(b) Hours paid for

(a) Heures réellement effectuées
(b) Heures rémunérées

(a) Horas efectivamente trabajadas
(b) Horas pagadas

Country, unit and scope Pays, unité et portée País, unidad y alcance	1971	1972	1973	1974	1975	1976	1977	1978	1979	1980
Netherlands (b) [1]										
Total [2]	42.9	43.9	45.0	45.1	43.9	43.2	43.1	43.0	42.4	...
Norway (a)										
Males - Hom. [3]	34.2	33.8	33.5	33.5	32.5	31.4	30.7	30.3	29.6	30.0
Portugal (a)										
Total	37.7	40.3	40.6	40.4	38.6	36.3	34.2	36.8	36.4	...
Sweden (a) [4]										
Total	146	140	138	135	128	127	132	...	...	...
United Kingdom [5] (a) [6]										
Males - Hom. [1]	49.3	49.0	48.8	48.0	47.2	46.4	47.2	47.2	46.8	❙ 47.9 [7]
Yugoslavia [8] (b) [4]										
Total [9]	185	184	185	184	185	185	185	186	...	...
OCEANIA - OCÉANIE - OCEANIA										
Australia [1] (b) [9]										
Males - Hom. [3]	44.0	43.6	43.9	42.4	41.1	41.5	41.2	40.0	41.7	42.3
New Zealand [10] (b) [2]										
Total [9]	.	.	.	.	.	.	42.7	42.7	41.7	...
USSR - URSS - URSS										
URSS (a) [8]										
Total	38.8	38.5	38.5	38.7	38.7	...	...	...	...	...

Explanatory notes and source: see p. 383 - Notes explicatives et source: voir p. 384 - Notas explicativas y fuente: véase p. 386

[1] ∅: Oct. of each year. [2] Incl. juveniles. [3] Adults. [4] Per month. [5] Excl. coal mining. [6] Workers on adult rates of pay. [7] Prior to 1980: adults. [8] Socialised sector. [9] Employees. [10] ∅: April and Oct. of each year.

[1] ∅: oct. de chaque année. [2] Y compris les jeunes gens. [3] Adultes. [4] Par mois. [5] Non compris les mines de charbon. [6] Travailleurs rémunérés sur la base de taux de salaire pour adultes. [7] Avant 1980: adultes. [8] Secteur socialisé. [9] Salariés. [10] ∅: avril et oct. de chaque année.

[1] ∅: oct. de cada año. [2] Incl. jóvenes. [3] Adultos. [4] Por mes. [5] Excl. las minas de carbón. [6] Trabajadores pagados sobre la base de tasas de salarios para adultos. [7] Antes de 1980: adultos. [8] Sector socializado. [9] Asalariados. [10] ∅: abril y oct. de cada año.

14 Hours of work per week in construction
Durée du travail par semaine dans la construction
Horas de trabajo por semana en la construcción

(a) Hours actually worked
(b) Hours paid for

(a) Heures réellement effectuées
(b) Heures rémunérées

(a) Horas efectivamente trabajadas
(b) Horas pagadas

Country, unit and scope Pays, unité et portée País, unidad y alcance	1971	1972	1973	1974	1975	1976	1977	1978	1979	1980
AFRICA – AFRIQUE – AFRICA										
Algérie (a)										
Total [1]	46.2	47.2	45.8	44.5	44.5	45.2	45.0	...	...	...
Burundi [2] (a)										
Total [3]	.	.	.	.	.	.	43.5	44.0	43.7	42.0
Egypt (b)										
Total [4]	59	56	56	57	58	53	52*	...	...	...
Sierra Leone (a) [5]										
Total [6]	47.1	50.3	42.2	48.6	46.8	45.6	45.5	45.5	45.5	44.0
South Africa (a)										
Total	45.0	44.8	45.6	46.1	45.9	45.2	46.0	46.2	45.0	45.8
AMERICA – AMÉRIQUE – AMERICA										
Bolivia (a)										
Total [3]	39.2	40.2	40.2	43.8	44.3	48.1	48.2	47.4	...	46.8
Canada (b)										
Total	39.2	40.1	39.5	39.1	39.0	38.9	38.7	39.0	39.4	39.1
El Salvador [7] (a)										
Males – Hom.	44.8	44.5	43.2	42.9	...	...	...	...	...	...
Guyana (b)										
Total	52.6	50.5	45.7	46.3	47.7	46.4	47.5	43.1	42.3	...
México (a)										
Total [4]	45.5	46.2	47.1	47.4	47.3	47.8	44.9	47.8	47.8	...
Perú (a) [8]										
Total [9]	.	.	.	46.0	49.1	50.0	49.0	49.0	48.4	...
United States (b)										
Total	37.2	36.5	36.8	36.6	36.4	36.8	36.5	36.8	37.0	37.0
ASIA – ASIE – ASIA										
Cyprus [4] (b)										
Total [6]	.	.	.	.	41	42	43	43	41	40
Israel (a) [3]										
Total	41.9	42.9	39.2	39.2	39.9	39.4	38.6	37.8	39.9	39.3
Japan (a) [3]										
Total	46.1	46.1	▮ 45.5[10]	44.3	43.0	▮ 42.9[10]	43.1	43.6	▮ 43.6[11]	43.6
Korea, Republic of (a) [3]										
Total	51.2	48.8	47.8	48.1	48.9	46.9	49.0	48.5	49.4	50.4

Explanatory notes and source: see p. 383 – Notes explicatives et source: voir p. 384 – Notas explicativas y fuente: véase p. 386

[1] ∅: April of each year. [2] Bujumbura. [3] Employees. [4] ∅: Oct. of each year. [5] ∅: May and Nov. of each year. [6] Adults. [7] Department of San Salvador. [8] Lima. [9] ∅: June of each year. [10] Sample design revised. [11] Beginning April 1979: sample design revised.

[1] ∅: avril de chaque année. [2] Bujumbura. [3] Salariés. [4] ∅: oct. de chaque année. [5] ∅: mai et nov. de chaque année. [6] Adultes. [7] Département de San Salvador. [8] Lima. [9] ∅: juin de chaque année. [10] Plan d'échantillonnage révisé. [11] A partir d'avril 1979: plan d'échantillonnage révisé.

[1] ∅: abril de cada año. [2] Bujumbura. [3] Asalariados. [4] ∅: oct. de cada año. [5] ∅: mayo y nov. de cada año. [6] Adultos. [7] Departamento de San Salvador. [8] Lima. [9] ∅: junio de cada año. [10] Diseño de la muestra revisado. [11] A partir de abril 1979: diseño de la muestra revisado.

14 Hours of work per week in construction
Durée du travail par semaine dans la construction
Horas de trabajo por semana en la construcción

(a) Hours actually worked
(b) Hours paid for

(a) Heures réellement effectuées
(b) Heures rémunérées

(a) Horas efectivamente trabajadas
(b) Horas pagadas

Country, unit and scope Pays, unité et portée País, unidad y alcance	1971	1972	1973	1974	1975	1976	1977	1978	1979	1980
Philippines [1] (a)										
Total [2]	.	46.1	43.6	44.8	47.3	45.8	...	...	...	...
Singapore (a) [1]										
Total	50.6	49.9	53.2	48.7	▌ 49.4[3]	48.8	48.5	48.9	48.5	50.0
Sri Lanka (b) [4]										
Total	.	.	.	.	.	51.0	54.0	49.2	43.5	43.0
EUROPE – EUROPE – EUROPA										
Austria (b)										
Total	38.1	37.9	37.4	37.1	37.8	39.1	39.5	39.5	...	...
Belgique [5] (a)										
Total [6]	41.3	▌ 41.3[7]	39.8	37.3	38.3	37.2	37.1	37.1	37.3	35.6
España (a) [2]										
Total [8]	.	.	.	.	.	.	44.2	43.3	43.8	...
France (a)										
Total	48.6	48.1	▌ 47.9[9]	47.2	45.8	▌ 44.6[10]	43.3	42.5	42.2	42.0
Germany, Fed. Rep. of (b)										
Total	44.1	43.6	▌ 43.1[10]	42.0	41.4	41.6	41.1	41.6	42.4	41.3
Gibraltar (b) [6]										
Total	54.4[11]	52.0[11]	54.4	52.2[12]	49.7[12]	49.0	51.8	52.8	46.0	40.7
Hongrie [13] (a) [14]										
Total	168.9	166.0	164.7	164.4	164.3	168.8	168.1	167.8	166.2	165.8
Ireland (a) [15]										
Total [16]	47.6	46.7	47.1	45.7	44.4	45.1	45.4	46.7	46.5	45.4
Ireland (a) [15]										
Total [17]	47.7	46.3	46.5	45.5	44.3	45.4	45.2	46.7	47.1	47.5
Italie (a) [18]										
Total	7.78	7.83	7.87	7.88	7.90	7.88	7.85	▌ 7.82[19]	7.83	...
Luxembourg (a)										
Males – Hom. [6]	50.6	▌ 50.7[7]	51.4	48.4	41.6	41.5	42.0	41.8	42.0	40.7
Netherlands (b) [6]										
Total [20]	44.1	43.2	42.8	42.2	41.0	40.9	40.8	40.7	40.8	...

Explanatory notes and source: see p. 383 – Notes explicatives et source: voir p. 384 – Notas explicativas y fuente: véase p. 386

[1] ∅: Aug. of each year. [2] Civilian labour force employed. [3] Prior to 1975: ∅: July of each year. [4] ∅: March and Sep. of each year. [5] Excl. coal mining. [6] ∅: Oct. of each year. [7] New industrial classification. [8] ∅: fourth quarter of each year. [9] Revised series. [10] Sample design revised. [11] April and October. [12] April. [13] Socialised sector. [14] Per month. [15] ∅: Sep. of each year. [16] Skilled wage earners. [17] Semi-skilled and unskilled wage earners. [18] Per day. [19] Scope of series revised. [20] Incl. juveniles.

[1] ∅: août de chaque année. [2] Main-d'œuvre civile occupée. [3] Avant 1975: ∅: juillet de chaque année. [4] ∅: mars et sept. de chaque année. [5] Non compris les mines de charbon. [6] ∅: oct. de chaque année. [7] Nouvelle classification industrielle. [8] ∅: quatrième trimestre de chaque année. [9] Série révisée. [10] Plan d'échantillonnage révisé. [11] Avril et octobre. [12] Avril. [13] Secteur socialisé. [14] Par mois. [15] ∅: sept. de chaque année. [16] Ouvriers qualifiés. [17] Ouvriers semi-qualifiés et non qualifiés. [18] Par jour. [19] Portée de la série révisée. [20] Y compris les jeunes gens.

[1] ∅: agosto de cada año. [2] Fuerza trabajadora civil ocupada. [3] Antes de 1975: ∅: julio de cada año. [4] ∅: marzo y sept. de cada año. [5] Excl. las minas de carbón. [6] ∅: oct. de cada año. [7] Nueva clasificación industrial. [8] ∅: cuarto trimestre de cada año. [9] Serie revisada. [10] Diseño de la muestra revisado. [11] Abril y octubre. [12] Abril. [13] Sector socializado. [14] Por mes. [15] ∅: sept. de cada año. [16] Obreros calificados. [17] Obreros semicalificados y no calificados. [18] Por día. [19] Alcance de la serie revisado. [20] Incl. jóvenes.

14 Hours of work per week in construction
Durée du travail par semaine dans la construction
Horas de trabajo por semana en la construcción

(a) Hours actually worked
(b) Hours paid for

(a) Heures réellement effectuées
(b) Heures rémunérées

(a) Horas efectivamente trabajadas
(b) Horas pagadas

Country, unit and scope Pays, unité et portée País, unidad y alcance	1971	1972	1973	1974	1975	1976	1977	1978	1979	1980
Portugal (a)										
Total	34.9	36.7	38.3	42.3	37.8	36.2	35.4	37.3	35.7	...
Suisse (b) [1]										
Total	.	.	47.3	47.0	46.1	45.8	45.9	45.8	45.8	45.7
United Kingdom (a) [2]										
Males - Hom. [3]	47.2	47.0	47.2	46.8	45.2	44.3	44.7	44.9	44.9	▌44.0 [4]
Yugoslavia [5] (b) [6]										
Total [7]	182	184	184	184	184	187	187	185	...	...
OCEANIA - OCÉANIE - OCEANIA										
Australia [3] (b) [7]										
Males - Hom. [8]	45.6	42.9	42.4	41.9	40.8	40.6	41.8	41.3	41.3	41.7
New Zealand [9] (b) [10]										
Total [7]	43.6	43.4	44.3	44.1	43.8	43.0	43.2	43.2	42.7	...
USSR - URSS - URSS										
URSS (a) [5]										
Total	40.8	40.9	40.9	40.7	41.0	40.7	40.6	41.0	41.0	41.0*

Explanatory notes and source: see p. 383 - Notes explicatives et source: voir p. 384 - Notas explicativas y fuente: véase p. 386

[1] Accident insurance statistics; excl. overtime. [2] Workers on adult rates of pay. [3] ∅: Oct. of each year. [4] Prior to 1980: adults. [5] Socialised sector. [6] Per month. [7] Employees. [8] Adults. [9] ∅: April and Oct. of each year. [10] Incl. juveniles.

[1] Statistiques d'assurances-accidents; non compris les heures supplémentaires. [2] Travailleurs rémunérés sur la base de taux de salaire pour adultes. [3] ∅: oct. de chaque année. [4] Avant 1980: adultes. [5] Secteur socialisé. [6] Par mois. [7] Salariés. [8] Adultes. [9] ∅: avril et oct. de chaque année. [10] Y compris les jeunes gens.

[1] Estadísticas del seguro de accidentes; excl. las horas extraordinarias. [2] Trabajadores pagados sobre la base de tasas de salarios para adultos. [3] ∅: oct. de cada año. [4] Antes de 1980: adultos. [5] Sector socializado. [6] Por mes. [7] Asalariados. [8] Adultos. [9] ∅: abril y oct. de cada año. [10] Incl. jóvenes.

15 Hours of work per week in transport, storage and communication
Durée du travail par semaine dans les transports, entrepôts et communications
Horas de trabajo por semana en los transportes, almacenaje y comunicaciones

(a) Hours actually worked
(b) Hours paid for

(a) Heures réellement effectuées
(b) Heures rémunérées

(a) Horas efectivamente trabajadas
(b) Horas pagadas

Country, unit and scope Pays, unité et portée País, unidad y alcance	1971	1972	1973	1974	1975	1976	1977	1978	1979	1980
AFRICA – AFRIQUE – AFRICA										
Algérie (a)										
Total [1]	45.0	47.5	43.8	43.8	43.8	44.0	44.0	...	...	...
Burundi [2] (a)										
Total [3]	.	.	.	.	.	.	47.0	48.0	46.0	45.0
Egypt (b)										
Total [4]	58	56	70	66	65	61	57*	...	...	...
Sierra Leone [5] (a) [6]										
Total [7]	58.6	49.5	55.9	45.3	44.2	43.8	43.2	43.0	44.0	44.0
AMERICA – AMÉRIQUE – AMERICA										
Bolivia (a)										
Total [3]	48.7	49.3	50.3	49.6	50.4	50.5	50.1	51.7	...	49.1
Canada [8] (b)										
Total	41.9	42.1	41.9	41.6	40.5	40.7	40.9	40.9	40.3	...
Guyana (b)										
Total	42.4	44.8	42.2	48.9	45.6	46.0	46.8	54.2	50.4	...
Perú (a) [9]										
Total [10]	.	.		.	56.4	66.4	55.8	54.9	53.3	...
United States [11] (b)										
Total	43.2	43.9	44.5	44.0	43.3	43.7	43.5	43.7	43.9	43.0
ASIA – ASIE – ASIA										
Burma [12] (a) [13]										
Total [14]	7.7	7.9	7.9	7.9	8.0	8.0	8.0	7.5	7.8	...
Cyprus [4] (b)										
Total [7]	.	.	.	.	48	49	52	53	50	51
Israel (a) [3]										
Total	42.7	42.8	39.0	39.8	41.0	40.9	39.5	38.7	40.5	39.7
Japan (a) [3]										
Total	43.7	43.6	▮ 43.9[15]	42.7	42.2	▮ 42.1[15]	41.9	41.7	▮ 42.2[16]	41.8
Korea, Republic of (a) [3]										
Total	55.5	50.8	51.3	51.9	51.0	50.5	49.5	49.4	49.5	50.4
Peninsular Malaysia [17] (a) [18]										
Total [19]	215	213	213	213	225	225	196	212	...	...

Explanatory notes and source: see p. 383 – Notes explicatives et source: voir p. 384 – Notas explicativas y fuente: véase p. 386

[1] ∅: April of each year. [2] Bujumbura. [3] Employees. [4] ∅: Oct. of each year. [5] Incl. sea transport. [6] ∅: May and Nov. of each year. [7] Adults. [8] Local transport. [9] Lima. [10] ∅: June of each year. [11] Major railways [12] Excl. storage and communication; incl. sea transport. [13] Per day. [14] Workers engaged for less than 30 days (excl. casual workers). [15] Sample design revised. [16] Beginning April 1979: sample design revised. [17] Road haulage; employees. [18] Per month. [19] ∅: July of each year.

[1] ∅: avril de chaque année. [2] Bujumbura. [3] Salariés. [4] ∅: oct. de chaque année. [5] Y compris les transports par mer. [6] ∅: mai et nov. de chaque année. [7] Adultes. [8] Transports locaux. [9] Lima. [10] ∅: juin de chaque année. [11] Principales lignes de chemins de fer. [12] Non compris les entrepôts et communications; y compris les transports maritimes. [13] Par jour. [14] Travailleurs engagés pour moins de 30 jours (non compris les travailleurs occasionnels). [15] Plan d'échantillonnage révisé. [16] A partir d'avril 1979: plan d'échantillonnage révisé. [17] Camionnage; salariés. [18] Par mois. [19] ∅: juillet de chaque année.

[1] ∅: abril de cada año. [2] Bujumbura. [3] Asalariados. [4] ∅: oct. de cada año. [5] Incl. el transporte marítimo. [6] ∅: mayo y nov. de cada año. [7] Adultos. [8] Transportes locales. [9] Lima. [10] ∅: junio de cada año. [11] Lineas principales de ferrocarriles. [12] Excl. almacenaje y comunicaciones; incl. los transportes marítimos. [13] Por día. [14] Trabajadores ocupados durante menos de 30 días (excl. los trabajadores ocasionales). [15] Diseño de la muestra revisado. [16] A partir de abril 1979: diseño de la muestra revisado. [17] Camionaje; asalariados. [18] Por mes. [19] ∅: julio de cada año.

15 Hours of work per week in transport, storage and communication
Durée du travail par semaine dans les transports, entrepôts et communications
Horas de trabajo por semana en los transportes, almacenaje y comunicaciones

(a) Hours actually worked
(b) Hours paid for

(a) Heures réellement effectuées
(b) Heures rémunérées

(a) Horas efectivamente trabajadas
(b) Horas pagadas

Country, unit and scope Pays, unité et portée País, unidad y alcance	1971	1972	1973	1974	1975	1976	1977	1978	1979	1980
Philippines [1] (a)										
Total [2]	.	50.4	49.9	49.8	51.7	50.7	...	...	...	...
Singapore [3] (a) [1]										
Total	48.4	43.2	45.8	47.5	I 49.1 [4]	47.5	49.0	50.2	50.1	...
Sri Lanka [5] (b) [6]										
Total	.	.	.	.	.	46.8	49.5	53.9	53.4	51.7
EUROPE - EUROPE - EUROPA										
España (a) [2]										
Total [7]	.	.	.	.	.	.	47.7	46.8	47.1	...
France [8] (a)										
Total	45.2	44.1	I 43.5 [9]	42.8	42.2	I 42.6 [10]	42.2	42.1	41.9	41.8
Gibraltar (b) [11]										
Total	49.2 [12]	48.8 [12]	50.0	46.8 [13]	45.6 [13]	45.1	45.3	...	48.1	37.2
Netherlands (b) [11]										
Total [14]	45.0	46.5	45.5	45.3	44.0	43.9	43.4	43.6	43.8	...
Suisse (b) [15]										
Total	.	.	46.6	46.3	46.2	46.0	45.8	45.7	45.6	45.5
United Kingdom (a) [16]										
Males - Hom. [11]	48.0	48.5	49.6	49.5	47.3	47.5	48.0	48.8	48.6	I 47.1 [17]
Yugoslavia [18] (b) [19]										
Total [20]	187	188	188	188	188	189	189	187	...	...
OCEANIA - OCÉANIE - OCEANIA										
Australia [11] (b) [20]										
Males - Hom. [21]	44.9	42.5	43.3	42.1	40.8	41.4	41.1	40.8	41.1	41.1
New Zealand [22] (b) [20]										
Total [14]	41.0	40.9	41.7	42.1	41.3	41.0	41.3	40.9	41.2	...

Explanatory notes and source: see p. 383 – Notes explicatives et source: voir p. 384 – Notas explicativas y fuente: véase p. 386

[1] ∅: Aug. of each year. [2] Civilian labour force employed. [3] Incl. sea transport. [4] Prior to 1975: ∅: July of each year. [5] Excl. storage and communication. [6] ∅: March and Sep. of each year. [7] ∅: fourth quarter of each year. [8] Excl. communications [9] Revised series. [10] Sample design revised. [11] ∅: Oct. of each year. [12] April and October. [13] April. [14] Incl. juveniles. [15] Accident insurance statistics; excl. overtime. [16] Workers on adult rates of pay. [17] Prior to 1980: adults; excl. railways. [18] Socialised sector; incl. sea transport. [19] Per month. [20] Employees. [21] Adults. [22] ∅: April and Oct. of each year.

[1] ∅: août de chaque année. [2] Main-d'œuvre civile occupée. [3] Y compris les transports par mer. [4] Avant 1975: ∅: juillet de chaque année. [5] Non compris les entrepôts et communications. [6] ∅: mars et sept. de chaque année. [7] ∅: quatrième trimestre de chaque année. [8] Non compris les communications. [9] Série révisée. [10] Plan d'échantillonnage révisé. [11] ∅: oct. de chaque année. [12] Avril et octobre. [13] Avril. [14] Y compris les jeunes gens. [15] Statistiques d'assurances-accidents; non compris les heures supplémentaires. [16] Travailleurs rémunérés sur la base de taux de salaire pour adultes. [17] Avant 1980: adultes; non compris les chemins de fer. [18] Secteur socialisé; y compris les transports maritimes. [19] Par mois. [20] Salariés. [21] Adultes. [22] ∅: avril et oct. de chaque année.

[1] ∅: agosto de cada año. [2] Fuerza trabajadora civil ocupada. [3] Incl. el transporte marítimo. [4] Antes de 1975: ∅: julio de cada año. [5] Excl. almacenaje y comunicaciones. [6] ∅: marzo y sept. de cada año. [7] ∅: cuarto trimestre de cada año. [8] Excl. las comunicaciones. [9] Serie revisada. [10] Diseño de la muestra revisado. [11] ∅: oct. de cada año. [12] Abril y octubre. [13] Abril. [14] Incl. jóvenes. [15] Estadísticas del seguro de accidentes; excl. las horas extraordinarias. [16] Trabajadores pagados sobre la base de tasas de salarios para adultos. [17] Antes de 1980: adultos; excl. los ferrocarriles. [18] Sector socializado; incl. los transportes marítimos. [19] Por mes. [20] Asalariados. [21] Adultos. [22] ∅: abril y oct. de cada año.

CHAPTER
CHAPITRE
CAPITULO

V

Wages
Salaires
Salarios

Wages

The statistics of wages presented in tables 16 to 21 are, in general, *average earnings* per wage earner or in some cases *wage rates.* Occasionally wage indices are given in the absence of absolute wage data. Where in some cases the series also cover salaried employees, this is indicated in a footnote. Unless otherwise stated, the series cover wage earners of both sexes without distinction as to age. Data by sex are presented whenever possible.

The data on *average earnings* are usually derived from payroll data supplied by a sample of establishments often furnishing the same data on hours of work and on employment. In a few cases average earnings are compiled on the basis of *social insurance statistics.*

Earnings data from payrolls of establishments usually refer to cash payments received from employers (before deduction of taxes and social security contributions payable by workers) and include remuneration for normal working hours; overtime pay; remuneration for time not worked (public holidays, annual vacation, sick leave and other paid leave); bonuses and gratuities; cost of living allowances and special premiums (such as end-of year bonuses). When earnings include the value of payments in kind and family allowances, this is indicated in a footnote. Statistics of earnings derived from social insurance records usually yield lower averages than payroll data because overtime pay, incentive pay and the like may be excluded as well as wages exceeding a certain upper limit.

Statistics of wage rates are in most cases based on collective agreements, arbitration awards or other wage-setting decisions, which generally specify minimum rates for particular occupations or groups of workers. In some countries rates actually paid correspond closely to these minima. In countries where the fixing of wage rates is widespread, series of average wage rates in particular industries or groups of industries are calculated, using as weights the numerical importance in a given year of the different occupations for which rates are available in the industries covered. Data on wage rates usually refer only to rates for adults working normal hours, and therefore payments for overtime and other supplementary wage elements are not taken into account; cost-of-living allowances, however, are often included, and other allowances fixed in the wage-setting process, such as housing allowances, are sometimes included. Some countries obtain average *rates actually paid* (straight-time earnings) from establishment payrolls in the same way as average earnings are obtained. Rates actually paid usually cover the remuneration on the basis of normal time worked, both for normal and overtime hours, but exclude incentive pay and other bonuses as well as the premium part of overtime pay. Rates actually paid are sometimes also gathered by labour inspectors.

The definitions of *earnings* and *wage rates* as stated in the resolution adopted by the Twelfth International Conference of Labour Statisticians (Geneva, 1973) are given in the publication: *International recommendations on labour statistics* (Geneva, ILO, 1976).

The different types of wages statistics are indicated in the tables by the following codes:

(EG) *Earnings*

(RT) *Wage rates*

In making comparisons between wage series account must be taken of differences in concepts, scope, methods of compilation and of presentation of the data.[1] Earnings data show fluctuations which reflect the influence both of changes in wage rates and supplementary wage payments. Weekly, daily and monthly earnings are in addition much dependent on variations in average hours of work. Statistics of wage rates do not reflect the influence of changes in wage supplements nor the influence of variations in hours of work. The fluctuations of average earnings obtained from global payrolls are also influenced by changes in the employment structure, i.e. the relative importance of males, females, unskilled and skilled labour, etc., while average wage rates are normally compiled using the employment structure of a given year as weights. Average hourly earnings are generally higher than hourly rates because the former include overtime payments, premiums, bonuses and allowances which do not enter into statistics of wage rates. Average weekly or monthly earnings should also be higher than the corresponding rates, but may sometimes fall short of wage rates because of loss of working time through sickness, absenteeism or part-time work.

Comparisons through time are less affected by differences in concepts, definitions and methods of compilation of the data than comparisons of wage levels at a given date.

Statistical series of nominal wages by themselves do not throw light on the amount of goods and services which can be purchased with wages since the purchasing power of money wages differs greatly between countries. Calculations of *real wages* need the combination of three types of data: wages, prices of goods and services consumed by workers and the consumption patterns of workers' families.[2] The assessment of international differences in real wages is further complicated by the need to convert the wage figures into a common currency by means of appropriate exchange rates. Crude indicators of time trends of real wages are normally obtained for a country by dividing average gross earnings (or indices of gross earnings) by an index of consumer prices.

Comparisons of *labour cost* between different industries of one country or between different countries cannot be based on earnings statistics alone. The statistical concept of labour cost includes, in addition to gross earnings, the following components: employers' social security expenditure; cost of vocational training; cost of welfare services; cost of transport of workers to and from work, cost of work clothes, cost of recruitment, etc.; taxes regarded as labour cost.[2]

Table 16

Wages in non-agricultural activities

Unless otherwise indicated in footnotes, the wage series shown in this table cover the following divisions of economic activity: Mining and quarrying; Manufacturing; Electricity, gas and water; Construction; Wholesale and retail trade, restaurants and hotels; Transports, storage and communication; Financing, insurance, real estate and business services; Community, social and personal services. In some cases, however, these divisions are only represented by certain of the groups composing them.

Table 17

Wages in manufacturing

Part A of table 17 shows wages in manufacturing industries as a whole; where in a few cases other industries are also included in the series, this is indicated in a footnote.

Part B of table 17 shows wages in specified manufacturing industries. The data are presented separately for each country.

So far as possible, the different manufacturing industries have been arranged according to the International Standard Industrial Classification of All Economic Activities (see Appendix) with the corresponding code number of the different industrial major groups.

Tables 18 to 20

Wages in mining and quarrying; construction; transport, storage and communication

Tables 18 to 20 show statistics of wages in three major divisions of economic activity as follows: table 18, Mining and quarrying; table 19, Construction; and table 20, Transport, storage and communication (excl. sea transport).

Table 21

Wages in agriculture

The statistics of agricultural wages presented in table 21 refer in most cases to general farm labourers. A distinction is made between *permanent* workers, *seasonal* workers and day workers; in the last-mentioned group, *regular* day labourers and casual day labourers are distinguished.

The methods of payment and the types of labour contracts and arrangements in agriculture are often quite different from those in other activities. To indicate the nature of the wage statistics given in each column a special notation has been adopted: the sign I at the top of the column indicates that the statistics refer to total wages which are paid entirely in cash; the sign II standing alone indicates that the figures refer to the money part of the wages only, although the workers receive payments in kind in addition; where the sign *a* is added, it indicates that the value of meals furnished is included in the amounts of wages shown and, similarly, *b* indicates that the value of lodging furnished is included. The figures are identified in some cases as representing rates of pay or earnings.

International comparisons of wages are subject to greater reservations with respect to agriculture than for other activities. The nature of the work carried out by the different categories of farm workers and the length of the working day and week also show considerable variation from one country to another. Seasonal fluctuations in agricultural wages are more important in some countries than in others.

In general, series marked I, representing the complete wage of workers who are remunerated entirely in cash, are more comparable internationally than series marked either II + *a* + *b* or II alone. Comparisons between series marked II alone, in which the figures do not include the value of board and lodging provided by the employer, are subject to special reservations owing to differences in each case in the relative importance of these payments in kind.

A major drawback of international comparisons of series marked II + *a* + *b* lies in the lack of uniformity in the methods followed in the different countries for estimating the money value of the payments in kind included. Where the data relate to similar occupations and units of time (day, week or month), these series may nevertheless be considered to be roughly comparable with one another and with series marked I, which also refer to the complete wage of the workers covered.

[1] For descriptions of the various national series, their scope, coverage, methods of compilation and definitions used, etc., see ILO: *Technical Guide 1980* (descriptions of general series published in the *Bulletin* and the *Year Book of Labour Statistics*), Vol. II, "Employment – Unemployment – Hours of Work – Wages" (Geneva, 1980).

[2] See, e. g., ILO: *An integrated system of wages statistics: A manual on methods* (Geneva, 1979).

Salaires

Les statistiques des salaires présentées dans les tableaux 16 à 21 sont en général celles des *gains moyens* par ouvrier ou, dans quelques cas, celles des *taux de salaire*. Exceptionnellement, ce sont les indices des salaires qui sont reproduits, à défaut de données absolues sur les salaires. Quand les employés sont compris dans une série, ce fait est indiqué en note de bas de page. Les séries couvrent, sauf indication contraire, les ouvriers (hommes et femmes), sans distinction d'âge. Dans la mesure du possible, les données sont publiées par sexe.

Les données sur *les gains moyens* sont généralement tirées des bordereaux de salaires remis par un échantillon d'établissements qui, fréquemment, fournissent à la fois des données sur la durée du travail et sur l'emploi. Dans quelques cas, les gains moyens sont calculés à partir des *statistiques d'assurances sociales*.

Les données sur les *gains*, tirées des bordereaux de salaires des établissements, comprennent en général les paiements en espèces de l'employeur (avant déduction des impôts et des cotisations de sécurité sociale à la charge des travailleurs); la rémunération pour les heures normales de travail; le paiement des heures supplémentaires; la rémunération pour les heures de travail payées, mais non effectuées (jours fériés, congés annuels, congés de maladie et autres congés payés); les primes et gratifications, les allocations de cherté de vie et les versements spéciaux (par exemple les gratifications de fin d'année). Lorsque les gains comprennent également la valeur des paiements en nature et les allocations familiales, ce fait est indiqué en note de bas de page. Les statistiques des gains calculées à partir des registres d'assurances sociales fournissent généralement des moyennes inférieures à celles qui sont obtenues à partir des bordereaux de salaires, les heures supplémentaires, les primes de stimulation, etc., pouvant être exclues, de même que les salaires qui dépassent un certain niveau.

Les *statistiques des taux de salaire* se fondent le plus souvent sur les conventions collectives, les décisions d'arbitrage ou les décisions d'autorités réglementant les salaires, qui spécifient généralement des taux minima pour des professions particulières ou des catégories de travailleurs déterminées. Dans quelques pays, les taux effectivement payés sont très proches de ces minima. Dans d'autres, où il est d'usage de fixer des taux de salaire, on calcule les séries des taux de salaire moyens dans des branches d'activité économique particulières ou dans des groupes de branches d'activité, en pondérant ces taux suivant l'importance numérique que revêtent, au cours d'une année donnée, les différentes professions pour lesquelles on connaît les taux appliqués dans les branches d'activité couvertes par ces statistiques. Les données relatives aux taux de salaire ne concernent généralement que les taux de rémunération des adultes travaillant pendant l'horaire normal. Par conséquent, il n'est pas tenu compte de la rémunération des heures supplémentaires et des autres éléments qui s'ajoutent au salaire; cependant, les allocations de cherté de vie sont souvent comprises dans les calculs, de même que d'autres allocations déterminées par la procédure de fixation des salaires, par exemple l'indemnité de logement. Dans quelques pays, on obtient les *taux* moyens *effectivement payés* (rémunération au temps exclusivement) en utilisant les bordereaux de salaires des établissements, de la même façon que pour les gains moyens. En général, les taux effectivement payés comprennent la rémunération calculée sur la base de la durée normale du travail, aussi bien pour les heures supplémentaires que pour la durée normale du travail, mais ils ne tiennent pas compte des primes de stimulation et d'autres versements spéciaux, pas plus que de la part de la rémunération des heures supplémentaires correspondant aux primes. Parfois, ce sont les inspecteurs du travail qui prennent note des taux effectivement payés.

Les définitions des *gains* et des *taux de salaire*, énoncées dans la résolution adoptée par la douzième Conférence internationale des statisticiens du travail (Genève, 1973), figurent dans la publication: *Recommandations internationales sur les statistiques du travail* (Genève, 1975).

Les différents types de statistiques des salaires sont indiqués dans les tableaux par les codes suivants:

(E.G.): *Gains*

(R.T.): *Taux de salaire*

Lorsqu'on fait une comparaison entre des séries concernant les salaires, il y a lieu de tenir compte des différences que peuvent présenter les notions, la portée économique, les méthodes d'établissement des séries et la présentation des données[1]. Les données concernant les gains sont sujettes à des fluctuations qui traduisent des changements survenus aussi bien dans les taux de salaire que dans les paiements supplémentaires. En outre, les gains hebdomadaires, journaliers et mensuels dépendent très fortement des variations de la durée moyenne du travail. Par contre, les statistiques des taux de salaire ne subissent pas l'influence des changements affectant les suppléments de salaire, ni celle des variations de la durée du travail. Les fluctuations des gains moyens obtenus à partir de l'ensemble des bordereaux de salaires sont également influencées par les changements survenus dans la structure de l'emploi, c'est-à-dire par l'importance relative des travailleurs, des travailleuses, de la main-d'œuvre non qualifiée et de la main-d'œuvre qualifiée, etc., tandis que les taux de salaire moyens sont calculés le plus souvent en prenant la structure de l'emploi d'une année donnée comme coefficient de pondération. Les gains horaires moyens sont généralement plus élevés que les taux de salaire horaires, les premiers comprenant la rémunération des heures supplémentaires, les gratifications, les primes et les allocations, qui n'entrent pas dans les statistiques des taux de salaire. Les gains hebdomadaires ou mensuels moyens devraient aussi être plus élevés que les taux de salaire correspondants, mais il arrive qu'ils leur soient inférieurs en raison des heures de travail perdues du fait de la maladie, de l'absentéisme ou du travail à temps partiel.

Les comparaisons dans le temps se ressentent moins des différences de notions, de définitions et de méthodes de calcul que les comparaisons des niveaux de salaire à une date donnée.

Les séries statistiques de salaires nominaux ne mettent pas en lumière, par elles-mêmes, la quantité de biens et de services qui peut être achetée avec l'argent gagné, étant donné que le pouvoir d'achat des salaires varie beaucoup selon les pays. Les calculs des *salaires réels* exigent la combinaison de trois sortes de données: sur les salaires, sur les prix des biens et des services consommés par les travailleurs, ainsi que sur la structure de la consommation des familles[2]. L'évaluation des différences internationales des salaires réels est plus compliquée car il est nécessaire de convertir les données de salaire en une devise de référence commune, au moyen de taux de change appropriés. Pour un pays donné, on obtient généralement des indicateurs approximatifs des tendances des salaires réels en divisant les gains bruts moyens (ou les indices des gains bruts) par un indice des prix à la consommation.

Une comparaison du coût de la main-d'œuvre entre différentes branches d'activité d'un même pays ou entre différents pays ne peut pas se fonder sur les seules statistiques des salaires. La notion statistique du coût de la main-d'œuvre englobe, en plus des gains bruts, les éléments suivants: les dépenses de sécurité sociale à la charge de l'employeur; le coût de la formation professionnelle; le coût des services sociaux; les frais de transport des travailleurs entre le domicile et le lieu de travail; le coût des vêtements de travail; le coût du recrutement, etc.; les impôts considérés comme coût de la main-d'œuvre[2].

Tableau 16

Salaires dans les activités non agricoles

Sauf indication contraire figurant en note de bas de page, les séries présentées dans ce tableau couvrent les branches d'activité économique ci-après: industries extractives; industries manufacturières; électricité, gaz et eau; construction; commerce de gros et de détail, restaurants et hôtels; transports, entrepôts et communications; banque, assurances, affaires immobilières et services fournis aux entreprises; services fournis à la collectivité, services sociaux et services personnels. Dans quelques cas, toutefois, ces branches d'activité ne sont représentées que par une partie seulement des classes qui les composent.

Tableau 17

Salaires dans les industries manufacturières

La partie A du tableau 17 indique les salaires dans l'ensemble des industries manufacturières; dans les quelques cas où d'autres branches d'activité sont également comprises dans la série, une indication est donnée à ce sujet en note de bas de page.

La partie B du tableau 17 concerne les salaires dans les industries manufacturières spécifiées. Les données sont présentées séparément pour chaque pays.

Dans toute la mesure possible, les différentes industries manufacturières ont été ordonnées conformément à la *Classification internationale type, par industrie, de toutes les branches d'activité économique* (voir annexe), avec indication du numéro de code correspondant aux différentes classes d'industries.

Tableaux 18 à 20

Salaires dans les industries extractives, dans la construction, ainsi que dans les transports, entrepôts et communications

Les tableaux 18 à 20 contiennent les statistiques des salaires dans trois branches d'activité économique principales, à savoir: tableau 18, industries extractives; tableau 19, construction; tableau 20, transports, entrepôts et communications (non compris les transports par mer).

Tableau 21

Salaires dans l'agriculture

Les statistiques des salaires dans l'agriculture présentées au tableau 21 se rapportent, dans la plupart des cas, aux travailleurs agricoles non spécialisés. Une distinction est faite entre les travailleurs *permanents*, les travailleurs *saisonniers* et les travailleurs *journaliers*; dans ce dernier groupe, on distingue les travailleurs journaliers *réguliers* et les travailleurs journaliers *occasionnels*.

Les modes de rémunération, les types de contrats de travail et les dispositions prises dans l'agriculture sont souvent très différents de ceux qui prévalent dans les autres branches d'activité. Pour indiquer le genre de statistiques des salaires présentées dans chaque colonne, on a adopté une notation spéciale: le symbole I placé en haut de la colonne indique que les statistiques se rapportent aux salaires totaux payés entièrement en espèces; le symbole II représenté seul indique que les chiffres se rapportent seulement à la partie du salaire payée en espèces, bien que les travailleurs reçoivent en outre des prestations en nature; l'adjonction du symbole *a* indique que la valeur des repas fournis est comprise dans le montant des salaires, tandis que le symbole *b* indique que le montant des salaires englobe la valeur du logement fourni. Dans certains cas les chiffres représentent des taux de salaire ou des gains.

Les comparaisons internationales des salaires sont sujettes à de plus grandes réserves pour l'agriculture que pour les autres branches d'activité. La nature du travail effectué par les différentes catégories de travailleurs agricoles et la durée de la journée de travail ou de la semaine de travail présentent également des différences considérables d'un pays à un autre. Les fluctuations saisonnières des salaires agricoles sont plus accusées dans certains pays que dans d'autres.

En général, les séries marquées I, qui représentent le salaire complet des travailleurs rémunérés entièrement en espèces, se prêtent mieux à une comparaison internationale que les séries marquées II + *a* + *b* ou simplement II. Les comparaisons entre les séries marquées II, dans lesquelles les chiffres ne comprennent pas la valeur des repas et du logement fournis par l'employeur, doivent faire l'objet de réserves spéciales car l'importance relative de ces paiements en nature diffère dans chaque cas.

Une réserve importante concernant les comparaisons internationales des séries marquées II + *a* + *b* réside dans le manque d'uniformité des méthodes suivies dans les différents pays pour estimer la valeur nominale des paiements en nature. Quand les données se rapportent aux mêmes professions et unités de temps (journée, semaine ou mois), ces séries peuvent néanmoins être considérées comme approximativement comparables entre elles ainsi qu'avec les séries marquées I, qui se rapportent également aux salaires complets des travailleurs couverts par ces séries.

[1] Pour les descriptions des diverses séries nationales, de leur portée, des méthodes de calcul et des définitions utilisées, etc., voir BIT: *Guide technique 1980* (description des séries générales publiées dans le *Bulletin* et l'*Annuaire des statistiques du travail*), vol. II: «Emploi – Chômage – Durée du travail – Salaires» (Genève, 1980).

[2] Voir notamment BIT: *Un système intégré de statistiques des salaires: Manuel de méthodologie* (Genève, 1980).

Salarios

Las estadísticas de salarios presentadas en los cuadros 16 a 21 son en general las de las *ganancias medias* por trabajador y, en algunos casos, las de las *tarifas de salarios*. Excepcionalmente, a falta de cifras absolutas sobre los salarios, se reproducen los índices de salarios. En los casos en que se ha incluido a los empleados en una serie, el hecho se indica en una nota de pie de página. Salvo indicación en contrario, las series abarcan a los trabajadores manuales (hombres y mujeres) sin distinción de edad. En la medida de lo posible, se publican los datos por sexo.

Las estadísticas sobre las *ganancias medias* se obtienen por lo general de las nóminas de salarios proporcionadas por una muestra de establecimientos, que con frecuencia dan al mismo tiempo indicaciones sobre las horas de trabajo y el empleo. En algunos casos, las ganancias medias se calculan basándose en las *estadísticas del seguro social*.

Los datos sobre dichas *ganancias*, obtenidos de las nóminas de salarios, comprenden en general los pagos en efectivo del empleador (antes de deducir los impuestos y las cotizaciones de la seguridad social a cargo de los trabajadores); la remuneración de las horas normales de trabajo; el pago de las horas extraordinarias; la remuneración de las horas de trabajo pagadas pero no efectuadas (días feriados, vacaciones anuales, ausencias por motivo de enfermedad y otros permisos pagados); las primas y gratificaciones, las asignaciones por carestía de vida y pagos especiales (por ejemplo, las gratificaciones de fin de año). Cuando las ganancias comprenden también el valor de los pagos en especie y las asignaciones familiares, se indica el hecho en una nota de pie de página. Las estadísticas de las ganancias calculadas sobre la base de los registros del seguro social suelen arrojar promedios más bajos que los obtenidos basándose en las nóminas de salarios, ya que aquéllos pueden excluir los pagos por horas extraordinarias, primas de estímulo, etc., así como también los salarios que sobrepasan de determinado límite.

Las *estadísticas de tarifas de salarios* se basan de ordinario en los contratos colectivos, en las decisiones arbitrales o en otros procedimientos de fijación de salarios, donde generalmente se especifican las tarifas mínimas en determinadas ocupaciones o para grupos particulares de trabajadores. En algunos países las tarifas realmente pagadas se aproximan mucho a esos mínimos. En países donde está muy generalizada la práctica de fijar las tarifas de salarios, se calculan las series de las tarifas medias de salarios en determinadas industrias o grupos de industrias utilizando como ponderaciones las cifras correspondientes a la importancia numérica en un año dado de las diferentes ocupaciones sobre las cuales se dispone de tarifas en las industrias comprendidas en las estadísticas. Las estadísticas de tarifas de salarios se refieren generalmente sólo a las tarifas para los adultos que trabajan las horas normales, y por lo mismo no se incluyen los pagos por horas extraordinarias y por suplementos de salarios. En cambio, con frecuencia se incluyen en las estadísticas tanto las asignaciones por carestía de vida como otras asignaciones determinadas por el sistema de fijación de salarios (por ejemplo, los subsidios de vivienda). Algunos países establecen promedios de *tarifas efectivamente pagadas* (ganancias de tiempo seguido) sirviéndose de las nóminas de pagos de establecimientos y utilizando el mismo método que para las ganancias medias. Las tarifas efectivamente pagadas comprenden en general la remuneración del tiempo normalmente trabajado, es decir, las horas ordinarias y las extraordinarias, pero excluyen las primas de estímulo y otras gratificaciones, como también la porción correspondiente a las primas en la remuneración por horas extraordinarias. Las tarifas efectivamente pagadas son compiladas a veces por los inspectores del trabajo.

Las definiciones de *ganancias* y *tasas de salarios*, enunciadas en la resolución adoptada por la duodécima Conferencia Internacional de Estadígrafos del Trabajo (Ginebra, 1973), figuran en la publicación *Recomendaciones internacionales sobre estadísticas del trabajo* (Ginebra, 1975).

Los diferentes tipos de estadísticas de salarios se distinguen en los cuadros por medio de las claves siguientes:

(E.G.): *Ganancias*

(R.T.): *Tasas de salarios*

Al hacer comparaciones entre las series de salarios se deben tener presentes las diferencias de conceptos, alcance, métodos de compilación y de presentación de las estadísticas[1]. Los datos sobre las ganancias presentan fluctuaciones que reflejan la influencia tanto de los cambios en las tarifas de salarios como en los demás suplementos de los salarios. Además, las ganancias diarias, semanales o mensuales dependen en gran parte de las variaciones en el promedio de horas de trabajo. Las estadísticas de las tarifas de salarios no revelan la influencia de las modificaciones de los suplementos de los salarios ni la influencia de las variaciones de las horas de trabajo. Las fluctuaciones de las ganancias medias que se obtienen de las nóminas de salarios globales dependen también de los cambios en la estructura del empleo, es decir, la mayor o menor importancia relativa que tengan los hombres, las mujeres, los trabajadores no calificados y los trabajadores calificados, etc.; las tarifas medias de salarios se calculan ordinariamente utilizando como ponderación la estructura del empleo en un año determinado. Las ganancias medias por hora son ordinariamente mayores que las tarifas por hora, ya que las primeras incluyen el pago de las horas extraordinarias, las primas, las bonificaciones y otras gratificaciones que no se incluyen en las estadísticas de tarifas de salarios. Las ganancias medias por semana o por mes son más elevadas que sus correspondientes tarifas, pero a veces pueden no existir dichas tarifas de salarios por razón de la pérdida de tiempo laborable a causa de enfermedad, absentismo o trabajo a media jornada.

Las comparaciones en el tiempo se ven menos afectadas por las diferencias de conceptos, definiciones y métodos de compilación de los datos que las comparaciones de los niveles de salarios en una fecha determinada.

Las series estadísticas de salarios nominales no permiten determinar por sí solas la cantidad de bienes y servicios que se pueden comprar con el dinero ganado, ya que el poder adquisitivo de los salarios varía mucho según los países. Los cálculos de los *salarios reales* exigen la combinación de tres tipos de datos, a saber: sobre los salarios; sobre los precios de bienes y servicios consumidos por los trabajadores, y sobre la composición del consumo de los hogares[2]. La evaluación de las diferencias internacionales de los salarios reales es más complicada, pues requiere la conversión de las cifras sobre los salarios en una moneda común de referencia, por medio de tipos de cambio apropiados. Tratándose de un país determinado, por lo general se obtienen indicadores aproximados de las tendencias de los salarios reales dividiendo las ganancias brutas medias (o los índices de ganancias brutas) por un índice de precios de consumo.

La comparación de *costo de la mano de obra* entre diferentes ramas de actividad de un mismo país o entre diferentes países no puede fundarse únicamente en las estadísticas de salarios. La noción estadística del costo de la mano de obra abarca, además de las ganancias brutas, los siguientes elementos: los gastos de la seguridad social a cargo del empleador; el costo de la formación profesional; el costo de los servicios sociales; los gastos del transporte de los trabajadores entre el domicilio y el lugar de trabajo, el costo de la ropa de trabajo, gastos de reclutamiento, etc.; los impuestos considerados como costo de la mano de obra[2].

Cuadro 16

Salarios en los sectores no agrícolas

Salvo indicación contraria en notas de pie de página, las series de salarios de este cuadro incluyen las siguientes divisiones de la actividad económica: minas y canteras; industrias manufactureras; electricidad, gas y agua; construcción; comercio al por mayor y al por menor y restaurantes y hoteles; transportes, almacenaje y comunicaciones; establecimientos financieros, seguros, bienes inmuebles y servicios prestados a las empresas; servicios comunales, sociales y personales. En algunos casos, estas divisiones sólo están representadas por una parte de los grupos que las componen.

Cuadro 17

Salarios en las industrias manufactureras

La parte A del cuadro 17 indica las estadísticas de salarios en todas las industrias manufactureras; cuando en ciertos casos se incluyen otras industrias, así se indica en notas de pie de página.

La parte B del cuadro 17 presenta las estadísticas de salarios en industrias manufactureras especificadas. Se presentan los datos de cada país por separado.

En la medida de lo posible, las diferentes industrias manufactureras han sido ordenadas según la Clasificación industrial internacional uniforme de todas las actividades económicas (véase apéndice), con indicación del correspondiente número de código de los diferentes grupos de industrias.

Cuadros 18 a 20

Salarios en minas y canteras; construcción; transportes, almacenaje y comunicaciones

Los cuadros 18 a 20 presentan las estadísticas de salarios en tres divisiones principales de actividad económica, a saber: cuadro 18: minas y canteras; cuadro 19: construcción; cuadro 20: transportes, almacenaje y comunicaciones (excl. el transporte marítimo).

Cuadro 21

Salarios en la agricultura

Las estadísticas de los salarios en la agricultura presentadas en el cuadro 21 se refieren ordinariamente a los trabajadores agrícolas en general. Se distingue entre trabajadores *permanentes,* trabajadores *de temporada* y *jornaleros;* este último grupo se subdivide en jornaleros *regulares* y jornaleros *ocasionales.*

Los sistemas de remuneración y los tipos de contratos y de acuerdos en la agricultura son a menudo muy diferentes de los que rigen en otras actividades. Para indicar el género de las estadísticas de salarios presentadas en cada columna se ha adoptado una notación especial: el símbolo I en la parte superior de la columna indica que las cifras se refieren a salarios totales pagados por entero en dinero. El símbolo II, a solas, indica que las cifras se refieren únicamente a la porción en dinero de los salarios, aun cuando los trabajadores reciban pagos en especie; cuando se ha agregado el símbolo *a,* las cifras incluyen, como parte del salario, las comidas suministradas, y, del mismo modo, el símbolo *b* indica que se incluye el valor del alojamiento proporcionado. En ciertos casos las cifras representan tarifas de salarios o ganancias.

Las comparaciones internacionales de salarios en la agricultura se hallan sujetas a reservas aún mayores que las de otras actividades. La naturaleza del trabajo que efectúan las diferentes categorías de trabajadores agrícolas y la duración de la jornada o de la semana de trabajo varían considerablemente de un país a otro. En ciertos países, los salarios agrícolas sufren variaciones estacionales más importantes que en otros.

En general, las series marcadas con el símbolo I, que representan el salario total de aquellos trabajadores cuya remuneración se paga enteramente en efectivo, se prestan mejor a la comparación internacional que las series marcadas ya sea con II + *a* + *b* o simplemente con II. Las comparaciones entre las series marcadas solamente II, en las que las cifras no incluyen el valor de la alimentación ni el del alojamiento proporcionados por el empleador, deben ser objeto de especiales reservas, dadas la diferencias en la importancia relativa de estos pagos en especie.

Un inconveniente importante en las comparaciones internacionales de las series marcadas II + *a* + *b* es la falta de uniformidad de los métodos utilizados en los diferentes países para estimar el valor en dinero de los pagos en especie incluidos en los datos. Cuando las informaciones se refieren a las mismas ocupaciones y unidades de tiempo (día, semana o mes), estas series pueden considerarse como aproximadamente comparables, tanto entre sí como con las series marcadas I, que corresponden también a los salarios totales de los trabajadores comprendidos.

[1] Para las descripciones de las diversas series nacionales, su alcance, métodos de compilación y definiciones utilizados, etc., véase OIT: *Guía Técnica 1980* (descripciones de las series generales publicadas en el *Boletín* y el *Anuario de Estadísticas del Trabajo*), vol. II, «Empleo – Desempleo – Horas de trabajo – Salarios» (Ginebra, 1980).

[2] Véase en particular OIT: *Un système intégré de statistiques des salaires: Manuel de méthodologie* (Ginebra, 1980).

16 Wages in non-agricultural activities
Salaires dans les activités non agricoles
Salarios en las actividades no agrícolas

Earnings *(E.G.)* or rates *(R.T.)* per hour *(h.)*, day *(d.j.)*, week *(w.s.)* or month *(m.)*

Gains *(E.G.)* ou taux *(R.T.)* par heure *(h.)*, jour *(d.j.)*, semaine *(w.s.)* ou mois *(m.)*

Ganancias *(E.G.)* o tasas *(R.T.)* por hora *(h.)*, día *(d.j.)*, semana *(w.s.)* o mes *(m.)*

Country, unit and scope Pays, unité et portée País, unidad y alcance	1971	1972	1973	1974	1975	1976	1977	1978	1979	1980
AFRICA – AFRIQUE – AFRICA										
Algérie (E.G./h. – Dinars)										
Total [1]	2.63	2.88	2.94	3.27	3.56	3.79	4.12	4.51	...	...
Burundi [2] (E.G./m. – Francs) [3]										
Total [4]	.	.	3 726	5 109	5 028	.	6 193	7 693	8 344	9 824
Rép.-Unie du Cameroun (R.T./h. – Francs, CFA) [5]										
Total [6]	.	.	.	.	.	74.05	85.44	103.85	103.85	114.05
Egypt [7] (E.G./w.s. – Pounds)										
Total	3.99	4.50	4.67	5.31	5.58	6.52	8.00*	...	...	...
Males – Hom.	4.06	4.58	4.76	5.40	5.69	6.62	8.19*	...	...	...
Fem. – Muj.	2.74	3.21	3.11	3.70	3.85	4.97	5.14*	...	...	...
Kenya [8] (E.G./m. – Shillings) [9]										
Total [4]	591.6	634.7	679.8	719.1	802.1	905.9	986.5	1 066.7	1 162.5	...
Malawi (E.G./m. – Kwacha) [4]										
B Total	37.06	36.84	37.71	40.99	42.64	44.94	▌ 48.76[10]	55.87	60.39	...
Mauritius (E.G./d.j. – Rupees) [11]										
Total [12]	5.80	6.88	7.66	9.46	11.44	15.98	18.96	22.26	24.38	29.94
Nigeria (R.T./d.j. – Naira)										
Total	.	0.9	0.9	1.4	2.0	2.0	2.2	2.4	2.6	...
Sierra Leone [13] (E.G./w.s. – Leones) [14]										
Total [15]	8.5	8.9	8.8	9.3	10.3	11.3	11.5	12.0	13.5	17.8
Swaziland [16] (E.G./m. – Emalangeni) [8]										
Males – Hom. [6]	.	208	204	187	283	▌ 315[17]	284	404	...	...
Swaziland [16] (E.G./m. – Emalangeni) [8]										
Males – Hom. [18]	.	23	25	38	49	▌ 51[17]	78	71	...	...
Zambia [19] (E.G./m. – Kwacha) [20]										
Total [4]	.	89	100	99	101	131	138	...	...	...
AMERICA – AMÉRIQUE – AMERICA										
Bahamas [21] (R.T./h. – Dollars)										
Total	.	2.08	2.51	2.75	2.88	2.79	...	...	...	...

Explanatory notes and source: see p. 433 – Notes explicatives et source: voir p. 435 – Notas explicativas y fuente: véase p. 437

[1] ∅: April of each year. [2] Bujumbura. [3] Incl. family allowances. [4] Employees. [5] Average rates. [6] Skilled wage earners. [7] ∅: Oct. of each year. [8] ∅: June of each year. [9] Incl. the value of payments in kind. [10] Beginning 1977: sample of establishments and revised allocation of establishments in the industrial classification. [11] ∅: Sep. of each year. [12] Incl. development workers. [13] Excl. major divisions 4, 7, 8 and 9. [14] ∅: May and Nov. of each year. [15] Adults. [16] Incl. agriculture and forestry. [17] Prior to 1976, ∅: Sep. of each year. [18] Unskilled wage earners. [19] Excl. domestic services; ∅: fourth quarter of each year. [20] Zambians. [21] Excl. mining and quarrying.

[1] ∅: avril de chaque année. [2] Bujumbura. [3] Y compris les allocations familiales. [4] Salariés. [5] Taux moyens. [6] Ouvriers qualifiés. [7] ∅: oct. de chaque année. [8] ∅: juin de chaque année. [9] Y compris la valeur des paiements en nature. [10] A partir de 1977: échantillon d'établissements et changements dans leur répartition industrielle. [11] ∅: sept. de chaque année. [12] Y compris les personnes occupées à des travaux publics de développement. [13] Non compris les branches 4, 7, 8 et 9. [14] ∅: mai et nov. de chaque année. [15] Adultes. [16] Y compris l'agriculture et la sylviculture. [17] Avant 1976, ∅: sept. de chaque année. [18] Ouvriers non qualifiés. [19] Non compris les services domestiques; ∅: quatrième trimestre de chaque année. [20] Zambiens. [21] Non compris les industries extractives.

[1] ∅: abril de cada año. [2] Bujumbura. [3] Incl. las asignaciones familiares. [4] Asalariados. [5] Tasas medias. [6] Obreros calificados. [7] ∅: oct. de cada año. [8] ∅: junio de cada año. [9] Incl. el valor de los pagos en especie. [10] A partir de 1977: muestra de establecimientos y cambios en la distribución industrial de los establecimientos. [11] ∅: sept. de cada año. [12] Incl. las personas ocupadas en planes de desarrollo. [13] Excl. las grandes divisiones 4, 7, 8 y 9. [14] ∅: mayo y nov. de cada año. [15] Adultos. [16] Incl. agricultura y silvicultura. [17] Antes de 1976, ∅: sept. de cada año. [18] Obreros no calificados. [19] Excl. los servicios domésticos; ∅: cuarto trimestre de cada año. [20] Zambianos. [21] Excl. las minas y canteras.

16 Wages in non-agricultural activities
Salaires dans les activités non agricoles
Salarios en las actividades no agrícolas

Earnings *(E.G.)* or rates *(R.T.)* per hour *(h.)*, day *(d.j.)*, week *(w.s.)* or month *(m.)*

Gains *(E.G.)* ou taux *(R.T.)* par heure *(h.)*, jour *(d.j.)*, semaine *(w.s.)* ou mois *(m.)*

Ganancias *(E.G.)* o tasas *(R.T.)* por hora *(h.)*, día *(d.j.)*, semana *(w.s.)* o mes *(m.)*

Country, unit and scope Pays, unité et portée País, unidad y alcance	1971	1972	1973	1974	1975	1976	1977	1978	1979	1980
Bolivia (R.T./m. – Pesos)										
Total [1]	1 095	1 129	1 260	1 750	1 750	1 750	2 518	2 716	3 979	4 380
Canada [2] (E.G./w.s. – Dollars) [1]										
B Total	137.64	149.22	160.46	178.09	203.34	228.03	249.95	265.37	288.25	317.38
Costa Rica (E.G./m. – Colones)										
Total	.	.	956	1 109	1 338	1 487	1 639	1 854	2 104	... [3]
Cuba (E.G./m. – Pesos)										
Total [1]	120.08	127.25	129.92	134.00	140.00	143.00	145.00	...	...	...
Guyana [4] (E.G./w.s. – Dollars)										
Total	49.78	51.88	53.13	58.74	61.70	70.58	73.83	52.53	58.41	...
Honduras (E.G./w.s. – Lempiras)										
Total [1]	.	.	48.72	40.53	43.21	58.54	53.09	68.47	77.54	93.52
Netherlands Antilles (E.G./m. – Guilders)										
Total [1]	.	.	449	520	601	652	902	896	...	982
Nicaragua [5] (E.G./h. – Córdobas)										
Total [1]	4.42	4.60	4.62	5.44	5.92	6.33	6.60	6.96	8.73	11.23
Perú [6] (E.G./d.j. – Soles) [7]										
Total [8]	124	154	189	218	260	314	379	516	753	1 432* [9]
Trinidad and Tobago [10]										
B Total [11]	.	.	.	.	.	.	*113.2*	*140.8*	*170.4*	*208.0*
United States (E.G./h. – Dollars)										
B Total	3.45	3.70	3.94	4.24	4.53	4.86	5.25	5.69	6.16	6.66
Uruguay [12] [13]										
Total [14]	*193*	*283*	*546*	*949*	*1 593*	*2 226*	*3 067*	*4 242*	*6 378*	*9 792*
Venezuela [15] (E.G./m. – Bolívares)										
B Total	1 254	1 326	1 356	1 667	1 862	1 816	1 915	2 646	...	...
ASIA – ASIE – ASIA										
Brunei [16] (E.G./h. – Dollars)										
Total [1]	.	1.64	1.87	2.05	1.86	1.86	2.17	2.87	2.98	4.96
Cyprus [16] (E.G./w.s. – Pounds) [17]										
Total [11]	.	.	.	.	15.09	15.75	19.57	24.22	29.62	36.39
Males – Hom. [11]	.	.	.	.	17.25	18.16	23.19	28.84	34.86	42.85
Fem. – Muj. [11]	.	.	.	.	9.47	10.20	12.62	14.98	19.06	23.27

Explanatory notes and source: see p. 433 – Notes explicatives et source: voir p. 435 – Notas explicativas y fuente: véase p. 437

[1] Employees. [2] Incl. forestry and logging. [3] ∅: eleven months' average. [4] Excl. major divisions 4, 8 and 9. [5] Excl. major divisions 4, 6, 8 and 9. [6] Excl. major divisions 2 and 4. [7] Lima. [8] ∅: June of each year. [9] May. [10] Index of minimum daily wage rates (Nov. 1976 = 100). [11] Adults. [12] Montevideo. [13] Excl. mining and quarrying. [14] Private sector; employees; index of average monthly wage rates (1970 = 100). [15] Excl. construction and transport. [16] ∅: Oct. of each year. [17] Incl. family allowances and the value of payments in kind.

[1] Salariés. [2] Y compris la sylviculture et l'exploitation forestière. [3] ∅: moyenne de onze mois. [4] Non compris les branches 4, 8 et 9. [5] Non compris les branches 4, 6, 8 et 9. [6] Non compris les branches 2 et 4. [7] Lima. [8] ∅: juin de chaque année. [9] Mai. [10] Indice des taux journaliers de salaire minimum (nov. 1976 = 100). [11] Adultes. [12] Montevideo. [13] Non compris les industries extractives. [14] Secteur privé; salariés; indice des taux mensuels de salaire moyen (1970 = 100). [15] Non compris la construction et les transports. [16] ∅: oct. de chaque année. [17] Y compris les allocations familiales et la valeur des paiements en nature.

[1] Asalariados. [2] Incl. silvicultura y la explotación de la madera. [3] ∅: promedio de once meses. [4] Excl. las grandes divisiones 4, 8 y 9. [5] Excl. las grandes divisiones 4, 6, 8 y 9. [6] Excl. las grandes divisiones 2 y 4. [7] Lima. [8] ∅: junio de cada año. [9] Mayo. [10] Indice de las tasas de salario mínimo por día (nov. de 1976 = 100). [11] Adultos. [12] Montevideo. [13] Excl. las minas y canteras. [14] Sector privado; asalariados; indice de las tasas de salario medio por mes (1970 = 100). [15] Excl. construcción y transportes. [16] ∅: oct. de cada año. [17] Incl. las asignaciones familiares y el valor de los pagos en especie.

16 Wages in non-agricultural activities
Salaires dans les activités non agricoles
Salarios en las actividades no agrícolas

Earnings *(E.G.)* or rates *(R.T.)* per hour *(h.)*, day *(d.j.)*, week *(w.s.)* or month *(m.)*

Gains *(E.G.)* ou taux *(R.T.)* par heure *(h.)*, jour *(d.j.)*, semaine *(w.s.)* ou mois *(m.)*

Ganancias *(E.G.)* o tasas *(R.T.)* por hora *(h.)*, día *(d.j.)*, semana *(w.s.)* o mes *(m.)*

Country, unit and scope Pays, unité et portée País, unidad y alcance	1971	1972	1973	1974	1975	1976	1977	1978	1979	1980
Israel (E.G./m. – Shekels) [1]										
B Total [2]	80	90	115	156	I 216 [3]	288	425	657	I 1 260 [4]	2 845
Japan (E.G./m. – Yen) [5]										
B Total [2]	86 834	100 586	I 122 545 [4]	154 967	177 213	I 200 242 [4]	219 620	235 378	I 247 909 [6]	263 386
B Males – Hom. [2]	102 486	117 816	I 143 614 [4]	180 686	204 295	I 230 999 [4]	253 698	271 121	I 289 018 [6]	309 218
B Fem. – Muj. [2]	53 577	62 882	I 76 324 [4]	97 392	114 067	I 129 675 [4]	141 644	152 420	I 158 825 [6]	166 397
Jordan [7] (E.G./d.j. – Dinars) [8]										
Total [2]	.	.	1.29	1.38	1.50	1.88	2.08	2.29	2.47 [9]	...
Korea, Republic of (E.G./m. – Won) [10]										
B Total [2]	20 581	24 179	26 954	35 542	46 019	62 362	82 355	111 201	142 665	176 058
Males – Hom. [2]	.	.	.	.	.	78 716	107 648	145 733	185 366	223 825
Fem. – Muj. [2]	.	.	.	.	.	37 015	47 384	62 100	80 274	99 380
Philippines [11] (R.T./d.j. – Pesos) [12]										
Total [13]	11.89	12.48	13.14	14.36	14.94	15.53	17.16	19.27	21.23	22.58
Philippines [11] (R.T./d.j. – Pesos) [12]										
Total [14]	9.84	10.42	10.62	11.55	12.51	13.15	13.85	14.42	15.19	15.79
Singapore [15] (E.G./h. – Dollars) [16]										
Total	99	104	119	136	I 154 [17]	163	170	181	200	227
Sri Lanka [18] (E.G./h. – Rupees)										
Total [19]	1.04	1.15	1.09	1.34	1.49	1.58	1.86	2.79	2.66	2.96
Sri Lanka [18] (E.G./d.j. – Rupees)										
Total [19]	9.29	10.35	9.97	12.48	13.72	14.40	19.19	26.95	25.41	27.22
Sri Lanka [20] (R.T./d.j. – Rupees) [21]										
B Total [8]	5.15	5.30	5.83	6.88	8.04	8.77	8.81	10.83	12.65	15.39
EUROPE – EUROPE – EUROPA										
Austria [22] (E.G./m. – Schillings)										
Total	5 270	5 820	6 590	7 530	8 440	9 170	10 010	10 660	11 236	11 860

Explanatory notes and source: see p. 433 – Notes explicatives et source: voir p. 435 – Notas explicativas y fuente: véase p. 437

[1] Incl. payments subject to income tax and the value of payments in kind. [2] Employees. [3] Prior to July 1975: incl. family allowances but excl. other payments. [4] Sample design revised. [5] Incl. family allowances and mid- and end-of-year bonuses. [6] Beginning April 1979: sample design revised. [7] ∅: April of each year. [8] Adults. [9] June. [10] Incl. family allowances and the value of payments in kind. [11] Excl. major divisions 2 and 9. [12] Manila. [13] Skilled wage earners. [14] Unskilled wage earners. [15] Incl. agriculture, fishing and sea transport. [16] ∅: Aug. of each year. [17] Prior to 1975: ∅: July of each year. [18] Excl. major divisions 4, 8 and 9. [19] ∅: March and Sep. of each year. [20] Excl. major divisions 2, 4, 8 and 9. [21] Minimum rates. [22] Excl. major division 6.

[1] Y compris les versements soumis à l'impôt sur le revenu et la valeur des paiements en nature. [2] Salariés. [3] Avant juillet 1975: y compris les allocations familiales mais non compris d'autres paiements. [4] Plan d'échantillonnage révisé. [5] Y compris les allocations familiales et les primes de mi et de fin d'année. [6] A partir d'avril 1979: plan d'échantillonnage révisé. [7] ∅: avril de chaque année. [8] Adultes. [9] Juin. [10] Y compris les allocations familiales et la valeur des paiements en nature. [11] Non compris les branches 2 et 9. [12] Manille. [13] Ouvriers qualifiés. [14] Ouvriers non qualifiés. [15] Y compris l'agriculture, la pêche et les transports maritimes. [16] ∅: août de chaque année. [17] Avant 1975: ∅: juillet de chaque année. [18] Non compris les branches 4, 8 et 9. [19] ∅: mars et sept. de chaque année. [20] Non compris les branches 2, 4, 8 et 9. [21] Taux minima. [22] Non compris la branche 6.

[1] Incl. los pagos sometidos al impuesto sobre la renta y el valor de los pagos en especie. [2] Asalariados. [3] Antes de julio de 1975: incl. las asignaciones familiares pero excl. otros pagos. [4] Diseño de la muestra revisado. [5] Incl. las asignaciones familiares y las primas de mitad y de fin de año. [6] A partir de abril 1979: diseño de la muestra revisado. [7] ∅: abril de cada año. [8] Adultos. [9] Junio. [10] Incl. las asignaciones familiares y el valor de los pagos en especie. [11] Excl. las grandes divisiones 2 y 9. [12] Manila. [13] Obreros calificados. [14] Obreros no calificados. [15] Incl. agricultura, pesca y los transportes marítimos. [16] ∅: agosto de cada año. [17] Antes de 1975: ∅: julio de cada año. [18] Excl. las grandes divisiones 4, 8 y 9. [19] ∅: marzo y sept. de cada año. [20] Excl. las grandes divisiones 2, 4, 8 y 9. [21] Tasas mínimas. [22] Excl. la gran división 6.

16 Wages in non-agricultural activities
Salaires dans les activités non agricoles
Salarios en las actividades no agrícolas

Earnings *(E.G.)* or rates *(R.T.)* per hour *(h.)*, day *(d.j.)*, week *(w.s.)* or month *(m.)*

Gains *(E.G.)* ou taux *(R.T.)* par heure *(h.)*, jour *(d.j.)*, semaine *(w.s.)* ou mois *(m.)*

Ganancias *(E.G.)* o tasas *(R.T.)* por hora *(h.)*, día *(d.j.)*, semana *(w.s.)* o mes *(m.)*

Country, unit and scope Pays, unité et portée País, unidad y alcance	1971	1972	1973	1974	1975	1976	1977	1978	1979	1980
Belgique [1] (E.G./h. – Francs)										
B Total [2]	76.96	I 88.71 [3]	101.33	127.01	146.85	I 163.28 [4]	178.88	189.23	204.27	222.39
B Males – Hom. [2]	82.04	I 94.81 [3]	108.18	135.47	156.07	I 173.94 [4]	190.51	201.59	217.77	237.23
B Fem. – Muj. [2]	55.41	I 64.95 [3]	74.48	94.20	111.06	I 121.84 [4]	133.39	140.92	151.68	164.61
Bulgarie [5] (E.G./m. – Leva) [6]										
Total [7]	126.5	130.9	139.2	142.0	146.4	148.1	151.4	157.3	164.9	181.4*
Czechoslovakia [6] (E.G./m. – Koruny) [7]										
B Total	2 018	2 099	2 165	2 236	2 308	2 373	2 448	2 521	2 583	2 645
Denmark [8] (E.G./h. – Kroner)										
B Total [9]	19.65	21.93	25.32	30.20	35.94	40.08	43.97	48.49	54.00	60.05
B Males – Hom. [9]	20.46	22.78	26.16	31.05	36.82	41.03	45.00	49.67	55.40	61.70
B Fem. – Muj. [9]	15.10	17.21	20.73	25.40	30.62	34.55	38.32	42.12	46.94	52.12
España [10] (E.G./h. – Pesetas)										
Total [7]	39.72	46.41	55.49	70.08	90.18	117.43	154.31	194.00	239.00	...
France [11] (E.G./h. – Francs)										
B Total [2]	6.55	7.46	8.57	10.29	11.88	I 13.74 [12]	15.51	17.37	19.46	22.60
B Males – Hom. [2]	.	7.82	8.99	10.81	12.47	I 14.48 [12]	16.32	18.29	20.50	23.71
B Fem. – Muj. [2]	.	6.13	7.08	8.43	9.81	I 11.32 [12]	12.78	14.46	16.24	18.75
France [11] (R.T./h. – Francs)										
B Total [9]	5.17	I 5.80 [13]	6.93	8.24	9.66	I 11.11 [12]	12.57	14.13	15.95	18.39
B Males – Hom. [9]	5.34	I 5.97 [13]	7.16	8.50	9.95	I 11.48 [12]	13.00	14.59	16.44	18.96
B Fem. – Muj. [9]	4.66	I 5.24 [13]	6.12	7.33	8.63	I 9.92 [12]	11.20	12.68	14.37	16.56
German Democratic Rep. [14] (E.G./m. – Mark) [15]										
Total [7]	792	818	843	867	897	927	954	985	1 014	1 030
Germany, Fed. Rep. of [16] (E.G./h. – Mark) [17]										
B Total	6.82	7.42	I 8.23 [12]	9.13	9.85	10.49	11.27	11.88	12.55	13.41
B Males – Hom.	7.25	7.89	I 8.76 [12]	9.68	10.40	11.08	11.89	12.52	13.25	14.16
B Fem. – Muj.	5.05	5.53	I 6.16 [12]	6.90	7.52	8.02	8.64	9.13	9.62	10.25

Explanatory notes and source: see p. 433 – Notes explicatives et source: voir p. 435 – Notas explicativas y fuente: véase p. 437

[1] Excl. major divisions 4, 6, 7, 8 and 9. [2] ∅: Oct. of each year. [3] New industrial classification. [4] Prior to 1976: incl. major division 4. [5] Incl. agriculture and sea transport. [6] Socialised sector. [7] Employees. [8] Series covering mainly manufacturing and construction and parts of major divisions 4, 6, 7 and 8. [9] Adults. [10] Excl. services. [11] Excl. major divisions 2, 4, public sector and private domestic services. [12] Sample design revised. [13] Revised series. [14] State sector; incl. agriculture. [15] Incl. family allowances. [16] Excl. major divisions 6, 7, 8 and 9. [17] Incl. family allowances paid directly by the employers.

[1] Non compris les branches 4, 6, 7, 8 et 9. [2] ∅: oct. de chaque année. [3] Nouvelle classification industrielle. [4] Avant 1976: y compris la branche 4. [5] Y compris l'agriculture et les transports maritimes. [6] Secteur socialisé. [7] Salariés. [8] Série couvrant principalement les industries manufacturières et la construction, et, en partie, les branches 4, 6, 7 et 8. [9] Adultes. [10] Non compris les services. [11] Non compris les branches 2, 4, le secteur public et les services domestiques privés. [12] Plan d'échantillonnage révisé. [13] Série révisée. [14] Secteur d'Etat; y compris l'agriculture. [15] Y compris les allocations familiales. [16] Non compris les branches 6, 7, 8 et 9. [17] Y compris les allocations familiales payées directement par l'employeur.

[1] Excl. las grandes divisiones 4, 6, 7, 8 y 9. [2] ∅: oct. de cada año. [3] Nueva clasificación industrial. [4] Antes de 1976: incl. la gran división 4. [5] Incl. agricultura y los transportes marítimos. [6] Sector socializado. [7] Asalariados. [8] La serie abarca principalmente industrias manufactureras, construcción y parte de las grandes divisiones 4, 6, 7 y 8. [9] Adultos. [10] Excl. los servicios. [11] Excl. grandes divisiones 2, 4, sector público y servicios domésticos privados. [12] Diseño de la muestra revisado. [13] Serie revisada. [14] Sector de Estado; incl. la agricultura. [15] Incl. las asignaciones familiares. [16] Excl. las grandes divisiones 6, 7, 8 y 9. [17] Incl. las asignaciones familiares pagadas directamente por los empleadores.

16 Wages in non-agricultural activities
Salaires dans les activités non agricoles
Salarios en las actividades no agrícolas

Earnings *(E.G.)* or rates *(R.T.)* per hour *(h.)*, day *(d.j.)*, week *(w.s.)* or month *(m.)*

Gains *(E.G.)* ou taux *(R.T.)* par heure *(h.)*, jour *(d.j.)*, semaine *(w.s.)* ou mois *(m.)*

Ganancias *(E.G.)* o tasas *(R.T.)* por hora *(h.)*, día *(d.j.)*, semana *(w.s.)* o mes *(m.)*

Country, unit and scope Pays, unité et portée País, unidad y alcance	1971	1972	1973	1974	1975	1976	1977	1978	1979	1980
Gibraltar [1] (E.G./w.s. – Pounds) [2]										
Total	16.06 [3]	17.60 [3]	23.40	24.44 [4]	30.46 [4]	33.89	41.09	60.78	69.38	91.96
Hongrie [5] (E.G./m. – Forint) [6]										
B Total [7]	2 239	2 342	2 512	2 682	▌ 2 846 [8]	3 009	3 248	3 515	3 718	3 940
Iceland [9] (E.G./h. – Kronur) [10]										
Total	.	.	.	.	.	629	861	1 305	1 863	2 887
Iceland [9] (E.G./h. – Kronur) [10]										
Males – Hom. [11]	.	.	.	.	.	771	1 057	1 565	2 254	3 468
Iceland [9] (E.G./h. – Kronur) [10]										
Males – Hom. [12]	.	.	.	.	.	582	801	1 224	1 731	2 686
Fem. – Muj. [12]	.	.	.	.	.	455	642	1 022	1 457	2 297
Italie [13] (E.G./h. – Lire) [14]										
B Total	712	797	974	1 212	▌ 1 787 [15]	2 130	2 670	▌ 3 266 [16]	3 892	...
Italie [13] [17]										
B Total	...	...	...	...	*100.0*	*120.8*	*153.9*	*179.3*	*213.9*	*260.8*
Luxembourg [13] (E.G./h. – Francs)										
B Total [2]	92.61	▌ 101.86 [18]	116.34	144.85	159.36	184.16	198.52	208.21	218.38	233.60
B Males – Hom. [2]	94.50	▌ 103.53 [18]	118.87	148.10	162.69	187.97	202.85	212.89	223.11	237.90
B Fem. – Muj. [2]	56.25	▌ 65.13 [18]	69.02	89.67	103.06	125.33	131.88	135.63	137.61	153.89
Netherlands (E.G./h. – Guilders) [2]										
B Total [19]	5.85	6.52	7.54	8.78	10.09	10.92	▌ 12.03 [20]	12.81	13.49	...
B Males – Hom. [21]	6.35	7.05	8.08	9.36	10.67	11.50	▌ 12.74 [20]	13.61	14.44	...
B Fem. – Muj. [21]	4.66	5.24	6.15	7.40	8.48	9.36	▌ 10.11 [20]	10.64	11.17	...
Netherlands [7] [22]										
B Total [21]	*112*	*126*	*142*	*165*	*189*	*207*	*222*	*236*	*248*	*257*
Pologne [23] (E.G./m. – Zlote) [14]										
Total [7]	2 399	2 542	2 830	3 221	3 697	4 128	4 416	4 670	5 095	5 784*

Explanatory notes and source: see p. 433 – Notes explicatives et source: voir p. 435 – Notas explicativas y fuente: véase p. 437

[1] Excl. mining and quarrying. [2] ∅: Oct. of each year. [3] April and October. [4] April. [5] Socialised sector; excl. major divisions 8 and 9. [6] Incl. loyalty money paid in August of each year and the value of payments in kind. [7] Employees. [8] Prior to 1975: incl. agriculture and forestry. [9] Excl. major divisions 2, 4, 8 and 9. [10] Reykjavik [11] Skilled wage earners. [12] Unskilled wage earners. [13] Excl. major divisions 6, 7, 8 and 9. [14] Incl. the value of payments in kind. [15] Prior to 1975: excl. payments for annual vacation and public holidays. [16] Scope of series revised. [17] Index of minimum hourly wage rates (1975 = 100). [18] New industrial classification. [19] Incl. juveniles. [20] Prior to 1977: excl. services. [21] Adults. [22] Index of minimum hourly wage rates (1970 = 100). [23] Socialised sector.

[1] Non compris les industries extractives. [2] ∅: oct. de chaque année. [3] Avril et octobre. [4] Avril. [5] Secteur socialisé; non compris les branches 8 et 9. [6] Y compris les primes d'assiduité payées en août de chaque année et la valeur des paiements en espèces. [7] Salariés. [8] Avant 1975: y compris l'agriculture et la sylviculture. [9] Non compris les branches 2, 4, 8 et 9. [10] Reykjavik. [11] Ouvriers qualifiés. [12] Ouvriers non qualifiés. [13] Non compris les branches 6, 7, 8 et 9. [14] Y compris la valeur des paiements en nature. [15] Avant 1975: non compris la rémunération pour congés annuels et jours fériés. [16] Portée de la série révisée. [17] Indice des taux horaires de salaire minimum (1975 = 100). [18] Nouvelle classification industrielle. [19] Y compris les jeunes gens. [20] Avant 1977: non compris les services. [21] Adultes. [22] Indice des taux horaires de salaire minimum (1970 = 100). [23] Secteur socialisé.

[1] Excl. las minas y canteras. [2] ∅: oct. de cada año. [3] Abril y octubre. [4] Abril. [5] Sector socializado; excl. las grandes divisiones 8 y 9. [6] Incl. las primas de asiduidad pagadas en agosto de cada año y el valor de los pagos en especie. [7] Asalariados. [8] Antes de 1975: incl. agricultura y silvicultura. [9] Excl. las grandes divisiones 2, 4, 8 y 9. [10] Reykjavik. [11] Obreros calificados. [12] Obreros no calificados. [13] Excl. las grandes divisiones 6, 7, 8 y 9. [14] Incl. el valor de los pagos en especie. [15] Antes de 1975: excl. los pagos por vacaciones anuales y días feriados. [16] Alcance de la serie revisado. [17] Indice de las tasas de salario mínimo por hora (1975 = 100). [18] Nueva clasificación industrial. [19] Incl. jóvenes. [20] Antes de 1977: excl. servicios. [21] Adultos. [22] Indice de las tasas de salario mínimo por hora (1970 = 100). [23] Sector socializado.

16 Wages in non-agricultural activities
Salaires dans les activités non agricoles
Salarios en las actividades no agrícolas

Earnings *(E.G.)* or rates *(R.T.)* per hour *(h.)*, day *(d.j.)*, week *(w.s.)* or month *(m.)*

Gains *(E.G.)* ou taux *(R.T.)* par heure *(h.)*, jour *(d.j.)*, semaine *(w.s.)* ou mois *(m.)*

Ganancias *(E.G.)* o tasas *(R.T.)* por hora *(h.)*, día *(d.j.)*, semana *(w.s.)* o mes *(m.)*

Country, unit and scope Pays, unité et portée País, unidad y alcance	1971	1972	1973	1974	1975	1976	1977	1978	1979	1980
Portugal [1] (E.G./h. – Escudos)										
Total	10.90	12.60	14.90	22.20	32.20	39.50	46.80	52.90	68.80	...
Roumanie [2] (E.G./m. – Lei) [3]										
Total [4]	.	.	.	.	1 595	1 712	1 818	2 011	2 108	2 238
Suisse [5] (E.G./h. – Francs) [6]										
B Total	.	.	8.79	10.01	10.76	10.93	11.16	11.48	11.83	12.51
B Males – Hom.	7.85	8.75	9.29	10.57	11.37	11.55	11.81	12.14	12.50	13.20
B Fem. – Muj.	5.01	5.54	6.18	7.06	7.58	7.73	7.75	8.03	8.32	8.88
Suisse [7] (E.G./h. – Francs) [8]										
Males – Hom. [9]	8.16	9.13	10.23	11.50	12.33	12.50	13.10	13.45	13.92	14.65
Fem. – Muj. [9]	5.42	6.05	6.83	7.76	8.32	8.57	8.72	9.03	9.35	9.90
Turquie [10] (E.G./d.j. – Liras) [11]										
Total [4]	39.32	43.88	54.41	68.26	85.55	115.30	132.25	220.42	292.49	...
United Kingdom [12] (E.G./h. – Pounds) [13]										
B Males – Hom. [8]	0.692	0.796	0.897	1.078	1.367	1.522	1.649	1.889	2.203	▌2.629[14]
B Fem. – Muj. [8]	0.419	0.483	0.561	0.722	0.924	1.086	1.185	1.338	1.557	▌1.833[14]
United Kingdom [15] [16]										
B Total [17]	.	.	*115.2*	*138.0*	*178.7*	*213.2*	*227.3*	*259.3*	*298.1*	*351.8*
Yugoslavia [18] (E.G./m. – Dinars) [4]										
B Total	1 431	1 613	1 919	2 468	3 045	3 543	4 213	5 099	6 168	7 399
OCEANIA – OCÉANIE – OCEANIA										
Australia [19] (E.G./h. – Dollars) [20]										
Males – Hom. [9]	2.08	2.35	2.72	3.58	4.05	4.61	5.10	5.46	5.93	6.70
Fem. – Muj. [9]	1.39	1.73	2.08	2.86	3.39	3.95	4.41	4.70	5.07	5.76
Australia [9] (R.T./h. – Dollars) [21]										
B Males – Hom.	1.4820	1.6140	1.8280	2.3360	2.8060	3.2283	3.5826	3.8312	4.1212	4.5436
B Fem. – Muj. [22]	1.1170	1.2590	1.4700	2.0130	2.6000	3.0202	3.3685	3.5939	3.8285	4.2124

Explanatory notes and source: see p. 433 – Notes explicatives et source: voir p. 435 – Notas explicativas y fuente: véase p. 437

[1] Excl. major divisions 6, 7, 8 and 9. [2] Socialised sector; incl. agriculture, forestry and sea transport. [3] Net earnings after deduction of income taxes. [4] Employees. [5] Incl. horticulture and forestry; excl. major divisions 2, 8 and 9. [6] Accident insurance statistics; excl. overtime payments. [7] Incl. horticulture. Incl. family allowances. [8] ∅: Oct. of each year. [9] Adults. [10] Incl. fishing. [11] ∅: Sep. of each year. [12] Excl. coal mining, commerce and major division 8. [13] Workers on adult rates of pay. [14] Prior to 1980: adults; excl. railways. [15] Incl. agriculture, forestry and fishing; excl. major division 8. [16] Index of minimum weekly wage rates (July 1972 = 100). [17] Incl. juveniles. [18] Socialised sector. [19] Incl. forestry and logging, fishing and hunting. [20] Oct. of each year; employees. [21] Minimum rates. [22] Excl. mining, quarrying and construction.

[1] Non compris les branches 6, 7, 8 et 9. [2] Secteur socialisé; y compris l'agriculture, la sylviculture et les transports maritimes. [3] Gains nets après déduction de l'impôt sur le revenu. [4] Salariés. [5] Y compris l'horticulture et la sylviculture; non compris les branches 2, 8 et 9. [6] Statistiques d'assurances-accidents; non compris les paiements d'heures supplémentaires. [7] Y compris l'horticulture. Y compris les allocations familiales. [8] ∅: oct. de chaque année. [9] Adultes. [10] Y compris la pêche. [11] ∅: sept. de chaque année. [12] Non compris les mines de charbon, le commerce et la branche 8. [13] Travailleurs rémunérés sur la base de taux de salaire pour adultes. [14] Avant 1980: adultes; non compris les chemins de fer. [15] Y compris l'agriculture, la sylviculture et la pêche; non compris la branche 8. [16] Indice des taux hebdomadaires de salaire minimum (juillet 1972 = 100). [17] Y compris les jeunes gens. [18] Secteur socialisé. [19] Y compris la sylviculture et l'exploitation forestière, la pêche et la chasse. [20] Oct. de chaque année; salariés. [21] Taux minima. [22] Non compris les industries extractives et la construction.

[1] Excl. las grandes divisiones 6, 7, 8 y 9. [2] Sector socializado; incl. agricultura, silvicultura y los transportes marítimos. [3] Ganancias netas después de deducir los impuestos sobre la renta. [4] Asalariados. [5] Incl. horticultura y silvicultura; excl. las grandes divisiones 2, 8 y 9. [6] Estadísticas del seguro de accidentes; excl. los suplementos por horas extraordinarias. [7] Incl. la horticultura. Incl. las asignaciones familiares. [8] ∅: oct. de cada año. [9] Adultos. [10] Incl. la pesca. [11] ∅: sept. de cada año. [12] Excl. minas de carbón, comercio y la gran división 8. [13] Trabajadores pagados sobre la base de tasas de salarios para adultos. [14] Antes de 1980: adultos; excl. los ferrocarriles. [15] Incl. agricultura, silvicultura y pesca; excl. gran división 8. [16] Indice de las tasas de salario mínimo por semana (julio de 1970 = 100). [17] Incl. jóvenes. [18] Sector socializado. [19] Incl. silvicultura y la explotación de la madera, la pesca y caza. [20] Oct. de cada año; asalariados. [21] Tasas mínimas. [22] Excl. minas, canteras y construcción.

16 Wages in non-agricultural activities
Salaires dans les activités non agricoles
Salarios en las actividades no agrícolas

Earnings *(E.G.)* or rates *(R.T.)* per hour *(h.)*, day *(d.j.)*, week *(w.s.)* or month *(m.)*

Gains *(E.G.)* ou taux *(R.T.)* par heure *(h.)*, jour *(d.j.)*, semaine *(w.s.)* ou mois *(m.)*

Ganancias *(E.G.)* o tasas *(R.T.)* por hora *(h.)*, día *(d.j.)*, semana *(w.s.)* o mes *(m.)*

Country, unit and scope Pays, unité et portée País, unidad y alcance	1971	1972	1973	1974	1975	1976	1977	1978	1979	1980
Fiji [1] (R.T./d.j. – Dollars) [2]										
Total	2.72	3.08	3.98	4.90	5.97	6.68	7.11	7.89	8.44	...
New Zealand [3] (E.G./h. – Dollars) [4]										
B Total [5]	1.54	1.72	1.94	2.26	2.58	2.92	3.33	3.76	4.41	...
B Males – Hom. [5]	.	.	.	2.48	2.82	3.17	3.61	4.08	4.78	...
B Fem. – Muj. [5]	.	.	.	1.78	2.08	2.43	2.78	3.14	3.73	...
Samoa [6] (E.G./w.s. – Tala) [5]										
Total [4]	.	.	.	.	.	17.89	28.39	23.13	23.66	24.28
USSR – URSS – URSS										
URSS [7] (E.G./m. – Roubles)										
Total [4]	128.4	132.5	137.1	143.2	148.2	153.4	157.2	162.0	165.5	171.3*
RSS de Biélorussie [7] (E.G./m. – Roubles)										
Total [4]	115.8	119.6	123.7	126.9	130.2	138.2	141.0	144.5	147.8	154.1*
RSS d'Ukraine (E.G./m. – Roubles) [7]										
Total [4]	120.1	123.4	126.5	129.6	134.9	141.1	144.2	147.5	150.1	156.4*

Explanatory notes and source: see p. 433 – Notes explicatives et source: voir p. 435 – Notas explicativas y fuente: véase p. 437

[1] ∅: June of each year. [2] Incl. agriculture. [3] Incl. forestry and logging. [4] Employees. [5] Incl. juveniles. [6] Apia. [7] Socialised sector.

[1] ∅: juin de chaque année. [2] Y compris l'agriculture. [3] Y compris la sylviculture et l'exploitation forestière. [4] Salariés. [5] Y compris les jeunes gens. [6] Apia. [7] Secteur socialisé.

[1] ∅: junio de cada año. [2] Incl. agricultura. [3] Incl. silvicultura y la explotación de la madera. [4] Asalariados. [5] Incl. jóvenes. [6] Apia. [7] Sector socializado.

17 Wages in manufacturing
Salaires dans les industries manufacturières
Salarios en las industrias manufactureras

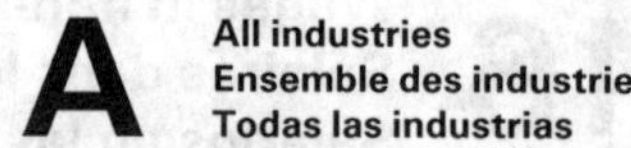
A All industries / Ensemble des industries / Todas las industrias

Earnings *(E.G.)* or rates *(R.T.)* per hour *(h.)*, day *(d.j.)*, week *(w.s.)* or month *(m.)* — Gains *(E.G.)* ou taux *(R.T.)* par heure *(h.)*, jour *(d.j.)*, semaine *(w.s.)* ou mois *(m.)* — Ganancias *(E.G.)* o tasas *(R.T.)* por hora *(h.)*, día *(d.j.)*, semana *(w.s.)* o mes *(m.)*

Country, unit and scope Pays, unité et portée País, unidad y alcance	1971	1972	1973	1974	1975	1976	1977	1978	1979	1980
AFRICA – AFRIQUE – AFRICA										
Algérie (E.G./h. – Dinars)										
Total [1]	2.63	2.85	3.38	3.01	3.13	...	...	...	...	...
Burundi [2] (E.G./m. – Francs) [3]										
Total [4]	.	.	5 205	5 100	5 469	.	5 915	5 740	7 048	9 218
Rép.-Unie du Cameroun (R.T./h. – Francs, CFA) [5]										
Total [6]	.	.	.	.	.	.	247.86	250.35	263.73	271.80
Egypt [7] (E.G./w.s. – Pounds)										
Total	3.92	4.58	4.66	5.24	5.41	6.51	7.74*	...	...	...
Males – Hom.	4.01	4.68	4.76	5.34	5.53	6.63	7.97*	...	...	...
Fem. – Muj.	2.69	3.20	3.08	3.36	3.75	4.98	5.03*	...	...	...
Kenya [8] (E.G./m. – Shillings) [9]										
Total [4]	620.7	634.8	682.5	728.0	830.5	884.0	978.3	1 027.7	1 084.7	...
Malawi (E.G./m. – Kwacha) [4]										
B Total	29.56	32.59	32.26	37.82	38.84	39.77	▮ 43.31[10]	46.99	50.80	...
Mauritius (E.G./d.j. – Rupees) [11]										
Total [12]	6.21	6.48	6.03	7.19	8.60	11.55	14.13	16.56	17.37	23.05
Nigeria (R.T./d.j. – Naira)										
Total	.	1.3	1.4	1.6	1.8	2.0	2.2	2.3	3.3	...
Sierra Leone (E.G./w.s. – Leones) [13]										
Total [14]	8.3	8.1	12.2	10.1	11.3	12.1	12.6	13.3	13.8	19.1
South Africa (E.G./m. – Rand) [8]										
Total [4]	.	.	.	179	193	206	237	283	323	370
Swaziland (E.G./m. – Emalangeni) [8]										
Males – Hom. [6]	.	241	205	410	383 ▮	370[15]	477	521	470	...
Swaziland (E.G./m. – Emalangeni) [8]										
Males – Hom. [16]	.	34	34	41	43 ▮	67[15]	68	90	102	...
Zambia [17] (E.G./m. – Kwacha) [18]										
Total [4]	.	85	89	89	98	141	127	...	...	...
AMERICA – AMÉRIQUE – AMERICA										
Argentina (E.G./h. – Pesos)										
Total [6]	.	.	6	8	23	70	154	302	816	2 036
Argentina (E.G./h. – Pesos)										
Total [16]	2	3	6	7	20	62	134	237	604	1 476

Explanatory notes and source: see p. 433 – Notes explicatives et source: voir p. 435 – Notas explicativas y fuente: véase p. 437

[1] ∅: April of each year. [2] Bujumbura. [3] Incl. family allowances. [4] Employees. [5] Average rates. [6] Skilled wage earners. [7] ∅: Oct. of each year. [8] ∅: June of each year. [9] Incl. the value of payments in kind. [10] Beginning 1977: sample of establishments and revised allocation of establishments in the industrial classification. [11] ∅: Sep. of each year. [12] Incl. development workers. [13] ∅: May and Nov. of each year. [14] Adults. [15] Prior to 1976, ∅: Sep. of each year. [16] Unskilled wage earners. [17] ∅: fourth quarter of each year. [18] Zambians.

[1] ∅: avril de chaque année. [2] Bujumbura. [3] Y compris les allocations familiales. [4] Salariés. [5] Taux moyens. [6] Ouvriers qualifiés. [7] ∅: oct. de chaque année. [8] ∅: juin de chaque année. [9] Y compris la valeur des paiements en nature. [10] A partir de 1977: échantillon d'établissements et changements dans leur répartition industrielle. [11] ∅: sept. de chaque année. [12] Y compris les personnes occupées à des travaux publics de développement. [13] ∅: mai et nov. de chaque année. [14] Adultes. [15] Avant 1976, ∅: sept. de chaque année. [16] Ouvriers non qualifiés. [17] ∅: quatrième trimestre de chaque année. [18] Zambiens.

[1] ∅: abril de cada año. [2] Bujumbura. [3] Incl. las asignaciones familiares. [4] Asalariados. [5] Tasas medias. [6] Obreros calificados. [7] ∅: oct. de cada año. [8] ∅: junio de cada año. [9] Incl. el valor de los pagos en especie. [10] A partir de 1977: muestra de establecimientos y cambios en la distribución industrial de los establecimientos. [11] ∅: sept. de cada año. [12] Incl. las personas ocupadas en planes de desarrollo. [13] ∅: mayo y nov. de cada año. [14] Adultos. [15] Antes de 1976, ∅: sept. de cada año. [16] Obreros no calificados. [17] ∅: cuarto trimestre de cada año. [18] Zambianos.

17 Wages in manufacturing
Salaires dans les industries manufacturières
Salarios en las industrias manufactureras

A All industries / Ensemble des industries / Todas las industrias

Earnings *(E.G.)* or rates *(R.T.)* per hour *(h.)*, day *(d.j.)*, week *(w.s.)* or month *(m.)*

Gains *(E.G.)* ou taux *(R.T.)* par heure *(h.)*, jour *(d.j.)*, semaine *(w.s.)* ou mois *(m.)*

Ganancias *(E.G.)* o tasas *(R.T.)* por hora *(h.)*, día *(d.j.)*, semana *(w.s.)* o mes *(m.)*

Country, unit and scope Pays, unité et portée País, unidad y alcance	1971	1972	1973	1974	1975	1976	1977	1978	1979	1980
Bahamas (R.T./h. – Dollars)										
Total	1.80	2.25	2.85	2.57	2.50	2.49	...	...	...	...
Bolivia (R.T./m. – Pesos)										
Total [1]	1 054	1 088	1 219	1 709	1 709	1 709	2 339	1 898	3 926	4 279
Canada (E.G./h. – Dollars)										
B Total	3.28	3.54	3.85	4.37	5.06	5.76	6.38	6.84	7.44	8.19*
Colombia (E.G./h. – Pesos)										
B Total	7.26	7.91	9.00	10.70	13.18	16.34	20.54	26.54	35.69	47.30
Costa Rica (E.G./m. – Colones)										
Total	.	.	795	945	1 123	1 290	1 445	1 642	1 889	... [2]
Cuba [3] (E.G./m. – Pesos)										
Total [1]	121.98	130.42	133.58	135.50	141.08	140.67	150.00	...	...	...
Chile (E.G./m. – Pesos) [4]										
B Total [5]	1	2	7	46	206	805	2 258	3 886	5 721	8 774
República Dominicana (E.G./m. – Pesos)										
Total [1]	73.14	78.15	74.42	85.28	120.25	136.28	132.93	145.75	149.72*	...
Ecuador (E.G./h. – Sucres)										
B Total	6.80	8.10	8.90	10.80	13.20	16.30	18.20	19.90	25.30	...
El Salvador [6] (E.G./h. – Colones)										
B Males – Hom.	0.96	0.99	1.03	1.13	1.14	1.45	1.56	1.69	1.90	...
B Fem. – Muj.	0.75	0.78	0.85	0.94	1.03	1.25	1.26	1.39	1.50	...
Guatemala (E.G./h. – Quetzales)										
B Total	0.4350	0.4360	0.4360	▌0.4420 [7]	0.4600	0.4940	0.5300	0.6020	...	...
Guyana (E.G./w.s. – Dollars)										
Total	37.19	38.27	40.87	46.72	52.41	58.57	59.94	88.63	93.82	...
Honduras (E.G./w.s. – Lempiras)										
Total [1]	.	.	44.78	34.47	41.30	50.13	48.54	55.71	87.24	70.35
México (E.G./h. – Pesos)										
Total [8]	7.94	8.68	10.64	13.80	15.44	22.16	25.56	28.16	31.89	...
México (E.G./m. – Pesos)										
B Total	1 851	1 956	2 202	2 804	3 412	4 292	5 618	6 465	7 552	9 103
Netherlands Antilles (E.G./m. – Guilders)										
Total [1]	.	.	414	597	635	767	1 096	1 286	...	1 296
Nicaragua (E.G./h. – Córdobas)										
Total [1]	3.81	4.00	4.29	4.98	5.54	5.96	6.31	6.65	8.62	10.90
Panamá (E.G./h. – Balboas)										
Total	0.81	0.78	0.87	1.02	1.14	1.12	1.19	...	...	...
Perú (E.G./d.j. – Soles) [9]										
Total [10]	129	159	196	242	255	325	394	539	786	1 477*[11]

Explanatory notes and source: see p. 433 – Notes explicatives et source: voir p. 435 – Notas explicativas y fuente: véase p. 437

[1] Employees. [2] ∅: eleven months' average. [3] Incl. mining and quarrying, electricity, gas and water. [4] Incl. the value of payments in kind. [5] ∅: April of each year. [6] Department of San Salvador. [7] Prior to 1974: Guatemala City. [8] ∅: Oct. of each year. [9] Lima. [10] ∅: June of each year. [11] May.

[1] Salariés. [2] ∅: moyenne de onze mois. [3] Y compris les industries extractives, l'électricité, le gaz et l'eau. [4] Y compris la valeur des paiements en nature. [5] ∅: avril de chaque année. [6] Département de San Salvador. [7] Avant 1974: ville de Guatemala. [8] ∅: oct. de chaque année. [9] Lima. [10] ∅: juin de chaque année. [11] Mai.

[1] Asalariados. [2]∅: promedio de once meses. [3] Incl. minas y canteras, electricidad, gas y agua. [4] Incl. el valor de los pagos en especie. [5]∅: abril de cada año. [6] Departamento de San Salvador. [7] Antes de 1974: ciudad de Guatemala. [8]∅: oct. de cada año. [9] Lima. [10]∅: juniolde cada año. [11]Mayo.

17 Wages in manufacturing
Salaires dans les industries manufacturières
Salarios en las industrias manufactureras

All industries
Ensemble des industries
Todas las industrias

Earnings *(E.G.)* or rates *(R.T.)* per hour *(h.)*, day *(d.j.)*, week *(w.s.)* or month *(m.)*

Gains *(E.G.)* ou taux *(R.T.)* par heure *(h.)*, jour *(d.j.)*, semaine *(w.s.)* ou mois *(m.)*

Ganancias *(E.G.)* o tasas *(R.T.)* por hora *(h.)*, día *(d.j.)*, semana *(w.s.)* o mes *(m.)*

Country, unit and scope Pays, unité et portée País, unidad y alcance	1971	1972	1973	1974	1975	1976	1977	1978	1979	1980
Puerto Rico (E.G./h. – Dollars, US)										
B Total	1.87	2.00	2.13	2.32	2.56	2.78	3.02	3.36	3.69	4.03
United States (E.G./h. – Dollars)										
B Total	3.57	3.82	4.09	4.42	4.83	5.22	5.68	6.17	6.69	7.27
Uruguay [1]										
Total [2]	*182*	*271*	*515*	*906*	*1 492*	*2 031*	*2 758*	*3 788*	*5 685*	*8 844*
Venezuela (E.G./m. – Bolívares)										
B Total	1 021	1 094	1 093	1 289	1 473	1 514	1 653	1 870	...	...
ASIA – ASIE – ASIA										
Bangladesh (R.T./d.j. – Taka)										
Total [3]	.	.	.	.	.	15.89	15.56	17.29	18.82	29.17
Bangladesh (R.T./d.j. – Taka)										
Total [4]	.	.	.	.	.	10.59	10.54	11.67	12.97	19.12
Brunei [5] (E.G./h. – Dollars)										
Total [6]	.	1.68	1.92	2.18	2.12	2.25	2.27	2.89	3.03	2.97
Burma (E.G./m. – Kyats) [7]										
B Males – Hom. [6]	163.28	139.90	172.49	179.42	182.71	216.32	223.67	212.34	225.56	...
B Fem. – Muj. [6]	136.57	132.12	152.91	152.22	161.62	178.20	230.80	184.58	200.37	...
Cyprus [5] (E.G./w.s. – Pounds) [8]										
Total [9]	.	.	.	.	13.71	14.64	17.62	21.39	27.17	32.55
Males – Hom. [9]	.	.	.	.	19.00	20.45	24.41	30.10	37.08	44.77
Fem. – Muj. [9]	.	.	.	.	8.92	10.06	12.10	14.41	18.61	22.49
Hong Kong [7] (R.T./d.j. – Dollars)										
B Total	17.31	19.14	21.37	22.83	23.35	27.06	29.96	33.79	39.73	45.14
India [10] (E.G./m. – Rupees)										
Total	235.2	250.7	261.3	260.9	262.2	433.6	467.8	483.1*	...	...
Israel [11] (E.G./d.j. – Shekels) [12]										
Total [6]	2.90	3.30	4.08	5.60	8.04	▌10.65[13]	15.74	27.84	▌52.40[14]	121.00
Israel [11] (E.G./m. – Shekels) [12]										
B Total [6]	76	86	107	148	▌218[15]	304	433	676	▌1 300[14]	3 047

Explanatory notes and source: see p. 433 – Notes explicatives et source: voir p. 435 – Notas explicativas y fuente: véase p. 437

[1] Montevideo. [2] Private sector; employees; index of average monthly wage rates (1970 = 100). [3] Skilled wage earners. [4] Unskilled wage earners. [5] ∅: Oct. of each year. [6] Employees. [7] ∅: March and Sep. of each year. [8] Incl. family allowances and the value of payments in kind. [9] Adults. [10] Incl. major divisions 4 and 9. [11] Incl. mining and quarrying. [12] Incl. payments subject to income tax and the value of payments in kind. [13] Prior to July 1975: excl. payments subject to income tax and the value of payments in kind. [14] Sample design revised. [15] Prior to July 1975: incl. family allowances but excl. other payments.

[1] Montevideo. [2] Secteur privé; salariés; indice des taux mensuels de salaire moyen (1970 = 100). [3] Ouvriers qualifiés. [4] Ouvriers non qualifiés. [5] ∅: oct. de chaque année. [6] Salariés. [7] ∅: mars et sept. de chaque année. [8] Y compris les allocations familiales et la valeur des paiements en nature. [9] Adultes. [10] Y compris les branches 4 et 9. [11] Y compris les industries extractives. [12] Y compris les versements soumis à l'impôt sur le revenu et la valeur des paiements en nature. [13] Avant juillet 1975: non compris les versements soumis à l'impôt sur le revenu et la valeur des payements en nature. [14] Plan d'échantillonnage révisé. [15] Avant juillet 1975: y compris les allocations familiales mais non compris d'autres paiements.

[1] Montevideo. [2] Sector privado; asalariados; indice de las tasas de salario medio por mes (1970 = 100). [3] Obreros calificados. [4] Obreros no calificados. [5] ∅: oct. de cada año. [6] Asalariados. [7] ∅: marzo y sept. de cada año. [8] Incl. las asignaciones familiares y el valor de los pagos en especie. [9] Adultos. [10] Incl. las grandes divisiones 4 y 9. [11] Incl. las minas y canteras. [12] Incl. los pagos sometidos al impuesto sobre la renta y el valor de los pagos en especie. [13] Antes de julio de 1975: excl. los pagos sometidos al impuestos sobre la renta y el valorde los pagos en especie. [14] Diseño de la muestra revisado. [15] Antes de julio de 1975: incl. las asignaciones familiares pero excl. otros pagos.

17 Wages in manufacturing
Salaires dans les industries manufacturières
Salarios en las industrias manufactureras

All industries
Ensemble des industries
Todas las industrias

Earnings *(E.G.)* or rates *(R.T.)* per hour *(h.)*, day *(d.j.)*, week *(w.s.)* or month *(m.)*

Gains *(E.G.)* ou taux *(R.T.)* par heure *(h.)*, jour *(d.j.)*, semaine *(w.s.)* ou mois *(m.)*

Ganancias *(E.G.)* o tasas *(R.T.)* por hora *(h.)*, día *(d.j.)*, semana *(w.s.)* o mes *(m.)*

Country, unit and scope Pays, unité et portée País, unidad y alcance	1971	1972	1973	1974	1975	1976	1977	1978	1979	1980
Japan (E.G./m. – Yen) [1]										
B Total [2]	81 010	93 627	I 116 271 [3]	146 464	163 729	I 183 557 [3]	200 754	214 575	I 227 753 [4]	244 571
B Males – Hom. [2]	99 011	113 243	I 140 672 [3]	176 441	193 940	I 217 893 [3]	238 434	253 419	I 273 248 [4]	295 786
B Fem. – Muj. [2]	45 387	53 043	I 65 455 [3]	82 132	92 938	I 102 257 [3]	109 694	117 246	I 122 743 [4]	128 995
Jordan [5] (E.G./d.j. – Dinars) [6]										
Total [2]	.	.	1.15	1.23	1.17	1.88	1.92	2.42	2.66 [7]	...
Korea, Republic of (E.G./m. – Won) [8]										
B Total [2]	16 611	18 923	22 330	30 209	38 378	51 685	69 168	92 907	119 515	146 684
Males – Hom. [2]	.	.	.	.	50 977	68 300	95 502	128 534	164 306	196 231
Fem. – Muj. [2]	.	.	.	.	24 182	33 305	42 705	55 849	72 255	88 456
Pakistan (E.G./m. – Rupees)										
Total	150.6	160.3	283.1	302.5	353.6	388.4	488.4	...	...	...
Singapore (E.G./h. – Dollars) [9]										
Total	92	98	108	126	I 146 [10]	153	160	171	189	213
Sri Lanka (E.G./h. – Rupees)										
Total [11]	0.93	1.09	1.05	1.27	1.41	1.46	2.06	2.95	2.53	2.56
Sri Lanka (E.G./d.j. – Rupees)										
Total [11]	8.24	9.89	9.75	12.30	12.83	12.99	19.05	28.75	24.85	27.52
République arabe syrienne (E.G./w.s. – Pounds) [12]										
Total [6]	54.10	61.60	75.35	72.35	82.22	105.85	110.00	...	...	...
Males – Hom. [6]	58.40	65.90	80.10	76.70	85.68	111.35	115.40	...	...	...
Fem. – Muj. [6]	31.70	36.30	47.45	49.75	59.82	72.05	79.35	...	...	...
EUROPE – EUROPE – EUROPA										
Austria [13] (E.G./m. – Schillings)										
B Total	5 295	5 912	6 665	7 710	8 730	9 553	10 355	10 942	11 586	12 495
Belgique (E.G./h. – Francs)										
B Total [14]	75.14	I 87.58 [15]	99.83	125.28	144.32	159.68	174.59	184.44	199.61	217.88
B Males – Hom. [14]	81.72	I 95.35 [15]	108.51	136.00	155.79	172.73	188.69	199.46	217.77	237.23
B Fem. – Muj. [14]	55.41	I 64.94 [15]	74.54	94.20	111.06	121.85	133.39	140.92	151.68	164.61
Bulgarie [16] (E.G./m. – Leva) [2]										
B Total	127	132	141	144	150	151	155	161	189	189*

Explanatory notes and source: see p. 433 – Notes explicatives et source: voir p. 435 – Notas explicativas y fuente: véase p. 437

[1] Incl. family allowances and mid- and end-of-year bonuses. [2] Employees. [3] Sample design revised. [4] Beginning April 1979: sample design revised. [5] ∅: April of each year. [6] Adults. [7] June. [8] Incl. family allowances and the value of payments in kind. [9] ∅: Aug. of each year. [10] Prior to 1975: ∅: July of each year. [11] ∅: March and Sep. of each year. [12] ∅: May of each year. [13] Incl. mining and quarrying. [14] ∅: Oct. of each year. [15] New industrial classification. [16] Socialised sector; incl. mining, quarrying and electricity.

[1] Y compris les allocations familiales et les primes de mi et de fin d'année. [2] Salariés. [3] Plan d'échantillonnage révisé. [4] A partir d'avril 1979: plan d'échantillonnage révisé. [5] ∅: avril de chaque année. [6] Adultes. [7] Juin. [8] Y compris les allocations familiales et la valeur des paiements en nature. [9] ∅: août de chaque année. [10] Avant 1975: ∅: juillet de chaque année. [11] ∅: mars et sept. de chaque année. [12] ∅: mai de chaque année. [13] Y compris les industries extractives. [14] ∅: oct. de chaque année. [15] Nouvelle classification industrielle. [16] Secteur socialisé; y compris les industries extractives et l'électricité.

[1] Incl. las asignaciones familiares y las primas de mitad y de fin de año. [2] Asalariados. [3] Diseño de la muestra revisado. [4] A partir de abril 1979: diseño de la muestra revisado. [5] ∅: abril de cada año. [6] Adultos. [7] Junio. [8] Incl. las asignaciones familiares y el valor de los pagos en especie. [9] ∅: agosto de cada año. [10] Antes de 1975: ∅: julio de cada año. [11] ∅: marzo y sept. de cada año. [12] ∅: mayo de cada año. [13] Incl. las minas y canteras. [14] ∅: oct. de cada año. [15] Nueva clasificación industrial. [16] Sector socializado; incl. minas, canteras y electricidad.

17 Wages in manufacturing / Salaires dans les industries manufacturières / Salarios en las industrias manufactureras

A All industries / Ensemble des industries / Todas las industrias

Earnings *(E.G.)* or rates *(R.T.)* per hour *(h.)*, day *(d.j.)*, week *(w.s.)* or month *(m.)* — Gains *(E.G.)* ou taux *(R.T.)* par heure *(h.)*, jour *(d.j.)*, semaine *(w.s.)* ou mois *(m.)* — Ganancias *(E.G.)* o tasas *(R.T.)* por hora *(h.)*, día *(d.j.)*, semana *(w.s.)* o mes *(m.)*

Country, unit and scope Pays, unité et portée País, unidad y alcance	1971	1972	1973	1974	1975	1976	1977	1978	1979	1980
Czechoslovakia [1] (E.G./m. – Koruny)										
B Total	1 904	1 979	2 038	2 115	2 200	2 267	2 355	2 434	2 505	2 563
Denmark [2] (E.G./h. – Kroner) [3]										
Total [4]	17.89	19.93	23.37	28.13	33.50	37.34	40.71	44.59	49.22	53.95
Males – Hom. [4]	18.71	20.80	24.21	28.99	34.41	38.38	41.73	45.74	50.59	55.49
Fem. – Muj. [4]	14.34	16.21	19.92	24.30	29.01	32.53	36.09	39.41	43.70	47.77
España (E.G./h. – Pesetas)										
Total [5]	.	.	.	.	.		155.21	197.52	242.23	...
Finland [6] (E.G./h. – Markkaa) [7]										
B Total	5.85	6.69	7.78	9.54	11.59	13.42	14.60	15.69	17.49	19.74
B Males – Hom.	6.51	7.43	8.68	10.60	12.87	14.78	16.00	17.15	19.08	21.51
B Fem. – Muj.	4.61	5.30	6.22	7.67	9.34	10.85	11.88	12.82	14.37	16.22
France (E.G./h. – Francs)										
B Total [8]	6.66	7.47	8.57	10.40	11.99	I 13.87[9]	15.61	17.49	19.56	22.72
B Males – Hom. [8]	.	7.98	9.19	11.18	12.88	I 14.99[9]	16.88	18.91	21.16	24.40
B Fem. – Muj. [8]	.	6.12	7.06	8.50	9.84	I 11.33[9]	12.80	14.50	16.26	18.78
France (R.T./h. – Francs)										
B Total [4]	5.18	I 5.82[10]	7.05	8.39	9.82	I 11.11[9]	12.58	14.20	16.04	18.46
B Males – Hom. [4]	.	.	.	.	.	.	13.21	14.90	16.81	19.32
B Fem. – Muj. [4]	.	.	.	.	.	.	11.20	12.67	14.35	16.54
German Democratic Rep. [11] (E.G./m. – Mark) [12]										
Total [5]	777	799	828	838	869	910	939	973	1 002	1 018
Germany, Fed. Rep. of (E.G./h. – Mark) [13]										
B Total	6.66	7.24	I 8.03[9]	8.94	9.69	10.35	11.14	11.73	12.36	13.18
B Males – Hom.	7.20	7.82	I 8.69[9]	9.64	10.41	11.10	11.92	12.54	13.21	14.09
B Fem. – Muj.	5.05	5.53	I 6.16[9]	6.90	7.51	8.01	8.62	9.13	9.62	10.25
Gibraltar (E.G./w.s. – Pounds) [8]										
Total	15.35[14]	16.42[14]	23.71	26.04[15]	32.84[15]	35.61	41.27	67.08	78.96	103.89
Grèce (E.G./h. – Drachmas)										
B Total	17.35	18.94	22.04	27.87	I 34.74[9]	44.66	53.99	66.74	80.50	102.40
B Males – Hom.	19.70	21.42	25.12	31.84	I 39.26[9]	50.46	61.67	76.45	93.20	118.30
B Fem. – Muj.	13.04	14.39	16.46	21.30	I 27.29[9]	35.45	42.42	52.78	63.30	80.23
Hongrie [16] (E.G./m. – Forint) [17]										
B Total	2 088	2 181	2 402	2 573	2 733	2 895	3 145	3 417	3 604	3 821

Explanatory notes and source: see p. 433 – Notes explicatives et source: voir p. 435 – Notas explicativas y fuente: véase p. 437

[1] State industry. [2] ∅: third quarter of each year. [3] Excl. vacation pay. [4] Adults. [5] Employees. [6] Incl. mining, quarrying and electricity. [7] Incl. the value of payments in kind. [8] ∅: Oct. of each year. [9] Sample design revised. [10] Revised series. [11] State sector; incl. mining and quarrying. [12] Incl. family allowances. [13] Incl. family allowances paid directly by the employers. [14] April and October. [15] April. [16] Socialised sector; incl. mining, quarrying and electricity. [17] Incl. loyalty money paid in August of each year and the value of payments in kind.

[1] Industrie d'Etat. [2] ∅: troisième trimestre de chaque année. [3] Non compris les versements pour congés payés. [4] Adultes. [5] Salariés. [6] Y compris les industries extractives et l'électicité. [7] Y compris la valeur des paiements en nature. [8] ∅: oct. de chaque année. [9] Plan d'échantillonnage révisé. [10] Série révisée. [11] Secteur d'Etat; y compris les industries extractives. [12] Y compris les allocations familiales. [13] Y compris les allocations familiales payées directement par l'employeur. [14] Avril et octobre. [15] Avril. [16] Secteur socialisé; y compris les industries extractives et l'électricité. [17] Y compris les primes d'assiduité payées en août de chaque année et la valeur des paiements en espèces.

[1] Industria de Estado. [2] ∅: tercer trimestre de cada año. [3] Excl. los pagos por vacaciones. [4] Adultos. [5] Asalariados. [6] Incl. minas, canteras y electricidad. [7] Incl. el valor de los pagos en especie. [8] ∅: oct. de cada año. [9] Diseño de la muestra revisado. [10] Serie revisada. [11] Sector de Estado; incl. las minas y canteras. [12] Incl. las asignaciones familiares. [13] Incl. las asignaciones familiares pagadas directamente por los empleadores. [14] Abril y octubre. [15] Abril. [16] Sector socializado; incl. minas, canteras y electricidad. [17] Incl. las primas de asiduidad pagadas en agosto de cada año y el valor de los pagos en especie.

17 Wages in manufacturing
Salaires dans les industries manufacturières
Salarios en las industrias manufactureras

All industries
Ensemble des industries
Todas las industrias

Earnings *(E.G.)* or rates *(R.T.)* per hour *(h.)*, day *(d.j.)*, week *(w.s.)* or month *(m.)*

Gains *(E.G.)* ou taux *(R.T.)* par heure *(h.)*, jour *(d.j.)*, semaine *(w.s.)* ou mois *(m.)*

Ganancias *(E.G.)* o tasas *(R.T.)* por hora *(h.)*, día *(d.j.)*, semana *(w.s.)* o mes *(m.)*

Country, unit and scope Pays, unité et portée País, unidad y alcance	1971	1972	1973	1974	1975	1976	1977	1978	1979	1980
Ireland (E.G./h. – Pounds) [1]										
B Total [2]	0.491	0.559	I 0.688 [3]	0.830	1.099	1.262	1.473	1.700	2.005	2.320
B Males – Hom. [4]	0.607	0.692	I 0.818 [3]	0.980	1.280	1.458	1.701	1.957	2.277	2.620
B Fem. – Muj. [4]	0.343	0.396	I 0.490 [3]	0.586	0.779	0.889	1.044	1.246	1.517	1.800
Italie (E.G./h. – Lire) [5]										
B Total	703	788	966	1 209	I 1 794 [6]	2 133	2 673	I 3 244 [7]	3 874	...
Italie [8]										
B Total	...	...	...	...	*100.0*	*120.9*	*154.6*	*179.6*	*213.7*	*261.7*
Luxembourg (E.G./h. – Francs)										
B Total [9]	95.18	I 108.91 [3]	121.18	151.94	164.45	190.10	205.00	215.57	227.77	244.90
B Males – Hom. [9]	97.74	I 111.66 [3]	124.84	156.78	169.25	195.50	211.13	224.52	234.60	251.70
B Fem. – Muj. [9]	56.25	I 65.13 [3]	69.02	89.67	103.06	125.33	131.88	135.63	137.61	153.97
Netherlands (E.G./h. – Guilders) [9]										
B Total [2]	5.53	6.38	7.36	8.70	9.95	10.77	11.83	12.49	13.05	...
B Males – Hom. [4]	6.28	6.98	7.96	9.36	10.60	11.41	12.52	13.22	13.90	...
B Fem. – Muj. [4]	4.56	5.06	6.01	7.26	8.39	9.11	10.02	10.63	11.13	...
Netherlands [10] [11]										
B Total [4]	*112*	*127*	*144*	*168*	*191*	*208*	*223*	*236*	*246*	*257*
Norway (E.G./h. – Kroner) [5]										
B Males – Hom. [4]	15.45	16.82	18.61	21.83	26.15	30.44	33.77	36.44	37.47	40.97
B Fem. – Muj. [4]	11.65	12.82	14.18	16.75	20.41	24.16	26.96	29.24	30.15	33.55
Pologne [12] (E.G./m. – Zlote) [5]										
Total [10]	2 344	2 459	2 689	3 050	3 667	4 049	4 354	4 598	4 999	5 713
Portugal (E.G./h. – Escudos)										
Total	10.50	12.20	14.30	22.80	32.60	40.70	47.70	55.30	72.60	...
Roumanie [13] (E.G./m. – Lei) [14]										
Total [10]	.	.	.	.	1 602	1 694	1 815	2 019	2 118	2 307
Suisse (E.G./h. – Francs) [15]										
B Total	.	.	8.43	9.53	10.34	10.54	10.71	11.06	11.42	12.11
B Males – Hom.	.	.	9.07	10.23	11.11	11.33	11.55	11.92	12.30	13.03
B Fem. – Muj.	.	.	6.14	7.02	7.55	7.70	7.70	7.98	8.26	8.82

Explanatory notes and source: see p. 433 – Notes explicatives et source: voir p. 435 – Notas explicativas y fuente: véase p. 437

[1] ∅: Sep. of each year. [2] Incl. juveniles. [3] New industrial classification. [4] Adults. [5] Incl. the value of payments in kind. [6] Prior to 1975: excl. payments for annual vacation and public holidays. [7] Scope of series revised. [8] Index of minimum hourly wage rates (1975 = 100). [9] ∅: Oct. of each year. [10] Employees. [11] Index of minimum hourly wage rates (1970 = 100). [12] Socialised sector. [13] Socialised sector; incl. major divisions 2 and 4. [14] Net earnings after deduction of income taxes. [15] Accident insurance statistics; excl. overtime payments.

[1] ∅: sept. de chaque année. [2] Y compris les jeunes gens. [3] Nouvelle classification industrielle. [4] Adultes. [5] Y compris la valeur des paiements en nature. [6] Avant 1975: non compris la rémunération pour congés annuels et jours fériés. [7] Portée de la série révisée. [8] Indice des taux horaires de salaire minimum (1975 = 100). [9] ∅: oct. de chaque année. [10] Salariés. [11] Indice des taux horaires de salaire minimum (1970 = 100). [12] Secteur socialisé. [13] Secteur socialisé; y compris les branches 2 et 4. [14] Gains nets après déduction de l'impôt sur le revenu. [15] Statistiques d'assurances-accidents; non compris les paiements d'heures supplémentaires.

[1] ∅: sept. de cada año. [2] Incl. jóvenes. [3] Nueva clasificación industrial. [4] Adultos. [5] Incl. el valor de los pagos en especie. [6] Antes de 1975: excl. los pagos por vacaciones anuales y días feriados. [7] Alcance de la serie revisado. [8] Indice de las tasas de salario mínimo por hora (1975 = 100). [9] ∅: oct. de cada año. [10] Asalariados. [11] Indice de las tasas de salario mínimo por hora (1970 = 100). [12] Sector socializado. [13] Sector socializado; incl. las grandes divisiones 2 y 4. [14] Ganancias netas después de deducir los impuestos sobre la renta. [15] Estadísticas del seguro de accidentes; excl. los suplementos por horas extraordinarias.

17 Wages in manufacturing
Salaires dans les industries manufacturières
Salarios en las industrias manufactureras

All industries
Ensemble des industries
Todas las industrias

Earnings *(E.G.)* or rates *(R.T.)* per hour *(h.)*, day *(d.j.)*, week *(w.s.)* or month *(m.)*

Gains *(E.G.)* ou taux *(R.T.)* par heure *(h.)*, jour *(d.j.)*, semaine *(w.s.)* ou mois *(m.)*

Ganancias *(E.G.)* o tasas *(R.T.)* por hora *(h.)*, día *(d.j.)*, semana *(w.s.)* o mes *(m.)*

Country, unit and scope Pays, unité et portée País, unidad y alcance	1971	1972	1973	1974	1975	1976	1977	1978	1979	1980
Suisse [1] (E.G./h. – Francs) [2]										
Males – Hom. [3]	8.27	9.24	10.40	11.73	12.57	12.80	13.37	13.82	14.30	15.13
Fem. – Muj. [3]	5.37	5.98	6.80	7.71	8.29	8.51	8.74	9.13	9.43	10.04
Sweden (E.G./h. – Kronor) [4]										
Total [5]	14.91	16.76	18.19	I 20.30 [6]	23.79	I 27.01 [7]	29.22	I 32.31 [6]	35.75	...
Males – Hom. [3]	15.64	17.49	19.00	I 21.26 [6]	24.84	I 28.04 [7]	30.27	I 33.04 [6]	36.77	...
Fem. – Muj. [3]	12.88	14.65	15.97	I 17.85 [6]	21.16	I 24.38 [7]	26.47	I 29.32 [6]	32.83	...
Turquie (E.G./d.j. – Liras) [8]										
Total [9]	40.74	45.21	57.28	70.92	89.75	126.29	127.52	224.13	304.20	...
United Kingdom (E.G./h. – Pounds) [10]										
B Males – Hom. [1]	0.720	0.821	0.929	1.116	1.399	1.559	1.687	1.949	2.275	I 2.664 [11]
B Fem. – Muj. [1]	0.421	0.487	0.564	0.727	0.930	1.094	1.195	1.346	1.571	I 1.834 [11]
United Kingdom [12]										
B Total [5]	.	.	*114.6*	*134.3*	*174.4*	*209.0*	*218.9*	*258.8*	*297.5*	*348.5*
Yugoslavia [13] (E.G./m. – Dinars)										
B Total [9]	1 335	1 559	1 854	2 369	2 901	3 313	3 907	4 651	5 617	6 976
OCEANIA – OCÉANIE – OCEANIA										
American Samoa (R.T./h. – Dollars, US) [14]										
Total	.	.	.	1.35	1.42	1.54	1.66	1.81	1.96	2.16
Australia [1] (E.G./h. – Dollars) [9]										
Males – Hom. [3]	2.04	2.20	2.58	3.44	3.82	4.33	4.79	5.11	5.66	6.37
Fem. – Muj. [3]	1.34	1.49	1.79	2.55	3.00	3.42	3.83	4.08	4.38	5.01
Australia (R.T./h. – Dollars) [14]										
B Males – Hom. [3]	1.4360	1.5640	1.7630	2.2490	2.6810	3.0729	3.4154	3.6582	3.9463	4.3713
B Fem. – Muj. [3]	1.0500	1.1890	1.3510	1.8930	2.4550	2.8850	3.2241	3.4416	3.6735	4.0526
Fiji [15] (R.T./d.j. – Dollars)										
Total	2.69	3.21	3.78	4.82	6.19	6.64	6.87	8.10	8.67	...
New Zealand (E.G./h. – Dollars) [9]										
B Total [5]	1.54	1.68	1.92	2.22	2.54	2.91	3.34	3.83	4.42	...
B Males – Hom. [5]	.	.	.	2.43	2.76	3.14	3.60	4.12	4.78	...
B Fem. – Muj. [5]	.	.	.	1.60	1.90	2.24	2.64	2.99	3.46	...

Explanatory notes and source: see p. 433 – Notes explicatives et source: voir p. 435 – Notas explicativas y fuente: véase p. 437

[1] ∅: Oct. of each year. [2] Incl. family allowances. [3] Adults. [4] Incl. holidays and sick-leave payments and the value of payments in kind. [5] Incl. juveniles. [6] Sample design revised. [7] Beginning 1976, ∅: second quarter of each year. [8] ∅: Sep. of each year. [9] Employees. [10] Workers on adult rates of pay. [11] Prior to 1980: adults. [12] Index of minimum weekly wage rates (July 1972 = 100). [13] Socialised sector. [14] Minimum rates. [15] ∅: June of each year.

[1] ∅: oct. de chaque année. [2] Y compris les allocations familiales. [3] Adultes. [4] Y compris les versements pour les vacances et congés de maladie et la valeur des paiements en nature. [5] Y compris les jeunes gens. [6] Plan d'échantillonnage révisé. [7] A partir de 1976, ∅: deuxième trimestre de chaque année. [8] ∅: sept. de chaque année. [9] Salariés. [10] Travailleurs rémunérés sur la base de taux de salaire pour adultes. [11] Avant 1980: adultes. [12] Indice des taux hebdomadaires de salaire minimum (juillet 1972 = 100). [13] Secteur socialisé. [14] Taux minima. [15] ∅: juin de chaque année.

[1] ∅: oct. de cada año. [2] Incl. las asignaciones familiares. [3] Adultos. [4] Incl. los pagos por vacaciones y licencias de enfermedad y el valor de los pagos en especie. [5] Incl. jóvenes. [6] Diseño de la muestra revisado. [7] A partir de 1976, ∅: segundo trimestre de cada año. [8] ∅: sept. de cada año. [9] Asalariados. [10] Trabajadores pagados sobre la base de tasas de salarios para adultos. [11] Antes de 1980: adultos. [12] Indice de las tasas de salario mínimo por semana (julio de 1970 = 100). [13] Sector socializado. [14] Tasas mínimas. [15] ∅: junio de cada año.

17 Wages in manufacturing
Salaires dans les industries manufacturières
Salarios en las industrias manufactureras

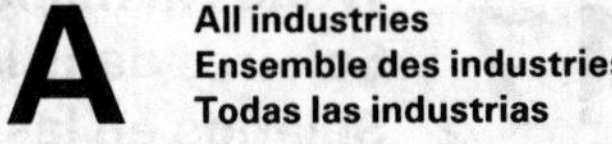

Earnings *(E.G.)* or rates *(R.T.)* per hour *(h.)*, day *(d.j.)*, week *(w.s.)* or month *(m.)*

Gains *(E.G.)* ou taux *(R.T.)* par heure *(h.)*, jour *(d.j.)*, semaine *(w.s.)* ou mois *(m.)*

Ganancias *(E.G.)* o tasas *(R.T.)* por hora *(h.)*, día *(d.j.)*, semana *(w.s.)* o mes *(m.)*

Country, unit and scope Pays, unité et portée País, unidad y alcance	1971	1972	1973	1974	1975	1976	1977	1978	1979	1980
Samoa [1] (E.G./w.s. – Tala) [2]										
Total [3]	10.77	10.41	9.92	10.04	13.24	16.38	19.39	20.79	20.12	21.65
USSR – URSS – URSS										
URSS [4] (E.G./m. – Roubles) [5]										
Total [3]	131.7	136.4	141.3	149.8	155.8	❚ 163.2 [6]	166.3	170.8	174.3	179.2*
RSS de Biélorussie [5] (E.G./m. – Roubles)										
Total [3]	.	125.4	129.6	134.1	138.1	...	...	...	...	...
RSS d'Ukraine [4] (E.G./m. – Roubles) [5]										
Total [3]	123.9	127.7	131.5	135.7	143.1	❚ 161.9 [6]	165.6	169.1	172.6	176.8*

Explanatory notes and source: see p. 433 – Notes explicatives et source: voir p. 435 – Notas explicativas y fuente: véase p. 437

[1] Apia. [2] Incl. juveniles. [3] Employees. [4] Incl. mining and quarrying. [5] Socialised sector. [6] Prior to 1976: excl. mining and quarrying.

[1] Apia. [2] Y compris les jeunes gens. [3] Salariés. [4] Y compris les industries extractives. [5] Secteur socialisé. [6] Avant 1976: non compris les industries extractives.

[1] Apia. [2] Incl. jóvenes. [3] Asalariados. [4] Incl. las minas y canteras. [5] Sector socializado. [6] Antes de 1976: excl. las minas y canteras.

17 Wages in manufacturing / Salaires dans les industries manufacturières / Salarios en las industrias manufactureras

B By major groups of industry / Par classe d'industrie / Por agrupaciones de industria

Earnings *(E.G.)* or rates *(R.T.)* per hour *(h.)*, day *(d.j.)*, week *(w.s.)* or month *(m.)*

Gains *(E.G.)* ou taux *(R.T.)* par heure *(h.)*, jour *(d.j.)*, semaine *(w.s.)* ou mois *(m.)*

Ganancias *(E.G.)* o tasas *(R.T.)* por hora *(h.)*, día *(d.j.)*, semana *(w.s.)* o mes *(m.)*

Country, unit and scope Pays, unité et portée País, unidad y alcance	1971	1972	1973	1974	1975	1976	1977	1978	1979	1980
AFRICA – AFRIQUE – AFRICA										
Algérie [1] (E.G./h.) Dinars										
Total										
311-313	2.59	2.49	2.94	3.52	3.11	...	...	...	...	...
321-322	2.38	2.52	3.42	3.74	3.85	...	...	...	...	...
323-324	2.64	2.91	3.03	3.68	4.35	...	...	...	...	...
33	2.42	2.82	2.99	3.69	4.17	...	...	...	...	...
34	2.81	2.84	3.18	3.52	3.51	...	...	...	...	...
351-352,355	3.28	3.48	3.59	4.12	4.69	...	...	...	...	...
369	1.84	2.58	3.44	2.55	3.80	...	...	...	...	...
37	3.44	3.99	3.94	4.09	4.91	...	...	...	...	...
381-83	3.18	3.46	3.61	4.03	3.82	...	...	...	...	...
390	2.14	1.73	3.48	3.01	3.13	...	...	...	...	...
Egypt [2] (E.G./w.s.) Pounds										
Total										
311-312	4.08	4.60	4.82	5.35	5.61	6.37	6.71*	...	...	...
313	5.22	6.00	6.18	6.33	6.49	7.45	6.69*	...	...	...
314	5.19	5.72	7.24	7.61	8.55	8.99	9.77*	...	...	...
321	4.22	5.15	5.17	5.51	5.70	6.89	7.51*	...	...	...
322	4.46	3.62	2.96	3.90	4.17	8.97	9.25*	...	...	...
323	4.90	4.34	4.47	5.08	6.08	6.67	5.21*	...	...	...
324	4.08	4.74	4.18	5.11	4.94	5.23	5.25*	...	...	...
331	3.64	3.87	4.41	4.89	4.99	6.25	5.90*	...	...	...
332	3.03	3.24	3.67	5.96	5.62	5.40	5.77*	...	...	...
341	3.88	4.44	5.41	5.10	5.31	6.80	6.06*	...	...	...
342	7.43	6.81	7.21	7.91	8.57	8.18	8.69*	...	...	...
351	5.34	5.53	4.43	6.43	6.01	7.37	7.62*	...	...	...
352	5.12	5.55	5.54	6.93	6.12	7.35	6.60*	...	...	...
353	8.03	6.92	8.21	8.64	8.75	9.82	11.85*	...	...	...
354	4.29	6.61	7.05	8.01	8.77	9.60	9.47*	...	...	...
355	4.74	5.21	7.51	6.74	7.30	7.58	7.70*	...	...	...
356	4.36	4.48	5.05	5.58	5.72	5.73	6.35*	...	...	...
361	3.55	4.21	3.42	6.87	7.33	6.17	5.01*	...	...	...
362	3.40	4.68	4.54	4.87	5.57	7.60	7.02*	...	...	...
369	4.71	5.60	5.33	5.58	6.45	7.17	7.29*	...	...	...
371	6.39	6.36	7.16	7.67	6.28	9.32	9.97*	...	...	...
372	6.42	5.52	6.49	6.29	5.16	6.41	8.52*	...	...	...
381	5.46	5.80	4.69	5.89	7.07	7.95	8.55*	...	...	...
382	6.01	5.76	6.79	7.65	7.08	8.25	7.99*	...	...	...
383	4.50	4.90	5.04	5.64	5.72	7.99	13.63*	...	...	...
384	6.02	5.95	6.00	6.65	7.27	7.62	7.62*	...	...	...
385	4.06	4.39	3.99	4.49	5.16	9.51	9.50*	...	...	...
390	3.18	4.52	4.89	6.68	5.04	6.31	7.43*	...	...	...

[a] ISIC – CITI – CIIU 1968: See Annex – Voir annexe – Véase anexo.

Explanatory notes and source: see p. 433 – Notes explicatives et source: voir p. 435 – Notas explicativas y fuente: véase p. 437

[1] ∅: April of each year. [2] ∅: Oct. of each year.

[1] ∅: avril de chaque année. [2] ∅: oct. de chaque année.

[1] ∅: abril de cada año. [2] ∅: oct. de cada año.

17 Wages in manufacturing
Salaires dans les industries manufacturières
Salarios en las industrias manufactureras

B By major groups of industry
Par classe d'industrie
Por agrupaciones de industria

Earnings *(E.G.)* or rates *(R.T.)* per hour *(h.)*, day *(d.j.)*, week *(w.s.)* or month *(m.)*

Gains *(E.G.)* ou taux *(R.T.)* par heure *(h.)*, jour *(d.j.)*, semaine *(w.s.)* ou mois *(m.)*

Ganancias *(E.G.)* o tasas *(R.T.)* por hora *(h.)*, día *(d.j.)*, semana *(w.s.)* o mes *(m.)*

Country, unit and scope Pays, unité et portée País, unidad y alcance	1971	1972	1973	1974	1975	1976	1977	1978	1979	1980
Kenya [1] (E.G./m.) [2]Shillings										
Total [3]										
311-312	.	.	.	.	.	.	821.9	820.3	809.3	...
313	.	.	.	.	.	.	1 646.0	1 895.0	1 853.8	...
314	.	.	.	.	.	.	2 826.6	2 200.5	2 491.7	...
321	.	.	.	.	.	.	685.2	766.8	739.3	...
322	.	.	.	.	.	.	652.7	687.6	801.0	...
323	.	.	.	.	.	.	767.2	776.5	938.6	...
324	.	.	.	.	.	.	1 025.6	1 028.1	1 112.3	...
331	.	.	.	.	.	.	446.1	506.4	567.5	...
332	.	.	.	.	.	.	668.7	771.0	812.0	...
341	.	.	.	.	.	.	1 340.0	1 331.7	1 410.9	...
342	.	.	.	.	.	.	1 456.1	1 613.1	1 763.4	...
351	.	.	.	.	.	.	1 625.2	1 580.1	1 892.1	...
352	.	.	.	.	.	.	1 303.0	1 419.9	1 515.5	...
353	.	.	.	.	.	.	5 170.7	5 091.8	5 715.0	...
355	.	.	.	.	.	.	1 410.6	1 295.0	1 511.2	...
356	.	.	.	.	.	.	991.3	1 026.2	909.5	...
361	.	.	.	.	.	.	700.4	805.8	1 042.0	...
362	.	.	.	.	.	.	958.4	1 122.6	1 108.2	...
369	.	.	.	.	.	.	1 399.6	1 556.9	1 695.0	...
37	.	.	.	.	.	.	1 083.1	1 154.8	1 288.1	...
381	.	.	.	.	.	.	1 083.2	1 215.1	1 207.7	...
382	.	.	.	.	.	.	1 065.1	1 135.9	1 148.9	...
383	.	.	.	.	.	.	1 545.8	1 712.9	2 087.7	...
384	.	.	.	.	.	.	911.2	1 042.3	1 187.9	...
385	.	.	.	.	.	.	637.1	713.8	777.1	...
390	.	.	.	.	.	.	795.7	836.7	850.7	...
Malawi (E.G./m.) Kwacha										
Total [3]										
311-312	.	30.88	34.20	41.40	43.70	32.89	I 28.37 [4]	34.65	31.43	...
313	.	24.12	28.00	32.29	35.44	87.34	I 84.14 [4]	73.08	84.57	...
314	.	23.82	25.14	33.21	30.44	28.53	I 34.80 [4]	37.31	41.42	...
321	.	29.41	29.94	33.27	41.68	41.70	I 47.06 [4]	48.22	55.04	...
322	.	23.32	26.26	29.72	35.31	39.33	I 33.11 [4]	33.13	42.09	...
323	.	19.34	16.74	20.36	20.88	20.45	I 35.11 [4]	48.36	33.83	...
324	.	26.70	39.24	37.89	38.15	81.57	I 101.73 [4]	93.32	119.30	...
331	.	23.96	20.38	20.54	22.95	31.92	I 22.81 [4]	24.39	32.47	...
332	.	23.22	22.04	34.83	33.68	23.87	I 45.37 [4]	53.39	57.05	...
341	.	65.38	36.20	35.78	46.21	48.67	I 56.30 [4]	67.54	67.89	...
342	.	41.74	90.91	46.35	51.25	80.00	I 72.19 [4]	85.38	91.79	...
351	.	79.58	93.69	92.71	78.84	94.28	I 137.28 [4]	140.86	113.65	...
352	.	73.13	74.10	90.10	108.48	90.26	I 100.82 [4]	114.64	127.59	...
355	.	58.80	60.10	65.01	55.61	61.39	I 71.21 [4]	61.14	83.02	...
356	.	24.71	44.42	67.68	46.19	52.56	I 67.05 [4]	69.88	67.97	...
369	.	38.05	31.40	41.30	41.13	33.47	I 38.36 [4]	36.49	42.78	...
381	.	41.49	48.99	46.57	49.69	57.32	I 60.24 [4]	50.66	64.89	...
382	.	48.37	60.97	54.87	63.33	74.47	I 84.81 [4]	70.29	75.51	...
383	.	47.35	59.08	57.24	68.68	87.66	I 95.77 [4]	83.79	107.90	...
384	.	97.26	108.96	117.87	144.23	121.09	I 150.34 [4]	134.97	147.14	...
390	.	51.55	...	56.50	20.29	26.24	I 25.81 [4]	28.34	27.30	...

[a] ISIC – CITI – CIIU 1968: See Annex – Voir annexe – Véase anexo.

Explanatory notes and source: see p. 433 – Notes explicatives et source: voir p. 435 – Notas explicativas y fuente: véase p. 437

[1] ∅: June of each year. [2] Incl. the value of payments in kind. [3] Employees. [4] Beginning 1977: sample of establishments and revised allocation of establishments in the industrial classification.

[1] ∅: juin de chaque année. [2] Y compris la valeur des paiements en nature. [3] Salariés. [4] A partir de 1977: échantillon d'établissements et changements dans leur répartition industrielle.

[1] ∅: junio de cada año. [2] Incl. el valor de los pagos en especie. [3] Asalariados. [4] A partir de 1977: muestra de establecimientos y cambios en la distribución industrial de los establecimientos.

17 Wages in manufacturing / Salaires dans les industries manufacturières / Salarios en las industrias manufactureras

B By major groups of industry / Par classe d'industrie / Por agrupaciones de industria

Earnings *(E.G.)* or rates *(R.T.)* per hour *(h.)*, day *(d.j.)*, week *(w.s.)* or month *(m.)*

Gains *(E.G.)* ou taux *(R.T.)* par heure *(h.)*, jour *(d.j.)*, semaine *(w.s.)* ou mois *(m.)*

Ganancias *(E.G.)* o tasas *(R.T.)* por hora *(h.)*, día *(d.j.)*, semana *(w.s.)* o mes *(m.)*

Country, unit and scope Pays, unité et portée País, unidad y alcance	1971	1972	1973	1974	1975	1976	1977	1978	1979	1980
Mauritius [1] (E.G./d.j.) Rupees										
Total [2]										
311-312	6.52	6.40	6.14	8.65	9.05	12.46	16.59	21.30	24.83	29.85
313	4.35	5.31	6.00	7.40	7.08	10.33	13.92	15.60	15.84	...
314	7.13	6.57	8.96	7.81	11.07	12.83	13.42	15.13	16.25	...
321	5.21	5.32	5.82	6.51	9.32	11.22	14.23	16.35	18.75	26.02
322	4.92	3.35	3.33	4.44	6.34	8.99	10.61	12.98	14.62	19.69
323,355	3.55	4.23	3.60	5.77	9.30	10.45	11.84	13.56	16.19	21.55
324	7.02	6.56	7.19	8.79	9.85	14.00	17.09	19.05	20.24	27.27
33	7.72	7.20	9.48	9.87	13.04	19.34	21.09	30.98	25.50	32.23
341	.	.	.	.	.	.	.	13.49	16.50	19.88
342	7.35	8.76	8.55	11.35	13.87	16.56	22.66	27.27	29.87	37.46
351-352,354	4.53	4.86	5.29	6.27	6.82	11.86	16.71	19.88	17.39	25.57
356	.	.			.	.	.	13.37	14.76	20.81
362,369	7.15	7.92	8.70	10.52	12.10	18.43	22.76	31.64	25.35	34.28
371	.	.		.	.	.	.	.	16.39	20.64
381	6.03	6.84	7.08	9.95	13.17	19.19	20.28	19.62	21.46	31.96
382	7.15	8.34	8.06	11.69	14.79	19.10	43.65	30.63	31.19	40.32
383	6.86	7.26	5.27	5.38	6.00	8.41	10.86	13.34	13.25	17.76
384	11.49	15.39	10.16	16.84	13.43	26.12	33.56	35.00	35.02	40.30
3853	.	.	.		.	.	.	.	16.39	20.64
390	3.64	4.27	4.24	6.97	8.23	12.22	13.23	12.53	15.59	17.78
AMERICA – AMÉRIQUE – AMERICA										
Argentina (E.G./h.) Pesos										
Total [3]										
311-312	2	3	6	7	19	71	143	253	597	1 474
313	2	3	6	7	19	71	153	269	610	1 467
314	2	3	5	7	22	60	127	221	555	1 437
322	2	3	5	7	19	67	135	242	639	1 640
323	2	3	6	8	22	64	154	264	854	1 640
324	2	3	5	7	22	59	120	204	551	1 381
331	2	3	6	7	20	56	127	...	548	1 340
341	2	4	6	8	20	58	137	244	589	1 414
342	2	3	5	7	18	62	123	215	600	1 507
351	3	4	7	8	20	55	126	219	557	1 465
355	2	3	6	8	21	57	137	260	654	1 600
361	2	3	6	8	23	69	146	258	626	1 518
362	2	3	6	7	15	48	108	176	430	1 057
37	2	4	6	8	21	57	129	233	578	1 389
384	3	4	7	9	25	66	147	262	579	1 430

[a] ISIC – CITI – CIIU 1968: See Annex – Voir annexe – Véase anexo.

Explanatory notes and source: see p. 433 – Notes explicatives et source: voir p. 435 – Notas explicativas y fuente: véase p. 437

[1] Ø: Sep. of each year. [2] Incl. development workers. [3] Unskilled wage earners.

[1] Ø: sept. de chaque année. [2] Y compris les personnes occupées à des travaux publics de développement. [3] Ouvriers non qualifiés.

[1] Ø: sept. de cada año. [2] Incl. las personas ocupadas en planes de desarrollo. [3] Obreros no calificados.

17 Wages in manufacturing / Salaires dans les industries manufacturières / Salarios en las industrias manufactureras

B By major groups of industry / Par classe d'industrie / Por agrupaciones de industria

Earnings *(E.G.)* or rates *(R.T.)* per hour *(h.)*, day *(d.j.)*, week *(w.s.)* or month *(m.)*

Gains *(E.G.)* ou taux *(R.T.)* par heure *(h.)*, jour *(d.j.)*, semaine *(w.s.)* ou mois *(m.)*

Ganancias *(E.G.)* o tasas *(R.T.)* por hora *(h.)*, día *(d.j.)*, semana *(w.s.)* o mes *(m.)*

Country, unit and scope Pays, unité et portée País, unidad y alcance	1971	1972	1973	1974	1975	1976	1977	1978	1979	1980
Bolivia [1] (R.T./m.) Pesos										
Total										
311-312	1 131	1 266	1 386	1 786	1 786	1 786	2 086	...	...	2 765
313	1 792	1 927	2 047	2 447	2 447	2 447	2 747	...	...	3 991
314	1 155	1 290	1 410	1 810	1 810	1 810	2 110	...	...	3 965
321	987	1 122	1 242	1 642	1 642	1 642	1 942	...	...	3 418
322	.	.	.	.	.	.	.	...	...	3 976
322,324	1 017	1 152	1 272	1 672	1 672	1 672	1 972	...	...	...
323	778	913	1 033	1 433	1 433	1 433	1 733	...	...	3 692
324	.	.	.	.	.	.	.	...	...	3 166
331	607	742	862	1 262	1 262	1 262	1 562	...	...	3 382
332	676	811	931	1 331	1 331	1 331	1 671	...	...	2 672
341	905	1 040	1 160	1 560	1 560	1 560	1 860	...	...	3 047
342	1 050	1 185	1 305	1 705	1 705	1 705	2 005	...	...	4 031
351	.	.	.	.	.	.	.	...	...	4 562
351-352	1 125	1 260	1 380	1 780	1 780	1 780	2 080	...	...	...
352	.	.	.	.	.	.	.	...	...	3 766
353	.	.	.	.	.	.	.	...	...	5 189
354	.	.	.	.	.	.	.	...	...	4 879
355	899	1 034	1 154	1 554	1 554	1 554	1 854	...	...	4 045
356	.	.	.	.	.	.	.	...	...	3 802
362	.	.	.	.	.	.	.	...	...	5 732
369	1 121	1 256	1 376	1 776	1 776	1 776	2 076	...	...	4 830
37	1 452	1 587	1 707	2 107	2 107	2 107	2 407	...	...	...
371	.	.	.	.	.	.	.	...	...	5 638
372	.	.	.	.	.	.	.	...	...	4 360
381	692	827	947	1 347	1 347	1 340	1 647	...	...	4 031
382	898	1 033	1 153	1 553	1 553	1 553	1 853	...	...	4 082
383	634	769	889	1 289	1 289	1 289	1 589	...	...	3 606
384	796	931	1 051	1 451	1 451	1 451	1 741	...	...	3 749
385	.	.	.	.	.	.	.	...	...	3 929
390	780	915	1 035	1 435	1 435	1 435	1 735	...	...	3 929
Canada (E.G./h.) Dollars										
Total										
311-312	2.85	3.09	3.38	3.90	4.62	5.25	5.75	6.14	6.71	7.36
313	3.66	4.09	4.38	4.94	5.76	6.51	7.08	7.49	8.54	9.50
314	3.84	4.09	4.52	5.06	5.94	6.69	7.56	7.95	.	10.01
321	2.57	2.76	2.97	3.39	3.95	4.50	5.00	5.38	5.38	6.44
322	2.18	2.35	2.54	2.90	3.40	3.86	4.23	4.59	.	5.31
323-324	2.21	2.35	2.57	2.95	3.46	3.93	4.27	4.54	4.91	5.35
324	2.12	2.25	2.47	2.86	3.32	3.77	4.13	4.38	4.78	5.20
331	3.22	3.51	3.92	4.51	5.17	6.06	6.74	7.31	7.95	8.86
332	2.57	2.74	3.00	3.41	4.00	4.55	5.07	5.36	5.86	6.37
341	3.88	4.18	4.47	5.17	5.87	6.89	7.69	8.24	8.93	9.77
342	3.86	4.20	4.56	5.00	5.76	6.41	6.98	7.46	8.21	8.98
351-352	3.48	3.74	4.01	4.49	5.22	5.89	6.51	6.97	7.67	8.50
353	4.54	4.96	5.26	6.01	6.91	7.73	8.74	9.48	10.31	11.38
354	4.48	4.92	5.19	5.95	6.84	7.63	8.60	9.26	10.04	11.12
355	3.33	3.67	3.90	4.25	5.07	5.64	6.11	6.61	7.38	...
356	2.59	2.76	2.98	3.35	3.97	4.44	4.85	5.16	5.62	6.25
36	3.53	3.85	4.24	4.75	5.56	6.25	6.89	7.43	8.17	8.92
371	4.18	4.55	4.98	5.41	6.06	7.01	7.75	8.37	9.11	9.88
372	3.38	3.66	4.02	4.54	5.25	5.93	6.30	6.82	7.35	8.05
381	3.52	3.75	4.08	4.61	5.38	6.06	6.69	7.10	7.72	8.52
382	3.74	4.00	4.36	4.88	5.63	6.24	6.84	7.34	8.01	8.83
383	3.12	3.30	3.53	4.04	4.70	5.24	5.76	6.13	6.57	7.35
384	3.93	4.26	4.64	5.18	5.81	6.60	7.34	7.85	8.45	9.33
385	3.00	3.21	3.49	3.82	4.38	4.83	5.30	5.84	6.34	7.03
390	2.62	2.80	3.03	3.41	3.98	4.46	4.93	5.25	5.72	6.32

[a] ISIC – CITI – CIIU 1968: See Annex – Voir annexe – Véase anexo.

Explanatory notes and source: see p. 433 – Notes explicatives et source: voir p. 435 – Notas explicativas y fuente: véase p. 437

[1] Employees. [1] Salariés. [1] Asalariados.

17 Wages in manufacturing
Salaires dans les industries manufacturières
Salarios en las industrias manufactureras

B By major groups of industry / Par classe d'industrie / Por agrupaciones de industria

Earnings *(E.G.)* or rates *(R.T.)* per hour *(h.)*, day *(d.j.)*, week *(w.s.)* or month *(m.)*

Gains *(E.G.)* ou taux *(R.T.)* par heure *(h.)*, jour *(d.j.)*, semaine *(w.s.)* ou mois *(m.)*

Ganancias *(E.G.)* o tasas *(R.T.)* por hora *(h.)*, día *(d.j.)*, semana *(w.s.)* o mes *(m.)*

Country, unit and scope Pays, unité et portée País, unidad y alcance	1971	1972	1973	1974	1975	1976	1977	1978	1979	1980
Colombia (E.G./h.) Pesos										
Total										
311-312	6.54	7.28	8.08	9.74	13.07	15.69	19.41	23.81	32.99	...
313	8.40	9.15	10.58	12.98	15.58	19.24	24.21	32.30	42.41	...
314	8.24	8.91	9.93	10.71	11.62	14.08	19.07	25.08	34.07	...
321	8.13	8.72	9.72	11.45	13.28	16.56	20.43	27.80	37.95	...
322,324	4.26	4.74	5.34	6.66	8.45	10.89	13.62	17.53	24.46	...
323-324	5.77	5.96	6.70	8.07	10.73	13.36	16.11	21.11	29.30	...
331	4.72	5.08	5.77	6.90	8.85	10.73	15.13	18.66	25.83	...
332	4.99	5.45	6.21	7.49	9.83	11.63	15.73	19.66	26.41	...
341	8.26	9.78	11.30	13.77	16.19	21.46	27.95	37.12	50.17	...
342	7.96	8.35	9.07	11.01	13.37	15.38	19.39	24.88	33.44	...
351-352	7.96	8.58	10.42	12.52	15.36	19.17	24.61	31.36	39.41	...
353-354	14.70	15.98	16.90	19.77	22.08	22.68	30.35	38.02	50.53	...
355	9.23	10.24	12.01	14.61	17.35	24.62	28.40	35.24	46.39	...
36	7.51	8.11	9.36	10.90	13.48	16.71	20.92	27.35	37.04	...
37	8.85	10.04	11.87	12.33	15.23	19.81	22.88	29.17	36.51	...
381	5.86	6.17	7.01	8.68	10.94	14.04	18.35	23.85	31.65	...
382	6.75	7.19	8.31	10.02	12.23	14.87	18.09	23.08	31.15	...
383	6.65	7.43	8.61	10.03	12.76	16.02	20.37	25.62	34.18	...
384	7.11	7.85	9.26	10.76	14.19	16.93	22.01	27.56	37.20	...
390	5.56	6.51	7.10	8.40	10.96	13.52	16.74	21.51	29.70	...
Chile [1] (E.G./m.) [2]Pesos										
Total										
311-312	.	.	.	.	203	829	2 245	3 983	5 629	8 481
313	.	.	.	.	197	753	2 003	3 814	5 987	8 375
314	.	.	.	.	325	1 753	4 659	8 225	12 784	20 993
321	.	.	.	.	175	690	1 901	3 367	4 825	6 951
322,324	.	.	.	.	173	674	1 874	3 103	4 705	7 351
323	.	.	.	.	188	689	1 692	2 942	4 565	6 711
331	.	.	.	.	172	571	1 730	3 082	4 052	6 058
332	.	.	.	.	208	762	2 094	3 477	5 618	8 940
341	.	.	.	.	269	1 014	2 692	5 264	6 473	13 095
342	.	.	.	.	195	848	2 487	4 094	6 673	9 871
351-352	.	.	.	.	260	1 071	2 916	4 676	6 845	11 041
353-354	.	.	.	.	628	2 634	5 781	9 226	12 098	17 647
355	.	.	.	.	232	953	2 907	4 545	7 310	13 692
36	.	.	.	.	254	860	2 390	4 265	6 319	10 804
37	.	.	.	.	280	1 054	3 238	5 078	8 011	12 806
381	.	.	.	.	218	941	2 477	3 870	5 807	9 011
382	.	.	.	.	225	871	2 300	4 170	6 849	9 708
383	.	.	.	.	200	719	2 242	3 933	5 249	7 807
384	.	.	.	.	201	727	3 008	5 758	8 896	12 064
390	.	.	.	.	170	657	1 620	3 276	4 350	7 828

[a] ISIC – CITI – CIIU 1968: See Annex – Voir annexe – Véase anexo.

Explanatory notes and source: see p. 433 – Notes explicatives et source: voir p. 435 – Notas explicativas y fuente: véase p. 437

[1] ∅: April of each year. [2] Incl. family allowances and the value of payments in kind.

[1] ∅: avril de chaque année. [2] Y compris les allocations familiales et la valeur des paiements en nature.

[1] ∅: abril de cada año. [2] Incl. las asignaciones familiares y el valor de los pagos en especie.

17 Wages in manufacturing
Salaires dans les industries manufacturières
Salarios en las industrias manufactureras

B By major groups of industry
Par classe d'industrie
Por agrupaciones de industria

Earnings *(E.G.)* or rates *(R.T.)* per hour *(h.)*, day *(d.j.)*, week *(w.s.)* or month *(m.)*
Gains *(E.G.)* ou taux *(R.T.)* par heure *(h.)*, jour *(d.j.)*, semaine *(w.s.)* ou mois *(m.)*
Ganancias *(E.G.)* o tasas *(R.T.)* por hora *(h.)*, día *(d.j.)*, semana *(w.s.)* o mes *(m.)*

Country, unit and scope Pays, unité et portée País, unidad y alcance	1971	1972	1973	1974	1975	1976	1977	1978	1979	1980
República Dominicana (E.G./m.) Pesos										
Total [1]										
311-312	59.54	63.24	57.17	65.32	101.83	114.45	106.64	108.69	118.17	...
313	187.45	201.84	225.66	235.17	245.16	248.24	229.88	267.21	279.68	...
314	116.75	144.40	183.79	199.17	193.75	238.36	227.40	236.15	241.50	...
321	135.61	133.36	93.92	145.17	168.32	157.63	163.88	177.34	193.29	...
322	70.56	75.92	77.61	102.37	104.08	100.20	111.37	116.46	153.71	...
323	137.57	112.10	124.37	121.08	122.49	115.71	130.87	137.86	156.26	...
324	89.91	112.89	127.28	111.58	122.72	121.94	133.84	136.93	136.64	...
331	94.52	86.44	80.93	97.00	105.87	97.58	93.35	121.15	117.58	...
332	109.35	109.58	99.60	120.16	150.45	159.58	164.12	164.83	178.33	...
341	201.39	196.37	179.00	207.83	225.89	291.54	283.35	269.86	283.36	...
342	167.77	156.31	166.52	187.91	225.68	210.91	225.27	236.66	246.03	...
351	221.15	148.91	198.11	234.41	238.55	262.23	259.00	262.95	277.16	...
352	158.30	149.91	167.15	174.83	178.56	215.56	225.39	254.59	267.12	...
353	.	.	.	.	.	.	1 241.3	1 416.2	1 575.9	...
355	159.99	148.73	139.99	136.66	157.37	182.99	184.60	204.28	233.25	...
356	113.19	127.02	125.00	159.50	143.96	146.86	159.85	177.87	184.02	...
361	.	.	.	.	.	.	.	156.40	163.03	...
362	.	.	.	.	.	.	189.29	197.20	196.80	...
369	.	.	.	.	.	.	218.52	222.72	235.23	...
371	195.32	142.86	278.35	190.58	175.67	273.97	320.26	294.01	321.25	...
372	146.67	142.86	143.74	139.22	208.91	191.09	205.63	222.17	214.03	...
381	160.65	160.57	160.04	178.08	204.69	208.24	220.67	235.40	245.78	...
382	192.93	211.98	200.49	155.66	149.12	135.82	193.72	203.32	217.15	...
383	156.33	220.05	241.33	231.50	178.83	274.65	283.02	275.01	279.32	...
384	141.56	144.36	145.39	159.16	129.43	93.53	62.67	78.60	53.17	...
385	136.02	122.11	137.36	129.85	137.35	156.17	163.30	195.05	227.79	...
390	104.98	122.36	87.53	219.00	220.84	114.60	102.60	241.07	272.50	...
Ecuador (E.G./h.) Sucres										
Total										
311-312	5.70	6.80	7.50	9.00	11.20	15.40	16.80	16.90	24.40	...
313	9.00	10.40	11.40	13.20	15.40	17.10	18.40	17.10	27.60	...
314	11.90	11.60	13.40	16.60	21.90	21.80	25.90	26.30	29.30	...
321	6.60	7.60	8.50	10.30	12.80	14.50	16.30	19.10	21.70	...
322,324	5.10	5.50	6.20	8.50	10.40	12.80	13.90	16.80	19.70	...
323	6.20	7.20	7.30	9.00	11.60	12.50	12.00	14.80	18.20	...
331	6.10	7.80	8.70	11.00	13.50	17.60	20.80	22.50	27.40	...
341	9.00	13.40	14.90	18.20	23.70	26.70	29.30	32.10	39.20	...
342	8.60	9.60	11.00	12.60	15.10	17.80	20.40	23.40	27.00	...
351	8.40	10.50	12.30	13.80	14.50	17.00	20.80	21.60	24.80	...
355	19.30	23.70	23.70	30.80	39.90	55.00	57.10	55.10	61.00	...
36	9.80	9.90	11.00	13.10	17.70	18.90	20.90	25.60	33.70	...
381	6.60	7.50	9.00	11.10	14.10	16.90	19.30	23.10	25.50	...
382	8.80	9.50	9.20	10.40	13.90	15.50	19.50	24.50	27.20	...
383	9.40	12.30	14.50	18.70	18.60	22.20	24.20	31.20	45.30	...
384	7.00	8.00	8.90	10.80	13.90	16.70	17.20	17.90	16.50	...
390	6.40	6.90	9.70	9.80	11.80	13.60	14.20	16.90	18.30	...

[a] ISIC - CITI - CIIU 1968: See Annex - Voir annexe - Véase anexo.

Explanatory notes and source: see p. 433 - Notes explicatives et source: voir p. 435 - Notas explicativas y fuente: véase p. 437

[1] Employees. [1] Salariés. [1] Asalariados.

17 Wages in manufacturing
Salaires dans les industries manufacturières
Salarios en las industrias manufactureras

B By major groups of industry / Par classe d'industrie / Por agrupaciones de industria

Earnings *(E.G.)* or rates *(R.T.)* per hour *(h.)*, day *(d.j.)*, week *(w.s.)* or month *(m.)*

Gains *(E.G.)* ou taux *(R.T.)* par heure *(h.)*, jour *(d.j.)*, semaine *(w.s.)* ou mois *(m.)*

Ganancias *(E.G.)* o tasas *(R.T.)* por hora *(h.)*, día *(d.j.)*, semana *(w.s.)* o mes *(m.)*

Country, unit and scope Pays, unité et portée País, unidad y alcance	1971	1972	1973	1974	1975	1976	1977	1978	1979	1980
El Salvador [1] (E.G./h.) Colones										
Males - Hommes - Hombres										
311-312	1.08	1.05	1.12	1.19	1.47	1.57	1.62	1.84	1.90	2.93
313	1.15	1.19	1.23	1.34	...	...	...	...	...	...
321	0.97	1.01	1.07	1.21	1.24	1.37	1.58	1.67	1.82	2.53
322,324	0.99	1.01	1.06	1.19	...	...	...	...	...	...
332	0.85	0.80	0.80	0.91	1.32	1.48	1.53	1.58	2.02	2.42
34	0.96	1.04	1.05	1.10	1.25	1.32	1.37	1.73	1.74	2.26
36	0.72	0.74	0.81	0.95	1.11	1.39	1.43	1.48	1.72	2.23
371	0.99	0.95	0.98	1.07	1.65	1.61	1.69	1.74	1.80	2.36
384	0.79	0.84	0.93	1.03	1.25	1.40	1.52	1.55	1.99	2.48
390	0.93	1.01	1.08	0.92	0.90	1.15	1.32	1.37	1.61	2.00
Females - Femmes - Mujeres										
311-312	0.59	0.61	0.68	0.78	1.14	1.10	1.11	1.27	1.44	1.67
313	0.64	0.62	0.68	0.75	...	...	...	...	...	...
321	0.85	0.90	0.98	...	1.06	1.20	1.30	1.47	1.55	2.10
322,324	0.76	0.79	0.84	...	...	...	...	...	...	...
332	.	.	.	.	0.89	1.04	1.03	1.04	1.31	2.26
34	0.88	0.82	0.78	0.77	1.01	1.23	1.22	1.27	1.49	1.93
36	.	.	.	.	0.70	1.02	1.06	1.09	...	...
384	.	.	.	.	1.07	1.67	1.41	1.47	1.54	2.32
390	0.72	0.78	0.83	0.87	1.18	0.90	0.91	0.93	1.30	1.56
Guatemala (E.G./h.) Quetzales										
Total										
311-312	.	.	.	0.369	0.423	0.454	0.476	0.524	...	...
313	.	.	.	0.598	0.592	0.625	0.609	0.762	...	...
314	.	.	.	0.490	0.540	0.603	0.665	0.621	...	...
321	.	.	.	0.393	0.407	0.446	0.463	0.495	...	...
322,324	.	.	.	0.354	0.366	0.388	0.444	0.487	...	...
323	.	.	.	0.348	0.306	0.324	0.371	0.374	...	...
331	.	.	.	0.340	0.370	0.390	0.437	0.470	...	...
332	.	.	.	0.376	0.404	0.398	0.305	0.369	...	...
34	.	.	.	0.553	0.556	0.596	0.641	0.809	...	...
351-352,355	.	.	.	0.400	0.543	0.555	0.657	0.853	...	...
36	.	.	.	0.556	0.746	0.652	0.720	0.785	...	...
37	.	.	.	0.453	0.496	0.505	0.633	0.597	...	...
383	.	.	.	0.554	0.534	0.585	0.635	0.762	...	...
384	.	.	.	0.408	0.467	0.489	0.452	0.544	...	...

[a] ISIC - CITI - CIIU 1968: See Annex - Voir annexe - Véase anexo.

Explanatory notes and source: see p. 433 - Notes explicatives et source: voir p. 435 - Notas explicativas y fuente: véase p. 437

[1] Department of San Salvador. [1] Département de San Salvador. [1] Departamento de San Salvador.

17 Wages in manufacturing
Salaires dans les industries manufacturières
Salarios en las industrias manufactureras

B By major groups of industry / Par classe d'industrie / Por agrupaciones de industria

Earnings *(E.G.)* or rates *(R.T.)* per hour *(h.)*, day *(d.j.)*, week *(w.s.)* or month *(m.)*

Gains *(E.G.)* ou taux *(R.T.)* par heure *(h.)*, jour *(d.j.)*, semaine *(w.s.)* ou mois *(m.)*

Ganancias *(E.G.)* o tasas *(R.T.)* por hora *(h.)*, día *(d.j.)*, semana *(w.s.)* o mes *(m.)*

Country, unit and scope Pays, unité et portée País, unidad y alcance	1971	1972	1973	1974	1975	1976	1977	1978	1979	1980
México [1] (E.G./h.) Pesos										
Total										
311-312	6.99	7.81	9.64	12.51	13.28	19.11	22.78	25.25	27.60	...
313	8.42	8.94	10.74	13.91	15.00	20.29	23.52	26.87	30.91	...
314	9.05	9.89	12.27	14.72	16.07	21.78	23.66	27.57	32.84	...
321	8.33	8.92	11.02	13.88	15.93	21.67	24.10	28.34	32.72	...
322	5.29	5.78	7.55	10.19	11.03	14.47	25.97	19.70	22.16	...
323	7.62	8.48	9.87	13.24	15.01	20.04	22.68	23.72	27.94	...
324	8.00	8.88	11.05	13.11	13.85	27.84	25.97	28.21	47.58	...
331	6.57	8.09	8.48	11.15	12.99	24.22	27.33	24.49	28.42	...
332	6.56	7.19	9.35	12.34	13.54	19.91	22.15	24.49	27.12	...
341	7.85	8.42	10.44	13.89	15.15	21.73	25.55	28.62	30.87	...
342	8.81	9.52	10.39	15.21	15.96	23.21	25.72	28.43	32.21	...
351	8.05	8.72	11.24	14.79	16.91	25.01	27.26	31.22	33.92	...
352	7.10	8.09	10.15	13.44	13.59	21.60	23.86	23.88	30.55	...
353	9.00	9.16	9.26	12.36	13.63	19.17	26.41	30.93	38.36	...
355	11.23	11.81	16.47	20.14	24.30	35.29	39.63	39.46	40.18	...
361	8.40	8.53	11.66	13.61	16.44	22.98	24.76	29.27	33.66	...
362	6.90	7.94	10.18	12.43	14.88	21.03	23.87	30.52	31.31	...
369	8.06	8.55	10.24	13.81	15.59	22.32	25.89	29.55	34.26	...
371	7.41	9.23	10.54	14.64	17.08	25.08	28.44	29.56	36.02	...
372	8.35	8.49	10.98	13.76	15.69	21.61	23.59	27.13	30.06	...
384	9.48	10.36	11.35	15.12	17.61	23.51	30.06	32.28	39.02	...
390	7.25	8.24	10.28	12.83	17.86	17.17	20.81	23.34	28.31	...
Nicaragua [2] (E.G./h.) Córdobas										
Total [3]										
311-312	4.14	4.16	4.71	5.33	5.91	6.48	6.90	7.23	...	11.38
313	4.60	5.05	5.29	5.60	5.97	6.79	7.14	7.46	10.02	13.31
314	6.95	7.17	7.72	8.47	9.56	10.54	10.46	10.79	14.48	21.67
321	3.19	3.26	3.52	4.14	4.74	5.10	5.75	6.04	5.44	9.31
322,324	2.73	2.60	2.75	3.25	3.58	3.85	4.23	4.67	5.52	7.77
323	2.14	2.14	2.19	2.34	2.90	3.20	3.52	3.75	4.73	8.48
331	3.67	3.90	3.92	4.08	4.46	4.68	4.94	5.29	...	7.27
332	3.07	3.03	3.42	4.39	5.26	5.40	5.79	5.79	7.33	10.02
341	3.16	3.87	4.84	5.20	5.88	5.94	5.90	6.33	7.21	10.91
342	3.91	3.86	3.91	4.44	5.03	5.53	5.98	6.17	6.31	10.85
351	4.50	4.66	4.76	5.35	6.00	6.32	6.69	7.08	8.63	12.31
353-354	12.11	12.54	13.45	14.17	15.02	16.16	17.17	17.86	31.10	38.59
355	3.96	4.72	4.67	5.09	5.32	5.52	5.79	6.44	8.10	11.50
36	3.97	4.23	4.46	4.86	5.36	5.95	6.29	6.96	6.10	10.42
37	2.93	3.67	3.84	5.18	5.73	5.73	6.00	6.12	5.08	11.50
381	3.84	3.36	3.28	3.78	4.45	5.07	5.55	5.66	6.29	8.46
382	4.75	6.07	6.47	7.45	7.78	8.41	8.47	8.46	11.19	12.58
383	3.97	3.85	4.19	4.46	5.18	5.49	5.79	6.25	7.46	10.31
384	4.21	3.22	3.41	4.39	5.35	5.83	6.92	7.06	8.71	13.90
385	...	2.76	3.26	3.81	4.69	5.13	5.96	6.67	8.52	10.65
390	2.76	3.22	3.77	4.33	5.33	5.72	5.94	6.04	7.35	10.25

[a] ISIC - CITI - CIIU 1968: See Annex - Voir annexe - Véase anexo.

Explanatory notes and source: see p. 433 - Notes explicatives et source: voir p. 435 - Notas explicativas y fuente: véase p. 437

[1] ∅: Oct. of each year. [2] Managua. [3] Employees.

[1] ∅: oct. de chaque année. [2] Managua. [3] Salariés.

[1] ∅: oct. de cada año. [2] Managua. [3] Asalariados.

17 Wages in manufacturing
Salaires dans les industries manufacturières
Salarios en las industrias manufactureras

B By major groups of industry / Par classe d'industrie / Por agrupaciones de industria

Earnings *(E.G.)* or rates *(R.T.)* per hour *(h.)*, day *(d.j.)*, week *(w.s.)* or month *(m.)*

Gains *(E.G.)* ou taux *(R.T.)* par heure *(h.)*, jour *(d.j.)*, semaine *(w.s.)* ou mois *(m.)*

Ganancias *(E.G.)* o tasas *(R.T.)* por hora *(h.)*, día *(d.j.)*, semana *(w.s.)* o mes *(m.)*

Country, unit and scope Pays, unité et portée País, unidad y alcance	1971	1972	1973	1974	1975	1976	1977	1978	1979	1980
Panamá (E.G./h.) Balboas										
Total										
311-312	0.68	0.71	0.76	0.83	0.90	0.96	1.00	...	...	...
313	0.83	0.80	1.01	0.93	1.00	1.01	1.13	...	...	...
314	0.89	0.88	0.93	1.34	1.22	1.25	1.48	...	...	...
321	0.56	0.73	0.80	1.06	0.96	1.06	0.97	...	...	...
322	0.71	0.70	0.71	0.82	0.93	0.89	0.99	...	...	...
323	0.73	0.69	0.70	0.89	1.00	0.91	1.02	...	...	...
324	0.83	0.79	0.79	0.88	0.96	1.03	1.06	...	...	...
331	0.66	0.66	0.68	0.85	0.88	0.95	0.93	...	...	...
332	0.76	0.85	0.91	1.01	1.09	1.17	1.18	...	...	...
341	0.96	0.87	1.02	1.05	1.26	1.34	1.41	...	...	...
342	0.95	0.97	1.03	1.22	1.36	1.48	1.52	...	...	...
351	1.16	0.76	1.00	1.06	1.18	1.23	1.37	...	...	...
352	0.80	0.81	0.82	1.01	1.20	1.24	1.28	...	...	...
353-354,390	2.00	2.35	1.83	2.15	2.29	2.23	3.16	...	...	...
355	0.95	1.04	1.10	1.16	1.23	1.32	1.25	...	...	...
050	0.00	0.04	0.01	0.08	1.16	1.17	1.01	...	...	...
362	0.77	0.72	0.73	1.04	0.97	1.26	1.45	...	...	...
369	0.78	0.76	0.94	0.98	1.14	1.17	1.23	...	...	...
37	0.81	0.81	0.79	1.04	1.22	1.21	1.15	...	...	...
381	0.86	0.83	0.90	1.02	1.10	1.31	1.48	...	...	...
382	0.89	1.08	1.11	1.08	1.40	1.38	1.66	...	...	...
383	0.89	0.78	0.87	1.07	1.02	1.14	1.02	...	...	...
384	1.04	1.29	0.97	1.03	1.30	1.46	1.97	...	...	...
385	1.13	0.66	0.92	1.02	1.08	1.18	1.15	...	...	...
Puerto Rico [1] (E.G./h.) Dollars, US										
Total										
311-312	1.94	2.07	2.23	2.42	2.60	2.86	3.07	3.32	3.69	4.08
314	1.56	1.63	1.81	1.96	2.21	2.41	2.59	2.96	3.36	3.69
321	1.73	1.79	1.94	2.10	2.15	2.36	2.57	2.87	3.22	3.59
322	1.70	1.76	1.83	1.97	2.14	2.34	2.52	2.80	3.11	3.40
323	1.56	1.58	1.66	1.83	2.01	2.23	2.41	2.71	3.09	3.36
324	1.65	1.66	1.71	1.84	2.02	2.16	2.32	2.59	2.91	3.35
33	1.73	1.82	1.95	2.11	2.25	2.40	2.64	2.84	3.15	3.52
341	2.21	2.36	2.49	2.72	2.85	3.07	3.25	3.71	3.80	4.16
342	2.38	2.70	2.99	3.10	3.07	3.57	3.76	4.03	4.16	4.48
351-352	2.36	2.64	2.87	3.22	3.64	3.90	4.22	4.60	4.90	5.43
353-354	3.55	4.00	4.32	4.52	5.28	6.01	6.51	7.36	7.93	7.55
355-356	1.78	1.87	2.02	2.20	2.55	2.75	3.00	3.27	3.46	3.91
361	2.84	3.31	3.47	3.91	3.55	3.79	4.42	4.50	4.58	4.76
362	2.57	2.54	2.52	2.83	2.83	3.24	3.48	3.76	3.98	4.38
369	2.00	2.19	2.32	2.59	2.67	2.82	3.16	3.37	3.77	4.12
381	2.17	2.23	2.53	2.79	2.95	3.20	3.46	3.82	4.17	4.56
382	2.62	2.96	2.97	2.91	3.24	3.50	3.52	3.91	4.08	4.36
383	2.00	2.16	2.24	2.55	2.82	3.05	3.31	3.69	3.95	4.27
384	2.21	2.35	2.63	2.87	2.87	3.13	3.37	3.57	3.62	4.07
385	2.06	2.16	2.32	2.57	2.81	3.05	3.31	3.56	3.81	4.13
390	1.78	1.91	2.07	2.40	2.59	2.78	3.09	3.47	3.75	4.12

[a] ISIC - CITI - CIIU 1968: See Annex - Voir annexe - Véase anexo.

Explanatory notes and source: see p. 433 - Notes explicatives et source: voir p. 435 - Notas explicativas y fuente: véase p. 437

[1] ∅: Oct. of each year.

[1] ∅: oct. de chaque année.

[1] ∅: oct. de cada año.

17 Wages in manufacturing
Salaires dans les industries manufacturières
Salarios en las industrias manufactureras

B By major groups of industry / Par classe d'industrie / Por agrupaciones de industria

Earnings *(E.G.)* or rates *(R.T.)* per hour *(h.)*, day *(d.j.)*, week *(w.s.)* or month *(m.)*

Gains *(E.G.)* ou taux *(R.T.)* par heure *(h.)*, jour *(d.j.)*, semaine *(w.s.)* ou mois *(m.)*

Ganancias *(E.G.)* o tasas *(R.T.)* por hora *(h.)*, día *(d.j.)*, semana *(w.s.)* o mes *(m.)*

Country, unit and scope Pays, unité et portée País, unidad y alcance	1971	1972	1973	1974	1975	1976	1977	1978	1979	1980
United States (E.G./h.) Dollars										
Total										
311-313	3.38	3.60	3.85	4.19	4.61	4.98	5.37	5.80	6.27	6.86
313	3.94	4.26	4.58	4.96	5.44	5.89	6.42	6.94	7.51	8.13
314	3.16	3.47	3.76	4.12	4.55	4.98	5.54	6.13	6.65	7.66
321	2.57	2.75	2.95	3.20	3.42	3.69	3.99	4.30	4.66	5.07
322	2.49	2.60	2.76	2.97	3.17	3.40	3.62	3.94	4.23	4.57
323-324	2.59	2.68	2.79	2.99	3.21	3.40	3.61	3.89	4.22	4.57
324	2.53	2.62	2.72	2.90	3.08	3.27	3.48	3.75	4.09	4.42
331	3.17	3.33	3.61	3.89	4.26	4.72	5.10	5.60	6.08	6.56
332	2.90	3.08	3.29	3.53	3.78	3.99	4.34	4.68	5.06	5.48
341	3.67	3.45	4.20	4.53	5.01	5.47	5.96	6.52	7.13	7.85
342	4.20	4.51	4.75	5.03	5.38	5.71	6.12	6.51	6.95	7.54
351-352	3.99	4.26	4.51	4.88	5.39	5.91	6.43	7.02	7.60	8.29
353	4.82	5.22	5.58	6.01	6.93	7.78	8.48	9.32	10.08	10.94
353-354	4.57	4.96	5.28	5.68	6.48	7.21	7.83	8.63	9.36	10.09
355-356	3.39	3.61	3.81	4.06	4.39	4.66	5.17	5.52	5.96	6.49
356	3.04	3.26	3.43	3.68	4.06	4.36	4.70	5.06	5.48	5.99
36	3.67	3.94	4.22	4.54	4.92	5.33	5.81	6.33	6.85	7.51
361	3.21	3.34	3.54	3.87	4.13	4.38	4.82	5.21	5.64	6.19
37	4.23	4.66	5.04	5.60	6.18	6.77	7.40	8.20	8.97	9.76
381	3.77	4.04	4.29	4.61	5.05	5.49	5.91	6.35	6.84	7.44
382	4.02	4.32	4.60	4.84	5.37	5.79	6.26	6.78	7.32	8.04
383	3.49	3.75	3.91	4.21	4.64	4.96	5.39	5.82	6.32	6.96
384	4.45	4.81	5.15	5.54	6.07	6.62	7.29	7.91	8.54	9.34
385	3.50	3.66	3.83	4.11	4.53	4.93	5.29	5.71	6.17	6.81
390	2.97	3.11	3.29	3.53	3.81	4.04	4.36	4.69	5.03	5.45
Uruguay [1 2]										
Total										
311-312	*125*	*183*	*344*	*611*	*1 023*	*1 405*	*1 904*	*2 603*	*3 915*	*6 077*
313	*127*	*223*	*451*	*824*	*1 323*	*1 786*	*2 421*	*3 270*	*4 970*	*7 693*
314	*122*	*184*	*342*	*581*	*940*	*1 293*	*1 754*	*2 401*	*3 598*	*5 524*
321	*122*	*184*	*342*	*581*	*940*	*1 293*	*1 908*	*2 612*	*3 914*	*6 071*
322	*128*	*194*	*380*	*645*	*1 063*	*1 453*	*1 970*	*2 918*	*4 473*	*7 148*
341	*130*	*196*	*349*	*619*	*1 076*	*1 479*	*2 006*	*2 746*	*4 115*	*6 471*
342	*110*	*225*	*440*	*810*	*1 281*	*1 720*	*2 367*	*2 434*	*5 031*	*5 624*
351	*127*	*183*	*357*	*648*	*1 105*	*1 516*	*2 055*	*2 814*	*4 217*	*6 561*
354	*128*	*202*	*410*	*645*	*1 168*	*1 583*	*2 146*	*2 938*	*4 404*	*6 800*
355	*126*	*184*	*342*	*582*	*948*	*1 284*	*1 742*	*2 384*	*3 574*	*5 526*
381	*127*	*188*	*407*	*577*	*947*	*1 291*	*1 763*	*2 409*	*3 610*	*5 613*
382-83,385	*128*	*184*	*345*	*581*	*952*	*1 290*	*1 750*	*2 396*	*3 590*	*5 591*
384	*97*	*182*	*372*	*577*	*951*	*1 297*	*1 759*	*2 409*	*3 610*	*5 653*
390	*127*	*182*	*339*	*577*	*943*	*1 287*	*1 745*	*2 389*	*3 580*	*5 593*

[a] ISIC - CITI - CIIU 1968: See Annex - Voir annexe - Véase anexo.

Explanatory notes and source: see p. 433 - Notes explicatives et source: voir p. 435 - Notas explicativas y fuente: véase p. 437

[1] Montevideo. [2] Private sector; employees; index of average monthly wage rates (1970 = 100).

[1] Montevideo. [2] Secteur privé; salariés; indice des taux mensuels de salaire moyen (1970 = 100).

[1] Montevideo. [2] Sector privado; asalariados; indice de las tasas de salario medio por mes (1970 = 100).

17 Wages in manufacturing
Salaires dans les industries manufacturières
Salarios en las industrias manufactureras

B By major groups of industry / Par classe d'industrie / Por agrupaciones de industria

Earnings *(E.G.)* or rates *(R.T.)* per hour *(h.)*, day *(d.j.)*, week *(w.s.)* or month *(m.)*

Gains *(E.G.)* ou taux *(R.T.)* par heure *(h.)*, jour *(d.j.)*, semaine *(w.s.)* ou mois *(m.)*

Ganancias *(E.G.)* o tasas *(R.T.)* por hora *(h.)*, día *(d.j.)*, semana *(w.s.)* o mes *(m.)*

Country, unit and scope Pays, unité et portée País, unidad y alcance	1971	1972	1973	1974	1975	1976	1977	1978	1979	1980
Venezuela (E.G./m.) Bolívares										
Total										
311-312	743	742	957	1 018	1 072	1 128	1 341	...	...	...
313	1 036	1 054	1 347	1 236	1 381	1 673	1 631	...	...	...
314	853	941	1 093	1 375	1 437	1 621	1 876	...	...	...
321-322	813	821	849	1 161	1 179	1 260	1 281	...	...	...
324	679	659	722	845	997	1 058	1 207	...	...	...
33	623	616	642	757	777	958	803	...	...	...
341	890	957	982	1 321	1 312	1 354	1 100	...	...	...
342	1 343	1 482	1 334	1 731	1 627	1 859	1 836	...	...	...
351-352	965	1 056	1 154	1 581	1 534	1 814	1 908	...	...	...
355	1 323	1 196	1 252	1 782	1 697	1 902	2 343	...	...	...
371	1 168	1 140	1 217	1 578	1 380	1 584	1 396	...	...	...
372	927	1 139	1 093	1 338	1 512	1 501	1 708	...	...	...
384	1 377	1 303	1 252	2 119	1 909	2 466	2 589	...	...	...
ASIA – ASIE – ASIA										
Burma [1] (E.G./h.) Kyats										
Total [2]										
311-312	.	.	0.59	0.53	0.56	0.60	0.64	0.66	0.78	...
313	.	.	0.54	0.55	0.54	0.54	0.72	0.67	0.71	...
314	.	.	0.35	0.36	0.38	0.48	0.57	0.58	0.80	...
321	.	.	0.75	0.74	0.77	0.67	0.65	1.17	1.07	...
322,324	.	.	0.61	0.83	0.74	0.73	1.33	1.20	1.19	...
323	.	.	0.56	0.55	0.51	0.51	0.59	0.51	...	...
331	.	.	0.56	0.50	0.56	0.51	0.77	0.77	0.79	...
342	.	.	0.66	0.62	0.68	0.66	0.76	0.75	0.87	...
352	.	.	0.75	0.65	0.53	0.51	0.63	0.62	0.82	...
355	.	.	0.70	0.72	0.81	0.91	0.80	0.74	0.77	...
361	.	.	.	.	.	.	.	.	0.75	...
362	.	.	0.88	0.82	1.06	0.90	0.90	1.28	0.90	...
369	.	.	0.39	0.46	...	0.49	0.69	0.81	1.19	...
381	.	.	0.61	0.55	0.63	0.53	0.47	0.51	0.63	...
384	.	.	0.88	0.55	0.53	1.72	0.76	0.68	0.64	...

[a] ISIC – CITI – CIIU 1968: See Annex – Voir annexe – Véase anexo.

Explanatory notes and source: see p. 433 – Notes explicatives et source: voir p. 435 – Notas explicativas y fuente: véase p. 437

[1] ∅: March and Sep. of each year. [2] Workers engaged for less than 30 days (excl. casual workers).

[1] ∅: mars et sept. de chaque année. [2] Travailleurs engagés pour moins de 30 jours (non compris les travailleurs occasionnels).

[1] ∅: marzo y sept. de cada año. [2] Trabajadores ocupados durante menos de 30 días (excl. los trabajadores ocasionales).

17 Wages in manufacturing
Salaires dans les industries manufacturières
Salarios en las industrias manufactureras

B By major groups of industry
Par classe d'industrie
Por agrupaciones de industria

Earnings *(E.G.)* or rates *(R.T.)* per hour *(h.)*, day *(d.j.)*, week *(w.s.)* or month *(m.)*

Gains *(E.G.)* ou taux *(R.T.)* par heure *(h.)*, jour *(d.j.)*, semaine *(w.s.)* ou mois *(m.)*

Ganancias *(E.G.)* o tasas *(R.T.)* por hora *(h.)*, día *(d.j.)*, semana *(w.s.)* o mes *(m.)*

Country, unit and scope Pays, unité et portée País, unidad y alcance	1971	1972	1973	1974	1975	1976	1977	1978	1979	1980
Cyprus [1] (E.G./w.s.) [2]Pounds										
Total [3]										
311-312	.	.	.	11.85	11.31	11.66	13.78	15.92	20.38	24.82
313	.	.	.	15.75	17.56	17.54	20.62	24.75	32.37	36.37
314	.	.	.	10.87	10.75	13.74	15.62	19.22	22.54	36.37
321	.	.	.	8.62	9.59	11.26	13.86	16.06	21.20	25.22
322	.	.	.	8.49	8.41	9.40	11.71	13.86	17.58	21.63
323	.	.	.	9.10	10.69	12.33	13.84	17.21	21.08	23.07
324	.	.	.	14.22	14.92	16.49	19.17	23.17	28.85	34.87
331	.	.	.	16.11	13.82	16.74	18.05	23.65	32.15	41.47
332	.	.	.	17.44	16.02	16.76	20.09	25.92	32.15	38.50
341	.	.	.	9.14	12.78	14.40	17.11	20.96	20.33	25.79
342	.	.	.	16.83	16.70	19.76	23.78	28.27	36.96	41.27
351	.	.	.	.	.	19.47	15.53	22.36	30.50	42.15
352	.	.	.	.	.	13.39	13.81	20.05	21.83	29.31
355	.	.	.	14.38	16.51	15.17	18.68	23.51	28.28	35.93
356	.	.	.	.	.	11.49	16.94	22.88	26.73	31.70
361	.	.	.	.	.	.	.	.	.	20.88
369	.	.	.	20.58	23.00	24.18	28.06	33.97	39.91	50.39
381	.	.	.	13.90	14.87	16.18	19.64	27.01	34.50	35.59
382	.	.	.	12.82	15.05	16.87	21.88	26.96	32.71	38.94
383	.	.	.	14.74	16.35	33.30	32.00	29.18	35.72	42.26
384	.	.	.	15.60	15.59	15.75	21.48	26.83	32.43	40.84
390	.	.	.	17.86	11.20	12.06	14.07	16.97	20.69	25.39
Hong Kong [4] (R.T./d.j.) Dollars										
Total										
311-312	.	.	.	22.51	24.08	27.33	31.06	35.12	39.84	44.08
321	.	.	.	22.18	22.98	26.29	28.82	32.72	38.07	44.56
322	.	.	.	23.59	23.33	27.74	30.73	33.90	40.59	44.93
324	.	.	.	29.47	28.44	31.84	35.55	39.57	50.02	56.46
332	.	.	.	48.14	46.47	49.42	56.03	59.97	64.22	68.72
341	.	.	.	25.59	25.49	26.72	29.50	35.45	41.84	50.09
342	.	.	.	22.28	22.68	24.39	27.33	34.46	42.70	51.91
355	.	.	.	22.54	23.62	26.54	28.41	33.01	39.94	44.39
356	.	.	.	20.80	21.59	26.15	28.57	32.91	38.44	43.60
381	.	.	.	21.04	22.08	25.44	28.75	34.05	38.15	41.42
383	.	.	.	20.91	21.70	24.52	27.75	31.07	35.68	42.24
384	.	.	.	28.84	34.05	35.98	40.88	43.70	49.98	57.97
390	.	.	.	25.70	26.23	28.16	32.47	37.34	46.38	50.05

[a] ISIC - CITI - CIIU 1968: See Annex - Voir annexe - Véase anexo.

Explanatory notes and source: see p. 433 - Notes explicatives et source: voir p. 435 - Notas explicativas y fuente: véase p. 437

[1] ∅: Oct. of each year. [2] Incl. family allowances and the value of payments in kind. [3] Adults. [4] ∅: March and Sep. of each year.

[1] ∅: oct. de chaque année. [2] Y compris les allocations familiales et la valeur des paiements en nature. [3] Adultes. [4] ∅: mars et sept. de chaque année.

[1] ∅: oct. de cada año. [2] Incl. las asignaciones familiares y el valor de los pagos en especie. [3] Adultos. [4] ∅: marzo y sept. de cada año.

17 Wages in manufacturing / Salaires dans les industries manufacturières / Salarios en las industrias manufactureras

B By major groups of industry / Par classe d'industrie / Por agrupaciones de industria

Earnings *(E.G.)* or rates *(R.T.)* per hour *(h.)*, day *(d.j.)*, week *(w.s.)* or month *(m.)*

Gains *(E.G.)* ou taux *(R.T.)* par heure *(h.)*, jour *(d.j.)*, semaine *(w.s.)* ou mois *(m.)*

Ganancias *(E.G.)* o tasas *(R.T.)* por hora *(h.)*, día *(d.j.)*, semana *(w.s.)* o mes *(m.)*

Country, unit and scope Pays, unité et portée País, unidad y alcance	1971	1972	1973	1974	1975	1976	1977	1978	1979	1980
India (E.G./m.) Rupees										
Total										
321	233.7	257.0	277.4	284.4	291.0	412.2	467.2	469.1*	...	...
322,324	207.1	232.7	241.7	257.9	231.2	356.1	370.7	371.6*	...	...
323	237.7	239.3	239.3	231.5	273.4	370.0	451.3	356.3*	...	...
331	146.9	172.3	173.2	176.1	191.4	215.5	193.7	252.5*	...	...
332	165.3	169.8	167.2	223.4	231.3	254.4	305.7	272.8*	...	...
341	233.6	209.8	269.6	284.3	271.4	464.1	459.4	502.5*	...	...
342	242.5	277.6	267.3	259.3	259.4	412.0	455.8	546.3*	...	...
351-352	241.6	249.7	251.9	267.0	254.0	356.5	449.8	502.3*	...	...
354	302.7	293.4	253.8	252.5	259.9	458.5	526.8	530.5*	...	...
355	199.4	216.2	222.5	213.6	238.5	409.7	398.0	398.0*	...	...
36	156.7	167.1	184.8	182.9	182.8	288.2	302.0	322.3*	...	...
37	263.8	268.2	262.3	249.5	255.0	534.0	542.1	576.8*	...	...
381	214.7	210.6	233.7	234.6	246.1	376.3	447.4	408.6*	...	...
382	232.9	254.8	252.9	255.5	267.1	488.2	515.8	503.6*	...	...
383	256.3	273.0	272.5	269.9	255.7	589.4	649.6	571.5*	...	...
384	292.5	310.9	301.7	265.0	242.4	519.0	534.0	571.1*	...	...
390	250.6	232.2	215.2	230.2	252.9	433.7	444.2	442.5*	...	...
Israel [1] (E.G./d.j.) Shekels										
Total [2]										
31	2.62	2.93	3.70	5.00	7.20	▮ 9.56 [3]	13.97	24.04	▮ 42.80 [4]	97.70
321	2.46	2.93	3.86	5.18	7.28	▮ 9.93 [3]	13.98	23.69	▮ 42.80 [4]	85.70
322	1.97	2.34	2.90	3.79	5.29	▮ 7.18 [3]	9.96	16.96	▮ 30.00 [4]	64.10
323-324	2.39	2.70	3.26	4.38	6.39	▮ 8.80 [3]	12.26	19.48	▮ 39.80 [4]	85.30
33	2.90	3.14	3.71	5.11	7.41	▮ 9.81 [3]	13.57	22.04	▮ 37.70 [4]	89.60
341	2.59	3.00	3.76	5.13	7.51	▮ 10.43 [3]	14.88	26.46	▮ 47.30 [4]	111.20
342	3.50	3.88	4.72	6.26	8.76	▮ 11.91 [3]	16.83	27.54	▮ 49.90 [4]	111.30
351-354	3.51	4.09	5.24	7.12	10.47	▮ 14.06 [3]	21.24	34.57	▮ 63.70 [4]	151.40
355-356	2.81	3.08	3.72	5.18	7.41	▮ 10.11 [3]	14.84	26.86	▮ 47.40 [4]	106.10
36	3.43	3.78	4.85	6.68	9.11	▮ 11.64 [3]	16.57	28.33	▮ 52.10 [4]	126.50
37	3.69	4.13	5.12	6.82	9.51	▮ 12.69 [3]	18.45	32.87	▮ 60.10 [4]	140.90
381	2.99	3.37	4.21	5.77	8.35	▮ 10.95 [3]	15.89	28.42	▮ 56.30 [4]	132.10
382	3.25	3.66	4.60	6.18	8.80	▮ 11.98 [3]	18.70	31.55	▮ 58.90 [4]	136.70
383	3.00	3.38	4.16	5.84	8.07	▮ 11.41 [3]	17.54	35.00	▮ 68.20 [4]	156.90
384	3.46	3.88	5.10	7.24	10.15	▮ 12.63 [3]	20.91	36.73	▮ 75.00 [4]	167.40
390	2.50	2.92	3.42	4.68	7.09	▮ 9.65 [3]	14.13	26.18	▮ 46.20 [4]	120.00

[a] ISIC – CITI – CIIU 1968: See Annex – Voir annexe – Véase anexo.

Explanatory notes and source: see p. 433 – Notes explicatives et source: voir p. 435 – Notas explicativas y fuente: véase p. 437

[1] Incl. payments subject to income tax and the value of payments in kind. [2] Employees. [3] Prior to July 1975: excl. payments subject to income tax and the value of payments in kind. [4] Sample design revised.

[1] Y compris les versements soumis à l'impôt sur le revenu et la valeur des paiements en nature. [2] Salariés. [3] Avant juillet 1975: non compris les versements soumis à l'impôt sur le revenu et la valeur des payements en nature. [4] Plan d'échantillonnage révisé.

[1] Incl. los pagos sometidos al impuesto sobre la renta y el valor de los pagos en especie. [2] Asalariados. [3] Antes de julio de 1975: excl. los pagos sometidos al impuestos sobre la renta y el valorde los pagos en especie. [4] Diseño de la muestra revisado.

17 Wages in manufacturing
Salaires dans les industries manufacturières
Salarios en las industrias manufactureras

B By major groups of industry / Par classe d'industrie / Por agrupaciones de industria

Earnings *(E.G.)* or rates *(R.T.)* per hour *(h.)*, day *(d.j.)*, week *(w.s.)* or month *(m.)*

Gains *(E.G.)* ou taux *(R.T.)* par heure *(h.)*, jour *(d.j.)*, semaine *(w.s.)* ou mois *(m.)*

Ganancias *(E.G.)* o tasas *(R.T.)* por hora *(h.)*, día *(d.j.)*, semana *(w.s.)* o mes *(m.)*

Country, unit and scope Pays, unité et portée País, unidad y alcance	1971	1972	1973	1974	1975	1976	1977	1978	1979	1980
Japan (E.G./m.) [1]Yen										
Total [2]										
31	73 643	85 366	▌ 96 328 [3]	123 998	146 592	▌161 666 [3]	179 251	193 323	▌194 491 [4]	208 168
321	59 924	70 069	▌ 89 536 [3]	103 992	113 878	▌129 883 [3]	137 625	150 864	▌165 474 [4]	177 510
322	45 876	53 416	▌ 69 948 [3]	85 686	96 001	▌107 948 [3]	113 226	122 015	▌129 695 [4]	137 207
323–324	65 919	75 398	▌ 93 573 [3]	118 303	128 588	▌142 722 [3]	155 136	165 914	▌172 406 [4]	178 402
331	63 214	75 702	▌ 98 460 [3]	118 780	128 661	▌141 442 [3]	149 288	159 234	▌176 667 [4]	190 351
332	63 164	73 863	▌ 92 050 [3]	117 021	131 385	▌144 060 [3]	154 460	163 232	▌183 640 [4]	193 301
341	85 171	97 084	▌118 919 [3]	157 377	165 698	▌188 779 [3]	203 774	217 721	▌229 988 [4]	241 593
342	100 810	115 881	▌140 006 [3]	178 142	207 045	▌239 107 [3]	259 006	278 760	▌288 914 [4]	316 093
351–352	98 657	112 969	▌140 429 [3]	183 213	198 811	▌219 699 [3]	239 795	253 984	▌282 613 [4]	303 673
353–354	114 112	127 114	▌153 822 [3]	200 264	224 261	▌248 059 [3]	269 441	295 702	▌322 938 [4]	348 561
355	75 270	89 652	▌113 173 [3]	143 607	161 240	▌181 115 [3]	197 448	208 135	▌223 644 [4]	236 173
36	79 395	91 606	▌110 784 [3]	143 351	157 476	▌176 097 [3]	194 219	207 497	▌217 485 [4]	232 848
371	109 798	122 362	▌155 080 [3]	200 001	217 512	▌238 137 [3]	261 502	270 504	▌291 121 [4]	318 489
372	95 818	110 617	▌136 760 [3]	170 487	181 078	▌204 979 [3]	224 291	241 919	▌258 516 [4]	275 256
381	80 408	92 436	▌117 647 [3]	148 247	165 626	▌176 330 [3]	194 548	209 708	▌225 639 [4]	238 025
382	88 782	102 513	▌131 647 [3]	165 863	176 417	▌199 694 [3]	221 157	232 126	▌254 174 [4]	275 042
383	72 841	87 086	▌105 419 [3]	129 570	151 089	▌173 641 [3]	190 525	209 515	▌217 004 [4]	231 191
384	94 784	106 169	▌132 231 [3]	163 382	181 768	▌208 825 [3]	229 529	239 834	▌254 654 [4]	279 241
385	76 955	90 637	▌111 277 [3]	137 227	152 940	▌174 437 [3]	190 604	204 957	▌219 409 [4]	232 068
390	69 713	82 286	▌102 047 [3]	130 443	149 216	▌166 698 [3]	182 937	193 585	▌193 583 [4]	224 202

[a] ISIC – CITI – CIIU 1968: See Annex – Voir annexe – Véase anexo.

Explanatory notes and source: see p. 433 – Notes explicatives et source: voir p. 435 – Notas explicativas y fuente: véase p. 437

[1] Incl. family allowances and mid- and end-of-year bonuses. [2] Employees. [3] Sample design revised. [4] Beginning April 1979: sample design revised.

[1] Y compris les allocations familiales et les primes de mi et de fin d'année. [2] Salariés. [3] Plan d'échantillonnage révisé. [4] A partir d'avril 1979: plan d'échantillonnage révisé.

[1] Incl. las asignaciones familiares y las primas de mitad y de fin de año. [2] Asalariados. [3] Diseño de la muestra revisado. [4] A partir de abril 1979: diseño de la muestra revisado.

17 Wages in manufacturing / Salaires dans les industries manufacturières / Salarios en las industrias manufactureras

B By major groups of industry / Par classe d'industrie / Por agrupaciones de industria

Earnings *(E.G.)* or rates *(R.T.)* per hour *(h.)*, day *(d.j.)*, week *(w.s.)* or month *(m.)*

Gains *(E.G.)* ou taux *(R.T.)* par heure *(h.)*, jour *(d.j.)*, semaine *(w.s.)* ou mois *(m.)*

Ganancias *(E.G.)* o tasas *(R.T.)* por hora *(h.)*, día *(d.j.)*, semana *(w.s.)* o mes *(m.)*

Country, unit and scope Pays, unité et portée País, unidad y alcance	1971	1972	1973	1974	1975	1976	1977	1978	1979	1980
Korea, Republic of (E.G./m.) [1]Won										
Total [2]										
311–312	18 072	19 877	23 479	30 313	40 124	53 332	76 760	102 094	134 440	168 312
313	19 062	22 760	27 560	39 519	52 012	71 079	109 840	127 269	169 515	211 859
321	13 335	15 508	19 143	37 571	33 393	45 681	56 698	74 480	98 574	121 193
322	12 071	14 633	14 952	19 931	25 152	35 789	45 737	60 878	80 478	97 489
323	13 861	16 226	19 197	24 469	32 655	44 688	49 901	68 600	89 220	112 827
324	.	.	.	.	.	.	.	.	.	153 054
331	18 009	19 392	23 623	30 548	38 835	51 921	68 623	94 716	115 883	142 237
332	12 660	14 399	14 919	20 398	31 444	34 555	56 681	91 366	110 545	143 931
341	20 425	22 962	25 313	34 074	44 508	57 594	88 409	121 854	155 582	169 254
342	22 227	23 680	29 844	38 013	49 000	71 183	95 436	128 603	182 842	201 691
351	26 654	32 418	49 143	58 711	79 132	106 919	132 339	166 604	210 447	254 168
352	21 983	24 967	29 776	39 457	50 659	68 515	96 465	127 019	161 222	195 374
353	36 624	44 213	61 487	92 311	124 145	179 611	225 091	289 017	345 565	407 329
354	20 688	22 496	28 473	34 420	46 699	64 999	92 778	111 537	144 875	200 122
355	13 841	17 818	17 549	24 096	34 748	43 421	55 752	71 773	91 721	119 866
356	19 065	21 306	24 999	33 067	46 420	58 271	73 551	103 016	138 445	151 414
361	12 640	14 356	15 571	21 652	29 874	40 092	51 139	73 572	92 758	121 207
362	17 483	20 351	30 554	36 991	51 299	72 957	93 330	123 054	156 291	182 165
369	18 376	22 724	27 236	37 050	44 902	57 714	88 913	123 499	153 617	186 669
371	24 505	29 638	38 707	49 014	51 344	71 894	102 988	138 225	167 738	203 130
372	22 717	29 202	35 609	48 056	58 835	76 901	117 869	161 366	185 369	160 460
381	18 632	18 980	20 653	29 352	38 406	51 518	66 659	93 148	120 549	144 815
382	18 109	21 272	25 697	33 449	40 520	57 658	85 557	116 031	145 445	180 274
383	18 682	18 980	20 243	27 848	37 898	49 833	62 223	79 240	99 930	134 794
384	20 189	22 391	26 141	41 141	51 098	71 920	116 312	154 636	176 414	195 266
385	17 207	21 042	22 520	26 660	34 638	47 548	61 993	81 610	104 457	118 538
390	12 204	14 165	15 970	22 291	29 053	38 051	50 589	70 829	96 759	113 436
Pakistan (E.G./m.) Rupees										
Total										
311–313	.	165.80	253.30	255.60	271.10	320.50	408.60	...	...	...
321	154.50	164.00	230.50	288.10	366.20	360.40	440.30	...	...	...
33	156.80	171.60	235.30	282.70	330.60	437.50	492.80	...	...	...
34	148.40	169.30	368.40	562.70	427.90	510.10	579.50	...	...	...
351–352	198.50	168.20	304.70	376.80	389.00	472.40	601.40	...	...	...
390	128.60	172.30	311.20	259.80	477.80	510.40	523.50	...	...	...

(a) ISIC – CITI – CIIU 1968: See Annex – Voir annexe – Véase anexo.

Explanatory notes and source: see p. 433 – Notes explicatives et source: voir p. 435 – Notas explicativas y fuente: véase p. 437

[1] Incl. family allowances and the value of payments in kind. [2] Employees.

[1] Y compris les allocations familiales et la valeur des paiements en nature. [2] Salariés.

[1] Incl. las asignaciones familiares y el valor de los pagos en especie. [2] Asalariados.

17 Wages in manufacturing
Salaires dans les industries manufacturières
Salarios en las industrias manufactureras

B
By major groups of industry
Par classe d'industrie
Por agrupaciones de industria

Earnings *(E.G.)* or rates *(R.T.)* per hour *(h.)*, day *(d.j.)*, week *(w.s.)* or month *(m.)*

Gains *(E.G.)* ou taux *(R.T.)* par heure *(h.)*, jour *(d.j.)*, semaine *(w.s.)* ou mois *(m.)*

Ganancias *(E.G.)* o tasas *(R.T.)* por hora *(h.)*, día *(d.j.)*, semana *(w.s.)* o mes *(m.)*

Country, unit and scope Pays, unité et portée País, unidad y alcance	1971	1972	1973	1974	1975	1976	1977	1978	1979	1980
Singapore [1] (E.G./h.) Dollars										
Total										
31	.	.	.	125 [2]	140	152	163	176	197	226
32	.	.	.	83 [2]	102	106	110	120	142	173
321	.	.	.	98 [2]	109	114	127	145	166	198
33	.	.	.	125 [2]	134	146	150	161	182	198
34	.	.	.	138 [2]	147	166	169	176	196	218
35	.	.	.	136 [2]	158	161	175	192	210	235
36	.	.	.	149 [2]	178	182	192	215	236	274
37	.	.	.	153 [2]	166	180	195	224	263	289
381	.	.	.	120 [2]	135	147	158	171	198	224
382	.	.	.	157 [2]	174	197	200	209	225	253
383	.	.	.	111 [2]	127	137	146	153	173	194
384	.	.	.	176 [2]	208	217	217	242	252	278
385	.	.	.	102 [2]	120	130	140	144	159	173
390	.	.	.	98 [2]	109	124	138	144	172	192
République arabe syrienne [3] (E.G./w.s.) Pounds										
Total [4]										
311-312	47.10	55.65	▌72.50 [5]	64.20	70.21	97.25	101.95	...	...	...
313	53.50	68.15	▌91.70 [5]	82.40	98.61	130.50	120.45	...	...	...
314	43.05	48.50	▌61.65 [5]	59.50	72.98	87.95	98.80	...	...	...
321	57.10	65.55	▌78.40 [5]	74.50	79.91	104.85	109.80	...	...	...
322	42.35	48.55	▌58.95 [5]	61.10	67.67	81.90	78.15	...	...	...
323	57.10	77.10	▌79.05 [5]	73.10	107.39	122.70	114.75	...	...	...
331	55.80	54.20	▌55.10 [5]	64.80	71.72	105.10	95.10	...	...	...
341	42.00	50.35	▌62.55 [5]	64.10	82.22	94.70	105.95	...	...	...
342	59.90	66.00	▌78.25 [5]	84.70	...	96.55	107.15	...	...	...
351	.	.	▌102.10 [5]	101.25	127.71	147.35	151.45	...	...	...
352	53.90	69.35	▌78.30 [5]	78.95	87.07	106.70	113.50	...	...	...
353	75.85	80.70	▌91.15 [5]	94.40	132.79	158.60	151.50	...	...	...
354	45.70	45.75	▌54.00 [5]	53.25	63.51	88.75	106.05	...	...	...
355	51.60	63.45	▌76.60 [5]	80.40	84.76	108.15	113.20	...	...	...
356	39.20	55.30	▌52.25 [5]	51.45	63.74	91.95	97.55	...	...	...
361	43.90	47.55	▌57.65 [5]	64.10	82.68	106.55	107.35	...	...	...
362	49.65	67.30	▌75.70 [5]	84.15	87.53	112.50	112.50	...	...	...
369	57.80	81.15	▌97.55 [5]	89.90	101.85	137.55	135.25	...	...	...
371	43.80	54.45	▌67.05 [5]	68.05	79.91	108.55	116.25	...	...	...
381	50.10	63.50	▌68.10 [5]	66.55	79.21	103.80	103.80	...	...	...
382	56.50	56.60	▌69.75 [5]	73.60	...	115.85	115.85	...	...	...
383	51.35	64.05	▌69.00 [5]	74.50	80.60	97.15	97.15	...	...	...

[a] ISIC – CITI – CIIU 1968: See Annex – Voir annexe – Véase anexo.

Explanatory notes and source: see p. 433 – Notes explicatives et source: voir p. 435 – Notas explicativas y fuente: véase p. 437

[1] ∅: Aug. of each year. [2] July. [3] ∅: May of each year. [4] Adults. [5] Prior to 1973: Nov. of each year.

[1] ∅: août de chaque année. [2] Juillet. [3] ∅: mai de chaque année. [4] Adultes. [5] Avant 1973: nov. de chaque année.

[1] ∅: agosto de cada año. [2] Julio. [3] ∅: mayo de cada año. [4] Adultos. [5] Antes de 1973: nov. de cada año.

17 Wages in manufacturing
Salaires dans les industries manufacturières
Salarios en las industrias manufactureras

B
By major groups of industry
Par classe d'industrie
Por agrupaciones de industria

Earnings *(E.G.)* or rates *(R.T.)* per hour *(h.)*, day *(d.j.)*, week *(w.s.)* or month *(m.)*

Gains *(E.G.)* ou taux *(R.T.)* par heure *(h.)*, jour *(d.j.)*, semaine *(w.s.)* ou mois *(m.)*

Ganancias *(E.G.)* o tasas *(R.T.)* por hora *(h.)*, día *(d.j.)*, semana *(w.s.)* o mes *(m.)*

Country, unit and scope Pays, unité et portée País, unidad y alcance	1971	1972	1973	1974	1975	1976	1977	1978	1979	1980
EUROPE - EUROPE - EUROPA										
Austria (E.G./m.) Schillings										
Total										
31	5 372	6 139	6 855	7 864	8 987	9 988	10 845	11 342	11 996	12 787
321	3 925	4 387	4 964	5 606	6 160	6 798	7 298	7 738	8 156	8 798
322	3 344	3 718	4 104	4 588	5 193	5 703	6 214	6 575	6 802	7 197
323	4 206	4 665	5 061	5 705	6 513	6 855	7 414	7 809	8 072	8 597
323-324	3 861	4 462	4 853	5 437	6 072	6 489	6 994	7 267	7 830	8 438
33 [1]	4 950	5 655	6 322	7 264	7 980	8 899	9 671	10 481	11 024	11 634
3411 [2]	6 820	7 483	8 400	9 668	10 706	12 054	13 046	13 735	14 674	15 618
3412 [3]	4 588	5 081	5 614	6 655	7 380	8 326	9 012	9 475	10 139	10 878
35	5 614	6 251	6 997	8 203	9 317	10 163	11 051	11 817	12 391	13 533
36	5 916	6 856	7 540	8 619	9 566	10 581	11 600	12 436	13 119	13 970
362	5 442	6 104	6 947	8 047	8 727	9 898	11 019	11 667	11 940	13 719
371	6 271	6 805	7 678	9 008	10 102	10 869	11 685	12 379	12 869	14 025
372	6 030	6 819	7 749	8 992	9 909	10 757	11 305	12 030	12 840	13 435
382	6 099	6 792	7 698	8 833	9 905	10 751	11 632	12 374	13 072	14 063
383	4 839	5 367	6 049	6 881	8 068	8 869	9 690	10 321	10 900	11 715
384	5 541	6 140	6 908	7 949	8 954	9 731	10 594	10 992	11 927	12 368
381,385,390	5 101	5 707	6 453	7 447	8 443	9 256	9 992	10 481	10 930	11 739
Belgique [4] (E.G./h.) Francs										
Total										
311-312	67.95	¦ 77.44 [5]	88.21	111.34	132.52	149.74	166.83	177.04	186.24	...
313	72.77	¦ 83.71 [5]	94.61	119.51	140.65	157.82	174.62	186.81	198.23	...
314	66.30	¦ 81.67 [5]	92.45	113.33	130.77	155.57	160.23	168.29	184.35	...
321	63.67	¦ 74.68 [5]	85.20	107.06	123.07	135.63	145.47	150.91	164.15	...
322	50.61	¦ 58.46 [5]	65.59	82.09	99.72	108.95	118.05	129.11	137.69	...
323	62.12	¦ 72.66 [5]	82.04	98.11	114.78	130.70	145.60	149.80	161.33	...
324	63.86	¦ 72.76 [5]	84.23	102.70	119.76	132.10	142.83	151.30	164.14	...
331	70.22	¦ 81.03 [5]	90.14	116.03	135.95	149.90	165.78	177.15	187.36	...
332	70.48	¦ 80.00 [5]	87.57	114.54	132.53	146.22	161.77	178.16	182.42	...
341	74.88	¦ 85.41 [5]	96.52	119.92	138.44	153.55	165.89	179.50	196.03	...
342	85.15	¦ 93.32 [5]	108.96	142.21	170.32	185.02	197.67	204.66	221.55	...
353	123.38	¦ 143.02 [5]	158.29	190.20	224.19	255.77	274.41	288.33	333.22	...
355	78.02	¦ 93.00 [5]	104.50	132.76	150.84	164.30	183.69	194.83	207.68	...
361	67.88	¦ 79.14 [5]	90.83	112.61	132.17	146.84	164.08	173.30	183.96	...
362	75.03	¦ 88.51 [5]	102.29	128.39	149.57	167.74	182.28	194.92	209.54	...
369	93.34	¦ 111.31 [5]	123.78	151.93	175.82	199.82	227.52	243.82	257.85	...
371	103.50	¦ 119.49 [5]	134.89	171.89	185.07	209.83	227.11	237.80	270.58	...
372	88.37	¦ 104.41 [5]	120.57	151.86	171.27	188.12	207.00	221.18	235.60	...
381	75.62	¦ 88.99 [5]	102.41	128.28	147.13	160.02	174.84	186.12	203.32	...
382	81.42	¦ 94.23 [5]	107.99	133.94	153.05	167.56	183.22	193.37	209.29	...
383	76.89	¦ 86.96 [5]	100.59	126.83	145.37	160.52	173.48	183.15	200.79	...
384	88.52	¦ 102.11 [5]	115.78	144.76	170.50	180.13	194.46	200.05	213.87	...
385	.	79.03	91.43	117.18	135.98	147.94	164.09	173.86	185.49	...
390	.	65.03	75.23	90.01	104.25	120.05	129.31	142.53	158.07	...

(a) ISIC - CITI - CIIU 1968: See Annex - Voir annexe - Véase anexo.

Explanatory notes and source: see p. 433 - Notes explicatives et source: voir p. 435 - Notas explicativas y fuente: véase p. 437

[1] Excl. sawmills. [2] Paper. [3] Paper products. [4] ∅: Oct. of each year. [5] New industrial classification.

[1] Non compris les scieries. [2] Papier. [3] Articles en papier. [4] ∅: oct. de chaque année. [5] Nouvelle classification industrielle.

[1] Excl. los aserraderos. [2] Papel. [3] Artículos de papel. [4] ∅: oct. de cada año. [5] Nueva clasificación industrial.

17 Wages in manufacturing
Salaires dans les industries manufacturières
Salarios en las industrias manufactureras

B By major groups of industry / Par classe d'industrie / Por agrupaciones de industria

Earnings *(E.G.)* or rates *(R.T.)* per hour *(h.)*, day *(d.j.)*, week *(w.s.)* or month *(m.)*

Gains *(E.G.)* ou taux *(R.T.)* par heure *(h.)*, jour *(d.j.)*, semaine *(w.s.)* ou mois *(m.)*

Ganancias *(E.G.)* o tasas *(R.T.)* por hora *(h.)*, día *(d.j.)*, semana *(w.s.)* o mes *(m.)*

Country, unit and scope Pays, unité et portée País, unidad y alcance	1971	1972	1973	1974	1975	1976	1977	1978	1979	1980
Bulgarie [1] (E.G./m.) Leva										
Total [2]										
31	118.8	123.1	132.0	134.4	140.0	141.3	140.5	147.1	154.0	...
321	109.7	114.6	123.7	124.3	130.3	131.4	135.3	140.8	143.5	...
322	99.7	104.2	112.1	113.8	115.6	115.9	117.2	119.4	125.8	...
323-324	114.4	119.7	125.1	128.9	131.5	132.8	139.3	142.1	143.9	...
33 [3]	131.3	136.4	143.2	149.3	155.3	156.0	158.7	162.2	172.8	...
341	117.4	119.3	124.5	128.2	139.3	138.4	142.0	159.5	153.3	...
342	121.8	128.3	136.4	129.8	139.8	141.2	145.0	158.2	172.4	...
351-352,355 [4]	129.5	133.7	143.4	146.7	151.8	154.3	160.4	171.8	178.5	...
354	167.4	174.0	186.2	193.6	204.5	205.0	210.9	219.8	237.4	...
361-362	127.4	132.7	137.4	138.5	147.8	148.8	154.5	160.6	170.8	...
369	137.7	141.2	148.5	155.1	162.0	161.6	166.7	172.3	191.1	...
371 [5]	157.2	171.8	176.7	182.6	186.8	191.3	197.2	200.3	227.9	...
381-382	133.3	138.5	146.9	149.2	158.3	159.3	164.5	172.1	183.8	...
390	110.2	114.5	120.3	124.5	128.1	130.1	...	...	...	...
Czechoslovakia [6] (E.G./m.) Koruny										
Total										
311-312	1 881	1 959	2 017	2 087	2 160	2 189	2 285	2 342	2 381	2 428
313	1 880	1 962	2 014	2 086	2 152	2 199	2 274	2 327	2 396	2 449
314	1 597	1 661	1 733	1 825	1 888	1 941	2 004	2 071	2 109	2 148
321	1 536	1 592	1 644	1 713	1 791	1 860	1 934	2 010	2 065	2 136
322	1 459	1 523	1 572	1 645	1 718	1 770	1 850	1 914	1 979	2 016
323	1 641	1 734	1 787	1 852	1 909	1 965	2 013	2 082	2 161	2 201
324	1 797	1 853	1 885	1 978	2 068	2 106	2 186	2 270	2 350	2 408
331	1 842	1 907	1 955	2 027	2 104	2 178	2 253	2 329	2 396	2 441
332	1 770	1 858	1 919	1 976	2 057	2 109	2 167	2 234	2 295	2 322
341	1 808	1 872	1 938	2 008	2 083	2 175	2 238	2 297	2 383	2 439
342	1 929	1 997	2 025	2 076	2 134	2 165	2 227	2 296	2 358	2 404
351	2 045	2 123	2 172	2 241	2 329	2 392	2 472	2 561	2 648	2 736
352	1 716	1 777	1 834	1 906	1 980	1 959	2 040	2 102	2 163	2 248
353	2 208	2 281	2 341	2 430	2 499	2 556	2 659	2 754	2 924	3 026
354	2 388	2 444	2 479	2 586	2 711	2 631	2 728	2 820	2 926	3 006
355	1 978	2 059	2 111	2 189	2 291	2 373	2 466	2 558	2 670	2 700
356	.	.	.	.	.	2 042	2 128	2 190	2 263	2 322
361	1 681	1 729	1 769	1 818	1 913	1 946	2 006	2 061	2 133	2 147
362	1 710	1 790	1 841	1 932	2 018	2 061	2 143	2 224	2 286	2 342
369	2 102	2 174	2 230	2 317	2 402	2 467	2 543	2 616	2 676	2 741
371	2 345	2 446	2 534	2 630	2 709	2 858	2 947	3 045	3 130	3 224
372	2 053	2 157	2 204	2 278	2 385	2 506	2 589	2 678	2 757	2 841
381	1 817	1 880	1 940	2 006	2 084	2 200	2 278	2 354	2 426	2 469
382	2 168	2 262	2 324	2 409	2 491	2 547	2 651	2 738	2 818	2 867
383	1 711	1 771	1 835	1 896	1 980	2 050	2 128	2 202	2 260	2 310
384	2 071	2 148	2 205	2 272	2 411	2 487	2 585	2 662	2 736	2 798
385	1 879	1 945	2 005	2 080	2 171	2 233	2 331	2 408	2 478	2 580
390	1 682	1 726	1 781	1 853	1 922	1 981	2 046	2 104	2 158	2 210

[(a)] ISIC – CITI – CIIU 1968: See Annex – Voir annexe – Véase anexo.

Explanatory notes and source: see p. 433 – Notes explicatives et source: voir p. 435 – Notas explicativas y fuente: véase p. 437

[1] Socialised sector. [2] Employees. [3] Incl. logging. [4] Incl. salt mining. [5] Incl. ore mining. [6] State industry.

[1] Secteur socialisé. [2] Salariés. [3] Y compris l'exploitation forestière. [4] Y compris l'extraction du sel. [5] Y compris l'extraction des minerais. [6] Industrie d'Etat.

[1] Sector socializado. [2] Asalariados. [3] Incl. la explotación de la madera. [4] Incl. la explotación de minas de sal. [5] Incl. la extracción de minerales. [6] Industria de Estado.

17 Wages in manufacturing
Salaires dans les industries manufacturières
Salarios en las industrias manufactureras

B By major groups of industry / Par classe d'industrie / Por agrupaciones de industria

Earnings *(E.G.)* or rates *(R.T.)* per hour *(h.)*, day *(d.j.)*, week *(w.s.)* or month *(m.)*

Gains *(E.G.)* ou taux *(R.T.)* par heure *(h.)*, jour *(d.j.)*, semaine *(w.s.)* ou mois *(m.)*

Ganancias *(E.G.)* o tasas *(R.T.)* por hora *(h.)*, día *(d.j.)*, semana *(w.s.)* o mes *(m.)*

Country, unit and scope Pays, unité et portée País, unidad y alcance	1971	1972	1973	1974	1975	1976	1977	1978	1979	1980
Denmark [1] (E.G./h.) [2]Kroner										
Total [3]										
311-312	.	17.79	20.92	24.72	29.65	32.92	36.84	40.41	44.11	47.71
313	.	24.61	30.53	35.54	43.10	47.86	51.77	55.73	60.15	63.15
314	.	16.25	19.36	24.11	29.01	32.59	35.82	38.94	43.51	47.71
321	.	17.04	20.50	24.75	28.77	32.61	36.31	39.78	44.02	47.83
322,324	.	16.45	19.17	23.15	27.71	31.05	35.00	38.11	41.61	44.42
323	.	16.96	19.91	24.23	28.93	32.44	36.77	39.26	43.60	46.95
331	.	19.33	22.28	25.78	30.06	32.60	35.77	40.80	45.22	49.00
332	.	18.67	21.76	25.60	30.04	33.62	37.21	40.53	44.64	48.72
341	.	20.05	23.46	28.74	33.68	37.98	42.19	46.35	52.24	57.83
342	.	23.46	27.04	32.73	40.17	46.34	51.07	56.92	63.85	71.00
351-352	.	18.44	22.01	26.68	30.81	34.34	38.18	41.80	46.08	50.48
353-354	.	20.20	23.75	27.46	31.40	35.92	39.02	42.88	48.28	52.42
355	.	17.86	20.91	24.89	29.21	32.79	36.75	39.85	43.83	48.28
356,385,390	.	17.61	20.61	24.71	29.49	32.55	36.08	39.45	44.11	47.72
361-362	.	19.67	23.16	26.55	31.45	35.44	39.44	42.69	47.14	50.71
381	.	19.86	23.30	28.05	32.91	36.67	39.96	43.53	48.37	52.93
382-383	.	19.56	22.92	27.92	33.06	36.45	39.62	43.54	48.30	53.26
384	.	21.74	24.75	29.88	35.47	38.95	41.54	46.34	49.47	55.16
España (E.G./h.) Pesetas										
Total [4]										
31	.	.	.	.	.	.	144.47	186.94	232.54	...
322-324	.	.	.	.	.	.	104.84	136.04	168.19	...
33	.	.	.	.	.	.	115.77	149.71	190.79	...
341	.	.	.	.	.	.	155.58	200.23	248.93	...
342	.	.	.	.	.	.	162.16	209.09	262.99	...
351-352	.	.	.	.	.	.	185.11	242.71	295.56	...
381,82,85	.	.	.	.	.	.	154.91	200.06	252.38	...
383-384	.	.	.	.	.	.	203.52	248.54	290.50	...
Finland (E.G./h.) [5]Markkaa										
Total										
311-312	.	6.23	7.21	8.71	10.66	12.41	14.31	15.16	17.06	19.10
313	.	6.34	7.55	9.05	11.21	12.74	14.33	15.50	17.10	19.08
314	.	5.99	7.02	8.65	10.61	12.26	13.84	15.40	16.87	18.60
321	.	5.29	6.22	7.82	9.37	10.67	11.40	12.16	13.59	15.44
322	.	4.91	5.74	7.04	8.50	9.76	10.51	11.31	12.68	14.39
323	.	5.24	6.02	7.32	8.95	10.02	10.93	11.82	12.97	15.08
324	.	5.38	6.08	7.23	8.86	10.20	11.32	12.03	14.43	15.26
331	.	6.18	7.25	8.79	10.28	11.99	13.27	14.44	16.33	18.63
332	.	5.94	7.06	8.74	10.45	11.91	12.94	13.95	15.39	17.21
341	.	7.41	8.75	10.76	12.94	14.85	15.90	17.31	19.59	22.64
342	.	7.39	8.61	10.32	12.38	14.31	16.26	17.38	19.58	21.85
351-354,356	.	6.61	7.81	9.61	11.65	13.14	14.22	15.27	17.13	19.50
355	.	6.10	7.24	8.70	10.80	11.98	12.81	13.98	15.63	17.40
36	.	6.89	8.14	9.98	11.92	13.58	14.81	15.84	17.55	19.85
37	.	7.50	8.75	10.55	12.78	14.97	16.52	17.98	20.27	23.22
38	.	7.24	8.42	10.26	12.56	14.44	15.54	16.55	18.34	20.46

[a] ISIC – CITI – CIIU 1968: See Annex – Voir annexe – Véase anexo.

Explanatory notes and source: see p. 433 – Notes explicatives et source: voir p. 435 – Notas explicativas y fuente: véase p. 437

[1] Ø: third quarter of each year. [2] Excl. vacation pay. [3] Adults. [4] Employees. [5] Incl. the value of payments in kind.

[1] Ø: troisième trimestre de chaque année. [2] Non compris les versements pour congés payés. [3] Adultes. [4] Salariés. [5] Y compris la valeur des paiements en nature.

[1] Ø: tercer trimestre de cada año. [2] Excl. los pagos por vacaciones. [3] Adultos. [4] Asalariados. [5] Incl. el valor de los pagos en especie.

17 Wages in manufacturing
Salaires dans les industries manufacturières
Salarios en las industrias manufactureras

B By major groups of industry
Par classe d'industrie
Por agrupaciones de industria

Earnings *(E.G.)* or rates *(R.T.)* per hour *(h.)*, day *(d.j.)*, week *(w.s.)* or month *(m.)*

Gains *(E.G.)* ou taux *(R.T.)* par heure *(h.)*, jour *(d.j.)*, semaine *(w.s.)* ou mois *(m.)*

Ganancias *(E.G.)* o tasas *(R.T.)* por hora *(h.)*, día *(d.j.)*, semana *(w.s.)* o mes *(m.)*

Country, unit and scope Pays, unité et portée País, unidad y alcance	1971	1972	1973	1974	1975	1976	1977	1978	1979	1980
France [1] (E.G./h.) Francs										
Total										
31	.	7.04	8.11	9.91	11.52	▌ 13.25 [2]	15.07	17.02	19.30	...
321	.	6.39	7.43	8.94	10.26	▌ 11.78 [2]	13.02	14.74	16.34	...
322	.	5.80	6.70	7.88	9.22	▌ 10.60 [2]	11.90	13.57	15.10	...
323	.	5.97	6.80	8.23	9.67	▌ 11.08 [2]	12.71	14.20	16.03	...
324	.	5.97	6.96	8.74	10.24	▌ 11.52 [2]	12.86	14.44	16.47	...
341	.	7.66	8.88	11.46	12.92	▌ 14.73 [2]	16.69	18.67	21.42	...
342	.	9.65	11.01	12.87	14.48	▌ 16.45 [2]	18.00	20.80	22.95	...
351-352	.	8.57	9.86	12.02	13.65	▌ 15.52 [2]	17.42	20.13	22.70	...
355	.	7.18	8.68	10.34	12.27	▌ 13.74 [2]	15.27	17.09	19.17	...
356	.	6.78	7.89	9.68	11.24	▌ 12.52 [2]	14.37	16.17	18.47	...
36	.	7.78	9.09	10.94	12.60	▌ 14.54 [2]	16.43	18.27	20.73	...
362	.	9.19	10.54	12.43	14.06	▌ 16.05 [2]	17.91	19.89	22.62	...
371	.	8.07	9.20	11.71	14.25	▌ 15.97 [2]	17.79	19.64	21.11	...
372	.	7.99	9.55	11.20	12.96	▌ 15.08 [2]	17.34	19.39	21.44	...
381	.	7.46	8.59	10.36	11.95	▌ 13.95 [2]	15.68	17.39	19.57	...
382	.	8.10	9.13	11.04	12.75	▌ 14.87 [2]	16.86	18.61	20.84	...
383	.	7.33	8.22	9.95	11.68	▌ 13.51 [2]	15.25	17.35	19.52	...
3843 [3]	.	8.34	9.15	11.22	12.43	▌ 15.43 [2]	17.26	19.36	21.08	...
3849 [4]	.	9.08	10.25	12.36	14.22	▌ 16.56 [2]	19.33	20.82	23.46	...
385	.	7.05	8.11	10.11	11.49	▌ 13.21 [2]	15.43	17.02	18.96	...
390	.	7.07	8.00	9.64	11.52	▌ 12.80 [2]	14.97	16.42	18.41	...
Germany, Fed. Rep. of (E.G./h.) [5] Mark										
Total										
31	5.95	6.55	▌ 7.29 [2]	8.16	8.87	9.57	10.23	10.79	11.35	12.02
314	5.53	6.24	▌ 6.73 [2]	7.60	8.34	9.15	9.82	10.58	11.17	11.91
321	5.56	6.07	▌ 6.83 [2]	7.59	8.21	8.74	9.30	9.82	10.29	10.91
322	5.06	5.55	▌ 6.19 [2]	6.78	7.38	7.83	8.40	8.88	9.28	9.86
323	4.95	5.40	▌ 6.02 [2]	6.58	7.16	7.53	8.08	8.68	9.22	9.87
324	5.31	5.78	▌ 6.40 [2]	7.00	7.46	7.82	8.37	8.90	9.45	10.16
331	6.11	6.76	▌ 7.50 [2]	8.32	8.86	9.48	10.18	10.76	11.42	12.25
332	6.68	7.38	▌ 8.17 [2]	9.04	9.71	10.47	11.21	11.81	12.55	13.41
341	6.94	7.52	▌ 8.31 [2]	9.38	9.91	10.89	11.56	12.29	12.95	13.73
342	7.71	8.41	▌ 9.34 [2]	10.33	11.00	11.68	12.61	13.24	13.87	14.63
351	7.84	8.49	▌ 9.27 [2]	10.55	11.30	12.21	13.20	13.86	14.49	15.23
3513	7.40	8.07	▌ 9.00 [2]	10.18	10.91	11.90	12.94	13.59	14.18	14.99
352	6.41	6.97	▌ 7.74 [2]	8.71	9.43	10.09	10.84	11.47	11.97	12.66
353	8.35	9.27	▌ 10.29 [2]	11.73	12.79	13.75	14.77	15.71	16.62	17.63
355	.	.	8.27	9.20	9.94	10.57	11.22	11.87	12.49	13.33
356	5.97	6.54	▌ 7.21 [2]	8.01	8.68	9.30	9.97	10.57	11.13	11.35
361	.	.	6.95	7.79	8.45	8.99	9.59	10.11	10.65	11.24
362	6.79	7.41	▌ 8.11 [2]	8.98	9.69	10.44	11.21	11.80	12.40	13.11
369	7.12	7.82	▌ 8.62 [2]	9.52	10.08	10.74	11.38	12.01	12.79	13.67
371	7.38	7.90	▌ 8.83 [2]	9.84	10.47	11.14	11.92	12.47	13.23	14.00
372	6.93	7.53	▌ 8.38 [2]	9.30	10.05	10.80	11.64	12.22	12.89	13.72
381	6.50	7.05	▌ 7.79 [2]	8.56	9.21	9.83	10.59	11.12	11.72	12.51
382	7.19	7.82	▌ 8.68 [2]	9.58	10.39	10.98	11.83	12.38	13.07	13.97
383	6.17	6.74	▌ 7.44 [2]	8.26	9.06	9.61	10.38	10.89	11.50	12.33
3841 [6]	7.34	7.97	▌ 8.88 [2]	9.95	10.61	11.25	12.14	12.79	13.54	14.53
3843 [3]	7.74	8.33	▌ 9.21 [2]	10.23	11.28	12.02	12.96	13.65	14.29	15.28
3845 [7]	7.06	7.68	▌ 8.64 [2]	9.68	10.57	11.24	12.19	12.97	13.67	14.59
385	6.09	6.63	▌ 7.32 [2]	8.12	8.92	9.45	10.21	10.74	11.27	12.09
390	5.62	6.20	▌ 6.85 [2]	7.66	8.36	8.90	9.56	10.02	10.57	11.35

(a) ISIC – CITI – CIIU 1968: See Annex – Voir annexe – Véase anexo.

Explanatory notes and source: see p. 433 – Notes explicatives et source: voir p. 435 – Notas explicativas y fuente: véase p. 437

[1] ∅: Oct. of each year. [2] Sample design revised. [3] Manufacture of motor vehicles. [4] Other manufacture of transport equipment. [5] Incl. family allowances paid directly by the employers. [6] Ship building. [7] Aircraft manufacturing.

[1] ∅: oct. de chaque année. [2] Plan d'échantillonnage révisé. [3] Construction de véhicules automobiles. [4] Autres constructions de matériel de transport. [5] Y compris les allocations familiales payées directement par l'employeur. [6] Construction navale. [7] Construction aéronautique.

[1] ∅: oct. de cada año. [2] Diseño de la muestra revisado. [3] Fabricación de vehículos automóviles. [4] Otras fabricaciones de material del transporte. [5] Incl. las asignaciones familiares pagadas directamente por los empleadores. [6] Construcciones navales. [7] Fabricación de aeronaves.

17 Wages in manufacturing / Salaires dans les industries manufacturières / Salarios en las industrias manufactureras

B By major groups of industry / Par classe d'industrie / Por agrupaciones de industria

Earnings *(E.G.)* or rates *(R.T.)* per hour *(h.)*, day *(d.j.)*, week *(w.s.)* or month *(m.)* — Gains *(E.G.)* ou taux *(R.T.)* par heure *(h.)*, jour *(d.j.)*, semaine *(w.s.)* ou mois *(m.)* — Ganancias *(E.G.)* o tasas *(R.T.)* por hora *(h.)*, día *(d.j.)*, semana *(w.s.)* o mes *(m.)*

Country, unit and scope Pays, unité et portée País, unidad y alcance	1971	1972	1973	1974	1975	1976	1977	1978	1979	1980
Grèce [1] (E.G./h.) Drachmas										
Total										
311-312	16.23	17.02	19.29	26.69	▌34.81 [2]	43.01	50.10	62.48	80.02	92.50
313	16.08	17.14	22.16	29.36	▌34.95 [2]	43.05	53.90	67.63	84.34	106.80
314	15.62	15.72	18.89	24.57	▌37.11 [2]	43.42	53.40	70.17	79.42	103.80
321	16.45	17.83	20.26	28.59	▌36.05 [2]	45.21	51.70	65.39	79.37	99.30
322,324	16.89	17.73	17.26	23.96	▌31.21 [2]	38.53	44.10	54.08	66.56	84.90
323	18.34	19.34	21.65	29.71	▌36.57 [2]	47.34	56.90	69.23	84.03	103.50
331	15.92	16.75	20.73	27.25	▌37.06 [2]	44.96	52.30	65.96	82.44	105.40
332	18.28	19.62	21.31	27.47	▌35.36 [2]	41.57	50.50	65.11	78.99	98.90
341	17.18	18.69	19.86	29.37	▌38.91 [2]	50.41	59.30	71.65	89.96	112.30
342	22.75	23.61	29.34	37.48	▌46.29 [2]	58.58	77.80	96.97	116.74	153.50
351	16.86	18.54	23.58	28.97	▌39.67 [2]	49.71	59.40	75.87	89.66	116.90
354	21.42	22.28	27.38	35.10	▌46.92 [2]	61.91	79.40	90.38	114.35	144.90
355	17.67	19.68	23.83	29.25	▌35.18 [2]	42.85	52.40	65.55	79.00	100.70
36	19.05	20.08	22.35	30.24	▌42.28 [2]	53.09	64.20	81.02	99.18	122.20
37	29.23	29.88	34.64	43.15	▌59.33 [2]	76.74	93.70	119.50	143.25	178.90
381	18.59	19.56	23.10	20.00	▌30.06 [2]	48.34	59.60	75.87	92.03	115.50
382	18.13	19.09	23.83	31.83	▌37.18 [2]	45.74	54.50	71.60	85.15	107.20
383	17.37	18.88	21.18	28.69	▌38.52 [2]	48.48	57.20	72.24	87.78	108.10
384	20.21	21.45	28.92	37.53	▌49.98 [2]	62.18	73.00	94.22	109.39	140.50
390	15.19	15.82	19.51	28.28	▌33.13 [2]	39.10	45.30	56.59	71.58	84.80
Hongrie [3] (E.G./m.) [4]Forint										
Total										
311-312	1 959	2 082	2 320	2 499	2 668	2 803	3 067	3 300	3 466	3 697
313	1 849	1 940	2 156	2 293	2 510	2 652	2 869	3 102	3 273	3 477
314	1 757	1 872	2 036	2 183	2 299	2 457	2 680	2 934	3 075	3 239
321	1 812	1 907	2 119	2 267	2 424	2 566	2 845	3 125	3 266	3 497
322	1 646	1 737	1 914	2 021	2 119	2 250	2 477	2 706	2 769	2 910
323	2 016	2 132	2 298	2 398	2 520	2 692	2 892	3 180	3 847	4 180
324	1 775	1 862	2 018	2 144	2 272	2 416	2 618	2 851	3 003	3 210
331	1 959	2 041	2 218	2 389	2 514	2 636	2 874	3 107	3 266	3 474
332	1 936	2 008	2 171	2 315	2 442	2 559	2 719	2 917	3 087	3 275
341	2 003	2 085	2 329	2 544	2 685	3 140	3 348	3 550	3 714	3 990
342	2 091	2 224	2 450	2 632	2 757	2 890	3 091	3 341	3 532	3 754
351	2 038	2 165	2 421	2 626	2 771	2 929	3 202	3 508	3 748	4 017
352	1 984	2 082	2 308	2 514	2 713	2 860	3 126	3 417	3 585	3 827
353	2 142	2 227	2 517	2 745	2 915	3 107	3 452	3 822	4 131	4 435
355	2 114	2 180	2 363	2 542	2 729	2 902	3 180	3 426	3 603	3 789
356	1 809	1 894	2 084	2 242	2 385	2 500	2 816	3 119	3 335	3 541
361	1 922	2 002	2 255	2 410	2 593	2 762	2 993	3 242	3 437	3 600
362	1 948	2 081	2 308	2 450	2 560	2 713	3 036	3 359	3 531	3 711
369	2 182	2 239	2 440	2 599	2 738	2 902	3 135	3 442	3 617	3 813
371	2 288	2 400	2 699	2 935	3 128	3 310	3 624	3 942	4 143	4 355
372	2 251	2 351	2 616	2 953	3 143	3 356	3 718	4 055	4 328	4 589
381	1 971	2 061	2 263	2 394	2 528	2 686	2 914	3 135	3 316	3 492
382	2 149	2 234	2 459	2 623	2 778	2 943	3 174	3 459	3 649	3 812
383	1 941	2 047	2 259	2 440	2 607	2 773	2 978	3 202	3 350	3 532
384	2 187	2 295	2 540	2 736	2 902	3 085	3 320	3 598	3 779	3 966
385	2 076	2 165	2 380	2 526	2 662	2 815	3 013	3 223	3 406	3 593
390	1 813	1 894	1 994	2 130	2 240	2 353	2 531	2 726	2 831	3 005

[(a)] ISIC – CITI – CIIU 1968: See Annex – Voir annexe – Véase anexo.

Explanatory notes and source: see p. 433 – Notes explicatives et source: voir p. 435 – Notas explicativas y fuente: véase p. 437

[1] ∅: Nov. of each year. [2] Sample design revised. [3] Socialised sector. [4] Incl. loyalty money paid in August of each year and the value of payments in kind.

[1] ∅: nov. de chaque année. [2] Plan d'échantillonnage révisé. [3] Secteur socialisé. [4] Y compris les primes d'assiduité payées en août de chaque année et la valeur des paiements en espèces.

[1] ∅: nov. de cada año. [2] Diseño de la muestra revisado. [3] Sector socializado. [4] Incl. las primas de asiduidad pagadas en agosto de cada año y el valor de los pagos en especie.

17 Wages in manufacturing / Salaires dans les industries manufacturières / Salarios en las industrias manufactureras

B By major groups of industry / Par classe d'industrie / Por agrupaciones de industria

Earnings *(E.G.)* or rates *(R.T.)* per hour *(h.)*, day *(d.j.)*, week *(w.s.)* or month *(m.)*

Gains *(E.G.)* ou taux *(R.T.)* par heure *(h.)*, jour *(d.j.)*, semaine *(w.s.)* ou mois *(m.)*

Ganancias *(E.G.)* o tasas *(R.T.)* por hora *(h.)*, día *(d.j.)*, semana *(w.s.)* o mes *(m.)*

Country, unit and scope Pays, unité et portée País, unidad y alcance	1971	1972	1973	1974	1975	1976	1977	1978	1979	1980
Ireland [1] (E.G./h.) Pounds										
Total [2]										
311-312	.	.	0.674	0.813	1.114	1.224	1.453	1.688	1.971	2.300
313	.	.	0.919	1.090	1.351	1.230	1.788	2.140	2.575	2.860
314	.	.	0.754	0.933	1.306	1.520	1.712	2.025	2.446	2.690
321	.	.	0.619	0.734	0.968	1.117	1.320	1.469	1.713	2.000
322	.	.	0.455	0.542	0.694	0.796	0.898	1.051	1.306	1.560
323	.	.	0.650	0.834	0.985	1.181	1.425	1.611	1.942	2.270
324	.	.	0.589	0.680	0.907	1.017	1.149	1.345	1.537	1.740
331	.	.	0.645	0.733	1.046	1.187	1.277	1.453	1.668	2.030
332	.	.	0.592	0.704	0.874	0.998	1.092	1.197	1.357	1.630
341	.	.	0.703	0.864	1.168	1.349	1.604	1.849	2.321	2.560
342	.	.	0.811	0.962	1.280	1.534	1.827	2.129	2.507	2.930
351-352	.	.	0.793	1.005	1.264	1.406	1.704	1.985	2.414	2.840
353-354	.	.	0.871	1.072	1.477	1.620	1.925	2.309	2.722	3.180
355	.	.	0.968	1.081	1.426	1.623	1.841	2.122	2.538	2.810
356	.	.	0.712	0.848	1.092	1.264	1.469	1.687	1.959	2.250
36	.	.	0.792	0.946	1.276	1.552	1.680	1.972	2.323	2.620
37	.	.	0.839	1.026	1.212	1.475	1.650	1.824	2.137	2.420
381	.	.	0.699	0.839	1.033	1.256	1.438	1.656	1.972	2.260
382	.	.	0.676	0.803	1.020	1.232	1.460	1.636	1.963	2.230
383	.	.	0.594	0.733	0.971	1.151	1.283	1.553	1.856	2.120
384	.	.	0.826	1.006	1.389	1.532	1.924	2.146	2.417	2.840
385	.	.	0.701	0.846	1.046	1.216	1.379	1.625	1.899	2.250
390	.	.	0.562	0.662	0.816	0.964	1.185	1.373	1.671	1.920
Italie (E.G./h.) [3] Lire										
Total										
311-312	651	792	930	1 171	I 1 882 [4]	2 114	2 673	...	...	...
313	688	785	973	1 216	I 2 130 [4]	2 129	2 697	...	...	...
314	831	873	913	1 291	I 1 723 [4]	1 839	2 309	...	...	...
321	593	659	762	1 032	I 1 719 [4]	1 999	2 345	...	...	...
322	517	585	715	903	I 1 528 [4]	1 637	2 111	...	...	...
323	571	640	789	988	I 1 608 [4]	1 761	2 286	...	...	...
324	495	542	666	848	I 1 412 [4]	1 570	2 088	...	...	...
331	555	612	769	1 008	I 1 562 [4]	1 698	2 202	...	...	...
332	554	610	782	1 013	I 1 590 [4]	1 722	2 238	...	...	...
341	731	851	1 033	1 280	I 2 294 [4]	2 382	2 970	...	...	...
342	943	1 025	1 269	1 414	I 2 482 [4]	2 509	3 115	...	...	...
351	840	948	1 180	1 455	I 2 315 [4]	2 414	3 013	...	...	...
353	1 187	1 377	1 553	1 831	I 2 456 [4]	2 573	3 685	...	...	...
354	1 128	1 295	1 487	1 774	I 2 929 [4]	2 939	3 579	...	...	...
355	851	960	1 083	1 445	I 2 500 [4]	2 447	2 106	...	...	...
356	652	753	873	1 177	I 1 957 [4]	1 998	2 595	...	...	...
361	697	782	963	1 324	I 2 056 [4]	2 159	2 707	...	...	...
362	724	877	985	1 332	I 2 216 [4]	2 258	2 799	...	...	...
369	814	874	1 153	1 441	I 2 040 [4]	2 193	2 707	...	...	...
371	933	1 013	1 248	1 516	I 2 497 [4]	2 625	3 192	...	...	...
372	765	861	1 082	1 375	I 2 275 [4]	2 403	2 952	...	...	...
381	759	837	1 043	1 283	I 2 169 [4]	2 317	2 704	...	...	...
382	694	777	973	1 217	I 2 100 [4]	2 255	2 287	...	...	...
383	714	788	984	1 201	I 2 142 [4]	2 227	2 759	...	...	...
384	854	943	1 117	1 327	I 2 248 [4]	2 353	2 873	...	...	...
385	.	.	.	.	2 057	2 212	2 716	...	...	...
390	656	752	891	1 174	I 1 972 [4]	2 016	2 603	...	...	...

[a] ISIC - CITI - CIIU 1968: See Annex - Voir annexe - Véase anexo.

Explanatory notes and source: see p. 433 - Notes explicatives et source: voir p. 435 - Notas explicativas y fuente: véase p. 437

[1] ∅: Sep. of each year. [2] Incl. juveniles. [3] Incl. the value of payments in kind. [4] Prior to 1975: excl. payments for annual vacation and public holidays.

[1] ∅: sept. de chaque année. [2] Y compris les jeunes gens. [3] Y compris la valeur des paiements en nature. [4] Avant 1975: non compris la rémunération pour congés annuels et jours fériés.

[1] ∅: sept. de cada año. [2] Incl. jóvenes. [3] Incl. el valor de los pagos en especie. [4] Antes de 1975: excl. los pagos por vacaciones anuales y días feriados.

17 Wages in manufacturing / Salaires dans les industries manufacturières / Salarios en las industrias manufactureras

B By major groups of industry / Par classe d'industrie / Por agrupaciones de industria

Earnings *(E.G.)* or rates *(R.T.)* per hour *(h.)*, day *(d.j.)*, week *(w.s.)* or month *(m.)*

Gains *(E.G.)* ou taux *(R.T.)* par heure *(h.)*, jour *(d.j.)*, semaine *(w.s.)* ou mois *(m.)*

Ganancias *(E.G.)* o tasas *(R.T.)* por hora *(h.)*, día *(d.j.)*, semana *(w.s.)* o mes *(m.)*

Country, unit and scope Pays, unité et portée País, unidad y alcance	1971	1972	1973	1974	1975	1976	1977	1978	1979	1980
Luxembourg [1] (E.G./h.) Francs										
Total										
311-312	72.87	I 78.54 [2]	87.10	100.62	126.91	139.93	147.25	159.13	162.65	...
313	75.51	I 84.64 [2]	95.71	114.84	138.28	158.06	171.37	176.48	183.82	199.89
314	65.19	I 72.48 [2]	82.40	97.16	120.77	138.16	147.86	156.02	167.72	184.43
322,324	46.77	I 54.87 [2]	60.48	68.64	83.12	92.60	102.61	106.78	114.19	122.86
33	.	.	.	.	.	.	.	152.84	163.84	182.76
34	94.35	I 99.94 [2]	117.39	135.02	159.02	184.99	202.41	208.08	218.65	242.27
351	70.64	I 69.18 [2]	87.70	110.44	133.68	150.68	159.90	161.98	175.04	187.16
355	.	105.50	119.86	156.26	183.01	211.83	227.41	232.56	243.27	270.66
356	82.57	I 96.42 [2]	109.92	128.30	159.78	185.39	200.89	206.80	217.78	240.09
36	81.31	I 89.30 [2]	100.75	120.97	138.91	162.26	169.08	173.91	183.38	202.03
371	104.68	I 121.02 [2]	136.75	174.26	172.23	205.66	224.49	248.40	256.51	265.50
372	.	90.58	97.95	128.27	143.81	155.16	179.07	173.40	200.04	224.71
381	77.33	I 87.24 [2]	98.25	121.38	143.31	162.78	175.33	181.86	190.97	216.13
382	82.05	I 91.11 [2]	100.67	126.69	151.32	172.78	182.86	191.90	210.15	224.57
383	83.60	I 85.44 [2]	98.12	115.33	143.94	174.27	179.30	184.93	197.90	211.56
384	69.55	I 75.23 [2]	88.47	112.82	130.80	138.30	150.16	143.46	154.99	167.64
Malta (E.G./h.) [3]Pounds										
Males - Hommes - Hombres [4]										
311-312	0.201	0.214	0.250	0.283	0.326	0.339	...	...	...	...
313	0.215	0.238	0.280	0.325	0.368	0.414	...	...	...	...
314	0.288	0.324	0.350	0.374	0.468	0.474	...	...	...	...
321	0.224	0.262	0.280	0.319	0.380	0.438	...	...	...	...
322,324	0.207	0.221	0.250	0.304	0.409	0.422	...	...	...	...
331	0.195	0.193	0.250	0.294	0.361	0.390	...	...	...	...
332	0.216	0.240	0.260	0.289	0.332	0.449	...	...	...	...
34	0.259	0.279	0.300	0.338	0.390	0.432	...	...	...	...
351-352	0.220	0.228	0.250	0.310	0.372	0.444	...	...	...	...
36	0.219	0.242	0.250	0.273	0.338	0.372	...	...	...	...
381	0.236	0.270	0.300	0.342	0.377	0.532	...	...	...	...
382	0.242	0.294	0.350	0.374	0.399	0.464	...	...	...	...
383	0.256	0.270	0.320	0.368	0.436	0.442	...	...	...	...
384	0.306	0.323	0.355	0.442	0.469	0.470	...	...	...	...
390	0.235	0.255	0.275	0.304	0.329	0.412	...	...	...	...

[(a)] ISIC - CITI - CIIU 1968: See Annex - Voir annexe - Véase anexo.

Explanatory notes and source: see p. 433 - Notes explicatives et source: voir p. 435 - Notas explicativas y fuente: véase p. 437

[1] ∅: Oct. of each year. [2] Change of industrial classification. [3] Employees. [4] Adults.

[1] ∅: oct. de chaque année. [2] Changement de classification industrielle. [3] Salariés. [4] Adultes.

[1] ∅: oct. de cada año. [2] Cambio de clasificación industrial. [3] Asalariados. [4] Adultos.

17 Wages in manufacturing
Salaires dans les industries manufacturières
Salarios en las industrias manufactureras

B By major groups of industry
Par classe d'industrie
Por agrupaciones de industria

Earnings *(E.G.)* or rates *(R.T.)* per hour *(h.)*, day *(d.j.)*, week *(w.s.)* or month *(m.)*

Gains *(E.G.)* ou taux *(R.T.)* par heure *(h.)*, jour *(d.j.)*, semaine *(w.s.)* ou mois *(m.)*

Ganancias *(E.G.)* o tasas *(R.T.)* por hora *(h.)*, día *(d.j.)*, semana *(w.s.)* o mes *(m.)*

Country, unit and scope Pays, unité et portée País, unidad y alcance	1971	1972	1973	1974	1975	1976	1977	1978	1979	1980
Malta (E.G./h.) Pounds										
Females – Femmes – Mujeres [1]										
311–312	0.123	0.135	0.157	0.194	0.224	0.305	0.355	0.390	0.450	...
313	0.133	0.145	0.185	0.230	0.255	0.390	0.425	0.455	0.515	...
314	0.144	0.163	0.175	0.215	0.259	0.345	0.405	0.445	0.505	...
321	0.145	0.163	0.180	0.201	0.262	0.340	0.375	0.407	0.467	...
322,324	0.135	0.153	0.175	0.212	0.281	0.336	0.355	0.388	0.448	...
34	0.146	0.154	0.185	0.200	0.261	0.339	0.405	0.440	0.500	...
351–352	0.134	0.155	0.165	0.174	0.259	0.320	0.425	0.479	0.539	...
390	0.147	0.158	0.185	0.214	0.258	0.332	0.405	0.451	0.511	...
Netherlands [2] (E.G./h.) Guilders										
Total [3]										
311–312	5.67	6.19	8.45	8.45	9.74	10.61	11.65	12.36	12.88	...
313	5.39	6.72	7.94	9.16	10.00	11.00	12.27	13.24	13.65	...
314	4.99	5.87	6.92	8.27	9.41	10.05	11.21	11.71	12.26	...
321	5.09	5.84	6.83	8.27	9.40	10.09	11.16	11.62	12.19	...
322	3.49	4.22	5.25	6.10	7.27	7.91	8.61	9.19	9.74	...
323	4.83	5.56	6.19	7.41	8.34	9.15	10.26	10.80	11.17	...
324	4.74	5.77	6.58	7.70	8.63	9.29	10.25	10.78	11.27	...
331	5.38	6.04	6.96	8.11	9.26	9.95	11.06	11.82	12.49	...
332	5.37	5.71	6.75	7.78	8.98	9.61	10.63	11.26	11.93	...
341	6.09	7.07	8.02	9.39	10.57	11.44	12.60	13.08	13.82	...
342	6.21	7.34	8.24	9.68	10.95	11.68	12.66	13.24	13.92	...
351	6.69	7.59	8.81	10.13	11.61	12.50	13.78	14.40	14.99	...
352	5.64	6.36	7.48	8.76	9.81	10.65	11.69	12.26	12.50	...
353–354	8.18	8.63	9.68	11.09	12.72	13.58	15.13	15.78	16.47	...
355	.	7.09	8.12	9.36	10.61	11.40	12.42	13.12	13.86	...
356	.	6.62	7.25	8.49	9.68	10.51	11.68	12.30	12.98	...
361	.	5.93	6.79	8.03	9.12	9.92	10.95	11.61	11.89	...
362	.	7.03	8.58	10.11	11.03	12.11	12.98	13.56	14.41	...
369	.	6.79	7.83	9.00	10.00	10.82	12.08	12.74	13.34	...
371	6.34	7.30	8.33	10.21	11.44	12.31	13.40	14.19	15.08	...
372	5.95	7.12	8.25	10.06	11.30	12.04	13.54	14.29	15.22	...
381	5.70	6.32	7.17	8.60	9.82	10.49	11.56	12.21	12.68	...
382	5.81	6.51	7.45	8.95	10.06	10.95	11.97	12.65	13.07	...
383	5.14	6.05	6.96	8.15	9.48	10.31	11.35	12.08	12.59	...
384	5.91	6.73	7.73	9.14	10.47	11.23	12.06	12.68	13.21	...
385	5.11	6.17	7.20	8.33	9.51	10.19	11.54	12.35	12.64	...

[a] ISIC – CITI – CIIU 1968: See Annex – Voir annexe – Véase anexo.

Explanatory notes and source: see p. 433 – Notes explicatives et source: voir p. 435 – Notas explicativas y fuente: véase p. 437

[1] Adults. [2] ∅: Oct. of each year. [3] Incl. juveniles.

[1] Adultes. [2] ∅: oct. de chaque année. [3] Y compris les jeunes gens.

[1] Adultos. [2] ∅: oct. de cada año. [3] Incl. jóvenes.

17 Wages in manufacturing
Salaires dans les industries manufacturières
Salarios en las industrias manufactureras

B By major groups of industry / Par classe d'industrie / Por agrupaciones de industria

Earnings *(E.G.)* or rates *(R.T.)* per hour *(h.)*, day *(d.j.)*, week *(w.s.)* or month *(m.)*

Gains *(E.G.)* ou taux *(R.T.)* par heure *(h.)*, jour *(d.j.)*, semaine *(w.s.)* ou mois *(m.)*

Ganancias *(E.G.)* o tasas *(R.T.)* por hora *(h.)*, día *(d.j.)*, semana *(w.s.)* o mes *(m.)*

Country, unit and scope Pays, unité et portée País, unidad y alcance	1971	1972	1973	1974	1975	1976	1977	1978	1979	1980
Norway [1] (E.G./h.) [2]Kroner										
Males – Hommes – Hombres [3]										
311–312	.	15.53	17.08	20.34	23.49	27.97	30.74	33.24	33.59	38.71
313	.	15.73	18.32	21.50	24.54	29.29	32.64	34.62	34.79	40.25
314	.	15.03	16.51	19.54	23.11	27.56	30.99	33.22	33.84	38.54
321	.	14.70	16.02	19.58	22.36	26.79	29.59	30.92	31.67	36.99
322	.	14.73	16.05	19.34	21.81	26.10	28.25	30.95	30.43	35.84
323	.	15.39	16.64	19.44	22.09	26.38	28.89	28.66	31.12	...
324	.	14.77	16.64	18.92	21.38	25.20	28.30	29.34	29.94	33.85
331	.	15.45	16.94	20.80	23.21	28.29	30.46	33.38	33.78	38.72
332	.	15.90	17.16	20.48	22.91	27.54	30.27	32.38	33.13	37.71
341	.	16.61	18.24	22.53	26.52	31.03	33.88	36.08	36.32	41.93
342	.	19.76	21.67	24.99	29.23	35.89	40.58	44.74	44.90	52.61
351	.	17.13	18.83	24.55	28.30	33.32	36.30	37.93	39.14	51.05
352	.	16.58	18.70	21.59	25.43	30.10	33.09	35.84	36.26	40.14
354	.	17.10	18.24	22.87	27.65	33.09	37.02	37.03	39.94	46.19
355	.	16.05	17.52	20.44	23.45	27.91	38.82	32.22	33.98	38.77
356	.	16.29	17.93	21.54	24.04	28.31	31.09	33.96	33.91	39.65
361	.	16.04	17.94	21.85	25.18	29.20	32.63	34.78	35.43	40.75
362	.	16.25	18.04	21.10	24.75	29.55	33.06	35.92	36.14	42.87
369	.	17.38	18.83	23.14	25.70	31.56	33.78	36.67	37.41	41.86
371	.	17.93	19.80	23.80	28.73	33.81	36.02	38.78	39.49	46.14
372	.	17.38	18.68	23.25	27.58	31.68	35.49	37.07	36.89	45.16
381	.	16.78	18.85	22.97	25.39	31.12	33.56	36.49	36.75	41.71
382	.	18.08	19.90	23.25	27.45	32.65	35.63	39.95	40.49	44.44
383	.	17.81	19.93	22.98	27.28	32.16	35.89	38.20	39.09	44.03
384	.	18.04	20.04	23.81	27.97	32.93	35.13	38.48	38.78	44.20
385	.	15.44	16.75	21.54	24.49	30.03	34.95	35.93	35.63	41.67
390	.	16.63	18.15	21.58	27.71	28.53	31.62	33.93	37.38	38.68
Females – Femmes – Mujeres [3]										
311–312	.	12.46	13.76	16.57	19.73	23.85	25.93	28.31	28.38	33.52
313	.	13.40	14.99	18.25	21.58	25.05	27.87	29.59	30.09	36.65
314	.	13.23	14.36	17.51	20.40	24.42	26.99	29.77	30.24	35.85
321	.	12.20	13.27	16.45	18.66	22.93	24.92	26.72	27.01	32.96
322	.	12.34	13.36	15.77	18.42	22.10	24.23	26.47	27.14	32.78
323	.	12.00	13.43	15.59	18.42	22.18	24.90	25.85	25.56	32.77
324	.	12.00	13.33	15.65	18.28	22.35	24.47	26.24	26.95	32.44
331	.	13.56	14.81	17.74	21.17	26.15	28.83	31.31	31.82	36.02
332	.	14.12	15.52	18.52	21.40	25.79	27.98	30.18	30.90	35.31
341	.	13.34	14.73	18.18	21.31	25.85	28.37	30.31	31.04	36.53
342	.	15.12	16.74	19.57	22.93	28.59	31.52	35.53	35.25	41.85
352	.	13.29	15.12	17.45	20.10	25.48	28.22	30.63	30.33	36.23
355	.	12.88	14.79	17.72	20.55	25.63	28.54	30.76	31.37	36.33
356	.	13.04	14.42	18.32	20.56	24.65	26.70	29.32	29.79	35.08
361	.	11.33	12.84	16.50	19.22	22.82	27.09	28.84	29.83	34.77
362	.	14.17	15.84	18.66	21.45	26.82	29.78	32.73	32.57	39.76
381	.	14.00	15.82	18.69	21.86	26.74	29.08	31.85	32.65	37.49
382	.	15.73	17.67	19.84	24.41	28.84	31.80	34.19	37.40	39.28
383	.	15.05	16.60	19.71	23.67	27.32	31.11	33.68	33.74	38.84
390	.	13.43	15.09	18.13	20.22	24.78	27.27	29.40	29.86	34.72

[(a)] ISIC – CITI – CIIU 1968: See Annex – Voir annexe – Véase anexo.

Explanatory notes and source: see p. 433 – Notes explicatives et source: voir p. 435 – Notas explicativas y fuente: véase p. 437

[1] ∅: third quarter of each year. [2] Incl. the value of payments in kind. [3] Adults.

[1] ∅: troisième trimestre de chaque année. [2] Y compris la valeur des paiements en nature. [3] Adultes.

[1] ∅: tercer trimestre de cada año. [2] Incl. el valor de los pagos en especie. [3] Adultos.

17 Wages in manufacturing
Salaires dans les industries manufacturières
Salarios en las industrias manufactureras

B By major groups of industry / Par classe d'industrie / Por agrupaciones de industria

Earnings *(E.G.)* or rates *(R.T.)* per hour *(h.)*, day *(d.j.)*, week *(w.s.)* or month *(m.)*

Gains *(E.G.)* ou taux *(R.T.)* par heure *(h.)*, jour *(d.j.)*, semaine *(w.s.)* ou mois *(m.)*

Ganancias *(E.G.)* o tasas *(R.T.)* por hora *(h.)*, día *(d.j.)*, semana *(w.s.)* o mes *(m.)*

Country, unit and scope Pays, unité et portée País, unidad y alcance	1971	1972	1973	1974	1975	1976	1977	1978	1979	1980
Pologne [1] (E.G./m.) [2]Zlote										
Total [3]										
311-312	2 191	2 359	2 566	2 916	3 293	3 578	4 025	4 280	4 681	5 318
313	1 982	2 114	2 356	2 676	3 174	3 414	3 736	3 915	4 199	4 812
314	1 881	1 941	2 154	2 623	2 989	3 364	3 665	3 992	4 470	5 409
321	2 113	2 188	2 429	2 703	3 195	3 549	3 893	4 095	4 500	5 374
322	1 963	2 038	2 185	2 469	2 929	3 253	3 571	3 789	4 116	4 936
323	2 206	2 264	2 414	2 748	2 223	3 627	4 056	4 283	4 653	5 441
324	2 049	2 117	2 302	2 601	3 017	3 357	3 700	3 945	4 334	5 147
331	2 053	2 163	2 346	2 666	3 433	3 661	3 959	4 189	4 541	5 174
332	2 171	2 272	2 474	2 805	3 470	3 768	4 056	4 293	4 532	5 152
341	2 065	2 154	2 285	2 644	3 249	3 540	3 810	4 033	4 531	5 149
342	2 306	2 375	2 593	2 964	3 240	3 586	3 983	4 215	4 748	5 487
351	2 522	2 661	2 951	3 415	3 789	4 139	4 518	4 737	5 279	5 977
352	2 248	2 357	2 652	2 977	3 496	3 709	4 016	4 243	4 660	5 425
353	2 504	2 641	2 954	3 431	3 790	4 161	4 544	4 719	5 391	5 953
354	2 951	3 051	3 244	3 857	4 311	4 615	5 222	5 693	6 476	7 648
355	2 219	2 314	2 579	2 877	3 333	3 672	3 978	4 232	4 811	5 559
356	2 143	2 244	2 386	2 643	3 112	3 667	4 003	4 246	4 629	5 404
361	2 101	2 262	2 558	2 911	3 329	3 616	3 967	4 254	4 575	5 243
362	2 149	2 347	2 676	3 002	3 451	3 685	4 061	4 413	4 854	5 660
369	2 323	2 476	2 700	3 159	3 698	3 909	4 231	4 513	4 897	5 654
371	3 093	3 234	3 502	4 101	4 861	5 340	5 673	6 089	6 901	7 884
372	3 000	3 101	3 350	3 967	4 799	5 164	5 570	5 877	6 613	7 685
381	2 327	2 432	2 655	2 966	3 468	3 953	4 435	4 649	4 953	5 537
382	2 582	2 704	2 974	3 341	3 968	4 414	4 929	5 141	5 485	6 122
383	2 350	2 442	2 654	2 979	3 459	3 873	4 356	4 596	4 919	5 513
384	2 664	2 787	3 048	3 428	4 130	4 518	4 956	5 184	5 521	6 221
385	2 477	2 580	2 795	3 117	3 649	4 117	4 595	4 806	5 146	5 713
390	2 160	2 236	2 387	2 671	3 247	3 564	3 937	4 169	4 394	5 099
Portugal (E.G./h.) Escudos										
Total										
311-312	9.20	9.80	12.00	18.40	29.00	36.20	43.20	50.80	64.00	...
313	13.70	15.90	20.40	31.90	38.50	45.70	49.30	60.10	71.30	...
314	13.40	24.50	25.40	45.90	49.80	47.40	64.70	110.80	68.80	...
321	8.00	9.10	11.30	17.30	28.40	33.60	39.60	45.00	89.70	...
322	.	.	.	.	.	30.10	35.60	39.50	48.60	...
323	9.20	10.90	11.80	16.70	27.90	36.60	46.60	54.40	59.50	...
324	.	.	.	.	.	28.90	34.50	39.10	46.10	...
331	8.60	9.60	11.50	16.90	24.80	30.50	34.50	41.30	49.00	...
332	9.90	11.30	12.90	18.60	26.90	28.70	30.80	38.40	37.50	...
341	13.00	15.70	17.30	27.80	38.10	46.20	54.10	65.90	81.90	...
342	22.30	15.70	17.70	24.60	34.00	40.30	48.70	55.60	67.10	...
351	15.30	17.60	20.70	24.50	46.10	57.90	64.80	76.00	96.40	...
352	13.10	15.10	17.50	29.00	41.50	46.50	52.10	65.00	79.70	...
353	30.60	33.50	37.10	65.70	79.50	88.30	105.30	111.00	122.40	...
354	10.50	12.30	13.80	16.90	13.30	17.50	14.10	13.90	9.90	...
355	11.60	13.20	17.30	23.90	33.40	50.10	59.50	67.10	85.60	...
356	9.90	12.00	13.20	21.50	32.40	42.40	52.90	58.50	69.50	...
361	10.30	12.60	12.30	19.10	26.80	36.10	48.30	56.00	61.40	...
362	13.40	17.20	18.60	29.70	38.70	45.20	61.60	63.70	71.70	...
369	11.20	12.30	14.70	21.80	32.20	37.40	47.20	56.30	66.60	...
371	22.50	19.80	21.20	23.90	48.00	61.40	65.80	81.90	102.80	...
372	12.40	13.90	15.60	26.00	34.80	44.20	49.50	58.00	70.10	...
381	11.10	14.40	16.70	26.90	35.70	44.50	51.80	59.10	71.30	...
382	12.30	15.50	17.60	29.20	38.00	37.90	54.20	62.60	76.10	...
383	12.20	14.00	16.90	36.50	45.40	53.00	60.50	65.80	84.20	...
384	19.80	22.10	26.60	36.60	52.10	69.20	78.90	88.30	103.50	...
385	18.00	11.80	15.00	22.00	30.30	43.90	51.10	58.00	73.80	...
390	8.00	9.90	11.60	16.70	26.10	31.60	34.60	43.80	53.00	...

[a] ISIC – CITI – CIIU 1968: See Annex – Voir annexe – Véase anexo.

Explanatory notes and source: see p. 433 – Notes explicatives et source: voir p. 435 – Notas explicativas y fuente: véase p. 437

[1] Socialised sector. [2] Incl. the value of payments in kind. [3] Employees.

[1] Secteur socialisé. [2] Y compris la valeur des paiements en nature. [3] Salariés.

[1] Sector socializado. [2] Incl. el valor de los pagos en especie. [3] Asalariados.

17 Wages in manufacturing
Salaires dans les industries manufacturières
Salarios en las industrias manufactureras

B By major groups of industry / Par classe d'industrie / Por agrupaciones de industria

Earnings *(E.G.)* or rates *(R.T.)* per hour *(h.)*, day *(d.j.)*, week *(w.s.)* or month *(m.)*

Gains *(E.G.)* ou taux *(R.T.)* par heure *(h.)*, jour *(d.j.)*, semaine *(w.s.)* ou mois *(m.)*

Ganancias *(E.G.)* o tasas *(R.T.)* por hora *(h.)*, día *(d.j.)*, semana *(w.s.)* o mes *(m.)*

Country, unit and scope Pays, unité et portée País, unidad y alcance	1971	1972	1973	1974	1975	1976	1977	1978	1979	1980
Suisse [1] (E.G./h.) [2]Francs										
Males – Hommes – Hombres [3]										
311-312	.	8.78	9.93	11.12	12.01	12.28	12.76	13.25	13.85	14.56
313	.	8.88	9.65	10.94	11.97	12.42	12.70	13.02	13.38	14.12
314	.	8.73	9.50	11.02	12.16	12.61	13.66	14.41	14.81	15.57
321	.	8.66	9.78	11.07	11.68	11.82	12.39	12.86	13.35	14.04
322	.	8.67	9.74	10.78	11.29	11.51	11.62	12.22	12.85	13.57
323	.	8.50	9.61	10.95	11.62	12.06	12.55	13.06	13.61	14.53
324	.	8.61	9.61	10.71	10.91	11.27	11.68	12.52	12.91	13.66
331	.	8.97	9.44	10.70	11.44	11.52	11.98	12.37	12.87	13.52
332	.	9.27	10.40	11.62	12.29	12.35	12.77	13.11	13.52	14.24
341	.	9.28	10.49	11.78	12.68	12.85	13.32	13.95	14.55	15.26
342	.	10.92	12.21	13.78	14.95	15.40	15.96	17.01	18.20	19.38
351-352	.	10.32	11.69	13.54	14.52	15.16	15.50	15.91	16.35	17.32
355-356	.	9.78	10.98	12.41	12.87	13.07	13.38	13.18	13.67	14.54
36	.	10.32	10.24	11.56	12.45	12.72	13.27	13.65	14.04	14.72
37-38 [4]	.	9.27	10.44	11.75	12.60	12.79	13.29	13.66	14.07	14.90
3853 [5]	.	8.60	9.67	11.14	12.10	12.13	12.31	13.34	13.72	14.82
3901 [6]	.	9.23	10.38	11.48	12.28	12.80	13.01	13.56	14.13	14.99
Females – Femmes – Mujeres [3]										
311-312	.	5.74	6.52	7.29	8.06	8.31	8.42	8.91	9.30	9.87
313	.	5.74	6.54	7.36	8.12	8.51	8.60	9.09	9.41	10.03
314	.	5.61	6.37	7.13	7.68	8.08	8.44	9.03	8.98	9.57
321	.	5.82	6.69	7.56	7.96	8.47	8.49	8.74	9.06	9.59
322	.	5.90	6.62	7.36	7.61	7.74	7.73	8.06	8.32	8.79
323	.	5.73	6.42	7.11	7.64	7.91	8.42	8.75	9.10	9.60
324	.	6.05	6.72	7.45	7.48	7.75	7.93	8.53	8.81	9.39
331	.	6.06	6.41	7.00	7.74	7.61	7.57	7.78	8.40	9.04
332	.	6.56	7.39	8.30	8.96	8.93	9.07	9.36	9.66	10.30
341	.	5.97	6.71	7.66	8.17	8.30	8.79	9.23	9.42	9.90
342	.	6.18	7.24	8.34	9.37	9.44	9.97	10.52	11.29	11.97
351-352	.	6.07	7.98	9.16	10.04	10.57	10.81	11.21	11.59	12.38
355-356	.	6.02	6.80	7.66	8.08	8.22	8.35	8.66	9.00	9.67
36	.	6.96	7.08	8.00	8.64	8.91	9.13	9.39	9.64	10.38
37-38 [4]	.	6.16	7.00	7.93	8.71	8.90	9.07	9.37	9.66	10.23
3853 [5]	.	5.94	6.64	7.87	8.48	8.45	8.69	9.28	9.46	10.29
3901 [6]	.	6.23	6.88	7.93	8.34	8.65	8.57	8.98	9.44	10.38

[(a)] ISIC – CITI – CIIU 1968: See Annex – Voir annexe – Véase anexo.

Explanatory notes and source: see p. 433 – Notes explicatives et source: voir p. 435 – Notas explicativas y fuente: véase p. 437

[1] ∅: Oct. of each year. [2] Incl. family allowances. [3] Adults. [4] Excl. major group 385. [5] Watchmaking. [6] Jewellery.

[1] ∅: oct. de chaque année. [2] Y compris les allocations familiales. [3] Adultes. [4] Non compris la classe 385. [5] Horlogerie. [6] Bijouterie.

[1] ∅: oct. de cada año. [2] Incl. las asignaciones familiares. [3] Adultos. [4] Excl. la agrupación 385. [5] Relojería. [6] Joyería.

17 Wages in manufacturing
Salaires dans les industries manufacturières
Salarios en las industrias manufactureras

B By major groups of industry
Par classe d'industrie
Por agrupaciones de industria

Earnings *(E.G.)* or rates *(R.T.)* per hour *(h.)*, day *(d.j.)*, week *(w.s.)* or month *(m.)*

Gains *(E.G.)* ou taux *(R.T.)* par heure *(h.)*, jour *(d.j.)*, semaine *(w.s.)* ou mois *(m.)*

Ganancias *(E.G.)* o tasas *(R.T.)* por hora *(h.)*, día *(d.j.)*, semana *(w.s.)* o mes *(m.)*

Country, unit and scope Pays, unité et portée País, unidad y alcance	1971	1972	1973	1974	1975	1976	1977	1978	1979	1980
Sweden [1] (E.G./h.) [2]Kronor										
Males - Hommes - Hombres [3]										
311-312	15.18	17.24	18.53	20.53 [4]	24.22	27.90	29.92	33.04	36.62	40.42
313	14.88	17.58	18.88	20.72 [4]	24.57	27.69	29.05	32.77	36.85	40.15
314	16.37	18.98	20.25	21.95 [4]	25.40	27.86	30.46	34.35	37.89	41.68
321	13.98	15.89	17.24	19.44 [4]	22.58	25.64	27.16	30.01	33.64	37.63
322	13.27	14.98	16.41	18.03 [4]	20.77	23.70	25.93	27.83	31.25	35.24
323	14.54	16.36	17.58	19.26 [4]	23.00	26.29	28.70	30.88	34.02	37.71
324	14.20	16.05	17.21	19.13 [4]	22.14	25.06	27.51	29.74	32.49	35.91
331	14.30	16.18	17.61	20.01 [4]	23.15	25.91	27.96	31.11	34.01	37.36
332	14.32	15.78	17.32	19.35 [4]	22.41	25.01	27.30	29.85	33.22	36.56
341	15.55	17.83	19.30	22.55 [4]	27.03	30.83	32.77	35.85	41.01	44.82
342	18.35	20.67	22.29	24.71 [4]	28.43	32.49	35.88	38.96	43.24	48.25
351	14.96	16.92	18.28	21.10 [4]	25.09	29.59	31.17	34.54	38.23	43.15
352	14.98	16.65	18.00	20.04 [4]	23.45	26.62	28.56	31.72	35.63	39.21
353	.	.	.	.	.	.	.	38.26	42.62	47.12
354	.	.	.	.	.	.	.	34.03	36.90	39.85
355	15.02	16.69	17.83	19.87 [4]	22.93	25.65	28.27	30.44	33.96	38.18
356	14.57	16.35	17.49	19.50 [4]	22.92	26.37	28.75	31.24	34.83	38.55
361	14.63	16.54	17.80	19.27 [4]	22.95	26.01	28.08	29.90	33.34	38.45
362	15.37	17.43	19.01	21.04 [4]	24.75	28.45	30.86	34.00	37.03	40.93
369	15.16	17.19	18.40	20.70 [4]	24.11	27.33	29.60	32.52	36.19	40.70
371	16.44	18.52	20.28	22.94 [4]	27.15	30.73	32.33	35.22	40.11	43.72
372	15.64	17.46	18.96	21.33 [4]	25.22	28.28	30.85	33.45	37.29	41.69
381	15.78	17.23	18.77	20.77 [4]	24.27	27.21	29.70	32.04	35.53	39.23
382	15.88	17.43	18.84	20.81 [4]	24.32	27.30	29.59	32.21	35.50	39.20
383	15.57	17.15	18.64	20.56 [4]	24.11	27.22	29.52	31.91	35.22	38.74
384	16.43	18.46	20.22	22.49 [4]	25.93	28.86	31.19	33.71	37.20	40.53
385	15.60	17.07	19.49	20.21 [4]	23.74	26.30	29.13	30.85	35.17	38.30
390	14.72	16.11	17.38	19.57 [4]	22.48	25.00	26.96	29.88	32.64	36.46

[a] ISIC - CITI - CIIU 1968: See Annex - Voir annexe - Véase anexo.

Explanatory notes and source: see p. 433 - Notes explicatives et source: voir p. 435 - Notas explicativas y fuente: véase p. 437

[1] Beginning 1976, ∅: second quarter of each year. [2] Incl. holidays and sick-leave payments and the value of payments in kind. [3] Adults. [4] Sample design revised.

[1] A partir de 1976, ∅: deuxième trimestre de chaque année. [2] Y compris les versements pour les vacances et congés de maladie et la valeur des paiements en nature. [3] Adultes. [4] Plan d'échantillonnage révisé.

[1] A partir de 1976, ∅: segundo trimestre de cada año. [2] Incl. los pagos por vacaciones y licencias de enfermedad y el valor de los pagos en especie. [3] Adultos. [4] Diseño de la muestra revisado.

17 Wages in manufacturing
Salaires dans les industries manufacturières
Salarios en las industrias manufactureras

B By major groups of industry
Par classe d'industrie
Por agrupaciones de industria

Earnings *(E.G.)* or rates *(R.T.)* per hour *(h.)*, day *(d.j.)*, week *(w.s.)* or month *(m.)*

Gains *(E.G.)* ou taux *(R.T.)* par heure *(h.)*, jour *(d.j.)*, semaine *(w.s.)* ou mois *(m.)*

Ganancias *(E.G.)* o tasas *(R.T.)* por hora *(h.)*, día *(d.j.)*, semana *(w.s.)* o mes *(m.)*

Country, unit and scope Pays, unité et portée País, unidad y alcance	1971	1972	1973	1974	1975	1976	1977	1978	1979	1980
Sweden (E.G./h.) Kronor										
Females – Femmes – Mujeres [1]										
311–312	12.66	14.61	15.70	▌17.37 [2]	20.54	23.92	25.82	28.75	32.07	35.68
313	13.45	15.95	17.16	▌18.82 [2]	22.41	25.80	26.54	30.53	34.30	37.85
314	13.49	16.30	17.49	▌19.20 [2]	22.83	25.76	27.97	31.94	35.18	39.04
321	11.94	13.70	14.88	▌16.62 [2]	19.57	22.63	24.48	27.21	30.46	33.94
322	11.57	13.16	14.49	▌16.02 [2]	19.00	22.08	24.35	26.84	29.89	33.38
323	12.19	13.89	14.45	▌16.50 [2]	19.19	22.57	24.50	27.28	30.52	33.36
324	11.81	13.70	14.79	▌16.55 [2]	19.62	22.48	24.97	27.55	30.52	33.78
331	12.90	14.58	15.99	▌18.07 [2]	20.94	23.92	26.02	29.20	32.39	35.78
332	12.85	14.29	15.70	▌17.49 [2]	20.60	23.47	25.40	28.27	31.61	34.82
341	12.70	14.75	15.93	▌18.55 [2]	22.51	25.75	27.58	30.85	34.20	37.93
342	13.67	15.66	17.21	▌19.43 [2]	22.78	26.75	29.50	32.62	36.53	40.86
351	12.67	14.63	15.93	▌18.21 [2]	22.33	26.46	27.96	30.78	33.89	37.81
352	12.74	14.39	15.66	▌17.61 [2]	20.89	23.93	25.53	28.71	32.09	35.40
355	12.82	14.64	15.90	▌17.91 [2]	20.98	23.72	25.97	28.39	31.86	35.54
356	12.44	14.03	15.25	▌17.07 [2]	20.26	23.68	25.91	28.38	31.99	35.33
361	12.40	14.31	15.63	▌17.17 [2]	20.76	23.38	25.20	27.53	30.44	34.55
362	12.65	14.54	15.94	▌17.84 [2]	21.24	25.14	26.84	29.84	32.96	36.39
369	12.76	14.77	16.02	▌18.26 [2]	21.45	24.82	27.78	31.12	33.83	38.37
371	14.71	17.08	18.67	▌21.09 [2]	25.61	29.00	30.97	34.12	38.72	42.12
372	13.87	15.43	16.90	▌18.91 [2]	22.76	25.67	27.88	30.75	33.94	38.21
381	13.23	14.71	16.07	▌17.81 [2]	21.06	24.15	26.61	29.17	32.57	36.13
382	14.08	15.78	16.91	▌18.68 [2]	21.93	24.74	27.13	30.14	33.06	36.60
383	13.27	14.89	16.19	▌17.86 [2]	21.24	24.55	26.61	29.13	32.72	36.20
384	14.98	16.84	18.65	▌20.74 [2]	24.01	27.12	29.07	31.97	35.70	39.01
385	13.50	15.11	16.10	▌17.76 [2]	21.02	24.30	26.91	28.87	32.62	36.36
390	12.49	13.79	15.22	▌17.02 [2]	20.15	23.25	24.79	28.01	30.81	34.50

[a] ISIC – CITI – CIIU 1968: See Annex – Voir annexe – Véase anexo.

Explanatory notes and source: see p. 433 – Notes explicatives et source: voir p. 435 – Notas explicativas y fuente: véase p. 437

[1] Adults. [2] Sample design revised.

[1] Adultes. [2] Plan d'échantillonnage révisé.

[1] Adultos. [2] Diseño de la muestra revisado.

17 Wages in manufacturing
Salaires dans les industries manufacturières
Salarios en las industrias manufactureras

B By major groups of industry / Par classe d'industrie / Por agrupaciones de industria

Earnings *(E.G.)* or rates *(R.T.)* per hour *(h.)*, day *(d.j.)*, week *(w.s.)* or month *(m.)*

Gains *(E.G.)* ou taux *(R.T.)* par heure *(h.)*, jour *(d.j.)*, semaine *(w.s.)* ou mois *(m.)*

Ganancias *(E.G.)* o tasas *(R.T.)* por hora *(h.)*, día *(d.j.)*, semana *(w.s.)* o mes *(m.)*

Country, unit and scope Pays, unité et portée País, unidad y alcance	1971	1972	1973	1974	1975	1976	1977	1978	1979	1980
Turquie [1] (E.G./d.j.) Liras										
Total [2]										
311-312	33.88	37.26	45.86	70.46	82.62	116.87	159.72	...	...	...
313	45.76	47.28	58.96	77.51	92.51	137.73	182.95	...	...	...
314	37.33	35.82	64.34	77.63	95.36	125.15	185.14	...	...	...
321	34.81	40.76	66.02	57.27	65.81	121.87	130.00	...	...	...
322	29.27	30.84	38.40	52.92	61.78	86.26	111.14	...	...	...
323	33.49	34.04	41.88	54.40	67.68	111.26	147.13	...	...	...
331	29.17	30.14	35.16	49.15	63.27	86.55	115.19	...	...	...
332	27.29	29.08	35.35	50.80	64.50	86.31	112.12	...	...	...
341	40.07	53.51	76.92	77.40	123.88	168.05	226.63	...	...	...
342	43.76	50.28	55.91	76.91	87.09	113.90	137.60	...	...	...
351	47.68	59.40	63.59	83.89	103.83	132.47	183.49	...	...	...
354	67.97	76.80	96.58	95.11	150.92	158.76	228.48	...	...	...
355	41.30	48.56	56.88	79.90	129.67	134.88	171.57	...	...	...
36	38.19	40.88	54.44	67.00	86.23	121.99	160.87	...	...	...
37	56.70	67.94	68.14	98.41	136.50	161.86	203.49	...	...	...
381	40.15	44.91	52.06	66.39	87.38	109.76	...	...	...	...
382	45.33	48.87	55.48	68.48	103.35	118.83	117.36	...	...	...
383	48.43	54.85	60.22	73.72	95.23	123.20	168.35	...	...	...
384	61.52	65.05	70.65	92.00	125.80	148.63	179.41	...	...	...
390	31.49	36.68	40.84	55.25	71.87	100.22	127.12	...	...	...
United Kingdom (E.G./h.) [3]Pounds										
Males - Hommes - Hombres [4]										
31	0.681	0.771	0.854	1.029	1.305	1.456	1.562	1.816	2.155	I 2.545 [5]
321	0.635	0.717	0.819	0.974	1.219	1.364	1.470	1.682	1.955	I 2.237 [5]
322	0.594	0.629	0.762	0.920	1.091	1.224	1.363	1.528	1.838	I 2.033 [5]
323	0.590	0.675	0.769	0.931	1.155	1.280	1.410	1.623	1.844	I 2.176 [5]
324	0.689	0.769	0.878	1.089	1.343	1.428	1.690	1.797	2.144	I 2.598 [5]
33	0.654	0.757	0.873	1.041	1.295	1.436	1.573	1.810	2.108	I 2.436 [5]
34	0.812	0.922	1.080	1.252	1.537	1.694	1.845	2.170	2.623	I 3.241 [5]
351-352	0.744	0.832	0.926	1.170	1.492	1.635	1.758	2.048	2.431	I 2.879 [5]
353-354	0.783	0.906	1.003	1.302	1.637	1.789	1.915	2.224	2.626	I 3.079 [5]
355	0.764	0.865	0.954	1.170	1.488	1.658	1.728	2.057	2.327	I 2.698 [5]
356	0.681	0.772	0.882	1.081	1.335	1.484	1.611	1.891	2.259	I 2.637 [5]
361	0.675	0.764	0.848	1.008	1.275	1.428	1.540	1.803	2.087	I 2.429 [5]
362	0.746	0.872	0.979	1.201	1.475	1.608	1.697	2.098	2.433	I 2.098 [5]
369	0.634	0.888	0.890	1.073	1.355	1.507	1.647	1.892	2.259	I 2.606 [5]
371	0.735	0.856	0.978	1.161	1.514	1.710	1.837	2.128	2.430	I 2.849 [5]
372	0.722	0.837	0.955	1.134	1.411	1.552	1.716	2.026	2.310	I 2.817 [5]
381	0.672	0.775	0.883	1.075	1.333	1.502	1.639	1.895	2.200	I 2.507 [5]
382	0.694	0.798	0.908	1.097	1.382	1.541	1.695	1.939	2.268	I 2.635 [5]
383	0.694	0.795	0.890	1.064	1.346	1.501	1.623	1.873	2.183	I 2.582 [5]
384	0.832	0.943	1.038	1.229	1.516	1.691	1.783	2.046	2.323	I 2.706 [5]
385	0.665	0.741	0.843	1.014	1.270	1.444	1.580	1.798	2.136	I 2.433 [5]
390	0.619	0.698	0.802	0.990	1.184	1.358	1.497	1.745	2.013	I 2.354 [5]

[a] ISIC - CITI - CIIU 1968: See Annex - Voir annexe - Véase anexo.

Explanatory notes and source: see p. 433 - Notes explicatives et source: voir p. 435 - Notas explicativas y fuente: véase p. 437

[1] ∅: Sep. of each year. [2] Employees. [3] Workers on adult rates of pay. [4] ∅: Oct. of each year. [5] Prior to 1980: adults.

[1] ∅: sept. de chaque année. [2] Salariés. [3] Travailleurs rémunérés sur la base de taux de salaire pour adultes. [4] ∅: oct. de chaque année. [5] Avant 1980: adultes.

[1] ∅: sept. de cada año. [2] Asalariados. [3] Trabajadores pagados sobre la base de tasas de salarios para adultos. [4] ∅: oct. de cada año. [5] Antes de 1980: adultos.

17 Wages in manufacturing
Salaires dans les industries manufacturières
Salarios en las industrias manufactureras

B By major groups of industry / Par classe d'industrie / Por agrupaciones de industria

Earnings *(E.G.)* or rates *(R.T.)* per hour *(h.)*, day *(d.j.)*, week *(w.s.)* or month *(m.)*

Gains *(E.G.)* ou taux *(R.T.)* par heure *(h.)*, jour *(d.j.)*, semaine *(w.s.)* ou mois *(m.)*

Ganancias *(E.G.)* o tasas *(R.T.)* por hora *(h.)*, día *(d.j.)*, semana *(w.s.)* o mes *(m.)*

Country, unit and scope Pays, unité et portée País, unidad y alcance	1971	1972	1973	1974	1975	1976	1977	1978	1979	1980
United Kingdom (E.G./h.) Pounds										
Females – Femmes – Mujeres [1]										
31	0.436	0.508	0.588	0.757	0.989	1.153	1.247	1.421	1.650	▌1.968 [2]
321	0.405	0.460	0.533	0.684	0.875	1.029	1.119	1.249	1.435	▌1.641 [2]
322	0.382	0.439	0.507	0.648	0.778	0.915	1.023	1.144	1.375	▌1.572 [2]
323	0.366	0.406	0.483	0.618	0.771	0.894	1.016	1.146	1.351	▌1.636 [2]
324	0.466	0.532	0.615	0.786	0.998	1.061	1.260	1.305	1.568	▌1.305 [2]
33	0.453	0.517	0.612	0.766	0.994	1.130	1.242	1.430	1.685	▌2.011 [2]
34	0.442	0.511	0.590	0.778	1.016	1.177	1.269	1.452	1.753	▌2.151 [2]
351-352	0.427	0.479	0.558	0.752	0.996	1.156	1.282	1.442	1.679	▌2.000 [2]
353-354	0.453	0.530	0.667	0.810	1.112	1.328	1.485	1.539	1.767	▌2.247 [2]
355	0.443	0.515	0.574	0.749	0.992	1.194	1.298	1.482	1.631	▌1.878 [2]
356	0.402	0.461	0.539	0.714	0.904	1.061	1.160	1.349	1.540	▌1.789 [2]
361	0.417	0.471	0.547	0.712	0.948	1.123	1.207	1.356	1.565	▌1.822 [2]
362	0.471	0.572	0.662	0.877	1.063	1.224	1.320	1.590	1.831	▌2.111 [2]
369	0.416	0.476	0.570	0.730	0.977	1.137	1.219	1.379	1.581	▌1.825 [2]
371	0.396	0.481	0.544	0.715	0.966	1.159	1.257	1.425	1.667	▌1.937 [2]
372	0.421	0.502	0.579	0.749	0.964	1.149	1.279	1.454	1.659	▌1.934 [2]
381	0.402	0.476	0.561	0.722	0.935	1.126	1.224	1.399	1.616	▌1.886 [2]
382	0.453	0.532	0.617	0.790	1.038	1.231	1.353	1.498	1.703	▌1.992 [2]
383	0.439	0.511	0.598	0.758	0.981	1.158	1.244	1.424	1.664	▌1.962 [2]
384	0.519	0.615	0.689	0.877	1.126	1.331	1.405	1.610	1.825	▌2.132 [2]
385	0.414	0.471	0.564	0.709	0.949	1.126	1.207	1.359	1.605	▌1.891 [2]
390	0.382	0.429	0.503	0.663	0.820	0.985	1.091	1.240	1.404	▌2.648 [2]
Yugoslavia [3] (E.G./m.) Dinars										
Total [4]										
311-312	1 318	1 558	1 857	2 364	2 864	3 298	3 903	4 706	5 495	6 556
313	1 537	1 753	1 933	2 461	2 982	3 434	4 011	4 762	5 772	6 586
314	1 225	1 537	1 822	2 229	2 866	3 312	3 781	4 485	5 333	6 123
321	1 145	1 442	1 676	2 122	2 509	2 778	3 136	3 725	4 528	5 640
322	1 043	1 340	1 520	1 924	2 275	2 520	3 001	3 615	4 378	5 500
323	1 257	1 535	1 835	2 207	2 681	3 020	3 397	4 500	5 662	6 494
324	1 185	1 422	1 679	2 018	2 452	2 762	3 214	3 830	4 638	6 021
331	1 187	1 410	1 661	2 158	2 496	2 856	3 264	4 055	5 002	6 293
332	1 253	1 468	1 705	2 208	2 554	2 922	3 591	4 272	5 269	6 380
341	1 363	1 587	1 878	2 637	3 126	3 447	3 966	4 761	5 765	7 189
342	1 503	1 695	1 915	2 468	3 017	3 517	4 445	5 381	6 488	7 911
351,356	1 494	1 720	2 052	2 764	3 352	3 779	4 355	5 278	6 376	7 822
352	1 465	1 734	2 032	2 736	3 319	3 742	4 364	5 058	6 025	7 423
353	2 213	2 423	2 954	3 796	4 779	5 269	5 804	6 843	8 147	9 977
354	2 019	2 168	2 410	3 282	4 060	4 572	4 619	5 797	6 916	7 799
355	1 268	1 522	1 775	2 273	2 886	3 245	3 888	4 451	5 627	6 746
361	1 220	1 468	1 718	2 097	2 534	3 023	3 721	4 272	5 173	6 373
362	1 497	1 542	1 787	2 270	2 756	2 553	3 527	4 126	4 827	5 648
369	1 199	1 583	1 827	2 312	2 813	3 040	3 850	4 775	5 682	6 798
371	1 560	1 846	2 143	2 796	3 383	3 746	4 221	5 093	6 250	7 980
372	1 500	1 700	2 017	2 776	3 257	3 711	4 468	5 343	6 516	8 054
381	1 376	1 622	1 826	2 358	2 969	3 453	4 083	4 978	5 928	7 251
382	1 446	1 680	1 954	2 502	3 134	3 688	4 396	5 417	6 717	5 417
383	1 335	1 520	1 801	2 318	2 913	3 404	4 139	4 968	5 847	7 166
384	1 501	1 723	1 968	2 499	3 137	3 607	4 250	5 206	6 207	7 383
385	1 473	1 649	1 930	2 440	3 119	3 662	4 508	5 522	6 405	7 429
390	1 353	1 556	1 877	2 347	2 841	3 305	4 295	5 063	5 995	7 154

[a] ISIC – CITI – CIIU 1968: See Annex – Voir annexe – Véase anexo.

Explanatory notes and source: see p. 433 – Notes explicatives et source: voir p. 435 – Notas explicativas y fuente: véase p. 437

[1] ∅: Oct. of each year. [2] Prior to 1980: adults. [3] Socialised sector. [4] Employees.

[1] ∅: oct. de chaque année. [2] Avant 1980: adultes. [3] Secteur socialisé. [4] Salariés.

[1] ∅: oct. de cada año. [2] Antes de 1980: adultos. [3] Sector socializado. [4] Asalariados.

17 Wages in manufacturing
Salaires dans les industries manufacturières
Salarios en las industrias manufactureras

B By major groups of industry / Par classe d'industrie / Por agrupaciones de industria

Earnings *(E.G.)* or rates *(R.T.)* per hour *(h.)*, day *(d.j.)*, week *(w.s.)* or month *(m.)*

Gains *(E.G.)* ou taux *(R.T.)* par heure *(h.)*, jour *(d.j.)*, semaine *(w.s.)* ou mois *(m.)*

Ganancias *(E.G.)* o tasas *(R.T.)* por hora *(h.)*, día *(d.j.)*, semana *(w.s.)* o mes *(m.)*

Country, unit and scope Pays, unité et portée País, unidad y alcance	1971	1972	1973	1974	1975	1976	1977	1978	1979	1980
OCEANIA – OCÉANIE – OCEANIA										
Australia [1] (E.G./h.) Dollars										
Males – Hommes – Hombres [2]										
31	1.92	I 2.10 [3]	2.45	3.32	3.73	4.23	4.71	5.03	5.67	6.16
321–322,324	1.88	I 2.05 [3]	2.44	3.01	3.44	3.91	4.43	4.66	5.17	5.61
34	2.23	I 2.39 [3]	2.80	3.72	4.15	4.67	5.19	5.56	6.06	7.34
351	2.17	I 2.41 [3]	2.82	3.79	4.28	4.85	5.28	5.68	6.57	7.39
37	2.11	I 2.36 [3]	2.76	3.73	4.17	4.77	5.36	5.63	6.17	7.15
381–83	2.07	I 2.22 [3]	2.56	3.42	3.70	4.22	4.62	4.89	5.37	6.00
384	2.10	I 2.18 [3]	2.63	3.45	3.82	4.32	4.74	5.00	5.49	6.12
390	1.98	I 2.14 [3]	2.51	3.25	3.65	4.11	4.55	4.95	5.53	6.06
Females – Femmes – Mujeres [2]										
31	1.30	I 1.46 [3]	1.76	2.55	3.07	3.48	3.91	4.15	4.68	5.20
321–322,324	1.26	I 1.37 [3]	1.68	2.31	2.83	3.25	3.67	3.92	4.10	4.57
34	1.34	I 1.50 [3]	1.78	2.64	3.13	3.46	3.91	4.16	4.57	5.22
351	1.42	I 1.65 [3]	1.92	2.80	3.29	3.69	4.14	4.41	4.67	5.58
37	1.49	I 1.64 [3]	1.95	2.86	3.36	3.87	4.31	4.62	5.00	5.71
381–83	1.43	I 1.61 [3]	1.87	2.70	3.01	3.41	3.73	4.01	4.35	4.94
384	1.46	I 1.66 [3]	2.01	2.76	3.10	3.56	4.00	4.25	4.56	5.27
390	1.31	I 1.48 [3]	1.78	2.46	2.93	3.37	3.81	4.01	4.23	5.22
Fiji (E.G./w.s.) Dollars										
Total [4]										
311–312	17.49	24.46	26.03	26.40	33.44	35.45	39.90	42.69	...	...
313	16.96	22.18	23.17	28.47	40.39	40.50	35.52	38.00	...	...
322	10.35	13.75	13.64	15.93	17.16	23.88	31.93	34.17	...	...
324	13.27	15.31	17.38	19.88	18.03	18.56	21.28	22.77	...	...
331	18.98	17.27	20.08	21.97	27.99	35.40	36.98	39.57	...	...
332	14.78	17.84	19.22	26.98	28.55	33.18	35.28	37.75	...	...
341	20.93	19.14	29.06	26.86	33.06	32.89	38.56	41.26	...	...
342	14.71	16.23	14.82	19.68	26.90	33.79	36.40	38.95	...	...
352	14.83	17.08	19.81	24.85	32.26	35.74	43.40	46.44	...	...
355	15.70	22.49	19.64	33.79	39.60	38.57	39.89	...	...	...
356	17.00	18.79	20.90	30.21	35.99	28.06	42.06	45.00	...	...
36	20.07	21.12	21.72	31.46	38.56	39.15	43.40	46.44	...	...
381	19.50	22.18	28.36	31.60	38.01	39.65	44.36	47.40	...	...
382	16.68	21.60	23.36	35.38	37.87	36.19	36.36	38.91	...	...
383	16.39	18.12	25.58	28.31	28.68	33.59	38.25	40.93	...	...
384	18.13	19.20	22.41	32.52	35.67	35.65	33.61	35.96	...	...
390	12.22	12.04	17.62	17.55	30.61	23.98	42.10	45.04	...	...

[a] ISIC – CITI – CIIU 1968: See Annex – Voir annexe – Véase anexo.

Explanatory notes and source: see p. 433 – Notes explicatives et source: voir p. 435 – Notas explicativas y fuente: véase p. 437

[1] ∅: Oct. of each year. [2] Employees. [3] Scope of series revised. [4] ∅: June of each year.

[1] ∅: oct. de chaque année. [2] Salariés. [3] Portée de la série révisée. [4] ∅: juin de chaque année.

[1] ∅: oct. de cada año. [2] Asalariados. [3] Alcance de la serie revisado. [4] ∅: junio de cada año.

17 Wages in manufacturing
Salaires dans les industries manufacturières
Salarios en las industrias manufactureras

B By major groups of industry / Par classe d'industrie / Por agrupaciones de industria

Earnings *(E.G.)* or rates *(R.T.)* per hour *(h.)*, day *(d.j.)*, week *(w.s.)* or month *(m.)*

Gains *(E.G.)* ou taux *(R.T.)* par heure *(h.)*, jour *(d.j.)*, semaine *(w.s.)* ou mois *(m.)*

Ganancias *(E.G.)* o tasas *(R.T.)* por hora *(h.)*, día *(d.j.)*, semana *(w.s.)* o mes *(m.)*

Country, unit and scope Pays, unité et portée País, unidad y alcance	1971	1972	1973	1974	1975	1976	1977	1978	1979	1980
New Zealand [1] (E.G./h.) [2]Dollars										
Total [3]										
311-312	1.73	1.88	2.16	2.42	2.82	3.21	3.69	4.29	...	...
313	1.54	1.63	1.98	2.19	2.48	2.79	3.18	3.67	...	...
314	1.45	1.54	1.82	2.24	2.48	2.81	3.18	3.64	...	...
321	1.41	1.53	1.73	2.06	2.39	2.72	3.10	3.46	...	...
322	1.03	1.15	1.37	1.62	1.93	2.24	2.64	2.98	...	...
323	1.29	1.44	1.61	1.90	2.17	2.51	2.88	3.29	...	...
324	1.26	1.35	1.54	1.84	2.13	2.39	2.72	3.11	...	...
331	1.53	1.65	1.87	2.15	2.44	2.78	3.17	3.60	...	...
332	1.39	1.53	1.74	2.00	2.28	2.64	2.97	3.30	...	...
341	1.80	1.96	2.23	2.59	3.00	3.53	4.11	4.71	...	...
342	1.50	1.65	1.90	2.21	2.50	2.87	3.33	3.80	...	...
351	1.75	1.90	2.18	2.55	2.94	3.27	3.65	4.28	...	...
352	1.50	1.63	1.87	2.16	2.57	2.99	3.41	3.87	...	...
353	2.42	2.74	3.01	3.38	3.81	4.12	4.49	5.86	...	...
354	1.56	1.79	2.06	2.26	2.63	2.90	3.36	3.80	...	...
355	1.77	1.94	2.26	2.66	2.92	3.35	3.81	4.39	...	...
356	1.48	1.63	1.90	2.20	2.49	2.84	3.26	3.66	...	...
361	1.46	1.48	1.58	1.85	2.09	2.40	2.78	3.49	...	...
362	1.62	1.79	1.87	2.36	2.63	3.12	3.42	4.15	...	...
369	1.55	1.68	1.91	2.24	2.53	2.85	3.25	3.67	...	...
371	1.77	2.00	2.37	2.72	3.00	3.55	3.97	4.59	...	...
372	1.79	1.94	2.28	2.66	3.14	3.49	4.02	4.64	...	...
381	1.55	1.67	1.89	2.18	2.50	2.84	3.23	3.68	...	...
382	1.55	1.70	1.95	2.26	2.54	2.89	3.28	3.72	...	...
383	1.43	1.54	1.76	2.02	2.29	2.67	3.09	3.57	...	...
384	1.61	1.76	2.01	2.33	2.59	2.95	3.40	3.84	...	...
385	1.34	1.44	1.70	1.98	2.27	2.63	3.03	3.42	...	...
390	1.27	1.38	1.61	1.89	2.19	2.53	2.92	3.30	...	...
USSR - URSS - URSS										
URSS [4] (E.G./m.) Roubles										
Total [3]										
311-312	118.7	122.8	127.2	136.4	142.3	148.2	153.9	156.6	159.4	161.8
313	110.3	113.0	115.4	122.9	127.8	136.1	138.2	140.3	142.5	145.0
314	124.6	127.7	130.5	136.3	141.0	151.3	154.0	156.6	156.3	164.5
321	112.8	115.8	120.0	125.1	130.3	140.7	144.7	151.7	155.4	159.3
322	96.6	99.4	102.8	109.7	115.5	123.3	124.5	128.0	132.1	136.4
323	124.9	128.3	131.1	136.0	142.4	150.4	154.8	158.6	163.4	167.4
324	112.3	113.7	118.4	126.2	132.4	141.4	145.7	151.4	156.0	156.0
331	131.4	135.4	142.1	150.6	157.7	164.0	168.2	171.2	173.8	178.6
332	127.3	132.1	136.8	145.1	151.8	159.8	164.4	165.2	172.1	178.1
341	135.3	139.0	147.5	155.7	163.8	171.5	175.9	180.0	180.9	188.3
351	140.5	144.5	149.7	158.6	165.2	170.6	172.2	175.3	176.6	180.9
352	139.3	143.0	147.0	154.5	162.0	171.4	174.5	175.9	178.0	183.1
355	146.1	150.9	155.3	164.3	169.1	175.4	180.4	183.0	185.1	188.0
356	130.9	135.7	137.7	141.3	147.4	155.9	161.9	162.2	160.4	169.4
361	130.0	133.2	136.8	142.4	147.5	153.1	156.4	160.1	161.2	166.1
362	139.0	142.4	145.6	153.6	160.9	167.1	168.7	172.0	174.1	177.2
369	142.2	146.3	151.5	158.5	164.4	169.1	171.2	174.3	176.0	179.7
371	157.7	161.6	166.1	178.4	188.1	191.1	195.8	197.3	201.9	213.8
383	132.6	136.9	141.8	149.3	152.6	163.4	166.8	170.1	173.7	177.5

[a] ISIC - CITI - CIIU 1968: See Annex - Voir annexe - Véase anexo.

Explanatory notes and source: see p. 433 - Notes explicatives et source: voir p. 435 - Notas explicativas y fuente: véase p. 437

[1] ∅: April and Oct. of each year. [2] Incl. juveniles. [3] Employees. [4] Socialised sector.

[1] ∅: avril et oct. de chaque année. [2] Y compris les jeunes gens. [3] Salariés. [4] Secteur socialisé.

[1] ∅: abril y oct. de cada año. [2] Incl. jóvenes. [3] Asalariados. [4] Sector socializado.

17 Wages in manufacturing
Salaires dans les industries manufacturières
Salarios en las industrias manufactureras

B By major groups of industry
Par classe d'industrie
Por agrupaciones de industria

Earnings *(E.G.)* or rates *(R.T.)* per hour *(h.)*, day *(d.j.)*, week *(w.s.)* or month *(m.)*

Gains *(E.G.)* ou taux *(R.T.)* par heure *(h.)*, jour *(d.j.)*, semaine *(w.s.)* ou mois *(m.)*

Ganancias *(E.G.)* o tasas *(R.T.)* por hora *(h.)*, día *(d.j.)*, semana *(w.s.)* o mes *(m.)*

Country, unit and scope Pays, unité et portée País, unidad y alcance	1971	1972	1973	1974	1975	1976	1977	1978	1979	1980
RSS de Biélorussie [1] (E.G./m.) Roubles										
Total [2]										
31	.	108.1	111.5	114.2	117.6	...	...	...	...	...
313	.	102.4	103.9	106.8	111.5	...	...	...	...	...
314	.	129.3	131.4	135.9	140.0	...	...	...	...	...
321	.	112.1	115.9	119.5	122.2	...	...	...	...	...
322,324	.	103.1	104.2	107.1	110.6	...	...	...	...	...
323	.	129.3	130.6	134.1	135.0	...	...	...	...	...
324	.	115.3	116.6	121.8	127.7	...	...	...	...	...
331	.	117.1	121.5	126.0	130.4	...	...	...	...	...
332	.	121.8	127.2	133.9	140.6	...	...	...	...	...
341	.	112.9	117.4	118.3	126.0	...	...	...	...	...
355	.	134.3	139.1	151.0	153.0	...	...	...	...	...
36	.	132.3	138.2	143.7	149.0	...	...	...	...	...
37	.	146.7	150.2	152.5	159.1	...	...	...	...	...
38	.	138.8	143.6	148.8	153.1	...	...	...	...	...
383	.	127.9	131.3	136.4	141.8	...	...	...	...	...

[a] ISIC – CITI – CIIU 1968: See Annex – Voir annexe – Véase anexo.

Explanatory notes and source: see p. 433 – Notes explicatives et source: voir p. 435 – Notas explicativas y fuente: véase p. 437

[1] Socialised sector. [2] Employees.

[1] Secteur socialisé. [2] Salariés.

[1] Sector socializado. [2] Asalariados.

18 Wages in mining and quarrying
Salaires dans les industries extractives
Salarios en las minas y canteras

Earnings *(E.G.)* or rates *(R.T.)* per hour *(h.)*, day *(d.j.)*, week *(w.s.)* or month *(m.)*

Gains *(E.G.)* ou taux *(R.T.)* par heure *(h.)*, jour *(d.j.)*, semaine *(w.s.)* ou mois *(m.)*

Ganancias *(E.G.)* o tasas *(R.T.)* por hora *(h.)*, día *(d.j.)*, semana *(w.s.)* o mes *(m.)*

Country, unit and scope Pays, unité et portée País, unidad y alcance	1971	1972	1973	1974	1975	1976	1977	1978	1979	1980
AFRICA – AFRIQUE – AFRICA										
Algérie (E.G./h. – Dinars)										
Total [1]	2.59	3.27	2.68	2.93	2.89	...	4.57	...	...	...
Burundi [2] (E.G./m. – Francs) [3]										
Total [4]	.	.	767	1 002	1 008	...	1 429	3 045	3 175	...
Rép.-Unie du Cameroun (R.T./h. – Francs, CFA) [5]										
Total [6]	.	99.00	110.00	120.43	173.28	173.28	187.11	187.11	210.15	...
Egypt [7] (E.G./w.s. – Pounds)										
Total	5.74	6.08	5.93	7.03	8.20	9.73	...*	...	...	...
Kenya [8] (E.G./m. – Shillings) [9]										
Total [4]	580.8	483.8	601.4	603.2	740.6	748.2	844.6	912.7	1 013.0	...
Malawi (E.G./m. – Kwacha) [4]										
Total	15.23	16.84	18.33	24.44	34.90	28.27	▮ 25.15[10]	27.70	31.06*	...
Mauritius [11] (E.G./d.j. – Rupees) [12]										
Total [13]	4.19	4.46	4.33	5.18	7.97	8.87	13.14	25.21	13.76	18.48
Nigeria (R.T./d.j. – Naira)										
Total	.	.	1.4	1.8	1.8	2.2	2.3	2.3	2.6	...
Sierra Leone (E.G./w.s. – Leones) [14]										
Total [15]	8.5	9.1	9.6	9.8	10.6	11.6	11.8	12.0	12.1	...
South Africa (E.G./m. – Rand) [8]										
Total [4]	.	.	.	93	137	159	166	190	221	257
Swaziland (E.G./m. – Emalangeni) [8]										
Males – Hom. [6]	.	422	527	511	459	▮ 508[16]	530	546	586	...
Swaziland (E.G./m. – Emalangeni) [8]										
Males – Hom. [17]	.	39	37	47	60	▮ 78[16]	95	114	123	...
Zambia [18] (E.G./m. – Kwacha) [19]										
Total [4]	.	133	140	142	123	209	219	...	...	...
AMERICA – AMÉRIQUE – AMERICA										
Bolivia (R.T./m. – Pesos)										
Total [4]	1 090	1 225	1 345	1 745	1 745	1 745	2 190	1 569	...	3 532

Explanatory notes and source: see p. 433 – Notes explicatives et source: voir p. 435 – Notas explicativas y fuente: véase p. 437

[1] ∅: April of each year. [2] Bujumbura. [3] Incl. family allowances. [4] Employees. [5] Average rates. [6] Skilled wage earners. [7] ∅: Oct. of each year. [8] ∅: June of each year. [9] Incl. the value of payments in kind. [10] Beginning 1977: sample of establishments and revised allocation of establishments in the industrial classification. [11] Salt mining. [12] ∅: Sep. of each year. [13] Incl. development workers. [14] ∅: May and Nov. of each year. [15] Adults. [16] Prior to 1976, ∅: Sep. of each year. [17] Unskilled wage earners. [18] ∅: fourth quarter of each year. [19] Zambians.

[1] ∅: avril de chaque année. [2] Bujumbura. [3] Y compris les allocations familiales. [4] Salariés. [5] Taux moyens. [6] Ouvriers qualifiés. [7] ∅: oct. de chaque année. [8] ∅: juin de chaque année. [9] Y compris la valeur des paiements en nature. [10] A partir de 1977: échantillon d'établissements et changements dans leur répartition industrielle. [11] Mines de sel. [12] ∅: sept. de chaque année. [13] Y compris les personnes occupées à des travaux publics de développement. [14] ∅: mai et nov. de chaque année. [15] Adultes. [16] Avant 1976, ∅: sept. de chaque année. [17] Ouvriers non qualifiés. [18] ∅: quatrième trimestre de chaque année. [19] Zambiens.

[1] ∅: abril de cada año. [2] Bujumbura. [3] Incl. las asignaciones familiares. [4] Asalariados. [5] Tasas medias. [6] Obreros calificados. [7] ∅: oct. de cada año. [8] ∅: junio de cada año. [9] Incl. el valor de los pagos en especie. [10] A partir de 1977: muestra de establecimientos y cambios en la distribución industrial de los establecimientos. [11] Minas de sal. [12] ∅: sept. de cada año. [13] Incl. las personas ocupadas en planes de desarrollo. [14] ∅: mayo y nov. de cada año. [15] Adultos. [16] Antes de 1976, ∅: sept. de cada año. [17] Obreros no calificados. [18] ∅: cuarto trimestre de cada año. [19] Zambianos.

18 Wages in mining and quarrying
Salaires dans les industries extractives
Salarios en las minas y canteras

Earnings *(E.G.)* or rates *(R.T.)* per hour *(h.)*, day *(d.j.)*, week *(w.s.)* or month *(m.)*

Gains *(E.G.)* ou taux *(R.T.)* par heure *(h.)*, jour *(d.j.)*, semaine *(w.s.)* ou mois *(m.)*

Ganancias *(E.G.)* o tasas *(R.T.)* por hora *(h.)*, día *(d.j.)*, semana *(w.s.)* o mes *(m.)*

Country, unit and scope Pays, unité et portée País, unidad y alcance	1971	1972	1973	1974	1975	1976	1977	1978	1979	1980
Canada (E.G./h. – Dollars)										
Total	4.04	4.34	4.82	5.50	6.51	7.40	8.11	8.75	9.66	...
Colombia [1] (E.G./h. – Pesos)										
Males – Hom.	9.55	10.00	11.80	13.90	17.60	24.20	30.34	38.87	...	...
Costa Rica (E.G./m. – Colones)										
Total	.	.	662	806	998	1 060	1 122	1 300	1 506	...
Chile (E.G./m. – Pesos) [2]										
Total [3]	3	3	10	69	364	1 375	3 917	6 074	9 343	14 432
República Dominicana (E.G./m. – Pesos)										
Total [4]	212.54	207.57	315.71	349.32	371.29	423.23	496.08	550.13	606.62*	...
Ecuador (E.G./h. – Sucres)										
Total	11.80	13.20	15.80	18.90	20.00	19.40	20.90	28.10	27.80	...
Guyana (E.G./w.s. – Dollars)										
Total	75.98	81.30	87.25	96.36	93.37	111.73	114.92	129.93	133.41	...
Honduras (E.G./w.s. – Lempiras)										
Total [4]	.	.	73.84	45.88	85.76	120.33	138.22	178.31	94.56	...
Netherlands Antilles (E.G./m. – Guilders)										
Total [4]	.	.	549	...	676	703	853	853	...	1 198
Nicaragua (E.G./h. – Córdobas)										
Total [4]	3.15	3.21	3.38	3.67	4.10	4.38	5.02	5.50	6.54	9.50
Puerto Rico (E.G./h. – Dollars, US)										
Total	2.07	2.18	2.26	2.38	2.60	2.76	2.84	3.16	...	...
Trinidad and Tobago [5]										
Total [6]	.	.	.	.	.	.	*109.3*	*117.0*	*152.3*	...
United States (E.G./h. – Dollars)										
Total	4.06	4.44	4.75	5.23	5.95	6.46	6.94	7.67	8.50	9.18
Venezuela [1] (E.G./m. – Bolívares)										
Total	2 412	2 400	2 310	3 025	3 447	3 057	4 386	...	...	...
ASIA – ASIE – ASIA										
Burma [7] (E.G./m. – Kyats) [8]										
Males – Hom. [4]	149.28	143.19	155.78	171.55	164.73	199.14	193.40	226.52	269.82	...
Fem. – Muj. [4]	116.05	99.48	128.43	95.44	137.66	159.92	166.67	249.94	218.43	...
Cyprus [9] (E.G./w.s. – Pounds) [10]										
Total [6]	.	.		.	19.80	21.18	25.54	30.08	38.58	48.84
India [11] (E.G./w.s. – Rupees)										
Total [12]	56.27	60.17	72.66	86.60	119.87	117.00	126.44	131.18	...	...

Explanatory notes and source: see p. 433 – Notes explicatives et source: voir p. 435 – Notas explicativas y fuente: véase p. 437

[1] Petroleum extraction. [2] Incl. the value of payments in kind. [3] ∅: April of each year. [4] Employees. [5] Index of minimum daily wage rates (Nov. 1976 = 100). [6] Adults. [7] Metal mining. [8] ∅: March and Sep. of each year. [9] ∅: Oct. of each year. [10] Incl. family allowances and the value of payments in kind. [11] Coal mining. [12] ∅: Dec. of each year.

[1] Extraction du pétrole. [2] Y compris la valeur des paiements en nature. [3] ∅: avril de chaque année. [4] Salariés. [5] Indice des taux journaliers de salaire minimum (nov. 1976 = 100). [6] Adultes. [7] Extraction de minerais métalliques. [8] ∅: mars et sept. de chaque année. [9] ∅: oct. de chaque année. [10] Y compris les allocations familiales et la valeur des paiements en nature. [11] Mines de charbon. [12] ∅: déc. de chaque année.

[1] Extracción de petróleo. [2] Incl. el valor de los pagos en especie. [3] ∅: abril de cada año. [4] Asalariados. [5] Indice de las tasas de salario mínimo por día (nov. de 1976 = 100). [6] Adultos. [7] Extracción de minerales metálicos. [8] ∅: marzo y sept. de cada año. [9] ∅: oct. de cada año. [10] Incl. las asignaciones familiares y el valor de los pagos en especie. [11] Minas de carbón. [12] ∅: dic. de cada año.

18 Wages in mining and quarrying
Salaires dans les industries extractives
Salarios en las minas y canteras

Earnings *(E.G.)* or rates *(R.T.)* per hour *(h.)*, day *(d.j.)*, week *(w.s.)* or month *(m.)*

Gains *(E.G.)* ou taux *(R.T.)* par heure *(h.)*, jour *(d.j.)*, semaine *(w.s.)* ou mois *(m.)*

Ganancias *(E.G.)* o tasas *(R.T.)* por hora *(h.)*, día *(d.j.)*, semana *(w.s.)* o mes *(m.)*

Country, unit and scope Pays, unité et portée País, unidad y alcance	1971	1972	1973	1974	1975	1976	1977	1978	1979	1980
India [1] (E.G./d.j. – Rupees)										
Total [2]	5.78	6.46	7.88	9.54	10.51	11.20	13.42	13.14*	...	...
Israel (E.G./m. – Shekels) [3]										
Total [4]	122	140	183	249	▮ 357 [5]	507	682	998	▮ 2 229 [6]	.
Japan (E.G./m. – Yen) [7]										
Total [4]	90 887	103 679	▮ 123 249 [6]	171 810	197 301	▮ 214 090 [6]	236 017	249 217	▮ 264 948 [8]	281 478
Jordan [9] (E.G./d.j. – Dinars) [10]										
Total [4]	.	.	1.49	2.00	2.25	2.73	2.94	3.27	3.25 [11]	...
Korea, Republic of (E.G./m. – Won) [12]										
Total [4]	22 171	25 131	30 415	41 068	54 650	66 055	93 851	127 685	166 171	203 781
Peninsular Malaysia [13] (E.G./m. – Ringgits) [14]										
Males – Hom. [15]	.	275	286	334	366	386	392	427	447	...
Peninsular Malaysia [13] (E.G./m. – Ringgits) [14]										
Males – Hom. [16]	.	.	.	.	.	.	214	235	258	...
Singapore (E.G./h. – Dollars) [17]										
Total	133	127	137	163	▮ 169 [18]	180	191	213	251	...
Sri Lanka [19] (E.G./h. – Rupees)										
Total [20]	.	.	.	.	.	2.04	2.57	3.16	3.34	3.36
Sri Lanka [19] (E.G./d.j. – Rupees)										
Total [20]	.	.	.	.	.	17.37	22.39	25.24	28.52	25.24
République arabe syrienne (E.G./w.s. – Pounds) [21]										
Males – Hom. [10]	74.55	80.40	▮ 86.95 [22]	79.45	103.93	127.35	131.40	...	...	...
EUROPE – EUROPE – EUROPA										
Belgique (E.G./h. – Francs)										
Males – Hom. [23]	96.02	▮ 107.41 [24]	123.23	150.07	183.67	199.56	217.63	230.81	244.38	267.99
Bulgarie [25] (E.G./m. – Leva)										
Total [4]	171.9	177.5	193.5	200.0	209.3	212.7	216.3	221.8	...	...

Explanatory notes and source: see p. 433 – Notes explicatives et source: voir p. 435 – Notas explicativas y fuente: véase p. 437

[1] Other mining and quarrying. [2] ∅: Dec. of each year. [3] Incl. payments subject to income tax and the value of payments in kind. [4] Employees. [5] Prior to July 1975: incl. family allowances but excl. other payments. [6] Sample design revised. [7] Incl. family allowances and mid- and end-of-year bonuses. [8] Beginning April 1979: sample design revised. [9] ∅: April of each year. [10] Adults. [11] June. [12] Incl. family allowances and the value of payments in kind. [13] Tin mining. [14] ∅: July of each year. [15] Skilled wage earners. [16] Unskilled wage earners. [17] ∅: Aug. of each year. [18] Prior to 1975: ∅: July of each year. [19] Lead mining. [20] ∅: March and Sep. of each year. [21] ∅: May of each year. [22] Prior to 1973: Nov. of each year. [23] ∅: Oct. of each year. [24] New industrial classification. [25] Socialised sector.

[1] Autres industries extractives. [2] ∅: déc. de chaque année. [3] Y compris les versements soumis à l'impôt sur le revenu et la valeur des paiements en nature. [4] Salariés. [5] Avant juillet 1975: y compris les allocations familiales mais non compris d'autres paiements. [6] Plan d'échantillonnage révisé. [7] Y compris les allocations familiales et les primes de mi et de fin d'année. [8] A partir d'avril 1979: plan d'échantillonnage révisé. [9] ∅: avril de chaque année. [10] Adultes. [11] Juin. [12] Y compris les allocations familiales et la valeur des paiements en nature. [13] Mines d'étain. [14] ∅: juillet de chaque année. [15] Ouvriers qualifiés. [16] Ouvriers non qualifiés. [17] ∅: août de chaque année. [18] Avant 1975: ∅: juillet de chaque année. [19] Mines de plomb. [20] ∅: mars et sept. de chaque année. [21] ∅: mai de chaque année. [22] Avant 1973: nov. de chaque année. [23] ∅: oct. de chaque année. [24] Nouvelle classification industrielle. [25] Secteur socialisé.

[1] Otras minas y canteras. [2] ∅: dic. de cada año. [3] Incl. los pagos sometidos al impuesto sobre la renta y el valor de los pagos en especie. [4] Asalariados. [5] Antes de julio de 1975: incl. las asignaciones familiares pero excl. otros pagos. [6] Diseño de la muestra revisado. [7] Incl. las asignaciones familiares y las primas de mitad y de fin de año. [8] A partir de abril 1979: diseño de la muestra revisado. [9] ∅: abril de cada año. [10] Adultos. [11] Junio. [12] Incl. las asignaciones familiares y el valor de los pagos en especie. [13] Minas de estaño. [14] ∅: julio de cada año. [15] Obreros calificados. [16] Obreros no calificados. [17] ∅: agosto de cada año. [18] Antes de 1975: ∅: julio de cada año. [19] Minas de plomo. [20] ∅: marzo y sept. de cada año. [21] ∅: mayo de cada año. [22] Antes de 1973: nov. de cada año. [23] ∅: oct. de cada año. [24] Nueva clasificación industrial. [25] Sector socializado.

18 Wages in mining and quarrying
Salaires dans les industries extractives
Salarios en las minas y canteras

Earnings *(E.G.)* or rates *(R.T.)* per hour *(h.)*, day *(d.j.)*, week *(w.s.)* or month *(m.)*

Gains *(E.G.)* ou taux *(R.T.)* par heure *(h.)*, jour *(d.j.)*, semaine *(w.s.)* ou mois *(m.)*

Ganancias *(E.G.)* o tasas *(R.T.)* por hora *(h.)*, día *(d.j.)*, semana *(w.s.)* o mes *(m.)*

Country, unit and scope Pays, unité et portée País, unidad y alcance	1971	1972	1973	1974	1975	1976	1977	1978	1979	1980
Czechoslovakia [1] (E.G./m. – Koruny)										
Total [2]	2 810	2 856	2 927	3 001	3 123	3 203	3 381	3 536	3 636	3 715
España (E.G./h. – Pesetas)										
Total [2]	.	.	.	.	.	.	239.14	277.60	338.90	...
Finland [3] (E.G./h. – Markkaa) [4]										
Males – Hom.	7.00	8.04	9.26	11.15	13.71	15.97	17.91	19.64	22.03	25.25
France (E.G./h. – Francs)										
Total [5]	6.86	7.99	8.94	10.96	13.28	▌16.35 [6]	18.04	20.06	22.66	...
Germany, Fed. Rep. of (E.G./h. – Mark) [7]										
Males – Hom.	7.26	7.84	▌8.64 [6]	9.84	10.81	11.53	12.20	12.79	13.73	...
Hongrie [8] (E.G./m. – Forint) [9]										
Total	3 008	3 118	3 471	3 707	3 992	4 222	4 572	5 026	5 397	5 744
Ireland (E.G./h. – Pounds) [10]										
Males – Hom. [11]	0.588	0.677	▌0.790 [12]	0.950	1.212	1.536	1.632	1.907	2.221	.
Italie (E.G./h. – Lire) [4]										
Total	783	854	1 051	1 325	▌1 890 [13]	2 232	2 763	▌3 523 [14]	4 178	...
Luxembourg (E.G./h. – Francs)										
Males – Hom. [5]	104.83	▌117.15 [12]	127.94	159.36	171.35	201.37	212.67	223.10	223.10	234.68
Malta [15] (E.G./h. – Pounds) [11]										
Males – Hom. [2]	0.26	0.26	...	0.31	0.35	0.42	0.47	0.51	0.53	...
Netherlands (E.G./h. – Guilders) [5]										
Total [16]	6.80	7.63	8.44	9.84	11.54	12.24	14.45	15.12	15.29	...
Norway (E.G./h. – Kroner) [4]										
Males – Hom. [11]	16.50	17.83	19.59	22.85	28.47	33.59	36.79	39.00	40.40	45.59
Pologne [17] (E.G./m. – Zlote) [4]										
Total [2]	3 968	4 146	4 478	5 480	6 898	7 201	8 197	8 552	9 317*	...
Portugal (E.G./h. – Escudos)										
Total	11.40	13.20	15.10	22.80	35.10	39.60	48.90	53.20	68.10	...
Suisse [5] (E.G./h. – Francs) [18]										
Males – Hom. [11]	8.25	9.27	10.17	11.41	12.24	12.46	13.16	13.50	13.49	14.18

Explanatory notes and source: see p. 433 – Notes explicatives et source: voir p. 435 – Notas explicativas y fuente: véase p. 437

[1] State industry. [2] Employees. [3] Metal mining. [4] Incl. the value of payments in kind. [5] ∅: Oct. of each year. [6] Sample design revised. [7] Incl. family allowances paid directly by the employers. [8] Socialised sector. [9] Incl. loyalty money paid in August of each year and the value of payments in kind. [10] ∅: Sep. of each year. [11] Adults. [12] New industrial classification. [13] Prior to 1975: excl. payments for annual vacation and public holidays. [14] Scope of series revised. [15] Stone quarrying and clay pits. [16] Incl. juveniles. [17] Socialised sector; coal mining. [18] Incl. family allowances.

[1] Industrie d'Etat. [2] Salariés. [3] Extraction de minerais métalliques. [4] Y compris la valeur des paiements en nature. [5] ∅: oct. de chaque année. [6] Plan d'échantillonnage révisé. [7] Y compris les allocations familiales payées directement par l'employeur. [8] Secteur socialisé. [9] Y compris les primes d'assiduité payées en août de chaque année et la valeur des paiements en espèces. [10] ∅: sept. de chaque année. [11] Adultes. [12] Nouvelle classification industrielle. [13] Avant 1975: non compris la rémunération pour congés annuels et jours fériés. [14] Portée de la série révisée. [15] Carrières de pierre et d'argile. [16] Y compris les jeunes gens. [17] Secteur socialisé; mines de charbon. [18] Y compris les allocations familiales.

[1] Industria de Estado. [2] Asalariados. [3] Extracción de minerales metálicos. [4] Incl. el valor de los pagos en especie. [5] ∅: oct. de cada año. [6] Diseño de la muestra revisado. [7] Incl. las asignaciones familiares pagadas directamente por los empleadores. [8] Sector socializado. [9] Incl. las primas de asiduidad pagadas en agosto de cada año y el valor de los pagos en especie. [10] ∅: sept. de cada año. [11] Adultos. [12] Nueva clasificación industrial. [13] Antes de 1975: excl. los pagos por vacaciones anuales y días feriados. [14] Alcance de la serie revisado. [15] Canteras de piedra y arcilla. [16] Incl. jóvenes. [17] Sector socializado; minas de carbón. [18] Incl. las asignaciones familiares.

18 Wages in mining and quarrying
Salaires dans les industries extractives
Salarios en las minas y canteras

Earnings *(E.G.)* or rates *(R.T.)* per hour *(h.)*, day *(d.j.)*, week *(w.s.)* or month *(m.)*

Gains *(E.G.)* ou taux *(R.T.)* par heure *(h.)*, jour *(d.j.)*, semaine *(w.s.)* ou mois *(m.)*

Ganancias *(E.G.)* o tasas *(R.T.)* por hora *(h.)*, día *(d.j.)*, semana *(w.s.)* o mes *(m.)*

Country, unit and scope Pays, unité et portée País, unidad y alcance	1971	1972	1973	1974	1975	1976	1977	1978	1979	1980
Sweden (E.G./h. – Kronor) [1]										
Males – Hom. [2]	17.59	19.56	21.09	23.96	29.35	I 32.85 [3]	36.45	30.09	41.46	45.60
Turquie (E.G./d.j. – Liras) [4]										
Total [5]	35.17	37.60	52.41	59.60	90.19	112.10	144.57	216.47	334.82	...
United Kingdom [6] (E.G./h. – Pounds) [7]										
Males – Hom. [8]	0.630	0.717	0.817	1.010	1.267	1.430	1.588	1.791	2.133	I 2.434 [9]
Yugoslavia [10] (E.G./m. – Dinars)										
Total [5]	1 373	1 537	1 992	2 662	3 241	3 652	4 521	5 382	6 626	8 442
OCEANIA – OCÉANIE – OCEANIA										
Australia [8] (E.G./h. – Dollars) [5]										
Males – Hom. [2]	2.68	2.90	3.28	4.40	5.32	6.11	6.84	7.45	8.22	9.37
Fiji [11] (R.T./d.j. – Dollars)										
Total	2.76	3.06	3.96	5.06	5.16	7.27	7.01	7.22	7.73	...
New Zealand (E.G./h. – Dollars) [5]										
Total [12]	.	.	.	.	.	.	3.67	4.29	4.91	...
USSR – URSS – URSS										
URSS [10] (E.G./m. – Roubles)										
Total [5]	206.5	209.1	216.4	228.7	239.4	245.2	250.3	256.4	262.2	267.3*
RSS de Biélorussie [10] (E.G./m. – Roubles)										
Total [5]	.	139.0	141.3	148.8	150.8	...	...	...	...	...
RSS d'Ukraine [10] (E.G./m. – Roubles)										
Total [5]	205.4	210.5	215.2	221.0	235.1	241.8	...	...	...	...

Explanatory notes and source: see p. 433 – Notes explicatives et source: voir p. 435 – Notas explicativas y fuente: véase p. 437

[1] Incl. holidays and sick-leave payments and the value of payments in kind. [2] Adults. [3] Beginning 1976, ∅: second quarter of each year. [4] ∅: Sep. of each year. [5] Employees. [6] Excl. coal mining. [7] Workers on adult rates of pay. [8] ∅: Oct. of each year. [9] Prior to 1980: adults. [10] Socialised sector. [11] ∅: June of each year. [12] Incl. juveniles.

[1] Y compris les versements pour les vacances et congés de maladie et la valeur des paiements en nature. [2] Adultes. [3] A partir de 1976, ∅: deuxième trimestre de chaque année. [4] ∅: sept. de chaque année. [5] Salariés. [6] Non compris les mines de charbon. [7] Travailleurs rémunérés sur la base de taux de salaire pour adultes. [8] ∅: oct. de chaque année. [9] Avant 1980: adultes. [10] Secteur socialisé. [11] ∅: juin de chaque année. [12] Y compris les jeunes gens.

[1] Incl. los pagos por vacaciones y licencias de enfermedad y el valor de los pagos en especie. [2] Adultos. [3] A partir de 1976, ∅: segundo trimestre de cada año. [4] ∅: sept. de cada año. [5] Asalariados. [6] Excl. las minas de carbón. [7] Trabajadores pagados sobre la base de tasas de salarios para adultos. [8] ∅: oct. de cada año. [9] Antes de 1980: adultos. [10] Sector socializado. [11] ∅: junio de cada año. [12] Incl. jóvenes.

19 Wages in construction
Salaires dans la construction
Salarios en la construcción

Earnings *(E.G.)* or rates *(R.T.)* per hour *(h.)*, day *(d.j.)*, week *(w.s.)* or month *(m.)*

Gains *(E.G.)* ou taux *(R.T.)* par heure *(h.)*, jour *(d.j.)*, semaine *(w.s.)* ou mois *(m.)*

Ganancias *(E.G.)* o tasas *(R.T.)* por hora *(h.)*, día *(d.j.)*, semana *(w.s.)* o mes *(m.)*

Country, unit and scope Pays, unité et portée País, unidad y alcance	1971	1972	1973	1974	1975	1976	1977	1978	1979	1980
AFRICA – AFRIQUE – AFRICA										
Algérie (E.G./h. – Dinars)										
Total [1]	2.36	2.60	2.77	3.11	3.18	...	3.68	...	...	...
Burundi [2] (E.G./m. – Francs) [3]										
Total [4]	2 036	2 170	2 315	2 315	2 342	...	3 594	3 831	4 137	6 317
Rép.-Unie du Cameroun (R.T./h. – Francs, CFA) [5]										
Total [6]	107.39	173.20	187.30	120.43	173.28	173.28	187.11	245.50	250.70	259.70
Egypt [7] (E.G./w.s. – Pounds)										
Total	3.67	3.78	4.21	4.76	5.35	6.24	7.27*	...	...	...
Kenya [8] (E.G./m. – Shillings) [9]										
Total [4]	539.4	551.8	573.0	583.4	713.8	778.2	843.1	915.4	977.8	...
Malawi (E.G./m. – Kwacha) [4]										
Total	25.47	25.70	26.60	30.39	33.47	34.31	I 35.80[10]	38.54	39.17	...
Mauritius (E.G./d.j. – Rupees) [11]										
Total [12]	9.65	9.02	9.78	11.18	16.51	23.85	26.29	28.48	34.02	42.82
Nigeria (R.T./d.j. – Naira)										
Total	.	1.0	1.0	2.0	2.0	2.0	2.1	3.0	3.3	...
Sierra Leone (E.G./w.s. – Leones) [13]										
Total [14]	7.3	7.4	6.7	6.9	7.0	8.1	8.8	9.0	10.7	14.0
South Africa (E.G./m. – Rand) [8]										
Total [4]	.	.	.	142	163	179	208	225	243	289
Swaziland (E.G./m. – Emalangeni) [8]										
Males – Hom. [6]	.	227	178	167	214	I 238[15]	167	356	394	...
Swaziland (E.G./m. – Emalangeni) [8]										
Males – Hom. [16]	.	25	21	27	32	I 58[15]	70	87	75	...
Zambia [17] (E.G./m. – Kwacha) [18]										
Total [4]	.	59	60	60	64	76	74	...	...	...
AMERICA – AMÉRIQUE – AMERICA										
Bolivia (R.T./m. – Pesos)										
Total [4]	954	1 089	1 209	1 609	1 609	1 609	2 053	1 687	...	4 377
Canada (E.G./h. – Dollars)										
Total	4.75	5.15	5.66	6.43	7.53	8.68	9.77	10.28	11.04	12.10

Explanatory notes and source: see p. 433 – Notes explicatives et source: voir p. 435 – Notas explicativas y fuente: véase p. 437

[1] ∅: April of each year. [2] Bujumbura. [3] Incl. family allowances. [4] Employees. [5] Average rates. [6] Skilled wage earners. [7] ∅: Oct. of each year. [8] ∅: June of each year. [9] Incl. the value of payments in kind. [10] Beginning 1977: sample of establishments and revised allocation of establishments in the industrial classification. [11] ∅: Sep. of each year. [12] Incl. development workers. [13] ∅: May and Nov. of each year. [14] Adults. [15] Prior to 1976, ∅: Sep. of each year. [16] Unskilled wage earners. [17] ∅: fourth quarter of each year. [18] Zambians.

[1] ∅: avril de chaque année. [2] Bujumbura. [3] Y compris les allocations familiales. [4] Salariés. [5] Taux moyens. [6] Ouvriers qualifiés. [7] ∅: oct. de chaque année. [8] ∅: juin de chaque année. [9] Y compris la valeur des paiements en nature. [10] A partir de 1977: échantillon d'établissements et changements dans leur répartition industrielle. [11] ∅: sept. de chaque année. [12] Y compris les personnes occupées à des travaux publics de développement. [13] ∅: mai et nov. de chaque année. [14] Adultes. [15] Avant 1976, ∅: sept. de chaque année. [16] Ouvriers non qualifiés. [17] ∅: quatrième trimestre de chaque année. [18] Zambiens.

[1] ∅: abril de cada año. [2] Bujumbura. [3] Incl. las asignaciones familiares. [4] Asalariados. [5] Tasas medias. [6] Obreros calificados. [7] ∅: oct. de cada año. [8] ∅: junio de cada año. [9] Incl. el valor de los pagos en especie. [10] A partir de 1977: muestra de establecimientos y cambios en la distribución industrial de los establecimientos. [11] ∅: sept. de cada año. [12] Incl. las personas ocupadas en planes de desarrollo. [13] ∅: mayo y nov. de cada año. [14] Adultos. [15] Antes de 1976, ∅: sept. de cada año. [16] Obreros no calificados. [17] ∅: cuarto trimestre de cada año. [18] Zambianos.

19 Wages in construction
Salaires dans la construction
Salarios en la construcción

Earnings *(E.G.)* or rates *(R.T.)* per hour *(h.)*, day *(d.j.)*, week *(w.s.)* or month *(m.)*

Gains *(E.G.)* ou taux *(R.T.)* par heure *(h.)*, jour *(d.j.)*, semaine *(w.s.)* ou mois *(m.)*

Ganancias *(E.G.)* o tasas *(R.T.)* por hora *(h.)*, día *(d.j.)*, semana *(w.s.)* o mes *(m.)*

Country, unit and scope Pays, unité et portée País, unidad y alcance	1971	1972	1973	1974	1975	1976	1977	1978	1979	1980
Costa Rica (E.G./m. – Colones)										
Total	.	.	616	724	883	1 008	1 166	1 360	1 561	1 851 [1]
Cuba (E.G./m. – Pesos)										
Total [2]	141.08	143.92	144.42	150.42	156.9	150.08	144.42	...	...	...
El Salvador [3] (E.G./h. – Colones)										
Males – Hom.	0.71	0.78	0.89	0.93	...	...	...	...	...	...
El Salvador [3] (E.G./w.s. – Colones)										
Males – Hom.	31.98	34.56	38.36	39.75	...	...	...	...	...	...
Guyana (E.G./w.s. – Dollars)										
Total	54.95	53.13	58.39	61.98	70.61	72.23	81.14	83.37	86.01	...
Honduras (E.G./w.s. – Lempiras)										
Total [2]	.	.	41.79	...	36.52	54.12	56.47	74.52	45.36	77.59
México (E.G./h. – Pesos)										
Total [4]	6.15	6.67	7.63	10.48	11.51	15.56	18.23	20.73	22.21	...
Netherlands Antilles (E.G./m. – Guilders)										
Total [2]	.	.	465	501	671	694	761	835	...	1 034
Nicaragua (E.G./h. – Córdobas)										
Total [2]	4.19	3.90	3.56	4.81	5.40	5.81	5.98	6.54	7.94	9.94
Perú (E.G./d.j. – Soles) [5]										
Total [6]	136	149	176	200	289	337	384	516	808	1 414* [7]
Trinidad and Tobago [8]										
Total [9]	.	.	.	.	.	.	*119.2*	*150.3*	*173.2*	*196.4*
United States (E.G./h. – Dollars)										
Total	5.69	6.06	6.41	6.81	7.31	7.71	8.10	8.66	9.27	9.94
Uruguay [10]										
Total [11]	*229*	*353*	*721*	*1 301*	*2 064*	*2 815*	*3 856*	*5 279*	*7 912*	*12 320*
ASIA – ASIE – ASIA										
Bangladesh (R.T./d.j. – Taka)										
Total [12]	.	.	.	.	.	24.54	24.58	29.75	35.38	27.37
Bangladesh (R.T./d.j. – Taka)										
Total [13]	.	.	.	.	.	11.56	12.81	14.79	17.40	19.33
Burma (E.G./m. – Kyats) [14]										
Males – Hom. [2]	.	.	.	.	.	.	276.31	258.07	231.03	...
Fem. – Muj. [2]	.	.	.	.	.	.	213.32	196.07	222.80	...
Cyprus [4] (E.G./w.s. – Pounds) [15]										
Total [9]	.	.	.	.	17.87	17.43	21.76	28.80	33.15	40.21

Explanatory notes and source: see p. 433 – Notes explicatives et source: voir p. 435 – Notas explicativas y fuente: véase p. 437

[1] ∅: eleven months' average. [2] Employees. [3] Department of San Salvador. [4] ∅: Oct. of each year. [5] Lima. [6] ∅: June of each year. [7] May. [8] Index of minimum daily wage rates (Nov. 1976 = 100). [9] Adults. [10] Montevideo. [11] Private sector; employees; index of average monthly wage rates (1970 = 100). [12] Skilled wage earners. [13] Unskilled wage earners. [14] ∅: March and Sep. of each year. [15] Incl. family allowances and the value of payments in kind.

[1] ∅: moyenne de onze mois. [2] Salariés. [3] Département de San Salvador. [4] ∅: oct. de chaque année. [5] Lima. [6] ∅: juin de chaque année. [7] Mai. [8] Indice des taux journaliers de salaire minimum (nov. 1976 = 100). [9] Adultes. [10] Montevideo. [11] Secteur privé; salariés; indice des taux mensuels de salaire moyen (1970 = 100). [12] Ouvriers qualifiés. [13] Ouvriers non qualifiés. [14] ∅: mars et sept. de chaque année. [15] Y compris les allocations familiales et la valeur des paiements en nature.

[1] ∅: promedio de once meses. [2] Asalariados. [3] Departamento de San Salvador. [4] ∅: oct. de cada año. [5] Lima. [6] ∅: junio de cada año. [7] Mayo. [8] Indice de las tasas de salario mínimo por día (nov. de 1976 = 100). [9] Adultos. [10] Montevideo. [11] Sector privado; asalariados; indice de las tasas de salario medio por mes (1970 = 100). [12] Obreros calificados. [13] Obreros no calificados. [14] ∅: marzo y sept. de cada año. [15] Incl. las asignaciones familiares y el valor de los pagos en especie.

19 Wages in construction
Salaires dans la construction
Salarios en la construcción

Earnings *(E.G.)* or rates *(R.T.)* per hour *(h.)*, day *(d.j.)*, week *(w.s.)* or month *(m.)*

Gains *(E.G.)* ou taux *(R.T.)* par heure *(h.)*, jour *(d.j.)*, semaine *(w.s.)* ou mois *(m.)*

Ganancias *(E.G.)* o tasas *(R.T.)* por hora *(h.)*, día *(d.j.)*, semana *(w.s.)* o mes *(m.)*

Country, unit and scope Pays, unité et portée País, unidad y alcance	1971	1972	1973	1974	1975	1976	1977	1978	1979	1980
Hong Kong (R.T./d.j. – Dollars)										
Total	34.45	40.67	47.07	52.46	51.16	54.84	65.07	76.96	95.01	108.71
Israel (E.G./m. – Shekels) [1]										
Total [2]	71	81	99	135	I 193 [3]	271	359	547	I 1 062 [4]	2 419
Japan (E.G./m. – Yen) [5]										
Total [2]	83 348	95 552	I 111 691 [4]	138 630	158 045	I 177 641 [4]	200 280	218 758	I 235 286 [6]	281 573
Jordan [7] (E.G./d.j. – Dinars) [8]										
Total [2]	.	.	1.34	1.49	1.63	2.25	2.98	3.41	3.61 [9]	...
Korea, Republic of (E.G./m. – Won) [10]										
Total [2]	26 645	32 006	36 740	43 984	61 590	115 274	154 519	222 772	247 835	257 697
Singapore (E.G./h. – Dollars) [11]										
Total	114	124	135	158	I 164 [12]	175	187	199	215	243
Sri Lanka (E.G./h. – Rupees)										
Total [13]	0.86	0.96	0.89	1.12	1.26	1.43	1.48	1.61	1.70	2.17
Sri Lanka (E.G./d.j. – Rupees)										
Total [13]	6.73	7.49	6.40	9.71	10.74	12.01	13.02	12.40	16.96	20.57
EUROPE – EUROPE – EUROPA										
Belgique (E.G./h. – Francs)										
Males – Hom. [14]	78.11	I 88.73 [15]	103.55	130.07	150.55	172.29	190.50	202.21	217.66	233.77
Bulgarie (E.G./m. – Leva)										
Total [2]	150.3	155.1	161.6	166.6	171.5	174.3	177.7	180.5	190.0	208.3*
Czechoslovakia [16] (E.G./m. – Koruny)										
Total [2]	2 269	2 367	2 433	2 513	2 589	2 624	2 696	2 776	2 835	2 889
Denmark [17] (E.G./h. – Kroner) [18]										
Total [8]	20.45	22.00	25.28	29.17	33.34	37.42	41.80	46.44	52.09	56.80
España (E.G./h. – Pesetas)										
Total [2]	.	.	.	.	.	.	148.48	189.50	237.18	...
Finland (E.G./h. – Markkaa) [19]										
Total	7.82	9.01	10.63	13.35	15.67	17.01	17.98	19.01	20.74	22.85

Explanatory notes and source: see p. 433 – Notes explicatives et source: voir p. 435 – Notas explicativas y fuente: véase p. 437

[1] Incl. payments subject to income tax and the value of payments in kind. [2] Employees. [3] Prior to July 1975: incl. family allowances but excl. other payments. [4] Sample design revised. [5] Incl. family allowances and mid- and end-of-year bonuses. [6] Beginning April 1979: sample design revised. [7] ∅: April of each year. [8] Adults. [9] June. [10] Incl. family allowances and the value of payments in kind. [11] ∅: Aug. of each year. [12] Prior to 1975: ∅: July of each year. [13] ∅: March and Sep. of each year. [14] ∅: Oct. of each year. [15] New industrial classification. [16] State industry. [17] ∅: third quarter of each year. [18] Excl. vacation pay. [19] Incl. the value of payments in kind.

[1] Y compris les versements soumis à l'impôt sur le revenu et la valeur des paiements en nature. [2] Salariés. [3] Avant juillet 1975: y compris les allocations familiales mais non compris d'autres paiements. [4] Plan d'échantillonnage révisé. [5] Y compris les allocations familiales et les primes de mi et de fin d'année. [6] A partir d'avril 1979: plan d'échantillonnage révisé. [7] ∅: avril de chaque année. [8] Adultes. [9] Juin. [10] Y compris les allocations familiales et la valeur des paiements en nature. [11] ∅: août de chaque année. [12] Avant 1975: ∅: juillet de chaque année. [13] ∅: mars et sept. de chaque année. [14] ∅: oct. de chaque année. [15] Nouvelle classification industrielle. [16] Industrie d'Etat. [17] ∅: troisième trimestre de chaque année. [18] Non compris les versements pour congés payés. [19] Y compris la valeur des paiements en nature.

[1] Incl. los pagos sometidos al impuesto sobre la renta y el valor de los pagos en especie. [2] Asalariados. [3] Antes de julio de 1975: incl. las asignaciones familiares pero excl. otros pagos. [4] Diseño de la muestra revisado. [5] Incl. las asignaciones familiares y las primas de mitad y de fin de año. [6] A partir de abril 1979: diseño de la muestra revisado. [7] ∅: abril de cada año. [8] Adultos. [9] Junio. [10] Incl. las asignaciones familiares y el valor de los pagos en especie. [11] ∅: agosto de cada año. [12] Antes de 1975: ∅: julio de cada año. [13] ∅: marzo y sept. de cada año. [14] ∅: oct. de cada año. [15] Nueva clasificación industrial. [16] Industria de Estado. [17] ∅: tercer trimestre de cada año. [18] Excl. los pagos por vacaciones. [19] Incl. el valor de los pagos en especie.

19 Wages in construction
Salaires dans la construction
Salarios en la construcción

Earnings *(E.G.)* or rates *(R.T.)* per hour *(h.)*, day *(d.j.)*, week *(w.s.)* or month *(m.)*

Gains *(E.G.)* ou taux *(R.T.)* par heure *(h.)*, jour *(d.j.)*, semaine *(w.s.)* ou mois *(m.)*

Ganancias *(E.G.)* o tasas *(R.T.)* por hora *(h.)*, día *(d.j.)*, semana *(w.s.)* o mes *(m.)*

Country, unit and scope Pays, unité et portée País, unidad y alcance	1971	1972	1973	1974	1975	1976	1977	1978	1979	1980
France (E.G./h. – Francs)										
Total [1]	6.34	7.45	8.58	10.08	11.63	▌13.76 [2]	15.57	17.35	19.62	...
German Democratic Rep. [3] (E.G./m. – Mark) [4]										
Total [5]	843	856	871	908	937	972	989	1 017	1 028	1 029
Germany, Fed. Rep. of (E.G./h. – Mark) [6]										
Males – Hom.	7.43	8.12	▌8.98 [2]	9.68	10.17	10.75	11.39	12.14	13.00	14.03
Gibraltar (E.G./w.s. – Pounds) [1]										
Total	19.06 [7]	19.83 [7]	25.50	26.69 [8]	31.39 [8]	34.81	42.51	64.69	65.42	92.08
Hongrie [9] (E.G./m. – Forint) [10]										
Total	2 301	2 392	2 614	2 830	3 006	3 195	3 384	3 660	3 843	4 010
Ireland (E.G./h. – Pounds) [11]										
Total [12]	0.621	0.745	0.811	0.975	1.217	1.397	1.670	1.853	2.307	2.589
Ireland (E.G./h. – Pounds) [11]										
Total [13]	0.528	0.643	0.706	0.864	1.075	1.219	1.468	1.585	1.944	2.292
Italie (E.G./h. – Lire) [14]										
Total	673	735	898	1 114	▌1 552 [15]	1 891	2 394	▌3 093 [16]	3 707	...
Luxembourg (E.G./h. – Francs)										
Males – Hom. [1]	75.34	▌82.41 [17]	96.40	117.51	139.25	157.43	169.11	171.19	179.21	198.26
Malta (E.G./h. – Pounds) [18]										
Males – Hom. [5]	0.25	0.26	...	0.28	0.34	0.40	0.42	0.45	0.51	...
Netherlands (E.G./h. – Guilders) [1]										
Total [19]	6.40	6.94	8.00	9.18	10.59	11.46	12.73	13.63	14.68	...
Norway (E.G./h. – Kroner) [14]										
Males – Hom. [18]	19.36	21.04	22.64	26.01	30.62	35.29	39.44	43.13	44.97	48.34
Pologne [9] (E.G./m. – Zlote) [14]										
Total [5]	2 796	2 992	3 471	3 881	4 511	4 784	5 063	5 296	5 678	6 369
Portugal (E.G./h. – Escudos)										
Total	11.60	12.80	14.80	21.20	29.60	34.60	40.30	43.90	54.10	...
Roumanie [9] (E.G./m. – Lei) [20]										
Total [5]	.	.	.	.	1 838	1 907	2 081	2 274	2 346	2 494

Explanatory notes and source: see p. 433 – Notes explicatives et source: voir p. 435 – Notas explicativas y fuente: véase p. 437

[1] ∅: Oct. of each year. [2] Sample design revised. [3] State sector. [4] Incl. family allowances. [5] Employees. [6] Incl. family allowances paid directly by the employers. [7] April and October. [8] April. [9] Socialised sector. [10] Incl. loyalty money paid in August of each year and the value of payments in kind. [11] ∅: Sep. of each year. [12] Skilled wage earners. [13] Semi-skilled and unskilled wage earners. [14] Incl. the value of payments in kind. [15] Prior to 1975: excl. payments for annual vacation and public holidays. [16] Scope of series revised. [17] New industrial classification. [18] Adults. [19] Incl. juveniles. [20] Net earnings after deduction of income taxes.

[1] ∅: oct. de chaque année. [2] Plan d'échantillonnage révisé. [3] Secteur d'Etat. [4] Y compris les allocations familiales. [5] Salariés. [6] Y compris les allocations familiales payées directement par l'employeur. [7] Avril et octobre. [8] Avril. [9] Secteur socialisé. [10] Y compris les primes d'assiduité payées en août de chaque année et la valeur des paiements en espèces. [11] ∅: sept. de chaque année. [12] Ouvriers qualifiés. [13] Ouvriers semi-qualifiés et non qualifiés. [14] Y compris la valeur des paiements en nature. [15] Avant 1975: non compris la rémunération pour congés annuels et jours fériés. [16] Portée de la série révisée. [17] Nouvelle classification industrielle. [18] Adultes. [19] Y compris les jeunes gens. [20] Gains nets après déduction de l'impôt sur le revenu.

[1] ∅: oct. de cada año. [2] Diseño de la muestra revisado. [3] Sector de Estado. [4] Incl. las asignaciones familiares. [5] Asalariados. [6] Incl. las asignaciones familiares pagadas directamente por los empleadores. [7] Abril y octubre. [8] Abril. [9] Sector socializado. [10] Incl. las primas de asiduidad pagadas en agosto de cada año y el valor de los pagos en especie. [11] ∅: sept. de cada año. [12] Obreros calificados. [13] Obreros semicalificados y no calificados. [14] Incl. el valor de los pagos en especie. [15] Antes de 1975: excl. los pagos por vacaciones anuales y días feriados. [16] Alcance de la serie revisado. [17] Nueva clasificación industrial. [18] Adultos. [19] Incl. jóvenes. [20] Ganancias netas después de deducir los impuestos sobre la renta.

19 Wages in construction
Salaires dans la construction
Salarios en la construcción

Earnings *(E.G.)* or rates *(R.T.)* per hour *(h.)*, day *(d.j.)*, week *(w.s.)* or month *(m.)*

Gains *(E.G.)* ou taux *(R.T.)* par heure *(h.)*, jour *(d.j.)*, semaine *(w.s.)* ou mois *(m.)*

Ganancias *(E.G.)* o tasas *(R.T.)* por hora *(h.)*, día *(d.j.)*, semana *(w.s.)* o mes *(m.)*

Country, unit and scope Pays, unité et portée País, unidad y alcance	1971	1972	1973	1974	1975	1976	1977	1978	1979	1980
Suisse (E.G./h. – Francs) [1]										
Total	.	.	10.36	11.97	12.68	12.62	13.07	13.22	13.58	14.21
Suisse [2] (E.G./h. – Francs) [3]										
Males – Hom. [4]	7.96	8.87	9.80	10.95	11.63	11.61	12.80	12.87	13.27	13.86
Sweden (E.G./h. – Kronor) [5]										
Males – Hom. [4]	18.68	20.67	22.27	24.03	26.94	▌31.26 [6]	34.71	38.31	41.17	45.84
Turquie (E.G./d.j. – Liras) [7]										
Total [8]	38.25	41.71	48.10	64.51	77.15	105.54	126.60	188.81	270.36	...
United Kingdom (E.G./h. – Pounds) [9]										
Males – Hom. [2]	0.638	0.779	0.887	1.042	1.336	1.485	1.631	1.821	2.095	▌2.576 [10]
Yugoslavia [11] (E.G./m. – Dinars)										
Total [8]	1 342	1 610	1 848	2 340	2 968	3 464	4 090	4 927	5 911	6 919
OCEANIA – OCÉANIE – OCEANIA										
American Samoa (R.T./h. – Dollars, US) [12]										
Total	.	.	.	.	1.20	1.35	1.45	1.52	1.60	1.75
Australia [2] (E.G./h. – Dollars) [8]										
Males – Hom. [4]	2.26	2.27	2.66	3.55	3.97	4.54	4.99	5.30	5.74	6.44
Fiji [13] (R.T./d.j. – Dollars)										
Total	2.88	3.21	4.11	5.01	6.37	7.16	7.70	8.21	8.78	...
New Zealand (E.G./h. – Dollars) [8]										
Total [14]	1.59	1.75	1.96	2.25	2.55	2.89	3.27	3.65	4.25	...
Samoa [15] (E.G./w.s. – Tala) [14]										
Total [8]	9.65	10.22	8.79	10.36	...	13.02	20.46	...	...	24.19
USSR – URSS – URSS										
URSS [11] (E.G./m. – Roubles)										
Total [8]	157.4	162.3	167.2	173.7	181.1	185.2	189.2	191.1	196.6	202.3*
RSS de Biélorussie [11] (E.G./m. – Roubles)										
Total [8]	135.3	139.3	144.1	149.7	154.2	157.2	160.8	165.8	169.1	174.3*
RSS d'Ukraine [11] (E.G./m. – Roubles)										
Total [8]	139.5	143.8	146.2	150.5	155.9	158.6	162.1	167.2	171.9	175.9*

Explanatory notes and source: see p. 433 – Notes explicatives et source: voir p. 435 – Notas explicativas y fuente: véase p. 437

[1] Accident insurance statistics; excl. overtime payments. [2] ∅: Oct. of each year. [3] Incl. family allowances. [4] Adults. [5] Incl. holidays and sick-leave payments and the value of payments in kind. [6] Beginning 1976, ∅: second quarter of each year. [7] ∅: Sep. of each year. [8] Employees. [9] Workers on adult rates of pay. [10] Prior to 1980: adults. [11] Socialised sector. [12] Minimum rates. [13] ∅: June of each year. [14] Incl. juveniles. [15] Apia.

[1] Statistiques d'assurances-accidents; non compris les paiements d'heures supplémentaires. [2] ∅: oct. de chaque année. [3] Y compris les allocations familiales. [4] Adultes. [5] Y compris les versements pour les vacances et congés de maladie et la valeur des paiements en nature. [6] A partir de 1976, ∅: deuxième trimestre de chaque année. [7] ∅: sept. de chaque année. [8] Salariés. [9] Travailleurs rémunérés sur la base de taux de salaire pour adultes. [10] Avant 1980: adultes. [11] Secteur socialisé. [12] Taux minima. [13] ∅: juin de chaque année. [14] Y compris les jeunes gens. [15] Apia.

[1] Estadísticas del seguro de accidentes; excl. los suplementos por horas extraordinarias. [2] ∅: oct. de cada año. [3] Incl. las asignaciones familiares. [4] Adultos. [5] Incl. los pagos por vacaciones y licencias de enfermedad y el valor de los pagos en especie. [6] A partir de 1976, ∅: segundo trimestre de cada año. [7] ∅: sept. de cada año. [8] Asalariados. [9] Trabajadores pagados sobre la base de tasas de salarios para adultos. [10] Antes de 1980: adultos. [11] Sector socializado. [12] Tasas mínimas. [13] ∅: junio de cada año. [14] Incl. jóvenes. [15] Apia.

20 Wages in transport, storage and communication
Salaires dans les transports, entrepôts et communications
Salarios en los transportes, almacenaje y comunicaciones

Earnings *(E.G.)* or rates *(R.T.)* per hour *(h.)*, day *(d.j.)*, week *(w.s.)* or month *(m.)*

Gains *(E.G.)* ou taux *(R.T.)* par heure *(h.)*, jour *(d.j.)*, semaine *(w.s.)* ou mois *(m.)*

Ganancias *(E.G.)* o tasas *(R.T.)* por hora *(h.)*, día *(d.j.)*, semana *(w.s.)* o mes *(m.)*

Country, unit and scope Pays, unité et portée País, unidad y alcance	1971	1972	1973	1974	1975	1976	1977	1978	1979	1980
AFRICA – AFRIQUE – AFRICA										
Algérie (E.G./h. – Dinars)										
Total [1]	2.91	2.43	2.01	2.45	2.82	...	3.64	...	...	...
Burundi [2] (E.G./m. – Francs) [3]										
Total [4]	3 925	4 197	4 225	4 086	4 186	...	9 811	11 254	11 318	16 504
Rép.-Unie du Cameroun (R.T./h. – Francs, CFA) [5]										
Total [6]	87.00	90.00	98.00	101.00	120.00	131.00	141.00	162.00	168.00	184.00
Egypt [7] (E.G./w.s. – Pounds)										
Total	4.25	4.56	5.07	4.79	7.37	6.82	8.54*	...	...	...
Kenya [8] (E.G./m. – Shillings) [9]										
Total [4]	737.4	785.4	859.4	996.4	1 104.2	1 176.0	1 238.7	1 382.1	1 606.1	...
Malawi (E.G./m. – Kwacha) [4]										
Total	51.94	52.91	56.21	58.64	62.38	62.00	▌60.80[10]	65.41	74.35	...
Mauritius (E.G./d.j. – Rupees) [11]										
Total [12]	8.27	13.13	14.79	18.27	18.54	31.24	34.44	38.25	50.44	84.86
Nigeria (R.T./d.j. – Naira)										
Total	.	.	.	2.0	2.0	2.1	2.2	2.2	2.5	...
Sierra Leone [13] (E.G./w.s. – Leones) [14]										
Total [15]	10.0	10.6	9.5	9.8	12.6	14.7	14.9	15.0	15.6	18.1
South Africa [16] (E.G./m. – Rand) [8]										
Total [4]	.	.	.	225	285	286	305	319	373	449
Swaziland (Emalangeni) [8]										
Males – Hom. [6]	.	213	281	224	320	▌322[17]	241	315	382	...
Swaziland (Emalangeni) [8]										
Males – Hom. [18]	.	42	39	43	74	▌89[17]	90	95	76	...
Zambia [19] (E.G./m. – Kwacha) [20]										
Total [4]	.	100	108	116	153	152	175	...	...	...
AMERICA – AMÉRIQUE – AMERICA										
Bolivia (R.T./m. – Pesos)										
Total [4]	1 062	1 197	1 317	1 717	1 717	1 717	2 577	2 026	...	5 074
Canada (E.G./w.s. – Dollars)										
Total [4]	154.14	167.94	181.89	204.39	233.98	262.02	291.15	313.28	341.45	381.21

Explanatory notes and source: see p. 433 – Notes explicatives et source: voir p. 435 – Notas explicativas y fuente: véase p. 437

[1] ∅: April of each year. [2] Bujumbura. [3] Incl. family allowances. [4] Employees. [5] Average rates. [6] Skilled wage earners. [7] ∅: Oct. of each year. [8] ∅: June of each year. [9] Incl. the value of payments in kind. [10] Beginning 1977: sample of establishments and revised allocation of establishments in the industrial classification. [11] ∅: Sep. of each year. [12] Incl. development workers. [13] Incl. sea transport. [14] ∅: May and Nov. of each year. [15] Adults. [16] Railways and harbours. [17] Prior to 1976, ∅: Sep. of each year. [18] Unskilled wage earners. [19] ∅: fourth quarter of each year. [20] Zambians.

[1] ∅: avril de chaque année. [2] Bujumbura. [3] Y compris les allocations familiales. [4] Salariés. [5] Taux moyens. [6] Ouvriers qualifiés. [7] ∅: oct. de chaque année. [8] ∅: juin de chaque année. [9] Y compris la valeur des paiements en nature. [10] A partir de 1977: échantillon d'établissements et changements dans leur répartition industrielle. [11] ∅: sept. de chaque année. [12] Y compris les personnes occupées à des travaux publics de développement. [13] Y compris les transports par mer. [14] ∅: mai et nov. de chaque année. [15] Adultes. [16] Chemins de fer et ports. [17] Avant 1976, ∅: sept. de chaque année. [18] Ouvriers non qualifiés. [19] ∅: quatrième trimestre de chaque année. [20] Zambiens.

[1] ∅: abril de cada año. [2] Bujumbura. [3] Incl. las asignaciones familiares. [4] Asalariados. [5] Tasas medias. [6] Obreros calificados. [7] ∅: oct. de cada año. [8] ∅: junio de cada año. [9] Incl. el valor de los pagos en especie. [10] A partir de 1977: muestra de establecimientos y cambios en la distribución industrial de los establecimientos. [11] ∅: sept. de cada año. [12] Incl. las personas ocupadas en planes de desarrollo. [13] Incl. el transporte marítimo. [14] ∅: mayo y nov. de cada año. [15] Adultos. [16] Ferrocarriles y puertos. [17] Antes de 1976, ∅: sept. de cada año. [18] Obreros no calificados. [19] ∅: cuarto trimestre de cada año. [20] Zambianos.

20 Wages in transport, storage and communication
Salaires dans les transports, entrepôts et communications
Salarios en los transportes, almacenaje y comunicaciones

Earnings *(E.G.)* or rates *(R.T.)* per hour *(h.)*, day *(d.j.)*, week *(w.s.)* or month *(m.)*

Gains *(E.G.)* ou taux *(R.T.)* par heure *(h.)*, jour *(d.j.)*, semaine *(w.s.)* ou mois *(m.)*

Ganancias *(E.G.)* o tasas *(R.T.)* por hora *(h.)*, día *(d.j.)*, semana *(w.s.)* o mes *(m.)*

Country, unit and scope Pays, unité et portée País, unidad y alcance	1971	1972	1973	1974	1975	1976	1977	1978	1979	1980
Costa Rica (E.G./m. – Colones)										
Total	.	.	920	1 076	1 289	1 433	1 591	1 788	2 042	2 305 [1]
Cuba (E.G./m. – Pesos)										
Total [2]	150	149.25	151.25	155	162.08	167.75	173.75	...	...	...
Guyana (E.G./w.s. – Dollars)										
Total	50.64	54.26	55.22	57.20	56.04	63.30	66.84	86.13	84.25	...
Honduras (E.G./w.s. – Lempiras)										
Total [2]	.	.	81.88	67.72	109.10	49.72	58.01	81.56	82.98	74.30
Netherlands Antilles (E.G./m. – Guilders)										
Total [2]	.	.	630	640	695	824	896	1 107	...	1 077
Nicaragua (E.G./h. – Córdobas)										
Total [2]	4.60	4.62	5.27	5.67	5.60	6.17	6.71	6.71	7.48	11.17
Perú (E.G./d.j. – Soles) [3]										
Total [4]	131	160	222	183	299	335	403	514	834	1 787* [5]
Trinidad and Tobago [6] [7]										
Total [8]	.	.	.	.	.	.	*118.9*	*136.5*	*172.6*	*216.2*
United States [9] (E.G./h. – Dollars)										
Total	4.36	4.89	5.40	5.68	6.05	6.88	7.39	7.87	8.94	9.92
Uruguay [10]										
Total [11]	*169*	*248*	*482*	*819*	*1 333*	*1 830*	*2 481*	*3 397*	*5 092*	*8 030*
ASIA – ASIE – ASIA										
Burma [12] (E.G./m. – Kyats) [13]										
Males – Hom. [2]	145.85	149.95	165.58	167.07	164.82	171.49	208.53	214.03	215.80	...
Fem. – Muj. [2]	212.64	214.58	217.16	215.90	215.79	196.95	252.60	257.78	249.01	...
Cyprus [14] (E.G./w.s. – Pounds) [15]										
Total [8]	.	.	.	.	17.96	20.29	22.26	25.75	33.32	40.61
Israel (E.G./m. – Shekels) [16]										
Total [2]	116	130	168	226 ▮	308[17]	402	600	950 ▮	1 738[18]	4 107
Japan (E.G./m. – Yen) [19]										
Total [2]	97 645	113 217	▮ 135 732[18]	171 363	198 669	▮ 224 276[18]	246 194	260 770	▮ 267 414[20]	.

Explanatory notes and source: see p. 433 – Notes explicatives et source: voir p. 435 – Notas explicativas y fuente: véase p. 437

[1] ∅: eleven months' average. [2] Employees. [3] Lima. [4] ∅: June of each year. [5] May. [6] Incl. sea transport. [7] Index of minimum daily wage rates (Nov. 1976 = 100). [8] Adults. [9] Major railways [10] Montevideo. [11] Private sector; employees; index of average monthly wage rates (1970 = 100). [12] Excl. storage and communication; incl. sea transport. [13] ∅: March and Sep. of each year. [14] ∅: Oct. of each year. [15] Incl. family allowances and the value of payments in kind. [16] Incl. payments subject to income tax and the value of payments in kind. [17] Prior to July 1975: incl. family allowances but excl. other payments. [18] Sample design revised. [19] Incl. family allowances and mid- and end-of-year bonuses. [20] Beginning April 1979: sample design revised.

[1] ∅: moyenne de onze mois. [2] Salariés. [3] Lima. [4] ∅: juin de chaque année. [5] Mai. [6] Y compris les transports par mer. [7] Indice des taux journaliers de salaire minimum (nov. 1976 = 100). [8] Adultes. [9] Principales lignes de chemins de fer. [10] Montevideo. [11] Secteur privé; salariés; indice des taux mensuels de salaire moyen (1970 = 100). [12] Non compris les entrepôts et communications; y compris les transports maritimes. [13] ∅: mars et sept. de chaque année. [14] ∅: oct. de chaque année. [15] Y compris les allocations familiales et la valeur des paiements en nature. [16] Y compris les versements soumis à l'impôt sur le revenu et la valeur des paiements en nature. [17] Avant juillet 1975: y compris les allocations familiales mais non compris d'autres paiements. [18] Plan d'échantillonnage révisé. [19] Y compris les allocations familiales et les primes de mi et de fin d'année. [20] A partir d'avril 1979: plan d'échantillonnage révisé.

[1] ∅: promedio de once meses. [2] Asalariados. [3] Lima. [4] ∅: junio de cada año. [5] Mayo. [6] Incl. el transporte marítimo. [7] Indice de las tasas de salario mínimo por día (nov. de 1976 = 100). [8] Adultos. [9] Lineas principales de ferrocarriles. [10] Montevideo. [11] Sector privado; asalariados; indice de las tasas de salario medio por mes (1970 = 100). [12] Excl. almacenaje y comunicaciones; incl. los transportes marítimos. [13] ∅: marzo y sept. de cada año. [14] ∅: oct. de cada año. [15] Incl. las asignaciones familiares y el valor de los pagos en especie. [16] Incl. los pagos sometidos al impuesto sobre la renta y el valor de los pagos en especie. [17] Antes de julio de 1975: incl. las asignaciones familiares pero excl. otros pagos. [18] Diseño de la muestra revisado. [19] Incl. las asignaciones familiares y las primas de mitad y de fin de año. [20] A partir de abril 1979: diseño de la muestra revisado.

20 Wages in transport, storage and communication
Salaires dans les transports, entrepôts et communications
Salarios en los transportes, almacenaje y comunicaciones

Earnings *(E.G.)* or rates *(R.T.)* per hour *(h.)*, day *(d.j.)*, week *(w.s.)* or month *(m.)* — Gains *(E.G.)* ou taux *(R.T.)* par heure *(h.)*, jour *(d.j.)*, semaine *(w.s.)* ou mois *(m.)* — Ganancias *(E.G.)* o tasas *(R.T.)* por hora *(h.)*, día *(d.j.)*, semana *(w.s.)* o mes *(m.)*

Country, unit and scope Pays, unité et portée País, unidad y alcance	1971	1972	1973	1974	1975	1976	1977	1978	1979	1980
Jordan [1] (E.G./d.j. – Dinars) [2]										
Total [3]	.	.	1.68	1.89	1.86	2.25	2.54	2.81	3.08 [4]	...
Korea, Republic of (E.G./m. – Won) [5]										
Total [3]	21 288	27 010	28 875	36 497	45 509	64 287	89 188	119 245	157 985	203 915
Peninsular Malaysia [6] (E.G./m. – Ringgits) [7]										
Total	236	242	280	320	322	353	373	440	...	...
Singapore [8] (E.G./h. – Dollars) [9]										
Total	123	127	153	170	▌182[10]	199	209	222	249	292
Sri Lanka (E.G./h. – Rupees)										
Total [11]	1.48	1.44	1.25	1.59	1.70	1.88	2.52	2.65	3.21	2.83
Sri Lanka (E.G./d.j. – Rupees)										
Total [11]	13.85	13.31	11.32	13.91	16.99	18.52	21.47	23.89	29.48	29.85
EUROPE – EUROPE – EUROPA										
Belgique (E.G./d.j. – Francs) [12]										
Males – Hom. [13]	580.7	659.1	▌744.0[14]	909.0	1 071.6	1 219.3	1 332.5	1 425.3	1 519.3	1 612.3
Fem. – Muj.	408.0	452.4	▌415.6[14]	512.3	597.6	659.4	736.5	806.2	863.3	930.0
Bulgarie [15] (E.G./m. – Leva) [8]										
Total [3]	142.5	146.0	158.9	162.2	168.4	168.6	174.3	178.8	188.1	205.4*
Czechoslovakia [16] (E.G./m. – Koruny)										
Total [3]	2 318	2 432	2 474	2 534	2 632	2 720	2 819	2 936	3 026	3 093
España (E.G./h. – Pesetas)										
Total [3]	.	.	.	.	.	.	.	150.82	194.48	...
France [17] (E.G./h. – Francs)										
Total [18]	7.05	7.86	9.21	11.00	12.47	▌14.30[19]	16.14	18.38	20.33	...
German Democratic Rep. [20] (E.G./m. – Mark) [21]										
Total [3]	821	912	909	969	1 006	1 031	1 069	1 114	1 152	1 150
Gibraltar (E.G./w.s. – Pounds) [18]										
Total	15.39[22]	17.42[22]	23.84	22.37[23]	29.65[23]	34.92	44.03	70.16	82.83	130.20
Hongrie [15] (E.G./m. – Forint) [24]										
Total	2 345	2 457	2 620	2 829	3 002	3 159	3 346	3 655	3 911	4 126

Explanatory notes and source: see p. 433 – Notes explicatives et source: voir p. 435 – Notas explicativas y fuente: véase p. 437

[1] ∅: April of each year. [2] Adults. [3] Employees. [4] June. [5] Incl. family allowances and the value of payments in kind. [6] Road haulage; employees. [7] ∅: July of each year. [8] Incl. sea transport. [9] ∅: Aug. of each year. [10] Prior to 1975: ∅: July of each year. [11] ∅: March and Sep. of each year. [12] Social security statistics. [13] Excl. dockers. [14] New industrial classification. [15] Socialised sector. [16] State industry. [17] Excl. public sector. [18] ∅: Oct. of each year. [19] Sample design revised. [20] State sector. [21] Incl. family allowances. [22] April and October. [23] April. [24] Incl. loyalty money paid in August of each year and the value of payments in kind.

[1] ∅: avril de chaque année. [2] Adultes. [3] Salariés. [4] Juin. [5] Y compris les allocations familiales et la valeur des paiements en nature. [6] Camionnage; salariés. [7] ∅: juillet de chaque année. [8] Y compris les transports par mer. [9] ∅: août de chaque année. [10] Avant 1975: ∅: juillet de chaque année. [11] ∅: mars et sept. de chaque année. [12] Statistiques de la sécurité sociale. [13] Non compris les dockers. [14] Nouvelle classification industrielle. [15] Secteur socialisé. [16] Industrie d'Etat. [17] Non compris le secteur public. [18] ∅: oct. de chaque année. [19] Plan d'échantillonnage révisé. [20] Secteur d'Etat. [21] Y compris les allocations familiales. [22] Avril et octobre. [23] Avril. [24] Y compris les primes d'assiduité payées en août de chaque année et la valeur des paiements en espèces.

[1] ∅: abril de cada año. [2] Adultos. [3] Asalariados. [4] Junio. [5] Incl. las asignaciones familiares y el valor de los pagos en especie. [6] Camionaje; asalariados. [7] ∅: julio de cada año. [8] Incl. el transporte marítimo. [9] ∅: agosto de cada año. [10] Antes de 1975: ∅: julio de cada año. [11] ∅: marzo y sept. de cada año. [12] Estadísticas de la seguridad social. [13] Excl. los obreros de muelles. [14] Nueva clasificación industrial. [15] Sector socializado. [16] Industria de Estado. [17] Excl. el sector público. [18] ∅: oct. de cada año. [19] Diseño de la muestra revisado. [20] Sector de Estado. [21] Incl. las asignaciones familiares. [22] Abril y octubre. [23] Abril. [24] Incl. las primas de asiduidad pagadas en agosto de cada año y el valor de los pagos en especie.

20 Wages in transport, storage and communication
Salaires dans les transports, entrepôts et communications
Salarios en los transportes, almacenaje y comunicaciones

Earnings *(E.G.)* or rates *(R.T.)* per hour *(h.)*, day *(d.j.)*, week *(w.s.)* or month *(m.)*

Gains *(E.G.)* ou taux *(R.T.)* par heure *(h.)*, jour *(d.j.)*, semaine *(w.s.)* ou mois *(m.)*

Ganancias *(E.G.)* o tasas *(R.T.)* por hora *(h.)*, día *(d.j.)*, semana *(w.s.)* o mes *(m.)*

Country, unit and scope Pays, unité et portée País, unidad y alcance	1971	1972	1973	1974	1975	1976	1977	1978	1979	1980
Malta [1] (E.G./h. – Pounds) [2]										
Males – Hom. [3]	0.24	0.23	...	0.27	0.32	0.47	0.47	0.57	0.63	...
Fem. – Muj. [3]	0.15	0.18	...	0.21	0.32	0.35	0.40	0.44	0.50	...
Netherlands (E.G./h. – Guilders) [4]										
Total [5]	6.29	6.87	8.06	9.32	11.00	11.85	13.42	14.38	15.13	...
Norway [6] (E.G./h. – Kroner) [7]										
Males – Hom. [2]	13.67	15.23	17.11	19.91	24.54	28.35	31.19	33.40	35.17	39.23
Fem. – Muj. [2]	11.01	12.26	13.96	16.53	20.29	23.59	26.25	28.57	30.07	34.06
Pologne [8] (E.G./m. – Zlote) [7]										
Total [3]	2 423	2 573	2 933	3 332	3 844	4 213	4 516	4 837	5 297	6 123*
Roumanie [9] (E.G./m. – Lei) [10]										
Total [3]	.	.	.	.	1 640	1 815	1 864	2 144	2 208	2 267
Suisse (E.G./h. – Francs) [11]										
Total	.	.	8.29	9.50	9.84	10.30	10.58	11.12	11.07	11.86
Suisse [4] (E.G./h. – Francs) [12]										
Males – Hom. [2]	8.13	9.29	10.52	11.77	12.75	13.12	14.10	14.50	15.03	15.68
Fem. – Muj. [2]	6.83	7.85	8.67	10.12	10.86	10.92	11.80	13.13	13.67	14.36
Sweden [13] (E.G./h. – Kronor) [14]										
Males – Hom. [15]	12.89	16.02	16.55	18.10	21.54	25.01	28.24	30.02	31.84	35.34
Turquie (E.G./d.j. – Liras) [16]										
Total [3]	46.61	52.54	62.08	74.17	120.15	117.44	165.30	204.47	311.43	...
United Kingdom (E.G./h. – Pounds) [17]										
Males – Hom. [4]	0.703	0.783	0.873	1.052	1.349	1.499	1.603	1.804	2.126	▌2.628[18]
Fem. – Muj. [4]	0.516	0.583	0.671	0.816	1.062	1.207	1.289	1.466	1.672	▌2.178[18]
Yugoslavia [9] (E.G./m. – Dinars)										
Total [3]	1 539	1 797	2 062	2 590	3 231	3 787	4 478	5 410	6 551	7 239
OCEANIA – OCÉANIE – OCEANIA										
American Samoa (R.T./h. – Dollars, US) [19]										
Total	.	.	.	.	1.44	1.57	1.70	1.82	1.95	2.15

Explanatory notes and source: see p. 433 – Notes explicatives et source: voir p. 435 – Notas explicativas y fuente: véase p. 437

[1] Excl. communications [2] Adults. [3] Employees. [4] ∅: Oct. of each year. [5] Incl. juveniles. [6] Private land transport. [7] Incl. the value of payments in kind. [8] Socialised sector. [9] Socialised sector; incl. sea transport. [10] Net earnings after deduction of income taxes. [11] Accident insurance statistics; excl. overtime payments. [12] Incl. family allowances. [13] Transport; lorry drivers. Adults. [14] Incl. holidays and sick-leave payments and the value of payments in kind. [15] ∅: second quarter of each year. [16] ∅: Sep. of each year. [17] Workers on adult rates of pay. [18] Prior to 1980: adults; excl. railways. [19] Minimum rates.

[1] Non compris les communications. [2] Adultes. [3] Salariés. [4] ∅: oct. de chaque année. [5] Y compris les jeunes gens. [6] Transports terrestres privés. [7] Y compris la valeur des paiements en nature. [8] Secteur socialisé. [9] Secteur socialisé; y compris les transports maritimes. [10] Gains nets après déduction de l'impôt sur le revenu. [11] Statistiques d'assurances-accidents; non compris les paiements d'heures supplémentaires. [12] Y compris les allocations familiales. [13] Transports; conducteurs de camions. Adultes. [14] Y compris les versements pour les vacances et congés de maladie et la valeur des paiements en nature. [15] ∅: deuxième trimestre de chaque année. [16] ∅: sept. de chaque année. [17] Travailleurs rémunérés sur la base de taux de salaire pour adultes. [18] Avant 1980: adultes; non compris les chemins de fer. [19] Taux minima.

[1] Excl. las comunicaciones. [2] Adultos. [3] Asalariados. [4] ∅: oct. de cada año. [5] Incl. jóvenes. [6] Transportes terrestres privados. [7] Incl. el valor de los pagos en especie. [8] Sector socializado. [9] Sector socializado; incl. los transportes marítimos. [10] Ganancias netas después de deducir los impuestos sobre la renta. [11] Estadísticas del seguro de accidentes; excl. los suplementos por horas extraordinarias. [12] Incl. las asignaciones familiares. [13] Transportes; conductores de camiones. Adultos. [14] Incl. los pagos por vacaciones y licencias de enfermedad y el valor de los pagos en especie. [15] ∅: segundo trimestre de cada año. [16] ∅: sept. de cada año. [17] Trabajadores pagados sobre la base de tasas de salarios para adultos. [18] Antes de 1980: adultos; excl. los ferrocarriles. [19] Tasas mínimas.

20 Wages in transport, storage and communication
Salaires dans les transports, entrepôts et communications
Salarios en los transportes, almacenaje y comunicaciones

Earnings *(E.G.)* or rates *(R.T.)* per hour *(h.)*, day *(d.j.)*, week *(w.s.)* or month *(m.)*

Gains *(E.G.)* ou taux *(R.T.)* par heure *(h.)*, jour *(d.j.)*, semaine *(w.s.)* ou mois *(m.)*

Ganancias *(E.G.)* o tasas *(R.T.)* por hora *(h.)*, día *(d.j.)*, semana *(w.s.)* o mes *(m.)*

Country, unit and scope Pays, unité et portée País, unidad y alcance	1971	1972	1973	1974	1975	1976	1977	1978	1979	1980
Australia [1] (E.G./h. – Dollars) [2]										
Males – Hom. [3]	2.14	2.49	2.89	3.86	4.27	4.78	5.38	5.70	6.07	6.87
Fiji [4] (R.T./d.j. – Dollars)										
Total	2.86	3.38	4.11	5.28	6.35	7.04	7.69	8.46	9.05	...
New Zealand (E.G./h. – Dollars) [2]										
Total [5]	1.66	1.87	2.06	2.40	2.74	3.04	3.40	3.83	4.58	...
USSR – URSS – URSS										
URSS [6] (E.G./m. – Roubles)										
Total [2]	137.5	143.8	149.6	159.9	166.4	175.0	179.2	183.0	185.9	192.5*
RSS de Biélorussie [6] (E.G./m. – Roubles)										
Total [2]	123.9	128.7	132.1	136.7	140.6	155.3	158.8	161.5	162.9	165.1*
RSS d'Ukraine [6] (E.G./m. – Roubles)										
Total [2]	122.5	127.7	130.9	135.3	142.3	153.2	156.7	158.9	160.7	163.1*

Explanatory notes and source: see p. 433 – Notes explicatives et source: voir p. 435 – Notas explicativas y fuente: véase p. 437

[1] ∅: Oct. of each year. [2] Employees. [3] Adults. [4] ∅: June of each year. [5] Incl. juveniles. [6] Socialised sector.

[1] ∅: oct. de chaque année. [2] Salariés. [3] Adultes. [4] ∅: juin de chaque année. [5] Y compris les jeunes gens. [6] Secteur socialisé.

[1] ∅: oct. de cada año. [2] Asalariados. [3] Adultos. [4] ∅: junio de cada año. [5] Incl. jóvenes. [6] Sector socializado.

21 Wages in agriculture
Salaires dans l'agriculture
Salarios en la agricultura

Earnings *(E.G.)* or rates *(R.T.)* per hour *(h.)*, day *(d.j.)*, week *(w.s.)* or month *(m.)*

Gains *(E.G.)* ou taux *(R.T.)* par heure *(h.)*, jour *(d.j.)*, semaine *(w.s.)* ou mois *(m.)*

Ganancias *(E.G.)* o tasas *(R.T.)* por hora *(h.)*, día *(d.j.)*, semana *(w.s.)* o mes *(m.)*

Country, unit and scope Pays, unité et portée País, unidad y alcance	1971	1972	1973	1974	1975	1976	1977	1978	1979	1980
AFRICA – AFRIQUE – AFRICA										
Burundi [1] (I – E.G./m. – Francs) [2]										
Total [3]	.	.	3 108	3 306	3 554	...	3 965	4 540	5 089	...
Kenya [4] (II + a + b – E.G./m. – Shillings) [5]										
Total [3]	140.00	180.60	181.20	194.60	234.00	312.90	326.90	376.90	411.50	...
Malawi [6] (I – E.G./m. – Kwacha) [3]										
Total	9.22	9.51	9.59	10.90	10.65	10.98	▮ 12.31 [7]	14.39	14.31	...
Mauritius (I – E.G./d.j. – Rupees) [8]										
Total [9]	6.35	8.99	8.24	9.93	10.80	15.67	20.14	22.08	26.45	35.66
Swaziland [10] (I – E.G./m. – Emalangeni) [4]										
Males – Hom. [11]	.	15	20	21	30	▮ 40[12]	39	56	57	...
Zambia [13] (I – E.G./m. – Kwacha) [14]										
Total [3]	.	36	35	37	38	50	53	...	...	...
AMERICA – AMÉRIQUE – AMERICA										
Argentina (I – E.G./h. – Pesos)										
Males – Hom. [15]	1.75	2.50	4.49	6.41	16.83	50.29	106.32	...	...	...
Bahamas (I – E.G./w.s. – Dollars)										
Total	.	.	48.77	44.31	43.29	45.12	...	...	...	...
Bermuda (I – R.T./h. – Dollars)										
Males – Hom. [16]	1.96	2.17	2.80	3.14	3.25	3.47	3.78	4.10	4.90	...
Canada [17] (I – R.T./d.j. – Dollars) [18]										
Total	13.22	14.48	16.32	19.10	22.40	25.64	28.40	30.11	32.20	34.30
Canada [17] (II – R.T./d.j. – Dollars) [18]										
Total	10.80	11.72	13.50	15.95	19.06	22.05	24.92	26.51	28.40	29.88
Canada [17] (I – R.T./m. – Dollars) [18]										
Total	306	329	381	442	494	578	632	668	706	746
Canada [17] (II – R.T./m. – Dollars) [18]										
Total	254	278	324	379	442	511	561	595	634	678
Colombia (I – R.T./d.j. – Pesos)										
Total	.	.	.	.	.	61.75	92.13	119.13	147.63	181.50
Costa Rica [19] (II + a + b – R.T./h. – Colones) [20]										
Total	1.50	1.61	1.61	2.28	2.52	3.00	3.39	4.00	4.50	...

Explanatory notes and source: see p. 433 – Notes explicatives et source: voir p. 435 – Notas explicativas y fuente: véase p. 437

[1] Bujumbura. [2] Incl. family allowances. [3] Employees. [4] ∅: June of each year. [5] Incl. the value of payments in kind. [6] Incl. forestry and fishing. [7] Beginning 1977: sample of establishments and revised allocation of establishments in the industrial classification. [8] ∅: Sep. of each year. [9] Incl. development workers. [10] Incl. forestry. [11] Skilled wage earners. [12] Prior to 1976, ∅: Sep. of each year. [13] ∅: fourth quarter of each year. [14] Zambians. [15] Unskilled wage earners. [16] Agricultural workers. [17] General farm hands. [18] Average rates. [19] Coffee plantations. [20] Minimum rates.

[1] Bujumbura. [2] Y compris les allocations familiales. [3] Salariés. [4] ∅: juin de chaque année. [5] Y compris la valeur des paiements en nature. [6] Y compris la sylviculture et la pêche. [7] A partir de 1977: échantillon d'établissements et changements dans leur répartition industrielle. [8] ∅: sept. de chaque année. [9] Y compris les personnes occupées à des travaux publics de développement. [10] Y compris la sylviculture. [11] Ouvriers qualifiés. [12] Avant 1976, ∅: sept. de chaque année. [13] ∅: quatrième trimestre de chaque année. [14] Zambiens. [15] Ouvriers non qualifiés. [16] Ouvriers agricoles. [17] Domestiques de ferme. [18] Taux moyens. [19] Plantations de café. [20] Taux minima.

[1] Bujumbura. [2] Incl. las asignaciones familiares. [3] Asalariados. [4] ∅: junio de cada año. [5] Incl. el valor de los pagos en especie. [6] Incl. la silvicultura y la pesca. [7] A partir de 1977: muestra de establecimientos y cambios en la distribución industrial de los establecimientos. [8] ∅: sept. de cada año. [9] Incl. las personas ocupadas en planes de desarrollo. [10] Incl. silvicultura. [11] Obreros calificados. [12] Antes de 1976, ∅: sept. de cada año. [13] ∅: cuarto trimestre de cada año. [14] Zambianos. [15] Obreros no calificados. [16] Obreros agrícolas. [17] Peones agrícolas. [18] Tasas medias. [19] Plantaciones de café. [20] Tasas mínimas.

21 Wages in agriculture
Salaires dans l'agriculture
Salarios en la agricultura

Earnings *(E.G.)* or rates *(R.T.)* per hour *(h.)*, day *(d.j.)*, week *(w.s.)* or month *(m.)*

Gains *(E.G.)* ou taux *(R.T.)* par heure *(h.)*, jour *(d.j.)*, semaine *(w.s.)* ou mois *(m.)*

Ganancias *(E.G.)* o tasas *(R.T.)* por hora *(h.)*, día *(d.j.)*, semana *(w.s.)* o mes *(m.)*

Country, unit and scope Pays, unité et portée País, unidad y alcance	1971	1972	1973	1974	1975	1976	1977	1978	1979	1980
Costa Rica [1] (II + a + b – R.T./h. – Colones) [2]										
Total	1.39	1.60	1.73	2.26	2.52	3.00	3.39	...	...	...
Cuba [3] (I – E.G./m. – Pesos)										
Total [4]	110.25	108.42	118.00	121.25	128.58	135.17	112.33	...	...	...
Chile [2] (I – R.T./d.j. – Pesos)										
Males – Hom. [5]	.	.	.	.	4.35	17.81	41.44	60.45	79.97	108.25
El Salvador [6] (I – E.G./d.j. – Colones)										
Males – Hom. [7]	2.25	2.25	2.75	3.10	3.10	3.75	3.75	4.25	5.20	5.20
Fem. – Muj. [7]	1.75	1.75	2.25	2.50	2.50	3.15	3.15	3.65	4.60	4.60
Falkland Is.(Malvinas) (E.G./m. – Pounds)										
Total [8]	.	84	85	88	100	117	122	133	175	204
Guyana (I – E.G./w.s. – Dollars)										
Total [9]	32.51	34.45	34.04	39.22	45.73	54.47	53.51	71.17	67.89	...
Honduras (I – E.G./w.s. – Lempiras)										
Total [4]	.	.	.	.	.	.	30.69	28.70	39.72	...
México (II – R.T./d.j. – Pesos) [2]										
Males – Hom. [10]	23.48	27.73	...	...	46.10	...	76.48	88.50	106.81	134.16
Nicaragua (I – E.G./w.s. – Córdobas)										
Total	187	171	194	223	238	266	310	330	402	593
United States (I – R.T./h. – Dollars)										
Total	.	.	.	2.43	2.60	2.81	3.06	3.22	3.58	3.82
United States (I + II + a + b – R.T./h. – Dollars)										
Total	.	.	.	2.25	2.43	2.66	2.87	3.09	3.39	3.66
Uruguay [11] (I – E.G./m. – Nuevos Pesos) [12]										
Total	22	32	57	120	206	262	460	662	1 049	1 500
Uruguay [11] (II – E.G./m. – Nuevos Pesos) [12]										
Total	15	22	40	73	140	178	260	374	412	848
ASIA – ASIE – ASIA										
Bangladesh (I – R.T./d.j. – Taka)										
Total [13]	5.55	4.86	6.66	8.80	9.44	9.81	10.50	13.04	14.94	14.91
Burma [14] (I – E.G./m. – Kyats)										
Males – Hom. [9]	228.55	230.09	188.16	217.11	226.99	221.01	224.88	248.79	274.76	...
Cyprus [15] (II + a + b – E.G./w.s. – Pounds) [9]										
Total [5]	.	.	.	.	10.20	10.90	11.78	14.21	18.06	25.42
Males – Hom. [5]	.	.	.	.	14.41	15.29	15.79	19.32	26.29	35.12
Fem. – Muj. [5]	.	.	.	.	7.90	8.28	9.61	11.53	14.53	20.07

Explanatory notes and source: see p. 433 – Notes explicatives et source: voir p. 435 – Notas explicativas y fuente: véase p. 437

[1] Agriculture and livestock production (excl. coffee). [2] Minimum rates. [3] Incl. forestry and fishing. [4] Employees. [5] Adults. [6] Department of San Salvador. [7] Permanent workers. [8] Shepherds. [9] Agricultural workers. [10] Regular day workers. [11] General farm hands. [12] ∅: Dec. of each year. [13] Skilled wage earners. [14] Hevea plantations. [15] ∅: Oct. of each year.

[1] Agriculture et élevage (non compris le café). [2] Taux minima. [3] Y compris la sylviculture et la pêche. [4] Salariés. [5] Adultes. [6] Département de San Salvador. [7] Travailleurs permanents. [8] Bergers. [9] Ouvriers agricoles. [10] Journaliers stables. [11] Domestiques de ferme. [12] ∅: déc. de chaque année. [13] Ouvriers qualifiés. [14] Plantations d'hévéas. [15] ∅: oct. de chaque année.

[1] Agricultura y ganadería (excl. café). [2] Tasas mínimas. [3] Incl. la silvicultura y la pesca. [4] Asalariados. [5] Adultos. [6] Departamento de San Salvador. [7] Trabajadores permanentes. [8] Pastores. [9] Obreros agrícolas. [10] Jornaleros estables. [11] Peones agrícolas. [12] ∅: dic. de cada año. [13] Obreros calificados. [14] Plantaciones de hevea. [15] ∅: oct. de cada año.

21 Wages in agriculture
Salaires dans l'agriculture
Salarios en la agricultura

Earnings *(E.G.)* or rates *(R.T.)* per hour *(h.)*, day *(d.j.)*, week *(w.s.)* or month *(m.)*

Gains *(E.G.)* ou taux *(R.T.)* par heure *(h.)*, jour *(d.j.)*, semaine *(w.s.)* ou mois *(m.)*

Ganancias *(E.G.)* o tasas *(R.T.)* por hora *(h.)*, día *(d.j.)*, semana *(w.s.)* o mes *(m.)*

Country, unit and scope Pays, unité et portée País, unidad y alcance	1971	1972	1973	1974	1975	1976	1977	1978	1979	1980
India [1] (II – R.T./d.j. – Rupees) [2]										
Total [3]	2.94	2.90	2.93	3.28	3.60	3.74	3.81	3.95	4.20	5.10
Israel [4] (I – E.G./m. – Shekels) [5]										
Total [6]	45	52	68	97	I 152 [7]	202	283	443	I 754 [8]	1 719
Japan [9] (I – E.G./d.j. – Yen) [10]										
Males – Hom.	1 808	2 027	2 412	3 210	I 3 640 [11]	3 852	4 441	4 620	4 789	...
Fem. – Muj.	1 423	1 594	1 901	2 515	I 2 867 [11]	3 050	3 403	3 598	3 720	...
Korea, Republic of (II – R.T./d.j. – Won) [12]										
Males – Hom. [3]	695	803	886	1 141	1 467	1 903	2 350	3 393	5 140	...
Fem. – Muj. [3]	472	552	620	798	1 044	1 354	1 695	2 508	3 815	...
Peninsular Malaysia [13] (I – R.T./m. – Ringgits) [14]										
Total [15]	109	105	143	195	139	212	197	220	229	...
Males – Hom. [3]	75	76	82	108	102	130	124	136	157	...
Fem. – Muj. [3]	59	60	72	100	86	129	119	119	137	...
Pakistan [16] (I – E.G./d.j. – Rupees) [12]										
Males – Hom.	3.15	3.30	5.75	7.88	7.53	7.69	9.06	10.00	11.31	12.02*
Sri Lanka [17] (I – E.G./d.j. – Rupees) [3]										
Males – Hom. [18]	3.47	4.24	3.91	4.99	6.18	6.84	7.57	8.80	13.27	14.23
Fem. – Muj. [18]	3.38	3.00	3.58	3.80	4.72	5.23	5.98	7.61	11.47	12.39
République arabe syrienne [19] (I – R.T./d.j. – Pounds) [20]										
Total [21]	4.93	4.93	5.19	5.27	5.95	7.24	7.24	...	...	...
EUROPE – EUROPE – EUROPA										
Austria [19] (I + II – R.T./m. – Schillings)										
Males – Hom. [3]	3 255	3 582	4 011	4 688	5 322	5 833	6 329	6 748	7 043	7 353
Fem. – Muj. [3]	3 310	3 642	4 078	4 806	5 504	6 052	6 566	7 001	7 308	7 630
Belgique [4] (I – E.G./d.j. – Francs) [22]										
Males – Hom. [3]	392.4	436.7	I 516.1 [23]	628.6	753.9	852.0	947.9	1 013.6	1 078.2	1 156.6
Fem. – Muj. [3]	297.6	322.7	I 127.1 [23]	392.8	470.2	533.8	588.6	631.8	687.6	730.1

Explanatory notes and source: see p. 433 – Notes explicatives et source: voir p. 435 – Notas explicativas y fuente: véase p. 437

[1] Maharashtra State. [2] Year beginning in July of year indicated. [3] Agricultural workers. [4] Incl. forestry and fishing. [5] Incl. payments subject to income tax and the value of payments in kind. [6] Permanent workers; employees. [7] Prior to July 1975: incl. family allowances but excl. other payments. [8] Sample design revised. [9] Year ending in March of the year indicated. [10] Casual day workers. [11] Prior to 1975: excl. Okinawa Prefecture. [12] Incl. the value of payments in kind. [13] Hevea plantations. [14] ∅: July of each year. [15] Tappers. [16] General farm hands. [17] Tea plantations. [18] ∅: March and Sep. of each year. [19] Permanent workers. [20] Minimum rates. [21] Adults. [22] Social security statistics. [23] New industrial classification.

[1] Etat de Maharashtra. [2] Année commençant en juillet de l'année indiquée. [3] Ouvriers agricoles. [4] Y compris la sylviculture et la pêche. [5] Y compris les versements soumis à l'impôt sur le revenu et la valeur des paiements en nature. [6] Travailleurs permanents; salariés. [7] Avant juillet 1975: y compris les allocations familiales mais non compris d'autres paiements. [8] Plan d'échantillonnage révisé. [9] Année se terminant en mars de l'année indiquée. [10] Journaliers occasionnels. [11] Avant 1975: non compris la préfecture d'Okinawa. [12] Y compris la valeur des paiements en nature. [13] Plantations d'hévéas. [14] ∅: juillet de chaque année. [15] Saigneurs. [16] Domestiques de ferme. [17] Plantations de thé. [18] ∅: mars et sept. de chaque année. [19] Travailleurs permanents. [20] Taux minima. [21] Adultes. [22] Statistiques de la sécurité sociale. [23] Nouvelle classification industrielle.

[1] Estado de Maharashtra. [2] Año que comienza en julio del año indicado. [3] Obreros agrícolas. [4] Incl. la silvicultura y la pesca. [5] Incl. los pagos sometidos al impuesto sobre la renta y el valor de los pagos en especie. [6] Trabajadores permanentes; asalariados. [7] Antes de julio de 1975: incl. las asignaciones familiares pero excl. otros pagos. [8] Diseño de la muestra revisado. [9] Año que termina en marzo del año indicado. [10] Jornaleros ocasionales. [11] Antes de 1975: excl. la prefectura de Okinawa. [12] Incl. el valor de los pagos en especie. [13] Plantaciones de hevea. [14] ∅: julio de cada año. [15] Sangradores. [16] Peones agrícolas. [17] Plantaciones de té. [18] ∅: marzo y sept. de cada año. [19] Trabajadores permanentes. [20] Tasas mínimas. [21] Adultos. [22] Estadísticas de la seguridad social. [23] Nueva clasificación industrial.

21 Wages in agriculture
Salaires dans l'agriculture
Salarios en la agricultura

Earnings *(E.G.)* or rates *(R.T.)* per hour *(h.)*, day *(d.j.)*, week *(w.s.)* or month *(m.)*

Gains *(E.G.)* ou taux *(R.T.)* par heure *(h.)*, jour *(d.j.)*, semaine *(w.s.)* ou mois *(m.)*

Ganancias *(E.G.)* o tasas *(R.T.)* por hora *(h.)*, día *(d.j.)*, semana *(w.s.)* o mes *(m.)*

Country, unit and scope Pays, unité et portée País, unidad y alcance	1971	1972	1973	1974	1975	1976	1977	1978	1979	1980
Bulgarie [1] (II – E.G./m. – Leva)										
Total [2]	112.7	117.8	128.8	128.7	135.2	140.7	141.4	152.3	154.0	158.3*
Bulgarie [1] (II – E.G./m. – Leva)										
Total [3]	113.6	118.9	129.4	131.6	137.9	143.3	145.7	155.1	157.3	163.8*
Czechoslovakia [4] (I – E.G./m. – Koruny) [5]										
Total [3]	1 890	1 978	2 090	2 172	2 238	2 310	2 399	2 463	2 522	2 597
Denmark [6] (I – E.G./h. – Kroner) [7]										
Total [8]	.	.	16.58	19.52	23.59	26.16	30.90	33.17	36.15	37.39
Denmark [9] (II – E.G./m. – Kroner) [10]										
Total [8]	1 155	1 275	1 375	1 660	1 945	2 195	2 600	2 800	3 000	3 200
España (I – E.G./d.j. – Pesetas)										
Males – Hom. [11]	187.6	214.4	250.8	335.8	392.8	483.2	649.9	802.7	932.7	1 077.2
Finland (I + II + a + b – E.G./h. – Markkaa)										
Males – Hom.	3.71	4.56	5.64	7.10	9.24	10.98	12.30	13.53	15.20	16.80
Fem. – Muj.	3.14	3.73	4.93	6.14	7.61	8.97	9.95	11.21	12.65	14.11
German Democratic Rep. [12] (I – E.G./m. – Mark) [13]										
Total [3]	765	795	830	859	886	917	939	954	979	1 000
Germany, Fed. Rep. of (II – R.T./h. – Mark)										
Males – Hom. [14]	4.34	4.55	5.02	5.74	6.20	6.71	7.32	7.78	8.37	9.00
Hongrie [4] (I – E.G./m. – Forint) [15]										
Total	2 110	2 186	2 292	2 475	2 444	2 627	2 861	3 071	3 252	3 463
Ireland [16] (I – E.G./w.s. – Pounds) [10]										
Males – Hom. [17]	16.27	17.77	19.78	24.78	30.42	33.07	38.57	42.57	49.93	61.71
Italie (I) [18]										
Total [2]	.	.	.	.	*100.0*	*125.1*	*164.7*	*194.6*	*233.4*	*286.5*
Netherlands [19] (II + a + b – E.G./h. – Guilders)										
Males – Hom. [2]	5.13 [8]	5.65 [8]	6.39 [8]	7.56	8.83	9.76	10.42	11.25	11.95	12.57
Netherlands [8] (I) [20]										
Total [3]	*111*	*128*	*144*	*164*	*204*	*225*	*244*	*257*	*269*	*285*
Males – Hom. [3]	*111*	*128*	*144*	*164*	*204*	*225*	*243*	*257*	*268*	*284*
Fem. – Muj. [3]	*111*	*129*	*145*	*167*	*208*	*230*	*248*	*263*	*275*	*288*
Norway [9] (II + a + b – E.G./h. – Kroner)										
Males – Hom. [7]	11.17	12.10	13.69	16.27	18.65	22.23	24.73	26.66	26.95	31.79
Fem. – Muj. [7]	10.66	11.85	12.81	14.80	17.13	21.05	23.49	24.74	25.27	29.53

Explanatory notes and source: see p. 433 – Notes explicatives et source: voir p. 435 – Notas explicativas y fuente: véase p. 437

[1] State agricultural undertakings. [2] Agricultural workers. [3] Employees. [4] Socialised sector. [5] Incl. forestry; excl. agricultural cooperatives. [6] ∅: April of each year. [7] Casual day workers. [8] Adults. [9] General farm hands. [10] Minimum rates. [11] Permanent workers. [12] State sector. [13] Incl. family allowances. [14] Skilled day workers. [15] Incl. forestry. [16] Permanent workers; adults. [17] ∅: July of each year. [18] Index of minimum hourly wage rates (1975 = 100). [19] ∅: Oct. of each year. [20] Index of minimum hourly wage rates (1970 = 100).

[1] Entreprises agricoles d'Etat. [2] Ouvriers agricoles. [3] Salariés. [4] Secteur socialisé. [5] Y compris la sylviculture; non compris les coopératives agricoles. [6] ∅: avril de chaque année. [7] Journaliers occasionnels. [8] Adultes. [9] Domestiques de ferme. [10] Taux minima. [11] Travailleurs permanents. [12] Secteur d'Etat. [13] Y compris les allocations familiales. [14] Journaliés qualifiés. [15] Y compris la sylviculture. [16] Travailleurs permanents; adultes. [17] ∅: juillet de chaque année. [18] Indice des taux horaires de salaire minimum (1975 = 100). [19] ∅: oct. de chaque année. [20] Indice des taux horaires de salaire minimum (1970 = 100).

[1] Empresas agrícolas de Estado. [2] Obreros agrícolas. [3] Asalariados. [4] Sector socializado. [5] Incl. la silvicultura; excl. las cooperativas agrícolas. [6] ∅: abril de cada año. [7] Jornaleros ocasionales. [8] Adultos. [9] Peones agrícolas. [10] Tasas mínimas. [11] Trabajadores permanentes. [12] Sector de Estado. [13] Incl. las asignaciones familiares. [14] Jornaleros calificados. [15] Incl. silvicultura. [16] Trabajadores permanentes; adultos. [17] ∅: julio de cada año. [18] Indice de las tasas de salario mínimo por hora (1975 = 100). [19] ∅: oct. de cada año. [20] Indice de las tasas de salario mínimo por hora (1970 = 100).

21 Wages in agriculture
Salaires dans l'agriculture
Salarios en la agricultura

Earnings *(E.G.)* or rates *(R.T.)* per hour *(h.)*, day *(d.j.)*, week *(w.s.)* or month *(m.)*

Gains *(E.G.)* ou taux *(R.T.)* par heure *(h.)*, jour *(d.j.)*, semaine *(w.s.)* ou mois *(m.)*

Ganancias *(E.G.)* o tasas *(R.T.)* por hora *(h.)*, día *(d.j.)*, semana *(w.s.)* o mes *(m.)*

Country, unit and scope Pays, unité et portée País, unidad y alcance	1971	1972	1973	1974	1975	1976	1977	1978	1979	1980
Norway [1] (II + a + b – E.G./m. – Kroner)										
Males – Hom. [2]	1 878	2 055	2 386	2 772	3 182	3 677	4 128	4 452	4 495	5 285
Pologne [3] (II – E.G./m. – Zlote) [4]										
Total [5]	1 950	2 168	2 447	2 807	3 195	4 122	4 540	4 838	5 150	5 837*
Portugal (I – E.G./d.j. – Escudos)										
Males – Hom. [6]	74.70	83.90	94.60	125.70	156.20	178.80	205.20	241.20	293.10	349.50
Fem. – Muj. [6]	43.10	48.00	55.60	78.10	105.20	119.40	142.20	160.40	197.40	224.90
Roumanie [7] (I – E.G./m. – Lei) [8]										
Total [5]	.	.	.	.	1 531	1 688	1 868	1 994	2 060	2 160
Suisse [9] (I – E.G./h. – Francs) [10]										
Total	.	.	8.69	9.84	10.33	10.74	10.94	11.37	11.87	12.59
Males – Hom.	.	.	8.72	9.88	10.38	10.76	10.97	11.40	11.89	12.61
Suisse [11] (I – E.G./h. – Francs) [12]										
Males – Hom. [13]	6.91	7.71	8.72	9.84	10.33	10.47	10.87	11.16	11.61	12.17
Fem. – Muj. [13]	4.88	5.44	6.24	7.10	7.47	7.48	8.10	8.40	8.69	9.20
Sweden [14] (I + II – E.G./h. – Kronor)										
Total [13]	.	13.24	14.08	15.85	19.28	22.14	24.52	25.99	27.99	31.10
Males – Hom. [13]	.	13.35	14.16	15.95	19.35	22.37	24.93	26.20	28.26	31.35
Fem. – Muj. [13]	.	11.33	12.92	14.58	18.25	19.52	21.48	23.57	25.53	28.73
Turquie [15] (I – E.G./d.j. – Liras) [16]										
Total [5]	44.11	38.74	50.31	53.93	89.05	99.59	120.80	220.42	292.49	...
United Kingdom [17] (I – E.G./w.s. – Pounds) [18]										
Males – Hom. [13]	21.24	24.20	29.05	36.24	45.47	51.50	56.24	63.98	75.21	...
Fem. – Muj. [19]	14.65	15.49	19.28	24.52	32.31	41.18	46.73	50.42	57.47	...
Yugoslavia [3] (I – E.G./m. – Dinars) [20]										
Total [5]	1 309	1 554	1 843	2 451	2 923	3 378	3 932	4 561	5 458	6 780
OCEANIA – OCÉANIE – OCEANIA										
Fiji [21] (I – R.T./d.j. – Dollars)										
Total [6]	2.13	2.39	3.12	4.49	4.98	5.02	5.76	6.67	7.14	...
New Zealand [22] (I – E.G./h. – Dollars) [5]										
Total [19]	.	.	.	.	.	.	3.22	3.54	4.33	...
Males – Hom. [19]	.	.	.	.	.	.	3.25	3.59	4.40	...
Fem. – Muj. [19]	.	.	.	.	.	.	2.50	2.71	3.39	...

Explanatory notes and source: see p. 433 – Notes explicatives et source: voir p. 435 – Notas explicativas y fuente: véase p. 437

[1] General farm hands. [2] Permanent workers. [3] Socialised sector. [4] Incl. the value of payments in kind. [5] Employees. [6] Agricultural workers. [7] State sector. [8] Net earnings after deduction of income taxes. [9] Horticulture and forestry. [10] Accident insurance statistics; excl. overtime payments. [11] Horticulture; incl. family allowances. [12] ∅: Oct. of each year. [13] Adults. [14] ∅: second quarter of each year. [15] Fishing. [16] ∅: Sep. of each year. [17] Excl. Northern Ireland. [18] Year beginning in April of year indicated. [19] Incl. juveniles. [20] Incl. forestry and fishing. [21] ∅: June of each year. [22] Forestry and logging.

[1] Domestiques de ferme. [2] Travailleurs permanents. [3] Secteur socialisé. [4] Y compris la valeur des paiements en nature. [5] Salariés. [6] Ouvriers agricoles. [7] Secteur d'Etat. [8] Gains nets après déduction de l'impôt sur le revenu. [9] Horticulture et sylviculture. [10] Statistiques d'assurances-accidents; non compris les paiements d'heures supplémentaires. [11] Horticulture; y compris les allocations familiales. [12] ∅: oct. de chaque année. [13] Adultes. [14] ∅: deuxième trimestre de chaque année. [15] Pêche. [16] ∅: sept. de chaque année. [17] Non compris l'Irlande du Nord. [18] Année commençant en avril de l'année indiquée. [19] Y compris les jeunes gens. [20] Y compris la sylviculture et la pêche. [21] ∅: juin de chaque année. [22] Sylviculture et exploitation forestière.

[1] Peones agrícolas. [2] Trabajadores permanentes. [3] Sector socializado. [4] Incl. el valor de los pagos en especie. [5] Asalariados. [6] Obreros agrícolas. [7] Sector de Estado. [8] Ganancias netas después de deducir los impuestos sobre la renta. [9] Horticultura y silvicultura. [10] Estadísticas del seguro de accidentes; excl. los suplementos por horas extraordinarias. [11] Horticultura; incl. las asignaciones familiares. [12] ∅: oct. de cada año. [13] Adultos. [14] ∅: segundo trimestre de cada año. [15] Pesca. [16] ∅: sept. de cada año. [17] Excl. Irlanda del Norte. [18] Año que comienza en abril del año indicado. [19] Incl. jóvenes. [20] Incl. la silvicultura y la pesca. [21] ∅: junio de cada año. [22] Silvicultura y explotación de la madera.

21 Wages in agriculture
Salaires dans l'agriculture
Salarios en la agricultura

Earnings *(E.G.)* or rates *(R.T.)* per hour *(h.)*, day *(d.j.)*, week *(w.s.)* or month *(m.)*

Gains *(E.G.)* ou taux *(R.T.)* par heure *(h.)*, jour *(d.j.)*, semaine *(w.s.)* ou mois *(m.)*

Ganancias *(E.G.)* o tasas *(R.T.)* por hora *(h.)*, día *(d.j.)*, semana *(w.s.)* o mes *(m.)*

Country, unit and scope Pays, unité et portée País, unidad y alcance	1971	1972	1973	1974	1975	1976	1977	1978	1979	1980
USSR – URSS – URSS										
URSS [1] (I – E.G./m. – Roubles)										
Total [2]	106.3	111.8	117.5	124.2	126.7	134.7	139.1	143.1	146.0	149.2*
RSS de Biélorussie [1] (I – E.G./m. – Roubles)										
Total [2]	81.4	85.9	91.0	93.7	95.8	110.6	114.7	120.0	121.6	121.9*
RSS d'Ukraine [1] (I – E.G./m. – Roubles)										
Total [2]	101.5	104.6	112.2	116.1	116.4	124.2	128.7	133.4	134.5	134.3*

Explanatory notes and source: see p. 433 – Notes explicatives et source: voir p. 435 – Notas explicativas y fuente: véase p. 437

[1] State sector. [2] Employees.

[1] Secteur d'Etat. [2] Salariés.

[1] Sector de Estado. [2] Asalariados.

CHAPTER
CHAPITRE
CAPITULO

VI

Consumer prices
Prix à la consommation
Precios del consumo

Consumer prices

Tables 22 to 26

Table 22 presents general consumer price indices for all groups of consumption items combined. Tables 23 to 26 contain group indices respectively for "Food", "Fuel and light", "Clothing" and "Rent". The group indices are components of the general index. In addition to the four group indices, the general index includes a miscellaneous group. Indices relating to the miscellaneous group are not shown separately in the *Year Book,* on account of the important variations in the composition of such a group from one country to another.

The general and the group indices shown in the tables refer to annual averages, although these indices are compiled in most cases monthly and in a few cases quarterly or bi-annually. Annual averages are derived from the original series.

The consumer price indices are designed to measure changes over time in the retail price level of a fixed list of goods and services which are selected as representative of the consumption patterns of the population concerned. Prices of items included in the index are collected at regular intervals in shops and markets and from service establishments in the area covered. The method employed in calculating the indices varies somewhat from one country to another. Usually the indices are calculated in the form of weighted arithmetic averages of price ratios between the base period and the period of reference (price relatives), using fixed weights corresponding to the base period (Laspeyres Formula). The weights, which represent the relative importance of each item, are usually derived from family expenditure surveys conducted to obtain the pattern of consumer expenditure and the relative importance of each item for a particular population group.[1] Where data on family expenditures are not available, or are insufficient for a system of weights, supplementary calculations are commonly made for the purpose of establishing theoretical budgets; in a few cases weights are based on estimated total national consumption of the items considered.[2]

The types of households, the population groups and the geographic areas covered by these indices differ from country to country. National practices vary in the treatment of special problems concerning the computation of consumer price indices. These include seasonal items, quality changes, new products, durable goods, housing cost, etc. Owing to differences in scope and in the methods used for the compilation of the indices, the statistics for the different countries shown in the tables are not uniformly representative of changes in price levels and vary in reliability from one country to another.

As the original base period of the series also varies, a uniform base period (1970) has been adopted for the presentation of the data and as many as possible of the series have been recalculated by dividing the index for each date shown by the index for the year 1970 and multiplying the quotient by 100. Where data are available only for periods subsequent to 1970, the indices are generally presented with the first available calendar year as base. This operation does not involve any change in the weighting systems, etc., used by the countries.

In several cases, indicated by footnotes, where a series has been discontinued and has been replaced by a new series sufficiently comparable with the former, the two have been spliced.

Consumer price indices are often used as deflators of nominal wage indices in the calculation of crude indicators of trends of real wages. Although such a deflation of nominal wages by consumer prices provides a useful measure of the relative purchasing power (with regard to consumer goods and services), the results may be misleading, in particular when the wage data correspond to a population group whose social and economic characteristics are very different from the population group to which the consumer price indice corresponds.

[1] In addition to the series presented in this table, readers will find in national publications of various countries (see Appendix, "References and Sources") series referring to other localities, regions or population groups.

[2] For descriptions of the various national series, their scope, methods of compilation and definitions used, etc., see ILO: *Technical Guide 1980* (descriptions of general series published in the *Bulletin* and the *Year Book of Labour Statistics),* Vol. I, "Consumer prices" (Geneva, 1980).

Prix à la consommation

Tableaux 22 à 26

Le tableau 22 présente des *indices généraux des prix à la consommation* pour tous les groupes d'articles de consommation combinés. Les tableaux 23 à 26 présentent les indices concernant respectivement les groupes suivants: «Alimentation», «Combustible et éclairage», «Habillement» et «Loyer». Les indices de ces groupes sont des composantes de l'indice général. En plus des quatre groupes d'indices, l'indice général comprend un groupe des dépenses diverses. Les indices relatifs à ce dernier groupe ne sont pas présentées séparément dans l'*Annuaire*, en raison des variations importantes dans la composition de ce groupe d'un pays à un autre.

Les indices généraux et les indices de groupes présentés dans les tableaux correspondent aux moyennes annuelles bien que, dans la plupart des cas, les indices sont calculés mensuellement et pour quelques cas trimestriellement ou semestriellement. Les données annuelles sont calculées à partir des séries originales.

Les indices des prix à la consommation ont pour objet de mesurer les changements dans le temps des prix de détail d'une liste fixe de certains biens et services choisis de façon à représenter les habitudes de consommation de la population considérée. Les prix des articles retenus dans l'indice sont relevés à intervalles réguliers dans des magasins, des marchés et auprès de prestataires de services situés dans la zone à laquelle se rapporte la série. Les méthodes suivies lors du calcul des indices varient d'un pays à un autre. En général, les indices sont calculés sous forme de moyennes arithmétiques pondérées des rapports de prix entre la période de base et la période considérée (formule de Laspeyres). Les coefficients de pondération, qui permettent de tenir compte de l'importance relative des dépenses de consommation, sont généralement fondés sur les résultats d'enquêtes sur les dépenses familiales reflétant la structure des dépenses de consommation et leur importance relative pour un groupe de population donné[1]. Si l'on ne dispose pas de données sur les dépenses des familles ou si ces données sont insuffisantes pour qu'on puisse établir un système de coefficients de pondération, on effectue généralement des calculs supplémentaires en vue d'établir des budgets théoriques; dans quelques cas, les coefficients de pondération sont fondés sur une estimation de la consommation totale, dans le pays, des articles considérés[2].

Les types de ménages, groupes de population et zones géographiques couverts par ces indices diffèrent de pays à pays. Les pratiques nationales varient lors du traitement d'un certain nombre de problèmes spéciaux concernant le calcul des indices des prix à la consommation. Ces derniers comprennent des articles saisonniers, des changements de qualité, des nouveaux produits, des biens de consommation durables, le coût du logement, etc. Vu les différences existant dans la portée des indices et dans les méthodes utilisées pour les établir, les statistiques figurant dans le tableau pour les différents pays ne sont pas uniformément représentatives des variations des niveaux de prix et elles n'ont pas la même précision d'un pays à un autre.

Comme la période de base originale des séries varie elle aussi, on a adopté une période de base uniforme (1970) pour la présentation des données et le plus grand nombre possible des séries ont été recalculées en divisant l'indice se rapportant à chacune des dates indiquées par l'indice pour l'année 1970 et en multipliant le quotient par 100. Lorsqu'on ne dispose de données que pour des périodes postérieures à 1970, les indices sont généralement présentés en prenant pour période de base la première année civile pour laquelle existent des données. Ces opérations n'impliquent aucune modification des systèmes de pondération utilisés par les pays intéressés.

Dans plusieurs cas, indiqués en note, lorsqu'une série a été interrompue et remplacée par une nouvelle série suffisamment comparable à la première, les deux séries ont été raccordées.

On se sert fréquemment des indices des prix à la consommation pour corriger les indices des salaires nominaux lorsqu'on calcule les indicateurs approximatifs des tendances des salaires réels. Bien que cette correction des salaires nominaux au moyen des prix à la consommation permette de mesurer utilement le pouvoir d'achat relatif (en ce qui concerne les biens de consommation et les services), les résultats peuvent prêter à des interprétations erronées, notamment lorsque les données relatives aux salaires se rapportent à un groupe de population dont les caractéristiques sociales et économiques sont très différentes de celles du groupe de population auquel se rapporte l'indice des prix à la consommation.

[1] En plus des séries figurant dans ce tableau, le lecteur trouvera dans les publications nationales des différents pays des séries concernant d'autres localités, d'autres régions ou d'autres groupes de population (voir annexe: «Références et sources»).

[2] Pour la description des diverses séries nationales, de leur portée, des méthodes de calcul et des définitions utilisées, etc., voir BIT: *Guide technique 1980* (descriptions des séries générales publiées dans le *Bulletin* et l'*Annuaire des statistiques du travail*), vol. I: «Prix à la consommation» (Genève, 1980).

Precios del consumo

Cuadros 22 a 26

El cuadro 22 presenta los *índices generales de los precios del consumo* de todos los grupos de artículos de consumo en su conjunto. Los cuadros 23 a 26 presentan los índices correspondientes, respectivamente, a los siguientes grupos: «Alimentación», «Combustible y alumbrado», «Vestido» y «Alquiler». Los índices de estos grupos constituyen componentes del índice general. Además de los cuatro grupos de índices, el índice general comprende un grupo de gastos diversos. Los índices relativos a este último grupo no se presentan por separado en el *Anuario* a causa de las importantes variaciones que existen de un país a otro en la composición del mismo.

Los índices generales y los índices de grupos presentados en los cuadros corresponden a los promedios anuales, aunque en la mayor parte de los casos dichos índices se calculan mensualmente, y en algunos otros trimestral o semestralmente. Las cifras anuales se calculan tomando como base las series originales.

Los índices de los precios del consumo tienen por objeto medir los cambios que sufre, en el tiempo, el nivel de los precios al por menor de una lista fija de un conjunto de bienes y servicios que se considera representativo de los hábitos del consumo de una población determinada. Los precios de los artículos incluidos en el índice se obtienen a intervalos regulares en almacenes, mercados y establecimientos de suministro de servicios ubicados en la zona abarcada por la serie. Los métodos utilizados para calcular los índices varían de un país a otro. Por lo general, dichos índices se calculan en forma de promedios aritméticos ponderados de los relativos de precios entre el período de base y el período considerado (fórmula de Laspeyres). Los coeficientes de ponderación, que permiten tener en cuenta la importancia relativa de los gastos del consumo, se basan generalmente en los resultados de encuestas sobre los gastos de las familias que reflejan la estructura de los gastos del consumo y su importancia relativa para un grupo dado de población[1]. Cuando no se dispone de informaciones sobre gastos de las familias, o cuando son insuficientes para establecer un sistema de ponderaciones, se efectúan ordinariamente cálculos adicionales con el fin de establecer presupuestos teóricos; en unos pocos casos, las ponderaciones se basan en el consumo total estimado de los artículos que se consideran en un determinado país[2].

Los tipos de hogares, grupos de población y zonas geográficas abarcados por esos índices difieren de un país a otro. No hay uniformidad entre los países en la manera de proceder con respecto a ciertos problemas relacionados con el cálculo de los índices de precios al consumidor, tales como artículos estacionales, cambios de calidad, nuevos productos, bienes de consumo durables, costo de la vivienda, etc. Dadas las diferencias en el alcance de los índices y en los métodos que se utilizan para calcularlos, las estadísticas que se presentan en este cuadro para los diferentes países no representan de modo uniforme las variaciones de los niveles de los precios, y la exactitud de los datos varía de un país a otro.

En vista de que también varía el período escogido como base en las diferentes series, se ha adoptado un período de base uniforme (1970) para la presentación de los datos, y, en la medida de lo posible, se han calculado nuevamente en su mayor parte estas series dividiendo el índice de cada fecha indicada por el índice del año 1970 y multiplicando el cociente por 100. Cuando se dispone de datos sólo para los años posteriores a 1970, generalmente se presentan los índices escogiendo como base el primer año civil accesible. Esta operación no implica ninguna modificación en el procedimiento de ponderación, etc., utilizado por los distintos países.

En algunos casos que se indican en las notas de pie de página, cuando ha habido interrupción en una serie, y ha sido reemplazada por otra serie que puede compararse satisfactoriamente con la primera, se ha procedido a enlazar las dos series.

Los índices de los precios del consumo se utilizan a menudo para corregir los índices de salarios nominales cuando se calculan los indicadores aproximados de las tendencias de los salarios reales. Aunque esta corrección de los salarios nominales mediante los precios del consumo proporciona una medida del poder de compra relativo (con respecto a los bienes de consumo y a los servicios), los resultados pueden inducir en error, sobre todo cuando las informaciones sobre salarios corresponden a un grupo de población cuyas características económicas y sociales son muy diferentes de las del grupo de población a que corresponde el índice de los precios del consumo.

[1] Además de las series que se presentan en este cuadro, el lector encontrará en las publicaciones nacionales de los diversos países series que se refieren a otras localidades, zonas y grupos de población (véase anexo, «Referencias y fuentes»).

[2] Para las descripciones de las diversas series nacionales, su alcance, métodos de compilación y definiciones utilizados, etc., véase OIT: *Guía Técnica 1980* (descripciones de las series generales publicadas en el *Boletín* y el *Anuario de Estadísticas del Trabajo*), vol. I, «Precios del consumo» (Ginebra, 1980).

22 General indices
Indices généraux
Indices generales

(1970 = 100)

Country Pays País	1971	1972	1973	1974	1975	1976	1977	1978	1979	1980
AFRICA – AFRIQUE – AFRICA										
Algérie (Alger)										
B	102.6	106.4	112.9	118.2	128.6	140.1	156.8	184.3	205.3	...
Botswana [1]										
B	.	.	.	.	.	*100.0*	*113.1*	*123.4*	*137.8*	*156.9*
Gaborone [2]	.	.	119.7[3]	135.7	153.4	171.2	.	.	.	.
Burundi [2] (Bujumbura) [4]										
B	103.9	107.8	114.2	132.2	153.1	163.5	174.0	235.5	294.5	332.6
Rép.-Unie du Cameroun										
Yaoundé, Afric.										
B	104.2	112.5	124.3	145.7	165.4	181.8	208.2	234.6	250.1	274.7
Yaoundé, Europ. [5]										
B	103.8	110.2	117.5	137.1	157.6	170.8	187.4	202.0	216.8	236.1
Cap-Vert [6] (Praya)										
B	115.1	126.7	144.5	219.2	280.1	283.6	303.4	437.0	...	...
Rép. centrafricaine [5] (Bangui, Europ.)										
B	106.8	114.5	120.9	132.4	153.7	169.8	188.4[7]	210.3	▌ *134.4*[8]	...
Congo [5] (Brazzaville, Europ.)										
B	104.1	114.2	118.2	124.8	146.3	156.9	.	197.7	213.7	229.3
Côte-d'Ivoire										
Abidjan, Afric.										
B	99.2	99.5	110.2	129.8	144.6	162.0	206.4	233.3	272.1	312.7
Abidjan, Europ. [5]										
B	104.1	107.9	112.3	130.5	155.2	174.9	198.2	237.0	258.1	280.2
Egypt										
B	103.1	105.3	109.8	121.7	133.5	147.3	166.0	184.4	202.7	244.6
Ethiopia [5] (Addis Ababa)										
B	100.5	94.4	102.8	111.7	119.0	152.9	178.4	203.9	236.6	247.3
Gabon										
Libreville, Afric. [5 9]										
B	*100.0*	*104.8*	*110.0*	*123.2*	*158.1*[10]	*190.1*[11]	*216.3*[11]	*239.6*	*258.7*	*290.6*
Libreville [5 12]										
B	103.8	111.2	123.7[13]	138.3	156.8	185.3	207.4	225.0	239.5	263.0
Gambia (Banjul–Kombo, St.Mary)										
B	103.1	112.0	119.8	130.9	164.8	192.9	216.9	236.0	250.4	267.1
Ghana										
B	110	121	142	168	218	340	735	1 273	1 965	2 950

Explanations and sources: see p. 511 – Explications et sources: voir p. 512 – Explicaciones y fuentes: véase p. 513

[1] Index base: 1976 = 100. [2] Incl. direct taxes. [3] ∅: June–Dec. [4] Government officials. [5] Excl. "Rent". [6] Excl. "Clothing" and "Rent". [7] ∅: Jan.–June and Sep.–Dec. [8] Series (base 1976 = 100) replacing former series. [9] Index base: 1971 = 100. [10] Beginning 1975: incl. "Rent"; series linked to former series. [11] ∅: official estimate. [12] High income group. [13] Series linked to former series.

[1] Indices base: 1976 = 100. [2] Y compris les impôts directs. [3] ∅: juin–déc. [4] Fonctionnaires. [5] Non compris le groupe «Loyer». [6] Non compris les groupes «Habillement» et «Loyer». [7] ∅: janv.–juin et sept.–déc. [8] Série (base 100 en 1976) remplaçant la précédente. [9] Indices base: 1971 = 100. [10] A partir de 1975: y compris le groupe «Loyer»; série enchaînée à la précédente. [11] ∅: estimation officielle. [12] Familles à revenu élevé. [13] Série enchaînée à la précédente.

[1] Indices base: 1976 = 100. [2] Incl. los impuestos directos. [3] ∅: junio–dic. [4] Funcionarios. [5] Excl. el grupo «Alquiler». [6] Excl. los grupos «Vestido» y «Alquiler». [7] ∅: enero–junio y sept.–dic. [8] Serie (base 1976 = 100) que substituye a la anterior. [9] Indices base: 1971 = 100. [10] A partir de 1975: incl. el grupo «Alquiler»; serie enlazada con la anterior. [11] ∅: estimación oficial. [12] Familias de ingresos elevados. [13] Serie enlazada con la anterior.

22 General indices
Indices généraux
Indices generales

(1970 = 100)

Country Pays País	1971	1972	1973	1974	1975	1976	1977	1978	1979	1980
Kenya [1] (Nairobi) [2]										
B	.	*100.0*	*108.2*	*124.3*	*147.2*	*159.4* [3]	*177.7*	*196.0*	*210.1*	*234.5*
Lesotho [4 5]										
B	.	*93.4* [6]	*100.0*	*114.5*	*131.5*	*145.5*	*171.2*	*193.4*	*222.3*	*261.9*
Liberia (Monrovia)										
B	100.2	104.2	124.6	148.9	169.1	178.6	189.7	203.6	226.8	258.2
Libyan Arab Jamahiriya (Tripoli)										
B	97.3	97.0	104.5	112.5	122.9	129.6	137.6	178.2	...	...
Madagascar										
Tananarive [8 7]										
B	105.4	111.4	118.2 [3]	144.2	156.1	163.9	168.9	180.0	205.3	242.7
Tananarive, Europ. [8]										
B	106.2	113.0	115.5 [3]	127.7	145.2	160.3	174.5	187.6	207.9	236.0
Malawi										
Blantyre [8 5]										
B	108.2	112.1	117.8	135.9	157.0	163.8	170.7	185.2	206.1	243.9
Blantyre [8 9]										
B	108.3	112.5	118.9	140.0	167.5	187.7	212.0	240.8	278.3	352.2
Maroc [10]										
B	.	.	.	*100.0*	*107.9*	*117.1*	*131.8*	*144.6*	*156.6*	*171.4*
Mauritanie [8] (Nouakchott, Europ.)										
B	107.6	116.4	124.8	140.4[11]	▮ *100.0*[12]	*114.4*	*126.2*	*135.3*	...	...
Mauritius										
B	100.3	105.7	120.0	154.9	177.7	201.6 [3]	220.2	238.9	273.6	388.3
Mozambique (Maputo)										
	115.7	123.9	130.6	159.0	164.2	171.6	.	.	.	.
Niger										
Niamey, Afric. [8]										
B	104.3	114.4	127.8	132.2	144.2	178.2	219.7	241.8	261.9	285.2[13]
Niamey, Europ. [8]										
B	103.6	105.6	108.1	116.4	128.7	141.3	154.7	171.1	200.6	219.3[13]
Nigeria [14 15]										
B	.	.	.	.	*100.0*	.	.	*166.7*	*186.3*	...
[14 16]										
B	.	.	.	.	*100.0*	*124.3*	*141.5*	*176.0*	*195.6*	...
Lagos [5]										
B	113.5	116.8	121.0[17]	141.4	186.3	226.7	285.4	.	.	.

Explanations and sources: see p. 511 – Explications et sources: voir p. 512 – Explicaciones y fuentes: véase p. 513

[1] Index base: 1972 = 100. [2] Middle income group. [3] Series linked to former series. [4] Index base: 1973 = 100. [5] Low income group. [6] October. [7] Madagascans. [8] Excl. "Rent". [9] High income group. [10] Index base: 1974 = 100. [11] ∅: Jan.–July and Sep.–Dec. [12] Series (base 1975 = 100) replacing former series. [13] ∅: Jan.–Aug. and Oct.–Dec. [14] Index base: 1975 = 100. [15] Rural and urban areas. [16] Urban areas. [17] Jan.–Sep. and Dec.

[1] Indices base: 1972 = 100. [2] Familles à revenu moyen. [3] Série enchaînée à la précédente. [4] Indices base: 1973 = 100. [5] Familles à revenu modique. [6] Octobre. [7] Malgaches. [8] Non compris le groupe «Loyer». [9] Familles à revenu élevé. [10] Indices base: 1974 = 100. [11] ∅: janv.–juillet et sept.–déc. [12] Série (base 100 en 1975) remplaçant la précédente. [13] ∅: janv.–août et oct.–déc. [14] Indices base: 1975 = 100. [15] Régions rurales et urbaines. [16] Régions urbaines. [17] Janv.–sept. et déc.

[1] Indices base: 1972 = 100. [2] Familias de ingresos medios. [3] Serie enlazada con la anterior. [4] Indices base: 1973 = 100. [5] Familias de ingresos módicos. [6] Octubre. [7] Malgaches. [8] Excl. el grupo «Alquiler». [9] Familias de ingresos elevados. [10] Indices base: 1974 = 100. [11] ∅: enero–julio y sept.–dic. [12] Serie (base 1975 = 100) que substituye a la anterior. [13] ∅: enero–agosto y oct.–dic. [14] Indices base: 1975 = 100. [15] Areas rurales y urbanas. [16] Areas urbanas. [17] Enero–sept. y dic.

22 General indices
Indices généraux
Indices generales

(1970 = 100)

Country Pays País	1971	1972	1973	1974	1975	1976	1977	1978	1979	1980
Réunion (Saint-Denis)										
B	106.4	114.6 [1]	127.9	146.5	165.6	180.0	197.3	210.3	231.4 [1]	258.1
Rwanda [2] (Kigali)	103	106	115	155	195	195	199	227	257	265
Sénégal (Dakar)										
B	103.9	110.3	122.7	143.1	188.4	190.5	212.0	219.3	240.5	261.4
Seychelles [3]										
B	.	.	.	.	.	.	*100.0*	*111.9*	*125.4*	*142.8*
Victoria	114.9	139.1	164.4	204.5 [1]	242.6	278.8	320.4	359.1	.	.
Sierra Leone (Freetown)										
B	98.3	103.8	109.6	125.4	150.4	176.2	190.9	211.7	256.7	285.1
Somalia (Mogadishu)										
B	99.4	96.5	102.7	121.5	145.0	165.4	182.9	204.7	...	...
South Africa [4]										
B	106.1	113.0	123.7	138.1	156.7	174.1	193.9	215.0	243.4	277.1
Sudan										
B	101.3	113.3	132.6	167.2	207.3	210.8	246.2	294.9	385.9	...
Swaziland [2] (Mbabane-Manzini) [5]										
B	103.2	106.0	118.6	141.2	160.0	171.2	200.7	217.8	249.0	298.3
Tanzania										
B	104.7	112.8	124.5	148.9	187.7	200.6	224.0	249.7	283.7	369.5
Tchad										
N'Djamena [2] [6]										
B	.	.	.	*100.5* [7]	*100.0*	*102.5* [8]	*134.0*	*144.8*	...	...
N'Djamena [2] [9]										
B	106.0	109.1	115.0	127.9 [1]	147.9	152.9	165.7	186.0	...	...
Togo (Lomé)										
B	108.9	113.6	119.5	134.6	158.7	179.0	215.1	216.8	233.7	...
Tunisie [3]										
B	.	.	.	.	.	.	.	*105.4*	*113.5*	*124.9*
Tunis [10]	106.0	108.2	113.1	117.7	128.9	135.8	144.9	153.8	.	.
Uganda [2] (Kampala) [5]										
B	115.8	112.3	139.7	233.6	280.8	434.2	730.1 [11]	...	...	...
Zaïre (Kinshasa)										
B	106	122	142	182 [1]	233	438	715	1 132	▌ *913* [12]	*1 339*

Explanations and sources: see p. 511 – Explications et sources: voir p. 512 – Explicaciones y fuentes: véase p. 513

[1] Series linked to former series. [2] Excl. "Rent". [3] Index base: 1977 = 100. [4] White population. [5] Low income group. [6] Low income group; index base: 1975 = 100. [7] ∅: April-Dec. [8] ∅: Jan.-Nov. [9] High income group. [10] Metropolitan area. [11] ∅: Jan.-March and July-Sep. [12] March-Dec.; series (base 1975 = 100) replacing former series.

[1] Série enchaînée à la précédente. [2] Non compris le groupe «Loyer». [3] Indices base: 1977 = 100. [4] Population blanche. [5] Familles à revenu modique. [6] Familles à revenu modique; indices base: 1975 = 100. [7] ∅: avril-déc. [8] ∅: janv.-nov. [9] Familles à revenu élevé. [10] Région métropolitaine. [11] ∅: janv.-mars et juillet-sept. [12] Mars-déc.; série (base 1975 = 100) remplaçant la précédente.

[1] Serie enlazada con la anterior. [2] Excl. el grupo «Alquiler». [3] Indices base: 1977 = 100. [4] Población blanca. [5] Familias de ingresos módicos. [6] Familias de ingresos módicos; índices base: 1975 = 100. [7] ∅: abril-dic. [8] ∅: enero-nov. [9] Familias de ingresos elevados. [10] Area metropolitana. [11] ∅: enero-marzo y julio-sept. [12] Marzo-dic.; serie (base 1975 = 100) que substituye a la anterior.

22 General indices
Indices généraux
Indices generales

(1970 = 100)

Country Pays País	1971	1972	1973	1974	1975	1976	1977	1978	1979	1980
Zambia [1]										
B	104.9	110.2	117.3	126.8	139.7	165.9	198.7	231.3	253.8	283.4
Zimbabwe [1]										
B	103.0	106.0	109.3	116.5	128.1	142.3	156.9	172.2	194.8	204.0
AMERICA – AMÉRIQUE – AMERICA										
Antigua										
B	108.6	118.3	134.2	167.6	186.8	207.5	236.0	250.5	288.9 [2]	...
Argentina (Buenos Aires)										
B	135	213	342	425	1 202	6 539	18 050 [3]	49 729	129 051	259 090
Bahamas [4] (Nassau)										
B	.	*100.0*	*105.3*	*119.1*	*131.4*	*137.0*	*141.3*	*150.0*	*163.7*	*183.4*
Barbados										
B	107.5	120.2	140.5	195.1	234.7	246.4	267.0	292.3	330.8	377.9 [3]
Bermuda										
	108.2	116.4	131.4	153.0	162.9	165.5	171.2	I *100.0* [5]	*110.4*	*126.9*
Bolivia (La Paz)										
B	103.7	110.4	145.2	236.5	255.3	266.8	288.4	318.3	381.1	561.1
Brasil (Sao Paulo) [4]										
B	.	*100*	*115*	*144*	*188*	*254*	*357*	*494*	*742*	*1 321*
Canada										
B	102.9	107.8	115.9	128.6	142.5	153.2	165.4	180.2	196.7	216.7
Colombia (Bogotá) [1]										
B	109.0	124.6	152.9	190.3	239.2	280.8	365.1	428.5	532.4 [3]	681.0
Costa Rica (San José) [6]										
B	103.1	107.8	124.2 [7]	161.6 [8]	189.5	196.2 [3]	204.4	216.6	236.5	279.4
Chile (Santiago)										
B	120	213	967	5 846	27 752	86 564	166 163	232 773	310 499 [3]	419 601
Dominica										
B	103.7	107.6	120.6	164.2	194.3	215.4	235.9	254.2	299.8 [9]	...
República Dominicana [10 11]	.	.	.	.	.	.	.	*100.0*	*109.2*	*128.0*
Santo Domingo [12 11]										
B	*100.0*	*107.8*	*124.1*	*140.4*	*160.8*	*173.4*	*195.6*	*202.5*	*221.1*	.
Ecuador (Quito)										
B	108.4	117.0	132.1	163.0	188.0	208.1	235.2	262.6	289.6	327.3
El Salvador [13]										
B	100.3 [14]	102.0	108.5	126.8	151.1	161.7	180.8	204.8	I *100.0* [15]	*117.4*
Falkland Is. (Malvinas) [16 17] (Stanley)										
	76.9 [18]	*83.4* [7]	*100.0*	*119.4*	*147.2*	*163.3*	*191.1*	*207.0*	*226.7*	*260.1*

Explanations and sources: see p. 511 – Explications et sources: voir p. 512 – Explicaciones y fuentes: véase p. 513

[1] Low income group. [2] ∅: Jan.–Nov. [3] Series linked to former series. [4] Index base: 1972 = 100. [5] Series (base 1978 = 100) replacing former series. [6] Metropolitan area. [7] ∅: June–Dec. [8] ∅: June, Aug. and Oct.–Dec. [9] ∅: Jan.–Aug. and Nov.–Dec. [10] Index base: 1978 = 100. [11] Incl. direct taxes. [12] Index base: 1971 = 100. [13] Urban areas. [14] ∅: Jan.–May and Aug.–Dec. [15] Series (base 1979 = 100) replacing former series. [16] Index base: 1973 = 100. [17] Excl. "Rent". [18] January.

[1] Familles à revenu modique. [2] ∅: janv.–nov. [3] Série enchaînée à la précédente. [4] Indices base: 1972 = 100. [5] Série (base 100 en 1978) remplaçant la précédente. [6] Région métropolitaine. [7] ∅: juin–déc. [8] ∅: juin, août et oct.–déc. [9] ∅: janv.–août et nov.–déc. [10] Indices base: 1978 = 100. [11] Y compris les impôts directs. [12] Indices base: 1971 = 100. [13] Régions urbaines. [14] ∅: janv.–mai et août–déc. [15] Série (base 100 en 1979) remplaçant la précédente. [16] Indices base: 1973 = 100. [17] Non compris le groupe «Loyer». [18] Janvier.

[1] Familias de ingresos módicos. [2] ∅: enero–nov. [3] Serie enlazada con la anterior. [4] Indices base: 1972 = 100. [5] Serie (base 1978 = 100) que substituye a la anterior. [6] Area metropolitana. [7] ∅: junio–dic. [8] ∅: junio, agosto y oct.–dic. [9] ∅: enero–agosto y nov.–dic. [10] Indices base: 1978 = 100. [11] Incl. los impuestos directos. [12] Indices base: 1971 = 100. [13] Areas urbanas. [14] ∅: enero–mayo y agosto–dic. [15] Serie (base 1979 = 100) que substituye a la anterior. [16] Indices base: 1973 = 100. [17] Excl. el grupo «Alquiler». [18] Enero.

22 General indices
Indices généraux
Indices generales

(1970 = 100)

Country Pays País	1971	1972	1973	1974	1975	1976	1977	1978	1979	1980
Greenland [1]										
B	*100.0*	*106.0*	*116.4*	*135.1*	*156.0*	*174.0*	*187.1*	*204.0*	*221.7*	*247.8*
Guadeloupe [2]										
B	106.4	114.9	122.7	142.3	166.4	180.7 [3]	197.5 [4]	213.1	232.1 [5]	267.7
Guatemala [6]										
B	.	.	.	.	*100.0*	*110.7*	*124.6*	*134.5*	*150.0*	*166.1*
Guatemala	99.5	100.1	114.4	132.7	150.1	.	.	.	.	.
Guyana [2]										
B	101.0	106.0	114.0	133.9	144.6	157.6	170.5	196.5	231.4	264.0
Guyane française (Cayenne)										
B	107.2 [7]	112.7	120.6	140.4	160.3 [8]	176.1	194.3	210.1 [9]	232.7	260.4
Haïti [10] (Port-au-Prince)										
B	110.4	113.9	139.8	161.5	188.3	200.0	213.9	208.3	235.4	277.3
Honduras										
B	102.3	105.8	110.6	124.8	135.1	141.8	153.9	162.7	177.0	210.3
Jamaica										
B	105.3	111.0	130.5	166.0	195.1	214.1	238.0	321.0	414.4	526.1
Martinique (Fort-de-France)										
B	106.6	112.8	121.5	144.4	165.7	184.3	202.8	224.1	246.7	277.0[11]
México [12]										
B	.	*100.0*	*112.0*	*138.7*	*163.3*	*189.6*	*239.5*	*280.1*	*331.1*	*418.5*
Montserrat [6]										
	.	.	.	*77.2*[13]	*100.0*	*108.5*	*127.5*	*139.5*	*161.9*	*210.2*
Netherlands Antilles [1 14]										
B	*100.0*	*104.0*	*112.5*	*134.5*	*155.4*[15]	*163.5*	*172.4*	*186.4*	*207.8*	*238.2*
Nicaragua [16] (Managua) [17]										
B	.	.	*89.3*[18]	*100.0*	*107.5*	*110.6*	*123.2*	*128.8*	*190.8*	*258.2*
Panamá (Panamá)										
B	101.8	107.4	114.7	134.1	141.4	147.1	153.7	160.3	173.0	196.9
Paraguay (Asunción)										
B	105.0	114.7	129.3	161.9	172.8	180.5	197.4	218.4	279.9	342.7
Perú (Lima) [17]										
B	106.8	114.5	125.4[11]	146.5	181.2	241.8	333.9	527.0	883.7	▮ *159.2*[19]
Puerto Rico										
B	104.3	107.6	115.5	138.4	150.3	153.3	160.0	167.8	178.7	197.1[20]

Explanations and sources: see p. 511 – Explications et sources: voir p. 512 – Explicaciones y fuentes: véase p. 513

[1] Index base: 1971 = 100. [2] Urban areas. [3] ∅: Jan.-July. [4] ∅: Feb.-Dec. [5] Prior to 1979: Basse-Terre only; series linked to former series. [6] Index base: 1975 = 100. [7] ∅: Jan.-July and Sep.-Dec. [8] ∅: Jan.-May and Sep.-Dec. [9] ∅: Jan.-June and Sep.-Dec. [10] Excl. "Miscellaneous". [11] Series linked to former series. [12] Index base: 1972 = 100. [13] March. [14] Excl. compulsory social security. [15] Series linked to former series; Curaçao, Aruba and Bonaire; prior to 1975: excl. Bonaire and Windward Is. [16] Index base: 1974 = 100. [17] Metropolitan area. [18] December. [19] Series (base 1979 = 100) replacing former series. [20] Series linked to former series; prior to 1980: wage earners only.

[1] Indices base: 1971 = 100. [2] Régions urbaines. [3] ∅: janv.-juillet. [4] ∅: fév.-déc. [5] Avant 1979: Basse-Terre seulement; série enchaînée à la précédente. [6] Indices base: 1975 = 100. [7] ∅: janv.-juillet et sept.-déc. [8] ∅: janv.-mai et sept.-déc. [9] ∅: janv.-juin et sept.-déc. [10] Non compris le groupe «Divers». [11] Série enchaînée à la précédente. [12] Indices base: 1972 = 100. [13] Mars. [14] Non compris la sécurité sociale obligatoire. [15] Série enchaînée à la précédente; Curaçao, Aruba et Bonaire; avant 1975: non compris Bonaire et les îles Windward. [16] Indices base: 1974 = 100. [17] Région métropolitaine. [18] Décembre. [19] Série (base 100 en 1979) remplaçant la précédente. [20] Série enchaînée à la précédente; avant 1980: ouvriers seulement.

[1] Indices base: 1971 = 100. [2] Areas urbanas. [3] ∅: enero-julio. [4] ∅: febr.-dic. [5] Antes de 1979: Basse-Terre solamente; serie enlazada con la anterior. [6] Indices base: 1975 = 100. [7] ∅: enero-julio y sept.-dic. [8] ∅: enero-mayo y sept.-dic. [9] ∅: enero-junio y sept.-dic. [10] Excl. el grupo «Varios». [11] Serie enlazada con la anterior. [12] Indices base: 1972 = 100. [13] Marzo. [14] Excl. la seguridad social obligatoria. [15] Serie enlazada con la anterior; Curaçao, Aruba y Bonaire; antes de 1975: excl. Bonaire y las islas Windward. [16] Indices base: 1974 = 100. [17] Area metropolitana. [18] Diciembre. [19] Serie (base 1979 = 100) que substituye a la anterior. [20] Serie enlazada con la anterior; antes de 1980: obreros solamente.

PRICES

22 General indices
Indices généraux
Indices generales

(1970 = 100)

Country Pays País	1971	1972	1973	1974	1975	1976	1977	1978	1979	1980
St. Kitts-Nevis-Anguilla (St. Kitts)										
	98.4	104.5	115.2	148.0	163.8	185.2	218.1	▮ *100.0* [1]	*111.2*	...
St. Lucia										
B	108.4	116.9	132.7	178.0	209.6	229.9	250.3	277.4	303.6	362.8
St. Vincent and the Grenadine (St. Vincent)										
	106.5	109.3	127.1	172.3	196.8	218.9	241.3	261.7	302.1	...
Suriname (Paramaribo)										
B	100.2	103.4	116.9	136.6	148.0	162.9	178.8	194.6	223.6	255.1
Trinidad and Tobago										
B	103.5	113.1	129.9	158.5	185.4	204.6 [2]	228.7	252.0	289.1	339.7
United States										
B	104.3	107.7	114.4	127.0	138.6	146.6	156.1	167.9 [2]	187.2	212.4
Uruguay (Montevideo)										
B	124	219	431 [2]	763	1 384	2 086	3 299	4 769	7 957	13 007
Venezuela (Caracas) [3]										
B	103.2	106.2	110.6	119.7	131.9	142.0	153.0	164.0	184.2	226.8
Virgin Islands (British) [4]										
	.	.	*100.0*	*115.8*	*127.1*	*133.8*	...	...	...	...
Virgin Islands (US)										
	106.5	118.8	132.2	148.7	160.9	163.0	170.9	182.6	...	...
ASIA – ASIE – ASIA										
Afghanistan [5] (Kabul)										
B	125.6	109.9	99.4	113.2	120.5	122.4	136.6	143.4	▮ *109.9* [6]	*112.6*
Bahrain [7]										
	.	.	.	.	*85.4* [8]	*100.0*	*117.8*	*136.3*	*139.3*	...
Bangladesh (Dacca) [9]										
B	112.4 [10]	144.5	▮ *145.1* [11]	*224.1*	*278.8*	*252.1*	*278.2*	*314.9*	*354.8*	*401.6*
Brunei [12] (Bandar Seri Begawan)										
	101.0	97.4	108.9	132.2	137.4	145.5	161.7	165.4	168.6	...
Burma (Rangoon)										
B	102.2	109.9	135.8	172.4	226.9	285.4	274.5	257.9	272.5	274.2
Cyprus										
B	104.1	109.2	117.7	136.8 [13]	143.1	148.5	▮ *100.0* [14]	*107.4*	*117.6*	*133.5*
Hong Kong [15]										
B	.	.	.	*99* [8]	*100*	*103*	*109*	*116*	*129*	*149*
	103.1	109.4	129.1	148.0	.	.	.	.	.	.
India [12 16]										
B	99.5	108.2	127.3	171.1	185.6	149.5	164.9	164.4	171.6	197.4
[17] *B*	103.3	109.8	128.3	165.2	174.5	160.9	174.5	178.8	190.2	212.0
[18] *B*	102.9	109.2	122.5	149.7	161.3	157.8	168.8	175.7	185.5	207.5

Explanations and sources: see p. 511 – Explications et sources: voir p. 512 – Explicaciones y fuentes: véase p. 513

[1] Series (base 1978 = 100) replacing former series. [2] Series linked to former series. [3] Metropolitan area. [4] Index base: 1973 = 100. [5] Excl. "Rent" and "Miscellaneous". [6] ∅: March–Dec.; series (base April 1978 – March 1979 = 100) replacing former series; beginning 1979: excl. "Rent" only. [7] Index base: 1976 = 100. [8] ∅: July–Dec. [9] Government officials. [10] ∅: Jan., Feb. and April–Dec. [11] Series (base 1972 = 100) replacing former series. [12] Excl. "Rent". [13] Jan.–July and Sep.–Dec.; series linked to former series. [14] Series (base 1977 = 100) replacing former series. [15] Index base: 1975 = 100. [16] Agricultural workers. [17] Industrial workers. [18] Urban non-manual employees.

[1] Série (base 100 en 1978) remplaçant la précédente. [2] Série enchaînée à la précédente. [3] Région métropolitaine. [4] Indices base: 1973 = 100. [5] Non compris les groupes «Loyer» et «Divers». [6] ∅: mars–déc.; série (base 100 en avril 1978 – mars 1979) remplaçant la précédente; à partir de 1979: non compris le groupe «Loyer». [7] Indices base: 1976 = 100. [8] ∅: juillet–déc. [9] Fonctionnaires. [10] ∅: janv., fév. et avril–déc. [11] Série (base 100 en 1972) remplaçant la précédente. [12] Non compris le groupe «Loyer». [13] Janv.–juillet et sept.–déc.; série enchaînée précédente. [14] Série (base 100 en 1977) remplaçant la précédente. [15] Indices base: 1975 = 100. [16] Ouvriers agricoles. [17] Travailleurs de l'industrie. [18] Employés urbains.

[1] Serie (base 1978 = 100) que substituye a la anterior. [2] Serie enlazada con la anterior. [3] Area metropolitana. [4] Indices base: 1973 = 100. [5] Excl. los grupos «Alquiler» y «Varios». [6] ∅: marzo–dic.; serie (base abril 1978 – marzo 1979 = 100) que substituye a la anterior; a partir de 1979: excl. el grupo «Alquiler». [7] Indices base: 1976 = 100. [8] ∅: julio–dic. [9] Funcionarios. [10] ∅: enero, febr. y abril–dic. [11] Serie (base 1972 = 100) que substituye a la anterior. [12] Excl. el grupo «Alquiler». [13] Enero–julio y sept.–dic.; serie enlazada con la anterior. [14] Serie (base 1977 = 100) que substituye a la anterior. [15] Indices base: 1975 = 100. [16] Obreros agrícolas. [17] Trabajadores industriales. [18] Empleados urbanos.

22 General indices
Indices généraux
Indices generales

(1970 = 100)

Country Pays País	1971	1972	1973	1974	1975	1976	1977	1978	1979	1980
India (Delhi) [1]										
B	107.2	111.8	128.2	166.2	172.3	168.2	181.5	187.2	195.9	213.3
Indonesia [2]										
B	.	.	.	.	.	.	.	.	*132.3*	*156.3*
Djakarta										
B	104.3	111.1	145.6	204.8	243.8	292.2	324.4	351.3	.	.
Iran										
B	104.2	110.9	121.9	139.2	157.0	174.8 [3]	222.4	248.5	274.5	331.3
Iraq [4]										
B	.	.	*100.0*	*107.7*	*118.0*	*133.1*	*145.3*	*151.9*	...	...
Baghdad	103.6	109.0	114.3	123.8	135.4	149.5	161.0	165.4	.	.
Israel										
B	112	126	152	212	295	388	522 [5]	786	1 401	3 236
Japan										
B	106.0	110.9	124.0	154.1	172.4	188.4	203.6	211.4	219.0	236.6
Jordan [6]										
B	.	.	.	.	*100.0*	*111.5*	*127.7*	*136.6*	*156.0*	*173.3*
Amman	104.4	112.6	124.5	149.4	167.3	192.4	252.4	.	.	.
Korea, Republic of										
B	113.4	126.7	130.8	162.5	203.7	234.8	258.7	295.9	350.1	450.7
Kuwait [7]										
B	.	*100.0*	*108.4*	*122.7*	*133.7*	*141.0*	*153.9*	*166.0*	*175.0*	*188.5*
République dém. pop. lao (Vientiane)	101.3	126.8	165.7	248.1	457.3	.	.	.	.	.
Liban (Beyrouth)	101.6	106.6	113.0	125.5	130.4 [8]	.	.	.	.	.
Peninsular Malaysia										
B	101.6	104.8	115.9	136.0	142.2	145.9	152.8	160.3	166.1	177.2
Malaysia: Sabah										
B	102.2	104.7	111.6	127.7	136.2	139.1	144.0	147.3	152.3	162.7
Malaysia: Sarawak										
B	99.4	102.9	111.2	127.1	134.0	139.7	147.6	150.8	156.6	168.6
Nepal [9]										
B	.	.	.	*100.0*	*107.0*	*103.6*	*115.2*	*122.5*	*127.8*	*146.5*
Kathmandu [10]										
B	*100.0*	*106.2*	*115.3*	*135.7*	*153.2*	*150.2*	*163.0*	*172.2*	*182.9*	*212.0*
Pakistan [10]										
B	*100.0*	*105.2*	*126.9*	*164.0*	*198.2*	*212.4*	*233.9*	*249.6*	*273.1*	*305.1*
Philippines [7]										
B	.	*100.0*	*116.5*	*156.3*	*166.9*	*182.3*	*200.4*	*215.0*	*250.5*	*294.7*
Manila [11]	123.3	142.7	152.8	214.9	234.6	.	.	.	.	.
Singapore										
B	101.9	104.0	127.9	▌ *122.3* [12]	*125.5*	*123.1*	*127.0*	*133.1*	▌ *104.0* [13]	*112.9*

Explanations and sources: see p. 511 – Explications et sources: voir p. 512 – Explicaciones y fuentes: véase p. 513

[1] Industrial workers. [2] Index base: April 1977 – March 1978 = 100. [3] ∅: March–Dec. [4] Index base: 1973 = 100. [5] Series linked to former series. [6] Index base: 1975 = 100. [7] Index base: 1972 = 100. [8] ∅: Jan.–July. [9] Index base: 1974 = 100. [10] Index base: 1971 = 100. [11] Middle income group. [12] Series (base 1973 = 100) replacing former series. [13] Series (base 1978 = 100) replacing former series.

[1] Travailleurs de l'industrie. [2] Indices base: avril 1977 – mars 1978 = 100. [3] ∅: mars–déc. [4] Indices base: 1973 = 100. [5] Série enchaînée à la précédente. [6] Indices base: 1975 = 100. [7] Indices base: 1972 = 100. [8] ∅: janv.–juillet. [9] Indices base: 1974 = 100. [10] Indices base: 1971 = 100. [11] Familles à revenu moyen. [12] Série (base 1973 = 100) remplaçant la précédente. [13] Série (base 100 en 1978) remplaçant la précédente.

[1] Trabajadores industriales. [2] Indices base: abril 1977 – marzo 1978 = 100. [3] ∅: marzo–dic. [4] Indices base: 1973 = 100. [5] Serie enlazada con la anterior. [6] Indices base: 1975 = 100. [7] Indices base: 1972 = 100. [8] ∅: enero–julio. [9] Indices base: 1974 = 100. [10] Indices base: 1971 = 100. [11] Familias de ingresos medios. [12] Serie (base 1973 = 100) que substituye a la anterior. [13] Serie (base 1978 = 100) que substituye a la anterior.

22 General indices
Indices généraux
Indices generales

(1970 = 100)

Country Pays País	1971	1972	1973	1974	1975	1976	1977	1978	1979	1980
Sri Lanka (Colombo)										
B	102.7	109.2	119.7	134.4	143.5	145.2	147.0	164.8	182.6	230.2
République arabe syrienne (Damas)										
B	105	106	127	146	170	195	▌ 218 [1]	229	239	285
Thailand (Bangkok Metropolis)										
B	102.0	106.1	118.5	146.1	152.1	159.6	173.1	188.2 [2]	207.5	248.9
Yemen [3] (Sanaa)										
	.	*100*	*143*	*181*	*224*	...	...	...	...	...
Democratic Yemen (Aden)										
	105.7	110.5	128.6	159.0	178.1	184.8	194.3	...	...	...
EUROPE – EUROPE – EUROPA										
Austria										
B	104.7	111.3	119.7	131.1	142.2	152.6	161.0 [2]	166.8	172.9	183.9
Belgique										
B	104.3	110.0 [2]	117.7	132.6	149.5	163.2 [4]	174.8	182.6	190.8	203.5
Bulgarie										
	99.9	99.9	100.1	100.6	100.9	101.2	101.6	103.2	107.8	123.8*
Czechoslovakia										
B	99.7	99.5	99.7	100.2	100.8	101.6	103.0	104.6	108.6	111.8 [2]
Denmark										
B	105.8	112.8	123.3	142.1	155.8	169.8	188.7	207.6	227.6 [2]	255.6
España										
B	108.3	117.3	130.8	151.1	176.7	207.9	258.8	310.0	358.6	414.1
Faeroe Islands										
	107.3	117.5	129.2	150.7	164.6 [5]	▌ *100.0* [6]	*105.6*	*113.1*	*123.5*	...
Finland										
B	106.5	114.1	127.5	149.7	176.4	201.7	227.2	244.3	262.2 [2]	292.5
France										
B	105.5	112.0	120.2	136.7	152.8	167.5	183.2	199.8	221.3	251.3
German Democratic Rep.										
	99.8	99.3	▌ 97.8 [1]	96.6	96.6	96.6	96.4	96.3	...	...
Germany, Fed. Rep. of										
B	105.2	111.1	118.8	127.1	134.7	140.4	145.6	149.6	155.8	164.3
Gibraltar										
B	109.9	121.7	135.2 [2]	157.4	187.6	211.1	245.9	277.2	322.3	360.4
Grèce										
B	103.0	107.4	124.1	157.5	178.6	202.4	226.9	255.4	303.9	379.7
Hongrie										
B	102.0	104.9	108.4	110.4	114.6	120.3	125.0	130.8	142.4	155.4
Iceland (Reykjavik) [7]										
B	106	117	143	205	306	404	527	759	1 104	1 751
Ireland										
B	108.9	118.4	131.8	154.2	186.4	219.9 [2]	249.9	268.9	304.5	360.0
Isle of Man [8]										
	.	.	.	.	.	*89.0* [9]	*100.0*	*109.2*	*124.4*	*146.8*

Explanations and sources: see p. 511 – Explications et sources: voir p. 512 – Explicaciones y fuentes: véase p. 513

[1] Series replacing former series. [2] Series linked to former series. [3] Index base: 1972 = 100. [4] 1972–1975: excl. "Rent" and "Miscellaneous"; series linked to former series. [5] ∅: Jan., April and July. [6] Series (base 1976 = 100) replacing former series. [7] ∅: official estimates based on 12 months. [8] Index base: 1977 = 100. [9] ∅: March–Dec.

[1] Série remplaçant la précédente. [2] Série enchaînée à la précédente. [3] Indices base: 1972 = 100. [4] 1972–1975: non compris les groupes «Loyer» et «Divers»; série enchaînée à la précédente. [5] ∅: janv., avril et juillet. [6] Série (base 100 en 1976) remplaçant la précédente. [7] ∅: estimations officielles fondées sur 12 mois. [8] Indices base: 1977 = 100. [9] ∅: mars–déc.

[1] Serie que substituye a la anterior. [2] Serie enlazada con la anterior. [3] Indices base: 1972 = 100. [4] 1972–1975: excl. los grupos «Alquiler» y «Varios»; serie enlazada con la anterior. [5] ∅: enero, abril y julio. [6] Serie (base 1976 = 100) que substituye a la anterior. [7] ∅: estimaciones oficiales basadas sobre 12 meses. [8] Indices base: 1977 = 100. [9] ∅: marzo–dic.

22 General indices
Indices généraux
Indices generales

(1970 = 100)

Country Pays País	1971	1972	1973	1974	1975	1976	1977	1978	1979	1980
Italie										
B	104.8	110.8	122.8	146.3	171.1	199.8	236.6 [1]	265.3	304.5	369.1
Luxembourg [2]										
B	104.7	110.1	116.8	128.0	141.7	155.6	166.0	171.1	178.9	190.2
Malta										
B	102.3	105.7	113.9	122.2	129.7	133.7 [1]	147.0	154.0	165.0	191.0
Netherlands										
B	107.6	116.0	125.2	137.3	151.3	164.6	175.6	182.7 [1]	190.5	202.9
Norway										
B	106.0	113.7	122.4	133.9 [1]	149.4	163.1	177.8	192.3	201.6	223.6 [1]
Pologne	99.9	99.9	102.7	110.0	113.3	118.3	124.1	134.2	143.6	157.1
Portugal [3] [2]										
B	.	.	.	.	.	.	*127.4*	*155.4*	*193.0* [4]	*225.0*
Lisbonne	112.0	124.0	140.0	175.1	201.8	244.2	302.5	346.0	434.9	486.1
Roumanie	100.6	100.6	101.3	102.4	102.6	103.2	103.8	105.5	107.6	109.9
Suisse										
B	106.6	113.7	123.6	135.7	144.8	147.3	149.2	150.8 [1]	156.2	162.5
Sweden										
B	107.4	113.8	121.5	133.5	146.6	161.7	180.1	198.1	212.4	241.5
Turquie [2] (Ankara)										
B	116	131	153	182	218	252	323	483	757	1 639
United Kingdom										
B	109.4	117.2	128.0	148.4	184.4	214.9	249.0	269.6	305.8	360.8
Yugoslavia										
B	115.6	134.8	161.3	195.3	242.7	271.0	311.5	355.9	429.2	558.7
OCEANIA – OCÉANIE – OCEANIA										
American Samoa [5] (Pago-Pago)	.	.	.	*100.0*	*119.1*	*119.9*	*125.7*	*132.9*	*156.2*	*182.6*
Australia										
B	106.1	112.3	122.9	141.5	162.8	184.9	207.6	224.0	244.3	269.2
Cook Islands (Rarotonga)										
B	110.6	123.2	135.1	152.6	176.5	217.1	261.6	292.2	324.9	...
Fiji										
B	106.5	116.2	129.2	147.9 [1]	167.2	186.3	199.3	211.5	227.8 [1]	260.8
Guam [6]										
B	.	.	*100.0*	*115.1*	*126.2*	*129.3*	*133.6*	*150.8*	*169.1*	*199.7*
Kiribati										
Tarawa [7]	*100.0*	*104.6*	*118.1*	*133.6*	*151.9*	.	.	.	.	.
Tarawa [3]	.	.	.	.	.	*100.0*	*108.6*	*121.5*	*131.6*	...
New Zealand										
B	110.6	118.2	127.7	141.8	162.7	190.4	217.8	243.8	277.1	324.7
Niue [8]	.	*100.0*	*115.3*	*135.2*	*164.3*	*232.1* [1]	*275.7*	*317.1*	*346.2*	...

Explanations and sources: see p. 511 – Explications et sources: voir p. 512 – Explicaciones y fuentes: véase p. 513

[1] Series linked to former series. [2] Excl. "Rent". [3] Index base: 1976 = 100. [4] ∅: Jan.-Aug. and Oct.-Dec. [5] Index base: 1974 = 100. [6] Index base: 1973 = 100. [7] Index base: 1971 = 100. [8] Index base: 1972 = 100.

[1] Série enchaînée à la précédente. [2] Non compris le groupe «Loyer». [3] Indices base: 1976 = 100. [4] ∅: janv.-août et oct.-déc. [5] Indices base: 1974 = 100. [6] Indices base: 1973 = 100. [7] Indices base: 1971 = 100. [8] Indices base: 1972 = 100.

[1] Serie enlazada con la anterior. [2] Excl. el grupo «Alquiler». [3] Indices base: 1976 = 100. [4] ∅: enero-agosto y oct.-dic. [5] Indices base: 1974 = 100. [6] Indices base: 1973 = 100. [7] Indices base: 1971 = 100. [8] Indices base: 1972 = 100.

22 General indices
Indices généraux
Indices generales

(1970 = 100)

Country Pays País	1971	1972	1973	1974	1975	1976	1977	1978	1979	1980
Nouvelle-Calédonie (Nouméa)										
B	108.2	116.6	124.0	139.8	156.8	165.9	175.8	188.6	200.5	225.8
Papua New Guinea [1]										
B	*100.0*	*106.1*	*114.9*	*141.6*	*156.4*	*168.6* [2]	*176.0*	*186.2*	*196.9*	*220.7*
Polynésie française (Papeete)										
B	103.5	108.8	117.6 [2]	138.8	161.5	171.5	187.1	198.2	217.2	243.2
Samoa (Apia)										
B	104.6	112.6	▌*100.0* [3]	*124.9*	*135.9*	*142.7*	*163.3*	*166.8*	*185.3*	*246.6*
Solomon Islands [1] [4] (Honiara)										
B	*100.0*	*107.0*	*110.4*	*131.2*	*144.4*	*150.6*	*163.3*	▌*100.0* [5]	*108.0*	*122.2*
Tonga [4]										
B	102.1	108.8	131.4	150.6	165.8	177.6	208.7	228.7	241.2	295.2
Vanuatu										
Vila [1] [4] [6]										
B	*100.0*	*108.8*	*115.7*	*149.4*	*155.0* [7]	.	.	.	.	.
[8] [9] [6]										
B	.	.	.	.	.	*100.0*	*104.2* [10]	*113.0* [11]	*116.8*	*129.3* [12]
USSR – URSS – URSS										
URSS	99.9	99.7	99.7	99.6	99.7	99.7	100.0	100.7	101.8	102.9
RSS de Biélorussie	99.6	99.4	99.4	99.3	99.4	99.5	...	...	...	...
RSS d'Ukraine	99.8	99.7	99.7	99.8	99.9	99.9	100.3	101.1	102.2	103.5

Explanations and sources: see p. 511 – Explications et sources: voir p. 512 – Explicaciones y fuentes: véase p. 513

[1] Index base: 1971 = 100. [2] Series linked to former series. [3] Beginning 1973: excl. "Rent"; series (base 1973 = 100) replacing former series. [4] Excl. "Rent". [5] Beginning 1978: incl. "Rent"; series (base 1978 = 100) replacing former series. [6] Low income group. [7] ∅: Jan.-Sep. [8] Index base: 1976 = 100. [9] Urban areas; indices based on prices paid in francs. [10] ∅: Jan.-June. [11] ∅: April-Dec. [12] ∅: Jan.-March and Oct.-Dec.

[1] Indices base: 1971 = 100. [2] Série enchaînée à la précédente. [3] Dès 1973: non compris le groupe «Loyer»; série (base 1973 = 100) remplaçant la précédente. [4] Non compris le groupe «Loyer». [5] A partir de 1978: y compris le groupe «Loyer»; série (base 100 en 1978) remplaçant la précédente. [6] Familles à revenu modique. [7] ∅: janv.-sept. [8] Indices base: 1976 = 100. [9] Régions urbaines; indices fondés sur des prix payés en francs. [10] ∅: janv.-juin. [11] ∅: avril-déc. [12] ∅: janv.-mars et oct.-déc.

[1] Indices base: 1971 = 100. [2] Serie enlazada con la anterior. [3] A partir de 1973: excl. el grupo «Alquiler»; serie (base 1973 = 100) que substituye a la anterior. [4] Excl. el grupo «Alquiler». [5] A partir de 1978: incl. el grupo «Alquiler»; serie (base 1978 = 100) que substituye a la anterior. [6] Familias de ingresos módicos. [7] ∅: enero-sept. [8] Indices base: 1976 = 100. [9] Areas urbanas; índices basados en los precios pagados en francos. [10] ∅: enero-junio. [11] ∅: abril-dic. [12] ∅: enero-marzo y oct.-dic.

23 Food indices
Indices de l'alimentation
Indices de la alimentación

(1970 = 100)

Country Pays País	1971	1972	1973	1974	1975	1976	1977	1978	1979	1980
AFRICA – AFRIQUE – AFRICA										
Algérie (Alger)										
B	102.7	106.7	118.7	127.1	141.7	162.1	187.9	223.8	254.0	...
Botswana [1]										
B	.	.	.	.	.	*100.0*	*114.6*	*127.7*	*141.7*	*167.5*
Gaborone	99.4	105.5	121.7	142.8	157.6	166.2	.	.	.	.
Burundi (Bujumbura) [2]										
B	104.9	106.9	113.2	135.5	161.1	171.2	199.5	225.4	295.5	321.2
Rép.-Unie du Cameroun										
Yaoundé, Afric.										
B	106.3	119.1	129.9	148.2	172.1	191.3	236.3	263.5	276.1	301.2
Yaoundé, Europ.										
B	106.1	114.5	122.8	146.1	171.2	186.8	213.4	231.7	251.6	270.1
Cap-Vert (Praya)										
B	121.0	135.8	154.9	236.4	300.6	304.3	342.0	435.8	...	...
Rép. centrafricaine (Bangui, Europ.)										
B	108.1	118.4	125.3	137.4	158.0	172.1	193.0 [3]	215.0	...	...
Congo (Brazzaville, Europ.)										
B	104.9	115.7	121.4	128.4	150.7	158.0	...	...	...	...
Côte-d'Ivoire										
Abidjan, Afric.										
B	98.2	97.1	114.3	135.0	149.0	159.8	223.7	249.0	303.4	360.6
Abidjan, Europ.										
B	105.3	110.5	114.7	134.6	169.0	192.5	215.8	234.1	257.6	284.0
Egypt										
B	105.4	108.3	115.6	135.2	151.6	174.0	198.9	217.9	234.2	296.7
Ethiopia (Addis Ababa)										
B	99.9	87.9	99.2	107.7	112.5	159.6	186.4	218.2	257.5	271.0
Gabon										
Libreville, Afric. [4]										
B	*100.0*	*106.1*	*113.3*	*121.8*	▌ *106.6* [5]	. [6]	.	*156.9*	...	...
Libreville [7]										
B	103.6	111.1	125.2 [8]	143.7	162.5	.	.	235.9	...	...
Gambia (Banjul-Kombo, St.Mary)										
B	103.1	113.2	120.0	135.9	182.6	217.9	245.1	260.6	275.8	290.1
Ghana										
B	112	124	150	173	227	380	952	1 518	2 454	3 737
Kenya [9] (Nairobi) [10]										
B	.	*100.0*	*104.8*	*123.6*	*149.5*	*159.6* [8]	*179.9*	*201.0*	*212.3*	*243.5*
Lesotho [11] [12]										
B	.	*91.7* [13]	*100.0*	*114.6*	*135.8*	*149.5*	*188.8*	*217.7*	*239.2*	*295.6*
Liberia (Monrovia)										
B	90.8	90.8	118.2	149.4	172.4	171.4	188.3	209.6	233.9	255.0
Libyan Arab Jamahiriya (Tripoli)										
B	88.9	80.9	74.1	79.3	85.0	95.9	107.4	120.0	...	...
Madagascar (Tananarive) [14]										
B	105.3	111.9	122.3 [8]	159.1	169.9	176.3	178.8	192.5	220.2	261.5

Explanations and sources: see p. 511 – Explications et sources: voir p. 512 – Explicaciones y fuentes: véase p. 513

[1] Index base: 1976 = 100. [2] Government officials. [3] ∅: Jan.-June and Sep.-Dec. [4] Index base: 1971 = 100. [5] June-Dec.; series (base VI 1975 = 100) replacing former series. [6] ∅: official estimate. [7] High income group. [8] Series linked to former series. [9] Index base: 1972 = 100. [10] Middle income group. [11] Index base: 1973 = 100. [12] Low income group. [13] October. [14] Madagascans.

[1] Indices base: 1976 = 100. [2] Fonctionnaires. [3] ∅: janv.-juin et sept.-déc. [4] Indices base: 1971 = 100. [5] Juin-déc.; série (base VI 1975 = 100) remplaçant la précédente. [6] ∅: estimation officielle. [7] Familles à revenu élevé. [8] Série enchaînée à la précédente. [9] Indices base: 1972 = 100. [10] Familles à revenu moyen. [11] Indices base: 1973 = 100. [12] Familles à revenu modique. [13] Octobre. [14] Malgaches.

[1] Indices base: 1976 = 100. [2] Funcionarios. [3] ∅: enero-junio y sept.-dic. [4] Indices base: 1971 = 100. [5] Junio-dic.; serie (base VI 1975 = 100) que substituye a la anterior. [6] ∅: estimación oficial. [7] Familias de ingresos elevados. [8] Serie enlazada con la anterior. [9] Indices base: 1972 = 100. [10] Familias de ingresos medios. [11] Indices base: 1973 = 100. [12] Familias de ingresos módicos. [13] Octubre. [14] Malgaches.

23 Food indices
Indices de l'alimentation
Indices de la alimentación

(1970 = 100)

Country Pays País	1971	1972	1973	1974	1975	1976	1977	1978	1979	1980
Madagascar (Tananarive, Europ.)										
B	107.1	114.4	119.9 [1]	138.6	157.6	171.7	187.8	201.6	224.0	258.0
Malawi										
Blantyre [2]										
B	111.2	115.9	123.8	144.2	171.8	175.7	178.7	190.0	216.4	269.9
Blantyre [3]										
B	110.6	115.2	119.3	134.6	153.2	158.2	176.9	197.5	206.7	245.5
Mali (Bamako)										
	120.7	130.0	168.0	171.5	181.6	196.2	245.3	326.7	313.3	382.7
Maroc [4]										
B	.	.	.	*100.0*	*107.6*	*118.6*	*135.0*	*146.3*	*155.7*	*168.1*
Mauritanie (Nouakchott, Europ.)										
B	109.6	119.2	132.4	153.8 [5]	▌ *100.0* [6]	*119.5*	*128.4*	*139.8*	...	...
Mauritius										
B	100.1	106.3	123.0	162.9	189.0	200.9 [1]	218.2	232.7	266.1	402.4
Mozambique (Maputo)										
	113.6	129.5	127.3	155.3	173.5	107.0	.	.	.	.
Niger										
Niamey, Afric.										
B	105.5	122.7	143.8	147.8	159.9	201.3	255.1	273.0	292.1	318.4 [7]
Niamey, Europ.										
B	104.6	108.6	113.2	124.2	141.4	163.1	182.7	205.0	238.3	266.8 [7]
Nigeria [8 9]										
B	.	.	.	.	*100.0*	.	.	*171.9*	*185.7*	...
[8 10]										
B	.	.	.	.	*100.0*	*128.1*	*155.2*	*196.3*	*210.2*	...
Lagos [2]										
B	126.2	128.1	125.1 [11]	150.0	214.4	268.4	358.2	.	.	.
Réunion (Saint-Denis)										
B	103.1	111.7 [1]	132.8	156.3	175.4	187.9	217.9	232.4	▌ *108.0* [12]	*118.9*
Rwanda (Kigali)										
	107	113	118	156	205	198	204	237	267	268
Sénégal (Dakar)										
B	105.0	111.8	134.2	152.1	213.2	209.9	230.8	247.6	265.0	290.9
Seychelles [13]										
B	.	.	.	.	.	.	*100.0*	*109.8*	*114.6*	*131.3*
Victoria										
	118.4	152.3	188.2	▌ *100.0* [14]	*122.1*	*142.5*	*162.2*	*178.0*	.	.
Sierra Leone (Freetown)										
B	96.2	104.6	114.0	135.2	166.5	195.4	209.7	226.9	280.3	306.0
Somalia (Mogadishu)										
B	99.3	96.9	107.2	127.9	154.5	182.9	206.9	236.2	...	...

Explanations and sources: see p. 511 – Explications et sources: voir p. 512 – Explicaciones y fuentes: véase p. 513

[1] Series linked to former series. [2] Low income group. [3] High income group. [4] Index base: 1974 = 100. [5] ∅: Jan.-July and Sep.-Dec. [6] Series (base 1975 = 100) replacing former series. [7] ∅: Jan.-Aug. and Oct.-Dec. [8] Index base: 1975 = 100. [9] Rural and urban areas. [10] Urban areas. [11] Jan.-Sep. and Dec. [12] Series (base 1978 = 100) replacing former series. [13] Index base: 1977 = 100. [14] Series (base 1974 = 100) replacing former series.

[1] Série enchaînée à la précédente. [2] Familles à revenu modique. [3] Familles à revenu élevé. [4] Indices base: 1974 = 100. [5] ∅: janv.-juillet et sept.-déc. [6] Série (base 100 en 1975) remplaçant la précédente. [7] ∅: janv.-août et oct.-déc. [8] Indices base: 1975 = 100. [9] Régions rurales et urbaines. [10] Régions urbaines. [11] Janv.-sept. et déc. [12] Série (base 100 en 1978) remplaçant la précédente. [13] Indices base: 1977 = 100. [14] Série (base 100 en 1974) remplaçant la précédente.

[1] Serie enlazada con la anterior. [2] Familias de ingresos módicos. [3] Familias de ingresos elevados. [4] Indices base: 1974 = 100. [5] ∅: enero-julio y sept.-dic. [6] Serie (base 1975 = 100) que substituye a la anterior. [7] ∅: enero-agosto y oct.-dic. [8] Indices base: 1975 = 100. [9] Areas rurales y urbanas. [10] Areas urbanas. [11] Enero-sept. y dic. [12] Serie (base 1978 = 100) que substituye a la anterior. [13] Indices base: 1977 = 100. [14] Serie (base 1974 = 100) que substituye a la anterior.

23 Food indices
Indices de l'alimentation
Indices de la alimentación

(1970 = 100)

Country Pays País	1971	1972	1973	1974	1975	1976	1977	1978	1979	1980
South Africa [1]										
B	104.8	112.1	129.4	148.7	170.9	183.6	202.4	228.5	264.4	314.5
Sudan										
B	99.2	109.5	127.4	159.9	204.9	201.2	239.0	302.2	398.3	...
Swaziland (Mbabane–Manzini) [2]										
B	102.3	103.8	120.0	143.9	160.8	169.9	201.7	218.5	248.0	309.4
Tanzania										
B	105.8	115.4	128.5	173.8	227.0	226.5	257.9	297.7	334.3	425.3
Tchad										
N'Djamena [3]										
B	.	.	.	*111.3* [4]	*100.0*	*98.1* [5]	*144.2*	*155.0*	...	...
N'Djamena [6]										
B	106.0	108.6	115.8	128.6 [7]	148.0	144.6	163.9	182.2	...	...
Togo (Lomé)										
B	110.4	119.0	121.4	136.4	169.0	198.8	252.1	230.4	246.3	...
Tunisie [8]										
B	.	.	.	.	.	.	.	*106.2*	*116.1*	*131.9*
Tunis [9]	110.3	113.0	120.5	121.5	133.0	141.5	148.1	157.7	.	.
Uganda (Kampala) [2]										
B	124.7	117.8	139.7	245.2	302.7	490.4	880.1 [10]	...	...	...
Zaïre (Kinshasa)										
B	110	133	155	200 [7]	261	515	863	1 423	▮ *1 083* [11]	*1 313*
Zambia [2]										
B	105.9	110.9	118.7	129.0	143.7	176.0	208.0	243.4	265.1	273.4
Zimbabwe [2]										
B	102.3	105.2	109.6	117.3	132.0	142.5	154.8	170.2	190.7	197.7
AMERICA – AMÉRIQUE – AMERICA										
Antigua										
B	110.1	121.2	146.2	192.0	223.6	246.1	277.8	295.0	337.6 [5]	...
Argentina (Buenos Aires)										
B	142	231	359	413	1 187	6 632	▮ *4 506* [12]	*11 860*	*31 865*	*62 163*
Bahamas [13] (Nassau)										
B	.	*100.0*	*105.4*	*125.1*	*139.7*	*143.8*	*146.4*	*158.4*	*175.6*	*202.2*
Barbados										
B	108.2	126.3	148.7	214.6	262.5	273.7	297.0	326.9	363.2	406.8 [7]
Bermuda	107.9	119.2	143.6	175.9	182.0	176.4	179.7	▮ *100.0* [14]	*111.0*	*133.4*
Bolivia (La Paz)										
B	104.0	110.6	149.3	271.2	285.6	292.5	316.5	348.2	413.1	609.6
Brasil (Sao Paulo) [13]										
B	.	*100*	*120*	*154*	*199*	*267*	*372*	*523*	*820*	*1 503*

Explanations and sources: see p. 511 – Explications et sources: voir p. 512 – Explicaciones y fuentes: véase p. 513

[1] White population. [2] Low income group. [3] Low income group; index base: 1975 = 100. [4] ∅: Jan., Feb. and April–Dec. [5] ∅: Jan.–Nov. [6] High income group. [7] Series linked to former series. [8] Index base: 1977 = 100. [9] Metropolitan area. [10] ∅: Jan.–March and July–Sep. [11] March–Dec.; series (base 1975 = 100) replacing former series. [12] Series (base 1974 = 100) replacing former series. [13] Index base: 1972 = 100. [14] Series (base 1978 = 100) replacing former series.

[1] Population blanche. [2] Familles à revenu modique. [3] Familles à revenu modique; indices base: 1975 = 100. [4] ∅: janv., fév. et avril–déc. [5] ∅: janv.–nov. [6] Familles à revenu élevé. [7] Série enchaînée à la précédente. [8] Indices base: 1977 = 100. [9] Région métropolitaine. [10] ∅: janv.–mars et juillet–sept. [11] Mars–déc.; série (base 1975 = 100) remplaçant la précédente. [12] Série (base 100 en 1974) remplaçant la précédente. [13] Indices base: 1972 = 100. [14] Série (base 100 en 1978) remplaçant la précédente.

[1] Población blanca. [2] Familias de ingresos módicos. [3] Familias de ingresos módicos; índices base: 1975 = 100. [4] ∅: enero, febr. y abril–dic. [5] ∅: enero–nov. [6] Familias de ingresos elevados. [7] Serie enlazada con la anterior. [8] Indices base: 1977 = 100. [9] Area metropolitana. [10] ∅: enero–marzo y julio–sept. [11] Marzo–dic.; serie (base 1975 = 100) que substituye a la anterior. [12] Serie (base 1974 = 100) que substituye a la anterior. [13] Indices base: 1972 = 100. [14] Serie (base 1978 = 100) que substituye a la anterior.

23 Food indices
Indices de l'alimentation
Indices de la alimentación

(1970 = 100)

Country Pays País	1971	1972	1973	1974	1975	1976	1977	1978	1979	1980
Canada										
B	101.1	108.8	124.7	145.0	163.7	168.0	182.1	210.3	238.0	263.5
Colombia (Bogotá) [1]										
B	107.5	128.1	168.9	214.6	281.2	328.6	447.9	508.0	626.9 [2]	856.4
Costa Rica (San José) [3]										
B	103.7	104.9	127.6 [4]	165.0 [5]	191.9	191.6 [2]	201.0	221.7	249.7	303.9
Chile (Santiago)										
B	124	267	1 270	7 793	35 821	112 040	208 672	280 924	368 167 [2]	500 946
Dominica										
B	102.0	104.6	118.5	163.2	192.6	213.1	228.1	239.8	289.7 [6]	...
República Dominicana [7]										
	.	.	.	.	.	.	.	*100.0*	*110.9*	*128.0*
Santo Domingo [8]										
B	*100.0*	*106.0*	*125.5*	*147.7*	*173.9*	*169.0*	*184.8*	*179.2*	*205.2*	.
Ecuador (Quito)										
B	106.5	118.3	142.3	188.4	223.4	244.7	283.0	312.1	343.2	380.9
El Salvador [9]										
B	100.2 [10]	101.3	108.9	127.8	154.1	164.8	179.1	198.3	▌ *100.0* [11]	*119.7*
Falkland Is.(Malvinas) [12] (Stanley)										
	91.0 [13]	*94.5* [4]	*100.0*	*110.1*	*127.1*	*131.2*	*149.9*	*158.0*	*165.5*	*181.6*
Greenland [8]										
B	*100.0*	*106.8*	*122.3*	*144.7*	*166.0*	*185.4*	*203.9*	*223.3*	*244.7*	*270.9*
Guadeloupe [9]										
B	107.8	117.0	126.2	149.9	174.3	188.6 [14]	206.7 [15]	223.3	246.2 [16]	288.5
Guatemala [17]										
B	.	.	.	.	*100.0*	*109.6*	*121.7*	*127.3*	*140.4*	*156.1*
Guatemala										
	98.1	98.2	117.1	135.7	155.5	.	.	.	.	.
Guyana [9]										
B	101.2	110.1	123.3	155.9	169.0	192.3	208.7	244.7	291.0	326.2
Guyane française (Cayenne)										
B	107.8 [18]	113.1	121.7	144.6	162.4 [19]	174.6	197.8	212.6 [20]	228.9	252.3
Haïti (Port-au-Prince)										
B	107.2	117.9	150.2	169.1	200.5	213.2	229.7	213.7	247.1	312.8
Honduras										
B	103.2	108.1	113.7	133.1	145.6	151.4	168.5	178.9	193.1	230.1
Jamaica										
B	106.6	111.7	139.3	179.9	211.7	230.7	252.3	344.9	459.4	614.3

Explanations and sources: see p. 511 – Explications et sources: voir p. 512 – Explicaciones y fuentes: véase p. 513

[1] Low income group. [2] Series linked to former series. [3] Metropolitan area. [4] ∅: June-Dec. [5] ∅: June, Aug. and Oct.-Dec. [6] ∅: Jan.-Aug. and Nov.-Dec. [7] Index base: 1978 = 100. [8] Index base: 1971 = 100. [9] Urban areas. [10] ∅: Jan.-May and Aug.-Dec. [11] Series (base 1979 = 100) replacing former series. [12] Index base: 1973 = 100. [13] January. [14] ∅: Jan.-July. [15] ∅: Feb.-Dec. [16] Prior to 1979: Basse-Terre only; series linked to former series. [17] Index base: 1975 = 100. [18] ∅: Jan.-July and Sep.-Dec. [19] ∅: Jan.-May and Sep.-Dec. [20] ∅: Jan.-June and Sep.-Dec.

[1] Familles à revenu modique. [2] Série enchaînée à la précédente. [3] Région métropolitaine. [4] ∅: juin-déc. [5] ∅: juin, août et oct.-déc. [6] ∅: janv.-août et nov.-déc. [7] Indices base: 1978 = 100. [8] Indices base: 1971 = 100. [9] Régions urbaines. [10] ∅: janv.-mai et août-déc. [11] Série (base 100 en 1979) remplaçant la précédente. [12] Indices base: 1973 = 100. [13] Janvier. [14] ∅: janv.-juillet. [15] ∅: fév.-déc. [16] Avant 1979: Basse-Terre seulement; série enchaînée à la précédente. [17] Indices base: 1975 = 100. [18] ∅: janv.-juillet et sept.-déc. [19] ∅: janv.-mai et sept.-déc. [20] ∅: janv.-juin et sept.-déc.

[1] Familias de ingresos módicos. [2] Serie enlazada con la anterior. [3] Area metropolitana. [4] ∅: junio-dic. [5] ∅: junio, agosto y oct.-dic. [6] ∅: enero-agosto y nov.-dic. [7] Indices base: 1978 = 100. [8] Indices base: 1971 = 100. [9] Areas urbanas. [10] ∅: enero-mayo y agosto-dic. [11] Serie (base 1979 = 100) que substituye a la anterior. [12] Indices base: 1973 = 100. [13] Enero. [14] ∅: enero-julio. [15] ∅: febr.-dic. [16] Antes de 1979: Basse-Terre solamente; serie enlazada con la anterior. [17] Indices base: 1975 = 100. [18] ∅: enero-julio y sept.-dic. [19] ∅: enero-mayo y sept.-dic. [20] ∅: enero-junio y sept.-dic.

23 Food indices
Indices de l'alimentation
Indices de la alimentación

(1970 = 100)

Country Pays País	1971	1972	1973	1974	1975	1976	1977	1978	1979	1980
Martinique (Fort-de-France)										
B	107.8	112.4	121.3	148.4	165.8	181.4	199.6	215.0	234.4	...
México [1]										
B	.	*100.0*	*115.7*	*150.3*	*173.7*	*197.7*	*245.4*	*285.7*	*338.3*	*422.9*
Montserrat [2]										
	.	.	.	*73.6* [3]	*100.0*	*109.1*	*125.3*	*137.9*	*168.0*	*208.0*
Netherlands Antilles [4]										
B	*100.0*	*106.8*	*123.2*	*168.5*	*207.5* [5]	*219.4*	*232.6*	*257.3*	*291.3*	*333.5*
Nicaragua [6] (Managua) [7]										
B	.	.	*88.5* [8]	*100.0*	*107.7*	*109.0*	*125.1*	*129.6*	*211.7*	*315.6*
Panamá (Panamá)										
B	102.5	107.1	117.6	144.4	154.3	156.5	161.1	171.1	188.6	212.3
Paraguay (Asunción)										
B	108.6	120.7	146.8	183.2	191.6	199.7	222.2	251.0	324.9	386.5
Perú (Lima) [7]										
B	106.8	114.7	126.3 [9]	150.0	199.2	263.2	369.2	589.5	1 027.0	▌ *158.8* [10]
Puerto Rico										
B	105.7	109.5	123.3	160.2	174.4	173.3	182.9	193.7	207.6	228.2 [11]
St. Kitts-Nevis-Anguilla (St. Kitts)										
	101.3	118.6	138.8	181.8	197.9	221.6	268.7	▌ *100.0* [12]	*111.0*	...
St. Lucia										
B	111.8	121.6	144.1	202.4	237.1	260.7	281.8	311.8	341.2	400.5
St. Vincent and the Grenadine (St. Vincent)										
	104.0	108.6	131.9	184.1	210.4	234.7	259.4	276.9	310.8	...
Suriname (Paramaribo)										
B	98.8	102.3	125.8	147.0	157.8	173.5	186.2	195.4	220.5	247.4
Trinidad and Tobago										
B	104.6	116.6	138.8	180.4	210.9	226.1 [9]	241.6	263.6	300.1	358.2
United States										
B	103.1	107.4	121.6	138.4	150.0	154.7	163.9	179.8 [9]	199.4	216.8
Uruguay (Montevideo)										
B	124	241	489 [9]	844	1 441	2 128	3 491	5 045	8 624	13 620
Venezuela (Caracas) [7]										
B	103.5	108.5	116.8	131.6	151.0	164.3	184.7	201.8	235.4	313.0
Virgin Islands (British) [13]										
	.	.	*100.0*	*126.4*	*144.8*	*144.6*	...	...	...	...
Virgin Islands (US)										
	107.9	117.5	144.2	189.7	192.0	194.4	209.9	222.3	...	...
ASIA – ASIE – ASIA										
Afghanistan [14] (Kabul)										
B	.	.	.	.	.	.	.	.	*108.5*	*104.0*

Explanations and sources: see p. 511 – Explications et sources: voir p. 512 – Explicaciones y fuentes: véase p. 513

[1] Index base: 1972 = 100. [2] Index base: 1975 = 100. [3] March. [4] Index base: 1971 = 100. [5] Series linked to former series; Curaçao, Aruba and Bonaire; prior to 1975: excl. Bonaire and Windward Is. [6] Index base: 1974 = 100. [7] Metropolitan area. [8] December. [9] Series linked to former series. [10] Series (base 1979 = 100) replacing former series. [11] Series linked to former series; prior to 1980: wage earners only. [12] Series (base 1978 = 100) replacing former series. [13] Index base: 1973 = 100. [14] Index base: April 1978 – March 1979 = 100.

[1] Indices base: 1972 = 100. [2] Indices base: 1975 = 100. [3] Mars. [4] Indices base: 1971 = 100. [5] Série enchaînée à la précédente; Curaçao, Aruba et Bonaire; avant 1975: non compris Bonaire et les îles Windward. [6] Indices base: 1974 = 100. [7] Région métropolitaine. [8] Décembre. [9] Série enchaînée à la précédente. [10] Série (base 100 en 1979) remplaçant la précédente. [11] Série enchaînée à la précédente; avant 1980: ouvriers seulement. [12] Série (base 100 en 1978) remplaçant la précédente. [13] Indices base: 1973 = 100. [14] Indices base: avril 1978 – mars 1979 = 100.

[1] Indices base: 1972 = 100. [2] Indices base: 1975 = 100. [3] Marzo. [4] Indices base: 1971 = 100. [5] Serie enlazada con la anterior; Curaçao, Aruba y Bonaire; antes de 1975: excl. Bonaire y las islas Windward. [6] Indices base: 1974 = 100. [7] Area metropolitana. [8] Diciembre. [9] Serie enlazada con la anterior. [10] Serie (base 1979 = 100) que substituye a la anterior. [11] Serie enlazada con la anterior; antes de 1980: obreros solamente. [12] Serie (base 1978 = 100) que substituye a la anterior. [13] Indices base: 1973 = 100. [14] Indices base: abril 1978 – marzo 1979 = 100.

23 Food indices
Indices de l'alimentation
Indices de la alimentación

(1970 = 100)

Country Pays País	1971	1972	1973	1974	1975	1976	1977	1978	1979	1980
Bahrain [1]										
	.	.	.	.	*88.4* [2]	*100.0*	*113.6*	*125.6*	*128.3*	...
Bangladesh (Dacca) [3]										
B	110.1 [4]	147.6	▌ *147.3* [5]	*248.4*	*300.1*	*241.7*	*266.1*	*302.0*	*340.5*	*383.4*
Brunei [6] (Bandar Seri Begawan)										
	101.7 [7]	*100.0*	*112.4*	*134.9*	*139.6*	*150.1*	*170.6*	*175.2*	*178.8*	...
Burma (Rangoon)										
B	102.4	114.8	150.0	187.4	254.4	299.7	290.7	269.3	284.4	289.5
Cyprus										
B	104.9	111.9	121.4	145.9 [8]	159.3	163.5	▌ *100.0* [9]	*105.7*	*112.8*	*129.2*
Hong Kong [10]										
B	.	.	.	*103* [2]	*100*	*103*	*111*	*117*	*130*	*150*
	103.4	111.0	137.9	160.0	.	.	.	.	.	.
India [11]										
B	98.1	108.1	128.9	175.8	190.0	146.9	164.0	162.6	170.1	198.1
[12] *B*	101.5	108.0	131.0	171.0	178.5	156.0	171.5	173.0	181.0	203.0
[13] *B*	101.0	107.4	125.6	156.7	166.0	155.7	170.4	175.4	184.2	208.4
Delhi [12] *B*	103.3	107.9	129.0	164.0	163.1	153.3	165.9	171.5	176.6	193.0
Indonesia [14]										
B	.	.	.	.	.	.	.	.	*133.2* [15]	*152.9*
Djakarta *B*	102.6	113.2	162.4	229.4	276.5	337.5	373.5	402.6		
Iran										
B	106.6	115.9	123.9	143.5	161.0	172.1	204.5	243.1	297.7 [15]	382.5
Iraq [16]										
B	.	.	*100.0*	*110.1*	*120.8*	*134.3*	*145.3*	*153.4*	...	...
Baghdad	104.2	109.5	115.7	128.8	146.2	152.8	168.8	176.1	.	.
Israel										
B	114	123	149	215	315	402	570 [17]	834	1 487	3 914
Japan										
B	105.9	110.1	124.4	158.9	179.5	195.9	209.0	216.3	221.0	234.3
Jordan [10]										
B	.	.	.	.	*100.0*	*114.6*	*131.0*	*135.7*	*143.6*	*159.2*
Amman	106.2	118.0	140.3	189.1	218.7	266.5	383.6		.	.
Korea, Republic of										
B	118.8	134.7	138.1	176.3	232.6	274.0	305.8	356.7	406.0	514.2
Kuwait [6]										
B	.	*100.0*	*115.3*	*135.9*	*153.7*	*163.7*	*175.4*	*181.3*	*186.5*	*206.9*
République dém. pop. lao (Vientiane)										
	100.6	135.8	190.7	289.9	544.9	.	.	.	.	.
Liban (Beyrouth)										
	102.6	111.5	122.3	142.7	148.4 [18]	.	.	.	.	.

Explanations and sources: see p. 511 – Explications et sources: voir p. 512 – Explicaciones y fuentes: véase p. 513

[1] Index base: 1976 = 100. [2] ∅: July–Dec. [3] Government officials. [4] ∅: Jan., Feb. and April–Dec. [5] Series (base 1972 = 100) replacing former series. [6] Index base: 1972 = 100. [7] July. [8] Jan.–July and Sep.–Dec.; series linked to former series. [9] Series (base 1977 = 100) replacing former series. [10] Index base: 1975 = 100. [11] Agricultural workers. [12] Industrial workers. [13] Urban non-manual employees. [14] Index base: April 1977 – March 1978 = 100. [15] ∅: March–Dec. [16] Index base: 1973 = 100. [17] Series linked to former series. [18] ∅: Jan.–July.

[1] Indices base: 1976 = 100. [2] ∅: juillet–déc. [3] Fonctionnaires. [4] ∅: janv., fév. et avril–déc. [5] Série (base 100 en 1972) remplaçant la précédente. [6] Indices base: 1972 = 100. [7] Juillet. [8] Janv.–juillet et sept.–déc.; série enchaînée précédente. [9] Série (base 100 en 1977) remplaçant la précédente. [10] Indices base: 1975 = 100. [11] Ouvriers agricoles. [12] Travailleurs de l'industrie. [13] Employés urbains. [14] Indices base: avril 1977 – mars 1978 = 100. [15] ∅: mars–déc. [16] Indices base: 1973 = 100. [17] Série enchaînée à la précédente. [18] ∅: janv.–juillet.

[1] Indices base: 1976 = 100. [2] ∅: julio–dic. [3] Funcionarios. [4] ∅: enero, febr. y abril–dic. [5] Serie (base 1972 = 100) que substituye a la anterior. [6] Indices base: 1972 = 100. [7] Julio. [8] Enero–julio y sept.–dic.; serie enlazada con la anterior. [9] Serie (base 1977 = 100) que substituye a la anterior. [10] Indices base: 1975 = 100. [11] Obreros agrícolas. [12] Trabajadores industriales. [13] Empleados urbanos. [14] Indices base: abril 1977 – marzo 1978 = 100. [15] ∅: marzo–dic. [16] Indices base: 1973 = 100. [17] Serie enlazada con la anterior. [18] ∅: enero–julio.

23 Food indices
Indices de l'alimentation
Indices de la alimentación

(1970 = 100)

Country Pays País	1971	1972	1973	1974	1975	1976	1977	1978	1979	1980
Peninsular Malaysia										
B	101.5	104.7	121.4	153.1	158.8	162.0	170.8	179.3	183.4	190.0
Malaysia: Sabah										
B	103.3	106.2	119.1	147.4	158.0	159.2	164.6	167.6	174.7	189.0
Malaysia: Sarawak										
B	98.4	103.4	119.0	146.4	152.6	160.1	170.2	170.4	177.8	193.0
Nepal [1]										
B	.	.	.	*100.0*	*104.9*	*96.4*	*110.5*	*117.7*	*121.1*	*141.1*
Kathmandu [2]										
B	*100.0*	*109.9*	*122.8*	*145.0*	*163.9*	*151.9*	*171.3*	*180.5*	*190.9*	*226.1*
Pakistan [2]										
B	*100.0*	*104.5*	*131.4*	*171.1*	*209.1*	*221.6*	*246.6*	*260.4*	*279.0*	*307.1*
Philippines [3]										
B	.	*100.0*	*115.6*	*155.3*	*163.4*	*178.5*	*195.6*	*207.9*	*239.2*	*274.7*
Manila [4]										
	133.4	157.4	164.4	237.1	253.3	.	.	.	.	.
Singapore										
B	102.5	105.3	142.7	❚ *125.6* [5]	*127.0*	*119.3*	*125.1*	*132.6*	❚ *102.8* [6]	*110.7*
Sri Lanka (Colombo)										
B	101.9	108.0	121.7	138.9	149.6	148.0	148.9	174.0	192.8	248.8
République arabe syrienne (Damas)										
B	104	104	127	146	173	198	❚ 234 [7]	246	260	310
Thailand (Bangkok Metropolis)										
B	100.6	107.1	122.5	157.4	163.8	172.8	192.7	209.0 [8]	228.2	271.0
Yemen [3] (Sanaa)										
	.	*100*	*142*	*166*	*203*	...	...	...	...	...
Democratic Yemen (Aden)										
	107.5	112.3	139.6	171.7	184.9	189.6	191.5	...	...	...
EUROPE – EUROPE – EUROPA										
Austria										
B	103.8	109.8	118.4	128.3	136.4	144.4	153.5 [8]	158.7	162.9	170.3
Belgique										
B	101.9	108.6 [8]	117.3	128.3	142.7	159.6 [8]	169.3	171.7	172.6	178.8
Bulgarie										
	100.2	100.2	101.1	102.2	102.8	103.3	103.5	104.8	111.3	...
Czechoslovakia										
B	99.6	99.4	99.5	99.7	99.6	100.8	102.2	104.1	105.6	105.8 [8]
Denmark										
B	106	116	131	147	163	181	202	222	❚ *148* [9]	*163*
España										
B	107.8	117.7	129.1	151.6	177.3	210.5	260.2	310.1	341.7	372.6
Faeroe Islands [10]										
	.	.	.	.	.	*100.0*	*103.2*	*108.3*	*118.6*	...
Finland										
B	104.4	114.1	128.3	148.8	179.5	208.8	247.6	257.5	265.9 [8]	300.1
France										
B	106.4	114.8	125.6	141.4	157.5	174.5	196.5	212.5	231.5	254.0

Explanations and sources: see p. 511 – Explications et sources: voir p. 512 – Explicaciones y fuentes: véase p. 513

[1] Index base: 1974 = 100. [2] Index base: 1971 = 100. [3] Index base: 1972 = 100. [4] Middle income group. [5] Series (base 1973 = 100) replacing former series. [6] Series (base 1978 = 100) replacing former series. [7] Series replacing former series. [8] Series linked to former series. [9] Series (base 1975 = 100) replacing former series. [10] Index base: 1976 = 100.

[1] Indices base: 1974 = 100. [2] Indices base: 1971 = 100. [3] Indices base: 1972 = 100. [4] Familles à revenu moyen. [5] Série (base 1973 = 100) remplaçant la précédente. [6] Série (base 100 en 1978) remplaçant la précédente. [7] Série remplaçant la précédente. [8] Série enchaînée à la précédente. [9] Série (base 100 en 1975) remplaçant la précédente. [10] Indices base: 1976 = 100.

[1] Indices base: 1974 = 100. [2] Indices base: 1971 = 100. [3] Indices base: 1972 = 100. [4] Familias de ingresos medios. [5] Serie (base 1973 = 100) que substituye a la anterior. [6] Serie (base 1978 = 100) que substituye a la anterior. [7] Serie que substituye a la anterior. [8] Serie enlazada con la anterior. [9] Serie (base 1975 = 100) que substituye a la anterior. [10] Indices base: 1976 = 100.

23 Food indices
Indices de l'alimentation
Indices de la alimentación

(1970 = 100)

Country Pays País	1971	1972	1973	1974	1975	1976	1977	1978	1979	1980
German Democratic Rep.	100.6	99.6	▮ 98.2 [1]	98.6	99.7	99.7	99.7	99.7	...	...
Germany, Fed. Rep. of *B*	103.8	109.8	117.9	123.5	130.0	136.0	142.7	144.7	147.2	153.3
Gibraltar *B*	110.5	124.0	150.2 [2]	186.6	224.4	251.7	299.4	324.0	352.9	385.1
Grèce *B*	105.1	109.3	132.5	169.2	189.2	215.4	245.5	280.5	333.3	425.2
Hongrie *B*	102.0	103.1	107.9	108.4	109.7	120.9	127.5	132.1	145.4	165.3
Iceland (Reykjavik) [3] *B*	102	119	154	224	338	460	610	876	1 162	1 921
Ireland *B*	107.4	120.1	139.8	160.3	194.7	226.9 [2]	264.2	290.5	333.4	369.1
Isle of Man [4]	.	.	.	.	.	*86.4* [5]	*100.0*	*108.9*	*122.3*	*142.0*
Italie *B*	104.0	110.6	123.9	145.9	172.2	201.6	240.5 [2]	271.6	307.6	355.6
Luxembourg *B*	103.5	110.5	118.3	129.0	143.5	160.9	167.4	170.0	174.5	180.8
Malta *B*	100.7	105.0	119.6	128.6	137.2	136.6 [2]	162.5	174.8	183.8	222.5
Netherlands *B*	104.2	111.1	119.9	128.5	138.8	152.5	162.8	▮ *116.3* [6]	*118.8*	*124.1*
Norway *B*	106.0	113.5	121.5	131.7 [2]	151.6	166.9	180.9	190.8	199.2	216.7 [2]
Pologne	101.9	101.8	102.8	113.1	114.1	118.0	124.0	136.8	147.9	163.7
Portugal [7] *B*	.	.	.	.	.	.	*131.9*	*161.5*	*206.8* [8]	*228.3*
Lisbonne	108.8	119.6	130.5	173.0	213.9	263.8	345.4	402.1	513.9	564.3
Roumanie	101.5	102.1	103.3	105.1	105.5	106.1	107.1	108.1	109.0	111.0
Suisse *B*	106.5	113.4	120.2	133.2	141.4	133.3	141.2	146.8 [2]	152.2	162.8
Sweden *B*	109.2	119.1	126.0	133.8	149.5	168.8	193.4	211.9	223.2	248.9
Turquie (Ankara) *B*	114	126	152	181	235	277	362	524	793	1 638
United Kingdom *B*	111.1	120.9	139.1	164.1	206.2	247.3	294.3	315.2	353.1	395.8
Yugoslavia *B*	116.6	138.8	169.1	195.9	243.9	278.3	329.5	380.2	449.8	592.3
OCEANIA – OCÉANIE – OCEANIA										
American Samoa [9] (Pago-Pago)	.	.	.	*100.0*	*113.9*	*111.5*	*113.7*	*122.1*	*140.7*	*168.6*
Australia *B*	103.9	107.9	124.3	143.3	154.1	173.0	193.0	211.4	240.9	271.3

Explanations and sources: see p. 511 – Explications et sources: voir p. 512 – Explicaciones y fuentes: véase p. 513

[1] Series replacing former series. [2] Series linked to former series. [3] ∅: official estimates based on 12 months. [4] Index base: 1977 = 100. [5] ∅: March-Dec. [6] Series (base 1975 = 100) replacing former series. [7] Index base: 1976 = 100. [8] ∅: Jan.-Aug. and Oct.-Dec. [9] Index base: 1974 = 100.

[1] Série remplaçant la précédente. [2] Série enchaînée à la précédente. [3] ∅: estimations officielles fondées sur 12 mois. [4] Indices base: 1977 = 100. [5] ∅: mars-déc. [6] Série (base 100 en 1975) remplaçant la précédente. [7] Indices base: 1976 = 100. [8] ∅: janv.-août et oct.-déc. [9] Indices base: 1974 = 100.

[1] Serie que substituye a la anterior. [2] Serie enlazada con la anterior. [3] ∅: estimaciones oficiales basadas sobre 12 meses. [4] Indices base: 1977 = 100. [5] ∅: marzo-dic. [6] Serie (base 1975 = 100) que substituye a la anterior. [7] Indices base: 1976 = 100. [8] ∅: enero-agosto y oct.-dic. [9] Indices base: 1974 = 100.

23 Food indices
Indices de l'alimentation
Indices de la alimentación

(1970 = 100)

Country Pays País	1971	1972	1973	1974	1975	1976	1977	1978	1979	1980
Cook Islands (Rarotonga)										
B	114.1	127.0	140.5	156.3	181.8	227.1	272.9	301.1	335.7	...
Fiji										
B	109.1	121.8	146.4	169.3 [1]	190.2	196.2	211.0	222.0	235.4 [1]	271.4
Guam [2]										
B	.	.	*100.0*	*118.3*	*131.4*	*137.3*	*138.8*	*164.5*	*192.1*	*228.9*
Kiribati										
Tarawa [3]	*100.0*	*106.2*	*124.0*	*145.0*	*168.7*	.	.	.	.	.
Tarawa [4]	.	.	.	.	.	*100.0*	*108.3*	*122.5*	*134.9*	...
New Zealand										
B	109.1	114.5	127.2	142.0	156.9	186.2	217.8	241.3	282.6	340.6
Niue [5]	.	*100.0*	*118.8*	*145.0*	*178.0*	*268.8* [1]	*335.2*	*388.9*	*422.2*	...
Nouvelle-Calédonie (Nouméa)										
B	108.1	117.0	124.8	150.5	168.3	174.3	183.2	195.2	204.1	227.5
Papua New Guinea [3]										
B	*100.0*	*106.8*	*117.4*	*155.9*	*167.1*	*174.8* [1]	*181.3*	*188.7*	*197.3*	*230.4*
Polynésie française (Papeete)										
B	103.2	104.8	117.3 [1]	143.5	162.8	163.8	178.4	189.9	209.4	228.2
Samoa (Apia)										
B	105.8	117.5	▌ *100.0* [6]	*131.0*	*142.3*	*149.0*	*166.7*	*166.7*	*189.7*	*256.8*
Solomon Islands [3] (Honiara)										
B	*100.0*	*108.8*	*112.7*	*141.9*	*157.4*	*160.4*	*171.3*	▌ *100.0* [7]	*109.0*	*125.7*
Tonga										
B	100.9	110.5	144.7	169.0	181.6	187.6	221.4	250.1	256.5	312.3
Vanuatu										
Vila [3] [8]										
B	*100.0*	*110.8*	*119.2*	*161.7*	*165.0* [9]	.	.	.	.	.
[4] [10] [8]										
B	.	.	.	.	.	*100.0*	*102.8* [11]	*113.0* [12]	*114.8*	*129.1* [13]
USSR – URSS – URSS										
URSS	100.3	100.3	100.5	100.8	100.9	100.9	100.9	101.9	102.4	103.0
RSS de Biélorussie	100.0	100.1	100.2	100.5	100.6	100.8	...	...	...	...
RSS d'Ukraine	100.4	100.6	100.7	101.2	101.3	101.2	101.2	102.3	102.9	103.8

Explanations and sources: see p. 511 – Explications et sources: voir p. 512 – Explicaciones y fuentes: véase p. 513

[1] Series linked to former series. [2] Index base: 1973 = 100. [3] Index base: 1971 = 100. [4] Index base: 1976 = 100. [5] Index base: 1972 = 100. [6] Series (base 1973 = 100) replacing former series. [7] Series (base 1978 = 100) replacing former series. [8] Low income group. [9] ∅: Jan.–Sep. [10] Urban areas; indices based on prices paid in francs. [11] ∅: Jan.–June. [12] ∅: April–Dec. [13] ∅: Jan.–March and Oct.–Dec.

[1] Série enchaînée à la précédente. [2] Indices base: 1973 = 100. [3] Indices base: 1971 = 100. [4] Indices base: 1976 = 100. [5] Indices base: 1972 = 100. [6] Série (base 1973 = 100) remplaçant la précédente. [7] Série (base 100 en 1978) remplaçant la précédente. [8] Familles à revenu modique. [9] ∅: janv.–sept. [10] Régions urbaines; indices fondés sur des prix payés en francs. [11] ∅: janv.–juin. [12] ∅: avril–déc. [13] ∅: janv.–mars et oct.–déc.

[1] Serie enlazada con la anterior. [2] Indices base: 1973 = 100. [3] Indices base: 1971 = 100. [4] Indices base: 1976 = 100. [5] Indices base: 1972 = 100. [6] Serie (base 1973 = 100) que substituye a la anterior. [7] Serie (base 1978 = 100) que substituye a la anterior. [8] Familias de ingresos módicos. [9] ∅: enero–sept. [10] Areas urbanas; índices basados en los precios pagados en francos. [11] ∅: enero–junio. [12] ∅: abril–dic. [13] ∅: enero–marzo y oct.–dic.

24 Fuel and light indices
Indices du combustible et éclairage
Indices del combustible y alumbrado

(1970 = 100)

Country Pays País	1971	1972	1973	1974	1975	1976	1977	1978	1979	1980
AFRICA – AFRIQUE – AFRICA										
Algérie (Alger)	100.0	100.0	100.0	100.4	101.6	...	...	...	...	...
Botswana [1]	.	.	.	.	.	*100.0*	*112.5*	*120.6*	*141.2*	*156.4*
Gaborone [3] [2]	.	.	124.6 [4]	145.3	175.8	.	.	.	.	.
Cap-Vert [5] (Praya) [2]	100.0	100.9	116.8	170.8	224.8	226.5	...	...	...	...
Rép. centrafricaine [6] (Bangui, Europ.) [2]	107.7	113.4	113.4	111.7	147.6	159.2	...	...	...	...
Congo [2] (Brazzaville, Europ.)	104.5	106.1	106.1	105.5	106.1	106.1	...	...	...	...
Côte-d'Ivoire										
Abidjan, Afric. [5] [2]	104.4	109.2	116.2	139.1	156.9	183.7	212.5	253.8	280.1	...
Abidjan, Europ.	101.3	106.9	106.7	120.8	136.8	148.5	156.3	158.3	161.4	...
Egypt	98.2	93.3	88.6	90.5	93.8	99.1	99.4	101.0	102.4	119.1
Ethiopia [7] (Addis Ababa) [5]	101.3	107.2	108.3	119.1	136.4	155.9	198.0	212.7	244.5	...
Gambia [8] (Banjul-Kombo, St.Mary)	.	.	.	*100.0*	*125.6*	*160.4*	*163.0*	*186.7*	*200.0*	*254.0*
Kenya [9] (Nairobi) [10]	.	*100.0*	*105.7*	*117.7*	*132.3*	*164.7* [11]	*171.5*	*174.1*	*199.5*	...
Lesotho [12] [13]	.	*88.7* [14]	*100.0*	*132.7*	*155.7*	*194.4*	*276.1*	*245.6*	*372.2*	*426.8*
Liberia (Monrovia)	104.3	103.1	115.7	151.5	160.9	183.7	203.4	232.1	...	...
Libyan Arab Jamahiriya (Tripoli)	97.0	76.9	79.8	83.2	89.1	93.8	94.3	95.4	...	...
Madagascar										
Tananarive [15]	100.9	101.3	103.6 [11]	115.0	129.2	131.1	141.1	148.4	170.5	217.7
Tananarive, Europ.	100.4	102.3	104.5 [11]	114.5	121.5	119.4	123.6	128.0	157.2	195.4
Malawi [16] (Blantyre) [13]	107.0	110.3	113.0	137.8	158.1	171.0	190.6	223.8	245.4	284.0

Explanations and sources: see p. 511 – Explications et sources: voir p. 512 – Explicaciones y fuentes: véase p. 513

[1] Index base: 1976 = 100. [2] Incl. water. [3] Incl. certain household equipment. [4] ∅: June-Dec. [5] Incl. soap. [6] Incl. cleaning products. [7] Incl. certain kitchen utensils. [8] Index base: 1974 = 100. [9] Index base: 1972 = 100. [10] Middle income group. [11] Series linked to former series. [12] Index base: 1973 = 100. [13] Low income group. [14] October. [15] Madagascans. [16] Incl. certain household items.

[1] Indices base: 1976 = 100. [2] Y compris l'eau. [3] Y compris certains biens d'équipement de ménage. [4] ∅: juin-déc. [5] Y compris le savon. [6] Y compris les produits d'entretien. [7] Y compris certains ustensiles de cuisine. [8] Indices base: 1974 = 100. [9] Indices base: 1972 = 100. [10] Familles à revenu moyen. [11] Série enchaînée à la précédente. [12] Indices base: 1973 = 100. [13] Familles à revenu modique. [14] Octobre. [15] Malgaches. [16] Y compris certains articles de ménage.

[1] Indices base: 1976 = 100. [2] Incl. el agua. [3] Incl. ciertos enseres domésticos. [4] ∅: junio-dic. [5] Incl. el jabón. [6] Incl. los productos de limpieza. [7] Incl. ciertos utensilios de cocina. [8] Indices base: 1974 = 100. [9] Indices base: 1972 = 100. [10] Familias de ingresos medios. [11] Serie enlazada con la anterior. [12] Indices base: 1973 = 100. [13] Familias de ingresos módicos. [14] Octubre. [15] Malgaches. [16] Incl. ciertos artículos domésticos.

24 Fuel and light indices
Indices du combustible et éclairage
Indices del combustible y alumbrado

(1970 = 100)

Country Pays País	1971	1972	1973	1974	1975	1976	1977	1978	1979	1980
Malawi [2] (Blantyre) [1]	108.0	111.4	120.4	131.0	171.0	192.5	204.2	230.9	263.3	310.1
Maroc [3]	.	.	.	.	*100.0*	*114.0*	*138.7*	*146.6*	...	...
Mauritanie [5] (Nouakchott, Europ.) [4]	109.6	119.8	123.8	134.8 [6]	I *100.0* [7]	*112.1*	*125.5*	*131.4*	...	...
Mauritius	99.9	99.9	106.9	125.2	138.0	177.9 [8]	202.6	202.7	274.5	455.6
Mozambique (Maputo)	108.4	114.7	115.8	144.2	149.5	174.7	.	.	.	.
Niger (Niamey, Europ.)	100.0	97.8	97.1	103.9	116.9	116.9	117.2	117.2	...	...
Nigeria (Lagos) [9]	96.5	99.4	87.1 [10]	88.1	159.4	151.4	176.0	.	.	.
Réunion [11] (Saint-Denis)	.	*100.0*	*101.3*	*121.0*	*125.6*	*126.6*	*125.3*	*123.0*	I *113.1* [12]	*144.7*
Rwanda (Kigali)	93	91	92	133	145	179	191	230	345	417
Sénégal (Dakar)	100.4	103.3	105.9	142.2	161.1	165.2	163.7	163.1	165.6	...
Seychelles (Victoria)	137.0	144.1	150.6	I *100.0* [13]	*117.1*	*138.8*	*173.1*	.	.	
Sierra Leone (Freetown)	100.0	103.7	104.7	116.9	128.9	153.2	172.6	196.8	214.0	214.8
Somalia (Mogadishu)	102.8	101.0	74.1	78.3	84.0	79.1	92.4	117.8	...	...
South Africa [14]	103.2	110.9	122.6	132.4	152.0	181.9	227.5	263.5	299.4	347.1
Swaziland (Mbabane-Manzini) [9]	108.9	112.8	117.7	171.8	212.2	241.6	279.9	318.0	463.2	537.5
Tanzania [4]	103.8	104.5	117.6	115.5	156.4	172.2	232.0	244.7	277.0	383.3
Tchad [4] (N'Djamena) [1]	99.2	100.3	108.0	135.2 [15]	172.5	172.5	171.7	181.2	...	...

Explanations and sources: see p. 511 – Explications et sources: voir p. 512 – Explicaciones y fuentes: véase p. 513

[1] High income group. [2] Incl. certain household items. [3] Index base: 1975 = 100. [4] Incl. water. [5] Incl. cleaning products. [6] ∅: Jan.-July and Sep.-Dec. [7] Beginning 1975: "Fuel and light"; series (base 1975 = 100) replacing former series. [8] Series linked to former series. [9] Low income group. [10] Jan.-Sep. and Dec. [11] Index base: 1972 = 100. [12] Series (base 1978 = 100) replacing former series. [13] Series (base 1974 = 100) replacing former series. [14] White population. [15] Beginning 1974: electricity and water; series linked to former series.

[1] Familles à revenu élevé. [2] Y compris certains articles de ménage. [3] Indices base: 1975 = 100. [4] Y compris l'eau. [5] Y compris les produits d'entretien. [6] ∅: janv.-juillet et sept.-déc. [7] A partir de 1975: "Combustible et éclairage"; série (base 1975 = 100) remplaçant la précédente. [8] Série enchaînée à la précédente. [9] Familles à revenu modique. [10] Janv.-sept. et déc. [11] Indices base: 1972 = 100. [12] Série (base 100 en 1978) remplaçant la précédente. [13] Série (base 100 en 1974) remplaçant la précédente. [14] Population blanche. [15] A partir de 1974: électricité et eau; série enchaînée à la précédente.

[1] Familias de ingresos elevados. [2] Incl. ciertos artículos domésticos. [3] Indices base: 1975 = 100. [4] Incl. el agua. [5] Incl. los productos de limpieza. [6] ∅: enero-julio y sept.-dic. [7] A partir de 1975: "Combustible y alumbrado"; serie (base 1975 = 100) que substituye a la anterior. [8] Serie enlazada con la anterior. [9] Familias de ingresos módicos. [10] Enero-sept. y dic. [11] Indices base: 1972 = 100. [12] Serie (base 1978 = 100) que substituye a la anterior. [13] Serie (base 1974 = 100) que substituye a la anterior. [14] Población blanca. [15] A partir de 1974: electricidad y agua; serie enlazada con la anterior.

24 Fuel and light indices
Indices du combustible et éclairage
Indices del combustible y alumbrado

(1970 = 100)

Country Pays País	1971	1972	1973	1974	1975	1976	1977	1978	1979	1980
Togo [2] (Lomé) [1]	111.1	112.8	119.6	147.2	168.2	172.6	210.0	234.3	256.6	...
Tunisie [3] [4]	.	.	.	.	.	.	.	*101.4*	*106.4*	*114.1*
Tunis [4] [5]	101.9	103.9	105.1	106.7	111.1	113.4	117.8	119.7	.	.
Uganda [7] (Kampala) [6]	96.7	96.7	125.4	219.7	318.9	583.6	825.4[8]	...	...	...
AMERICA – AMÉRIQUE – AMERICA										
Argentina										
Buenos Aires [9] [5]	.	.	.	.	.	.	*4 709*[10]	*12 456*	*30 999*	*68 645*
Buenos Aires [11]	126	134	188	206	256	1 563	.	.	.	.
Buenos Aires [12]	139	220	345	461	1 499	9 143	.	.	.	.
Bermuda	105.9	112.3	125.5	192.2	224.0	235.5	234.4	I *100.0*[13]	*129.6*	*178.4*
Bolivia (La Paz)	100.0	101.9	110.0	126.3	166.5	178.8	196.7	196.7	202.9	354.1
Canada	106.0	110.2	120.9	137.4	155.5	183.6	211.3	237.3	259.4	292.5
Costa Rica (San José) [5]	100.3	102.5	109.4	206.0[14]	248.3	269.2[15]	290.8	294.9	329.8	...
Dominica	101.6	105.0	112.6	152.4	166.8	175.3	184.0	225.0	278.6[16]	...
República Dominicana [17] [18]	.	.	.	.	.	.	.	*100.0*	*108.5*	*124.8*
Santo Domingo [19]	*100.0*	*107.0*	*110.8*	*149.4*	*156.2*	*161.6*	*160.7*	*162.7*	*172.2*	.
Ecuador (Quito)	107.6	113.2	113.2	114.3	116.2	118.5	124.6	138.6	144.9	155.9
El Salvador [21] [20]	90.2[22]	98.7	118.7	148.5	216.1	269.7	360.3	472.9	I *100.0*[23]	*141.8*
Falkland Is.(Malvinas) [24] (Stanley)	*99.0*[25]	*99.5*[26]	*100.0*	*102.6*	*105.3*	*105.4*	*105.8*	*106.6*	*107.6*	*109.7*

Explanations and sources: see p. 511 – Explications et sources: voir p. 512 – Explicaciones y fuentes: véase p. 513

[1] Incl. cleaning products. [2] Incl. certain kitchen utensils. [3] Index base: 1977 = 100. [4] Incl. water. [5] Metropolitan area. [6] Low income group. [7] Fuel and soap. [8] ∅: Jan.-March and July-Sep. [9] Index base: 1974 = 100. [10] ∅: April-Dec. [11] Electricity only. [12] Fuel and cleaning products. [13] Series (base 1978 = 100) replacing former series. [14] ∅: June, Aug. and Oct.-Dec. [15] Series linked to former series. [16] ∅: Jan.-Aug. and Nov.-Dec. [17] Index base: 1978 = 100. [18] Incl. household linen. [19] Index base: 1971 = 100. [20] Urban areas. [21] Fuel only. [22] ∅: Jan.-May and Aug.-Dec. [23] Series (base 1979= 100) replacing former series; beginning 1979: "Fuel and light". [24] Index base: 1973 = 100. [25] January. [26] ∅: June-Dec.

[1] Y compris les produits d'entretien. [2] Y compris certains ustensiles de cuisine. [3] Indices base: 1977 = 100. [4] Y compris l'eau. [5] Région métropolitaine. [6] Familles à revenu modique. [7] Combustible et savon. [8] ∅: janv.-mars et juillet-sept. [9] Indices base: 1974 = 100. [10] ∅: avril-déc. [11] Electricité seulement. [12] Combustible et produits d'entretien. [13] Série (base 100 en 1978) remplaçant la précédente. [14] ∅: juin, août et oct.-déc. [15] Série enchaînée à la précédente. [16] ∅: janv.-août et nov.-déc. [17] Indices base: 1978 = 100. [18] Y compris le linge de maison. [19] Indices base: 1971 = 100. [20] Régions urbaines. [21] Combustible seulement. [22] ∅: janv.-mai et août-déc. [23] Série (base 1979 = 100) remplaçant la précédente; à partir de 1979: «Combustible et éclairage». [24] Indices base: 1973 = 100. [25] Janvier. [26] ∅: juin-déc.

[1] Incl. los productos de limpieza. [2] Incl. ciertos utensilios de cocina. [3] Indices base: 1977 = 100. [4] Incl. el agua. [5] Area metropolitana. [6] Familias de ingresos módicos. [7] Combustible y jabón. [8] ∅: enero-marzo y julio-sept. [9] Indices base: 1974 = 100. [10] ∅: abril-dic. [11] Electricidad solamente. [12] Combustible y productos de limpieza. [13] Serie (base 1978 = 100) que substituye a la anterior. [14] ∅: junio, agosto y oct.-dic. [15] Serie enlazada con la anterior. [16] ∅: enero-agosto y nov.-dic. [17] Indices base: 1978 = 100. [18] Incl. la ropa de casa. [19] Indices base: 1971 = 100. [20] Areas urbanas. [21] Combustible solamente. [22] ∅: enero-mayo y agosto-dic. [23] Serie (base 1979 = 100) que substituye a la anterior: a partir de 1979: «Combustible y alumbrado». [24] Indices base: 1973 = 100. [25] Enero. [26] ∅: junio-dic.

24 Fuel and light indices
Indices du combustible et éclairage
Indices del combustible y alumbrado

(1970 = 100)

Country Pays País	1971	1972	1973	1974	1975	1976	1977	1978	1979	1980
Greenland [1]	*100.0*	*108.8*	*113.7*	*149.0*	*191.2*	*217.6*	*222.5*	*232.4*	*264.7*	*324.5*
Guatemala (Guatemala)	101.4	103.0	114.1	175.5	180.6	.	.	.	.	.
Honduras	101.2	103.8	107.4	133.8	150.0	154.2	166.9	172.5	203.7	260.0
Jamaica [2]	106.9	116.2	130.5	194.1	203.4	222.8	233.7	334.5	486.9	683.6
Montserrat [3 4]	.	.	.	*61.7* [5]	*100.0*	*109.6*	*152.7*	*161.0*	*180.0*	...
Netherlands Antilles [1]	*100.0*	*100.9*	*101.0*	*112.2*	*115.5* [6]	*122.4*	*138.7*	*142.4*	*169.8*	*221.5*
Panamá (Panamá)	102.7	104.6	106.1	142.8	152.4	170.4	193.0	248.3	262.7	308.8
Perú (Lima) [7]	100	100	105 [8]	107	117	167	212	358	572	...
Puerto Rico	104.8	108.7	110.7	134.5	119.9	121.2	125.6	125.5	130.9	144.1 [9]
St. Kitts-Nevis-Anguilla (St. Kitts)	99.8	103.7	109.2	176.0	186.2	213.8	238.1	▌ *100.0* [10]	*114.9*	...
St. Lucia	101.6	105.3	109.6	177.9	190.5	217.9	236.2	261.8	338.2	516.2
St. Vincent and the Grenadine (St. Vincent)	112.1	110.9	135.5	221.0	231.8	222.4	262.1	321.7	419.2	...
Suriname [2] (Paramaribo)	100.8	101.0	103.9	146.0	161.9	156.0	165.9	152.4	172.7	...
Trinidad and Tobago	102.8	109.4	116.2	133.1	160.7	165.4 [8]	168.2	169.6	172.1	192.6
United States [11]	.	.	.	.	.	.	*100.0*	*108.2*	*125.2*	*152.7*
[12]	106.7	107.6	123.5	194.9	213.7	227.8	257.4	.	.	.
[13]	106.9	112.3	117.8	135.9	158.1	176.1	198.9	.	.	.
Uruguay [14 15] (Montevideo)	.	.	.	.	.	*100.0*	*154.7*	*204.1*	*317.4*	...
Venezuela (Caracas) [7]	100.0	100.0	100.0	100.0	100.7	101.3	101.9	102.3	102.7	...
Virgin Islands (US)	100.0	.	125.5	130.5	155.4	173.0	180.8	184.1	...	...
ASIA – ASIE – ASIA										
Bangladesh (Dacca) [16]	108.4 [17]	158.2	▌ *133.5* [18]	*191.8*	*227.6*	*233.9*	*244.2*	*252.8*	*292.0*	...

Explanations and sources: see p. 511 – Explications et sources: voir p. 512 – Explicaciones y fuentes: véase p. 513

[1] Index base: 1971 = 100. [2] Fuel only. [3] Index base: 1975 = 100. [4] Incl. water. [5] March. [6] Series linked to former series; Curaçao, Aruba and Bonaire; prior to 1975: excl. Bonaire and Windward Is. [7] Metropolitan area. [8] Series linked to former series. [9] Series linked to former series; prior to 1980: wage earners only. [10] Series (base 1978 = 100) replacing former series. [11] Index base: 1977 = 100. [12] Fuel, oil and coal. [13] Gas and electricity. [14] Index base: 1976 = 100. [15] Electricity only. [16] Government officials. [17] ∅: Jan., Feb. and April-Dec. [18] Series (base 1972 = 100) replacing former series.

[1] Indices base: 1971 = 100. [2] Combustible seulement. [3] Indices base: 1975 = 100. [4] Y compris l'eau. [5] Mars. [6] Série enchaînée à la précédente; Curaçao, Aruba et Bonaire; avant 1975: non compris Bonaire et les îles Windward. [7] Région métropolitaine. [8] Série enchaînée à la précédente. [9] Série enchaînée à la précédente; avant 1980: ouvriers seulement. [10] Série (base 100 en 1978) rempla-1ant la précédente. [11] Indices base: 1977 = 100. [12] Combustibles solides et mazout. [13] Gaz et électricité. [14] Indices base: 1976 = 100. [15] Electricité seulement. [16] Fonctionnaires. [17] ∅: janv., fév. et avril-déc. [18] Série (base 100 en 1972) remplaçant la précédente.

[1] Indices base: 1971 = 100. [2] Combustible solamente. [3] Indices base: 1975 = 100. [4] Incl. el agua. [5] Marzo. [6] Serie enlazada con la anterior; Curaçao, Aruba y Bonaire; antes de 1975: excl. Bonaire y las islas Windward. [7] Area metropolitana. [8] Serie enlazada con la anterior. [9] Serie enlazada con la anterior; antes de 1980: obreros solamente. [10] Serie (base 1978 = 100) que substituye a la anterior. [11] Indices base: 1977 = 100. [12] Combustibles sólidos y líquidos. [13] Gas y electricidad. [14] Indices base: 1976 = 100. [15] Electricidad solamente. [16] Funcionarios. [17] ∅: enero, febr. y abril-dic. [18] Serie (base 1972 = 100) que substituye a la anterior.

24 Fuel and light indices
Indices du combustible et éclairage
Indices del combustible y alumbrado

(1970 = 100)

Country Pays País	1971	1972	1973	1974	1975	1976	1977	1978	1979	1980
Burma (Rangoon)	101.1	102.2	108.9	175.8	196.3	292.1	304.1	298.5	336.3	334.8
Cyprus	99.8	100.3	101.0	133.7 [1]	149.4	156.4	▮ *100.0* [2]	*106.6*	*121.2*	*166.3*
Hong Kong [3]	.	.	.	*98* [4]	*100*	*103*	*105*	*105*	*134*	*205*
	103.0	104.0	111.0	160.0	.	.	.	.	.	.
India [5] [6]	*100.0*	*101.8*	*104.5*	*118.9*	*122.5*	*125.2*	*125.2*	*126.1*	*133.3*	*141.4*
[7]	106.6	115.0	126.9	170.1	187.4	195.2	201.2	215.0	253.3	282.6
[8]	108.9	113.6	121.9	156.2	172.2	176.9	182.8	197.6	232.0	265.7
Delhi [7]	119.7	121.3	127.3	165.0	186.3	192.9	193.4	200.5	231.7	251.9
Indonesia [9]	.	.	.	.	.	.	.	.	*133.2* [10]	*147.9*
Iran	99.4	101.8	104.5	109.9	114.6	116.6	126.4	...	...	...
Iraq [12] [11]	.	.	*100.0*	*94.4*	*95.1*	*106.2*	*110.9*	*105.4*	...	...
Baghdad	91.3	92.3	90.4	82.1	81.1	86.7	90.9	90.9	.	.
Israel	110	123	136	247	405	543	721 [13]	1 099	1 910	5 706
Japan	103.7	105.3	111.1	142.1	161.3	172.9	189.4	186.8	194.0	268.1
Jordan [3]	.	.	.	.	*100.0*	*106.7*	*107.1*	*115.3*	*158.8*	*198.0*
Amman	104.3	105.8	109.0	109.8	109.8	116.8	126.3	.	.	.
Korea, Republic of	108.2	119.2	125.9	173.7	199.6	208.0	243.7	306.8	383.8	513.6
Nepal [14]	.	.	.	*100.0*	*119.5*	*131.3*	*139.5*	*141.2*	*165.8*	*211.7*
Kathmandu [5]	*100.0*	*96.7*	*94.1*	*113.4*	*134.1*	*147.1*	*153.0*	*155.8*	*171.6*	*218.7*
Philippines [15]	.	*100.0*	*112.4*	*153.7*	*170.5*	*189.2*	*205.2*	*230.5*	*291.2*	*383.4*
Manila [16]	107.7	111.3	117.8	195.0	206.9	.	.	.	.	.
Singapore	101.4	101.8	107.0	▮ *141.2* [17]	*142.2*	*144.2*	*147.0*	▮ *100.0* [18]	*113.9*	*159.2*
Sri Lanka (Colombo)	103.5	107.2	120.8	162.4	174.2	194.9	189.2	192.6	241.4	414.4
République arabe syrienne (Damas)	102	103	107	106	109	129	▮ 130 [19]	141	150	168
Yemen [15] (Sanaa)	.	*100*	*212*	*318*	*421*	...	...	...	...	...
Democratic Yemen [20] (Aden)	102.0	108.0	111.0	156.0	202.0	207.0	216.0	...	...	...

Explanations and sources: see p. 511 – Explications et sources: voir p. 512 – Explicaciones y fuentes: véase p. 513

[1] Jan.-July and Sep.-Dec.; series linked to former series. [2] Series (base 1977 = 100) replacing former series. [3] Index base: 1975 = 100. [4] ∅: July-Dec. [5] Index base: 1971 = 100. [6] Agricultural workers. [7] Industrial workers. [8] Urban non-manual employees. [9] Index base: April 1977 - March 1978 = 100. [10] ∅: April-Dec. [11] Index base: 1973 = 100. [12] Fuel only. [13] Series linked to former series. [14] Index base: 1974 = 100. [15] Index base: 1972 = 100. [16] Middle income group. [17] Series (base 1973 = 100) replacing former series. [18] Series (base 1978 = 100) replacing former series. [19] Series replacing former series. [20] Incl. water.

[1] Janv.-juillet et sept.-déc.; série enchaînée précédente. [2] Série (base 100 en 1977) remplaçant la précédente. [3] Indices base: 1975 = 100. [4] ∅: juillet-déc. [5] Indices base: 1971 = 100. [6] Ouvriers agricoles. [7] Travailleurs de l'industrie. [8] Employés urbains. [9] Indices base: avril 1977 - mars 1978 = 100. [10] ∅: avril-déc. [11] Indices base: 1973 = 100. [12] Combustible seulement. [13] Série enchaînée à la précédente. [14] Indices base: 1974 = 100. [15] Indices base: 1972 = 100. [16] Familles à revenu moyen. [17] Série (base 1973 = 100) remplaçant la précédente. [18] Série (base 100 en 1978) remplaçant la précédente. [19] Série remplaçant la précédente. [20] Y compris l'eau.

[1] Enero-julio y sept.-dic.; serie enlazada con la anterior. [2] Serie (base 1977 = 100) que substituye a la anterior. [3] Indices base: 1975 = 100. [4] ∅: julio-dic. [5] Indices base: 1971 = 100. [6] Obreros agrícolas. [7] Trabajadores industriales. [8] Empleados urbanos. [9] Indices base: abril 1977 - marzo 1978 = 100. [10] ∅: abril-dic. [11] Indices base: 1973 = 100. [12] Combustible solamente. [13] Serie enlazada con la anterior. [14] Indices base: 1974 = 100. [15] Indices base: 1972 = 100. [16] Familias de ingresos medios. [17] Serie (base 1973 = 100) que substituye a la anterior. [18] Serie (base 1978 = 100) que substituye a la anterior. [19] Serie que substituye a la anterior. [20] Incl. el agua.

24 Fuel and light indices
Indices du combustible et éclairage
Indices del combustible y alumbrado

(1970 = 100)

Country Pays País	1971	1972	1973	1974	1975	1976	1977	1978	1979	1980
EUROPE – EUROPE – EUROPA										
Austria	106.7	111.0	117.5	135.7	156.6	165.7	173.7 [1]	177.8	189.8	227.1
Belgique	104.9	106.8 [1]	109.2	142.0	164.0	174.9 [1]	182.9	184.2	220.1	280.9
Denmark	114	114	131	206	220	239	259	286	▌ *181* [2]	*258*
España [3]	107.5	114.0	122.6	146.9	173.1	205.2	▌ *104.5* [4]	*108.9*	*125.2*	...
Faeroe Islands [5]	.	.	.	.	.	*100*	*104.14*	*107.26*	*127.7*	...
Finland	116.8	121.8	132.7	194.0	220.6	240.0	265.3	283.4	304.9 [1]	376.1
France	106.7	109.7	114.1	156.8	169.2	187.3	209.2	227.3	263.6	331.9
German Democratic Rep. [6]	100.0	100.0	100.0 [7]	100.0	100.0	100.0	100.0	100.0	...	...
Germany, Fed. Rep. of	105.5	110.3	128.3	149.9	165.7	177.0	178.6	182.8	220.9	243.5
Grèce	99.7	100.6	107.3	158.0	184.2	196.7	217.4	226.1	288.9	435.7
Hongrie	99.1	97.0	95.1	100.4	108.2	107.2	106.4	106.7	116.1	140.8
Iceland (Reykjavik) [8]	107	107	128	196	313	386	468	637	1 006	1 418
Ireland	111.7	122.8	131.6	198.7	231.2	262.0 [1]	313.9	325.1	371.4	526.6
Isle of Man [9]	.	.	.	.	.	*87.0* [10]	*100.0*	*105.1*	*125.4*	*165.7*
Italie	103.9	103.9	104.7	149.2	158.8	179.1	230.0 [1]	256.2	303.7	458.8
Luxembourg	104.6	106.7	109.2	120.5	141.0	150.8	163.6	165.9	188.9	226.6
Malta	100.0	100.6	100.9	142.8	127.5	124.1 [1]	173.3	173.3	211.8	274.2
Netherlands	107.1	111.6	116.7	133.8	159.4	178.5	185.1	▌ *135.0* [2]	*144.5*	*170.0*
Norway	105.1	111.0	118.2	137.4 [1]	156.2	172.3	193.1	231.8	256.4	317.7 [1]
Portugal [5]	.	.	.	.	.	.	*130.0*	*178.5*	*214.5* [11]	*284.2*
Lisbonne	103.5	103.5	110.4	132.2	144.8	170.3	229.0	318.9	436.1	629.7
Roumanie	100.0	100.0	100.2	100.2	110.9	120.8	121.3	122.0	137.8	188.2
Suisse	109.7	106.8	137.8	160.4	159.7	164.9	168.2	155.4 [1]	235.4	246.6

Explanations and sources: see p. 511 – Explications et sources: voir p. 512 – Explicaciones y fuentes: véase p. 513

[1] Series linked to former series. [2] Series (base 1975 = 100) replacing former series. [3] Incl. certain household items. [4] Beginning 1977: "Fuel and light"; series (base 1976 = 100) replacing former series. [5] Index base: 1976 = 100. [6] Incl. water. [7] Series replacing former series. [8] ∅: official estimates based on 12 months. [9] Index base: 1977 = 100. [10] ∅: March-Dec. [11] ∅: Jan.-Aug. and Oct.-Dec.

[1] Série enchaînée à la précédente. [2] Série (base 100 en 1975) remplaçant la précédente. [3] Y compris certains articles de ménage. [4] A partir de 1977: "Combustible et éclairage"; série (base 1976 = 100) remplaçant la précédente. [5] Indices base: 1976 = 100. [6] Y compris l'eau. [7] Série remplaçant la précédente. [8] ∅: estimations officielles fondées sur 12 mois. [9] Indices base: 1977 = 100. [10] ∅: mars-déc. [11] ∅: janv.-août et oct.-déc.

[1] Serie enlazada con la anterior. [2] Serie (base 1975 = 100) que substituye a la anterior. [3] Incl. ciertos artículos domésticos. [4] A partir de 1977: "Combustible y alumbrado"; serie (base 1976 = 100) que substituye a la anterior. [5] Indices base: 1976 = 100. [6] Incl. el agua. [7] Serie que substituye a la anterior. [8] ∅: estimaciones oficiales basadas sobre 12 meses. [9] Indices base: 1977 = 100. [10] ∅: marzo-dic. [11] ∅: enero-agosto y oct.-dic.

24 Fuel and light indices
Indices du combustible et éclairage
Indices del combustible y alumbrado

(1970 = 100)

Country Pays País	1971	1972	1973	1974	1975	1976	1977	1978	1979	1980
Sweden	110.6	111.4	136.0	194.6	206.6	239.5	264.8	302.6	365.6	382.3
United Kingdom	110.4	119.0	122.4	143.3	190.8	236.1	273.5	294.5	324.3	405.4
Yugoslavia	125.8	150.6	182.2	252.6	332.8	382.7	433.7	485.7	605.8	892.1
OCEANIA – OCÉANIE – OCEANIA										
Australia	102.6	106.3	109.4	122.3	147.6	161.3	176.3	192.0	217.5	249.8
Fiji [1]	105.2	109.0	109.6	133.0 [2]	152.2	168.6	179.9	194.7	212.0 [3]	...
Guam [4]	.	.	*100.0*	*114.0*	*164.4*	*154.8*	*155.8*	*168.6*	*182.3*	...
New Zealand	103.2	105.9	109.9	117.0	126.1	165.6	226.1	250.6	316.6	384.6
Nouvelle-Calédonie (Nouméa)	101.4	104.4	114.4	140.6	153.0	159.3	173.1	184.3	204.1	264.3
Solomon Islands [5] [1] (Honiara)	*100.0* [6]	*100.2*	*101.8*	*106.2*	*116.8*	*128.1*	*140.5*	...	...	...
Tonga [7]	.	.	.	.	*100.0*	*112.0*	*126.3*	*127.4*	*148.6*	*219.4*
Vanuatu [5] (Vila) [8]	*100.0*	*110.5*	*115.7*	*137.5*	*140.8* [9]	.	.	.	.	.

Explanations and sources: see p. 511 – Explications et sources: voir p. 512 – Explicaciones y fuentes: véase p. 513

[1] Incl. water. [2] Series linked to former series. [3] Beginning 1979: incl. water and expenditure on maintenance and repairs of dwelling; series linked to former series. [4] Index base: 1973 = 100. [5] Index base: 1971 = 100. [6] Series (base 1971 = 100) replacing former series. [7] Index base: 1975 = 100. [8] Low income group. [9] ∅: Jan.–Sep.

[1] Y compris l'eau. [2] Série enchaînée à la précédente. [3] A partir de 1979: y compris l'eau et les dépenses pour l'entretien et la réparation du logement; séries enchaînée à la précédente. [4] Indices base: 1973 = 100. [5] Indices base: 1971 = 100. [6] Série (base 100 en 1971) remplaçant la précédente. [7] Indices base: 1975 = 100. [8] Familles à revenu modique. [9] ∅: janv.–sept.

[1] Incl. el agua. [2] Serie enlazada con la anterior. [3] A partir de 1979: incl. el agua y los gastos de conservación y reparación de la vivienda; serie enlazada con la anterior. [4] Indices base: 1973 = 100. [5] Indices base: 1971 = 100. [6] Serie (base 1971 = 100) que substituye a la anterior. [7] Indices base: 1975 = 100. [8] Familias de ingresos módicos. [9] ∅: enero–sept.

25 Clothing indices
Indices de l'habillement
Indices del vestido

(1970 = 100)

Country Pays País	1971	1972	1973	1974	1975	1976	1977	1978	1979	1980
AFRICA - AFRIQUE - AFRICA										
Algérie (Alger)	102.9	106.5	107.1	112.6	114.3	122.0	138.1	163.3	...	...
Botswana [1]	.	.	.	.	.	*100.0*	*110.4*	*119.1*	*136.0*	*156.5*
Gaborone	.	.	124.5 [2]	142.9	179.1	.	.	.	.	.
Burundi (Bujumbura) [3]	105.5	108.6	111.5	123.9	138.3	152.7	172.9	297.0	352.4	463.1
Rép.-Unie du Cameroun										
Yaoundé, Afric.	100.4	110.4	122.4	134.8	146.5	176.6	193.7	211.2	267.6	293.0
Yaoundé, Europ.	100.8	107.3	120.3	141.1	165.4	190.8	212.5	236.1	241.4	282.8
Rép. centrafricaine (Bangui, Europ.)	101.8	107.0	116.6	125.9	135.1	139.3	...	...	...	...
Congo (Brazzaville, Europ.)	98.8	141.2	137.3	133.1	152.7	159.6	...	...	...	...
Côte-d'Ivoire										
Abidjan, Afric.	96.6	96.7	97.6	114.2	131.9	162.0	179.2	208.7	242.7	...
Abidjan, Europ. [5] [4]	102.2	102.4	107.8	121.3	134.7	158.4	168.7	179.1	204.2	...
Egypt	99.9	104.1	110.8	121.4	133.6	142.0	168.8	249.5	240.7	277.9
Ethiopia (Addis Ababa)	103.3	107.1	119.8	128.1	139.5	149.8	163.5	179.2	192.9	...
Gabon [5] (Libreville) [6]	100.5	106.1	117.9 [7]	139.5	172.3	...	...	...	...	...
Gambia [8] [5] (Banjul-Kombo, St.Mary)	.	.	.	*100.0*	*105.1*	*107.2*	*124.7*	*148.5*	*160.6*	*164.8*
Ghana	105	111	125	153	203	290	435	833	1 234	...
Kenya [9] (Nairobi) [10]	.	*100.0*	*115.5*	*149.5*	*171.8*	*190.3* [11]	*204.0*	*226.9*	*241.0*	...
Lesotho [12] [13]	.	*95.6* [14]	*100.0*	*109.9*	*119.0*	*128.4*	*134.3*	*142.7*	*153.9*	*164.4*
Liberia (Monrovia)	96.4	104.4	117.5	143.1	172.4	199.8	210.1	213.7	...	...
Libyan Arab Jamahiriya (Tripoli)	95.6	92.9	92.1	95.4	102.0	119.6	144.6	194.7	...	...
Madagascar [12] (Tananarive) [15]	.	.	*100.0*	*107.6*	*124.6*	*142.0*	*150.8*	*160.6*	*171.6*	*186.6*

Explanations and sources: see p. 511 - Explications et sources: voir p. 512 - Explicaciones y fuentes: véase p. 513

[1] Index base: 1976 = 100. [2] ∅: June-Dec. [3] Government officials. [4] Incl. certain household items. [5] Incl. household linen. [6] High income group. [7] Beginning 1973: "Clothing"; series linked to former series. [8] Index base: 1974 = 100. [9] Index base: 1972 = 100. [10] Middle income group. [11] Series linked to former series. [12] Index base: 1973 = 100. [13] Low income group. [14] October. [15] Madagascans.

[1] Indices base: 1976 = 100. [2] ∅: juin-déc. [3] Fonctionnaires. [4] Y compris certains articles de ménage. [5] Y compris le linge de maison. [6] Familles à revenu élevé. [7] A partir de 1973: "Habillement"; série enchaînée à la précédente. [8] Indices base: 1974 = 100. [9] Indices base: 1972 = 100. [10] Familles à revenu moyen. [11] Série enchaînée à la précédente. [12] Indices base: 1973 = 100. [13] Familles à revenu modique. [14] Octobre. [15] Malgaches.

[1] Indices base: 1976 = 100. [2] ∅: junio-dic. [3] Funcionarios. [4] Incl. ciertos artículos domésticos. [5] Incl. la ropa de casa. [6] Familias de ingresos elevados. [7] A partir de 1973: "Vestuario."; serie enlazada con el anterior. [8] Indices base: 1974 = 100. [9] Indices base: 1972 = 100. [10] Familias de ingresos medios. [11] Serie enlazada con la anterior. [12] Indices base: 1973 = 100. [13] Familias de ingresos módicos. [14] Octubre. [15] Malgaches.

25 Clothing indices
Indices de l'habillement
Indices del vestido

(1970 = 100)

Country Pays País	1971	1972	1973	1974	1975	1976	1977	1978	1979	1980
Madagascar (Tananarive, Europ.) [1]	.	.	*100.0*	*109.1*	*125.0*	*147.3*	*167.8*	*176.2*	*181.7*	*183.8*
Malawi										
Blantyre [2]	100.3	103.2	109.4	120.8	132.2	137.2	141.5	151.4	162.1	174.4
Blantyre [3]	108.9	111.6	120.0	143.5	179.7	198.9	201.3	200.5	211.1	221.4
Maroc [4]	.	.	.	*100.0*	*108.5*	*112.2*	*125.6*	*143.9*	*154.9*	*162.1*
Mauritanie (Nouakchott, Europ.)	103.7	118.2	124.7	137.3 [5]	▌ *100.0* [6]	*115.6*	*122.3*	*141.3*	...	...
Mauritius	100.8	103.3	120.6	161.7	173.1	180.8 [7]	195.8	213.4	239.3	317.8
Mozambique (Maputo)	121.8	135.5	146.0	193.5	225.8	222.6	.	.	.	.
Niger										
Niamey, Afric.	99.3	89.5	89.5	90.9	107.7	126.4	145.7	176.0	...	...
Niamey, Europ. [8]	109.3	107.0	107.0	109.5	131.9	144.4	184.7	197.3	...	...
Nigeria [9 10]	.	.	.	.	*100.0*	*128.1*	*141.4*	*176.3*	*219.1*	...
[9 11]	.	.	.	.	*100.0*	*126.6*	*135.1*	*158.5*	*180.6*	...
Lagos [2]	107.0	110.5	135.1 [12]	167.1	192.0	257.5	333.1	.	.	.
Réunion (Saint-Denis)	107.7	122.1 [13]	128.8	141.5	158.3	175.8	178.4	187.7	▌ *102.7* [14]	*106.6*
Rwanda (Kigali)	102	106	121	195	201	199	213	267	269	289
Sénégal (Dakar)	102.4	106.4	111.5	120.8	140.6	165.6	175.5	180.8	205.8	...
Seychelles (Victoria)	104.5	114.3	140.3	▌ *100.0* [15]	*114.5*	*135.9*	*155.1*	.	.	.
Sierra Leone (Freetown)	100.6	100.6	100.6	105.3	113.0	141.0	168.6	228.6	326.1	402.4
Somalia (Mogadishu)	103.7	104.9	110.1	126.5	145.3	179.6	195.2	195.0	...	...
South Africa [16]	102.4	107.5	116.4	133.2	147.7	161.7	176.7	195.1	210.6	229.1
Sudan	100.0	100.0	129.9	183.4	216.7	219.4	260.9	292.1	316.0	...

Explanations and sources: see p. 511 – Explications et sources: voir p. 512 – Explicaciones y fuentes: véase p. 513

[1] Index base: 1973 = 100. [2] Low income group. [3] High income group. [4] Index base: 1974 = 100. [5] ∅: Jan.-July and Sep.-Dec. [6] Series (base 1975 = 100) replacing former series. [7] Series linked to former series. [8] Incl. household linen. [9] Index base: 1975 = 100. [10] Rural and urban areas. [11] Urban areas. [12] Jan.-Sep. and Dec. [13] Beginning 1972: incl. household linen; series linked to former series. [14] Series (base 1978 = 100) replacing former series. [15] Series (base 1974 = 100) replacing former series. [16] White population.

[1] Indices base: 1973 = 100. [2] Familles à revenu modique. [3] Familles à revenu élevé. [4] Indices base: 1974 = 100. [5] ∅: janv.-juillet et sept.-déc. [6] Série (base 100 en 1975) remplaçant la précédente. [7] Série enchaînée à la précédente. [8] Y compris le linge de maison. [9] Indices base: 1975 = 100. [10] Régions rurales et urbaines. [11] Régions urbaines. [12] Janv.-sept. et déc. [13] A partir de 1972: y compris le linge de maison; série enchaînée à la précédente. [14] Série (base 100 en 1978) remplaçant la précédente. [15] Série (base 100 en 1974) remplaçant la précédente. [16] Population blanche.

[1] Indices base: 1973 = 100. [2] Familias de ingresos módicos. [3] Familias de ingresos elevados. [4] Indices base: 1974 = 100. [5] ∅: enero-julio y sept.-dic. [6] Serie (base 1975 = 100) que substituye a la anterior. [7] Serie enlazada con la anterior. [8] Incl. la ropa de casa. [9] Indices base: 1975 = 100. [10] Areas rurales y urbanas. [11] Areas urbanas. [12] Enero-sept. y dic. [13] A partir de 1972: incl. la ropa de casa; serie enlazada con la anterior. [14] Serie (base 1978 = 100) que substituye a la anterior. [15] Serie (base 1974 = 100) que substituye a la anterior. [16] Población blanca.

25 Clothing indices
Indices de l'habillement
Indices del vestido

(1970 = 100)

Country Pays País	1971	1972	1973	1974	1975	1976	1977	1978	1979	1980
Swaziland (Mbabane-Manzini) [1]	100.6	101.1	109.0	136.2	151.6	165.7	185.6	202.0	210.0	227.2
Tanzania	104.7	116.3	132.5	147.5	175.7	212.1	231.8	258.7	294.6	370.5
Tchad (N'Djamena) [2]	110.4	111.5	126.6	155.2 [3]	183.6	207.7	224.7	234.1	...	...
Togo (Lomé)	108.2	113.3	113.9	132.4	153.3	162.8	215.7	245.1	268.1	...
Tunisie [4]	.	.	.	.	.	.	.	*103.6*	*109.1*	*115.8*
Tunis [5]	101.1	102.7	105.3	115.2	125.2	132.2	140.4	145.0	.	.
Uganda (Kampala) [1]	100.0	105.6	161.1	217.2	228.9	228.9	228.9 [6]	...	...	...
Zaïre (Kinshasa)	101	119	136	159 [3]	207	317	507	796	I *770* [7]	*1 272*
Zambia [1]	105.8	114.5	122.8	133.5	145.1	168.9	226.1	280.7	328.9	354.1
Zimbabwe [1]	100.6	103.6	107.7	120.8	126.0	136.6	153.3	159.5	185.1	209.8
AMERICA – AMÉRIQUE – AMERICA										
Antigua	108.0	125.8	142.9	162.3	182.6	213.2	183.2	261.0	285.1 [8]	...
Argentina (Buenos Aires)	118	183	288	445	1 293	6 785	I *2 404* [9]	*5 989*	*14 974*	*25 319*
Bahamas [10] (Nassau)	.	*100.0*	*106.0*	*119.2*	*134.0*	*143.1*	*147.1*	*156.3*	*175.8*	...
Barbados	107.0	116.7	132.9	165.3	213.0	232.7	246.3	254.0	283.2	400.3 [3]
Bermuda	105.0	109.2	118.0	130.8	146.7	157.7	171.1	I *100.0* [11]	*118.9*	*138.6*
Bolivia (La Paz)	104.7	114.1	158.1	230.9	267.3	296.7	308.9	336.3	389.7	556.0
Brasil (Sao Paulo) [10]	.	*100*	*108*	*125*	*157*	*212*	*304*	*392*	*575*	*736*
Canada	101.7	104.4	109.6	120.0	127.3	134.3	143.4	148.9	162.7	181.8
Colombia (Bogotá) [1]	111.6	126.3	158.6	203.3	238.9	285.4	356.5	487.1	617.0 [3]	751.8

Explanations and sources: see p. 511 – Explications et sources: voir p. 512 – Explicaciones y fuentes: véase p. 513

[1] Low income group. [2] High income group. [3] Series linked to former series. [4] Index base: 1977 = 100. [5] Metropolitan area. [6] ∅: Jan.-March and July-Sep. [7] March-Dec.; series (base 1975 = 100) replacing former series. [8] ∅: Jan.-Nov. [9] Series (base 1974 = 100) replacing former series. [10] Index base: 1972 = 100. [11] Series (base 1978 = 100) replacing former series.

[1] Familles à revenu modique. [2] Familles à revenu élevé. [3] Série enchaînée à la précédente. [4] Indices base: 1977 = 100. [5] Région métropolitaine. [6] ∅: janv.-mars et juillet-sept. [7] Mars-déc.; série (base 1975 = 100) remplaçant la précédente. [8] ∅: janv.-nov. [9] Série (base 100 en 1974) remplaçant la précédente. [10] Indices base: 1972 = 100. [11] Série (base 100 en 1978) remplaçant la précédente.

[1] Familias de ingresos módicos. [2] Familias de ingresos elevados. [3] Serie enlazada con la anterior. [4] Indices base: 1977 = 100. [5] Area metropolitana. [6] ∅: enero-marzo y julio-sept. [7] Marzo-dic.; serie (base 1975 = 100) que substituye a la anterior. [8] ∅: enero-nov. [9] Serie (base 1974 = 100) que substituye a la anterior. [10] Indices base: 1972 = 100. [11] Serie (base 1978 = 100) que substituye a la anterior.

25 Clothing indices
Indices de l'habillement
Indices del vestido

(1970 = 100)

Country / Pays / País	1971	1972	1973	1974	1975	1976	1977	1978	1979	1980
Costa Rica (San José) [1]	101.1	103.6	117.7 [2]	145.9 [3]	164.2	169.2 [4]	159.6	150.8	145.3	155.1
Chile (Santiago)	126	200	1 074	3 927	14 974	47 418	94 232	132 873	175 394 [4]	224 814
Dominica	104.1	105.4	107.6	153.8	182.8	204.6	220.8	259.1	310.8 [5]	...
República Dominicana [6] (Santo Domingo)	*100.0*	*116.6*	*137.0*	*154.3*	*184.5*	*207.4*	*241.0*	*272.3*	*297.7*	.
Ecuador (Quito)	111.2	118.3	127.6	155.4	182.9	206.3	227.8	248.6	270.2	319.5
El Salvador [7]	102.1 [8]	105.4	108.6	118.4	152.7	170.5	185.8	202.6	▮ *100.0* [9]	*114.1*
Falkland Is. (Malvinas) [10] (Stanley)	*95.9* [11]	*97.3* [2]	*100.0*	*101.8*	*104.9*	*108.8*	*112.4*	*113.6*	*116.5*	*123.6*
Greenland [6]	*100.0*	*105.9*	*118.8*	*136.6*	*162.4*	*177.2*	*189.1*	*211.9*	*232.7*	*257.4*
Guadeloupe [7]	104.9	111.6	116.8	125.3	139.7	149.9 [12]	160.2 [13]	172.0	184.7 [14]	...
Guatemala [15]	.	.	.	.	*100.0*	*124.7*	*147.1*	*163.2*	*181.9*	...
Guatemala	101.3	105.0	121.7	135.4	168.7	.	.	.	.	.
Guyana [7]	104.8	107.2	119.9	138.8	153.4	162.5	185.9	235.8	313.0	351.0
Guyane française (Cayenne)	108.7 [16]	119.6	127.6	163.2	197.8 [17]	232.4	260.2	301.7 [18]	338.0	...
Haïti (Port-au-Prince)	100.1	99.4	101.7	140.9	175.8	178.3	175.5	179.2	182.6	183.6
Honduras	101.7	104.9	113.8	122.8	128.3	134.3	144.9	151.2	168.4	214.7
Jamaica	107.2	116.1	125.5	149.8	174.7	194.5	213.4	299.5	377.5	454.2
Martinique (Fort-de-France)	102.3	106.5	113.4	128.7	152.3	181.5	207.5	238.6	258.7	...
México [19]	.	*100.0*	*117.1*	*137.9*	*157.8*	*189.8*	*255.0*	*310.6*	*386.6*	*525.8*
Montserrat [15]	.	.	.	*77.2* [20]	*100.0*	*120.8*	*168.6*	*188.7*	*236.7*	...

Explanations and sources: see p. 511 – Explications et sources: voir p. 512 – Explicaciones y fuentes: véase p. 513

[1] Metropolitan area. [2] ∅: June-Dec. [3] ∅: June, Aug. and Oct.-Dec. [4] Series linked to former series. [5] ∅: Jan.-Aug. and Nov.-Dec. [6] Index base: 1971 = 100. [7] Urban areas. [8] ∅: Jan.-May and Aug.-Dec. [9] Series (base 1979 = 100) replacing former series. [10] Index base: 1973 = 100. [11] January. [12] ∅: Jan.-July. [13] ∅: Feb.-Dec. [14] Prior to 1979: Basse-Terre only; series linked to former series. [15] Index base: 1975 = 100. [16] ∅: Jan.-July and Sep.-Dec. [17] ∅: Jan.-May and Sep.-Dec. [18] ∅: Jan.-June and Sep.-Dec. [19] Index base: 1972 = 100. [20] March.

[1] Région métropolitaine. [2] ∅: juin-déc. [3] ∅: juin, août et oct.-déc. [4] Série enchaînée à la précédente. [5] ∅: janv.-août et nov.-déc. [6] Indices base: 1971 = 100. [7] Régions urbaines. [8] ∅: janv.-mai et août-déc. [9] Série (base 100 en 1979) remplaçant la précédente. [10] Indices base: 1973 = 100. [11] Janvier. [12] ∅: janv.-juillet. [13] ∅: fév.-déc. [14] Avant 1979: Basse-Terre seulement; série enchaînée à la précédente. [15] Indices base: 1975 = 100. [16] ∅: janv.-juillet et sept.-déc. [17] ∅: janv.-mai et sept.-déc. [18] ∅: janv.-juin et sept.-déc. [19] Indices base: 1972 = 100. [20] Mars.

[1] Area metropolitana. [2] ∅: junio-dic. [3] ∅: junio, agosto y oct.-dic. [4] Serie enlazada con la anterior. [5] ∅: enero-agosto y nov.-dic. [6] Indices base: 1971 = 100. [7] Areas urbanas. [8] ∅: enero-mayo y agosto-dic. [9] Serie (base 1979 = 100) que substituye a la anterior. [10] Indices base: 1973 = 100. [11] Enero. [12] ∅: enero-julio. [13] ∅: febr.-dic. [14] Antes de 1979: Basse-Terre solamente; serie enlazada con la anterior. [15] Indices base: 1975 = 100. [16] ∅: enero-julio y sept.-dic. [17] ∅: enero-mayo y sept.-dic. [18] ∅: enero-junio y sept.-dic. [19] Indices base: 1972 = 100. [20] Marzo.

25 Clothing indices
Indices de l'habillement
Indices del vestido

(1970 = 100)

Country Pays País	1971	1972	1973	1974	1975	1976	1977	1978	1979	1980
Netherlands Antilles [1]	*100.0*	*102.1*	*107.0*	*116.2*	*126.9* [2]	*133.0*	*139.9*	*140.7*	*159.9*	*174.0*
Nicaragua [3] (Managua) [4]	.	.	.	*100.0*	*109.0*	*109.6*	*112.8*	*116.4*	*147.0*	*194.8*
Panamá (Panamá)	102.6	106.4	110.8	121.9	130.5	134.9	141.6	146.2	154.3	170.4
Paraguay (Asunción)	101.0	104.5	110.4	133.3	150.7	159.6	171.5	191.5	235.9	285.8
Perú (Lima) [4]	109.5	121.7	133.5 [5]	155.8	184.6	232.1	305.6	465.3	834.1	*180.3* [6]
Puerto Rico	102.0	103.9	106.0	111.1	116.3	120.1	122.9	125.9	129.4	135.7 [7]
St. Kitts-Nevis-Anguilla (St. Kitts)	116.2	135.8	132.9	148.8	169.5	191.5	239.2	▌ *100.0* [8]	*107.3*	...
St. Lucia	111.6	123.0	128.7	148.2	172.3	184.1	215.6	232.9	257.1	323.3
St. Vincent and the Grenadine (St. Vincent)	107.2	102.7	116.4	168.0	194.0	212.9	233.2	261.1	349.8	...
Suriname (Paramaribo)	98.3	98.7	109.4	123.1	138.9	163.9	198.4	227.7	283.2	310.0
Trinidad and Tobago	101.6	108.6	120.1	136.4	156.2	175.1 [5]	200.7	217.5	236.6	258.0
United States	103.2	105.3	109.2	117.3	122.6	127.1	132.8	137.4 [5]	143.3	152.8
Uruguay (Montevideo)	253	408	335 [5]	640	1 072	1 582	2 323	3 243	5 594	8 517
Venezuela (Caracas) [4]	111.3	102.8	111.3	133.8	156.4	182.3	200.5	217.5	272.4	398.3
Virgin Islands (US)	111.4	123.2	138.7	160.3	194.2	166.6	175.5	180.6	...	...
ASIA – ASIE – ASIA										
Bangladesh (Dacca) [9]	103.6[10]	160.0	▌ *186.2* [11]	*244.0*	*250.7*	*228.6*	*265.2*	*307.8*	*443.3*	...
Burma (Rangoon)	102.3	100.0	108.1	132.7	157.4	226.8	237.8	203.1	190.3	178.8
Cyprus	102.7	107.0	115.2	127.1[12]	131.4	135.0	▌ *100.0* [13]	*108.6*	*119.4*	*130.1*

Explanations and sources: see p. 511 – Explications et sources: voir p. 512 – Explicaciones y fuentes: véase p. 513

[1] Index base: 1971 = 100. [2] Series linked to former series; Curaçao, Aruba and Bonaire; prior to 1975: excl. Bonaire and Windward Is. [3] Index base: 1974 = 100. [4] Metropolitan area. [5] Series linked to former series. [6] Series (base 1979 = 100) replacing former series. [7] Series linked to former series; prior to 1980: wage earners only. [8] Series (base 1978 = 100) replacing former series. [9] Government officials. [10] ∅: Jan., Feb. and April-Dec. [11] Series (base 1972 = 100) replacing former series. [12] Jan.-July and Sep.-Dec.; series linked to former series. [13] Series (base 1977 = 100) replacing former series.

[1] Indices base: 1971 = 100. [2] Série enchaînée à la précédente; Curaçao, Aruba et Bonaire; avant 1975: non compris Bonaire et les îles Windward. [3] Indices base: 1974 = 100. [4] Région métropolitaine. [5] Série enchaînée à la précédente. [6] Série (base 100 en 1979) remplaçant la précédente. [7] Série enchaînée à la précédente; avant 1980: ouvriers seulement. [8] Série (base 100 en 1978) remplaçant la précédente. [9] Fonctionnaires. [10] ∅: janv., fév. et avril-déc. [11] Série (base 100 en 1972) remplaçant la précédente. [12] Janv.-juillet et sept.-déc.; série enchaînée précédente. [13] Série (base 100 en 1977) remplaçant la précédente.

[1] Indices base: 1971 = 100. [2] Serie enlazada con la anterior; Curaçao, Aruba y Bonaire; antes de 1975: excl. Bonaire y las islas Windward. [3] Indices base: 1974 = 100. [4] Area metropolitana. [5] Serie enlazada con la anterior. [6] Serie (base 1979 = 100) que substituye a la anterior. [7] Serie enlazada con la anterior; antes de 1980: obreros solamente. [8] Serie (base 1978 = 100) que substituye a la anterior. [9] Funcionarios. [10] ∅: enero, febr. y abril-dic. [11] Serie (base 1972 = 100) que substituye a la anterior. [12] Enero-julio y sept.-dic.; serie enlazada con la anterior. [13] Serie (base 1977 = 100) que substituye a la anterior.

25 Clothing indices
Indices de l'habillement
Indices del vestido

(1970 = 100)

Country Pays País	1971	1972	1973	1974	1975	1976	1977	1978	1979	1980
Hong Kong [1]	.	.	.	*103* [2]	*100*	*100*	*103*	*105*	*112*	*123*
	101.0	104.9	115.5	126.2	.	.	.	.	.	.
India [3 4]	*100.0*	*105.1*	*117.8*	*158.0*	*174.5*	*171.3*	*187.9*	*197.5*	*205.1*	*217.8*
[5]	113.2	122.6	140.9	189.3	198.7	198.7	217.0	234.0	248.4	271.1
[6]	107.1	113.5	125.5	162.4	104.3	177.3	186.5	195.7	206.4	226.2
Delhi [5]	114.5	117.3	131.8	187.3	206.4	207.5	237.0	243.4	250.3	266.5
Indonesia [7]	.	.	.	.	.	.	.	.	*152.4* [8]	*181.6*
Djakarta	109.5	109.5	128.4	175.7	201.4	226.9	247.1	262.0	.	.
Iran	103.3	107.3	122.8	138.8	154.2	164.8	202.4	...	...	...
Iraq [10 9]	.	.	*100.0*	*115.3*	*125.1*	*137.3*	*152.8*	*155.9*	...	...
Baghdad	108.4	114.2	122.9	135.4	147.3	158.7	168.8	169.1	.	.
Israel	109	125	146	188	236	325	421[11]	632	1 038	2 026
Japan	109.1	115.0	139.9	172.4	182.8	196.5	208.4	215.7	226.1	242.6
Jordan [1]	.	.	.	.	*100.0*	*107.6*	*139.3*	*146.1*	*180.5*	*191.2*
Amman	104.4	111.5	124.2	140.3	149.7	161.3	214.4	.	.	.
Korea, Republic of	106.4	115.6	129.8	158.6	181.5	205.3	227.6	255.0	320.1	410.2
Kuwait [12]	.	.	*105.5*	*116.7*	*124.4*	*135.6*	*151.8*	*159.8*	*178.0*	*188.3*
République dém. pop. lao (Vientiane)	101.4	121.9	146.5	228.4	333.8[13]	.	.	.	.	.
Peninsular Malaysia	100.7	103.4	126.1	140.9	140.1	143.6	149.2	154.3	164.3	175.5
Malaysia: Sabah	102.9	105.7	115.6	132.9	134.6	134.3	138.2	139.6	148.5	158.8
Malaysia: Sarawak	99.8	103.4	120.7	133.2	131.8	132.4	135.0	137.3	144.9	154.8
Nepal [14]	.	.	.	*100.0*	*105.0*	*108.8*	*114.6*	*119.0*	*128.5*	*135.7*
Kathmandu [10 3]	*100.0*	*100.8*	*108.7*	*125.3*	*136.2*	*143.5*	*150.4*	*156.3*	*168.6*	*177.2*
Pakistan [3]	*100.0*	*104.2*	*137.3*	*185.0*	*214.8*	*224.8*	*241.2*	*253.8*	*272.3*	*293.2*
Philippines [12]		*100.0*	*115.9*	*172.2*	*186.5*	*195.2*	*215.5*	*235.6*	*275.6*	*336.2*
Manila [15]	117.9	138.3	165.3	284.1	334.3	.	.	.	.	.

Explanations and sources: see p. 511 – Explications et sources: voir p. 512 – Explicaciones y fuentes: véase p. 513

[1] Index base: 1975 = 100. [2] ∅: July–Dec. [3] Index base: 1971 = 100. [4] Agricultural workers. [5] Industrial workers. [6] Urban non-manual employees. [7] Index base: April 1977 – March 1978 = 100. [8] ∅: April–Dec. [9] Index base: 1973 = 100. [10] Excl. footwear. [11] Series linked to former series. [12] Index base: 1972 = 100. [13] ∅: Jan.–Aug. [14] Index base: 1974 = 100. [15] Middle income group.

[1] Indices base: 1975 = 100. [2] ∅: juillet–déc. [3] Indices base: 1971 = 100. [4] Ouvriers agricoles. [5] Travailleurs de l'industrie. [6] Employés urbains. [7] Indices base: avril 1977 – mars 1978 = 100. [8] ∅: avril–déc. [9] Indices base: 1973 = 100. [10] Non compris la chaussure. [11] Série enchaînée à la précédente. [12] Indices base: 1972 = 100. [13] ∅: janv.–août. [14] Indices base: 1974 = 100. [15] Familles à revenu moyen.

[1] Indices base: 1975 = 100. [2] ∅: julio–dic. [3] Indices base: 1971 = 100. [4] Obreros agrícolas. [5] Trabajadores industriales. [6] Empleados urbanos. [7] Indices base: abril 1977 – marzo 1978 = 100. [8] ∅: abril–dic. [9] Indices base: 1973 = 100. [10] Excl. el calzado. [11] Serie enlazada con la anterior. [12] Indices base: 1972 = 100. [13] ∅: enero–agosto. [14] Indices base: 1974 = 100. [15] Familias de ingresos medios.

25 Clothing indices
Indices de l'habillement
Indices del vestido

(1970 = 100)

Country Pays País	1971	1972	1973	1974	1975	1976	1977	1978	1979	1980
Singapore	102.7	104.6	124.9	▌ *110.1* [1]	*108.7*	*109.4*	*111.1*	▌ *100.0* [2]	*103.5*	*105.4*
Sri Lanka (Colombo)	105.6	119.1	135.5	149.0	151.6	154.2	163.0	164.8	168.4	174.8
République arabe syrienne (Damas)	102	104	138	150	158	181	▌ 249 [3]	255	256	276
Thailand (Bangkok Metropolis)	100.8	101.8	116.3	137.1	144.0	146.9	150.5	160.2 [4]	188.7	226.1
Yemen [5] (Sanaa)	.	*100*	*126*	*210*	*249*	...	...	...	...	...
Democratic Yemen (Aden)	100.9	123.9	131.2	216.5	283.5	320.2	356.9	...	...	...
EUROPE – EUROPE – EUROPA										
Austria	103.4	108.5	116.6	127.4	135.2	142.3	148.8 [4]	153.8	159.1	170.2
Belgique	105.2	109.8 [4]	116.4	130.4	143.1	151.3 [4]	160.7	171.0	177.7	182.1
Denmark	102	107	117	131	141	149	162	179	▌ *136* [6]	*144*
España	108.5	118.0	131.9	159.2	182.5	211.4	273.4	335.9	411.4	...
Faeroe Islands [7]	.	.	.	.	.	*100*	*107*	*116.3*	*122.53*	...
Finland	102.5	108.2	118.6	136.7	159.4	176.8	192.5	205.4	226.5 [4]	256.9
France [8]	104.3	109.8	118.1	134.3	151.4	164.2	177.4	195.5	216.7	241.1
German Democratic Rep. [8 9]	95.6	94.1	▌ 94.7 [3]	88.3	86.4	81.2	80.3	79.7	...	...
Germany, Fed. Rep. of	105.9	112.3	120.7	129.8	136.4	141.0	147.8	154.3	161.1	170.4
Gibraltar	106.5	119.2	130.0 [4]	145.8	169.9	184.9	208.3	250.5	293.7	327.1
Grèce	101.2	105.3	120.1	146.4	162.8	184.8	208.3	237.8	290.9	345.4
Hongrie	102.5	106.5	108.4	110.6	115.8	121.8	127.3	133.7	145.7	153.0
Iceland (Reykjavik) [10]	110	121	144	191	297	420	516	729	1 097	1 782
Ireland	109.5	120.3	139.4	167.9	193.7	214.3 [4]	245.7	274.2	302.0	345.9
Isle of Man [11]	.	.	.	.	.	*92.2* [12]	*100.0*	*116.0*	*135.9*	*149.9*
Italie	106.2	112.7	126.3	151.7	175.9	204.1	250.3 [4]	285.8	327.5	395.2

Explanations and sources: see p. 511 – Explications et sources: voir p. 512 – Explicaciones y fuentes: véase p. 513

[1] Series (base 1973 = 100) replacing former series. [2] Series (base 1978 = 100) replacing former series. [3] Series replacing former series. [4] Series linked to former series. [5] Index base: 1972 = 100. [6] Series (base 1975 = 100) replacing former series. [7] Index base: 1976 = 100. [8] Incl. household linen. [9] Excl. footwear. [10] ∅: official estimates based on 12 months. [11] Index base: 1977 = 100. [12] ∅: March–Dec.

[1] Série (base 1973 = 100) remplaçant la précédente. [2] Série (base 100 en 1978) remplaçant la précédente. [3] Série remplaçant la précédente. [4] Série enchaînée à la précédente. [5] Indices base: 1972 = 100. [6] Série (base 100 en 1975) remplaçant la précédente. [7] Indices base: 1976 = 100. [8] Y compris le linge de maison. [9] Non compris la chaussure. [10] ∅: estimations officielles fondées sur 12 mois. [11] Indices base: 1977 = 100. [12] ∅: mars-déc.

[1] Serie (base 1973 = 100) que substituye a la anterior. [2] Serie (base 1978 = 100) que substituye a la anterior. [3] Serie que substituye a la anterior. [4] Serie enlazada con la anterior. [5] Indices base: 1972 = 100. [6] Serie (base 1975 = 100) que substituye a la anterior. [7] Indices base: 1976 = 100. [8] Incl. la ropa de casa. [9] Excl. el calzado. [10] ∅: estimaciones oficiales basadas sobre 12 meses. [11] Indices base: 1977 = 100. [12] ∅: marzo-dic.

25 Clothing indices
Indices de l'habillement
Indices del vestido

(1970 = 100)

Country Pays País	1971	1972	1973	1974	1975	1976	1977	1978	1979	1980
Luxembourg	105.5	111.0	119.4	130.8	140.7	147.8	159.4	174.0	184.9	200.9
Malta	101.7	103.6	106.5	109.7	114.4	117.7[1]	118.0	121.0	127.4	133.3
Netherlands	110.7	118.9	130.8	148.0	164.8	175.3	189.1	‖ *121.1*[2]	*127.6*	*137.6*
Norway	105.2	114.0	124.2	136.8[1]	147.0	158.0	174.6	189.8	200.0	219.8[1]
Portugal [3]	.	.	.	.	.	.	*118.7*	*141.8*	*177.4*[4]	*238.4*
Lisbonne	106.1	115.7	145.4	191.8	208.0	211.9	234.1	247.9	310.3	340.5
Roumanie	99.8	99.8	99.8	99.6	100.0	100.0	100.5	100.9	100.8	101.2
Suisse	105.9	114.2	125.9	138.2	146.9	147.8	149.4	151.3[1]	152.7	158.1
Sweden	108.8	114.7	118.0	125.7	138.7	150.2	160.3	170.9	179.2	192.6
Turquie (Ankara)	118	139	174	219	240	273	358	551	920	1 886
United Kingdom	106.8	114.5	125.3	147.2	169.2	187.6	211.8	230.1	251.9	276.4
Yugoslavia	113.0	129.9	157.1	193.7	236.2	261.5	291.1	339.5	410.5	508.2
OCEANIA – OCÉANIE – OCEANIA										
American Samoa [5] (Pago-Pago)	.	.	.	*100.0*	*114.5*	*120.9*	*127.7*	*129.5*	*153.2*	*164.9*
Australia	105.5	111.3	121.8	144.4	170.5	198.5	225.3	244.6	261.5	279.2
Cook Islands (Rarotonga)	105.7	118.8	137.0	173.8	197.6	233.6	296.6	345.8	375.8	...
Fiji	103.3	110.3	120.2	138.0[1]	171.2	193.0	206.9	221.9	234.2[1]	...
Guam [6]	.	.	*100.0*	*108.4*	*126.6*	*135.8*	*153.5*	*162.1*	*171.3*	*192.4*
Kiribati										
Tarawa [7]	*100.0*	*107.8*	*106.5*	*125.3*	*134.6*	.	.	.	.	.
Tarawa [3]	.	.	.	.	.	*100.0*	*110.5*	*135.9*	...	...
New Zealand	113.1	120.5	128.6	143.8	165.0	189.2	221.5	254.9	284.2	322.2
Niue [8]	.	*100.0*	*108.5*	*118.7*	*150.4*	*187.9*[1]	*218.1*	*248.1*	*268.8*	...
Nouvelle-Calédonie [9] (Nouméa)	105.6	109.9	115.8	120.6	135.1	148.3	162.2	181.4	199.8	226.6
Papua New Guinea [7] [9]	*100.0*	*104.2*	*108.6*	*124.9*	*149.1*	*167.4*[10]	*174.2*	*188.0*	*195.6*	*208.5*

Explanations and sources: see p. 511 – Explications et sources: voir p. 512 – Explicaciones y fuentes: véase p. 513

[1] Series linked to former series. [2] Series (base 1975 = 100) replacing former series. [3] Index base: 1976 = 100. [4] ∅: Jan.-Aug. and Oct.-Dec. [5] Index base: 1974 = 100. [6] Index base: 1973 = 100. [7] Index base: 1971 = 100. [8] Index base: 1972 = 100. [9] Incl. household linen. [10] Beginning 1976: "Clothing" only; series linked to former series.

[1] Série enchaînée à la précédente. [2] Série (base 100 en 1975) remplaçant la précédente. [3] Indices base: 1976 = 100. [4] ∅: janv.-août et oct.-déc. [5] Indices base: 1974 = 100. [6] Indices base: 1973 = 100. [7] Indices base: 1971 = 100. [8] Indices base: 1972 = 100. [9] Y compris le linge de maison. [10] A partir de 1976: «Habillement» seulement; série enchaînée à la précédente.

[1] Serie enlazada con la anterior. [2] Serie (base 1975 = 100) que substituye a la anterior. [3] Indices base: 1976 = 100. [4] ∅: enero-agosto y oct.-dic. [5] Indices base: 1974 = 100. [6] Indices base: 1973 = 100. [7] Indices base: 1971 = 100. [8] Indices base: 1972 = 100. [9] Incl. la ropa de casa. [10] A partir de 1976: «Vestido» solamente; serie enlazada con la anterior.

25 Clothing indices
Indices de l'habillement
Indices del vestido

(1970 = 100)

Country Pays País	1971	1972	1973	1974	1975	1976	1977	1978	1979	1980
Polynésie française (Papeete)	101.9	110.6	111.2 [1]	120.7	130.3	161.4	180.9	197.8	216.7	...
Samoa (Apia)	104.9	111.1	▌ *100.0* [2]	*127.8*	*150.2*	*158.7*	*166.1*	*166.1*	*203.2*	...
Solomon Islands [3] (Honiara)	*100.0*	*101.4*	*107.0*	*121.6*	*136.6*	*144.7*	*162.0*	▌ *100.0* [4]	*102.1*	*106.7*
Tonga	102.7	105.6	109.0	113.4	135.2	162.7	186.3	208.9	225.7	262.2
Vanuatu										
Vila [3] [5]	*100.0*	*103.0*	*109.4*	*124.7*	*133.2* [6]	.	.	.	.	.
[7] [8] [5]	.	.	.	.	.	*100.0*	*103.1* [9]	*108.1* [10]	*111.4*	*114.8* [11]
USSR - URSS - URSS										
URSS	99.7	99.6	99.3	98.6	98.6	98.6	99.2	98.6	98.9	99.2
RSS de Biélorussie	99.6	99.6	99.2	98.0	98.0	98.0	...	...	...	...
RSS d'Ukraine	99.7	99.9	99.7	99.3	99.3	99.3	100.4	99.9	100.2	100.5

Explanations and sources: see p. 511 - Explications et sources: voir p. 512 - Explicaciones y fuentes: véase p. 513

[1] Series linked to former series. [2] Series (base 1973 = 100) replacing former series. [3] Index base: 1971 = 100. [4] Series (base 1978 = 100) replacing former series. [5] Low income group. [6] ∅: Jan.-Sep. [7] Index base: 1976 = 100. [8] Urban areas; indices based on prices paid in francs. [9] ∅: Jan.-June. [10] ∅: April-Dec. [11] ∅: Jan.-March and Oct.-Dec.

[1] Série enchaînée à la précédente. [2] Série (base 1973 = 100) remplaçant la précédente. [3] Indices base: 1971 = 100. [4] Série (base 100 en 1978) remplaçant la précédente. [5] Familles à revenu modique. [6] ∅: janv.-sept. [7] Indices base: 1976 = 100. [8] Régions urbaines; indices fondés sur des prix payés en francs. [9] ∅: janv.-juin. [10] ∅: avril-déc. [11] ∅: janv.-mars et oct.-déc.

[1] Serie enlazada con la anterior. [2] Serie (base 1973 = 100) que substituye a la anterior. [3] Indices base: 1971 = 100. [4] Serie (base 1978 = 100) que substituye a la anterior. [5] Familias de ingresos módicos. [6] ∅: enero-sept. [7] Indices base: 1976 = 100. [8] Areas urbanas; índices basados en los precios pagados en francos. [9] ∅: enero-junio. [10] ∅: abril-dic. [11] ∅: enero-marzo y oct.-dic.

26 Rent indices
Indices du loyer
Indices del alquiler

(1970 = 100)

Country Pays País	1971	1972	1973	1974	1975	1976	1977	1978	1979	1980
AFRICA – AFRIQUE – AFRICA										
Algérie (Alger)	100.0	100.0	102.8	103.1	109.6	107.1	109.6	120.3	...	...
Burundi [1] [3] (Bujumbura) [2]	102.3	103.8	107.7	123.1	139.1	125.7	135.6	161.4	207.6	202.9
Rép.-Unie du Cameroun [2] (Yaoundé, Afric.)	103.1	114.2	121.7	137.9	166.3	144.0	148.3	157.3	195.7	308.0
Côte-d'Ivoire (Abidjan, Afric.)	95.8	95.9	96.2	103.0	114.2	151.7	153.1	165.5	169.2	...
Egypt	100.0	100.0	100.0	100.0	100.0	100.0	100.0	100.0	100.0	100.0
Gambia [4] (Banjul–Kombo, St.Mary)	.	.	.	*100.0*	*105.2*	*115.8*	*130.0*	*141.2*	*149.6*	*167.5*
Ghana [5] [2]	.	.	.	.	.	.	*100*	*148*	*185*	...
Kenya [6] (Nairobi) [7]	.	*100.0*	*116.4*	*127.8*	*136.9*	*151.4* [8]	*178.4*	*200.8*	*215.2*	...
Lesotho [9] [11] [10]	.	*93.4* [12]	*100.0*	*105.7*	*122.1*	*129.0*	*138.0*	*167.3*	*176.2*	*182.8*
Liberia (Monrovia)	100.9	110.3	140.3	140.8	152.4	162.5	173.3	193.3	...	...
Libyan Arab Jamahiriya (Tripoli)	108.0	124.8	172.4	192.1	220.9	220.6	208.5	343.2	...	...
Maroc [13]	.	.	.	.	*100.0*	*105.8*	*114.5*	*124.4*	*134.7*	...
Mauritius	100.0	100.0	100.0	100.0	100.0	100.0 [8]	100.0	100.0	100.0	100.0
Mozambique (Maputo)	114.5	124.2	132.7	135.2	113.3	107.9	.	.	.	.
Nigeria [13] [2] [14]	.	.	.	.	*100.0*	*108.6*	*127.3*	*131.4*	*166.9*	...
[13] [2] [15]	.	.	.	.	*100.0*	*112.0*	*129.0*	*139.3*	*172.7*	...
Lagos [11] [10]	103.0	105.8	108.0 [16]	110.0	113.6	118.4	121.5	.	.	.
Réunion (Saint-Denis)	.	*107.9*	*123.0*	*135.7*	*165.2*	*169.0*	*173.5*	*186.6*	▌ *105.6* [17]	*114.9*
Sénégal [11] (Dakar)	106.6	115.9	117.3	125.0	127.5	127.5	132.8	142.0	199.1	...

Explanations and sources: see p. 511 – Explications et sources: voir p. 512 – Explicaciones y fuentes: véase p. 513

[1] Government officials. [2] Incl. "Fuel and light". [3] Incl. certain household items. [4] Index base: 1974 = 100. [5] Index base: 1977 = 100. [6] Index base: 1972 = 100. [7] Middle income group. [8] Series linked to former series. [9] Index base: 1973 = 100. [10] Low income group. [11] Incl. expenditure on maintenance and repairs of dwelling. [12] October. [13] Index base: 1975 = 100. [14] Rural and urban areas. [15] Urban areas. [16] Jan.–Sep. and Dec. [17] Series (base 1978 = 100) replacing former series.

[1] Fonctionnaires. [2] Y compris le groupe «Combustible et éclairage». [3] Y compris certains articles de ménage. [4] Indices base: 1974 = 100. [5] Indices base: 1977 = 100. [6] Indices base: 1972 = 100. [7] Familles à revenu moyen. [8] Série enchaînée à la précédente. [9] Indices base: 1973 = 100. [10] Familles à revenu modique. [11] Y compris les dépenses pour l'entretien et la réparation du logement. [12] Octobre. [13] Indices base: 1975 = 100. [14] Régions rurales et urbaines. [15] Régions urbaines. [16] Janv.–sept. et déc. [17] Série (base 100 en 1978) remplaçant la précédente.

[1] Funcionarios. [2] Incl. el grupo «Combustible y alumbrado». [3] Incl. ciertos artículos domésticos. [4] Indices base: 1974 = 100. [5] Indices base: 1977 = 100. [6] Indices base: 1972 = 100. [7] Familias de ingresos medios. [8] Serie enlazada con la anterior. [9] Indices base: 1973 = 100. [10] Familias de ingresos módicos. [11] Incl. los gastos de conservación y reparación de la vivienda. [12] Octubre. [13] Indices base: 1975 = 100. [14] Areas rurales y urbanas. [15] Areas urbanas. [16] Enero–sept. y dic. [17] Serie (base 1978 = 100) que substituye a la anterior.

26 Rent indices
Indices du loyer
Indices del alquiler

(1970 = 100)

Country Pays País	1971	1972	1973	1974	1975	1976	1977	1978	1979	1980
Seychelles (Victoria)	109.3	130.0	138.4	▌ *100.0[1]*	*107.3*	*124.5*	*135.6*	.	.	.
Sierra Leone (Freetown)	100.3	100.4	101.1	101.0	123.3	131.5	132.7	137.0	137.6	138.2
Somalia [2] (Mogadishu)	89.1	74.9	76.3	74.7	82.8	85.3	87.1	87.2	...	...
South Africa [3]	107.2	113.6	121.9	133.3	149.3	163.9	175.4	187.5	204.0	226.1
Sudan [4]	115.5	130.9	153.7	199.1	252.5	289.4	300.9	311.9	390.4	...
Tanzania	103.9	103.9	105.0	▌ *100.0[1]*	*103.6*	*104.9*	*106.6*	*114.0*	*134.6*	*142.3*
Togo (Lomé)	108.0	116.1	117.9	131.8	143.8	142.3	147.3	205.6	235.9	...
Tunisie [5]	.	.	.	.	.	.	.	*105.6*	*110.9*	*116.5*
Tunis [6]	103.6	102.0	104.6	107.4	111.3	111.4	111.4	117.0	.	.
Zaïre [2] (Kinshasa) [7]	90	90	100	124[8]	142	209	299	331	▌ *732[9]*.	*1 545*
Zambia [4 10]	98.4	101.0	104.9	108.9	114.5	116.2	125.3	132.8	136.8	141.4
Zimbabwe [4 10]	105.6	107.6	107.7	110.6	120.8	144.0	160.4	183.9	204.7	210.3
AMERICA – AMÉRIQUE – AMERICA										
Antigua [4]	107.3	114.1	119.7	137.3	139.6	151.4	168.7	172.7	195.8[11]	...
Argentina										
Buenos Aires	156	210	673	751	1 430	5 029	.	.	.	.
Buenos Aires [12 13 6]							*4 261[14]*	*10 794*	*27 244*	*52 741*
Bahamas [15 4] (Nassau) [16]	.	*100.0*	*103.4*	*111.6*	*118.8*	*123.3*	*127.1*	*131.3*	*139.8*	...

Explanations and sources: see p. 511 – Explications et sources: voir p. 512 – Explicaciones y fuentes: véase p. 513

[1] Series (base 1974 = 100) replacing former series. [2] Incl. water. [3] White population. [4] Incl. "Fuel and light". [5] Index base: 1977 = 100. [6] Metropolitan area. [7] Incl. electricity. [8] Beginning 1974: incl. "Fuel and light" and water; series linked to former series. [9] March-Dec.; series (base 1975 = 100) replacing former series; beginning 1979: "Rent". [10] Low income group. [11] ∅: Jan.-Nov. [12] Index base: 1974 = 100. [13] Incl. expenditure on maintenance and repairs of dwelling. [14] ∅: April-Dec. [15] Index base: 1972 = 100. [16] Incl. certain household equipment.

[1] Série (base 100 en 1974) remplaçant la précédente. [2] Y compris l'eau. [3] Population blanche. [4] Y compris le groupe «Combustible et éclairage». [5] Indices base: 1977 = 100. [6] Région métropolitaine. [7] Y compris l'électricité. [8] A partir de 1974: y compris le groupe «Combustible et éclairage» et l'eau; série enchaînée à la précédente. [9] Mars.-déc.; série (base 1975 = 100) remplaçant la précédente; à partir de 1979: "Loyer". [10] Familles à revenu modique. [11] ∅: janv.-nov. [12] Indices base: 1974 = 100. [13] Y compris les dépenses pour l'entretien et la réparation du logement. [14] ∅: avril-déc. [15] Indices base: 1972 = 100. [16] Y compris certains biens d'équipement de ménage.

[1] Serie (base 1974 = 100) que substituye a la anterior. [2] Incl. el agua. [3] Población blanca. [4] Incl. el grupo «Combustible y alumbrado». [5] Indices base: 1977 = 100. [6] Area metropolitana. [7] Incl. electricidad. [8] A partir de 1974: incl. el grupo «Combustible y alumbrado» y el agua; serie enlazada con la anterior. [9] Marzo-dic.; serie (base 1975 = 100) que substituye a la anterior; a partir de 1979: "Alquiler". [10] Familias de ingresos módicos. [11] ∅: enero-nov. [12] Indices base: 1974 = 100. [13] Incl. los gastos de conservación y reparación de la vivienda. [14] ∅: abril-dic. [15] Indices base: 1972 = 100. [16] Incl. ciertos enseres domésticos.

26 Rent indices
Indices du loyer
Indices del alquiler

(1970 = 100)

Country Pays País	1971	1972	1973	1974	1975	1976	1977	1978	1979	1980
Barbados [1]	102.8	106.1	126.5	167.1	182.2	193.2	217.7	234.6	269.8	299.5 [2]
Bermuda	107.1	113.1	118.0	121.6	125.8	129.2	132.8	I *100.0* [3]	*105.0*	*112.7*
Brasil [5] (Sao Paulo) [4]	.	.	*100*	*121*	*154*	*211*	*295*	*406*	*570*	*962*
Canada	101.6	102.8	104.3	107.2	112.9	120.8	128.4	135.1	141.2	147.9
Colombia [6] [5] (Bogotá) [7]	111.6	121.9	136.5	163.2	186.3	198.8	262.2	313.4	39.5 [2]	...
Costa Rica (San José) [8]	102.7	105.6	110.9 [9]	136.7 [10]	177.8	185.3 [2]	200.2	210.4	227.5	...
Chile [5] (Santiago) [7]	73	94	297	1 887	9 951	31 225	61 040	92 803	130 738 [2]	182 483
Dominica	104.2	117.6	132.7	170.4	210.0	229.3	253.4	276.1	305.5 [11]	...
República Dominicana [12] [13] [7]	.	.	.	.	.	.	.	*100.0*	*107.8*	*118.8*
Santo Domingo [14]	*100.0*	*110.7*	*118.4*	*122.2*	*137.0*	*151.0*	*169.8*	*169.8*	*174.5*	.
Ecuador (Quito)	104.4	108.2	112.2	124.7	141.0	167.9	198.0	220.7	248.3	295.5
El Salvador [15] [17] [16]	101.3 [18]	102.7	108.7	128.2	144.0	147.3	156.4	187.5	I *100.0* [19]	*107.1*
Greenland [14]	*100*	*110*	*141*	*176*	*183*	*187*	*201*	*218*	*221*	*233*
Guadeloupe [16] [5] [13]	105.1	111.9	118.7	135.4	159.3	172.5 [20]	188.7 [21]	201.0	213.8 [22]	...

Explanations and sources: see p. 511 – Explications et sources: voir p. 512 – Explicaciones y fuentes: véase p. 513

[1] Incl. expenditure on maintenance and repairs of dwelling. [2] Series linked to former series. [3] April–Dec.; series (base 1974 = 100) replacing former series. [4] Index base: 1973 = 100. [5] Incl. "Fuel and light". [6] Low income group. [7] Incl. certain household equipment. [8] Metropolitan area. [9] ∅: June–Dec. [10] ∅: June, Aug. and Oct.–Dec. [11] ∅: Jan.–Aug. and Nov.–Dec. [12] Index base: 1978 = 100. [13] Incl. certain household equipment and cleaning products. [14] Index base: 1971 = 100. [15] Incl. electricity. [16] Urban areas. [17] Incl. water. [18] ∅: Jan.–May and Aug.–Dec. [19] Series (base 1979 = 100) replacing former series; beginning 1979: "Rent". [20] ∅: Jan.–July. [21] ∅: Feb.–Dec. [22] Prior to 1979: Basse-Terre only; series linked to former series.

[1] Y compris les dépenses pour l'entretien et la réparation du logement. [2] Série enchaînée à la précédente. [3] Avril–déc.; série (base 1974 = 100) remplaçant la précédente. [4] Indices base: 1973 = 100. [5] Y compris le groupe «Combustible et éclairage». [6] Familles à revenu modique. [7] Y compris certains biens d'équipement de ménage. [8] Région métropolitaine. [9] ∅: juin–déc. [10] ∅: juin, août et oct.–déc. [11] ∅: janv.–août et nov.–déc. [12] Indices base: 1978 = 100. [13] Y compris certains biens d'équipement de ménage et les produits d'entretien. [14] Indices base: 1971 = 100. [15] Y compris l'électricité. [16] Régions urbaines. [17] Y compris l'eau. [18] ∅: janv.–mai et août–déc. [19] Série (base 1979 = 100) remplaçant la précédente; à partir de 1979: «Loyer». [20] ∅: janv.–juillet. [21] ∅: fév.–déc. [22] Avant 1979: Basse-Terre seulement; série enchaînée à la précédente.

[1] Incl. los gastos de conservación y reparación de la vivienda. [2] Serie enlazada con la anterior. [3] Abril–dic.; serie (base 1974 = 100) que substituye a la anterior. [4] Indices base: 1973 = 100. [5] Incl. el grupo «Combustible y alumbrado». [6] Familias de ingresos módicos. [7] Incl. ciertos enseres domésticos. [8] Area metropolitana. [9] ∅: junio–dic. [10] ∅: junio, agosto y oct.–dic. [11] ∅: enero–agosto y nov.–dic. [12] Indices base: 1978 = 100. [13] Incl. ciertos enseres domésticos y los productos de limpieza. [14] Indices base: 1971 = 100. [15] Incl. electricidad. [16] Areas urbanas. [17] Incl. el agua. [18] ∅: enero–mayo y agosto–dic. [19] Serie (base 1979 = 100) que substituye a la anterior; a partir de 1979: «Alquiler». [20] ∅: enero–julio. [21] ∅: febr.–dic. [22] Antes de 1979: Basse-Terre solamente; serie enlazada con la anterior.

26 Rent indices
Indices du loyer
Indices del alquiler

(1970 = 100)

Country Pays País	1971	1972	1973	1974	1975	1976	1977	1978	1979	1980
Guatemala [1] [2]	.	.	.	.	*100.0*	*109.7*	*131.1*	*147.3*	*171.4*	...
Guatemala	100.0	100.0	100.0	100.0	100.0	.	.	.	.	.
Guyana [2] [3]	100.4	100.5	100.8	107.3	113.2	113.4	115.3	116.6	125.3	157.3
Guyane française [4] [2] (Cayenne)	106.6 [5]	109.7	112.6	123.1	140.8 [6]	153.9	161.5	170.7 [7]	197.6	...
Haïti (Port-au-Prince)	125.5	110.9	135.7	150.8	157.6	173.5	192.2	210.0	237.2	239.7
Honduras	102.0	104.2	108.9	112.7	121.8	131.7	141.9	154.7	174.3	188.8
Jamaica	107.1	114.7	135.2	171.7	207.5	237.9	249.3	266.7	304.6	329.4
Martinique [2] (Fort-de-France) [8]	107.2	112.9	120.4	141.8	166.9	183.6	199.7	218.0	241.9	...
México [9] [2]	.	*100.0*	*108.9*	*121.2*	*138.5*	*163.2*	*197.8*	*240.4*	*280.0*	*344.5*
Montserrat [1]	.	.	.	*100.0* [10]	*100.0*	*100.0*	*102.9*	*108.7*	*110.5*	...
Netherlands Antilles [11]	*100.0*	*102.4*	*104.7*	*107.1*	*109.5* [12]	*112.1*	*115.0*	*118.4*	*122.0*	*127.1*
Nicaragua [13] [15] (Managua) [14]	.	.	.	*100.0*	*107.7*	*112.1*	*119.9*	*127.5*	*165.6*	*188.7*
Panamá (Panamá)	102.0	106.6	109.5	111.5	113.1	116.6	120.4	126.8	130.7	135.7
Paraguay [8] (Asunción) [15]	101.6	104.2	111.4	139.2	152.0	156.7	169.2	180.0	220.2	270.4
Perú (Lima) [16]	108	118	133 [17]	154	175	188	215	278	351	...

Explanations and sources: see p. 511 – Explications et sources: voir p. 512 – Explicaciones y fuentes: véase p. 513

[1] Index base: 1975 = 100. [2] Incl. "Fuel and light". [3] Urban areas. [4] Incl. water. [5] ∅: Jan.-July and Sep.-Dec. [6] ∅: Jan.-May and Sep.-Dec. [7] ∅: Jan.-June and Sep.-Dec. [8] Incl. certain household equipment and cleaning products. [9] Index base: 1972 = 100. [10] March. [11] Index base: 1971 = 100. [12] Series linked to former series; Curaçao, Aruba and Bonaire; prior to 1975: excl. Bonaire and Windward Is. [13] Index base: 1974 = 100. [14] Incl. certain household equipment. [15] Incl. "Fuel and light" and expenditure on maintenance and repairs of dwelling. [16] Metropolitan area. [17] Series linked to former series.

[1] Indices base: 1975 = 100. [2] Y compris le groupe «Combustible et éclairage». [3] Régions urbaines. [4] Y compris l'eau. [5] ∅: janv.-juillet et sept.-déc. [6] ∅: janv.-mai et sept.-déc. [7] ∅: janv.-juin et sept.-déc. [8] Y compris certains biens d'équipement de ménage et les produits d'entretien. [9] Indices base: 1972 = 100. [10] Mars. [11] Indices base: 1971 = 100. [12] Série enchaînée à la précédente; Curaçao, Aruba et Bonaire; avant 1975: non compris Bonaire et les îles Windward. [13] Indices base: 1974 = 100. [14] Y compris certains biens d'équipement de ménage. [15] Y compris le groupe «Combustible et éclairage» et les dépenses pour l'entretien et la réparation du logement. [16] Région métropolitaine. [17] Série enchaînée à la précédente.

[1] Indices base: 1975 = 100. [2] Incl. el grupo «Combustible y alumbrado». [3] Areas urbanas. [4] Incl. el agua. [5] ∅: enero-julio y sept.-dic. [6] ∅: enero-mayo y sept.-dic. [7] ∅: enero-junio y sept.-dic. [8] Incl. ciertos enseres domésticos y los productos de limpieza. [9] Indices base: 1972 = 100. [10] Marzo. [11] Indices base: 1971 = 100. [12] Serie enlazada con la anterior; Curaçao, Aruba y Bonaire; antes de 1975: excl. Bonaire y las islas Windward. [13] Indices base: 1974 = 100. [14] Incl. ciertos enseres domésticos. [15] Incl. el grupo «Combustible y alumbrado» y los gastos de conservación y reparación de la vivienda. [16] Area metropolitana. [17] Serie enlazada con la anterior.

26 Rent indices
Indices du loyer
Indices del alquiler

(1970 = 100)

Country Pays País	1971	1972	1973	1974	1975	1976	1977	1978	1979	1980
Puerto Rico	100.3	100.5	100.7	101.5	103.0	104.1	105.0	106.7	107.7	108.8 [1]
St. Lucia [2]	102.1	111.5	119.9	150.0	198.9	218.2	225.3	265.5	273.6	301.4
St. Vincent and the Grenadine (St. Vincent)	109.2	110.6	121.3	138.1	158.0	189.5	199.6	208.6	239.8	...
Suriname [4] (Paramaribo) [3]	100.4	100.4	101.6	123.6	118.2	126.3	136.2	142.5	145.4	148.9
Trinidad and Tobago	101.8	105.4	116.3	119.5	127.0	131.3 [5]	147.6	171.3	203.6	238.4
United States	104.6	108.3	112.9	118.6	124.7	131.4	139.4	148.9 [5]	159.8	173.8
Uruguay [4] (Montevideo)	121	173	303 [6]	536	1 449	2 541	4 606	8 015	12 794	24 349
Venezuela (Caracas) [7]	103.1	101.7	103.1	105.2	107.0	109.6	110.4	112.1	114.8	...
Virgin Islands (US)	108.2	115.9	123.0	123.5	132.9	132.9	132.9	144.6	...	...
ASIA - ASIE - ASIA										
Bangladesh [9] (Dacca) [8]	103.1 [10]	118.5	.	▮ *100.0* [11]	*201.0*	*241.7*	*282.6*	*337.3*	*290.7*	...
Burma [2] (Rangoon)	104.0	90.1	102.0	125.0	155.7	188.7	194.5	179.6	174.4	181.1
Cyprus	106.9	112.9	119.6	123.7 [12]	120.9	121.1	▮ *100.0* [13]	*108.4*	*120.1*	*132.7*
Hong Kong [14]	.	.	.	*95* [15]	*100*	*105*	*112*	*117*	*129*	*138*
	102.9	107.7	116.3	128.8	.	.	.	.	.	.
India [16]	101.5	104.5	109.1	113.6	122.7	129.5	137.1	143.9	150.0	158.3
[17]	104.3	110.0	115.7	122.1	129.3	137.9	145.7	152.9	160.0	170.0
Delhi [16]	103.2	107.7	111.0	116.1	127.1	139.4	142.6	146.5	158.7	166.5
Indonesia [18]	.	.	.	.	.	.	.	.	*138.4* [19]	*160.8*
Djakarta [20] [3]	107.2	108.0	121.7	147.5	185.0	231.9	272.0	292.2		.

Explanations and sources: see p. 511 – Explications et sources: voir p. 512 – Explicaciones y fuentes: véase p. 513

[1] Series linked to former series; prior to 1980: wage earners only. [2] Incl. expenditure on maintenance and repairs of dwelling. [3] Incl. water. [4] Incl. electricity. [5] Series linked to former series. [6] March–Dec.; series linked to former series; beginning 1972: "Rent". [7] Metropolitan area. [8] Government officials. [9] Incl. certain household equipment. [10] ∅: Jan., Feb. and April–Dec. [11] Series (base 1974 = 100) replacing former series. [12] Jan.–July and Sep.–Dec.; series linked to former series. [13] Series (base 1977 = 100) replacing former series. [14] Index base: 1975 = 100. [15] ∅: July–Dec. [16] Industrial workers. [17] Urban non-manual employees. [18] Index base: April 1977 – March 1978 = 100. [19] ∅: April–Dec. [20] Incl. "Fuel and light".

[1] Série enchaînée à la précédente; avant 1980: ouvriers seulement. [2] Y compris les dépenses pour l'entretien et la réparation du logement. [3] Y compris l'eau. [4] Y compris l'électricité. [5] Série enchaînée à la précédente. [6] Mars–déc.; série enchaînée à la précédente; à partir de 1972: «Loyer». [7] Région métropolitaine. [8] Fonctionnaires. [9] Y compris certains biens d'équipement de ménage. [10] ∅: janv., fév. et avril–déc. [11] Série (base 100 en 1974) remplaçant la précédente. [12] Janv.–juillet et sept.–déc.; série enchaînée précédente. [13] Série (base 100 en 1977) remplaçant la précédente. [14] Indices base: 1975 = 100. [15] ∅: juillet–déc. [16] Travailleurs de l'industrie. [17] Employés urbains. [18] Indices base: avril 1977 – mars 1978 = 100. [19] ∅: avril–déc. [20] Y compris le groupe «Combustible et éclairage».

[1] Serie enlazada con la anterior; antes de 1980: obreros solamente. [2] Incl. los gastos de conservación y reparación de la vivienda. [3] Incl. el agua. [4] Incl. electricidad. [5] Serie enlazada con la anterior. [6] Marzo–dic.; serie enlazada con la anterior; a partir de 1972: «Alquiler». [7] Area metropolitana. [8] Funcionarios. [9] Incl. ciertos enseres domésticos. [10] ∅: enero, febr. y abril–dic. [11] Serie (base 1974 = 100) que substituye a la anterior. [12] Enero–julio y sept.–dic.; serie enlazada con la anterior. [13] Serie (base 1977 = 100) que substituye a la anterior. [14] Indices base: 1975 = 100. [15] ∅: julio–dic. [16] Trabajadores industriales. [17] Empleados urbanos. [18] Indices base: abril 1977 – marzo 1978 = 100. [19] ∅: abril–dic. [20] Incl. el grupo «Combustible y alumbrado».

26 Rent indices
Indices du loyer
Indices del alquiler

(1970 = 100)

Country / Pays / País	1971	1972	1973	1974	1975	1976	1977	1978	1979	1980
Iran	105.0	112.5	122.7	135.8	153.5	177.3	219.1	...	...	...
Iraq [2] [1]	.	.	*100.0*	*102.1*	*115.2*	*127.5*	*139.8*	*154.7*	...	...
Baghdad	101.7	102.3	103.8	108.4	111.5	113.3	115.1	124.8	.	.
Israel	113	137	180	258	338	417	508 [3]	746	1 653	3 611
Japan	108.4	117.1	127.1	136.7	149.7	164.8	181.7	196.7	207.2	216.2
Jordan [4]	.	.	.	.	*100.0*	*106.5*	*114.7*	*128.7*	*169.5*	*174.5*
Amman	106.0	118.1	122.0	126.7	132.2	139.4	140.7	.	.	.
Korea, Republic of	110.2	119.3	123.4	135.5	151.7	172.8	198.5	231.1	287.3	364.6
Kuwait [5] [6]	.	.	*100.3*	*102.2*	*106.0*	*113.4*	*130.7*	*164.3*	*174.7*	*186.4*
République dém. pop. lao [6] (Vientiane)	102.5	108.6	128.6	185.4	246.1 [7]	.	.	.	.	.
Peninsular Malaysia [6]	100.9	101.7	103.2	110.3	117.6	124.2	131.8	138.4	147.5	161.6
Malaysia: Sabah [6]	102.3	103.8	105.4	108.6	116.4	120.9	125.0	127.9	130.8	134.8
Malaysia: Sarawak [6]	99.6	102.0	102.2	105.6	114.0	119.5	128.3	135.6	140.0	150.2
Nepal [8]	.	.	.	*100.0*	*115.0*	*131.0*	*148.2*	*163.7*	*176.1*	*192.8*
Kathmandu [9]	*100.0*	*100.0*	*103.5*	*113.4*	*129.9*	*146.8*	*158.2*	*181.5*	*210.4*	*241.1*
Pakistan [10] [6] [9]	*100.0*	*105.7*	*118.9*	*149.6*	*180.4*	*200.6*	*217.0*	*233.3*	*254.9*	*293.8*
Philippines [11] [5]	.	*100.0*	*127.2*	*155.0*	*162.7*	*181.2*	*205.2*	*225.0*	*262.7*	*307.3*
Manila [11] [12]	112.6	136.8	151.1	186.9	209.6	.	.	.	.	.
Singapore	101.8	103.7	109.5	▮ *107.0*[13]	*117.6*	*128.1*	*129.2*	▮ *100.0*[14]	*104.3*	*108.5*
Sri Lanka (Colombo)	100.0	100.0	100.0	100.0	100.0	100.0	100.0	100.0	100.0	100.0
République arabe syrienne (Damas)	.	.	.	176	185	185	196	198	208	220

Explanations and sources: see p. 511 – Explications et sources: voir p. 512 – Explicaciones y fuentes: véase p. 513

[1] Index base: 1973 = 100. [2] Incl. certain household expenditure. [3] Series linked to former series. [4] Index base: 1975 = 100. [5] Index base: 1972 = 100. [6] Incl. "Fuel and light". [7] ∅: Jan.–Aug. [8] Index base: 1974 = 100. [9] Index base: 1971 = 100. [10] Incl. certain household equipment. [11] Incl. expenditure on maintenance and repairs of dwelling. [12] Middle income group. [13] Series (base 1973 = 100) replacing former series. [14] Series (base 1978 = 100) replacing former series.

[1] Indices base: 1973 = 100. [2] Y compris certaines dépenses de ménage. [3] Série enchaînée à la précédente. [4] Indices base: 1975 = 100. [5] Indices base: 1972 = 100. [6] Y compris le groupe «Combustible et éclairage». [7] ∅: janv.–août. [8] Indices base: 1974 = 100. [9] Indices base: 1971 = 100. [10] Y compris certains biens d'équipement de ménage. [11] Y compris les dépenses pour l'entretien et la réparation du logement. [12] Familles à revenu moyen. [13] Série (base 1973 = 100) remplaçant la précédente. [14] Série (base 100 en 1978) remplaçant la précédente.

[1] Indices base: 1973 = 100. [2] Incl. ciertos gastos del hogar. [3] Serie enlazada con la anterior. [4] Indices base: 1975 = 100. [5] Indices base: 1972 = 100. [6] Incl. el grupo «Combustible y alumbrado». [7] ∅: enero–agosto. [8] Indices base: 1974 = 100. [9] Indices base: 1971 = 100. [10] Incl. ciertos enseres domésticos. [11] Incl. los gastos de conservación y reparación de la vivienda. [12] Familias de ingresos medios. [13] Serie (base 1973 = 100) que substituye a la anterior. [14] Serie (base 1978 = 100) que substituye a la anterior.

26 Rent indices
Indices du loyer
Indices del alquiler

(1970 = 100)

Country Pays País	1971	1972	1973	1974	1975	1976	1977	1978	1979	1980
Thailand [1] (Bangkok Metropolis)	102.0	102.7	105.6	117.2	123.5	135.2	138.1	138.8 [2]	...	...
Yemen [3] (Sanaa)	.	*100*	*128*	*185*	*256*	...	...	...	...	...
Democratic Yemen (Aden)	100.0	90.0	75.0	75.0	75.0	75.0	75.0	...	...	...
EUROPE – EUROPE – EUROPA										
Austria [1]	112.3	124.5	141.7	155.4	176.5	204.9	218.6 [2]	229.9	241.2	255.3
Belgique [4]	.	.	.	.	.	.	*100.0*	*107.2*	*113.6*	*122.2*
Denmark	110	118	126	137	151	171	191	207	I *147* [5]	*158*
España	106.0	111.4	121.6	138.6	157.9	175.4	198.4	223.3	253.5	...
Faeroe Islands [6]	.	.	.	.	.	*100*	*110.13*	*118.57*	*128.8*	...
Finland	.	.	.	165.3	186.0	196.1	210.3	223.6	238.0 [2]	257.6
France	105.4	110.3	118.9	127.3	139.7	153.9	167.2	180.2	199.0	223.7
German Democratic Rep.	100.0	100.0	I 100.0 [7]	100.0	100.0	100.0	100.0	100.0	...	...
Germany, Fed. Rep. of	106.2	112.6	119.2	125.2	133.1	139.9	144.6	148.8	153.6	161.4
Gibraltar	103.2	103.2	103.2 [8]	...	.	.	.	.	.	.
[9 11 10]	.	.	.	.	*100.0*	*115.5*	*127.5*	*154.0*	*136.1*	*232.7*
Grèce	101.5	103.5	110.1	123.6	134.9	146.5	164.2	192.7	216.8	250.3
Hongrie	157.5	215.0	215.0	215.0	215.0	215.0	215.0	215.0	215.0	215.0
Iceland (Reykjavik) [12]	105	119	138	172	226	305	387	541	789	1 209
Ireland [1]	110.4	123.2	131.6	143.3	159.3	181.8 [2]	197.5	175.4	191.9	229.7
Isle of Man [4]	.	.	.	.	.	.	*100.0*	*109.8*	*129.8*	*148.1*
Italie	103.6	107.8	115.4	121.8	138.8	155.5	165.0 [2]	176.8	225.0	270.7
Malta [1 10]	108.2	109.6	110.7	112.8	118.1	109.3 [2]	111.2	114.6	118.9	125.5

Explanations and sources: see p. 511 – Explications et sources: voir p. 512 – Explicaciones y fuentes: véase p. 513

[1] Incl. expenditure on maintenance and repairs of dwelling. [2] Series linked to former series. [3] Index base: 1972 = 100. [4] Index base: 1977 = 100. [5] Series (base 1975 = 100) replacing former series. [6] Index base: 1976 = 100. [7] Series replacing former series. [8] July. [9] Index base: 1975 = 100. [10] Incl. water. [11] Incl. "Fuel and light" and expenditure on maintenance and repairs of dwelling. [12] ∅: official estimates based on 12 months.

[1] Y compris les dépenses pour l'entretien et la réparation du logement. [2] Série enchaînée à la précédente. [3] Indices base: 1972 = 100. [4] Indices base: 1977 = 100. [5] Série (base 100 en 1975) remplaçant la précédente. [6] Indices base: 1976 = 100. [7] Série remplaçant la précédente. [8] Juillet. [9] Indices base: 1975 = 100. [10] Y compris l'eau. [11] Y compris le groupe «Combustible et éclairage» et les dépenses pour l'entretien et la réparation du logement. [12] ∅: estimations officielles fondées sur 12 mois.

[1] Incl. los gastos de conservación y reparación de la vivienda. [2] Serie enlazada con la anterior. [3] Indices base: 1972 = 100. [4] Indices base: 1977 = 100. [5] Serie (base 1975 = 100) que substituye a la anterior. [6] Indices base: 1976 = 100. [7] Serie que substituye a la anterior. [8] Julio. [9] Indices base: 1975 = 100. [10] Incl. el agua. [11] Incl. el grupo «Combustible y alumbrado» y los gastos de conservación y reparación de la vivienda. [12] ∅: estimaciones oficiales basadas sobre 12 meses.

26 Rent indices
Indices du loyer
Indices del alquiler

(1970 = 100)

Country Pays País	1971	1972	1973	1974	1975	1976	1977	1978	1979	1980
Netherlands [1]	109.4	119.3	130.6	141.4	151.8	169.4	182.8	▌ *127.0* [2]	*136.4*	*145.9*
Norway [1]	105.6	111.0	118.4	126.6 [3]	134.3	142.1	150.4	161.6	169.2	180.5 [3]
Portugal (Lisbonne)	130.8	156.4	185.0	202.8	187.1	247.1	277.1	264.8	304.6	304.6
Roumanie	100.0	100.0	100.0	100.0	108.3	111.1	112.2	114.9	116.6	117.9
Suisse	108.6	117.7	125.5	134.9	148.2	154.6	156.5	157.0 [3]	156.9	172.1
Sweden [1]	101.8	106.7	114.0	125.5	135.7	146.1	164.6	177.4	191.0	221.8
United Kingdom [1]	109.2	120.6	134.8	150.6	178.7	203.9	230.4	246.9	297.4	383.7
Yugoslavia	103.7	112.4	129.6	151.8	184.8	207.8	236.4	270.7	320.9	385.3
OCEANIA – OCÉANIE – OCEANIA										
American Samoa [4] [5] (Pago-Pago)		.	.	*100.0*	*125.0*	*123.3*	*143.1*	*137.3*	*175.6*	*212.7*
Australia [1]	107.3	115.3	124.7	143.5	171.0	198.8	221.2	237.6	253.4	275.7
Cook Islands [1] (Rarotonga) [6]	106.6	118.9	127.8	141.5	166.2	188.7	214.0	233.3	252.7	...
Fiji [6]	106.4	120.5	129.5	140.4 [3]	155.4	189.1	204.7	220.0	236.8 [3]	...
Guam [7]	.	.	*100.0*	*101.0*	*97.5*	*88.1*	*123.3*	*86.1*	*87.3*	...
Kiribati										
Tarawa [8] [9]	*100.0*	*102.7*	*105.9*	*117.5*	*130.5*	.	.	.	.	.
Tarawa [10] [12] [11]	.	.	.	.	.	*100.0*	*130.8*	*156.4*	...	...
New Zealand [1]	105.2	116.8	127.5	141.6	164.5	187.6	215.0	235.8	252.6	278.0

Explanations and sources: see p. 511 – Explications et sources: voir p. 512 – Explicaciones y fuentes: véase p. 513

[1] Incl. expenditure on maintenance and repairs of dwelling. [2] Beginning 1978: "Rent"; series (base 1975 = 100) replacing the former series. [3] Series linked to former series. [4] Index base: 1974 = 100. [5] Incl. "Fuel and light". [6] Incl. water. [7] Index base: 1973 = 100. [8] Index base: 1971 = 100. [9] Incl. "Fuel" and water. [10] Index base: 1976 = 100. [11] Incl. certain household items. [12] Incl. "Fuel and light" and expenditure on maintenance and repairs of dwelling.

[1] Y compris les dépenses pour l'entretien et la réparation du logement. [2] A partir de 1978: "Loyer"; serie (base 1975 = 100) remplaçant la précédente. [3] Série enchaînée à la précédente. [4] Indices base: 1974 = 100. [5] Y compris le groupe «Combustible et éclairage». [6] Y compris l'eau. [7] Indices base: 1973 = 100. [8] Indices base: 1971 = 100. [9] Y compris le groupe «Combustible» et l'eau. [10] Indices base: 1976 = 100. [11] Y compris certains articles de ménage. [12] Y compris le groupe «Combustible et éclairage» et les dépenses pour l'entretien et la réparation du logement.

[1] Incl. los gastos de conservación y reparación de la vivienda. [2] A partir de 1978: "Alquiler"; serie (base 1975 = 100) que substituye a la anterior. [3] Serie enlazada con la anterior. [4] Indices base: 1974 = 100. [5] Incl. el grupo «Combustible y alumbrado». [6] Incl. el agua. [7] Indices base: 1973 = 100. [8] Indices base: 1971 = 100. [9] Incl. el grupo «Combustible» y el agua. [10] Indices base: 1976 = 100. [11] Incl. ciertos artículos domésticos. [12] Incl. el grupo «Combustible y alumbrado» y los gastos de conservación y reparación de la vivienda.

26 Rent indices
Indices du loyer
Indices del alquiler

(1970 = 100)

Country Pays País	1971	1972	1973	1974	1975	1976	1977	1978	1979	1980
Nouvelle-Calédonie (Nouméa)	111.6	123.9	138.1	137.4	140.1	144.7	146.2	148.4	151.6	173.1
Papua New Guinea [1] [2]	.	.	.	.	.	*97.4*	*100.0*	*106.6*	*127.4*	*147.8*
Polynésie française [3] [2] (Papeete) [4]	.	.	*100.0*	*112.6*	*148.9*	*163.2* [5]	*173.9*	*181.5*	*194.4*	...
Solomon Islands [6] [2] (Honiara) [7]	.	.	.	.	.	.	.	*100.0*	*106.0*	*117.0*
Vanuatu [8] [10] [9]	.	.	.	.	.	*100.0*	*103.1* [11]	*112.8* [12]	*127.5*	*146.5* [13]
USSR – URSS – URSS										
URSS	100	100	100	100	100	100	100	100	100	100
RSS d'Ukraine	100	100	100	100	100	100	100	100	100	100

Explanations and sources: see p. 511 – Explications et sources: voir p. 512 – Explicaciones y fuentes: véase p. 513

[1] Index base: 1977 = 100. [2] Incl. "Fuel and light". [3] Index base: 1973 = 100. [4] Incl. certain household items. [5] March-Nov. [6] Index base: 1978 = 100. [7] Incl. water. [8] Index base: 1976 = 100. [9] Low income group; incl. "Fuel and light" and water. [10] Urban areas; indices based on prices paid in francs. [11] ∅: Jan.-June. [12] ∅: April-Dec. [13] ∅: Jan.-March and Oct.-Dec.

[1] Indices base: 1977 = 100. [2] Y compris le groupe «Combustible et éclairage». [3] Indices base: 1973 = 100. [4] Y compris certains articles de ménage. [5] Mars-nov. [6] Indices base: 1978 = 100. [7] Y compris l'eau. [8] Indices base: 1976 = 100. [9] Familles à revenu modique; y compris le groupe «Combustible et éclairage» et l'eau. [10] Régions urbaines; indices fondés sur des prix payés en francs. [11] ∅: janv.-juin. [12] ∅: avril-déc. [13] ∅: janv.-mars et oct.-déc.

[1] Indices base: 1977 = 100. [2] Incl. el grupo «Combustible y alumbrado». [3] Indices base: 1973 = 100. [4] Incl. ciertos artículos domésticos. [5] Marzo-nov. [6] Indices base: 1978 = 100. [7] Incl. el agua. [8] Indices base: 1976 = 100. [9] Familias de ingresos módicos; incl. el grupo «Combustible y alumbrado» y el agua. [10] Areas urbanas; índices basados en los precios pagados en francos. [11] ∅: enero-junio. [12] ∅: abril-dic. [13] ∅: enero-marzo y oct.-dic.

CHAPTER
CHAPITRE
CAPITULO

VII

Occupational injuries
Lésions professionnelles
Lesiones profesionales

Occupational injuries

Table 27 A

Table 27 A gives the number of persons injured as a result of industrial accidents classified by major divisions of economic activity and in terms of the consequences of the accidents, i.e. fatal injuries or injuries resulting in loss of work-days. In the latter case, the number of work-days lost is also given. As a rule injuries resulting from occupational diseases or commuting accidents (accidents on the way to and from work) are not included.

The statistics of occupational injuries are generally based on industrial accidents compensation data or on a compulsory accident reporting system.

For purposes of comparisons between periods, industries and countries, it would be necessary to consider the data on the number of persons injured in conjunction with the corresponding number of persons "exposed to risk" expressed in terms of either full-time workers or persons insured or hours of work. In practice such data are rarely available or suffer from a lack of uniformity in the definitions used or in the methods of computation and estimation. For these reasons, the number of persons "exposed to risk" are excluded from this table.

The data in the table should be used with extreme care. It should be borne in mind that the minimum duration of incapacity to which an accident must give rise in order to be included in the statistics varies greatly from one country to another. Also the number of minor accidents are relatively high and there are differences in the nature of the sources, in the scope and in the methods of reporting or of compilation of statistics of occupational injuries.[1]

Table 27 B

Table 27 B gives *frequency* or *incidence rates* of fatal industrial accidents occurring in each major division of economic activity. The remarks made in connection with table 27 A apply here also, the rates published being those provided by the countries. International comparisons of these rates must be made with extreme care but variations in a series of rates over a period of time for a single country will, in general, reflect changes in conditions affecting accident risk within that country though they may be affected by alterations in methods of reporting and computation.

The code indicated for each country (table 27 B) refers to the source and coverage of the statistics:

I: Reported accidents.

II: Compensated accidents.

a: Rates per 1 000 man-years of 300 days each.

b: Rates per 1 000 wage earners (average numbers).

c: Rates per 1 000 persons employed (average numbers).

d: Rates per 1 000 000 man-hours worked.

[1] For further information on accident statistics, definitions, sources and methods of classification see ILO: *International recommendations on labour statistics* (Geneva, 1976).

Lésions professionnelles

Tableau 27 A

Les données présentées dans le tableau 27 A se rapportent au nombre de personnes victimes d'accidents du travail classées d'après les branches d'activité économique et selon les conséquences des accidents, c'est-à-dire les personnes blessées mortellement ou ayant perdu des journées de travail par suite de blessures. Dans ce dernier cas, le nombre de journées de travail perdues est également indiqué. En règle générale, les lésions résultant de maladies professionnelles ou d'accidents de trajets (accidents survenus sur le chemin que parcourt le travailleur pour se rendre à son lieu de travail et pour en revenir) ne sont pas comprises.

Les statistiques des lésions professionnelles sont généralement tirées des données du régime d'indemnisation ou d'un système de déclaration obligatoire.

Pour procéder à des comparaisons entre périodes, industries et pays, il sera nécessaire de considérer les données relatives au nombre de personnes accidentées conjointement avec les données correspondantes du nombre de personnes exposées aux risques, ce dernier étant mesuré soit par le nombre de travailleurs occupés à plein temps, soit par le nombre de personnes assurées ou par le nombre d'heures de travail. En pratique, ces données sont rarement disponibles ou souffrent d'un manque d'uniformité dans les définitions utilisées et les méthodes d'élaboration et d'estimation. Pour ces raisons, le nombre de personnes exposées aux risques ne figure pas dans ce tableau.

Les données figurant dans ce tableau doivent être utilisées avec beaucoup de circonspection. Ainsi, il y a lieu de tenir compte de la durée minimum de l'incapacité qu'entraîne un accident pour que celui-ci soit compté dans les statistiques, notion qui varie beaucoup d'un pays à un autre. Il faut également tenir compte du fait que le nombre d'accidents peu graves est relativement élevé et qu'il y a des différences en ce qui concerne la source des données, la portée et les méthodes de rassemblement et de calcul des statistiques des lésions professionnelles[1].

Tableau 27 B

Ce tableau fournit le *taux de fréquence* ou *d'incidence* des accidents mortels du travail survenus dans chaque branche d'activité économique. Les réserves formulées par le tableau 27 A s'appliquent également au tableau 27 B, les taux publiés étant ceux fournis par les pays. La comparaison internationale de ces taux doit se faire avec beaucoup de réserve; toutefois, si, pour un même pays, les variations survenues dans une série de taux durant une certaine période reflètent, en général, les changements dans les risques d'accident dans ce pays, elles peuvent être influencées par des modifications dans les méthodes de rassemblement et de calcul des données.

Le code indiqué en regard de chaque pays (tableau 27 B) permet d'identifier la source et la portée des statistiques:

I: Accidents signalés.

II: Accidents indemnisés.

a: Taux pour 1 000 années-homme de 300 jours.

b: Taux pour 1 000 ouvriers (effectif moyen).

c: Taux pour 1 000 personnes occupées (effectif moyen).

d: Taux pour 1 000 000 d'heures-homme effectuées.

[1] Pour de plus amples détails sur les statistiques des accidents du travail, les définitions, les sources et les méthodes de classification, voir BIT: *Recommandations internationales sur les statistiques du travail* (Genève, 1975).

Lesiones profesionales

Cuadro 27 A

A presenta el número de personas víctimas de accidentes del trabajo según grandes divisiones de actividad económica. En el conjunto de personas accidentadas se separan los accidentes mortales de los que provocaron pérdida de días de trabajo. En este último caso se publica también el número de días de trabajo perdidos. Por regla general no se incluyen las lesiones que provienen de las enfermedades profesionales o de los accidentes ocurridos en el trayecto que efectúa el trabajador para ir a su sitio de trabajo o para regresar.

Las estadísticas de las lesiones profesionales se basan generalmente en las informaciones sobre el régimen de indemnización o de un sistema de notificación obligatoria de los accidentes.

Para las comparaciones entre períodos, industrias y países serńıa necesario analizar la información sobre el número de personas accidentadas en relación con el número correspondiente de personas «expuestas al riesgo» expresado en términos de trabajadores ocupados a tiempo completo, por el número de personas aseguradas o por el número de horas de trabajo. En la práctica tal información es escasa o adolece de falta de uniformidad de las definiciones y de los métodos de elaboración y de estimación que se utilizan. Por estas razones el número de personas «expuestas al riesgo» no se incluye en este cuadro. Los datos presentados en este cuadro deben ser utilizados cuidadosamente y debe tenerse en cuenta que la duración mínima de la incapacidad a que da lugar un accidente, para ser incluido en las estadísticas, varía de un país a otro. Además, la cantidad de pequeños accidentes es relativamente elevada y hay diferencias en la naturaleza de las fuentes, el alcance y los métodos de recolección y de cálculo de las estadísticas de las lesiones profesionales[1].

Cuadro 27 B

Los datos que se presentan en el cuadro 27 B son *tasas de frecuencia* o de *incidencia* de los accidentes mortales del trabajo según grandes divisiones de actividad económica. Las observaciones hechas con respecto al cuadro 27 A son también válidas para el 27 B, es decir, las tasas enviadas por los países miembros no se prestan fácilmente a la comparación internacional. Sin embargo, las variaciones de una serie de tasas, a lo largo de un período determinado en un país dado, son de ordinario indicadoras de cambios en las condiciones causantes de riesgos de accidentes en dicho país, aunque pueden ser influidas a veces por modificaciones en los métodos de recolección y de cálculo de los datos.

La clave indicada para cada país (cuadro 27 B) se refiere a la fuente y al alcance de las estadísticas:

I: Accidentes declarados.

II: Accidentes indemnizados.

a: Tasas por 1 000 años-hombre de 300 días cada uno.

b: Tasas por 1 000 obreros (ocupación media).

c: Tasas por 1 000 personas ocupadas (ocupación media).

d: Tasas por 1 000 000 de horas-hombre efectuadas.

[1] Para mayores detalles sobre las estadísticas de los accidentes del trabajo, definiciones, fuentes y métodos de clasificación, véase OIT: *Recomendaciones internacionales sobre estadísticas del trabajo* (Ginebra, 1975).

27 Occupational injuries / Lésions professionnelles / Lesiones profesionales

A Persons injured and workdays lost / Personnes accidentées et journées de travail perdues / Personas accidentadas y días de trabajo perdidos

(A)	Number of persons injured (thousands):	Personnes accidentées (milliers):	Personas accidentadas (millares):
1.	– of whom fatally injured	– blessées mortellement	– casos mortales
2.	– of whom with lost workdays	– ayant perdu des journées de travail	– con pérdida de días de trabajo
(B)	Number of workdays lost (thousands)	Journées de travail perdues (milliers)	Días de trabajo perdidas (millares)

Country – Code	Total	Major divisions of economic activity [a] 1 Agriculture, hunting, forestry and fishing	2 Mining, quarrying	3 Manu-facturing	4 Electricity, gas, water	5 Construction	6 Trade, restaurants and hotels	7 Transport, storage, communi-cation	8 Financing, insurance, real estate, business services	9 Community, social and personal services	0 Activities not adequately defined
AFRICA – AFRIQUE – AFRICA											
Burundi											
1976											
(A)	0.260	0.025	0.001	0.033	0.014	0.035	0.029	0.044	0.014	0.054	0.011
1.	0.020	0.001	–	0.002	–	0.005	0.003	0.001	0.001	0.006	0.001
2.	0.240	0.024	0.001	0.031	0.014	0.030	0.026	0.043	0.013	0.048	0.010
(B)	14.774	3.196	–	1.326	0.553	1.693	1.455	2.629	0.594	2.901	0.392
1977											
(A)	0.292	0.038	0.002	0.050	0.014	0.040	0.027	0.034	0.024	0.055	0.008
1.	0.109	0.006	–	–	0.001	0.001	0.002	0.001	0.001	0.006	0.001
2.	0.273	0.032	0.002	0.050	0.013	0.039	0.025	0.033	0.023	0.049	0.007
(B)	15.513	2.001	0.453	2.195	0.569	2.434	1.085	2.070	1.257	2.757	0.710
1978											
(A)	0.308	0.026	0.001	0.072	0.010	0.074	0.031	0.026	0.014	0.048	0.006
1.	0.021	0.003	–	–	–	0.008	0.003	0.002	0.001	0.004	–
2.	0.287	0.023	0.001	0.072	0.010	0.066	0.028	0.024	0.013	0.044	0.006
(B)	15.998	1.877	–	3.728	0.686	3.393	1.157	0.801	0.414	3.693	0.315
1979											
(A)	...	0.037	0.004	0.043	0.011	0.077	0.038	0.035	0.012	0.049	0.005
1.	...	0.005	–	0.002	–	0.007	0.003	0.001	–	0.003	0.001
2.	...	0.032	0.004	0.041	0.011	0.070	0.035	0.034	0.012	0.046	0.004
(B)	...	1.823	0.299	2.065	0.733	4.065	3.194	1.793	0.527	3.609	0.245
1980											
(A)	0.227	0.026	0.002	0.043	0.004	0.048	0.018	0.022	0.004	0.059	0.001
1.	0.008	0.001	0.001	–	0.001	0.002	0.001	0.001	–	0.001	–
2.	0.219	0.025	0.001	0.043	0.003	0.046	0.017	0.021	0.004	0.058	0.001
(B)	14.523	1.416	0.120	3.304	0.143	2.466	1.495	1.289	0.249	3.816	0.225
Egypt											
1976											
(A)	81.003	0.343	2.260	63.988	0.175	5.079	2.617	5.892	0.184	0.465	.
1.	0.244	–	0.004	0.160	0.002	0.030	0.012	0.031	0.003	0.002	.
2.	80.759	0.343	2.256	63.828	0.173	5.049	2.605	5.861	0.181	0.463	.
(B)	1 110.16	6.779	47.857	812.174	3.481	72.824	41.178	113.301	5.300	7.267	.
1977											
(A)	77.266	0.288	1.703	61.273	0.168	5.238	2.261	5.293	0.293	0.749	.
1.	0.280	0.002	0.010	0.185	0.003	0.037	0.012	0.024	0.006	0.001	.
2.	76.989	0.286	1.693	61.088	0.165	5.201	2.249	5.269	0.287	0.748	.
(B)	1 062.3	5.718	34.206	765.270	5.098	84.660	39.062	112.267	6.911	9.109	.
1978											
(A)	77.522	0.236	2.003	61.197	0.149	5.095	2.342	4.956	0.282	1.262	.
1.	0.271	–	0.021	0.158	0.006	0.033	0.018	0.027	0.004	0.004	.
2.	77.251	0.236	1.982	61.039	0.143	5.062	2.324	4.929	0.278	1.258	.
(B)	1 062.42	3.543	42.396	759.509	4.547	84.670	43.544	104.561	8.803	10.848	.
1979											
(A)	73.839	0.171	1.832	58.998	0.186	5.324	1.508	4.879	0.247	0.694	.
1.	0.257	0.015	0.009	0.141	0.005	0.039	0.008	0.036	0.003	0.001	.
2.	72.087	0.151	1.798	57.552	0.181	5.251	1.466	4.812	0.236	0.640	.
(B)	1 102.49	2.531	45.829	808.956	3.795	91.485	30.913	97.219	13.940	7.827	.
1980											
(A)	72.117	0.161	1.516	57.551	0.244	4.764	1.521	5.193	0.607	0.560	.
1.	0.277	0.005	0.011	0.159	0.004	0.036	0.010	0.038	0.007	0.007	.
2.	70.679	0.156	1.480	56.402	0.240	4.691	1.501	5.114	0.545	0.550	.
(B)	1 130.24	2.773	40.171	810.522	5.959	83.163	30.654	97.000	11.265	48.738	.

[a] Les libellés en français des branches d'activité économique sont indiqués à la page suivante.

27 Occupational injuries / Lésions professionnelles / Lesiones profesionales

Persons injured and workdays lost
Personnes accidentées et journées de travail perdues
Personas accidentadas y días de trabajo perdidos

(A)	Number of persons injured (thousands):	Personnes accidentées (milliers):	Personas accidentadas (millares):
1.	– of whom fatally injured	– blessées mortellement	– casos mortales
2.	– of whom with lost workdays	– ayant perdu des journées de travail	– con pérdida de días de trabajo
(B)	Number of workdays lost (thousands)	Journées de travail perdues (milliers)	Días de trabajo perdidas (millares)

Pays – Code	Total	Branches d'activité économique [a] 1 Agriculture, chasse, sylviculture et pêche	2 Industries extractives	3 Industries manu-facturières	4 Electricité, gaz, eau	5 Construction	6 Commerce, restaurants et hôtels	7 Transports, entrepôts, communi-cations	8 Banques, assurances, aff. imm., serv. aux entreprises	9 Services à collectivité, services soc. et pers.	0 Activités mal désignées
Haute-Volta											
1976											
(A)	4.303	0.040	0.024	2.999	0.065	0.480	0.195	0.258	–	0.200	0.042
1.	0.012	–	–	0.006	–	0.003	0.001	0.002	–	–	–
2.	3.820	0.030	0.024	2.681	0.060	0.439	0.172	0.243	–	0.131	0.040
(B)	60.527	0.287	0.222	47.681	0.868	3.636	1.833	2.751	–	2.700	0.549
1977											
(A)	5.205	0.035	0.040	3.711	0.115	0.557	0.226	0.280	–	0.211	0.030
1.	0.025	0.001	0.002	0.010	0.001	0.005	0.002	–	–	0.004	–
2.	4.899	0.030	0.040	3.512	0.106	0.510	0.209	0.261	–	0.201	0.030
(B)	36.747	0.430	0.359	24.698	0.934	4.346	1.563	2.107	–	1.741	0.569
1978											
(A)	5.027	0.056	0.012	3.549	0.110	0.551	0.241	0.268	–	0.215	0.025
1.	0.020	0.002	–	0.006	0.001	0.007	–	0.001	–	0.003	.
2.	4.373	0.048	0.006	3.300	0.071	0.425	0.171	0.200	–	0.135	0.017
(B)	40.404	0.925	0.029	27.934	0.722	4.540	2.295	1.903	–	1.686	0.370
1979											
(A)	4.366	0.055	0.007	2.724	0.083	0.569	0.186	0.247	0.138	0.101	0.256
1.	0.009	0.001	–	0.001	–	0.002	0.001	0.002	–	0.002	–
2.	3.828	0.040	0.005	2.423	0.061	0.506	0.162	0.217	0.101	0.084	0.229
(B)	37.837	0.967	0.027	22.613	0.562	5.867	1.616	1.918	0.968	1.016	2.283
Malawi											
1976											
(A)	1.468	0.365	0.009	0.294	0.048	0.209	0.043	0.299	–	0.201	.
1.	0.050	0.014	–	0.005	–	0.006	0.003	0.005	–	0.017	.
2.	1.418	0.351	0.009	0.289	0.048	0.203	0.040	0.294	–	0.184	.
(B)	.	.	.	.	.	.	.	.	.	.	.
1977											
(A)	1.530	0.430	0.029	0.420	0.031	0.225	0.019	0.018	0.039	0.119	.
1.	0.060	0.028	–	0.007	–	0.007	0.003	0.009	0.001	0.005	.
2.	1.470	0.402	0.029	0.413	0.031	0.218	0.016	0.009	0.038	0.114	.
(B)	.	.	.	.	.	.	.	.	.	.	.
1978											
(A)	1.588	0.530	0.043	0.248	0.038	0.328	0.014	0.210	0.041	0.136	.
1.	0.081	0.029	–	0.006	0.004	0.014	–	0.008	0.004	0.016	.
2.	1.507	0.501	0.043	0.242	0.034	0.314	0.014	0.202	0.037	0.120	.
(B)	.	.	.	.	.	.	.	.	.	.	.
1979											
(A)	1.792	0.547	0.028	0.228	0.027	0.492	0.042	0.255	0.036	0.137	.
1.	0.111	0.027	–	0.008	0.002	0.022	0.004	0.023	0.009	0.016	.
2.	1.681	0.520	0.028	0.220	0.025	0.470	0.038	0.232	0.027	0.121	.
(B)	.	.	.	.	.	.	.	.	.	.	.
1980											
(A)	1.717	0.452	0.039	0.272	0.029	0.485	0.055	0.223	0.016	0.141	.
1.	0.078	0.017	–	0.010	0.001	0.025	0.005	0.004	0.002	0.014	.
2.	1.639	0.435	0.039	0.262	0.028	0.460	0.050	0.219	0.014	0.127	.
(B)	.	.	.	.	.	.	.	.	.	.	.
Mauritius											
1976											
(A)	8.083	7.011	–	0.033	0.008	0.042	0.021	0.906	–	0.036	0.026
1.	0.011	0.002	–	0.002	–	0.003	–	0.003	–	0.001	–
2.	7.929	6.950	–	0.018	0.007	0.029	0.012	0.867	–	0.029	0.017
(B)	85.195	63.286	–	2.176	0.395	2.813	0.898	12.466	–	1.322	1.839

[a] La designación en español de las grandes divisiones de actividad económica figura en la página siguiente.
The English designation of major divisions of economic activity is shown on the preceding page.

27 Occupational injuries
Lésions professionnelles
Lesiones profesionales

Persons injured and workdays lost
Personnes accidentées et journées de travail perdues
Personas accidentadas y días de trabajo perdidos

(A)	Number of persons injured (thousands):	Personnes accidentées (milliers):	Personas accidentadas (millares):
1.	– of whom fatally injured	– blessées mortellement	– casos mortales
2.	– of whom with lost workdays	– ayant perdu des journées de travail	– con pérdida de días de trabajo
(B)	Number of workdays lost (thousands)	Journées de travail perdues (milliers)	Días de trabajo perdidas (millares)

País – Clave	Total	Grandes divisiones de actividad económica [a] 1 Agricultura, caza, silvicultura y pesca	2 Minas, canteras	3 Industrias manufactureras	4 Electricidad, gas, agua	5 Construcción	6 Comercio, restaurantes y hoteles	7 Transportes, almacenaje, comunicaciones	8 Bancos, seguros, bienes inm., serv. para empresas	9 Servicios comunales, sociales y personales	0 Actividades no bien especificadas
Mauritius											
1977											
(A)	6.178	4.761	0.002	0.062	0.001	0.046	0.008	1.196	–	0.086	0.016
1.	0.018	0.003	–	0.004	–	0.005	–	0.002	–	0.002	0.002
2.	5.986	4.673	0.002	0.041	0.001	0.021	0.003	1.167	–	0.070	0.008
(B)	77.938	59.766	–	1.898	0.021	2.419	0.429	9.374	–	2.238	1.793
1978											
(A)	8.701	6.990	0.001	0.027	0.001	0.036	0.011	1.561	–	0.043	0.031
1.	0.014	0.006	–	–	–	0.002	0.001	0.002	–	0.001	0.002
2.	8.550	6.914	–	0.017	0.001	0.023	0.007	1.543	–	0.027	0.018
(B)	54.965	36.662	0.005	6.102	0.015	2.291	0.390	6.369	–	2.097	1.034
1979											
(A)	5.149	...	0.003	0.054	0.001	0.048	0.004	0.524	–	0.069	4.446
1.	0.007	0.003	–	–	–	0.002	–	–	–	0.002	.
2.	4.964	4.348	0.001	0.039	0.001	0.026	0.001	0.504	–	0.037	0.007
(B)	54.984	36.511	–	1.716	–	4.468	0.128	5.856	–	5.141	1.164
Sierra Leone											
1978											
(A)	0.475	0.031	0.038	0.036	0.031	0.147	0.012	0.076	–	0.024	0.080
1.	0.024	0.003	0.004	0.002	–	0.001	–	0.004	–	0.003	0.007
2.	0.451	0.028	0.034	0.034	0.031	0.146	0.012	0.072	–	0.021	0.073
(B)	2.593	0.116	0.265	0.196	0.085	0.178	0.074	0.654	–	0.183	0.842
1979											
(A)	0.722	0.015	0.088	0.183	0.034	0.288	0.004	0.049	–	0.056	0.005
1.	0.005	–	–	0.001	–	0.001	–	0.001	–	0.002	.
2.	0.620	0.013	0.079	0.178	0.034	0.177	0.004	0.088	–	0.013	0.034
(B)	2.408	0.115	0.264	0.388	0.245	0.538	0.044	0.326	–	0.180	0.308
1980											
(A)	0.314	0.012	0.006	0.051	0.003	0.163	0.004	0.063	0.002	0.010	–
1.	0.006	–	0.001	0.001	–	0.002	–	0.001	–	0.001	–
2.	0.350	0.016	0.012	0.080	0.010	0.145	0.010	0.060	0.007	0.010	–
(B)	1.850	0.250	0.048	0.340	0.032	0.750	0.054	0.302	0.024	0.050	–
Tunisie											
1976											
(A)	32.545	1.511	3.397	10.713	0.434	5.378	1.643	5.105	1.704	2.005	0.655
1.	0.159	0.028	0.029	0.014	0.005	0.040	0.015	0.015	0.004	0.006	0.003
2.	20.164	1.021	2.422	6.202	0.305	3.460	1.090	3.108	0.935	1.180	0.451
(B)	180.487	13.540	28.014	47.676	2.237	31.232	10.975	25.903	6.804	10.460	3.646
1977											
(A)	36.317	1.050	2.989	10.606	0.672	10.320	1.984	4.426	1.017	1.890	1.383
1.	0.168	0.024	0.033	0.015	0.005	0.044	0.010	0.006	0.014	0.013	0.004
2.	18.752	0.570	2.152	5.351	0.349	5.266	0.923	2.059	0.520	0.961	0.601
(B)	171.905	7.789	20.134	45.019	3.786	48.032	10.542	17.483	1.172	11.863	5.685
1978											
(A)	37.885	1.110	2.341	11.336	0.707	8.095	2.287	7.585	0.948	2.228	1.248
1.	0.183	0.039	0.022	0.019	0.004	0.058	0.013	0.015	.	0.012	0.001
2.	19.385	0.657	1.733	6.134	0.429	4.740	1.213	2.297	0.510	1.238	0.434
(B)	158.341	7.724	17.762	50.406	3.285	32.237	8.609	17.570	4.666	10.284	5.798

[a] The English designation of major divisions of economic activity is shown on the following page.
Les libellés en français des branches d'activité économique sont indiqués à la page précédente.

27 Occupational injuries
Lésions professionnelles
Lesiones profesionales

Persons injured and workdays lost
Personnes accidentées et journées de travail perdues
Personas accidentadas y días de trabajo perdidos

(A)	Number of persons injured (thousands):	Personnes accidentées (milliers):	Personas accidentadas (millares):
1.	– of whom fatally injured	– blessées mortellement	– casos mortales
2.	– of whom with lost workdays	– ayant perdu des journées de travail	– con pérdida de días de trabajo
(B)	Number of workdays lost (thousands)	Journées de travail perdues (milliers)	Días de trabajo perdidas (millares)

Country – Code	Total	Major divisions of economic activity [a] 1 Agriculture, hunting, forestry and fishing	2 Mining, quarrying	3 Manu-facturing	4 Electricity, gas, water	5 Construction	6 Trade, restaurants and hotels	7 Transport, storage, communi-cation	8 Financing, insurance, real estate, business services	9 Community, social and personal services	0 Activities not adequately defined
Tunisie											
1979											
(A)	35.093	1.147	2.346	10.501	0.616	8.198	1.853	7.181	...	2.068	1.183
1.	0.202	0.045	0.027	0.027	0.003	0.047	0.016	0.014	...	0.018	0.005
2.	20.100	0.682	1.630	5.915	0.362	4.551	1.093	5.610	...	1.242	0.421
(B)	162.849	8.469	15.238	38.238	3.896	47.950	8.587	21.741	...	11.691	7.039
1980											
(A)	36.475	1.557	2.167	17.009	0.899	3.502	1.853	6.095	...	2.438	0.950
1.	0.193	0.057	0.017	0.040	0.006	0.030	0.018	0.012	...	0.011	0.002
2.	21.109	0.947	1.532	9.687	0.446	1.967	1.090	3.504	...	1.590	0.344
(B)	194.272	10.555	15.332	92.974	5.612	24.094	12.753	35.641	...	12.459	2.444
Zimbabwe											
1976 ¹											
(A)	20.040	3.040	3.566	7.241	–	2.472	1.133	0.762	.	1.826	.
1.	0.174	0.045	0.062	0.023	0.004	0.022	0.007	0.009	.	0.002	.
2.	.	.	.	.	.	.	.	.	.	.	.
(B)	216.378	50.158	44.153	60.537	2.318	25.006	9.786	11.170	.	13.250	.
1977 ¹											
(A)	17.801	3.110	3.049	6.273	–	1.844	1.092	0.719	.	1.714	.
1.	0.153	0.055	0.034	0.031	0.001	0.007	0.005	0.010	.	0.010	.
2.	.	.	.	.	.	.	.	.	.	.	.
(B)	241.742	56.015	44.303	70.185	3.165	23.814	14.633	10.454	.	19.173	.
1978 ¹											
(A)	15.969	2.752	2.788	5.774	–	1.326	0.991	0.679	.	1.659	.
1.	0.156	0.040	0.046	0.019	0.001	0.011	0.005	0.021	.	0.013	.
2.	.	.	.	.	.	.	.	.	.	.	.
(B)	219.466	55.235	40.851	65.755	2.043	17.103	8.726	12.733	.	17.020	.
AMERICA – AMÉRIQUE – AMERICA											
Barbados											
1976											
(A)	0.725	0.169	–	0.220	0.022	0.100	0.074	0.067	–	0.073	.
1.	0.001	–	–	–	–	–	–	0.001	–	–	.
2.	0.724	0.169	–	0.220	0.022	0.100	0.074	0.066	–	0.073	.
(B)	.	.	.	.	.	.	.	.	.	.	.

[a] Les libellés en français des branches d'activité économique sont indiqués à la page suivante.
La designación en español de las grandes divisiones de actividad económica figura en la página precedente.

Explanatory notes and source: see p. 561 – Notes explicatives et source: voir p. 562 – Notas explicativas y fuente: véase p. 563

¹ Year beginning in April of year indicated. ¹ Année commençant en avril de l'année indiquée. ¹ Año que comienza en abril del año indicado.

27 Occupational injuries
Lésions professionnelles
Lesiones profesionales

Persons injured and workdays lost
Personnes accidentées et journées de travail perdues
Personas accidentadas y días de trabajo perdidos

(A)	Number of persons injured (thousands):	Personnes accidentées (milliers):	Personas accidentadas (millares):
1.	– of whom fatally injured	– blessées mortellement	– casos mortales
2.	– of whom with lost workdays	– ayant perdu des journées de travail	– con pérdida de días de trabajo
(B)	Number of workdays lost (thousands)	Journées de travail perdues (milliers)	Días de trabajo perdidas (millares)

Pays – Code	Total	Branches d'activité économique [a] 1 Agriculture, chasse, sylviculture et pêche	2 Industries extractives	3 Industries manufacturières	4 Electricité, gaz, eau	5 Construction	6 Commerce, restaurants et hôtels	7 Transports, entrepôts, communications	8 Banques, assurances, aff. imm., serv. aux entreprises	9 Services à collectivité, services soc. et pers.	0 Activités mal désignées
Barbados											
1977											
(A)	1.374	0.257	0.003	0.454	0.008	0.251	0.207	0.097	–	0.097	.
1.	0.001	–	–	–	–	0.001	–	–	–	–	.
2.	1.372	0.257	0.003	0.454	0.008	0.250	0.207	0.097	–	0.097	.
(B)	.	.	.	.	.	.	.	.	.	.	.
1978											
(A)	1.442	0.256	0.003	0.491	0.024	0.222	0.184	0.093	0.011	0.158	.
1.	0.002	0.001	–	–	–	–	–	0.001	–	–	.
2.	1.440	0.255	0.003	0.491	0.024	0.222	0.184	0.092	0.011	0.158	.
(B)	.	.	.	.	.	.	.	.	.	.	.
1979											
(A)	0.719	0.101	0.002	0.229	0.015	0.071	0.082	0.127	–	0.092	.
1.	0.003	0.002	–	–	–	0.001	–	–	–	–	.
2.	0.716	0.099	0.002	0.229	0.015	0.070	0.082	0.127	–	0.092	.
(B)	.	.	.	.	.	.	.	.	.	.	.
1980											
(A)	1.113	0.169	0.001	0.350	0.042	0.150	0.131	0.121	0.013	0.136	.
1.	0.005	0.002	–	–	–	0.003	–	–	–	–	.
2.	1.108	0.167	0.001	0.350	0.042	0.147	0.131	0.121	0.013	0.136	.
(B)	.	.	.	.	.	.	.	.	.	.	.
Costa Rica											
1976											
(A)	74.056	9.006	0.119	28.278	2.992	17.056	4.488	2.822	0.941	8.354	–
1.	0.064	0.012	0.001	0.005	0.003	0.018	0.002	0.008	0.001	0.014	–
2.	73.992	8.994	0.118	28.273	2.989	17.038	4.486	2.814	0.940	8.340	–
(B)	898.262	109.187	1.432	343.234	36.286	206.841	54.460	34.162	11.412	101.248	–
1977											
(A)	73.037	5.450	0.052	34.264	2.770	12.665	3.842	3.201	0.685	10.081	0.027
1.	0.079	0.020	–	0.013	0.004	0.010	0.004	0.008	0.002	0.018	–
2.	72.958	5.430	0.052	34.251	2.766	12.655	3.838	3.193	0.683	10.063	0.027
(B)	908.327	67.604	0.647	426.425	34.437	157.555	47.783	39.753	8.503	125.284	0.336
1978											
(A)	78.246	7.215	0.079	34.515	3.039	14.771	4.629	3.540	1.217	9.220	0.021
1.	0.091	0.020	0.002	0.021	0.010	0.008	0.003	0.009	–	0.018	–
2.	78.155	7.195	0.077	34.494	3.029	14.763	4.626	3.531	1.217	9.202	0.021
(B)	997.257	91.808	0.982	440.143	38.650	188.376	59.028	45.056	15.529	117.417	0.268
1979											
(A)	78.711	7.459	0.084	34.888	3.052	14.397	5.127	3.962	1.832	7.871	0.039
1.	0.075	0.017	0.001	0.012	0.007	0.011	0.003	0.008	0.001	0.015	.
2.	78.636	7.442	0.083	34.876	3.045	14.386	5.124	3.954	1.831	7.856	0.039
(B)	1 027.77	97.267	1.085	455.829	39.798	188.025	66.970	51.679	23.931	102.678	0.510
Chile											
1976											
(A)	80.508	6.405	8.796	34.250	0.980	12.743	3.693	4.341	8.956	0.095	0.249
1.	0.048	0.009	0.008	0.012	–	0.003	0.002	0.005	0.009	–	–
2.	80.460	6.396	8.788	34.238	0.980	12.740	3.691	4.336	8.947	0.095	0.249
(B)	1 370.26	146.614	188.775	573.151	15.237	168.597	51.247	70.464	150.208	3.246	2.725

[a] La designación en español de las grandes divisiones de actividad económica figura en la página siguiente.
The English designation of major divisions of economic activity is shown on the preceding page.

27 Occupational injuries / Lésions professionnelles / Lesiones profesionales

A Persons injured and workdays lost / Personnes accidentées et journées de travail perdues / Personas accidentadas y días de trabajo perdidos

(A) Number of persons injured (thousands): / Personnes accidentées (milliers): / Personas accidentadas (millares):
1. – of whom fatally injured / – blessées mortellement / – casos mortales
2. – of whom with lost workdays / – ayant perdu des journées de travail / – con pérdida de días de trabajo
(B) Number of workdays lost (thousands) / Journées de travail perdues (milliers) / Días de trabajo perdidas (millares)

País – Clave	Total	Grandes divisiones de actividad económica [a] 1 Agricultura, caza, silvicultura y pesca	2 Minas, canteras	3 Industrias manu-factureras	4 Electricidad, gas, agua	5 Construcción	6 Comercio, restaurantes y hoteles	7 Transportes, almacenaje, comuni-caciones	8 Bancos, seguros, bienes inm., serv. para empresas	9 Servicios comunales, sociales y personales	0 Actividades no bien especifi-cadas
Chile											
1977											
(A)	70.569	4.864	7.085	29.799	0.812	14.656	3.508	5.310	4.358	0.103	0.074
1.	0.056	0.009	0.007	0.005	0.005	0.009	0.013	0.005	0.003	–	–
2.	70.513	4.855	7.078	29.794	0.807	14.647	3.495	5.305	4.355	0.103	0.074
(B)	1 088.33	107.699	156.024	404.692	13.701	192.333	48.096	89.332	71.156	4.141	1.155
1978											
(A)	82.938	6.050	5.750	37.402	0.873	16.485	4.863	6.104	5.241	0.092	0.078
1.	0.045	0.006	0.008	0.010	0.001	0.011	0.001	0.004	0.004	–	.
2.	82.893	6.044	5.742	37.392	0.872	16.474	4.862	6.100	5.237	0.092	0.078
(B)	1 218.72	134.513	99.216	506.897	12.798	223.269	60.609	97.332	79.675	3.311	1.101
1979											
(A)	92.154	6.183	4.977	43.915	1.198	17.154	5.910	6.245	6.461	0.104	0.007
1.	0.037	0.005	0.010	0.011	–	0.005	0.001	0.003	0.002	–	–
2.	92.117	6.178	4.967	43.904	1.198	17.149	5.909	6.242	6.459	0.104	0.007
(B)	1 342.22	132.229	82.386	594.639	18.120	237.892	74.783	103.087	94.430	4.380	0.276
Guatemala											
1976											
(A)	91.029	47.399	0.683	17.177	1.056	6.936	5.799	3.914	.	8.065	.
1.	0.294	0.061	0.004	0.038	0.012	0.035	0.016	0.030	.	0.098	.
2.	.	.	.	.	.	.	.	.	.	.	.
(B)	.	.	.	.	.	.	.	.	.	.	.
1977											
(A)	99.441	51.809	0.716	18.745	1.134	7.577	6.324	4.296	.	8.840	.
1.	0.312	0.065	0.005	0.040	0.012	0.037	0.017	0.032	.	0.104	.
2.	.	.	.	.	.	.	.	.	.	.	.
(B)	.	.	.	.	.	.	.	.	.	.	.
1978											
(A)	93.560	47.323	0.402	19.666	0.805	8.738	4.201	3.396	.	9.029	.
1.	0.300	0.062	0.004	0.038	0.012	0.036	0.016	0.031	.	0.101	.
2.	.	.	.	.	.	.	.	.	.	.	.
(B)	.	.	.	.	.	.	.	.	.	.	.
1979											
(A)	94.342	47.718	0.406	19.831	0.811	8.811	4.236	3.425	...	9.104	.
1.	0.316	0.065	0.004	0.040	0.013	0.038	0.017	0.033	...	0.106	.
2.	.	.	.	.	.	.	.	.	.	.	.
(B)	.	.	.	.	.	.	.	.	.	.	.
1980											
(A)	95.131	48.117	0.409	19.997	0.818	8.885	4.271	3.454	.	9.180	.
1.	0.333	0.068	0.004	0.042	0.014	0.040	0.018	0.035	.	0.112	.
2.	.	.	.	.	.	.	.	.	.	.	.
(B)	.	.	.	.	.	.	.	.	.	.	.
Haïti [1]											
1976											
(A)	2.082	0.087	0.004	1.297	0.027	0.392	0.079	0.095	0.029	0.072	–
1.	0.003	–	–	0.002	–	–	–	0.001	–	–	–
2.	2.079	0.087	0.004	1.295	0.027	0.392	0.079	0.094	0.029	0.072	–
(B)	55.641	2.168	0.082	35.069	0.442	10.644	2.047	2.314	0.840	2.035	–

[a] The English designation of major divisions of economic activity is shown on the following page.
Les libellés en français des branches d'activité économique sont indiqués à la page précédente.

Explanatory notes and source: see p. 561 – Notes explicatives et source: voir p. 562 – Notas explicativas y fuente: véase p. 563

[1] Year ending in Sep. of the year indicated. [1] Année se terminant en sept. de l'année indiquée. [1] Año que termina en sept. del año indicado.

27 Occupational injuries
Lésions professionnelles
Lesiones profesionales

Persons injured and workdays lost
Personnes accidentées et journées de travail perdues
Personas accidentadas y días de trabajo perdidos

(A)	Number of persons injured (thousands):	Personnes accidentées (milliers):	Personas accidentadas (millares):
1.	– of whom fatally injured	– blessées mortellement	– casos mortales
2.	– of whom with lost workdays	– ayant perdu des journées de travail	– con pérdida de días de trabajo
(B)	Number of workdays lost (thousands)	Journées de travail perdues (milliers)	Días de trabajo perdidas (millares)

		Major divisions of economic activity [a]									
		1	2	3	4	5	6	7	8	9	0
Country – Code	Total	Agriculture, hunting, forestry and fishing	Mining, quarrying	Manu-facturing	Electricity, gas, water	Construction	Trade, restaurants and hotels	Transport, storage, communi-cation	Financing, insurance, real estate, business services	Community, social and personal services	Activities not adequately defined
Haïti											
1977											
(A)	1.807	0.065	0.003	1.113	0.014	0.380	0.101	0.074	0.004	0.053	–
1.	0.006	–	–	0.004	–	–	0.001	0.001	–	–	–
2.	1.801	0.065	0.003	1.109	0.014	0.380	0.100	0.073	0.004	0.053	–
(B)	48.630	1.673	0.044	31.073	0.322	9.466	2.588	1.781	0.152	1.531	–
1978											
(A)	1.488	0.057	0.002	0.952	0.013	0.275	0.078	0.075	0.004	0.032	–
1.	0.008	–	–	0.004	–	0.004	–	–	–	–	–
2.	1.480	0.057	0.002	0.948	0.013	0.271	0.078	0.075	0.004	0.032	–
(B)	48.347	2.062	0.058	30.062	1.110	7.991	2.116	2.954	0.259	1.735	–
1979											
(A)	1.335	0.064	0.008	0.812	0.015	0.260	0.048	0.062	0.002	0.051	0.013
1.	0.005	–	0.001	0.001	–	0.002	–	0.001	–	–	.
2.	1.330	0.064	0.007	0.811	0.015	0.258	0.048	0.061	0.002	0.051	0.013
(B)	34.044	1.728	0.206	19.143	0.450	8.118	1.313	1.290	0.042	1.337	0.417
1980											
(A)	1.682	0.022	0.001	0.987	0.013	0.507	0.047	0.039	0.003	0.059	0.004
1.	0.005	–	–	–	–	0.002	0.001	0.001	–	0.001	–
2.	1.677	0.022	0.001	0.987	0.013	0.505	0.046	0.038	0.003	0.058	–
(B)	93.659	0.917	0.194	34.721	0.174	30.363	9.102	8.657	0.419	9.092	0.089
Panamá											
1976											
(A)	31.095	9.286	0.091	8.749	0.691	5.771	2.938	0.599	–	2.968	.
1.	0.053	0.007	–	0.011	–	0.020	0.006	0.002	–	0.007	.
2.	31.040	9.279	0.091	8.738	0.691	5.751	2.932	0.597	–	2.961	.
(B)	.	.	.	.	.	.	.	.	.	.	.
1977											
(A)	28.208	9.415	0.066	8.245	0.600	3.980	2.706	0.512	–	2.684	.
1.	0.033	0.002	–	0.001	0.003	0.005	0.003	0.002	–	0.017	.
2.	28.175	9.413	0.066	8.244	0.597	3.975	2.703	0.510	–	2.667	.
(B)	.	.	.	.	.	.	.	.	.	.	.
1978											
(A)	27.834	8.684	0.033	8.227	0.664	4.075	2.646	0.564	–	2.941	.
1.	0.057	0.008	–	0.012	–	0.003	0.003	0.002	–	0.029	.
2.	27.777	8.676	0.033	8.215	0.664	4.072	2.643	0.562	–	2.912	.
(B)	.	.	.	.	.	.	.	.	.	.	.
1979											
(A)	24.344	6.189	0.037	7.958	0.553	3.774	2.571	0.479	–	2.783	.
1.	0.082	0.012	–	0.016	0.006	0.009	0.012	0.003	–	0.024	.
2.	24.262	6.177	0.037	7.942	0.547	3.765	2.559	0.476	–	2.759	.
(B)	.	.	.	.	.	.	.	.	.	.	.
Puerto Rico											
1975					[1]						
(A)	20.965	.	.	10.265	0.691	4.369	3.276	.	0.500	1.864	.
1.	0.035	.	.	0.004	0.001	0.001	0.010	.	–	0.019	.
2.	16.882	.	.	8.546	0.585	3.258	2.609	.	0.458	1.426	.
(B)	387.541	.	.	191.311	13.286	68.870	56.805	.	17.382	39.887	.

[a] Les libellés en français des branches d'activité économique sont indiqués à la page suivante.
La designación en español de las grandes divisiones de actividad económica figura en la página precedente.

Explanatory notes and source: see p. 561 – Notes explicatives et source: voir p. 562 – Notas explicativas y fuente: véase p. 563

[1] Incl. transport, storage and communication.

[1] Y compris les transports, les entrepôts et les communi-cations.

[1] Incl. transportes, almacenamiento y comunicaciones.

27 Occupational injuries
Lésions professionnelles
Lesiones profesionales

Persons injured and workdays lost
Personnes accidentées et journées de travail perdues
Personas accidentadas y días de trabajo perdidos

(A)	Number of persons injured (thousands):	Personnes accidentées (milliers):	Personas accidentadas (millares):
1.	- of whom fatally injured	- blessées mortellement	- casos mortales
2.	- of whom with lost workdays	- ayant perdu des journées de travail	- con pérdida de días de trabajo
(B)	Number of workdays lost (thousands)	Journées de travail perdues (milliers)	Días de trabajo perdidas (millares)

		Branches d'activité économique [a]									
		1	2	3	4	5	6	7	8	9	0
Pays - Code	Total	Agriculture, chasse, sylviculture et pêche	Industries extractives	Industries manu-facturières	Electricité, gaz, eau	Construction	Commerce, restaurants et hôtels	Transports, entrepôts, communi-cations	Banques, assurances, aff. imm., serv. aux entreprises	Services à collectivité, services soc. et pers.	Activités mal désignées
Puerto Rico											
1976					[1]						
(A)	21.756	.	.	11.532	1.276	2.646	3.057	.	0.375	2.870	.
1.	0.032	.	.	0.003	0.004	0.019	0.003	.	–	0.003	.
2.	16.261	.	.	8.784	0.949	1.696	2.464	.	0.240	2.128	.
(B)	372.481	.	.	197.908	25.915	34.027	54.272	.	6.441	53.918	.
1977					[1]						
(A)	21.948	.	.	10.979	0.914	3.008	4.707	.	0.377	1.963	.
1.	0.037	.	.	0.013	0.001	0.010	0.013	.	...	...	.
2.	17.582	.	.	9.182	0.706	1.819	3.985	.	0.230	1.661	.
(B)	447.915	.	.	232.493	21.133	41.629	90.215	.	9.203	53.242	.
Suriname											
1976											
(A)	4.208	1.150	0.073	1.296	0.038	0.851	0.499	0.271	0.006	0.024	.
1.	0.012	–	0.001	0.001	0.001	0.006	–	0.002	–	0.001	.
2.	31.176	5.595	1.162	10.397	0.145	7.122	3.253	3.098	0.039	0.365	.
(B)	121.176	5.595	8.660	17.897	7.650	52.122	3.253	18.098	0.039	7.865	.
1977											
(A)	4.630	0.872	0.070	1.162	0.153	1.481	0.591	0.267	0.009	0.025	.
1.	0.004	–	0.001	0.001	–	0.001	0.001	–	–	–	.
2.	36.025	4.444	1.112	14.372	0.704	9.962	2.803	2.171	0.042	0.415	.
(B)	66.025	4.444	8.612	21.872	0.704	17.462	10.300	2.171	0.042	0.415	.
1978											
(A)	4.968	1.155	0.051	1.196	0.137	1.431	0.614	0.303	0.045	0.036	.
1.	0.006	–	0.002	0.004	–	–	–	–	–	–	.
2.	35.418	5.423	1.013	10.050	0.894	11.914	3.413	2.425	0.059	0.227	.
(B)	80.418	5.423	16.013	40.050	0.894	11.914	3.413	2.425	0.059	0.227	.
1979											
(A)	4.532	1.192	0.060	1.297	0.108	1.106	0.520	0.217	0.003	0.029	.
1.	0.003	–	–	0.001	–	0.001	0.001	–	–	–	.
2.	46.091	6.383	1.523	16.932	0.541	10.761	6.553	2.553	2.685	0.149	.
(B)	68.591	6.383	1.523	24.432	0.541	18.261	14.053	2.685	0.149	0.564	.
Trinidad and Tobago											
1975											
(A)	2.069	0.292	0.389	0.792	0.037	0.055	–	0.457	–	0.044	.
1.	0.009	–	–	0.002	–	0.003	–	–	–	0.004	.
2.	.	.	.	.	.	.	.	.	.	.	.
(B)	.	.	.	.	.	.	.	.	.	.	.
1976											
(A)	2.461	0.332	0.611	1.093	0.055	0.056	0.007	0.278	0.001	0.028	.
1.	0.005	–	–	0.002	0.001	–	–	0.001	–	0.001	.
2.	.	.	.	.	.	.	.	.	.	.	.
(B)	.	.	.	.	.	.	.	.	.	.	.
1977											
(A)	2.333	0.379	0.682	0.959	0.032	0.056	–	0.145	–	0.080	.
1.	0.011	0.001	0.003	0.002	–	0.004	–	–	–	0.001	.
2.	.	.	.	.	.	.	.	.	.	.	.
(B)	.	.	.	.	.	.	.	.	.	.	.

[a] La designación en español de las grandes divisiones de actividad económica figura en la página siguiente.
The English designation of major divisions of economic activity is shown on the preceding page.

Explanatory notes and source: see p. 561 – Notes explicatives et source: voir p. 562 – Notas explicativas y fuente: véase p. 563

[1] Incl. transport, storage and communication.

[1] Y compris les transports, les entrepôts et les communications.

[1] Incl. transportes, almacenamiento y comunicaciones.

27 Occupational injuries
Lésions professionnelles
Lesiones profesionales

Persons injured and workdays lost
Personnes accidentées et journées de travail perdues
Personas accidentadas y días de trabajo perdidos

(A)	Number of persons injured (thousands):	Personnes accidentées (milliers):	Personas accidentadas (millares):
1.	– of whom fatally injured	– blessées mortellement	– casos mortales
2.	– of whom with lost workdays	– ayant perdu des journées de travail	– con pérdida de días de trabajo
(B)	Number of workdays lost (thousands)	Journées de travail perdues (milliers)	Días de trabajo perdidas (millares)

		Grandes divisiones de actividad económica [a]									
		1	2	3	4	5	6	7	8	9	0
País – Clave	Total	Agricultura, caza, silvicultura y pesca	Minas, canteras	Industrias manu-factureras	Electricidad, gas, agua	Construcción	Comercio, restaurantes y hoteles	Transportes, almacenaje, comuni-caciones	Bancos, seguros, bienes inm., serv. para empresas	Servicios comunales, sociales y personales	Actividades no bien especifi-cadas
Trinidad and Tobago											
1978											
(A)	2.473	0.369	0.691	1.133	0.035	0.147	–	0.084	–	0.014	.
1.	0.007	–	0.001	0.003	0.001	0.002	–	–	–	–	.
2.	.	.	.	.	.	.	.	.	.	.	.
(B)	.	.	.	.	.	.	.	.	.	.	.
1979											
(A)	2.318	0.245	0.528	1.158	0.032	0.259	0.018	0.075	–	0.003	.
1.	0.008	–	0.003	0.001	–	0.002	0.001	0.001	–	–	.
2.	.	.	.	.	.	.	.	.	.	.	.
(B)	.	.	.	.	.	.	.	.	.	.	.
United States											
1976											
(A)	5 163.7	67.900	83.100	2 378.2	.	464.700	1 090.3 [1]	416.300 [2]	72.100 [3]	591.100	.
1.	4.500	0.200	0.400	1.100	.	0.800	0.600	0.800	–	0.600	.
2.	1 978.8	28.700	43.800	871.600	.	166.000	409.900	212.000	26.700	220.000	.
(B)	33 948.3	512.900	866.700	14 355.8	.	3 189.5	6 326.2	4 012.8	428.800	4 255.7	.
1977											
(A)	5 460.3	74.900	88.200	2 466.5	.	507.900	1 169.9 [1]	428.600 [2]	77.200 [3]	647.200	.
1.	4.760	...	...	...	.	...	...	...	...	...	.
2.	2 203.6	33.400	46.400	959.300	.	192.900	443.700	234.300	30.900	260.700	.
(B)	36 140.3	530.700	1 042.9	15 458.6	.	3 648.9	6 665.4	4 253.4	409.700	4 130.9	.
1978											
(A)	5 799.4	67.100	98.400	2 581.6	.	576.600	1 252.2 [1]	462.900 [2]	85.200 [3]	675.500	.
1.	4.590	0.095	0.345	1.170	.	0.925	0.655	0.835	0.200	0.365	.
2.	2 492	31.400	55.000	1 084.4	.	230.900	499.000	264.500	35.200	291.600	.
(B)	39 015.4	467.000	1 229.2	16 567.7	.	3 945.1	7 113.4	4 706.9	519.200	4 466.6	.
1979											
(A)	6 105.7	66.000	108.400	2 681.9	.	620.400	1 325.6 [1]	487.300 [2]	94.500 [3]	721.400	.
1.	4.950	0.110	0.490	1.100	.	0.960	0.930	0.915	0.085	0.360	.
2.	2 757.7	32.200	64.400	1 186	.	261.900	561.800	285.900	41.300	324.200	.
(B)	43 576.5	473.900	1 434.5	18 211.1	.	4 606.5	8 075	5 196.1	584.800	4 994.6	.

[a] The English designation of major divisions of economic activity is shown on the following page.
Les libellés en français des branches d'activité économique sont indiqués à la page précédente.

Explanatory notes and source: see p. 561 – Notes explicatives et source: voir p. 562 – Notas explicativas y fuente: véase p. 563

[1] Excl. restaurants and hotels. [2] Incl. electricity, gas and water. [3] Excl. business services.

[1] Non compris les restaurants et les hôtels. [2] Y compris l'électricité, le gaz et l'eau. [3] Non compris les services aux entreprises.

[1] Excl. restaurantes y hoteles. [2] Incl. electricidad, gas y agua. [3] Excl. servicios para las empresas.

27 Occupational injuries
Lésions professionnelles
Lesiones profesionales

Persons injured and workdays lost
Personnes accidentées et journées de travail perdues
Personas accidentadas y días de trabajo perdidos

(A)	Number of persons injured (thousands):	Personnes accidentées (milliers):	Personas accidentadas (millares):
1.	– of whom fatally injured	– blessées mortellement	– casos mortales
2.	– of whom with lost workdays	– ayant perdu des journées de travail	– con pérdida de días de trabajo
(B)	Number of workdays lost (thousands)	Journées de travail perdues (milliers)	Días de trabajo perdidas (millares)

Country – Code	Total	Major divisions of economic activity [(a)] 1 Agriculture, hunting, forestry and fishing	2 Mining, quarrying	3 Manu-facturing	4 Electricity, gas, water	5 Construction	6 Trade, restaurants and hotels	7 Transport, storage, communi-cation	8 Financing, insurance, real estate, business services	9 Community, social and personal services	0 Activities not adequately defined
ASIA – ASIE – ASIA											
Bangladesh											
1976								[1]			
(A)	.	.	.	4.425	.	.	.	0.531	.	.	.
1.	.	.	.	0.024	.	.	.	0.007	.	.	.
2.	.	.	.	4.401	.	.	.	0.524	.	.	.
(B)	.	.	.	.	.	.	.	.	.	.	.
1977								[1]			
(A)	.	.	.	4.538	.	.	.	0.520	.	.	.
1.	.	.	.	0.024	.	.	.	0.007	.	.	.
2.	.	.	.	4.514	.	.	.	0.513	.	.	.
(B)	.	.	.	.	.	.	.	.	.	.	.
1978								[1]			
(A)	.	.	.	4.129	.	.	.	0.691	.	.	.
1.	.	.	.	0.016	.	.	.	0.006	.	.	.
2.	.	.	.	4.113	.	.	.	0.685	.	.	.
(B)	.	.	.	.	.	.	.	.	.	.	.
1979								[1]			
(A)	.	.	.	4.264	.	.	.	0.503	.	.	.
1.	.	.	.	0.017	.	.	.	0.004	.	.	.
2.	.	.	.	4.247	.	.	.	0.499	.	.	.
(B)	.	.	.	.	.	.	.	.	.	.	.
1980								[1]			
(A)	.	.	.	3.693	.	.	.	...	.	.	.
1.	.	.	.	0.022	.	.	.	...	.	.	.
2.	.	.	.	3.941	.	.	.	...	.	.	.
(B)	.	.	.	.	.	.	.	.	.	.	.
Burma											
1976											
(A)	.	.	.	4.986	.	.	.	.	.	.	.
1.	.	.	.	0.022	.	.	.	.	.	.	.
2.	.	.	.	4.964	.	.	.	.	.	.	.
(B)	.	.	.	...	.	.	.	.	.	.	.
1977											
(A)	.	.	.	3.343	.	.	.	.	.	.	.
1.	.	.	.	0.023	.	.	.	.	.	.	.
2.	.	.	.	3.310	.	.	.	.	.	.	.
(B)	.	.	.	...	.	.	.	.	.	.	.
1978											
(A)	.	.	.	3.353	.	.	.	.	.	.	.
1.	.	.	.	0.014	.	.	.	.	.	.	.
2.	.	.	.	3.339	.	.	.	.	.	.	.
(B)	.	.	.	...	.	.	.	.	.	.	.
1979											
(A)	.	.	.	3.504	.	.	.	.	.	.	.
1.	.	.	.	0.018	.	.	.	.	.	.	.
2.	.	.	.	3.486	.	.	.	.	.	.	.
(B)	.	.	.	–	.	.	.	.	.	.	.
1980											
(A)	.	.	.	2.830	.	.	.	.	.	.	.
1.	.	.	.	0.009	.	.	.	.	.	.	.
2.	.	.	.	2.821	.	.	.	.	.	.	.
(B)	.	.	.	...	.	.	.	.	.	.	.

[(a)] Les libellés en français des branches d'activité économique sont indiqués à la page suivante.
La designación en español de las grandes divisiones de actividad económica figura en la página precedente.

[1] Dockers only.
[1] Dockers seulement.
[1] Estibadores solamente.

Explanatory notes and source: see p. 561 – Notes explicatives et source: voir p. 562 – Notas explicativas y fuente: véase p. 563

27 Occupational injuries
Lésions professionnelles
Lesiones profesionales

Persons injured and workdays lost
Personnes accidentées et journées de travail perdues
Personas accidentadas y días de trabajo perdidos

(A) Number of persons injured (thousands): / Personnes accidentées (milliers): / Personas accidentadas (millares):
1. – of whom fatally injured / – blessées mortellement / – casos mortales
2. – of whom with lost workdays / – ayant perdu des journées de travail / – con pérdida de días de trabajo

(B) Number of workdays lost (thousands) / Journées de travail perdues (milliers) / Días de trabajo perdidas (millares)

		Branches d'activité économique [a]									
		1	2	3	4	5	6	7	8	9	0
Pays – Code	Total	Agriculture, chasse, sylviculture et pêche	Industries extractives	Industries manufacturières	Electricité, gaz, eau	Construction	Commerce, restaurants et hôtels	Transports, entrepôts, communications	Banques, assurances, aff. imm., serv. aux entreprises	Services à collectivité, services soc. et pers.	Activités mal désignées
Cyprus											
1977											
(A)	0.875	0.068	0.023	0.364	0.017	0.209	0.039	0.116	0.002	0.037	.
1.	0.005	–	0.001	0.001	–	0.001	0.001	–	–	0.001	.
2.	0.870	0.068	0.022	0.363	0.017	0.208	0.038	0.116	0.002	0.036	.
(B)	21.645	1.625	1.220	7.039	0.011	5.068	1.781	3.036	0.038	1.827	.
1978											
(A)	1.078	0.060	0.021	0.423	0.017	0.319	0.059	0.124	–	0.055	.
1.	0.007	–	0.001	0.001	–	0.003	–	0.002	–	–	.
2.	1.071	0.060	0.020	0.422	0.017	0.316	0.059	0.122	–	0.055	.
(B)	23.708	1.688	0.920	7.533	0.281	7.385	2.041	2.166	0.020	1.674	.
1979											
(A)	1.174	0.061	0.027	0.490	0.022	0.317	0.050	0.152	0.002	0.053	.
1.	0.003	–	–	–	–	0.001	0.002	–	–	–	.
2.	1.171	0.061	0.027	0.490	0.022	0.316	0.048	0.152	0.002	0.053	.
(B)	28.593	1.566	0.863	10.130	0.297	8.288	1.355	4.117	–	1.977	.
1980											
(A)	1.113	0.054	0.021	0.428	0.026	0.360	0.040	0.125	0.002	0.057	.
1.	0.005	–	–	0.001	–	0.003	–	0.001	–	–	.
2.	1.108	0.054	0.021	0.427	0.026	0.357	0.040	0.124	0.002	0.057	.
(B)	24.972	1.432	0.808	8.415	0.144	8.005	1.308	2.617	–	2.243	.
Hong Kong											
1976										[1]	
(A)	45.057	0.009	0.110	23.355	0.504	8.189	5.914	3.631	0.127	3.146	0.072
1.	0.249	0.002	–	0.067	–	0.057	0.018	0.063	0.005	0.037	–
2.	44.808	0.007	0.110	23.288	0.504	8.132	5.896	3.568	0.122	3.109	0.072
(B)	618.545	...	...	...	...	...	...	...	...	...	...
1977										[1]	
(A)	49.854	0.007	0.109	23.803	0.474	11.916	6.207	4.101	0.145	3.059	0.033
1.	0.265	0.002	0.001	0.060	0.003	0.085	0.020	0.056	0.007	0.031	–
2.	49.589	0.005	0.108	23.743	0.471	11.831	6.187	4.045	0.138	3.028	0.033
(B)	575.498	...	...	...	...	...	...	...	...	...	...
1978										[1]	
(A)	53.652	0.002	0.117	23.214	0.618	14.929	6.551	4.368	0.205	3.617	0.031
1.	0.278	–	0.001	0.065	0.010	0.093	0.011	0.051	0.012	0.034	0.001
2.	53.374	0.002	0.116	23.149	0.608	14.836	6.540	4.317	0.193	3.583	0.030
(B)	624.792	...	...	...	...	...	...	...	...	...	...
1979										[1]	
(A)	66.835	0.005	0.104	26.630	0.586	17.350	7.190	4.533	0.207	3.920	6.310
1.	0.301	–	0.003	0.075	0.003	0.116	0.018	0.052	0.009	0.025	.
2.	66.534	0.005	0.101	26.555	0.583	17.234	7.172	4.481	0.198	3.895	6.310
(B)	547.953	...	...	...	...	179.137	...	...	...	...	...
1980										[1]	
(A)	70.621	0.003	0.099	27.902	0.436	18.517	7.415	4.854	0.200	4.297	6.898
1.	0.235	–	–	0.034	0.001	0.102	0.020	0.049	0.002	0.027	–
2.	70.386	0.003	0.099	27.868	0.435	18.415	7.395	4.805	0.198	4.270	6.898
(B)	575.166	...	...	...	...	186.623	...	...	...	...	...
India											
1976											
(A)	300.319	–	0.045	296.286	2.291	–	0.001	1.456	0.006	0.230	0.004
1.	0.831	–	–	0.788	0.034	–	–	0.008	–	0.001	–
2.	299.488	–	0.045	295.498	2.251	–	0.001	1.448	0.006	0.229	0.004

[a] La designación en español de las grandes divisiones de actividad económica figura en la página siguiente.
The English designation of major divisions of economic activity is shown on the preceding page.

Explanatory notes and source: see p. 561 – Notes explicatives et source: voir p. 562 – Notas explicativas y fuente: véase p. 563

[1] Incl. water. [1] Y compris l'eau. [1] Incl. el agua.

27 Occupational injuries / Lésions professionnelles / Lesiones profesionales

Persons injured and workdays lost / Personnes accidentées et journées de travail perdues / Personas accidentadas y días de trabajo perdidos

(A)	Number of persons injured (thousands):	Personnes accidentées (milliers):	Personas accidentadas (millares):
1.	– of whom fatally injured	– blessées mortellement	– casos mortales
2.	– of whom with lost workdays	– ayant perdu des journées de travail	– con pérdida de días de trabajo
(B)	Number of workdays lost (thousands)	Journées de travail perdues (milliers)	Días de trabajo perdidas (millares)

País – Clave	Total	Grandes divisiones de actividad económica [a] 1 Agricultura, caza, silvicultura y pesca	2 Minas, canteras	3 Industrias manufactureras	4 Electricidad, gas, agua	5 Construcción	6 Comercio, restaurantes y hoteles	7 Transportes, almacenaje, comunicaciones	8 Bancos, seguros, bienes inm., serv. para empresas	9 Servicios comunales, sociales y personales	0 Actividades no bien especificadas
India											
1977											
(A)	316.238	0.006	0.009	312.917	1.629	0.014	0.019	1.294	0.001	0.346	0.003
1.	0.686	–	0.001	0.650	0.029	0.001	0.001	0.002	–	0.002	.
2.	315.552	0.006	0.008	312.267	1.600	0.013	0.018	1.292	0.001	0.344	0.003
(B)	3 033.21	0.025	0.024	2 998.25	17.476	0.055	0.184	14.623	0.014	2.549	0.012
1978											
(A)	343.611	0.011	–	340.549	1.709	0.004	0.027	0.828	0.002	0.480	0.001
1.	0.770	–	–	0.730	0.030	–	0.002	0.005	–	0.003	–
2.	342.841	0.011	–	339.819	1.679	0.004	0.025	0.823	0.002	0.477	0.001
(B)	3 511.71	0.088	–	3 480.17	17.792	0.032	0.431	10.341	0.017	2.808	0.029
Jordan											
1975											
(A)	2.577	.	0.645	1.448	0.075	0.133	0.067	0.123	.	.	0.086
1.	0.012	.	0.002	0.003	–	0.005	–	0.002	.	.	–
2.	2.565	.	0.643	1.445	0.075	0.128	0.067	0.121	.	.	0.086
(B)	103.425	.	19.897	29.830	1.476	32.985	0.638	7.956	.	.	1.598
1976											
(A)	2.671	.	0.686	1.462	0.088	0.204	0.046	0.138	.	.	0.047
1.	0.008	.	–	0.004	–	0.004	–	–	.	.	–
2.	2.663	.	0.686	1.458	0.088	0.200	0.046	0.138	.	.	0.047
(B)	154.500	.	25.382	84.743	2.376	31.812	0.598	8.392	.	.	1.197
1977											
(A)	3.073	.	0.798	1.585	0.097	0.257	0.053	0.196	.	.	0.087
1.	0.005	.	–	0.003	–	0.002	–	–	.	.	–
2.	3.068	.	0.798	1.582	0.097	0.255	0.053	0.196	.	.	0.087
(B)	160.064	.	27.526	96.534	3.287	21.178	2.123	7.439	.	.	1.977
1978											
(A)	3.238	.	0.870	1.540	0.113	0.336	0.076	0.237	.	.	0.066
1.	0.012	.	–	0.004	–	0.008	–	–	.	.	–
2.	3.226	.	0.870	1.536	0.113	0.328	0.076	0.237	.	.	0.066
(B)	94.587	.	7.830	29.841	2.112	50.792	0.986	2.108	.	.	0.918
1979											
(A)	...	.	0.877	1.564	0.125	0.351	0.098	0.265	.	.	0.069
1.	...	.	0.004	0.009	–	0.013	–	0.005	.	.	–
2.	...	.	0.873	1.555	0.125	0.338	0.098	0.260	.	.	0.069
(B)	...	.	26.682	68.995	0.593	81.304	0.579	31.270	.	.	0.930
Korea, Republic of											
1977											
(A)	118.011	.	7.390	75.119	0.382	17.461	.	16.985	.	.	0.674
1.	1.174	.	0.268	0.325	0.013	0.267	.	0.287	.	.	0.014
2.	116.837	.	7.122	74.794	0.369	17.194	.	16.698	.	.	0.660
(B)	19 773.5	.	4 010.24	8 882.85	137.298	3 468.35	.	3 174.74	.	.	139.986
1978											
(A)	139.242	.	7.360	87.063	0.502	27.538	.	15.874	.	.	0.905
1.	1.397	.	0.251	0.412	0.021	0.393	.	0.291	.	.	0.029
2.	137.845	.	7.109	86.651	0.481	27.145	.	15.583	.	.	0.876
(B)	22 791.3	.	3 859.45	10 389	242.453	4 964.06	.	3 057.25	.	.	276.102

[a] The English designation of major divisions of economic activity is shown on the following page.
Les libellés en français des branches d'activité économique sont indiqués à la page précédente.

27 Occupational injuries
Lésions professionnelles
Lesiones profesionales

Persons injured and workdays lost
Personnes accidentées et journées de travail perdues
Personas accidentadas y días de trabajo perdidos

(A)	Number of persons injured (thousands):	Personnes accidentées (milliers):	Personas accidentadas (millares):
1.	– of whom fatally injured	– blessées mortellement	– casos mortales
2.	– of whom with lost workdays	– ayant perdu des journées de travail	– con pérdida de días de trabajo
(B)	Number of workdays lost (thousands)	Journées de travail perdues (milliers)	Días de trabajo perdidos (millares)

Country – Code	Total	Major divisions of economic activity [a] 1 Agriculture, hunting, forestry and fishing	2 Mining, quarrying	3 Manu-facturing	4 Electricity, gas, water	5 Construction	6 Trade, restaurants and hotels	7 Transport, storage, communi-cation	8 Financing, insurance, real estate, business services	9 Community, social and personal services	0 Activities not adequately defined
Korea, Republic of											
1979											
(A)	130.307	.	7.940	80.439	0.422	26.120	.	14.444	.	.	0.942
1.	1.537	.	0.364	0.467	0.025	0.417	.	0.302	.	.	22.000
2.	128.770	.	7.636	79.972	0.397	25.703	.	14.142	.	.	0.920
(B)	27 502.4	.	4 692.82	13 153.9	266.286	5 898.66	.	3 224.87	.	.	265.847
1980											
(A)	113.375	.	8.999	67.025	0.401	21.457	.	14.453	.	.	1.040
1.	1.273	.	0.226	0.362	0.015	0.337	.	0.299	.	.	0.034
2.	112.102	.	8.773	66.663	0.386	21.120	.	14.154	.	.	1.006
(B)	26 008.2	.	4 209.65	12 240.2	199.441	5 511.85	.	3 407.16	.	.	439.917
Malaysia: Sarawak											
1976											
(A)	1.653	0.658	0.041	0.595	0.002	0.162	0.063	0.097	.	0.035	.
1.	0.050	0.024	.	0.009	.	0.004	.	0.009	.	0.004	.
2.	.	.	.	.	.	.	.	.	.	.	.
(B)	47.053	18.003	0.939	15.898	0.030	5.338	2.529	3.476	.	0.840	.
1977											
(A)	1.704	0.662	0.038	0.690	0.003	0.110	0.049	0.105	.	0.047	.
1.	0.044	0.026	0.001	0.007	.	0.004	0.001	0.002	.	0.003	.
2.	.	.	.	.	.	.	.	.	.	.	.
(B)	49.397	16.940	1.388	20.081	0.057	4.087	1.103	4.780	.	0.961	.
1978											
(A)	1.688	0.676	0.033	0.659	0.002	0.127	0.043	0.135	.	0.013	.
1.	0.058	0.037	.	0.011	.	0.004	.	0.006	.	.	.
2.	.	.	.	.	.	.	.	.	.	.	.
(B)	52.451	19.656	1.188	18.133	0.159	5.064	1.224	6.352	.	0.675	.
1979											
(A)	0.193	0.823	0.016	0.706	0.004	0.185	0.060	0.133	.	0.009	-1.743
1.	0.058	0.047	–	0.008	–	0.001	–	0.002	.	–	.
2.	.	.	.	.	.	.	.	.	.	.	.
(B)	68.359	27.737	0.661	23.167	0.088	8.546	1.870	5.817	.	0.473	.
1980											
(A)	1.904	0.866	0.025	0.641	0.001	0.163	0.048	0.133	.	0.027	.
1.	0.068	0.045	0.001	0.004	.	0.006	0.001	0.010	.	0.001	.
2.	.	.	.	.	.	.	.	.	.	.	.
(B)	66.293	29.239	0.843	19.403	0.004	7.306	1.463	6.825	.	1.210	.
Philippines											
1976											
(A)	4.117	0.012	0.362	3.163	0.005	0.395	.	0.151	0.029	.	.
1.	0.052	0.001	0.017	0.010	0.001	0.011	.	0.012	–	.	.
2.	4.065	0.011	0.345	3.153	0.004	0.384	.	0.139	0.029	.	.
(B)	264.968	6.104	108.719	103.494	6.013	32.843	.	7.536	0.259	.	.

[a] Les libellés en français des branches d'activité économique sont indiqués à la page suivante.
La designación en español de las grandes divisiones de actividad económica figura en la página precedente.

ACCIDENTS

27 Occupational injuries
Lésions professionnelles
Lesiones profesionales

Persons injured and workdays lost
Personnes accidentées et journées de travail perdues
Personas accidentadas y días de trabajo perdidos

(A)	Number of persons injured (thousands):	Personnes accidentées (milliers):	Personas accidentadas (millares):
1.	– of whom fatally injured	– blessées mortellement	– casos mortales
2.	– of whom with lost workdays	– ayant perdu des journées de travail	– con pérdida de días de trabajo
(B)	Number of workdays lost (thousands)	Journées de travail perdues (milliers)	Días de trabajo perdidas (millares)

Pays – Code	Total	Branches d'activité économique [a] 1 Agriculture, chasse, sylviculture et pêche	2 Industries extractives	3 Industries manu-facturières	4 Electricité, gaz, eau	5 Construction	6 Commerce, restaurants et hôtels	7 Transports, entrepôts, communi-cations	8 Banques, assurances, aff. imm., serv. aux entreprises	9 Services à collectivité, services soc. et pers.	0 Activités mal désignées
Philippines											
1977											
(A)	4.965	0.045	0.756	3.521	0.022	0.477	.	0.116	0.013	.	.
1.	0.052	0.006	0.027	0.008	0.001	0.009	.	...	...	.	.
2.	4.913	0.039	0.729	3.513	0.021	0.468	.	0.116	0.013	.	.
(B)	308.134	18.470	180.945	42.298	6.100	59.794	.	0.387	0.140	.	.
1978											
(A)	4.938	0.524	0.771	3.156	0.111	0.183	.	0.089	0.048	.	.
1.	0.040	0.008	0.020	0.008	0.002	0.002	.	–	–	.	.
2.	4.898	0.516	0.751	3.148	0.109	0.181	.	0.089	0.048	.	.
(B)	321.740	50.015	124.070	117.057	0.214	16.040	.	3.552	0.287	.	.
1979											
(A)	6.112	0.960	0.589	4.384	0.035	0.028	.	0.056	0.019	.	.
1.	0.050	0.005	0.020	0.019	–	0.004	.	0.001	0.001	.	.
2.	6.062	0.955	0.569	4.365	0.035	0.024	.	0.055	0.059	.	.
(B)	353.652	31.170	128.639	162.661	0.236	18.189	.	6.426	6.331	.	.
1980											
(A)	6.639	1.040	0.528	4.451	0.030	0.493	.	0.072	0.025	.	.
1.	0.055	0.004	0.031	0.018	–	–	.	0.001	0.001	.	.
2.	6.584	1.096	0.497	4.433	0.030	0.493	.	0.071	0.024	.	.
(B)	386.297	28.894	177.535	141.262	0.200	25.213	.	6.638	6.555	.	.
Singapore											
1976											
(A)	4.256	.	.	3.428	0.017	0.698	0.003	0.023	0.001	0.086	.
1.	0.062	.	.	0.028	–	0.032	–	–	–	0.002	.
2.	85.152	.	.	59.411	0.100	24.821	0.013	0.146	0.005	0.656	.
(B)	457.152	.	.	227.411	0.100	216.821	0.013	0.146	0.005	12.656	.
1977											
(A)	4.579	.	.	3.711	0.011	0.737	...	0.012	0.001	0.107	.
1.	0.057	.	.	0.023	...	0.033	...	–	–	0.001	.
2.	92.628	.	.	79.339	0.088	10.701	...	0.106	0.008	2.386	.
(B)	434.628	.	.	217.339	0.088	208.701	...	0.106	0.008	8.386	.
1978											
(A)	4.698	.	.	3.796	0.011	0.765	...	0.015	...	0.111	.
1.	0.131	.	.	0.106	–	0.023	...	0.001	...	0.001	.
2.	108.361	.	.	86.191	0.061	21.145	...	0.186	...	0.778	.
(B)	894.361	.	.	722.191	0.061	159.145	...	6.186	...	6.778	.
1979											
(A)	5.277	.	.	4.281	0.019	0.793	0.009	0.029	0.003	0.143	.
1.	0.069	.	.	0.036	–	0.032	–	–	–	0.001	.
2.	130.771	.	.	106.924	0.170	21.763	0.267	0.503	0.023	1.121	.
(B)	544.771	.	.	322.924	0.170	213.763	0.267	0.503	0.023	7.121	.
1980											
(A)	6.087	.	.	4.952	0.030	0.927	0.010	0.032	0.001	0.135	.
1.	0.058	.	.	0.025	–	0.032	–	–	–	0.001	.
2.	115.412	.	.	76.893	6.226	30.512	0.079	0.370	0.006	1.326	.
(B)	463.412	.	.	226.893	6.226	222.512	0.079	0.370	0.006	7.326	.

[a] La designación en español de las grandes divisiones de actividad económica figura en la página siguiente.
The English designation of major divisions of economic activity is shown on the preceding page.

27 Occupational injuries
Lésions professionnelles
Lesiones profesionales

Persons injured and workdays lost
Personnes accidentées et journées de travail perdues
Personas accidentadas y días de trabajo perdidos

(A)	Number of persons injured (thousands):	Personnes accidentées (milliers):	Personas accidentadas (millares):
1.	– of whom fatally injured	– blessées mortellement	– casos mortales
2.	– of whom with lost workdays	– ayant perdu des journées de travail	– con pérdida de días de trabajo
(B)	Number of workdays lost (thousands)	Journées de travail perdues (milliers)	Días de trabajo perdidas (millares)

País – Clave	Total	Grandes divisiones de actividad económica [a] 1 Agricultura, caza, silvicultura y pesca	2 Minas, canteras	3 Industrias manufactureras	4 Electricidad, gas, agua	5 Construcción	6 Comercio, restaurantes y hoteles	7 Transportes, almacenaje, comunicaciones	8 Bancos, seguros, bienes inm., serv. para empresas	9 Servicios comunales, sociales y personales	0 Actividades no bien especificadas
EUROPE – EUROPE – EUROPA											
Austria											
1975											
(A)	167.815	4.111	2.828	84.391	1.992	35.374	16.647	8.252	1.990	5.864	6.366
1.	0.513	0.025	0.015	0.152	0.012	0.152	0.055	0.052	0.013	0.009	0.028
(B)	4 041.11	...	...	...	...	...	...	...	...	...	...
1976											
(A)	173.271	4.156	2.668	86.341	2.148	36.713	17.603	8.191	2.052	6.037	7.362
1.	0.318	...	...	...	...	...	...	...	...	...	...
(B)	4 167.41	...	...	...	...	...	...	...	...	...	...
1977											
(A)	179.747	3.972	2.530	89.269	1.956	39.567	18.526	8.044	2.058	6.474	7.351
1.	0.471	0.032	0.011	0.154	0.011	0.134	0.038	0.043	0.013	0.009	0.026
(B)	4 167.72	...	...	...	...	...	...	...	...	...	...
1978											
(A)	175.939	3.460	2.356	86.532	1.910	39.178	18.632	7.910	2.135	6.305	7.521
1.	0.528	0.024	0.015	0.169	0.008	0.149	0.057	0.051	0.014	0.012	0.029
(B)	4 266.11	...	...	...	...	...	...	...	...	...	...
1979											
(A)	181.470	3.676	2.300	89.700	1.937	39.308	19.218	8.242	2.413	6.975	7.701
1.	0.430	0.022	0.009	0.134	0.007	0.132	0.034	0.047	0.013	0.010	0.022
(B)	4 476.52	...	...	...	...	...	...	...	...	...	...
Czechoslovakia											
1976											
(A)	260.577	67.302	9.252	81.618	2.599	21.682	15.856	15.102	1.494	28.630	17.042
1.	0.922	0.203	0.094	0.173	0.030	0.109	0.030	0.119	0.006	0.080	0.078
2.	259.655	67.099	9.158	81.445	2.569	21.573	15.826	14.983	1.488	28.550	16.964
(B)	4 496.09	1 204	253.747	1 274.6	51.001	380.750	250.225	280.445	25.290	480.379	295.654
1977											
(A)	250.603	64.089	9.019	78.367	2.671	20.707	15.704	14.357	1.552	27.329	16.808
1.	0.839	0.215	0.097	0.164	0.023	0.103	0.026	0.088	0.007	0.068	0.048
2.	249.764	63.874	8.922	78.203	2.648	20.604	15.678	14.269	1.545	27.261	16.760
(B)	4 461.39	1 172.8	249.957	1 257.93	55.612	378.673	254.715	280.083	27.370	477.218	307.034
1978											
(A)	238.407	60.282	8.941	74.395	2.497	19.004	14.893	14.005	1.547	26.693	16.150
1.	0.748	0.165	0.059	0.174	0.019	0.103	0.024	0.093	0.005	0.059	0.047
2.	237.659	60.117	8.882	74.221	2.478	18.901	14.869	13.912	1.542	26.634	16.103
(B)	4 329.61	1 115.4	246.915	1 232.23	52.755	362.530	247.799	274.979	27.326	467.749	301.928
1979											
(A)	232.502	57.171	9.015	73.823	2.450	18.096	14.704	13.619	1.612	26.334	15.678
1.	0.711	0.178	0.046	0.138	0.014	0.098	0.014	0.101	0.004	0.051	0.067
2.	231.791	56.993	8.969	73.685	2.436	17.998	14.690	13.518	1.608	26.283	15.611
(B)	4 307.1	1 065.23	247.714	1 243.4	54.275	352.719	254.836	275.469	28.366	486.387	298.705
1980											
(A)	219.702	53.665	8.819	69.079	2.314	17.507	13.684	13.517	1.471	24.871	14.775
1.	0.700	0.161	0.075	0.148	0.019	0.093	0.020	0.079	0.007	0.039	0.059
2.	219.002	53.504	8.744	68.931	2.295	17.414	13.664	13.438	1.464	24.832	14.716
(B)	4 188.72	1 029.42	259.863	1 203.32	49.421	351.516	239.018	279.072	26.933	463.252	286.903
Finland											
1976											
(A)	125.409	5.822	0.765	61.474	0.899	24.482	11.289	7.701	1.562	11.415	–
1.	0.173	0.010	0.003	0.069	0.006	0.043	0.006	0.027	–	0.009	–
1977											
(A)	109.375	5.344	0.776	53.210	0.713	20.861	9.359	6.843	1.469	10.800	–
1.	0.122	0.014	0.006	0.290	0.005	0.022	0.004	0.019	0.005	0.018	–

[a] The English designation of major divisions of economic activity is shown on the following page.
Les libellés en français des branches d'activité économique sont indiqués à la page précédente.

27 Occupational injuries / Lésions professionnelles / Lesiones profesionales

Persons injured and workdays lost / Personnes accidentées et journées de travail perdues / Personas accidentadas y días de trabajo perdidos

(A)	Number of persons injured (thousands):	Personnes accidentées (milliers):	Personas accidentadas (millares):
1.	– of whom fatally injured	– blessées mortellement	– casos mortales
2.	– of whom with lost workdays	– ayant perdu des journées de travail	– con pérdida de días de trabajo
(B)	Number of workdays lost (thousands)	Journées de travail perdues (milliers)	Días de trabajo perdidas (millares)

		Major divisions of economic activity [a]									
		1	2	3	4	5	6	7	8	9	0
Country – Code	Total	Agriculture, hunting, forestry and fishing	Mining, quarrying	Manu-facturing	Electricity, gas, water	Construction	Trade, restaurants and hotels	Transport, storage, communi-cation	Financing, insurance, real estate, business services	Community, social and personal services	Activities not adequately defined
Finland											
1978											
(A)	102.520	5.236	0.759	49.133	1.090	18.044	9.063	6.957	1.414	10.824	.
1.	0.136	0.014	0.004	0.031	0.007	0.027	0.013	0.021	0.002	0.017	.
2.	102.384	5.222	.	0.755	1.083	18.017	9.050	6.936	1.412	10.807	.
1979											
(A)	112.561	6.024	0.738	55.438	1.116	18.596	9.827	7.767	1.553	11.502	–
1.	0.141	0.018	0.005	0.043	0.004	0.023	0.007	0.030	0.003	0.008	–
France											
1976							[1]			[2]	
(A)	2 171.43	.	.	.	.	.	.	.	.	.	.
1.	1.907	.	.	0.573	0.012	0.724	0.113	0.266	.	0.219	.
2.	1 072.34	.	.	568.359	3.450	277.360	52.845	52.671	.	117.660	.
(B)	29 919.8	.	.	13 991.2	92.089	9 243.11	1 439.3	1 831.72	.	3 322.41	.
1977							[1]			[2]	
(A)	2 092.54	.	.	.	.	.	.	.	.	.	.
1.	1.709	.	.	0.563	0.009	0.590	0.091	0.233	.	0.223	.
2.	1 025.97	.	.	541.155	3.300	259.902	51.930	51.052	.	118.629	.
(B)	28 496.6	.	.	13 576.4	86.450	8 605.95	1 430.69	1 430.69	.	3 366.44	.
1978							[1]			[2]	
(A)	2 039.05	.	.	.	.	.	.	.	.	.	.
1.	1.567	.	.	0.510	0.004	0.500	0.124	0.225	.	0.204	.
2.	1 014.05	.	.	526.444	3.518	250.733	54.948	52.712	.	125.696	.
(B)	29 086.1	.	.	13 271.1	95.659	8 676.12	1 548.96	1 876.37	.	3 617.87	.
1979							[1]			[2]	
(A)	2 025.32	.	.	.	.	.	.	.	.	.	.
1.	1.484	.	.	0.440	0.006	0.522	0.111	0.218	.	0.193	.
2.	979.578	.	.	503.894	3.543	237.526	53.784	53.838	.	126.993	.
(B)	27 585.2	.	.	12 376.2	92.226	8 136.64	1 513.41	1 859.65	.	3 607.12	.
Germany, Fed. Rep. of											
1976											
(A)	2 016.92	202.283	56.616	935.655	.	303.302	.	.	.	.	.
1.	4.527	0.942	0.183	1.395	.	0.752	.	.	.	.	.
1977											
(A)	1 996.24	199.651	55.243	928.241	.	291.236	.	.	.	.	.
1.	4.275	0.833	0.188	1.314	.	0.712	.	.	.	.	.
1978											
(A)	2 011.8	205.073	53.704	909.025	.	299.354	.	.	.	.	544.645
1.	4.182	0.747	0.197	1.342	.	0.619	.	.	.	.	1.277
2.	...	...	...	...	...	...	...	...	...	...	.
(B)	...	...	...	...	...	...	...	...	...	...	.

[a] Les libellés en français des branches d'activité économique sont indiqués à la page suivante.
La designación en español de las grandes divisiones de actividad económica figura en la página precedente.

Explanatory notes and source: see p. 561 – Notes explicatives et source: voir p. 562 – Notas explicativas y fuente: véase p. 563

[1] Excl. restaurants and hotels. [2] Incl. major divisions 8 and 10.

[1] Non compris les restaurants et les hôtels. [2] Y compris les branches 8 et 10.

[1] Excl. restaurantes y hoteles. [2] Incl. grandes divisiones 8 y 10.

27 Occupational injuries
Lésions professionnelles
Lesiones profesionales

Persons injured and workdays lost
Personnes accidentées et journées de travail perdues
Personas accidentadas y días de trabajo perdidos

(A)	Number of persons injured (thousands):	Personnes accidentées (milliers):	Personas accidentadas (millares):
1.	– of whom fatally injured	– blessées mortellement	– casos mortales
2.	– of whom with lost workdays	– ayant perdu des journées de travail	– con pérdida de días de trabajo
(B)	Number of workdays lost (thousands)	Journées de travail perdues (milliers)	Días de trabajo perdidas (millares)

		Branches d'activité économique [a]									
		1	2	3	4	5	6	7	8	9	0
Pays – Code	Total	Agriculture, chasse, sylviculture et pêche	Industries extractives	Industries manu-facturières	Electricité, gaz, eau	Construction	Commerce, restaurants et hôtels	Transports, entrepôts, communi-cations	Banques, assurances, aff. imm., serv. aux entreprises	Services à collectivité, services soc. et pers.	Activités mal désignées
Germany, Fed. Rep. of											
1979											
(A)	2 135.28	207.463	53.156	965.160	.	315.318	.	.	.	.	594.179
1.	4.083	0.667	0.184	1.322	.	0.688	.	.	.	.	1.222
Hongrie [1]											
1976			[2]		[3]				[4]		
(A)	119.763	29.946	8.516	40.146	0.611	7.478	8.689	7.382	17.606	.	.
1.	0.431	0.117	0.033	0.094	0.010	0.040	0.029	0.060	0.058	.	.
2.	119.332	29.829	8.483	40.052	0.601	7.438	8.660	7.322	17.548	.	.
(B)	2 802.18	775.342	216.234	812.813	18.505	198.850	204.322	219.208	375.413	.	.
1977			[2]		[3]				[4]		
(A)	117.835	28.995	8.567	38.334	0.624	7.384	8.642	7.472	18.441	.	.
1.	0.450	0.128	0.029	0.083	0.008	0.061	0.017	0.068	0.064	.	.
2.	117.385	28.867	8.538	38.251	0.616	7.323	8.625	7.404	18.377	.	.
(B)	2 749.22	746.382	220.689	785.588	18.995	193.404	192.190	220.866	390.097	.	.
1978			[2]		[3]				[4]		
(A)	110.881	26.501	8.117	35.490	0.557	6.925	8.598	7.117	18.133	.	.
1.	0.483	0.144	0.060	0.088	0.006	0.051	0.017	0.070	0.053	.	.
2.	110.398	26.357	8.057	35.402	0.551	6.874	8.581	7.047	18.080	.	.
(B)	2 669.6	709.118	211.816	756.246	18.639	182.309	202.672	218.973	388.464	.	.
1979			[2]		[3]				[4]		
(A)	108.304	26.240	7.699	34.214	0.525	6.834	8.271	6.859	18.187	.	.
1.	0.461	0.137	0.031	0.096	0.007	0.053	0.015	0.069	0.060	.	.
2.	107.843	26.103	7.668	34.118	0.518	6.781	8.256	6.790	18.127	.	.
(B)	2 601.12	685.266	193.474	748.847	16.933	179.292	191.397	212.065	390.782	.	.
1980			[2]		[3]				[4]		
(A)	102.017	24.812	7.361	31.491	0.465	6.477	7.952	6.458	17.466	.	.
1.	0.395	0.126	0.031	0.071	0.004	0.049	0.018	0.048	0.052	.	.
2.	101.622	24.686	7.330	31.420	0.461	6.428	7.934	6.410	17.414	.	.
(B)	2 571.43	665.597	198.248	733.993	15.714	183.739	188.139	201.129	400.584	.	.

[a] La designación en español de las grandes divisiones de actividad económica figura en la página siguiente.
The English designation of major divisions of economic activity is shown on the preceding page.

Explanatory notes and source: see p. 561 – Notes explicatives et source: voir p. 562 – Notas explicativas y fuente: véase p. 563

[1] Major divisions 1, 2, 3, 4, 5, 6 and 7: State Sector. [2] Excl. quarrying. [3] Excl. gas and water. [4] Incl. industrial cooperatives; public service; planning, research and investment activities; vocational schools.

[1] Branches 1, 2, 3, 4, 5, 6 et 7: Secteur d'Etat. [2] Non compris les carrières. [3] Non compris le gaz et l'eau. [4] Y compris coopératives industrielles; service public; planification, recherche et investissement; écoles professionnelles.

[1] Grandes divisiones 1, 2, 3, 4, 5, 6 y 7: Sector de Estado. [2] Excl. las canteras. [3] Excl. gas y agua. [4] Incl. cooperativas industriales; servicio público; planificación, investigación e inversión; escuelas vocacionales.

27 Occupational injuries
Lésions professionnelles
Lesiones profesionales

Persons injured and workdays lost
Personnes accidentées et journées de travail perdues
Personas accidentadas y días de trabajo perdidos

(A)	Number of persons injured (thousands):	Personnes accidentées (milliers):	Personas accidentadas (millares):
1.	– of whom fatally injured	– blessées mortellement	– casos mortales
2.	– of whom with lost workdays	– ayant perdu des journées de travail	– con pérdida de días de trabajo
(B)	Number of workdays lost (thousands)	Journées de travail perdues (milliers)	Días de trabajo perdidas (millares)

País – Clave	Total	Grandes divisiones de actividad económica [a] 1 Agricultura, caza, silvicultura y pesca	2 Minas, canteras	3 Industrias manu-factureras	4 Electricidad, gas, agua	5 Construcción	6 Comercio, restaurantes y hoteles	7 Transportes, almacenaje, comuni-caciones	8 Bancos, seguros, bienes inm., serv. para empresas	9 Servicios comunales, sociales y personales	0 Actividades no bien especifi-cadas
Ireland											
1976											
(A)	3.581	...	0.032	3.049	0.070	0.430	...	...	...	...	.
1.	0.018	...	0.003	0.005	0.003	0.007	...	...	...	...	.
1977											
(A)	3.467	...	0.036	2.932	0.061	0.438	...	...	...	...	.
1.	0.260	...	0.004	0.008	0.001	0.013	...	...	...	...	.
1978											
(A)	4.073	...	0.013	3.496	0.078	0.487	...	...	...	...	.
1.	0.026	...	0.004	0.013	–	0.009	...	...	...	...	.
1979											
(A)	3.633	...	0.018	3.129	0.087	0.399	...	...	...	...	.
1.	0.032	...	0.002	0.021	0.001	0.008	...	...	...	...	.
1980											
(A)	4.330	...	0.017	3.687	0.061	0.565	...	...	...	...	.
1.	0.030	...	0.001	0.010	0.002	0.017	...	...	...	...	.
Netherlands											
1976											
(A)	98.426	2.706	0.266	42.344	0.014	26.976	13.481	7.823	2.491	1.271	1.054
1.	0.130	0.002	–	0.031	–	0.040	0.019	0.034	0.001	0.001	0.002
2.	98.296	2.704	0.266	42.313	0.014	26.936	13.462	7.789	2.490	1.270	1.052
1977											
(A)	94.812	2.708	0.160	40.254	0.037	25.243	13.454	7.160	3.244	1.290	1.262
1.	0.120	0.002	0.001	0.037	–	0.038	0.013	0.026	0.002	–	0.001
2.	94.692	2.706	0.159	40.217	0.037	25.205	13.441	7.134	3.242	1.290	1.261
1978											
(A)	87.068	2.875	0.113	37.446	0.043	23.349	12.464	6.533	2.181	0.848	1.216
1.	0.082	0.001	–	0.024	–	0.032	0.008	0.016	0.001	–	.
2.	86.986	2.874	0.113	37.422	0.043	23.317	12.456	6.517	2.180	0.848	1.216
1979											
(A)	87.297	3.287	0.147	35.305	0.033	22.507	13.143	6.755	2.667	1.982	1.471
1.	0.073	0.003	–	0.027	–	0.021	0.007	0.012	0.002	–	0.001
2.	87.224	3.284	0.147	35.278	0.033	22.486	13.136	6.743	2.665	1.982	1.470
Norway											
1975											
(A)	22.575	1.037	0.244	9.200	0.274	3.708	1.307	2.773	0.185	1.143	2.704
1.	0.173	0.013	0.005	0.022	0.004	0.020	0.003	0.072	0.003	0.002	0.029
(B)	670.990	...	...	...	...	...	...	...	...	...	.
1976											
(A)	21.569	0.954	0.287	8.518	0.252	3.510	1.293	2.579	0.122	1.133	2.901
1.	0.150	0.018	0.005	0.026	0.003	0.024	0.006	0.043	–	0.005	0.020
(B)	649.040	–	–	37.305	–	1.934	1.098	6.922	90.000	0.392	.
1977											
(A)	22.001	1.053	0.300	8.280	0.279	3.706	1.390	2.555	0.167	1.215	3.056
1.	0.137	0.013	0.001	0.011	0.002	0.020	0.008	0.054	–	0.001	0.027
(B)	640.696	–	–	14.540	–	–	0.840	9.169	–	0.500	–
1978											
(A)	18.446	0.879	0.215	6.571	0.238	3.118	1.041	1.947	0.123	1.093	3.221
1.	0.128	0.010	0.003	0.020	0.001	0.016	0.010	0.032	0.007	0.004	0.025
(B)	551.739	...	...	...	...	...	...	...	...	...	.
1979											
(A)	17.246	0.810	0.231	5.758	0.247	2.505	0.874	1.779	0.179	1.081	3.782
1.	0.152	0.019	0.001	0.022	0.002	0.020	0.003	0.040	0.001	0.006	0.038
(B)	515.508	–	–	6.312	–	–	–	0.236	–	0.462	–

[a] The English designation of major divisions of economic activity is shown on the following page.
Les libellés en français des branches d'activité économique sont indiqués à la page précédente.

27 Occupational injuries
Lésions professionnelles
Lesiones profesionales

Persons injured and workdays lost
Personnes accidentées et journées de travail perdues
Personas accidentadas y días de trabajo perdidos

(A)	Number of persons injured (thousands):	Personnes accidentées (milliers):	Personas accidentadas (millares):
1.	– of whom fatally injured	– blessées mortellement	– casos mortales
2.	– of whom with lost workdays	– ayant perdu des journées de travail	– con pérdida de días de trabajo
(B)	Number of workdays lost (thousands)	Journées de travail perdues (milliers)	Días de trabajo perdidas (millares)

Country – Code	Total	Major divisions of economic activity [a] 1 Agriculture, hunting, forestry and fishing	2 Mining, quarrying	3 Manu-facturing	4 Electricity, gas, water	5 Construction	6 Trade, restaurants and hotels	7 Transport, storage, communi-cation	8 Financing, insurance, real estate, business services	9 Community, social and personal services	0 Activities not adequately defined
Suisse											
1976		[1]				[2]					
(A)	204.625	2.844	.	98.519	2.807	76.500	.	15.984	.	7.971	.
1.	0.341	0.002	.	0.095	0.010	0.194	.	0.031	.	0.009	.
2.	101.181	1.735	.	44.124	1.142	42.139	.	8.731	.	3.310	.
(B)	2 753.95	67.993	.	1 057.11	37.305	1 280.78	–	217.626	.	93.133	–
1977		[1]				[2]					
(A)	214.694	2.989	.	112.763	2.652	72.007	.	16.759	.	7.524	.
1.	0.333	0.007	.	0.108	0.011	0.176	.	0.023	.	0.008	.
2.	106.532	1.824	.	51.187	1.081	40.115	.	9.192	.	3.133	.
(B)	2 707.06	63.177	.	1 174.93	26.982	1 106.91	–	243.988	.	91.069	0.073
1978		[1]				[2]					
(A)	218.933	3.055	.	114.740	2.590	73.575	.	16.905	.	8.068	.
1.	0.311	0.006	.	0.087	0.009	0.175	.	0.027	.	0.007	.
2.	107.902	1.831	.	51.561	1.070	40.827	.	9.227	.	3.386	.
(B)	2 762.11	60.608	.	1 252.44	28.427	1 089.43	–	250.873	.	80.331	.
1979		[1]				[2]					
(A)	225.275	2.733	.	116.881	2.686	76.735	.	17.907	.	8.333	.
1.	0.239	0.009	.	0.086	0.006	0.103	.	0.029	.	0.006	.
2.	110.470	1.658	.	52.411	1.069	42.109	.	9.795	.	3.428	.
(B)	2 829.06	76.753	.	1 239.97	34.020	1 130.9	0.286	251.963	.	95.450	–
Turquie											
1976											
(A)	196.341	0.015	14.481	135.867	2.930	32.242	1.938	5.007	0.099	3.762	.
1.	1.111	–	0.334	0.182	0.036	0.388	0.039	0.090	0.004	0.040	.
2.	195.230	0.015	14.147	135.685	2.894	31.854	1.899	4.917	0.095	3.722	.
(B)	2 787.22	.	.	.	.	.	.	.	.	.	.
1977											
(A)	199.961	0.027	14.486	140.878	3.080	30.630	1.930	4.917	0.096	3.917	.
1.	1.309	0.004	0.526	0.143	0.061	0.470	0.038	0.036	–	0.034	.
2.	198.652	0.023	13.960	140.735	3.019	30.160	1.892	4.881	0.096	3.883	.
(B)	3 204.07	.	.	.	.	.	.	.	.	.	.
1978											
(A)	193.998	0.252	15.205	135.686	3.318	29.050	2.004	4.726	0.076	3.681	.
1.	1.178	0.020	0.472	0.152	0.071	0.388	0.021	0.027	0.001	0.026	.
2.	192.820	0.232	14.733	135.534	3.247	28.662	1.983	4.699	0.075	3.655	.
(B)	3 091.22	.	.	.	.	.	.	.	.	.	.
1979											
(A)	186.089	0.475	14.740	129.734	3.356	27.140	1.882	4.933	0.098	3.731	.
1.	1.448	0.012	0.495	0.254	0.049	0.422	0.028	0.139	–	0.049	.
2.	184.641	0.463	14.245	129.480	3.307	26.718	1.854	4.794	0.098	3.682	.
(B)	2 687.75	.	.	.	.	.	.	.	.	.	.
1980											
(A)	159.600	0.540	14.325	106.158	3.103	26.072	1.675	4.056	0.069	3.098	.
1.	1.320	0.019	0.395	0.235	0.045	0.430	0.035	0.108	0.003	0.050	.
2.	158.280	0.521	13.930	105.923	3.058	25.642	1.640	4.452	0.066	3.048	.
(B)	2 369.18	.	.	.	.	.	.	.	.	.	.
United Kingdom [3]											
1977 [4]		[5]									
2.	572.850	11.200	67.550	239.300	12.150	69.050	43.950	40.600	3.300	52.950	32.800
(B)	14 521.8	275.950	1 695.85	5 922.7	270.950	1 753.7	1 054.25	1 149.45	86.450	1 500.85	811.650

[a] Les libellés en français des branches d'activité économique sont indiqués à la page suivante.
La designación en español de las grandes divisiones de actividad económica figura en la página precedente.

Explanatory notes and source: see p. 561 – Notes explicatives et source: voir p. 562 – Notas explicativas y fuente: véase p. 563

[1] Forestry only. [2] Incl. quarrying. [3] Excl. Northern Ireland. [4] Year beginning in July of year indicated. [5] Excl. hunting.

[1] Sylviculture seulement. [2] Y compris les carrières. [3] Non compris l'Irlande du Nord. [4] Année commençant en juillet de l'année indiquée. [5] Non compris la chasse.

[1] Silvicultura solamente. [2] Incl. las canteras. [3] Excl. Irlanda del Norte. [4] Año que comienza en julio del año indicado. [5] Excl. la caza.

27 Occupational injuries
Lésions professionnelles
Lesiones profesionales

Persons injured and workdays lost
Personnes accidentées et journées de travail perdues
Personas accidentadas y días de trabajo perdidos

(A)	Number of persons injured (thousands):	Personnes accidentées (milliers):	Personas accidentadas (millares):
1.	– of whom fatally injured	– blessées mortellement	– casos mortales
2.	– of whom with lost workdays	– ayant perdu des journées de travail	– con pérdida de días de trabajo
(B)	Number of workdays lost (thousands)	Journées de travail perdues (milliers)	Días de trabajo perdidas (millares)

Pays – Code	Total	Branches d'activité économique [a] 1 Agriculture, chasse, sylviculture et pêche	2 Industries extractives	3 Industries manufacturières	4 Electricité, gaz, eau	5 Construction	6 Commerce, restaurants et hôtels	7 Transports, entrepôts, communications	8 Banques, assurances, aff. imm., serv. aux entreprises	9 Services à collectivité, services soc. et pers.	0 Activités mal désignées
United Kingdom											
1978 [1]											
2.	597.800	10.350 [2]	74.600	247.600	12.300	68.150	51.150	41.800	3.500	55.400	32.950
(B)	15 233.4	273.550	1 942.45	6 122.5	288.950	1 801.5	1 175.9	1 180.1	81.750	1 487.65	879.050
1979											
2.	...	...	...	...	...	...	...	...	...	...	...
(B)	...	...	...	...	...	...	...	...	...	...	...
1980 [1]											
2.	523.400	13.200 [2]	59.200	202.700	10.900	56.300	44.100	39.700	3.800	59.600	33.900
(B)	12 771.5	315.100	1 342.5	4 742.4	259.000	1 396.8	942.900	1 099.9	119.300	1 622.9	930.700
Yugoslavia											
1977											
(A)	286.089	17.997	–	159.771	–	43.114	16.022	20.005	2.123	3.782	22.413
1.	0.524	0.039	–	0.186	–	0.104	0.033	0.095	0.005	0.002	0.050
2.	.	.	.	.	.	.	.	.	.	.	.
(B)	.	.	.	.	.	.	.	.	.	.	.
1978 [3]											
(A)	292.714	17.052	12.851	146.164	3.053	50.610	16.058	19.490	1.897	5.359	20.180
1.	0.568	0.052	0.046	0.176	0.016	0.094	0.035	0.073	0.007	0.009	0.060
2.	.	.	.	.	.	.	.	.	.	.	.
(B)	.	.	.	.	.	.	.	.	.	.	.
1979											
(A)	309.181	16.938	15.014	157.682	2.929	51.607	16.475	19.322	2.077	5.683	21.454
1.	0.544	0.045	0.027	0.145	0.013	0.106	0.037	0.094	0.009	0.008	0.060
2.	.	.	.	.	.	.	.	.	.	.	.
(B)	.	.	.	.	.	.	.	.	.	.	.
1980											
(A)	298.682	15.737	14.465	152.478	2.882	48.416	16.443	18.441	2.224	5.591	22.005
1.	0.615	0.040	0.024	0.165	0.026	0.128	0.041	0.118	0.007	0.006	0.060
2.	.	.	.	.	.	.	.	.	.	.	.
(B)	.	.	.	.	.	.	.	.	.	.	.
OCEANIA – OCÉANIE – OCEANIA											
Guam											
1975											
(A)	0.980	0.002	.	0.087	.	0.559	0.148	0.082	0.006	0.096	.
1.	0.007	–	.	–	.	0.004	0.001	–	–	0.002	.
2.	0.544	0.002	.	0.040	.	0.276	0.102	0.051	0.004	0.069	.
(B)	6.998	0.015	.	0.390	.	4.005	1.051	0.589	0.006	0.942	.
1976											
(A)	0.642	0.001	.	0.062	.	0.345	0.116	0.062	0.002	0.054	.
1.	0.005	–	.	–	.	0.002	0.001	–	–	0.002	.
2.	0.337	0.001	.	0.039	.	0.154	0.068	0.043	0.002	0.030	.
(B)	5.119	0.070	.	0.906	.	2.727	0.685	0.512	0.011	0.210	.

[a] La designación en español de las grandes divisiones de actividad económica figura en la página siguiente.
The English designation of major divisions of economic activity is shown on the preceding page.

Explanatory notes and source: see p. 561 – Notes explicatives et source: voir p. 562 – Notas explicativas y fuente: véase p. 563

[1] Year beginning in July of year indicated. [2] Excl. hunting. [3] Excl. province of Kosovo.

[1] Année commençant en juillet de l'année indiquée. [2] Non compris la chasse. [3] Non compris la province de Kosovo.

[1] Año que comienza en julio del año indicado. [2] Excl. la caza. [3] Excl. provincia de Kosovo.

27 Occupational injuries
Lésions professionnelles
Lesiones profesionales

A Persons injured and workdays lost
Personnes accidentées et journées de travail perdues
Personas accidentadas y días de trabajo perdidos

(A)	Number of persons injured (thousands):	Personnes accidentées (milliers):	Personas accidentadas (millares):
1.	– of whom fatally injured	– blessées mortellement	– casos mortales
2.	– of whom with lost workdays	– ayant perdu des journées de travail	– con pérdida de días de trabajo
(B)	Number of workdays lost (thousands)	Journées de travail perdues (milliers)	Días de trabajo perdidas (millares)

País – Clave	Total	Grandes divisiones de actividad económica [a] 1 Agricultura, caza, silvicultura y pesca	2 Minas, canteras	3 Industrias manu-factureras	4 Electricidad, gas, agua	5 Construcción	6 Comercio, restaurantes y hoteles	7 Transportes, almacenaje, comuni-caciones	8 Bancos, seguros, bienes inm., serv. para empresas	9 Servicios comunales, sociales y personales	0 Actividades no bien especifi-cadas
Guam											
1977											
(A)	0.664	...	.	0.056	.	0.336	0.104	0.080	0.005	0.083	.
1.	–	–	.	–	.	–	–	–	–	–	.
2.	0.375	...	.	0.031	.	0.179	0.066	0.044	0.005	0.050	.
(B)	5.062	...	.	0.411	.	3.059	0.682	0.491	0.027	0.392	.
1978											
(A)	0.910	0.008	.	0.060	.	0.527	0.144	0.090	0.010	0.071	.
1.	0.006	–	.	–	.	0.004	–	–	–	0.002	.
2.	0.513	0.006	.	0.036	.	0.270	0.097	0.047	0.007	0.050	.
(B)	7.242	0.021	.	0.803	.	4.487	0.759	0.369	0.025	0.778	.
Polynésie française											
1976											
(A)	4.016	0.037	.	0.298	0.068	1.678	0.697	0.270	0.046	0.329	0.593
1.	0.002	–	.	–	–	0.002	–	–	–	–	–
2.	3.707	0.037	.	0.293	0.062	1.674	0.683	0.265	0.046	0.317	0.330
(B)	62.292	0.482	.	9.450	0.338	21.736	7.384	1.840	2.037	3.948	15.105
1977											
(A)	3.492	0.039	.	0.513	0.040	1.462	0.609	0.241	0.238	0.187	0.163
1.	0.004	0.001	.	–	–	0.003	–	–	–	–	–
2.	3.354	0.035	.	0.498	0.040	1.437	0.601	0.234	0.230	0.176	0.103
(B)	61.797	0.492	.	14.287	0.508	21.647	7.332	1.904	5.346	3.714	6.567
1978											
(A)	3.475	0.033	.	0.458	0.022	1.485	0.575	0.259	0.238	0.106	0.301
1.	0.003	–	.	–	–	0.003	–	–	–	–	–
2.	3.310	0.030	.	0.439	0.022	1.451	0.537	0.234	0.234	0.096	0.269
(B)	61.612	0.489	.	13.602	0.237	21.317	7.004	0.314	5.943	1.815	10.951
1979											
(A)	3.698	0.018	.	0.575	0.047	1.476	0.662	0.217	0.280	0.126	0.297
1.	0.004	0.001	.	...	...	0.003	...	...	...	...	.
2.	3.481	0.016	.	0.553	0.044	1.431	0.644	0.201	0.253	0.101	0.238
(B)	67.319	0.354	.	19.602	0.561	22.632	8.194	0.297	0.371	2.407	12.901
1980											
(A)	4.613	0.024	.	0.613	0.062	1.988	0.767	0.207	0.293	0.370	0.289
1.	0.003	–	.	–	–	–	–	0.003	–	–	–
2.	4.224	0.024	.	0.584	0.049	1.957	0.749	0.192	0.206	0.221	0.242
(B)	85.325	0.503	.	23.732	0.587	34.699	8.954	0.643	1.307	3.802	11.098

Les libellés en français des branches d'activité économique sont indiqués à la page précédente.

27 Occupational injuries
Lésions professionnelles
Lesiones profesionales

B Rates of fatal injuries
Taux de lésions mortelles
Tasas de lesiones mortales

(Thousands – Milliers – Millares)

Country – Code	Total	Major divisions of economic activity [a] 1 Agriculture, hunting, forestry and fishing	2 Mining, quarrying	3 Manu-facturing	4 Electricity, gas, water	5 Construction	6 Trade, restaurants and hotels	7 Transport, storage, communi-cation	8 Financing, insurance, real estate, business services	9 Community, social and personal services	0 Activities not adequately defined
AFRICA – AFRIQUE – AFRICA											
Burundi (I/d)											
1971	.	.	.	1.020	.	0.800	.	.	.	.	.
1972	.	.	.	0.490	.	–	.	.	.	.	.
1973	.	.	.	0.960	.	0.390	.	.	.	.	.
1974	.	.	.	0.590	.	1.050	.	.	.	.	.
1975	.	.	.	–	.	3.600	.	.	.	.	.
1976	.	.	.	0.900	.	1.590	.	.	.	.	.
1977	0.672	1.165	–	–	2.032	0.210	0.624	0.610	1.218	0.811	0.528
1978	0.703	0.612	–	–	–	1.640	0.880	1.147	0.957	0.523	–
1979	0.490	0.473	–	0.660	–	0.970	0.519	1.452	–	0.269	0.479
1980	0.175	0.093	1.908	–	0.500	0.260	0.253	0.435	–	0.084	–
Rép.-Unie du Cameroun (II /d)											
1971	.	.	.	0.340	.	0.890	.	.	.	.	.
1972	.	.	.	–	.	0.240	.	.	.	.	.
1973	.	.	.	–	.	1.040	.	.	.	.	.
1974	.	.	.	–	.	1.010	.	.	.	.	.
1975	.	.	.	–	.	1.050	.	.	.	.	.
1976	.	.	–	0.010	.	1.010	.	.	.	.	.
1977	.	.	–	–	.	1.080	.	.	.	.	.
1978	.	.	–	0.050	.	1.100	.	.	.	.	.
Egypt (I/d)											
1973	.	.	0.510	0.200	.	0.440	.	0.220	.	.	.
1974	.	.	1.550	0.220	.	0.400	.	0.260	.	.	.
1975	.	.	1.100	0.190	.	0.330	.	0.490	.	.	.
1976	.	.	0.280	0.240	.	0.490	.	0.550	.	.	.
1977	.	.	0.640	0.280	.	0.520	.	0.430	.	.	.
1978	.	.	1.070	0.230	.	0.440	.	0.430	.	.	.
1979	.	.	0.470	0.160	.	0.460	.	0.570	.	.	.
1980	.	0.470	0.620	0.210	0.490	0.410	0.160	0.550	0.150	0.560	.
Malawi (I/b)											
1971	.	.	.	0.050	.	0.230	.	0.550	.	.	.
1972	.	.	.	0.090	.	0.160	.	1.020	.	.	.
1973	.	.	.	0.050	.	0.230	.	0.290	.	.	.
1974	.	.	.	0.260	.	0.260	.	1.050	.	.	.
1975	.	.	.	0.030	.	0.250	.	1.100	.	.	.
1976	.	.	.	0.190	.	0.330	.	0.400	.	.	.
1977	.	.	.	0.220	.	0.310	.	0.640	.	.	.
1978	.	.	.	0.170	.	0.440	.	0.460	.	.	.

[a] Les libellés en français des branches d'activité économique sont indiqués à la page suivante.

27 Occupational injuries
Lésions professionnelles
Lesiones profesionales

B Rates of fatal injuries
Taux de lésions mortelles
Tasas de lesiones mortales

(Thousands – Milliers – Millares)

Pays – Code	Total	Branches d'activité économique [a] 1 Agriculture, chasse, sylviculture et pêche	2 Industries extractives	3 Industries manufacturières	4 Electricité, gaz, eau	5 Construction	6 Commerce, restaurants et hôtels	7 Transports, entrepôts, communications	8 Banques, assurances, aff. imm., serv. aux entreprises	9 Services à collectivité, services soc. et pers.	0 Activités mal désignées
Maroc (I/b)											
1971	.	.	1.010	2.880	.	0.920	.	.	.	.	.
1972	.	.	–	3.290	.	1.250	.	.	.	.	.
1973	.	.	–	1.700	.	2.550	.	.	.	.	.
1974	.	.	2.080	1.390	.	2.290	.	.	.	.	.
1975	.	.	0.020	0.840	.	0.400	.	.	.	.	.
1976	.	.	–	–	.	–	.	.	.	.	.
1977	.	.	0.850	2.890	.	3.830	.	.	.	.	.
1978	.	.	1.310	–	.	–	.	.	.	.	.
1979	.	.	0.850	–	.	–	.	.	.	.	.
Mauritius (I/d)											
1972	.	.	.	0.130	.	–	.	.	.	.	.
1973	.	.	.	–	.	1.500	.	.	.	.	.
1974	.	.	.	0.060	.	0.470	.	.	.	.	.
1975	.	.	.	0.130	.	0.230	.	.	.	.	.
1976	.	.	.	0.080	.	0.210	.	.	.	.	.
1977	.	.	.	–	.	0.250	.	.	.	.	.
1978	.	.	.	0.050	.	0.260	.	.	.	.	.
1979	.	.	.	–	.	0.090	.	.	.	.	.
Nigeria (I/d)											
1971 [1]	.	.	.	0.990	.	.	.	.	.	.	.
1972 [1]	.	.	.	0.207	.	.	.	.	.	.	.
1973 [1]	.	.	.	0.062	.	.	.	.	.	.	.
1974 [1]	.	.	.	0.181	.	.	.	.	.	.	.
1975 [1]	.	.	.	0.236	.	.	.	.	.	.	.
1976 [1]	.	.	.	0.074	.	.	.	.	.	.	.
1977 [1]	.	.	.	0.073	.	.	.	.	.	.	.
Tunisie (I/d)											
1971	.	.	1.160	0.050	.	0.130	.	.	.	.	.
1972	.	.	1.030	0.080	.	0.260	.	.	.	.	.
1973	.	.	0.730	0.070	.	0.180	.	.	.	.	.
1974	.	.	0.160	0.070	.	0.210	.	.	.	.	.
1975	.	.	0.380	0.050	.	0.260	.	.	.	.	.
1976	.	.	0.570	0.060	.	0.260	.	.	.	.	.
1977	.	.	0.610	0.070	.	0.280	.	.	.	.	.
1978	.	.	0.310	0.010	.	0.080	.	.	.	.	.
1979	0.062	0.040	0.450	0.040	0.094	0.130	0.069	0.092	0.031	.	0.023
1980	0.057	0.057	28.000	0.065	0.180	0.082	0.055	0.070	.	0.018	0.009

[a] La designación en español de las grandes divisiones de actividad económica figura en la página siguiente.
The English designation of major divisions of economic activity is shown on the preceding page.

Explanatory notes and source: see p. 561 – Notes explicatives et source: voir p. 562 – Notas explicativas y fuente: véase p. 563

[1] Year beginning in April of year indicated. [1] Année commençant en avril de l'année indiquée. [1] Año que comienza en abril del año indicado.

27 Occupational injuries / Lésions professionnelles / Lesiones profesionales

B Rates of fatal injuries / Taux de lésions mortelles / Tasas de lesiones mortales

(Thousands – Milliers – Millares)

País – Clave	Total	Grandes divisiones de actividad económica [(a)] 1 Agricultura, caza, silvicultura y pesca	2 Minas, canteras	3 Industrias manufactureras	4 Electricidad, gas, agua	5 Construcción	6 Comercio, restaurantes y hoteles	7 Transportes, almacenaje, comunicaciones	8 Bancos, seguros, bienes inm., serv. para empresas	9 Servicios comunales, sociales y personales	0 Actividades no bien especificadas
AMERICA – AMÉRIQUE – AMERICA											
Canada [1] (I/d)											
1971	.	.	.	0.110	.	0.280	.	.	.	.	.
1972	.	.	.	0.160	.	0.360	.	.	.	.	.
1973	.	.	.	0.150	.	0.400	.	.	.	.	.
1974	.	.	.	0.170	.	0.440	.	.	.	.	.
1975	.	.	.	0.130	.	0.280	.	.	.	.	.
1976	.	.	.	0.110	.	0.300	.	.	.	.	.
1977	.	.	.	0.100	.	0.370	.	.	.	.	.
1978	.	.	.	0.100	.	0.380	.	.	.	.	.
1979	.	.	.	0.090	.	0.380	.	.	.	.	.
1980	.	.	.	0.060*	.	0.330*	.	.	.	.	.
El Salvador (I/d)											
1971	.	.	–	0.080	.	0.220	.	.	.	.	.
1972	.	.	0.740	0.150	.	0.110	.	.	.	.	.
1973	.	.	–	0.130	.	0.140	.	.	.	.	.
1974	.	.	–	0.200	.	0.070	.	.	.	.	.
1975	.	.	2.230	0.180	.	0.140	.	.	.	.	.
1976	.	.	2.230	0.240	.	0.580	.	.	.	.	.
1977	.	.	–	0.270	.	0.570	.	.	.	.	.
1978	.	.	1.800	0.270	.	0.630	.	.	.	.	.
1979	.	.	0.850	0.250	.	0.590	.	.	.	.	.
1980	.	1.458	1.701	0.835	1.730	2.061	1.009	3.161	1.061	0.546	.
Guadeloupe (I/b)											
1971	.	.	.	–	.	0.400	.	.	.	.	.
1972	.	.	.	0.330	.	0.660	.	.	.	.	.
1973	.	.	.	0.250	.	0.400	.	.	.	.	.
1974	.	.	.	0.250	.	0.350	.	.	.	.	.
1975	.	.	.	0.230	.	0.450	.	.	.	.	.
1976	.	.	.	0.250	.	0.370	.	.	.	.	.
Guatemala (I/b)											
1971	.	.	1.730	0.230	.	3.470	.	1.830	.	.	.
1972	.	.	2.970	0.230	.	3.470	.	1.830	.	.	.
1973	.	.	3.640	0.300	.	4.310	.	2.380	.	.	.
1974	.	.	1.380	0.310	.	3.670	.	2.280	.	.	.
1975	.	.	0.980	0.210	.	2.750	.	1.880	.	.	.
1976	.	.	0.900	0.170	.	2.540	.	1.430	.	.	.
1977	.	.	0.800	0.230	.	3.030	.	1.820	.	.	.
1978	.	.	1.560	0.210	.	2.050	.	1.750	.	.	.
1979	.	.	2.270	0.230	.	2.130	.	1.790	.	.	.
1980	.	.	1.640	0.240	.	2.930	.	1.900	.	.	.

[(a)] The English designation of major divisions of economic activity is shown on the following page.
Les libellés en français des branches d'activité économique sont indiqués à la page précédente.

Explanatory notes and source: see p. 561 – Notes explicatives et source: voir p. 562 – Notas explicativas y fuente: véase p. 563

[1] Incl. commuting accidents and deaths arising from occupational illnesses.

[1] Y compris les accidents de trajet et les décès dus à des maladies professionnelles.

[1] Incl. los accidentes del trayecto y las defunciones debidas a enfermedades profesionales.

27 Occupational injuries
Lésions professionnelles
Lesiones profesionales

B Rates of fatal injuries
Taux de lésions mortelles
Tasas de lesiones mortales

(Thousands – Milliers – Millares)

Country – Code	Total	Major divisions of economic activity [a] 1 Agriculture, hunting, forestry and fishing	2 Mining, quarrying	3 Manu-facturing	4 Electricity, gas, water	5 Construction	6 Trade, restaurants and hotels	7 Transport, storage, communi-cation	8 Financing, insurance, real estate, business services	9 Community, social and personal services	0 Activities not adequately defined
Guyane française (II/d)											
1971	.	.	.	.	.	0.140	.	.	.	.	.
1972	.	.	.	.	.	0.130	.	.	.	.	.
1973	.	.	.	.	.	5.000	.	.	.	.	.
1974	.	.	.	.	.	1.000	.	.	.	.	.
1975	.	.	.	.	.	1.040	.	.	.	.	.
1976	.	5.750	.	.	.	0.820	.	.	.	.	.
1977	.	–	.	.	.	–	.	.	.	.	.
1978	.	5.960	.	.	.	–	.	.	.	0.120	.
1979	.	8.050	.	.	.	0.690	.	.	.	.	.
1980	.	2.750	.	.	.	.	.	1.540	.	.	.
Haïti (II/a)											
1971	.	.	–	0.033	.	–	.	.	.	.	.
1972	.	.	–	0.065	.	0.032	.	.	.	.	.
1973	.	.	0.029	0.029	.	0.058	.	.	.	.	.
1974	.	.	–	0.203	.	0.145	.	.	.	.	.
1975	.	.	–	0.152	.	0.076	.	.	.	.	.
1976	.	.	–	0.052	.	–	.	.	.	.	.
1977	.	.	–	0.098	.	–	.	.	.	.	.
1978	.	.	–	0.097	.	0.097	.	.	.	.	.
1979	.	.	0.022	0.022	.	0.045	.	.	.	.	.
1980	.	.	.	.	.	0.042	0.021	0.021	.	0.021	.
Panamá (II/d)											
1971	.	.	.	0.740	.	0.420	.	.	.	.	.
1972	.	.	.	0.140	.	0.470	.	.	.	.	.
1973	.	.	.	0.070	.	0.260	.	.	.	.	.
1974	.	.	.	0.220	.	1.380	.	.	.	.	.
1975	.	.	.	0.230	.	0.360	.	.	.	.	.
1976	.	.	.	0.230	.	0.690	.	.	.	.	.
1977	.	.	.	0.020	.	0.210	.	.	.	.	.
1978	.	.	.	0.240	.	0.120	.	.	.	.	.
1979	.	.	.	0.300	.	0.290	.	.	.	.	.
Puerto Rico (II/a)											
1971 [1]	.	.	.	0.100	.	1.090	.	.	.	.	.
1972 [1]	.	.	.	0.130	.	1.420	.	.	.	.	.
1973 [1]	.	.	.	0.540	.	0.070	.	.	.	.	.
1974 [1]	.	.	.	0.170	.	0.860	.	.	.	.	.
1975 [1]	.	.	.	0.130	.	0.550	.	.	.	.	.
1976 [1]	.	.	.	0.090	.	0.710	.	.	.	.	.
1977 [1]	.	.	.	0.080	.	0.550	.	.	.	.	.
1978 [1]	.	.	.	0.110	.	0.430	.	.	.	.	.

[a] Les libellés en français des branches d'activité économique sont indiqués à la page suivante.
La designación en español de las grandes divisiones de actividad económica figura en la página precedente.

Explanatory notes and source: see p. 561 – Notes explicatives et source: voir p. 562 – Notas explicativas y fuente: véase p. 563

[1] Year ending in February of the following year. [1] Année se terminant en février de l'année suivante. [1] Año que termina en febrero del año siguiente.

27 Occupational injuries / Lésions professionnelles / Lesiones profesionales

B Rates of fatal injuries / Taux de lésions mortelles / Tasas de lesiones mortales

(Thousands - Milliers - Millares)

Pays - Code	Total	1 Agriculture, chasse, sylviculture et pêche	2 Industries extractives	3 Industries manu-facturières	4 Electricité, gaz, eau	5 Construction	6 Commerce, restaurants et hôtels	7 Transports, entrepôts, communi-cations	8 Banques, assurances, aff. imm., serv. aux entreprises	9 Services à collectivité, services soc. et pers.	0 Activités mal désignées
		Branches d'activité économique [a]									
Suriname (II/a)											
1971	.	.	0.100	0.200	.	–	.	.	.	.	.
1972	.	.	–	–	.	0.100	.	.	.	.	.
1973	.	.	0.100	0.100	.	0.200	.	.	.	.	.
1974	.	.	0.020	–	.	0.010	.	.	.	.	.
1975	.	.	0.010	–	.	0.040	.	.	.	.	.
1976	.	.	0.020	0.010	.	–	.	.	.	.	.
1977	.	.	0.010	0.200	.	0.300	.	.	.	.	.
1978	.	.	0.380	0.620	.	...	.	.	.	.	.
1979	.	.	...	0.120	.	0.200	.	.	.	.	.
Trinidad and Tobago (I/d)											
1971	.	.	...	...	.	...	.	.	.	.	.
1972	.	.	...	...	.	...	.	.	.	.	.
1973	.	.	...	0.100	.	0.060	.	.	.	.	.
1974	.	.	0.330	0.020	.	0.030	.	.	.	.	.
1975	.	.	...	0.040	.	0.060	.	.	.	.	.
1976	.	.	...	...	.	...	.	.	.	.	.
1977	.	.	0.220	0.030	.	0.060	.	.	.	.	.
1978	.	.	0.030	0.050	.	0.020	.	.	.	.	.
1979	.	.	0.240	0.020	.	0.030	.	.	.	.	.
United States (I/d)							[1]	[2]	[3]		
1971	.	.	0.420	0.040	.	0.250	.	.	.	.	.
1972	.	.	0.530	0.040	.	0.230	.	.	.	.	.
1973	.	.	0.420	0.030	.	0.130	.	.	.	.	.
1974	.	.	0.380	0.030	.	0.160	.	.	.	.	.
1975	.	.	0.330	0.030	.	0.160	.	.	.	.	.
1976	.	.	0.280	0.030	.	0.120	.	.	.	.	.
1977	.	.	0.300	0.029	.	0.179	.	.	.	.	.
1978	.	.	0.260	0.034	.	0.146	.	.	.	.	.
1979	0.043	0.072	0.260	0.027	.	0.143	0.031	0.106	0.013	0.017	.
1980	.	.	0.240	.	.	.	.	.	.	.	.
ASIA - ASIE - ASIA											
Bangladesh (I/b)											
1971	.	.	.	0.130	.	.	.	.	.	.	.
1972	.	.	.	0.060	.	.	.	.	.	.	.
1973	.	.	.	0.020	.	.	.	.	.	.	.
1974	.	.	.	0.020	.	.	.	.	.	.	.
1975	.	.	.	0.040	.	.	.	.	.	.	.
1976	.	.	.	0.040	.	.	.	.	.	.	.
1977	.	.	.	0.040	.	.	.	.	.	.	.
1978	.	.	.	0.030	.	.	.	.	.	.	.
1979	.	.	.	0.030	.	.	.	.	.	.	.
1980	.	.	.	0.034	.	.	.	.	.	.	.

[a] La designación en español de las grandes divisiones de actividad económica figura en la página siguiente.
The English designation of major divisions of economic activity is shown on the preceding page.

Explanatory notes and source: see p. 561 - Notes explicatives et source: voir p. 562 - Notas explicativas y fuente: véase p. 563

[1] Excl. restaurants and hotels. [2] Incl. electricity, gas and water. [3] Excl. business services.

[1] Non compris les restaurants et les hôtels. [2] Y compris l'électricité, le gaz et l'eau. [3] Non compris les services aux entreprises.

[1] Excl. restaurantes y hoteles. [2] Incl. electricidad, gas y agua. [3] Excl. servicios para las empresas.

27 Occupational injuries
Lésions professionnelles
Lesiones profesionales

B Rates of fatal injuries
Taux de lésions mortelles
Tasas de lesiones mortales

(Thousands – Milliers – Millares)

País – Clave	Total	Grandes divisiones de actividad económica [(a)] 1 Agricultura, caza, silvicultura y pesca	2 Minas, canteras	3 Industrias manu-factureras	4 Electricidad, gas, agua	5 Construcción	6 Comercio, restaurantes y hoteles	7 Transportes, almacenaje, comuni-caciones	8 Bancos, seguros, bienes inm., serv. para empresas	9 Servicios comunales, sociales y personales	0 Actividades no bien especifi-cadas
Burma (I/d)											
1971	.	.	.	0.110	.	.	.	.	.	.	.
1972	.	.	.	0.020	.	.	.	.	.	.	.
1973	.	.	.	0.050	.	.	.	.	.	.	.
1974	.	.	.	0.040	.	.	.	.	.	.	.
1975	.	.	.	0.040	.	.	.	.	.	.	.
1976	.	.	.	0.110	.	.	.	.	.	.	.
1977	.	.	.	0.110	.	.	.	.	.	.	.
1978	.	.	.	0.070	.	.	.	.	.	.	.
1979	.	.	.	0.080	.	.	.	.	.	.	.
1980	.	.	.	0.040	.	.	.	.	.	.	.
Cyprus (I/d)				[1]							
1971	.	.	0.240	0.050	.	0.150	.	.	.	.	.
1972	.	.	–	0.100	.	0.190	.	.	.	.	.
1973	.	.	0.280	0.050	.	0.200	.	.	.	.	.
1974	.	.	0.540	0.060	.	0.050	.	.	.	.	.
1975	.	.	–	–	.	–	.	.	.	.	.
1976	.	.	–	0.040	.	0.110	.	.	.	.	.
1977	.	.	0.420	0.030	.	0.090	.	.	.	.	.
1978	.	.	0.500	0.020	.	0.170	.	.	.	.	.
1979	.	.	–	–	.	0.050	.	.	.	.	.
1980	.	.	–	0.200	.	0.160	.	0.010	.	.	.
Hong Kong (I/d)										[2]	
1971	.	.	0.770	0.120	.	.	.	.	.	.	.
1972	.	.	4.300	0.073	.	.	.	.	.	.	.
1973	.	.	4.650	0.074	.	.	.	.	.	.	.
1974	.	.	1.070	0.092	.	.	.	.	.	.	.
1975	.	.	–	0.078	.	.	.	.	.	.	.
1976	.	.	2.110	0.106	.	1.280	.	.	.	.	.
1977	.	.	1.710	0.079	0.456	1.440	.	1.003	0.089	0.122	.
1978	.	.	1.560	0.082	1.446	1.360	.	0.868	0.134	0.127	.
1979	.	.	4.140	0.087	0.402	1.500	0.044	0.797	0.084	0.088	.
1980	.	.	–	0.038	0.115	1.198	0.045	0.661	0.016	0.089	.
India (I/d)											
1973	.	.	0.440	0.150	.	.	.	.	.	.	.
1974	.	.	0.400	0.140	.	.	.	.	.	.	.
1975	.	.	0.950	0.140	.	.	.	.	.	.	.
1976	.	.	0.510	0.160	.	.	.	.	.	.	.
1977	.	.	0.400	0.130	.	.	.	.	.	.	.
1978	.	.	0.350	0.150	.	.	.	.	.	.	.

[(a)] The English designation of major divisions of economic activity is shown on the following page.
Les libellés en français des branches d'activité économique sont indiqués à la page précédente.

Explanatory notes and source: see p. 561 – Notes explicatives et source: voir p. 562 – Notas explicativas y fuente: véase p. 563

[1] Incl. electricity, gas and water. [2] Incl. water. [1] Y compris l'électricité, le gaz et l'eau. [2] Y compris l'eau. [1] Incl. electricidad, gas y agua. [2] Incl. el agua.

27 Occupational injuries / Lésions professionnelles / Lesiones profesionales

B Rates of fatal injuries / Taux de lésions mortelles / Tasas de lesiones mortales

(Thousands – Milliers – Millares)

Country – Code	Total	Major divisions of economic activity [a] 1 Agriculture, hunting, forestry and fishing	2 Mining, quarrying	3 Manu-facturing	4 Electricity, gas, water	5 Construction	6 Trade, restaurants and hotels	7 Transport, storage, communi-cation	8 Financing, insurance, real estate, business services	9 Community, social and personal services	0 Activities not adequately defined
Japan (I/d)		[1]									
1971	.	0.180	0.430	0.030	0.080	0.310	.	0.070	.	.	.
1972	.	0.150	0.690	0.030	0.060	0.440	.	0.070	.	.	.
1973	.	0.130	0.510	0.030	0.020	0.310	.	0.060	.	.	.
1974	.	0.120	0.620	0.020	–	0.320	.	0.030	.	.	.
1975	.	0.070	0.610	0.030	0.050	0.190	.	0.030	.	.	.
1976	.	0.110	0.330	0.010	0.010	0.280	.	0.030	.	.	.
1977	.	0.140	0.510	0.020	–	0.090	.	0.030	.	.	.
1978	.	0.110	0.300	0.010	0.040	0.120	.	0.020	.	.	.
1979	.	0.140	0.480	0.020	0.020	0.130	.	0.020	.	.	.
1980	.	0.050	0.250	0.010	0.010	0.080	.	0.030	.	.	.
Jordan (I/d)											
1971	.	.	0.700	–	.	0.010	.	.	.	.	.
1972	.	.	.	0.005	.	0.010	.	.	.	.	.
1973	.	.	.	0.023	.	0.050	.	.	.	.	.
1974	.	.	.	0.224	.	0.312	.	.	.	.	.
1975	.	.	.	0.166	.	0.391	.	.	.	.	.
1976	.	.	.	0.200	.	0.181	.	.	.	.	.
1977	.	.	.	0.120	.	0.660	.	.	.	.	.
1978	.	.	.	0.133	.	0.200	.	.	.	.	.
1979	.	.	0.080	0.346	.	0.812	.	0.312	.	.	.
Korea, Republic of (II/d)					[2]						
1971	.	.	4.410	0.250	.	1.360	.	.	.	.	.
1972	.	.	3.640	0.240	.	3.730	.	.	.	.	.
1973	.	.	5.980	0.190	.	0.820	.	.	.	.	.
1974	.	.	4.500	0.250	.	0.720	.	.	.	.	.
1975	.	.	4.430	0.220	.	0.680	.	.	.	.	.
1976	.	.	3.650	0.150	.	0.530	.	.	.	.	.
1977	.	.	3.680	0.190	.	0.530	.	.	.	.	.
1978	.	.	3.220	0.230	.	0.530	.	.	.	.	.
1979	.	.	3.700	0.210	.	0.500	.	0.195	.	.	.
1980	.	.	.	.	.	.	.	0.940	.	.	.
Malaysia: Sarawak (I/d)											
1971	1.370	2.760	1.400	0.830	6.240	1.890	0.310	1.900	.	1.480	.
1972	1.410	3.730	2.410	0.250	.	0.930	.	1.070	.	1.200	.
1973	0.120	2.470	1.450	0.930	.	3.300	0.450	1.140	.	0.230	.
1974	1.480	1.890	4.750	0.480	.	4.460	.	7.100	.	1.110	.
1975	1.110	1.690	1.730	0.370	1.110	1.020	.	0.680	.	1.630	.
1976	1.810	4.000	.	0.700	.	2.020	0.310	2.210	.	0.960	.
1977	1.440	3.200	0.970	0.230	6.990	1.810	0.420	1.540	.	.	.
1978	1.670	5.540	.	0.750	.	2.080	.	0.970	.	1.020	.
1979	1.860	7.500	1.270	0.220	1.480	0.500	.	1.390	.	1.220	.
1980	2.300	6.320	2.530	0.880		1.290	0.300	1.620	.	1.860	.

[a] Les libellés en français des branches d'activité économique sont indiqués à la page suivante.
La designación en español de las grandes divisiones de actividad económica figura en la página precedente.

Explanatory notes and source: see p. 561 – Notes explicatives et source: voir p. 562 – Notas explicativas y fuente: véase p. 563

[1] Forestry only. [2] Establishments employing 50 or more workers.

[1] Sylviculture seulement. [2] Etablissements employant 50 ouvriers et plus.

[1] Silvicultura solamente. [2] Establecimientos que emplean 50 obreros y más.

27 Occupational injuries / Lésions professionnelles / Lesiones profesionales

B Rates of fatal injuries / Taux de lésions mortelles / Tasas de lesiones mortales

(Thousands – Milliers – Millares)

Pays – Code	Total	Branches d'activité économique [a] 1 Agriculture, chasse, sylviculture et pêche	2 Industries extractives	3 Industries manu-facturières	4 Electricité, gaz, eau	5 Construction	6 Commerce, restaurants et hôtels	7 Transports, entrepôts, communi-cations	8 Banques, assurances, aff. imm., serv. aux entreprises	9 Services à collectivité, services soc. et pers.	0 Activités mal désignées
Pakistan (I/b)											
1971	.	.	0.930	0.280	.	.	.	.	.	.	.
1972	.	.	0.780	0.250	.	.	.	.	.	.	.
1973	.	.	0.800	0.290	.	.	.	.	.	.	.
1974	.	.	0.120	0.170	.	.	.	.	.	.	.
1975	.	.	1.550	0.480	.	.	.	.	.	.	.
1976	.	.	1.140	0.390	.	.	.	.	.	.	.
1977	.	.	0.970	0.310	.	.	.	.	.	.	.
Philippines (I/d)											
1971	.	0.968	0.111	0.068	.	0.235	.	.	.	.	.
1972	.	3.270	0.240	0.036	.	–	.	–	.	.	.
1973	.	0.650	0.184	0.130	.	0.104	.	–	.	.	.
1974	.	–	0.088	0.041	.	–	.	–	.	.	.
1975	.	–	0.390	–	5.411	0.100	.	0.705	.	.	.
1976	.	0.570	0.415	0.109	2.588	0.390	.	0.809	.	.	.
1977	.	0.823	0.440	0.074	.	0.310	.	–	.	.	.
1978	.	0.202	0.546	0.042	.	0.113	.	–	.	.	.
1979	.	0.127	0.520	0.085	.	0.605	.	0.058	.	.	.
1980	.	0.134	0.397	0.075	.	–	.	0.049	.	.	.
Singapore (I/d)											
1971	.	.	1.080	0.050	.	0.530	.	.	.	.	.
1972	.	.	0.550	0.080	.	0.430	.	.	.	.	.
1973	.	.	0.440	0.090	.	0.590	.	.	.	.	.
1974	.	.	2.100	0.110	.	0.280	.	.	.	.	.
1975	.	.	.	0.070	.	0.260	.	.	.	.	.
1976	.	.	.	0.070	.	0.330	.	.	.	.	.
1977	.	.	.	0.040	.	0.200	.	.	.	.	.
1978	.	.	.	0.150	.	0.110	.	.	.	.	.
1979	.	.	.	0.040	.	0.230	.	.	.	.	.
1980	.	.	.	0.025	0.001	0.032	.	.	.	.	.
Sri Lanka (II/d)											
1971	.	.	.	1.670	.	.	.	.	.	.	.
1972	.	.	.	1.650	.	.	.	.	.	.	.
1973	.	.	.	1.660	.	.	.	.	.	.	.
1974	.	.	.	1.680	.	.	.	.	.	.	.
1975	.	.	.	1.670	.	.	.	.	.	.	.
1976	.	.	.	2.440	.	0.070	.	.	.	.	.
1977	.	.	.	2.200	.	0.140	.	.	.	.	.
1978	.	.	.	0.330	.	...	.	.	.	.	.
République arabe syrienne (II/b)											
1971	.	.	1.430	0.150	.	0.520	.	.	.	.	.
1972	.	.	1.010	0.180	.	0.420	.	.	.	.	.
1973	.	.	4.200	0.350	.	0.570	.	.	.	.	.
1974	.	.	0.900	0.320	.	0.760	.	.	.	.	.
1975	.	.	1.490	0.180	.	0.760	.	.	.	.	.
1976	.	.	1.950	0.380	.	0.860	.	.	.	.	.
1977	.	.	2.200	0.620	.	0.970	.	.	.	.	.
1978	.	.	...	...	.	...	.	.	.	.	.
1979	.	.	1.480	0.440	.	1.070	.	.	.	.	.

[a] La designación en español de las grandes divisiones de actividad económica figura en la página siguiente.
The English designation of major divisions of economic activity is shown on the preceding page.

27 Occupational injuries / Lésions professionnelles / Lesiones profesionales

B Rates of fatal injuries / Taux de lésions mortelles / Tasas de lesiones mortales

(Thousands – Milliers – Millares)

País – Clave	Total	1 Agricultura, caza, silvicultura y pesca	2 Minas, canteras	3 Industrias manufactureras	4 Electricidad, gas, agua	5 Construcción	6 Comercio, restaurantes y hoteles	7 Transportes, almacenaje, comunicaciones	8 Bancos, seguros, bienes inm., serv. para empresas	9 Servicios comunales, sociales y personales	0 Actividades no bien especificadas
		Grandes divisiones de actividad económica [a]									
EUROPE – EUROPE – EUROPA											
Austria (I/d)											
1971	.	.	0.990	0.230 [1]	.	0.770	.	.	.	.	.
1972	.	.	0.580	0.200	.	0.840	.	.	.	.	.
1973	.	.	0.870	0.200	.	0.760	.	.	.	.	.
1974	0.224	0.524	0.611	0.182	0.325	0.617	0.141	0.409	0.083	0.043	0.104
1975	0.222	0.601	0.522	0.169	0.385	0.616	0.128	0.511	0.103	0.063	0.108
1976	0.136	...	0.359	0.111	...	0.402	...	...	...	...	...
1977	0.198	0.803	0.405	0.171	0.346	0.540	0.083	0.416	0.096	0.059	0.094
1978	0.221	0.624	0.572	0.189	0.261	0.597	0.122	0.496	0.099	0.077	0.103
1979	0.179	0.607	0.351	0.151	0.226	0.540	0.072	0.455	0.088	0.062	0.076
Czechoslovakia (I/b)											
1971	0.121	0.186	0.353	0.087	0.290	0.228	0.027	0.208	0.048	0.051	0.094
1972	0.119	0.185	0.467	0.075	0.273	0.196	0.038	0.231	0.024	0.043	0.100
1973	0.119	0.172	0.346	0.075	0.151	0.231	0.034	0.229	0.024	0.060	0.132
1974	0.109	0.189	0.307	0.083	0.178	0.165	0.028	0.145	0.109	0.056	0.096
1975	0.106	0.159	0.365	0.072	0.370	0.193	0.042	0.199	0.048	0.039	0.076
1976	0.123	0.164	0.545	0.084	0.292	0.217	0.048	0.230	0.070	0.054	0.115
1977	0.111	0.174	0.559	0.079	0.217	0.205	0.041	0.169	0.080	0.045	0.068
1978	0.098	0.134	0.337	0.083	0.175	0.205	0.038	0.177	0.056	0.039	0.066
1979	0.092	0.144	0.258	0.065	0.125	0.193	0.022	0.190	0.043	0.033	0.093
1980	0.090	0.130	0.416	0.069	0.165	0.183	0.030	0.144	0.074	0.025	0.081
España (I/a)											
1971	.	.	1.200	0.120	.	0.440	.	.	.	.	.
1972	.	.	0.490	0.050	.	0.330	.	.	.	.	.
1973	.	.	0.570	0.100	.	0.350	.	.	.	.	.
1974	.	.	0.620	0.110	.	0.340	.	.	.	.	.
1975	.	.	1.070	0.080	.	0.300	.	.	.	.	.
1976	.	.	1.110	0.120	.	0.390	.	.	.	.	.
1977	.	.	0.600	0.120	.	0.330	.	.	.	.	.
1978	.	.	0.860	0.120	.	0.310	.	.	.	.	.
1979	.	.	0.200	0.120	.	0.280	.	.	.	.	.
Finland (II/b)											
1973	.	.	0.150	0.070	.	0.250	.	.	.	.	.
1974	.	.	0.460	0.080	.	0.240	.	.	.	.	.
1975	.	.	0.850	0.080	.	0.220	.	.	.	.	.
1976	0.096	0.179	0.350	0.130	0.214	0.280	0.021	0.188	–	0.019	.
1977	0.068	0.246	0.690	0.060	0.185	0.150	0.014	0.132	0.045	0.037	.
1978	0.076	0.259	0.460	0.060	0.280	0.190	0.048	0.142	0.017	0.034	.
1979	0.077	0.327	0.556	0.081	0.160	0.162	0.025	0.197	0.026	0.015	.
France (II/d)											
1971	0.186	.	.	0.128	0.207	0.499	0.141 [2]	0.581	.	0.078 [3]	.
1972	0.183	.	.	0.131	0.319	0.476	0.157	0.566	.	0.075	.
1973	0.166	.	.	0.110	0.136	0.448	0.124	0.611	.	0.076	.
1974	0.156	.	.	0.105	0.267	0.457	0.096	0.496	.	0.065	.
1975	0.146	.	.	0.103	0.165	0.435	0.088	0.456	.	0.058	.
1976	0.140	.	.	0.091	0.272	0.415	0.095	0.527	.	0.057	.
1977	0.124	.	.	0.090	0.201	0.344	0.075	0.451	.	0.056	.
1978	0.114	.	.	0.083	0.088	0.306	0.090	0.433	.	0.051	.
1979	0.106	.	.	0.071	0.130	0.322	0.079	0.405	.	0.046	.

[a] The English designation of major divisions of economic activity is shown on the following page.
Les libellés en français des branches d'activité économique sont indiqués à la page précédente.

Explanatory notes and source: see p. 561 – Notes explicatives et source: voir p. 562 – Notas explicativas y fuente: véase p. 563

[1] [2] Excl. restaurants and hotels. [3] Incl. major divisions 8 and 10.

[1] [2] Non compris les restaurants et les hôtels. [3] Y compris les branches 8 et 10.

[1] [2] Excl. restaurantes y hoteles. [3] Incl. grandes divisiones 8 y 10.

27 Occupational injuries
Lésions professionnelles
Lesiones profesionales

B Rates of fatal injuries
Taux de lésions mortelles
Tasas de lesiones mortales

(Thousands – Milliers – Millares)

Country – Code	Total	Major divisions of economic activity [a] 1 Agriculture, hunting, forestry and fishing	2 Mining, quarrying	3 Manu-facturing	4 Electricity, gas, water	5 Construction	6 Trade, restaurants and hotels	7 Transport, storage, communi-cation	8 Financing, insurance, real estate, business services	9 Community, social and personal services	0 Activities not adequately defined
German Democratic Rep. (d)											
				[1]		[2]					
1971	.	.	.	0.060	.	0.190	.	0.160	.	.	.
1972	.	.	.	0.060	.	0.130	.	0.170	.	.	.
1973	.	.	.	0.050	.	0.150	.	0.150	.	.	.
1974	.	.	.	0.050	.	0.140	.	0.150	.	.	.
1975	.	.	.	0.050	.	0.100	.	0.140	.	.	.
1976	.	.	.	0.050	.	0.100	.	0.200	.	.	.
1977	.	.	.	0.050	.	0.090	.	0.120	.	.	.
1978	.	.	.	0.050	.	0.110	.	0.120	.	.	.
1979	.	.	.	0.040	.	0.090	.	0.110	.	.	.
1980	.	.	.	0.040	.	0.100	.	0.090	.	.	.
Germany, Fed. Rep. of (II/a)											
1971	.	.	0.710	0.190	.	0.440	.	.	.	.	.
1972	.	.	0.620	0.180	.	0.390	.	.	.	.	.
1973	.	.	0.690	0.170	.	0.370	.	.	.	.	.
1974	.	.	0.560	0.160	.	0.330	.	.	.	.	.
1975	.	.	0.460	0.160	.	0.350	.	.	.	.	.
1976	.	.	0.490	0.140	.	0.390	.	.	.	.	.
1977	.	.	0.520	0.130	.	0.380	.	.	.	.	.
1978	.	.	0.560	0.140	.	0.330	.	.	.	.	.
1979	.	.	0.520	0.130	.	0.350	.	.	.	.	.
Hongrie [3] (I/b)											
			[5]		[6]				[7]		
1971 [4]	.	0.212	0.454	0.128	0.341	0.278	0.111	0.323	.	.	.
1972 [4]	.	0.202	0.445	0.087	0.340	0.267	0.047	0.267	.	.	.
1973 [4]	.	0.194	0.438	0.096	0.257	0.242	0.071	0.221	.	.	.
1974 [4]	.	0.183	0.363	0.080	0.215	0.263	0.054	0.206	.	.	.
1975 [4]	.	0.192	0.330	0.089	0.396	0.230	0.072	0.283	.	.	.
1976 [4]	.	0.156	0.356	0.096	0.358	0.191	0.103	0.205	.	.	.
1977	0.142	0.191	0.296	0.084	0.303	0.285	0.058	0.245	0.101	.	.
1978	0.151	0.214	0.624	0.089	0.227	0.241	0.058	0.251	0.082	.	.
1979	0.146	0.203	0.329	0.099	0.270	0.255	0.051	0.248	0.094	.	.
1980	0.127	0.188	0.331	0.076	0.158	0.247	0.061	0.180	0.081	.	.
Ireland (I/b)											
1971	.	.	0.650	0.090	.	0.250	.	.	.	.	.
1972	.	.	0.650	0.070	.	0.140	.	.	.	.	.
1973	.	.	0.850	0.100	.	0.150	.	.	.	.	.
1974	.	.	0.430	0.080	.	0.150	.	.	.	.	.
1975	.	.	0.450	0.090	.	0.080	.	.	.	.	.
1976	.	.	0.650	0.050	.	0.090	.	.	.	.	.

[a] Les libellés en français des branches d'activité économique sont indiqués à la page suivante.
La designación en español de las grandes divisiones de actividad económica figura en la página precedente.

Explanatory notes and source: see p. 561 – Notes explicatives et source: voir p. 562 – Notas explicativas y fuente: véase p. 563

[1] Incl. mining, electricity and gas. [2] Incl. quarrying. [3] Major divisions 1, 2, 3, 4, 5, 6 and 7: State Sector. [4] Code Ia. [5] Excl. quarrying. [6] Excl. gas and water. [7] Incl. industrial cooperatives; public service; planning, research and investment activities; vocational schools.

[1] Y compris mines, électricité et gas. [2] Y compris les carrières. [3] Branches 1, 2, 3, 4, 5, 6 et 7: Secteur d'Etat. [4] Code Ia. [5] Non compris les carrières. [6] Non compris le gaz et l'eau. [7] Y compris coopératives industrielles; service public; planification, recherche et investissement; écoles professionnelles.

[1] Incl. minas, electricidad y gas. [2] Incl. las canteras. [3] Grandes divisiones 1, 2, 3, 4, 5, 6 y 7: Sector de Estado. [4] Clave Ia. [5] Excl. las canteras. [6] Excl. gas y agua. [7] Incl. cooperativas industriales; servicio público; planificación, investigación e inversión; escuelas vocacionales.

27 Occupational injuries / Lésions professionnelles / Lesiones profesionales

B Rates of fatal injuries / Taux de lésions mortelles / Tasas de lesiones mortales

(Thousands – Milliers – Millares)

Pays – Code	Total	Branches d'activité économique [a] 1 Agriculture, chasse, sylviculture et pêche	2 Industries extractives	3 Industries manu-facturières	4 Electricité, gaz, eau	5 Construction	6 Commerce, restaurants et hôtels	7 Transports, entrepôts, communi-cations	8 Banques, assurances, aff. imm., serv. aux entreprises	9 Services à collectivité, services soc. et pers.	0 Activités mal désignées
Luxembourg (II/d)											
				[1]							
1971	.	.	–	0.150	.	.	.	.	.	.	.
1972	.	.	1.670	0.080	.	.	.	.	.	.	.
1973	.	.	0.650	0.150	.	.	.	.	.	.	.
1974	.	.	–	0.330	.	.	.	.	.	.	.
1975	.	.	0.820	0.200	.	.	.	.	.	.	.
1976	.	.	–	0.180	.	.	.	.	.	.	.
1977	.	.	0.920	0.070	.	.	.	.	.	.	.
1978	.	.	–	0.190	.	.	.	.	.	.	.
1979	.	.	–	0.330	.	.	.	.	.	.	.
Malta (II/d)											
1971	.	.	–	–	.	0.090	.	–	.	.	.
1972	.	.	0.100	0.110	.	0.090	.	0.240	.	.	.
1973	.	.	0.200	1.200	.	0.100	.	0.300	.	.	.
1974	.	.	0.100	1.100	.	0.090	.	0.200	.	.	.
1975	.	.	0.200	1.200	.	0.080	.	0.300	.	.	.
1976	.	.	0.400	1.400	.	0.100	.	0.400	.	.	.
1977	.	.	0.200	1.360	.	0.360	.	0.280	.	.	.
1978	.	.	–	0.030	.	0.220	.	0.180	.	.	.
1979	.	.	–	–	.	0.200	.	–	.	.	.
Netherlands (I/a)											
1971	.	.	0.150	0.040	.	0.130	.	.	.	.	.
1972	.	.	0.290	0.040	.	0.130	.	.	.	.	.
1973	.	.	–	0.040	.	0.120	.	.	.	.	.
1974	.	.	0.100	0.040	.	0.080	.	.	.	.	.
1975	.	.	–	0.040	.	0.100	.	.	.	.	.
1976	.	.	–	0.030	.	0.100	.	.	.	.	.
1977	.	.	0.140	0.030	.	0.100	.	.	.	.	.
1978	0.020	0.015	...	0.020	.	0.080	0.012	0.058	0.003	–	–
1979	0.018	0.045	...	0.025	.	0.052	0.010	0.043	0.005	–	0.034
Norway (I/d)											
1975	0.099	0.371	0.391	0.056	0.235	0.165	0.013	0.485	0.042	0.005	.
1976	0.085	0.500	0.467	0.065	0.158	0.195	0.023	0.284	–	0.011	.
1977	0.070	0.361	0.103	0.028	0.133	0.154	0.029	0.344	–	0.002	.
1978	0.065	0.286	0.236	0.053	0.067	0.119	0.035	0.206	0.078	8.000	.
1979	0.070	0.500	0.077	0.059	0.125	0.160	0.011	0.250	0.010	0.012	.
Suisse (II/b)											
		[2]				[3]					
1971	.	.	.	0.163	.	0.427	.	.	.	.	.
1972	.	.	.	0.123	.	0.461	.	.	.	.	.
1973	.	.	.	0.121	.	0.396	.	.	.	.	.
1974	.	.	.	0.105	.	0.376	.	.	.	.	.
1975	.	.	.	0.092	.	0.272	.	.	.	.	.
1976	0.154	0.246	.	0.088	0.480	0.397	.	0.273	.	0.025	.
1977	0.143	0.857	.	0.091	0.546	0.368	.	0.204	.	0.025	.
1978	0.134	0.736	.	0.071	0.451	0.371	.	0.243	.	0.022	.
1979	0.146	1.157	.	0.098	0.301	0.346	.	0.257	.	0.019	.

[a] La designación en español de las grandes divisiones de actividad económica figura en la página siguiente.
The English designation of major divisions of economic activity is shown on the preceding page.

Explanatory notes and source: see p. 561 – Notes explicatives et source: voir p. 562 – Notas explicativas y fuente: véase p. 563

[1] Iron and steel industries only. [2] Forestry only. [3] Incl. quarrying.

[1] Industrie sidérurgique seulement. [2] Sylviculture seulement. [3] Y compris les carrières.

[1] Sólo siderurgia. [2] Silvicultura solamente. [3] Incl. las canteras.

27 Occupational injuries
Lésions professionnelles
Lesiones profesionales

B Rates of fatal injuries
Taux de lésions mortelles
Tasas de lesiones mortales

(Thousands - Milliers - Millares)

País - Clave	Total	Grandes divisiones de actividad económica [a] 1	2	3	4	5	6	7	8	9	0
		Agricultura, caza, silvicultura y pesca	Minas, canteras	Industrias manufactureras	Electricidad, gas, agua	Construcción	Comercio, restaurantes y hoteles	Transportes, almacenaje, comunicaciones	Bancos, seguros, bienes inm., serv. para empresas	Servicios comunales, sociales y personales	Actividades no bien especificadas
Sweden (II/d)											
1971	.	.	0.400	0.040	.	0.060	.	.	.	.	.
1972	.	.	0.280	0.040	.	0.080	.	.	.	.	.
1973	.	.	0.280	0.030	.	0.060	.	.	.	.	.
1974	.	.	0.200	0.030	.	0.080	.	.	.	.	.
1975	.	.	0.030	0.030	.	0.080	.	.	.	.	.
1976	.	.	0.310	0.020	.	0.050	.	.	.	.	.
1977	0.026	0.038	0.224	0.025	0.076	0.054	0.023	0.094	0.014	0.009	.
1978	0.026	0.107	0.286	0.026	0.044	0.048	0.013	0.089	0.014	0.009	.
Turquie (II/a)											
1971	.	.	2.400	0.170	.	0.930	.	.	.	.	.
1972	.	.	3.100	0.170	.	0.890	.	1.150	.	.	.
1973	.	.	4.100	0.190	.	0.940	.	1.300	.	.	.
1974	.	.	3.100	0.230	.	0.970	.	1.560	.	.	.
1975	.	.	2.600	0.190	.	0.900	.	1.160	.	.	.
1976	.	.	3.000	0.180	.	0.910	.	0.950	.	.	.
1977	.	.	3.430	0.110	0.689	0.970	0.310	0.360	–	0.139	.
1978	.	0.627	4.120	0.140	0.689	0.860	0.170	0.250	0.056	0.107	.
1979	.	0.307	4.290	0.240	0.515	0.930	0.220	1.330	–	0.214	.
1980	.	0.497	3.413	0.228	0.459	0.837	0.268	1.024	0.144	0.219	.
United Kingdom [1] (I/d)											
1971	.	.	.	0.043	.	0.196	.	.	.	.	.
1972	.	.	.	0.039	.	0.187	.	.	.	.	.
1973	.	.	.	0.042	.	0.216	.	.	.	.	.
1974	.	.	.	0.045	.	0.160	.	.	.	.	.
1975	.	.	.	0.037	.	0.177	.	.	.	.	.
1976	.	.	.	0.034	.	0.153	.	.	.	.	.
1977	.	.	.	0.034	.	0.131	.	.	.	.	.
1978	.	.	.	0.031	.	0.120	.	.	.	.	.
1979	.	.	.	0.029	.	0.120	.	.	.	.	.
1980	.	.	.	0.027	.	0.130	.	.	.	.	.
Yugoslavia (I/d)											
1971	.	.	0.390	0.110	.	0.220	.	.	.	.	.
1972	.	.	0.190	0.100	.	0.260	.	.	.	.	.
1973	.	.	0.180	0.090	.	0.200	.	.	.	.	.
1974	.	.	0.200	0.070	.	0.180	.	.	.	.	.
1975	.	.	0.190	0.070	.	0.230	.	.	.	.	.
1976	.	.	0.320	0.070	.	0.260	.	.	.	.	.
1977	.	.	0.220	0.070	.	0.190	.	.	.	.	.
1978	.	.	0.350	0.090	.	0.160	.	.	.	.	.
1979	.	.	0.200	0.070	.	0.160	.	.	.	.	.
1980	.	.	0.180	0.078	.	0.210	.	.	.	.	.

[a] The English designation of major divisions of economic activity is shown on the following page.
Les libellés en français des branches d'activité économique sont indiqués à la page précédente.

Explanatory notes and source: see p. 561 – Notes explicatives et source: voir p. 562 – Notas explicativas y fuente: véase p. 563

[1] Excl. Northern Ireland. [1] Non compris l'Irlande du Nord. [1] Excl. Irlanda del Norte.

27 Occupational injuries
Lésions professionnelles
Lesiones profesionales

B Rates of fatal injuries
Taux de lésions mortelles
Tasas de lesiones mortales

(Thousands – Milliers – Millares)

Country – Code	Total	Major divisions of economic activity [a]									
		1	2	3	4	5	6	7	8	9	0
		Agriculture, hunting, forestry and fishing	Mining, quarrying	Manu-facturing	Electricity, gas, water	Construction	Trade, restaurants and hotels	Transport, storage, communi-cation	Financing, insurance, real estate, business services	Community, social and personal services	Activities not adequately defined
OCEANIA – OCÉANIE – OCEANIA											
Fiji (I/b)											
1971	.	.	1.180	0.230	.	0.255	.	–	.	.	.
1972	.	.	1.300	–	.	0.400	.	0.300	.	.	.
1973	.	.	1.900	–	.	0.200	.	0.300	.	.	.
1974	.	.	0.600	–	.	0.300	.	0.300	.	.	.
1975	.	.	0.600	–	.	0.400	.	0.200	.	.	.
1976	.	.	–	–	.	0.100	.	1.700	.	.	.
1977	.	.	–	0.400	.	–	.	0.200	.	.	.
1978	.	.	–	0.500	.	–	.	–	.	.	.
1979	.	.	–	0.100	.	–	.	–	.	.	.

La designación en español de las grandes divisiones de actividad económica figura en la página precedente.

CHAPTER
CHAPITRE
CAPITULO

VIII

Industrial disputes
Conflits du travail
Conflictos del trabajo

Industrial disputes

Table 28 A

Industrial disputes – General level

This table shows the total number of *industrial disputes (wilfully effected by a group of workers or by one or more employers with a view to enforcing a demand) which resulted in a stoppage of work, and the numbers of workers involved and working days lost.* No differentiation between strikes and lockouts has been possible, since in most countries the distinction is not observed in the compilations. In a few cases, however, the data relate to strikes only. Disputes of small importance and political strikes are frequently not included in the statistics. In some cases the data do not cover workers "indirectly affected", i.e. workers who, though not parties in the dispute, are thrown out of work *within* the establishment directly affected by the stoppage of work. As far as possible, such cases are indicated by footnotes.

Various methods are used for calculating the number of working days lost, and these data, as well as the statistics of workers involved, are often approximations only. Because of this variation between countries in definitions, sources, scope and statistical treatment of data at country level, any comparison of the magnitude and relative importance of industrial disputes should be made with extreme care.[1]

Table 28 B

Industrial disputes – By major divisions of economic activity

This table which was generally released every three years will now appear in every issue of the *Year Book*. It shows the number of industrial disputes according to major divisions of economic activity. The remarks made in connection with table 28 A apply here also, particularly as regards any intercountry comparisons of disputes occurring in a specific major division of economic activity.

[1] For references concerning the methods on statistics of industrial disputes, see ILO: *International recommendations on labour statistics* (Geneva, 1976).

Conflits du travail

Tableau 28 A

Conflits du travail – Niveau général

Ce tableau fournit le nombre total des *conflits du travail (volontairement provoqués par un groupement de travailleurs ou par un ou plusieurs employeurs en vue d'imposer une revendication) ayant entraîné un arrêt du travail, le nombre des travailleurs impliqués et le nombre des journées de travail perdues* dans ces conflits. Il n'a pas été possible de distinguer entre les grèves et les lock-out, la plupart des pays n'établissant pas de statistiques séparées pour ces deux groupes. Toutefois, dans quelques cas, les données ne se réfèrent qu'aux grèves. Les conflits de peu d'importance et les grèves ayant un caractère politique sont fréquemment exclus des statistiques. Dans certains cas, les données ne couvrent pas les travailleurs «indirectement atteints», c'est-à-dire ceux qui, sans être partie au conflit, sont mis par celui-ci dans l'impossibilité de travailler *dans* l'établissement directement atteint par l'arrêt du travail. Dans la mesure du possible, ces cas sont indiqués dans les notes de bas de page.

Les méthodes utilisées pour le calcul du nombre des journées perdues varient aussi selon les pays. Ces chiffres, ainsi que le nombre des travailleurs impliqués, ne sont souvent que des approximations. C'est, précisément, à cause de cette hétérogénéité des définitions, des sources, de la portée et des méthodes de traitement des statistiques pratiquées par les différents pays, que toute comparaison de l'ampleur et de l'importance relative des conflits du travail doit être faite avec une extrême prudence[1].

Tableau 28 B

Conflits du travail – Par branche d'activité économique

Ce tableau, qui était publié en général tous les trois ans, sera maintenant présenté dans chaque édition de l'*Annuaire*. Il fournit la ventilation des données sur les conflits du travail par branche d'activité économique. Les remarques faites pour le tableau 28 A s'appliquent également, en particulier lors de comparaisons, entre pays, de conflits du travail se produisant dans une branche d'activité économique déterminée.

[1] Pour des références concernant les méthodes relatives aux statistiques des conflits du travail, voir BIT: *Recommandations internationales sur les statistiques du travail* (Genève, 1975).

Conflictos del trabajo

Cuadro 28 A

Conflictos del trabajo – Nivel general

Este cuadro presenta el número total de *conflictos del trabajo (efectuados voluntariamente por un grupo de trabajadores o por uno o más empleadores con objeto de imponer una reivindicación) que provocaron interrupciones de labores, el número de trabajadores afectados y los días de trabajo perdidos.* No ha sido posible distinguir entre huelgas y cierres a causa de que la mayoría de los países no hacen esa distinción en sus compilaciones. En unos pocos casos, las informaciones se refieren a huelgas solamente. Los conflictos de poca importancia y las huelgas políticas frecuentemente no se incluyen en las estadísticas. En algunos casos, las informaciones no se aplican a los trabajadores «indirectamente afectados», es decir, a los que, sin tomar parte en el conflicto, deben cesar en sus labores ante la imposibilidad de trabajar *dentro* del establecimiento directamente afectado por el conflicto. En la medida de lo posible, estos casos se indican en notas de pie de página.

El cálculo del número de días de trabajo perdidos se hace utilizando varios métodos, y este dato, así como las estadísticas del número de trabajadores afectados, es sólo aproximado. Precisamente, es a causa de esta diversidad de definiciones, fuentes, alcance y métodos de elaboración de las estadísticas, en la práctica de los diferentes países, que toda comparación de la amplitud e importancia relativa de los conflictos del trabajo debe emprenderse con gran prudencia[1].

Cuadro 28 B

Conflictos del trabajo – Por grandes divisiones de actividad económica

Este cuadro, que aparecía por lo general cada tres años en el *Anuario*, se publicará anualmente. Las observaciones hechas en relación con el cuadro 28 A se aplican igualmente en este caso, especialmente con respecto a las comparaciones entre países de conflictos que ocurren en una gran división particular de actividad económica.

[1] Para referencias relativas a los métodos sobre las estadísticas de los conflictos del trabajo, véase OIT: *Recomendaciones internacionales sobre estadísticas del trabajo* (Ginebra, 1975).

28 Industrial disputes / Conflits du travail / Conflictos del trabajo

A General level / Niveau général / Nivel general

D/C:	Number of disputes	Nombre de conflits	Número de conflictos
W/T:	Workers involved (Thousands)	Travailleurs impliqués (milliers)	Trabajadores afectados (millares)
D/J:	Working days lost (Thousands)	Journées de travail perdues (milliers)	Días de trabajo perdidos (millares)

Country – Code Pays – Code País – Clave	1971	1972	1973	1974	1975	1976	1977	1978	1979	1980
AFRICA – AFRIQUE – AFRICA										
Burundi										
D/C	9	10	11	11	18	5	2	17	13	8
W/T	2.498	3.712	2.382	3.395	5.539	8.440	2.600	0.519	2.325	0.195
D/J	7.148	10.585	7.690	7.419	15.622	27.674	5.200	7.446	5.906	0.251
Rép.-Unie du Cameroun										
D/C	32	5	7	10	12	3	–	6	1	...
W/T	2.530	3.901	8.124	6.313	3.861	1.377	–	5.965	0.745	...
D/J	17.810	0.094	0.509	231.75	122.07	13.788	–	23.617	0.745	13.788
Côte-d'Ivoire										
D/C	.	.	.	.	30	43	35	28	31	...
W/T	.	.	.	.	6.381	15.404	9.437	7.406	6.784	...
D/J	.	.	.	.	52.164	40.179	13.778	14.751	20.362	...
Egypt										
D/C	90	537	13	6	7	10	5	3	7	4
W/T	11.425	11.864	4.222	13.172	40.527	0.793	1.042	3.900	5.235	0.089
D/J	...	22.275	4.907	71.321	200.53	0.921	2.541	1.450	3.933	0.052
Ghana										
D/C	79	10	13	43	33	45	61	65	50	59
W/T	41.053	2.336	3.917	32.371	15.301	32.360	47.304	42.913	40.606	69.883
D/J	116.04	3.198	3.109	64.408	39.410	114.26	205.17	196.17	170.6	196.91
Kenya										
D/C	74	94	83	123	26	44	45	43	...	...
W/T	14.398	28.006	14.125	22.144	4.148	12.964	7.288	9.459	...	...
D/J	32.681	42.462	42.267	127.95	8.755	26.248	9.226	18.726	...	...
Malawi										
D/C	16	18	6	13	4	13	8	10	6	4
W/T	3.543	2.544	1.387	0.981	0.272	0.787	0.596	0.850	0.596	0.689
D/J	3.202	1.228	4.890	1.081	0.643	0.865	0.437	0.515	0.283	0.927
Maroc										
D/C	259	479	462	367	267	521	421	490	779	...
W/T	82.027	100.77	52.320	65.463	35.768	83.061	60.433	73.672	88.087	...
D/J	589.33	785.86	353.5	320.63	228.52	479.86	375.8	335.72	429.4	...
Mauritius										
D/C	19	1	9	26	69	86	41	33	29	...
W/T	25.845	0.150	29.738	8.449	70.075	67.841	9.629	42.813	64.698	...
D/J	142.92	0.150	88.588	17.847	123.93	114.72	11.644	46.591	373.06	...
Nigeria										
D/C	118	85	69	163	394	107	170	72	132	...
W/T	79.598	29.656	43.504	62.693	214.56	55.273	127.65	70.862	173.31	...
D/J	233.86	65.254	106.39	159.61	469.19	160.82	398.14	775.7	1 309.4	...
Seychelles										
D/C	3	2	2	2	1	...	...	...	...	...
W/T	0.117	2.150	0.100	0.159	0.040	...	...	...	...	...
D/J	2.392	12.446	0.100	0.195	0.120	...	...	...	...	...
Sierra Leone										
D/C	5	4	3	4	8	3	4	12	18	8
W/T	2.711	0.860	0.612	0.438	1.195	0.800	1.050	4.792	4.665	1.825
D/J	5.708	0.965	4.851	1.026	9.770	1.300	2.100	15.531	13.791	3.868

DISPUTES

28 Industrial disputes / Conflits du travail / Conflictos del trabajo

A General level / Niveau général / Nivel general

D/C:	Number of disputes	Nombre de conflits	Número de conflictos
W/T:	Workers involved (Thousands)	Travailleurs impliqués (milliers)	Trabajadores afectados (millares)
D/J:	Working days lost (Thousands)	Journées de travail perdues (milliers)	Días de trabajo perdidos (millares)

Country – Code Pays – Code País – Clave	1971	1972	1973	1974	1975	1976	1977	1978	1979	1980
Tunisie										
D/C	32	150	49	131	363	373	452	178	240	...
W/T	2.623	18.458	18.473	21.000	40.671	67.386	88.335	21.433	22.430	...
D/J [1]	3.587	31.589	49.653	8.197	11.750	27.500	140.2	36.938	35.287	...
Uganda										
D/C	44	64	34	...	...	...	5	26	6	14
W/T	23.245	23.301	5.834	...	...	...	1.780	...	2.469	16.482
D/J	55.162	56.896	15.031	...	...	...	2.600	...	6.783	...
Zambia										
D/C	127	74	68	60	78	59	51	50	44	116
W/T	14.964	10.453	9.892	7.725	17.121	5.619	9.166	42.067	10.846	28.079
D/J	18.894	20.874	6.453	38.334	51.003	6.527	15.990	297.33	42.916	80.200
Zimbabwe										
D/C	.	.	.	.	.	.	17	18	7	297
W/T	.	.	.	.	.	.	2.934	2.908	1.237	90.788
D/J	.	.	.	.	.	.	9.451	1.720	0.553	232.61
AMERICA – AMÉRIQUE – AMERICA										
Barbados										
D/C	3	7	71	2	3	2	–	–	1	7
W/T	0.415	1.353	2.549	0.550	0.823	0.282	–	–	0.045	2.166
D/J	54.065	1.450	4.147	2.400	3.431	0.129	–	–	0.270	14.342
Bermuda										
D/C	6	13	1	5	2	1	6	3	2	...
W/T	0.672	1.485	0.494	0.556	0.807	0.020	3.006	0.360	0.012	...
D/J	6.107	36.006	3.613	8.444	9.545	1.260	11.986	2.720	0.030	...
Canada										
D/C	569	598	724	1 218	1 171	1 039	803	1 058	1 050	1 026
W/T	239.63	706.47	348.47	580.91	506.44	1 570.9	217.56	401.69	462.5	442.25
D/J	2 866.6	7 753.5	5 776.1	9 221.9	10 909	11 610	3 307.9	7 392.8	7 834.2	8 999.4
Costa Rica										
D/C	.	.	14	8	18	14	9	15	...	...
W/T	.	.	8.303	15.300	11.500	...	10.482	20.278	...	...
D/J	.	.	17.913	328.92	47.252	...	...	...	...	...
Chile [2]										
D/C	2 696	3 325	2 050	...	...	...	...	...	...	89 [3]
W/T	298.68	393.95	711.03	...	...	...	...	...	...	29.400 [3]
D/J	1 387.5	1 678.1	2 503.4	...	...	...	...	...	...	428.4 [3]
Ecuador										
D/C	.	.	.	61	61	58	9	7	...	...
W/T	.	.	.	5.948	11.913	7.016	0.802	0.538	...	...
D/J	.	.	.	105.38	418.23	265.11	43.282	17.394	...	...
El Salvador										
D/C	12	23	6	6	14	2	19	29	103	35
W/T	10.614	3.919	0.618	37.406	2.902	25.300	32.879	7.169	29.432	12.110
D/J	196.59	42.021	7.118	...	39.059	601.8	154.79	72.962	292.28	44.217
Guadeloupe										
D/C	6	8	8	3	4	4	51	48	35	...
W/T	12.818	1.485	4.277	0.249	0.267	0.267	5.021	5.847	...	3.731
D/J	145.56	66.567	16.060	0.466	1.770	20.295	19.458	17.485	21.860	9.480

Explanatory notes and source: see p. 601 – Notes explicatives et source: voir p. 602 – Notas explicativas y fuente: véase p. 603

[1] Computed on the basis of an eight hour working day. [2] Strikes only. [3]

[1] Calculées sur la base de journées de travail de huit heures. [2] Grèves seulement. [3]

[1] Calculados a base de días de trabajo de ocho horas. [2] Huelgas solamente. [3]

28 Industrial disputes / Conflits du travail / Conflictos del trabajo

A General level / Niveau général / Nivel general

D/C:	Number of disputes	Nombre de conflits	Número de conflictos
W/T:	Workers involved (Thousands)	Travailleurs impliqués (milliers)	Trabajadores afectados (millares)
D/J:	Working days lost (Thousands)	Journées de travail perdues (milliers)	Días de trabajo perdidos (millares)

Country – Code Pays – Code País – Clave	1971	1972	1973	1974	1975	1976	1977	1978	1979	1980
Guatemala										
D/C	1	4	16	53	7	16	9	229	7	51
W/T	0.092	4.868	22.711	43.934	8.336	5.757	8.670	144.96	42.170	68.683
D/J	0.460	33.238	257.09	562.59	53.476	167.83	60.641	1 479.2	...	...
Guyana										
D/C	198	175	186	151	129	400	383	300	219	333
W/T [1]	41.447	44.597	34.692	61.932	68.616	82.142	89.687	52.060	106.37	40.652
D/J	141.82	135.2	93.109	155.28	551.1	229.48	964.28	75.791	324.47	67.620
Guyane française										
D/C	20	24	3	–	6	11	10	5	14	19
W/T	1.288	1.485	0.089	–	0.765	0.758	1.173	0.079	0.676	1.295
D/J	14.480	28.305	4.136	–	8.354	5.666	12.120	0.432	3.031	3.897
Jamaica										
D/C	77	55	90	137	205	142	163	...	182	...
W/T	18.623	30.286	18.726	21.194	10.993	12.169	12.557	...	19.824	...
D/J	76.079	266.37	236.8	769.14	112.58	139.62	81.688	...	82.093	...
Martinique										
D/C	9	8	5	2	5	15	...	...	...	23
W/T	3.968	7.710	0.656	6.150	5.725	7.664	...	...	...	1.862
D/J	32.320	268.45	9.980	48.450	131.38	24.645	...	...	...	6.388
México										
D/C [2]	204	207	211	742	236	547	476	758	...	...
W/T [1]	9.299	2.684	8.395	17.863	9.680	23.684	13.411	.	.	.
D/J	.	.	.	.	.	.	.	.	.	.
Netherlands Antilles										
D/C	.	.	.	.	.	10	8	11	8	4
W/T	.	.	.	.	.	0.561	1.874	4.808	3.914	0.585
D/J	.	.	.	.	.	0.653	2.924	10.624	29.915	1.275
Panamá										
D/C	280	...	11	3	6	15	4	3	10	18
W/T	15.606	...	1.414	0.232	...	2.080	0.205	0.867	1.161	2.438
D/J [3]	...	...	...	1.063	...	18.939	0.915	3.003	44.292	158.74
Perú										
D/C	377	409	788	570	779	440	234	364	653	739
W/T	161.41	130.64	416.25	362.74	617.12	258.1	1 315.4	1 398.4	841.14	481.48
D/J [3]	1 360.2	791.38	1 961.1	1 676.6	2 533.7	852.78	1 726.3	4 518.1	1 676.3	2 239.9
Puerto Rico										
D/C	77	107	76	95	65	37	35	33	27	27 [4]
W/T	14.296	23.779	17.757	22.109	19.961	8.580	14.788	11.401	3.611	5.838 [4]
D/J	232.11	222.62	140.7	289.4	365.38	331.86	325.63	698.76	49.253	118.37 [4]
Saint-Pierre-et-Miquelon										
D/C	.	.	.	.	.	.	8	6	5	1
W/T	.	.	.	.	.	.	0.680	0.585	0.440	0.083
D/J	.	.	.	.	.	.	1.180	2.925	0.880	0.124

Explanatory notes and source: see p. 601 – Notes explicatives et source: voir p. 602 – Notas explicativas y fuente: véase p. 603

[1] Excl. workers indirectly affected. [2] Strikes only. [3] Computed on the basis of an eight hour working day. [4] Year beginning in July of year indicated.

[1] Non compris les travailleurs indirectement atteints. [2] Grèves seulement. [3] Calculées sur la base de journées de travail de huit heures. [4] Année commençant en juillet de l'année indiquée.

[1] Excl. los trabajadores indirectamente afectados. [2] Huelgas solamente. [3] Calculados a base de días de trabajo de ocho horas. [4] Año que comienza en julio del año indicado.

28 Industrial disputes / Conflits du travail / Conflictos del trabajo

A General level / Niveau général / Nivel general

D/C: Number of disputes — Nombre de conflits — Número de conflictos
W/T: Workers involved (Thousands) — Travailleurs impliqués (milliers) — Trabajadores afectados (millares)
D/J: Working days lost (Thousands) — Journées de travail perdues (milliers) — Días de trabajo perdidos (millares)

Country – Code Pays – Code País – Clave	1971	1972	1973	1974	1975	1976	1977	1978	1979	1980
Suriname										
D/C	49	15	30	12	8	24	12	11	8	15
W/T	6.641	2.826	5.073	3.438	1.999	2.044	2.845	0.772	2.186	8.835
D/J	21.774	43.701	31.840	27.383	16.728	9.092	6.517	3.197	10.583	21.757
United States [1]										
D/C [2]	5 138	5 010	5 353	6 074	5 031	5 648	5 506	4 230	4 827	3 873 [3]
W/T [4]	3 279.6	1 713.6	2 250.7	2 778.1	1 746	2 420	2 040.1	1 623.6	1 727.1	1 365.5 [3]
D/J	47 589	27 066	27 948	47 991	31 237	37 860	35 822	36 922	34 754	33 389 [3]
Venezuela										
D/C	106	172	250	116	100	171	214	140	145	195
W/T	39.094	24.654	45.508	17.463	25.752	33.932	63.923	25.337	23.268	67.964
D/J [5]	519.92	146.19	144.67	129.98	100.66	91.267	85.997	39.842	50.016	315.31
ASIA – ASIE – ASIA										
Bangladesh										
D/C	9	39	58	32	2	5	22	89	99	104
W/T	35.324	43.615	35.027	57.387	28.327	14.517	76.675	113.21	114.25	164.03
D/J	70.333	126	285.18	231.74	162	25.618	81.715	662.33	647.63	1 160.4
Cyprus										
D/C	.	.	.	36	9	9	7	14	27	38
W/T	.	.	.	8.498	1.132	1.007	0.670	7.735	7.185	49.833
D/J	.	.	.	14.349	7.808	2.683	2.469	9.169	22.243	101.51
Hong Kong										
D/C	42	46	54	19	17	16	38	51	46	37
W/T	10.981	13.039	19.788	4.462	4.786	3.383	4.460	8.815	12.194	5.083
D/J	25.600	41.834	56.691	10.708	17.600	4.977	10.814	30.927	39.743	21.069
India										
D/C [6]	2 752	3 243	3 370	2 938	1 943	1 459	3 117	3 187	3 048	2 797
W/T [7]	1 615.1	1 736.7	2 545.6	2 854.6	1 143.4	736.97	2 193.2	1 915.6	2 873.6	1 673.8
D/J	16 546	20 544	20 626	40 262	21 901	12 746	25 320	.	43 854	20 804
Indonesia										
D/C	1	1	3	6	13	6	32	20	72	198
W/T	0.027	0.700	0.624	0.672	5.636	1.420	10.209	3.772	18.940	21.661
D/J	0.056	0.700	0.282	0.426	2.952	1.148	45.433	5.225	19.680	33.806
Israel										
D/C [8]	.	168	96	71	117	123	126	85	117	84
W/T	.	87.309	122.34	27.141	114.09	114.97	194.3	224.35	250.42	91.451
D/J	.	235.06	375.02	51.333	164.51	308.21	416.53	1 072	539.16	216.52
Japan										
D/C [9]	2 527	2 498	3 326	5 211	3 391	2 720	1 712	1 517	1 153	1 133
W/T [10]	1 896.3	1 543.6	2 236.1	3 621	2 732.2	1 356	691.91	659.97	449.5	562.92
D/J	6 028.7	5 146.7	4 603.8	9 662.9	8 015.8	3 253.7	1 518.5	1 357.5	930.3	...

Explanatory notes and source: see p. 601 – Notes explicatives et source: voir p. 602 – Notas explicativas y fuente: véase p. 603

[1] Conflicts can extend to many divisions. Total disputes may be less than sum of components. [2] Excl. disputes lasting less than a full day or shift. [3] [4] Excl. disputes involving less than six workers. [5] Computed on the basis of an eight hour working day. [6] Excl. political strikes. [7] Excl. disputes involving less than ten workers. [8] Excl. disputes in which the time lost is less than ten man-days. [9] Excl. disputes lasting less than four hours. [10] Excl. workers indirectly affected.

[1] Les conflits couvrent plusieurs branches. Le total peut être inférieur à la somme des composants. [2] Non compris les conflits dont la durée est inférieure à une journée ou à un poste de travail. [3] [4] Non compris les conflits touchant moins de six travailleurs. [5] Calculées sur la base de journées de travail de huit heures. [6] Non compris les grèves de caractère politique. [7] Non compris les conflits touchant moins de dix travailleurs. [8] Non compris les conflits pour lesquels moins de dix journées-homme sont perdues. [9] Non compris les conflits dont la durée est inférieure à quatre heures. [10] Non compris les travailleurs indirectement atteints.

[1] Algunos conflictos abarcan varias divisiones. El total puede ser menor que la suma de los componentes. [2] Excl. los conflictos de una duración menor de un día o turno completo. [3] [4] Excl. los conflictos que implican a menos de seis trabajadores. [5] Calculados a base de días de trabajo de ocho horas. [6] Excl. las huelgas políticas. [7] Excl. los conflictos que afectan a menos de diez trabajadores. [8] Excl. los conflictos en los que se pierden menos de diez días-hombre. [9] Excl. los conflictos de menos de cuatro horas de duración. [10] Excl. los trabajadores indirectamente afectados.

28 Industrial disputes / Conflits du travail / Conflictos del trabajo

A General level / Niveau général / Nivel general

D/C:	Number of disputes	Nombre de conflits	Número de conflictos
W/T:	Workers involved (Thousands)	Travailleurs impliqués (milliers)	Trabajadores afectados (millares)
D/J:	Working days lost (Thousands)	Journées de travail perdues (milliers)	Días de trabajo perdidos (millares)

Country – Code Pays – Code País – Clave	1971	1972	1973	1974	1975	1976	1977	1978	1979	1980
Korea, Republic of										
D/C	10	–	–	58	52	49	58	102	105	206
W/T [1]	0.832	–	–	22.609	10.256	6.570	7.975	10.598	14.258	48.970
D/J	11.323	–	–	16.831	13.557	17.046	8.294	13.230	16.366	61.269
Peninsular Malaysia										
D/C	45	66	66	85	64	70	40	36	28	28
W/T	5.311	9.701	14.003	21.830	12.124	20.040	7.783	6.792	5.629	3.402
D/J	20.265	33.455	40.866	103.88	45.749	108.56	73.729	35.032	24.868	19.544
Malaysia: Sabah										
D/C	7	7	4	7	8	5	2	5	4	8
W/T	0.361	0.532	0.823	0.658	0.399	0.242	0.131	0.441	1.034	1.460
D/J	0.564	0.567	1.530	1.459	0.925	0.695	2.011	1.766	1.112	4.831
Malaysia: Sarawak										
D/C	–	1	4	3	1	6	1	7	2	3
W/T	–	0.028	0.864	0.061	0.025	0.276	0.080	0.329	0.852	0.174
D/J	–	0.028	1.038	0.214	0.075	0.410	...	0.518	13.872	0.172
Pakistan										
D/C [2]	141	341	229	191	260	171	81	85	65	59
W/T [3]	107.96	125.59	126.93	141.15	129.38	77.502	49.093	58.565	38.733	24.710
D/J	815.21	611.91	399.32	736.17	798.18	514.89	200.86	107.63	247.87	54.730
Philippines [4]										
D/C [5]	157	69	...	...	...	91	30	47	39	39
W/T [1]	62.138	33.396	...	...	...	72.689	30.183	33.731	16.728	14.660
D/J	1 429.2	1 003.6	...	...	...	218.07	34.198	156.2	173.88	55.048
Singapore										
D/C	2	10	5	10	7	4	1	...	...	...
W/T	1.380	3.168	1.312	1.901	1.865	1.576	0.406	...	...	...
D/J	5.449	18.233	2.295	5.380	4.853	3.193	1.011	...	...	...
Sri Lanka [6] [2]										
D/C [7]	165	187	448	91	70	157	124	134	181	227
W/T [1]	91.619	55.037	260.6	27.073	19.081	55.995	44.874	62.657	56.044	78.555
D/J [8]	568.16	298.9	1 179	105.74	66.476	161.09	.	.	293.75	335.21
Thailand										
D/C	27	34	501	357	241	133	7	21	64	...
W/T	5.153	7.803	177.9	105.88	94.747	65.342	4.868	6.842	16.203	...
D/J	12.646	19.903	296.89	507.61	722.95	495.62	12.331	8.600	33.838	...
EUROPE – EUROPE – EUROPA										
Austria										
D/C	.	.	.	.	.	.	.	.	8	9
W/T	2.431	7.096	78.251	7.295	3.783	2.352	0.043	0.699	0.786	24.181
D/J	3.702	15.104	160.14	7.243	5.512	0.589	0.011	10.222	0.764	16.960

Explanatory notes and source: see p. 601 – Notes explicatives et source: voir p. 602 – Notas explicativas y fuente: véase p. 603

[1] Excl. workers indirectly affected. [2] Excl. political strikes. [3] Excl. disputes involving less than ten workers. [4] Excl. disputes lasting less than a full day or shift. [5] Excl. disputes involving less than six workers. [6] Strikes only. [7] Excl. disputes involving less than five workers. [8] Incl. disputes lasting less than one day only if more than 50 man-days lost.

[1] Non compris les travailleurs indirectement atteints. [2] Non compris les grèves de caractère politique. [3] Non compris les conflits touchant moins de dix travailleurs. [4] Non compris les conflits dont la durée est inférieure à une journée ou à un poste de travail. [5] Non compris les conflits touchant moins de six travailleurs. [6] Grèves seulement. [7] Non compris les conflits touchant moins de cinq travailleurs. [8] Y compris les conflits d'une durée inférieure à une journée si plus de 50 journées de travail perdues.

[1] Excl. los trabajadores indirectamente afectados. [2] Excl. las huelgas políticas. [3] Excl. los conflictos que afectan a menos de diez trabajadores. [4] Excl. los conflictos de una duración menor de un día o turno completo. [5] Excl. los conflictos que implican a menos de seis trabajadores. [6] Huelgas solamente. [7] Excl. los conflictos que afectan a menos de cinco trabajadores. [8] Incl. conflictos de menos de un día si se han perdido mas de 50 días de trabajo.

28 Industrial disputes / Conflits du travail / Conflictos del trabajo

A General level / Niveau général / Nivel general

D/C:	Number of disputes	Nombre de conflits	Número de conflictos
W/T:	Workers involved (Thousands)	Travailleurs impliqués (milliers)	Trabajadores afectados (millares)
D/J:	Working days lost (Thousands)	Journées de travail perdues (milliers)	Días de trabajo perdidos (millares)

Country – Code Pays – Code País – Clave	1971	1972	1973	1974	1975	1976	1977	1978	1979	1980
Belgique										
D/C	184	191	172	235	243	281	220	195	215	...
W/T	86.979	66.622	62.281	55.747	85.801	106.65	65.761	90.813	55.722	...
D/J	1 240.5	354.09	871.87	580.03	607.81	896.8	664.24	1 002.5	615.48	...
Denmark [1]										
D/C [2]	31	35	205	134	147	204	228	314	218	225
W/T	6.379	7.601	337.1	142.35	59.128	87.224	36.305	59.340	156.59	62.063
D/J	20.600	21.800	3 901.2	184.2	100.1	210.3	229.7	128.8	173	186.7
España										
D/C	549	710	731	2 009	2 807	3 662	1 194	1 128	2 680	...
W/T	196.66	236.42	303.13	557.32	504.25	2 556.4	2 955	3 863.9	5 713.2	...
D/J	859.69	586.62	1 081.2	1 748.7	1 815.2	12 593	16 642	11 551	18 917	...
Finland [3]										
D/C	838	849	1 010	1 795	1 530	3 199	1 633	1 207	1 715	2 182
W/T	403.3	239.73	678.19	370.7	215.14	.	.	161.29	225.17	407.26
D/J	2 711.1	473.1	2 496.9	434.79	284.2	1 237.8	2 374.7	132.4	243.4	1 605.6
France										
D/C	4 318	3 464	3 731	3 381	3 888	4 348	3 302	3 206	3 104	3 542
W/T	3 234.5	2 721.3	2 246	1 563.5	1 827.1	2 022.5	1 919.9	704.8	967.2	500.8
D/J	4 387.8	3 755.3	3 914.6	3 380	3 868.9	5 010.7	3 665.9	2 200.4	3 656.6	1 674.3
Germany, Fed. Rep. of [4]										
W/T	536.3	22.908	185.01	250.35	35.814	169.31	34.437	487.05	77.326	45.159
D/J	4 483.7	66.045	563.05	1 051.3	68.680	533.7	23.681	4 281.3	483.08	128.39
Iceland										
D/C	7	5	5	94	122	123	292	7	13	14
W/T [5]	1.790	1.100	0.729	30.948	20.843	35.219	48.043	29.910	0.805	4.220
D/J	31.985	12.061	14.320	93.289	62.531	309.95	189.6	51.270	15.970	30.760
Ireland										
D/C	133	131	182	219	151	134	175	152	140	...
W/T	43.783	22.274	31.761	43.459	29.124	42.281	33.805	32.558	49.621	...
D/J	273.77	206.95	206.72	551.83	295.72	776.95	.	.	1 465	...
Italie [3] [2]										
D/C	5 598	4 756	3 769	5 174	3 601	2 706	3 308	2 479	2 000	2 238
W/T [5]	3 891.3	4 405.3	6 132.7	7 824.4	14 110	11 898	13 803	8 774.2	16 237	13 825
D/J	14 799	19 497	23 419	19 467	27 189	25 378	16 566	10 177	27 530	16 457
Malta										
D/C	23	42	60	36	30	17	62	11	14	...
W/T	2.103	11.999	12.513	8.573	5.262	3.724	10.980	5.133	3.398	...
D/J	24.070	14.677	42.300	15.069	14.136	6.971	75.894	28.400	33.679	...
Netherlands										
D/C	15	31	7	14	5	11	19	10	30	28 [6]
W/T	35.560	19.548	58.113	2.979	0.268	15.255	35.945	2.548	31.844	26.400 [6]
D/J	96.846	134.19	583.78	6.864	0.480	13.984	.	2.834	.	57.000 [6]

Explanatory notes and source: see p. 601 – Notes explicatives et source: voir p. 602 – Notas explicativas y fuente: véase p. 603

[1] Excl. disputes in which less than 100 working days were lost. [2] Excl. political strikes. [3] Conflicts can extend to many divisions. Total disputes may be less than sum of components. [4] Incl. disputes lasting less than one day only if more than 100 working days lost. [5] Excl. workers indirectly affected. [6]

[1] Non compris les conflits de moins de 100 journées de travail perdues. [2] Non compris les grèves de caractère politique. [3] Les conflits couvrent plusieurs branches. Le total peut être inférieur à la somme des composants. [4] Y compris les conflits d'une durée inférieure à une journée si plus de 100 journées de travail perdues. [5] Non compris les travailleurs indirectement atteints. [6]

[1] Excl. los conflictos de menos de 100 días de trabajo perdidos. [2] Excl. las huelgas políticas. [3] Algunos conflictos abarcan varias divisiones. El total puede ser menor que la suma de los componentes. [4] Incl. conflictos de menos de un día si se han perdido más de 100 días de trabajo. [5] Excl. los trabajadores indirectamente afectados. [6]

28 Industrial disputes / Conflits du travail / Conflictos del trabajo

A General level / Niveau général / Nivel general

D/C:	Number of disputes	Nombre de conflits	Número de conflictos
W/T:	Workers involved (Thousands)	Travailleurs impliqués (milliers)	Trabajadores afectados (millares)
D/J:	Working days lost (Thousands)	Journées de travail perdues (milliers)	Días de trabajo perdidos (millares)

Country – Code Pays – Code País – Clave	1971	1972	1973	1974	1975	1976	1977	1978	1979	1980
Norway										
D/C [1]	10	9	12	13	22	35	15	14	10	35
W/T [2]	2.519	1.185	2.380	22.149	3.282	21.586	2.429	4.459	2.773	18.752
D/J	9.105	12.402	11.382	318.43	12.473	.	.	62.888	.	103.81
Portugal [3]										
D/C	.	.	.	.	.	.	332	333	370	269
W/T [2]	.	.	.	.	.	.	307.96	.	266.51	289.6
D/J	.	.	.	.	.	.	309.46	.	493	533.4
Suisse										
D/C	11	5	–	3	6	19	9	10	8	5
W/T	2.267	0.526	–	0.299	0.323	2.395	1.380	1.240	0.463	3.582
D/J	7.491	2.002	–	2.777	1.733	.	.	5.317	.	5.718
Sweden										
D/C	60	44	48	85	86	73	35	99	207	212
W/T	62.919	7.145	4.252	17.470	23.631	8.715	13.101	8.319	32.315	746.68
D/J	839	10.507	11.802	57.604	365.51	24.744	87.151	37.135	28.664	4 478.5
Turquie										
D/C	96	121	55	105	113	56	116	151	176	...
W/T	10.916	13.437	12.286	22.922	13.848	7.256	31.765	27.208	24.920	...
D/J	475.46	628.25	677.34	741.4	664.58	395.24	4 762	1 624.1	1 432.1	...
United Kingdom [4] [5]										
D/C [6]	2 228	2 497	2 873	2 922	2 282	2 016	2 703	2 471	2 080	1 330 [7]
W/T [7]	1 178.2	1 734.4	1 527.6	1 626.4	808.9	668	1 165.8	1 041.5	4 607.8	833.7
D/J [7]	13 551	23 909	7 197	14 750	6 012	3 284	10 142	9 405	29 474	11 964
OCEANIA – OCÉANIE – OCEANIA										
Australia										
D/C [8]	2 404	2 298	2 538	2 809	2 432	2 055	2 090	2 277	2 042	2 419 [9]
W/T	1 326.5	1 113.8	803	2 004.8	1 398	2 190.1	596.2	1 075.6	1 862.9	1 170.1 [9]
D/J	3 068.6	2 010.3	2 634.7	6 292.5	3 509.9	3 799.4	1 654.8	2 130.8	3 964.4	3 311.8 [9]
New Zealand [7]										
D/C [4]	313	266	394	380	428	487	562	411	523	352
W/T	86.009	60.429	115.86	70.904	74.820	201.08	159.41	157.9	158.19	108.09
D/J	162.56	134.5	271.71	183.69	214.63	488.44	436.81	380.6	381.9	360.07
Nouvelle-Calédonie										
D/C	25	...	9	21	4	3	7	3	3	5
W/T	5.846	...	4.064	3.811	0.529	0.358	4.733	2.670	1.214	0.373
D/J	129.87	...	2.597	14.817	1.439	0.466	10.540	120.88	1.214	0.967

Explanatory notes and source: see p. 601 – Notes explicatives et source: voir p. 602 – Notas explicativas y fuente: véase p. 603

[1] Excl. disputes lasting less than one day. [2] Excl. workers indirectly affected. [3] Strikes only. [4] Excl. political strikes. [5] Incl. disputes lasting less than one day only if more than 100 working days lost. [6] Excl. disputes involving less than ten workers. [7] Conflicts can extend to many divisions. Total disputes may be less than sum of components. [8] Excl. disputes in which the time lost is less than ten man-days. [9]

[1] Non compris les conflits dont la durée est inférieure à une journée. [2] Non compris les travailleurs indirectement atteints. [3] Grèves seulement. [4] Non compris les grèves de caractère politique. [5] Y compris les conflits d'une durée inférieure à une journée si plus de 100 journées de travail perdues. [6] Non compris les conflits touchant moins de dix travailleurs. [7] Les conflits couvrent plusieurs branches. Le total peut être inférieur à la somme des composants. [8] Non compris les conflits pour lesquels moins de dix journées-homme sont perdues. [9]

[1] Excl. los conflictos de menos de un día de duración. [2] Excl. los trabajadores indirectamente afectados. [3] Huelgas solamente. [4] Excl. las huelgas políticas. [5] Incl. conflictos de menos de un día si se han perdido más de 100 días de trabajo. [6] Excl. los conflictos que afectan a menos de diez trabajadores. [7] Algunos conflictos abarcan varias divisiones. El total puede ser menor que la suma de los componentes. [8] Excl. los conflictos en los que se pierden menos de diez días-hombre. [9]

28 Industrial disputes / Conflits du travail / Conflictos del trabajo

A General level / Niveau général / Nivel general

D/C:	Number of disputes	Nombre de conflits	Número de conflictos
W/T:	Workers involved (Thousands)	Travailleurs impliqués (milliers)	Trabajadores afectados (millares)
D/J:	Working days lost (Thousands)	Journées de travail perdues (milliers)	Días de trabajo perdidos (millares)

Country – Code Pays – Code País – Clave	1971	1972	1973	1974	1975	1976	1977	1978	1979	1980
Papua New Guinea										
D/C	.	.	.	.	105	52	64	63	89	53
W/T	.	.	.	.	10.205	5.207	7.713	3.726	12.191	11.311
D/J	.	.	.	.	14.839	13.207	23.671	12.046	47.586	21.395
Polynésie française										
D/C	.	.	.	1	1	2	–	2	4	1
W/T	.	.	.	0.400	0.400	0.600	–	0.052	0.419	0.200
D/J	.	.	.	2.400	1.200	1.200	–	0.092	0.950	0.600
Solomon Islands										
D/C	10	9	3	5	56	2	6	...	...	...
W/T	0.600	0.425	0.145	0.317	1.264	0.055	0.278	...	...	...
D/J	8.301	2.601	0.292	0.192	6.973	0.026	0.953	...	...	...

28 Industrial disputes
Conflits du travail
Conflictos del trabajo

B By major divisions of economic activity
Par branches d'activité économique
Por grandes divisiones de actividad económica

D/C:	Number of disputes	Nombre de conflits	Número de conflictos
W/T:	Workers involved (Thousands)	Travailleurs impliqués (milliers)	Trabajadores afectados (millares)
D/J:	Working days lost (Thousands)	Journées de travail perdues (milliers)	Días de trabajo perdidos (millares)

Country – Code	Total	Major divisions of economic activity [(a)] 1 Agriculture, hunting, forestry and fishing	2 Mining, quarrying	3 Manu-facturing	4 Electricity, gas, water	5 Construction	6 Trade, restaurants and hotels	7 Transport, storage, communi-cation	8 Financing, insurance, real estate, business services	9 Community, social and personal services	0 Activities not adequately defined
AFRICA – AFRIQUE – AFRICA											
Burundi											
1975											
D/C	18	4	8	–	.	2	3	–	1	–	.
W/T	5.539	2.520	0.112	–	.	2.513	0.084	–	0.310	–	.
D/J	15.622	6.315	0.346	–	.	7.615	0.133	–	1.213	–	.
1976											
D/C	5	3	1	–	.	1	–	–	–	–	.
W/T	8.440	7.450	0.320	–	.	0.670	–	–	–	–	.
D/J	27.674	16.735	1.124	–	.	9.815	–	–	–	–	.
1977											
D/C	2	2	–	–	.	–	–	–	–	–	.
W/T	2.600	2.600	–	–	.	–	–	–	–	–	.
D/J	5.200	5.200	–	–	.	–	–	–	–	–	.
1978											
D/C	17	7	–	4	.	2	1	2	–	1	.
W/T	0.519	0.141	–	0.050	.	0.160	0.016	0.136	–	0.016	.
D/J	7.446	4.664	–	0.450	.	0.680	0.324	0.816	–	0.512	.
1979											
D/C	13	2	1	1	.	5	2	–	–	2	.
W/T	2.325	0.220	0.102	0.063	.	1.846	0.045	–	–	0.049	.
D/J	5.906	1.100	0.510	0.189	.	3.692	0.139	–	–	0.276	.
1980											
D/C	8	–	–	3	.	4	–	–	–	1	.
W/T	0.195	–	–	0.020	.	0.154	–	–	–	0.021	.
D/J	0.251	–	–	0.055	.	0.049	–	–	–	0.147	.
Rép.-Unie du Cameroun											
1975											
D/C	12	4	.	4	–	1	–	–	.	3	.
W/T	3.861	1.019	.	0.620	–	0.097	–	–	.	2.125	.
D/J	122.068	109.056	.	6.832	–	0.194	–	–	.	5.986	.
1976											
D/C	3	2	.	1	–	–	–	–	.	–	.
W/T	1.377	0.841	.	0.536	–	–	–	–	.	–	.
D/J	13.788	7.934	.	5.844	–	–	–	–	.	–	.
1977											
D/C	–	–	–	–	–	–	–	–	–	–	.
W/T	–	–	–	–	–	–	–	–	–	–	.
D/J	–	–	–	–	–	–	–	–	–	–	.
1978											
D/C	6	1	–	4	–	–	–	1	–	–	.
W/T	5.965	3.743	–	0.786	–	–	–	1.436	–	–	.
D/J	23.617	11.347	–	7.896	–	–	–	4.374	–	–	.
1979											
D/C	1	–	–	1	–	–	–	–	–	–	.
W/T	0.745	–	–	0.745	–	–	–	–	–	–	.
D/J	0.745	–	–	0.745	–	–	–	–	–	–	.
1980											
D/J	13.788	7.934	.	5.844	–	–	–	–	.	–	.
Côte-d'Ivoire											
1975											
D/C	30	.	.	.	.	.	.	.	.	.	.
W/T	6.381	.	.	.	.	.	.	.	.	.	.
D/J	52.164	.	.	.	.	.	.	.	.	.	.

[(a)] Les libellés en français des branches d'activité économique sont indiqués à la page suivante.

28 Industrial disputes / Conflits du travail / Conflictos del trabajo

B By major divisions of economic activity / Par branches d'activité économique / Por grandes divisiones de actividad económica

D/C:	Number of disputes	Nombre de conflits	Número de conflictos
W/T:	Workers involved (Thousands)	Travailleurs impliqués (milliers)	Trabajadores afectados (millares)
D/J:	Working days lost (Thousands)	Journées de travail perdues (milliers)	Días de trabajo perdidos (millares)

		Branches d'activité économique [a]									
		1	2	3	4	5	6	7	8	9	0
Pays – Code	Total	Agriculture, chasse, sylviculture et pêche	Industries extractives	Industries manufacturières	Electricité, gaz, eau	Construction	Commerce, restaurants et hôtels	Transports, entrepôts, communications	Banques, assurances, aff. imm., serv. aux entreprises	Services à collectivité, services soc. et pers.	Activités mal désignées
Côte-d'Ivoire											
1976											
D/C	43	.	.	.	.	.	.	.	.	.	.
W/T	15.404	.	.	.	.	.	.	.	.	.	.
D/J	40.179	.	.	.	.	.	.	.	.	.	.
1977											
D/C	35	10	1	15	–	3	2	1	–	3	.
W/T	9.437	1.651	0.006	6.302	–	0.351	0.881	0.060	–	0.186	.
D/J	13.778	4.238	0.006	9.432	–	0.050	...	0.002	–	0.049	.
1978											
D/C	28	13	–	8	–	2	1	1	–	3	.
W/T	7.406	1.805	–	2.423	–	1.524	0.120	1.451	–	0.083	.
D/J	14.751	2.484	–	7.745	1.500	0.120	2.902	–	–	–	.
1979											
D/C	31	...	...	...	...	...	...	...	...	...	.
W/T	6.784	...	...	...	...	...	...	...	...	...	.
D/J	20.362	...	...	...	...	...	...	...	...	...	.
Egypt											
1975											
D/C	7	–	–	4	1	–	1	–	–	–	1
W/T	40.527	–	–	40.478	0.038	–	0.005	–	–	–	0.006
D/J	200.528	–	–	200.478	0.019	–	0.025	–	–	–	0.006
1976											
D/C	10	1	–	5	–	1	–	2	–	–	1
W/T	0.793	0.015	–	0.650	–	0.022	–	0.100	–	–	0.006
D/J	0.921	0.015	–	0.650	–	0.044	–	0.200	–	–	0.012
1977											
D/C	5	–	–	5	–	–	–	–	–	–	.
W/T	1.042	–	–	1.042	–	–	–	–	–	–	.
D/J	2.541	–	–	2.541	–	–	–	–	–	–	.
1978											
D/C	3	–	–	2	–	–	–	1	–	–	.
W/T	3.900	–	–	0.400	–	–	–	3.500	–	–	.
D/J	1.450	–	–	0.575	–	–	–	0.875	–	–	.
1979											
D/C	7	1	1	4	–	–	–	1	–	–	.
W/T	5.235	0.090	0.500	4.638	–	–	–	0.007	–	–	.
D/J	3.933	0.077	0.286	3.472	–	–	–	0.098	–	–	.
1980											
D/C	4	–	–	–	–	–	2	–	–	–	–
W/T	0.089	–	–	–	–	–	0.014	–	–	–	–
D/J	0.052	–	–	–	–	–	0.014	–	–	–	–
Ghana											
1975											
D/C	33	7	–	9	4	3	8	1	1	.	.
W/T	15.301	4.110	–	5.922	0.326	1.379	1.006	0.058	2.500	.	.
D/J	39.410	7.632	–	8.325	0.472	11.781	1.142	0.058	10.000	.	.
1976											
D/C	45	12	1	12	4	4	6	6	–	.	.
W/T	32.360	10.078	0.650	5.943	0.343	4.607	1.661	9.078	–	.	.
D/J	114.259	47.544	1.300	50.570	1.021	6.644	1.949	5.231	–	.	.

[a] La designación en español de las grandes divisiones de actividad económica figura en la página siguiente.
The English designation of major divisions of economic activity is shown on the preceding page.

28 Industrial disputes
Conflits du travail
Conflictos del trabajo

B By major divisions of economic activity
Par branches d'activité économique
Por grandes divisiones de actividad económica

D/C:	Number of disputes	Nombre de conflits	Número de conflictos
W/T:	Workers involved (Thousands)	Travailleurs impliqués (milliers)	Trabajadores afectados (millares)
D/J:	Working days lost (Thousands)	Journées de travail perdues (milliers)	Días de trabajo perdidos (millares)

		Grandes divisiones de actividad económica [a]									
		1	2	3	4	5	6	7	8	9	0
País – Clave	Total	Agricultura, caza, silvicultura y pesca	Minas, canteras	Industrias manu-factureras	Electricidad, gas, agua	Construcción	Comercio, restaurantes y hoteles	Transportes, almacenaje, comuni-caciones	Bancos, seguros, bienes inm., serv. para empresas	Servicios comunales, sociales y personales	Actividades no bien especifi-cadas
Ghana											
1977											
D/C	61	3	6	7	15	10	5	14	1	.	.
W/T	47.304	0.744	21.174	8.314	2.947	9.220	0.692	4.123	0.090	.	.
D/J	205.170	0.284	60.464	74.947	9.017	51.897	4.696	3.820	0.045	.	.
1978											
D/C	65	6	2	11	26	4	6	8	2	.	.
W/T	42.913	5.413	0.464	10.733	10.828	3.701	1.335	6.939	3.500	.	.
D/J	196.167	20.277	1.280	53.930	89.133	8.903	8.397	7.778	6.200	.	.
1979											
D/C	50	5	2	10	19	4	5	4	1	.	.
W/T	40.606	4.237	2.400	11.260	11.311	1.951	1.092	4.155	4.200	.	.
D/J	170.598	4.975	4.850	87.772	53.297	10.060	1.997	3.497	4.200	.	.
1980											
D/C	59	10	6	5	16	6	3	11	2	.	.
W/T	69.883	3.897	36.303	3.002	10.281	2.628	0.522	8.550	4.700	.	.
D/J	196.910	14.409	57.671	3.302	82.754	7.749	4.094	17.031	9.900	.	.
Kenya											
1975											
D/C	26	.	.	.	.	.	.	.	.	.	.
W/T	4.148	.	.	.	.	.	.	.	.	.	.
D/J	8.755	.	.	.	.	.	.	.	.	.	.
1976											
D/C	44	9	2	9	–	6	–	5	–	4	9
W/T	12.964	1.851	0.408	3.140	–	5.017	–	0.890	–	0.686	0.972
D/J	26.248	1.372	2.158	11.740	–	7.440	–	1.116	–	1.809	0.613
1977											
D/C	45	11	1	21	1	4	6	–	–	1	.
W/T	7.288	2.392	0.010	4.014	0.011	0.189	0.627	–	–	0.045	.
D/J	9.226	2.284	0.003	4.610	0.017	1.736	0.559	–	–	0.016	.
1978											
D/C	43	5	2	30	–	4	1	–	–	–	1
W/T	9.459	2.047	0.170	6.250	–	0.712	0.200	–	–	–	0.080
D/J	18.726	4.428	0.077	13.671	–	0.250	0.200	–	–	–	0.099
Malawi											
1975											
D/C	4	4	.	–	.	–	.	.	.	.	.
W/T	0.272	0.272	.	–	.	–	.	.	.	.	.
D/J	0.643	0.643	.	–	.	–	.	.	.	.	.
1976											
D/C	13	11	.	1	.	1	.	.	.	.	.
W/T	0.787	0.734	.	0.030	.	0.023	.	.	.	.	.
D/J	0.865	0.848	.	0.008	.	0.009	.	.	.	.	.
1977											
D/C	8	6	.	1	.	1	.	.	.	.	.
W/T	0.596	0.515	.	0.008	.	0.073	.	.	.	.	.
D/J	0.437	0.379	.	0.040	.	0.018	.	.	.	.	.

[a] The English designation of major divisions of economic activity is shown on the following page.
Les libellés en français des branches d'activité économique sont indiqués à la page précédente.

28 Industrial disputes / Conflits du travail / Conflictos del trabajo

B By major divisions of economic activity / Par branches d'activité économique / Por grandes divisiones de actividad económica

D/C:	Number of disputes	Nombre de conflits	Número de conflictos
W/T:	Workers involved (Thousands)	Travailleurs impliqués (milliers)	Trabajadores afectados (millares)
D/J:	Working days lost (Thousands)	Journées de travail perdues (milliers)	Días de trabajo perdidos (millares)

Country – Code	Total	Major divisions of economic activity [a] 1 Agriculture, hunting, forestry and fishing	2 Mining, quarrying	3 Manu-facturing	4 Electricity, gas, water	5 Construction	6 Trade, restaurants and hotels	7 Transport, storage, communi-cation	8 Financing, insurance, real estate, business services	9 Community, social and personal services	0 Activities not adequately defined
Malawi											
1978											
D/C	10	8	.	–	.	2	.	.	.	.	.
W/T	0.850	0.669	.	–	.	0.181	.	.	.	.	.
D/J	0.515	0.399	.	–	.	0.116	.	.	.	.	.
1979											
D/C	6	3	.	1	.	2	.	.	.	.	.
W/T	0.596	0.312	.	0.070	.	0.214	.	.	.	.	.
D/J	0.283	0.093	.	0.006	.	0.184	.	.	.	.	.
1980											
D/C	4	3	.	1	.	–	.	.	.	.	.
W/T	0.689	0.654	.	0.035	.	–	.	.	.	.	.
D/J	0.927	0.910	.	0.017	.	–	.	.	.	.	.
Maroc											
1975											
D/C	267	15	8	145	–	24	43	17	9	6	.
W/T	35.768	4.793	0.307	21.815	–	1.613	4.294	2.165	0.522	0.259	.
D/J	228.523	26.162	1.817	168.509	–	5.867	12.688	11.654	1.505	0.321	.
1976											
D/C	521	34	30	276	–	27	26	14	106	8	.
W/T	83.061	4.171	9.167	51.025	–	6.713	1.440	1.069	9.124	0.352	.
D/J	479.863	12.461	130.779	260.302	–	48.582	10.385	2.280	13.686	1.388	.
1977											
D/C	421	19	21	216	–	13	30	8	110	4	.
W/T	60.433	1.412	8.394	33.679	–	3.965	1.754	0.923	10.275	0.031	.
D/J	375.802	3.339	80.388	244.285	–	19.499	6.832	9.588	11.850	0.021	.
1978											
D/C	490	19	30	285	–	57	46	9	28	16	.
W/T	73.672	1.880	15.377	42.159	–	8.215	3.206	0.576	1.589	0.670	.
D/J	335.722	3.806	49.034	227.419	–	45.025	5.638	0.591	2.046	2.163	.
1979											
D/C	779	48	5	326	1	71	26	5	294	3	.
W/T	88.087	9.225	0.528	46.282	0.020	10.592	2.113	0.276	18.965	0.086	.
D/J	429.397	33.355	1.364	228.175	0.440	68.902	1.863	0.441	90.083	4.774	.
Mauritius											
1975											
D/C	69	27	.	27	1	–	2	11	–	–	1
W/T [1]	70.075	35.661	.	22.835	1.000	–	0.457	9.652	–	–	0.470
D/J	123.930	66.578	.	40.150	1.000	–	0.457	14.335	–	–	1.410
1976											
D/C	86	5	.	58	–	1	1	14	3	4	–
W/T [1]	67.841	4.099	.	24.434	–	0.200	0.452	8.488	0.195	29.973	–
D/J	114.716	6.702	.	38.505	–	0.200	0.452	8.959	0.195	59.703	–

[a] Les libellés en français des branches d'activité économique sont indiqués à la page suivante.
La designación en español de las grandes divisiones de actividad económica figura en la página precedente.

[1] Excl. workers indirectly affected. [1] Non compris les travailleurs indirectement atteints. [1] Excl. los trabajadores indirectamente afectados.

28 Industrial disputes
Conflits du travail
Conflictos del trabajo

B By major divisions of economic activity
Par branches d'activité économique
Por grandes divisiones de actividad económica

D/C:	Number of disputes	Nombre de conflits	Número de conflictos
W/T:	Workers involved (Thousands)	Travailleurs impliqués (milliers)	Trabajadores afectados (millares)
D/J:	Working days lost (Thousands)	Journées de travail perdues (milliers)	Días de trabajo perdidos (millares)

Pays – Code	Total	Branches d'activité économique [a] 1 Agriculture, chasse, sylviculture et pêche	2 Industries extractives	3 Industries manu-facturières	4 Electricité, gaz, eau	5 Construction	6 Commerce, restaurants et hôtels	7 Transports, entrepôts, communi-cations	8 Banques, assurances, aff. imm., serv. aux entreprises	9 Services à collectivité, services soc. et pers.	0 Activités mal désignées
Mauritius											
1977											
D/C	41	3	.	20	–	1	3	9	–	4	1
W/T [1]	9.629	0.315	.	1.982	–	0.030	0.193	6.701	–	0.361	0.047
D/J	11.644	0.340	.	2.335	–	0.030	0.193	8.197	–	0.361	0.188
1978											
D/C	33	5	.	14	2	1	1	10	–	–	.
W/T [1]	42.813	29.977	.	1.772	1.000	0.057	0.084	9.923	–	–	.
D/J	46.591	30.040	.	1.810	0.563	0.057	0.084	14.037	–	–	.
1979											
D/C	29	4	.	3	1	4	–	4	1	12	.
W/T [1]	64.698	30.733	.	0.323	0.186	0.195	–	7.099	0.076	26.086	.
D/J	373.058	241.454	.	0.502	0.186	0.195	–	39.952	0.076	90.693	1.164
Nigeria [2]											
1975											
D/C	394	19	19	119	3	68	41	39	25	32	29
W/T [1]	214.560	7.231	9.062	51.867	5.260	38.377	23.975	24.063	13.615	21.366	19.744
D/J	469.186	18.624	19.737	111.938	9.346	77.878	67.674	54.607	24.779	46.564	38.039
1976											
D/C	107	–	–	42	–	22	2	3	3	1	34
W/T [1]	55.273	–	–	23.138	–	9.007	0.444	0.200	3.361	5.176	13.947
D/J	160.822	–	–	52.386	–	17.554	0.507	0.200	38.498	2.811	48.866
1977											
D/C	170	17	17	32	8	38	13	9	11	17	8
W/T [1]	127.651	7.946	4.046	15.666	1.008	36.013	4.266	14.216	3.912	38.363	2.215
D/J	398.140	47.001	15.893	34.911	2.784	60.339	14.127	24.157	11.971	180.204	6.753
1978											
D/C	72	1	1	19	2	25	6	1	1	14	2
W/T [1]	70.862	0.230	0.379	9.702	0.131	22.144	2.778	0.206	0.200	34.712	0.380
D/J	775.703	1.610	0.569	48.244	0.127	82.261	9.204	0.206	0.225	633.137	0.120
1979											
D/C	132	3	4	40	4	24	3	4	19	26	5
W/T [1]	173.309	7.905	0.291	26.235	4.208	11.191	0.924	0.470	10.235	111.240	0.610
D/J	1 309.36	29.780	0.733	112.560	10.448	62.024	1.628	2.790	65.161	1 022.3	1.940
Sierra Leone											
1975											
D/C	8	1	–	–	1	1	1	1	–	1	2
W/T	1.195	0.050	–	–	0.200	0.200	0.025	0.300	–	0.250	0.170
D/J	9.770	0.400	–	–	0.800	0.600	0.050	4.800	–	0.400	2.720

[a] La designación en español de las grandes divisiones de actividad económica figura en la página siguiente.
The English designation of major divisions of economic activity is shown on the preceding page.

[1] Excl. workers indirectly affected. [2] Year beginning in April of year indicated.

[1] Non compris les travailleurs indirectement atteints. [2] Année commençant en avril de l'année indiquée.

[1] Excl. los trabajadores indirectamente afectados. [2] Año que comienza en abril del año indicado.

28 Industrial disputes / Conflits du travail / Conflictos del trabajo

B By major divisions of economic activity / Par branches d'activité économique / Por grandes divisiones de actividad económica

D/C:	Number of disputes	Nombre de conflits	Número de conflictos
W/T:	Workers involved (Thousands)	Travailleurs impliqués (milliers)	Trabajadores afectados (millares)
D/J:	Working days lost (Thousands)	Journées de travail perdues (milliers)	Días de trabajo perdidos (millares)

País – Clave	Total	Grandes divisiones de actividad económica [a] 1 Agricultura, caza, silvicultura y pesca	2 Minas, canteras	3 Industrias manufactureras	4 Electricidad, gas, agua	5 Construcción	6 Comercio, restaurantes y hoteles	7 Transportes, almacenaje, comunicaciones	8 Bancos, seguros, bienes inm., serv. para empresas	9 Servicios comunales, sociales y personales	0 Actividades no bien especificadas
Sierra Leone											
1976											
D/C	3	1	–	–	–	1	–	1	–	–	–
W/T	0.800	0.200	–	–	–	0.300	–	0.300	–	–	–
D/J	1.300	0.400	–	–	–	0.300	–	0.600	–	–	–
1977											
D/C	4	1	–	–	1	–	1	–	–	1	–
W/T	1.050	0.350	–	–	0.400	–	0.150	–	–	0.150	–
D/J	2.100	0.700	–	–	0.800	–	0.300	–	–	0.300	–
1978											
D/C	12	2	1	1	–	1	2	–	–	5	–
W/T	4.792	3.321	0.200	0.150	–	0.251	0.200	–	–	0.670	–
D/J	15.531	12.963	0.200	0.150	–	1.506	0.150	–	–	0.562	–
1979											
D/C	18	3	2	–	1	2	1	–	2	7	–
W/T	4.665	1.245	1.500	–	0.100	0.500	0.060	–	0.050	1.210	–
D/J	13.791	5.230	3.600	–	0.100	4.000	...	–	...	0.833	0.028
1980											
D/C	8	2	–	2	2	1	–	–	–	1	–
W/T	1.825	0.350	–	0.350	0.500	0.600	–	–	–	0.025	–
D/J	3.868	0.600	–	1.150	0.916	1.200	–	–	–	0.002	–
Tunisie											
1975											
D/C	363	12	15	261	5	39	3	9	16	3	.
W/T	40.671	1.073	0.645	28.759	0.173	7.418	0.049	1.693	0.801	0.060	.
D/J [1]	11.750	0.500	0.875	1.875	1.125	2.625	0.875	1.750	0.250	1.875	.
1976											
D/C	373	11	8	237	9	53	20	10	2	13	9
W/T	67.386	10.120	1.550	28.679	1.193	7.533	0.931	8.663	0.480	1.474	6.763
D/J [1]	27.500	1.250	4.750	1.750	6.875	1.625	2.750	0.750	0.250	5.750	1.750
1977											
D/C	452	23	30	200	14	112	6	18	2	47	.
W/T	88.335	2.802	22.961	15.042	1.068	16.380	0.745	24.762	0.082	4.493	.
D/J [1]	140.201	36.785	13.606	40.214	0.556	14.571	7.934	6.537	3.018	16.980	.
1978											
D/C	178	6	3	100	14	42	2	8	–	3	.
W/T	21.433	0.537	1.645	9.898	3.965	4.345	0.101	0.628	–	0.314	.
D/J [1]	36.938	0.217	5.016	19.879	3.368	7.722	0.076	0.502	–	0.158	.
1979											
D/C	240	–	16	175	4	23	8	10	–	1	3
W/T	22.430	–	5.950	11.840	0.154	2.170	0.315	1.940	–	0.011	0.050
D/J [1]	35.287	–	24.994	7.043	0.069	2.177	0.048	0.848	–	–	0.108
Zambia											
1975											
D/C	78	8	13	21	–	11	8	5	–	12	–
W/T	17.121	4.656	4.152	4.245	–	1.162	1.119	0.298	–	1.489	–
D/J	51.003	7.404	23.934	13.785	–	2.992	0.415	0.104	–	2.369	–

[a] The English designation of major divisions of economic activity is shown on the following page.
Les libellés en français des branches d'activité économique sont indiqués à la page précédente.

[1] Computed on the basis of an eight hour working day.

[1] Calculées sur la base de journées de travail de huit heures.

[1] Calculados a base de días de trabajo de ocho horas.

28 Industrial disputes
Conflits du travail
Conflictos del trabajo

B By major divisions of economic activity
Par branches d'activité économique
Por grandes divisiones de actividad económica

D/C:	Number of disputes	Nombre de conflits	Número de conflictos
W/T:	Workers involved (Thousands)	Travailleurs impliqués (milliers)	Trabajadores afectados (millares)
D/J:	Working days lost (Thousands)	Journées de travail perdues (milliers)	Días de trabajo perdidos (millares)

Country – Code	Total	Major divisions of economic activity [a] 1 Agriculture, hunting, forestry and fishing	2 Mining, quarrying	3 Manu-facturing	4 Electricity, gas, water	5 Construction	6 Trade, restaurants and hotels	7 Transport, storage, communi-cation	8 Financing, insurance, real estate, business services	9 Community, social and personal services	0 Activities not adequately defined
Zambia											
1976											
D/C	59	7	11	17	–	10	7	2	–	1	4
W/T	5.619	1.408	0.937	1.442	–	1.105	0.436	0.145	–	0.013	0.133
D/J	6.527	1.934	0.470	2.600	–	0.927	0.470	0.029	–	0.008	0.089
1977											
D/C	51	1	6	19	–	13	3	3	–	3	3
W/T	9.166	1.000	1.053	4.000	–	1.777	0.133	0.201	–	0.930	0.072
D/J	15.990	2.400	3.401	7.174	–	1.668	0.073	0.288	–	0.873	0.113
1978											
D/C	50	6	5	18	–	4	4	4	–	5	4
W/T	42.067	0.557	0.391	2.543	–	0.421	0.153	27.208	–	10.642	0.152
D/J	297.331	0.515	1.254	3.070	–	0.367	0.105	268.638	–	23.276	0.106
1979											
D/C	44	6	7	19	–	4	2	3	1	1	1
W/T	10.846	2.799	1.726	2.939	–	0.414	0.066	2.790	0.031	0.021	0.060
D/J	42.916	6.993	5.503	5.783	–	0.131	0.049	24.280	0.080	0.063	0.034
1980											
D/C	116	10	10	51	2	10	6	8	3	13	3
W/T	28.079	6.795	1.124	8.913	0.523	3.069	0.475	1.337	0.333	5.195	0.315
D/J	80.200	27.136	1.977	23.353	0.510	5.470	0.763	7.049	0.375	13.347	0.220
Zimbabwe											
1977											
D/C	17	2	–	10	.	2	1	1	.	1	.
W/T	2.934	0.047	–	0.905	.	1.025	0.013	0.774	.	0.170	.
D/J	9.451	0.051	–	0.608	.	2.008	0.013	6.700	.	0.071	.
1978											
D/C	18	–	–	15	.	2	–	–	.	1	.
W/T	2.908	–	–	2.727	.	0.137	–	–	.	0.044	.
D/J	1.720	–	–	1.684	.	0.014	–	–	.	0.022	.
1979											
D/C	7	–	–	6	.	–	1	–	.	–	.
W/T	1.237	–	–	1.224	.	–	0.013	–	.	–	.
D/J	0.553	–	–	0.552	.	–	0.001	–	.	–	.
1980											
D/C	297	74	10	151	.	16	11	11	.	24	.
W/T	90.788	32.903	7.444	39.618	.	2.690	0.712	3.217	.	4.204	.
D/J	232.611	80.523	43.332	89.355	.	5.997	0.553	4.190	.	8.661	.
AMERICA – AMÉRIQUE – AMERICA											
Barbados											
1975											
D/C	3	–	.	1	–	–	–	1	.	1	.
W/T	0.823	–	.	0.046	–	–	–	0.627	.	0.150	.
D/J	3.431	–	.	0.023	–	–	–	2.508	.	0.900	.
1976											
D/C	2	–	.	–	–	1	–	1	.	–	.
W/T	0.282	–	.	–	–	0.027	–	0.255	.	–	.
D/J	0.129	–	.	–	–	0.067	–	0.062	.	–	.

[a] Les libellés en français des branches d'activité économique sont indiqués à la page suivante.
La designación en español de las grandes divisiones de actividad económica figura en la página precedente.

28 Industrial disputes / Conflits du travail / Conflictos del trabajo

B By major divisions of economic activity / Par branches d'activité économique / Por grandes divisiones de actividad económica

D/C:	Number of disputes	Nombre de conflits	Número de conflictos
W/T:	Workers involved (Thousands)	Travailleurs impliqués (milliers)	Trabajadores afectados (millares)
D/J:	Working days lost (Thousands)	Journées de travail perdues (milliers)	Días de trabajo perdidos (millares)

		Branches d'activité économique [a]									
		1	2	3	4	5	6	7	8	9	0
Pays – Code	Total	Agriculture, chasse, sylviculture et pêche	Industries extractives	Industries manu-facturières	Electricité, gaz, eau	Construction	Commerce, restaurants et hôtels	Transports, entrepôts, communi-cations	Banques, assurances, aff. imm., serv. aux entreprises	Services à collectivité, services soc. et pers.	Activités mal désignées
Barbados											
1977											
D/C	–	–	.	–	–	–	–	–	.	–	.
W/T	–	–	.	–	–	–	–	–	.	–	.
D/J	–	–	.	–	–	–	–	–	.	–	.
1978											
D/C	–	–	.	–	–	–	–	–	.	–	.
W/T	–	–	.	–	–	–	–	–	.	–	.
D/J	–	–	.	–	–	–	–	–	.	–	.
1979											
D/C	1	1	.	–	–	–	–	–	.	–	.
W/T	0.045	0.045	.	–	–	–	–	–	.	–	.
D/J	0.270	0.270	.	–	–	–	–	–	.	–	.
1980											
D/C	7	–	.	–	1	3	–	1	.	2	.
W/T	2.166	–	.	–	0.440	0.480	–	1.240	.	0.006	.
D/J	14.342	–	.	–	8.360	2.250	–	3.720	.	0.012	.
Bermuda											
1975											
D/C	2	–	.	–	.	–	–	–	–	2	.
W/T	0.807	–	.	–	.	–	–	–	–	0.807	.
D/J	9.545	–	.	–	.	–	–	–	–	9.545	.
1976											
D/C	1	–	.	–	.	–	–	–	1	–	.
W/T	0.020	–	.	–	.	–	–	–	0.020	–	.
D/J	1.260	–	.	–	.	–	–	–	1.260	–	.
1977											
D/C	6	1	.	1	.	–	3	1	–	–	.
W/T	3.006	0.130	.	0.060	.	–	2.715	0.101	–	–	.
D/J	11.986	2.340	.	0.800	.	–	8.240	0.606	–	–	.
1978											
D/C	3	–	.	–	.	1	2	–	–	–	.
W/T	0.360	–	.	–	.	0.010	0.350	–	–	–	.
D/J	2.720	–	.	–	.	0.270	2.450	–	–	–	.
1979											
D/C	2	–	.	–	.	–	2	–	–	–	.
W/T	0.012	–	.	–	.	–	0.012	–	–	–	.
D/J	0.030	–	.	–	.	–	0.030	–	–	–	.
Canada [1]											
1975											
D/C	1 171	15	46	523	14	122	107	100	16	227	1
W/T [2]	506.443	13.294	33.231	150.117	8.038	58.873	23.421	75.768	3.026	90.675	50.000
D/J	10 908.8	290.820	1 179.38	5 339.85	75.570	984.920	393.590	1 323.1	182.710	1 088.87	50.000
1976											
D/C	1 039	5	49	457	26	76	99	116	14	194	3
W/T [2]	1 570.92	1.134	24.930	166.542	19.281	135.668	8.818	32.757	0.596	170.995	1 010.2
D/J	11 609.9	36.670	579.430	4 493.26	227.780	2 856.37	213.780	394.850	20.380	1 339.67	1 447.7

[a] La designación en español de las grandes divisiones de actividad económica figura en la página siguiente.
The English designation of major divisions of economic activity is shown on the preceding page.

[1] Excl. disputes in which the time lost is less than ten man-days. [2] Excl. workers indirectly affected.

[1] Non compris les conflits pour lesquels moins de dix journées-homme sont perdues. [2] Non compris les travailleurs indirectement atteints.

[1] Excl. los conflictos en los que se pierden menos de diez días-hombre. [2] Excl. los trabajadores indirectamente afectados.

28 Industrial disputes
Conflits du travail
Conflictos del trabajo

B By major divisions of economic activity
Par branches d'activité économique
Por grandes divisiones de actividad económica

D/C:	Number of disputes	Nombre de conflits	Número de conflictos
W/T:	Workers involved (Thousands)	Travailleurs impliqués (milliers)	Trabajadores afectados (millares)
D/J:	Working days lost (Thousands)	Journées de travail perdues (milliers)	Días de trabajo perdidos (millares)

		Grandes divisiones de actividad económica [a]									
		1	2	3	4	5	6	7	8	9	0
País – Clave	Total	Agricultura, caza, silvicultura y pesca	Minas, canteras	Industrias manu-factureras	Electricidad, gas, agua	Construcción	Comercio, restaurantes y hoteles	Transportes, almacenaje, comuni-caciones	Bancos, seguros, bienes inm., serv. para empresas	Servicios comunales, sociales y personales	Actividades no bien especifi-cadas
Canada											
1977											
D/C	803	10	28	342	9	84	83	89	11	147	–
W/T [1]	217.557	2.328	11.217	95.521	0.609	33.215	5.900	32.041	0.922	35.804	–
D/J	3 307.88	37.130	91.050	1 665.46	9.080	404.990	155.240	518.020	24.060	402.850	–
1978											
D/C	1 058	21	39	459	11	108	99	115	19	187	–
W/T [1]	401.688	6.050	31.147	117.548	2.114	63.105	11.315	72.218	1.061	97.130	–
D/J	7 392.82	69.030	1 699.46	2 527.98	9.700	1 232.61	269.180	935.780	8.830	640.250	–
1979											
D/C	1 050	12	40	511	24	48	96	105	20	193	1
W/T [1]	462.504	2.644	28.396	149.656	18.441	10.839	17.337	61.492	2.223	122.746	48.730
D/J	7 834.23	110.950	1 586.36	3 129.46	206.350	88.290	290.520	975.230	39.390	1 358.95	48.730
1980											
D/C	1 026	11	33	402	17	69	137	89	30	238	–
W/T [1]	442.253	19.700	21.400	87.475	2.012	57.940	10.419	25.317	2.455	215.535	–
D/J	8 999.39	733.990	418.270	3 161.23	28.210	1 107.06	269.230	700.860	55.450	2 525.09	–
Costa Rica											
1975											
D/C	18	.	.	.	.	.	.	.	.	.	.
W/T	11.500	.	.	.	.	.	.	.	.	.	.
D/J	47.252	.	.	.	.	.	.	.	.	.	.
1976											
D/C	14	1	–	–	1	–	–	2	–	5	5
W/T	...	...	–	–	...	–	–	3.800	–	4.900	.
D/J	...	...	...	...	...	...	...	...	...	...	.
1977											
D/C	9	3	–	1	1	1	–	–	–	1	2
W/T	10.482	0.320	–	0.285	0.505	–	–	–	–	3.800	5.572
D/J	...	...	...	...	...	...	...	...	...	...	.
1978											
D/C	15	5	–	–	–	3	1	2	–	3	1
W/T	20.278	0.820	–	–	–	0.738	0.110	0.120	–	18.450	0.040
D/J	...	...	...	...	...	...	...	...	...	...	.
El Salvador											
1975											
D/C	14	–	1	6	1	3	–	3	–	–	.
W/T	2.902	–	0.211	0.707	0.700	0.867	–	0.417	–	–	.
D/J	39.059	–	0.211	6.933	2.800	27.653	–	1.462	–	–	.

[a] The English designation of major divisions of economic activity is shown on the following page.
Les libellés en français des branches d'activité économique sont indiqués à la page précédente.

[1] Excl. workers indirectly affected. [1] Non compris les travailleurs indirectement atteints. [1] Excl. los trabajadores indirectamente afectados.

28 Industrial disputes / Conflits du travail / Conflictos del trabajo

B By major divisions of economic activity / Par branches d'activité économique / Por grandes divisiones de actividad económica

D/C: Number of disputes — Nombre de conflits — Número de conflictos
W/T: Workers involved (Thousands) — Travailleurs impliqués (milliers) — Trabajadores afectados (millares)
D/J: Working days lost (Thousands) — Journées de travail perdues (milliers) — Días de trabajo perdidos (millares)

Country – Code	Total	Major divisions of economic activity [a] 1 Agriculture, hunting, forestry and fishing	2 Mining, quarrying	3 Manu-facturing	4 Electricity, gas, water	5 Construction	6 Trade, restaurants and hotels	7 Transport, storage, communi-cation	8 Financing, insurance, real estate, business services	9 Community, social and personal services	0 Activities not adequately defined
El Salvador											
1976											
D/C	2	–	–	–	–	2	–	–	–	–	.
W/T	25.300	–	–	–	–	25.300	–	–	–	–	.
D/J	601.800	–	–	–	–	601.800	–	–	–	–	.
1977											
D/C	19	1	1	11	2	2	–	2	–	–	.
W/T	32.879	0.150	0.330	2.979	1.400	26.900	–	1.120	–	–	.
D/J	154.792	0.300	4.290	43.040	6.922	83.400	–	16.840	–	–	.
1978											
D/C	29	–	1	21	1	5	1	–	–	–	.
W/T	7.169	–	0.072	5.051	0.225	1.371	0.450	–	–	–	.
D/J	72.962	–	1.368	49.013	0.675	21.456	0.450	–	–	–	.
1979											
D/C	103	–	1	86	2	4	4	4	–	2	.
W/T	29.432	–	0.423	22.741	0.452	0.536	0.415	0.635	–	4.230	.
D/J	292.276	–	0.423	246.783	0.904	2.872	5.600	2.454	–	33.240	.
1980											
D/C	35	–	–	16	2	3	6	6	2	–	.
W/T	12.110	–	–	3.907	3.100	0.297	1.293	1.923	1.590	–	.
D/J	44.217	–	–	15.670	9.300	1.338	4.082	9.707	4.120	–	.
Guadeloupe											
1975											
D/C	4	–	.	–	1	–	1	1	–	1	.
W/T	0.267	–	.	–	0.009	–	0.150	0.043	–	0.065	.
D/J	1.770	–	.	–	0.009	–	1.500	0.131	–	0.130	.
1976											
D/C	4	–	.	1	–	–	1	–	–	2	.
W/T	0.267	–	.	0.074	–	–	0.109	–	–	0.084	.
D/J	20.295	–	.	0.296	–	–	0.763	–	–	19.236	.
1977											
D/C	51	4	.	6	–	3	20	2	–	16	.
W/T	5.021	0.560	.	0.054	–	0.972	2.061	0.018	–	1.356	.
D/J	19.458	0.680	.	0.351	–	0.992	12.882	0.475	–	4.078	.
1978											
D/C	48	3	.	7	–	17	18	–	3	–	.
W/T	5.847	0.250	.	0.845	–	2.974	–	0.892	–	0.886	.
D/J	17.485	1.478	.	4.705	–	6.796	3.614	–	0.892	–	.
1979											
D/C	35	1	.	–	–	10	20	–	4	–	.
W/T	...	...	.	–	–	...	...	...	...	...	.
D/J	21.860	0.840	.	–	–	4.181	9.884	–	6.955	–	.
1980											
D/C	...	...	.	–	–	...	...	...	...	...	...
W/T	3.731	0.060	.	0.416	–	0.973	0.973	–	–	–	0.024
D/J	9.480	0.900	.	1.411	–	3.863	3.863	–	–	–	0.048
Guatemala											
1975											
D/C	7	–	–	2	–	–	–	–	–	5	.
W/T [1]	8.336	–	–	0.880	–	–	–	–	–	7.456	.
D/J	53.476	–	–	15.800	–	–	–	–	–	37.676	.

[a] Les libellés en français des branches d'activité économique sont indiqués à la page suivante.
La designación en español de las grandes divisiones de actividad económica figura en la página precedente.

[1] Excl. workers indirectly affected. [1] Non compris les travailleurs indirectement atteints. [1] Excl. los trabajadores indirectamente afectados.

28 Industrial disputes
Conflits du travail
Conflictos del trabajo

B By major divisions of economic activity
Par branches d'activité économique
Por grandes divisiones de actividad económica

D/C:	Number of disputes	Nombre de conflits	Número de conflictos
W/T:	Workers involved (Thousands)	Travailleurs impliqués (milliers)	Trabajadores afectados (millares)
D/J:	Working days lost (Thousands)	Journées de travail perdues (milliers)	Días de trabajo perdidos (millares)

		Branches d'activité économique [a]									
		1	2	3	4	5	6	7	8	9	0
Pays – Code	Total	Agriculture, chasse, sylviculture et pêche	Industries extractives	Industries manu-facturières	Electricité, gaz, eau	Construction	Commerce, restaurants et hôtels	Transports, entrepôts, communi-cations	Banques, assurances, aff. imm., serv. aux entreprises	Services à collectivité, services soc. et pers.	Activités mal désignées
Guatemala											
1976											
D/C	16	–	–	2	–	1	–	1	–	12	.
W/T [1]	5.757	–	–	0.215	–	0.300	–	1.200	–	4.042	.
D/J	167.831	–	–	3.225	–	1.500	–	4.800	–	158.306	.
1977											
D/C	9	1	1	1	–	–	–	–	1	5	.
W/T [1]	8.670	0.030	0.076	0.212	–	–	–	–	1.500	6.852	.
D/J	60.641	0.360	1.596	1.696	–	–	–	–	2.406	54.583	.
1978											
D/C	229	7	1	5	5	–	–	10	6	194	1
W/T [1]	144.956	4.000	0.400	2.505	3.033	–	–	2.712	0.850	129.956	1.500
D/J	1 479.25	8.000	2.400	25.135	20.133	–	–	43.480	1.488	1 372.61	6.000
1979											
D/C	7	2	1	1	–	–	–	–	1	2	.
W/T [1]	42.170	10.200	0.650	0.020	–	–	–	–	1.200	30.100	.
1980											
D/C	51	21	–	27	–	–	3	–	–	–	–
W/T [1]	68.683	67.388	–	0.295	–	–	1.000	–	–	–	–
Guyane française											
1975											
D/C	6	–	–	–	–	4	–	–	–	–	2
W/T	0.765	–	–	–	–	0.681	–	–	–	–	0.084
D/J	8.354	–	–	–	–	7.993	–	–	–	–	0.361
1976											
D/C	11	–	–	1	–	6	–	1	2	1	–
W/T	0.758	–	–	0.021	–	0.569	–	0.021	0.114	0.033	–
D/J	5.666	–	–	0.168	–	3.023	–	0.084	2.127	0.264	–
1977											
D/C	10	–	–	–	–	6	–	–	–	3	1
W/T	1.173	–	–	–	–	0.379	–	–	–	0.047	0.747
D/J	12.120	–	–	–	–	3.448	–	–	–	0.107	8.565
1978											
D/C	5	1	–	2	–	1	–	–	–	1	–
W/T	0.079	0.025	–	0.026	–	0.022	–	–	–	0.006	–
D/J	0.432	0.200	–	0.163	–	0.066	–	–	–	0.003	–
1979											
D/C	14	2	–	1	–	5	1	1	2	2	–
W/T	0.676	0.094	–	0.006	–	0.351	0.033	0.048	0.028	0.116	–
D/J	3.031	0.604	–	0.003	–	0.828	0.033	0.768	0.035	0.760	–
1980											
D/C	19	6	1	–	1	2	4	1	3	–	1
W/T	1.295	0.177	0.030	–	0.035	0.158	0.048	0.038	0.062	–	0.747
D/J	3.897	1.063	0.075	–	0.105	0.818	0.278	0.150	0.138	–	1.270

[a] La designación en español de las grandes divisiones de actividad económica figura en la página siguiente.
The English designation of major divisions of economic activity is shown on the preceding page.

[1] Excl. workers indirectly affected. [1] Non compris les travailleurs indirectement atteints. [1] Excl. los trabajadores indirectamente afectados.

28 Industrial disputes / Conflits du travail / Conflictos del trabajo

B By major divisions of economic activity / Par branches d'activité économique / Por grandes divisiones de actividad económica

D/C:	Number of disputes	Nombre de conflits	Número de conflictos
W/T:	Workers involved (Thousands)	Travailleurs impliqués (milliers)	Trabajadores afectados (millares)
D/J:	Working days lost (Thousands)	Journées de travail perdues (milliers)	Días de trabajo perdidos (millares)

País – Clave	Total	Grandes divisiones de actividad económica [a]									
		1	2	3	4	5	6	7	8	9	0
		Agricultura, caza, silvicultura y pesca	Minas, canteras	Industrias manufactureras	Electricidad, gas, agua	Construcción	Comercio, restaurantes y hoteles	Transportes, almacenaje, comunicaciones	Bancos, seguros, bienes inm., serv. para empresas	Servicios comunales, sociales y personales	Actividades no bien especificadas
Jamaica [1]											
1975	[2]						[3]			[4]	
D/C	205	13	4	53	.	32	19	13	.	71	.
W/T	10.993	2.917	1.105	2.911	.	...	0.691	1.286	.	2.083	.
D/J	112.584	28.474	9.345	31.379	.	...	12.523	3.952	.	26.911	.
1976	[2]						[3]			[4]	
D/C	142	3	9	67	.	3	7	13	.	40	.
W/T	12.169	...	3.588	6.354	.	0.258	0.908	0.256	.	0.599	0.206
D/J	139.619	...	68.585	61.991	.	0.803	5.029	0.129	.	3.082	.
1977	[2]						[3]			[4]	
D/C	163	11	2	64	.	2	14	11	.	59	.
W/T	12.557	2.476	...	4.948	.	...	1.553	0.432	.	3.148	.
D/J	81.688	12.007	...	30.894	.	...	3.063	1.424	.	34.300	.
1978	[2]						[3]			[4]	
D/C	...	.	.	.	.	.	.	.	.	.	.
W/T	...	.	.	.	.	.	.	.	.	.	.
D/J	...	.	.	.	.	.	.	.	.	.	.
1979	[2]						[3]			[4]	
D/C	182	2	7	39	.	6	14	20	.	94	.
W/T	19.824	...	1.000	3.718	.	0.275	1.790	3.505	.	9.536	.
D/J	82.093	...	2.140	23.768	.	5.005	3.660	13.662	.	33.858	.
México											
1975											
D/C [5]	236	6	1	95	.	23	44	6	.	57	4
W/T [6]	9.680	0.039	0.044	7.836	.	0.194	0.635	0.059	.	0.695	0.178
D/J	.	.	.	.	.	.	.	.	.	.	.
1976											
D/C [5]	547	25	3	236	.	26	74	10	2	154	17
W/T [6]	23.684	0.242	0.179	15.897	.	0.677	2.083	0.371	0.166	1.783	2.286
D/J	.	.	.	.	.	.	.	.	.	.	.
1977											
D/C [5]	476	8	3	238	.	28	81	8	3	96	11
W/T [6]	13.411	0.207	0.027	9.493	.	0.226	1.099	0.502	0.180	1.374	0.303
D/J	.	.	.	.	.	.	.	.	.	.	.

[a] The English designation of major divisions of economic activity is shown on the following page.
Les libellés en français des branches d'activité économique sont indiqués à la page précédente.

[1] Excl. disputes in which less than 100 working days were lost. [2] Excl. disputes involving less than ten workers. [3] Incl. financing, insurance and real estate; excl. restaurants and hotels. [4] Incl. major division 4. Incl. restaurants and hotels. [5] Strikes only. [6] Excl. workers indirectly affected.

[1] Non compris les conflits de moins de 100 journées de travail perdues. [2] Non compris les conflits touchant moins de dix travailleurs. [3] Y compris les banques, les assurances et affaires immobilières; non compris les restaurants et hôtels. [4] Y compris la branche 4. Y compris les restaurants et hôtels. [5] Grèves seulement. [6] Non compris les travailleurs indirectement atteints.

[1] Excl. los conflictos de menos de 100 días de trabajo perdidos. [2] Excl. los conflictos que afectan a menos de diez trabajadores. [3] Incl. establecimientos financieros, seguros y bienes inmuebles; excl. restaurantes y hoteles. [4] Incl. gran división 4. Incl. restaurantes y hoteles. [5] Huelgas solamente. [6] Excl. los trabajadores indirectamente afectados.

28 Industrial disputes
Conflits du travail
Conflictos del trabajo

B By major divisions of economic activity
Par branches d'activité économique
Por grandes divisiones de actividad económica

D/C:	Number of disputes	Nombre de conflits	Número de conflictos
W/T:	Workers involved (Thousands)	Travailleurs impliqués (milliers)	Trabajadores afectados (millares)
D/J:	Working days lost (Thousands)	Journées de travail perdues (milliers)	Días de trabajo perdidos (millares)

		Major divisions of economic activity [(a)]									
		1	2	3	4	5	6	7	8	9	0
Country – Code	Total	Agriculture, hunting, forestry and fishing	Mining, quarrying	Manu-facturing	Electricity, gas, water	Construction	Trade, restaurants and hotels	Transport, storage, communi-cation	Financing, insurance, real estate, business services	Community, social and personal services	Activities not adequately defined
México											
1978											
D/C [1]	758	59	1	273	.	53	120	26	.	194	32
W/T [2]	.	.	.	.	.	.	.	.	.	.	.
D/J	.	.	.	.	.	.	.	.	.	.	.
Netherlands Antilles											
1976											
D/C	10	.	–	1	.	5	–	3	1	–	.
W/T	0.561	.	–	0.035	.	0.278	–	0.243	0.005	–	.
D/J	0.653	.	–	0.035	.	0.314	–	0.299	0.005	–	.
1977											
D/C	8	.	–	–	.	4	–	4	–	–	.
W/T	1.874	.	–	–	.	1.199	–	0.675	–	–	.
D/J	2.924	.	–	–	.	1.312	–	1.612	–	–	.
1978											
D/C	11	.	2	–	.	4	1	3	–	1	.
W/T	4.808	.	2.290	–	.	1.980	0.065	0.287	–	0.186	.
D/J	10.624	.	3.560	–	.	4.860	0.032	0.312	–	1.860	.
1979											
D/C	8	.	1	1	.	2	3	1	–	–	.
W/T	3.914	.	2.040	0.100	.	1.550	0.124	0.100	–	–	.
D/J	29.915	.	22.440	0.500	.	4.550	0.925	1.500	–	–	.
1980											
D/C	4	.	–	1	.	–	–	2	1	–	.
W/T	0.585	.	–	0.025	.	–	–	0.480	0.080	–	.
D/J	1.275	.	–	0.075	.	–	–	0.720	0.480	–	.
Panamá											
1975											
D/C	6	.	.	.	.	.	.	.	.	.	.
W/T	...	.	.	.	.	.	.	.	.	.	.
D/J [3]	...	.	.	.	.	.	.	.	.	.	.
1976											
D/C	15	1	1	3	.	4	4	–	.	2	.
W/T	2.080	0.177	0.026	1.267	.	0.287	0.230	–	.	0.093	.
D/J [3]	18.939	0.354	0.312	2.259	.	10.806	3.181	–	.	2.027	.

[(a)] Les libellés en français des branches d'activité économique sont indiqués à la page suivante.
La designación en español de las grandes divisiones de actividad económica figura en la página precedente.

[1] Strikes only. [2] Excl. workers indirectly affected. [3] Computed on the basis of an eight hour working day.

[1] Grèves seulement. [2] Non compris les travailleurs indirectement atteints. [3] Calculées sur la base de journées de travail de huit heures.

[1] Huelgas solamente. [2] Excl. los trabajadores indirectamente afectados. [3] Calculados a base de días de trabajo de ocho horas.

28 Industrial disputes
Conflits du travail
Conflictos del trabajo

B By major divisions of economic activity
Par branches d'activité économique
Por grandes divisiones de actividad económica

D/C:	Number of disputes	Nombre de conflits	Número de conflictos
W/T:	Workers involved (Thousands)	Travailleurs impliqués (milliers)	Trabajadores afectados (millares)
D/J:	Working days lost (Thousands)	Journées de travail perdues (milliers)	Días de trabajo perdidos (millares)

Pays – Code	Total	Branches d'activité économique [a] 1 Agriculture, chasse, sylviculture et pêche	2 Industries extractives	3 Industries manufacturières	4 Electricité, gaz, eau	5 Construction	6 Commerce, restaurants et hôtels	7 Transports, entrepôts, communications	8 Banques, assurances, aff. imm., serv. aux entreprises	9 Services à collectivité, services soc. et pers.	0 Activités mal désignées
Panamá											
1977											
D/C	4	–	1	1	.	2	–	–	.	–	.
W/T	0.205	–	0.013	0.014	.	0.178	–	–	.	–	.
D/J [1]	0.915	–	0.013	0.546	.	0.356	–	–	.	–	.
1978											
D/C	3	–	–	2	.	–	–	1	.	–	.
W/T	0.867	–	–	0.726	.	–	–	0.141	.	–	.
D/J [1]	3.003	–	–	1.452	.	–	–	1.551	.	–	.
1979											
D/C	10	–	–	4	.	5	–	1	.	–	.
W/T	1.161	–	–	0.945	.	0.179	–	0.048	.	–	.
D/J [1]	44.292	–	–	37.800	.	6.444	–	0.048	.	–	.
1980											
D/C	18	–	–	13	.	1	3	1	.	–	.
W/T	2.438	–	–	1.035	.	0.071	1.101	0.231	.	–	.
D/J [1]	158.744	–	–	132.480	.	0.710	25.323	0.231	.	–	.
Perú											
1975											
D/C	779	.	.	.	.	.	.	.	.	.	.
W/T	617.120	.	.	.	.	.	.	.	.	.	.
D/J [1]	2 533.68	.	.	.	.	.	.	.	.	.	.
1976											
D/C	440	.	.	.	.	.	.	.	.	.	.
W/T	258.101	.	.	.	.	.	.	.	.	.	.
D/J [1]	852.778	.	.	.	.	.	.	.	.	.	.
1977											
D/C	234	11	58	104	3	21	5	9	13	5	5
W/T	1 315.36	6.659	30.512	29.334	0.620	3.219	0.862	1.847	39.223	0.605	1 202.48
D/J [1]	1 726.32	17.110	152.569	301.733	0.539	11.384	0.827	4.727	12.365	1.089	1 224.48
1978											
D/C	364	6	63	183	3	10	12	12	26	35	14
W/T	1 398.39	24.823	59.993	49.594	4.639	0.744	2.207	14.040	65.689	4.807	1 171.86
D/J [1]	4 518.09	50.397	718.739	499.233	33.358	3.666	4.122	83.173	66.379	15.663	3 043.36
1979											
D/C	653	22	74	254	25	7	27	29	107	94	14
W/T	841.144	52.743	37.973	59.027	23.029	3.539	9.860	22.969	252.336	15.554	364.114
D/J [1]	1 676.34	290.362	162.149	304.007	58.185	27.653	11.144	172.536	45.586	69.343	535.377

[a] La designación en español de las grandes divisiones de actividad económica figura en la página siguiente.
The English designation of major divisions of economic activity is shown on the preceding page.

[1] Computed on the basis of an eight hour working day.

[1] Calculées sur la base de journées de travail de huit heures.

[1] Calculados a base de días de trabajo de ocho horas.

28 Industrial disputes / Conflits du travail / Conflictos del trabajo

B By major divisions of economic activity / Par branches d'activité économique / Por grandes divisiones de actividad económica

D/C:	Number of disputes	Nombre de conflits	Número de conflictos
W/T:	Workers involved (Thousands)	Travailleurs impliqués (milliers)	Trabajadores afectados (millares)
D/J:	Working days lost (Thousands)	Journées de travail perdues (milliers)	Días de trabajo perdidos (millares)

País – Clave	Total	Grandes divisiones de actividad económica [(a)] 1 Agricultura, caza, silvicultura y pesca	2 Minas, canteras	3 Industrias manu-factureras	4 Electricidad, gas, agua	5 Construcción	6 Comercio, restaurantes y hoteles	7 Transportes, almacenaje, comuni-caciones	8 Bancos, seguros, bienes inm., serv. para empresas	9 Servicios comunales, sociales y personales	0 Actividades no bien especifi-cadas
Perú											
1980											
D/C	739	5	123	361	33	5	39	37	83	44	9
W/T	481.484	8.920	63.790	111.872	18.017	2.585	12.869	25.868	218.260	8.810	10.495
D/J [1]	2 239.86	11.332	348.709	1 357.13	123.354	4.364	36.120	83.702	226.710	20.168	28.273
Puerto Rico											
1975 [2]		[3]					[4]			[5]	
D/C	65	–	.	22	1	6	10	4	.	20	2
W/T [6]	19.961	–	.	3.948	2.900	0.946	0.988	5.264	.	5.651	0.264
D/J	365.380	–	.	55.006	89.900	11.335	27.050	67.114	.	108.265	6.710
1976 [2]		[3]					[4]			[5]	
D/C	37	4	.	7	–	3	2	2	.	9	10
W/T [6]	8.580	0.388	.	2.229	–	0.089	0.042	1.214	.	0.698	3.920
D/J	331.859	1.643	.	78.923	–	0.237	0.286	146.046	.	10.484	94.240
1977 [2]		[3]					[4]			[5]	
D/C	35	–	.	12	–	4	–	1	.	7	11
W/T [6]	14.788	–	.	2.623	–	0.266	–	0.014	.	0.879	11.006
D/J	325.626	–	.	76.794	–	1.822	–	0.714	.	17.345	228.951

[(a)] The English designation of major divisions of economic activity is shown on the following page.
Les libellés en français des branches d'activité économique sont indiqués à la page précédente.

[1] Computed on the basis of an eight hour working day. [2] Year beginning in July of year indicated. [3] Fruit and sugar-cane plantations only. [4] Incl. financing, insurance and real estate; excl. restaurants and hotels. [5] Incl. restaurants and hotels. [6] Excl. workers indirectly affected.

[1] Calculées sur la base de journées de travail de huit heures. [2] Année commençant en juillet de l'année indiquée. [3] Plantations de fruits et de canne à sucre seulement. [4] Y compris les banques, les assurances et affaires immobilières; non compris les restaurants et hôtels. [5] Y compris les restaurants et hôtels. [6] Non compris les travailleurs indirectement atteints.

[1] Calculados a base de días de trabajo de ocho horas. [2] Año que comienza en julio del año indicado. [3] Plantaciones de frutas y de caña de azúcar solamente. [4] Incl. establecimientos financieros, seguros y bienes inmuebles; excl. restaurantes y hoteles. [5] Incl. restaurantes y hoteles. [6] Excl. los trabajadores indirectamente afectados.

28 Industrial disputes / Conflits du travail / Conflictos del trabajo

B By major divisions of economic activity / Par branches d'activité économique / Por grandes divisiones de actividad económica

D/C:	Number of disputes	Nombre de conflits	Número de conflictos
W/T:	Workers involved (Thousands)	Travailleurs impliqués (milliers)	Trabajadores afectados (millares)
D/J:	Working days lost (Thousands)	Journées de travail perdues (milliers)	Días de trabajo perdidos (millares)

Country – Code	Total	Major divisions of economic activity [a] 1 Agriculture, hunting, forestry and fishing	2 Mining, quarrying	3 Manu-facturing	4 Electricity, gas, water	5 Construction	6 Trade, restaurants and hotels	7 Transport, storage, communi-cation	8 Financing, insurance, real estate, business services	9 Community, social and personal services	0 Activities not adequately defined
Puerto Rico											
1978 [1]		[2]					[3]			[4]	
D/C	33	–	.	9	–	5	3	–	.	16	.
W/T [5]	11.401	–	.	1.714	–	0.339	0.130	–	.	9.218	.
D/J	698.757	–	.	23.531	–	11.600	1.740	–	.	661.886	.
1979 [1]		[2]					[3]			[4]	
D/C	27	–	.	12	–	4	2	–	.	6	3
W/T [5]	3.611	–	.	2.175	–	0.124	0.009	–	.	1.280	0.023
D/J	49.253	–	.	25.423	–	1.096	0.081	–	.	22.315	0.338
1980 [1]		[2]					[3]			[4]	
D/C	27	–	.	17	–	1	2	2	.	5	
W/T [5]	5.838	–	.	4.895	–	0.042	0.139	0.357	.	0.405	
D/J	118.372	–	.	98.020	–	0.798	1.525	4.039	.	13.990	–

[a] Les libellés en français des branches d'activité économique sont indiqués à la page suivante.
La designación en español de las grandes divisiones de actividad económica figura en la página precedente.

[1] Year beginning in July of year indicated. [2] Fruit and sugar-cane plantations only. [3] Incl. financing, insurance and real estate; excl. restaurants and hotels. [4] Incl. restaurants and hotels. [5] Excl. workers indirectly affected.

[1] Année commençant en juillet de l'année indiquée. [2] Plantations de fruits et de canne à sucre seulement. [3] Y compris les banques, les assurances et affaires immobilières; non compris les restaurants et hôtels. [4] Y compris les restaurants et hôtels. [5] Non compris les travailleurs indirectement atteints.

[1] Año que comienza en julio del año indicado. [2] Plantaciones de frutas y de caña de azúcar solamente. [3] Incl. establecimientos financieros, seguros y bienes inmuebles; excl. restaurantes y hoteles. [4] Incl. restaurantes y hoteles. [5] Excl. los trabajadores indirectamente afectados.

28 Industrial disputes
Conflits du travail
Conflictos del trabajo

B By major divisions of economic activity
Par branches d'activité économique
Por grandes divisiones de actividad económica

D/C:	Number of disputes	Nombre de conflits	Número de conflictos
W/T:	Workers involved (Thousands)	Travailleurs impliqués (milliers)	Trabajadores afectados (millares)
D/J:	Working days lost (Thousands)	Journées de travail perdues (milliers)	Días de trabajo perdidos (millares)

		Branches d'activité économique [(a)]									
		1	2	3	4	5	6	7	8	9	0
Pays – Code	Total	Agriculture, chasse, sylviculture et pêche	Industries extractives	Industries manu-facturières	Electricité, gaz, eau	Construction	Commerce, restaurants et hôtels	Transports, entrepôts, communi-cations	Banques, assurances, aff. imm., serv. aux entreprises	Services à collectivité, services soc. et pers.	Activités mal désignées
Saint-Pierre-et-Miquelon											
1977											
D/C	8	–	–	–	–	2	1	3	1	–	1
W/T	0.680	–	–	–	–	0.300	0.250	0.100	0.020	–	0.010
D/J	1.180	–	–	–	–	0.600	0.250	0.300	0.020	–	0.010
1978											
D/C	6	–	–	1	–	2	2	–	–	–	1
W/T	0.585	–	–	0.110	–	0.250	0.200	–	–	–	0.025
D/J	2.925	–	–	1.100	–	1.000	0.800	–	–	–	0.025
1979											
D/C	5	–	–	–	–	2	1	–	–	–	2
W/T	0.440	–	–	–	–	0.260	0.150	–	–	–	0.030
D/J	0.880	–	–	–	–	0.520	0.300	–	–	–	0.060
1980	[1]										
D/C	1	1	–	–	–	1	1	–	–	1	–
W/T	0.083	0.030	–	–	–	0.021	0.018	–	–	0.014	–
D/J	0.124	0.045	–	–	–	0.031	0.027	–	–	0.021	–
Suriname											
1975											
D/C	8	2	1	3	–	–	–	–	–	2	.
W/T	1.999	0.870	0.109	0.916	–	–	–	–	–	0.104	.
D/J	16.728	6.123	3.379	7.018	–	–	–	–	–	0.208	.
1976											
D/C	24	6	–	14	–	2	2				
W/T	2.044	0.858	–	1.137	–	23.000	26.000				
D/J	9.092	5.764	–	3.070	–	0.069	0.188				
1977											
D/C	12	1	1	4	–	2	1	2	–	1	.
W/T	2.845	0.395	0.100	1.770	–	0.031	0.064	0.275	–	0.210	.
D/J	6.517	1.185	0.100	1.292	–	0.127	0.128	3.475	–	0.210	.
1978											
D/C	11	3	–	1	1	2	2	2	–	–	.
W/T	0.772	0.361	–	0.016	0.006	0.056	0.102	0.231	–	–	.
D/J	3.197	2.166	–	0.016	0.006	0.112	0.204	0.693	–	–	.
1979											
D/C	8	2	–	2	1	2	–	–	–	1	.
W/T	2.186	1.547	–	0.214	0.365	0.035	–	–	–	0.025	.
D/J	10.583	7.735	–	2.410	0.136	0.245	–	–	–	0.055	0.002
1980											
D/C	15	5	2	5	–	–	2	–	1	–	.
W/T	8.835	0.664	2.215	0.884	–	–	0.049	–	0.023	–	.
D/J	21.757	0.930	19.662	0.915	–	–	0.250	–	...	–	.
United States											
1975	[3]							[4]		[5]	[6]
D/C [2]	5 031	7	1 165	1 897	.	600	371	268	18	228	...
W/T [7]	1 746	0.700	391.600	463.800	.	308.000	63.400	166.800	3.000	29.900	...
D/J	31 237	35.900	1 642.8	14 876.1	.	7 307.3	1 426	3 089	169.000	486.600	...

[(a)] La designación en español de las grandes divisiones de actividad económica figura en la página siguiente.
The English designation of major divisions of economic activity is shown on the preceding page.

[1] One conflict covering several major divisions of economic activity. [2] Excl. disputes lasting less than a full day or shift. [3] Conflicts can extend to many divisions. Total disputes may be less than sum of components. [4] Incl. electricity, gas and water. [5] Incl. major groups 631, 632 and 832; excl. major group 910. [6] Incl. major group 910. [7] Excl. disputes involving less than six workers.

[1] Un seul conflit réparti dans différentes branches d'activité économique. [2] Non compris les conflits dont la durée est inférieure à une journée ou à un poste de travail. [3] Les conflits couvrent plusieurs branches. Le total peut être inférieur à la somme des composants. [4] Y compris l'électricité, le gaz et l'eau. [5] Y compris les classes 631, 632 et 832; non compris la classe 910. [6] Y compris la classe 910. [7] Non compris les conflits touchant moins de six travailleurs.

[1] Un solo conflicto repartido en varias grandes divisiones de actividad económica. [2] Excl. los conflictos de una duración menor de un día o turno completo. [3] Algunos conflictos abarcan varias divisiones. El total puede ser menor que la suma de los componentes. [4] Incl. electricidad, gas y agua. [5] Incl. agrupaciones 631, 632 y 832; excl. agrupación 910. [6] Incl. agrupación 910. [7] Excl. los conflictos que implican a menos de seis trabajadores.

28 Industrial disputes
Conflits du travail
Conflictos del trabajo

B By major divisions of economic activity
Par branches d'activité économique
Por grandes divisiones de actividad económica

D/C:	Number of disputes	Nombre de conflits	Número de conflictos
W/T:	Workers involved (Thousands)	Travailleurs impliqués (milliers)	Trabajadores afectados (millares)
D/J:	Working days lost (Thousands)	Journées de travail perdues (milliers)	Días de trabajo perdidos (millares)

		Grandes divisiones de actividad económica [a]									
		1	2	3	4	5	6	7	8	9	0
País – Clave	Total	Agricultura, caza, silvicultura y pesca	Minas, canteras	Industrias manufactureras	Electricidad, gas, agua	Construcción	Comercio, restaurantes y hoteles	Transportes, almacenaje, comunicaciones	Bancos, seguros, bienes inm., serv. para empresas	Servicios comunales, sociales y personales	Actividades no bien especificadas
United States											
1976	[2]							[3]		[4]	[5]
D/C [1]	5 648	10	1 425	2 245	.	503	467	354	27	243	...
W/T [6]	2 420	2.400	514.700	974.500	.	172.400	55.800	386.400	25.400	107.300	...
D/J	37 859.9	13.900	2 220.1	24 263.1	.	3 239.8	1 311.3	3 461.3	273.000	1 383.6	...
1977	[2]							[3]		[4]	[5]
D/C [1]	5 506	10	999	2 537	.	486	486	303	23	250	...
W/T [6]	2 040.1	1.100	676.400	787.700	.	217.500	86.300	56.100	2.800	41.900	...
D/J	35 821.8	23.700	7 280.5	18 331.4	.	3 284.4	1 998	2 157.1	96.600	889.800	...
1978	[2]							[3]		[4]	[5]
D/C [1]	4 230	14	275	2 121	.	385	445	259	21	232	...
W/T [6]	1 623.6	1.700	114.400	567.800	.	169.300	117.300	394.800	7.200	56.400	...
D/J	36 921.5	35.400	10 260.6	15 602	.	2 271.8	1 757.9	4 452.5	133.400	701.200	...
1979	[2]							[3]		[4]	[5]
D/C [1]	4 827	20	441	2 296	.	273	511	376	26	301	...
W/T [6]	1 727.1	8.800	141.300	680.600	.	121.200	63.700	387.300	3.100	67.000	...
D/J	34 753.7	568.900	510.800	20 291.4	.	1 646.4	1 368.3	5 642.7	71.500	1 671.3	...
1980 [7]	[2]							[3]		[4]	[5]
D/C [1]	3 873	19	296	1 809	.	282	408	243	24	261	...
W/T [6]	1 365.5	7.900	98.500	470.500	.	320.600	64.900	95.600	2.200	85.400	...
D/J	33 388.7	107.600	589.200	18 591.9	.	4 759.5	1 399.5	1 741	53.800	3 778.1	...

[a] The English designation of major divisions of economic activity is shown on the following page.
Les libellés en français des branches d'activité économique sont indiqués à la page précédente.

[1] Excl. disputes lasting less than a full day or shift. [2] Conflicts can extend to many divisions. Total disputes may be less than sum of components. [3] Incl. electricity, gas and water. [4] Incl. major groups 631, 632 and 832; excl. major group 910. [5] Incl. major group 910. [6] Excl. disputes involving less than six workers. [7]

[1] Non compris les conflits dont la durée est inférieure à une journée ou à un poste de travail. [2] Les conflits couvrent plusieurs branches. Le total peut être inférieur à la somme des composants. [3] Y compris l'électricité, le gaz et l'eau. [4] Y compris les classes 631, 632 et 832; non compris la classe 910. [5] Y compris la classe 910. [6] Non compris les conflits touchant moins de six travailleurs. [7]

[1] Excl. los conflictos de una duración menor de un día o turno completo. [2] Algunos conflictos abarcan varias divisiones. El total puede ser menor que la suma de los componentes. [3] Incl. electricidad, gas y agua. [4] Incl. agrupaciones 631, 632 y 832; excl. agrupación 910. [5] Incl. agrupación 910. [6] Excl. los conflictos que implican a menos de seis trabajadores. [7]

28 Industrial disputes
Conflits du travail
Conflictos del trabajo

B By major divisions of economic activity
Par branches d'activité économique
Por grandes divisiones de actividad económica

D/C:	Number of disputes	Nombre de conflits	Número de conflictos
W/T:	Workers involved (Thousands)	Travailleurs impliqués (milliers)	Trabajadores afectados (millares)
D/J:	Working days lost (Thousands)	Journées de travail perdues (milliers)	Días de trabajo perdidos (millares)

		Major divisions of economic activity [(a)]									
		1	2	3	4	5	6	7	8	9	0
Country – Code	Total	Agriculture, hunting, forestry and fishing	Mining, quarrying	Manu-facturing	Electricity, gas, water	Construction	Trade, restaurants and hotels	Transport, storage, communi-cation	Financing, insurance, real estate, business services	Community, social and personal services	Activities not adequately defined
Venezuela											
1975							[1]			[2]	
D/C	100	4	18	13	–	11	4	13	.	23	14
W/T	25.752	0.453	3.724	4.700	–	5.809	0.316	1.092	.	9.048	0.610
D/J [3]	100.662	0.641	21.660	57.590	–	3.145	4.073	5.219	.	7.472	0.862
1976							[1]			[2]	
D/C	171	4	19	16	–	35	7	7	.	66	17
W/T	33.932	0.770	3.214	4.548	–	4.730	0.303	0.781	.	17.144	2.442
D/J [3]	91.267	1.778	10.056	23.062	–	12.619	0.344	0.540	.	30.241	12.627
1977							[1]			[2]	
D/C	214	16	2	136	1	24	10	6	.	10	9
W/T	63.923	1.372	0.199	46.465	0.400	3.865	0.956	0.220	.	2.666	7.780
D/J [3]	85.997	12.167	0.805	29.099	0.050	6.275	4.532	0.419	.	27.759	4.891
1978							[1]			[2]	
D/C	140	2	12	19	–	63	10	7	.	20	7
W/T	25.337	0.037	1.313	2.916	–	16.682	0.675	0.224	.	2.936	0.554
D/J [3]	39.842	0.010	1.211	1.503	–	30.693	0.381	0.377	.	5.583	0.084
1979							[1]			[2]	
D/C	145	–	5	58	3	26	5	9	.	25	14
W/T	23.268	–	0.475	7.155	0.415	6.909	0.611	0.654	.	5.836	1.213
D/J [3]	50.016	–	3.747	32.931	0.027	6.006	0.205	3.684	.	2.475	0.941
1980							[1]			[2]	
D/C	195	2	3	47	1	22	19	35	.	17	49
W/T	67.964	0.298	0.119	23.513	0.045	12.786	1.472	16.091	.	4.628	9.012
D/J [3]	315.313	3.556	...	251.962	0.047	6.943	3.240	26.928	.	7.276	15.360
ASIA – ASIE – ASIA											
Bangladesh											
1975											
D/C	2	–	–	2	–	.	.	.	–	.	.
W/T	28.327	–	–	28.327	–	.	.	.	–	.	.
D/J	162.000	–	–	162.000	–	.	.	.	–	.	.
1976											
D/C	5	–	–	5	–	.	.	.	–	.	.
W/T	14.517	–	–	14.517	–	.	.	.	–	.	.
D/J	25.618	–	–	25.618	–	.	.	.	–	.	.

[(a)] Les libellés en français des branches d'activité économique sont indiqués à la page suivante.
La designación en español de las grandes divisiones de actividad económica figura en la página precedente.

[1] Incl. financing, insurance and real estate; excl. restaurants and hotels. [2] Incl. restaurants and hotels. [3] Computed on the basis of an eight hour working day.

[1] Y compris les banques, les assurances et affaires immobilières; non compris les restaurants et hôtels. [2] Y compris les restaurants et hôtels. [3] Calculées sur la base de journées de travail de huit heures.

[1] Incl. establecimientos financieros, seguros y bienes inmuebles; excl. restaurantes y hoteles. [2] Incl. restaurantes y hoteles. [3] Calculados a base de días de trabajo de ocho horas.

28 Industrial disputes
Conflits du travail
Conflictos del trabajo

B By major divisions of economic activity
Par branches d'activité économique
Por grandes divisiones de actividad económica

D/C:	Number of disputes	Nombre de conflits	Número de conflictos
W/T:	Workers involved (Thousands)	Travailleurs impliqués (milliers)	Trabajadores afectados (millares)
D/J:	Working days lost (Thousands)	Journées de travail perdues (milliers)	Días de trabajo perdidos (millares)

Pays – Code	Total	Branches d'activité économique [a] 1 Agriculture, chasse, sylviculture et pêche	2 Industries extractives	3 Industries manu-facturières	4 Electricité, gaz, eau	5 Construction	6 Commerce, restaurants et hôtels	7 Transports, entrepôts, communi-cations	8 Banques, assurances, aff. imm., serv. aux entreprises	9 Services à collectivité, services soc. et pers.	0 Activités mal désignées
Bangladesh											
1977											
D/C	22	–	–	22	–	–	–	–	–	–	.
W/T	76.675	–	–	76.675	–	–	–	–	–	–	.
D/J	81.715	–	–	81.715	–	–	–	–	–	–	.
1978											
D/C	89	3	1	44	28	–	–	–	13	–	.
W/T	113.209	4.227	0.120	81.548	3.588	–	–	–	23.726	–	.
D/J	662.332	10.049	1.200	392.546	3.559	–	–	–	254.978	–	.
1979											
D/C	99	1	–	74	21	.	.	.	–	.	.
W/T	114.248	1.144	–	111.229	1.875	–	–	–	–	–	.
D/J	647.629	9.152	–	623.639	14.838	–	–	–	–	–	.
1980											
D/C	104	–	–	104	–	.	.	.	–	.	.
W/T	164.032	–	–	164.032	–	.	.	.	–	.	.
D/J	1 160.44	–	–	1 160.44	–	.	.	.	–	.	.
Cyprus											
1975											
D/C	9	4	–	3	–	–	2	–	–	–	.
W/T	1.132	0.425	–	0.240	–	–	0.467	–	–	–	.
D/J	7.808	6.500	–	0.671	–	–	0.637	–	–	–	.
1976											
D/C	9	2	–	4	–	–	2	–	–	1	.
W/T	1.007	0.330	–	0.221	–	–	0.446	–	–	0.010	.
D/J	2.683	0.480	–	1.549	–	–	0.644	–	–	0.010	.
1977											
D/C	7	2	–	3	–	–	1	1	–	–	.
W/T	0.670	0.300	–	0.328	–	–	0.018	0.024	–	–	.
D/J	2.469	0.580	–	1.007	–	–	0.522	0.360	–	–	.
1978											
D/C	14	1	–	7	1	–	2	–	–	3	.
W/T	7.735	0.350	–	0.491	0.225	–	0.053	–	–	6.616	.
D/J	9.169	0.350	–	1.534	0.450	–	0.219	–	–	6.616	.
1979											
D/C	27	4	1	7	–	3	2	3	1	6	.
W/T	7.185	1.760	0.300	0.782	–	0.145	0.024	0.975	0.275	2.924	.
D/J	22.243	8.560	1.500	1.588	–	0.453	0.064	1.575	3.575	4.928	.
1980											
D/C	38	–	–	12	1	4	3	3	2	13	
W/T	49.833	–	–	0.740	0.035	14.069	0.208	0.777	3.500	30.504	
D/J	101.509	–	–	9.939	0.035	14.535	0.908	1.269	3.500	71.323	.
Hong Kong											
1975											
D/C	17	.	.	15	.	–	–	2	–	–	
W/T	4.786	.	.	4.677	.	–	–	0.109	–	–	.
D/J	17.600	.	.	17.301	.	–	–	0.299	–	–	.

[a] La designación en español de las grandes divisiones de actividad económica figura en la página siguiente.
The English designation of major divisions of economic activity is shown on the preceding page.

28 Industrial disputes
Conflits du travail
Conflictos del trabajo

B
By major divisions of economic activity
Par branches d'activité économique
Por grandes divisiones de actividad económica

D/C: Number of disputes — Nombre de conflits — Número de conflictos
W/T: Workers involved (Thousands) — Travailleurs impliqués (milliers) — Trabajadores afectados (millares)
D/J: Working days lost (Thousands) — Journées de travail perdues (milliers) — Días de trabajo perdidos (millares)

		Grandes divisiones de actividad económica [a]									
		1	2	3	4	5	6	7	8	9	0
País – Clave	Total	Agricultura, caza, silvicultura y pesca	Minas, canteras	Industrias manufactureras	Electricidad, gas, agua	Construcción	Comercio, restaurantes y hoteles	Transportes, almacenaje, comunicaciones	Bancos, seguros, bienes inm., serv. para empresas	Servicios comunales, sociales y personales	Actividades no bien especificadas
Hong Kong											
1976											
D/C	16	.	.	10	.	1	–	4	1	–	.
W/T	3.383	.	.	2.426	.	0.350	–	0.577	0.030	–	.
D/J	4.977	.	.	3.392	.	0.525	–	1.030	0.030	–	.
1977											
D/C	38	.	.	27	.	10	1	–	–	–	.
W/T	4.460	.	.	2.848	.	1.603	0.009	–	–	–	.
D/J	10.814	.	.	7.978	.	2.736	0.100	–	–	–	.
1978											
D/C	51	.	.	36	.	10	1	–	–	4	.
W/T	8.815	.	.	6.242	.	0.854	0.200	–	–	0.889	.
D/J	30.927	.	.	23.481	.	2.190	0.200	–	–	5.056	.
1979											
D/C	46	.	.	21	.	11	3	7	3	1	.
W/T	12.194	.	.	6.762	.	3.663	0.036	1.429	0.279	0.025	.
D/J	39.743	.	.	34.099	.	4.009	0.036	1.188	0.374	0.037	.
1980											
D/C	37	.	.	25	.	8	2	2	–	–	.
W/T	5.083	.	.	3.651	.	0.596	0.046	0.790	–	–	.
D/J	21.069	.	.	18.581	.	1.076	0.064	1.348	–	–	.
India											
1975											
D/C [1]	1 943	42	278	1 363	7	31	37	52	16	89	28
W/T [2]	1 143.43	14.084	174.168	770.625	1.408	16.187	6.185	130.514	10.337	16.374	3.544
D/J	21 900.9	71.559	823.880	19 283.1	21.846	202.414	201.477	669.430	20.451	394.491	212.276
1976											
D/C [1]	1 459	25	144	1 192	1	8	25	19	–	27	18
W/T [2]	736.974	28.025	83.380	594.428	0.055	1.920	1.794	7.299	–	9.195	10.878
D/J	12 745.7	52.120	310.876	11 922	5.170	15.617	32.889	65.793	–	180.196	161.040
1977											
D/C [1]	3 117	64	404	2 200	27	33	72	89	60	119	49
W/T [2]	2 193.21	84.935	296.016	1 272.62	30.072	27.425	10.926	90.980	311.346	54.732	14.164
D/J	25 320.1	621.601	1 820.88	20 275.2	487.578	317.259	71.368	461.167	429.686	727.253	108.048
1978											
D/C [1]	3 187	106	626	2 021	35	28	58	87	37	126	63
W/T [2]	1 915.6	82.897	352.825	1 014.2	29.387	11.373	3.998	109.583	263.226	38.469	9.642
D/J	...	...	...	...	...	...	...	...	...	...	...
1979											
D/C [1]	3 048	42	710	1 815	19	17	73	118	59	99	66
W/T [2]	2 873.57	58.417	881.078	1 517.09	39.562	9.770	14.709	149.841	150.666	16.891	35.550
D/J	43 853.5	722.912	1 972.91	38 890.7	108.148	77.198	217.601	659.529	575.921	277.173	351.416

[a] The English designation of major divisions of economic activity is shown on the following page.
Les libellés en français des branches d'activité économique sont indiqués à la page précédente.

[1] Excl. political strikes. [2] Excl. disputes involving less than ten workers.

[1] Non compris les grèves de caractère politique. [2] Non compris les conflits touchant moins de dix travailleurs.

[1] Excl. las huelgas políticas. [2] Excl. los conflictos que afectan a menos de diez trabajadores.

28 Industrial disputes
Conflits du travail
Conflictos del trabajo

B By major divisions of economic activity
Par branches d'activité économique
Por grandes divisiones de actividad económica

D/C:	Number of disputes	Nombre de conflits	Número de conflictos
W/T:	Workers involved (Thousands)	Travailleurs impliqués (milliers)	Trabajadores afectados (millares)
D/J:	Working days lost (Thousands)	Journées de travail perdues (milliers)	Días de trabajo perdidos (millares)

Country – Code	Total	Major divisions of economic activity [a]									
		1	2	3	4	5	6	7	8	9	0
		Agriculture, hunting, forestry and fishing	Mining, quarrying	Manufacturing	Electricity, gas, water	Construction	Trade, restaurants and hotels	Transport, storage, communication	Financing, insurance, real estate, business services	Community, social and personal services	Activities not adequately defined
India											
1980											
D/C [1]	2 797	69	646	1 565	10	13	67	119	92	101	115
W/T [2]	1 673.76	169.156	258.352	844.752	6.834	2.100	9.322	68.352	78.255	218.857	17.783
D/J	20 803.9	864.964	1 515.05	16 409.6	90.218	23.832	166.800	299.101	251.666	811.297	371.364
Indonesia											
1975											
D/C	13	–	.	11	1	–	1	–	–	.	.
W/T	5.636	–	.	5.299	0.250	–	0.087	–	–	.	.
D/J [3]	2.952	–	.	2.740	0.125	–	0.087	–	–	.	.
1976											
D/C	6	–	.	4	–	–	1	1	–	.	.
W/T	1.420	–	.	0.723	–	–	0.247	0.450	–	.	.
D/J [3]	1.148	–	.	0.496	–	–	0.459	0.193	–	.	.
1977											
D/C	32	–	–	29	1	2	–	–	–	–	.
W/T	10.209	–	–	10.159	0.014	0.036	–	–	–	–	.
D/J [3]	45.433	–	–	45.401	0.004	0.028	–	–	–	–	.
1978											
D/C	20	–	–	20	–	–	–	–	–	–	.
W/T	3.772	–	–	3.772	–	–	–	–	–	–	.
D/J [3]	5.225	–	–	5.225	–	–	–	–	–	–	.

[a] Les libellés en français des branches d'activité économique sont indiqués à la page suivante.
La designación en español de las grandes divisiones de actividad económica figura en la página precedente.

[1] Excl. political strikes. [2] Excl. disputes involving less than ten workers. [3] Computed on the basis of a seven-hour working day.

[1] Non compris les grèves de caractère politique. [2] Non compris les conflits touchant moins de dix travailleurs. [3] Calculées sur la base de journées de travail de sept heures.

[1] Excl. las huelgas políticas. [2] Excl. los conflictos que afectan a menos de diez trabajadores. [3] Calculados a base de días de trabajo de siete horas.

28 Industrial disputes / Conflits du travail / Conflictos del trabajo

B By major divisions of economic activity / Par branches d'activité économique / Por grandes divisiones de actividad económica

D/C: Number of disputes — Nombre de conflits — Número de conflictos
W/T: Workers involved (Thousands) — Travailleurs impliqués (milliers) — Trabajadores afectados (millares)
D/J: Working days lost (Thousands) — Journées de travail perdues (milliers) — Días de trabajo perdidos (millares)

Pays – Code	Total	Branches d'activité économique [a] 1 Agriculture, chasse, sylviculture et pêche	2 Industries extractives	3 Industries manufacturières	4 Electricité, gaz, eau	5 Construction	6 Commerce, restaurants et hôtels	7 Transports, entrepôts, communications	8 Banques, assurances, aff. imm., serv. aux entreprises	9 Services à collectivité, services soc. et pers.	0 Activités mal désignées
Indonesia											
1979											
D/C	72	–	–	62	–	–	2	2	6	–	.
W/T	18.940	–	–	17.420	–	–	0.374	0.543	0.603	–	.
D/J [1]	19.680	–	–	18.936	–	–	0.330	0.063	0.350	–	.
1980											
D/C	198	–	.	187	4	–	2	1	3	.	.
W/T	21.661	–	.	16.707	0.300	–	4.453	0.100	0.101	.	.
D/J [1]	33.806	–	.	28.108	0.535	–	5.047	0.042	0.071	.	.
Israel											
1975											
D/C [2]	117	1	25	.	1	1	–	31	7	50	1
W/T	114.091	0.040	3.923	.	3.500	0.061	–	17.500	20.155	53.912	15.000
D/J	164.509	0.280	20.285	.	3.500	0.183	–	29.066	48.855	47.340	15.000
1976											
D/C [2]	123	2	41	.	1	1	6	33	4	34	1
W/T	114.970	0.148	8.502	.	0.025	0.090	0.747	9.363	11.861	68.234	16.000
D/J	308.214	0.281	44.890	.	0.100	1.800	2.025	28.660	9.930	188.528	32.000
1977											
D/C [2]	126	–	28	.	2	–	5	34	14	37	6
W/T	194.297	–	9.744	.	3.000	–	2.072	21.421	29.750	83.110	45.200
D/J	416.526	–	46.068	.	3.000	–	7.256	44.289	56.960	181.703	77.250
1978											
D/C [2]	85	2	21	.	2	2	2	31	4	21	
W/T	224.354	1.099	9.556	.	0.409	3.100	0.250	43.703	10.320	155.917	.
D/J	1 071.96	5.639	72.714	.	1.362	6.075	0.390	355.459	10.320	620.002	.

[a] La designación en español de las grandes divisiones de actividad económica figura en la página siguiente.
The English designation of major divisions of economic activity is shown on the preceding page.

[1] Computed on the basis of a seven-hour working day. [2] Excl. disputes in which the time lost is less than ten man-days.

[1] Calculées sur la base de journées de travail de sept heures. [2] Non compris les conflits pour lesquels moins de dix journées-homme sont perdues.

[1] Calculados a base de días de trabajo de siete horas. [2] Excl. los conflictos en los que se pierden menos de diez días-hombre.

28 Industrial disputes
Conflits du travail
Conflictos del trabajo

B
By major divisions of economic activity
Par branches d'activité économique
Por grandes divisiones de actividad económica

D/C:	Number of disputes	Nombre de conflits	Número de conflictos
W/T:	Workers involved (Thousands)	Travailleurs impliqués (milliers)	Trabajadores afectados (millares)
D/J:	Working days lost (Thousands)	Journées de travail perdues (milliers)	Días de trabajo perdidos (millares)

País - Clave	Total	Grandes divisiones de actividad económica [a] 1 Agricultura, caza, silvicultura y pesca	2 Minas, canteras	3 Industrias manufactureras	4 Electricidad, gas, agua	5 Construcción	6 Comercio, restaurantes y hoteles	7 Transportes, almacenaje, comunicaciones	8 Bancos, seguros, bienes inm., serv. para empresas	9 Servicios comunales, sociales y personales	0 Actividades no bien especificadas
Israel											
1979											
D/C [1]	117	–	31	.	3	6	1	18	14	42	2
W/T	250.420	–	8.860	.	14.051	3.105	0.050	22.474	53.748	131.732	16.400
D/J	539.162	–	83.310	.	55.567	8.615	0.050	49.177	167.290	163.553	11.600
1980											
D/C [1]	84	–	27	.	1	2	5	5	2	42	–
W/T	91.451	–	11.930	.	6.268	2.700	1.172	0.485	0.170	68.726	–
D/J	216.516	–	85.587	.	6.268	2.450	4.256	0.670	0.073	117.212	–
Japan											
1975										[3]	
D/C [2]	3 391	10	50	1 907	62	65	99	689	22	485	2
W/T [4]	2 732.18	79.259	26.190	1 300.48	15.241	37.214	26.982	931.096	2.746	310.585	2.390
D/J	8 015.77	189.719	146.224	4 582.32	24.410	91.733	56.507	2 440.66	9.907	471.814	2.480
1976										[3]	
D/C [2]	2 720	9	41	1 555	19	37	86	480	23	464	6
W/T [4]	1 356.02	50.620	18.281	622.755	2.891	18.475	22.735	447.643	5.469	164.306	2.850
D/J	3 253.71	76.863	44.912	1 426.05	6.558	55.357	62.001	1 274.23	10.962	291.551	5.237
1977										[3]	
D/C [2]	1 712	2	34	920	15	20	62	296	22	335	6
W/T [4]	691.908	12.539	20.257	278.135	3.972	5.307	11.438	271.907	2.749	84.107	1.497
D/J	1 518.48	14.578	53.496	690.532	4.940	9.481	22.893	522.830	3.539	192.333	3.854

[a] The English designation of major divisions of economic activity is shown on the following page.
Les libellés en français des branches d'activité économique sont indiqués à la page précédente.

[1] Excl. disputes in which the time lost is less than ten man-days. [2] Excl. disputes lasting less than four hours. [3] Incl. business services and hotels. [4] Excl. workers indirectly affected.

[1] Non compris les conflits pour lesquels moins de dix journées-homme sont perdues. [2] Non compris les conflits dont la durée est inférieure à quatre heures. [3] Y compris les services aux entreprises et l [4] Non compris les travailleurs indirectement atteints.

[1] Excl. los conflictos en los que se pierden menos de diez días-hombre. [2] Excl. los conflictos de menos de cuatro horas de duración. [3] Incl. servicios para empresas y hoteles. [4] Excl. los trabajadores indirectamente afectados.

28 Industrial disputes
Conflits du travail
Conflictos del trabajo

B By major divisions of economic activity
Par branches d'activité économique
Por grandes divisiones de actividad económica

D/C:	Number of disputes	Nombre de conflits	Número de conflictos
W/T:	Workers involved (Thousands)	Travailleurs impliqués (milliers)	Trabajadores afectados (millares)
D/J:	Working days lost (Thousands)	Journées de travail perdues (milliers)	Días de trabajo perdidos (millares)

		Major divisions of economic activity [(a)]									
		1	2	3	4	5	6	7	8	9	0
Country – Code	Total	Agriculture, hunting, forestry and fishing	Mining, quarrying	Manu-facturing	Electricity, gas, water	Construction	Trade, restaurants and hotels	Transport, storage, communi-cation	Financing, insurance, real estate, business services	Community, social and personal services	Activities not adequately defined
Japan											
1978											
D/C [1]	1 517	2	35	835	9	27	49	263	12	271 [2]	14
W/T [3]	659.966	14.658	29.196	207.307	1.614	7.583	6.034	264.711	2.433	115.724	10.706
D/J	1 357.5	16.666	61.972	506.602	4.665	22.399	11.329	505.445	9.202	194.810	24.412
1979											
D/C [1]	1 153	2	17	598	9	19	37	251	11	207 [2]	2
W/T [3]	449.504	1.368	9.753	131.692	0.724	6.266	4.011	253.883	4.599	36.831	0.377
D/J	930.304	1.368	15.788	354.128	2.651	14.322	8.124	434.959	20.377	77.568	1.019
1980											
D/C [1]	1 133	8	17	581	6	16	35	244	22	196 [2]	8
W/T [3]	562.921	13.154	6.112	325.369	0.127	6.158	2.576	158.945	7.648	38.921	3.911
Korea, Republic of											
1975											
D/C	52	.	.	43	.	1	.	6	.	2	.
W/T [3]	10.256	.	.	9.441	.	0.070	.	0.502	.	0.243	.
D/J	13.557	.	.	12.743	.	0.070	.	0.289	.	0.455	.
1976											
D/C	49	.	1	32	.	1	.	11	.	4	.
W/T [3]	6.570	.	0.003	5.797	.	0.050	.	0.498	.	0.222	.
D/J	17.046	.	0.003	15.217	.	0.050	.	1.160	.	0.616	.
1977											
D/C	58	.	–	41	.	–	–	17	.	–	.
W/T [3]	7.975	.	–	7.202	.	–	–	0.773	.	–	.
D/J	8.294	.	–	7.847	.	–	–	0.447	.	–	.

[(a)] Les libellés en français des branches d'activité économique sont indiqués à la page suivante.
La designación en español de las grandes divisiones de actividad económica figura en la página precedente.

[1] Excl. disputes lasting less than four hours. [2] Incl. business services and hotels. [3] Excl. workers indirectly affected.

[1] Non compris les conflits dont la durée est inférieure à quatre heures. [2] Y compris les services aux entreprises et l [3] Non compris les travailleurs indirectement atteints.

[1] Excl. los conflictos de menos de cuatro horas de duración. [2] Incl. servicios para empresas y hoteles. [3] Excl. los trabajadores indirectamente afectados.

28 Industrial disputes / Conflits du travail / Conflictos del trabajo

B By major divisions of economic activity / Par branches d'activité économique / Por grandes divisiones de actividad económica

D/C:	Number of disputes	Nombre de conflits	Número de conflictos
W/T:	Workers involved (Thousands)	Travailleurs impliqués (milliers)	Trabajadores afectados (millares)
D/J:	Working days lost (Thousands)	Journées de travail perdues (milliers)	Días de trabajo perdidos (millares)

Pays – Code	Total	Branches d'activité économique [a] 1 Agriculture, chasse, sylviculture et pêche	2 Industries extractives	3 Industries manufacturières	4 Electricité, gaz, eau	5 Construction	6 Commerce, restaurants et hôtels	7 Transports, entrepôts, communications	8 Banques, assurances, aff. imm., serv. aux entreprises	9 Services à collectivité, services soc. et pers.	0 Activités mal désignées
Korea, Republic of											
1978											
D/C	102	.	3	63	.	7	2	20	.	–	7
W/T [1]	10.598	.	0.271	7.824	.	0.378	0.080	1.556	.	–	0.489
D/J	13.230	.	1.300	8.837	.	0.354	0.055	1.250	.	–	1.434
1979											
D/C	105	.	4	61	.	12	–	22	.	–	6
W/T [1]	14.258	.	0.525	11.874	.	0.656	–	0.830	.	–	0.373
D/J	16.366	.	0.799	14.068	.	0.468	–	0.586	.	–	0.445
1980											
D/C	206	.	17	149	.	4	3	27	.	.	6
W/T [1]	48.970	.	8.020	39.242	.	0.293	0.247	0.628	.	.	0.540
D/J	61.269	.	36.855	18.472	.	1.465	0.988	2.009	.	.	1.480
Peninsular Malaysia											
1975											
D/C	64	35	2	16	.	2	2	4	.	3	.
W/T	12.124	6.784	0.258	2.685	.	0.403	0.273	0.449	.	1.272	.
D/J	45.749	17.056	0.516	10.780	.	0.944	1.261	7.522	.	7.670	.
1976											
D/C	70	18	.	34	.	4	6	6	.	2	.
W/T	20.040	2.955	.	14.813	.	0.698	0.156	0.860	.	0.558	.
D/J	108.562	8.479	.	84.900	.	3.324	1.256	8.149	.	2.454	.
1977											
D/C	40	11	.	18	.	3	–	5	2	1	.
W/T	7.783	2.573	.	3.799	.	0.766	–	0.335	0.300	0.010	.
D/J	73.729	9.015	.	54.889	.	3.113	–	2.392	4.080	0.240	.
1978											
D/C	36	21	.	11	.	2	–	1	–	–	1
W/T	6.792	2.766	.	3.716	.	0.200	–	0.010	–	–	0.100
D/J	35.032	10.797	.	22.035	.	0.800	–	0.100	–	–	1.300
1979											
D/C	28	13	.	9	.	.	3	1	2	.	.
W/T	5.629	2.255	.	2.510	.	.	0.754	0.032	0.078	.	.
D/J	24.868	10.724	.	9.676	.	.	3.274	0.384	0.810	.	.
1980											
D/C	28	7	.	20	.	1	.	.	.	.	.
W/T	3.402	1.544	.	1.818	.	0.040	.	.	.	.	.
D/J	19.544	9.032	.	7.054	.	0.080	.	.	.	.	.

[a] La designación en español de las grandes divisiones de actividad económica figura en la página siguiente.
The English designation of major divisions of economic activity is shown on the preceding page.

[1] Excl. workers indirectly affected. [1] Non compris les travailleurs indirectement atteints. [1] Excl. los trabajadores indirectamente afectados.

28 Industrial disputes
Conflits du travail
Conflictos del trabajo

B By major divisions of economic activity
Par branches d'activité économique
Por grandes divisiones de actividad económica

D/C:	Number of disputes	Nombre de conflits	Número de conflictos
W/T:	Workers involved (Thousands)	Travailleurs impliqués (milliers)	Trabajadores afectados (millares)
D/J:	Working days lost (Thousands)	Journées de travail perdues (milliers)	Días de trabajo perdidos (millares)

		Grandes divisiones de actividad económica [(a)]									
		1	2	3	4	5	6	7	8	9	0
País – Clave	Total	Agricultura, caza, silvicultura y pesca	Minas, canteras	Industrias manufactureras	Electricidad, gas, agua	Construcción	Comercio, restaurantes y hoteles	Transportes, almacenaje, comunicaciones	Bancos, seguros, bienes inm., serv. para empresas	Servicios comunales, sociales y personales	Actividades no bien especificadas
Malaysia: Sabah											
1975											
D/C	8	7	.	1	.	.	.	.	.	.	.
W/T	0.399	0.378	.	0.021	.	.	.	.	.	.	.
D/J	0.925	0.904	.	0.021	.	.	.	.	.	.	.
1976											
D/C	5	4	1	.	.	.	.	.	.	.	.
W/T	0.242	0.213	0.029	.	.	.	.	.	.	.	.
D/J	0.695	0.557	0.138	.	.	.	.	.	.	.	.
1977											
D/C	2	1	–	–	.	–	.	1	.	.	.
W/T	0.131	0.120	–	–	.	–	.	0.110	.	.	.
D/J	2.011	2.000	–	–	.	–	.	11.000	.	.	.
1978											
D/C	5	2	–	–	.	3	.	–	.	.	.
W/T	0.441	0.339	–	–	.	0.102	.	–	.	.	.
D/J	1.766	0.749	–	–	.	1.017	.	–	.	.	.
1979											
D/C	4	2	–	1	.	1	.	–	.	.	.
W/T	1.034	0.385	–	0.049	.	0.600	.	–	.	.	.
D/J	1.112	0.711	–	0.101	.	0.300	.	–	.	.	.
1980											
D/C	8	3	.	2	.	2	.	1	.	.	.
W/T	1.460	0.772	.	0.452	.	0.216	.	0.020	.	.	.
D/J	4.831	2.661	.	1.478	.	0.684	.	0.008	.	.	.
Malaysia: Sarawak											
1975											
D/C	1	.	1	.	.	.	.	.	.	.	.
W/T	0.025	.	0.025	.	.	.	.	.	.	.	.
D/J	0.075	.	0.075	.	.	.	.	.	.	.	.
1976											
D/C	6	.	.	1	.	2	.	.	3	.	.
W/T	0.276	.	.	0.022	.	0.159	.	.	0.095	.	.
D/J	0.410	.	.	0.142	.	0.233	.	.	0.035	.	.
1977											
D/C	1	–	.	–	.	–	.	–	1	.	.
W/T	0.080	–	.	–	.	–	.	–	0.080	.	.
D/J	...	–	.	–	.	–	.	–	...	.	.
1978											
D/C	7	–	.	4	.	–	.	2	1	.	.
W/T	0.329	–	.	0.227	.	–	.	0.102	...	.	.
D/J	0.518	–	.	0.346	.	–	.	0.172	...	.	.
1979											
D/C	2	1	.	1	.	–	.	–	–	.	.
W/T	0.852	0.620	.	0.232	.	–	.	–	–	.	.
D/J	13.872	13.640	.	0.232	.	–	.	–	–	.	.
1980											
D/C	3	.	.	.	.	2	.	.	.	1	.
W/T	0.174	.	.	.	.	0.140	.	.	.	0.034	.
D/J	0.172	.	.	.	.	0.070	.	.	.	0.102	.
Pakistan											
1975											
D/C [1]	260	.	7	153	2	5	.	6	33	2	52
W/T [2]	129.385	.	3.414	92.038	0.234	1.644	.	3.934	13.835	1.500	12.786
D/J	798.183	.	44.705	644.122	0.114	8.660	.	1.776	20.026	3.500	75.280

[(a)] The English designation of major divisions of economic activity is shown on the following page.
Les libellés en français des branches d'activité économique sont indiqués à la page précédente.

[1] Excl. political strikes. [2] Excl. disputes involving less than ten workers.

[1] Non compris les grèves de caractère politique. [2] Non compris les conflits touchant moins de dix travailleurs.

[1] Excl. las huelgas políticas. [2] Excl. los conflictos que afectan a menos de diez trabajadores.

28 Industrial disputes / Conflits du travail / Conflictos del trabajo

B By major divisions of economic activity / Par branches d'activité économique / Por grandes divisiones de actividad económica

D/C: Number of disputes — Nombre de conflits — Número de conflictos
W/T: Workers involved (Thousands) — Travailleurs impliqués (milliers) — Trabajadores afectados (millares)
D/J: Working days lost (Thousands) — Journées de travail perdues (milliers) — Días de trabajo perdidos (millares)

Country – Code	Total	Major divisions of economic activity [a] 1 Agriculture, hunting, forestry and fishing	2 Mining, quarrying	3 Manu-facturing	4 Electricity, gas, water	5 Construction	6 Trade, restaurants and hotels	7 Transport, storage, communi-cation	8 Financing, insurance, real estate, business services	9 Community, social and personal services	0 Activities not adequately defined
Pakistan											
1976											
D/C [1]	171	.	5	103	3	6	18	8	3	2	23
W/T [2]	77.502	.	1.551	57.395	0.300	1.240	4.518	1.609	0.227	0.510	10.152
D/J	514.891	.	8.304	415.993	1.700	1.980	39.166	17.481	0.142	1.020	29.105
1977											
D/C [1]	81	.	5	49	2	1	12	.	.	.	12
W/T [2]	49.093	.	9.829	32.507	2.475	1.800	1.032	.	.	.	1.450
D/J	200.865	.	49.868	127.013	5.712	1.687	2.581	.	.	.	14.004
1978											
D/C [1]	85	.	2	40	1	6	3	1	21	3	8
W/T [2]	58.565	.	0.116	21.064	0.070	3.029	1.671	10.000	19.375	1.600	1.640
D/J	107.627	.	0.052	72.169	0.061	9.892	0.796	10.000	8.911	3.375	2.371
1979											
D/C [1]	65	.	.	51	.	1	.	.	9	.	4
W/T [2]	38.733	.	.	27.359	.	0.018	.	.	10.815	.	0.541
D/J	247.867	.	.	237.708	.	0.019	.	.	9.436	.	0.704
1980											
D/C [1]	59	.	7	49	.	1	.	.	.	.	2
W/T [2]	24.710	.	0.135	23.389	.	0.736	.	.	.	.	0.450
D/J	54.730	.	0.310	48.904	.	4.416	.	.	.	.	1.100
Philippines [3]											
1975											
D/C [4]	...	.	.	.	.	.	.	.	.	.	.
W/T [5]	...	.	.	.	.	.	.	.	.	.	.
D/J	...	.	.	.	.	.	.	.	.	.	.
1976											
D/C [4]	91	.	.	.	.	.	.	.	.	.	.
W/T [5]	72.689	.	.	.	.	.	.	.	.	.	.
D/J	218.067	.	.	.	.	.	.	.	.	.	.
1977											
D/C [4]	30	.	.	26	.	4	–	–	.	–	.
W/T [5]	30.183	.	.	28.572	.	1.611	–	–	.	–	.
D/J	34.198	.	.	32.630	.	1.568	–	–	.	–	.

[a] Les libellés en français des branches d'activité économique sont indiqués à la page suivante.
La designación en español de las grandes divisiones de actividad económica figura en la página precedente.

[1] Excl. political strikes. [2] Excl. disputes involving less than ten workers. [3] Excl. disputes lasting less than a full day or shift. [4] Excl. disputes involving less than six workers. [5] Excl. workers indirectly affected.

[1] Non compris les grèves de caractère politique. [2] Non compris les conflits touchant moins de dix travailleurs. [3] Non compris les conflits dont la durée est inférieure à une journée ou à un poste de travail. [4] Non compris les conflits touchant moins de six travailleurs. [5] Non compris les travailleurs indirectement atteints.

[1] Excl. las huelgas políticas. [2] Excl. los conflictos que afectan a menos de diez trabajadores. [3] Excl. los conflictos de una duración menor de un día o turno completo. [4] Excl. los conflictos que implican a menos de seis trabajadores. [5] Excl. los trabajadores indirectamente afectados.

28 Industrial disputes
Conflits du travail
Conflictos del trabajo

B By major divisions of economic activity
Par branches d'activité économique
Por grandes divisiones de actividad económica

D/C:	Number of disputes	Nombre de conflits	Número de conflictos
W/T:	Workers involved (Thousands)	Travailleurs impliqués (milliers)	Trabajadores afectados (millares)
D/J:	Working days lost (Thousands)	Journées de travail perdues (milliers)	Días de trabajo perdidos (millares)

		Branches d'activité économique [a]									
		1	2	3	4	5	6	7	8	9	0
Pays – Code	Total	Agriculture, chasse, sylviculture et pêche	Industries extractives	Industries manu-facturières	Electricité, gaz, eau	Construction	Commerce, restaurants et hôtels	Transports, entrepôts, communi-cations	Banques, assurances, aff. imm., serv. aux entreprises	Services à collectivité, services soc. et pers.	Activités mal désignées
Philippines											
1978											
D/C [1]	47	.	.	40	.	–	4	1	.	2	.
W/T [2]	33.731	.	.	31.824	.	–	1.007	0.100	.	0.800	.
D/J	156.203	.	.	152.443	.	–	2.560	0.050	.	1.150	.
1979											
D/C [1]	39	.	.	26	.	–	7	5	.	1	.
W/T [2]	16.728	.	.	12.858	.	–	1.470	2.180	.	0.220	.
D/J	173.881	.	.	59.482	.	–	1.844	9.260	6.331	0.660	.
1980											
D/C [1]	39	.	.	.	.	.	.	.	.	.	.
W/T [2]	14.660	.	.	.	.	.	.	.	.	.	.
D/J	55.048	.	.	.	.	.	.	.	.	.	.
Singapore											
1975											
D/C	7	.	.	4	.	1	–	2	.	–	.
W/T	1.865	.	.	0.892	.	0.131	–	0.842	.	–	.
D/J	4.853	.	.	0.889	.	0.851	–	3.113	.	–	.
1976											
D/C	4	.	.	2	.	–	1	1	.	–	.
W/T	1.576	.	.	0.614	.	–	0.765	0.197	.	–	.
D/J	3.193	.	.	0.935	.	–	1.913	0.345	.	–	.
1977											
D/C	1	–	–	1	–	–	–	–	–	–	.
W/T	0.406	–	–	0.406	–	–	–	–	–	–	.
D/J	1.011	–	–	1.011	–	–	–	–	–	–	.
Sri Lanka [3] [4]											
1975											
D/C [5]	70	66	.	2	–	.	–	1	–	–	1
W/T [2]	19.081	17.143	.	1.808	–	.	–	0.108	–	–	0.022
D/J [6]	66.476	53.715	.	12.686	–	.	–	0.064	–	–	0.011

[a] La designación en español de las grandes divisiones de actividad económica figura en la página siguiente.
The English designation of major divisions of economic activity is shown on the preceding page.

[1] Excl. disputes involving less than six workers. [2] Excl. workers indirectly affected. [3] Strikes only. [4] Excl. political strikes. [5] Excl. disputes involving less than five workers. [6] Incl. disputes lasting less than one day only if more than 50 man-days lost.

[1] Non compris les conflits touchant moins de six travailleurs. [2] Non compris les travailleurs indirectement atteints. [3] Grèves seulement. [4] Non compris les grèves de caractère politique. [5] Non compris les conflits touchant moins de cinq travailleurs. [6] Y compris les conflits d'une durée inférieure à une journée si plus de 50 journées de travail perdues.

[1] Excl. los conflictos que implican a menos de seis trabajadores. [2] Excl. los trabajadores indirectamente afectados. [3] Huelgas solamente. [4] Excl. las huelgas políticas. [5] Excl. los conflictos que afectan a menos de cinco trabajadores. [6] Incl. conflictos de menos de un día si se han perdido mas de 50 días de trabajo.

28 Industrial disputes / Conflits du travail / Conflictos del trabajo

B By major divisions of economic activity / Par branches d'activité économique / Por grandes divisiones de actividad económica

D/C:	Number of disputes	Nombre de conflits	Número de conflictos
W/T:	Workers involved (Thousands)	Travailleurs impliqués (milliers)	Trabajadores afectados (millares)
D/J:	Working days lost (Thousands)	Journées de travail perdues (milliers)	Días de trabajo perdidos (millares)

		Grandes divisiones de actividad económica [a]									
		1	2	3	4	5	6	7	8	9	0
País – Clave	Total	Agricultura, caza, silvicultura y pesca	Minas, canteras	Industrias manu-factureras	Electricidad, gas, agua	Construcción	Comercio, restaurantes y hoteles	Transportes, almacenaje, comuni-caciones	Bancos, seguros, bienes inm., serv. para empresas	Servicios comunales, sociales y personales	Actividades no bien especifi-cadas
Sri Lanka											
1976											
D/C [1]	157	125	.	18	–	.	–	8	1	–	5
W/T [2]	55.995	49.490	.	2.362	–	.	–	3.651	0.065	–	0.407
D/J [3]	161.092	140.507	.	10.614	–	.	–	5.322	0.085	–	4.564
1977											
D/C [1]	124	·93	.	21	–	.	4	1	–	1	4
W/T [2]	44.874	39.657	.	2.296	–	.	0.993	0.673	–	0.052	1.203
D/J	...	...	...	...	...	...	...	...	...	...	...
1978											
D/C [1]	134	118	.	11	–	.	–	3	–	–	2
W/T [2]	62.657	56.707	.	2.385	–	.	–	3.000	–	–	0.565
D/J	...	...	...	...	...	...	...	...	...	...	...
1979											
D/C [1]	181	163	.	9	4	.	1	1	–	–	3
W/T [2]	56.044	50.969	.	1.555	3.202	.	0.009	0.080	–	–	0.229
D/J [3]	293.752	238.147	.	3.628	50.342	.	0.090	0.400	–	–	1.145
1980											
D/C [1]	227	202	.	20	–	.	3	1	–	–	1
W/T [2]	78.555	75.130	.	2.131	–	.	0.391	0.403	–	–	0.500
D/J [3]	335.215	301.671	.	27.999	–	.	1.642	0.403	–	–	3.500
Thailand											
1975											
D/C	241	10	8	151	1	13	15	23	–	12	8
W/T	94.747	4.912	0.824	55.956	8.000	5.045	3.289	11.351	–	3.360	2.010
D/J	722.946	8.045	2.690	573.329	8.000	21.901	34.394	58.219	–	13.363	3.005
1976											
D/C	133	3	2	108	–	5	2	5	1	3	4
W/T	65.342	1.138	0.719	54.805	–	0.446	0.051	7.620	0.100	0.151	0.312
D/J	495.619	3.089	35.238	423.452	–	1.917	0.089	26.515	0.200	1.582	3.537
1977											
D/C	7	1	–	3	–	–	1	1	–	1	.
W/T	4.868	0.025	–	3.657	–	–	1.120	0.056	–	0.010	.
D/J	12.331	0.025	–	8.918	–	–	3.360	0.028	–	...	.

[a] The English designation of major divisions of economic activity is shown on the following page.
Les libellés en français des branches d'activité économique sont indiqués à la page précédente.

[1] Excl. disputes involving less than five workers. [2] Excl. workers indirectly affected. [3] Incl. disputes lasting less than one day only if more than 50 man-days lost.

[1] Non compris les conflits touchant moins de cinq travailleurs. [2] Non compris les travailleurs indirectement atteints. [3] Y compris les conflits d'une durée inférieure à une journée si plus de 50 journées de travail perdues.

[1] Excl. los conflictos que afectan a menos de cinco trabajadores. [2] Excl. los trabajadores indirectamente afectados. [3] Incl. conflictos de menos de un día si se han perdido mas de 50 días de trabajo.

28 Industrial disputes
Conflits du travail
Conflictos del trabajo

B By major divisions of economic activity
Par branches d'activité économique
Por grandes divisiones de actividad económica

D/C: Number of disputes — Nombre de conflits — Número de conflictos
W/T: Workers involved (Thousands) — Travailleurs impliqués (milliers) — Trabajadores afectados (millares)
D/J: Working days lost (Thousands) — Journées de travail perdues (milliers) — Días de trabajo perdidos (millares)

Country – Code	Total	Major divisions of economic activity [(a)] 1 Agriculture, hunting, forestry and fishing	2 Mining, quarrying	3 Manu-facturing	4 Electricity, gas, water	5 Construction	6 Trade, restaurants and hotels	7 Transport, storage, communi-cation	8 Financing, insurance, real estate, business services	9 Community, social and personal services	0 Activities not adequately defined
Thailand											
1978											
D/C	21	–	–	13	1	2	1	2	–	–	2
W/T	6.842	–	–	2.183	2.000	0.459	0.400	1.425	–	–	0.375
D/J	8.600	–	–	3.841	2.000	0.284	0.200	2.075	–	–	0.200
1979											
D/C	64	1	1	52	–	5	2	2	–	–	1
W/T	16.203	0.110	0.061	13.184	–	0.600	0.263	1.905	–	–	0.080
D/J	33.838	0.110	0.015	28.725	–	1.235	0.263	3.410	–	–	0.080
EUROPE – EUROPE – EUROPA											
Austria											
1975				[1]		[2]					
W/T	3.783	.	.	0.910	.	1.551	–	0.022	–	1.300	.
D/J	5.512	.	.	2.479	.	1.955	–	0.022	–	1.056	.
1976				[1]		[2]					
W/T	2.352	.	.	2.237	.	0.022	–	0.053	–	0.040	.
D/J	0.589	.	.	0.520	.	0.006	–	0.031	–	0.032	.
1977				[1]		[2]					
D/C	.	.	.	.	.	.	.	.	.	.	.
W/T	0.043	–	.	–	–	–	–	0.043	–	–	–
D/J	0.011	–	.	–	–	–	–	0.011	–	–	–
1978				[1]		[2]					
D/C	.	.	.	.	.	.	.	.	.	.	.
W/T	0.699	–	.	0.673	–	0.026	–	–	–	–	–
D/J	10.222	–	...	10.181	–	0.041	–	–	–	–	–
1979				[1]		[2]					
D/C	8	–	.	6	–	1	–	–	–	1	–
W/T	0.786	–	.	0.664	–	0.067	–	–	–	0.055	–
D/J	0.764	–	.	0.522	–	0.201	–	–	–	0.041	–
1980				[1]		[2]					
D/C	9	.	1	1	.	1	3	1	1	1	.
W/T	24.181	.	0.349	4.492	.	0.054	6.669	0.008	12.499	0.110	.
D/J	16.960	.	0.087	8.033	.	0.067	0.923	0.024	7.812	0.014	.

[(a)] Les libellés en français des branches d'activité économique sont indiqués à la page suivante.
La designación en español de las grandes divisiones de actividad económica figura en la página precedente.

[1] Incl. major division 2; excl. wood industry. [2] Incl. wood industry.

[1] Y compris la branche 2; non compris l'industrie du bois. [2] Y compris l'industrie du bois.

[1] Incl. gran división 2; excl. la industria de la madera. [2] Incl. la industria de la madera.

28 Industrial disputes / Conflits du travail / Conflictos del trabajo

B By major divisions of economic activity / Par branches d'activité économique / Por grandes divisiones de actividad económica

D/C:	Number of disputes	Nombre de conflits	Número de conflictos
W/T:	Workers involved (Thousands)	Travailleurs impliqués (milliers)	Trabajadores afectados (millares)
D/J:	Working days lost (Thousands)	Journées de travail perdues (milliers)	Días de trabajo perdidos (millares)

		Branches d'activité économique [(a)]									
		1	2	3	4	5	6	7	8	9	0
Pays – Code	Total	Agriculture, chasse, sylviculture et pêche	Industries extractives	Industries manu-facturières	Electricité, gaz, eau	Construction	Commerce, restaurants et hôtels	Transports, entrepôts, communi-cations	Banques, assurances, aff. imm., serv. aux entreprises	Services à collectivité, services soc. et pers.	Activités mal désignées
Belgique											
1975										[1]	
D/C	243	3	33	167	3	4	19	5	–	9	.
W/T [2]	85.801	0.129	21.109	52.193	1.504	0.145	1.529	0.150	–	9.042	.
D/J	607.809	0.391	77.166	469.521	9.170	0.681	11.079	0.877	–	38.924	.
1976										[1]	
D/C	281	–	45	202	3	5	7	3	3	13	.
W/T [2]	106.654	–	20.107	84.025	0.658	0.592	0.233	0.169	0.412	0.458	.
D/J	896.805	–	312.392	555.481	19.867	2.162	1.116	0.217	3.162	2.408	.
1977										[1]	
D/C	220	–	24	157	7	6	11	2	3	10	.
W/T [2]	65.761	–	6.669	54.157	1.645	0.895	0.755	0.890	0.102	0.648	.
D/J	664.236	–	164.183	453.168	27.222	7.680	4.709	5.090	530.000	1.654	.
1978										[1]	
D/C	195	–	24	130	8	1	14	7	–	11	.
W/T [2]	90.813	–	35.365	47.972	2.165	0.190	0.849	3.839	–	0.604	.
D/J	1 002.49	–	298.026	636.916	32.477	0.171	3.621	18.057	–	13.221	.
1979										[1]	
D/C	215	–	37	133	9	2	22	4	–	8	.
W/T [2]	55.722	–	7.909	37.423	7.252	0.685	1.518	0.573	–	0.362	.
D/J	615.484	–	20.287	487.562	89.829	2.389	7.614	1.643	–	6.160	.
Denmark [3]											
1975											
D/C [4]	147	–	–	135	–	–	7	2	–	–	3
W/T	59.128	–	–	57.210	–	–	0.630	0.935	–	–	0.353
D/J	100.100	–	–	94.000	–	–	1.200	4.300	–	–	0.600
1976											
D/C [4]	204	–	–	160	3	20	11	10	–	–	–
W/T	87.224	–	–	78.544	3.661	1.757	1.835	1.427	–	–	–
D/J	210.300	–	–	190.300	5.100	4.500	8.100	2.300	–	–	–
1977											
D/C [4]	228	–	–	195	1	5	18	7	–	2	–
W/T	36.305	–	–	33.064	0.231	0.457	0.998	1.017	–	0.538	–
D/J	229.700	–	–	202.100	0.500	0.800	3.700	11.100	–	11.500	–
1978											
D/C [4]	314	–	–	174	–	2	100	14	–	24	–
W/T	59.340	–	–	46.634	–	0.123	4.367	6.641	–	1.575	–
D/J	128.800	–	–	65.900	–	0.300	43.700	11.400	–	7.500	–

[(a)] La designación en español de las grandes divisiones de actividad económica figura en la página siguiente.
The English designation of major divisions of economic activity is shown on the preceding page.

[1] Incl. financing, insurance, real estate and business services. [2] Excl. workers indirectly affected. [3] Excl. disputes in which less than 100 working days were lost. [4] Excl. political strikes.

[1] Y compris les banques, les assurances, les affaires immobilières et les services aux entreprises. [2] Non compris les travailleurs indirectement atteints. [3] Non compris les conflits de moins de 100 journées de travail perdues. [4] Non compris les grèves de caractère politique.

[1] Incl. bancos, seguros, bienes inmuebles y servicios para empresas. [2] Excl. los trabajadores indirectamente afectados. [3] Excl. los conflictos de menos de 100 días de trabajo perdidos. [4] Excl. las huelgas políticas.

28 Industrial disputes / Conflits du travail / Conflictos del trabajo

B By major divisions of economic activity / Par branches d'activité économique / Por grandes divisiones de actividad económica

D/C:	Number of disputes	Nombre de conflits	Número de conflictos
W/T:	Workers involved (Thousands)	Travailleurs impliqués (milliers)	Trabajadores afectados (millares)
D/J:	Working days lost (Thousands)	Journées de travail perdues (milliers)	Días de trabajo perdidos (millares)

País – Clave	Total	Grandes divisiones de actividad económica [a] 1 Agricultura, caza, silvicultura y pesca	2 Minas, canteras	3 Industrias manufactureras	4 Electricidad, gas, agua	5 Construcción	6 Comercio, restaurantes y hoteles	7 Transportes, almacenaje, comunicaciones	8 Bancos, seguros, bienes inm., serv. para empresas	9 Servicios comunales, sociales y personales	0 Actividades no bien especificadas
Denmark											
1979											
D/C [1]	218	–	–	166	–	3	17	15	–	17	–
W/T	156.589	–	–	66.554	–	0.225	1.283	24.780	–	63.747	–
D/J	173.000	–	–	101.500	–	0.800	5.400	22.800	–	42.500	–
1980											
D/C [1]	225	1	–	154	–	2	24	6	–	38	–
W/T	62.063	0.011	–	48.806	–	0.126	1.718	5.568	–	5.844	–
D/J	186.700	0.100	–	154.200	–	1.000	5.700	8.500	–	17.200	–
España											
1975											
D/C	2 807	6	51	2 500	5	134	18	13	57	23	–
W/T	504.250	0.793	26.888	404.802	0.962	30.356	0.756	16.296	16.503	6.894	–
D/J	1 815.24	0.542	172.991	1 474.67	0.245	76.642	3.620	49.659	12.888	23.983	–
1976											
D/C	3 662	7	129	1 483	27	17	611	358	860	14	156
W/T	2 556.37	5.165	92.820	2 041.76	8.056	192.681	13.752	22.894	124.832	5.349	49.059
D/J	12 593.1	31.409	165.792	9 356.57	29.416	2 023.27	88.345	76.477	669.636	31.968	120.219
1977											
D/C	1 194	43	49	737	3	173	47	71	13	58	–
W/T	2 955	17.030	34.242	2 215.39	0.590	482.221	87.450	71.194	1.743	45.138	–
D/J	16 641.7	141.434	331.161	10 072.3	5.144	4 263.93	850.233	607.919	12.373	357.195	–
1978											
D/C	1 128	16	70	644	82	91	59	65	5	81	15
W/T	3 863.85	54.888	154.223	1 525.02	181.595	319.588	130.590	52.927	0.593	28.306	1 416.13
D/J	11 550.9	266.879	677.258	4 940.53	504.625	2 163.37	489.742	266.950	2.719	292.016	1 946.82
1979											
D/C	2 680	61	110	1 480	27	174	131	189	96	277	135
W/T	5 713.19	124.457	107.086	2 271.8	5.020	592.849	67.740	110.628	113.903	143.351	2 176.36
D/J [2]	18 917	755.732	671.045	9 456.91	27.542	3 267.94	237.401	345.111	777.253	624.921	2 753.13

[a] The English designation of major divisions of economic activity is shown on the following page.
Les libellés en français des branches d'activité économique sont indiqués à la page précédente.

[1] Excl. political strikes. [2] Excl. disputes in which less than 100 working days were lost.

[1] Non compris les grèves de caractère politique. [2] Non compris les conflits de moins de 100 journées de travail perdues.

[1] Excl. las huelgas políticas. [2] Excl. los conflictos de menos de 100 días de trabajo perdidos.

28 Industrial disputes
Conflits du travail
Conflictos del trabajo

B By major divisions of economic activity
Par branches d'activité économique
Por grandes divisiones de actividad económica

D/C:	Number of disputes	Nombre de conflits	Número de conflictos
W/T:	Workers involved (Thousands)	Travailleurs impliqués (milliers)	Trabajadores afectados (millares)
D/J:	Working days lost (Thousands)	Journées de travail perdues (milliers)	Días de trabajo perdidos (millares)

		Major divisions of economic activity [a]									
		1	2	3	4	5	6	7	8	9	0
Country – Code	Total	Agriculture, hunting, forestry and fishing	Mining, quarrying	Manu-facturing	Electricity, gas, water	Construction	Trade, restaurants and hotels	Transport, storage, communi-cation	Financing, insurance, real estate, business services	Community, social and personal services	Activities not adequately defined
Finland											
1975	[1]										
D/C	1 530	–	11	1 338	17	105	19	28	20	17	.
W/T	215.140	–	0.580	185.150	1.510	22.430	1.430	3.118	0.450	0.480	.
D/J	284.200	–	0.200	246.810	3.080	22.170	1.620	8.520	0.930	0.870	.
1976	[1]										
D/C	3 199	–	22	2 030	34	346	172	68	219	338	.
W/T	...	...	...	...	...	...	...	...	...	...	...
D/J	1 237.83	–	1.360	751.500	8.690	133.860	4.980	223.260	39.950	74.230	.
1977	[1]										
D/C	1 633	–	17	1 444	12	129	23	19	1	42	.
W/T	...	...	...	...	...	...	...	...	...	...	...
D/J	2 374.7	–	6.870	1 278.53	50.160	85.730	290.150	601.190	0.030	62.040	.
1978	[1]										
D/C	1 207	–	8	1 147	3	42	1	2	–	6	.
W/T	161.290	–	1.000	146.770	0.110	12.460	0.180	0.570	–	0.200	.
D/J	132.400	–	0.170	118.880	0.080	11.970	0.180	0.510	–	0.610	.
1979	[1]										
D/C	1 715	2	6	1 615	13	27	8	16	–	28	.
W/T	225.170	3.040	0.320	189.070	1.040	28.090	0.870	1.950	–	0.790	.
D/J	243.400	12.080	0.170	208.990	0.500	15.690	0.290	4.770	–	0.910	.
1980	[1]										
D/C	2 182	3	10	1 920	21	195	8	31	3	53	.
W/T	407.260	13.300	1.300	317.700	2.360	50.280	0.760	18.240	0.620	2.700	.
D/J	1 605.6	392.650	4.910	780.190	21.680	152.460	12.360	218.110	12.270	10.970	.
France											
1975	[2]										[3]
D/C	3 888	.	.	.	.	.	.	.	.	.	.
W/T	1 827.14	.	.	.	.	.	.	.	.	.	.
D/J	3 868.93	.	21.323	2 863.69	70.259	198.490	89.413	198.135	41.471	23.251	362.626
1976	[2]										[3]
D/C	4 348	.	.	.	.	.	.	.	.	.	.
W/T	2 022.5	.	.	.	.	.	.	.	.	.	.
D/J	5 010.69	0.000	47.823	3 047.3	270.723	182.140	143.236	232.123	47.532	84.027	955.784
1977	[2]										[3]
D/C	3 302	.	.	.	.	.	.	.	.	.	.
W/T	1 919.9	.	.	.	.	.	.	.	.	.	.
D/J	3 665.94	0.000	16.700	1 736.74	42.800	189.200	97.600	250.100	38.400	62.800	1 231.6

[a] Les libellés en français des branches d'activité économique sont indiqués à la page suivante.
La designación en español de las grandes divisiones de actividad económica figura en la página precedente.

[1] Conflicts can extend to many divisions. Total disputes may be less than sum of components. [2] Excl. agriculture and public administration. [3] Disputes extending to more than one division of economic activity.

[1] Les conflits couvrent plusieurs branches. Le total peut être inférieur à la somme des composants. [2] Non compris l'agriculture et l'administration publique. [3] Conflits s'étendant à plus d'une branche d'activité économique.

[1] Algunos conflictos abarcan varias divisiones. El total puede ser menor que la suma de los componentes. [2] Excl. agricultura y administración pública. [3] Conflictos que se extienden a más de una división de actividad económica.

28 Industrial disputes
Conflits du travail
Conflictos del trabajo

B By major divisions of economic activity
Par branches d'activité économique
Por grandes divisiones de actividad económica

D/C:	Number of disputes	Nombre de conflits	Número de conflictos
W/T:	Workers involved (Thousands)	Travailleurs impliqués (milliers)	Trabajadores afectados (millares)
D/J:	Working days lost (Thousands)	Journées de travail perdues (milliers)	Días de trabajo perdidos (millares)

		Branches d'activité économique [(a)]									
		1	2	3	4	5	6	7	8	9	0
Pays – Code	Total	Agriculture, chasse, sylviculture et pêche	Industries extractives	Industries manu-facturières	Electricité, gaz, eau	Construction	Commerce, restaurants et hôtels	Transports, entrepôts, communi-cations	Banques, assurances, aff. imm., serv. aux entreprises	Services à collectivité, services soc. et pers.	Activités mal désignées
France											
1978	[1]										[2]
D/C	3 206	.	.	.	.	.	.	.	.	.	.
W/T	704.800	.	.	.	.	.	.	.	.	.	.
D/J	2 200.4	0.000	8.300	1 399.9	31.900	104.900	52.000	145.300	34.600	304.100	119.400
1979	[1]										[2]
D/C	3 104	.	.	.	.	.	.	.	.	.	.
W/T	967.200	.	.	.	.	.	.	.	.	.	.
D/J	3 656.6	.	13.000	2 550.5	2.500	109.900	101.000	225.600	131.300	38.500	484.300
1980	[1]										[2]
D/C	3 542	.	.	.	.	.	.	.	.	.	.
W/T	500.800	.	.	.	.	.	.	.	.	.	.
D/J	1 674.3	.	2.800	1 073.2	0.800	124.900	44.100	208.300	31.800	25.400	163.000
Germany, Fed. Rep. of [3]											
1975											
W/T	35.814	–	0.236	33.194	–	0.684	–		–	1.700	.
D/J	68.680	–	7.944	31.157	–	29.472	–	–	–	0.107	.
1976											
W/T	169.312	–	–	163.588	–	–	–	–	5.724	–	.
D/J	533.696	–	–	506.348	–	–	–	–	27.348	–	.
1977											
W/T	34.437	–	0.632	33.727	–	0.030	–	0.048	–	–	–
D/J	23.681	–	9.466	13.672	–	0.210	–	0.333	–	–	–
1978											
W/T	487.050	–	–	453.034	–	7.909	0.648	19.348	6.111	–	–
D/J	4 281.28	–	–	4 109.45	–	73.221	0.222	78.618	19.775	–	–
1979											
W/T	77.326	–	–	77.161	–	–	–	0.165	–	–	–
D/J	483.083	–	–	482.322	–	–	–	0.761	–	–	–

[(a)] La designación en español de las grandes divisiones de actividad económica figura en la página siguiente.
The English designation of major divisions of economic activity is shown on the preceding page.

[1] Excl. agriculture and public administration. [2] Disputes extending to more than one division of economic activity. [3] Incl. disputes lasting less than one day only if more than 100 working days lost.

[1] Non compris l'agriculture et l'administration publique. [2] Conflits s'étendant à plus d'une branche d'activité économique. [3] Y compris les conflits d'une durée inférieure à une journée si plus de 100 journées de travail perdues.

[1] Excl. agricultura y administración pública. [2] Conflictos que se extienden a más de una división de actividad económica. [3] Incl. conflictos de menos de un día si se han perdido más de 100 días de trabajo.

28 Industrial disputes / Conflits du travail / Conflictos del trabajo

B By major divisions of economic activity / Par branches d'activité économique / Por grandes divisiones de actividad económica

D/C:	Number of disputes	Nombre de conflits	Número de conflictos
W/T:	Workers involved (Thousands)	Travailleurs impliqués (milliers)	Trabajadores afectados (millares)
D/J:	Working days lost (Thousands)	Journées de travail perdues (milliers)	Días de trabajo perdidos (millares)

País – Clave	Total	Grandes divisiones de actividad económica [a] 1 Agricultura, caza, silvicultura y pesca	2 Minas, canteras	3 Industrias manu-factureras	4 Electricidad, gas, agua	5 Construcción	6 Comercio, restaurantes y hoteles	7 Transportes, almacenaje, comuni-caciones	8 Bancos, seguros, bienes inm., serv. para empresas	9 Servicios comunales, sociales y personales	0 Actividades no bien especifi-cadas
Germany, Fed. Rep. of											
1980											
W/T	45.159	–	–	18.036	–	–	–	27.123	–	–	–
D/J	128.386	–	–	27.405	–	–	–	100.981	–	–	–
Ireland											
1975											
D/C	151	–	3	82	24	3	14	14	11	.	.
W/T	29.124	–	0.323	19.284	3.825	0.405	1.998	1.698	1.591	.	.
D/J	295.716	–	11.237	203.893	52.614	3.395	14.619	5.213	4.745	.	.
1976											
D/C	134	–	5	71	1	15	12	15	15	.	.
W/T	42.281	–	2.526	12.860	0.900	3.705	11.465	9.606	1.219	.	.
D/J	776.949	–	46.632	136.580	1.800	33.853	482.213	59.653	16.218	.	.
1977											
D/C	175	1	4	89	2	11	16	18	34	.	.
W/T	33.805	0.100	0.650	19.136	0.242	3.869	1.462	4.121	4.225	.	.
D/J	...	...	...	...	...	...	...	...	...	...	...
1978											
D/C	152	–	7	63	4	14	20	18	26	.	.
W/T	32.558	–	2.657	13.740	0.332	4.998	1.891	6.906	2.034	.	.
D/J	...	...	...	...	...	...	...	...	...	...	...
1979											
D/C	140	–	6	62	7	11	25	13	16	.	.
W/T	49.621	–	1.055	12.477	1.363	2.898	2.910	27.580	1.338	.	.
D/J	1 464.95	–	6.478	158.615	4.078	18.426	60.167	1 205.66	11.524	.	.
Italie											
1975	[1]										
D/C	3 601	66	55	1 984	90	147	158	357	79	855	.
W/T [2]	14 109.7	1 189.57	130.131	7 705.58	190.822	1 126.4	722.487	723.979	122.258	2 198.51	.
D/J	27 189.1	3 643.14	218.858	9 517.57	170.142	2 218.43	1 235	1 793.14	252.714	8 140.14	.
1976	[1]										
D/C	2 706	61	60	1 277	42	166	122	425	68	623	.
W/T [2]	11 897.8	895.975	81.297	6 550.66	116.866	888.418	750.264	609.616	164.936	1 839.79	.
D/J	25 377.6	2 292	109.143	13 938.3	107.286	1 943.57	1 595.57	1 158.71	711.857	3 521.14	.

[a] The English designation of major divisions of economic activity is shown on the following page.
Les libellés en français des branches d'activité économique sont indiqués à la page précédente.

[1] Conflicts can extend to many divisions. Total disputes may be less than sum of components. [2] Excl. workers indirectly affected.

[1] Les conflits couvrent plusieurs branches. Le total peut être inférieur à la somme des composants. [2] Non compris les travailleurs indirectement atteints.

[1] Algunos conflictos abarcan varias divisiones. El total puede ser menor que la suma de los componentes. [2] Excl. los trabajadores indirectamente afectados.

28 Industrial disputes / Conflits du travail / Conflictos del trabajo

B By major divisions of economic activity / Par branches d'activité économique / Por grandes divisiones de actividad económica

D/C:	Number of disputes	Nombre de conflits	Número de conflictos
W/T:	Workers involved (Thousands)	Travailleurs impliqués (milliers)	Trabajadores afectados (millares)
D/J:	Working days lost (Thousands)	Journées de travail perdues (milliers)	Días de trabajo perdidos (millares)

Country – Code	Total	Major divisions of economic activity [a] 1 Agriculture, hunting, forestry and fishing	2 Mining, quarrying	3 Manu-facturing	4 Electricity, gas, water	5 Construction	6 Trade, restaurants and hotels	7 Transport, storage, communi-cation	8 Financing, insurance, real estate, business services	9 Community, social and personal services	0 Activities not adequately defined
Italie											
1977	[1]										
D/C	3 308	85	57	1 943	52	231	108	390	74	568	.
W/T [2]	13 803	731.031	69.056	9 727.44	94.972	1 151.84	272.982	387.584	57.163	1 310.89	.
D/J	16 566.1	1 293.14	66.286	9 658.71	52.572	1 338.86	218.143	716.143	69.714	3 152.57	.
1978	[1]										
D/C	2 479	64	44	1 289	60	143	103	336	137	424	.
W/T [2]	8 774.19	475.630	39.173	5 155.82	112.557	1 022.09	347.850	376.923	125.981	1 118.16	.
D/J	10 177	395.081	45.031	4 946.29	75.053	1 054.48	379.748	567.631	195.216	2 518.49	.
1979	[1]										
D/C	2 000	32	37	1 039	51	96	69	324	76	378	.
W/T [2]	16 237.4	883.752	56.727	9 157.15	106.834	1 179.52	788.402	665.029	198.171	3 201.85	.
D/J	27 530.4	1 431.29	81.571	15 688.6	61.857	2 168.86	919.000	1 297.86	1 013.43	4 868	.
1980	[1]										
D/C	2 238	82	34	1 199	44	158	102	253	94	385	.
W/T [2]	13 824.6	751.201	52.190	8 774.56	108.549	994.975	494.467	471.927	186.537	1 990.23	.
D/J	16 457.3	1 082.71	63.000	10 543.7	95.857	1 010.14	489.714	4 544.29	231.286	2 486.43	.
Malta											
1975											
D/C	30	.	.	21	.	.	1	6	1	1	–
W/T	5.262	.	.	4.315	.	.	0.040	0.538	0.062	0.307	–
D/J	14.136	.	.	9.172	.	.	0.040	1.193	0.047	3.684	–
1976											
D/C	17	.	.	11	.	.	1	1	2	2	–
W/T	3.724	.	.	2.700	.	.	0.114	0.150	0.354	0.406	–
D/J	6.971	.	.	5.127	.	.	0.114	0.075	0.934	0.721	–
1977											
D/C	62	.	.	15	.	.	3	19	3	22	–
W/T	10.980	.	.	0.850	.	.	0.074	0.890	0.840	8.326	–
D/J	75.894	.	.	1.254	.	.	0.148	18.172	27.370	28.950	–
1978											
D/C	11	.	.	2	.	.	1	5	–	–	3
W/T	5.133	.	.	0.176	.	.	0.192	2.691	–	–	2.074
D/J	28.400	.	.	0.222	.	.	2.400	2.920	–	–	22.858

[a] Les libellés en français des branches d'activité économique sont indiqués à la page suivante.
La designación en español de las grandes divisiones de actividad económica figura en la página precedente.

[1] Conflicts can extend to many divisions. Total disputes may be less than sum of components. [2] Excl. workers indirectly affected.

[1] Les conflits couvrent plusieurs branches. Le total peut être inférieur à la somme des composants. [2] Non compris les travailleurs indirectement atteints.

[1] Algunos conflictos abarcan varias divisiones. El total puede ser menor que la suma de los componentes. [2] Excl. los trabajadores indirectamente afectados.

28 Industrial disputes / Conflits du travail / Conflictos del trabajo

B By major divisions of economic activity / Par branches d'activité économique / Por grandes divisiones de actividad económica

D/C:	Number of disputes	Nombre de conflits	Número de conflictos
W/T:	Workers involved (Thousands)	Travailleurs impliqués (milliers)	Trabajadores afectados (millares)
D/J:	Working days lost (Thousands)	Journées de travail perdues (milliers)	Días de trabajo perdidos (millares)

		Branches d'activité économique [a]									
		1	2	3	4	5	6	7	8	9	0
Pays – Code	Total	Agriculture, chasse, sylviculture et pêche	Industries extractives	Industries manu-facturières	Electricité, gaz, eau	Construction	Commerce, restaurants et hôtels	Transports, entrepôts, communi-cations	Banques, assurances, aff. imm., serv. aux entreprises	Services à collectivité, services soc. et pers.	Activités mal désignées
Malta											
1979											
D/C	14	.	.	3	.	.	1	10	–	–	–
W/T	3.398	.	.	0.821	.	.	0.070	2.507	–	–	–
D/J	33.679	.	.	0.914	.	.	0.052	32.713	–	–	–
Netherlands											
1975											
D/C	5	–	–	2	–	–	–	3	–	–	.
W/T	0.268	–	–	0.195	–	–	–	0.073	–	–	.
D/J	0.480	–	–	0.255	–	–	–	0.225	–	–	.
1976											
D/C	11	–	–	5	–	1	–	4	1	–	.
W/T	15.255	–	–	0.172	–	0.428	–	14.640	0.015	–	.
D/J	13.984	–	–	0.241	–	0.214	–	13.514	0.015	–	...
1977											
D/C	19	–	–	12	–	1	1	4	–	1	–
W/T	35.945	–	–	19.878	–	7.365	0.331	8.363	–	0.008	–
D/J	...	...	...	...	...	...	...	...	...	...	...
1978											
D/C	10	–	–	7	–	–	–	1	–	2	–
W/T	2.548	–	–	0.743	–	–	–	1.450	–	0.355	–
D/J	2.834	–	–	1.197	–	–	–	0.984	–	0.653	–
1979											
D/C	30	–	–	22	–	–	1	6	–	1	–
W/T	31.844	–	–	14.513	–	–	0.009	17.312	–	0.010	–
D/J	...	...	...	...	...	...	...	...	...	...	...
1980 [1]											
D/C	28	–	–	21	–	2	–	4	–	1	–
W/T	26.400	–	–	23.000	–	1.500	–	1.800	–	0.070	–
D/J	57.000	–	–	53.600	–	1.500	–	1.900	–	0.070	–
Norway											
1975											
D/C [2]	22	2	–	8	–	5	1	2	–	4	.
W/T [3]	3.282	0.032	–	0.702	–	0.367	0.003	0.459	–	1.719	.
D/J	12.473	0.201	–	4.971	–	0.924	0.072	3.463	–	2.842	.

[a] La designación en español de las grandes divisiones de actividad económica figura en la página siguiente.
The English designation of major divisions of economic activity is shown on the preceding page.

[1] [2] Excl. disputes lasting less than one day. [3] Excl. workers indirectly affected.

[1] [2] Non compris les conflits dont la durée est inférieure à une journée. [3] Non compris les travailleurs indirectement atteints.

[1] [2] Excl. los conflictos de menos de un día de duración. [3] Excl. los trabajadores indirectamente afectados.

28 Industrial disputes
Conflits du travail
Conflictos del trabajo

B By major divisions of economic activity
Par branches d'activité économique
Por grandes divisiones de actividad económica

D/C: Number of disputes — Nombre de conflits — Número de conflictos
W/T: Workers involved (Thousands) — Travailleurs impliqués (milliers) — Trabajadores afectados (millares)
D/J: Working days lost (Thousands) — Journées de travail perdues (milliers) — Días de trabajo perdidos (millares)

País – Clave	Total	Grandes divisiones de actividad económica [(a)] 1 Agricultura, caza, silvicultura y pesca	2 Minas, canteras	3 Industrias manu-factureras	4 Electricidad, gas, agua	5 Construcción	6 Comercio, restaurantes y hoteles	7 Transportes, almacenaje, comuni-caciones	8 Bancos, seguros, bienes inm., serv. para empresas	9 Servicios comunales, sociales y personales	0 Actividades no bien especifi-cadas
Norway											
1976											
D/C [1]	35	–	–	13	–	13	2	4	1	2	.
W/T [2]	21.586	–	–	2.198	–	0.877	0.016	0.263	18.000	0.232	.
D/J	...	...	...	...	...	...	...	...	...	...	...
1977											
D/C [1]	15	–	–	9	–	–	2	2	–	2	–
W/T [2]	2.429	–	–	1.234	–	–	0.118	0.661	–	0.416	–
D/J	...	...	...	...	...	...	...	...	...	...	...
1978											
D/C [1]	14	–	–	8	–	2	1	2	–	1	–
W/T [2]	4.459	–	–	0.981	–	0.450	0.002	2.921	–	0.105	–
D/J	62.888	–	–	23.173	–	0.700	0.506	38.376	–	0.133	–
1979											
D/C [1]	10	–	–	7	–	–	–	1	–	2	–
W/T [2]	2.773	–	–	2.737	–	–	–	0.014	–	0.022	–
D/J	...	...	...	...	...	...	...	...	...	...	...
1980											
D/C [1]	35	–	1	15	–	7	–	2	1	9	–
W/T [2]	18.752	–	1.350	4.907	–	4.141	–	1.028	0.075	7.251	–
D/J	103.807	–	10.774	14.167	–	50.874	–	14.132	1.800	12.060	–
Portugal											
1977	[3]										
D/C	332	15	5	182	.	47	51	19	2	11	.
W/T [2]	307.957	145.653	1.275	124.788	.	3.594	2.647	28.231	0.010	1.759	.
D/J	309.456	34.707	1.662	184.749	.	26.565	21.916	24.563	0.580	14.714	.
1978	[3]										
D/C	333	12	14	174	.	42	42	19	6	23	.
W/T [2]	.	.	.	.	.	.	.	.	.	.	.
D/J	.	.	.	.	.	.	.	.	.	.	.
1979	[3]										
D/C	370	10	11	202	.	42	39	45	2	19	.
W/T [2]	266.513	0.654	5.796	79.463	.	8.228	3.197	151.691	0.407	17.077	.
D/J	493.003	0.462	20.957	161.945	.	30.890	2.200	163.038	0.627	112.884	.

[(a)] The English designation of major divisions of economic activity is shown on the following page.
Les libellés en français des branches d'activité économique sont indiqués à la page précédente.

[1] Excl. disputes lasting less than one day. [2] Excl. workers indirectly affected. [3] Strikes only.

[1] Non compris les conflits dont la durée est inférieure à une journée. [2] Non compris les travailleurs indirectement atteints. [3] Grèves seulement.

[1] Excl. los conflictos de menos de un día de duración. [2] Excl. los trabajadores indirectamente afectados. [3] Huelgas solamente.

28 Industrial disputes / Conflits du travail / Conflictos del trabajo

B By major divisions of economic activity / Par branches d'activité économique / Por grandes divisiones de actividad económica

D/C:	Number of disputes	Nombre de conflits	Número de conflictos
W/T:	Workers involved (Thousands)	Travailleurs impliqués (milliers)	Trabajadores afectados (millares)
D/J:	Working days lost (Thousands)	Journées de travail perdues (milliers)	Días de trabajo perdidos (millares)

Country – Code	Total	Major divisions of economic activity [a] 1 Agriculture, hunting, forestry and fishing	2 Mining, quarrying	3 Manu-facturing	4 Electricity, gas, water	5 Construction	6 Trade, restaurants and hotels	7 Transport, storage, communi-cation	8 Financing, insurance, real estate, business services	9 Community, social and personal services	0 Activities not adequately defined
Portugal											
1980	[1]										
D/C	269	3	13	179	.	18	26	16	1	12	.
W/T [2]	289.600	0.800	3.400	111.600	.	3.600	1.500	163.100	0.200	5.400	.
D/J	533.400	3.300	12.800	221.300	.	21.100	4.100	237.300	0.200	33.300	.
Suisse											
1975											
D/C	6	–	–	3	–	3	–	–	–	–	–
W/T	0.323	–	–	0.157	–	0.166	–	–	–	–	–
D/J	1.733	–	–	0.787	–	0.946	–	–	–	–	–
1976											
D/C	19	–	–	12	–	5	–	2	–	–	–
W/T	2.395	–	–	1.680	–	0.691	–	0.024	–	–	–
D/J	...	...	...	...	...	...	...	...	...	...	...
1977											
D/C	9	–	–	4	–	1	–	2	–	1	1
W/T	1.380	–	–	1.066	–	0.014	–	0.144	–	0.083	0.073
D/J	...	...	...	...	...	...	...	...	...	...	...
1978											
D/C	10	–	–	7	–	1	1	–	–	1	–
W/T	1.240	–	–	0.702	–	0.080	0.350	–	–	0.108	–
D/J	5.317	–	–	1.439	–	2.400	1.370	–	–	0.108	–
1979											
D/C	8	–	–	4	–	1	1	–	–	2	–
W/T	0.463	–	–	0.419	–	0.005	0.013	–	–	0.026	–
D/J	...	...	...	...	...	...	...	...	...	...	...
1980											
D/C	5	–	–	3	–	–	–	–	–	2	–
W/T	3.582	–	–	3.523	–	–	–	–	–	0.059	–
D/J	5.718	–	–	5.407	–	–	–	–	–	0.311	–
Sweden											
1975											
D/C	86	1	2	47	–	9	7	8	–	12	.
W/T	23.631	7.000	0.240	11.133	–	1.780	0.345	1.312	–	1.821	.
D/J	365.507	321.000	0.255	19.043	–	7.194	0.756	8.506	–	8.753	.
1976											
D/C	73	–	–	61	–	5	3	–	1	3	.
W/T	8.715	–	–	8.142	–	0.280	0.056	–	0.010	0.227	.
D/J	24.744	–	–	22.621	–	1.183	0.117	–	0.030	0.793	.

[a] Les libellés en français des branches d'activité économique sont indiqués à la page suivante.
La designación en español de las grandes divisiones de actividad económica figura en la página precedente.

[1] Strikes only. [2] Excl. workers indirectly affected.

[1] Grèves seulement. [2] Non compris les travailleurs indirectement atteints.

[1] Huelgas solamente. [2] Excl. los trabajadores indirectamente afectados.

28 Industrial disputes
Conflits du travail
Conflictos del trabajo

B By major divisions of economic activity
Par branches d'activité économique
Por grandes divisiones de actividad económica

D/C: Number of disputes — Nombre de conflits — Número de conflictos
W/T: Workers involved (Thousands) — Travailleurs impliqués (milliers) — Trabajadores afectados (millares)
D/J: Working days lost (Thousands) — Journées de travail perdues (milliers) — Días de trabajo perdidos (millares)

Pays – Code	Total	Branches d'activité économique [(a)] 1 Agriculture, chasse, sylviculture et pêche	2 Industries extractives	3 Industries manufacturières	4 Electricité, gaz, eau	5 Construction	6 Commerce, restaurants et hôtels	7 Transports, entrepôts, communications	8 Banques, assurances, aff. imm., serv. aux entreprises	9 Services à collectivité, services soc. et pers.	0 Activités mal désignées
Sweden											
1977											
D/C	35	1	–	15	1	1	3	7	1	6	–
W/T	13.101	0.045	–	3.546	0.050	0.040	0.157	5.882	0.750	2.631	–
D/J	87.151	0.045	–	9.368	0.150	0.040	0.882	27.818	4.875	43.973	–
1978											
D/C	99	–	1	58	–	8	–	8	–	24	–
W/T	8.319	–	0.045	3.835	–	0.010	–	1.221	–	3.208	–
D/J	37.135	–	0.068	8.861	–	0.020	–	3.459	–	24.727	–
1979											
D/C	207	–	3	175	1	3	4	7	–	14	–
W/T	32.315	–	0.089	30.506	0.070	0.245	0.386	0.305	–	0.714	–
D/J	28.664	–	0.030	25.476	0.140	0.309	0.340	0.210	–	2.159	–
1980				[1]			[2]			[3]	
D/C	212	–	–	158	–	17	19	–	–	18	–
W/T	746.677	–	–	494.755	–	103.569	68.653	–	–	79.700	–
D/J	4 478.51	–	–	2 839.51	–	622.020	444.190	–	–	572.790	–
United Kingdom [4] [5]											
1975	[7]										
D/C [6]	2 282	2	217	1 474	14	208	64	189	4	117	.
W/T	808.900	0.100	28.200	627.700	4.500	26.300	9.600	81.700	1.000	29.800	.
D/J	6 012	1.000	56.000	5 002	10.000	247.000	76.000	422.000	2.000	198.000	.
1976	[7]										
D/C [6]	2 016		283	1 118	26	244	51	194	8	106	.
W/T	668.000	–	39.000	487.600	27.800	51.500	3.400	42.700	0.400	15.600	.
D/J	3 284	–	78.000	2 308	52.000	570.000	27.000	132.000	4.000	113.000	.
1977	[7]										
D/C [6]	2 703	3	272	1 719	26	248	90	248	2	115	.
W/T	1 165.8	0.200	54.500	856.900	20.500	34.200	12.300	56.700	0.300	130.200	.
D/J	10 142	1.000	97.000	8 057	83.000	297.000	96.000	301.000	5.000	1 206	.
1978	[7]										
D/C [6]	2 471	1	351	1 518	16	185	67	210	3	143	.
W/T	1 041.5	–	105.000	698.400	5.500	39.000	8.700	97.500	0.200	87.100	.
D/J	9 405	–	201.000	7 678	65.000	416.000	66.000	360.000	1.000	617.000	.

(a) La designación en español de las grandes divisiones de actividad económica figura en la página siguiente.
The English designation of major divisions of economic activity is shown on the preceding page.

[1] Incl. mining and quarrying. [2] Incl. transport, storage and communication. [3] Incl. major divisions 1, 4 and 8. [4] Excl. political strikes. [5] Incl. disputes lasting less than one day only if more than 100 working days lost. [6] Excl. disputes involving less than ten workers. [7] Conflicts can extend to many divisions. Total disputes may be less than sum of components.

[1] Y compris les industries extractives. [2] Y compris les transports, les entrepôts et les communications. [3] Y compris les branches 1, 4 et 8. [4] Non compris les grèves de caractère politique. [5] Y compris les conflits d'une durée inférieure à une journée si plus de 100 journées de travail perdues. [6] Non compris les conflits touchant moins de dix travailleurs. [7] Les conflits couvrent plusieurs branches. Le total peut être inférieur à la somme des composants.

[1] Incl. las minas y canteras. [2] Incl. transportes, almacenamiento y comunicaciones. [3] Incl. las grandes divisiones 1, 4 y 8. [4] Excl. las huelgas políticas. [5] Incl. conflictos de menos de un día si se han perdido más de 100 días de trabajo. [6] Excl. los conflictos que afectan a menos de diez trabajadores. [7] Algunos conflictos abarcan varias divisiones. El total puede ser menor que la suma de los componentes.

28 Industrial disputes
Conflits du travail
Conflictos del trabajo

B
By major divisions of economic activity
Par branches d'activité économique
Por grandes divisiones de actividad económica

D/C:	Number of disputes	Nombre de conflits	Número de conflictos
W/T:	Workers involved (Thousands)	Travailleurs impliqués (milliers)	Trabajadores afectados (millares)
D/J:	Working days lost (Thousands)	Journées de travail perdues (milliers)	Días de trabajo perdidos (millares)

		Grandes divisiones de actividad económica [(a)]									
		1	2	3	4	5	6	7	8	9	0
País - Clave	Total	Agricultura, caza, silvicultura y pesca	Minas, canteras	Industrias manu-factureras	Electricidad, gas, agua	Construcción	Comercio, restaurantes y hoteles	Transportes, almacenaje, comuni-caciones	Bancos, seguros, bienes inm., serv. para empresas	Servicios comunales, sociales y personales	Actividades no bien especifi-cadas
United Kingdom											
1979	[2]										
D/C [1]	2 080	-	309	1 276	20	170	54	180	8	128	.
W/T	4 607.8	0.000	54.300	2 236.8	9.700	301.800	11.700	249.600	2.300	1 741.7	.
D/J	29 474	-	128.000	22 552	38.000	834.000	93.000	1 420	6.000	4 404	.
1980	[2]										
D/C [1]	1 330	3	310	612	11	103	33	161	6	113	.
W/T	833.700	0.500	87.300	456.200	1.800	30.300	3.400	99.000	4.300	150.800	.
D/J	11 964	6.000	166.000	10 896	19.000	281.000	35.000	253.000	14.000	294.000	.
OCEANIA - OCÉANIE - OCEANIA											
Australia											
1975											
D/C [3]	2 432	3	363	1 069	34	309	67	462	25	100	.
W/T	1 398	6.000	82.500	744.000	34.800	158.400	60.200	172.400	36.300	103.400	.
D/J	3 509.9	3.800	433.300	1 743.3	253.400	497.000	217.000	192.900	14.000	155.400	.

[(a)] The English designation of major divisions of economic activity is shown on the following page.
Les libellés en français des branches d'activité économique sont indiqués à la page précédente.

[1] Excl. disputes involving less than ten workers. [2] Conflicts can extend to many divisions. Total disputes may be less than sum of components. [3] Excl. disputes in which the time lost is less than ten man-days.

[1] Non compris les conflits touchant moins de dix travailleurs. [2] Les conflits couvrent plusieurs branches. Le total peut être inférieur à la somme des composants. [3] Non compris les conflits pour lesquels moins de dix journées-homme sont perdues.

[1] Excl. los conflictos que afectan a menos de diez trabajadores. [2] Algunos conflictos abarcan varias divisiones. El total puede ser menor que la suma de los componentes. [3] Excl. los conflictos en los que se pierden menos de diez días-hombre.

28 Industrial disputes
Conflits du travail
Conflictos del trabajo

B
By major divisions of economic activity
Par branches d'activité économique
Por grandes divisiones de actividad económica

D/C:	Number of disputes	Nombre de conflits	Número de conflictos
W/T:	Workers involved (Thousands)	Travailleurs impliqués (milliers)	Trabajadores afectados (millares)
D/J:	Working days lost (Thousands)	Journées de travail perdues (milliers)	Días de trabajo perdidos (millares)

Country - Code	Total	Major divisions of economic activity [(a)] 1 Agriculture, hunting, forestry and fishing	2 Mining, quarrying	3 Manufacturing	4 Electricity, gas, water	5 Construction	6 Trade, restaurants and hotels	7 Transport, storage, communication	8 Financing, insurance, real estate, business services	9 Community, social and personal services	0 Activities not adequately defined
Australia											
1976											
D/C [1]	2 055	...	375	851	29	302	87	318	6	87	.
W/T	2 190.1	1.300	139.100	910.600	73.000	264.800	300.100	330.100	29.300	141.800	.
D/J	3 799.4	1.700	374.200	1 631.6	112.400	535.800	451.800	425.100	43.500	223.300	.
1977											
D/C [1]	2 090	3	441	862	50	258	67	288	15	106	.
W/T	596.200	0.300	79.600	213.200	15.700	51.500	69.000	124.300	4.800	37.800	.
D/J	1 654.8	0.300	273.700	660.100	139.300	215.200	96.700	212.500	6.800	50.200	.
1978											
D/C [1]	2 277	...	525	939	98	178	66	353	14	104	.
W/T	1 075.6	...	97.700	629.300	49.500	57.100	27.700	165.200	2.100	47.100	.
D/J	2 130.8	...	267.400	1 222.3	71.200	134.100	65.300	289.900	7.800	72.800	.
1979											
D/C [1]	2 042	4	477	864	78	136	69	270	18	126	.
W/T	1 862.9	4.800	166.100	672.000	71.000	134.400	250.200	250.100	46.700	267.600	.
D/J	3 964.4	54.500	516.200	1 678.7	99.700	359.700	306.300	550.100	70.600	328.700	.
1980 [2]											
D/C [1]	2 419	3	613	949	90	186	77	310	17	174	.
W/T	1 170.1	4.000	129.300	475.100	50.700	60.000	141.600	133.600	7.600	168.200	.
D/J	3 311.8	4.500	908.500	1 344.3	98.600	217.900	212.900	207.500	12.100	305.600	.
New Zealand											
1975	[4]										
D/C [3]	428	.	.	.	.	.	.	.	.	.	.
W/T	74.820	.	.	.	.	.	.	.	.	.	.
D/J	214.632	.	.	.	.	.	.	.	.	.	.
1976	[4]										
D/C [3]	487	4	5	301	1	61	20	99	1	9	2
W/T	201.085	2.138	0.372	143.485	0.013	12.564	1.036	31.259	0.041	2.107	7.070
D/J	488.441	17.592	0.460	365.421	0.020	36.283	2.349	56.071	0.656	2.569	7.020
1977	[4]										
D/C [3]	562	3	3	360	1	49	17	150	2	14	1
W/T	159.407	0.306	0.161	112.133	0.572	3.703	19.911	21.291	0.592	0.572	0.166
D/J	436.808	0.502	0.293	295.735	0.171	29.653	42.229	65.397	1.064	1.598	0.166

(a) Les libellés en français des branches d'activité économique sont indiqués à la page suivante.
La designación en español de las grandes divisiones de actividad económica figura en la página precedente.

[1] Excl. disputes in which the time lost is less than ten man-days. [2] [3] Excl. political strikes. [4] Conflicts can extend to many divisions. Total disputes may be less than sum of components.

[1] Non compris les conflits pour lesquels moins de dix journées-homme sont perdues. [2] [3] Non compris les grèves de caractère politique. [4] Les conflits couvrent plusieurs branches. Le total peut être inférieur à la somme des composants.

[1] Excl. los conflictos en los que se pierden menos de diez días-hombre. [2] [3] Excl. las huelgas políticas. [4] Algunos conflictos abarcan varias divisiones. El total puede ser menor que la suma de los componentes.

28 Industrial disputes
Conflits du travail
Conflictos del trabajo

B By major divisions of economic activity
Par branches d'activité économique
Por grandes divisiones de actividad económica

D/C:	Number of disputes	Nombre de conflits	Número de conflictos
W/T:	Workers involved (Thousands)	Travailleurs impliqués (milliers)	Trabajadores afectados (millares)
D/J:	Working days lost (Thousands)	Journées de travail perdues (milliers)	Días de trabajo perdidos (millares)

		Branches d'activité économique [a]									
		1	2	3	4	5	6	7	8	9	0
Pays – Code	Total	Agriculture, chasse, sylviculture et pêche	Industries extractives	Industries manu-facturières	Electricité, gaz, eau	Construction	Commerce, restaurants et hôtels	Transports, entrepôts, communi-cations	Banques, assurances, aff. imm., serv. aux entreprises	Services à collectivité, services soc. et pers.	Activités mal désignées
New Zealand											
1978	[2]										
D/C [1]	411	1	7	264	2	45	16	72	3	10	.
W/T	157.903	0.300	0.254	125.345	0.052	3.802	1.505	23.930	0.569	2.146	.
D/J	380.605	0.150	0.329	298.827	0.140	11.239	2.154	58.675	0.552	8.539	.
1979	[2]										
D/C [1]	523	1	2	324	3	32	34	119	3	12	3
W/T	158.195	0.070	0.013	105.222	0.182	2.594	4.566	39.644	1.077	1.925	2.902
D/J	381.896	0.140	0.037	234.929	0.147	9.148	11.306	117.337	1.052	6.311	1.489
1980	[2]										
D/C [1]	352	.	.	236	2	17	12	74	7	8	1
W/T	108.095	.	.	76.851	0.256	1.984	4.190	21.353	3.096	0.344	0.021
D/J	360.069	.	.	283.047	1.514	15.365	20.299	35.292	2.137	2.372	0.043
Papua New Guinea											
1975											
D/C	105	33	3	17	1	3	16	19	–	10	3
W/T	10.205	2.890	4.707	0.748	0.022	0.156	0.282	0.871	–	0.292	0.237
D/J	14.839	6.129	3.679	1.339	0.912	0.072	0.655	0.993	–	0.032	1.028
1976											
D/C	52	28	2	6	–	2	5	6	1	2	.
W/T	5.207	3.843	0.130	0.464	–	0.048	0.197	0.460	0.013	0.052	.
D/J	13.207	11.366	0.224	0.554	–	0.032	0.047	0.873	0.007	0.104	.
1977											
D/C	64	30	1	14	–	5	2	10	–	2	.
W/T	7.713	3.950	0.480	0.964	–	0.582	0.119	1.602	–	0.016	.
D/J	23.671	18.361	–	2.133	–	0.813	0.099	2.120	–	0.145	.
1978											
D/C	63	24	1	9	1	8	4	4	–	6	1
W/T	3.726	1.728	0.015	0.298	0.028	0.582	0.051	0.223	–	0.771	0.020
D/J	12.046	4.725	0.012	0.762	0.042	4.588	0.086	0.786	–	1.025	...

[a] La designación en español de las grandes divisiones de actividad económica figura en la página siguiente.
The English designation of major divisions of economic activity is shown on the preceding page.

[1] Excl. political strikes. [2] Conflicts can extend to many divisions. Total disputes may be less than sum of components.

[1] Non compris les grèves de caractère politique. [2] Les conflits couvrent plusieurs branches. Le total peut être inférieur à la somme des composants.

[1] Excl. las huelgas políticas. [2] Algunos conflictos abarcan varias divisiones. El total puede ser menor que la suma de los componentes.

28 Industrial disputes
Conflits du travail
Conflictos del trabajo

B By major divisions of economic activity
Par branches d'activité économique
Por grandes divisiones de actividad económica

D/C:	Number of disputes	Nombre de conflits	Número de conflictos
W/T:	Workers involved (Thousands)	Travailleurs impliqués (milliers)	Trabajadores afectados (millares)
D/J:	Working days lost (Thousands)	Journées de travail perdues (milliers)	Días de trabajo perdidos (millares)

País – Clave	Total	Grandes divisiones de actividad económica [a] 1 Agricultura, caza, silvicultura y pesca	2 Minas, canteras	3 Industrias manu-factureras	4 Electricidad, gas, agua	5 Construcción	6 Comercio, restaurantes y hoteles	7 Transportes, almacenaje, comuni-caciones	8 Bancos, seguros, bienes inm., serv. para empresas	9 Servicios comunales, sociales y personales	0 Actividades no bien especifi-cadas
Papua New Guinea											
1979											
D/C	89	44	–	7	–	2	3	16	–	8	9
W/T	12.191	7.433	–	0.587	–	0.240	0.011	1.634	–	2.147	0.139
D/J	47.586	33.419	–	1.261	–	0.628	0.760	4.048	–	7.368	0.102
1980											
D/C	53	11	1	10	1	8	8	9	1	3	1
W/T	11.311	1.580	0.150	0.704	0.042	2.046	0.291	2.072	0.047	4.226	0.153
D/J	21.395	4.907	0.300	0.521	0.042	7.665	0.382	2.783	0.076	4.566	0.153
Polynésie française											
1978											
D/J	0.092	–	–	–	–	0.092	–	–	–	–	–
Solomon Islands											
1975											
D/C	56	5	–	8	1	9	31	2	–	–	.
W/T	1.264	0.226	–	0.213	0.041	0.431	0.223	0.127	–	–	0.003
D/J	6.973	0.964	–	1.146	0.205	1.940	1.879	0.839	–	–	.
1976											
D/C	2	–	–	1	–	1	–	–	–	–	.
W/T	0.055	–	–	0.047	–	0.008	–	–	–	–	.
D/J	0.026	–	–	0.022	–	0.004	–	–	–	–	.
1977											
D/C	6	3	–	2	–	1	–	–	–	–	.
W/T	0.278	0.174	–	0.099	–	0.005	–	–	–	–	.
D/J	0.953	0.849	–	0.099	–	0.005	–	–	–	–	.

Les libellés en français des branches d'activité économique sont indiqués à la page précédente.

APPENDIX
ANNEXE
APENDICE

Classifications used in the *Year Book*
Classifications utilisées dans l'*Annuaire*
Clasificaciones empleadas en el *Anuario*

References and sources
Références et sources
Referencias y fuentes

Order of arrangement of countries and territories
Ordre de présentation des pays et territoires
Orden de presentación de los países y territorios

International Standard Industrial Classification of all Economic Activities (ISIC-1968)[1]

Major Division 1. Agriculture, Hunting, Forestry and Fishing

11		Agriculture and Hunting
	111	Agricultural and livestock production
	112	Agricultural services
	113	Hunting, trapping and game propagation
12		Forestry and Logging
	121	Forestry
	122	Logging
13	130	Fishing

Major Division 2. Mining and Quarrying

21	210	Coal Mining
22	220	Crude Petroleum and Natural Gas Production
23	230	Metal Ore Mining
29	290	Other Mining

Major Division 3. Manufacturing

31		Manufacture of Food, Beverages and Tobacco
	311–312	Food manufacturing
	313	Beverage industries
	314	Tobacco manufactures
32		Textile, Wearing Apparel and Leather Industries
	321	Manufacture of textiles
	322	Manufacture of wearing apparel, except footwear
	323	Manufacture of leather and products of leather, leather substitutes and fur, except footwear and wearing apparel
	324	Manufacture of footwear, except vulcanized or moulded rubber or plastic footwear
33		Manufacture of Wood and Wood Products, Including Furniture
	331	Manufacture of wood and wood and cork products, except furniture
	332	Manufacture of furniture and fixtures, except primarily of metal
34		Manufacture of Paper and Paper Products, Printing and Publishing
	341	Manufacture of paper and paper products
	342	Printing, publishing and allied industries
35		Manufacture of Chemicals and Chemical, Petroleum, Coal, Rubber and Plastic Products
	351	Manufacture of industrial chemicals
	352	Manufacture of other chemical products
	353	Petroleum refineries
	354	Manufacture of miscellaneous products of petroleum and coal
	355	Manufacture of rubber products
	356	Manufacture of plastic products not elsewhere classified
36		Manufacture of Non-Metallic Mineral Products, except Products of Petroleum and Coal
	361	Manufacture of pottery, china and earthenware
	362	Manufacture of glass and glass products
	369	Manufacture of other non-metallic mineral products
37		Basic Metal Industries
	371	Iron and steel basic industries
	372	Non-ferrous metal basic industries
38		Manufacture of Fabricated Metal Products, Machinery and Equipment
	381	Manufacture of fabricated metal products, except machinery and equipment
	382	Manufacture of machinery except electrical
	383	Manufacture of electrical machinery apparatus, appliances and supplies
	384	Manufacture of transport equipment
	385	Manufacture of professional and scientific and measuring and controlling equipment not elsewhere classified, and of photographic and optical goods
39	390	Other Manufacturing Industries

Major Division 4. Electricity, Gas and Water

41	410	Electricity, Gas and Steam
42	420	Water Works and Supply

Major Division 5. Construction

50	500	Construction

Major Division 6. Wholesale and Retail Trade and Restaurants and Hotels

61	610	Wholesale Trade
62	620	Retail Trade
63		Restaurants and Hotels
	631	Restaurants, cafés and other eating and drinking places
	632	Hotels, rooming houses, camps and other lodging places

Major Division 7. Transport, Storage and Communication

71		Transport and Storage
	711	Land transport
	712	Water transport
	713	Air transport
	719	Services allied to transport
72	720	Communication

Major Division 8. Financing, Insurance, Real Estate and Business Services

81	810	Financial Institutions
82	820	Insurance
83		Real Estate and Business Services
	831	Real estate
	832	Business services except machinery and equipment rental and leasing
	833	Machinery and equipment rental and leasing

Major Division 9. Community, Social and Personal Services

91	910	Public Administration and Defence
92	920	Sanitary and Similar Services
93		Social and Related Community Services
	931	Education services
	932	Research and scientific institutes
	933	Medical, dental, other health and veterinary services
	934	Welfare institutions
	935	Business, professional and labour associations
	939	Other social and related community services
94		Recreational and Cultural Services
	941	Motion picture and other entertainment services
	942	Libraries, museums, botanical and zoological gardens, and other cultural servces not elsewhere classified

	949	Amusement and recreational services not elsewhere classified
95		Personal and Household Services
	951	Repair services not elsewhere classified
	952	Laundries, laundry services, and cleaning and dyeing plants
	953	Domestic services
	959	Miscellaneous personal services
96	960	International and Other Extra-Territorial Bodies

Major Division 0. Activities not Adequately Defined

0	000	Activities not adequately defined

[1] This Classification consists of *Major Divisions* (one-digit codes), *Divisions* (two-digit codes), *Major Groups* (three-digit codes) and *Groups* (four-digit codes); the latter are not shown separately in this Annex.

For full details see United Nations: *Statistical Papers*, Series M, No. 4, rev. 2 (New York, 1968).

Classification internationale type, par industrie, de toutes les branches d'activité économique (CITI-1968)[1]

Branche 1. Agriculture, chasse, sylviculture et pêche

11 Agriculture et chasse
111 Production agricole et élevage
112 Activités annexes de l'agriculture
113 Chasse, piégeage et repeuplement en gibier
12 Sylviculture et exploitation forestière
121 Sylviculture
122 Exploitation forestière
13 130 Pêche

Branche 2. Industries extractives

21 210 Extraction du charbon
22 220 Production de pétrole brut et de gaz naturel
23 230 Extraction des minerais métalliques
29 290 Extraction d'autres minéraux

Branche 3. Industries manufacturières

31 Fabrication de produits alimentaires, boissons et tabacs
311–312 Industries alimentaires
313 Fabrication des boissons
314 Industrie du tabac
32 Industries des textiles, de l'habillement et du cuir
321 Industrie textile
322 Fabrication d'articles d'habillement, à l'exclusion des chaussures
323 Industrie du cuir, des articles en cuir et en succédanés du cuir, et de la fourrure, à l'exclusion des chaussures et des articles d'habillement
324 Fabrication des chaussures, à l'exclusion des chaussures en caoutchouc vulcanisé ou moulé et des chaussures en matière plastique
33 Industrie du bois et fabrication d'ouvrages en bois, y compris les meubles
331 Industrie du bois et fabrication d'ouvrages en bois et en liège, à l'exclusion des meubles
332 Fabrication de meubles et d'accessoires, à l'exclusion des meubles et accessoires faits principalement en métal
34 Fabrication de papier et d'articles en papier; imprimerie et édition
341 Fabrication de papier et d'articles en papier
342 Imprimerie, édition et industries annexes
35 Industrie chimique et fabrication de produits chimiques, de dérivés du pétrole et du charbon, et d'ouvrages en caoutchouc et en matière plastique
351 Industrie chimique
352 Fabrication d'autres produits chimiques
353 Raffineries de pétrole
354 Fabrication de divers dérivés du pétrole et du charbon
355 Industrie du caoutchouc
356 Fabrication d'ouvrages en matière plastique non classés ailleurs
36 Fabrication de produits minéraux non métalliques, à l'exclusion des dérivés du pétrole et du charbon
361 Fabrication des grès, porcelaines et faïences
362 Industrie du verre
369 Fabrication d'autres produits minéraux non métalliques
37 Industrie métallurgique de base
371 Sidérurgie et première transformation de la fonte, du fer et de l'acier
372 Production et première transformation des métaux non ferreux
38 Fabrication d'ouvrages en métaux, de machines et de matériel
381 Fabrication d'ouvrages en métaux, à l'exclusion des machines et du matériel
382 Construction de machines, à l'exclusion des machines électriques
383 Fabrication de machines, appareils et fournitures électriques
384 Construction de matériel de transport
385 Fabrication de matériel médico-chirurgical, d'instruments de précision, d'appareils de mesure et de contrôle, non classés ailleurs, de matériel photographique et d'instruments d'optique
39 390 Autres industries manufacturières

Branche 4. Electricité, gaz et eau

41 410 Electricité, gaz et vapeur
42 420 Installations de distribution d'eau et distribution publique de l'eau

Branche 5. Bâtiment et travaux publics

50 500 Bâtiment et travaux publics

Branche 6. Commerce de gros et de détail; restaurants et hôtels

61 610 Commerce de gros
62 620 Commerce de détail
63 Restaurants et hôtels
631 Restaurants et débits de boissons
632 Hôtels, hôtels meublés et établissements analogues; terrains de camping

Branche 7. Transports, entrepôts et communications

71 Transports et entrepôts
711 Transports par la voie terrestre
712 Transports par eau
713 Transports aériens
719 Services auxiliaires des transports
72 720 Communications

Branche 8. Banque, assurances, affaires immobilières et services fournis aux entreprises

81 810 Etablissements financiers
82 820 Assurances
83 Affaires immobilières et services fournis aux entreprises
831 Affaires immobilières
832 Services fournis aux entreprises, à l'exclusion de la location de machines et de matériel
833 Location de machines et de matériel

Branche 9. Services fournis à la collectivité, services sociaux et services personnels

91 910 Administration publique et défense nationale
92 920 Services sanitaires et services analogues
93 Services sociaux et services connexes fournis à la collectivité
931 Enseignement
932 Institutions scientifiques et centres de recherche
933 Services médicaux et dentaires et autres services sanitaires, et services vétérinaires
934 Œuvres sociales
935 Associations commerciales, professionnelles et syndicales
939 Autres services sociaux et services connexes fournis à la collectivité

94		Services récréatifs et services culturels annexes
	941	Films cinématographiques et autres services récréatifs
	942	Bibliothèques, musées, jardins botaniques et zoologiques et autres services culturels non classés ailleurs
	949	Amusements et services récréatifs non classés ailleurs
95		Services fournis aux particuliers et aux ménages
	951	Services de réparation non classés ailleurs
	952	Blanchisserie, teinturerie
	953	Services domestiques
	959	Services personnels divers
96	960	Organisations internationales et autres organismes extra-territoriaux

Branche 0. Activités mal désignées

00	000	Activités mal désignées

[1] Cette classification comprend des *Branches* (codes à un chiffre), des *Catégories* (codes à deux chiffres), des *Classes* (codes à trois chiffres) et des *Groupes* (codes à quatre chiffres); ces derniers ne sont pas présentés séparément dans cette annexe.

Pour de plus amples détails, voir Nations Unies: *Etudes statistiques*, série M, nº 4, rév. 2 (New York, 1969).

Clasificación industrial internacional uniforme de todas las actividades económicas (CIIU-1968)[1]

Gran división 1. Agricultura, caza, silvicultura y pesca

11		Agricultura y caza
	111	Producción agropecuaria
	112	Servicios agrícolas
	113	Caza ordinaria y mediante trampas, y repoblación de animales
12		Silvicultura y extracción de madera
	121	Silvicultura
	122	Extracción de madera
13	130	Pesca

Gran división 2. Explotación de minas y canteras

21	210	Explotación de minas de carbón
22	220	Producción de petróleo crudo y gas natural
23	230	Extracción de minerales metálicos
29	290	Extracción de otros minerales

Gran división 3. Industrias manufactureras

31		Productos alimenticios, bebidas y tabaco
	311–312	Fabricación de productos alimenticios
	313	Industrias de bebidas
	314	Industria del tabaco
32		Textiles, prendas de vestir e industrias del cuero
	321	Fabricación de textiles
	322	Fabricación de prendas de vestir, excepto calzado
	323	Industria del cuero y productos de cuero y sucedáneos de cuero y pieles, excepto el calzado y otras prendas de vestir
	324	Fabricación de calzado, excepto el de caucho vulcanizado o moldeado o de plástico
33		Industria de la madera y productos de la madera, incluidos muebles
	331	Industria de la madera y productos de madera y de corcho, excepto muebles
	332	Fabricación de muebles y accesorios, excepto los que son principalmente metálicos
34		Fabricación de papel y productos de papel; imprentas y editoriales
	341	Fabricación de papel y productos de papel
	342	Imprentas, editoriales e industrias conexas
35		Fabricación de sustancias químicas y de productos químicos, derivados del petróleo y del carbón, de caucho y plásticos
	351	Fabricación de sustancias químicas industriales
	352	Fabricación de otros productos químicos
	353	Refinerías de petróleo
	354	Fabricación de productos diversos derivados del petróleo y del carbón
	355	Fabricación de productos de caucho
	356	Fabricación de productos plásticos, n.e.p.
36		Fabricación de productos minerales no metálicos, exceptuando los derivados del petróleo y del carbón
	361	Fabricación de objetos de barro, loza y porcelana
	362	Fabricación de vidrio y productos de vidrio
	369	Fabricación de otros productos minerales no metálicos
37		Industrias metálicas básicas
	371	Industrias básicas de hierro y acero
	372	Industrias básicas de metales no ferrosos
38		Fabricación de productos metálicos, maquinaria y equipo
	381	Fabricación de productos metálicos, exceptuando maquinaria y equipo
	382	Construcción de maquinaria, exceptuando la eléctrica
	383	Construcción de maquinaria, aparatos, accesorios y suministros eléctricos
	384	Construcción de material de transporte
	385	Fabricación de equipo profesional y científico, instrumentos de medida y de control n.e.p., y de aparatos fotográficos e instrumentos de óptica
39	390	Otras industrias manufactureras

Gran división 4. Electricidad, gas y agua

41	410	Electricidad, gas y vapor
42	420	Obras hidráulicas y suministro de agua

Gran división 5. Construcción

50	500	Construcción

Gran división 6. Comercio al por mayor y al por menor y restaurantes y hoteles

61	610	Comercio al por mayor
62	620	Comercio al por menor
63		Restaurantes y hoteles
	631	Restaurantes, cafés y otros establecimientos que expenden comidas y bebidas
	632	Hoteles, casas de huéspedes, campamentos y otros lugares de alojamiento

Gran división 7. Transportes, almacenamiento y comunicaciones

71		Transporte y almacenamiento
	711	Transporte terrestre
	712	Transporte por agua
	713	Transporte aéreo
	719	Servicios conexos del transporte
72	720	Comunicaciones

Gran división 8. Establecimientos financieros, seguros, bienes inmuebles y servicios prestados a las empresas

81	810	Establecimientos financieros
82	820	Seguros
83		Bienes inmuebles y servicios prestados a las empresas
	831	Bienes inmuebles
	832	Servicios prestados a las empresas, exceptuando el alquiler y arrendamiento de maquinaria y equipo
	833	Alquiler y arrendamiento de maquinaria y equipo

Gran división 9. Servicios comunales, sociales y personales

91	910	Administración pública y defensa
92	920	Servicios de saneamiento y similares
93		Servicios sociales y otros servicios comunales conexos
	931	Instrucción pública
	932	Institutos de investigaciones y científicos
	933	Servicios médicos y odontológicos; otros servicios de sanidad y veterinaria
	934	Institutos de asistencia social
	935	Asociaciones comerciales, profesionales y laborales
	939	Otros servicios sociales y servicios comunales conexos
94		Servicios de diversión y esparcimiento y servicios
	941	Películas cinematográficas y otros servicios de esparcimiento
	942	Bibliotecas, museos, jardines botánicos y zoológicos y otros servicios culturales, n.e.p.
	949	Servicios de diversión y esparcimiento, n.e.p.

95		Servicios personales y de los hogares
	951	Servicios de reparación, n.e.p.
	952	Lavanderías y servicios de lavandería; establecimientos de limpieza y teñido
	953	Servicios domésticos
	959	Servicios personales diversos
96	960	Organizaciones internacionales y otros organismos extraterritoriales

Gran división 0. Actividades no bien especificadas

00	000	Actividades no bien especificadas

[1] Esta Clasificación se compone de *Grandes Divisiones* (clave de un dígito), *Divisiones* (clave de dos dígitos), *Agrupaciones* (clave de tres dígitos) y *Grupos* (clave de cuatro dígitos); estos últimos no están presentados separadamente en este anexo.

Para más amplios detalles, véase Naciones Unidas: *Informes estadísticos,* serie M, núm. 4, rev. 2 (Nueva York, 1969).

International standard classification of occupations (ISCO–1968)[1]

Major Group 0/1 Professional, technical and related workers

0-1 Physical scientists and related technicians
0-2/3 Architects, engineers and related technicians
0-4 Aircraft and ships' officers
0-5 Life scientists and related technicians
0-6/7 Medical, dental, veterinary and related workers
0-8 Statisticians, mathematicians, systems analysts and related technicians
0-9 Economists
1-1 Accountants
1-2 Jurists
1-3 Teachers
1-4 Workers in religion
1-5 Authors, journalists and related writers
1-6 Sculptors, painters, photographers and related creative artists
1-7 Composers and performing artists
1-8 Athletes, sportsmen and related workers
1-9 Professional, technical and related workers not elsewhere classified

Major Group 2 Administrative and managerial workers

2-0 Legislative officials and government administrators
2-1 Managers

Major Group 3 Clerical and related workers

3-0 Clerical supervisors
3-1 Government executive officials
3-2 Stenographers, typists and card- and tape-punching machine operators
3-3 Bookkeepers, cashiers and related workers
3-4 Computing machine operators
3-5 Transport and communications supervisors
3-6 Transport conductors
3-7 Mail distribution clerks
3-8 Telephone and telegraph operators
3-9 Clerical related workers not elsewhere classified

Major Group 4 Sales workers

4-0 Managers (wholesale and retail trade)
4-1 Working proprietors (wholesale and retail trade)
4-2 Sales supervisors and buyers
4-3 Technical salesmen, commercial travellers and manufacturers' agents
4-4 Insurance, real estate, securities and business services salesman and auctioneers
4-5 Salesmen, shop assistants and related workers
4-9 Sales workers not elsewhere classified

Major Group 5 Service workers

5-0 Managers (catering and lodging services)
5-1 Working proprietors (catering and lodging services)
5-2 Housekeeping and related service supervisors
5-3 Cooks, waiters, bartenders and related workers
5-4 Maids and related housekeeping service workers not elsewhere classified
5-5 Building caretakers, charworkers, cleaners and related workers
5-6 Launderers, dry-cleaners and pressers
5-7 Hairdressers, barbers, beauticians and related workers
5-8 Protective service workers
5-9 Service workers not elsewhere classified

Major Group 6 Agriculture, animal husbandry and forestry workers, fishermen and hunters

6-0 Farm managers and supervisors
6-1 Farmers
6-2 Agriculture and animal husbandry workers
6-3 Forestry workers
6-4 Fishermen, hunters and related workers

Major Group 7/8/9 Production and related workers, transport equipment operators and labourers

7-0 Production supervisors and general foremen
7-1 Miners, quarrymen, well drillers and related workers
7-2 Metal processers
7-3 Wood preparation workers and paper makers
7-4 Chemical processers and related workers
7-5 Spinners, weavers, knitters, dyers and related workers
7-6 Tanners, fellmongers and pelt dressers
7-7 Food and beverage processers
7-8 Tobacco preparers and tobacco product makers
7-9 Tailors, dressmakers, sewers, upholsterers and related workers
8-0 Shoemakers and leather goods makers
8-1 Cabinetmakers and related woodworkers
8-2 Stone cutters and carvers
8-3 Blacksmiths, toolmakers and machine-tool operators
8-4 Machinery fitters, machine assemblers and precision instrument makers (except electrical)
8-5 Electrical fitters and related electrical and electronics workers
8-6 Broadcasting station and sound equipment operators and cinema projectionists
8-7 Plumbers, welders, sheet metal and structural metal preparers and erectors
8-8 Jewellery and precious metal workers
8-9 Glass formers, potters and related workers
9-0 Rubber and plastics product makers
9-1 Paper and paperboard products makers
9-2 Printers and related workers
9-3 Painters
9-4 Production and related workers not elsewhere classified
9-5 Bricklayers, carpenters and other construction workers
9-6 Stationary engine and related equipment operators
9-7 Material-handling and related equipment operators, dockers and freight handlers
9-8 Transport equipment operators
9-9 Labourers not elsewhere classified

Major Group X Workers not classifiable by occupation

X-1	New workers seeking employment
X-2	Workers reporting occupations unidentifiable or inadequately described
X-3	Workers not reporting any occupation

Armed Forces Members of the armed forces

[1] *Major* and *Minor groups* only. This Classification consists of *Major groups* (one-digit codes), *Minor groups* (two-digit codes), *Unit groups* (three-digit codes) and *Occupational categories* (five-digit codes).

For full details, see ILO: *International Standard Classification of Occupations, revised edition, 1968* (Geneva, 1969).

Classification internationale type des professions (CITP–1968)[1]

Grand groupe 0/1 Personnel des professions scientifiques, techniques, libérales et assimilées

0-1 Spécialistes des sciences physico-chimiques et techniciens assimilés
0-2/3 Architectes, ingénieurs et techniciens assimilés
0-4 Pilotes, officiers de pont et officiers mécaniciens (marine et aviation)
0-5 Biologistes, agronomes et techniciens assimilés
0-6/7 Médecins, dentistes, vétérinaires et travailleurs assimilés
0-8 Statisticiens, mathématiciens, analystes de systèmes et techniciens assimilés
0-9 Economistes
1-1 Comptables
1-2 Juristes
1-3 Personnel enseignant
1-4 Membres du clergé et assimilés
1-5 Auteurs, journalistes et écrivains assimilés
1-6 Sculpteurs, peintres, photographes et artistes créateurs assimilés
1-7 Musiciens, acteurs, danseurs et artistes assimilés
1-8 Athlètes, sportifs et assimilés
1-9 Personnel des professions scientifiques, techniques, libérales et assimilées non classé ailleurs

Grand groupe 2 Directeurs et cadres administratifs supérieurs

2-0 Membres des corps législatifs et cadres supérieurs de l'administration publique
2-1 Directeurs et cadres dirigeants

Grand groupe 3 Personnel administratif et travailleurs assimilés

3-0 Chefs de groupe d'employés de bureau
3-1 Agents administratifs (administration publique)
3-2 Sténographes dactylographes et opérateurs sur machines perforatrices de cartes et de rubans
3-3 Employés de comptabilité, caissiers et travailleurs assimilés
3-4 Opérateurs sur machines à traiter l'information
3-5 Chefs de services de transports et de communications
3-6 Chefs de train et receveurs
3-7 Facteurs et messagers
3-8 Opérateurs des téléphones et télégraphes
3-9 Personnel administratif et travailleurs assimilés non classés ailleurs

Grand groupe 4 Personnel commercial et vendeurs

4-0 Directeurs (commerces de gros et de détail)
4-1 Propriétaires-gérants de commerces de gros et de détail
4-2 Chefs des ventes et acheteurs
4-3 Agents commerciaux techniciens et voyageurs de commerce
4-4 Agents d'assurances, agents immobiliers, courtiers en valeurs, agents de vente de services aux entreprises et vendeurs aux enchères
4-5 Commis vendeurs, employés de commerce et travailleurs assimilés
4-9 Personnel commercial et vendeurs non classés ailleurs

Grand groupe 5 Travailleurs spécialisés dans les services

5-0 Directeurs d'hôtels, de cafés ou de restaurants
5-1 Propriétaires-gérants d'hôtels, de cafés ou de restaurants
5-2 Chefs de groupe d'employés de maison et travailleurs assimilés
5-3 Cuisiniers, serveurs, barmen et travailleurs assimilés
5-4 Employés de maison et travailleurs assimilés non classés ailleurs
5-5 Gardiens d'immeubles, nettoyeurs et travailleurs assimilés
5-6 Blanchisseurs, dégraisseurs et presseurs
5-7 Coiffeurs, spécialistes des soins de beauté et travailleurs assimilés
5-8 Personnel des services de protection et de sécurité
5-9 Travailleurs spécialisés dans les services non classés ailleurs

Grand groupe 6 Agriculteurs, éleveurs, forestiers, pêcheurs et chasseurs

6-0 Directeurs et chefs d'exploitations agricoles
6-1 Exploitants agricoles
6-2 Travailleurs agricoles
6-3 Travailleurs forestiers
6-4 Pêcheurs, chasseurs et travailleurs assimilés

Grand groupe 7/8/9 Ouvriers et manœuvres non agricoles et conducteurs d'engins de transport

7-0 Agents de maîtrise et assimilés
7-1 Mineurs, carriers, foreurs de puits et travailleurs assimilés
7-2 Ouvriers de la production et du traitement des métaux
7-3 Ouvriers de la première préparation des bois et de la fabrication du papier
7-4 Conducteurs de fours et d'appareils chimiques
7-5 Ouvriers du textile
7-6 Tanneurs, peaussiers, mégissiers et ouvriers de la pelleterie
7-7 Ouvriers de l'alimentation et des boissons
7-8 Ouvriers des tabacs
7-9 Tailleurs, couturiers, couseurs, tapissiers et ouvriers assimilés
8-0 Bottiers, ouvriers de la chaussure et du cuir
8-1 Ebénistes, menuisiers et travailleurs assimilés
8-2 Tailleurs et graveurs de pierres
8-3 Ouvriers du façonnage et de l'usinage des métaux
8-4 Ajusteurs-monteurs, installateurs de machines et mécaniciens de précision (électriciens exceptés)
8-5 Electriciens, électroniciens et travailleurs assimilés
8-6 Opérateurs de stations d'émissions de radio et de télévision, opérateurs d'appareils de sonorisation et projectionnistes de cinéma
8-7 Plombiers soudeurs, tôliers-chaudronniers, monteurs de charpentes et de structures métalliques
8-8 Joailliers et orfèvres
8-9 Verriers, potiers et travailleurs assimilés
9-0 Ouvriers de la fabrication d'articles en caoutchouc et en matières plastiques
9-1 Confectionneurs d'articles en papier et en carton
9-2 Compositeurs typographes et travailleurs assimilés

9-3 Peintres

9-4 Ouvriers à la production et assimilés non classés ailleurs

9-5 Maçons, charpentiers et autres travailleurs de la construction

9-6 Conducteurs de machines et d'installations fixes

9-7 Conducteurs d'engins de manutention et de terrassement, dockers et manutentionnaires

9-8 Conducteurs d'engins de transport

9-9 Manœuvres non classés ailleurs

Grand groupe X Travailleurs ne pouvant être classés selon la profession

X-1 Personnes en quête de leur premier emploi

X-2 Travailleurs ayant fait au sujet de leur profession une déclaration imprécise ou insuffisante

X-3 Travailleurs n'ayant déclaré aucune profession

Forces armées Membres des forces armées

[1] *Grands groupes* et *Sous-groupes* seulement. Cette classification comprend des *Grands groupes* (codes à un chiffre), des *Sous-groupes* (codes à deux chiffres), des *Groupes de base* (codes à trois chiffres) et des *Catégories professionnelles* (codes à cinq chiffres).

Pour de plus amples détails, voir BIT: *Classification internationale type des professions, édition révisée, 1968* (Genève, 1969).

Clasificación internacional uniforme de ocupaciones (CIUO–1968)[1]

Gran grupo 0/1 Profesionales, técnicos y trabajadores asimilados

0-1 Especialistas en ciencias físico-químicas y técnicos asimilados
0-2/3 Arquitectos, ingenieros y técnicos asimilados
0-4 Pilotos y oficiales de cubierta y oficiales maquinistas (aviación y marina)
0-5 Biólogos, agrónomos y técnicos asimilados
0-6/7 Médicos, odontólogos, veterinarios y trabajadores asimilados
0-8 Estadígrafos, matemáticos, analistas de sistemas y técnicos asimilados
0-9 Economistas
1-1 Contadores
1-2 Juristas
1-3 Profesores
1-4 Miembros del clero y asimilados
1-5 Autores, periodistas y escritores asimilados
1-6 Escultores, pintores, fotógrafos y artistas asimilados
1-7 Músicos, artistas, empresarios y productores de espectáculos
1-8 Atletas, deportistas y trabajadores asimilados
1-9 Profesionales, técnicos y trabajadores asimilados no clasificados bajo otros epígrafes

Gran grupo 2 Directores y funcionarios públicos superiores

2-0 Miembros de los cuerpos legislativos y personal directivo de la administración pública
2-1 Directores y personal directivo

Gran grupo 3 Personal administrativo y trabajadores asimilados

3-0 Jefes de empleados de oficinas
3-1 Agentes administrativos (administración pública)
3-2 Taquígrafos, mecanógrafos y operadores de máquinas perforadoras de tarjetas y cintas
3-3 Empleados de contabilidad, cajeros y trabajadores asimilados
3-4 Operadores de máquinas para cálculos contables y estadísticos
3-5 Jefes de servicios de transportes y de comunicaciones
3-6 Jefes de tren, controladores de coches-cama y cobradores
3-7 Carteros y mensajeros
3-8 Telefonistas y telegrafistas
3-9 Personal administrativo y trabajadores asimilados no clasificados bajo otros epígrafes

Gran grupo 4 Comerciantes y vendedores

4-0 Directores (comercio al por mayor y al por menor)
4-1 Comerciantes propietarios (comercio al por mayor y al por menor)
4-2 Jefes de ventas y compradores
4-3 Agentes técnicos de ventas, viajantes de comercio y representantes de fábrica
4-4 Agentes de seguros, agentes inmobiliarios, agentes de cambio y bolsa, agentes de venta de servicios a las empresas y subastadores
4-5 Vendedores, empleados de comercio y trabajadores asimilados
4-9 Comerciantes y vendedores no clasificados bajo otros epígrafes

Gran grupo 5 Trabajadores de los servicios

5-0 Directores (servicios de hostelería, bares y similares)
5-1 Gerentes propietarios (servicios de hostelería, bares y similares)
5-2 Jefes de personal de servidumbre
5-3 Cocineros, camareros, bármanes y trabajadores asimilados
5-4 Personal de servidumbre no clasificado bajo otros epígrafes
5-5 Guardianes de edificios, personal de limpieza y trabajadores asimilados
5-6 Lavanderos, limpiadores en seco y planchadores
5-7 Peluqueros, especialistas en tratamientos de belleza y trabajadores asimilados
5-8 Personal de los servicios de protección y de seguridad
5-9 Trabajadores de los servicios no clasificados bajo otros epígrafes

Gran grupo 6 Trabajadores agrícolas y forestales, pescadores y cazadores

6-0 Directores y jefes de explotaciones agrícolas
6-1 Explotadores agrícolas
6-2 Obreros agrícolas
6-3 Trabajadores forestales
6-4 Pescadores, cazadores y trabajadores asimilados

Gran grupo 7/8/9 Obreros no agrícolas, conductores de máquinas y vehículos de transporte y trabajadores asimilados

7-0 Contramaestres y capataces mayores
7-1 Mineros, canteros, sondistas y trabajadores asimilados
7-2 Obreros metalúrgicos
7-3 Obreros del tratamiento de la madera y de la fabricación de papel
7-4 Obreros de los tratamientos químicos y trabajadores asimilados
7-5 Hilanderos, tejedores, tintoreros y trabajadores asimilados
7-6 Obreros de la preparación, curtido y tratamiento de pieles
7-7 Obreros de la preparación de alimentos y bebidas
7-8 Obreros del tabaco
7-9 Sastres, modistos, peleteros, tapiceros y trabajadores asimilados
8-0 Zapateros y guarnicioneros
8-1 Ebanistas, operadores de máquinas de labrar madera y trabajadores asimilados
8-2 Labrantes y adornistas
8-3 Obreros de la labra de metales
8-4 Ajustadores-montadores e instaladores de maquinaria e instrumentos de precisión, relojeros y mecánicos (excepto electricistas)
8-5 Electricistas, electronicistas y trabajadores asimilados
8-6 Operadores de estaciones emisoras de radio y televisión y de equipos de sonorización y de proyecciones cinematográficas

8-7 Fontaneros, soldadores, chapistas, caldereros y preparadores y montadores de estructuras metálicas

8-8 Joyeros y plateros

8-9 Vidrieros, ceramistas y trabajadores asimilados

9-0 Obreros de la fabricación de productos de caucho y plástico

9-1 Confeccionadores de productos de papel y cartón

9-2 Obreros de las artes gráficas

9-3 Pintores

9-4 Obreros manufactureros y trabajadores asimilados no clasificados bajo otros epígrafes

9-5 Obreros de la construcción

9-6 Operadores de máquinas fijas y de instalaciones similares

9-7 Obreros de la manipulación de mercancías y materiales y de movimiento de tierras

9-8 Conductores de vehículos de transporte

9-9 Peones no clasificados bajo otros epígrafes

Gran grupo X Trabajadores que no pueden ser clasificados según la ocupación

X-1 Personas en busca de su primer empleo

X-2 Trabajadores que han declarado ocupaciones no identificables o insuficientemente descritas

X-3 Trabajadores que no han declarado ninguna ocupación

Fuerzas armadas Miembros de las fuerzas armadas

[1] *Grandes grupos* y *Subgrupos* solamente. Esta Clasificación se compone de *Grandes grupos* (clave de un dígito), *Subgrupos* (clave de dos dígitos), *Grupos unitarios* (clave de tres dígitos) y *Categorías profesionales* (clave de cinco dígitos).

Para más amplios detalles, véase OIT: *Clasificación internacional uniforme de ocupaciones, edición revisada, 1968* (Ginebra, 1970).

References and sources

The references given in **Part A** are a selected list of International Labour Office publications on methodology and practice in the field of labour statistics.

Part B lists the *principal* sources of current national statistics on labour topics, generally those cited by governments forwarding data for the *Year Book of Labour Statistics.* They often contain more detailed statistics than the Office has been able to use in the *Year Book.* Readers making investigations covering an extended period should also refer to previous issues of the *Year Book* and the sources listed therein.

Countries are grouped by continents in the alphabetical order as presented in page 690. So far as possible the title of each publication is given in the respective national language. Where a publication contains translations into English (or French) the official English (or French) title is given in parentheses.

Références et sources

Les références présentées dans la **partie A** fournissent une liste sélectionnée de publications du Bureau international du Travail traitant des pratiques et des méthodes utilisées en matière de statistiques du travail.

La **partie B** contient les sources *principales* dans lesquelles sont publiées les statistiques nationales courantes sur les divers aspects du travail; en général, ces sources sont celles qui ont été transmises par les gouvernements en annexe aux données fournies pour l'*Annuaire des statistiques du travail.* On y trouvera souvent des statistiques plus détaillées que celles que le Bureau a pu utiliser dans l'*Annuaire.* Il est recommandé aux lecteurs qui se livrent à des recherches portant sur une période assez longue de consulter les éditions précédentes de l'*Annuaire* et les sources qui y sont indiquées.

Les pays sont groupés par continents, suivant l'ordre alphabétique tel qu'il est présenté à la page 690. Dans la mesure du possible, le titre de chaque publication est donné dans la langue nationale respective. Lorsque la publication contient des traductions en français (ou en anglais), le titre officiel français (ou anglais) est indiqué entre parenthèses.

Referencias y fuentes

Las referencias dadas en la **parte A** comprenden una selección de publicaciones de la Oficina Internacional del Trabajo sobre la metodología y la práctica en materia de estadísticas del trabajo.

La **parte B** contiene las *principales* fuentes de las estadísticas nacionales de la actualidad sobre temas del trabajo; en general, aquellas que los propios gobiernos citan al proporcionar los datos para el *Anuario de Estadísticas del Trabajo.* A menudo contienen estadísticas más detalladas que las que la Oficina ha podido usar en el *Anuario.* Los lectores que deseen practicar investigaciones que abarquen un período más extenso deben consultar, además, las ediciones anteriores del *Anuario* y las fuentes allí indicadas.

Los países se agrupan por continentes, en el orden alfabético tal como se presenta en la página 690. En la medida de lo posible, el título de cada publicación aparece en el idioma nacional respectivo. Cuando una publicación contiene traducciones al francés (o al inglés), su título oficial en francés (o en inglés) se indica entre paréntesis.

A References – Références – Referencias

General – Général – General

International Recommendations on Labour Statistics (Geneva, 1976)

Recommandations internationales sur les statistiques du travail (Genève, 1975)

Recomendaciones internacionales sobre estadísticas del trabajo (Ginebra, 1975)

International Standard Classification of Occupations (Revised 1968) (Geneva, 1969)

Classification internationale type des professions (révisée 1968) (Genève, 1969)

Clasificación internacional uniforme de ocupaciones (revisada, 1968) (Ginebra, 1970)

Revision of the International Standard Classification of Occupations, Eleventh International Conference of Labour Statisticians, Report III (Geneva, 1966)

Révision de la Classification internationale type des professions, onzième Conférence internationale des statisticiens du travail, rapport III (Genève, 1966)

Revisión de la Clasificación internacional uniforme de ocupaciones, undécima Conferencia Internacional de Estadígrafos del Trabajo, Informe III (Ginebra, 1966)

Employment and unemployment – Emploi et chômage – Empleo y desempleo

Employment, Unemployment and Labour Force Statistics, A Study of Methods, Studies and Reports, New Series, No. 7, Part 1 (Geneva, 1948)

Statistiques de l'emploi, du chômage et de la main-d'œuvre, Etude méthodologique, Etudes et documents, nouvelle série, n° 7, partie 1 (Genève, 1948)

Estadísticas del empleo, del desempleo y de la mano de obra, Estudio metodológico, Estudios y documentos, nueva serie, núm. 7, parte 1 (Ginebra, 1948)

Employment and Unemployment Statistics, Eighth International Conference of Labour Statisticians, Report IV (Geneva, 1954)

Statistiques de l'emploi et du chômage, huitième Conférence internationale des statisticiens du travail, rapport IV (Genève, 1954)

Estadísticas del empleo y del desempleo, octava Conferencia Internacional de Estadígrafos del Trabajo, Informe IV (Ginebra, 1954)

Measurement of Underemployment, Ninth International Conference of Labour Statisticians, Report IV (Geneva, 1957)

Mesure du sous-emploi, neuvième Conférence internationale des statisticiens du travail, rapport IV (Genève, 1957)

Medición del subempleo, novena Conferencia Internacional de Estadígrafos del Trabajo, Informe IV (Ginebra, 1957)

Measurement of Underemployment, Concepts and Methods, Eleventh International Conference of Labour Statisticians, Report IV (Geneva, 1966)

Mesure du sous-emploi, concepts et méthodes, onzième Conférence internationale des statisticiens du travail, rapport IV (Genève, 1966)

Medición del subempleo, conceptos y métodos, undécima Conferencia Internacional de Estadígrafos del Trabajo, Informe IV (Ginebra, 1966)

Labour Force Estimates and Projections, 1950–2000 (Geneva, 1977)

Vol. I: Asia – Vol. II: Africa – Vol. III: Latin America – Vol. IV: Europe, Northern America, Oceania and USSR – Vol. V: World Summary – Vol. VI: Methodological Supplement

Evaluations et projections de la main-d'œuvre, 1950–2000 (Genève, 1977)

Vol. I: Asie – Vol. II: Afrique – Vol. III: Amérique latine – Vol. IV: Europe, Amérique du Nord, Océanie et URSS – Vol. V: Monde (résumé) – Vol. VI: Supplément méthodologique

Estimaciones y proyecciones de la fuerza de trabajo, 1950–2000 (Ginebra, 1977)

Vol. I: Asia – Vol. II: Africa – Vol. III: América latina – Vol. IV: Europa, América del Norte, Oceanía y URSS – Vol. V: Mundo (resumen) – Vol. VI: Suplemento metodológico

Technical Guide 1980, Descriptions of general series published in both the *Bulletin* and the *Year Book of Labour Statistics,* Vol. II, Employment – Unemployment – Hours of work – Wages (Geneva, 1980)

Guide technique 1980, descriptions des séries générales publiées à la fois dans le *Bulletin* et l'*Annuaire des statistiques du travail,* vol. II, Emploi – Chômage – Durée du travail – Salaires (Genève, 1980)

Guía Técnica 1980, descripciones de las series generales publicadas al mismo tiempo en el *Boletín* y el *Anuario de Estadísticas del Trabajo,* vol. II, Empleo – Desempleo – Horas de trabajo – Salarios (Ginebra, 1980)

Hours of work – Durée du travail – Horas de trabajo

Statistics of Hours of Work, Tenth International Conference of Labour Statisticians, Report III (Geneva, 1962)

Statistiques de la durée du travail, dixième Conférence internationale des statisticiens du travail, rapport III (Genève, 1962)

Estadísticas de la duración del trabajo, décima Conferencia Internacional de Estadígrafos del Trabajo, Informe III (Ginebra, 1962)

Technical Guide 1980, Descriptions of general series published in both the *Bulletin* and the *Year Book of Labour Statistics,* Vol. II, Employment – Unemployment – Hours of work – Wages (Geneva, 1980)

Guide technique 1980, descriptions des séries générales publiées à la fois dans le *Bulletin* et l'*Annuaire des statistiques du travail,* vol. II, Emploi – Chômage – Durée du travail – Salaires (Genève, 1980)

Guía Técnica 1980, descripciones de la series generales publicadas al mismo tiempo en el *Boletín* y el *Anuario de Estadísticas del Trabajo,* vol. II, Empleo – Desempleo – Horas de trabajo – Salarios (Ginebra, 1980)

Wages – Salaires – Salarios

Wages and Payroll Statistics, Studies and Reports, New Series, No. 16 (Geneva, 1949)

Statistiques des bordereaux des salaires et des gains, Etudes et documents, nouvelle série, n° 16 (Genève, 1949)

Estadísticas de nóminas de salarios y de ganancias, Estudios y documentos, nueva serie, núm. 16 (Ginebra, 1949)

International Comparisons of Real Wages, Studies and Reports, New Series, No. 45 (Geneva, 1956)

Les comparaisons internationales des salaires réels, Etudes et documents, nouvelle série, n° 45 (Genève, 1956)

Statistics of Labour Cost, Eleventh International Conference of Labour Statisticians, Report II (Geneva, 1966)

Statistiques du coût de la main-d'œuvre, onzième Conférence internationale des statisticiens du travail, rapport II (Genève, 1966)

Estadísticas del costo de la mano de obra, undécima Conferencia Internacional de Estadígrafos del Trabajo, Informe II (Ginebra, 1966)

Statistics of Wages and Employee Income, Twelfth International Conference of Labour Statisticians, Report II (Geneva, 1973)

Statistiques des salaires et du revenu salarial, douzième Conférence internationale des statisticiens du travail, rapport II (Genève, 1973)

Estadísticas de salarios e ingresos de los trabajadores, duodécima Conferencia Internacional de Estadígrafos del Trabajo, Informe II (Ginebra, 1973)

An integrated system of wages statistics: a manual on methods (Geneva, 1979)

Un système intégré des statistiques des salaires – Manuel de méthodologie (Genève, 1980)

(Edición española en preparación)

Technical Guide 1980, Descriptions of general series published in both the *Bulletin* and the *Year Book of Labour Statistics,* Vol. II, Employment – Unemployment – Hours of work – Wages (Geneva, 1980)

Guide technique 1980, descriptions des séries générales publiées à la fois dans le *Bulletin* et l'*Annuaire des statistiques du travail,* vol. II, Emploi – Chômage – Durée du travail – Salaires (Genève, 1980)

Guía Técnica 1980, descripciones de las series generales publicadas al mismo tiempo en el *Boletín* y el *Anuario de Estadísticas del Trabajo,* vol. II, Empleo – Desempleo – Horas de trabajo – Salarios (Ginebra, 1980)

Consumer prices – Prix à la consommation – Precios del consumo

A Contribution to the Study of International Comparisons of Cost of Living, Studies and Reports, Series N, No. 17 (Geneva, 1932)

Contribution à l'étude de la comparaison internationale du coût de la vie, Etudes et documents, série N, n° 17 (Genève, 1932)

International Comparisons of Cost of Living, Studies and Reports, Series N, No. 20 (Geneva, 1934)

La comparaison internationale du coût de la vie, Etudes et documents, série N, n° 20 (Genève, 1934)

Cost-of-Living Statistics, Studies and Reports, News Series, No. 7, Part 2 (Geneva, 1948)

Statistiques du coût de la vie, Etudes et documents, nouvelle série, n° 7, partie 2 (Genève, 1948)

Estadísticas del costo de la vida, Estudios y documentos, nueva serie, núm. 7, parte 2 (Ginebra, 1948)

Computation of Consumer Price Indices (Special Problems), Tenth International Conference of Labour Statisticians, Report IV (reprint, Geneva, 1970)

Calcul des indices des prix à la consommation (Problèmes particuliers), dixième Conférence internationale des statisticiens du travail, rapport IV (réimpression, Genève, 1970)

Cálculo de los índices de los precios del consumo (Problemas especiales), décima Conferencia Internacional de Estadígrafos del Trabajo, Informe IV (Ginebra, 1962)

Technical Guide 1980, descriptions of general series published in both the *Bulletin* and the *Year Book of Labour Statistics,* Vol. I, Consumer Prices (Geneva, 1980)

Guide technique 1980, descriptions des séries générales publiées à la fois dans le *Bulletin* et l'*Annuaire des statistiques du travail,* vol. I, Prix à la consommation (Genève, 1980)

Guía Técnica 1980, descripciones de las series generales publicadas al mismo tiempo en el *Boletín* y el *Anuario de Estadísticas del Trabajo,* vol. I, Precios del consumo (Ginebra, 1980)

Household budgets – Budgets de ménage – Presupuestos del hogar

Methods of Family Living Studies, Studies and Reports, Series N, No. 23 (Geneva, 1940)

Méthodes d'enquête sur les conditions de vie des familles, Etudes et documents, série N, n° 23 (Genève, 1941)

Métodos de encuesta sobre las condiciones de vida de las familias, Estudios y documentos, serie N, núm. 23 (Montreal, 1942)

Methods of Family Living Studies, Studies and Reports, New Series, No. 17 (Geneva, 1949)

Méthodes d'enquête sur les conditions de vie des familles, Etudes et documents, nouvelle série, n° 17 (Genève, 1949)

Métodos de encuesta sobre las condiciones de vida de las familas, Estudios y documentos, nueva serie, núm. 17 (Ginebra, 1949)

Family Living Studies – A Symposium, Studies and Reports, New Series, No. 63 (Geneva, 1961)

Enquêtes sur les conditions de vie des familles: Recueil de monographies, Etudes et documents, nouvelle série, n° 63 (Genève, 1961)

Encuestas sobre las condiciones de vida de las familias: Recopilación de monografías, Estudios y documentos, nueva serie, núm. 63 (Ginebra, 1961)

Scope, Methods and Uses of Family Expenditure Surveys, Twelfth International Conference of Labour Statisticians, Report III (Geneva, 1971)

Portée, méthodes et utilisation des enquêtes sur les dépenses des familles, douzième Conférence internationale des statisticiens du travail, rapport III (Genève, 1973)

Alcance, métodos y utilización de las encuestas sobre gastos familiares, duodécima Conferencia Internacional de Estadígrafos del Trabajo, Informe III (Ginebra, 1971)

Household Income and Expenditure Statistics No. 3 – 1968–1976 (Geneva, 1979)

Statistiques des revenus et des dépenses des ménages n° 3 – 1968–1976 (Genève, 1979)

Estadísticas de ingresos y gastos de los hogares núm. 3 – 1968–1976 (Ginebra, 1979)

Industrial accidents – Accidents du travail – Accidentes del trabajo

Statistics of Industrial Injuries, Geneva 1970 (document D17/1970/XCIST/II/SAT)

Statistiques des accidents du travail, Genève, 1970 (document D17/1970/XCIST/II/SAT)

Estadísticas de los accidentes del trabajo, décima Conferencia Internacional de Estadígrafos del Trabajo, Informe II (Ginebra, 1962) (documento mimeografiado)

B Sources – Sources – Fuentes

Country – Pays – País	Author – Auteur – Autor	Publications – Publications – Publicaciones
AFRICA – AFRIQUE – AFRICA		
Algérie	Secrétariat d'Etat au Plan Direction des statistiques	*Bulletin de statistiques générales*
Angola	Direcção dos Serviços de Estatística	*Boletim mensal*
	Banco de Angola	*Boletim trimestral*
Botswana	Central Statistics Office	*Statistical Bulletin* *Statistical Abstract*
Burundi	Département des études et statistiques	*Bulletin de statistique* (trimestriel)
Rép.-Unie du Cameroun	Direction de la statistique et de la comptabilité nationale	*Bulletin mensuel de statistique* *Note trimestrielle de statistique, série B*
Cap-Vert	Direcção Geral de Estatística	*Boletim trimestral de estatística* (Bulletin trimestriel de statistique)
République centrafricaine	Direction de la statistique générale et des études économiques	*Bulletin mensuel de statistique*
Congo	Ministère du Plan. Commissariat général du Plan	*Bulletin mensuel de statistique*
Côte-d'Ivoire	Ministère de l'Economie et des Finances. Direction de la statistique	*Bulletin mensuel de statistique*
	Chambre d'industrie de Côte-d'Ivoire	*Bulletin mensuel*
Egypt	Central Agency for Public Mobilisation and Statistics	*Statistical Abstract of the UAR* *Monthly Bulletin of Consumer Price Index* *Statistical Handbook*
Ethiopia	Central Statistical Office	*Statistical Abstract*
	National Bank of Ethiopia	*Quarterly Bulletin*
Gabon	Direction générale de la statistique et des études économiques	*Bulletin mensuel de statistique*
Gambia	Central Statistics Division	*Consumer Price Index* *Quarterly Survey of Employment and Earnings*
Ghana	Central Bureau of Statistics	*Quarterly Digest of Statistics* *Labour Statistics* *Statistical Year Book*
	Ministry of Labour. National Employment Service	*Employment Market Report*
	Ghana Commercial Bank	*Monthly Economic Bulletin*
Haute-Volta	Ministère du Plan. Institut national de la statistique et de la démographie	*Bulletin mensuel d'information statistique et économique*
Kenya	Central Bureau of Statistics. Ministry of Finance and Planning	*Kenya Statistical Digest (Quarterly Economic Report)* *Statistical Abstract* *Employment and Earnings in the Modern Sector*
Lesotho	Bureau of Statistics	*Retail Price Indices for Lesotho's Towns*
Liberia	Bureau of Statistics. National Planning Agency	*Statistical Newsletter*
Libyan Arab	Technical Planning Body. Census and Statistical	*Monthly Cost-of-Living Index for Tripoli Town*

Country – Pays – País	Author – Auteur – Autor	Publications – Publications – Publicaciones
Jamahiriya	Department	*Quarterly Bulletin of Statistics*
	Central Bank of Libya. Economic Research and Statistics Division	*Economic Bulletin*
Madagascar	Ministère des Finances et du Plan. Direction de l'Institut national de la statistique et de la recherche économique	*Bulletin mensuel de statistique* *Situation économique*
Malawi	National Statistical Office	*Monthly Statistical Bulletin* *Malawi Statistical Year Book* *Reported Employment and Earnings, Annual Report*
	Ministry of Labour	*Labour Statistics*
Mali	Ministère du Plan. Direction nationale de la statistique et de l'informatique	*Bulletin mensuel de statistique*
Maroc	Premier ministre, Secrétariat d'Etat au plan et au développement régional. Direction de la statistique	*Bulletin mensuel de statistiques* *Indice du coût de la vie* *Annuaire statistique du Maroc*
Mauritanie	Ministère de la Planification et de la Recherche Direction de la statistique	*Bulletin mensuel de statistique* *Annuaire statistique*
Mauritius	Ministry of Labour	*Annual Report*
	Government	*The Government Gazette of Mauritius*
	Central Statistical Office	*Survey of Employment and Earnings in Large Establishments* *Bi-annual Digest of Statistics*
	Bank of Mauritius	*Quarterly Review*
Mozambique	Direcção Nacional de Estatística	*Boletim mensal de estatística*
Niger	Commissariat général au développement Service de la statistique	*Bulletin de statistique*
Nigeria	Ministry of Labour	*Quarterly Review*
	Federal Office of Statistics	*Annual Abstract of Statistics* *Digest of Statistics* *Retail Prices in Selected Centres and Consumer Price Indices* *Economic Indicators*
Réunion	Institut national de la statistique et des études économiques (INSEE)	*Mémento statistique* *Bulletin de statistique des départements et territoires d'outre-mer*
	INSEE. Service départemental de la Réunion	*Bulletin de statistiques* *Informations statistiques rapides*
Sénégal	Ministère des Finances et des Affaires économiques. Direction de la statistique	*Bulletin statistique et économique mensuel*
Seychelles	Office of the Statistics	*Seychelles Statistical Bulletin* (quarterly) *Statistical Abstract*
Sierra Leone	Labour Division	*Annual Report*
	Government	*The Sierra Leone Gazette*
	Central Statistics Office	*Statistical Bulletin* *Cost of Living*
Somalia	General Directorate of Planning Co-ordination and Statistics. Central Statistical Department	*Monthly Statistical Bulletin*
South Africa, Rep. of	Department of Labour	*Annual Report* *South African Statistics*
	Department of Statistics	*Bulletin van Statistiek (Bulletin of Statistics)* *Short-Term Economic Indicators*

Country – Pays – País	Author – Auteur – Autor	Publications – Publications – Publicaciones
Sudan	National Commission for Planning. Department of Statistics	*Statistical Year Book*
	Manpower Administration. Labour Market Information Unit	*Survey of Employment and Earnings and Hours of Work in establishments employing five employees and more*
Swaziland	Central Statistical Office	*Annual Statistical Bulletin* *Employment and Wages* *Quarterly Digest of Statistics* *Swaziland Statistical News*
Tanzania (Tanganyika)	Department of Labour	*Annual Report*
	Ministry of Finance and Planning. Bureau of Statistics	*Survey of Employment and Earnings* *Statistical Abstract* *Survey of Industrial Production*
Tchad	Ministère de l'Economie, du Plan et des Transports. Sous-direction de la statistique	*Bulletin de statistique*
Togo	Ministère du Plan, du Développement industriel et de la Réforme administrative. Direction de la statistique	*Bulletin mensuel de statistique*
Tunisie	Ministère du Plan. Institut national de la statistique	*Bulletin mensuel de statistique* *L'économie de la Tunisie en chiffres*
	Banque centrale de Tunisie	*Statistiques financières*
Uganda	Labour Department	*Annual Report*
	East African Statistical Department	*Economic and Statistical Review*
	Ministry of Planning and Economic Development. Statistics Division	*Statistical Abstract* *Quarterly Economic and Statistical Bulletin*
Zaïre	Office national de la recherche et du développement. Institut national de la statistique	*Bulletin trimestriel des statistiques générales* *Prix et indice des prix à la consommation familiale*
	Banque du Zaïre	*Bulletin trimestriel*
Zambia	Department of Labour	*Annual Report*
	Central Statistical Office	*Monthly Digest of Statistics*
	Ministry of Rural Development. Statistics Section	*Statistical Bulletin*

AMERICA – AMÉRIQUE – AMERICA

Country – Pays – País	Author – Auteur – Autor	Publications – Publications – Publicaciones
Argentina	Ministerio de Economía, Secretaría de Estado, de Programación y Coordinación Económica. Instituto Nacional de Estadística y Censos	*Boletín estadístico trimestral* *Indices de precios al consumidor y salarios industriales*
Bahamas	Ministry of Labour	*Annual Report*
	Department of Statistics	*Quarterly Statistical Summary* *Annual Review of Prices Report* *Retail Price Index*
Barbados	Department of Labour	*Annual Report*
	Statistical Service	*Monthly Digest of Statistics* *Abstract of Statistics*
Belize	The Labour Department	*Annual Report* *Manpower Report*
	Government	*Government Gazette*
Bolivia	Banco Central. Gerencia Técnica	*Boletín Estadístico*

Country – Pays – País	Author – Auteur – Autor	Publications – Publications – Publicaciones
Brasil	Fundação IBGE. Secretaria de Planejamento da Presidencia da República	*Boletim estatístico* *Anuário estatístico do Brasil*
	Instituto Brasileiro de Economia. Fundação Getulio Vargas	*Conjuntura económica*
	Banco Central do Brasil	*Boletim*
	Instituto de Pesquisas Econômicas, Universidade de São Paulo	*Indices de Preços ao Consumidor*
Canada	Statistics Canada	*Employment Earnings and Hours* *The Labour Force* *Canada Yearbook* *Consumer Prices and Price Indexes* *The Consumer Price Index* *Canadian Statistical Review*
	Department of Labour	*Labour Gazette* (Gazette du travail)
Colombia	Departamento Administrativo Nacional de Estadística	*Anuario general de estadística* *Indicadores socioeconómicos* *Boletín mensual de estadística*
	Banco de la República	*Revista*
Costa Rica	Ministerio de Economía, Industria y Comercio. Dirección General de Estadística y Censos	*Anuario estadístico* *Indice de precios para los consumidores de ingresos medios y bajos del área metropolitana de San José*
	Banco Central de Costa Rica	*Boletín estadístico*
Cuba	Junta Central de Planificación. Dirección Central de Estadística	*Anuario Estadístico de Cuba*
	State Committee of Statistics	*Statistical Year Book Compendium of the Republic of Cuba*
Chile	Instituto Nacional de Estadísticas	*Boletín* *Indice de precios al consumidor* *Informativo Estadística* (trimestral) *Anuario Estadístico* (anual) *Anuario Laboral* (bianual) *Encuesta Nacional del Empleo* *Gran Santiago:* trimestral *Total país:* anual *Indice de Remuneraciones*
	Oficina Nacional de Estadística	*Estadística Industrial*
República Dominicana	Banco Central de la República Dominicana	*Boletín mensual*
Ecuador	Junta Nacional de Planificación y Coordinación. Departamento técnico. División de Estadística y Censos	*Estadísticas de precios. Indice de precios al consumidor de las familias de ingresos bajos y medios de Quito*
	Instituto Nacional de Estadística y Censos	*Indice de precios al consumidor* *Estadísticas del trabajo: Indices de empleo y remuneraciones*
	Banco Central del Ecuador	*Boletín*
El Salvador	Ministerio de Economía. Dirección General de Estadística y Censos	*Boletín estadístico* *Indice de precios al consumidor obrero para San Salvador, Mejicanos y Villa Delgado*
	Ministerio de Trabajo y Previsión Social. Departamento de Planificación	*Estadísticas del trabajo*
	Ministerio de Planificación y Coordinación del Desarrollo Económico y Social Casa Presidencial	*Indicadores económicos y sociales*

Country – Pays – País	Author – Auteur – Autor	Publications – Publications – Publicaciones
Falkland Is. (Malvinas)	Government Printing Office	*The Falkland Islands Gazette*
Greenland	Danmarks Statistik	*Statistiske Efterretninger* *Statistisk Aarbog* (Statistical Yearbook)
Guadeloupe	Institut national de la statistique et des études économiques	*Bulletin de statistiques des départements et territoires d'outre-mer*
Guatemala	Banco de Guatemala	*Boletín estadístico*
	Ministerio de Economía. Dirección General de Estadística	*Informador estadístico*
Guyana	Ministry of Economic Development. The Statistical Bureau	*Quarterly Statistical Digest*
	Department of Labour	*Annual Report*
	Government	*The Official Gazette*
Guyane française	Institut national de la statistique et des études économiques	*Bulletin de statistique des départements et territoires d'outre-mer*
	INSEE – Service interrégional Antilles-Guyane	*Bulletin de statistique, Guyane* (trimestriel) *Bulletin de statistique* (sélection mensuelle)
Haïti	Département du Travail	*Revue du travail*
	Département des Finances et des Affaires économiques. Institut haïtien de statistique	*Bulletin trimestriel de statistique*
Honduras	Ministerio de Economía. Dirección General de Estadística y Censos	*Investigación industrial* *Honduras en cifras* *Anuario estadístico*
	Secretaría de Trabajo y Previsión Social. Departamento Nacional de Investigaciones y Estudios Sociales	*Estadísticas del trabajo*
	Banco Central. Departamento de Estudio Económico	*Boletín Estadístico*
Jamaica	Department of Statistics	*Quarterly Abstract of Statistics* *Consumer Prices Indices, Urban and Rural* *The Labour Force*
Martinique	Institut national de la statistique et des études économiques	*Bulletin de statistique des départements et territoires d'outre-mer*
	INSEE (Martinique)	*Bulletin de statistique*
México	Secretaría de Industria y Comercio. Dirección General de Estadística	*Revista de estadística* *Anuario estadístico compendiado* *Trabajo y Salarios Industriales*
	Banco de México	*Indicadores económicos*
	Secretaría de Programación y Presupuesto	*Anuario estadístico* *Encuesta continua sobre ocupación*
Netherlands Antilles	Departement Economische Zaken, Bureau voor de Statistiek	*Statistische Mededelingen*
Nicaragua	Banco Central de Nicaragua	*Boletín trimestral*
Panamá	Contraloría General de la República. Dirección de Estadística y Censo	*Estadística del trabajo (Mano de obra)* *Panamá en cifras*
Paraguay	Ministerio de Hacienda. Dirección General de Estadística y Censos	*Boletín estadístico del Paraguay*
	Banco Central del Paraguay. Departamento de Estudios Económicos	*Boletín estadístico*

Country – Pays – País	Author – Auteur – Autor	Publications – Publications – Publicaciones
Perú	Ministerio de Justicia y Trabajo. Dirección General del Trabajo. Sección Estadística	*Estadística de Trabajo*
	Instituto Nacional de Estadística	*Indices de precios al consumidor*
	Banco Central de Reserva del Perú	*Boletín*
	Ministerio del Trabajo	*Anuario Estadístico del Sector Trabajo*
Puerto Rico	Department of Labor and Human Resources. Bureau of Labor Statistics	*Statistical Report* *Consumer Price Index for Wage Earners' Families in Puerto Rico*
	Puerto Rico Planning Board	*Monthly Economic Indicators of Puerto Rico*
	Banco Central	*Boletín*
St. Lucia	Government	*St. Lucia Gazette*
Suriname	Algemeen Bureau voor de Statistiek	*Prijsindexcijfers van de Gezinsconsumptie* (Consumer Price Index)
Trinidad and Tobago	Central Statistical Office	*Quarterly Economic Report* *CSSP Labour Force* *Economic Indicators* *Annual Statistical Digest*
	Government	*Trinidad and Tobago Gazette* (extraordinary)
United States	Department of Labor, Bureau of Labor Statistics	*News* *Employment and Earnings* *Handbook of Labor Statistics* *Monthly Labor Review*
	Department of Agriculture, Statistical Reporting Service	*Farm Labor*
	Department of Commerce. Bureau of the Census	*Annual Report on the Labor Force* *Statistical Abstract of the United States*
	Economic Statistics Bureau	*The Handbook of Basic Economic Statistics*
Uruguay	Dirección General de Estadística y Censos	*Indice medio de salarios* *Indice de los precios del consumo*
	Banco Central del Uruguay	*Boletín Estadística mensual*
Venezuela	Ministerio de Fomento. Dirección General de Estadística y Censos Nacionales	*Boletín mensual* *Anuario Estadístico*
	Banco Central de Venezuela	*Revista*
	Ministerio del Trabajo. Dirección de Estadística Laboral	*Anuario de estadísticas del trabajo*
	Presidencia de la República. Oficina Central de Estadística e Informática	*Encuesta de hogares por muestreo*
ASIA – ASIE – ASIA		
Bangladesh	Bangladesh Bureau of Statistics	*Monthly Statistical Bulletin* *Economic Indicators of Bangladesh*
Brunei	State and Labour Department	*Annual Report*
Burma	Department of Labour	*People's Workers' Gazette*
	Socialist Republic of the Union of Burma. Central Statistical Organization	*Quarterly Bulletin of Statistics* *Statistical Year Book*
Cyprus	Ministry of Finance. Statistics and Research Department	*Statistical Summary* *Statistical Abstract* *Statistics of Wages, Salaries and Hours of Work* *Monthly Economic Indicators* *Economic Report* (Annual)
	Ministry of Labour and Social Insurance	*Annual Report* *Report on the unemployment situation*

Country – Pays – País	Author – Auteur – Autor	Publications – Publications – Publicaciones
Hong Kong	Commissioner for Labour	*Annual Departmental Report*
	Census and Statistics Department	*Hong Kong Monthly Digest of Statistics* *Wages Statistics* *Report of Employment and Vacancies Statistics* *Hong Kong Annual Digest of Statistics*
India	Central Statistical Organisation. Department of Statistics	*Monthly Abstract of Statistics*
	Ministry of Planning	*Indian Labour Journal* *Indian Labour Statistics*
	Directorate General of Employment and Training. Ministry of Labour	*Employment Review* (Annual)
Indonesia	Biro Pusat Statistik	*Buletin Statistik Bulanan, Indikator Ekonomi* (Monthly Statistical Bulletin) *Statistik Indonesia* (Statistical Pocketbook of Indonesia) *Statistik Indonesia* (Statistical Year Book of Indonesia)
Iran	Bank Markazi. Economic Research Department	*Bulletin*
Iraq	Ministry of Planning. Central Statistical Organization. Publication and Public Relations	*Annual Abstract of Statistics* *Quarterly Bulletin of Statistics* *Price and Index Numbers*
Israel	Central Bureau of Statistics	*Monthly Bulletin of Statistics* *Statistical Abstract of Israel*
	Bank of Israel	*Economic Review*
	National Insurance Institute. Bureau of Research and Planning	*Quarterly Statistics*
Japan	Minister's Secretariat. Ministry of Labour. Statistics and Information Department	*Monthly Labour Statistics and Research Bulletin* *Year Book of Labour Statistics*
	Economic Planning Agency	*Economic Statistics* *Japanese Economic Indicators*
	Statistics Bureau. Prime Minister's Office	*Monthly Report on the Labour Force Survey* *Annual Report on the Labour Force Survey* *Annual Report on the Consumer Price Index* *Consumer Price Index* (Monthly) *Statistical Yearbook* *Monthly Statistics of Japan*
	The Bank of Japan. Statistics Department Japan Productivity Center	*Monthly Economic Statistics*
Jordan	The Hashemite Kingdom of Jordan. Department of Statistics	*The cost of living index*
	Central Bank of Jordan	*Monthly Statistical Bulletin*
Kampuchea démocratique	Ministère du Plan. Institut national de la statistique et des recherches économiques	*Bulletin statistique*
Korea, Rep. of	Economic Planning Board. Bureau of Statistics	*Monthly Statistics of Korea* *Annual Report on the Economically Active Population Survey* *Korea Statistical Yearbook*
	Bank of Korea	*Monthly Economic Statistics* *Monthly Economic Review*
Kuwait	Central Statistical Office. Ministry of Planning	*Annual Statistical Abstract* *Quarterly Statistical Bulletin* *Monthly Bulletin of Price Index Numbers*
République lao	Ministère du Plan et de la Coopération. Service national de la statistique	*Bulletin de statistiques*
Liban	Ministère du Plan. Direction centrale de la statistique	*Bulletin statistique mensuel*

Country – Pays – País	Author – Auteur – Autor	Publications – Publications – Publicaciones
Malaysia	Department of Statistics	*Monthly Statistical Bulletin of West Malaysia* *Consumer Price Index (Peninsular Malaysia-Sabah-Sarawak)*
	Manpower Department	*Monthly Bulletin*
	Ministry of Labour and Manpower	*Handbook of Labour Statistics (Peninsular Malaysia)*
Nepal	Nepal Rasha Bank, Research Department	*Main Economic Indicators*
Pakistan	Ministry of Labour, Manpower, Health and Population Planning (Labour Division)	*Pakistan Labour Gazette*
	Statistics Division	*Monthly Statistical Bulletin* *Key Economic Indicators* *Newsletter*
	State Bank of Pakistan. Department of Public Relations	*Bulletin*
Philippines	Department of Labour	*Selected Labor Indicators*
	National Economic and Development Authority	*Monthly Bulletin of Statistics*
	Bureau of the Census and Statistics	*Statistical Year Book* *Journal of Philippine Statistics* *Consumers' Price Index for all income households* *The BCS Survey of Households Bulletin – Labour Force*
	Office of Statistical Coordination and Standards. National Economic Council	*The Statistical Reporter* *Philippines Financial Statistics*
	Central Bank of the Philippines. Department of Economic Research	*Statistical Bulletin* *Central Bank New Digest*
	Bureau of Employment Service	*The Employment Situation* (Annual)
Saudi Arabia	Ministry of Finance and National Economy. Central Department of Statistics	*The Statistical Indicator*
Singapore	Department of Statistics	*Monthly Digest of Statistics* *Yearbook of Statistics*
	Ministry of Labour and National Statistical Commission	*Report on the Labour Force Survey of Singapore* *Singapore Yearbook of Labour Statistics*
Sri Lanka	Department of Labour	*Sri Lanka Labour Gazette* *Employment Survey*
	Department of Census and Statistics	*Statistical Abstract of Sri Lanka*
	Central Bank of Ceylon	*Bulletin*
République arabe syrienne	Office of the Prime Minister. Central Bureau of Statistics	*Statistical Abstract*
	Centre d'études et de documentation économiques, financières et sociales	*Etude mensuelle sur l'économie et les finances des pays arabes*
	Central Bank of Syria	*Quarterly Bulletin*
	Ministry of Social Affairs and Labour. Statistics Division	*The Annual Statistical Bulletin of the Ministry of Social Affairs and Labour*
Thailand	National Statistical Office. Office of the Prime Minister	*Quarterly Bulletin of Statistics* *Final Report of the Labor Force Survey*
	Bank of Thailand	*Monthly Bulletin*
	Department of Labour	*Yearbook of Labour Statistics*
Viet Nam[1]	Bô Ké-Hoach Và Phât-Triên Quôc-Gia. Viên Quôc-Gia Thóng-Ké (National Institute of Statistics. Ministry of National Planning and Development)	*Niên giám Thong-Ké Viet-Nam* (Statistical Yearbook/Annuaire statistique)[2] *Thong-Ké Nguyêt-San* (Monthly Bulletin of Statistics/Bulletin mensuel de statistique)[2]

[1] Former Democratic Rep. of Viet-Nam and Rep. of South Viet-Nam.
[2] Data refer to the former Rep. of South Viet-Nam only.

[1] Précédemment Rép. démocratique du Viet-Nam et Rép. du Sud Viet-Nam.
[2] Les données se rapportent à l'ancienne Rép. du Sud Viet-Nam seulement.

[1] Anteriormente Rep. Democrática de Viet-Nam y Rep. de Viet-Nam del Sur.
[2] Los datos se refieren a la antigua Rep. de Viet-Nam del Sur solamente.

Country – Pays – País	Author – Auteur – Autor	Publications – Publications – Publicaciones
Yemen, Democratic	Department of Labour and Welfare	*Annual Report*
	Government	*People's Republic, Official Gazette*
EUROPE – EUROPE – EUROPA		
Austria	Österreichisches Statistisches Zentralamt	*Statistisches Handbuch für die Republik Österreich* *Statistische Nachrichten*
	Österreichisches Institut für Wirtschaftsforschung	*Monatsberichte* *Statistische Übersichten*
	Bundesministerium für Soziale Verwaltung	*Amtliche Nachrichten des Bundesministeriums für Soziale Verwaltung*
	Bundeskammer der gewerblichen Wirtschaft. Sektion Industrie (Bundessektion Industrie)	*Monatliche Beschäftigtenstatistik*
Belgique	Banque nationale de Belgique	*Bulletin*
	Ministère des Affaires économiques. Institut national de statistique	*Bulletin de statistique* *Communiqué hebdomadaire* *Statistiques sociales* *Annuaire statistique de la Belgique*
	Ministère de l'Emploi et du Travail	*Revue du travail* *Informations statistiques. Etudes*
	Ministère de l'Emploi et du Travail. Office national de l'emploi	*Bulletin mensuel* *Rapport annuel*
	Office national de sécurité sociale	*Les gains des travailleurs assujettis à la Sécurité sociale*
	Ministère des Affaires économiques. Direction générale des études et de la documentation	*Aperçu de l'évolution économique*
Bulgarie	Комитет по единна система за сочиална информачия при Министерския съвет Comité de système unifié d'information sociale auprès du Conseil des ministres	*Статистически годишини на НР България* Annuaire statistique *Статистически известия* (Bulletin statistique trimestriel) *Статистически справочник* (Manuel statistique)
Czechoslovakia	Office fédéral de la statistique	*Statistická ročenka Československé socialistické republiky* (Annuaire statistique de la République socialiste tchécoslovaque)
	Federálni Statistický Úřad	*Statistické Přehledy*
Denmark	Danmarks Statistiks	*Statistiske Efterretninger* *Statistisk Aarbog* (Statistical Yearbook) *Arbejds Løsheden* *Nyt fra Danmarks Statistik*
	Dansk Arbejdsgiverforenings Lønstatistik	*Statistikken «Arbejderløn»*
España	Ministerio de Economía. Instituto Nacional de Estadística.	*Boletín mensual de estadística* *Anuario estadístico* *Salarios* *Indicadores de coyuntura* *Encuesta de población activa*
	Servicio nacional de colocación de la Organización sindical española. Departamento de Estadística	*Estadísticas de demandas y ofertas de trabajo, colocaciones y desempleo*
	Ministerio de Agricultura	*Boletín mensual de estadística agraria*

Country – Pays – País	Author – Auteur – Autor	Publications – Publications – Publicaciones
Finland	Tilastokeskus Statistikcentralen (Central Statistical Office)	*Suomen Tilastollinen Vuosikirja – Statistisk Årsbok för Finland* (Statistical Yearbook of Finland) *Tilastokatsauksia* (Bulletin of Statistics) *Työvoimatiedustelu* (Labour Force Survey) *Tilastotiedotus PA* (Statistical reports, subseries PA wage statistics) *Tilastollisia tiedonantoja* (Statistical surveys) *No. 61, Työvoimatiedustelun tuloksia vuosilta 1959–1975* (Results of the labour force survey from the years 1959–1975)
	Sosiaaliministeriö – Socialministeriet	*Sosiaalinen Aikakauskirja – Social Tidskrift* (Social Review)
	Bank of Finland	*Monthly Bulletin*
	Työvoimaministeriö (Ministry of Labour)	*Työvoimakatsaus* (Labour Reports)
	Suomen Virallinen Tilasto (Official Statistics of Finland)	*Teollisuustilasto* (Industrial Statistics) *Osa 1, Vol. 1*
	Työsuojeluhallitus (National Board of Labour)	*Suomen virallinen tilasto* (Official statistics of Finland) *XXVI A, Työtapaturmat* (Industrial accidents)
France	Ministère du Travail et de la Participation	*Statistiques du travail* (Bulletin mensuel) *Supplément: Enquête trimestrielle sur l'activité et les conditions d'emploi de la main-d'œuvre* *Données mensuelles sur le marché du travail* *Revue française des affaires sociales*
	Ministère de l'Economie et des Finances, Institut national de la statistique et des études économiques	*Bulletin mensuel de statistique* *Annuaire statistique de la France* *Economie et statistique* *Informations rapides*
German Democratic Republic	Staatliche Zentralverwaltung für Statistik	*Statistisches Jahrbuch der Deutschen Demokratischen Republik*
Germany, Fed. Rep. of	Statistisches Bundesamt, Wiesbaden	*Wirtschaft und Statistik* *Statistischer Wochendienst* *Statistisches Jahrbuch für die Bundesrepublik Deutschland* *Preise* *Beruf, Ausbildung und Arbeitsbedingungen der Erwerbstätigen, 1975 bis 1976,* Fachserie 1, Reihe 4.1.2. *Industrie und Handwerk (Beschäftigung, Umsatz und Energieversorgung der Unternehmen und Betriebe),* Fachserie 4, Reihe 4.1. *Löhne und Gehälter (Arbeitsverdienste in der Industrie),* Fachserie 16, Reihe 2.1.
	Bundesanstalt für Arbeit	*Amtliche Nachrichten der Bundesanstalt für Arbeit*
	Bundesminister für Arbeit und Sozialordnung	*Arbeits- und Sozialstatistik* *Hauptergebnisse der Arbeits- und Sozialstatistik*
Gibraltar	Government	*Gibraltar Gazette*
Grèce	National Statistical Service	*Monthly Statistical Bulletin* *Statistical Yearbook of Greece*
	Bank of Greece. Economic Research Department	*Monthly Statistical Bulletin*
Hongrie	Központi statisztikai hivatal (Central Statistical Office)	*Statisztikai havi közlemények* (Monthly Bulletin of Statistics) *Statisztikai Zsebkönyv* (Manuel statistique) *Statisztikai Évkönyv* (Statistical Yearbook)

Country – Pays – País	Author – Auteur – Autor	Publications – Publications – Publicaciones
Iceland	The Statistical Bureau of Iceland and the Central Bank of Iceland	*Statistical Bulletin*
	Gefin út af Hagstofu Islands	*Hagtídindi*
Ireland	Central Statistics Office	*Irish Statistical Bulletin* (Quarterly) *Statistical Abstract of Ireland* *The Trend of Employment and Unemploment* *Industrial Inquiries*
	Central Bank of Ireland	*Quarterly Bulletin*
Italie	Ministero del Lavoro e della Previdenza Sociale	*Statistiche del lavoro* *Annuario di statistiche del lavoro* *Supplemento al Bollettino statistiche del lavoro*
	Istituto Centrale di Statistica	*Annuario statistico italiano* *Bollettino mensile di statistica* *Supplemento al Bollettino mensile di statistica* *Indicatori mensili* *Compendio statistico italiano* *Rilevazione delle forze di lavoro*
	Servizio Italiano Pubblicazioni Internazionali	*Rassegna di statistiche del lavoro*
Luxembourg	Service central de la statistique et des études économiques	*Bulletin du Statec* *Annuaire statistique* *Indicateurs rapides* *Cahiers économiques* *Notes trimestrielles de conjoncture*
Malta	Government	*The Malta Government Gazette*
	Central Office of Statistics	*Annual Abstract of Statistics* *Quarterly Digest of Statistics*
Netherlands	Centraal Bureau voor de Statistiek (Central Bureau of Statistics)	*Maandschrift* *Sociale Maandstatistiek* *Statistisch bulletin* *Jaarcijfers voor Nederland* (Statistical Yearbook of the Netherlands) *Maandstatistiek van de industrie* (Monthly Statistical Bulletin of Manufacturing)
Norway	Statistisk Sentralbyrå (Central Bureau of Statistics)	*Statistisk Månedshefte* (Monthly Bulletin of Statistics) *Statistik Årbok* (Statistical Yearbook) *Statistisk Ukehefte* (Weekly Bulletin of Statistics) *Historisk Statistikk 1978* (Historical Statistics 1978) *Arbeidsmarkedstatistikk* (Labour Market Statistics)
	Arbeidsdirektoratet (The Directorate of Labour)	*Lønnsstatistikk* (Wage Statistics) *Månedsrapport om utviklingen på arbeidsmarkedet*
	Norges Bank (Bank of Norway)	*Economic Bulletin*
Pologne	Główny Urzad Statystyczny, Central Statistical Office	*Biuletyn statystyczny* *Rocznik Statystyczny* (Statistical Yearbook)
Portugal	Instituto Nacional de Estatística. Serviços Centrais	*Boletim mensal de estatística* (Bulletin mensuel de statistique) *Anuário estatístico* (Annuaire statistique) *Estatísticas industriais* (Statistiques industrielles) *Estatísticas agricolas* *Inquérito permanente do emprego* (Enquête permanente sur l'emploi)
	Serviço de Estatística, Ministério do Trabalho	*Estatísticas do Trabalho*

Country – Pays – País	Author – Auteur – Autor	Publications – Publications – Publicaciones
Roumanie	Directia Centralá de Statisticá	*Buletin Statistic Trimestrial* *Anuarul Statistic al RSR*
Suisse	Département fédéral de l'Economie publique	*La Vie économique*
	Bureau fédéral de statistique	*Annuaire statistique de la Suisse*
	Banque nationale suisse	*Bulletin mensuel*
Sweden	Kommerskollegium	*Sveriges Officiella Statistik, Olycksfall i arbete* (Industrial Accidents)
	Statistiska Centralbyrán (National Central Bureau of Statistics)	*Statistisk Årsbok för Sverige* (Statistical Abstract of Sweden) *Sveriges Officiella Statistik* (Official Statistics of Sweden) *Industri* (Manufacturing) *Allmän Månadsstatistik* (Monthly Digest of Swedish Statistics) *Statistiska Meddelanden* (Statistical Reports) *Arbetmarknadsstatistik*
Turquie	Türkiye Cumhuriyet Merkez Bankasi (Banque centrale de la République de Turquie)	*Aylik Bülten* (Bulletin mensuel)
	Basbakanlik Devlet Ístatístík Enstitüsu (State Institute of Statistics)	*Aylik Ístatístík Bülteni* (Monthly Bulletin of Statistics) *Ístatístík Yilígí* (Annuaire statistique) *Aylik Fiyat Indeksleri Bülteni*
	Tícaret Bakanligi (Ministère du Commerce)	*Konjonktür* (Conjoncture)
United Kingdom	Board of Trade	*Board of Trade Journal*
	Central Statistical Office	*Monthly Digest of Statistics* *Annual Abstract of Statistics* *Economic Trends*
	Department of Employment	*Department of Employment Gazette* *British Labour Statistics, Year Book* *British Labour Statistics, Historical Abstract*
Yugoslavia	Savezni Zavod za Statistiku	*Statistički Godišnjak SFRJ* (Annuaire statistique de la République socialiste fédérative de Yougoslavie) *Indeks, Mesečni Pregled Privredne Statistike SFR Jugoslavije* (L'indice, revue mensuelle des statistiques économiques de la RSF de Yougoslavie)
	Gradski Zavod za Statistiku	*Statistički bitten* (Bulletin statistique)

OCEANIA – OCÉANIE – OCEANIA

Country – Pays – País	Author – Auteur – Autor	Publications – Publicaciones – Publicaciones
Australia	Australian Bureau of Statistics	*Digest of Current Economic Statistics* *Monthly Review of Business Statistics* *Employment and Unemployment* *Wage Rates and Earnings* *Labour Report* *Year Book of the Commonwealth of Australia* *Labour Statistics* *Consumer Price Index* *Average weekly earnings* *Civilian employees*
Fiji	Department of Labour	*Annual Report*
	Government	*Fiji Royal Gazette*
	Bureau of Statistics	*Current Economic Statistics* *Quarterly Survey on Employment* *Annual Report on Employment Survey*

Country – Pays – País	Author – Auteur – Autor	Publications – Publications – Publicaciones
Guam	Office of Business and Economic Statistics. Economic Research Center	*Quarterly Economic and Social Indicators*
	Department of Commerce. Economic Research Center	*Statistical Abstract* (Annual)
New Zealand	Department of Statistics	*Monthly Abstract of Statistics* *Industrial Injuries* *Prices, Wages, Labour* *New Zealand Official Year Book* *Social Trends in New Zealand*
	Department of Labour	*Monthly Statistics of Employment* *Labour and Employment Gazette*
	Social Security Department	*Annual Reports*
Nouvelle-Calédonie	Institut national de la statistique et des études économiques	*Bulletin de statistique des départements et territoires d'outre-mer*
	Service de la statistique (Nouméa)	*Informations statistiques rapides* *Annuaire statistique de la Nouvelle-Calédonie*
Papua New Guinea	Bureau of Statistics	*Statistical Bulletin* *Abstract of Statistics* *Economic Indicators*
Polynésie française	Institut national de la statistique et des études économiques	*Bulletin de statistique des départements et territoires d'outre-mer*
Samoa	Department of Statistics	*Quarterly Statistical Bulletin* *Annual Statistical Abstract*
Solomon Is.	Statistics Division. Ministry of Finance	*Quarterly Digest of Statistics* *Statistical Bulletin*
Tonga	Department of Statistics	*Consumer Price Index* *Annual Statistical Abstract*
Vanuatu[1]	Condominium Bureau of Statistics	*Statistical Bulletin*
URSS	Центральное статистическое управление при Совете Министров СССР (Central Statistical Board under the Council of Ministers of the USSR; Office central de statistique près le Conseil des ministres de l'URSS)	*Вестник статистики* *Народное хозяйство СССР, статистический ежегодник* *Страна Советов за 60лет, статистический сборник, Москва, 1978* (Soviet Union, 60 years: Statistical returns, Moscow, 1978; L'Union soviétique en 60 ans: Recueil de statistiques, Moscou, 1978) Труд в СССР, статистический сборник, Москва, 1968
RSS de Biélorussie	Центральное статистическое управление при Совете Министров Белорусской ССР	*Народное хозяйство Белоррусскй ССР. Статистический сборник*
RSS d'Ukraine	Центральне статистичне управління при Раді Міністрів УРСР	*Народне господарство Української РСР*

[1] Former New Hebrides

[1] Précédemment Nouvelles Hébrides.

[1] Anteriormente Nuevas Hébridas.

Order of arrangement of countries and territories

The countries and territories are listed by continent in the following order: Africa, America, Asia, Europe and Oceania. The designations employed are those in use on 30 June 1981 for statistical and other technical information.

The name of each country appears in English, French or Spanish when the national language of the country, or the language commonly used in it, is one of the three; in other cases the name of the country is given in the language used in official correspondence between the country in question and the ILO.

In the following table the name and order of listing of the countries appear under the heading *Year Book* with a reference number for each country. The table also comprises an index in which the countries are arranged in the alphabetical order of their names in each of the three languages; by using the reference numbers the reader can quickly find the name in English, French or Spanish of a country appearing under the heading *Year Book* or, starting from its name in any one of these languages, the country designation used in the *Year Book*.

Note: The designations employed (which reflect United Nations practice) and the presentation of the material in this publication do not imply the expression of any opinion whatsoever on the part of the International Labour Office concerning the legal status of any country, territory, city or area or of its authorities, or concerning the delimitation of its frontiers or boundaries; where the designation "country" appears in the headings of tables, it covers countries, territories, cities or areas. Certain data which relate to the Federal Republic of Germany and the German Democratic Republic include the relevant data relating to Berlin for which separate data have not been supplied. This is without prejudice to any question of status which may be involved.

Ordre de présentation des pays et territoires

Les pays et territoires sont présentés par continent dans l'ordre: Afrique, Amérique, Asie, Europe et Océanie. Les désignations utilisées sont celles qui étaient en usage au 30 juin 1981 pour les données statistiques et les autres données techniques.

Le nom de chaque pays figure en français, en anglais ou en espagnol quand la langue nationale de ce pays ou celle qui y est communément utilisée est l'une de ces trois langues; dans les autres cas, le nom du pays figure dans la langue de correspondance officielle de ce pays avec le BIT.

Dans le tableau ci-après, la dénomination et l'ordre de présentation des pays figurent sous la rubrique *Annuaire* avec un numéro de référence pour chaque pays. Ce tableau comporte également un index où les pays sont disposés dans l'ordre alphabétique de leur dénomination dans chacune des trois langues; les numéros de référence permettent de retrouver rapidement la dénomination française, anglaise ou espagnole d'un pays figurant sous la rubrique *Annuaire* ou, inversement, de retrouver la dénomination d'un pays utilisée dans l'*Annuaire* en partant de sa dénomination dans l'une quelconque de ces langues.

Note: Les désignations utilisées dans cette publication (qui s'inspirent de la pratique des Nations Unies) et la présentation des données n'impliquent de la part du Bureau international du Travail aucune prise de position quant au statut juridique de tel ou tel pays, territoire, ville ou zone ou de ses autorités ni quant au tracé de ses frontières ou limites; l'appellation «pays» figurant dans certaines rubriques des tableaux désigne des pays, des territoires, des villes ou des zones. Certaines données se rapportant à la République fédérale d'Allemagne et à la République démocratique allemande comprennent, sans par là préjuger des questions de statut qui peuvent se poser à cet égard, les données relatives à Berlin, pour lequel des informations séparées n'ont pas été fournies.

Orden de presentación de los países y territorios

Los países y territorios se presentan por continentes en este orden: Africa, América, Asia, Europa y Oceanía. Las designaciones empleadas son las vigentes en 30 de junio de 1981 para informaciones estadísticas y otras informaciones técnicas.

El nombre de cada país figura en español, francés o inglés cuando su idioma nacional o de uso general es una de estas tres lenguas; en otros casos el nombre del país figura en la lengua que el país utiliza en su correspondencia oficial con la OIT.

En el cuadro siguiente, la denominación y el orden de presentación de los países figuran bajo la rúbrica «*Anuario*», que va acompañada de un número de referencia para cada país. Este cuadro comprende también un índice en que los países se hallan dispuestos en el orden alfabético de su denominación en cada una de las tres lenguas; los números de referencia permiten hallar rápidamente la denominación en español, francés o inglés de un país que figura en la rúbrica «*Anuario*» o, al contrario, hallar la denominación de un país que se utiliza en el *Anuario* partiendo de la denominación en una de estas tres lenguas.

Nota: Las designaciones empleadas en esta publicación (que se inspiran en la práctica seguida en las Naciones Unidas) y la forma en que aparecen presentados los datos no implican juicio alguno, por parte de la OIT, sobre la condición jurídica de ninguno de los países, territorios, ciudades o áreas citados o de sus autoridades, ni respecto de la delimitación de sus fronteras o límites; con la palabra «país» que figura en los títulos de algunos cuadros se designa a países, territorios, ciudades o áreas. Ciertos datos relativos a la República Federal de Alemania y a la República Democrática Alemana comprenden los datos relativos a Berlín, respecto del cual no se han proporcionado cifras separadas. Tal presentación se hace sin perjuicio de las cuestiones de condición jurídica que puedan plantearse al respecto.

Year Book – Annuaire – Anuario	English	Français	Español
AFRICA – AFRIQUE – AFRICA			
	–	–	Alto Volta (16)
1 **Algérie**	Algeria	Algérie	Argelia
2 **Bénin**	Benin	Bénin	Benin
3 **Botswana**	Botswana	Botswana	Botswana
4 **Burundi**	Burundi	Burundi	Burundi
	–	–	Cabo Verde (6)
5 **Cameroun**	Cameroon	Cameroun	Camerún
6 **Cap-Vert**	Cape Verde Is.	Cap-Vert	*Cabo Verde*
7 **Rép. centrafricaine**	Central African Republic	Rép. centrafricaine	República Centroafricana
	Chad (40)	–	–
8 **Congo**	Congo	Congo	Congo
9 **Côte-d'Ivoire**	*Ivory Coast*	Côte-d'Ivoire	Costa de Marfil
	–	–	Chad (40)
10 **Djibouti**	Djibouti	Djibouti	Djibouti
11 **Egypt**	Egypt	Egypte	Egipto
12 **Ethiopia**	Ethiopia	Ethiopie	Etiopía
13 **Gabon**	Gabon	Gabon	Gabón
14 **Gambia**	Gambia	Gambie	Gambia
15 **Ghana**	Ghana	Ghana	Ghana
16 **Haute-Volta**	*Upper Volta*	Haute-Volta	*Alto volta*
	Ivory Coast (9)	–	–
17 **Kenya**	Kenya	Kenya	Kenia
18 **Lesotho**	Lesotho	Lesotho	Lesotho
19 **Liberia**	Liberia	Libéria	Liberia
20 **Libyan Arab Jamahiriya**	Libyan Arab Jamahiriya	Jamahiriya arabe libyenne	Jamahiriya Arabe Libia
21 **Madagascar**	Madagascar	Madagascar	Madagascar
22 **Malawi**	Malawi	Malawi	Malawi
23 **Mali**	Mali	Mali	Malí
24 **Maroc**	*Morocco*	Maroc	Marruecos
	–	Maurice (26)	Mauricio (26)
25 **Mauritanie**	Mauritania	Mauritanie	Mauritania
26 **Mauritius**	Mauritius	*Maurice*	*Mauricio*
	Morocco (24)	–	–
27 **Mozambique**	Mozambique	Mozambique	Mozambique
28 **Niger**	Niger	Niger	Níger
29 **Nigeria**	Nigeria	Nigéria	Nigeria
		Ouganda (43)	
30 **Réunion**	Réunion	Réunion	Reunión
31 **Rwanda**	Rwanda	Rwanda	Rwanda
32 **Sénégal**	Senegal	Sénégal	Senegal
33 **Seychelles**	Seychelles	Seychelles	Seychelles
34 **Sierra Leone**	Sierra Leone	Sierra Leone	Sierra Leona
35 **Somalia**	Somalia	Somalie	Somalia
	–	Soudan (37)	–
36 **South Africa, Rep. of**	South Africa, Rep. of	Rép. sud-africaine	Rep. de Sudáfrica
37 **Sudan**	Sudan	*Soudan*	Sudán
38 **Swaziland**	Swaziland	Swaziland	Swazilandia
39 **Tanzania**	Tanzania	Tanzanie	Tanzania
40 **Tchad**	*Chad*	Tchad	*Chad*
41 **Togo**	Togo	Togo	Togo
42 **Tunisie**	Tunisia	Tunisie	Túnez
43 **Uganda**	Uganda	*Ouganda*	Uganda
	Upper Volta (16)	–	–
44 **Zaïre**	Zaire	Zaïre	Zaire
45 **Zambia**	Zambia	Zambie	Zambia
46 **Zimbabwe**	Zimbabwe	Zimbabwe	Zimbabwe
AMERICA – AMÉRIQUE – AMERICA			
47 **Antigua**	Antigua	Antigua	Antigua
	–	Antilles néerlandaises (75)	Antillas Neerlandesas (75)
48 **Argentina**	Argentina	Argentine	Argentina
49 **Bahamas**	Bahamas	Bahamas	Bahamas
50 **Barbados**	Barbados	Barbade	Barbados

Year Book – Annuaire – Anuario	English	Français	Español
51 **Bermuda**	Bermuda	Bermudes	Bermudas
52 **Bolivia**	Bolivia	Bolivie	Bolivia
53 **Brasil**	Brazil	Brésil	Brasil
54 **Canada**	Canada	Canada	Canadá
	Chile (58)	Chili (58)	–
55 **Colombia**	Colombia	Colombie	Colombia
56 **Costa Rica**	Costa Rica	Costa Rica	Costa Rica
57 **Cuba**	Cuba	Cuba	Cuba
58 **Chile**	*Chile*	*Chili*	Chile
59 **Dominica**	Dominica	Dominique	Dominica
60 **Rep. Dominicana**	Dominican Rep.	Rép. dominicaine	Rep. Dominicana
61 **Ecuador**	Ecuador	Equateur	Ecuador
62 **El Salvador**	El Salvador	El Salvador	El Salvador
63 **Falkland Is. (Malvinas)**	Falkland Is. (Malvinas)	*Iles Falkland (Malvinas)*	*Islas Malvinas (Falkland)*
	–	Etats-Unis (87)	Estados Unidos (87)
	–	Iles Falkland (Malvinas) (63)	–
	French Guiana (68)	–	–
64 **Greenland**	Greenland	Groenland	Groenlandia
65 **Guadeloupe**	Guadeloupe	Guadeloupe	Guadalupe
66 **Guatemala**	Guatemala	Guatemala	Guatemala
	–	–	Guayana Francesa (68)
67 **Guyana**	Guyana	Guyane	Guyana
68 **Guyane française**	*French Guiana*	Guyane française	*Guayana Francesa*
69 **Haïti**	Haiti	Haïti	Haití
70 **Honduras**	Honduras	Honduras	Honduras
71 **Jamaica**	Jamaica	Jamaïque	Jamaica
	–	–	Islas Malvinas (Falkland) (63)
72 **Martinique**	Martinique	Martinique	Martinica
73 **México**	Mexico	Mexique	México
74 **Montserrat**	Montserrat	Montserrat	Montserrat
75 **Netherlands Antilles**	Netherlands Antilles	*Antilles néerlandaises*	*Antillas Neerlandesas*
76 **Nicaragua**	Nicaragua	Nicaragua	Nicaragua
77 **Panamá**	Panama	Panama	Panamá
78 **Paraguay**	Paraguay	Paraguay	Paraguay
79 **Perú**	Peru	Pérou	Perú
80 **Puerto Rico**	Puerto Rico	Porto Rico	Puerto Rico
81 **St. Kitts**	St. Kitts	Saint-Christophe	San Cristóbal
82 **St. Lucia**	St. Lucia	Sainte-Lucie	*Santa Lucía*
83 **Saint-Pierre-et-Miquelon**	St. Pierre and Miquelon	Saint-Pierre-et-Miquelon	San Pedro y Miquelón
84 **St. Vincent**	St. Vincent	Saint-Vincent	San Vicente
	–	–	Santa Lucía (82)
85 **Suriname**	Suriname	Suriname	Suriname
86 **Trinidad and Tobago**	Trinidad and Tobago	Trinité-et-Tobago	Trinidad y Tabago
87 **United States**	United States	*Etats-Unis*	*Estados Unidos*
88 **Uruguay**	Uruguay	Uruguay	Uruguay
89 **Venezuela**	Venezuela	Venezuela	Venezuela
90 **Virgin Is. (Brit.)**	Virgin Is. (Brit.)	Iles Vierges (brit.)	Islas Vírgenes (Brit.)
91 **Virgin Is. (US)**	Virgin Is. (US)	Iles Vierges (E-U)	Islas Vírgenes (EE.UU.)
ASIA – ASIE – ASIA			
92 **Afghanistan**	Afghanistan	Afghanistan	Afganistán
93 **Bahrain**	Bahrain	Bahreïn	Bahrein
94 **Bangladesh**	Bangladesh	Bangladesh	Bangladesh
	–	Birmanie (96)	Birmania (96)
95 **Brunei**	Brunei	Brunéi	Brunei
96 **Burma**	Burma	*Birmanie*	*Birmania*
	–	–	Rep. de Corea (106)
97 **Cyprus**	Cyprus	Chypre	Chipre
	–	Rép. de Corée (106)	–
	–	Emirats arabes unis (118)	Emiratos Arabes Unidos (118)
	–	–	Filipinas (113)
98 **Hong Kong**	Hong Kong	Hong-kong	Hong Kong
99 **India**	India	Inde	India

Year Book – Annuaire – Anuario	English	Français	Español
100 **Indonesia**	Indonesia	Indonésie	Indonesia
101 **Iran**	Iran	Iran	Irán
102 **Iraq**	Iraq	Iraq	Iraq
103 **Israel**	Israel	Israël	Israel
104 **Japan**	Japan	Japon	Japón
105 **Jordan**	Jordan	Jordanie	Jordania
106 **Korea, Rep. of**	Korea, Rep. of	*République de Corée*	*Rep. de Corea*
107 **Kuwait**	Kuwait	Koweït	Kuwait
108 **République dém. pop. lao**	Lao People's Dem. Rep.	République dém. pop. lao	República Dem. Pop. Lao
109 **Liban**	Lebanon	Liban	Líbano
110 **Malaysia:**	Malaysia:	Malaisie:	Malasia:
Peninsular Malaysia	Peninsular Malaysia	Malaisie péninsulaire	Malasia Peninsular
Sabah	Sabah	Sabah	Sabah
Sarawak	Sarawak	Sarawak	Sarawak
111 **Nepal**	Nepal	Népal	Nepal
112 **Pakistan**	Pakistan	Pakistan	Pakistán
113 **Philippines**	Philippines	Philippines	*Filipinas*
114 **Singapore**	Singapore	Singapour	Singapur
	–	–	República Arabe Siria (116)
115 **Sri Lanka**	Sri Lanka	Sri Lanka	Sri Lanka
116 **Rép. arabe syrienne**	Syrian Arab Rep.	Rép. arabe syrienne	*República Arabe Siria*
117 **Thailand**	Thailand	Thaïlande	Tailandia
118 **United Arab Emirates**	United Arab Emirates	*Emirats arabes unis*	*Emiratos Arabes Unidos*
119 **Yemen**	Yemen	Yémen	Yemen
120 **Democratic Yemen**	Democratic Yemen	Yémen démocratique	Yemen Democrático
EUROPE – EUROPE – EUROPA			
	–	Rép. dém. allemande (130)	Rep. Dem. Alemana (130)
	–	Allemagne, Rép. féd. d' (131)	Alemania, Rep. Fed. de (131)
121 **Austria**	Austria	Autriche	Austria
122 **Belgique**	Belgium	Belgique	Bélgica
123 **Bulgarie**	Bulgaria	Bulgarie	Bulgaria
124 **Czechoslovakia**	Czechoslovakia	*Tchécoslovaquie*	Checoslovaquia
125 **Denmark**	Denmark	Danemark	Dinamarca
126 **España**	*Spain*	Espagne	España
127 **Faeroe Is.**	Faeroe Is.	Iles Féroé	Islas Feroé
128 **Finland**	Finland	Finlande	Finlandia
129 **France**	France	France	Francia
130 **German Democratic Republic**	German Democratic Republic	*Rép. dém. allemande*	*Rep. Dem. Alemana*
131 **Germany, Fed. Rep. of**	Germany, Fed. Rep. of	*Allemagne, Rép. féd. d'*	*Alemania, Rep. Fed. de*
132 **Gibraltar**	Gibraltar	Gibraltar	Gibraltar
133 **Grèce**	Greece	Grèce	Grecia
134 **Hongrie**	Hungary	Hongrie	Hungría
	–	Irlande (136)	Irlanda (136)
135 **Iceland**	Iceland	Islande	Islandia
136 **Ireland**	Ireland	*Irlande*	*Irlanda*
137 **Isle of Man**	Isle of Man	*Ile de Man*	*Isla de Man*
138 **Italie**	Italy	Italie	Italia
139 **Luxembourg**	Luxembourg	Luxembourg	Luxemburgo
140 **Malta**	Malta	Malte	Malta
	–	Ile de Man (137)	Isla de Man (137)
141 **Netherlands**	Netherlands	*Pays-Bas*	*Países Bajos*
142 **Norway**	Norway	Norvège	Noruega
	–	Pays-Bas (141)	Países Bajos (141)
143 **Pologne**	Poland	Pologne	Polonia
144 **Portugal**	Portugal	Portugal	Portugal
	–	–	Reino Unido (149)
145 **Roumanie**	Romania	Roumanie	Rumania
	–	Royaume-Uni (149)	–
	–	Suède (147)	Suecia (147)
	Spain (126)	–	–
146 **Suisse**	*Switzerland*	Suisse	Suiza
147 **Sweden**	Sweden	*Suède*	*Suecia*
	Switzerland (146)	–	–
	–	Tchécoslovaquie (124)	–

		English	Français	Español
148	**Turquie**	Turkey	Turquie	Turquía
149	**United Kingdom**	United Kingdom	*Royaume-Uni*	*Reino Unido*
150	**Yugoslavia**	Yugoslavia	Yougoslavie	Yugoslavia

OCEANIA – OCÉANIE – OCEANIA

		English	Français	Español
151	**American Samoa**	America Samoa	*Samoa américaines*	*Samoa Americana*
152	**Australia**	Australia	Australie	Australia
153	**Cook Is.**	Cook Is.	Iles Cook	Islas Cook
154	**Fiji**	Fiji	Fidji	Fiji
		French Polynesia (161)	–	–
155	**Guam**	Guam	Guam	Guam
156	**Kiribati**	Kiribati	Kiribati	Kiribati
		–	Ile Nioué (158)	Isla Niue (158)
		New Caledonia (159)	–	Nueva Caledonia (159)
157	**New Zealand**	New Zealand	*Nouvelle-Zélande*	Nueva Zelandia
158	**Niue Is.**	Niue Is.	*Ile Nioué*	*Isla Niue*
159	**Nouvelle-Calédonie**	*New Caledonia*	Nouvelle-Calédonie	*Nueva Caledonia*
		–	Nouvelle-Zélande (157)	–
160	**Papua New Guinea**	Papua New Guinea	Papouasie-Nouvelle-Guinée	Papua Nueva Guinea
161	**Polynésie française**	*French Polynesia*	Polynésie française	Polinesia Francesa
162	**Samoa**	Samoa	*Samoa*	*Samoa*
163	**Solomon Is.**	Solomon Is.	Iles Salomon	Islas Salomón
			Samoa (162)	Samoa (162)
164	**Tonga**	Tonga	*Tonga*	*Tonga*
		–	Samoa américaines (151)	Samoa Americana (151)
		–	Tonga (164)	Tonga (164)
165	**Vanuatu**	Vanuatu	Vanuatu	Vanuatu
166	**URSS**	USSR	URSS	URSS
167	**RSS de Biélorussie**	Byelorussian SSR	RSS de Biélorussie	RSS de Bielorrusia
168	**RSS d'Ukraine**	Ukrainian SSR	RSS d'Ukraine	RSS de Ucrania

Countries and territories included in each table

Pays et territoires compris dans chaque tableau

Países y territorios incluidos en cada cuadro

Index

Countries and territories included in each table (with corresponding page number)
Pays et territoires compris dans chaque tableau (avec numéro de page correspondant)
Países y territorios incluidos en cada cuadro (con número de página correspondiente)

Code Code Clave	Country Pays Pais	I POPULATION POPULATION POBLACION				II EMPLOYMENT EMPLOI EMPLEO								III UNEMPLOYMENT CHÔMAGE DESEMPLEO				
		By sex & age group – Par sexe et groupe d'âge – Por sexo y grupo de edad	By industry – Par industrie Por industria	By occupation – Par profession Por ocupación	By industry/occup. – Par industrie/professions – Por industria/ocupaciones	General level – Niveau général Nivel general	Structure of employment – Structure de l'emploi – Estructura del empleo	Non-agr. activities – Activités non agricoles Actividades no agrícolas	Manufact.: All industries – Ensemble industries Todas las industrias	Manufact.: By industry – Par industrie Por industria	Mining & quarrying – Industries extractives Minas y canteras	Construction – Construcción	Transport – Transports – Transportes	General level – Niveau général Nivel general	By sex & age group – Par sexe et groupe d'âge – Por sexo y grupo de edad	Job experience / Exp. prof.: General level – Niveau général Nivel general	Job experience / Exp. prof.: By industry – Par industrie Por industria	Job experience / Exp. prof.: …occupation – Par professio…
		1	**2A**	**2B**	**2C**	**3A**	**3B**	**4**	**5A**	**5B**	**6**	**7**	**8**	**9A**	**9B**	**10A**	**10B**	**1**
	Africa – Afrique – Africa																	
1	**Algérie**	13	32	90	·	·	·	·	248	256	288	294	300	·	·	·	·	
2	**Bénin**	13	·	·	·	·	·	·	·	·	·	·	·	·	·	·	·	
3	**Botswana**	·	·	·	·	185	193	240	248	·	288	294	300	·	·	·	·	
4	**Burundi**	13	·	·	·	185	193	·	248	256	288	294	300	315	·	·	·	
5	**Cameroun**	13	32	90	134	185	193	240	248	256	·	294	300	315	·	·	·	3
6	**Cap-Vert**	·	·	·	·	·	·	·	·	·	·	·	·	·	·	·	·	
7	**République centrafricaine**	·	·	·	·	·	·	·	·	·	·	·	·	·	·	·	·	
8	**Congo**	·	·	·	·	·	·	·	·	·	·	·	·	·	·	·	·	
9	**Côte-d'Ivoire**	13	·	·	·	·	194	·	·	·	·	·	·	315	·	·	·	
10	**Djibouti**	·	·	·	·	·	·	·	·	·	·	·	·	315	·	·	·	
11	**Egypt**	13	32	90	134	185	194	240	248	257	288	294	300	315	·	·	·	
12	**Ethiopia**	14	·	·	·	·	·	·	248	257	·	·	·	·	·	·	·	
13	**Gabon**	·	·	·	·	185	194	240	248	·	·	·	·	·	·	·	·	
14	**Gambia**	·	·	·	·	185	195	240	248	·	·	294	300	·	·	·	·	
15	**Ghana**	·	·	·	·	·	·	·	·	·	·	·	·	315	328	335	343	3
16	**Haute-Volta**	14	·	·	·	·	·	·	·	·	·	·	·	315	·	·	·	
17	**Kenya**	·	·	·	·	185	195	240	248	258	288	294	300	·	·	·	·	
18	**Lesotho**	·	·	·	·	·	·	·	·	·	·	·	·	·	·	·	·	
19	**Liberia**	·	·	·	·	185	195	240	248	·	288	294	300	315	·	·	·	
20	**Libyan Arab Jamahiriya**	·	·	·	·	185	196	240	248	·	288	294	300	315	·	·	·	
21	**Madagascar**	14	·	·	·	·	·	·	·	·	·	·	·	315	·	·	·	
22	**Malawi**	14	34	92	136	185	196	240	248	258	288	294	300	·	·	·	·	
23	**Mali**	14	34	92	·	·	·	·	·	·	·	·	·	·	·	·	·	
24	**Maroc**	·	·	·	·	·	·	·	·	·	·	·	·	315	·	·	·	
25	**Mauritanie**	15	·	·	·	·	·	·	·	·	·	·	·	·	·	·	·	
26	**Mauritius**	·	·	·	·	186	197	240	248	259	288	294	300	315	·	·	·	3
27	**Mozambique**	·	·	·	·	·	·	·	·	·	·	·	·	·	·	·	·	
28	**Niger**	·	·	·	·	·	·	·	·	·	·	·	·	315	·	·	·	
29	**Nigeria**	·	·	·	·	·	·	·	249	·	288	·	·	315	·	·	·	3
30	**Réunion**	·	·	·	·	·	·	·	·	·	·	·	·	316	·	·	·	
31	**Rwanda**	15	·	·	·	·	·	·	·	·	·	·	·	·	·	·	·	
32	**Sénégal**	·	·	·	·	·	·	·	249	·	288	294	300	316	·	·	·	
33	**Seychelles**	15	·	94	·	186	·	241	249	·	·	294	300	316	·	·	·	
34	**Sierra Leone**	·	·	·	·	186	198	241	249	259	288	295	301	316	·	·	·	3
35	**Somalia**	15	·	·	·	·	·	·	·	·	·	·	·	·	·	·	·	
36	**South Africa, Rep. of**	·	·	·	·	·	·	241	249	260	·	·	·	316	·	·	·	
37	**Sudan**	·	·	·	·	·	·	·	·	·	·	·	·	316	·	·	·	
38	**Swaziland**	15	·	·	·	186	198	241	249	·	288	295	301	·	·	·	·	
39	**Tanzania**	·	·	·	·	·	·	·	·	·	·	·	·	·	·	·	·	
40	**Tchad**	·	·	·	·	·	·	·	·	·	·	·	·	·	·	·	·	
41	**Togo**	·	·	·	·	·	·	·	·	·	·	·	·	316	·	·	·	
42	**Tunisie**	15	36	94	136	186	199	241	249	·	289	295	301	316	·	335	·	3
43	**Uganda**	·	·	·	·	·	·	·	·	·	·	·	·	·	·	·	·	
44	**Zaïre**	·	·	·	·	·	·	·	·	·	·	·	·	·	·	·	·	
45	**Zambia**	·	·	·	·	·	199	·	·	·	·	·	·	316	·	·	·	
46	**Zimbabwe**	·	·	·	·	186	200	241	249	260	289	295	301	·	·	·	·	

IV …OURS OF WORK …URÉE DU TRAVAIL …ORAS DE TRABAJO						V WAGES SALAIRES SALARIOS							VI PRICES PRIX PRECIOS					VII ACCIDENTS ACCIDENTS ACCIDENTES		VIII DISPUTES CONFLITS CONFLICTOS		Code Code Clave
… Actividades no agrícolas	Manufact. All industries – Ensemble industries Todas las industrias	Manufact. By industry – Par industrie Por industria	Mining & quarrying – Industries extractives Minas y canteras	Construction – Construcción	Transport – Transports – Transportes	Non-agr. activities – Activités non agricoles Actividades no agrícolas	Manufact. All industries – Ensemble industries Todas las industrias	Manufact. By industry – Par industrie Por industria	Mining & quarrying – Industries extractives Minas y canteras	Construction – Construcción	Transport – Transports – Transportes	Agriculture – Agricultura	General indices – Indices généraux Indices generales	Food – Alimentation – Alimentación	Fuel & light – Combustible et éclairage Combustible y alumbrado	Clothing – Habillement – Vestido	Rent – Loyer – Alquiler	Persons injured & workdays lost Pers. accid. et journ. de travail perdues Pers. accid. y días de trabajo perdidos	Rates of fatal injuries Taux de lésions mortelles Tasas de lesiones mortales	General level – Niveau général Nivel general	By industry – Par industrie – Por industria	
11	12A	12B	13	14	15	16	17A	17B	18	19	20	21	22	23	24	25	26	27A	27B	28A	28B	
	393	398	422	425	428	439	446	454	488	493	498	·	515	525	534	541	550	·	·	·	·	1
	·	·	·	·	·	·	·	·	·	·	·	·	·	·	·	·	·	·	·	·	·	2
	·	·	·	·	·	·	·	·	·	·	·	·	515	525	534	541	·	·	·	·	·	3
	393	398	422	425	428	439	446	·	488	493	498	503	515	525	·	541	550	565	586	605	613	4
	·	·	·	·	·	439	446	·	488	493	498	·	515	525	·	541	550	·	586	605	613	5
	·	·	·	·	·	·	·	·	·	·	·	·	515	525	534	·	·	·	·	·	·	6
	·	·	·	·	·	·	·	·	·	·	·	·	515	525	534	541	·	·	·	·	·	7
	·	·	·	·	·	·	·	·	·	·	·	·	515	525	534	541	·	·	·	·	·	8
	·	·	·	·	·	·	·	·	·	·	·	·	515	525	534	541	550	·	·	605	613	9
	·	·	·	·	·	·	·	·	·	·	·	·	·	·	·	·	·	·	·	·	·	10
	393	398	422	425	428	439	446	454	488	493	498	·	515	525	534	541	550	565	586	605	614	11
	·	·	·	·	·	·	·	·	·	·	·	·	515	525	534	541	·	·	·	·	·	12
	·	·	·	·	·	·	·	·	·	·	·	·	515	525	·	541	·	·	·	·	·	13
	·	·	·	·	·	·	·	·	·	·	·	·	515	525	534	541	550	·	·	·	·	14
	·	·	·	·	·	·	·	·	·	·	·	·	515	525	·	541	550	·	·	605	614	15
	·	·	·	·	·	·	·	·	·	·	·	·	·	·	·	·	·	566	·	·	·	16
	·	·	·	·	·	439	446	455	488	493	498	503	516	525	534	541	550	·	·	605	615	17
	·	·	·	·	·	·	·	·	·	·	·	·	516	525	534	541	550	·	·	·	·	18
	·	·	·	·	·	·	·	·	·	·	·	·	516	525	534	541	550	·	·	·	·	19
	·	·	·	·	·	·	·	·	·	·	·	·	516	525	534	541	550	·	·	·	·	20
	·	·	·	·	·	·	·	·	·	·	·	·	516	525	534	541	·	·	·	·	·	21
	·	·	·	·	·	439	446	455	488	493	498	503	516	526	534	542	·	566	586	605	615	22
	·	·	·	·	·	·	·	·	·	·	·	·	·	526	·	·	·	·	·	·	·	23
	·	·	·	·	·	·	·	·	·	·	·	·	516	526	535	542	550	·	587	605	616	24
	·	·	·	·	·	·	·	·	·	·	·	·	516	526	535	542	·	·	·	·	·	25
	·	·	·	·	·	439	446	456	488	493	498	503	516	526	535	542	550	566	587	605	616	26
	·	·	·	·	·	·	·	·	·	·	·	·	516	526	535	542	550	·	·	·	·	27
	·	·	·	·	·	·	·	·	·	·	·	·	516	526	535	542	·	·	·	·	·	28
	·	·	·	·	·	439	446	·	488	493	498	·	516	526	535	542	550	·	587	605	617	29
	·	·	·	·	·	·	·	·	·	·	·	·	517	526	535	542	550	·	·	·	·	30
	·	·	·	·	·	·	·	·	·	·	·	·	517	526	535	542	·	·	·	·	·	31
	·	·	·	·	·	·	·	·	·	·	·	·	517	526	535	542	550	·	·	·	·	32
	·	·	·	·	·	·	·	·	·	·	·	·	517	526	535	542	551	·	·	605	·	33
	393	·	422	425	428	439	446	·	488	493	498	·	517	526	535	542	551	567	·	605	617	34
	·	·	·	·	·	·	·	·	·	·	·	·	517	526	535	542	551	·	·	·	·	35
	393	·	·	·	·	·	446	·	488	493	498	·	517	527	535	542	551	·	·	·	·	36
	·	·	·	·	·	·	·	·	·	·	·	·	517	527	·	542	551	·	·	·	·	37
	·	·	·	·	·	439	446	·	488	493	498	503	517	527	535	543	·	·	·	·	·	38
	·	·	·	·	·	·	·	·	·	·	·	·	517	527	535	543	551	·	·	·	·	39
	·	·	·	·	·	·	·	·	·	·	·	·	517	527	535	543	·	·	·	·	·	40
	·	·	·	·	·	·	·	·	·	·	·	·	517	527	536	543	551	·	·	·	·	41
	·	·	·	·	·	·	·	·	·	·	·	·	517	527	536	543	551	567	587	606	618	42
	·	·	·	·	·	·	·	·	·	·	·	·	517	527	536	543	·	·	·	606	·	43
	·	·	·	·	·	·	·	·	·	·	·	·	517	527	·	543	551	·	·	·	·	44
	·	·	·	·	·	439	446	·	488	493	498	503	518	527	·	543	551	·	·	606	618	45
	·	·	·	·	·	·	·	·	·	·	·	·	518	527	·	543	551	568	·	606	619	46

Index

Countries and territories included in each table (with corresponding page number)
Pays et territoires compris dans chaque tableau (avec numéro de page correspondant)
Países y territorios incluidos en cada cuadro (con número de página correspondiente)

Index
Indice

	IV …OURS OF WORK / …URÉE DU TRAVAIL / …ORAS DE TRABAJO (Manufact.: 12A, 12B)					V WAGES / SALAIRES / SALARIOS (Manufact.: 17A, 17B)							VI PRICES / PRIX / PRECIOS					VII ACCIDENTS / ACCIDENTS / ACCIDENTES		VIII DISPUTES / CONFLITS / CONFLICTOS		Code / Code / Clave
All industries – Ensemble industries / Todas las industrias	By industry – Par industrie / Por industria	Mining & quarrying – Industries extractives / Minas y canteras	Construction – Construcción	Transport – Transports – Transportes	Non-agr. activities – Activités non agricoles / Actividades no agrícolas	All industries – Ensemble industries / Todas las industrias	By industry – Par industrie / Por industria	Mining & quarrying – Industries extractives / Minas y canteras	Construction – Construcción	Transport – Transports – Transportes	Agriculture – Agricultura	General indices – Indices généraux / Indices generales	Food – Alimentation – Alimentación	Fuel & light – Combustible et éclairage / Combustible y alumbrado	Clothing – Habillement – Vestido	Rent – Loyer – Alquiler	Persons injured & workdays lost / Pers. accid. et journ. de travail perdues / Pers. accid. y días de trabajo perdidos	Rates of fatal injuries / Taux de lésions mortelles / Tasas de lesiones mortales	General level – Niveau général / Nivel general	By industry – Par industrie – Por industria	
12A	**12B**	**13**	**14**	**15**	**16**	**17A**	**17B**	**18**	**19**	**20**	**21**	**22**	**23**	**24**	**25**	**26**	**27A**	**27B**	**28A**	**28B**	
·	·	·	·	·	·	·	·	·	·	·	·	518	527	·	543	551	·	·	·	·	47
·	·	·	·	·	·	446	456	·	·	·	503	518	527	536	543	551	·	·	·	·	48
·	·	·	·	·	439	447	·	·	·	·	503	518	527	·	543	551	·	·	·	·	49
·	·	·	·	·	·	·	·	·	·	·	·	518	527	·	543	552	568	·	606	619	50
·	·	·	·	·	·	·	·	·	·	·	503	518	527	536	543	552	·	·	606	620	51
393	399	422	425	428	440	447	457	488	493	498	·	518	527	536	543	·	·	·	·	·	52
·	·	·	·	·	·	·	·	·	·	·	·	518	527	·	543	552	·	·	·	·	53
393	399	422	425	428	440	447	457	489	493	498	503	518	528	536	543	552	·	588	606	620	54
·	·	422	·	·	·	447	458	489	·	·	503	518	528	·	543	552	·	·	·	·	55
·	·	·	·	·	440	447	·	489	494	499	503	518	528	536	544	552	569	·	606	621	56
·	·	·	·	·	440	447	·	·	494	499	504	·	·	·	·	·	·	·	·	·	57
·	·	·	·	·	·	447	458	489	·	·	504	518	528	·	544	552	569	·	606	·	58
·	·	·	·	·	·	·	·	·	·	·	·	518	528	536	544	552	·	·	·	·	59
·	·	·	·	·	·	447	459	489	·	·	·	518	528	536	544	552	·	·	·	·	60
393	400	422	·	·	·	447	459	489	·	·	·	518	528	536	544	552	·	·	606	·	61
393	400	·	425	·	·	447	460	·	494	·	504	518	528	536	544	552	·	588	606	621	62
·	·	·	·	·	·	·	·	·	·	·	504	518	528	536	544	·	·	·	·	·	63
·	·	·	·	·	·	·	·	·	·	·	·	519	528	537	544	552	·	·	·	·	64
·	·	·	·	·	·	·	·	·	·	·	·	519	528	·	544	552	·	588	606	622	65
393	401	·	·	·	·	447	460	·	·	·	·	519	528	537	544	553	570	588	607	622	66
393	401	422	425	428	440	447	·	489	494	499	504	519	528	·	544	553	·	·	607	·	67
·	·	·	·	·	·	·	·	·	·	·	·	519	528	·	544	553	·	589	607	623	68
·	·	·	·	·	·	·	·	·	·	·	·	519	528	·	544	553	571	589	·	·	69
·	·	·	·	·	440	447	·	489	494	499	504	519	528	537	544	553	·	·	·	·	70
·	·	·	·	·	·	·	·	·	·	·	·	519	528	537	544	553	·	·	607	624	71
·	·	·	·	·	·	·	·	·	·	·	·	519	529	·	544	553	·	·	607	·	72
393	401	·	425	·	·	447	461	·	494	·	504	519	529	·	544	553	·	·	607	624	73
·	·	·	·	·	·	·	·	·	·	·	·	519	529	537	544	553	·	·	·	·	74
·	·	·	·	·	440	447	·	489	494	499	·	519	529	537	545	553	·	·	607	625	75
·	·	·	·	·	440	447	461	489	494	499	504	519	529	·	545	553	·	·	·	·	76
393	402	·	·	·	·	447	462	·	·	·	·	519	529	537	545	553	571	589	607	625	77
·	·	·	·	·	·	·	·	·	·	·	·	519	529	·	545	553	·	·	·	·	78
393	·	·	425	428	440	447	·	·	494	499	·	519	529	537	545	553	·	·	607	626	79
393	402	422	·	·	·	448	462	489	·	·	·	519	529	537	545	554	571	589	607	627	80
·	·	·	·	·	·	·	·	·	·	·	·	520	529	537	545	·	·	·	·	·	81
·	·	·	·	·	·	·	·	·	·	·	·	520	529	537	545	554	·	·	·	·	82
·	·	·	·	·	·	·	·	·	·	·	·	·	·	·	·	·	·	·	607	629	83
·	·	·	·	·	·	·	·	·	·	·	·	520	529	537	545	554	·	·	·	·	84
·	·	·	·	·	·	·	·	·	·	·	·	520	529	537	545	554	572	590	608	629	85
·	·	·	·	·	440	·	·	489	494	499	·	520	529	537	545	554	572	590	·	·	86
393	403	422	425	428	440	448	463	489	494	499	504	520	529	537	545	554	573	590	608	629	87
·	·	·	·	·	440	448	463	·	494	499	504	520	529	537	545	554	·	·	·	·	88
393	403	422	·	·	440	448	464	489	·	·	·	520	529	537	545	554	·	·	608	631	89
·	·	·	·	·	·	·	·	·	·	·	·	520	529	·	·	·	·	·	·	·	90
·	·	·	·	·	·	·	·	·	·	·	·	520	529	537	545	554	·	·	·	·	91

Index

Countries and territories included in each table (with corresponding page number)
Pays et territoires compris dans chaque tableau (avec numéro de page correspondant)
Países y territorios incluidos en cada cuadro (con número de página correspondiente)

	IV					V							VI					VII		VIII		Code
	…OURS OF WORK …URÉE DU TRAVAIL …ORAS DE TRABAJO					WAGES SALAIRES SALARIOS							PRICES PRIX PRECIOS					ACCIDENTS ACCIDENTS ACCIDENTES		DISPUTES CONFLITS CONFLICTOS		Code Clave
	Manufact.						Manufact.															
…Actividades no agricolas	All industries – Ensemble industries Todas las industrias	By industry – Par industrie Por industria	Mining & quarrying – Industries extractives Minas y canteras	Construction – Construcción	Transport – Transports – Transportes	Non-agr. activities – Activités non agricoles Actividades no agrícolas	All industries – Ensemble industries Todas las industrias	By industry – Par industrie Por industria	Mining & quarrying – Industries extractives Minas y canteras	Construction – Construcción	Transport – Transports – Transportes	Agriculture – Agricultura	General indices – Indices généraux Indices generales	Food – Alimentation – Alimentación	Fuel & light – Combustible et éclairage Combustible y alumbrado	Clothing – Habillement – Vestido	Rent – Loyer – Alquiler	Persons injured & workdays lost Pers. accid. et journ. de travail perdues Pers. accid. y días de trabajo perdidos	Rates of fatal injuries Taux de lésions mortelles Tasas de lesiones mortales	General level – Niveau général Nivel general	By industry – Par industrie – Por industria	
1…	12A	12B	13	14	15	16	17A	17B	18	19	20	21	22	23	24	25	26	27A	27B	28A	28B	
	·	·	·	·	·	·	·	·	·	·	·	·	520	529	·	·	·	·	·	·	·	92
	·	·	·	·	·	·	·	·	·	·	·	·	520	530	·	·	·	·	·	·	·	93
	·	·	·	·	·	·	448	·	·	494	·	504	520	530	537	545	554	574	590	608	631	94
	394	·	·	·	·	440	448	·	·	·	·	·	520	530	·	·	·	·	·	·	·	95
	394	404	422	·	428	·	448	464	489	494	499	504	520	530	538	545	554	574	591	·	·	96
	394	404	422	425	428	440	448	465	489	494	499	504	520	530	538	545	554	575	591	608	632	97
	·	·	·	·	·	·	448	465	·	495	·	·	520	530	538	546	554	575	591	608	632	98
	·	·	422	·	·	·	448	466	489	·	·	505	520	530	538	546	554	575	591	608	633	99
	·	·	·	·	·	·	·	·	·	·	·	·	521	530	538	546	554	·	·	608	634	100
	·	·	·	·	·	·	·	·	·	·	·	·	521	530	538	546	555	·	·	·	·	101
	·	·	·	·	·	·	·	·	·	·	·	·	521	530	538	546	555	·	·	·	·	102
	394	405	·	425	428	441	448	466	490	495	499	505	521	530	538	546	555	·	·	608	635	103
	394	405	422	425	428	441	449	467	490	495	499	505	521	530	538	546	555	·	592	608	636	104
	·	·	·	·	·	441	449	·	490	495	500	·	521	530	538	546	555	576	592	·	·	105
	394	406	423	425	428	441	449	468	490	495	500	505	521	530	538	546	555	576	592	609	637	106
	·	·	·	·	·	·	·	·	·	·	·	·	521	530	·	546	555	·	·	·	·	107
	·	·	·	·	·	·	·	·	·	·	·	·	521	530	·	546	555	·	·	·	·	108
	·	·	·	·	·	·	·	·	·	·	·	·	521	530	·	·	·	·	·	·	·	109
																						110
	·	·	·	·	428	·	·	·	490	·	500	505	521	531	·	546	555	·	·	609	638	
	·	·	·	·	·	·	·	·	·	·	·	·	521	531	·	546	555	·	·	609	639	
	·	·	·	·	·	·	·	·	·	·	·	·	521	531	·	546	555	577	592	609	639	
	·	·	·	·	·	·	·	·	·	·	·	·	521	531	538	546	555	·	·	·	·	111
	·	·	·	·	·	·	449	468	·	·	·	505	521	531	·	546	555	·	593	609	639	112
	394	·	423	426	429	441	·	·	·	·	·	·	521	531	538	546	555	577	593	609	640	113
	394	406	423	426	429	441	449	·	490	495	500	·	521	531	538	547	555	578	593	609	641	114
	394	·	423	426	429	441	449	·	490	495	500	505	522	531	538	547	555	·	593	609	641	115
	394	407	423	·	·	·	449	469	490	·	·	505	522	531	538	547	555	·	593	·	·	116
	·	·	·	·	·	·	·	·	·	·	·	·	522	531	·	547	556	·	·	609	642	117
	·	·	·	·	·	·	·	·	·	·	·	·	·	·	·	·	·	·	·	·	·	118
	·	·	·	·	·	·	·	·	·	·	·	·	522	531	538	547	556	·	·	·	·	119
	·	·	·	·	·	·	·	·	·	·	·	·	522	531	538	547	556	·	·	·	·	120
	394	408	·	426	·	441	449	470	·	·	·	505	522	531	539	547	556	579	594	609	643	121
	394	408	423	426	·	442	449	470	490	495	500	505	522	531	539	547	556	·	·	610	644	122
	·	·	·	·	·	442	449	471	490	495	500	506	522	531	·	·	·	·	·	·	·	123
	395	409	423	·	·	442	450	471	491	495	500	506	522	531	·	·	·	579	594	·	·	124
	395	409	423	·	·	442	450	472	·	495	·	506	522	531	539	547	556	·	·	610	644	125
	395	·	423	426	429	442	450	472	491	495	500	506	522	531	539	547	556	·	594	610	645	126
	·	·	·	·	·	·	·	·	·	·	·	·	522	531	539	547	556	·	·	·	·	127
	395	410	423	·	·	·	450	472	491	495	·	506	522	531	539	547	556	579	594	610	646	128
	395	410	423	426	429	442	450	473	491	496	500	·	522	531	539	547	556	580	594	610	646	129
	·	·	·	·	·	442	450	·	·	496	500	506	522	532	539	547	556	·	595	·	·	130

Index

Countries and territories included in each table (with corresponding page number)
Pays et territoires compris dans chaque tableau (avec numéro de page correspondant)
Países y territorios incluidos en cada cuadro (con número de página correspondiente)

Code Code Clave	Country Pays País	I POPULATION POPULATION POBLACION				II EMPLOYMENT EMPLOI EMPLEO								III UNEMPLOYMENT CHÔMAGE DESEMPLEO				
									Manufact.							Job experience Exp. prof.		
		By sex & age group – Par sexe et groupe d'âge – Por sexo y grupo de edad	By industry – Par industrie Por industria	By occupation – Par profession Por ocupación	By industry/occup. – Par industrie/professions – Por industria/ocupaciones	General level – Niveau général Nivel general	Structure of employment – Structure de l'emploi – Estructura del empleo	Non-agr. activities – Activités non agricoles Actividades no agrícolas	All industries – Ensemble industries Todas las industrias	By industry – Par industrie Por industria	Mining & quarrying – Industries extractives Minas y canteras	Construction – Construcción	Transport – Transports – Transportes	General level – Niveau général Nivel general	By sex & age group – Par sexe et groupe d'âge – Por sexo y grupo de edad	General level – Niveau général Nivel general	By industry – Par industrie Por industria	By occupation – Par profession
		1	**2A**	**2B**	**2C**	**3A**	**3B**	**4**	**5A**	**5B**	**6**	**7**	**8**	**9A**	**9B**	**10A**	**10B**	**1**
131	**Germany, Fed. Rep. of**	26	76	124	154	190	229	245	254	277	292	298	304	323	332	340	355	·
132	**Gibraltar**	·	·	·	·	·	230	·	·	·	·	·	·	324	·	340	·	·
133	**Grèce**	·	·	·	·	·	·	·	254	277	292	·	·	324	332	·	·	37
134	**Hongrie**	26	76	·	·	190	230	246	254	278	292	298	304	·	·	·	·	·
135	**Iceland**	26	·	·	·	·	231	·	·	·	·	·	·	324	·	·	·	·
136	**Ireland**	27	78	124	156	190	231	246	254	278	292	298	304	324	·	·	356	·
137	**Isle of Man**	·	·	·	·	·	·	·	·	·	·	·	·	324	·	·	·	·
138	**Italie**	27	78	·	·	190	231	246	254	279	292	298	304	324	332	·	·	
139	**Luxembourg**	27	·	·	·	190	232	246	·	279	292	298	304	324	332	·	·	·
140	**Malta**	27	80	·	·	190	232	246	254	280	292	298	304	324	·	·	·	·
141	**Netherlands**	27	80	124	156	191	234	246	254	280	292	298	304	325	333	·	·	·
142	**Norway**	28	80	126	156	191	234	246	254	281	292	298	304	325	333	·	·	37
143	**Pologne**	28	82	126	158	191	235	246	254	281	292	298	304	·	·	·	·	·
144	**Portugal**	28	82	126	158	191	235	246	254	282	292	299	305	325	333	340	356	3
145	**Roumanie**	·	·	·	·	191	235	246	254	282	·	299	305	·	·	·	·	·
146	**Suisse**	28	82	·	·	191	236	246	255	283	·	299	305	325	333	·	·	·
147	**Sweden**	28	84	128	158	191	236	246	255	283	292	·	·	325	333	340	357	3
148	**Turquie**	·	·	128	158	191	237	246	255	284	292	299	305	326	333	·	·	3
149	**United Kingdom**	28	84	·	·	191	237	247	255	284	293	299	305	326	333	341	358	
150	**Yugoslavia**	28	·	·	·	191	238	247	255	285	293	299	305	326	·	341	358	3
	Oceania – Océanie – Oceanía																	
151	**American Samoa**	29	·	·	·	191	·	·	·	·	·	·	·	327	·	·	·	
152	**Australia**	29	84	128	·	191	238	247	255	285	293	299	305	327	334	341	359	3
153	**Cook Is.**	·	86	130	·	·	·	·	·	·	·	·	·	·	·	·	·	
154	**Fiji**	·	·	130	160	192	239	247	255	286	293	299	305	327	·	·	·	
155	**Guam**	·	86	·	·	·	·	247	255	·	·	299	·	·	334	·	·	
156	**Kiribati**	·	·	·	·	·	·	·	·	·	·	·	·	327	·	·	·	
157	**New Zealand**	29	88	·	·	·	239	247	255	286	293	299	305	327	334	·	·	
158	**Niue Is.**	29	·	132	·	·	·	·	·	·	·	·	·	·	·	·	·	
159	**Nouvelle-Calédonie**	·	·	·	·	·	·	·	·	·	·	·	·	327	·	·	·	
160	**Papua New Guinea**	·	·	·	·	·	·	247	255	287	·	299	305	·	·	·	·	
161	**Polynésie française**	30	88	132	160	·	·	·	·	·	·	·	·	327	·	·	·	
162	**Samoa**	·	88	132	·	·	·	·	·	·	·	·	·	·	·	·	·	
163	**Solomon Is.**	·	·	·	·	·	·	·	·	·	·	·	·	·	·	·	·	
164	**Tonga**	·	·	·	·	·	·	·	·	·	·	·	·	·	·	·	·	
165	**Vanuatu**	·	·	·	·	·	·	·	·	·	·	·	·	·	·	·	·	
166	**URSS**	30	·	·	·	192	239	247	255	·	·	299	305	·	·	·	·	
167	**RSS de Biélorussie**	·	·	·	·	192	·	·	·	·	·	·	·	·	·	·	·	
168	**RSS d'Ukraine**	·	·	·	·	192	·	·	·	·	·	·	·	·	·	·	·	

Index
Indice

OURS OF WORK URÉE DU TRAVAIL ORAS DE TRABAJO					V WAGES SALAIRES SALARIOS							VI PRICES PRIX PRECIOS					VII ACCIDENTS ACCIDENTS ACCIDENTES		VIII DISPUTES CONFLITS CONFLICTOS		Code Code Clave
Manufact.: All industries – Ensemble industries Todas las industrias	Manufact.: By industry – Par industrie Por industria	Mining & quarrying – Industries extractives Minas y canteras	Construction – Construcción	Transport – Transports – Transportes	Non-agr. activities – Activités non agricoles Actividades no agrícolas	Manufact.: All industries – Ensemble industries Todas las industrias	Manufact.: By industry – Par industrie Por industria	Mining & quarrying – Industries extractives Minas y canteras	Construction – Construcción	Transport – Transports – Transportes	Agriculture – Agricultura	General indices – Indices généraux Indices generales	Food – Alimentation – Alimentación	Fuel & light – Combustible et éclairage Combustible y alumbrado	Clothing – Habillement – Vestido	Rent – Loyer – Alquiler	Persons injured & workdays lost Pers. accid. et journ. de travail perdues Pers. accid. y días de trabajo perdidos	Rates of fatal injuries Taux de lésions mortelles Tasas de lesiones mortales	General level – Niveau général Nivel general	By industry – Par industrie – Por industria	
12A	**12B**	**13**	**14**	**15**	**16**	**17A**	**17B**	**18**	**19**	**20**	**21**	**22**	**23**	**24**	**25**	**26**	**27A**	**27B**	**28A**	**28B**	
395	411	423	426	·	442	450	473	491	496	·	506	522	532	539	547	556	580	595	610	647	131
395	·	·	426	429	443	450	·	·	496	500	·	522	532	·	547	556	·	·	·	·	132
395	412	·	·	·	·	450	474	·	·	·	·	522	532	539	547	556	·	·	·	·	133
395	412	423	426	·	443	450	474	491	496	500	506	522	532	539	547	556	581	595	·	·	134
·	·	·	·	·	443	·	·	·	·	·	·	522	532	539	547	556	·	·	610	·	135
395	413	423	426	·	·	451	475	491	496	·	506	522	532	539	547	556	582	595	610	648	136
·	·	·	·	·	·	·	·	·	·	·	·	522	532	539	547	556	·	·	·	·	137
395	413	423	426	·	443	451	475	491	496	·	506	523	532	539	547	556	·	·	610	648	138
395	414	423	426	·	443	451	476	491	496	·	·	523	532	539	548	·	·	596	·	·	139
·	·	·	·	·	·	·	476	491	496	501	·	523	532	539	548	556	·	596	·	649	140
395	414	424	426	429	443	451	477	491	496	501	506	523	532	539	548	557	582	596	610	650	141
396	415	424	·	·	·	451	478	491	496	501	506	523	532	539	548	557	582	596	611	650	142
396	416	·	·	·	443	451	479	491	496	501	507	523	532	·	·	·	·	·	·	·	143
396	416	424	427	·	444	451	479	491	496	·	507	523	532	539	548	557	·	·	611	651	144
·	·	·	·	·	444	451	·	·	496	501	507	523	532	539	548	557	·	·	·	·	145
396	417	·	427	429	444	451	480	491	497	501	507	523	532	539	548	557	583	596	611	652	146
396	417	424	·	·	·	452	481	492	497	501	507	523	532	540	548	557	·	597	611	652	147
·	·	·	·	·	444	452	483	492	497	501	507	523	532	·	548	·	583	597	611	·	148
396	418	424	427	429	444	452	483	492	497	501	507	523	532	540	548	557	583	597	611	653	149
396	419	424	427	429	444	452	484	492	497	501	507	523	532	540	548	557	584	597	·	·	150
·	·	·	·	·	·	452	·	·	497	501	·	523	532	·	548	557	·	·	·	·	151
396	419	424	427	429	444	452	485	492	497	502	·	523	532	540	548	557	·	·	611	654	152
·	·	·	·	·	·	·	·	·	·	·	·	523	533	·	548	557	·	·	·	·	153
·	·	·	·	·	445	452	485	492	497	502	507	523	533	540	548	557	·	598	·	·	154
·	·	·	·	·	·	·	·	·	·	·	·	523	533	540	548	557	584	·	·	·	155
·	·	·	·	·	·	·	·	·	·	·	·	523	533	·	548	557	·	·	·	·	156
396	420	424	427	429	445	452	486	492	497	502	507	523	533	540	548	557	·	·	611	655	157
·	·	·	·	·	·	·	·	·	·	·	·	523	533	·	548	·	·	·	·	·	158
·	·	·	·	·	·	·	·	·	·	·	·	524	533	540	548	558	·	·	611	·	159
·	·	·	·	·	·	·	·	·	·	·	·	524	533	·	548	558	·	·	612	656	160
·	·	·	·	·	·	·	·	·	·	·	·	524	533	·	549	558	585	·	612	657	161
·	·	·	·	·	445	453	·	·	497	·	·	524	533	·	549	·	·	·	·	·	162
·	·	·	·	·	·	·	·	·	·	·	·	524	533	540	549	558	·	·	612	657	163
·	·	·	·	·	·	·	·	·	·	·	·	524	533	540	549	·	·	·	·	·	164
·	·	·	·	·	·	·	·	·	·	·	·	524	533	540	549	558		·	·	·	165
396	421	424	427	·	445	453	486	492	497	502	508	524	533	·	549	558	·	·	·	·	166
397	421	·	·	·	445	453	487	492	497	502	508	524	533	·	549	·	·	·	·	·	167
·	·	·	·	·	445	453	·	492	497	502	508	524	533	·	549	558	·	·	·	·	168

Publications of the International Labour Office

Bulletin of Labour Statistics

Published quarterly, with supplements in the intervening months, this *Bulletin* complements the annual data given in the *Year Book* with monthly or quarterly series on the following subjects:
general level of employment, employment in non-agricultural activities and employment in manufacturing (in thousands);
numbers and percentages unemployed;
average number of hours worked in non-agricultural activities and in manufacturing;
average earnings or wage rates in non-agricultural activities and in manufacturing;
consumer prices: general indices and food indices.
The *Bulletin* also includes articles of professional interest to labour statisticians.
In addition, the results of the ILO October inquiry on hourly wages of adult wage earners in 41 occupations, monthly salaries and normal hours of work per week for salaried employees in selected occupations, and on retail prices of selected consumer goods, are included each year in the second quarterly issue.

Annual subscription (four main issues and eight supplements)**: 50 Swiss frs.**
Price of each main issue: 20 Swiss frs.

Publications du Bureau international du Travail

Bulletin des statistiques du travail

Publié tous les trois mois, avec des suppléments pour les mois intermédiaires, ce *Bulletin* complète les données contenues dans l'*Annuaire des statistiques du travail* et présente des séries mensuelles ou trimestrielles sous les rubriques suivantes:
niveau général de l'emploi, emploi dans les activités non agricoles et emploi dans les industries manufacturières (en milliers);
chiffres absolus et pourcentages du chômage;
durée moyenne du travail dans les activités non agricoles et dans les industries manufacturières;
gains ou taux de salaire moyens dans les activités non agricoles et dans les industries manufacturières;
prix à la consommation: indices généraux, indices de l'alimentation.
Le *Bulletin* comprend également des articles techniques intéressant les statisticiens du travail.
En outre, les résultats de l'enquête d'octobre du BIT sur les salaires horaires des ouvriers adultes dans quarante et une professions, sur les traitements et la durée hebdomadaire normale du travail des employés dans certaines professions et sur les prix de détail de certains biens de consommation figurent chaque année dans le numéro du deuxième trimestre.

Abonnement annuel (quatre numéros principaux et huit suppléments)**: 50 fr. suisses**
Prix de chaque numéro principal: 20 fr. suisses

Publicaciones de la Oficina Internacional del Trabajo

Boletín de Estadísticas del Trabajo

Publicación trimestral, con suplementos en los meses intermedios, que completa los datos anuales suministrados en el *Anuario* sobre las siguientes cuestiones:
nivel general de empleo, empleo en actividades no agrícolas y empleo en las industrias manufactureras (en millares);
número y porcentaje de desempleados;
promedio de horas trabajadas en las actividades no agrícolas y en las industrias manufactureras;
ganancias medias o tasas de salarios en las actividades no agrícolas y en las industrias manufactureras;
índices generales de precios del consumo e índices de precios de los alimentos.
Se publican igualmente en el *Boletín* artículos de interés profesional para los estadígrafos del trabajo.
Además, cada año, en el fascículo del segundo trimestre del *Boletín* se publican los resultados de la encuesta de octubre que efectúa la OIT sobre los salarios por hora de los obreros adultos en 41 ocupaciones, los sueldos mensuales y las horas normales de trabajo por semana de los empleados en ciertas ocupaciones, así como sobre los precios al por menor de ciertos bienes de consumo.

Suscripción anual (cuatro números y ocho suplementos)**: 50 frs. suizos**
Número suelto: 20 frs. suizos